Oldenbourg
Geschichte
Lehrbuch

Oldenbourg
Geschichte
Lehrbuch

Antike

herausgegeben von
Eckhard Wirbelauer

mit einem Geleitwort
von Hans-Joachim Gehrke

3. Auflage

R. Oldenbourg Verlag
München 2010

Die Autorinnen und Autoren

Jochen Althoff, Hans Beck, Bruno Bleckmann,
Marieluise Deißmann, Carsten Drecoll, Ursula Gärtner,
Hans-Joachim Gehrke, Rosmarie Günther, Klaus Hallof,
Michel Humm, Peter Kehne, Anne Kolb, Christian Körner,
Bernhard Linke, Jochen Martin, Mischa Meier, Peter F. Mittag,
Beat Näf, Stefan Rebenich, Robert Rollinger, Jörg Rüpke,
Christoph Schäfer, Winfried Schmitz, Thomas Späth,
Matthias Steinhart, Gregor Weber, Hartmut Westermann,
Aloys Winterling, Eckhard Wirbelauer, Martin Zimmermann

Bibliografische Information Der Deutschen Nationalbibliothek
Die Deutsche Nationalbibliothek verzeichnet diese Publikation in der
Deutschen Nationalbibliografie; detaillierte bibliografische Daten sind im
Internet über http://dnb.d-nb.de abrufbar.

© 2010 Oldenbourg Wissenschaftsverlag GmbH, München
Rosenheimer Straße 145, D-81671 München
Internet: oldenbourg.de

Das Werk einschließlich aller Abbildungen ist urheberrechtlich
geschützt. Jede Verwertung außerhalb der Grenzen des Urheberrechts-
gesetzes ist ohne Zustimmung des Verlages unzulässig und strafbar.
Das gilt insbesondere für Vervielfältigungen, Übersetzungen,
Mikroverfilmungen und die Einspeicherung und
Bearbeitung in elektronischen Systemen.

Gedruckt auf säurefreiem, alterungsbeständigen Papier
(chlorfrei gebleicht).

Umschlaggestaltung: Daniel von Johnson, Hamburg
Layout: Thomas Rein, München
Satz und Repro: MedienTeam Berger, Ellwangen
Druck: Grafik+Druck GmbH, München
Bindung: Thomas Buchbinderei, Augsburg

ISBN 978-3-486-59822-3

Inhaltsverzeichnis

Zu diesem Buch 7
Einladung in die Antike 9

I. **Epochen der Antike** 13
   Einführung 15
   Von der Levante nach Griechenland 17
   Die Mittelmeerwelt vom 6. bis 4. Jahrhundert 25
   Die Hellenisierung der Mittelmeerwelt 45
   Die Mittelmeerwelt im Imperium Romanum 67
   Die Verwandlung der Mittelmeerwelt in der Spätantike 87

   Technik: Zu den Quellen der Antike! 103

II. **Zugänge zur Antike** 117
   Einführung 119
   Die antiken Menschen in ihrer natürlichen Umwelt 121
   Die antiken Menschen in ihren Nahbeziehungen 143
      Griechenland 143
      Rom 162
   Die antiken Menschen in ihren Gemeinschaften 181
      Griechenland 181
      Rom 194
      Spätantike 212
      Internationale Beziehungen 225
   Die antiken Menschen und ihre Götter 237
      Griechisch-römisch 237
      Christlich 250
   Die antiken Menschen über sich 263
      Griechische Literatur bis zum Hellenismus 263
      Literatur im Imperium Romanum 273
      Antike Kunst 284

   Technik: Die Arbeit mit Quellen zur Antike 291
   Einführung 291
   Geschichtsschreibung 291
   Übrige literarische Quellen 296
   Griechische Inschriften 307
   Lateinische Inschriften 313
   Papyri 318
   Münzen 323

III. Vorgehen der Forschung 331
   Einführung 333
   Erkenntnismöglichkeiten in der Alten Geschichte 335
   Schlüsselbegriffe und Konzepte 353
      Macht und Herrschaft 353
      Identität und Alterität 362
      Geschlecht und Geschlechterdiskurs 376
   Die Rezeption der Antike 391
      Einführung 391
      Die athenische Demokratie 392
      Die klassische griechische Plastik 399
      Die antike Philosophie 403
      Das römische Recht 409
      Das antike Völkerrecht 415
      Das Papsttum 419
      Antike in Literatur und Film 426

   Technik: Die Darstellung der Arbeit mit den Quellen 437

IV. Einrichtungen der Forschung 453
   Einführung 455
   Die Altertumswissenschaften im 19. und 20. Jahrhundert 457
   Altertumswissenschaften heute 469
   Vernetztes Wissen 481

   Die Autorinnen und Autoren 495
   Personenregister 497
   Geographisches Register 509
   Sachregister 514

Zu diesem Buch

„Noch ein Einführungswerk für das Studium der Geschichte!" Mit diesen Worten begann Anette Völker-Rasor die Vorstellung ihres Bandes OGL Frühe Neuzeit, der als erster das neue Konzept des *Oldenbourg Geschichte Lehrbuchs*, kurz OGL, in exemplarischer Form realisiert hat. Auch für den nunmehr vorliegenden zweiten Band, *OGL Antike*, war ihre Forderung leitend, dass ohne ein besonderes Profil kein sachlich begründeter Bedarf an einem weiteren Lehrbuch für das Geschichtsstudium vorliege.

Die Bände des *OGL* wenden sich in erster Linie an Studentinnen und Studenten der Geschichtswissenschaft. Sie reagieren auf häufig geäußerte und stets erneut ernstzunehmende Bedürfnisse, in konzentrierter Form in Inhalte, Methoden und Arbeitstechniken eingeführt zu werden. Dieses in allen Beiträgen zu spürende Anliegen, den Gegenstand Geschichte zu entzaubern und das Arbeitsfeld zugänglich zu machen, öffnet das *OGL* auch weiteren Kreisen, insbesondere den Studierenden der historisch orientierten Nachbardisziplinen und den mit Geschichte befassten Schulfächern der gymnasialen Oberstufe. Wenn es dem *OGL Antike* gelänge, als Lesebuch zum Schmökern und zum Nachdenken einzuladen, hätte es der Mühe, die sich die Beiträgerinnen und Beiträger gemacht haben, allemal gelohnt!

Das Konzept des *OGL Frühe Neuzeit*, wie es Anette Völker-Rasor formuliert hat, wurde für den vorliegenden Band zur Antike in einigen Punkten modifiziert. Einerseits sind im *OGL Frühe Neuzeit* einige Kapitel so angelegt worden, dass sie das Studium der Geschichtswissenschaft als Ganzes betreffen. Sie erneut abzudrucken, hätte unnötig Platz verschwendet, sie durch konkurrierende Texte zu ersetzen, dagegen zu Verwirrung geführt. So verstehen sich die Beiträge „Zu den Quellen der Antike!" und zur „Darstellung der Arbeit mit den Quellen" als Ergänzungen der entsprechenden Texte im *OGL Frühe Neuzeit*. Andererseits fordert das Studium der Alten Geschichte eine breit angelegte Auseinandersetzung mit den Hinterlassenschaften der Antike. Die Fremdheit des Materials, der historischen ‚Quellen' – nicht im Sinne Droysens als Gegensatz zu den ‚Überresten', sondern als Oberbegriff verstanden –, hat innerhalb der Universität seit dem 19. Jh. zu einer Ausdifferenzierung verschiedener Fachdisziplinen geführt, die alle – zumindest teilweise – unter dem Dach der Altertumswissenschaften zusammenfinden. Dieser Vielfalt tragen nicht nur die angesprochenen Themen in diesem Band (bis hin zur Kirchen-, Rechts- oder Geschlechtergeschichte), sondern auch die Herkunft der Beiträgerinnen und Beiträger Rechnung, die nicht nur der Alten Geschichte, sondern auch der Klassischen Philologie, der Klassischen Archäologie, der Religionswissenschaft und der Philosophie entstammen.

Entsprechend dem *OGL*-Konzept ruht auch das *OGL Antike* auf den vier Säulen „Epochen der Antike", „Zugänge zur Antike", „Vorgehen der Forschung" und „Einrichtungen der Forschung". Sie haben sich nicht nur bereits im *OGL Frühe Neuzeit* bewährt, sondern stellen auch eine sinnvolle Weiterentwicklung der erfolgreichen Grundkonzeption des *Oldenbourg Grundriss der Geschichte*, kurz *OGG*, dar. Gegenüber den Bänden des *OGG* sind zwei Veränderungen wichtig, die der anderen Zielsetzung – mehr Einführung als Vertiefung – und der anderen Dimensionierung – statt fünf nach Epochen gegliederten althistorischen Bänden, nunmehr ein einziger für die gesamte Antike – geschuldet sind: Das *OGL Antike* bietet Grundinformationen, die in den Beigaben in mannigfaltiger Weise exemplifiziert oder vertieft werden; es will aber keine weitere

Synthese der Geschichte der Antike bieten. Und: das *OGL Antike* versucht bei aller Anerkennung für die chronologische Darstellungsform in Epochen systematische Kategorien einzuführen, die vom antiken Menschen her gedacht sind; es verfolgt einen Ansatz, den man vielleicht historisch-anthropologisch nennen könnte. Neuartig sind außerdem die Abhandlungen zu verschiedenen Zugriffsmöglichkeiten in der Alten Geschichte sowie die Integration der Rezeptionsgeschichte, die fast im Range einer zusätzlichen Säule in das Konzept eingefügt wurde. Dass dies im Falle der Antike sachlich geboten war, bedarf keiner ausführlichen Begründung, sondern nur eines Gedankenexperiments: Wie sähe unsere heutige Welt ohne die Aneignung antiker Inhalte aus? Und immer noch sind Ausweitungen möglich: So brachte unlängst die Einführung des Euro erstmals einen von Nationalismen freien Rückbezug auf die Antike auch in deutsche Portemonnaies; denn die Motive des 5-Euro-Scheins verzichten bewusst auf die Darstellung eines einzelnen Monuments, das von einer heutigen Nation als alleiniges Erbe vereinnahmt werden könnte.

▷ S. 81
Die Mittelmeerwelt im Imperium Romanum

Entscheidend für das *OGL*-Konzept sind schließlich die drei Technik-Kapitel, deren erstes von einer Begegnung mit der Antike ihren Ausgang nimmt, wie sie nicht nur im Studium, sondern vielleicht auch beiläufig bei einem Urlaub vorstellbar ist. Kaum noch außerhalb des Hörsaals vorstellbar ist die Auseinandersetzung mit den antiken Quellengattungen, die im zweiten Technik-Kapitel angesprochen werden. Und wer Geschichte präsentieren will, wie dies im dritten Technik-Kapitel vorgeführt wird, wird hierfür auf dem eigenen Studium aufbauen. Die suggerierte Progression soll zugleich ermutigen, einen eigenen Weg vom ersten historischen Interesse zur wissenschaftlichen Auseinandersetzung mit der Antike zu suchen und zu bestimmen.

Bleibt noch die angenehme Plicht des Dankens: den Beiträgerinnen und Beiträgern für ihre Bereitschaft, sich in kreativer Form mit den konzeptionellen Vorgaben auseinanderzusetzen, dem R. Oldenbourg Verlag, insbesondere Cordula Hubert, Christian Kreuzer und Julia Schreiner, für unermüdliches Eingehen auf allerlei Herausgeberwünsche und beharrliches Anspornen, Ute Berron und Matthias Steinhart für kritische Lektüre aller Beiträge, sowie schließlich Anette Völker-Rasor, ohne die es diesen Band wohl nicht gäbe.

Der Herausgeber

Einladung in die Antike

aut prodesse volunt aut delectare poetae, Dichter wollen Nutzen bringen oder Freude machen. Dieser Satz des römischen Dichters Horaz könnte auch die Tätigkeit des Historikers beschreiben, der ja vom Poeten keineswegs rigide zu trennen ist, wie nicht zuletzt die aktuelle wissenschaftstheoretische Debatte lehrt. Dass es die Historie mit ‚Nutzen und Nachteil' für das Leben zu tun hat, ist geläufig und häufig gezeigt worden; dass sie auch Spaß macht, tritt allerdings immer in den Hintergrund. Das scheint erst recht für die Antike zu gelten, eine entfernte Zeit, die sich zudem erst durch das Lernen angeblich ‚toter' Sprachen erschließt.

Demgegenüber möchte ich hier deutlich machen, dass gerade der Umgang mit dieser nun wirklich vergangenen, aber nicht abgestandenen Epoche reichen Erkenntnisgewinn, eben ‚Nutzen', verspricht und dass nicht zuletzt dies – und manches mehr – ziemlich delektieren kann. Verbinden wir also das Angenehme mit dem Nützlichen!

Wie stehen wir gemeinhin zum Altertum? Sehen wir es aus der Distanz, der Sicht des außenstehenden Beobachters, als abgetan und erledigt? Einerseits und auf den ersten Blick wird man solche Fragen bejahen. Andererseits und bei genauerem Hinsehen wird man bemerken, dass unser Verhältnis zur Antike ganz eigentümlich zwischen Vertrautheit und Fremdheit changiert, jedenfalls wenn wir uns auf die klassische, d.h. die griechisch-römische Antike beziehen. Wie schon die Griechen und die Römer selbst verschiedene kulturelle Impulse aufnahmen und so ihre ‚Vorläufer' hatten, so haben sich nachantike Gesellschaften – nicht nur in Europa – immer wieder auf das Altertum rückbezogen, gab es immer wieder Rückgriffe und Rezeptionen. Diese kulminierten in manchen Epochen, so dass wir dann von ‚Renaissancen' sprechen. Zugleich ist nun die europäische Renaissance die Phase einer sehr spezifischen, forcierten und programmatischen Rückwendung zur Antike. Sie hat den neuzeitlichen Umgang mit der Antike maßgeblich geprägt und wirkt noch heute nach, zumal sie in immer neuen Schüben von Neo-Humanismen revitalisiert wurde.

Kennzeichnend für die Renaissance ist der Schritt zu den Ursprüngen und den Quellen: ad fontes. Der daraus resultierende Blick auf das Altertum war allerdings ambivalent, ja widersprüchlich. Zum einen war die Antike, zunächst sprachlich-stilistisch, dann auf allen Gebieten der Ästhetik und des geistigen Lebens eine normsetzende Instanz. Man studierte sie, um sie als das schlechthin Perfekte nachzuahmen, sich ihr anzuverwandeln. Sie war ganz nah, ja ein im Grunde identisches Milieu. Zum anderen versuchte man die Antike möglichst genau zu verstehen, in ihren Besonderheiten und Spezifika. Sie war zwar auch nah, aber doch auch in sich und von den späteren Zuständen different. Anders gesagt, es herrschte eine gewisse Diskrepanz zwischen normierendem Zugriff und adäquater Erfassung, zwischen eher ästhetischem und eher historischem Zugang. Allerdings dominierte im Spannungsfeld von Identifizierung und Differenz eher der Diskurs der Nähe: Er blieb und bleibt das Spezifikum des humanistischen Zugangs.

Die Diskrepanz, die sich schon in der Renaissance abzeichnete, hat allerdings mit der Entwicklung der modernen Geschichtswissenschaft seit dem 19. Jh. deutlich zugenommen. Gerade hier ging es ja weniger um Normsetzungen und ästhetische Präferenzen als um den analytischen Zugriff auf fremde Kulturen und vergangene Epochen, von denen keine prinzipiell privilegiert werden

▷ S. 457ff.
Die Altertumswissenschaften im 19. und 20. Jahrhundert

sollte. Schließlich wird neuerdings gelegentlich die Fremdheit der Antike massiv betont und der Blick auf sie geradezu verfremdet.

Entscheidend ist jedoch die Verbindung beider Aspekte: Die Antike ist zunächst gedanklich eine ganz fremde und uns fernstehende Zeit und Kultur, deren Verständnis ein Problem bildet. Gerade aber weil unsere eigene kulturelle Prägung seit Jahrhunderten auf der regelmäßigen, mit vorzüglicher Kennerschaft verbundenen Auseinandersetzung mit der Antike beruht, ist sie uns doch nahe. Wir müssen sie nicht schlechthin privilegieren, aber relativ gesehen, bezogen auf uns, fällt sie mehr ins Gewicht als z.B. die Kultur der Inka.

Genau hierin liegt der wesentliche Nutzen des Umgangs mit dem Altertum: Es ist nah und doch verschieden, es ist fremd, aber nicht unverständlich. Vieles, was uns heute wichtig und geläufig ist, wurde in der Antike vorgeprägt und vor- oder angedacht, dann aber in Auseinandersetzung mit ihr und in Anpassung an ganz andere politische, soziale, ökonomische und kulturelle Konstellationen weiterentwickelt. So sind etwa – um nur ein Beispiel zu nennen – die zeitgenössischen rechtsstaatlichen Verfassungen keine Imitate der attischen Demokratie, aber doch das Ergebnis einer langen Diskussion über bestmögliche Formen menschlichen Zusammenlebens, die seit der Antike geführt wurde, in Theorie und Praxis.

▷ S. 392ff.
Die Rezeption der Antike

Gerade über diese Frage kann man auch heute noch trefflich streiten. Und gerade hier ist es sinnvoll, die diesbezügliche antike Debatte zu befragen, nicht nur weil wir damit zu den Ursprüngen vorstoßen, sondern auch weil sich in der Antike die Probleme schärfer und offener stellten. Elementare Veränderungen etwa im Umfeld persönlicher Macht und Verfügungsgewalt waren manifest und direkt spürbar und oft auch noch von ideologischen Vernebelungen frei. So ist gerade die Verfestigung von Akten der Machtausübung zu institutioneller Herrschaft immer wieder reflektiert worden, schon im altorientalischen Gilgamesch-Epos, in ägyptischer Weisheitsliteratur und im Alten Testament. Die Griechen, deren Zivilisation und Gesellschaftsordnung sich nicht in einen Rahmen fügten, der durch eine religiös fundierte Herrschaft gegeben war, die aber dafür den Kampf um Macht, Vermögen und Prestige in besonderer Weise auskosteten und auszukosten hatten, haben gerade über die Fragen von Macht und Herrschaft, sozialem Gefälle und sozialer Kontrolle, Vergeltung und Rache intensiv und auf grundsätzliche Weise nachgedacht. Vor allem: Sie haben darüber kontrovers diskutiert und deshalb in Alternativen gedacht. Ihrem Denken konnten sich auch die Römer – obgleich politisch-militärisch überlegen und insofern erfolgreicher – nicht entziehen, aber auch nicht, wie schon angedeutet, die Späteren.

Solche prinzipiellen Überlegungen in ihrem ursprünglichen Kontext und in ihrer ursprünglichen Schärfe nachzuvollziehen und ihre weitere Entwicklung in ganz anderen Konstellationen zu verfolgen, verbessert entschieden das Verständnis für das eigene Ambiente, für Prozesse und Konfigurationen, die nicht unbedingt offensichtlich sind oder uns doch so nahe stehen, dass wir sie kaum distanziert überblicken können. Dies ist nur ein Beispiel aus dem Bereich der soziopolitischen Ordnungen. Ähnliches könnte man über philosophische Grundprobleme sagen, selbst zu theologischen oder naturwissenschaftlichen Orientierungen, und nicht zuletzt auch für den Bereich der Literatur, Bildenden Kunst und Architektur.

Zum besseren Verständnis unserer eigenen Welt tragen aber nicht nur die Zugänge bei, die primär das Analoge und Entsprechende suchen und im Sinne des erwähnten Spannungsverhältnisses eher das Nahe und Verbindende akzentuieren. Auch das Fremde der Antike, das oft erst nach Überwindung allzu naiv-humanistischer Aneignung und im Zuge verstärkter historischer Analyse sichtbar wird, ist in diesem Zusammenhang wichtig. Verstehen, in Bezug sowohl auf das Selbst als auch auf die Anderen, besteht im ständigen Vergleichen, im Abgleich von Übereinstimmung und Differenz. Es ist gerade dort besonders fruchtbar, wo die Vergleichbarkeit gegeben ist, aber auch die Unterschiede sichtbar werden. Gerade in solchen kontrastiven Vergleichen fördern sich Selbst- und Fremdverständnis. Insofern ist die Antike als das uns „nächste Fremde" – so ein Begriff Uvo Hölschers – ein ideales Medium der Komparatistik.

▷ S. 337
Erkenntnis-
glichkeiten
n der Alten
Geschichte

▷ S. 362
Schlüssel-
egriffe und
Konzepte

Sofern sie aber eben auch fremd ist, macht sie – wie alle anderen Epochen und Kulturkreise – Alternativen zu unserem eigenen Ambiente deutlich. Der Umgang mit ihr leistet einen Beitrag zur Historisierung und damit auch zur Relativierung unserer eigenen Welt, die mithin auch leichter als veränderbar verstanden wird. Und da die Antike nicht schlechthin vom anderen Stern ist und wir ihr doch andererseits verbunden sind, gewinnen die Alternativen nicht nur Profil, sondern auch Plausibilität, zumal es sich ja nicht um gedachte Utopien handelt, sondern um einstige Realitäten oder Konzepte, die einmal einen ‚Sitz im Leben' hatten.

Niemand wird bestreiten, dass Erkenntnisgewinn in solchen zentralen Fragen nicht nur Nutzen bringt, sondern auch Freude macht. Aber so leicht will ich es mir mit dem *delectare* nicht machen. Die Antike kann nämlich noch auf andere Weise delektieren. Dies betone ich nicht nur, weil es hier um eine ‚Einladung' geht, und schon gar nicht im Sinne einer Anpassung an die moderne Spaßkultur. Vielmehr macht mir selbst der Umgang mit Geschichte und nicht zuletzt mit antiker Geschichte schlicht und einfach Freude; ich beobachte dasselbe auch bei vielen anderen und ich stehe vor allem auf dem Standpunkt, dass man davon in der Vermittlung der Geschichte und der Antike viel mehr Gebrauch machen sollte, als dies gemeinhin geschieht oder mit didaktisch-wissenschaftlicher Seriosität vereinbar scheint.

In dieser Hinsicht nun kommt uns die Antike sehr entgegen. Die Quellen, mit denen wir es zu tun haben und auf die wir oft mangels anderer Zeugnisse zurückgreifen müssen, sind nicht selten literarisch-ästhetische Meisterwerke, die als solche Beachtung finden, bis etwa in die Theaterliteratur hinein. Auch die historiographische Literatur war gemäß ihrer Gattungsregeln nicht nur Präsentation historischer Forschungsergebnisse, sondern auch rhetorisch-literarisches Genre, so dass ihr Mangel an Zuverlässigkeit wenigstens durch ästhetischen Gewinn kompensiert wird – und im Übrigen der Sensus für die fließenden Grenzen zwischen Geschichtsschreibung und fiktiver Literatur geweckt oder wachgehalten wird.

▷ S. 264f.
Die antiken
Menschen
über sich

▷ S. 291ff.
Technik:
Die Arbeit mit
Quellen zur
Antike

Darüber hinaus kann der historische Umgang mit dem Altertum auch von einer Neigung profitieren, der jedenfalls moderne Menschen offensichtlich freudig nachkommen und die mit der oben skizzierten Orientierung eng verbunden ist. Nennen wir sie das Bemühen um die Wurzeln, das Suchen nach den ‚roots'. Dieses wird heute ja gerade in dem massiven Interesse an historisch-archäologischen Ausstellungen und Grabungen deutlich, also nicht zuletzt dort, wo die Geschichte handgreiflich, buchstäblich manifest wird. Mit dem Blick auf die Wurzeln verbindet sich die Faszination durch das Entfernte, Exotische, Andere. Und so finden wir auch hier die Verbindung von Nähe und Ferne. Hieran können die professionellen Vermittler der Antike anknüpfen. Und hier ist eigentlich keine Einladung mehr nötig, oder besser: unsere Einladung bestände in der Bereitschaft, für solche Interessen offen zu sein. Sie müsste aber auch weiterführen und deutlich machen, dass der Blick in die Antike nicht nur ein Blick in die eigene Vergangenheit ist, sondern auch in eine andere Welt, nicht ein Weg zum Eigenen, aber vielleicht zum alter ego.

       Hans-Joachim Gehrke

Epochen der Antike

Einführung. Wer sich dem Studium der Alten Geschichte zuwendet, steht vor der Frage, wie man sich auch nur einigermaßen angemessen mit Ereignissen, Entwicklungen und Verhältnissen von annähernd 2000 Jahren beschäftigen kann. Und dabei würde sich dieser Zeitraum noch verdoppeln oder verdreifachen, wenn nicht die Ausdifferenzierung der altertumswissenschaftlichen Fächer dazu geführt hätte, dass heute unter Alter Geschichte im engeren Sinne die Geschichte der Griechen und der Römer verstanden wird, auch wenn diese Einengung in Frage gestellt werden kann [z. B. WIESEHÖFER, 11f.]. Sie ist im Übrigen auch nur mit pragmatischen Argumenten zu rechtfertigen – obgleich diese schwer wiegen –, etwa mit der notwendigen Begrenzung der ohnehin immensen Stofffülle oder mit dem Hinweis, dass zum Verständnis der Geschichte einer Kultur auch ein Verständnis der Sprache gehört, der sich diejenigen bedienten, die sich jener Kultur angehörig fühlten.

Was unter ‚Kultur' zu verstehen ist, wird in der Forschung kontrovers diskutiert [DRESSEL, 166ff.; GEHRKE]. Deutlich ist freilich, dass ‚Kultur' nicht objektiv gegeben ist, sondern sich einer stetigen Kommunikation unter Menschen verdankt, wobei Formen, Medien und Inhalte dieser Kommunikation ganz unterschiedlich sind und zudem veränderbar. Die einen mögen sich in Geschichten vom Krieg um Troja wiedergefunden haben, den anderen waren ‚Bauernregeln' wichtig, und möglicherweise befanden sich Personen dieser beiden ‚Kommunikationsgruppen' mancherorts sogar in direktem Konflikt. Entscheidend aber ist, dass überhaupt eine Chance bestand, dass solche Gruppen miteinander in eine kommunikative Beziehung eintraten und dass diese eine Aussicht auf Stetigkeit besaß. Kommunikation ist also

▷ S. 337f.
Erkenntnismöglichkeiten in der Alten Geschichte

▷ S. 363ff.
Schlüsselbegriffe und Konzepte

abhängig von einem geographischen Raum und einem Zeichensystem, und daher kann das Erschließen neuer Räume oder die Kreation eines neuen Zeichensystems den Beginn einer neuen Epoche markieren.

Betrachten wir nun die Geschichte der Griechen und Römer, dann lassen sich mehrere Epochen unterscheiden, wobei die Ausgangssituation zeitlich verschoben ist: Bis zum 6. Jh. v.Chr. ist die römische Geschichte ein lokales Phänomen, das allenfalls durch seine Einbettung in die etruskisch-italische Welt eine gewisse räumliche Ausdehnung erfährt. In Griechenland und im Ägäisraum dagegen entstanden bereits seit dem beginnenden 1. Jahrtausend Gemeinschaften, die zunehmend weiträumiger agierten, sei es in Form von Kontakten mit dem Orient, sei es in Form von Siedlungsunternehmen wie der ‚Großen Kolonisation'. Auch der zunehmende Gebrauch der Alphabetschrift hat mit dieser ‚Horizonterweiterung' zu tun [WIRBELAUER]. Schon im 6. Jh. waren Griechen, griechische Sprache und griechische Handelsgüter rund um das Mittelmeer (und das Schwarze Meer) herum anzutreffen, und bis zum 4. Jh. verdichtete sich dieser von griechischer Kultur beeinflusste – mitunter sogar geprägte – Raum noch mehr, ohne dass es zu einer förmlichen Herrschaftsausbildung gekommen wäre.

In dieser Hinsicht markiert die Person Alexanders und seine kurze, aber unerhörte Erfolgsgeschichte einen neuen Epochenbeginn: Nunmehr erschien es möglich, und in der Folge manchem wünschenswert, ein griechisch dominiertes Reich zu schaffen, auch wenn sich die Blicke hierbei in der Nachfolge Alexanders zunächst auf das östliche Mittelmeer und den Vorderen Orient richteten. Wichtiger als die ‚Reichsbildungsoption' war

▷ S. 17ff.
Von der Levante nach Griechenland

▷ S. 182ff.
Die antiken Menschen in ihren Gemeinschaften

▷ S. 25ff.
Die Mittelmeerwelt vom 6. bis 4. Jahrhundert

▷ S. 45ff.
Die Hellenisierung der Mittelmeerwelt

etwas anderes: Die Ausbildung einer *koinē* einer allen Griechen gemeinsamen Umgangssprache, die lokale und regionale Differenzen in bislang nicht gekanntem Maße nivellierte. Dieses neue Zeichensystem erleichterte es nicht zuletzt den Römern, sich zunehmend in der griechischen Welt zurechtzufinden, noch bevor sie dann auch Griechen außerhalb Italiens und Siziliens ihrer Herrschaft unterwarfen. Vom 1. Jh. v.Chr. bis in das 3. Jh. n.Chr. war die römische Herrschaft im

▷ S. 67ff.
Die Mittelmeerwelt im Imperium Romanum

Mittelmeerraum (und darüber hinaus) weitgehend unbestritten, vielleicht auch deshalb, weil es die Römer verstanden hatten, ihre Herrschaftsausübung so zu gestalten, dass sie von den Beherrschten, also gerade auch: von den Griechen, als vorteilhaft empfunden wurde.

Die Veränderungen seit dem 3. Jh. n.Chr.

▷ S. 87ff.
Die Verwandlung der Mittelmeerwelt in der Spätantike

lassen sich an *der* zentralen Errungenschaft der Antike erkennen: die Stadt als „anstaltsmäßig vergesellschaftete, mit besonderen und charakteristischen Organen ausgestatteten Verband von ,Bürgern'"

▷ S. 199f.
Die antiken Menschen in ihren Gemeinschaften

[WEBER, 743]. Entstanden in der 1. Hälfte des 1. Jahrtausends v.Chr. blieb diese für Griechen charakteristische Siedlungsform bis in das 3. Jh. n.Chr. bei mannigfaltigen Veränderungen im Einzelnen doch als ganze bestehen – sie bildete teils römisch modifiziert auch das Rückgrat des Römischen Reichs: „Überall aber war die Zugehörigkeit zum Reich über die Zugehörigkeit zu einer Stadt vermittelt." [MARTIN, 108f.]. Doch im Laufe des 3. und 4. Jh.s wandelten sich die Städte: Waren sie zuvor weitgehend selbstverwaltete Honoratiorenverbände, wurden sie jetzt zu Gemeinden von kaiserlichen Untertanen, die zunehmend auch ihrem jeweiligen Bischof unterworfen waren. Diese Veränderungen in der Spätantike führten zum „Verlust der antiken Stadt" und öffneten zugleich den mittelalterlichen Nachfolgergesellschaften neue Möglichkeiten, ihre Gemeinwesen zu organisieren [MARTIN, 110–114]. Das Zusammenkommen von Altem und Neuem machen zwei sehr unterschiedliche Persönlichkeiten im 6. Jh. exemplarisch deutlich: Justinian und Gregor. Während der Kaiser Antike und Byzantinisches Mittelalter in seiner Person vereint [MEIER], scheint Gregors Lebensweg vom weltlichen zum geistlichen Herrn seiner Heimatstadt Rom die organisatorische Leistungsfähigkeit der mittelalterlichen Kirche paradigmatisch vorwegzunehmen.

▷ S. 281
Die antiken Menschen sich

Literatur

G. DRESSEL, Historische Anthropologie. Eine Einführung, Wien u.a. 1996.

H.-J. GEHRKE, Geschichtswissenschaft in kulturwissenschaftlicher Perspektive, in: K. E. MÜLLER (Hrsg.), Perspektiven und Aufgaben der Kulturwissenschaften, Bielefeld 2003, 49–69.

J. MARTIN, Der Verlust der Stadt, in: CHR. MEIER (Hrsg.), Die okzidentale Stadt nach Max Weber. Zum Problem der Zugehörigkeit in Antike und Mittelalter, München 1994, 95–114.

M. MEIER, Justinian, München 2004.

M. WEBER, Wirtschaft und Gesellschaft. Grundriss der verstehenden Soziologie, besorgt von J. WINCKELMANN, Tübingen 5. Aufl. 1972.

J. WIESEHÖFER, Das antike Persien von 550 v.Chr. bis 650 n.Chr., Zürich u.a. 1994.

E. WIRBELAUER, Eine Frage von Telekommunikation? Die Griechen und ihre Schrift im 9.–7. Jh. v. Chr., in: R. ROLLINGER/CHR. ULF (Hrsg.), Griechische Archaik. Interne Impulse, Berlin 2004, 187–206.

Epochen der Antike

Von der Levante nach Griechenland

Zeittafel

um 1200 v.Chr.	Untergang der spätbronzezeitlichen Palastkulturen (‚Mykenische Kultur') in Griechenland; Verlust der Schrift. ‚Seevölkersturm' in der Levante. Beginn der Eisenzeit.
12./11. Jh.	Drastischer Bevölkerungsrückgang; Aufgabe vieler Siedlungsplätze.
spätes 11.–8. Jh.	‚Geometrische Zeit' im zentralgriechischen Raum; große kulturelle Differenzen innerhalb Griechenlands und des ägäischen Raums (‚Fürstengrab' in Lefkandi – einfache Apsidialhäuser in Nichoria).
10./9. Jh. v.Chr.	Ausbildung phönizischer und syrischer Stadtstaaten in der Levante und Erschließung lokaler Märkte in der Ägäis.
8. Jh. v.Chr.	Sprunghafte Zunahme der Kontakte mit dem Orient und ‚revolutionäre' Veränderungen in Zentralgriechenland; Übernahme der Alphabetschrift. Am Ende des Jh.s erste griechische Handelsstützpunkte in der Levante.
um 700 v.Chr.	*Homerische Epen* (*Ilias* und *Odyssee*).

Die Ausgangslage. Am Ende des 2. Jahrtausends v. Chr. gingen die spätbronzezeitlichen Palastkulturen des griechischen Festlandes, die nach einem der wichtigsten Fundorte, Mykene, auch vereinfachend als ‚Mykenische Kultur' bezeichnet werden, in einer gewaltigen Katastrophe unter. Die genauen Hintergründe der Zerstörungen sind in der modernen Forschung nach wie vor heftig umstritten. Deutlich wird jedoch, dass die Ereignisse in Griechenland in den größeren Kontext eines einschneidenden historischen Umbruchs eingeordnet sind, der die gesamte Staatenwelt des östlichen Mittelmeerraumes betraf und mit dem so genannten ‚Seevölkersturm' in Verbindung steht [HAIDER 1988; LEHMANN; zur Kritik an diesem Konzept: SOMMER 2001]. Dieser Umbruch hatte nachhaltige Auswirkungen nicht nur auf die politischen, sondern auch auf die ökonomischen und sozialen Rahmenbedingungen des östlichen Mittelmeerraumes, die sich für die Geschichte des ersten Jahrtausends als prägend erweisen sollten. Im 12. Jh. v.Chr. kam mit der in Zypern praktizierten Eisenverarbeitung ein neues Metall auf den Markt. Eisen wurde nicht nur als Werkstoff, sondern auch als Prestigeobjekt und Wertmesser zu einem Motor sich neu entwickelnder Ökonomien. Diese wurden jetzt nicht mehr von großen Palästen kontrolliert – obwohl diese Einrichtung im Vorderen Orient auch weiterhin eine dominierende Rolle behielt –, sondern von neuen merkantilen Zentren, insbesondere den phönizischen und aramäischen Küstenstädten des östlichen Mittelmeers [NIEMEYER; SHERRATT/SHERRATT; SOMMER 2000].

Auch wenn sich der sozio-kulturelle Umbruch des ausgehenden 2. Jahrtausends in Griechenland wesentlich stärker auswirkte als im Orient, so blieben doch beide Kulturzonen in ihrer weiteren Entwicklung aufs engste miteinander verzahnt. Die mannigfaltigen Veränderungen, die sich in Griechenland im Laufe des früheren 1. Jahrtausends einstellten, bleiben unverständlich, wenn nicht der gesamte Mittelmeerraum, und insbesondere sein Osten, in den Blick genommen werden, wie dies in der Forschung seit den 1980er Jahren geschieht [BURKERT; HAIDER; KOPCKE/TOKUMARU; MATTHÄUS; ROLLINGER 1996, 2001; ROLLINGER/ULF 2003; ULF 1996; WEST].

Griechische Geschichte vor dem 6. Jh.?
Allzu oft übertragen wir die Grenzen moderner Nationalstaaten in unsere Betrachtungen der Vergangenheit. Nicht selten sind damit konkrete – auch chauvinistische – Anliegen verknüpft, die die frühzeitige Existenz und das hohe Alter von ‚Staaten' und ‚Völkern' untermauern sollen.

Im Gebiet des heutigen Griechenland können wir ein gemeinsames ‚griechisches' Bewusstsein, das auf sprachlichen, kulturellen und religiösen Berührungspunkten gründete, nicht vor dem 6. Jh. fassen; auch die homerische Dichtung bietet hierfür kein früheres Zeugnis. Dieses entstehende Gemeinschaftsbewusstsein wurde zudem von Staatswesen wie Athen und Sparta getragen, die nicht nur seit dem ausgehenden 6. Jh. eine dominante Rolle in der ‚innergriechischen' Geschichte spielten, sondern auch die im 5. Jh. einsetzende historiographische Überlieferung entscheidend prägten. Im Übrigen wirkt diese Prägung bis heute nach: ‚Griechische' Geschichte wird immer noch mit ‚athenischer' oder ‚spartanischer' Geschichte gleichgesetzt, besser gesagt: verwechselt [ULF 1996, 200; HALL].

Diese zumindest einseitige Betrachtungsweise begegnet uns auch in der hier zu betrachtenden Epoche, die wir vornehmlich aus archäologischen Quellen kennen. Kernzonen der archäologischen Dokumentation, die sich vor allem im Zentrum des heutigen Griechenland befinden (Attika, Euböa, Korinthia, Argolis, aber auch die ägäische Inselwelt), wurden als ‚griechische' Fundorte verstanden, ohne dass dabei die Vielschichtigkeit des Begriffs ‚griechisch', geschweige denn Entwicklungen in anderen Räumen Griechenlands adäquat berücksichtigt wurden.

Dennoch wird der Begriff ‚griechisch' auch im Folgenden verwendet, schon aus Gründen der Konvention. Er wird hier auf ein Gebiet bezogen, das sich weitgehend mit den Grenzen des modernen Staates Griechenland deckt, freilich im Bewusstsein, dass dieser Raum keine einheitliche Kulturzone bildete. Er umfasst vielmehr eine Reihe voneinander abgrenzbarer Entwicklungsräume, die eine unterschiedliche kulturelle Dynamik entfalteten. Dabei sind mindestens vier ‚Kulturprovinzen' erkennbar: erstens die südliche und nordwestliche Peloponnes einschließlich Nordwestgriechenlands jenseits des Korinthischen Golfes, zweitens die Gebiete der nordöstlichen Peloponnes mit Attika, dem heutigen Zentralgriechenland sowie Euböa und die ägäische Inselwelt, drittens Nordgriechenland sowie viertens die Insel Kreta [MORRIS 1998].

Die Bedeutung der Scherben. Mit dem Untergang der spätbronzezeitlichen Paläste war auch die Schriftkultur in Griechenland verschwunden und es sollte beinahe ein halbes Jahrtausend dauern, bis die Schrift – diesmal allerdings in Form eines neuen alphabetischen Schriftsystems – im 8. Jh. wieder eingeführt wurde [MAREK]. Einen ersten Höhepunkt dieser neuen Schriftlichkeit stellen die homerischen Epen dar, die ältesten umfangreichen Textzeugnisse für die griechische Geschichte,

Griechenland und die Ägäis während der ‚Dunklen Jahrhunderte'.
Die Karte zeigt die wichtigsten Plätze in Griechenland und in der Ägäis, an denen **Funde** gemacht wurden, die in die so genannten **‚Dunklen Jahrhunderte'** zu datieren sind. Dabei handelt es sich um Reste von Siedlungen, teils mit Architekturbefund, um Gräber und Nekropolen, um Heiligtümer und anderes mehr. Nicht selten sind auch Hinweise darauf ermittelt worden, dass der eine oder andere Gegenstand von weit her, insbesondere aus dem Vorderen Orient oder aus Ägypten an den betreffenden Platz gekommen ist. Mögen solche Importe vielleicht auch seltener sein als zu früheren oder zu späteren Zeiten, so zeigen sie doch, dass das Interesse an Luxusgütern auch in diesen Jahrhunderten nicht völlig geschwunden ist.

Karte: Nach S. Deger-Jalkotzy, Art. „Dunkle Jahrhunderte" in: Der Neue Pauly, Bd. 3, Stuttgart/Weimar 1997, Sp. 838–843.

entstanden an der Wende vom 8. zum 7. Jh. [ULF 1990; RAAFLAUB 1998; VAN WEES 2002].

Für die Zeit davor sind wir ausschließlich auf archäologische Befunde verwiesen, die zudem von der ausgehenden Bronzezeit bis in das 8. Jh. hinein vergleichsweise gering und dürftig sind. Dies trug jenen Jahrhunderten in der Forschung die Bezeichnung ‚Dark Ages' ein. Inzwischen ist es freilich gelungen, die ‚Dunklen Jahrhunderte' etwas aufzuhellen und zu gliedern, insbesondere dank der Untersuchung von Tongefäßen. Als Gebrauchsgegenstände ohnehin häufig zu finden und zudem oft rasch wechselnden Veränderungen und Modeerscheinungen ausgesetzt, eignet sich Keramik am ehesten zum Abgrenzen zeitlich aufeinanderfolgender Phasen: Forschungsgeschichtlich kam hier der in Attika gefertigten Ware mit geometrischen Verzierungen eine besondere Bedeutung zu, obgleich heute klar ist, dass die ‚geometrische Epoche', die in Attika vom späten 11. bis zum ausgehenden 8. Jh. dauerte, andernorts anders anzusetzen ist.

Lefkandi und Nichoria. Im zentralgriechischen Raum kommt der Insel Euböa besondere Bedeutung zu. An einem vorspringenden Kap der Westküste, dort, wo die Insel gemeinsam mit dem gegenüberliegenden Festland eine enge Wasserstraße bildet und sich eine natürliche Anlegestelle für den Schiffsverkehr befand, beim heutigen Lefkandi, entdeckten Archäologen in den 1970er Jahren eine antike Siedlung mit mehreren sie umgebenden Friedhöfen. Einer von ihnen, der so genannte Toumba-Friedhof, bot eine für die Mitte des 10. Jh.s außergewöhnliche Grabanlage: Ein monumentales Gebäude von 45 m Länge und 10 m Breite barg in seinem Inneren einen Schacht mit zwei nebeneinander liegenden Bestattungen mit prunkvollen Grabbeigaben, eigentümlicherweise eine Brand- und eine Körperbestattung. Während der Mann zunächst verbrannt und seine dann verbliebenen Überreste in einem kostbaren Bronzegefäß bestattet worden waren, war der Leichnam der Frau direkt in reicher Kleidung beigesetzt worden. Neben der Urne des Mannes fanden sich eiserne Waffen und andere Geräte, darunter ein Rasiermesser und ein Wetzstein, während der Frau goldene Ohrringe und Scheiben, ein goldenes Halsband und Fayenceschmuck beigegeben worden waren. Die Bedeutung dieser Grabanlage unterstreicht nicht zuletzt der künstlich darüber aufgeschüttete Hügel, der sie gleichermaßen schützen wie markieren sollte. In der Folge entwickelte sich um diesen Grabhügel ein Friedhof, der bis zum Ende des 9. Jh.s belegt wurde. Auch diese Bestattungen bestechen durch ihren Reichtum, doch nicht nur dadurch; noch wichtiger ist, dass ein Großteil der wertvollen Grabbeigaben aus Ägypten, von der Levante oder aus dem nordsyrisch-kilikischen Raum stammte; es handelt sich also um orientalisches Importgut. Hier profitierte offensichtlich eine einheimische Oberschicht von jenen Handelskontakten, die phönizisch-syrische Händler auf ihrer Suche nach neuen Märkten und Rohstoffen geknüpft hatten. Aufgrund des überlegenen Charakters der orientalischen Kulturen stießen sie einen bedeutenden Entwicklungsschub für jene griechischen Gebiete an, die in dieses Netzwerk des internationalen Handels eingebunden waren. Die zentralgriechische Region nahm hierbei eine führende Rolle ein und wurde dadurch zu einem Motor der kulturellen Entwicklung innerhalb Griechenlands [MORRIS 1997; DERS. 1998; WINTER].

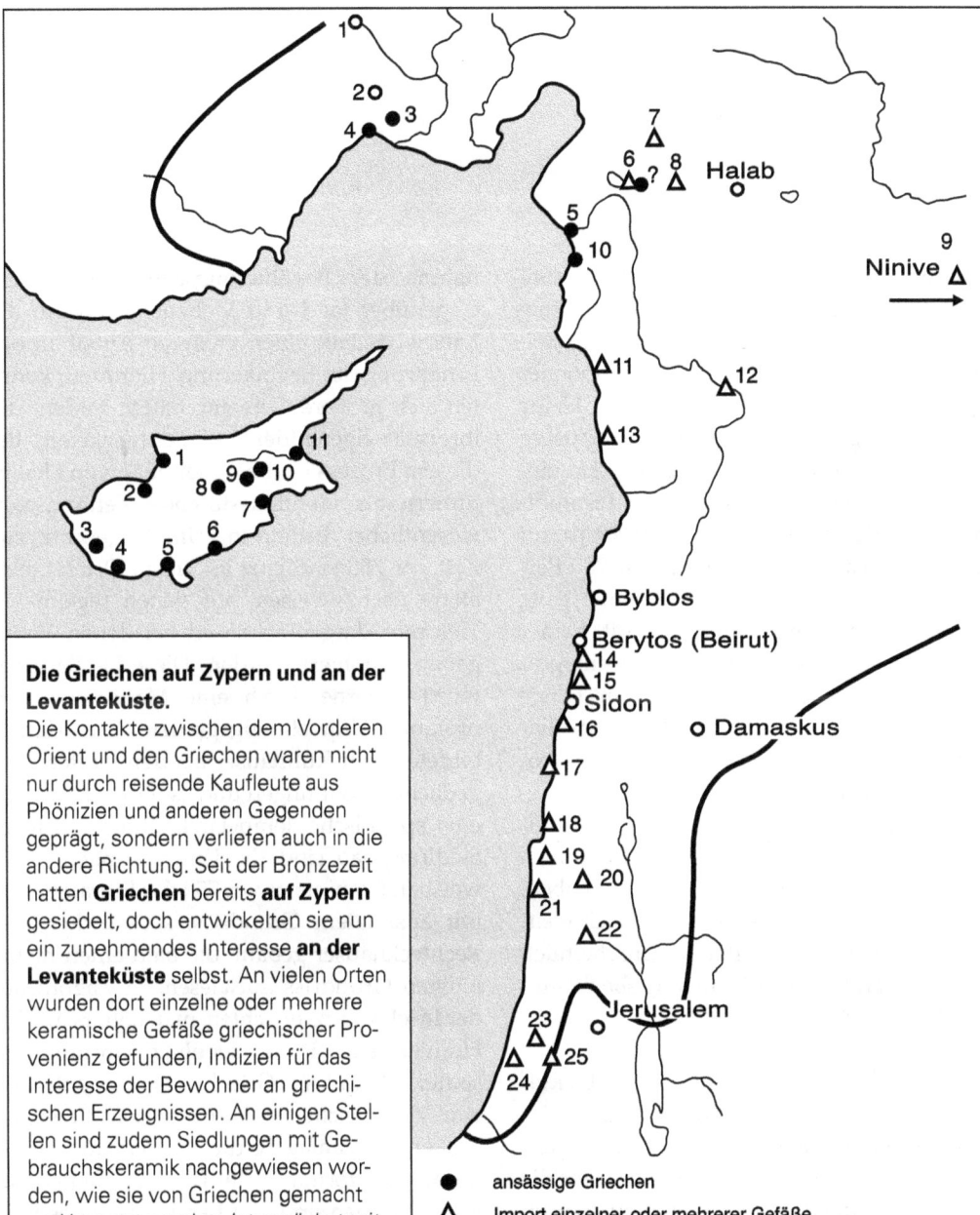

Die Griechen auf Zypern und an der Levanteküste.

Die Kontakte zwischen dem Vorderen Orient und den Griechen waren nicht nur durch reisende Kaufleute aus Phönizien und anderen Gegenden geprägt, sondern verliefen auch in die andere Richtung. Seit der Bronzezeit hatten **Griechen** bereits **auf Zypern** gesiedelt, doch entwickelten sie nun ein zunehmendes Interesse **an der Levanteküste** selbst. An vielen Orten wurden dort einzelne oder mehrere keramische Gefäße griechischer Provenienz gefunden, Indizien für das Interesse der Bewohner an griechischen Erzeugnissen. An einigen Stellen sind zudem Siedlungen mit Gebrauchskeramik nachgewiesen worden, wie sie von Griechen gemacht und benutzt wurden. Ist zunächst mit einer sporadischen Präsenz griechischer Händler und Kaufleute zu rechnen, so entstanden daraus seit der Wende vom 8. zum 7. Jh. geduldete Handelsstützpunkte im Kontext einheimischer Siedlungen, so etwa im nordsyrischen Al-Mina. Das Söldnerwesen war anfänglich weniger stark verbreitet und entwickelte sich erst stärker seit der Mitte des 7. Jh.s.

Quelle: Nach HAIDER 1996, 59–115; ROLLINGER 2001.

- ● ansässige Griechen
- △ Import einzelner oder mehrerer Gefäße
- — Grenze des assyrischen Reiches im Jahre 720, nach der Eroberung Gazas
- ○ sonstige wichtige Orte

Zypern (nur die wichtigsten Fundplätze kartiert):
1 Hagia Irini, 2 Soloi, 3 Ktima, 4 Palaipaphos, 5 Kourion, 6 Amathus, 7 Kition, 8 Tamassos, 9 Idalion, 10 Golgoi, 11 Salamis.

Kilikien, Syrien, Palästina:
1 Buzanta, 2 Illubru, 3 Tarsos, 4 Ingirra/Anchiale/Mersin, 5 Al-Mina, 6 Tell Tainat, 7 Çatal Hüyük, 8 Tell Judeideh, 9 Ninive, 10 Ras el-Bassit/Posideion, 11 Sukas/Shuksu/Sykas, 12 Hamath, 13 Tabbat al-Hamam, 14 Khaldé, 15 Tamburit, 16 Sarepta, 17 Tyros, 18 Akko, 19 Tell Abu-Hawam, 20 Megiddo, 21 Dor, 22 Samaria, 23 Ekron, 24 Askalon, 25 Gath.

Andere Gebiete, denen dieser kulturelle Stimulus fehlte, offenbaren hingegen ein gänzlich anderes kulturelles Gepräge, wie das Beispiel Nichoria an der Südküste der Peloponnes zeigt. Dort hatte sich im 11. Jh. eine kleine Dauersiedlung in primitiven Einraumhäusern gehalten, die aus Steinfundamenten und einfachen Aufbauten aus Flechtwerk und Stampflehm bestanden. Sie wuchs im 10. und 9. Jh. auf vielleicht 40 Familien, also ungefähr 200 Personen, an und wies – freilich auf einer ganz anderen Ebene als in Lefkandi – Ansätze einer sozialen Hierarchisierung auf: Um ein größeres Zentralgebäude von ca. 10 m Länge gruppierte sich der Rest der Hütten. Offenbar haben wir es mit der Niederlassung eines Anführers und seiner auf ihn ausgerichteten Gefolgschaft zu tun. Die wirtschaftliche Grundlage dieser Gemeinschaft scheint vornehmlich auf Jagd und Viehzucht beruht zu haben, jedenfalls versorgten die Menschen sich weitgehend selbst und verfügten augenscheinlich über keine größeren Außenhandelsbeziehungen [MORRIS 1997; DERS. 1998].

Auf dem Weg zur Polis. Die große kulturelle Differenz kennzeichnete auch in der Folgezeit die einzelnen Regionen Griechenlands; wie im Falle Lefkandi entschieden die Kontakte mit der Levante über die Chancen und das Ausmaß kultureller Entfaltung. In den Regionen Zentralgriechenlands erreichte diese im 8. Jh. einen ersten Höhepunkt. Nunmehr ergaben sich eine Reihe geradezu revolutionärer Veränderungen, die das kulturelle und politische Antlitz der Region in den nachfolgenden Jahrhunderten bestimmen sollten: Die sprunghafte Zunahme der uns bekannten Bestattungen sowie die beachtliche – auch lokal nachzuweisende – Variabilität in den Bestattungssitten lassen auf eine deutliche Zunahme der Bevölkerungszahlen schließen. Gegenüber Jagd und Viehzucht gewann die Landwirtschaft einen größeren Anteil an der Ernährung der Bevölkerung. Hierdurch konnten sich größere Gemeinschaften bilden, die ihrerseits eigene Identitäten entwickelten. Bei diesem Prozess ist die Ausbildung von Heiligtümern als identitätsstiftende Zentren von wesentlicher Bedeutung. Im Gegensatz zur Zeit vor 750 sind jetzt an vielen Orten Steinaltäre nachzuweisen, auf denen regelmäßig Tieropfer dargebracht und bei denen Votivgaben deponiert wurden. Diese Heiligtümer wurden gerne durch eine Mauer von der profanen Umwelt abgegrenzt. Kurz darauf bildeten sich Kulthäuser als den Göttern zugedachte Wohnungen und es entwickelte sich eine spezifische Tempelarchitektur. Auch im Siedlungsbau sind die Umwälzungen nachweisbar. Dominierte vor 750 das Einraumhaus mit apsidialem Grundriss, so wurden jetzt Rechteckhäuser gebaut, die bald einen mehrteiligen Grundriss aufwiesen. In Zagora auf der Insel Andros errichtete man bereits um 700 Hofhäuser, ein Typus, der einige Jahrhunderte später überall in Griechenland anzutreffen war. Zur gleichen Zeit entstanden die ersten großen Platzanlagen, die als Versammlungsräume sich formierender Bürgergemeinschaften anzusehen sind. Der Bereich der Lebenden und der Toten wurde nun schärfer getrennt; Bestattungen innerhalb der Wohngebiete hörten auf zugunsten separater Friedhöfe außerhalb der Siedlungen, teilweise durch Maueranlagen geschützt und markiert [OSBORNE; MORRIS 1997].

Damit war der Entwicklung der klassischen griechischen Polis der Weg gewiesen. Möglich wurde diese Entwicklung dadurch, dass sich die ursprünglich lokalen griechischen Märkte in das von orienta-

▷ S. 181 ff.
Die antiken Menschen in ihren Gemeinschaften

lischen Händlern geöffnete Handelsnetzwerk einklinkten, fremde Einflüsse bereitwillig aufnahmen und sie den eigenen Bedürfnissen anpassten. Die Nähe zum levantinischen Raum ermöglichte die fast unbegrenzte Aufnahme orientalischer Kulturgüter und Denkformen, die gleichzeitige Ferne und politische Unabhängigkeit von diesem Raum garantierte den freien Umgang mit diesen Gütern und ihre Transformation zu etwas Neuem [BURKERT; vgl. auch LANFRANCHI; S. P. MORRIS; WEST; ROLLINGER 2001; ROLLINGER/KORENJAK]. Beispielhaft zeigt sich dies in der Übernahme der Alphabetschrift, die den eigenen Bedürfnissen angepasst wurde und bald eine erstaunliche Verbreitung finden sollte, nicht zuletzt dank Homers.

Robert Rollinger

Literatur
W. BURKERT, The Orientalizing Revolution. Near Eastern Influence on Greek Cultures in the Early Archaic Age, Cambridge/Mass. 1992 [dt. 1984].
N. FISHER/H. VAN WEES (Hrsg.), Archaic Greece. New Approaches and New Evidence, London 1998.
P. W. HAIDER, Griechenland – Nordafrika. Ihre Beziehungen zwischen 1500 und 600 v. Chr., Darmstadt 1988.
DERS., Griechen im Vorderen Orient und in Ägypten bis ca. 590 v.Chr., in: ULF 1996, 59–115.
J. M. HALL, Ethnic Identity in Greek Antiquity, Cambridge 1997.
G. KOPCKE/I. TOKUMARU (Hrsg.), Greece between East and West: 10th-8th Centuries BC. Papers of the Meeting at the Institute of Fine Arts, New York University, March 15th–16th, 1990, Mainz 1992.

M. KORENJAK/R. ROLLINGER, Kai tode Phokylideo? ‚Phokylides' und der Fall Ninives, Philologus 145, 2001, 195–202.
G. B. LANFRANCHI, The Ideological and Political Impact of the Neo-Assyrian Imperial Expansion on the Greek World in the 8th and 7th centuries BC, in: S. ARO/R. M. WHITING (Hrsg.), Melammu Symposia 1: The Heirs of Assyria, Helsinki 2000, 7–34.
G. A. LEHMANN, Umbrüche und Zäsuren im östlichen Mittelmeerraum und Vorderasien zur Zeit der ‚Seevölker'-Invasionen um und nach 1200 v.Chr. Neue Quellenzeugnisse und Befunde, in: Historische Zeitschrift 262, 1996, 1–38.
CH. MAREK, Euboia und die Entstehung der Alphabetschrift bei den Griechen, in: Klio 75, 1993, 27–44.
H. MATTHÄUS, Zur Rezeption orientalischer Kunst-, Kultur- und Lebensformen in Griechenland, in: K. RAAFLAUB (Hrsg.), Anfänge politischen Denkens in der Antike. Die nahöstlichen Kulturen und die Griechen, München 1993, 165–186.
I. MORRIS, Homer and the Iron Age, in: DERS./B. POWELL (Hrsg.), A New Companion to Homer, Leiden/New York/Köln 1997, 535–559.
DERS., Archaeology and Archaic Greek History, in: FISHER/VAN WEES 1998, 1–91.
S. P. MORRIS, Daidalos and the Origins of Greek Art, Princeton 2. Aufl. 1995.
H. G. NIEMEYER, Die frühe phönizische Expansion im Mittelmeer. Neue Beiträge zu ihrer Beschreibung und ihren Ursachen, in: Saeculum 50, 1999, 153–175.
R. OSBORNE, Greece in the Making, 1200–479 BC, London/New York 1996.
J. K. PAPADOPOULOS, Phantom Euboeans, in: Journal of Mediterranean Archaeology 10, 1996, 191–206.

M. Popham, Precolonization. Early Greek Contact with the East, in: G. R. Tsetskhladze/F. De Angelis (Hrsg.), The Archaeology of Greek Colonisation. Essays dedicated to Sir John Boardman, Oxford 1994, 11–34.

K. Raaflaub, A Historian's Headache. How to read ‚Homeric society'?, in: Fisher/van Wees 1998, 169–193.

R. Rollinger, Altorientalische Motivik in der frühgriechischen Literatur am Beispiel der homerischen Epen. Elemente des Kampfes in der Ilias und in der altorientalischen Literatur (nebst Überlegungen zur Präsenz altorientalischer Wanderpriester im früharchaischen Griechenland), in: Ulf 1996, 156–210.

Ders., Zur Bezeichnung von ‚Griechen' in Keilschrifttexten, in: Revue d'Assyriologie 91, 1997 [1999], 167–172.

Ders., The Ancient Greeks and the Impact of the Ancient Near East. Textual Evidence and Historical Perspective (ca. 750–650 BC), in: R. M. Whiting (Hrsg.), Melammu Symposia 2: Mythology and Mythologies. Methodological Approaches to Intercultural Influences, Helsinki 2001, 233–264.

Ders./M. Korenjak, Addikritušu: Ein namentlich genannter Grieche aus der Zeit Asarhaddons (680–669 v.Chr.), in: Altorientalische Forschungen 28, 2001, 325–337.

Ders./Chr. Ulf (Hrsg.), Das Archaische Griechenland: Interne Entwicklungen – Externe Impulse, Berlin 2003.

S. Sherratt/A. Sherratt, The Growth of the Mediterranean Economy in the Early first Millennium BC, in: World Archaeology 24, 1993, 361–378.

A. M. Snodgrass, Archaeology and the Rise of the Greek State, Cambridge 1977.

M. Sommer, Europas Ahnen. Ursprünge des Politischen bei den Phönikern. Darmstadt 2000.

Ders., Der Untergang des hethitischen Reiches. Anatolien und der östliche Mittelmeerraum um 1200 v.Chr., in: Saeculum 52, 2001, 157–176.

C. G. Thomas/C. Conant, Citadel to City-State. The Transformation of Greece 1200–700 B.C.E., Bloomington/Indianapolis 1999.

Chr. Ulf, Die homerische Gesellschaft. Materialien zur analytischen Beschreibung und historischen Lokalisierung, München 1990.

Ders. (Hrsg.), Wege zur Genese griechischer Identität. Die Bedeutung der früharchaischen Zeit, Berlin 1996.

Ders., Gemeinschaftsbezug, soziale Stratifizierung, Polis – drei Bedingungen für das Entstehen aristokratischer und demokratischer Mentalität im archaischen Griechenland, in: D. Papenfuss/V. M. Strocka (Hrsg.), Gab es das griechische Wunder? Griechenland zwischen dem Ende des 6. und der Mitte des 5. Jahrhunderts v.Chr., Mainz 2001, 163–186.

H. van Wees, Homer and Early Greece, in: Colby Quarterly 38, 2002, 94–117.

M. L. West, The East Face of Helicon. West Asiatic Elements in Greek Poetry and Myth, Oxford 1997.

I. J. Winter, Homer's Phoenicians. History, Ethnography, or Literary Trope? A Perspective on Early Orientalism, in: J. B. Carter/S. P. Morris (Hrsg.), The Ages of Homer. A Tribute to Emily Townsend Vermeule, Austin 1995, 247–271.

Epochen der Antike

Die Mittelmeerwelt vom 6. bis 4. Jahrhundert

Zeittafel

um 550 v. Chr.	Anfänge des sog. ‚Peloponnesischen Bundes'.
535	Seeschlacht von Alalia.
512	Zerstörung von Sybaris.
510	Vertreibung der Nachkommen des Peisistratos aus Athen.
508/507	Phylenreform des Kleisthenes.
um 500	Zusammenbruch der Fürstentümer der Hallstattzeit. Beginn der Keltischen Expansion.
500–494	Ionischer Aufstand.
490	Schlacht bei Marathon.
481	Gründung der hellenischen Eidgenossenschaft für den Abwehrkampf gegen Persien.
480	Seeschlacht von Salamis. Karthager bei Himera von den Griechen geschlagen.
479	Landschlacht bei Plataä.
478/477	Gründung des Ersten Athenischen Seebunds.
462/461	Entmachtung des Areopag auf Initiative des Ephialtes; Beginn der sog. ‚radikalen Demokratie' in Athen.
431–404	Peloponnesischer Krieg.
431–421	Archidamischer Krieg.
429	Tod des führenden athenischen Staatsmanns, Perikles.
421	Frieden des Nikias.
415–413	Sizilienexpedition.
413–404	Dekeleischer Krieg.
401	Ende des oligarchischen Sonderstaats von Eleusis; Beginn des erneuten Machtaufstiegs Athens.
395–386	Korinthischer Krieg.
386	Königsfrieden.
378/377	Gründung des Zweiten Athenischen Seebunds.
360/359–336	Philipp II. König von Makedonien.
357–355	Krieg Athens gegen einige Bundesgenossen (sog. ‚Bundesgenossenkrieg').
338	Schlacht von Chaironeia. Unterwerfung der Latiner durch Rom.
336–323	Alexander der Große.

Politische Organisationsformen der Antike. Antike wird gemeinhin vor allem als griechisch-römische Antike aufgefasst. Diese Verengung erklärt sich damit, dass der Mittelmeerraum mit dem Römischen Reich identisch geworden war und dass sich in diesem Imperium Romanum alle Eliten an der griechisch-römischen Hochkultur orientierten. Deren Produkte, zu denen die meisten antiken Quellentexte gehören, überlebten und wurden weitertradiert, während die autonome Entwicklung indigener Mittelmeerkulturen mit alten Traditionen (Ägypter, Kelten, Punier) abgebrochen oder unterbrochen wurde und ein großer Teil ihrer Kulturleistungen unwiederbringlich verloren ging. Die griechisch-römische Kultur setzte sich dabei nicht nur allein ihrer unbestreitbaren Attraktivität wegen durch, sondern auch deshalb, weil sie die Kultur derer war, die die militärisch-politische Macht hatten. Diese militärische Macht beruhte weniger auf technischer Überlegenheit als auf Organisationsformen, die eine rationalere, auf Permanenz hin angelegte Kriegführung mit größeren Truppenaufgeboten ermöglichten. Die besondere Originalität in der politischen Geschichte Griechenlands und Roms besteht darin, dass diese Organisationsformen nicht innerhalb einer Großmonarchie orientalischen Typs entstanden sind, sondern dass sie von Stadtstaaten, griech. *póleis* (Sing.: *pólis*), mit gut entwickelten institutionellen Binnenstrukturen getragen wurden.

Die geographischen Voraussetzungen im Mittelmeerraum mit seinen reich gegliederten Halbinseln und Inseln und das äußerst individualistische Selbstbewusstsein der einzelnen Poleis bildeten eigentlich denkbar schlechte Voraussetzungen für die Entstehung großräumiger Formen politischer Organisation. Gleichwohl lässt sich ab dem 6. Jh. v. Chr. eine

Gegenbewegung zum kleinstaatlichen Partikularismus feststellen. Das innerhalb der einzelnen Stadtstaaten erreichte organisatorische Niveau erlaubte es nunmehr einigen Staaten, die von ihrer Größe und Bevölkerungszahl her dazu in der Lage waren, andere Stadtstaaten in ein Abhängigkeitsverhältnis zu bringen. Die von diesen führenden Staaten ausgeübte Hegemonie – abgeleitet von griech. *hēgoúmai*, ‚führen, anführen', und *hēgemōn*, ‚Anführer' – konnte im Einzelnen verschieden gestaltet sein. Ergebnis war jedoch immer eine Bündelung der Ressourcen, indem der führende Staat entweder die Streitkräfte oder – vor allem später – das Geld abhängiger Stadtstaaten für die Durchsetzung eigener Machtinteressen nutzte. Den ursprünglich militärischen Charakter dieser zwischenstaatlichen Beziehung zeigt auch das griechische Wort für ‚Bündnis', *symmachía*, das eigentlich das gemeinsame Kämpfen in einer Schlachtreihe zum Ausdruck bringt [TAUSEND; BALTRUSCH].

Bevor Rom durch dieses Prinzip der Hegemonie eine dauerhafte Ordnung der Mittelmeerwelt schuf, hat es eine lange Geschichte weniger erfolgreicher Versuche gegeben, in denen einige griechische Poleis die Protagonisten waren. Die Geschichte dieser Versuche stellt ein Grundthema der Alten Geschichte vom 6. bis zum 4. Jh. dar. Das liegt nicht nur an ihrer objektiven Bedeutung, sondern auch an der Quellenlage, die von der Entwicklung anderer überregionaler Machtstrukturen im Mittelmeerraum kaum noch etwas erkennen lässt und es damit schwer macht, die besonderen Eigenarten der Entstehung griechischer Hegemonien durch den kontrastierenden Vergleich zu beschreiben.

So lässt sich nur noch in gröbsten Umrissen verfolgen, wie sich die phönizische Gründung Karthago durch ihre Flottenaktivitäten und die Unterwerfung anderer phönizischer Kolonien in Afrika, Sizilien und Sardinien eine überregionale Machtstellung aufbauen konnte, die sie dann durch komplexe völkerrechtliche Verträge zu schützen suchte. Man kann ferner erahnen, dass die von einzelnen keltischen Fürsten in der Hallstattzeit (7.–6. Jh.) beherrschten Räume relativ groß gewesen sein müssen: Nur so konnten sie die Ressourcen liefern, die für die eindrucksvollen archäologischen Hinterlassenschaften – z.B. in Vix bei Châtillon oder auf dem hessischen Glauberg – notwendig gewesen sein müssen. Die große Expansionsbewegung seit dem Anfang des 5. Jh.s, die keltische Gruppen bis nach Mittelitalien, in den Balkan und im 3. Jh. sogar nach Kleinasien führen sollte, hängt wohl mit den Turbulenzen zusammen, die durch den Zusammenbruch der Fürstentümer der Hallstattzeit entstanden.

Italien und Rom. Kaum besser ist man über die überregionalen Machtbildungen auf der italischen Halbinsel informiert. Wir können nicht mehr im Einzelnen nachvollziehen, in welcher Form die etruskischen, letztlich am griechischen Modell orientierten Stadtstaaten im 6. Jh. andere Stadtstaaten, z.B. etruskische Gründungen in der Poebene und in Kampanien, kontrolliert haben. Ab dem 5. und bis in das beginnende 3. Jh. suchten oskische Stämme in ungesteuerten Expansionsbewegungen den Zugang zur tyrrhenischen Küste und kollidierten dabei mit den kampanischen Ambitionen Roms. Die Samniten, die gefährlichsten Gegner Roms, die im 4. und 3. Jh. versuchten, in Italien ihre eigene Hegemonie anstelle der römischen durchzusetzen, erscheinen in der römischen Historiographie lediglich als halb wilde Hirtenstämme. Tatsächlich waren sie offenbar in Urbanisation und Organisations-

Epochen der Antike
Die Mittelmeerwelt
vom 6. bis
4. Jahrhundert

niveau Rom kaum unterlegen – zumindest für die Kriegführung gab es bei ihnen eine föderale, stammesübergreifende Struktur. Dennoch ist es nicht ausschließlich dem Zufall militärischer Operationen zu verdanken, dass es nicht ein etruskischer Stadtstaat, der Samnitenbund oder irgendein anderes von den zahlreichen italischen Völkern war, das schließlich die Herrschaft über Italien errang. Besonders günstige Umstände erleichterten der kriegerischen Aristokratie Roms den Weg zur Beherrschung eines immer größeren Territoriums. Am wichtigsten dürfte sein, dass Rom als Stadtstaat spätestens seit der Annexion des südetruskischen Veji (angeblich im Jahre 396) hinsichtlich territorialer Ausdehnung und Bevölkerungszahl ein Gewicht hatte, das andere Stadtstaaten nur haben konnten, wenn sie sich zusammenschlossen. Auf Solidarität mit ihren stammverwandten Nachbarn, den Latinern, waren die Römer nicht angewiesen; vielmehr konnten sie ohne Schwierigkeiten sogar mit ihnen Kriege führen und sie in Abhängigkeitsformen zwingen, die Rom seit 338 durch die zwangsweise Bürgerrechtsverleihung endgültig zu einer Großpolis machten. Deren Macht strahlte durch die Gründung von Kolonien und durch ein komplexes völkerrechtliches Instrumentarium von Abhängigkeitsverhältnissen weit über das eigentliche Territorium hinaus.

Die Großpolis Rom erwies sich wegen ihrer stark hierarchisierten sozialen und politischen Struktur als hinreichend stabil. Wenige große Familien, die meist erfolgreich die Magistraturen für sich zu reservieren suchten, kontrollierten über ein abgestuftes System von Klientelverhältnissen zumindest einen erheblichen Teil des Volks, dessen Kompetenzen im Verfassungsgefüge ohnehin sehr eingeschränkt waren. Trotz erheblicher sozialer Unruhen, der so genannten ‚Ständekämpfe', hatten die Konsuln während ihrer Amtszeit fast nie Probleme, aus der Bürgerschaft ein Heer auszuheben. Es gab zwar weder ein permanentes Heer noch ein permanentes Kommando – die Konsuln mussten nach einem Jahr wieder abtreten –, aber die Stabilität der politischen Strukturen, die Jahr für Jahr die Rekrutierung neuer Befehlshaber und eines neuen Milizheers erlaubten, genügte bereits, um der römischen Politik eine gewisse Kontinuität zu garantieren, zumal die alten Magistrate im Senat politisch aktiv blieben. Kontinuität und Stabilität unterschieden die Großpolis Rom von den griechischen Großpoleis des süditalisch-sizilischen Raumes. Nicht einmal die bevölkerungsreichste Metropole im westlichen Mittelmeerraum, Syrakus, vermochte ihre Hegemonie jemals wesentlich über den regionalen Horizont Siziliens auszudehnen, da es ihr aufgrund ihrer inneren Zerrissenheit und der Instabilität ihrer politischen Führung nicht gelang, ihren demographischen Vorsprung zum Aufbau einer leistungsfähigen militärischen Struktur zu nutzen [FINLEY]. Auch die Großstadt Tarent war am Anfang des 3. Jh.s nicht aus eigener Kraft, sondern durch Inanspruchnahme fremder Kommandeure und fremder Truppen zeitweise zur dominierenden Macht im äußersten Süden Italiens und damit zur gefährlichen Rivalin Roms geworden.

Profitiert hat Rom im Übrigen auch von der ‚Verspätung', mit der es gegenüber den süditalischen Griechenstädten als hegemonialer Akteur auf die historische Bühne trat. Denn im 4. Jh. waren diejenigen Städte, die aufgrund ihres Organisationsgrads und ihres demographischen Gewichts zum Aufbau größerer Hegemonialsysteme auf der italischen Halb-

▷ S. 174ff.
Die antiken Menschen in ihren Nahbeziehungen

insel in der Lage gewesen wären, schon längst Opfer ihrer Rivalitäten mit anderen Griechenstädten und der – von diesen Rivalitäten profitierenden – oskischen Expansion geworden. Nicht alle hatten ihre Ambitionen freilich so büßen müssen wie Sybaris, das in einem frühen Hegemonialsystem über vier Stämme und zwanzig Städte geherrscht hatte, bevor es im ausgehenden 6. Jh. durch eine von der Rivalin Kroton angeführte Koalition restlos vernichtet wurde.

Frühe Hegemonialbildungen im griechischen Mutterland. Ein zufällig erhaltener Vertrag zwischen Sybaris und den Serdaiern [BENGTSON, 15, Nr. 120] zeigt, dass die im griechischen Westen bereits im 6. Jh. bestehenden Hegemonialsysteme über ein komplexes völkerrechtliches Instrumentarium verfügten, um zwischenstaatliche Abhängigkeiten und Verbindungen festzulegen. Wahrscheinlich haben die griechischen Kolonien des Westens wie in anderen Bereichen des politischen Lebens, z.B. in der Gesetzgebung oder in der Rhetorik, auch für die Entwicklung jener Vertragsklauseln Wichtiges geleistet, wie sie für ‚hegemoniale Symmachien' typisch sind: gegenseitiger Beistand im Falle des Angriffs einer dritten Macht sowie die Verpflichtung, eigene Kontingente der führenden Vormacht, dem Hegemon, zur Verfügung zu stellen und ihm zu folgen. Jedenfalls ist es angesichts unserer fast vollständigen Unkenntnis über die Entwicklung im griechischen Westen ziemlich müßig, nur mit den zufällig erhaltenen Resten aus dem griechischen Mutterland auf Jahrzehnte genau die Entstehung des ‚griechischen Völkerrechts' [BALTRUSCH] rekonstruieren zu wollen. Denn selbst hier, im griechischen Kernland, müssten wir mehr wissen über die Art und Weise, in der der thessalische Bundesstaat im 6. Jh. seine über die Grenzen Thessaliens hinaus strahlende Macht in Zentralgriechenland, insbesondere in der Phokís und in Böotien, durch Verpflichtung zur Heeresfolge und zu anderen Leistungen organisierte. So aber muss jede Geschichte der ‚hegemonialen Symmachien' im griechischen Mutterland mit dem von Sparta aufgebauten, so genannten Peloponnesischen Bund beginnen.

Der so genannte ‚Peloponnesische Bund'. Nach der Einverleibung Messeniens verfügten die Spartaner spätestens seit der 2. Hälfte des 7. Jh.s über zwei Drittel der Peloponnes. Doch schon vorher hatte ihre Polis durch die Annexion der um die Eurotasebene gelegenen, ihr Eigenleben jedoch weiter bewahrenden Berg- und Küstensiedlungen (sog. ‚Periökengemeinden') den Charakter einer Hegemonie en miniature gehabt. Ihre erdrückende Überlegenheit ermöglichte es den Spartanern seit der Mitte des 6. Jh.s, trotz bestehender Gegengewichte wie insbesondere Argos, einen großen Teil der peloponnesischen Poleis zum Abschluss von bilateralen Verträgen zu zwingen. Wie das erhaltene Exemplar eines Vertrags zwischen den Spartanern und den ätolischen Erxadieis zeigt [HGIÜ 1, 154], konnte Sparta in diesen Verträgen durch die Festsetzung ewiger Freundschaft, durch die Heeresfolge- und die Symmachieklausel den dauerhaften Verlust außenpolitischer und militärischer Bewegungsfreiheit der Gegenseite juristisch festschreiben. Die wahren Machtverhältnisse dieser hegemonialen Symmachie kommen folglich in der griechischen Bezeichnung ‚die Lakedämonier und ihre Bundesgenossen' viel besser zum Ausdruck als in der – nicht-antiken – Bezeichnung ‚Peloponnesischer Bund'.

Zweifelsohne hätte der Peloponnesische Bund sich zu einem ganz Griechenland umfassenden Machtsystem entwickeln können. Dies zeigt sich vor allem in der ehrgeizigen Politik des spartanischen Königs Kleomenes (um 522–488). Dieser festigte nicht nur die Macht Spartas auf der Peloponnes durch die vorübergehende Ausschaltung der schärfsten Rivalin Argos, sondern agierte mit seinem Heer wiederholt auch jenseits des Korinthischen Isthmos, so etwa in Attika, als sich Athen nach der Vertreibung der Tyrannenfamilie der Peisistratiden (510) einer inneren Zerreissprobe ausgesetzt sah. Das Beispiel des Kleomenes macht allerdings auch bereits in Ansätzen deutlich, warum Sparta beim Aufbau einer über die Peloponnes hinausreichenden Hegemonie scheiterte. Die Gemeindeordnung Spartas war trotz vieler Elemente politischen Zwangs nicht in der Lage, den Ehrgeiz mächtiger Aristokraten zu zügeln, wenn sie sich weit entfernt von der Stadt aufhielten. Eine Erweiterung der spartanischen Macht über die Peloponnes hinaus bedeutete letztlich vor allem Zuwachs der Macht eines einzelnen Spartiaten, die von den anderen als Bedrohung des in der Gemeinde bestehenden Zwangsgleichgewichts aufgefasst wurde. Im Falle des Kleomenes führte seine aggressive Militärpolitik zum Konflikt mit seinem Mitkönig Demaratos, den er absetzen ließ, um später selbst gestürzt zu werden. Die bestehende Rivalität unter den künstlich zu ‚Gleichen' gemachten aristokratischen Führern Spartas sollte sich auch später als das Haupthindernis einer spartanischen Machtpolitik erweisen, als die staatlichen Strukturen Spartas, das in einem permanenten Kriegszustand mit den unterdrückten Heloten lebte, durch die Oliganthropie, d.h. durch die geringe und kontinuierlich abnehmende Zahl der Vollbürger, geschwächt wurden.

▷ S. 159f.
Die antiken Menschen in ihren Nahbeziehungen

Die innere Organisation Athens.

Institutionell war die Großpolis Athen auf Herrschaftsaufgaben weit besser vorbereitet als Sparta, vor allem, seitdem durch die Reformen des Kleisthenes (508/7) innerhalb des Staates neue Binnenstrukturen – künstliche Phylen, die über die Mittelinstanz der Trittyen die lokalen Einheiten der Demen zusammenfassten – geschaffen worden waren. Diese Binnenstrukturen erlaubten eine repräsentative und von aristo-kratischen Parteikämpfen unbeeinflussbare jährliche rasche Rekrutierung eines Rates, griech. *boulḗ*, der einerseits durch seinen repräsentativen und temporären Charakter gegenüber der Volksversammlung, griech. *ekklēsía*, kein Eigenleben entfalten konnte, andererseits aber die Volksversammlung als geschäftsführender Ausschuss überhaupt erst handlungsfähig und zum wirklichen politischen Subjekt machte [BLEICKEN].

▷ S. 184ff.
Die antiken Menschen in ihren Gemeinschaften

Diese Volksversammlung konnte nunmehr athenische Funktionsträger und Heerführer auch dann effizient kontrollieren, wenn sie weit entfernt von der Stadt agierten. Unter diesen Umständen konnte man sich in Athen sogar den Luxus leisten, auf einige sonst in Polisstaaten übliche Kontrollmechanismen in der Beschränkung von Amtsgewalten zu verzichten und von nun an durch Wahl insgesamt zehn militärische Anführer, griech. *stratēgoí* (Sing.: *stratēgós*), zu bestimmen, deren Amtszeit beliebig oft verlängert werden konnte. Solange ein Stratege die Gunst der Volksversammlung hatte, konnte er – spätestens seit 486, als das formal übergeordnete Archontat als Wahlamt abgeschafft worden war – die Geschicke Athens lenken. Damit war eine

Epochen der Antike
Die Mittelmeerwelt
vom 6. bis
4. Jahrhundert

wichtige Voraussetzung für eine langfristige, im Einklang mit der Volksversammlung formulierte Außen- und Hegemonialpolitik geschaffen.

Eine lineare Entwicklung zu immer effizienteren und rationaleren Strukturen war freilich auch in Athen nicht von Anfang an vorgegeben. Gegen die Kleisthenischen Reformen gab es starke innenpolitische Widerstände und viele der letztlich in Konsequenz aus der Kleisthenischen Phylenordnung geborenen Elemente der athenischen Verfassungsordnung – die Wahl der zehn Strategen oder die Bestimmung der Boule – mussten im zähen tagespolitischen Ringen durchgesetzt werden. Irreversibel wurden die Reformen letztlich durch die Perserkriege, die Athen ermöglichten, ein militärisches Instrumentarium aufzubauen und seinen Herrschaftsbereichs zu erweitern. Die neue politische Ordnung der maximalen Bürgerbeteiligung wurde so weiter stabilisiert.

Die Perserkriege. Für die achämenidische Großmacht war der Krieg in Europa nur einer unter vielen Konflikten am Rande ihres Reichs. Nach der Eroberung der lydischen Monarchie und der Unterwerfung der griechischen Städte an der Küste Kleinasiens war es nur eine Frage der Zeit, bis das europäische Gebiet nördlich der Meerengen – Expedition des Dareios 512 – und die Ägäis – Unternehmen gegen Naxos 500 – von der persischen Expansion berührt wurden. Ein stärkeres Engagement der persischen Militärmacht an der Westgrenze des Reichs wurde dann durch einen offenen Aufstand der ionischen Städte ausgelöst, der von dem in ausweglose Konflikte mit der Reichszentrale geratenen Stadtherren Milets, dem Tyrannen Aristagoras, angezettelt worden war. Diese anfangs nicht ganz erfolglose Aufstandsbewegung beendeten die Perser 494 durch die brutale Einnahme und Einäscherung Milets. Zwei Jahre nach dem Ende des ionischen Aufstands unternahm der persische Feldherr Mardonios einen Flottenzug an der thrakisch-makedonischen Küste, der wegen eines Sturmes am Athosgebirge scheiterte. Wiederum zwei Jahre später (490) leiteten Datis und Artaphernes eine Flottenexpedition, die die im Jahr 500 misslungene Aktion gegen die Ägäisinseln nun erfolgreicher wiederholte, aber auch Athen und Eretria heimsuchte, um diese Städte für ihre Unterstützung des ionischen Aufstands zu bestrafen. Die Bestrafung des wehrlosen Eretria, dessen Bevölkerung nach Asien deportiert wurde, war für die persische Armee kein Problem. Dagegen wurde sie nach ihrer Landung in der ostattischen Ebene von Marathon vom athenischen Hoplitenheer zurückgeschlagen. Eine zweite Landung an der Westküste Attikas wussten die Athener durch ihr rasches Vorgehen zu verhindern [WILL].

Die Aktion von Marathon wurde besonders unter dem Staatsmann Kimon, dem Sohn des für den Abwehrerfolg verantwortlichen Miltiades, zum heroischen Schlachtgeschehen überhöht. Zwar war das persische Expeditionsheer im Großen und Ganzen intakt geblieben. Der unmittelbare Kontakt mit den Persern hatte aber den Athenern, die ohne spartanische Unterstützung hatten auskommen müssen, so viel Selbstbewusstsein gegeben, dass sie Gegenmaßnahmen gegen die zu erwartenden weiteren persischen Attacken ergriffen. Die Einkünfte der zufällig zu diesem Zeitpunkt neu erschlossenen Silberminen im Laureion wurden nicht unter die Bürger verteilt, sondern dazu benutzt, eine Flotte modernster Großkampfschiffe, der Trieren, auszubauen. Die Initiative dafür lag bei Themis-

7.

A. *Basrelief von Athen*
(nach der Photographie eines von
FrLenormant genommenen
Abdruckes.)

B. *Jal's Wiederherstellung desselben*
C. *Thalamilenruder*
D. *Thranilenruder*
E. *Zygitenruder*

Die **Triere**, das außerordentlich schnelle Großkampfschiff, das mit ungefähr zweihundert Ruderern besetzt war, erlaubte es den Athenern, innerhalb weniger Tage an allen Punkten ihres Herrschaftsbereichs einzugreifen. Diese Geschwindigkeit hatte allerdings ihren Preis. Der geringe Tiefgang und die extrem schmalen Proportionen machten das Schiff sehr anfällig. Das Manövrieren der Schiffe konnte nur durch den Einsatz sehr gut trainierter Ruderer und eines hoch spezialisierten Bedienungspersonals gelingen, vor allem im Seekampf, in dem das Schiff in seiner Gesamtheit als Waffe eingesetzt wurde, um feindliche Schiffe mit dem knapp unter der Wasserlinie gelegenen schweren Bronzesporn zu rammen. Die Transportkapazitäten dieser ausschließlich auf Kampfkraft und Geschwindigkeit hin konzipierten Meisterwerke antiker Ingenieurskunst waren beschränkt. Neben den Rudermannschaften wurden nur wenige gepanzerte Soldaten (griech. *epibátai*) mit an Bord genommen. Größere Vorräte konnten nicht mitgeführt werden. Zur Zubereitung des Essens und für die Nachtruhe reichte der Raum nicht. Trieren mussten daher notwendig in Küstennähe operieren, damit die Mannschaften regelmäßig an Land gehen konnten. Die richtige Anordnung der Ruderreihen ist in der Forschung lange umstritten gewesen, da die antiken Darstellungen selten und in ihrer Interpretation mehrdeutig sind. Hier hat die experimentelle Archäologie durch den Nachbau einer antiken Triere klärend gewirkt – die „Olympias" absolvierte im Jahr 1987 mehrere Probefahrten.

Bilder: Zeichnung nach dem Lenormant-Relief, ca. 400 v.Chr., Fundort: Akropolis, Athen; Triere „Olympias", Nachbau einer antiken Triere durch John F. Coates und John S. Morrison, Trireme Trust. Foto: Paul Lipke.

Literatur: L. Basch, Le musée imaginaire de la marine antique, Athen 1987; J. S. Morrison/J. F. Coates, Die athenische Triere, Mainz 1990.

tokles, der für den Historiker Thukydides den neuen Typus des für die Stadt vorausplanenden und vorausschauenden Politikers in idealer Weise verkörperte.

Der lange erwartete persische Großangriff verzögerte sich durch den Regierungswechsel, der nach dem Tode des Dareios (485) Xerxes an die Macht brachte. Die umständlichen Vorbereitungsmaßnahmen für den über die thrakisch-makedonische Küste nach Griechenland führenden Flotten- und Heereszug ließen denjenigen unter den Griechen, die eine Unterwerfung unter die persische Oberherrschaft ablehnten, hinreichend Zeit zu einem überregionalen Zusammenschluss, um den Abwehrkampf zu koordinieren. Als weitaus stärkste Militärmacht zu Lande übernahm Sparta das Kommando über die Truppen dieser 481 gebildeten ‚Eidgenossenschaft' und führte 479 schließlich in der Landschlacht bei Plataä die verbündeten Hellenen zum Sieg. Die persische Flotte war aber bereits 480 durch den großen Sieg von Salamis zerstört worden, bei dem die athenischen Trieren unter dem Kommando des Themistokles ihre erste große Bewährungsprobe bestanden hatten. Nach dem Rückzug der persischen Flotte wurde der Krieg über die Ägäis bis nach Ionien – Land- und Seesieg des Xanthippos bei Mykale (479) – und von dort bis zum Hellespont weitergetragen. Formal übten bei diesen Revancheaktionen im Ägäisraum immer noch die Repräsentanten der spartanischen Hegemonialmacht, nämlich Könige oder so genannte ‚Nauarchen', eigens für den Seekriegseinsatz beauftragte Oberbeamte, eine Zeit lang das Kommando aus. Doch der Fall des spartanischen Königs Pausanias zeigte, welche bedenklichen Folgen der Auslandsaufenthalt spartanischer Amtsträger für das innenpolitische Gleichgewicht haben musste, so dass

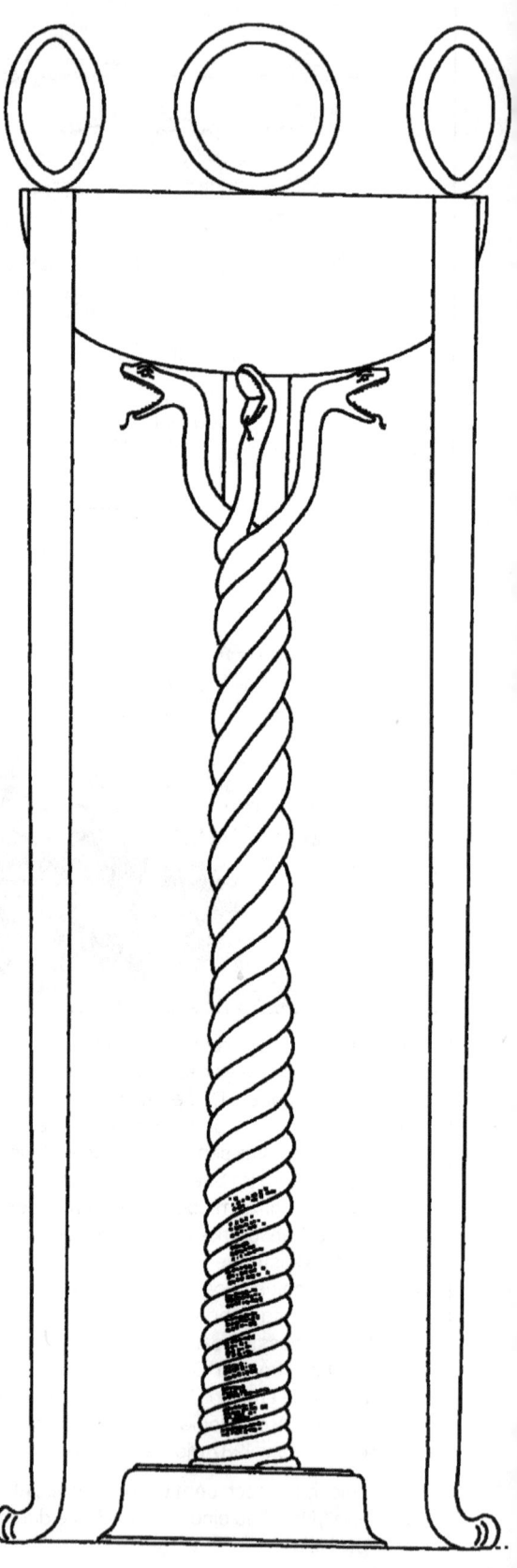

Epochen der Antike
Die Mittelmeerwelt
vom 6. bis
4. Jahrhundert

Um seine Neugründung Konstantinopel rasch mit glänzenden Monumenten auszustatten, ließ Kaiser Konstantin aus Heiligtümern und Städten zahlreiche Kunstwerke dorthin bringen. Darunter befand sich auch die **Schlangensäule aus Delphi**, Teil eines Weihgeschenks in Form eines Dreifußes, das die Griechen in Erinnerung an die Siege von Salamis und Plataä dem Apollon gestiftet hatten. Die erhaltene Inschrift auf den Schlangenwindungen zählt die am Hellenenbund beteiligten Poleis auf: „Di[ese haben den] Krieg geführt: Laked[ämonier], Athener, Korinther, Tegeaten, Sikyonier, Ägineten, Megarer, Epidaurier, Orchomenier, Phleiasier, Troizener, Hermioneer, Tirynthier, Plataär, Thespier, Mykener, Keer, Melier, Tenier, Naxier, Eretrier, Chalkidier, Styrier, Eleer, Poteidaiaten, Leukadier, Anaktorier, Kythnier, Siphnier, Ambrakioten, Lepreaten." [HGIÜ 1, 42] Die zunächst vorgesehene Weihinschrift war ganz auf den persönlichen Ruhm des Befehlshabers des griechischen Koalitionsheers Pausanias orientiert: „Der Führer der Hellenen, nachdem er das Heer der Meder vernichtet hat, Pausanias, hat dies dem Phoibos (Apollon) geweiht." Doch die Spartaner duldeten diesen Ausbruch eines Einzelnen aus dem Gemeindeganzen nicht und ließen die Inschrift durch die Liste der Verbündeten ersetzen. Dieser ersten Verstimmung sollten bald ernstere Auseinandersetzungen folgen. Wegen des Versuchs, sich eine eigene Machtstellung nach dem Muster persischer Stadttyrannen aufzubauen, wurde er von seinem Kommando abberufen und später – nach einem als Privatmann unternommenen zweiten Versuch dieser Art – im Heiligtum der Chalkioikos, wo er Asyl gesucht hatte, eingeschlossen und ausgehungert.

Bild: Rekonstruktion der Schlangensäule aus Delphi nach Matthias Steinhart. Zeichnung: Dirk Lenz.

Literatur: M. STEINHART, Bemerkungen zu Rekonstruktion, Ikonographie und Inschrift des plataïschen Weihgeschenkes, in: Bulletin de Correspondance Hellénique 121, 1997, 33–69.

sich Sparta von der Führung des antipersischen Befreiungskriegs zurückzog. Der Rückzug seiner Führungsmacht beendete den Hellenenbund zwar nicht völlig, da die ‚Hellenen' dieser Eidgenossenschaft die zu Heroen gewordenen Gefallenen im Befreiungskampf durch Spiele bei Plataä ehrten und durch ein Opfer an Zeus den Befreier an den Sieg erinnerten. Politisch-militärisch hatte der Bund aber kein Gewicht mehr und wurde von einem neuen, von Athen geführten Hegemonialsystem abgelöst.

Der ‚Erste Athenische Seebund'. Dieser Zusammenschluss, auch ‚Delisch-Attischer Seebund' genannt, war durch die Dominanz einer organisatorisch überlegenen Führungsmacht auf eine sehr viel intensivere Gestaltung der Herrschafts- und Abhängigkeitsverhältnisse hin angelegt als der „Peloponnesische Bund' [SCHULLER; STEINBRECHER]. Sparta hatte die Städte seines Bundes nur zur Heeresfolge zwingen können und selbst nicht einmal eine entwickelte Geldwirtschaft gekannt. Die Poleis in der Ägäis sahen sich dagegen einer viel stärkeren Kontrolle durch die neue Führungsmacht unterworfen. Weil die Unterhaltung einer permanent mobilisierbaren Trierenflotte mit großen organisatorischen Herausforderungen verbunden war, hatten es die Bündner bis auf wenige Ausnahmen – Samos, Chios und Lesbos – vorgezogen, für das neue Bündnis keine Kontingente zu stellen, sondern einen finanziellen Beitrag für den Unterhalt der im Gesamtinteresse des Bündnisses kämpfenden Flottenstreitmacht Athens zu leisten. Damit finanzierten sie aber ein Instrument, auf dessen Verwendung sie keinen Einfluss hatten und das neben dem ursprünglichen Zweck,

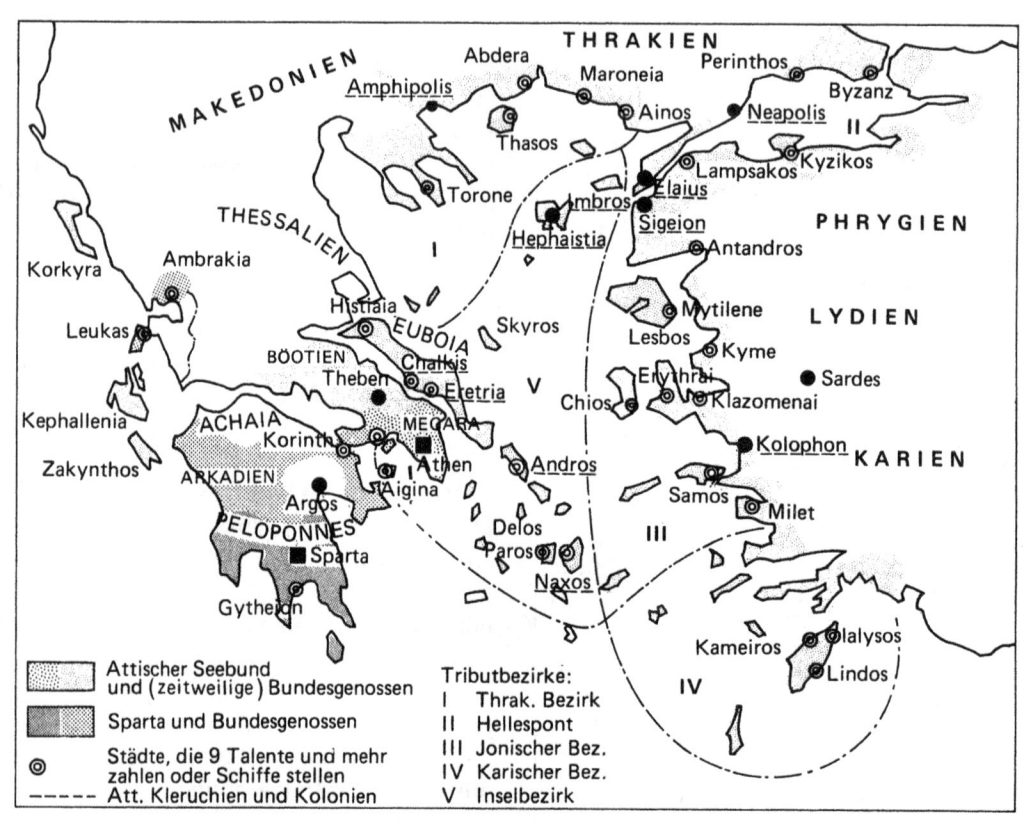

Die Karte zeigt die **griechische Staatenwelt im 5. Jh.**, insbesondere die Mitglieder im Ersten Athenischen Seebund und im Peloponnesischen Bund.

Karte: W. Schuller, Griechische Geschichte, München 5. Aufl. 2002, 267.

Epochen der Antike
Die Mittelmeerwelt
vom 6. bis
4. Jahrhundert

der Fortführung des Kampfes gegen die Perser, bald auch gegen sie selbst gerichtet werden konnte. Ein Austritt aus dem Seebund war von Anfang an durch die beschworene Ewigkeit des Bündnisses ausgeschlossen worden, um den Persern keine Gelegenheit zu bieten, das Bündnis durch Abfallbewegungen aufzuweichen. Dass es Athen mit der Bundesdisziplin ernst meinte, mussten zunächst die Einwohner von Naxos erfahren, die sich bereits einige Jahre nach der Gründung des Seebunds gegen Athen auflehnten.

Das Bündnis blieb bis zur großen Abfallbewegung am Ende des Peloponnesischen Kriegs im Großen und Ganzen intakt. Die Abfallversuche von Thasos (465–463) und von Samos (440–438) – in beiden Fällen ging es um mächtige Bündner, die eigene, von Athen unterdrückte hegemoniale Interessen hatten – hätten gefährlich werden können, wenn es diesen Poleis gelungen wäre, Unterstützung bei äußeren Mächten zu finden. Aber im Falle von Thasos scheiterte die schon eingefädelte Kooperation mit Sparta an einem schweren Erdbeben auf der Peloponnes, das Sparta aufgrund seiner fragilen Gemeindeordnung wieder ein mal nach außen handlungsunfähig machte. Im Falle von Samos hätte die Achämenidenmonarchie eingreifen können, die aber nach dem 448 mit Athen hergestellten Ausgleich nicht an Komplikationen interessiert war.

Athen verdankte den Bestand seines eigenen Herrschaftssystems damit der Passivität der konkurrierenden Mächte Sparta und Persien, aber auch der eigenen Aktivität und Dynamik. Zu keiner Zeit ist so etwas wie ein Nachlassen oder ein Ermüden in der Erweiterung und Sicherung der Herrschaft zu beobachten, von der das Volk in seiner Gesamtheit profitierte. Während der siebzig Jahre, in denen der Seebund bestand, wurden nicht nur ununterbrochen Flotten ausgerüstet und Flottenmannschaften trainiert, sondern auch die inneren Strukturen perfektioniert. Die Intensivierung und Differenzierung der Herrschaft lässt sich aufgrund eines reichhaltigen dokumentarischen Materials noch gut beobachten, auch wenn nicht genau erkennbar ist, ob diese Verdichtung des hegemonialen Systems – etwa durch die Einführung athenischer Münzen, Maße und Gewichte im ganzen Seebund – schon in den frühen vierziger oder erst in den zwanziger Jahren des 5. Jh.s geschehen ist.

Die Bürokratisierung und Rationalisierung des Herrschaftssystems begleitete ein ganzes Bündel weiterer Maßnahmen, etwa die Förderung derer, die in den inneren Kämpfen der einzelnen Poleis auf die proathenische Karte setzten, oder die Legitimierung des eigenen dominanten Verhaltens durch den Hinweis auf die Stammessolidarität der von Athen geführten Ionier [SMARCZYK]. Immer mehr bildete sich bei den Bürgern das Bewusstsein heraus, Angehörige einer vorherrschenden Polis zu sein, und glanzvolle Monumente, etwa der Parthenon auf der eigenen Burg, visualisierten dieses neue Gefühl. Viele Errungenschaften in der Verfassungsentwicklung der Stadt selbst waren in unauflöslicher Weise mit dieser Herrschaft verbunden. Die ‚Demokratie' ist, weil ihre Wurzeln viel weiter – bis in die Zeit Solons – zurückreichen, zweifelsohne nicht einfach nur das Ergebnis der Seeherrschaft. Doch gab diese durch den Ruderdienst der untersten Vermögensklasse, den ‚Theten', zum ersten Mal eine militärische Bedeutung und damit – entsprechend der strengen Korrelation, die in antiken Stadtstaaten zwischen militärischen Pflichten und politischen Rechten bestand – politisches Gewicht. So veränderte das auf der Dominanz der Volksversammlung aufgebaute politische System Athens durch die Seeherrschaft seinen Charakter erheblich, und sei es nur dadurch, dass die weiterhin aus der Elite stammenden Politiker, Antragsteller und Strategen in ihren Reden auf keinen Fall den Aristokraten herauskehren durften. Auf diese Weise näherte sich der allgemeine politische Diskurs mehr und mehr der ‚radikalen Demokratie', ohne dass diese ‚Radikalisierung' des volkstümlichen Diskurses die Leistungsfähigkeit des politischen Systems einschränkte. Die Volksversammlung selbst achtete durchaus darauf, dass an entscheidender Stelle, d.h. in der militärischen Führung, intellektuell befähigte und erfahrene Männer tätig waren, wie selbst ein zeitgenössischer Kritiker der Demokratie, der so genannte Alte Oligarch, anerkennen musste [KALINKA].

Der Peloponnesische Krieg. Wie die Geschichte des 4. Jh.s zeigt, hätte es allein dem Athen des 5. Jh.s gelingen können, den Partikularismus der griechischen Stadtstaaten durch eine dauerhafte überregionale Reichsbildung zu überwinden. Insofern ist Athens Niederlage im Peloponnesischen Krieg ein welthistorisches Ereignis, auch wenn sein Reich niemals eine Weltmacht darstellte, sondern über das Potenzial dazu nicht hinauskam. Für die Geschichtswissenschaft kommt freilich noch etwas hinzu, nämlich die Verarbeitung der innergriechischen Auseinandersetzungen in den letzten Jahrzehnten des 5. Jh.s durch den Zeitgenossen Thukydides, der mit seiner Reflexion über die Geschehnisse zum Erfinder einer rational analysierenden Geschichtsschreibung wurde. Prägend für die Entwicklung des historischen Denkens wurde vor allem seine Unterscheidung zwischen den Anlässen und Anfängen des Kriegs und den tieferen Gründen des Konflikts.

Denn in den Augen des Thukydides ist die Angst Spartas vor der Machtausweitung der Athener der eigentliche Grund des Peloponnesischen Krieges, obgleich sich Athen seit 446 aus Mittelgriechenland und der Peloponnes zurückgezogen hatte. In den Affären um Korkyra (seit 435) und Potidäa (433), in denen es zum Konflikt zwischen Korinth und Athen gekommen war, machte Sparta durch sein Verhalten deutlich, dass es den Geist des ‚Dreißigjährigen Friedens', den es mit Athen geschlossen hatte, nicht respektierte. In den Verhandlungen mit Athen machte es sich darüber hinaus die Autonomieforderung der Bündner Athens zu eigen und suchte in Wirklichkeit nach Ansatzpunkten, um die athenische Herrschaft aufzulösen.

Sparta war zwar selbst nicht zum Aufbau einer organisatorisch integrierten Herrschaft in der Lage, hatte aber als Gegner hinreichend Gewicht, um die weitere Entwicklung des Athenischen Seebunds zu behindern. Die Entscheidung des führenden athenischen Politikers Perikles, den Krieg mit Sparta wieder aufzunehmen, entsprang daher – so sieht es wenigstens Thukydides – nüchternem Kalkül und ist nicht etwa damit zu erklären, dass „er im Bann vager Vorstellungen von zwangsläufig sich entwickelnden Konflikten und Kriegen großer Gemeinwesen stand" [WELWEI, 164]. Dabei hätte dieser Krieg, so Thukydides, bei einem überlegten Einsatz des athenischen Machtpotenzials eigentlich von den Athenern gewonnen werden müssen und er sieht daher seine als „Besitztum für immer" geschriebene Monographie als Belehrung und Analyse, weshalb dieser Sieg doch nicht errungen wurde.

Eine erhebliche Rolle spielten dabei nicht steuerbare Katastrophen. Der Kriegsplan des Perikles bestand darin, Gefechte zu Lande zu vermeiden und den Krieg zur See zu führen, und zwar ohne sich in kräftezehrenden, weit von der Herrschaft Athens wegführenden Aktionen zu verzetteln. Zu diesem Kriegsplan gehörte es, auf keinen Fall dem überlegenen Aufgebot des ‚Peloponnesischen Bundes' auf dem Schlachtfeld gegenüberzutreten, wenn es in Attika einfiel, um die Ernte zu vernichten. Aus diesem Grund wurde die Landbevölkerung unter hygienisch miserablen Bedingungen in die Befestigungsanlagen zwischen der Stadt und dem Hafen, d.h. innerhalb der ‚Langen Mauern', zusammengezogen. Dies führte zu einem Massensterben – der ‚Pest' – mit katastrophalen demographischen und psychologischen Auswirkungen; auch Perikles selbst fiel ihm 429 zum Opfer.

Doch der perikleische Kriegsplan wurde nicht nur durch Katastrophen, sondern auch durch strategische Unzulänglichkeiten vereitelt: Entgegen aller Erwartung konnte ein peloponnesisches Heer unter Führung des Spartaners Brasidas auf dem Landweg die athenischen Besitzungen im Nordägäisraum, insbesondere Amphipolis, angreifen und erobern. Das unüberlegte Agieren des athenischen Infanterieaufgebots in Böotien, das Athen die Niederlage vom Delion (424) einbrachte, bewies zudem, wie richtig Perikles einst mit seiner Anweisung gelegen hatte, der Konfrontation zu Lande um jeden Preis auszuweichen. Dennoch konnte Athen den Bestand seiner Herrschaft im ‚Archidamischen Krieg', der ersten Phase des Peloponnesischen Kriegs, die noch ganz vom Kriegsplan des Perikles geprägt war, sichern und Sparta zur Anerkennung dieser Situation im ‚Nikiasfrieden' zwingen (421). Auch hierfür ist die Ursache im Herrschaftssystem Spartas zu suchen. Denn die Gefangennahme einiger hunderter spartanischer Vollbürger auf der Insel Sphakteria bedrohte den organisatorischen Zusammenhalt der spartanischen Polis selbst, da Sparta zu dieser Zeit nur noch wenige tausend Vollbürger zählte. In dieser Situation war Sparta fast um jeden Preis zu einem Friedensschluss bereit, ohne auf die mächtigeren Staaten unter den Verbündeten Rücksicht zu nehmen, weder auf Korinth noch auf Böotien, und verlor damit seinen Einfluss in der Peloponnes und in Mittelgriechenland. So ist der Nikiasfrieden als strategischer Sieg Athens – und des längst verstorbenen Perikles – zu betrachten.

Diesen Erfolg verspielte Athen freilich durch eine unklare Außenpolitik, die aus der Rivalität zwischen den führenden Politikern Alkibiades und Nikias resultierte. Während Alkibiades eine ehrgeizige Peloponnes-Politik befürwortete, war Nikias an der Umsetzung des Friedens und einem guten Einvernehmen mit Sparta interessiert. Zwischenzeitlich hatte man sich in eine Situation hineinmanövriert, in der man einerseits mit Sparta, andererseits mit einer Allianz der Feinde Spartas verbündet war.

Für den Fall, dass die Rivalitäten zwischen den führenden Politikern es der Polis erschweren, einen einheitlichen Kurs zu finden, gab es seit den kleisthenischen Reformen ein verfassungspolitisches Instrument, den *ostrakismós* (Scherbengericht): Ein Politiker, auf den in einer eigens dafür anberaumten Volksversammlung mindestens 6000 Stimmen entfielen, konnte für zehn Jahre in die ehrenvolle Verbannung geschickt werden. Dieses Instrument versagte jedoch beim Versuch, die Rivalität zwischen Nikias und Alkibiades zu entscheiden, weil durch im Einzelnen nicht mehr zu erhellende Intrigen überraschend der vergleichsweise unbedeutende Politiker Hyperbolos verbannt wurde. Die nun weiterhin bestehende Unklarheit über den außenpolitischen Kurs trug zur nächsten Katastrophe entscheidend bei, nämlich zum Scheitern der Flottenexpedition gegen Sizilien (415–413). Dieser Feldzug hatte überhaupt erst aufgrund der politischen Rivalität zwischen Nikias und Alkibiades die Züge eines Mammutunternehmens gewonnen. Nikias hatte es nicht offen gewagt, den Angriffsplänen des Alkibiades zu widersprechen, sondern stattdessen – in der Hoffnung auf eine abschreckende Wirkung – eine Vermehrung der Rüstungsaufwendungen empfohlen. Unmittelbar vor der Ausfahrt äußerte sich die innere Zerrissenheit Athens auch in von Geheimgruppen inszenierten Verstößen gegen die Volksreligion (,Hermokopiden-Frevel'). So stand die von Alkibiades, Nikias und Lamachos geführte Sizilienexpedition von Anfang an unter einem schlechten Stern. Als Alkibiades während des laufenden Unternehmens nach Athen abberufen wurde, wo ihm der Prozess gemacht werden sollte, floh er nach Sparta. Dort gab er der Gegenseite entscheidende Hinweise für die Kriegführung. Zudem verpasste Nikias aus Angst vor einem Prozess, den Rivalen gegen ihn hätten anstrengen können, mehrfach den geeigneten Zeitpunkt, an dem er das athenische Heer unter glimpflichen Bedingungen hätte zurückführen können, nachdem die Belagerung von Syrakus durch den Einsatz des Spartaners Gylippos gescheitert war.

Die Vernichtung des Großteils der athenischen Flotte ermutigte zahlreiche Bündner von Athen abzufallen und die Partei Spartas zu ergreifen, das von einer in Dekeleia errichteten Festung aus seit 413 das athenische Umland kontrollierte – daher wird die letzte Phase des Peloponnesischen Kriegs als ,Dekeleischer Krieg' bezeichnet. In Athen löste dieser Abfall eine schwere innenpolitische Krise aus. Bisher waren die Gruppeninteressen der verschiedenen sozialen Schichten durch den Profit, den die Herrschaft Athens für alle einbrachte, verfassungspolitisch irrelevant gewesen. Nach dem Verlust eines Großteils des Reichs wollten die vermögenderen Kreise für die finanziellen Lasten, die die Ausrüstung einer neuen, im Ägäisraum operierenden Flotte mit sich gebracht hatte, das Monopol im politischen Entscheidungsprozess für sich gewinnen, zumal eine Abschaffung der Demokratie als Voraussetzung für die von vielen angestrebte Rückkehr des Alkibiades betrachtet wurde. Freilich führte der nun folgende Staatsstreich zunächst keineswegs zu einer gemäßigt oligarchischen Ordnung, die der reicheren Hälfte der Bürgerschaft die politische Macht sicherte, sondern – unter dem Vorwand, eine solche gemäßigte Ordnung vorbereiten zu müssen – zu einer streng exklusiven Cliquenherrschaft (411). Erst als die ,Vierhundert' in der Kriegführung völlig versagt und einige unter ihnen mit Sparta hochverräterische Verhandlungen aufgenommen hatten, wurde die gemäßigte Oligarchie der ,Fünftausend' eingesetzt. Sie blieb allerdings ihrerseits ein unbedeutendes Zwischenspiel, da ein großer Teil der Athener, nämlich die für die athenische Flotte in Samos rekrutierten Männer, an der Demokratie festgehalten hatten und unter Führung des zur Flotte zurückgekehrten Alkibiades auf eigene Faust erfolgreich den Krieg weiterführten. Spätestens mit der Schlacht von Kyzikos (410), die die Blockade der Meerengen durch die spartanische Flotte beendete, hatten Stadt und Flotte wieder zusammengefunden und wurde die Demokratie in vollem Umfang wiederhergestellt [LEHMANN].

Die Überwindung der politischen Krise von 411 und die gänzliche Vernichtung der spartanischen Flotte bei Kyzikos hätten zum Ausgangspunkt einer Wiederherstellung der athenischen Macht werden können. Denn das achämenidische Großreich, das nun wieder in den Ägäisraum eingriff, hatte zwar seit 412 die spartanische Flotte finanziert, doch war die von verschiedenen Satrapen Kleinasiens ausgeführte persische Politik keineswegs von einem einheitlich spartafreundlichen Kurs bestimmt. Eine grundsätzliche Änderung zeichnete sich erst mit der Entsendung des spartanischen Nauarchen Lysandros ab, der mit Unterstützung durch den Königssohn Kyros eine neue schlagkräftige Flotte ausrüstete. An der Schlacht von Notion, in der Lysandros die ungeordnete athenische Flotte besiegte, war Alkibiades zwar persönlich gar nicht beteiligt, wurde aber dennoch von einer Mehrheit der Athener für die Niederlage verantwortlich gemacht und deshalb für 407/406 nicht mehr zum Strategen wiedergewählt. Damit hatten sich die Athener freilich ein schweres Führungsproblem eingehandelt und es verschärfte sich noch, als sie nach der siegreichen Schlacht bei den Arginusen (Inselchen bei Lesbos) die beteiligten Strategen wegen unterlassener Hilfeleistung für athenische Bürger und unterbliebener Bergung der Gefallenen zum Tode verurteilten. Die an ihrer Stelle gewählten Strategen hatten zum Teil keine Erfahrung in der Flottenführung und konnten nicht verhindern, dass Lysandros von Ionien aus in den Hellespont einfuhr, um die Getreideversorgung Athens zu blockieren. Als sie beim Versuch, diesen Fehler zu korrigieren, im Hellespont bei Aigospotamoi ankern ließen und die Mannschaften ihre Schiffe verlassen hatten, um an Land Nahrungsmittel zu suchen, konnte Lysandros durch eine List alle athenischen Schiffe erbeuten (Herbst 405). Schlagartig seiner Flotte beraubt und von den überseeischen Getreidelieferungen abgeschnitten, musste Athen nach einer langen Blockade schließlich im Frühjahr 404 kapitulieren [BLECKMANN].

Hegemonialkriege und Koine Eirene im 4. Jh.

Athens Niederlage im Peloponnesischen Krieg war wesentlich durch Probleme in der eigenen politischen Führung verursacht worden. Dass das siegreiche Sparta freilich von seinen politischen Strukturen her viel weniger zu einer stabilen Hegemonialpolitik in der Lage war als Athen, zeigte sich bereits in den Jahren unmittelbar nach dem Sieg. Lysandros übte in Griechenland eine ausschließlich persönliche Herrschaft aus, für die er institutionell gar kein Mandat hatte. In den Städten führten teils von ihm eingesetzte spartanische Offiziere, teils ihm persönlich verbundene oligarchische Cliquen das Regiment, so auch in Athen, das zunächst von den ‚Dreißig', später von den ‚Zehn' kontrolliert wurde. Doch begünstigt von Lysandros' Rivalen in Sparta, König Pausanias, vertrieben die athenischen Exilanten unter der Führung des Thrasybulos bereits 403 die Oligarchen aus Athen, konnten aber nicht verhindern, dass sich diese nach Eleusis zurückzogen und sich dort bis 401 hielten.

Erst mit dem Ende des eleusinischen Sonderstaates und der Teilung Attikas war die Möglichkeit zum Wiederaufstieg Athens gegeben, zumal sich Sparta schon bald mit der persischen Großmacht anlegen sollte. Noch bevor die spartanische Seemacht durch den in persischen Diensten kämpfenden ehemaligen athenischen Strategen Konon bei Knidos (394) zerstört wurde, fühlte sich Athen frei genug, um an der Seite Thebens gegen die sparta-

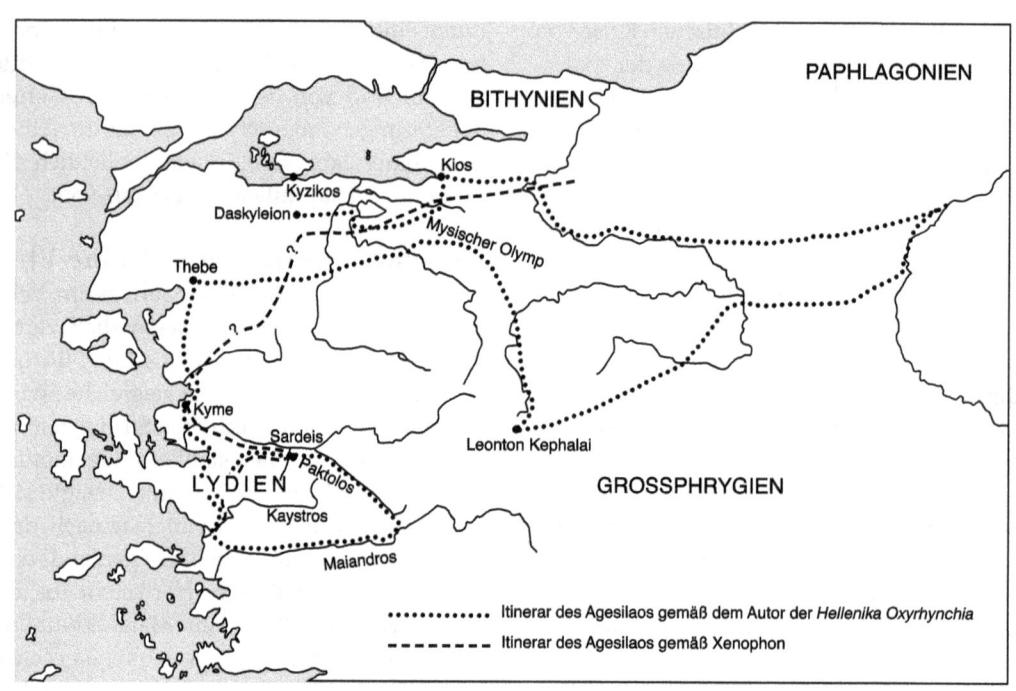

Die Karte lässt erahnen, welche methodischen Schwierigkeiten bei der Benutzung antiker Geschichtsschreibung für die Rekonstruktion der politischen Geschichte des Altertums auftreten können. Der Feldzug Alexanders des Großen ist, was seine historischen Folgen betrifft, die wichtigste militärische Aktion der Antike gewesen. Umso wichtiger ist es für den Historiker, die Motive dieser Aktion zu erklären. In dieser Perspektive sind auch andere militärische Aktionen gegen das Perserreich als Präzedenzfälle von Interesse, auch wenn sie historisch ohne größere Wirkungen blieben. Das gilt etwa für den Kampf des Spartanerkönigs Agesilaos in Kleinasien (395). Die beiden Hauptquellen, die uns für dieses Ereignis zur Verfügung stehen, bieten allerdings völlig abweichende Berichte, und zwar nicht nur was die Interpretation der Fakten, sondern auch was die Fakten selbst betrifft. In der Erzählung des Zeitgenossen Xenophon führt der **Feldzug des Agesilaos** nicht wesentlich über das Hinterland der Ägäis- und der Hellespontküste (bei Daskyleion) hinaus, in derjenigen des anonymen Autors der *Hellenika Oxyrhynchia*, eines auf Papyrus erhaltenen fragmentarischen Geschichtswerks, marschiert Agesilaos dagegen sowohl in Lydien (bei Sardeis) als auch in Phrygien viel weiter in das Innere Kleinasiens. Die völlig abweichenden Berichte lassen sich nicht miteinander verbinden. Offenkundig hat der Autor der *Hellenika Oxyrhynchia* den Agesilaos in freier Erfindung partiell die Aktion ausführen lassen, die der Publizist Isokrates um die Mitte des 4. Jh.s Philipp II. von Makedonien vorschlug, nämlich die Eroberung des Achämenidenreichs bis nach Inneranatolien. Auch Isokrates stellte übertreibend die Aktionen des Agesilaos als großartige Erfolge dar (*Panegyrikos* 144). Quellenwert haben die *Hellenika Oxyrhynchia* demnach hier nicht für die Ereignisgeschichte des frühen 4. Jh.s, sondern für die Geistesgeschichte des mittleren 4. Jh.s.

Itinerar des Agesilaos (395), nach: Charles Dugas, La campagne d'Agésilas en Asie Mineure (395), Bulletin de Correspondance Hellénique 34, 1910, 58–95, Abb. nach 58.

nische Hegemonialmacht vorzugehen. Der Ausbruch des Korinthischen Krieges (Ende 395) zwang den spartanischen König Agesilaos seine erfolgreiche Kampagne in Kleinasien abzubrechen, um Spartas Lage im Mutterland zu sichern. Trotz einiger militärischer Erfolge konnte aber Sparta seine Vorherrschaft in Griechenland letztlich nur dadurch behalten, dass es wieder zum Bündnis mit dem persischen Großkönig zurückfand, der den Versuchen Athens, die ehemalige Seeherrschaft wiederherzustellen, entgegentreten wollte. Im so genannten ‚Königsfrieden' (386) diktierte der Großkönig im Einvernehmen mit Sparta den Grundsatz, dass in Zukunft im griechischen Mutterland – Kleinasien fiel in seiner Gesamtheit an die Perser zurück, so dass das Ergebnis der Perserkriege revidiert wurde – alle Poleis autonom sein sollten.

Ein für alle Poleis verpflichtender ‚allgemeiner Friede' – griech. *koinḗ eirḗnē* – stellte eine ganz neue Art dar, das zwischenstaatliche Verhältnis zu regeln, und hätte die konventionelle, um einen führenden Staat zentrierte und für die Griechen so wenig akzeptable Hegemonie als Ordnungsprinzip zwischenstaatlicher Beziehungen ablösen können [JEHNE]. Das Problem an der im Königsfrieden festgelegten Koine Eirene war nur, dass es keine Instrumente gab, sie dauerhaft durchzusetzen. Sparta, der einzige Staat, der dazu die Macht hatte, legte das Regelwerk des Königsfriedens skrupellos im Sinne seiner eigenen machtpolitischen Interessen aus, indem es etwa den chalkidischen Bundesstaat unter der Führung Olynths als ein dem Autonomieprinzip widersprechendes Gebilde zerschlug, um seine Macht im Norden der Ägäis zu sichern. Auch in anderen Fällen war Sparta das Autonomieprinzip ganz gleichgültig, etwa, als es eine Besatzungstruppe auf dem Burgberg von Theben, der Kadmeia, installierte (382). Die Empörung über dieses Verhalten Spartas kam Athen zugute, das seit 378 besonders die Stadtstaaten der Ägäis und der Meerengen um sich sammelte, um im ‚Zweiten Athenischen Seebund' die Prinzipien des Königsfriedens gegen Sparta zu verteidigen [DREHER]. Mit Athen stand auch Theben im Bunde, nachdem es einer Gruppe um Pelopidas gelungen war, die Spartaner von der Kadmeia zu vertreiben. Als schließlich die Thebaner in der Schlacht bei Leuktra ein spartanisches Invasionsheer völlig besiegten (371) und damit die Militärmacht Spartas für lange Zeit zerstörten, hatten sich die Athener freilich in der Zwischenzeit wieder Sparta angenähert und unterstützten den Widerstand, auf den die Thebaner nach ihrer anfangs höchst erfolgreichen Intervention auf der Peloponnes stießen. In der Schlacht bei Mantineia (362) siegte zwar zunächst der thebanische Feldherr Epaminondas über ein Koalitionsaufgebot von Spartanern, Athenern, Arkadern, Eleiern und Achäern, fiel aber dann, was die Schlacht unentschieden enden ließ. Durch dieses Unentschieden „wurden in Hellas Unordnung und Verwirrung nach der Schlacht noch größer als zuvor" (Xenophon, *Hellenika* 7, 5, 27).

Der Aufstieg Makedoniens. In diesem anarchischen Zustand zwischenstaatlicher Beziehungen, für die sich trotz vieler diplomatischer Anläufe keine dauerhafte Koine-Eirene-Ordnung durchsetzen ließ, blieb nach dem Sturz Spartas und dem Scheitern Thebens letztlich nur Athen durch seine weiterhin existierende Flotte ein wichtiger Machtfaktor [EDER; HANSEN]. Nach dem verlorenen Krieg gegen einige wichtige Bündner (357–355) bewies es in den Reformen des Eubulos seine

Fähigkeit zur organisatorischen Innovation und wurde schließlich zum Zentrum des Widerstands gegen die Expansionspolitik Philipps II. von Makedonien.

Die Makedonen waren ein von den antiken Griechen nicht als griechisch angesehenes, aber in Wirklichkeit einen griechischen Dialekt sprechendes Volk, das nördlich des Olymp siedelte. Beherrscht wurde es von Monarchen, was im Vergleich zu den griechischen Stadtstaaten und selbst zu Epirus, in der die Monarchie zwar noch existierte, aber in ein konstitutionelles Gefüge eingebunden war, altertümlich wirkte. Bereits seit dem 5. Jh. hatten makedonische Könige – Alexander Philhellen, Perdikkas II. und Archelaos – eine gewisse Rolle im nördlichen Ägäisraum gespielt. Allerdings hatte dies nicht zum Aufbau einer großen Territorialmacht genügt, da das jeweils Erreichte nicht den Tod des Königs überdauerte. Daran war zum einen die offene, stets von barbarischen Stämmen wie Illyrern und Paioniern bedrohte Nordgrenze Makedoniens schuld, zum anderen der immer wieder ausbrechende innere Zwist. Rivalitäten innerhalb der Königsfamilie schwächten die Monarchie und ermöglichten es des öfteren lokalen Fürsten, ihre Stellung auf Kosten der Zentrale auszubauen [ERRINGTON].

Als König Perdikkas III. 360 im Kampf gegen die Illyrer fiel und sein Bruder Philipp für den unmündigen Amyntas die Herrschaft übernahm, befand sich die Macht der makedonischen Monarchie wieder einmal auf einem solchen Tiefpunkt. Die besondere Skrupellosigkeit, die Philipp II. bei der Ausschaltung dynastischer und feudaler Widerstände bewies, hätte allein nicht zur dauerhaften Herrschaftssicherung genügt. Hinzu kamen aber umfassende Reformen zur Sicherung der Macht des Königs, etwa die Unterhaltung eines permanenten Korps von Hopliten (*pezhetaíroi*), die Verpflichtung der Adelsreiterei (*hetaíroi*) auf die Person des Königs durch materielle Wohltaten, die Konzentration der Jugend des Adels im ‚Pagenkorps' der *basilikoí paídes*, die am Königshof für den Dienst an der Monarchie erzogen wurden und zugleich – de facto als Geiseln – die Loyalität der Adelsfamilien garantierten.

Diese Reformen waren aus den innerhalb der Grenzen Makedoniens gewonnenen Ressourcen nicht zu bezahlen. Vielmehr waren sie erst durch einen aggressiven Expansionskurs möglich geworden, der durch Beute und Landgewinn dem König ganz neue Mittel für eine persönliche Herrschaftsausübung an die Hand gab. Günstige äußere Umstände erleichterten Philipp II. diese Expansionspolitik, etwa die Schwächung Athens im Bundesgenossenkrieg (357–355), die dynastischen Rivalitäten in Thrakien nach dem Tode des Odrysenkönigs Kotys (360) sowie die in einem ‚Heiligen Krieg' um Delphi ausgetragenen Konflikte zwischen den Phokern und den Thessalern, die Philipp II. zu Hilfe gerufen hatten und damit ihr Land in eine längere Abhängigkeit von der makedonischen Krone bringen sollten. Bis 352 hatte Philipp II. so ein gewaltiges Territorium unterworfen, das von den Thermopylen bis zu den Meerengen am Marmarameer reichte. Trotz dieser bedrohlichen Entwicklung hatte Athen keine Lehren aus seinen ersten diplomatischen Kontakten mit Philipp II. gezogen, in denen es von diesem geschickt übervorteilt worden war, etwa im Falle von Amphipolis, dessen Kontrolle Philipp II. nach der Eroberung entgegen seiner vorher abgegebenen Absichtserklärung nicht an Athen abgetreten hatte. So versäumten es die Athener, dem ab den 70er Jahren neu begründeten chalkidischen Bundesstaat und seinem politischen Zentrum Olynth, das aufgrund seiner Lage und seiner Macht einen bedeutenden Störfaktor im neuen balkanischen Reich Philipps II. darstellen musste, rechtzeitig zu Hilfe zu kommen. Als sich die Athener durch die Reden des Demosthenes [CARLIER] endlich zu einer Hilfsaktion überreden ließen, war es bereits zu spät: Olynth wurde völlig zerstört (348), das reiche Territorium unter die Günstlinge Philipps verteilt und Athen musste dies hinnehmen, da sich keine hinreichende Unterstützung für einen allgemeinen Krieg der Griechen gegen Philipp fand. Als Philipp durch den definitiven Sieg über die Phoker seine Stellung in Mittelgriechenland weiter ausgebaut hatte und Athen nunmehr auch auf dem Landweg bedrohen konnte, musste dieses stark geschwächt Frieden mit Philipp schließen (sog. ‚Philokrates-Frieden' 346). Trotz der Mahnungen des Demosthenes nutzte Athen diesen Frieden nicht von Anfang an, sondern erst ab der Halonnesos-Affäre (342) zur intensiven militärischen und diplomatischen Vorbereitung, da sich nun auch nach Ansicht der Mehreit der Konflikt mit Philipp nicht mehr vermeiden ließ. Nach der Kriegserklärung 340 versuchte eine Koalition griechischer Staaten unter der Führung Athens und Thebens den makedonischen König aufzuhalten, als dieser in der Phokís intervenierte und von dort nach Böotien weitermarschierte. Die Griechen wurden bei Chaironeia geschlagen und Philipp II. konnte nun fast alle griechischen Stadtstaaten des Mutterlands unter seine Herrschaft zwingen. Instrument dieser Herrschaft war der ‚Korinthische Bund', dessen formal autonome Mitglieder in eine von Philipp garantierte Koine-Eirene-Ordnung eingebunden waren und in bestimmten Fällen dem Hegemon Philipp Heeresfolge zu leisten hatten. Die so erreichte ‚Einigung' Griechenlands unter das Regiment Makedoniens ist aufgrund einer irreführender Parallelkonstruktion mit dem Einigungswerk Preußens lange Zeit als Höhe- und Endpunkt der griechischen Geschichte der klassischen Zeit betrachtet worden. In Wirklichkeit war auch diese Ordnung, die nicht etwa durch den makedonischen Staat, sondern allein durch die Person des charismatischen Königs garantiert wurde, von hoher Instabilität gezeichnet. Dies zeigte sich bereits zwei Jahre nach Chaironeia, als durch die Ermordung Philipps II. (336) infolge innerdynastischer Querelen bereits das ganze System wieder in Frage gestellt wurde. Der Nachfolger Philipps, Alexander, musste sich erst durch Verwandtenmorde und Feldzüge an die balkanische Nordgrenze und in Griechenland behaupten, bevor er als Erbe der Machtpositionen Philipps gelten konnte. Alexander eroberte dann das Perserreich und schaltete damit das letzte Gegengewicht aus, auf das sich die griechische Poliswelt hätte stützen können, um ihre Unabhängigkeit gegenüber der makedonischen Militärmacht zu behaupten. Aber auch diese erdrückende, weit über Philipps Einflussgebiet hinausreichende Herrschaft stellte keine dauernde Ordnung in Griechenland her. Vielmehr wurden die griechischen Polisstaaten einige Jahre später in die Kämpfe hineingerissen, die sich die Generäle Alexanders des Großen nach dessen Tod lieferten.

Von welthistorischer Bedeutung waren die Hegemonialkämpfe des 5. und 4. Jh.s also nicht etwa deshalb, weil sie in Griechenland selbst eine dauerhafte Ordnung schufen. Ihre Bedeutung liegt eher darin, dass die durch die Konfliktlage erforderten permanenten Anstrengungen zur Rationalisierung politischen und militärischen Handelns erheblich beitrugen. Von diesem – mit erheblichem menschlichen Leid bezahlten – organisatorischen Fortschritt profitierten jedoch andere, nämlich die aus der makedonischen Militärmonarchie geborenen hellenistischen Königreiche, vor allem aber Rom, das im griechischen Osten das hellenistische Erbe übernahm.

Bruno Bleckmann

Literatur

E. BALTRUSCH, Symmachie und Spondai. Untersuchungen zum griechischen Völkerrecht der archaischen und klassischen Zeit (8.–5. Jahrhundert v.Chr.), Berlin/New York 1994.

H. BENGTSON (Hrsg.), Die Staatsverträge des Altertums, Bd. 2: Die Verträge der griechisch-römischen Welt von 700 bis 338 v.Chr. Unter Mitwirkung von R. WERNER bearbeitet von H. BENGTSON, München 2. Aufl. 1975.

B. BLECKMANN, Athens Weg in die Niederlage. Die letzten Jahre des Peloponnesischen Krieges, Stuttgart/Leipzig 1998.

J. BLEICKEN, Die athenische Demokratie, Paderborn u.a. 2. Aufl. 1994.

P. CARLIER, Demosthène, Paris 1990.

M. DREHER, Hegemon und Symmachoi. Untersuchungen zum Zweiten Athenischen Seebund, Berlin/New York 1995.

W. EDER (Hrsg.), Die athenische Demokratie im 4. Jahrhundert v.Chr. Vollendung oder Verfall einer Verfassungsform, Stuttgart 1995.

M. ERRINGTON, Geschichte Makedoniens. Von den Anfängen bis zum Untergang des Königreiches, München 1986.

M. FINLEY, Das antike Sizilien. Von der Vorgeschichte bis zur arabischen Eroberung, München 1979.

M. H. HANSEN, Die Athenische Demokratie im Zeitalter des Demosthenes. Struktur, Prinzipien und Selbstverständnis, Berlin 1995.

HGIÜ 1: K. BRODERSEN/W. GÜNTHER/H. H. SCHMITT, Historische griechische Inschriften in Übersetzung, Bd. 1: Die archaische und klassische Zeit, Darmstadt 1992.

M. JEHNE, Koine Eirene. Untersuchungen zu den Befriedungs- und Stabilisierungsbemühungen in der griechischen Poliswelt des 4. Jahrhunderts v.Chr., Stuttgart 1994.

E. KALINKA, Die pseudoxenophontische Athenaion politeia. Einleitung. Übersetzung, Erklärung, Leipzig/Berlin 1913.

G. A. LEHMANN, Oligarchische Herrschaft im klassischen Athen. Zu den Krisen und Katastrophen der attischen Demokratie im 5. und 4. Jahrhundert, Opladen 1997.

W. SCHULLER, Die Herrschaft der Athener im Ersten Attischen Seebund, Berlin/New York 1974.

B. SMARCZYK, Untersuchungen zur Religionspolitik und politischen Propaganda im Delisch-Attischen Seebund, München 1990.

M. STEINBRECHER, Der Delisch-Attische Seebund und die athenisch-spartanischen Beziehungen in der Kimonischen Ära (ca. 478/7–462/1), Stuttgart 1985.

K. TAUSEND, Amphiktyonie und Symmachie. Formen zwischenstaatlicher Beziehungen im archaischen Griechenland, Stuttgart 1992.

K. W. WELWEI, Das Klassische Athen. Demokratie und Machtpolitik im 5. und 4. Jahrhundert, Darmstadt 1999.

J. WIESEHÖFER, Das antike Persien von 550 v.Chr. bis 650 n.Chr., München/Zürich 1993.

E. WILL, Le monde grec et l'Orient, Bd. 1, Paris 1972.

Epochen der Antike

Die Hellenisierung der Mittelmeerwelt

Begrifflichkeit. In den zwei bis drei Jahrhunderten nach dem Tod Alexanders des Großen (323 v.Chr.) erfuhr die Mittelmeerwelt eine historische Doppelentwicklung, in der zwei ursprünglich getrennte Phänomene schließlich ineinander aufgingen: zum einen der vollständige Sieg der griechischen Kultur, die als gemeinsamer Bezugspunkt von allen sozialen und politischen Eliten im Osten und Westen des Mittelmeerraumes akzeptiert wurde, und zum anderen die Ausbildung großer politischer Einheiten bis hin zum Römischen Reich auf Kosten der Autonomie der traditionellen antiken Städte. Dieser Prozess der so genannten ‚Hellenisierung' (engl. ‚hellenisation'; frz. ‚hellénisation'), der die Mittelmeerregionen zu einer gewissen Einheit zusammenführte, bestand nicht nur im Gebrauch des Griechischen als ‚internationaler' Umgangssprache, sondern auch in der zunehmenden Akzeptanz politischer, philosophischer und ästhetischer Werte der griechischen Kultur, zumindest in den höheren Bevölkerungsschichten. Das Ergebnis dieser Entwicklung war eine neue Gesellschaft, die heute als ‚hellenistisch' bezeichnet wird.

Das griechische Substantiv *hellenismós* und das Verb *hellenízein* beziehen sich auf die Annahme der griechischen Sprache und der griechischen Lebensart durch Nichtgriechen. In der wissenschaftlichen Literatur wurde dieser Begriff erstmals von einem deutschen Historiker des 19. Jh.s, Johann Gustav Droysen (1808–1884), verwendet. In seiner erstmals 1836–1842 erschienenen Geschichte des Hellenismus vertrat er die Ansicht, dass Alexander selbst den Anstoß zur Verschmelzung der griechischen Kultur mit den verschiedenen Kulturen des Orients gegeben habe [DROYSEN]. Droysen, der sich für die Bildung eines geeinten deutschen Nationalstaates unter preußischer Führung einsetzte, sah in der in Alexanders Reich errungenen Einheit nicht nur einen Höhepunkt der griechischen Zivilisation, sondern auch ein historisches Modell mit Vorbildfunktion. Inzwischen ist die von der deutschen Romantik und der Geschichtsphilosophie Hegels beeinflusste Vorstellung, dass die Verschmelzung der Kulturen das Hauptkennzeichen der ‚hellenistischen Geschichte' sei, durch die Forschung in Frage gestellt worden [PRÉAUX, 7–9, 545–679; BICHLER]. Die einheimischen nichtgriechischen Kulturen sind niemals völlig verschwunden, sondern blieben gerade in den unteren Schichten lebendig, während die Hellenisierung – freilich in unterschiedlicher Intensität, wie die Beispiele der Juden, der Ägypter oder auch der Römer zeigen – insbesondere in den Städten und hier in der Oberschicht um sich griff.

Natürlich gibt es schon vor dem ‚Hellenismus' eine Hellenisierung des Mittelmeerraumes, zunächst im Osten, dann auch im Westen. Schon die homerischen Epen bezeugen diese doppelte Bewegung nach Ost und West, zu den Küsten Kleinasiens ebenso wie zum ‚Garten der Hesperiden', den man später an der Meerenge von Gibraltar suchte. Griechische Städte befanden sich im Norden und im Osten der Ägäis, an den Küsten des Schwarzen Meeres und Libyens und natürlich im Westen, insbesondere in Sizilien und Unteritalien, das als ‚Großgriechenland' bezeichnet wurde. Aber Alexanders sensationelles Unternehmen im Orient veränderte den Prozess der Hellenisierung nachhaltig und stellte ihn qualitativ und quantitativ auf eine neue Grundlage: Nun bot sich den Griechen nicht nur die Gelegenheit, sich für vergangene Erniedrigungen durch den persischen ‚Barbaren' zu rächen, sondern der Ruhm von Alexanders militärischen Erfolgen ermöglichte es sogar, sich den sozialen und politischen Eliten des gesamten Mittelmeerraums als Orientierungsmuster anzubieten. Für diese war die griechische Kultur nun hochinteressant, um ihren eigenen Zielen eine angemessene Ausdrucksform zu verleihen. Sie waren bereit, sich mit ihr zu identifizieren, und konnten mit der Aneignung der griechischen Kultur Ansehen und zusätzlichen politischen Handlungsspielraum gewinnen. Den römischen Aristokraten ermöglichte es das griechische ‚Erbe', ihre Ansprüche auf Vorherrschaft in einem bereits stark hellenisierten Mittelmeerraum zu formulieren und zu rechtfertigen.

Alexanders Erben – das Gesetz des Stärkeren. Das Reich, das Alexander auf den Erfolgen seines Vaters Philipp II. aufbauend durch seine Heerzüge erobert hatte, war von immenser Ausdehnung und wohl das größte, das je bis dahin geschaffen worden war. Sein Kern war das makedonische Königreich im Norden der griechischen Halbinsel; doch es umfasste nicht nur Thrakien sowie die griechischen Städte auf dem griechischen Festland und auf den Inseln in der Ägäis, in Westkleinasien und am Schwarzen Meer, sondern alle ehemaligen persischen Satrapien Kleinasiens (also: die gesamte heutige Türkei), Phönizien (in etwa der heutige Libanon), Ägypten, Libyen, Syrien, Mesopotamien und Persien (heute: Irak und Iran), Armenien, Baktrien (heute: Afghanistan), Pakistan und Indien bis zum Indus (Pandschab, Kaschmir). Als Alexander am 13. Juni 323 v.Chr. in Babylon unerwartet starb, waren zwar bereits einige Teile der östlichsten Eroberungen wieder der makedonischen Kontrolle entglitten, doch hatte der Siegeszug der Heere Alexanders auch dort einen tiefen und lange nachwirkenden Eindruck hinterlassen.

Zeittafel

343	Capua schließt sich den Römern an.
343–290	Samnitenkriege in Zentralitalien.
338	Niederlage und Auflösung des Latinerbundes.
336–323	Alexander der Große.
326	Bündnis zwischen Rom und Neapel.
323–317	Philipp IV. Arrhidaios.
323–310	Alexander IV.
323–322	Lamischer Krieg.
321–320	1. Diadochenkrieg: Perdikkas (erm. 321) und Eumenes gegen Antipatros, Krateros (gefallen 320), Antigonos und Ptolemaios.
320	Reichsordnung von Triparadeisos; Antipatros Reichsverweser (gest. 319).
319–316	2. Diadochenkrieg: Kassandros gegen Polyperchon und die Königinmutter Olympias in Europa; Antigonos gegen Eumenes in Asien.
317–288	Agathokles Tyrann von Syrakus.
315–311	3. Diadochenkrieg: Kassandros, Lysimachos, Ptolemaios und Seleukos gegen Antigonos, Demetrios, Polyperchon.
312	Zensur des Appius Claudius Caecus in Rom.
306–305	Königsproklamationen: Antigonos und Demetrios, Ptolemaios, bald darauf Kassandros, Lysimachos, Seleukos.
303–301	4. Diadochenkrieg: Kassandros, Lysimachos, Ptolemaios und Seleukos gegen Antigonos und Demetrios.
301	Antigonos verliert bei Ipsos Schlacht und Leben.
298/7	Tod des Kassandros.
295	Schlacht von Sentinum.
294–288/7	Demetrios König der Makedonen.
288–286	5. Diadochenkrieg: Lysimachos, Ptolemaios, Seleukos und Pyrrhos gegen Demetrios.
282–281	6. Diadochenkrieg: Lysimachos gegen Seleukos
281	Schlacht bei Kurupedion: Lysimachos fällt; Seleukos König der Makedonen.
281–278	Keltenraubzüge auf dem Balkan und in Kleinasien. Seleukos von Ptolemaios Keraunos ermordet.

Epochen der Antike
Die Hellenisierung
der Mittelmeerwelt

285/2–246	Ptolemaios II. Philadelphos.
283–250	Magas König in der Kyrenaika.
283/276–239	Antigonos Gonatas.
281–261	Antiochos I.
280–um 255	Nikomedes I. König von Bithynien.
281–275	Pyrrhos (gest. 272) in Unteritalien und Sizilien.
272	Nach der Einnahme von Tarent beherrscht Rom Italien.
270–215	Hieron II. Tyrann von Syrakus.
264–241	1. Punischer Krieg.
261–241	Eumenes I., König von Pergamon.
261–246	Antiochos II.
246–226	Seleukos II.
241–197	Attalos I., König von Pergamon.
239–229	Demetrios II.
227–221	Antigonos Doson.
223–187	Antiochos III. der Große.
221–179	Philipp V.
218–201	2. Punischer Krieg.
215–205	1. Makedonischer Krieg.
200–197	2. Makedonischer Krieg.
197	Schlacht bei Kynoskephalai.
196	Freiheitserklärung bei den Isthmischen Spielen.
197–160/59	Eumenes II.
188	Frieden von Apameia.
186	Senatsbeschluss zu den Bacchanalien.
184	Zensur des Marcus Porcius Cato.
179–168	Perseus letzter König der Makedonen.
175–164	Antiochos IV. Epiphanes.
172–168	3. Makedonischer Krieg, beendet durch den Sieg der Römer bei Pydna.
159–138	Attalos II.
149–146	3. Punischer Krieg.
146	Zerstörung Korinths und Karthagos.
138–133	Attalos III.; er vererbt Pergamon an Rom.
120–63	Mithradates VI. Eupator Dionysos.
112–105	Jugurtha König in Numidien.
74	Bithynien fällt per Testament an Rom.

Ungeachtet dieser Einbußen hinterließ Alexander ein riesiges Reich, das sich vom östlichen Mittelmeer bis über die iranische Hochebene hinaus erstreckte.

Aber dieses Reich besaß noch keine gefestigten Strukturen; seine Einheit garantierten lediglich persönliche Übereinkünfte, die Alexander mit einzelnen Städten, Völkern und Königen getroffen hatte. Der plötzliche Tod des Eroberers stellte diese Bündnisse rasch in Frage, zumal Alexander keinen regierungsfähigen Erben, sondern nur ein – noch nicht einmal geborenes – Kind hinterlassen hatte, für das zunächst Perdikkas (ermordet 321), dann Antipatros (gest. 319) und schließlich Antigonos *Monophtalmós* ('der Einäugige') die Reichsverweserschaft übernahmen. Doch Antigonos konnte nicht verhindern, dass der Sohn des Antipatros, Kassandros, den kleinen Alexander IV. und seine Mutter Roxane in die Hände bekam (316) und nach einigen Jahren der Internierung in Amphipolis schließlich ermorden ließ (310) [WILL; GEHRKE, 30–45; 154–164].

Glaubt man einer bei dem Geschichtsschreiber Diodor überlieferten Nachricht, dann hätte Alexander sein Reich *tō arístō* ('dem Besten') vermacht (Diodorus Siculus 18, 1, 4). Dieses Vermächtnis – mag es ausgesprochen worden sein oder nicht – beschreibt exakt das politische Ziel, das diejenigen, die sich als Alexanders Erben betrachteten und deshalb als ‚Diadochen' bezeichnet werden, verfolgten: Der Stärkste zu sein, hieß die Devise. In den folgenden Jahren kämpften verschiedene Heerführer in wechselnden Koalitionen um die Gesamtherrschaft, bis mit der Niederlage und dem Tod des einstigen Reichsverwesers Antigonos *Monophtalmós* in der Schlacht bei Ipsos (301) auch die Idee der Reichseinheit unterlegen war. Die Sieger, die dem Beispiel des Antigonos und seines Sohns Demetrios folgend (306) schon Alexan-

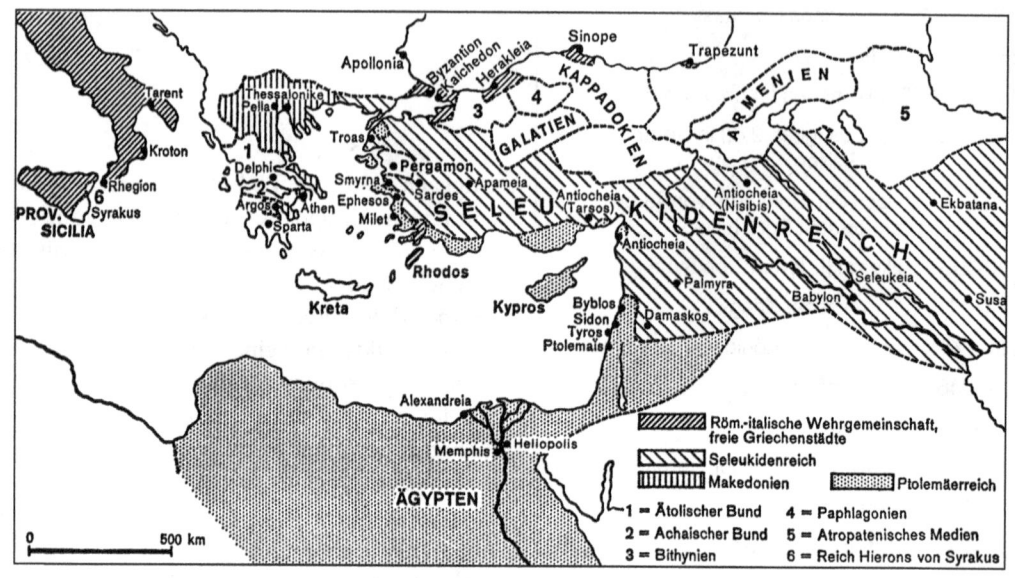

Die **hellenistische Staatenwelt** wurde auf den ersten Blick von mehreren Großreichen dominiert, die große Teile des einst von Alexander eroberten Gebiets unter sich aufgeteilt hatten. Die Grenzen dieser Großreiche wurden jedoch im 3. und 2. Jh. immer wieder verschoben – der hier gezeigte Zustand bezieht sich auf die Zeit um 240 v. Chr. Daneben bestanden die griechischen Poleis wie Athen, Sparta oder Rhodos fort. Zudem hatten sich Bünde wie der Ätolische oder der Achäische Bund formiert.

Im Westen kontrollierte Rom zu dieser Zeit nicht nur Mittel- und Süditalien, sondern auch den größten Teil Siziliens, wenngleich das Reich Hierons II. von Syrakus formell noch unabhängig war. Doch auch Rom konnte sich dem griechischen Einfluss nicht entziehen, wie gerade die ‚römisch-kampanischen' Münzprägungen zeigen, die im Namen Roms mit einem in Kampanien üblichen Münzfuß geprägt wurden. Die nebenstehende Silbermünze macht diese Verbindungen auch ikonographisch deutlich: Ihre Vorderseite zeigt ein griechisch inspiriertes Bild, eine Büste des jugendlichen Herkules mit Diadem und vorn verknüpftem Löwenfell, die Keule an der Schulter. Dagegen stellt die Rückseite mit der Legende ROMANO(m) = *Romanorum* und der die Zwillinge Romulus und Remus säugenden Wölfin den Bezug zu Rom und seiner Gründungslegende her.

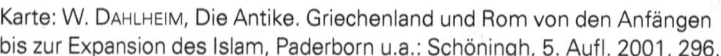

Karte: W. Dahlheim, Die Antike. Griechenland und Rom von den Anfängen bis zur Expansion des Islam, Paderborn u.a.: Schöningh, 5. Aufl. 2001, 296.

Bild: Didrachme, römisch-kampanisch (um 269 v.Chr.; Ø 21 mm; 7,05 g; Roman Republican Coinage, Nr. 20/1). Foto: Italo Vecchi.

Literatur: Gehrke; Will (zum Kontext der Münze: Bd. 1, 195–198); M. Crawford, Coinage and Money under the Roman Republic, London 1985, 31f.; La Monetazione romano-campana. Atti del X Convegno del Centro Internazionale di Studi Numismatici, Rom 1998.

ders Königstitel (*basileús*) für sich angenommen hatten, fügten ihrer bereits bestehenden Herrschaftsbereichen noch Teile der gemeinsam errungenen Beute hinzu und akzeptierten damit zugleich das Prinzip der Aufteilung. So konnten Seleukos und Ptolemaios ihre jeweilige Herrschaft konsolidieren und Dynastien begründen: die der Seleukiden im Gebiet von Syrien, Iran und Baktrien sowie die der Ptolemäer in Ägypten. Diese Dauerhaftigkeit erreichte das Königreich des Lysimachos nicht, das nach 301 von Thrakien bis zum Tauros reichte und damit nicht nur ganz Kleinasien umfasste, sondern auch die strategisch wichtigen Meerengen am Bosporos und am Hellespont; es zerfiel nach der Schlacht bei Kurupedion, in der Lysimachos starb (281). Aus einem der Trümmerstücke dieses Reichs sollte das später einflussreiche Königreich von Pergamon entstehen. Besondere Bedeutung für alle Diadochen besaß jedoch das Königreich Makedonien mit den Städten des griechischen Festlandes – auf seine Kontrolle musste erpicht sein, wer den Traum von der Wiederherstellung der politischen Einheit des Alexanderreichs träumte. Dort hatte sich zunächst Kassandros 305 selbst zum König erhoben und wurde hierin 301 von den übrigen Beteiligten der ‚Ipsos-Koalition‘, Lysimachos, Seleukos und Ptolemaios, bestätigt. Die nach seinem Tod (298/7) ausgebrochenen Konflikte um den Thron fanden 294 ihr vorläufiges Ende, als der Sohn des Antigonos *Monophtalmós*, Demetrios *Poliorkḗtḗs* (‚der Städteeroberer‘), die Herrschaft erlangen konnte. Demetrios war es kurz zuvor im selben Jahr durch die erneute Eroberung Athens gelungen, wieder in Griechenland Fuß zu fassen, nachdem ihn die Niederlage seines Vaters (301) in seiner seit der ersten Einnahme Athens (307) aufgebauten Position erheblich geschwächt hatte. 287 vertrieben ihn die Verbliebenen der ‚Ipsos-Koalition‘ und der König von Epiros, Pyrrhos, endgültig aus Makedonien; vier Jahre später starb Demetrios in Apameia als Gefangener des Seleukos, dem er sich 286/5 ergeben hatte. Doch auch Pyrrhos, der später in Unteritalien im Auftrag der Tarentiner sein Schlachtenglück gegen die Römer versuchen sollte (s.u.), war nur eine kurze Zeitspanne in Makedonien vergönnt, bis ihn 284 sein Nachbar Lysimachos verdrängte.

Die hellenistischen Königreiche. Um 280 hatte sich bei den Diadochen ein Generationenwechsel vollzogen [WILL]. In Ägypten folgte Ptolemaios II. – später *Philadelphós* genannt, weil er 278/77 seine Schwester Arsinoë geheiratet hatte – seinem Vater Ptolemaios I. (283) und legte damit den Grundstein für die Vorherrschaft der Ptolemäer über den griechischen Raum am östlichen Mittelmeer, die erst nach dem Sieg des späteren Augustus bei Aktion (31 v.Chr.) über Kleopatra VII. und Marcus Antonius ihr Ende fand. Nach dem Tod des Lysimachos (281) hatte Seleukos Kleinasien vereinnahmt, wurde aber noch im selben Jahr beim Versuch, nach Makedonien vorzudringen, von seinem Mitstreiter Ptolemaios *Keraunós* (‚der Blitz‘) ermordet. Auch diesem, einem Sohn von Ptolemaios I., den sein Halbbruder Ptolemaios II. aus Ägypten verdrängt hatte, war kein langes Glück in Griechenland beschieden: Er fand bereits kurz nach seinem Erfolg in einem Kampf gegen die Kelten – von den Griechen auch ‚Galater‘ genannt – den Tod (280/79). So fiel das makedonische Königreich schließlich doch noch an die Nachkommen des Antigonos *Monophtalmós*, die ‚Antigoniden‘, als sich der Sohn des Demetrios *Poliorkḗtḗs*, Antigonos *Gonatás* (283/276–239) gegenüber dem Seleukos-Sohn und -Nachfolger Antiochos und gegen die Kelten behaupten konnte. Ihm sollten später Demetrios II. (239–229), Antigonos Dōsōn (227–221), Philipp V. (221–179) und Perseus (179–168) in der Herrschaft folgen.

Während die Ptolemäer in Ägypten und die Antigoniden in Makedonien weitgehend unangefochten blieben, erwuchs den Seleukiden im Laufe des 3. Jh.s mit dem Köngreich von Pergamon eine Konkurrenz in Kleinasien. 281 hatte der Schatzmeister des Lysimachos, Philhetairos (gest. 263), der sich mit der Kasse seines Königs auf der Burg von Pergamon eingenistet hatte, den Seleukiden Antiochos als seinen Herrn anerkannt. Dessen Neffe Eumenes I. begründete durch einen Schlachtenerfolg gegen denselben Antiochos (262/1) die Selbstständigkeit seiner Herrschaft und konnte sein Reich bis zu seinem Tod (241) erheblich vergrößern. Doch erst sein Nachfolger Attalos I. nahm nach einem Sieg über die Galater den Königstitel an und stellte sich damit mit den übrigen hellenistischen Herrschern zumindest formal auf eine Stufe. Bis zu seinem Tod (197) gelang es ihm, sich trotz einiger Rückschläge in seiner Position zu behaupten. Unter den vielen Koalitionen, die er eingegangen ist, erwies sich vor allem eine für die ‚Attaliden' als vorteilhaft: Im Bündnis mit Rom konnte Eumenes II. (197–160/59) sein Reich auf Kosten der Seleukiden bis zum Tauros ausdehnen. Nach seinem Bruder Attalos II. (159–138) ging die Herrschaft auf Eumenes' Sohn Attalos III. (138–133) über, der Pergamon per Testament den Römern vermachte.

Die politische Landkarte des Hellenismus wäre freilich nicht hinreichend skizziert, wenn wir nicht noch darauf hinweisen würden, dass es zeitlich oder räumlich begrenzt noch weitere Mächte gegeben hat, die vorübergehend überregionale Bedeutung erlangten: Dabei kann es sich entweder um Einzelfiguren handeln wie im Falle der beiden Tyrannen von Syrakus, Agathokles (317–288) und Hieron II. (270–215), sowie des Magas, der sich nach dem Tod seines Stiefvaters Ptolemaios I. in der Kyrenaika eine eigene, als Königreich apostrophierte Herrschaft aufbaute (283–250), oder wie in Bithynien und Pontos um kleinere Königreiche, deren Herrscher zwar selbst ursprünglich Nicht-Griechen waren, die sich nun aber zunehmend hellenisierten.

Die Monarchien und die Stadtstaaten.
Die hellenistische Epoche ist gekennzeichnet durch die großen politischen Zusammenschlüsse, welche die ‚internationale' Politik im Mittelmeerraum bestimmten und insofern die Zeit der nach außen hin selbstständig agierenden Stadtstaaten beendeten [GEHRKE, 46–70; 165–183]. Dabei handelt es sich bei der *pólis* durchaus um ein historisch erfolgreiches Muster sozialer Vergemeinschaftung, das in verschiedenen Ausprägungen über mehrere Jahrhunderte hin als so vorbildhaft empfunden wurde, dass auch nichtgriechische Völker wie die Etrusker oder die Latiner es für ihre Verhältnisse adaptierten. Diejenigen Völker, die sich nicht als Stadtstaaten organisierten, waren meist weit von den großen Verkehrslinien der Mittelmeerwelt entfernt. Sie liefen Gefahr, von ihren Zeitgenossen als politisch und kulturell rückständig eingeschätzt zu werden, was den Samniten in Zentralitalien, den Ätolern in Nordwestgriechenland oder auch den Makedonen passierte. Im Laufe des 4. Jh.s machten aber die Erfolge Philipps II. und Alexanders eindrücklich klar, dass mit der Monarchie dem Stadtstaat nunmehr eine neue Organisationsform an die Seite gestellt war. Diese Monarchie neuen Zuschnitts konnte riesige Territorien mit

▷ S. 181 ff.
Die antiken Menschen in ihren Gemeschaften

sehr unterschiedlichen Bewohnern vereinigen, indem sie alle zur Loyalität auf den Monarchen verpflichtete. Bei Alexander noch ephemere Erscheinung, gelang es den Diadochen, diesem politischen Modell Dauerhaftigkeit zu verleihen. Die hellenistischen Monarchien behaupteten sich mehrere Jahrhunderte lang in weiten Teilen des Mittelmeerraumes und wurden ihrerseits Vorbilder für das Römische Reich.

Eine der ‚historischen' Leistungen der hellenistischen Monarchien bestand darin, erstmals eine effiziente und anpassungsfähige Verwaltung von multiethnischen und multikulturellen Staaten zustande gebracht zu haben. Dabei knüpften sie an schon bestehende politische und verwaltungstechnische Strukturen aus der Zeit vor der griechischen Eroberung an, wie die *nomoí* (Sing.: *nomós*) im ptolemäischen Ägypten oder die Satrapien im seleukidischen Osten zeigen. Da in den unteren Verwaltungsrängen Einheimische eingesetzt wurden, war es der Zentrale trotz zahlenmäßiger Unterlegenheit möglich, auch vor Ort ihre Interessen durchzusetzen. Andererseits garantierte diese auf die griechischen Herren ausgerichtete Schicht die Loyalität weiter Bevölkerungskreise. Sie dienten damit den beiden vordringlichsten Aufgaben hellenistischer Monarchien, dem Sichern des Bestehenden und dem Hinzugewinnen weiterer Territorien. Um diese Ziele zu verwirklichen, hatte die Verwaltung vor allem die eine Aufgabe, die erforderlichen Finanzmittel zu beschaffen. Genau genommen waren hellenistische Monarchien enorme Geldbeschaffungsanlagen [CHAMOUX, 299–305] und zu diesem Zweck waren alle Mittel recht: Tribute unterworfener Städte oder angeschlossener Fürstentümer, zahlreiche indirekte Steuern, gewinnbringende Bewirtschaftung von königlichem Grundbesitz, Prägen von Münzen ... Da alles, was dem Staat zufloss, in Wirklichkeit dem Monarchen gehörte und seine Leistungsfähigkeit bewies, wurden die angehäuften Reichtümer keineswegs versteckt, im Gegenteil: Sprichwörtlich geworden beeindruckten sie auch noch viel später selbst die Römer. In der Tat überstieg der Reichtum der hellenistischen Monarchen die Mittel der früheren *póleis* um ein Vielfaches: So verfügte etwa Ptolemaios II. (283–246) über 14 800 Talente Silber pro Jahr, also über das Fünfzehnfache der jährlichen Einkünfte Athens zur Zeit des Perikles. Ihr ungeheurer Reichtum gab den Königen neue Möglichkeiten, ihr Ansehen noch zu steigern: Sie errichteten Denkmäler in Heiligtümern wie Delphi oder Delos, die alles Bisherige in den Schatten stellten, und sie erwiesen sich gegenüber den alten Städten Griechenlands als großzügige Stifter. Hiervon profitierte insbesondere Athen, das als Wiege und Hauptstadt der griechischen Kultur betrachtet wurde und von den pergamenischen Königen Eumenes II. und Attalos II. beeindruckende Säulenhallen erhielt. Doch nicht nur Heiligtümer und Städte, auch Einzelpersonen – nicht zuletzt verdiente Soldaten – wurden von den Monarchen bedacht, so etwa mit Ehrungen, Steuerprivilegien und Landschenkungen.

Obgleich der hellenistische Königsstaat sich prinzipiell vom Stadtstaat unterscheidet, haben die Könige doch zu keiner Zeit die Städte als politische Organisationsform ausgelöscht. Vielmehr suchten sie sie unter Beibehaltung ihrer eigenen politischen und administrativen Strukturen zu vereinnahmen. So ergab sich bei aller Zentralität auch eine gewisse Dezentralisierung, die den Städten eine eigene Ausübung ihrer Geschäfte erlaubte, sofern diese nicht den Interessen und den Vorgaben des Reichs zuwiderliefen. Insofern war die hellenistische Epoche nicht die Zeit des Untergangs

Detailskizze

Nach dem Vorbild Alexanders ist **der hellenistische König** vor allem ein Heerführer und hat als Sieger in Erscheinung zu treten, denn der Sieg (griech. *níkē*) wurde als Zeichen des Schutzes und der göttlichen Gunst betrachtet. Die Kette militärischer Erfolge Alexanders hatte die Phantasie der Menschen beflügelt: Er erschien ihnen als neuer Achill, ein Bild, das Alexander selbst noch durch sein Auftreten förderte. Der Sieg verlieh dem siegreichen Feldherrn ein besonderes Charisma und konnte mitunter an die Stelle dynastischer Legitimierung treten. Die Bedeutung dieses Legitimationsmusters macht nicht nur die Grausamkeit der Diadochenkriege verständlich, sondern auch die Tatsache, dass die Soldaten manchmal in überraschend schneller Weise ihre Gunst von ihrem alten Führer ab- und einem anderen zuwandten. Denn auch jeder Misserfolg wurde sogleich als göttliches Zeichen interpretiert, aus dem es Konsequenzen zu ziehen galt. Dies erklärt außerdem die göttergleiche Verehrung, die ein siegreicher Feldherr erfuhr und die der Beginn eines veritablen Königskults war. Auch hierfür bot Alexander das Vorbild: Er war im Heiligtum des Zeus-Ammon in der Oase Siwa als Sohn des Gottes empfangen worden (331) und ließ sich im Folgenden von den griechischen Städten als ‚unbesiegbarer Gott' (*theós aníkētos*) feiern. Diesem Beispiel folgten zahlreiche der hellenistischen Herrscher; sie fügten ihren Namen siegbezogene Attribute hinzu: *Nikátor* (‚der Siegreiche'), *Nikēphóros* (‚der, der den Sieg bringt'), *Kallinikos* (‚der des schönen Sieges').

Überhaupt unterschied sich der hellenistische König durch seine Titulatur von Königen früherer Jahrhunderte. Er führte den Titel ‚König' (griech. *basileús*) ohne weiteren Zusatz, wie z.B. ‚König der Makedonen' oder ‚König der Molosser', der seine Macht näher bestimmt, aber auch begrenzt hätte. Seit dem Königtum Alexanders war von Begrenzung keine Rede mehr, vielmehr hob jetzt schon der bloße Königstitel den Herrscher in göttliche Sphären. Zu dieser neuen Qualität passt im Übrigen auch, dass seit Alexander das Bildnis des Königs auf Münzvorderseiten erschien, während diese zuvor Gottheiten vorbehalten waren.

Als Ersatz für die fehlende Bestimmung dienten nun die Beinamen. Neben den bereits genannten, die sich u.a. Seleukos I. (*Nikátor*) und Seleukos II. (*Kallinikos*) zulegten, finden wir weitere, die Erfolge ansprechen: So ist Ptolemaios I. ‚der Retter' (*Sotḗr*), weil er die Rhodier von der Belagerung durch Demetrios *Poliorkētḗs* (‚den Städteeroberer') befreite. Die Beinamen verraten aber noch mehr über die Könige: Ptolemaios II. hieß *Philadelphós* (‚der Liebhaber seiner Schwester'), weil er nach pharaonischem Brauch seine Schwester Arsinoë geheiratet hatte. Ptolemaios III. galt als *Euergétēs* (‚der Wohltäter'), da er den Ägyptern die Statuen ihrer Götter, die die Perser geraubt hatten, zurückbingen konnte. Anderen wurde eine besondere Verehrung für ihren Vater bescheinigt, so Ptolemaios IV., Seleukos IV. und Ptolemaios VII., die alle als *Philopátor* (‚der, der seinen Vater liebt') erscheinen; ungewöhnlicher dagegen ist das Attribut für Ptolemaios VI.: *Philomḗtor* (‚der, der seine Mutter liebt').

Als äußere Zeichen seiner Stellung besaß der König Diadem, Szepter und Ring. Bei dem Diadem handelte es sich um ein schmales Stoffband, meistens weiß, das das Haar über der Stirn und den Ohren zusammenhielt und dessen Enden im Nacken geknotet auf die Schultern oder den Rücken fielen. Solche Stirnbänder kannte man bereits als Siegestrophäen in sportlichen Wettkämpfen (vgl. z.B. den ‚Wagenlenker' von Delphi). Auch hier wurde also ein Zeichen des Sieges auf den Herrscher übertragen. Das Szepter galt als Zeichen militärischer Kommandogewalt und symbolisierte die Autorität des Königs. Der königliche Ring mit seinem gravierten Edelstein diente schließlich als Siegel, womit königliche Verlautbarungen beglaubigt wurden. Solch einen Ring soll Alexander auf seinem Totenbett seinem General Perdikkas übergeben und ihn damit mit der Reichsregentschaft betraut haben.

Literatur: H.-J. GEHRKE, Der siegreiche König. Überlegungen zur Hellenistischen Monarchie, in: Archiv für Kulturgeschichte 64, 1982, 247–277.

der antiken Stadtstaaten, wie die Forschung lange annahm, sondern ermöglichte vielen unter ihnen, in materieller und kultureller Hinsicht einen neuen Aufschwung, auch wenn nun Kriegführung und große Diplomatie den Königen zufielen. Andererseits sicherten die Könige nicht nur das Überleben und den Wohlstand der bestehenden Städte, sie gründeten auch neue und benannten sie nicht selten nach ihrem eigenen Namen oder dem eines nahen Familienmitglieds. Einer älteren Praxis folgend hatte auch hierbei Alexander Wegweisendes geleistet. Unter den zahlreichen Städten mit Namen ‚Alexandreia' sollte derjenigen am Nildelta die größte Zukunft beschieden sein, indem sie nicht nur die Hauptstadt der Ptolemäer, sondern auch eine der bedeutendsten Metropolen der antiken Mittelmeerwelt wurde. Doch auch später gelang es einzelnen Monarchen, durch ihre Städte bleibenden Ruhm zu erlangen, so Kassandros mit ‚Thessalonike' in Makedonien, Demetrios *Poliorkētḗs* mit ‚Demetrias' im Golf von Volos oder Nikomedes I. von Bithynien (280/279–250) mit ‚Nikomedeia' (heute Izmit) am Marmarameer. Seleukos I. soll sogar neun Städte mit Namen ‚Seleukeia' und sechzehn mit Namen ‚Antiocheia' gegründet haben, unter denen die am Orontes gelegene Gründung von 300 die berühmteste wurde (heute Antakija).

Die griechische Kultur als erste ‚Weltkultur'.

Die hellenistische Epoche ist gekennzeichnet durch die enorme Ausbreitung der griechischen Kultur und Zivilisation im gesamten Mittelmeerraum [CHAMOUX; GEHRKE, 184–196]. Der von dieser Hellenisierung betroffene geographische Raum war für die antiken Griechen identisch mit der *oikouménē*, d.h. mit der gesamten bewohnten und bekannten (alten) Welt. Bei Verbreitung der Kultur kam der griechischen Sprache größte Bedeutung zu, genauer gesagt: einem ‚internationalen' Griechisch (griech. *koinḗ*), das sich ebenso von jenem Griechisch, wie es im klassischen Athen gesprochen wurde, oder von dem literarischen Griechisch eines Sophokles, Euripides oder Thukydides unterschied wie das heutige internationale Englisch von der in Oxford gebrauchten Sprache oder der von Shakespeare gepflegten. Diese *koinḗ* wurde durch die hellenistische Bürokratie unter Verwendung einer grammatikalisch und orthographisch vereinfachten Form des ‚attischen Dialekts' allgemein verbreitet. Dadurch war die Möglichkeit gegeben, sich durch eine einheitliche Umgangssprache mit unterschiedlichen und oft nichtgriechischen Bevölkerungen zu verständigen. Auch die römischen Verhandlungsführer bedienten sich ihrer, seit sie mit den Griechen in Unteritalien in engeren Kontakt eintraten. Wie in der ‚internationalen' Diplomatie, so wurde die *koinḗ* auch bei Geschäfts- und Handelsbeziehungen entlang des Mittelmeers benutzt. Dieses sprachliche Einander-Näherrücken hinterließ vor allem im Ostteil des Mittelmeerraums tiefe kulturelle Spuren und wirkte bis in die byzantinische Sprache und zum modernen Griechisch fort.

Wenngleich der hellenistischen Kultur lange Zeit nicht die verdiente Anerkennung zuteil wurde, weil man den klassischen (zumeist attischen) Autoren perikleischer Zeit den Vorrang einräumte, so ist doch deutlich, dass sich die griechische Literatur und das griechische Denken in der hellenistischen Epoche entscheidend weiter entwickelte. In der Philosophie entstanden in Auseinandersetzung mit den großen Leitfiguren Platon (428/7–349/8) und Aristoteles (384–322) zahlreiche ‚Schulen' mit konkurrierenden Weltanschauungen und ethischen Konzepten. Diese Schulen

▷ S. 268f.
Die antiken Menschen über sich

▷ S. 403ff.
Die Rezeption der Antike

erlebten bis zum Ende der Antike und darüber hinaus einen anhaltenden Erfolg. Die ‚Akademie', deren Name davon herrührte, dass Platon im Heiligtum des attischen Helden Akademos nordwestlich von Athen unterrichtet hatte, folgte während der ganzen hellenistischen Epoche der philosophischen Tradition Platons, der dem Meinungsaustausch in Form von mündlichen Debatten eine wichtige Rolle in der Organisation der Welt und im Leben des Einzelnen zugemessen hatte. In besonderer Konkurrenz zu dieser gleichsam ‚idealistischen' Betrachtungsweise sahen sich die Nachfolger des Aristoteles,

▷ S. 269
Die antiken Menschen über sich

die so genannten ‚Peripatetiker'; ihren Namen leiteten sie von den Spaziergängen (griech. *perípatoi*) ab, die Aristoteles und seine Anhänger im Lykeion, einem Athener Gymnasion, unternommen haben sollen. Beide Schulen wurden prägend für die hellenistischen Intellektuellen und hinterließen auch in der Philosophie des Römers Cicero (106–43) tiefe Spuren.

Ebenfalls noch auf vorhellenistische Wurzeln ging eine philosophisch-nihilistische Protestlehre zurück, als deren Urväter Antisthenes (etwa 455–360) und vor allem Diogenes von Sinope (etwa 413–323) gelten dürfen. Die ‚Kyniker', die nie förmlich eine ‚Schule' gebildet haben, trugen eine besondere Verachtung von Reichtum, Ansehen und Sinnesfreuden zur Schau. Ihre Vertreter verkörperten den Typ eines Bettelphilosophen, den man schon an seinem Äußeren, also an seinem zerschlissenen und dreckigen Mantel, an Bettelsack, Stock, ungepflegten Haaren und Zottelbart, erkennen zu können glaubte. Dementsprechend sollen sie ihre Bezeichnung von den ‚Hunden' (griech. *kynoi*) erhalten haben.

Zwei andere konkurrierende philosophische Schulen entstanden selbst erst im frühen 3. Jh., die Stoiker und die Epikureer; beide waren vor allem an ethischen Fragen interessiert und entwickelten Lehren über das höchste Gut und die Wege, wie dieses zu erreichen sei. Die erstgenannte Schule geht auf Zenon von Kition (333–262) zurück, einen ehemaligen Anhänger des Kynikers Krates und der Akademie. Wieder leitet sich der Name vom Versammlungsort ab, d.h. von der berühmten ausgemalten Säulenhalle an der Athener Agora, der *stoá poikílē*. Die Stoiker waren der Überzeugung, dass nur durch Anstrengung und Gleichgültigkeit gegenüber Schmerz die Tugend, und damit das Glück, erstrebt werden könne, eine Ansicht, die gerade für philosophisch interessierte Römer wie Cicero oder Seneca, aber auch für die Kaiser Mark Aurel und Julian Apostata attraktiv sein musste. Im Gegensatz dazu erklärte der Philosoph Epikur (342/1–271/0) die Glückseligkeit selbst – unter Vermeidung von Schmerz – zum Ziel menschlicher Anstrengungen, eine Lehre, die einerseits zu vielen Missverständnissen und Trivialisierungen Anlass bot und andererseits immer wieder Verteidiger auf den Plan rief, darunter auch die römischen Dichter Lukrez (um 97–55/53) und Horaz (65–8 v.Chr.).

Die Dynamik im griechischen philosophischen Denken während der hellenistischen Epoche ist mit dem Fortschritt der Naturwissenschaften, besonders in der Mathematik, in der Physik, in der Astronomie, in der Geographie und in der Medizin, vergleichbar. So verfasste Euklid, ein griechischer Mathematiker aus Alexandria zu Anfang des 3. Jh.s, die 13 Bücher seiner *Elemente* (*stoicheía*), eine umfassende Arbeit über Geometrie, Arithmetik und die irrationalen Zahlen, die bis in die Neuzeit als mathematisches Handbuch diente. Etwas später trat Archimedes von Syrakus (um 287–212) auf den Plan. Er war wahrscheinlich der größte Mathematiker, Physiker und Techniker der Antike. Im Gegensatz zu seinen Vorgängern musste Theorie für ihn in praktische technische Anwendung münden. So berechnete er Umfang und Volumen des Kegels, der Kugel und des Zylinders mit Hilfe der Zahl ‚pi' und erstellte Formeln zur Bestimmung von Schwerpunkten verschiedener Körper. Er entdeckte das Gesetz der Schwerkraft und das Hebelgesetz, forschte über das Verhalten von Körpern in Flüssigkeiten (‚archimedisches Prinzip'), entwickelte die unendliche Schraube, um Flüssigkeiten in die Höhe zu heben (‚Schraube des Archimedes'), und berechnete Größe und Entfernung von Himmelskörpern. Durch die praktische Anwendung seiner Forschungen im militärischen Bereich waren die Syrakusaner im Jahr 212 in der Lage, mehrere Monate lang den wiederholten römischen Angriffen Widerstand zu leisten, da sie mit Hilfe der von Archimedes entwickelten Maschinen die römischen Schiffe und Belagerungsgeräte immer wieder zerstören konnten. Als die Römer Syrakus dann doch eingenommen hatten, soll Archimedes von einem römischen Angreifer getötet worden sein, dem er – in ein geometrisches Problem vertieft – nicht hatte antworten wollen.

Im Bereich der Astronomie versuchten nach Platon und Aristoteles mehrere Gelehrte, die scheinbar widersprüchlichen Bewegungen der Himmelskörper besser zu verstehen, indem sie die (scheinbare) Sonnenbewegung und ihr regelmäßiges Auftauchen in den zwölf Tierkreiszeichen, den monatlichen Lauf des Mondes mit seinen verschiedenen Phasen und schließlich die Bahnen der Planeten, dieser ‚herumirrenden Himmelskörper' – genau dies bedeutet eigentlich das Wort ‚Planet' – in ihre Überlegungen und Berechnungen miteinbezogen.

Für die Geographie waren die Erfahrungen des Seefahrers Pytheas von Massalia (heute: Marseille) wichtig, der um 325 im Atlantik Reisen unternahm und die westlichsten und nördlichsten Küsten Europas bis hin zur Ostsee und vielleicht sogar bis Island (Thule?) beschrieb. Besondere Bedeutung kam auch Eratosthenes von Kyrene zu, einem in vielen Disziplinen bewanderten Gelehrten, den Ptolemaios III. (246–222) an die Spitze der Bibliothek von Alexandria berief. Er schrieb wichtige Arbeiten zur Zeitrechnung und legte damit auch den Grundstein für eine erste Weltchronologie. Außerdem gilt er als Begründer der mathematischen Geographie: Ihm gelang es, den Umfang der Erde von Pol zu Pol mit nur geringfügiger Abweichung vom tatsächlichen Ergebnis dadurch zu bestimmen, dass er am Tag der Sommersonnenwende den Winkel des Schattens eines Obelisken in Alexandria berechnete, während gleichzeitig in Syene (heute: Assuan), wo der so genannte nördliche Wendekreis verläuft, die Sonne senkrecht stand und keinen Schatten verursachte. Da ihm durch die königlichen Landmesser die Entfernung zwischen diesen beiden Städten bekannt war, konnte er den gesamten Umfang des Längengrads und damit den des Erdumfangs angeben. Die von Eratosthenes ermittelten 250 000 Stadien entsprechen recht genau den 40 000 km, die diese Strecke misst.

Schließlich „erlebte auch die griechische Medizin ihr erstes Goldenes Zeitalter" [CHAMOUX, 448]. Aus zwei wichtigen Schulen der klassischen Medizin, der von Kos – aus der bereits Hippokrates stammte, auf den der noch heute von Medizinern zu leistende Eid zurückgeführt wird – und der von Knidos, gingen bedeutende Ärzte hervor, deren Dienste an hellenistischen Höfen sehr gefragt waren. Ihre Methoden basierten in erster Linie auf der sorgsamen Beobachtung des Krankheitsbilds, bevor man zur Diagnose und zur Verabreichung und Anwendung von Medikamenten schritt – eine Methode, die ganz dem Geiste des Aristoteles verpflichtet war. Das große Interesse des Aristoteles und seines Nachfolgers Theophrastes (um 370–287) an Biologie und Botanik führte zu wichtigen Erkenntnissen in der Pharmakologie, besonders auf dem Gebiet der Gifte und ihrer Gegenmittel – das griechische Wort *phármakon* deckt beide Bedeutungen ab. Mehrere hellenistische Könige, etwa Attalos III. von Pergamon und Mithradates VI. Eupator von Bithynien, entwickelten eine wahre Passion für die Wissenschaft der Gifte, die Iologie, und sollen regelrechte Kenner geworden sein. Der Grund hierfür mag auch in der Angst vor den an ihren Höfen üblichen Verschwörungen und Giftmorden bestanden haben. Von Mithradates jedenfalls wird erzählt, er habe sich mit der vorbeugenden Einnahme von schwachen Giftmengen gegen solche Mordanschläge immunisieren wollen, eine Technik, die später mit dem Verb ‚mithradatisieren' bezeichnet worden sein soll.

▷ S. 324
Technik:
Die Arbeit mit Quellen zur Antike

Aber die griechische Kultur entfaltete sich während der hellenistischen Epoche auch auf dem Gebiet der Literatur. Einer der bedeutendsten Autoren dieser Zeit war Kallimachos von Kyrene (lebte in der 1. Hälfte des 3. Jh.s), dem Ptolemaios II. die Leitung der Bibliothek in Alexandria übertragen hatte. Kallimachos übernahm es, die Werke dieser Bibliothek, die für ihre einzigartige Größe in der Antike berühmt war, über einen Katalog zu erschließen, der nach Themen und Autoren in alphabetischer Reihenfolge geordnet war. Doch seine eigenen Werke, heute großenteils verloren, waren ausschließlich poetischer Natur: Kallimachos verfasste Hymnen an Götter, Kurzgedichte, die als Inschriften gedacht waren (*Epigramme*) sowie ‚aitiologische' Gedichte, die die Ursprünge (*aítia*) von Festen, Bräuchen und von Namen zum Gegenstand hatten. Seine Sprache, sein Stil und sein erlesenes Wissen sicherten ihm bereits im Urteil seiner Zeitgenossen und ebenso der Nachwelt einen hervorragenden Platz unter den bedeutendsten Autoren der griechischen Literatur. Auch in der Geschichtsschreibung sind bedeutende Werke zu nennen, zumal die vielfältigen Ereignisse dieser Epoche das Interesse eines weiten Personenkreises zu wecken verstanden. Zahlreiche Schriften wurden von den politischen Handlungsträgern selbst oder von ihrem unmittelbaren Umfeld verfasst. Auch wenn sie heute fast alle verloren sind, sie hinterließen doch in der späteren Literatur ihre deutlichen Spuren, so in dem in mehreren Fassungen seit dem 2. Jh. v.Chr. greifbaren Alexanderroman, der zwar in fiktionaler Form, aber unter Verwendung alter Quellen die Heldentaten Alexanders des Großen darstellt, oder in den Biographien hellenistischer Persönlichkeiten aus der Feder Plutarchs von Chaironeia (um 46–nach 120), die Alexander, den Diadochen Eumenes (ermordet 316), Demetrios *Poliorkḗtḗs*, Pyrrhos, die Spartanerkönige Agis IV. (244–241) und Kleomenes III. (gest. 219) sowie die führenden Politiker des Achäischen Bundes, Arat (gest. 213) und Philopoimen (ermordet 183), behandeln und die vielfach auf altem, bisweilen sogar zeitgenössischem Material beruhen. Manche hellenistische Historiker verlegten sich auf die umfassende historische Berichterstattung. Timaios von Tauromenion (heute: Taormina in Sizilien; Mitte des 4. bis Mitte des 3. Jh.s) verfasste eine große Geschichte der abendländischen Griechen, worin er von den Kriegen der griechischen Städte Siziliens gegen die Kar-

▷ S. 270
Die antiken Menschen über sich

▷ S. 291ff.
Technik:
Die Arbeit:
Quellen zu Antike

thager berichtete, vom Krieg des Pyrrhos gegen die Römer und von deren erstem bedeutenden Sieg über hellenistische Heere. Leider sind uns von diesem Werk nur wenige armselige Fragmente geblieben. Größere Teile besitzen wir dagegen vom historischen Œuvre des Polybios aus Megalopolis (um 200 bis kurz nach 120). Nach dem endgültigen Sieg Roms über die makedonische Monarchie (Schlacht bei Pydna 168) als Geisel nach Rom gebracht und damit an einer weiteren politischen Karriere im Achäischen Bund gehindert, benutzte Polybios seine Stellung im Kreis der römischen Aristokratie – er war der persönliche Freund des Scipio Aemilianus, des leiblichen Sohns des Siegers von Pydna, geworden – dazu, die Geschehnisse der jüngeren Vergangenheit zu reflektieren. Sein 40 Bücher umfassendes Werk, von dem heute noch etwa ein Drittel erhalten ist, geht von der Frage aus, wie und aus welchen Gründen es den Römern in nicht ganz 53 Jahren gelungen war, fast den gesamten Mittelmeerraum ihrer Herrschaft zu unterwerfen. Dabei hatte er ursprünglich die Zeit von 220 bis 168 im Blick, erweiterte seine Darstellung aber später bis 144. Bei ihm wird die enge Verbindung zwischen dem Handwerk des Historikers und dem des Politikers zum Manifest: Polybios wollte ‚pragmatische Geschichte' (griech. *pragmatiké história*) schreiben, also ein historiographisches Werk, das den politisch Handelnden von praktischem Nutzen sein sollte, indem es die tieferen Gründe von Ereignissen durch eine konstante Suche nach der historischen Wahrheit zu erklären suchte [PÉDECH; LEHMANN].

Schließlich wurde das kulturelle Klima auch durch einen gewissen wirtschaftlichen Wohlstand begünstigt, den der zunehmende Handelsaustausch im Mittelmeerraum zur Folge hatte. Die Vorherrschaft einer reichen Handelsbürgerschaft in den früheren griechischen Stadtstaaten und der Reichtum der großen Monarchien trugen das ihre dazu bei, die Entwicklung von Malerei, Mosaikkunst, Bildhauerei und Architektur zu befördern [CHARBONNEAUX/MARTIN/VILLARD]. Die hellenistische Malerei und Bildhauerei war vor allem der Darstellung der Realität im dreidimensionalen Raum verbunden, nutzte die Regeln der Perspektive und bemühte sich insbesondere um die Abbildung von Bewegung. Der historische Realismus eines Apelles, des berühmten Malers und Zeitgenossen Alexanders, wirkte auch in der Darstellung der Schlacht von Issos (333) fort, die der Diadoche Kassandros bei dem Maler Philoxenos von Eretria in Auftrag gegeben hatte. Eine Kopie dieses Bildes – oder zumindest ein Nachklang desselben – kennen wir dank des Alexander-Mosaiks aus der Casa del Fauno in Pompeji, auf dem zu sehen ist, wie Alexander zu Pferde den persischen König Dareios III. in die Flucht schlägt. Der Realismus zeigt sich auch, wenn die griechische Malerei und Bildhauerei pittoreske Momente des alltäglichen Lebens darstellte, z.B. alte betrunkene Frauen, kleine Kinder oder erotische Szenen, oder in der Darstellung von Gefühlen, manchmal auf übertriebene Art. Solches Pathos, eine Art von unbestimmter Sehnsucht, kommt etwa in den Alexanderporträts des Lysippos zum Ausdruck oder in noch theatralischerer Weise in der Monumentalplastik eines Epigonos von Pergamon, dem man den ‚sterbenden Galater' oder die Ludovisigruppe ‚Selbstmord eines Galaters, nachdem er bereits seine Frau getötet hat' zuschreibt. Die hellenistische Architektur war eng mit den monumentalen Bauprojekten der hellenistischen Monarchien verbunden, deren Macht und Reichtum sie sichtbaren Ausdruck verlieh. Besonders gut ist dies heute an der von Attalos II. auf der Agora Athens erbauten und von den amerikanischen Ausgräbern (1953–1956) wiedererrichteten Säulenhalle nachzuvollziehen, doch übertraf die bauliche Ausgestaltung der Residenzen, etwa Pergamons oder Alexandrias, oder der großen Heiligtümer das athenische Beispiel noch bei weitem. In jedem Fall wirkte die griechische Architektur nach Westen und nach Osten beispielgebend und trug wesentlich dazu bei, dass auch ursprünglich nicht-griechische Städte nun ein hellenisiertes Antlitz erhielten.

Rom und die griechische Kultur: der Sieg der Besiegten? Als in Rom unter der Regierung des Augustus (27 v.Chr.–14 n.Chr.) die Erinnerung an die Wurzeln römischer Kultur und an die eigene ruhmreiche Vergangenheit wieder betont und die Wiederbelebung alter römischer Werte geradezu zur staatstragenden Ideologie wurde, unterstrich der epikureische Dichter Horaz in einem dem Kaiser persönlich gewidmeten Gedicht die bäuerlich-bescheidene Herkunft Roms mit folgendem oft zitierten Vers: *Graecia capta ferum victorem cepit et artis / intulit agresti Latio.* („Das eroberte Griechenland eroberte den rohen Sieger und führte die Künste in das bäurische Latium ein.") (Horaz, *Epistulae*, 2, 1, 156f.) Dieses Bild von einem ursprünglich ländlichen, sozusagen halb-barbarischen, Rom, das erst nach der Eroberung Griechenlands und nach den Siegen über die hellenistischen Monarchien allmählich hellenisiert und damit zivilisiert worden sei, wird noch heute von zahlreichen Historikern geteilt [vgl. GRUEN; BENGTSON; WALLACE]. Um seine historisch-moralisierende Vorstellung vom bäuerlichen Ursprung Roms noch zu untermauern, verwies Horaz gleich im Anschluss noch auf den „entsetzlichen saturnischen Vers", der bei den Römern erst „nach den Punischen Kriegen", also im 2. Jh. v.Chr., aus der Mode gekommen sei. Horaz galt der ‚Saturnier' als uritalisch und entsprechend der allgemeinen Vorstellung leitete er den Namen dieses ältesten in Rom benutzten Versmaßes von Saturn ab, also vom Inbegriff des altitalischen Gottes. Ähnlich hielt schon Marcus Porcius Cato (234–149), der Censor und berühmte Gegner griechischen Einflusses in Rom, die „tönernen Giebelfiguren der römischen Götter" (Livius 34, 4, 4) für Zeugnisse einfachen Römertums, die nun angesichts importierter Kunstwerke aus Athen, Korinth oder Syrakus verspottet würden. Weder Horaz noch Cato wussten um die griechischen Ursprünge des saturnischen Versmaßes und der Götterfiguren. Dabei hatte Rom wie die übrigen etruskischen und latinischen Städte von jeher mit Griechen in engem Kontakt und damit unter dem Einfluss griechischer Kultur gestanden. Allerdings unterschied sich diese ‚griechische Kultur italischer Ausprägung' ein wenig von der der übrigen Griechen und insbesondere von derjenigen, die zur Zeit des Hellenismus im Mittelmeerraum Verbreitung fand. Sie wirkte daher im Vergleich zur ‚modernen', hellenistischen Variante altertümlich.

Im Gegensatz zu den Vorstellungen, die die Römer später von ihrer eigenen Vergangenheit entwickelten, kann die altertumswissenschaftliche Forschung heute jedoch zeigen, dass Rom nicht wartete, bis es den Mittelmeerraum seiner Herrschaft unterworfen hatte, um dann in einem Prozess ‚kultureller Dekadenz' von der Kultur der Besiegten wieder besiegt zu werden [VEYNE; HÖLSCHER 1978; 1990]. Vielmehr wandte sich die römische Aristokratie genau von jenem Zeitpunkt an der griechischen Kultur zu, als man die Herrschaft in Italien anstrebte, also seit der zweiten Hälfte des 4. Jh.s v. Chr. Dabei stießen die Römer in Capua (343) und Tarent (272) bereits recht früh auf diejenigen Gebiete Italiens, die am meisten von der griechischen Kultur geprägt waren, auf Kampanien und Großgriechenland. Andererseits war diese freiwillige und selektive Hellenisierung Voraussetzung dafür, dass sich Römer im Folgenden überhaupt für den übrigen Mittelmeerraum interessierten. Noch bevor sie die Herrschaft erlangt hatten, waren sie durch die Aneignung der damaligen Weltkultur den übrigen Beteiligten ebenbürtig geworden. Dieser Akkulturationsprozess und seine Verbindung zum politischen Expansionsdrang kann mit der Art und Weise verglichen werden, wie sich Japan der westlichen Kultur öffnete, um sich der Herrschaft der ‚Weißen' zu entziehen.

Diese bewusst betriebene Hellenisierung betraf zunächst freilich nur die römische Oberschicht, bevor sie später die gesamte Gesellschaft erfasste. Der Akkulturationsprozess wirkte also erst allmählich von oben nach unten in die römische Gesellschaft hinein. Zuerst waren die öffentlichen Denkmäler und die Repräsentationskunst der patrizisch-plebejischen Nobilität davon betroffen [HÖLSCHER 1978; 1990]. Wie der Makedonenkönig Alexander benutzte man seit der zweiten Hälfte des 4. Jh. die Beute (*spolia*), die man den besiegten Feinden abgenommen hatte, zur Ausstattung der öffentlichen Denkmäler. So brachte man die Rammsporne (*rostra*) der Schiffe, die man 338 nach dem Sieg über Antium (heute: Anzio, kleine Hafenstadt südlich von Rom) mit nach Hause geschleppt hatte, an der Rednertribüne auf dem Forum an oder hängte 310 die vergoldeten Schilde der Samniten bei den Wechselstuben des Forums auf. Kaum später ließ ein römischer Triumphator, Quintus Marcius Tremulus, ebenfalls auf dem Forum in Rom – zum ersten Mal, soweit wir wissen – ein Reiterdenkmal (*equus Tremuli*) errichten (306); wahrscheinlich diente hierfür das von Lysipp zur Erinnerung an die Schlacht am Granikos (334) angefertigte Reiterstandbild Alexanders als ikonographisches Vorbild. Im Jahre 312 ließ der Censor Appius Claudius Caecus die erste römische Straße und die erste römische Wasserleitung bauen und belegte beide – nach griechischem Vorbild – mit seinem eigenen Namen (*via Appia* bzw. *aqua Appia*) [HUMM 1996; 2004]. Schließlich sollen etwa zur gleichen Zeit die Bildnisse des Pythagoras und des Alkibiades auf dem *Comitium*, dem Versammlungsort des Volkes auf dem Forum, vor der Kurie des Senats, aufgestellt worden sein. Diese beiden Standbilder verkörpern ganz gut die doppelte Natur der Hellenisierung Roms: Einerseits ist sie von Großgriechenland und seiner spezifischen Kultur gezeichnet, hier vom ideologischen Einfluss des Pythagoreismus, der sich auch im Kult der *Concordia* (‚Eintracht'), der zur selben Zeit auf dem *Comitium* auftaucht, wiederfindet [HUMM 1996–1997]. Andererseits verweist Alkibiades schon auf den Hellenismus, der gerade den militärischen Führern große Bedeutung zumaß. Dass sich die Funktion des Forums zu dieser Zeit nachhaltig änderte, äußerte sich auch darin, dass man die Metzgerläden vom Platz verbannte, um auf diese Weise der neuen politischen Repräsentation nach dem Vorbild einer griechischen *agorá* Rechnung zu tragen. Die Veränderungen betrafen sogar das persönliche Erscheinungsbild der Betroffenen: Die römischen Aristokraten sollen zu dieser Zeit begonnen haben, sich zu rasieren, um dem Outfit Alexanders und seiner Nachfolger nachzueifern; deshalb habe man – so jedenfalls berichtet es der römische Universalgelehrte Marcus Terentius Varro (116–27) – damals auch begonnen, Barbiere aus dem (griechischen) Sizilien nach Rom zu holen.

Nach der Einnahme von Tarent (272) beschleunigte sich die Hellenisierung der römischen Gesellschaft und sie drang auch in die unteren Schichten vor. Man beschränkte sich nicht mehr nur auf die Einführung von Kunstwerken – Statuen oder Bildern –, die man als Kriegsbeute aus besiegten griechischen Städten mitbrachte, sondern schuf authentische römische Werke nach griechischem Vorbild. Schon am Ende des 4. Jh.s hatte sich ein Familienmitglied der Fabier, das nach griechischem Vorbild Wandfresken in einem römischen Tempel gemalt und signiert hatte, mit dieser Tat den Beinamen *Pictor* (,der Maler') erworben. In der Mitte des 3. Jh.s veröffentlichte ein ehemaliger, von einem adligen Römer freigelassener Kriegsgefangener, Livius Andronicus (etwa 285–204), die erste lateinische Übersetzung der *Odyssee*. Derselbe Livius Andronicus stellte auch als erster im Jahr 240 dem römischen Publikum griechische Tragödien und Komödien in lateinischer Übersetzung vor. Sein Beispiel wurde von anderen übernommen und fortgesetzt: Die römischen Autoren Plautus (um 250–184) und Terenz (um 195–um 159) überarbeiteten mehr oder weniger frei griechische Stücke der so genannten ,Neuen Komödie'. Ennius, lateinisch schreibender Dichter oskischer Herkunft (239–169), gab in Rom Unterricht in griechischer Sprache und etablierte mit dem Hexameter ein neues Versmaß in der lateinischen Dichtung. Er übertrug zahlreiche Tragödien und Komödien des klassischen griechischen Theaters ins Lateinische und schrieb mit den *Annalen* das erste große Epos in lateinischer Sprache, das die römische Geschichte von ihrem angeblichen trojanischen Ursprung an behandelte. Die Aristokratie blieb allerdings auch weiterhin die treibende Kraft in diesem Hellenisierungsprozess: Während des 2. Punischen Kriegs (218–201) begannen Mitglieder der angesehensten senatorischen Familien, sich literarisch mit der Geschichte Roms zu befassen. Der erste von ihnen, Fabius Pictor, der Nachkomme des oben genannten Malers, tat dies noch in griechischer Sprache, ganz offensichtlich, weil er ein griechischsprachiges Publikum erreichen wollte [TIMPE; VON UNGERN-STERNBERG]. Selbst Cato, der sich so sehr über den griechischen Einfluss in Rom mokierte und seine Römische Geschichte (*Origines*) demonstrativ in lateinischer Sprache verfasste, folgte bei der Darstellung der Gründung Roms und der wichtigsten italischen Städte den literarischen Mustern, nach denen griechische Historiographen ,Gründungsgeschichten' (*ktíseis*, Sing.: *ktísis*) erzählten [CHASSIGNET]. In diesem Hellenisierungsprozess fiel der Familie der Scipionen dank ihres militärischen Ansehens und ihres Reichtums bald eine besondere Rolle zu; ihre besondere Gönnerschaft gegenüber Kunst und Literatur bezeugen die Dichter Ennius und Terenz, die zu ihrem näheren Umfeld gehörten. Pierre Grimal sprach sogar einmal – etwas zugespitzt – vom „Jahrhundert der Scipionen" [GRIMAL].

Parallel zu dieser Entwicklung in Kunst und Literatur vollzog sich die Hellenisierung der römischen Religion [LATTE, 213–263]. So wurde der von Appius Claudius (312) eingeführte Herkuleskult am ,Größten Altar' (*ara maxima*) auf dem *Forum boarium* in Rom nach griechischem Ritus zelebriert; zudem wurde dieser Herkules als *invictus* (,der Unbesiegte' bzw. ,der Unbesiegbare') verehrt, eine deutliche Bezugnahme auf Alexander, der sich 324 in der Oase Siwa als

Heraklēs aníkētos (‚der unbesiegte Herakles') hatte feiern lassen. Überhaupt gewann der Siegeskult mehr und mehr an Bedeutung [WEINSTOCK]: Auf dem Palatin wurde der Victoria ein Tempel errichtet (294); Juppiter erhielt den Beinamen *Victor* (‚der Sieger') und Bellona erschien als *Victrix* (‚die Siegerin'). Mögen auch – wie z. B. beim Triumph [KÜNZL] – etruskische Wurzeln des römischen Verhaltens gegenüber den Göttern nicht abzustreiten sein, so ist doch auf der anderen Seite offensichtlich, dass der römische Siegeskult mit Blick auf die hellenistischen Monarchien ausgestaltet wurde: Für den Triumphzug waren eben auch die Erzählungen von den Paraden, wie sie hellenistische Heere nach einem Sieg boten, wichtige Vorbilder. Griechischem Muster entsprach auch die Vergöttlichung abstrakter Eigenschaften, denen die Römer nun Tempel errichteten: der Gesundheit (*Salus*), der Eintracht (*Concordia*), der Hoffnung (*Spes*), der Treue (*Fides*), der Freiheit (*Libertas*), der Ehre (*Honos*), der Vernunft (*Mens*) und dem römischsten aller römischen Ehrbegriffe, dem Mut (*Virtus*). Die Römer scheuten sich auch nicht, fremde Gottheiten direkt in ihre Stadt aufzunehmen, wenn sie ihnen Hilfe in Aussicht zu stellen schienen. So wurde um 293/291 der Kult des Äskulap, des Gottes der Heilkunst aus Epidauros, auf der Tiberinsel etabliert; und im Jahre 212 – mitten in der Krise des 2. Punischen Kriegs – wurde auf dem Palatin der phrygische Kybelekult unter dem Namen *Magna Mater* (‚Große Mutter') eingeführt.

Die Hellenisierung betraf auch die Rituale, selbst wenn die Adaptionen im Einzelfall nicht mehr genau bestimmbar sind: Seit 293 konnten Römer, die sich im Kampf ausgezeichnet hatten, an ‚römischen Spielen' teilnehmen (*ludi Romani*). Dabei hatten sie einen Kranz aus Olivenzweigen auf dem Kopf und dem Sieger wurde ein Palmzweig überreicht, „nach einer aus Griechenland übernommenen Sitte" (Livius 10, 47, 3). Offen ist in diesem Fall, auf welchem Weg den Römern diese Praktiken vermittelt worden sind. Kamen sie direkt aus Griechenland oder doch vielleicht eher über die süditalische ‚Brücke'? An der griechischen Herkunft als solcher dürfte jedoch kein Zweifel bestehen. Gerade Krisenzeiten machten Römer für auswärtige Hilfe empfänglich, so etwa nach der Niederlage bei Cannae (216), als sie zum ersten Mal seit fast hundert Jahren den Göttern wieder ein *lectisternium* ausrichteten. Bei diesem – explizit als griechisch bezeichneten – Ritual wurden Götterstatuen auf eigens dafür aufgestellte Betten gelegt und mit diversen Speisen bewirtet. Allerdings gab es auch Abwehrreaktionen: Als sich im beginnenden 2. Jh. ein mit Dionysos verbundener Mysterienkult auch in Italien verbreitete, sah der römische Senat hiervon das Gemeinwesen bedroht. Er verbot mit einem – glücklicherweise auch inschriftlich erhaltenen – Senatsbeschluss den Kult, ließ die Kultplätze zerstören und die Anhänger als Verbrecher verfolgen (186: *senatus consultum de Bacchanalibus*) [PAILLER].

Diese harte Reaktion ist vor dem Hintergrund einer konservativen Bewegung zu sehen, die sich gegen die fortschreitende Hellenisierung der Sitten richtete. Herausragende Figur dieser Strömung war Marcus Porcius Cato (234–149). Er ging als Zensor (184) besonders streng gegen diejenigen Standesgenossen vor, die sich nicht an den Normenkonsens der römischen Aristokratie (*mos maiorum*) gehalten und stattdessen ihren Reichtum und ihre aus dem griechischen Osten nach Rom gebrachte Lebensart allzu offen gelebt hatten [KIENAST]. Dabei war Cato selbst kein Feind alles Griechischen, hatte er doch selbst Griechisch gelernt, und er orientierte sich – wie oben erwähnt – bei seinem literarischen Schaffen an griechischen Werken. So wird bereits im beginnenden 2. Jh. deutlich, wie eng die Frage der erfolgreichen Expansion mit der Verwandlung der eigenen, stadtrömischen Gesellschaft verbunden war. Die Römer selbst, z.B. Sallust, hatten hierfür nur die Vorstellung einer immer weiter fortschreitenden Dekadenz.

Rom, die erste Supermacht der Welt.

Die Epoche des Hellenismus sah nicht nur den Aufstieg der Diadochenreiche, sondern auch deren Niederlage und Aufgehen im Römischen Reich. Lange Zeit war Rom eine regionale Macht von zweitrangiger Bedeutung in Italien geblieben, bis es im 3. Jh. die ‚internationale' Bühne betrat und diesen Auftritt so rasch mit dem endgültigen Sieg krönte, dass es schon den Zeitgenossen wie dem oben bereits erwähnten Polybios den Atem verschlug. Für Polybios begann der Siegeszug der Römer mit ihrem Engagement auf dem Balkan (220) am Vorabend des 2. Punischen Kriegs (218–201). Um seinem griechischen Publikum zu erklären, wie es zu diesem Konflikt kam, wirft Polybios einen knappen Blick zurück auf die Beziehungen zwischen Karthago und Rom, auf das römische Eingreifen in Sizilien (264) und den 1. Punischen Krieg (264–241). Die moderne Forschung dagegen sieht die Anfänge des römischen Expansionsdrangs in noch früheren Zeiten: Bereits im Laufe der 2. Hälfte des 4. Jh.s hatte Rom begonnen, sich in seiner Politik signifikant von den übrigen Stadtstaaten in Italien abzuheben. Denn von nun an begnügte sich Rom nicht mehr damit, feindliche Städte auf dem Schlachtfeld zu besiegen und so einen jener ständig sich wiederholenden Kriege zu führen, wie sie sich die antiken Stadtstaaten zu liefern pflegten.

▷ S. 26ff.
Die Mittelmeerwelt vom 6. bis 4. Jahrhundert

Stattdessen begann es, sich das Territorium der Besiegten einzuverleiben und die Unterworfenen in sein Gemeinwesen zu integrieren. Auf diese Weise überschritt es schnell die üblichen Ausmaße eines antiken Stadtstaats, der zumeist nur das städtische Zentrum mit der näheren ländlichen Umgebung umfasste und eine Bevölkerung von einigen tausend Bürgern aufwies. Die besondere Entwicklung setzte mit dem Sieg Roms über die latinischen Städte (338) und dem gleichzeitigen Ausgreifen nach Kampanien (seit 343) ein. Die eroberten Gebiete wurden dem römischen Staatsgebiet eingegliedert und nach römischem Muster in *tribus* genannte Verwaltungsbezirke unterteilt. Die Bevölkerung erhielt einen geminderten Bürgerstatus, ohne Wahlrecht, aber mit dem vollen Rechtsschutz, den auch römische Vollbürger genossen [HUMBERT; HANTOS]. Die weitere Integration – insbesondere der Eliten – blieb noch über Jahrhunderte ein Problem und wurde erst mit der allgemeinen Verleihung des römischen Bürgerrechts (*civitas*) im so genannten Bundesgenossenkrieg (91–89) dauerhaft gelöst [GALSTERER].

Der römische Expansionsdrang war aber keineswegs nur eine Sache der Nobilität. In der 2. Hälfte des 4. und der 1. Hälfte des 3. Jh.s wuchs die Bevölkerung Roms beträchtlich; und diese Bevölkerung war unmittelbar an der Fortführung der Eroberungen interessiert, denn sie konnte auf verschiedene Weisen davon profitieren: Ein Teil der hinzugewonnenen Gebiete wurde römischen Bürgern unentgeltlich zur Besiedlung überlassen, indem diese als *coloni* mit der Gründung eines neuen, nunmehr römisch geprägten Gemeinwesens (*colonia*) beauftragt wurden; sie konnten aber auch Boden erwerben (*ager quaestorius*) oder gegen Entrichtung

▷ S. 75
Die Mittelmeerwelt im Imperium Romanum

einer Zinszahlung pachten (*ager publicus occupatus*). Dies war insofern von Bedeutung für den römischen Staat, als die soziale Basis der römischen Legionen damals ein Bürger war, der zu Friedenszeiten als Bauer seine eigene Parzelle von meist sehr kleinem Umfang bewirtschaftete. Die römische Expansion in Italien war also nicht nur eine Folge jenes scheinbaren, in Rom aber stets empfundenen Zwangs, die früheren Eroberungen durch weitere schützen zu müssen, sondern entsprach auch den Interessen breiter römischer Bevölkerungsschichten. Deren Aussicht auf ein Stück Land, das ihnen ein sichereres Auskommen versprach, wuchs mit den Erfolgen.

Die Eroberung Kampaniens führte zu einem irreversiblen Eroberungsprozess, der Rom Schritt für Schritt zur Vorherrschaft über Mittel- und Süditalien führte. 326 schloss sich Neapel Rom an und der Bau der ersten römischen Straße, der *via Appia* von Rom bis Capua (312), machte die römischen Erfolge auch unmittelbar in der Natur sichtbar [Humm 1996]. Gleichzeitig war Rom in einen blutigen Kampf mit den Samniten verwickelt, einem Bergvolk im südlichen Mittelitalien, das ebenfalls die Kontrolle über das reiche Kampanien beanspruchte. Es kam zu einer langjährigen Auseinandersetzung, die zu mehreren Kriegen der Römer mit den Samniten führte (343–290). Schließlich besiegten die Römer 295 in Sentinum eine breite Koalition von Samniten, Etruskern und Galliern. Es war eine Schlacht von ungeheurem Ausmaß, ja die größte, die bis dahin jemals in Italien ausgetragen worden sein soll. Von dieser Schlacht berichtete Duris von Samos, einer der ersten griechischen Historiker überhaupt, der sich für die Tiberstadt interessierte. Der römische Sieg war wenig später der Auslöser für einen neuen Krieg gegen Tarent, damals die größte griechische Stadt Süditaliens, die bei Pyrrhos um Hilfe gegen Rom bat. Pyrrhos war nicht nur König von Epiros und bereits ein erfolgreicher Feldherr, er war auch stolz auf seine Verwandtschaft mit Alexander und träumte davon, dessen Großtaten nun im Abendland zu erreichen. Sein Heer besiegte zwar mehrfach die römischen Legionen, die zum ersten Mal einer Berufssoldaten-Armee eines hellenistischen Monarchen gegenüberstanden. Doch da er nicht verhindern konnte, dass die Römer ihre Legionen nach jeder Niederlage wieder neu aufbauten, kamen die ‚Pyrrhos-Siege' ihrem siegreichen Feldherrn teurer zu stehen als den militärisch unterlegenen Römern. Pyrrhos musste schließlich aufgeben, Rom hatte gewonnen; es eroberte im Jahr 272 Tarent und dehnte damit die römische Herrschaft über ganz Süditalien aus.

Im Jahre 264 kontrollierte Rom also einen weitgespannten Bund italischer Städte, den es nun durch karthagische Vorstöße in Sizilien gefährdet sah. Das war der Anfang der drei Punischen Kriege, die Rom und Karthago mehr als ein Jahrhundert lang zu Gegnern machen sollten; zunächst ging es nur um die Kontrolle über Sizilien, dann auch über Sardinien und Korsika sowie über Spanien und schließlich über das gesamte westliche Mittelmeer. Der erste dieser Kriege (264–241) sah die Geburt einer römischen Kriegsflotte und trug Rom nach langen Kämpfen die Herrschaft über Sizilien ein. Sizilien wurde aber nicht mehr in das ‚Bundesgenossensystem' integriert, sondern als Amtsbereich (*provincia*) eines Magistraten betrachtet – hier liegt der Ursprung der römischen Provinzen. Zudem profitierte Rom von der militärischen und politischen Schwäche Karthagos und konnte sich – unter Missachtung vertraglicher Abmachungen – Sardiniens und

▷ S. 72
Die Mittelmeerwelt im Imperium Romanum

▷ S. 195
Die antiken Menschen in ihren Gemeinschaften

Korsikas bemächtigen (238). Der zweite der Punischen Kriege (218–201) war vor allem von einem militärischen Genie, dem karthagischen General Hannibal (247/6–183), einem der größten Strategen der Militärgeschichte, geprägt. Hannibal führte seine Armee von neuen karthagischen Besitzungen in Spanien über den Süden Galliens und über die Alpen, um den Kampf gegen Rom auf den Boden Italiens zu verlagern. Rom sah sich in diesem Krieg von vielen seiner Verbündeten verlassen und war spätestens nach der Niederlage bei Cannae (216) völlig besiegt. Doch Hannibal gelang es nicht, seine eigene Basis in Italien zu konsolidieren, so dass sich das Kriegsglück wendete: Am Ende blieb Hannibal in Süditalien abgeschnitten, während die Römer in Sizilien, Spanien und sogar in Nordafrika die Oberhand gewannen. In der Schlacht bei Zama (202) wagte Publius Cornelius Scipio (um 235–183) die offene Konfrontation mit Hannibal und gewann: Der Sieger führte fortan den Beinamen *Africanus*. Der wirtschaftliche Wiederaufschwung Karthagos in der 1. Hälfte des 2. Jh.s und sein Verhalten gegenüber dem benachbarten Königreich Numidien veranlassten schließlich die Römer zum 3. Punischen Krieg (149–146), der mit der völligen Zerstörung Karthagos endete.

Der 2. Punische Krieg brachte Rom aber nicht nur den militärischen Erfolg, sondern hatte weitreichende wirtschaftliche, demographische, soziale und politische Konsequenzen, die durchaus mit denen vergleichbar sind, die der 1. Weltkrieg den europäischen Ländern bereitete – ein britischer Historiker nannte dies pointiert das „Vermächtnis Hannibals" [TOYNBEE]. Auf dem Feld der Diplomatie ließ dieser Konflikt Rom von einer italischen Macht zu einer Großmacht im Mittelmeerraum aufsteigen. Als sich nach der letzten großen innergriechischen Auseinandersetzung, dem ‚Bundesgenossenkrieg' (220–217), eine Annäherung zwischen Hannibal und Philipp V. von Makedonien abzeichnete (215), sah sich Rom veranlasst, in die diplomatischen und militärischen Konflikte zwischen der makedonischen Monarchie und den griechischen Stadtstaaten einzugreifen (1. Makedonischer Krieg, 215–205). Später brachten militärische Unternehmungen Philipps V. im Ägäischen Meer und in Asien das Königreich Pergamon und Rhodos dazu, Rom um Hilfe gegen Makedonien zu bitten (2. Makedonischer Krieg, 200–197). Nach seinem Sieg über Philipp in der Schlacht bei Kynoskephalaí (197) proklamierte der römische General Titus Quinctius Flamininus (um 229–174) bei den Isthmischen Spielen (196) die „Freiheit der Griechen" und verkündete zum Erstaunen aller, dass die Römer nach der Neuordnung Griechenlands wieder abziehen würden [FERRARY, 5–218]. Als sie dieses Versprechen 194 einlösten, kam es zum Aufbegehren der Verlierer, insbesondere der Ätoler, die den Seleukidenkönig Antiochos III. (223–187) zum Eingreifen in Griechenland ermunterten. Antiochos ließ sich nicht lange bitten, er träumte von der Wiederherstellung des Reichs seines Ahnherrn Seleukos I. und hatte bereits 212–205 einen Feldzug im Osten unternommen, der die Zeitgenossen sogar an den Alexanderzug erinnerte. Doch die Römer machten dem Spuk rasch ein Ende: Nach mehreren Niederlagen musste Antiochos beim Friedensschluss im syrischen Apameia (188) auf Kleinasien diesseits des Tauros-Gebirges verzichten und behielt nur Syrien, Mesopotamien und die Gebiete im Osten. Von dieser neuen Situation profitierten Rhodos und Pergamon, das nach der Vernichtung der Galater (189) Kleinasien weitgehend unter seine Herrschaft brachte. Doch der Sieg über die Galater

Epochen der Antike
Die Hellenisierung
der Mittelmeerwelt

war nicht mehr aus eigenen Kräften, sondern von den Römern erfochten worden, und der römische Feldherr, der Konsul Gnaeus Manlius Vulso, machte dem Senat anschließend klar, dass von nun an Rom die Pflicht habe, für die Sicherung des Friedens im Osten zu sorgen. Nur zwei Jahrzehnte später war es auch mit dieser informellen Herrschaft vorbei: Als im 3. Makedonischen Krieg (172–168) König Perseus in der Schlacht bei Pydna (168) unterlegen war, lösten die Römer das Königreich Makedonien einfach auf! Wie umfassend der Sieg war, zeigt ein Detail: Die von den Römern gemachte Beute war so beträchtlich, dass von nun an die römischen Bürger nicht mehr mit direkten Steuern (*tributum*) belegt wurden.

▷ S. 77
Die Mittelmeerwelt im
Imperium
Romanum

In der Mitte des 2. Jh.s hatte sich Rom zu einer regelrechten Supermacht entwickelt. Es gab zwar noch einige von Rom unabhängige Staaten im Umkreis des Mittelmeers, aber deren Autonomie wurde mehr und mehr eingeschränkt und durch die diplomatischen und militärischen Einwirkungen der folgenden Jahrzehnten gerieten sie Schritt für Schritt unter römische Herrschaft oder wurden zu Vasallenstaaten. Das Aufbegehren gegen Rom hatte nun nur noch strengeres Zugreifen der neuen Macht zur Folge: So wurde Makedonien im Jahre 148 nach einem Aufstand in eine römische Provinz umgewandelt. Im Jahre 146, als der Adoptivenkel des Hannibal-Siegers, der ‚jüngere Scipio' (Publius Cornelius Scipio Aemilianus, um 185–129) Karthago einebnete und anschließend die Provinz *Africa* eingerichtet wurde, zerstörte der Konsul Lucius Mummius Korinth und beendete damit endgültig den Traum der griechischen Stadtstaaten von Unabhängigkeit und Freiheit. Wenig später gelang es dem jüngeren Scipio auch noch, den verbissenen Widerstand der Keltiberer in Spanien durch die Einnahme und Zerstörung von Numantia zu brechen (133). Im selben Jahr 133 fiel Rom nach dem Tod von Attalos III. das Königreich Pergamon zu; es ging wenig später in der römischen Provinz *Asia* mit auf (129). Nach der 118 abgeschlossenen Unterwerfung Südgalliens wurde die *Gallia Celtica/Transalpina* (die spätere Provence) gebildet; sie gewährleistete Rom den Landweg zwischen Norditalien (*Gallia Cisalpina*) und den beiden hispanischen Provinzen. Schließlich konnte Rom auch noch seine Position in Nordafrika stärken, als es den ehrgeizigen Plänen des Königs Jugurtha von Numidien (112–105) entgegentrat und nach seiner Niederlage sein Königreich aufteilte. Am Ende des 2. Jh.s stand Rom unangefochten an der Spitze eines Reiches, das vom einen Ende des Mittelmeers zum anderen reichte und grosso modo dem von der griechischen Kultur geprägten Raum entsprach.

Michel Humm

Literatur

H. Bengtson, Die hellenistische Weltkultur, Stuttgart 1988.

R. Bichler, ‚Hellenismus'. Geschichte und Problematik eines Epochenbegriffs, Darmstadt 1983.

J. Bleicken, Geschichte der Römischen Republik, München 5. Aufl. 1999.

F. Chamoux, La civilisation hellénistique, Paris 1981.

J. Charbonneaux / R. Martin / F. Villard, Grèce hellénistique (330–50 av. J.-C.), Paris 2. Aufl. 1986.

M. Chassignet, Caton, Les Origines (fragments). Texte établi, traduit et commenté, Paris 1986.

G. Droysen, Geschichte des Hellenismus, Gotha 2. Aufl. 1877–78 [1. Aufl. 1836–1842].

J.-L. Ferrary, Philhellénisme et impérialisme. Aspects idéologiques de la conquête romaine du monde hellénistique, Rom 1988.

H. Galsterer, Herrschaft und Verwaltung im republikanischen Italien, München 1976.

H.-J. Gehrke, Geschichte des Hellenismus, München 3. Aufl. 2003.

P. Grimal, Der Hellenismus und der Aufstieg Roms, Frankfurt/M. 1965.

E. S. Gruen, The Hellenistic World and the Coming of Rome, 2 Bde., Berkeley u.a. 1984.

Th. Hantos, Das römische Bundesgenossensystem in Italien, München 1983.

T. Hölscher, Die Anfänge der römischen Repräsentationskunst, in: Mitteilungen des Deutschen Archäologischen Instituts. Römische Abteilung 85, 1978, 315–357.

Ders., Römische Nobiles und hellenistische Herrscher, in: Akten des XIII. Internationalen Kongresses für Klassische Archäologie Berlin 1988, Mainz 1990, 73–84.

M. Humbert, *Municipium et civitas sine suffragio*. L'organisation de la conquête jusqu'à la guerre sociale, Rom 1978.

M. Humm, Appius Claudius Caecus et la construction de la Via Appia, in: Mélanges de l'École Française de Rome. Antiquité 108, 1996, 693–746.

Ders., Les origines du pythagorisme romain, I/II, in: Les Études Classiques 64, 1996, 339–353 und 65, 1997, 25–42.

Ders., Appius Claudius Caecus. La République accomplie, Rom 2004.

D. Kienast, Cato der Zensor, Heidelberg 1954.

E. Künzl, Der römische Triumph. Siegesfeiern im antiken Rom, München 1988.

K. Latte, Römische Religionsgeschichte, München 2. Aufl. 1967.

G. A. Lehmann, Untersuchungen zur historischen Glaubwürdigkeit des Polybios, Münster 1967.

J.-M. Pailler, *Bacchanalia*, Rom 1988.

P. Pédech, La Méthode historique de Polybe, Paris 1964.

C. Préaux, Le monde hellénistique, 2 Bde., Paris 1978.

D. Timpe, Fabius Pictor und die Anfänge der römischen Historiographie, in: Aufstieg und Niedergang der Römischen Welt, Bd. I, 2, Berlin u.a. 1972, 928–969.

A. J. Toynbee, Hannibal's Legacy. The Hannibalic War's Effects on Roman Life, 2 Bde., London 1965.

J. von Ungern-Sternberg, Überlegungen zur frühen römischen Überlieferung im Lichte der Oral-Tradition-Forschung, in: Ders./H. Reinau (Hrsg.), Vergangenheit in mündlicher Überlieferung, Stuttgart 1988, 237–265.

P. Veyne, L'hellénisation de Rome et la problématique des acculturations, in: Diogène 106, 1979, 3–29.

R. W. Wallace, Hellenization and Roman Society in the Late Fourth Century B.C., in: W. Eder (Hrsg.), Staat und Staatlichkeit in der frühen römischen Republik, Stuttgart 1990, 278–292.

S. Weinstock, Victor and Invictus, in: Harvard Theological Review, 50, 1957, 211–247.

E. Will, Histoire politique du monde hellénistique, 2 Bde., Nancy 2. Aufl. 1979–1982.

Epochen der Antike

Die Mittelmeerwelt im Imperium Romanum

Die Veränderungen von Marius bis Augustus. Im Laufe des 2. Jh.s v.Chr. hatten die Römer weite Teile der Mittelmeerwelt ihrer Kontrolle unterworfen, ernst zu nehmende Konkurrenten um die Oberherrschaft gab es nicht mehr. Dies bedeutet freilich nicht, dass die römische Herrschaft unumstritten war. Aufstände in einzelnen Regionen und Völker, die die eroberten Gebiete von außen bedrohten, stellten für die römischen Feldherrn immer wieder eine Herausforderung dar, denen sie sich nicht immer gewachsen zeigten. Besonders deutlich wurde dies, als seit 113 germanische Stämme unter Führung der Kimbern und Teutonen die beiden gallischen Provinzen bedrohten und zur selben Zeit der Numiderkönig Jugurtha diplomatische wie militärische Erfolge gegen Rom erzielte. Jugurtha wurde schließlich nach mehreren Jahren – mit Glück und mauretanischer Hilfe – besiegt und, nachdem er im Triumphzug durch Rom zur Schau gestellt worden war, im Kerker umgebracht. Im Oktober desselben Jahres 105 unterlagen jedoch der Konsul Gnaeus Mallius Maximus und der Statthalter in Gallien, Quintus Servilius Caepio, den Germanen in der Nähe von Arausio (heute: Orange). Über 50 000 Römer sollen in dieser schlimmsten Niederlage seit Cannae (216) ihr Leben verloren haben; in Rom erinnerte man sich bereits voller Schrecken an die letzte Einnahme der Stadt durch keltische Angreifer, obgleich diese schon fast drei Jahrhunderte zurücklag (387/6). Dass die Niederlage von Arausio nicht das Ende der römischen Erfolgsgeschichte brachte, lag an den Siegern, die sich in Spanien mehr Beute erhofften als auf der italischen Halbinsel, und an Gaius Marius (geb. um 158/7, gest. 86). Von ritterlicher Abkunft und damit in den Augen der römischen Nobilität ein Emporkömmling, ein *homo novus*, war Marius 107 zum Konsul gewählt worden und hatte im Kampf gegen Jugurtha die entscheidende Wende herbeigeführt, indem er auch besitzlose Römer (*capite censi*) in die Legionen aufgenommen hatte. Damit brach Marius mit der bisherigen Tradition, nach der jeder Legionär für seine eigene Ausrüstung aufzukommen hatte, denn die Ausrüstung der von ihm Rekrutierten musste von der Gemeinschaft bezahlt werden [AIGNER]. Dank dieser sowie weiterer Maßnahmen im Bereich der Kampftechnik – auf Marius geht wohl zurück, dass die römische Legion in die kleineren und daher flexibleren Kohorten statt wie bisher in Manipel gegliedert wurde [LE BOHEC] – gelang es Marius, in zwei Schlachten zunächst 102 die Teutonen bei Aquae Sextiae (heute: Aix-en-Provence), dann im darauf folgenden Jahr die Kimbern bei Vercellae (heute: Vercelli/Oberitalien) entscheidend zu besiegen.

Marius steht in mehrfacher Hinsicht am Anfang eines historischen Prozesses, der mit Augustus seinen Abschluss finden sollte. Weniger auffällig ist dabei, dass er den Konsulat von 104 bis 100 entgegen aller Iterationsverbote fünfmal hintereinander übernommen hatte – zu solchen Iterationen war es in Rom in Krisenzeiten schon öfters gekommen. Wichtiger für die Zukunft war schon die Tatsache, dass mit Marius ein *homo novus* den militärischen Dilettantismus von Mitgliedern der alten Nobilität aufdeckte – das Problem bestand zwar auch in der Prinzipatszeit fort, doch war da zumindest die Zahl der potenziellen Kommandoinhaber deutlich größer. Seit der 2. Hälfte des 2. Jh.s suchten die Kaiser zunehmend auch außerhalb der Senatsaristokratie nach befähigten Personen, deren militärische Erfolge dann nicht zuletzt mit der Aussicht auf sozialen Aufstieg honoriert wur-

Zeittafel

64 v.Chr.	Pompeius' Sieg über Mithradates VI.
62	Neuordnung des Ostens durch Pompeius.
60	Politische Absprache zwischen Pompeius, Caesar und Crassus (fälschlich ‚1. Triumvirat').
58–51	Caesars Kriege in Gallien.
53	Crassus verliert gegen die Parther Schlacht und Leben bei Carrhae.
49–48	Bürgerkrieg zwischen Caesar und Pompeius; Caesar siegt bei Pharsalos.
48–44	Diktatur Caesars.
43	1. Triumvirat: Octavian, Marcus Antonius und Lepidus.
42	Schlacht bei Philippi. Tod der Caesar-Mörder Brutus und Cassius.
39	2. Triumvirat: Octavian, Marcus Antonius und Sextus Pompeius.
31	Sieg Octavians über Marcus Antonius und Kleopatra VII. bei Aktion.
27 bis	‚Geburtsstunde des Prinzipats': Der römische Senat anerkennt Octavians besondere Stellung im Staat. Dieser sieht sich als *princeps* und nennt sich von nun an *Imperator Caesar Divi filius Augustus*. Er erhält das *imperium proconsulare* und die *tribunicia potestas* (23).
68 n.Chr.	Julisch-claudische Kaiser: bis 14 n.Chr. Augustus; 14–37 Tiberius; 37–41 Caligula; 41–54 Claudius; 54–68 Nero.
68/69	Krise des Prinzipats im ‚Vierkaiserjahr': Galba, Otho, Vitellius und Vespasian.
69–96	Flavische Kaiser: 69–79 Vespasian; 79–81 Titus; 81–96 Domitian.
70	Einnahme und Zerstörung Jerusalems durch Titus nach vierjährigem Krieg in Judäa.
79	Der Vesuv-Ausbruch verwüstet Teile des Küstensaums am Golf von Neapel, darunter Pompeji und Herculaneum.

den [ALFÖLDY 1969; DERS. 1986, 170f.; LE BOHEC]. Mit Marius jedenfalls begann in Rom die Zeit der großen Einzelnen, die gestützt auf militärische Erfolge zunehmend dazu bereit waren, dieselben Mittel – insbesondere die Soldaten selbst – auch zur Durchsetzung politischer Ziele im Inneren einzusetzen [MEIER, 100–107]. Andererseits standen die Feldherrn bei ihren Soldaten im Wort: Sie hatten nicht nur die laufende Bezahlung und die Aussicht auf Beute, sondern auch die Altersversorgung mit Geld und Land zu garantieren.

Von nun an waren nicht nur die alten Klientelverbindungen der Familien, sondern auch die Heeresklientelen ein politisches Instrument, das Einfluss auf Entscheidungen und sogar auf Ämterbesetzungen nehmen konnte. Damit brach dem römischen Konsens-System eine tragende Säule weg, die trotz der Auseinandersetzungen um die beiden Gracchen-Brüder immer noch vorhanden war: die stillschweigende, auf Tabus gründende Verpflichtung, den inneren Konflikt waffenlos auszutragen. Der Bürgerkrieg war möglich geworden.

▷ S. 202ff.
Die antiken Menschen i ihren Geme schaften

Der erste, der diese neuen Möglichkeiten nutzte, stammte aus altadligem Geschlecht und hatte sich unter Marius bereits mehrfach im Krieg verdient gemacht: Lucius Cornelius Sulla (geb. 138, gest. 78). Als ihm im Kampf gegen den damals wichtigsten Feind der Römer in Kleinasien, Mithradates VI. Eupator, König von Pontos (120/112–63), das Kommando entzogen werden sollte, führte er kurzerhand sein Heer zurück und eroberte 87 seine Heimatstadt Rom. Was früher bereits befürchtet worden war, trat mit Sulla ein: Er betrieb ‚Innenpolitik' mit Soldaten, eroberte 82 erneut Rom, um danach die Verhältnisse nach seinen Vorstellungen zu reorganisieren [MEIER, 222–266; HANTOS]. Dieser

▷ S. 324
Technik:
Die Arbeit n Quellen zur Antike

Epochen der Antike
Die Mittelmeerwelt
im
Imperium Romanum

vorgeblich auf die Wiederherstellung alter Verhältnisse abzielenden Reform war zwar kein langer Bestand beschieden, doch machte Sullas Vorgehen deutlich, dass von nun an auch die politische Ordnung als Ganze zur Disposition stand.

Obgleich bereits von römischen Heeren geschlagen (1. Mithradatischer Krieg: 89–85/4), blieb Mithradates auch weiterhin ein Unsicherheitsfaktor für die römische Herrschaft in Kleinasien. Erst Gnaeus Pompeius Magnus (geb. 106, gest. 48) gelang es, Mithradates im Jahr 63 in eine so ausweglose Situation zu bringen, dass dieser Selbstmord verübte. Durch den Tod des Mithradates und durch seine Siege über die Seeräuber hatte Pompeius im Osten nicht nur in beträchtlichem Umfang Gebiete hinzugewonnen, sondern auch Handlungsspielraum, um diese Eroberungen dauerhaft der römischen Herrschaft zu unterwerfen. Seine Neuordnung des Vorderen Orients war einer der wichtigsten Bausteine für die Reorganisation des Römischen Reichs unter Augustus.

Während Sulla und Pompeius ihre wichtigsten militärischen Erfolge im Osten errungen hatten, basierte die politische Karriere von Gaius Julius Caesar (geb. 100, ermordet 44) im Wesentlichen auf Feldzügen im Westen, die er in *Hispania ulterior* (62–61) und vor allem in Gallien – und von dort aus auch nach Germanien und Britannien – unternommen hatte (58–51). Caesar – familiär mit Marius verbunden, selbst aber aus altrömischer Familie – hatte es zunächst verstanden, über Koalitionen Einfluss in der römischen Politik zu erlangen. Eine solche private Absprache zwischen ihm, Pompeius und dem vermögenden Marcus Licinius Crassus im Jahre 60 – bekannt unter dem irreführenden Namen ‚1. Triumvirat‘ – brachte ihm 59 den Konsulat und im An-

96–180	‚Humanitäres Kaisertum‘: 96–98 Nerva; 98–117 Trajan; 117–138 Hadrian; 138–161 Antoninus Pius; 161–180 Mark Aurel.
114–116	Krieg mit den Parthern in Mesopotamien.
132–135	Jüdischer Aufstand unter Bar Kochba.
162–166	Krieg gegen die Parther.
165/6–180	Markomannenkriege.
169–175	Kriege gegen Sarmaten und Germanen.
180–192	Commodus Kaiser.
193–235	Severische Kaiser: 193–211 Septimus Severus; 211–217 Caracalla; 218–222 Elagabal; 222–235 Severus Alexander.
212	*Constitutio Antoniniana*: Römisches Bürgerrecht für alle Bewohner des Reiches.
224	Sieg der Sasaniden über die Parther.
235–283	Verteidigung des Reichsgebiets im Norden und Osten gegen Einfälle germanischer und gotischer Stämme.
235–284	‚Soldatenkaiser‘, darunter: 235–238 Maximinus Thrax; 238–244 Gordian III.; 244–249 Philippus Arabs; 249–251 Decius; 253–260 Valerian; 260–268 Gallien; 270–275 Aurelian; 276–282 Probus.
239/40–270/72	Schapur I.
244	Friedensvertrag mit Schapur I.
251	Decius fällt im Kampf gegen die Goten; Räumung römischen Reichsgebiets gegen Geldzahlung.
260	Gefangennahme Valerians durch Schapur I.
260–274	Gallisches Sonderreich.
262–272	Sonderreich von Palmyra.
seit 270	Erneuerung der Kaiserherrschaft auf der Basis militärischer Erfolge und innerer Reformen.

schluss daran die eben angesprochenen Kommanden in Gallien. Nach der Niederlage gegen die Perser bei Carrhae und dem Tod des Crassus (53) steuerte die römische Politik auf den Zweikampf zwischen Pompeius und Caesar zu, der schließlich in der Schlacht bei Pharsalos (48) zugunsten Caesars entschieden wurde [BRINGMANN, 310–353].

Wie Sulla nutzte auch Caesar seinen Sieg zur Umgestaltung des römischen Gemeinwesens, freilich mit dem Unterschied, dass er sich selbst die herausragende Rolle in diesem neuen Staat zugedacht hatte [JEHNE]. Er etablierte zum ersten Mal seit Jahrhunderten und im offenen Widerspruch zur bislang bestehenden aristokratischen Ordnung eine Monarchie in Rom, wenngleich nur für kurze Zeit. Eine Gruppe von Senatoren, unter ihnen Marcus Iunius Brutus, der sein Geschlecht auf den legendären Gründer und Verteidiger der Republik zurückführte, ermordete Caesar und rechtfertigte diese Tat als legitimes Vorgehen gegen einen ‚Tyrannen'.

In noch größerem Umfang als bisher wurde der nun folgende Bürgerkrieg reichsweit ausgetragen [RAAFLAUB/TOHER]: Die Caesarmörder starben in einer Schlacht beim makedonischen Philippi (42), in Sizilien erlitt Sextus Pompeius, der Sohn des Magnus, die entscheidende Niederlage (36) und in der Seeschlacht bei Aktion in Nordwestgriechenland gingen die Hoffnungen des Marcus Antonius unter (31). Dabei verstand es der Sieger Octavian, diesen letzten Konflikt als Entscheidung zwischen Ost und West, zwischen orientalisch-ägyptischer Despotie und altrömischen Werten darzustellen. Der Bürgerkrieg war zu einem Entscheidungskampf um die Reichsherrschaft geworden, der ‚Primat der Innenpolitik' zumindest auf dem Feld der Propaganda aufgegeben.

Der Erfolg verschaffte Octavian die Möglichkeit, die militärische Obergewalt in seiner Hand zu monopolisieren, wohl in Form eines *imperium proconsulare* [GIRARDET], durch das er den Statthaltern in den Provinzen vorgesetzt war. Innerhalb der Stadt Rom sicherte ihm die *tribunicia potestas* (‚tribunizische Gewalt') seit 23 v.Chr. eine Sonderstellung. So war der *princeps* nun letzte Entscheidungsinstanz für alle Probleme, die das Imperium Romanum bereithielt, beraten zwar, doch ohne von innenpolitischen Konstellationen abhängig zu sein. Die Kommandogewalt über das gesamte Heer und damit auch die patronale Beziehung zu den Soldaten lag allein bei ihm [BRINGMANN/SCHÄFER, 73]. Senatoren, die zuvor Provinzen zur Erhöhung ihrer eigenen Macht in Rom gebraucht hatten, verwalteten diese jetzt im Auftrag des Augustus. Insofern war die Position des *princeps* der aristokratischen Konkurrenz entzogen, sofern dieser seinen Verpflichtungen gegenüber den übrigen Beteiligten nachkam.

▷ S. 207
Die antiken Menschen in ihren Gemeinschaften

Wie sehr sich mit dem Übergang zur Monarchie der Charakter des *Imperium Romanum* änderte, zeigen auch die Münzen; nicht mehr Mitglieder der Senatsaristokratie, sondern der *princeps* bestimmte ihr Aussehen: Während zu Zeiten der Römischen Republik die Vorderseiten der Silbermünzen (*denarii*) in der Regel den Kopf der Stadtgöttin Roma, die Vorderseiten der Bronzemünzen (*aes*) je nach ihrem Wert Janus, Merkur, Saturn oder Herkules gezeigt hatten, trugen jetzt alle Münzen das Porträt des Kaisers – später konnten hier auch Mitglieder der kaiserlichen Familie erscheinen. Allerdings führte Augustus nur fort, was sich bereits eingebürgert hatte: Caesar und nach ihm Marcus Antonius, er selbst – noch als Octavian – und Sextus Pompeius hatten ihre Porträts auf die Vorderseite

▷ S. 323ff.
Technik: Die Arbeit n Quellen zur Antike

Epochen der Antike
Die Mittelmeerwelt
im
Imperium Romanum

Münzen der Reichsprägung

Vorderseite eines Sesterz (große Bronzemünze) mit der Büste Trajans (RIC 624; aus der Münzsammlung des Seminars für Alte Geschichte der Universität Freiburg, Inv. 1445). Der Kopf trägt einen Lorbeerkranz, die Umschrift lautet: IMP(eratori) CAES(ari) NERVAE TRAIANO AVGVSTO GER(manico) DAC(ico) P(ontifici) M(aximo) TR(ibunicia) P(otestate) COS (=consuli) VI (zum 6. Mal) P(atri) P(atriae). Seit Augustus gehören die Bestandteile des Namens *Imperator Caesar Augustus* ebenso wie die Amtstitel des Konsulats (COS), den der Kaiser allerdings nicht immer bekleidete, des Volkstribunats (TR P), dessen Vollmachten er auf Lebenszeit besaß, und des obersten Priesteramts (P M), dazu der Ehrentitel des *Pater Patriae* (P P) zur Kaisertitulatur. Die Beinamen *Germanicus* und *Dacicus* weisen auf besonders gefeierte Siege Trajans hin.

Rückseite eines Sesterz des Titus (RIC 94; aus der o.g. Münzsammlung, Inv. 1039). Die Personifikation des Friedens (Pax), die in der rechten Hand einen Zweig, im linken Arm ein Füllhorn trägt, bezeugt ebenso wie die Umschrift PAX AVGVSTI das Selbstverständnis des Kaisers, dem Imperium Romanum mit dem Frieden Reichtum zu bringen und zu garantieren.

Rückseite eines Denars unter Hadrian (RIC 299; aus der o.g. Münzsammlung, Inv. 1568). Als einziger Kaiser unternahm Hadrian zwei Reisen, um die Provinzen und die dort stationierten Heere zu inspizieren. Unter den spärlichen Quellen für diese Reisen befinden sich neben den Namen der Städte, die er gründete, Münzserien, die die einzelnen Provinzen personifizieren. Die Silbermünze zeigt eine liegende Personifikation der *Africa* (Umschrift: AFRICA), die eine Elefantenhaut als Kopfbedeckung trägt; der Skorpion ist das sie kennzeichnende Tier; das Füllhorn, das die *Africa* im Arm hat, und der vor ihr stehende Früchtekorb weisen auf den großen Reichtum dieser Provinz hin.

Münzbilder: Münzsammlung des Seminars für Alte Geschichte der Universität Freiburg.

Literatur: H. MATTINGLY / E. A. SYDENHAM, The Roman Imperial Coinage [= RIC], Bd. 2: Vespasian to Hadrian, London 1926; R. WOLTERS, Nummi signati. Untersuchungen zur römischen Münzprägung und Geldwirtschaft, München 1999.

der Münzen gesetzt und damit dem Anspruch auf Alleinherrschaft in ihrem jeweiligen Gebiet oder sogar auf die Herrschaft im gesamten Reich so sichtbaren Ausdruck verliehen, wie es vor ihnen nur die hellenistischen Könige getan hatten. Doch im Gegensatz zu diesen nutzten die römischen Kaiser auch die Rückseiten: Ihre Bilder verwiesen auf kaiserliche Leistungen und Erfolge, propagierten – oft in Personifikationen – Eigenschaften, die sie als siegreiche und gute Herrscher auszeichneten und die die Verhältnisse im *Imperium Romanum* als friedlich, prosperierend und gerecht darstellten.

Die Organisation des Reichsgebiets.

Wie schon in der Bezeichnung zum Ausdruck kommt, handelt es sich bei dem ‚klassischen' Römischen Reich um ein Gebilde, das auf das Zentrum Rom ausgerichtet war. Die Stadt Rom war Ausgangspunkt und Mittelpunkt dieser Herrschaft und auch die Kaiser mussten dies akzeptieren, wenn sie nicht – wie Tiberius, der sich nach Capri zurückgezogen hatte – in ernsthafte Schwierigkeiten geraten wollten. Allerdings hatten die Römer über die Jahrhunderte ihre Expansion in Italien mit der Integration der Unterworfenen in ihr Gemeinwesen verbunden, zunächst von sich aus, später widerwillig und schließlich nur gezwungenermaßen [DAVID]. So wurde Italien das Kernland des Römischen Reichs und bewahrte seine Sonderstellung bis in das 3. Jh. n.Chr. Seit dem Ende des Bundesgenossenkriegs (91–89 v.Chr.) besaßen alle Einwohner Italiens das römische Bürgerrecht, wodurch sie nicht wie die Provinzialen als römische Untertanen galten, sondern gewissermaßen zu den Herren des Reichs gehörten. Als römische Bürger bezahlten sie keine Steuern und besaßen eine städtische Selbstverwaltung, auch wenn sie im Übrigen

▷ S. 62ff. Die Hellenisierung der Mittelmeerwelt
▷ S. 195 Die antiken Menschen in ihren Gemeinschaften

Epochen der Antike
Die Mittelmeerwelt
im
Imperium Romanum

politisch von Rom abhängig waren. Erst nachdem die *constitutio Antoniniana* allen Einwohnern des Reichs das römische Bürgerrecht gewährt hatte (212), verlor Italien allmählich seine zentrale Bedeutung.

Lange war den Römern eine territoriale Organisation ihres Herrschaftsgebiets fremd geblieben. Unter *provincia* verstand man den Aufgabenbereich eines Magistraten oder eines ehemaligen Magistraten, der je nach den konkreten Erfordernissen definiert wurde. Sofern sich diese *provinciae* außerhalb Roms befanden, lag die Orientierung an geographischen Einheiten nahe – z.B. *Sicilia, Asia, Gallia* –, ohne dass dabei in jedem Fall konkrete, in der Natur erkennbare oder aus lokalen Bedingungen entstandene Grenzen berücksichtigt wurden. So spielten etwa Stammesgrenzen für die Römer keine besondere Rolle. Und wenn man den Zuschnitt von Provinzen durch Teilung oder Zusammenlegung änderte, dann dürfte dies stets aus eigenen militärisch-politischen Überlegungen geschehen sein – es handelte sich zudem meist um Grenzprovinzen –, aber nicht etwa, um den lokalen oder regionalen Interessen der Unterworfenen entgegenzukommen. Ein instruktives Beispiel für diesen ‚pragmatischen' Umgang mit den Provinzen stellt die wechselvolle Geschichte der Provinz *Galatia* im 1. und 2. Jh. dar [STROBEL, 744f.]. Wie sehr die militärische Lage die Provinzenbildung und -veränderung bestimmte, lässt sich auch gut an Rhein und Donau beobachten. Andererseits brachte die Herrschaft des Augustus gewisse Fixierungen, auch wenn die oft behauptete Unterscheidung in ‚senatorische' und ‚kaiserliche Provinzen' heute obsolet ist [ECK 1997, 177–179]: Seit dieser Zeit beließ man es im Allgemeinen bei einer Anzahl von zehn *provinciae populi Romani* und zwar deshalb, weil hierfür mit den beiden Konsuln und den acht Prätoren eines Jahres die potenziellen Provinzstatthalter – die jetzt im Unterschied zu früher jedoch alle ‚Prokonsuln' genannt wurden – zur Verfügung standen. Diese Provinzen lagen bis auf eine Ausnahme (Pontos/Bithynien) im Inneren des Reichs und gehörten zum gesicherten Altbestand: *Sicilia*, die *Baetica* im Süden Spaniens, die *Narbonensis, Africa, Asia, Achaia, Macedonia, Cyprus* sowie *Creta et Cyrene* [ECK 1997, 177; BECHERT]. Die Übrigen, die *provinciae Caesaris*, unterstanden direkt dem Kaiser, was auch in der Bezeichnung des Leitungsamts erkennbar war: Stammten die Statthalter aus dem Senatorenstand, wurden sie *legatus Augusti pro praetore* (‚Vertreter des Augustus im prätorischen Rang'); waren sie dagegen ritterlicher Abkunft, übernahmen sie ihr Amt als *procurator* (oder *procurator et praefectus*) bzw. als *praefectus*. Die letztgenannte Bezeichnung blieb allerdings stets für die Provinz Ägypten reserviert, die bei den Kaisern wegen ihrer symbolischen und ökonomischen Bedeutung immer besondere Aufmerksamkeit fand.

Überhaupt gilt es, die Vorgeschichte der jeweiligen Provinzen bzw. Reichsgebiete im Blick zu behalten. Die östlichen Provinzen hatten weitgehend zu den hellenistischen Königreichen gehört, sie selbst und die angrenzenden Gebiete waren, wenn auch in unterschiedlichem Ausmaß, hellenisiert, als sie unter die römische Herrschaft gerieten. Die Sprache der Oberschicht war griechisch und blieb es auch unter den neuen Herren, weil diese die griechische Kultur als überlegen anerkannten. Allein wenn es galt, bestimmten Texten offiziellen Anstrich zu verleihen, wurde manchmal auch die lateinische Sprache verwandt. Nicht selten begegnen dann ‚Bilinguen', also zweisprachige Monumente, wie die zahlreichen Meilensteine mit

▷ S. 53ff.
Die Hellenisier[ung] der Mittelmeerwelt

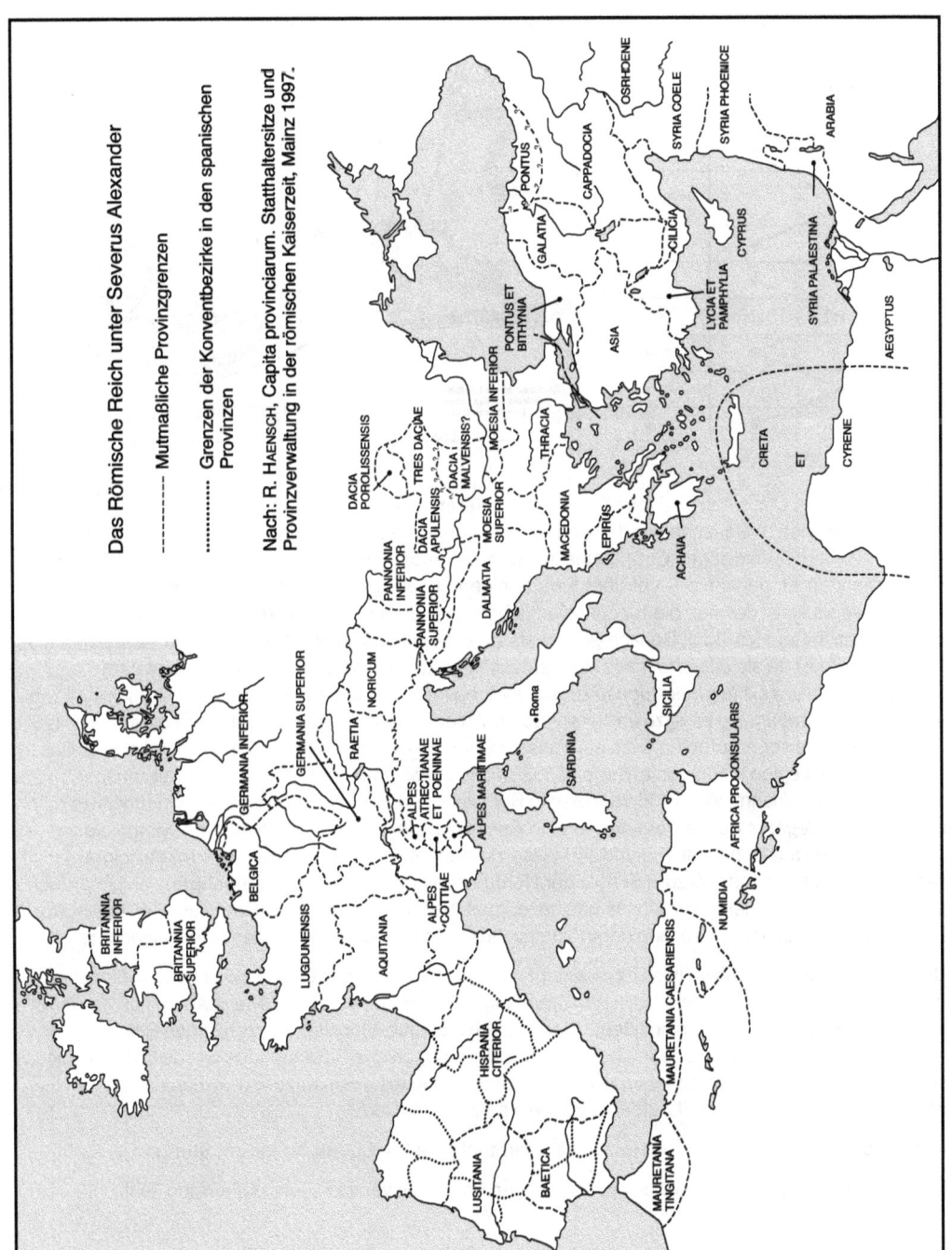

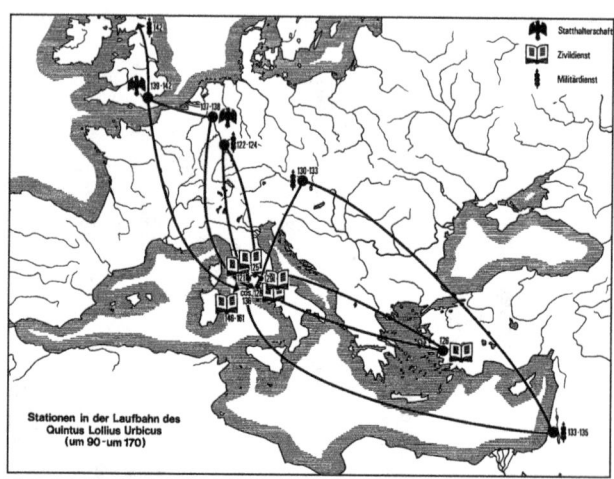

Stationen in der Laufbahn des Quintus Lollius Urbicus (um 90 - um 170)

Im 1. und 2. Jh. n.Chr. sind **römische Beamtenkarrieren** nicht selten durch einen mehrfachen Wechsel zwischen militärischen und zivilen Ämtern geprägt, so auch diejenige des Quintus Lollius Urbicus aus dem numidischen Cirta. Seine Karriere, die eng mit den Kaisern Hadrian und Antoninus Pius verbunden ist, begann er – vor dem Eintritt in den Senat – im Zwanzigmännerkollegium (*Vigintivirat*) als einer der vier, die für die öffentlichen Straßen zuständig waren (*quattuorvir viarum curandarum*) in Rom (ca. 121). Danach ging er als *tribunus militum* in die Provinz *Germania superior* (ca. 122–124) und kehrte als *quaestor* nach Rom zurück (ca. 125). Im folgenden Jahr wurde er dem Statthalter von *Asia* als *legatus Augusti* zugeordnet, bevor er ca. 127 erneut nach Rom zurückkam, um als Volkstribun (*tribunus plebis*) zu amtieren. Sowohl hierfür als auch für die Wahl zum *praetor* (ca. 128) wurde er vom Kaiser empfohlen, was eine besondere Ehre darstellte. 130–133 kommandierte Lollius Urbicus die 10. Legion in Pannonien, ehe er 133–135 in Judäa am Kampf gegen den ‚Sternensohn' (= Bar Kochba) teilnahm. Wohl 135 wurde er in Rom zum *consul* gewählt. Anschließend fungierte er als Statthalter (*legatus Augusti pro praetore*) in *Germania inferior* und in *Britannia*, wo wir ihn u.a. in zwei Inschriften aus dem Jahr 139 und 140 fassen können. Lollius Urbicus kämpfte dort erfolgreich gegen die Briganten und ließ zum Schutz der Nordgrenze den mit Kastellen befestigten, so genannten ‚Antoninus-Wall' erbauen. Sein letztes uns bezeugtes Amt übte er wieder in Rom aus: Um 146 wurde Lollius Urbicus *praefectus urbi* und damit Vorsitzender des höchsten römischen Kriminalgerichts.

Die Laufbahn des Quintus Lollius Urbicus zeigt nicht nur den steten Wechsel zwischen militärischen und zivilen Ämtern, der der senatorischen Laufbahn in dieser Zeit eigen ist, ehe später beide Karrieren klar voneinander geschieden sind. Deutlich wird auch die hohe Mobilität der römischen Reichselite: Wie viele seiner Standesgenossen und auch viele Angehörige des Ritterstandes wurde Lollius Urbicus kurzfristig an ganz unterschiedlichen Schauplätzen des Reiches eingesetzt und verbrachte von den ersten zwanzig Jahren seiner Laufbahn gerade einmal vier in Rom.

Karte und Schema: H. W. Böhme, Römische Beamtenkarrieren. Cursus honorum, Stuttgart 1977, 54f.

Literatur: W. Eck, Die Statthalter der germanischen Provinzen vom 1.–3. Jh., Köln/Bonn 1985, 168.

Epochen der Antike
Die Mittelmeerwelt
im
Imperium Romanum

lateinischen und griechischen Inschriften. Das eindrucksvollste Beispiel dieser Zweisprachigkeit ist gewiß der Tempel der Göttin Roma und des Augustus in Ankyra, der den Tatenbericht des Augustus innen in lateinischer, außen in griechischer Version bot [WEBER]. Die Römer beschränkten sich freilich nicht nur auf die Verwaltung und Ausbeutung des Vorgefundenen, sie setzten die auf Urbanisierung zielende Politik der hellenistischen Herrscher fort. So gründeten sie in jenen Gebieten, die – wie z.B. Kilikien mit seinen Bergstämmen – noch keine urbane Struktur aufwiesen, selbst neue Städte, nicht zuletzt in der Erwartung, dass die dadurch geförderten einheimischen Eliten Roms Herrschaft sicherten [SARTRE; FENTRESS].

Dieses Mittel der indirekten Herrschaft gebrauchten die Römer noch weitaus wirkungsvoller im Westen des Reichs [SCHALLES/VON HESBERG/ZANKER]. Die Provinzen in West- und Mitteleuropa umfassten Räume, in denen bislang noch nie ein zentrales Herrschaftssystem existiert hatte und zu deren Beherrschung die Römer neben Städten auch eine Infrastruktur, insbesondere ein gepflegtes Wegenetz, aufbauen mussten. ‚Provinzialisierung' bedeutete hier erst einmal Unterwerfung, wenn nicht gar Ausrottung ganzer Stämme; die Übriggebliebenen siedelte man an neuen Zentralorten an, die oft den alten Stammesnamen fortführten. Neben der Anlage solcher *civitates* neuer Prägung gründete man hier selbst Städte, *coloniae* oder *municipia*. Beide Organisationsformen hatten bereits eine jahrhundertelange Entwicklungsgeschichte hinter sich, doch es entspricht dem Pragmatismus der Römer, die rechtlichen Rahmenbedingungen den neuen Erfordernissen anzupassen. Einer der wesentlichen Unterschiede zwischen Kolonien und Munizipien bestand darin, dass Kolonien von römischen Vollbürgern gebildet wurden, während die Bewohner der Munizipien demgegenüber einen minderen Rechtsstatus hatten.

Die ersten Ansätze, Kolonien auch außerhalb Italiens zu gründen, finden wir bereits im 2. Jh. v. Chr., als Gaius Gracchus (ermordet 121 v. Chr.) auf dem zerstörten Karthago die *Colonia Iunonia* einrichten wollte und als wenige Jahre später Narbo Martius (heute: Narbonne) gegründet wurde; in beiden Fällen handelt es sich noch um Bürgerkolonien. Doch bereits im 1. Jh. v. Chr. waren die meisten Kolonien nicht mehr mit auswanderungswilligen römischen Bürgern, sondern mit ausgedienten Soldaten (*veterani*) angelegt worden. Andererseits waren mit den Bürgerrechtsgesetzen der Jahre 90 und 89 v.Chr. die Italiker südlich des Po mit dem römischen, diejenigen nördlich davon mit dem latinischen Bürgerrecht ausgestattet worden. So waren nun aus den rechtlich ehemals benachteiligten Munizipien in Italien ‚normale' römische Bürgergemeinden geworden, deren einziger Unterschied zu den Kolonien darin bestand, dass sie ihren Ursprung nicht auf das römische Volk (*populus Romanus*) selbst zurückführen konnten, sondern auf eine eigene, indigene Vergangenheit zurückschauten.

Als die Römer seit dem 1. Jh. v.Chr. im gesamten Reichsgebiet Städte gründeten, nutzten sie im Westen diese beiden Formen, freilich mit regionalen Unterschieden. Vergleichsweise früh und dicht wurden etwa der Süden der iberischen Halbinsel sowie die zum Mittelmeer hin orientierten Küstengegenden Spaniens und Galliens mit Veteranen kolonisiert. In Spanien sind seit Caesar wohl auch die ersten außeritalischen Munizipien eingerichtet worden, nicht zuletzt als Anerkennung für die richtige Parteinahme im Bürgerkrieg. Seit der

Herrschaft des Augustus wurde die Rechtsform des Munizipium dann sowohl für die Privilegierung bereits bestehender städtischer Zentren als auch für die Bildung neuer Städte aus Dörfern oder Stämmen gängig, allerdings nur im lateinischen Westen. Der griechischsprachige Osten kannte keine Munizipien, sondern verfügte über eigene, gewachsene Begrifflichkeiten (z.B. *pólis*) zur qualifizierten Bestimmung städtischer Gemeinwesen. Wohl aber gab es auch im Osten römische Kolonien, berühmt in Griechenland sind neben den beiden Bürgerkriegsschlachtorten Philippi und Aktion/Nikopolis die Kolonien Dion, Korinth und Patras. Aber auch in Kleinasien und nicht zuletzt in der Levante finden wir zahlreiche und zahlenmäßig bedeutende Veteranensiedlungen, dagegen nicht in Ägypten.

Die Ansiedlung der Veteranen erwies sich in mehrfacher Hinsicht für die römischen Herren als vorteilhaft. Zunächst einmal waren damit die Ansprüche der Soldaten gegenüber ihrem Feldherrn, die bei Nichterfüllung das Gesamtreich destabilisierten, befriedigt. Des Weiteren besaßen die Angesiedelten, die zuvor landlos waren, nunmehr eine eigene Existenzgrundlage; und dies nicht nur für sich selbst, sondern auch für ihre Familie und ihre Nachkommen. Folge war eine besondere Loyalität zu ihren Feldherrn, seit Augustus zu ihrem Kaiser. Und schließlich war das Römische Reich durch diesen Personenkreis vor Ort präsent und blieb es auch, selbst wenn – wie im Fall der Kolonien im Osten – der Gebrauch des Lateinischen schon bald zugunsten des ortsüblichen Griechisch wieder aufgegeben wurde [vgl. z.B. Pilhofer, Bd. 1, 91f.].

Es ist leicht einsehbar, dass solche Ansiedlungen bisweilen auf große Widerstände der einheimischen Bevölkerung stießen, die sich zurückgesetzt und verdrängt sah. Nicht selten nahmen die Neuankömmlinge gerade die ergiebigsten agrarischen Nutzflächen in ihren Besitz. Doch schon binnen weniger Generationen überwogen die Vorteile: Gerade in den westlichen und nördlichen Provinzen entwickelten sich die Kolonien zu den administrativen und wirtschaftlichen Zentren, von denen eine große Strahlkraft in das Umland ausging, ebenso in Nordafrika, wo die Kolonisten nun auch das Hinterland urbar machten.

Rom und seine Provinzen. Roms Interesse an den hinzugewonnenen Gebieten war zunächst vor allem politischer Natur, d.h. es galt zu verhindern, dass von den ehemaligen Gegnern Gefahr für die eigene Herrschaft ausging. Der römische Historiker Cornelius Tacitus legte einem in Gallien kämpfenden Feldherrn namens Cerialis folgende prägnanten Sätze in den Mund (*Historiae* 4, 74, 1): „Wir haben, sooft wir auch gereizt wurden, von dem Recht des Siegers nur insoweit Gebrauch gemacht, dass wir euch nicht mehr aufbürdeten, als was zum Schutz des Friedens diente. Denn die Ruhe unter den Völkern ist nicht ohne Waffenmacht zu haben, die Waffenmacht nicht ohne Soldzahlung, Soldzahlung nicht ohne Tribute."

Daneben bestand nicht zuletzt bei den selbst Kämpfenden, den Legionären ebenso wie bei den eingesetzten Hilfstruppen, ein persönliches Interesse an Beute- und Reichtumserwerb; den Anführern in den Feldzügen winkte zudem Prestigegewinn, der ihre eigene Position in der Konkurrenz um Ämter und Einfluss verbesserte. Bereits im 3. Jh. v.Chr. verursachte das ununterbrochene militärische Engagement jedoch so hohe Kosten, dass die römische Bevölkerung sich mehrfach an der Grenze ihrer Belastbarkeit sah. Dies änderte sich nach 167 v.Chr., als wegen der enormen Geldzuflüsse aus den eroberten Gebieten von einer direkten Besteuerung der römischen Bürger Abstand genommen wurde. Seit dieser Zeit sicherte die Provinzialbevölkerung den Fortbestand des Reichs, sei es durch Geldzahlungen (*tributum* oder *vectigal*), durch materielle Abgaben (z.B. einen Getreidezehnten für Rom) oder durch Arbeitsleistungen, etwa bei Bau und Instandhaltung von Straßen und Kanälen [GALSTERER]. Daneben wurden weitere Steuern erhoben, von denen diejenigen auf Freilassung oder Verkauf von Sklaven sowie auf Erbschaften die wichtigsten waren. Während in republikanischer Zeit die Eintreibung der Steuern in den Provinzen meist verpachtet wurde und in den Händen so genannter ‚Steuerpächter' (*publicani*) lag, ging diese Aufgabe seit dem 1. Jh. n.Chr. zunehmend auf die Städte über. Was zunächst eine Erleichterung bedeutete, konnte später die örtlichen Führungsschichten teuer zu stehen kommen. Denn die Verlagerung der Steuereintreibung hatte zur Folge, dass der Rat einer Stadt, der *ordo decurionum* oder die *boulē*, zum eigentlichen Zahlungsverpflichteten wurde, an den sich die Kaiser hielten. Ratsmitglied zu werden, bedeutete schon im 2. Jh. n.Chr. vielerorts nicht mehr eine Anerkennung des sozialen und wirtschaftlichen Prestiges, sondern geradezu eine Strafe und jedenfalls eine ‚Ehrung', die viele gerne vermieden hätten. Zudem entzog die Ausweitung des kaiserlichen Domänenlands den tributpflichtigen Städten weite Gebiete, aus denen sie ihre Steuern erwirtschaften konnten.

Die nach Rom abgeführten Steuern flossen zwar nominell in unterschiedliche Kassen, doch waren die Senatskasse im Saturntempel (*aerarium Saturni*) und die kaiserliche Privatschatulle (*fiscus*) letztlich beide gleichermaßen dem Kaiser zugänglich. Dass dieser der Steuer- und Vermögensverwaltung zunehmend Bedeutung schenkte, macht die Entwicklung einer zentralen Behörde für das Rechnungswesen (*a rationibus*) deutlich. Hier übernahmen immer mehr Prokuratoren mit kaiserlichen Freigelassenen und Sklaven die Kontrolle [MILLAR; AUSBÜTTEL].

Die wichtigsten Ausgabenbereiche waren die Unterhaltung des Heers und der militärischen Infrastruktur, also insbesondere des Straßenwesens, sowie die Lebensmittelversorgung der Stadt Rom. Im Laufe des Prinzipats verschlang auch der Verwaltungsapparat immer größere Summen. Von erheblicher materieller und herrschaftssichernder Bedeutung waren freilich auch Unterhaltszuwendungen des Kaisers für einzelne Orte sowie seine Ausgaben für Spiele und Bauten. Solange sich freilich die örtlichen Führungsschichten an der Finanzierung öffentlicher Aufgaben beteiligen konnten, verteilte sich die finanzielle Belastung auf vielen Schultern. Erst als vielerorts mangels vorhandener Mittel keine lokalen Wohltäter (griech. *euergétēs*; Plural: *euergétai*) zu Leistungen (*munera* bzw. *leiturgíai*) mehr in der Lage waren, geriet das Römische Reich im 3. Jh. in eine strukturbedingte Krise.

▷ S. 92
Die Verwandlung der Mittelmeerwelt in der Spätantike

Insgesamt darf man sich den „Grad der Verwaltungsintensität" nicht zu hoch vorstellen [ECK 1995, 2] – das Römische Reich kam nie an Organisationsdichte und -struktur eines neuzeitlichen Flächenstaats heran. Dies macht auch ein Blick auf die Funktionsträger deutlich: Gerade die höchsten Amtsträger waren wie zu früheren Zeiten sozial qualifiziert, d.h. sie wurden aus dem Senatoren- und Ritterstand rekrutiert. Außerdem versahen sie in ihrer Karriere mal zivile, mal militärische Aufgaben. All dies lässt sich mit modernen Vor-

Der Bau von Straßen diente in erster Linie militärischen Zwecken. Auf diese Weise war der möglichst schnelle und reibungslose Transport von Truppen zu Krisenherden gewährleistet. Daneben erleichterten sie in ruhigeren Zeiten die Kommunikation zwischen den betreffenden Gegenden und der Regierungszentrale in Rom. Im Unterschied zur Moderne spielte jedoch die Erschließung wirtschaftlicher Ressourcen einer Provinz beim Straßenbau keine besondere Rolle, auch wenn bestehende Straßenverbindungen Handel und Gewerbe gewiss begünstigten. In diesem Zusammenhang ist aber zu bedenken, dass der Transport von Massengütern in der Antike vorwiegend auf dem Wasserweg vorgenommen wurde; diesen förderten die Römer mit der Schiffbarmachung von Flüssen, z.B. im Falle der Donau, sowie durch die Anlage von Treidelpfaden und von Häfen.

Wie die gut erhaltene **Straßenstrecke zwischen Laodikeia und Antiochia** in Syrien zeigt, handelt es sich bei römischen Straßen um aufwändige Bauten. Ihre Trassen wurden sorgfältig geplant; um sie möglichst gerade zu führen, sind neben umfangreichen Stein- und Erdabtragungen auch Brücken- und Dammbauten in bislang nicht gekanntem Umfang realisiert worden. In der Regel bestanden die Straßen aus mehreren Fundamentschichten und wurden – insbesondere in der Umgebung von Städten – mit Steinplatten belegt. Nicht selten war die Bauausführung und -instandhaltung so nachhaltig, dass die Straße bis in moderne Zeiten genutzt wurde und noch heute als Fundament des Verkehrswegs dient. Römische Reichsstraßen waren gewöhnlich von so genannten ‚Meilensteinen' (*miliarium*, Plural: *miliaria*) gesäumt, auf denen die Entfernungen von bzw. zu einem wichtigen Knotenpunkt (*caput viae*) zu lesen waren. Nicht selten gab sich auch der betreffende Kaiser mit einer entsprechenden Inschrift als Erbauer bzw. Erneuerer der Straße zu erkennen. Wie oftmals bei antiken Bauwerken in der Antike erfüllten also auch die Meilensteine nicht nur eine praktische, sondern auch eine repräsentative und herrschaftslegitimierende Funktion.

Das Straßennetz umfasste 80 000 bis 100 000 km, eine Infrastruktur, die unter veränderten Umständen erst wieder in der Neuzeit zu finden ist. Dafür wurden nicht nur gewaltige Summen ausgegeben, sondern auch menschliche Arbeitskraft mitunter rücksichtslos ausgebeutet. Die Aufsicht über den Straßenbau führte im Allgemeinen der Statthalter. Nur gelegentlich wurden auch die Städte im umliegenden Gebiet bei einem Neubau herangezogen. Dagegen oblag den Stadtgemeinden oder den Anliegern meist der Unterhalt; und selbstverständlich waren sie auch für alle weiteren Verkehrswege zuständig, an denen die Reichszentrale kein eigenes Interesse bekundete. Da die Staatsstraßen (*viae publicae*) jedoch oft wichtigen bereits bestehenden Handelsrouten folgten oder neue etablierten, trugen sie zweifellos zu vermehrter wirtschaftlicher Tätigkeit und Wohlstand bei und förderten die Akzeptanz der römischen Herrschaft, selbst wenn die Nachrichten über Missbrauch des Systems nie abreißen.

Bild: Straßenstrecke zwischen Laodikeia und Antiochia, Syrien, aus: T. Bechert, Die Provinzen des römischen Reiches. Einführung und Überblick, Mainz 1999, 26 Abb. 27.

Literatur: A. Kolb, Transport und Nachrichtentransfer im Römischen Reich, Berlin 2000; M. Rathmann, Untersuchungen zu den Reichsstraßen in den westlichen Provinzen des Imperium Romanum, Mainz 2003.

Epochen der Antike
Die Mittelmeerwelt
im
Imperium Romanum

stellungen von Professionalität und Spezialisierung nicht vereinbaren. Ein weiterer Unterschied besteht im ‚Regierungshandeln', das es so – aktiv verstanden – nur in den eng begrenzten, oben genannten Aufgabenbereichen gab. Ansonsten reagierte die kaiserliche Zentrale auf die Eingaben, die sie in immer größerem Umfang aus allen Teilen des Reichs erreichten. Die neuere Forschung legt zunehmend Wert darauf, dass das Römische Reich auch vom 1. bis 3. Jh. strukturelle Veränderungen erfahren hat, die nicht alle auf den Gründer, also Augustus, zurückzuführen sind. Verwaltungsgeschichtlich sind vor allem das ausgehende 2. und das beginnende 3. Jh. interessant, weil sich hier Indizien ausmachen lassen, dass sich die zentrale Administration verselbstständigte und nunmehr selbst auch eigene Entscheidungen als ‚kaiserlich' ausgeben konnte [ECK 1995, 26–28].

Die Bedeutung des Kaisers. Octavian/Augustus hatte es nicht nur verstanden, seine Konkurrenten um die führende Stellung im Staat aus dem Feld zu schlagen, sondern auch die verschiedenen Bevölkerungsschichten seiner Person zu verpflichten. Die Mitglieder des Senats verdankten ihm ihr Leben oder ihre neue Position, die Bevölkerung Italiens feierte ihn als Friedensbringer nach jahrelanger Unsicherheit und erlittenen Unbilden, die östlichen Provinzen verherrlichten ihn gar als Gott und erbaten seinen Schutz und seine Zuwendung. Seine eigentliche, ‚historische' Bedeutung lag aber darin, dass er in einer eigentümlichen Spannung zwischen persönlicher Bescheidenheit und politischer Unverfrorenheit seine eigene Person in den Mittelpunkt rückte. Exemplarisch macht dies die Porträtdarstellung deutlich, die seit 27 v. Chr. verbreitet wurde: Statt jugendlichem Pathos erscheint nun ein Bild, das mit der Formensprache der griechischen Klassik alterslose ruhige Erhabenheit ausdrückt, ein Herrscherbild, das kaum etwas mit dem wirklichen Aussehen des Herrschenden zu tun hat [ZANKER, 104]. Dieses Aufgehen bzw. Verschwinden des Menschen in seiner Rolle ermöglichte es, Augustus schon zu seinen Lebzeiten als Symbol der Reichseinheit und des Friedens, der *pax Augusta*, zu betrachten. Sichtbar wird dies in der kultischen Verehrung, die ihm – verschieden abgestuft im Westen und im Osten – allerorten zuteil wurde. Es mag hinzukommen, dass die Figur des *princeps* dem weit verbreiteten Wunsch nach Personifikation der Herrschaft entgegenkam. Schon bald jedenfalls entwickelte sich mit dem Kaiserkult eines der wichtigsten integrativen Momente, deren das Reich jenseits des römischen Gewaltmonopols bedurfte [HERZ; CLAUSS 1996, 1999; SCHEID].

Dabei besteht kein Zweifel, dass der Kaiser zunächst einmal in militärischer Hinsicht an der Spitze stand: Als Oberbefehlshaber aller römischen Truppen oblag ihm die Sicherung der Grenzen und die Friedenswahrung im Inneren, die beiden entscheidenden Themen, die über die Akzeptanz seiner Herrschaft entschieden. Der Umfang der Geldgeschenke an seine Soldaten und der Aufwand bei der Veteranenversorgung machen deutlich, dass sich Augustus stets dieser Säule seiner Herrschaft bewusst war. Aber Bilder und Inschriften mögen zwar besondere Personenkreise in spezifischer Form ansprechen, doch können sie auch auf weitere Rezipienten wirken. Viele Münzen wurden mit Blick auf ihre Ausgabe an Soldaten geprägt, doch spätestens als Veteranen sorgten diese dafür, dass die Münzen auch außerhalb der Militärlager kursierten. Die Meilensteine am Straßenrand mögen Feld-

Epochen der Antike
Die Mittelmeerwelt
im
Imperium Romanum

herrn wie Soldaten willkommene Orientierungsmarken und Entfernungsmelder gewesen sein und damit die Heranführung von Truppen an bestimmte Orte erleichtert haben, sie kündeten aber auch jedem anderen Reisenden auf diesem Weg, wer diese Trasse veranlasst hatte. Die Monopolisierung seitens des Urhebers der Botschaften führte zu bislang unbekannten Nachahmungseffekten: Griechische Städte prägten den Kaiserkopf auf ihre Münzen und die Eliten des Reichs bemühten sich, den Kaiser und seine Familie bis in Äußerlichkeiten zu kopieren. Rom war zum Ausgangspunkt von ‚Moden' geworden und wirkte mit seiner Ästhetik reichsweit.

Die innere Entwicklung des Reichsgebiets. Vielleicht nicht bedingt, aber gewiss erleichtert durch die *principes* beschleunigte sich im 1. Jh. n.Chr. die Romanisierung der westlichen Mittelmeerwelt. Jetzt bildeten sich hier – ähnlich wie zuvor schon in den von der Hellenisierung betroffenen Gebieten – sichtbare und spürbare Gemeinsamkeiten aus, auch wenn natürlich lokale und regionale Unterschiede weiterhin bestanden: Schriftsprache und zumindest für die Oberschicht auch Verkehrssprache wurde das Lateinische, die materielle Kultur erhielt ein einheitlicheres, von den römischen Herren geprägtes Outfit, und dies nicht nur im Bereich der Architektur, sondern auch in vergleichbar alltäglichen Dingen. So stand etwa ein besonderes, durch Stempel verziertes Tafelgeschirr hoch im Ansehen (Heute als Terra sigillata bezeichnet).

Die Romanisierung betraf zunächst die lokalen Eliten, sei es, dass sie von den Umgangsformen der Sieger angezogen wurden, sei es, dass sie durch eine Annäherung an römische Lebensweisen ihre eigene Position zu stabilisieren hofften. Der oben bereits als Kronzeuge angeführte Tacitus, der kurz nach Kaiser Domitians Tod (96) eine kleine Biographie seines Schwiegervaters Gnaeus Julius Agricola veröffentlichte, beschreibt die Wirkung mit Blick auf Britannien nicht ohne kritische Distanz (*Agricola* 21): „Dann ließ er [= der Statthalter Agricola] die Söhne der Vornehmen in den freien Künsten bilden […] So kam es, dass diejenigen, die eben noch die römische Sprache ablehnten, jetzt Beredsamkeit begehrten. Von da an schätzte man auch unser Äußeres, und die Toga wurde häufig. Und allmählich kam man zu Annehmlichkeiten und Ausartungen, zu Säulenhallen, Bädern und erlesenen Festgelagen. Und so etwas hieß bei den Ahnungslosen Lebenskultur (*humanitas*), während es doch nur ein Bestandteil der Knechtschaft (*servitus*) war."

Das Urteil des Tacitus traf insofern ins Schwarze, als die Assimilierung an römische Verhaltensweisen den lokalen Eliten noch keine Rechte innerhalb des Reichs bescherte. Etwas früher bedurfte es des persönlichen Einsatzes eines Kaisers, um dafür zu sorgen, dass längst romanisierten Familien in Gallien der Zutritt zum Senatorenstand nicht mehr prinzipiell verwehrt wurde. Doch dieselbe Maßnahme des Kaisers Claudius (54–68) zeigt auch, wie die Romanisierung auf die Sieger zurückwirkte und die Römer nötigte, zumindest dem Begehren einiger gallorömischer Familien nachzugeben und den Zugang zum Senat und damit zu den höchsten Ämtern im Reich zu öffnen [WALSER, 18–25 Nr. 3]. Erst im Laufe des 2. Jh.s wurden zunehmend auch Angehörige der provinzialen Oberschichten aus dem Osten in zentrale Institutionen des Reichs integriert. Wie langsam diese Integration voranschritt, macht ein Blick auf die Herkunft der Kaiser deutlich: Der erste Kaiser nichtitalischer Abkunft war

▷ S. 194
Die antiken Menschen in ihren Gemeinschaften

Aufgrund der klimatischen Bedingungen im Mittelmeerraum war Wasser stets von existentieller Bedeutung, so dass sehr früh Techniken der **Wasserversorgung** entwickelt wurden, die sich zunächst auf Brunnen und Zisternen beschränkten. Seit archaischer Zeit wurden dann Rohrleitungen, deren Technik möglicherweise aus dem Vorderen Orient übernommen wurde, von den Quellgebieten in die Städte gebaut. Sie verliefen gewöhnlich unterirdisch und passten sich den topographischen Gegebenheiten vor Ort an. Nur gelegentlich wurden größere Bauwerke realisiert, so z.B. Tunnel, die durch den Fels getrieben, seit hellenistischer Zeit auch als Gewölbe ausgebaut Berge durchqueren, oder Druckleitungen, mit denen Talsohlen überwunden werden konnten. Das vielleicht berühmteste Beispiel für eine solche Druckleitung ist diejenige, die in hellenistischer Zeit zur Wasserversorgung des Burgbergs von Pergamon angelegt wurde.

Hatten es die Griechen meist vermieden, Wasserleitungen offen der Luft auszusetzen, so benutzten die Römer Flüsse und Seen mit Hilfe von Stauwehren und Talsperren für die Wasserversorgung und bauten seit dem 2. Jh. v.Chr. neben gedeckten auch offene Kanäle und Aquädukte. Gerade Letztere dürfen als charakteristisches Element römischen Wasserleitungsbaus gelten und fallen in ihren Überresten bis heute im gesamten ehemaligen Reichsgebiet ins Auge. So kann es nicht erstaunen, dass sie auch bei der Gestaltung der aktuellen 5-Euro-Banknote Pate standen, auch wenn es sich nicht – wie manche vermuten mögen – um eine Darstellung des so genannten Pont du Gard handelt. Dieses in seiner Erhaltung einzigartige Bauwerk gehört zu einer ca. 50 km langen Leitung, mit der sich die römische Kolonie Nemausus (Nîmes) im 1. Jh. n.Chr. die Quellwasser der Eure und des Avian (bei Uzès) erschloss. Um das steile Tal des Gardon zu überqueren, errichtete man eine 48 m hohe, zweigeschossige Bogenbrücke, die ein Arkadengeschoss mit einem gedeckten Wasserkanal aus verputztem Mörtelwerk bekrönte.

Bilder: Rückseite des 5-Euro-Scheins; Pont du Gard, Aquädukt zur Wasserversorgung von Nîmes, Fotografie von 1895, AKG Berlin.

Literatur: Frontinus-Gesellschaft (Hrsg.), Die Wasserversorgung antiker Städte, 3 Bde., München und Mainz 1.–4. Aufl. 1988–1991; G. FABRE/J.-L. FICHES/PH. LEVEAU/J.-L. PAILLET, Le Pont du Gard. L'eau dans la ville antique, Paris 2. Aufl. 1993.

Das nabatäische Bostra (im heutigen Südsyrien) lag an der Kreuzung wichtiger überregionaler Handelswege in einem sehr fruchtbaren Gebiet. Im 2. Jh. zur römischen Kolonie erhoben, wurde es wohl auch Hauptstadt der Provinz *Arabia*. Reste prachtvoller Architektur des 2. und 3. Jh.s, u.a. das **Theater von Bostra**, dokumentieren die Bedeutung der Stadt und das Streben ihrer Bürger, diese sichtbar zu machen.

Theater diesen Typs gab es im gesamten Römischen Reich und finden sich heute noch besonders gut erhalten z.B. im französischen Orange, im türkischen Aspendos oder im libyschen Sabratha (Tripolis). Die konzentrisch angelegten, hoch ansteigenden Sitzreihen sind über Treppenhäuser hinter dem Zuschauerhalbrund erreichbar. Auf diese Weise konnten die Zuschauermassen – die meisten Theater boten mehreren tausend Menschen Raum – schnell und unproblematisch zu ihren Plätzen und wieder nach draußen gelangen. Die Vorführungen fanden nicht mehr wie im griechischen Theater in der runden *orchéstra* statt, sondern auf einer rechteckigen, recht schmalen Bühne, die hinten durch eine hohe, reichgegliederte Wand abgeschlossen wurde. Das Theater in Bostra wurde im hohen Mittelalter Teil einer Festungsanlage und ist erst seit 1947 wieder freigelegt.

Bild: Theater von Bostra, aus: T. BECHERT, Die Provinzen des römischen Reiches, Mainz 1999, 200 Abb. 233.

Literatur: E. FRÉZOULS, Aspects de l'histoire architecturale du théatre romain, in: Aufstieg und Niedergang der römischen Welt, Bd. II, 12, 1, Berlin 1982, 343–441; J. FUGMANN, Römisches Theater in der Provinz, Stuttgart/Aalen 1988; R. HAENSCH, Capita provinciarum, Mainz 1997, 238–243; M. SARTRE, Bostra. Des origines à l'Islam, Paris 1985.

Trajan (98–117), der wie auch sein Nachfolger Hadrian im Munizipium Italica beim heutigen Sevilla geboren war. Seit mit Septimius Severus (193–211) erstmals ein ‚Afrikaner' – Septimius stammte aus der libyschen Stadt Leptis Magna – den Kaiserthron eingenommen hatte, spielte die regionale Herkunft immer weniger eine Rolle: Nunmehr konnten Kaiser auch aus Illyrien, Syrien und anderen östlichen Reichsteilen stammen.

Unterhalb der romanisierten (bzw. hellenisierten) Oberschichten lebte freilich die einheimische Kultur einschließlich der Sprache und der Religion weiter, wie es auch schon in den hellenistischen Königreichen der Fall gewesen war. So war im syrisch-arabischen Raum das Aramäische mit seinen verschiedenen Dialekten die verbreitetste Sprache, die seit dem 2. Jh. in ihrer syrischen Ausprägung sogar eine literarische Renaissance erlebte.

Die Gelassenheit der Römer gegenüber bestehenden Strukturen, sofern sie ihnen für ihre Zwecke nützlich – oder zumindest nicht schädlich – erschienen, zeigt sich auch darin, dass sie teils innerhalb des Reichs, teils außerhalb eine beträchtliche Zahl kleinerer ‚Klientelstaaten' bestehen ließen. Diese waren zwar formell selbstständig und mit den Römern nur durch Verträge verbunden, die sie zu personellen und materiellen Hilfeleistungen im Kriegsfall verpflichteten. Doch da die Römer faktisch über die Person des Herrschers und sogar über den Fortbestand dieser Herrschaftsform entscheiden konnten, waren diese ‚Klientelstaaten' im Grunde völlig abhängig von Rom. Im Rückblick zeigt sich, dass die Römer zunächst oft geneigt waren, von der Einrichtung einer Provinz, die den Einsatz von Truppen erforderlich gemacht hätte, abzusehen. Wirtschaftliche Überlegungen mögen dabei auch eine Rolle gespielt haben, wie der

Kommentar des augusteischen Geographen Strabon zur Situation in Britannien zeigt (Strabon, *Geographie* 4, 5, 3): „Heute aber haben einige der dortigen Fürsten, die sich durch Gesandtschaften und Liebedienerei die Freundschaft mit Caesar Augustus erwirkt hatten, Weihgeschenke auf dem Kapitol gestiftet und die ganze Insel so gut wie zum Eigentum der Römer gemacht. Ferner schicken sie sich in so schwere Zölle für die von dort ins Keltische [= Gallien] eingeführten und von hier ausgeführten Waren [...], dass die Insel gar keine Besatzung braucht: es würde ja mindestens eine Legion und etwas Reiterei erfordern, um auch Tribut von ihnen einzutreiben, und die Kosten der Armee würden dem jetzt einfließenden Geld gleichkommen; denn wenn man Tribut auferlegt, führt das zwangsläufig dazu, dass die Zolleinnahmen abnehmen – und dass sich außerdem, da Gewalt angewandt wird, gewisse Risiken einstellen." [RADT, 525ff.]. Erst wenn ein Klientelkönig Aufstände gegen Rom nicht unterdrücken konnte oder gar selbst unterstützte, griff man mit militärischen Mitteln ein und scheute auch vor harten Maßnahmen nicht zurück. Bis zum 3. Jh. waren die meisten der ehemaligen Klientelkönigtümer wie Thrakien, Kommagene, ebenso *Judaea, Nabataea* und *Osrhoene*, in römischen Provinzen aufgegangen. Andererseits führte die schwierige Lage des Reichs dazu, dass neue Klientelstaaten entstanden, so 242 in Edessa unter Abgar XI. oder in Palmyra, wo Odainathos (ermordet 267) den Kampf gegen Schapur I. organisierte. Als jedoch Odainathos' Witwe Zenobia die Gunst der Stunde nutzte und sich nach Eroberung halb Kleinasiens und Ägyptens als Kaiserin (*Augusta*) ausrufen ließ, trat ihr Kaiser Aurelian (270–275) entgegen und besiegte sie (272). Zwei Jahre später machte derselbe Kaiser auch dem ‚Gallischen Sonderreich' ein Ende (260–274) und schuf damit die Grundbedingungen für die Reformen Diokletians.

▷ S. 90ff.
Die Verwandlung der Mittelmeerwelt in der Spätantike

Das Reich und seine Nachbarn. Die Tatsache, dass das *Imperium Romanum* über Jahrhunderte hinweg Bestand hatte, hat ihren Grund auch darin, dass sich an den Grenzen kein starker, auf Eroberungen ausgehender Staat befand. Im Gegenteil, bis zu Kaiser Trajans Feldzügen gegen die Daker, die dem Römischen Reich den Zugang zu den Bodenschätzen im Karpatenbecken erschlossen, konnten die Kaiser die Grenzen des Reichs in Mittel- und Osteuropa immer weiter ausdehnen. Eine Ausnahme bildeten freilich die Gebiete Nord- und Ostdeutschlands, an deren Eroberung und Erschließung die Römer nach der vernichtenden Niederlage des Varus (9 n. Chr.) kein Interesse mehr verspürten. Erst im Laufe des 2. Jh.s wendete sich das Blatt, als die Stämme, die bislang meist vereinzelt und unkoordiniert vorgegangen waren, zu größeren und effektiveren Formationen zusammenfanden. Zu den ersten, die dem Reich nicht nur lokal gefährlich wurden, zählten die Markomannen, die Kaiser Mark Aurel nur mit Mühe wieder aus den Donauprovinzen vertreiben konnte. Später folgten ihnen Vandalen, Burgunder, Heruler und schließlich die Sarmaten, die nicht nur die Balkanhalbinsel, sondern auch Teile Kleinasiens verwüsteten. 271 gingen die nördlich der Donau gelegenen dakischen Provinzen an sie verloren.

Das 3. Jh. kennzeichnen ohnehin die unentwegten und nicht immer erfolgreichen Verteidigungsanstrengungen der römischen Kaiser. An der Donau tauchten 238 erstmals Goten auf; bald darauf – um 250 – suchten sie den Balkan heim und verwüsteten in den folgenden

Detailskizze

Seit dem 1. Jh. n.Chr. bemühte sich die römische Reichsverwaltung, einige Abschnitte der **Reichsgrenze (*limes*)** mit verschiedenen Befestigungsbauwerken dauerhaft zu sichern. Die Ausgestaltung dieser Grenzbefestigungen richtete sich an der jeweiligen Landschaft und am Gefährdungspotenzial aus, ebenso an Art und Umfang der dort stationierten Truppen. Dadurch entstand im Laufe des 2. Jh.s ein reichsumfassendes Grenzkontrollsystem, in dem Sicherheit, aber auch Durchlässigkeit garantierende Elemente spezifische Lebensformen an den Rändern des Reichs ermöglichten. Im Einzelnen entstanden folgende Limites:

Britannien: Im Anschluss an eine unter Trajan gebaute Militärstraße (,Stanegate'), die vom in die Nordsee mündenden Fluss Tyne in Richtung auf die Atlantikbucht Solway Firth führte, wurde bald nach dem Regierungsbeginn von Hadrian damit begonnen, einen steinernen Wall mit davorliegendem Graben anzulegen und diesen in regelmäßigen Abständen durch Kastelle und Wachttürme zu sichern (Hadrianswall, 118 km lang). Als das Reichsgebiet im Folgenden nach Norden ausgedehnt wurde, begann Q. Lollius Urbicus 140 mit der Anlage des so genannten Antoninuswalls (59 km lang). Unter Mark Aurel wurde diese Linie kurz vor 168 zugunsten des Hadrianswalls wieder aufgegeben, der von nun an bis zum Ende der römischen Herrschaft im beginnenden 5. Jh. – abgesehen von kurzen Unterbrechungen – die Nordgrenze der Provinz bildete.

Germanien und Rätien: Nach der Niederlage des Quinctilius Varus (9 n.Chr.) wurde in den folgenden Jahrzehnten die Reichsgrenze entlang der Flüsse Rhein und Donau eingerichtet. Seit dem ausgehenden 1. Jh. wurde in verschiedenen Anläufen rechtsrheinisches Gebiet in das Reich miteinbezogen, wodurch sich die Grenze zwischen Koblenz und Regensburg deutlich verkürzte. In einer ersten Phase bestand die Grenzsicherung in einer Militärstraße, die wie im Falle des Main Flussläufen folgen konnte und mit Kastellen und Wachtürmen befestigt war. Später erhielt der Postenweg zwischen den Kastellen eine Holzpalisade zum Schutz, bevor ab dem ausgehenden 2. Jh. weitere Verstärkungen – durch Wall und Graben in Obergermanien, durch eine Steinmauer in Rätien – vorgenommen wurden. Um 260 wurde der obergermanisch-rätische Limes zugunsten der Rhein-/Donaulinie aufgegeben.

***Noricum,* Pannonien und Mösien:** Obgleich sich bereits Augustus rühmt, er habe die Reichsgrenze bis zur Donau vorgeschoben, und bereits von Wachposten berichtet wird, scheint erst seit den Flaviern ein durchgehendes Grenzsicherungssystem durch Bau von Militärstraßen und Kastellen entlang der Donau errichtet worden zu sein. Im Laufe des 2. Jh.s machten nicht nur Gebietsgewinne, etwa die Eroberung des Karpatenbeckens, neue Maßnahmen nötig, sondern auch die zunehmend bedrohliche Sicherheitslage an anderen Abschnitten. Nachdem das bisherige Grenzkontrollsystem in der 2. Hälfte des 3. Jh.s zusammengebrochen war, kam es im 4. Jh. zu einer Wiederbefestigung.

Vorderer Orient: Im Vergleich zu den europäischen Limites ist die Grenzsicherung im Vorderen Orient weit weniger gut erforscht. Rückgrat des nördlichen Teils der Grenze zwischen dem Schwarzen Meer und Syrien war eine mit Kastellen und Wachtürmen gesicherte Militärstraße, die von Zimara bis Sura, später sogar über Dura-Europos hinaus dem Lauf des Euphrat folgte. Als Septimius Severus die Reichsgrenze an den Tigris vorschob, wurden auch die neu hinzugewonnenen Städte als Festungen in die Sicherung der Reichsgrenze miteinbezogen. Südlich des Euphrat verlief der Limes durch die syrische Steppe und bildete hier ein tief gestaffeltes Verteidigungssystem entlang der Straße von Sura über Palmyra nach Bostra, eine Verbindung, die nochmals von Diokletian ausgebaut wurde. Ganz ähnlich sah der ,palästinisch-arabische Limes' aus, der von Bostra bis nach Aila/Akaba am Roten Meer reichte.

Afrika: Entsprechend den naturräumlichen Gegebenheiten verfügte auch die Südgrenze des Römischen Reichs über ein besonderes Grenzkontrollsystem. Hier ging es vor allem darum, die aus der Wüste kommenden Verkehrswege so weit zu überwachen, dass Überfälle vermieden werden konnten. Zu diesem Zweck wurden neben Kastellen und Wachposten auch an mehreren Orten Gräben bzw. Graben-Wall-Systeme angelegt, die jedoch im Unterschied zur Nord- und Ostgrenze nicht durchgehend mit einer grenznahen Militärstraße verbunden waren.

Literatur: E. Olshausen/M. Todd/R. Wiegels/ K. Dietz/F. Schön/J. Wagner/H.-P. Kuhnen/ E. M. Ruprechtsberger, Art. „Limes", in: Der Neue Pauly, Bd. 7, Stuttgart/Weimar 1999, Sp. 192–231.

Jahrzehnten nicht nur die europäischen Provinzen einschließlich Griechenlands, sondern auch Kleinasien, ehe sie 276/77 vertrieben werden konnten. Gegen die Goten hatten einzelne Kaiser ein neues, weniger gefährliches, aber auch weniger prestigeträchtiges Abwehrmittel eingesetzt, indem sie sie durch Geldzahlungen zum Rückzug bewogen hatten. Nicht nur an der Donau, auch weiter westlich waren die Grenzen im 3. Jh. nicht mehr sicher. Bereits zur Zeit des letzten Kaisers aus der Familie der Severer, Severus Alexander (222–235), durchbrachen die Alamannen die römischen Verteidigungslinien, die zwischen Rhein und Donau mit großem Aufwand errichtet worden waren. Der *limes* konnte nicht gehalten werden. Die Alamannen fielen in Rätien ein, unternahmen Beutezüge bis nach Südgallien und standen sogar 259 vor Rom, ehe sie geschlagen werden konnten. Die Franken – zeitweise mit den Alamannen verbündet, waren ebenfalls 259 über Gallien sogar bis nach Spanien und Mauretanien gelangt.

Die zweite wichtige Front bestand im Osten, während die Situation im Süden, in Nordafrika, für die Römer nie wirklich bedrohlich wurde, auch wenn dort gelegentlich Nomadenstämme auf Reichsgebiet übergriffen. Augustus hatte mit dem Partherreich eine diplomatische Einigung über die beiderseitigen Interessenssphären herbeigeführt, die über zwei Jahrhunderte Bestand haben sollte. Damit war aber auch allen Träumen, die Herrschaft über das Weltreich Alexanders erneut zu erringen, eine Absage erteilt. Trotz der Unternehmungen der Kaiser Trajan und Septimius Severus und trotz des immer wieder umstrittenen Gebiets Armenien blieb die Ostgrenze bis zum Ende der Arsakiden-Dynastie (bald nach 224) verhältnismäßig ruhig. Dies änderte sich schlagartig unter deren Nachfolger, den Sasaniden, da diese – wie Rom – den Anspruch auf Weltherrschaft erhoben. Gefährlich wurde es für Rom, als Schapur I. (239/40–270/72) nicht nur römische Kaiser besiegte und zu Geldzahlungen zwingen konnte, sondern im Jahr 260 Kaiser Valerian gefangennahm. Doch das Reich war längst dem Stadium entwachsen, in dem die Person des Kaisers über seinen Bestand entscheiden konnte. Der Tod Valerians im persischen Gewahrsam erschütterte zwar die Menschen, zum Kollaps brachte er das Reich selbst nicht. Es sollte aber über ein Jahrzehnt dauern, bis Aurelian die Folgen dieser Niederlage, die Sonderreiche von Palmyra und in Gallien, beseitigen konnte.

Marieluise Deißmann / Eckhard Wirbelauer

Literatur
H. AIGNER, Gedanken zur sogenannten Heeresreform des Marius, in: F. HAMPL/I. WEILER (Hrsg.), Kritische und vergleichende Studien zur Alten Geschichte und Universalgeschichte, Innsbruck 1974, 11–23.
G. ALFÖLDY, Die Generalität des römischen Heeres, in: Bonner Jahrbücher 169, 1969, 233–246.
DERS., Die Stellung der Ritter in der Führungsschicht des Imperium Romanum [1981], in: DERS., Die römische Gesellschaft, Stuttgart 1986, 162–209.
F. M. AUSBÜTTEL, Die Verwaltung des römischen Kaiserreiches, Darmstadt 1998.
T. BECHERT, Die Provinzen des römischen Reiches, Mainz 1999.
K. BRINGMANN, Geschichte der römischen Republik, München 2002.
DERS./TH. SCHÄFER, Augustus und die Begründung des römischen Kaisertums, Berlin 2002.
M. CLAUSS, Deus praesens. Der römische Kaiser als Gott, in: Klio 78, 1996, 400–433.

DERS., Kaiser und Gott. Herrscherkult im römischen Reich, München/Leipzig 1999.

W. DAHLHEIM, Römische Kaiserzeit, München 2. Aufl. 1989.

J.-M. DAVID, La romanisation de l'Italie, Paris 1994.

W. ECK, Die staatliche Administration des römischen Reiches in der hohen Kaiserzeit. Ihre strukturellen Komponenten [1989], in: DERS., Die Verwaltung des Römischen Reiches in der Hohen Kaiserzeit, Bd. 1, Basel 1995, 1–28.

DERS., Provinz – Ihre Definition unter politisch-administrativem Aspekt [1995], in: DERS., Die Verwaltung des Römischen Reiches in der Hohen Kaiserzeit, Bd. 2, Basel 1997, 167–185.

E. FENTRESS (Hrsg.), Romanization and the City. Creation, Transformations, and Failures, Portsmouth 2000.

H. GALSTERER, Art. „Steuern. Rom", in: Der Neue Pauly, Bd. 11, Stuttgart/Weimar 2001, Sp. 982–986.

K. M. GIRARDET, Imperium ‚maius'; in: A. GIOVANNINI (Hrsg.), La Révolution romaine après Ronald Syme, Genf 2000, 167–227.

TH. HANTOS, Res publica constituta. Die Verfassung des Diktators Sulla, Stuttgart 1988.

P. HERZ, Der römische Kaiser und der Kaiserkult. Gott oder primus inter pares?, in: D. ZELLER (Hrsg.), Menschwerdung Gottes – Vergöttlichung von Menschen, Göttingen 1988, 115–140.

F. JACQUES/J. SCHEID (Hrsg.), Rom und das Reich in der Hohen Kaiserzeit 44 v.Chr.–260 n.Chr., Bd. 1: Die Struktur des Reiches, Stuttgart/Leipzig 1998.

M. JEHNE, Der Staat des Dictators Caesar, Köln 1987.

D. KIENAST, Römische Kaisertabelle. Grundzüge einer römischen Kaiserchronologie, Darmstadt 2. Aufl. 1996.

Y. LE BOHEC, Die römische Armee. Von Augustus zu Konstantin dem Großen, Stuttgart 1993.

C. LEPELLEY (Hrsg.), Rom und das Reich in der Hohen Kaiserzeit 44 v.Chr.–260 n.Chr., Bd. 2: Die Regionen des Reiches, München/Leipzig 2001.

CHR. MEIER, Res publica amissa. Eine Studie zu Geschichte und Verfassung der späten römischen Republik, Frankfurt/M. 3. Aufl. 1997.

F. MILLAR, The Emperor in the Roman World (31 BC–AD 337), London 2. Aufl. 1992.

P. PILHOFER, Philippi, 2 Bde., Tübingen 1995–2000.

K. A. RAAFLAUB/M. TOHER (Hrsg.), Between Republic and Empire. Interpretations of Augustus and his Principate, Berkeley 1990.

S. RADT (Üb./Komm.), Strabons Geographika, Bd. 1: Prolegomena. Buch I–IV, Göttingen 2002.

M. SARTRE, L'orient romain. Provinces et sociétés provinciales en Méditerranée orientale d'Auguste aux Sévères (31 av. J-C.–235 ap. J.-C.), Paris 1991.

H.-J. SCHALLES/H. VON HESBERG/P. ZANKER (Hrsg.), Die römische Stadt im 2. Jh. n.Chr. Der Funktionswandel des öffentlichen Raumes, Köln 1992.

J. SCHEID, Besprechung von CLAUSS 1999, in: Gnomon 75, 2003, 707–710.

K. STROBEL, Art. „Galatia", in: Der Neue Pauly, Bd. 4, Stuttgart/Weimar 1998, Sp. 742–745.

F. VITTINGHOFF (Hrsg.), Europäische Wirtschafts- und Sozialgeschichte in der römischen Kaiserzeit, Stuttgart 1990.

G. WALSER, Römische Inschriftkunst, Stuttgart 2. Aufl. 1993.

E. WEBER (Hrsg.), Augustus: Meine Taten. Res gestae Divi Augusti, München 4. Aufl. 1985.

P. ZANKER, Augustus und die Macht der Bilder, München 2. Aufl. 1990.

Die Verwandlung der Mittelmeerwelt in der Spätantike

Epochen der Antike

Eine besondere historische Formation. Unter ‚Spätantike' (engl.: ‚later Roman empire'/‚late antiquity'; frz.: ‚bas empire'/‚antiquité tardive') wird die Zeit zwischen dem Regierungsantritt Diokletians (284) und dem 6. Jh. n.Chr. verstanden. Die Reichskrise des 3. Jh.s bildet insofern die Vorgeschichte der Spätantike, als vieles von dem, was in den Reformen Diokletians und Konstantins systematisch durchgeführt wurde, in ‚Experimenten' des 3. Jh.s schon angelegt war. Ebenso lässt sich das Ende der Spätantike nicht klar umreissen: Einerseits bildet die Herrschaft Justinians (527–565), der das Römische Reich in seinem alten Umfang noch einmal wieder herzustellen suchte und mit seiner Rechtskodifikation – später als *Corpus iuris civilis* bezeichnet – die gesamte vorangehende Rechtsentwicklung kanonisierte, einen gewissen Abschluss der römischen Geschichte; andererseits gibt es viele Phänomene, z.B. im Rahmen der Kirchengeschichte, der Geschichte der germanischen Reiche und auch der Organisation der Landwirtschaft, für die die Regierung Justinians keinen Einschnitt bildet.

Dennoch lässt sich die Spätantike als historische Formation eigener Art verstehen. Auch wenn die Entgegensetzung von ‚Prinzipat' und ‚Dominat' heute nicht mehr in der früheren Form vertreten wird, sind das Kaisertum und die Verwaltung des Reiches seit Diokletian doch signifikant umgestaltet worden [MARTIN 1984; DERS. 2001, 147]. Die germanischen Großstämme bildeten sich im Zusammenspiel mit dem Römischen Reich und in Opposition zu ihm aus. Die Christianisierung des Reiches wurde zum Abschluss gebracht und zugleich wurden z.T. bis heute weiterwirkende Grundlagen für die kirchliche Organisation und die christliche Theologie gelegt. Althistoriker, Mediävisten, Byzantinisten und Kirchenhistoriker behandeln diese Prozesse, die aber in einem Zusammenhang stehen, so dass z.B. die Ausbildung des Papsttums ohne die Geschichte des spätantiken Kaisertums nicht begriffen werden kann.

Die lange gängige Auffassung, die Geschichte der Spätantike sei eine Geschichte des Niedergangs, wird heute zu Recht kaum noch vertreten. Stattdessen spricht man eher von einer ‚Verwandlung' oder ‚Metamorphose' der Mittelmeerwelt. Dieses Konzept scheint besser geeignet zu sein, die Janusköpfigkeit der Epoche zu erfassen, die zum einen noch der römischen Geschichte zugehört, zum anderen durch die Geburt der germanischen Reiche, des byzantinischen Kaisertums und der mittelalterlichen Kirche charakterisiert ist [MAIER; KOSELLECK/WIDMER].

Die alte und die neue Stadt. Der Besucher einer antiken Stadt im 5. Jh. konnte die Janusköpfigkeit der Epoche mit Händen greifen. Auf der einen Seite begegnete er Menschen, die durch ihre Tracht, ihre Amtsabzeichen und ihr gemessenes, von *gravitas* geprägtes Verhalten noch die Antike repräsentierten. Er stieß auf Anlagen wie das Forum mit Amtsgebäuden, auf Stadien, Gymnasien, Thermen, Theater, Wasserleitungen, auf Ehrenstatuen, hier und da vielleicht auch noch auf Tempel oder Götterbilder. Auf der anderen Seite hatten die Germaneneinfälle vor allem im Westen viele antike Bauwerke in Schutt und Asche gelegt. Die Städte waren kleiner geworden, in der Regel ummauert und glichen, etwa in Italien, regelrechten Garnisonen (*castra*), in denen neben römischen viele germanische Soldaten lebten. Jede Stadt hatte ihre Bischofskirche mit dem Wohnhaus des Bischofs, die sich im Westen oft an die Mauern anlehnten, im Osten dagegen im Zentrum der

Zeittafel

284–305	Diokletian Augustus.
286	Erhebung Maximians zum Mit-Augustus.
293	Erhebung des Constantius Chlorus und des Galerius zu Caesaren.
303	Beginn der letzten großen Christenverfolgung.
305	Constantius Chlorus und Galerius Augusti.
306	Konstantin in Trier, Maxentius in Rom zu Kaisern ausgerufen.
311	Toleranzedikt des Galerius: das Christentum wird *religio licita*. Nach dem Tod des Galerius folgt ihm Licinius nach.
312	Konstantin besiegt Maxentius in der Nähe der Milvischen Brücke vor Rom.
324	Konstantin besiegt Licinius und wird Alleinherrscher.
325	1. Ökumenisches Konzil unter Konstantins Leitung in Nizäa.
330	Einweihung Konstantinopels als neuer Hauptstadt.
337	Tod Konstantins. Nach blutigen Kämpfen werden seine Söhne Constans, Konstantin II. und Constantius II. neue Augusti.
340	Tod Konstantins II.
350	Usurpation des Magnentius in Gallien. Tod des Constans.
355	Julian Caesar im Westen. In den folgenden Jahren Abwehrkämpfe an der Rheingrenze.
356 (?)	Tod des Eremiten Antonios.
360	Julian in Paris zum Augustus ausgerufen.
361	Tod des Constantius II. Julian Alleinherrscher. Letzter Versuch eines römischen Kaisers, gegen das Christentum vorzugehen.
363	Perserkrieg und Tod Julians.
364	Valentinian I. (gest. 375) und Valens Augusti. Letzte umfangreichere Baumaßnahmen an der Rheingrenze.
374–397	Ambrosius Bischof von Mailand.
375–392	Valentinian II.
378	Katastrophale Niederlage und Tod des Valens bei Adrianopel.
379	Tod des Kirchenvaters Basilios.
379–395	Theodosius I.
380	Orthodoxie-Dekret des Theodosius.
382	Ein Bündnisvertrag (*foedus*) billigt den terwingischen Goten die Ansiedlung auf Reichsgebiet zu.
391/2	Theodosius verbietet alle Formen des heidnischen Gottesdiensts.
392	Nach der Ermordung Valentinians II. erhebt der Heermeister Arbogast den heidnischen Rhetor Eugenius zum Kaiser.
394	Niederlage des Arbogast und des Eugenius in der Schlacht am Frigidus.
394–408	Stilicho Heermeister.
395	Erneute Reichsteilung.
395–408	Arcadius Augustus im Osten.
395–423	Honorius Augustus im Westen.
395–430	Augustin Bischof von Hippo in Nordafrika.
seit 401	Beginn einer neuen Völkerwanderungswelle. Die gesamte Nordgrenze des Reichs bricht zusammen. Britannien, Hispanien, Germanien, Teile Galliens, des Donauraums und des Balkans gehen dem Reich auf Dauer verloren.
408–450	Theodosius II. Augustus im Osten.
410	Die Westgoten unter Alarich erobern und plündern Rom. Den Schock der Verwundbarkeit Roms verarbeiten Orosius und Augustin in literarischen Werken.
413–437	1. Burgunderreich im Gebiet von Worms, Mainz und Speyer.
415	Athaulf König der Westgoten.
418–507	Sog. ‚Tolosanisches Reich' der Westgoten in Aquitanien und Nordspanien.
419/20	Tod des Kirchenvaters Hieronymus.
um 420	Gründung des Klosters Lerinum (Lérins).
425–455	Valentinian III. Augustus im Westen.

Epochen der Antike
Die Verwandlung
der Mittelmeerwelt
in der Spätantike

429–534	Vandalenherrschaft in Nordafrika.
430–454	Aëtius Heermeister im Westen.
438	Annahme und Veröffentlichung des Codex Theodosianus.
440–461	Papst Leo der Große.
442–454	Verheerende Raubzüge der Hunnen unter Attila in verschiedenen Teilen des Reichs.
457–472	Ricimer Heermeister im Westen.
476	Nach der Absetzung des Romulus Augustulus verzichtet Odoaker auf die Einsetzung eines neuen Kaisers.
474/6–491	Zeno Kaiser im Osten.
482–511	Chlodwig König der Franken. Die Merowinger unterwerfen bis zur Mitte des 6. Jh.s weite Teile Galliens.
484–519	Acacianisches Schisma; erste Kirchenspaltung zwischen Ost und West.
490/3–526	Herrschaft des Ostgoten Theoderich in Italien.
491–518	Anastasius Kaiser im Osten.
492–496	Papst Gelasius.
518–527	Justin Kaiser im Osten.
527–565	Justinian Kaiser.
529	Schließung der Akademie in Athen.
529–534	Veröffentlichung des *Codex Iustinianus*, der *Institutiones* und der *Digesten*.
533–534	Belisar unterwirft Afrika der byzantinischen Herrschaft.
535–552	Belisar und Narses erobern Italien.
540–561	Perserkriege Justinians.
546	Die Langobarden erobern Pannonien.
547/60	Tod Benedikts von Nursia.
552–554	Byzantinische Truppen erobern die *Baetica*.
568	Die Langobarden erobern Italien.
590–604	Papst Gregor der Große.

Städte lagen. Daneben gab es Basiliken, die an den Gräbern der Märtyrer errichtet worden waren, weil die Christen deren Hilfe suchten. Oft lagen sie an der Peripherie der Städte, bildeten dort aber, wie in Köln und Bonn, Zentren neuer Agglomeration, während die alten städtischen Zentren aufgegeben wurden. Hier und da – im Osten häufiger – begegnete man auch schon asketischen Gemeinschaften von Priestern oder ‚Mönchen', die freilich auch vor den Toren der Städte oder in einsamen Gegenden liegen konnten.

Alles das ist auch charakteristisch für Veränderungen des Kommunikationszusammenhangs in den Städten. In den größeren Orten, insbesondere in den Hauptstädten des Reiches und der Provinzen, wurden noch Spiele veranstaltet, vor allem Wagenrennen, Tierhetzen sowie Theater- und Tanzvorführungen. Veranstalter waren die Führungsschichten, die viel Geld in diese Unternehmungen investierten und so Ruhm und Ehre bei den Stadtbevölkerungen erlangten. Von der Leidenschaft für Wagenrennen etwa künden noch viele Mosaiken, erfolgreiche Wagenlenker genossen geradezu kultische Verehrung, das Wetten würzte wie heute die Teilnahme an den Veranstaltungen. Den Bischöfen war all dies allerdings ein Dorn im Auge. Sie versuchten die Loyalitäten der Städter auf sich zu ziehen, nicht zuletzt dadurch, dass sie den Märtyrer- und Heiligenkult propagierten. An die Stelle des paganen Festkalenders trat allmählich ein christlicher, in dem neben den christlichen Hochfesten die Heiligenfeste immer wichtiger wurden [SALZMAN]. Sie waren von Vigilfeiern, Prozessionen und ausgiebigen Schmausereien begleitet und brachten eine neue Ordnung der Zeit in die Städte. Die Kirche besetzte zunehmend mehr den ‚öffentlichen' Raum [BROWN; CLAUDE; ECK/GALSTERER; RICH].

▷ S. 217 Die antiken Menschen in ihren Gemeinschaften

Manche Forscher sprechen von einer Verinnerlichung oder Vergeistigung des Menschen in der Spätantike. Unbestreitbar ist, dass die Erlösungshoffnung große Bedeutung gewann, dass sich asketische Bewegungen ausbreiteten, die oft verbunden waren mit einer Flucht aus der Stadt. Andererseits treffen wir in Spielen und Festen, nicht zuletzt auch in den riesigen, mit prachtvollen Mosaiken ausgestatteten Villen der großen Gutsbesitzer auf eine ausgeprägte antike Diesseitigkeit. Um beides zu verstehen, sollen zunächst einige äußere Bedingungen für das Leben in der antiken Welt dargestellt werden.

▷ S. 288 Die antiken Menschen über sich
▷ S. 106f. Technik: Zu den Quellen der Antike!

Vom charismatischen Kaisertum zum Gottesgnadentum. Das politische System des Prinzipats wurde als ‚wiederhergestellte Republik' (*res publica restituta*) verstanden. Ein Staatsrecht des Kaisertums konnte es deshalb ebenso wenig geben wie Regeln für die Nachfolge im Prinzipat. Augustus führte die Designation des Nachfolgers ein, bekräftigt durch die Übertragung bestimmter Kompetenzen schon zu Lebzeiten des Vorgängers und die testamentarische Übertragung des kaiserlichen Vermögens. Daneben kam es aber mehrfach zur Ausrufung eines neuen Herrschers durch die Garde in Rom oder durch Truppenverbände im Reich, was mit kriegerischen Auseinandersetzungen verbunden sein konnte. In jedem Fall musste ein neuer Herrscher die Anerkennung des Heeres, des Senats und des stadtrömischen Volkes gewinnen.

Seit dem ausgehenden 2. Jh. häuften sich die Herrscherwechsel, bei denen ein Prätendent den regierenden Herrscher offen herausforderte und damit die Loyalität von Reichseliten, Heer und stadtrömischer Bevölkerung zum bisherigen Kaiser auf die Probe stellte [FLAIG]. Um solche ‚Usurpationen' für die Zukunft zu vermeiden, vervierfachte Diokletian das Kaisertum: Zwei *augusti* und zwei *caesares* – Kaiser mit gleichen Kompetenzen, aber dem Rang nach unterschieden – sollten bereitstehen, um in gefährdeten Regionen des Reichs persönlich eingreifen zu können. Diese ‚Tetrarchie' wurde durch eine systematische Herrschertheologie abgesichert: Juppiter verleiht die Herrschaft an alle Kaiser; jeweils ein Augustus und ein Caesar werden Mitglieder der göttlichen Familien des Juppiter bzw. des Herkules. Sie repräsentieren die Wirkkräfte (*numina*) dieser Gottheiten auf Erden. Die Zusammenarbeit zwischen Juppiter und Herkules ist gleichzeitig Symbol der Einheit aller Kaiser, die nicht nur in Texten, sondern auch in bildlichen Darstellungen betont wird [ASCHE; KOLB; MARTIN 1997].

Obwohl das tetrarchische System nach der Abdankung Diokletians schnell zusammenbrach, blieb das Mehrkaisertum bis auf wenige Ausnahmen erhalten, seit 395 als Ost- und Westkaisertum. Und obgleich die Kaiser seit Konstantin das Christentum begünstigten, konnte die Theorie von der Einsetzung der Kaiser durch Gott nahtlos auf den christlichen Gott übertragen werden. Sie wurde dabei noch insofern verschärft, als dem christlichen Gott ungleich mehr Macht zugeschrieben wurde als den paganen Göttern.

Da sich in Folge der Reichskrise des 3. Jh.s schon in der paganen Bevölkerung die Vorstellung verbreitet hatte, Macht sei ein Phänomen des Verhältnisses zwischen Göttern und Menschen, wurde diese neue Selbstdarstellung der Kaiser auch angenommen. So wurden z.B. die Vorgänge bei der Erhebung eines Herrschers so interpretiert, dass die *vox exercitus* (oder *vox populi*) als *vox Dei* aufgefasst wurde. Auf Reisen wurden die Kaiser wie erscheinende Götter gefeiert, ihre Bilder waren in allen Städten und Amtsstuben präsent.

Epochen der Antike
Die Verwandlung
der Mittelmeerwelt
in der Spätantike

Die **Porphyrgruppe der vier Tetrarchen** stammt aus dem Kaiserpalast in Konstantinopel und befindet sich heute auf der Piazza San Marco in Venedig, an der Südwestecke des Doms. Die Kaiser sind fast gleich dargestellt: Es bestehen nur kaum sichtbare Unterschiede in der Größe und darin, dass jeweils ein Kaiser eines Paares mit Bart, der andere ohne Bart gegeben ist; freilich könnten diese Bärte auch spätere Zutat sein. Die Kopfbedeckung, die Gesichter und Stirnfalten, die Kleidung (Gürtel, Faltenwurf), die Schuhe und der Schmuck unterscheiden sich bei den verschiedenen Gestalten nicht, so dass es ein vergebliches Unterfangen ist, die Figuren zu benennen. Die Eintracht der Kaiser wird auch durch den Gestus betont: Die jeweils linke Figur eines Paars legt ihre rechte Hand auf die Schulter der anderen und diese wiederum führt ihre rechte Hand von hinten auf die Schulter des Partners. Dargestellt sind also vier Kaiser, die ein Kaiser sind; jede Individualität entfällt. Wir haben es mit einem Programm, einem ‚Sein-Sollen', zu tun, wie es ein charakteristischer Zug der spätantiken Kunst ist.

Bild: Tetrarchenmonument, um 300, Venedig, Piazzetta von San Marco.

Die Kaiser verbürgten durch ihre bloße Existenz die göttlich gestiftete Ordnung des Reiches, aber sie mussten diese Funktion auch durch Wohltaten darstellen. Die Ostkaiser residierten seit 395 dauernd in Konstantinopel. Sie – und vor allem auch die Frauen der kaiserlichen Familien – besetzten dort den religiösen Raum durch Stiftungen von Kirchen, Hospitälern u.a., durch Reliquientranslationen und durch die Teilnahme an Prozessionen; in dogmatischen Auseinandersetzungen ergriffen sie aktiv Partei; und sie waren im Hippodrom ständig mit dem hauptstädtischen Volk konfrontiert, das Maßnahmen der kaiserlichen Behörden immer kritisch begleitete [BECK 1975]. Wenn ein Kaiser wie Justinian für sich in Anspruch nahm, „unter Gottes Führung" (*deo auctore*; *Codex Iustinianus* 1, 17, 1) zu handeln, dann konnte das Volk im Hippodrom Zweifel daran äußern, wie es der Repräsentant einer ‚Zirkuspartei' – diese Gruppen waren für die Organisation von Spielen zuständig – tat: „Nun, Herrgott, erbarme dich; hier wird der Wahrheit Gewalt angetan. Ich möchte denen widersprechen, die da behaupten, Gott sitze im Regimente; woher kommt mir dieses Elend?" [MARTIN 2001, 202f.].

Das in Anspruch genommene Gottesgnadentum schützte die Kaiser auch nicht davor, dass vom Hippodrom sogar Aufstände ausgingen, denen Anastasius und Justinian fast erlegen wären. Umgekehrt bedeutete die Einbindung in die hauptstädtische Kommunikation für die Kaiser einen Schutz: Die Kaiser waren immer für das Volk da, und dieses war bereit, sie als Vermittler zwischen Gott und sich selber zu betrachten, wenn sie dies in kritischen Situationen unter Beweis stellten. Dem Westkaisertum dagegen mangelte es an einer solchen Einbindung in eine Hauptstadtsituation.

Die Verwaltung des Reiches. Zwischen den Kaisern und der Reichsbevölkerung stand ein Helferstab, der in der Spätantike stark aufgebläht wurde: Es entstand eine dreigliedrige Regionalverwaltung mit Präfekturen, Diözesen und Provinzen, deren Zahl durch Teilungen nahezu verdoppelt wurde [MIGL]. Entsprechend der Zahl der Kaiser wurde auch die Zahl der Zentralen vervielfacht. Entgegen der römischen Tradition, die noch im 2. Jh. gängiger Praxis entsprach, war jetzt die zivile von der militärischen Gewalt getrennt. Die gesteigerten Anforderungen an die Reichsverteidigung machten eine Neuordnung der militärischen Führung – und auch eine neue militärische Strategie – nötig.

▷ S. 74
Die Mittelmeerwelt im Imperium Romanum

Der Ausbau der Regionalverwaltung hat verschiedene Gründe: Unter Diokletian wurde ein neues Steuersystem eingeführt, das den Zugriff der Zentrale auf jeden einzelnen Reichsbewohner ermögliche. Die Städte büßten viel von ihrer früheren Selbstständigkeit ein, sie wurden zu Lastenträgern des Reiches. Die städtischen Ratsherren (*decuriones*) und Beamten wurden mannigfachen Zwangsleistungen (*munera* bzw. *leiturgíai*) für das Reich unterworfen. Um die Erledigung wichtiger Aufgaben zu sichern, wurde der ‚Stände-' oder ‚Berufszwang' für bestimmte Gruppen eingeführt, so für Soldaten und Dekurionen, für die Schweinehändler und Bäcker in Rom oder für Reeder; sie alle durften ihre Tätigkeit nicht aufgeben, ihre Nachkommen mussten sie fortführen. Ähnliches geschah mit den Bauern vieler Regionen, denen das Recht auf Freizügigkeit beschnitten oder ganz genommen wurde. Mag auch das ‚Kolonat' nicht allein aus fiskalischen Gründen entstanden sein, so erleichterte es doch den Zugriff auf die Steuerleistung des einzelnen Bauern (*colonus*) erheblich. Alles dies

▷ S. 77
Die Mittelmeerwelt im Imperium Romanum

Im Laufe des 4. Jh.s hat sich der spätantike Verwaltungsaufbau des Reiches herausgebildet, der in einem zwischen 395 und 430 redigierten Verzeichnis aller hohen zivilen und militärischen Dienststellen, der *Notitia dignitatum*, seinen Niederschlag gefunden hat. Eine frühmittelalterliche Kopie dieser *Notitia dignitatum* ist im 15./16. Jh. mehrfach kopiert worden, bevor sie selbst verloren ging. Sie enthielt auch Darstellungen der Insignien der einzelnen

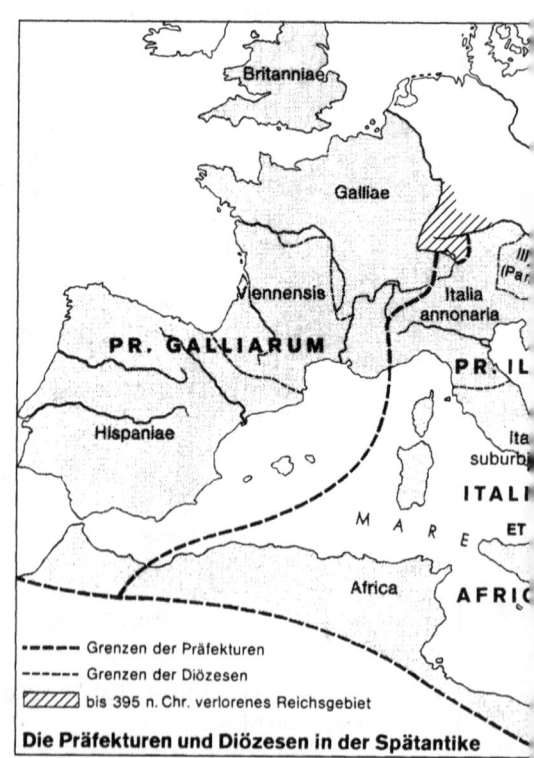

Die Präfekturen und Diözesen in der Spätantike

Beamten. Wie sich zeigen lässt, gehen diese Darstellungen im Wesentlichen auf spätantike Vorbilder zurück und vermitteln somit einen guten Einblick in die Symbolwelt des spätantiken Römischen Reichs. Das Emblem der **Prätorianerpräfekten** zeigt oben einen Tisch mit bläulicher Decke, in dessen Mitte das Ernennungspatent (*codicillus*) des Beamten zwischen je zwei Kandelabern mit brennenden Kerzen steht. Der *codicillus* ist mit einem Goldrand eingefasst und in der Mitte von einem Goldband unterteilt, das eine Kaiserbüste trägt. Es war im Amtsraum jedes Würdenträgers aufgestellt; die Kaiserbüste zeigte an, dass alle amtliche Macht allein vom Kaiser ausging, der durch sein Bild anwesend war. Der Ständer rechts ist ein Halter für die Schreibfeder des Präfekten, aber wiederum durch zwei Kaiserbüsten geschmückt. Im Mittelteil sind Personen dargestellt, die den Kaiser verehren. Der untere Teil ist der Behälter für die Tinte; ein solcher Behälter erscheint nur auf *insignia* für Amtspersonen, die Funktionen der Rechtsprechung ausübten. Die von vier Pferden gezogene Staatskarosse im unteren Teil des Emblems verweist auf das Vorrecht der Prätorianerpräfekten und der Stadtpräfekten, in der Stadt mit dem Wagen fahren zu dürfen.

Bild: Notitia dignitatum, Bayerische Staatsbibliothek München, *Clm* 10291, fol. 178ʳ.

Karte: J. BLEICKEN: Verfassungs- und Sozialgeschichte des Römischen Kaiserreichs, Bd. 1, Paderborn u.a.: Schöningh, 4. Aufl. 1995, 8.

Literatur: A. PABST, Art. „Notitia dignitatum", in: Lexikon des Mittelalters, Bd. 6, Sp. 1999, 1286f.; K.-P. JOHNE, Art. „Notitia dignitatum", in: Der Neue Pauly, Bd. 8, Stuttgart/Weimar 2000, Sp. 1011–1013.

Epochen der Antike
Die Verwandlung der Mittelmeerwelt in der Spätantike

zog eine Intensivierung des Verwaltungshandelns und insbesondere der Rechtsprechung nach sich.

Diese Intensivierung diente, aufs Ganze gesehen, nur wenig dem Wohl der Reichsbevölkerung. Charakteristisch für den Helferstab war eine hohe Gruppensolidarität in den einzelnen Ämtern. Patronage und Ämterkauf durchbrachen vielfach das für die Beförderung gültige Prinzip der Anciennität, wonach der länger Amtierende Vorrang hatte. Lange Abwesenheiten vom Amt, Bestechlichkeit und die Bezahlung von Amtshandlungen, der Einfluss statusmäßig Hochstehender, etwa von Senatoren, gegenüber einfachen Beamten verhinderten vielfach, dass einfache Leute zu ihrem Recht kamen [NOETHLICHS; SCHULLER].

Die Kaiser bildeten nicht die Spitzen des Verwaltungsstabes; so waren sie z. B. nicht die obersten Instanzen bei Gerichtsverfahren. Dagegen waren sie für die Gesetzgebung zuständig und erteilten – wie in früheren Jahrhunderten – durch Antwortschreiben (‚Reskripte') verbindliche Rechtsweisungen, wenn sie von Prozessparteien oder Amtsträgern gefragt wurden. In ihnen wichtig erscheinenden Fällen konnten sie in Instanzenzüge eingreifen oder Berichte verlangen, um so ihrer Sorge für die Reichsbevölkerung Ausdruck zu verleihen. Ferner gab es ihnen direkt zugeordnete Beamte (z.B. *notarii*, *agentes in rebus*), mit deren Hilfe sie eine gewisse Kontrolle ausüben konnten. Bestimmte Bereiche der Regierung, wie z.B. die Außen- und Kirchenpolitik, waren nicht bestimmten Behörden zugeteilt; die Kaiser handelten hier mit wechselnden Mitarbeitern selbstständig. Aber insgesamt bildete der Helferstab eine eigene Größe. Die Kaiser brauchten ihn, gestanden ihm deshalb Privilegien zu und bekämpften nur halbherzig den Amtsmiss-

▷ S. 76ff. Die Mittelmeerwelt im Imperium Romanum

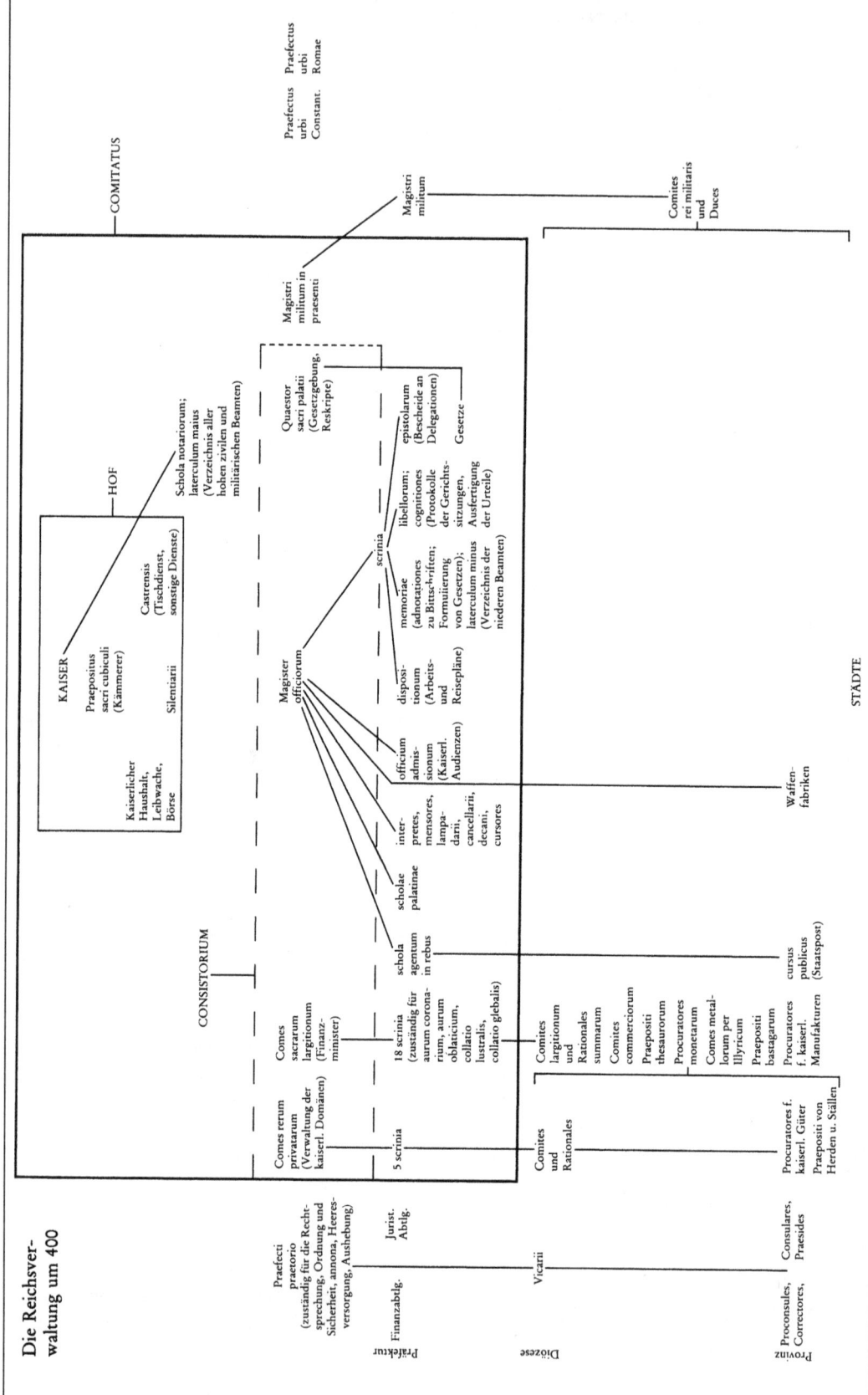

Quelle: J. Martin, Spätantike und Völkerwanderung, München 4. Aufl. 2001, 87. Siehe auch ebd., 85-97, 192-199.

brauch. Die Spannung zwischen dem Wohl der Reichsbevölkerung und den Eigeninteressen der Beamten war unaufhebbar.

Die Partikularisierung der Macht im politisch-sozialen Bereich. Die Nöte der Reichsbevölkerung waren der eine Ausgangspunkt für die Ausbildung partikularer Gewalten; der andere lag in den Invasionen der Germanen und in den Anforderungen der Reichsverteidigung.

Um sich gegen Steuereinnehmer zu schützen, die vielfach die Bauern durch überhöhte Forderungen oder durch unangemessene Umrechnungen von Geld- in Naturalsteuern und umgekehrt übervorteilten, suchte die ländliche Bevölkerung Schutz bei militärischen und zivilen Würdenträgern des Reiches oder bei großen Gutsbesitzern. Im Osten mussten dafür Geldzahlungen entrichtet werden, in Gallien forderten Landbesitzer für ihren Schutz die Übertragung des Eigentums, so dass die Bauern fortan als an die Scholle gebundene Pächter (,Kolonen') ihres Landes arbeiteten. Dieses bäuerliche Patrozinium stärkte im Westen die Macht und den Reichtum großer Grundbesitzer, die auch aus den Städten geflohene Handwerker in ihre Betriebe aufnahmen, so dass autarke Wirtschaftseinheiten entstanden [GARNSEY/WOOLF]. Der Reichtum der westlichen Senatorenschicht stand in einem krassen Gegensatz zu den – auch wegen der germanischen Eroberungen – ständig zurückgehenden Einnahmen des Reiches; schließlich kam es so weit, dass die Kaiser ihre germanischen Truppen nicht einmal mehr bezahlen konnten.

Sowohl Heermeister als auch Zivilbeamte, Landbesitzer und sogar Bischöfe schufen sich im 5. und 6. Jh. eigene Leibgarden. Die Heermeister konnten diese so genannten ,Buccellarier' zusammen mit den regulären Truppen zum Schutz des Reichs einsetzen, doch konnte sich die Loyalität dieser Einheiten zu ihrem Anführer auch gegen den Kaiser richten: So rächten Buccellarier den Mord an ,ihrem' Heermeister Aëtius 455 blutig an dem Kaiser des Westreichs, Valentinian III. Auch die anderen genannten Personengruppen gebrauchten ihre Privattruppen sowohl zur Verteidigung als auch zur Durchsetzung eigener machtpolitischer Ziele [DIESNER; GASCOU; SCHMITT].

Im 5. Jh. waren Gallien, Spanien und die Donauprovinzen vielfach ganz auf sich allein gestellt. Schon am Beginn des Jahrhunderts wurde die Verteidigungsorganisation in Germanien weitgehend aufgelöst, indem man die Reichstruppen von der unter Valentinian I. nochmals neu befestigten Rheingrenze abzog. In der Folgezeit suchte der gallische Adel, der dafür auch das Bischofsamt nutzte, selbstständig eine gewisse Form von Verwaltung aufrechtzuerhalten und mit den eindringenden Barbaren zusammenzuarbeiten. Gelegentlich wurden auch Gegenkaiser unterstützt, die in Gallien die Herrschaft usurpiert hatten [DRINKWATER/ELTON].

Die vielleicht wichtigste Säule der Kaisermacht bildete auch in der Spätantike das Heer, dem gerade bei der Erhebung neuer Kaiser entscheidende Bedeutung zukam. Seit dem 4. Jh. rekrutierten sich die Heeresabteilungen im Reich zunehmend aus Germanen. Zugleich stiegen Germanen in die Heermeisterstellen auf; der wichtigste war 394–408 der Vandale Stilicho. Diese Germanen machten das Heer zu ihrer Hausmacht: Stilichos Vorgänger Arbogast wurde sogar aufgrund einer Wahl durch das Heer zum Heermeister ernannt und konnte sich seiner Entlassung durch Valentinian II. erfolgreich widersetzen [FLYNN]. Dennoch haben viele Germanen loyal für das Reich gegen andere Germanen ihr Leben eingesetzt. Aber im Westen verloren die Kaiser die Verfügungsgewalt über das Heer; umgekehrt gewannen die Heermeister wachsenden Einfluss auf die Politik und setzten in den letzten Jahrzehnten des Westreiches die Kaiser ein und ab.

Seit 382 wurden germanische Stämme oder Stammesgruppen auf Reichsgebiet angesiedelt, im 5. Jh. bildeten sie regelrechte Reiche aus. Die Kaiser zogen sie für den Militärdienst im Reich heran und Stammesführer sowie später Könige wurden mehrfach zu Heermeistern ernannt. Die Siedlungsgebiete dieser Gruppen blieben unter der Oberhoheit des Kaisers, der aber faktisch den germanischen Führern große Selbstständigkeit zugestehen musste; diese schlug sich später auch in eigenen Gesetzesaufzeichnungen nieder. Das Gebiet des Römischen Reiches im Westen wurde durch die neuen Reichsbildungen gleichsam durchlöchert; es stellte keinen zusammenhängenden Herrschaftsverband mehr dar, in dem die Kaiser konkret regieren konnten [ASCHE; SCHULZ].

Die Partikularisierung der Macht: Das Christentum. Die spätantike Kirche hat im Osten zur Stärkung der Kaisermacht, im Westen zu deren Schwächung beigetragen. Obschon die Geschichte des spätantiken Christentums sich nicht allein unter diesem Gesichtspunkt erschließt, ist er im Hinblick auf kulturelle Voraussetzungen des Christentums bedeutsam und soll deshalb hier einen Fluchtpunkt der Darstellung bilden.

▷ S. 255ff.
Die antiken Menschen und ihre Götter

In bestimmten Regionen des Ostens wie Kleinasien, Syrien und Palästina erreichte der Anteil der Christen an der Gesamtbevölkerung bereits vor Konstantin etwa 50 %, während er in den meisten Gebieten des Westens noch deutlich geringer war. Doch auch die letzte große Christenverfolgung unter Diokletian und Galerius (303–311) konnte die Ausbreitung des Christentums nicht stoppen: Durch ein Edikt des Galerius wurde es zur „erlaubten Religion" (*religio licita*), in der Folge von den Kaisern gefördert und privilegiert. Den Hauptwiderstand gegen die Christianisierung leistete die westliche Führungsschicht, deren auf dem Gewinn von *gloria* beruhendes Selbstverständnis der christlichen Ethik diametral widersprach. Erst an der Wende vom 4. zum 5. Jh. haben das Wirken des Pelagius in Rom, der die natürlichen Fähigkeiten des Menschen betonte, und kaiserlicher Druck zur ‚Bekehrung' größerer Senatorenkreise geführt. Im Übrigen hören wir von Zwang zwar vielfach gegenüber Juden, selten aber gegenüber ‚Heiden' (*pagani*). Ein indirekter Zwang wurde dadurch ausgeübt, dass pagane Kulte verboten wurden und wichtige Posten in der Verwaltung nur von Christen bekleidet werden sollten; dennoch begegnen bis ins 6. Jh. hinein Nichtchristen auf solchen Posten.

Die Gründe für die Ausbreitung des Christentums waren deshalb wohl hauptsächlich innerer Natur [VON HARNACK; FREND]. Anzuführen sind hier die Struktur der christlichen Gemeinden, die das ganze Leben der Christen einforderten, ihren Mitgliedern aber auch Hilfen in allen Lebensumständen anboten – ein Faktum, das gerade angesichts der Bedrohungen und Bedrückungen der Reichsbevölkerung in der Spätantike bedeutsam wurde. Ein zweites wichtiges Element war die Erlösungsverheißung, die im Unterschied zu den Verheißungen der Mysterienreligionen mit Forderungen an das diesseitige Leben der Christen verknüpft war. Ob, wie manchmal behauptet wird, Christus als großer Wundermann und mit ihm seit dem 4. Jh. die Märtyrer und Heiligen als Patrone eine Rolle für die Annahme

Epochen der Antike
Die Verwandlung
der Mittelmeerwelt
in der Spätantike

des christlichen Glaubens spielten, lässt sich schwer entscheiden. Als Erlösungsreligion, die sich zunächst vor allem in den Städten ausbreitete und städtisch geprägt war, wies das Christentum freilich auch Schwächen gegenüber paganen Kultangeboten auf, welche die bäuerliche Welt und ihre Nöte betrafen; deshalb hatten Bischöfe noch im 6. und 7. Jh. im Westen Schwierigkeiten mit den Bauern, die nicht aufhören wollten, bei heiligen Bäumen und Quellen Hilfe zu erbitten [BAKER].

Seit dem Ende des 3. Jh.s entstand im Osten eine sich schnell ausbreitende asketische Bewegung: Zunächst verließen Männer ‚den Bischof und die Stadt', um in der Wüste einen sicheren Weg zum Heil zu finden. Bald bildeten sich auch regelrechte Asketengemeinschaften und Klöster aus. In der zweiten Hälfte des 4. Jh.s griff diese Bewegung auch auf den Westen über, wo sich zunächst Priester zu asketisch lebenden Gemeinschaften in Städten zusammenschlossen. Nach Vorgängern im Osten (*Basilius-Regel*) entstanden auch im Westen Regeln für das asketische Zusammenleben, zunächst die so genannte *Augustinus-Regel*, dann die wohl im Umkreis des südfranzösischen Lérins geschaffene *Magister-Regel*, schließlich im 6. Jh. die für das europäische Mönchtum einflussreichste *Benedikt-Regel*. Während das Eremitentum im Osten große Bedeutung behielt, wurde es im Westen weitgehend zurückgedrängt durch mönchische Gemeinschaften, in denen Askese nicht als überragende Leistung, sondern in Disziplin und Unterwerfung unter den Abt und die Gemeinschaft betrieben wurde [FRANK].

Im Osten pilgerte man nicht nur zu den großen Wüstenvätern, sondern auch zu als heilig angesehenen Männern, die sich für eine bestimmte Zeit hatten lebendig begraben lassen, die zeitlebens schwere Eisenketten trugen oder auf einer Säule lebten. Man bat sie um Hilfe und Rat in allen alltäglichen Angelegenheiten, seien es nun Krankheiten oder Steuern [BROWN; HACKEL]. Im Westen waren solche lebenden Heiligen selten. Die toten Heiligen, besonders die Märtyrer, wurden von den Bischöfen ‚verwaltet', die auch deren Verehrung regelten und sich selber samt ihren Gemeinden unter den Patronat solcher Märtyrer stellten. Eine Stadt, die viele Märtyrer hat, braucht das Jüngste Gericht nicht zu fürchten (Prudentius, *Peristephanon* 4); und ein Bischof, der sich auf Patrone berufen kann, legitimiert dadurch seine Stellung und seine Macht (Ambrosius, *Brief* 22).

Doch auch die innerweltliche Organisation der Kirche trug zur Verwandlung der Mittelmeerwelt in der Spätantike Wesentliches bei. Bereits im 2. Jh. hatte sich zwar überall im Reich der ‚Monepiskopat', d.h. die auf einen einzigen Bischof ausgerichtete Gemeindeleitung, ausgebildet, aber diese Organisationsform gewann in der Ost- und der Westkirche eine jeweils völlig unterschiedliche Bedeutung. Im Westen konnte sich die römische Vorstellung vom Amt durchsetzen, die besagte, dass nur Amtsträger verbindlich für die Gemeinschaft sprechen und Handlungen für die Gemeinschaft durchführen können. Auf dieser Basis entstand die zuerst von Irenäus von Lyon (um 180) vertretene Lehre, dass die ununterbrochene Abfolge von bischöflichen Amtsträgern in einer Gemeinde die Richtigkeit der Lehre verbürge. Autorität und Amt wurden, wie im paganen Rom, fest miteinander verbunden, während im Osten Schriftsteller wie Eusebius von Caesarea zwar Bischofslisten überliefern, aber davon nicht die Richtigkeit der überlieferten Lehre abhängig machen. Die Autorität der Bischöfe wurde hier nicht nur

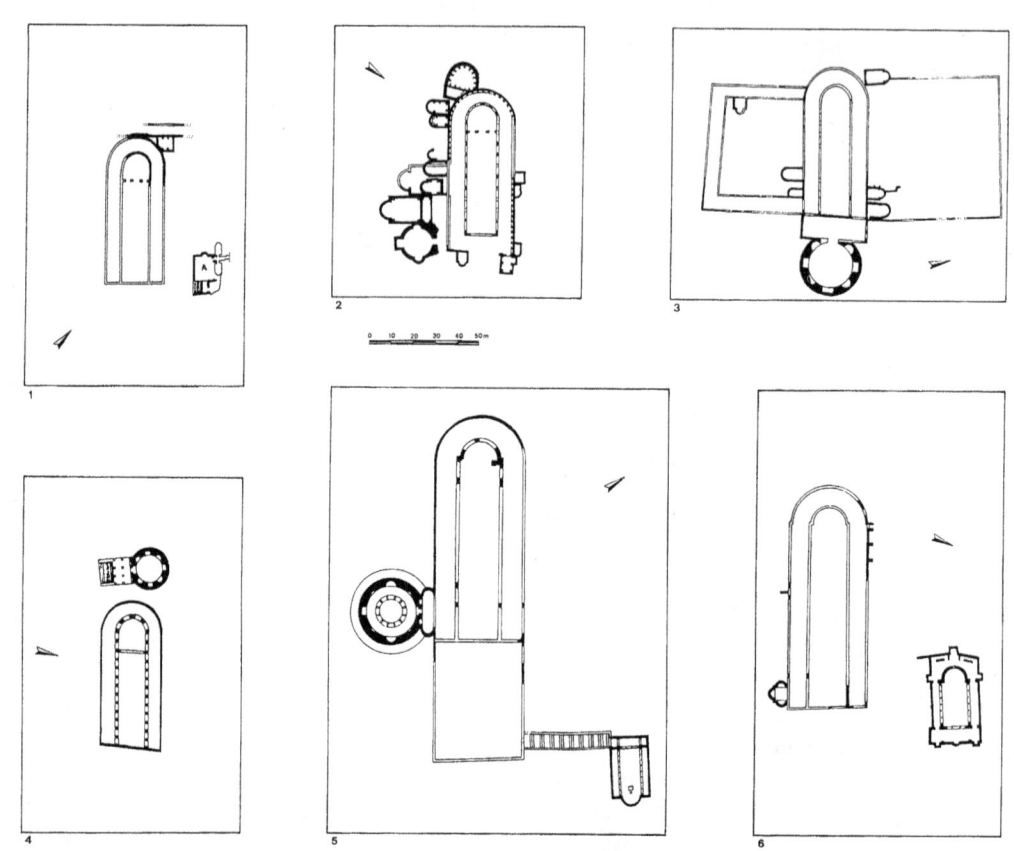

Im 4. Jh. entstanden binnen weniger Jahrzehnte vor den Toren Roms mehrere dreischiffige Großbauten von bis zu 100 m Länge, die alle dadurch gekennzeichnet sind, dass ihre Seitenschiffe an einem Ende halbkreisförmig um das Mittelschiff herumgeführt sind. Sie werden deshalb ‚**Umgangsbasiliken**' genannt; dank neuer Ausgrabungen sind inzwischen sechs solcher Bauten bekannt. In keinem wurden Altarstellen gefunden; dafür sind – mit einer Ausnahme, deren christlicher Charakter aber nicht zweifelsfrei gesichert ist – in die Böden aller Basiliken Gräber eingelassen. Man hat deshalb von gedeckten Friedhöfen gesprochen. Der Umgang diente wahrscheinlich für mit dem Totenkult verbundene Prozessionen und wohl auch für Totenmähler.

Die Umgangsbasiliken sind nicht nur ein Zeugnis dafür, dass Totenbestattung und -gedenken zu den besonderen Leistungen der christlichen Gemeinde gehörten. Sie bezeugen auch den im 4. Jh. mächtig aufblühenden Märtyrerkult. Da nach der Vorstellung der Christen die Märtyrer unmittelbar die Seligkeit erlangten, erhoffte man sich von ihrer Fürsprache Hilfe für den Gewinn des Seelenheils. Deshalb stehen die Umgangsbasiliken in Verbindung mit nahegelegenen Katakomben, in denen auch Märtyrer bestattet waren. Bei diesen Märtyrern wollte man begraben sein, sei es in den Basiliken, sei es in angeschlossenen Mausoleen.

Das gilt auch für Mitglieder der kaiserlichen Familie und für römische Bischöfe. Das noch erhaltene Mausoleum Santa Costanza an der Basilika Sant'Agnese war für die Kaisertochter Constantia bestimmt, das bei Santi Marcellino e Pietro vielleicht ursprünglich für Konstantin selber. Die zuletzt gefundene Umgangsbasilika hat nach einsichtigen Überlegungen des Ausgräbers der römische Bischof Marcus gestiftet; er wurde dort 336 begraben.

Abbildung: Grundrisse der Umgangsbasiliken bei Rom, V. Fiocchi-Nicolai, Frühes Christentum bei „Domine Quo Vadis". Die neugefundene frühchristliche Umgangsbasilika an der via Ardeatina zu Rom, in: Antike Welt 29, 1998, 305–310, hier: 307 Abb. 3.

Literatur: H. Brandenburg, Roms frühchristliche Basiliken des 4. Jahrhunderts, München 1979.

durch Theologen und Philosophen in Frage gestellt, sondern seit dem 4. Jh. auch durch die bereits oben angesprochenen Asketen und Heiligen, durch den Kaiser, ja sogar durch das Volk. Deshalb lässt sich für die „Geschichte der byzantinischen Reichskirche" auch kein „Formalobjekt" festlegen [BECK 1980, 3].

Im Westen hat die Kirche eine starke Organisation aufgebaut, die es ihr ermöglichte, einen selbstständigen Status im Römischen Reich zu gewinnen. Noch Konstantin und seine Nachfolger im 4. Jh. gingen von der Einheit der Kaisermacht aus, die nach der römischen Tradition auch die Regelung der religiösen Angelegenheiten, der *sacra*, einschloss. Diese Einheit blieb im Osten erhalten. Im Westen erwuchs dem Kaisertum eine starke Konkurrenz durch die Bischöfe und vor allem durch das werdende Papsttum, dem Leo I. (440–461) unter Rekurs auf das römische Recht eine feste Grundlage gab. Das Papsttum übernahm den Universalitätsanspruch des römischen Kaisertums sowie dessen Herrschafts- und Repräsentationsformen und beanspruchte, der wahre Fortsetzer der Traditionen Roms zu sein: „Durch den Stuhl des heiligen Petrus wurdest du (d.h. Rom)… das Haupt der Welt; durch die göttliche Religion solltest du die Herrschaft weiter ausbreiten als (vordem) durch weltliche Macht" (Leo, *Predigt* 82, 1). Kaiser Valentinian III. verzichtete 445 offiziell gegenüber Leo auf das kaiserliche Recht, Anordnungen des Bischofs von Rom zu bestätigen. Aber schon vorher waren die Westkaiser im kirchlichen Leben und in theologischen Auseinandersetzungen bei weitem nicht mehr so präsent wie die Ostkaiser. Die Bischöfe und das Papsttum konnten den Anspruch durchsetzen, für die Vermittlung des Willens Gottes auf Erden zuständig zu sein [CASPAR; MARTIN *im Druck*]. Damit wurde die Westkirche, die eine Organisation nach römischen Vorstellungen aufgebaut hatte, zu einer weiteren partikularen Gewalt gegenüber der Einheit der Kaisermacht. Die Konsequenzen, nämlich das Spannungsverhältnis zwischen Kirche und Staat, sind bis heute präsent.

▷ S. 424ff.
Die Rezeption der Antike

Die Transformation der Reichsidee.

Man kann die bisherigen Ausführungen so zusammenfassen, dass sich das Römische Reich im Westen allmählich verflüchtigte. Schon bevor im Westen kein Kaiser mehr erhoben wurde, war die Kaisermacht so eingeschränkt, dass von der Absetzung des Romulus Augustulus (476) kaum Notiz genommen wurde.

Dem stehen zwei andere Entwicklungen gegenüber. Schon in den Jahrzehnten um 400 formulierten Heiden und Christen angesichts der Katastrophe von Adrianopel 378 (Niederlage und Tod des Kaisers Valens) und der Einnahme Roms durch Alarichs Westgoten 410 ein Rombild, in dem nicht mehr die politische Tradition Roms, sondern dessen zivilisatorische Leistung und seine Bedeutung als religiöser Mittelpunkt im Vordergrund standen. Die Christianisierung der westlichen Senatorenschicht machte vollends den Weg dafür frei, dass selbst die antiken Mythen und religiösen Traditionen als kulturelle Metaphern in die christlichen Zeiten übernommen werden konnten [ASCHE; FUHRMANN]. Der Bildschmuck vieler Adelsvillen der Renaissance und des Barock legt davon ein beredtes Zeugnis ab.

Aber Rom lebte nicht nur auf diese Weise weiter. Kein Germane hat je versucht, das Kaisertum für sich zu usurpieren. Fast alle Germanenherrscher suchten eine Verbindung zum Kaisertum, nach dem Untergang des westlichen zum östlichen; sie respektierten die Privilegien dieses Kaisertums. Das lag nicht nur daran, dass die Germanenherrscher Legitimationsformen des Kaisertums für ihre Zwecke adaptierten und dass sie auf die Mitarbeit römischer Reichsbewohner angewiesen waren [Wolfram]. Auch in den Augen der Germanen repräsentierte das Kaisertum eine Ordnung, die nicht einfach durch die neuen Reiche und ihre Könige ersetzt werden konnte. So kolportiert der Geschichtsschreiber Orosius folgende Position des Westgotenkönigs und Alarich-Nachfolgers Athaulf (7, 43, 5f., Übersetzung Lippold): „Nach Auslöschung des römischen Namens habe er (d.h. Athaulf) vor allem mit glühendem Eifer danach getrachtet, den ganzen römischen Reichsboden zu einem Reich der Goten zu machen, damit – volkstümlich gesprochen – Gotia heiße und sei, was einst Romania gewesen sei, und jetzt Athaulf das werde, was einst Caesar Augustus gewesen sei. Nachdem er aber durch unablässige Erfahrung zur Erkenntnis gekommen sei, dass weder die Goten wegen ihrer zügellosen Wildheit auf irgendeine Weise Gesetzen gehorchen könnten, noch die Gesetze des Staates, ohne die der Staat kein Staat sei, verboten werden könnten, habe er vorgezogen, sich durch die völlige Wiederherstellung und Mehrung des römischen Namens mit Hilfe der gotischen Streitkräfte Ruhm zu erwerben. Er wolle bei der Nachwelt wenigstens als Urheber der Erneuerung Roms gelten, nachdem er nicht Veränderer hatte sein können."

Athaulf wollte, und dem entsprach seine Politik, das Römische Reich wegen der in ihm verwirklichten Rechtsordnung noch konkret stützen. Mit dem Untergang des westlichen Kaisertums löste sich zwar das Westreich auf; doch als mit dem Kaisertum verbundene, auf dem Recht beruhende universale Ordnungsidee blieb es erhalten und konnte in dieser Form in das ‚Heilige Römische Reich Deutscher Nation' transferiert werden. Die ganze römische Geschichte ist in dieser Ordnungsidee insofern enthalten, als die römische *res publica* nach römischem Verständnis – in klassischer Prägnanz formuliert von Cicero (*De re publica* 1, 39) – nicht auf einer Ethnie oder einem Volk aufbaute, sondern eine Gemeinschaft darstellte, die den gemeinsamen Nutzen und das Recht zur Grundlage hatte.

Jochen Martin

Literatur
U. Asche, Roms Weltherrschaftsidee und Außenpolitik der Spätantike im Spiegel der Panegyrici Latini, Diss. Bonn 1983.
D. Baker (Hrsg.), The Church in Town and Countryside, Oxford 1979.
H.-G. Beck, Senat und Volk von Konstantinopel, in: H. Hunger (Hrsg.), Das byzantinische Herrscherbild, Darmstadt 1975, 353–378.
Ders., Geschichte der orthodoxen Kirchen im byzantinischen Reich (Die Kirche in ihrer Geschichte I, Lfg. D), Göttingen 1980.
H. Brandt, Geschichte der römischen Kaiserzeit. Von Diokletian und Konstantin bis zum Ende der konstantinischen Dynastie (284–363), Berlin 1998.
P. Brown, The Cult of Saints, London 1981.
E. Caspar, Geschichte des Papsttums, 2 Bde., Tübingen 1930–1933.
D. Claude, Die byzantinische Stadt im 6. Jahrhundert, München 1969.
A. Demandt, Die Spätantike, München 1989.
H.-J. Diesner, Das Buccelariertum von Stilicho und Saras bis auf Aetius, in: Klio 54, 1972, 321–350.

J. Drinkwater/H. Elton (Hrsg.), Fifth-Century Gaul. A Crisis of Identity, Cambridge 1992.

W. Eck/H. Galsterer (Hrsg.), Die Stadt in Oberitalien und in den nordwestlichen Provinzen des Römischen Reiches, Mainz 1991.

E. Flaig, Art. „Usurpation", in: Der Neue Pauly, Bd. 12, Stuttgart/Weimar 2002, Sp. 1061–1064.

J. M. Flynn, Generalissimos of the Western Roman Empire, Edmonton 1983.

K. S. Frank, Grundzüge der Geschichte des christlichen Mönchtums, Darmstadt 1975.

W. H. C. Frend, The Rise of Christianity, London 1984.

M. Fuhrmann, Die Romidee der Spätantike, in: Historische Zeitschrift 207, 1968, 529–561.

P. Garnsey/G. Woolf, Patronage and the Rural Poor in the Roman World, in: A. Wallace-Hadrill (Hrsg.), Patronage in Ancient Society, London/New York 1989, 153–170.

J. Gascou, L'institution des bucellaires, in: Bulletin de l'Institut français d'archéologie orientale 76, 1976, 143–156.

S. Hackel (Hrsg.), The Byzantine Saint, London 1981.

A. von Harnack, Die Mission und Ausbreitung des Christentums, 3 Bde., Leipzig 4. Aufl. 1924.

F. Kolb, Diocletian und die Erste Tetrarchie, Berlin/New York 1987.

R. Koselleck/P. Widmer (Hrsg.), Niedergang. Studien zu einem geschichtlichen Thema, Stuttgart 1980.

A. Lippold (Üb./Komm.), Paulus Orosius: Die antike Weltgeschichte in christlicher Sicht, 2 Bde., Zürich 1985–1986.

F. G. Maier, Die Verwandlung der Mittelmeerwelt. Fischer-Weltgeschichte 9, Frankfurt/M. 1968.

J. Martin, Zum Selbstverständnis, zur Repräsentation und Macht des Kaisers in der Spätantike, in: Saeculum 35, 1984, 115–131.

Ders., Das Kaisertum in der Spätantike, in: F. Paschoud/J. Szidat (Hrsg.), Usurpationen in der Spätantike, Stuttgart 1997, 47–62.

Ders., Spätantike und Völkerwanderung, München 4. Aufl. 2001.

Ders., Conditions Underlying the Emergence of the Papacy, in: R. Lim/C. Straw (Hrsg.), The World of Late Antiquity. The Challenges of New Historiographies (im Druck).

J. Migl, Die Ordnung der Ämter. Prätorianerpräfektur und Vikariat in der Regionalverwaltung des Römischen Reiches von Konstantin bis zur Valentinianischen Dynastie, Frankfurt/M. u.a. 1994.

K. L. Noethlichs, Beamtentum und Dienstvergehen. Zur Staatsverwaltung in der Spätantike, Wiesbaden 1981.

J. Rich (Hrsg.), The City in Late Antiquity, London/New York 1992.

M. R. Salzman, On Roman Time. The Codex Calendar of 354 and the Rhythms of Urban Life in Late Antiquity, Berkeley u.a. 1980.

O. Schmitt, Die *Buccellarii*. Eine Studie zum militärischen Gefolgschaftswesen in der Spätantike, in: Tyche 9, 1994, 147–174.

W. Schuller (Hrsg.), Korruption im Altertum, München 1982.

R. Schulz, Die Entwicklung des römischen Völkerrechts im vierten und fünften Jahrhundert n.Chr., Stuttgart 1993.

H. Wolfram, Das Reich und die Germanen, Berlin 1990.

Technik: Zu den Quellen der Antike!

Das Kolosseum. Sie haben sich für eine althistorische Exkursion interessiert, haben einen der begehrten Plätze bekommen und befinden sich nun in Rom. Sie kommen aus der Metro-Station, kämpfen sich durch das Gewühl immer langsamer werdender Touristenmassen, bis Sie den Grund für das Stocken des Menschenstroms selbst sehen: Jenseits der verstopften Straße, die es zu überqueren gilt, erhebt sich ein wuchtiges Gebäude mit gekrümmter Fassade, drei Arkadenreihen, die von einer massig wirkenden Wand mit Fenstern bekrönt werden: Das Kolosseum zieht die Menschen in seinen Bann.

Sie denken an das Referat, das Sie gleich vortragen wollen, und suchen einen Ort, von dem aus Sie erste Hinweise zum Gebäude an die Exkursionsgruppe geben könnten. Dort drüben, wo der Bogen des Kaisers Konstantin sein muss, dort drüben soll es Platz geben und auch etwas mehr Ruhe, die Sie für Ihre Ausführungen gerne hätten. Auf dem Weg dorthin versuchen Sie sich zu konzentrieren und machen sich nochmals klar, wie die nächsten zwei Stunden ablaufen sollen. Gut vorbereitet haben Sie sich ja ... Vor ein paar Monaten hatten Sie das Thema „Kolosseum" übernommen, nicht nur aus Verlegenheit oder Zufall, sondern auch, weil Sie die Dramatik der gewaltigen Spektakel im alten Rom immer schon fasziniert hatte und Sie sich schon längst gefragt hatten, ob das eigentlich wirklich so gewesen ist. Denn bei aller Faszination schwangen doch auch immer moralische Bedenken mit. Sie hatten den Film *Gladiator* gesehen – und sich von Ihren Großeltern anhören müssen, dass die alten Hollywood-Filme wie *Ben Hur* oder *Quo vadis?* das Thema doch viel besser dargestellt hätten. Gelesen hatten Sie, dass die Römer tagaus tagein den unterschiedlichsten Spielen beigewohnt hätten. Allein in der Hauptstadt – so hatten Sie erfahren – gab es gleich mehrere Spielstätten mit riesigem Fassungsvermögen, nicht nur das Kolosseum, sondern auch mehrere Stadien, darunter den *Circus Maximus* oder den *Circus* des Domitian, dessen Form heute die Piazza Navona prägt, und verschiedene Theater unterschiedlicher Größe. Das Kolosseum war nicht einmal das einzige Amphitheater in Rom, denn in der Zeit der Severischen Kaiser wurde im (Süd-)Osten der Stadt das *Amphitheatrum Castrense* errichtet. Das Programm in diesen Spielstätten war vielfältig: musische Wettkämpfe, Wagenrennen, Tierhetzen ... Dies alles schien zudem durchaus vergleichbar mit der modernen ‚Unterhaltungskultur', mit Boxarenen und Fußballstadien, aber auch mit Gewalt verherrlichenden Darstellungen in Film, Fernsehen und Internet. Bei diesem Thema schienen die alten Römer sogar der Moderne voraus gewesen zu sein, besaßen doch antike Schaukämpfe eine besondere Qualität: Damals wurden lebende Tiere gleich massenweise abgeschlachtet, damals wurden nicht selten Menschen tatsächlich vor aller Augen umgebracht! War die römische Welt denn so unempfindlich gegen offen sichtbare Grausamkeit? Warum wurde der Schaulust so offen und unverfroren gefrönt und gab es denn auch kritische Stimmen hierzu? Oder war doch alles gar nicht so schlimm, wie es den Anschein hat? Sind vielleicht nur ein paar exzessive Einzelfälle hochgespielt worden? Wie passen solche Spiele in ein Römisches Reich, das auf seine griechisch-römische Kultur stolz war und sich allen anderen gegenüber überlegen fühlte? Stimmt denn überhaupt dieses hehre Bild, das wir von der antiken Kultur haben? Sind die Spiele der Ausdruck eines politischen Systems oder eines besonders grausamen Regimes? Oder gar ein Zeichen für geschwächte Moral, Vorboten des

▷ S. 427ff.
Die Rezeption der Antike

Exkursionsziel Rom

Eines der schwierigsten Probleme bei der Vorbereitung einer Exkursion ist die Beschaffung und Bewertung aktueller Informationen zu Objekten und Museen, aber auch zur aktuellen Infrastruktur. Denn in Rom wurden im Zuge der Vorbereitungen des Jubiläumsjahrs 2000 zahlreiche Initiativen ergriffen, die noch

Technik:
Zu den Quellen der Antike!

keinen Eingang in die ‚klassischen' Rom-Führer finden konnten [HENZE; COARELLI 2000]. Rechtzeitig neu aufgelegt wurde allerdings der Rom-Band des „Touring Club Italiano"; dieser Reihe, eigentlich als Reiseführer konzipiert, billigt das italienische Kulturministerium inzwischen aufgrund seiner Vollständigkeit und seiner Qualität den Charakter eines Verzeichnisses der ‚beni culturali' zu. So ist es nicht verwunderlich, dass der Rom-Band über 1000 Seiten umfasst!

Die stadtrömische Museumslandschaft präsentiert sich nun in modernem Gewand, einige Sammlungen, darunter diejenige im Palazzo Massimo alle Terme und insbesondere die in der Cripta Balbi, haben sich museumsdidaktischen Konzepten geöffnet und lohnen auch deshalb einen Besuch. Eine besondere Symbiose moderner Industriearchitektur und antiker Objekte schuf man im ersten römischen Elektrizitätswerk, der Centrale Montemartini. Dort hatte man während der inzwischen abgeschlossenen Renovierung Objekte aus den Musei Capitolini ‚evakuiert' und diese Gelegenheit genutzt, auch zahlreiche weitere Objekte, die bislang in den Magazinen gleichsam unsichtbar verwahrt waren, dem Publikum vor Augen zu führen [Guida d' Italia, 840f.; SCHMITZER]. Noch etwas weiter außerhalb, aber gleichfalls ein ‚Muss' für alle, die sich mit dem antiken Rom beschäftigen wollen, ist das Museo della Civiltà Romana im Stadtteil EUR. Ursprünglich in den dreißiger Jahren als Ausstellung konzipiert, um dem faschistischen Italien den Anschluss an das Römische Reich zu ermöglichen, ist damals eine einzigartige Sammlung von Modellen und Kopien antiker Objekte angefertigt worden, darunter auch mehrere Modelle zur antiken Stadt Rom, die sich als Ausgangspunkt einer Orientierung hervorragend eignen.

Seit einigen Jahren gibt es ein neues Hilfsmittel, das World Wide Web. Inzwischen sind gerade für Rombesucher einige sehr qualitätvolle Angebote zugänglich, so dass der immer noch verbreiteten Skepsis nur ein „Probieren!" entgegenzuhalten ist. Als Einstieg sei die Rom-Seite des Projekts KIRKE empfohlen: *www.kirke.hu-berlin.de/ressourc/roma.html*.

Bild: Teilansicht des Modells der Stadt Rom mit dem Kolosseum im Vordergrund, mit Blick auf das Forum und das Kapitol, Rom, Museo della Civiltà Romana.

Literatur: A. HENZE, Rom und Latium. Baudenkmäler und Museen, unter Mitarbeit von E. NASH und H. SICHTERMANN, Stuttgart 3. Aufl. 1974; Guida d'Italia: Roma, Mailand 1999; COARELLI 2000; SCHMITZER.

drohenden Untergangs? Das Kolosseum wurde ja erst unter den Kaisern gebaut, als die römische Stadtbevölkerung ihre früheren Möglichkeiten, auf politische Entscheidungen Einfluss nehmen zu können, verloren hatte. Bei der anfänglichen Recherche waren Sie in einem Reiseführer auf eine Passage gestoßen, die Sie sich hierzu notiert hatten: „Die Spiele erfüllten in der Kaiserzeit nur noch einen sozialpolitischen Aspekt: Die Römer sollten durch immer sensationellere Attraktionen von den Schwierigkeiten des Kaiserreichs abgelenkt werden: Während draußen die römische Welt zusammenbrach, forderten die sensationslüsternen Zuschauer im Colosseum den Tod der Gladiatoren." [SCHWARZ, 104] Diesem Bild war zwar eine gewisse Suggestivkraft nicht abzusprechen, aber bei nochmaligem Lesen stellten sich Fragen ein: Gab es *den* römischen Zuschauer der Kaiserzeit, dem ein bestimmtes Motiv nachgesagt werden kann? Gab es den behaupteten Zusammenhang zwischen ‚Außen' und ‚Innen', zwischen Politik und Moral? Konnten Kaiser und Eliten die Bevölkerung so manipulieren und an der Nase herumführen, wie Schwarz durch seine Formulierung insinuiert? Und was verbarg sich hinter der Formulierung „nur noch einen sozialpolitischen Aspekt"? Erfüllten die Spiele zuvor andere Funktionen? – Jedenfalls hatten Sie sich an dem polemischen Ton gestört und sich vorgenommen, bei Ihren eigenen Ausführungen darauf zu achten, nicht in dasselbe Horn zu stoßen. Plakative Formulierungen und wertende Adjektive wollen Sie vermeiden, um den vielen Fragen nicht mit platten Antworten zu begegnen.

Die Beschaffung von Informationen.
Als Sie das Thema übernommen hatten, bestand Ihr Problem also zunächst darin, wie Sie

Die Beschaffung von ‚Schlachtmaterial' als soziale Leistung

Der Ausschnitt aus dem großen Jagdmosaik aus einer Villa in Sizilien zeigt die Verladung von Straußen auf ein Schiff. Das Mosaik befindet sich nicht nur an zentraler Stelle im Gebäude, sondern nimmt darin auch eine der größten Raumflächen ein (ca. 5 x 60 m!). Es zeigt exemplarisch, welchen Aufwand römische Adlige trieben, um ihrem Publikum exotische Tiere vorzuführen, sei es bei Gastmälern im engeren Kreis, sei es bei Vorführungen im großen Rahmen. Das Aufführen von Jagdszenen gehörte im Amphitheater zu den alltäglichen Programmpunkten, für deren Realisierung diejenigen Sorge trugen, die die notwendigen Finanz- und Herrschaftsmittel besaßen. Dementsprechend sind auf dem Mosaik in Piazza Armerina auch römische Soldaten und Beamte abgebildet, die die Jagd auf verschiedene Weise unterstützen. Solcher Einsatz von eigenen Reichtümern gehörte im Römischen Reich zu den selbstverständlichen Rollenerwartungen, die die Stadtbevölkerung an ihre vermögenden Mitglieder hatte. Die Belohnung bestand in Loyalitätsbezeugungen ganz verschiedener Art, die vom Beifall im Amphitheater bis zur Wahl in politische Ämter reichen konnten.

Technik:
Zu den Quellen
der Antike!

Manchmal wurde an diese Leistungen für die Gemeinschaft sogar auf dem Grabstein erinnert:

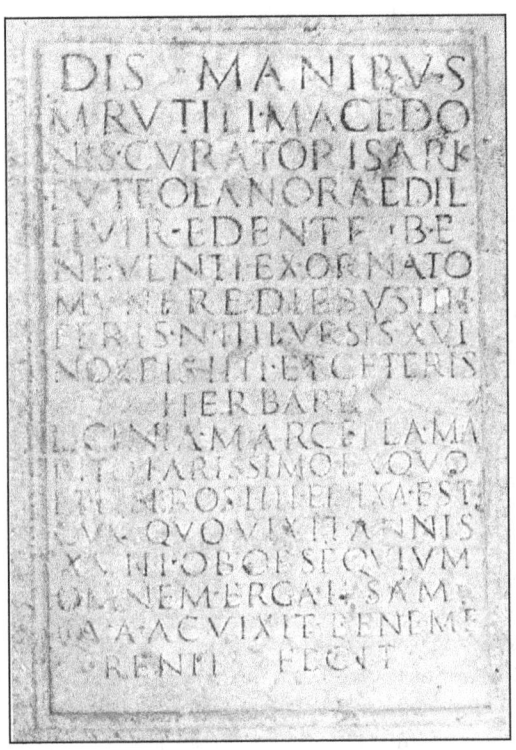

„Den Manen [Geister der Toten] des Marcus Rutilius Macedon, Verwalter der Kasse der Puteolaner, Ädil, Duumvir, der in Benevent eine prächtige Veranstaltung von 4 Tagen mit 4 Raubtieren [aus Übersee], 16 Bären, 4 Verurteilten und weiteren Pflanzenfressern finanziert hat. Licinia Marcella hat dies für ihren lieben Ehemann gemacht, von dem sie 4 Kinder geboren hat und mit dem sie 18 Jahre lang lebte, weil er es angesichts seines zeitlebens ihr gegenüber bewiesenen Respekts verdiente."

Bilder: Mosaik mit der Verladung von Straußen, 4. Jh., Piazza Armerina (Sizilien); ILS 5063a = Notizie degli scavi 1899, 149f., nach: M. BUONOCORE, Epigrafia anfiteatrale dell'Occidente romano, Bd. 3, Rom 1992, 68f. nr. 42, tav. XX, fig. 1.

Literatur: G. L. GREGORI, in: F. COARELLI/G. L. GREGORI/L. LOMBARDI/S. ORLANDI/R. REA/C. VISMARA, Il Colosseo, a cura di A. GABUCCI, Mailand 1999, 48–97, bes. 64f., 73.

an präzise und ausgewogene Informationen gelangen könnten. Reiseführer und populärwissenschaftliche Internetseiten hatten sich rasch als Sackgasse erwiesen, weil man Ihnen zwar mitunter vieles erzählte, jedoch kaum preisgab, worauf diese Ausführungen basierten. Wie sollte man die Angaben vergleichen und sich ein eigenes Urteil bilden, wenn der eine dies, der andere jenes behauptete?

Der Leiter der Exkursion hatte verlangt, dass vor historischen Interpretationen zunächst ein Abriss der Baugeschichte gegeben werden sollte. Als Einstieg erwiesen sich topographische Nachschlagewerke als besonders nützlich [STEINBY; RICHARDSON]: Sie boten nicht nur eine Beschreibung und Literaturhinweise, sondern auch Pläne, Aufrisse und Bilder, was sich für die weitere Beschäftigung als sehr hilfreich herausstellte. Es zeigte sich, dass sich gerade in den letzten Jahren Archäologen und Bauforscher mit dem Kolosseum beschäftigt hatten. Sie waren sich nicht einmal sicher, ob schon alles, was hierbei herausgekommen war, wirklich veröffentlicht war, denn dem Internet hatten Sie entnommen, dass die Kampagnen gegenwärtig noch fortgesetzt würden. Also hatten Sie gespannt auf den neuen Band der *Römischen Mitteilungen* gewartet, der Zeitschrift des Deutschen Archäologischen Instituts (DAI) in Rom. Denn dort waren seit 1998 jährlich Artikel über die Ergebnisse der Kampagnen publiziert worden [MERTENS U.A.; BESTE; REA U.A.].

Andererseits wollten Sie sich nicht nur auf eine Informationsquelle verlassen: Als Sie nach weiteren, insbesondere nach jüngst erschienenen Titeln suchten, wurde deutlich, wo die eigentliche Schwierigkeit lag: Vor der Suche in elektronischen und gedruckten Bibliographien waren geeignete Stichwörter zu finden: natürlich zunächst ‚Colos-

▷ S. 484
Vernetztes
Wissen

Die Alltäglichkeit des Todes

Gladiatoren und ihre Taten gehörten zum Stadtgespräch im Römischen Reich. Graffiti aus Pompeji melden – heutigen Sportergebnisdiensten nicht unähnlich – ihre Erfolge und ihren Tod.

OCEANUS L*ibertus victoriarum* XIII V*icit*
ARACINTUS L*ibertus victoriarum* . . IIII *periit*

Der Freigelassene Oceanus, 13 Siege: hat gewonnen!
Der Freigelassene Aracinthus, 4 [9?] Siege: ist tot!

SEVERUS L*ibertus victoriarum* XIII *periit*
ALBANUS SC*auri* L*ibertus victoriarum* V*icit*

Der Freigelassene Severus, 13 Siege: ist tot!
Der Freigelassene des Scaurus, Alabanus, 19 Siege: hat gewonnen!

Gladiatoren erfüllten innerhalb der römischen Gesellschaft verschiedene Rollen: Sie selbst konnten Beispiele für einen besonderen Statuszugewinn abgeben und personifizierten die Chance sozialen Aufstiegs aufgrund eigener Kampfesleistung. Den Sponsoren boten sie eine oft genutzte Möglichkeit, ihre Reichtümer in den Dienst der städtischen Gemeinschaft zu stellen und ihre Einstellung zu Grundwerten römischen Führungspersonals (*virtus* – ‚Tapferkeit', *clementia* – ‚Milde', *iustitia* – ‚Gerechtigkeit') unter Beweis zu stellen. Gladiatoren wurden so zum Objekt, an dem (und auf deren Kosten) die im Amphitheater versammelte Stadt ihre Verbundenheit demonstrierte.

Bild: CIL IV 8055 und 8056 nach: W. KRENKEL, Pompejanische Inschriften, Leipzig 2. Aufl. 1963, 39f.

Literatur: E. FLAIG, Art. „Gladiator", in: Der Neue Pauly, Bd. 4, Stuttgart/Weimar 1998, Sp. 1076–1078.

seum' und ‚Kolosseum', aber auch ‚Amphitheater'. Eine Archäologiestudentin hatte Ihnen zuvor die Unterschiede zwischen den römischen Spielstätten erklärt: Die ovale Form kennzeichnet das Kolosseum als ‚Amphitheater', im Unterschied zum halbrunden ‚Theater' und zum langgestreckten, nur an einer Stirnseite gerundeten ‚Zirkus', der seine Form den Bedürfnissen einer Rennbahn verdankte. Doch diese Stichwörter erbrachten zwar viele Hinweise auf archäologische Detailforschungen, aber kaum auf Arbeiten zur historischen Interpretation. Dafür lieferten Wörter wie ‚Spiele' oder ‚spectacles' oder lateinische Wörter wie ‚*ludi*' oder ‚*spectacula*', aber auch ‚gladiat*' [für ‚gladiator(s)', ‚gladiateur(s)' etc.] so viele Treffer, dass die Auswahl schwer fiel. Mitunter erschloss die Recherche auch neue Stichwörter: So wurden Sie im neuen Lexikon-Großprojekt der Altertumswissenschaften, im *Neuen Pauly*, vom Artikel „Ludi" auf „Freizeitgestaltung" verwiesen.

Ein anderer Weg hatte darin bestanden, sich einen Überblick über die Geschichte des Imperium Romanum, insbesondere zur Zeit des so genannten Prinzipats (1.–3. Jh.), zu verschaffen. Zu den wesentlichen Erkenntnissen gehörte, dass das politische System der Kaiserzeit ganz unterschiedlich beschrieben worden ist. Nun galt es zu erklären, weshalb die einen von einer „völligen politischen Entmündigung und ‚Ruhigstellung'" der stadtrömischen Bevölkerung sprechen konnten [WEEBER], während andere dieses Bild für völlig verfehlt erachteten und die *plebs urbana* zu einer der tragenden Säulen des Systems ‚Prinzipat' erhoben [FLAIG, 38–93]. Gerade diese Ansicht erwies sich als anregend, weil sie dem Geschehen im Amphitheater eine Bedeutung zumaß, die der Größe der Gebäude, insbesondere na-

Technik:
Zu den Quellen
der Antike!

türlich des Kolosseums selbst, und der Wichtigkeit des Themas für den römischen Alltag entsprach, wie es sich aus verstreuten Nachrichten aus antiken Texten erschließen ließ.

Bewertung von Informationen. Nachdem Sie auf verschiedene Weise recherchiert und gelesen hatten, drohten Sie in der Fülle des Gelesenen unterzugehen. Was sollten Sie auswählen und wie könnten Sie Ihren Mitreisenden diese Auswahl vermitteln? Um selbst den Überblick zu behalten und den anderen einen raschen Einstieg zu ermöglichen, hatten Sie Pläne kopiert und eine Zusammenstellung von Daten zum Kolosseum angefertigt. Sie hatten sich überlegt, dass Sie mit Beobachtungen vor Ort anfangen werden; einige von diesen wollen Sie im zweiten Teil nutzen, um zu historischen Fragestellungen zu gelangen und eine Debatte über das Verhältnis von Kaiser und Stadtbevölkerung anzustoßen. Auf diese Weise sollten – so die Absprache mit dem Leiter der Exkursion – auch die noch anstehenden Museumsbesuche vorbereitet werden, damit sich die dort ausgestellten Objekte, seien es Jagd- und Gladiatorendarstellungen, Grabinschriften, Münzen oder Kaiserporträts, bei der Exkursionsgruppe in ein entstehendes Gesamtbild einordnen könnten. – Aber jetzt müssen Sie erst einmal selbst die Ihnen wichtigen Details finden: die Bauinschrift aus der Zeit der flavischen Kaiser; die inschriftlichen und baugeschichtlichen Hinweise auf spätere Reparaturen und Veränderungen; die Spuren der ‚Christianisierung' des Baus im ausgehenden Mittelalter und in der Moderne ...

▷ S. 134
Die antiken Menschen in ihrer natürlichen Umwelt

Fragen an die Antike. An dieser Stelle wollen wir die imaginierte Exkursion mit ihrer spezifischen Vermittlungssituation verlassen. Für diese hätten wir jetzt einen detaillierten Ablaufplan der Besichtigung zu entwerfen, mit Materialien, die man der Exkursionsgruppe vorab zur Verfügung stellt, und mit erkenntnisleitenden Fragestellungen, die durch entsprechende Arbeitsaufträge vor Ort zu klären sind [vgl. KREBSBACH/MEYER/WIRBELAUER]. Stattdessen soll es nun hier um Wege und Möglichkeiten gehen, wie wir antike Hinterlassenschaften mit Hilfe von präzisen Fragestellungen zum Sprechen bringen können [MEISTER, 15]. Es geht also – auch bei nichtschriftlichen Quellen – darum, ‚Lese-Strategien' zu entwickeln, um nicht nur zu den Quellen der Antike hinzufahren, sondern auch – bitte nur im übertragenden Sinne! – etwas mit nach Hause zu nehmen. Dabei soll die Metapher vom ‚Lesen' der antiken Hinterlassenschaften nicht nur das Objekt des Interesses bestimmen, sondern auch den subjektiven Aneignungsprozess zum Ausdruck bringen, wie er dem lesenden Verstehen inhärent ist. Denn es geht um die intellektuelle Aneignung, die Interpretation eines Gegenstands, dem dadurch jenseits seiner materiellen Bestimmung eine Bedeutung zugeschrieben wird. Im Unterschied zu einer journalistischen Aneignung werden aber Wissenschaftlerinnen und Wissenschaftler danach trachten, die Prinzipien und die Bausteine der eigenen Konstruktion offenzulegen und nachvollziehbar zu machen. Sie werden sich ferner darum bemühen, alle erreichbaren Details so weit zu berücksichtigen, dass sie mit ihrem Bild nicht in Widerspruch stehen, in den Worten des Philosophen Karl Popper die „Wahrheitsähnlichkeit" einer Theorie zu prüfen [POPPER, 58]. Gelingt ihnen dies, wird mancher dem Ergebnis die Qualität einer ‚Re-Konstruktion' der vergangenen Wirklichkeit zubilligen und es damit auf eine ‚objektive' Ebene heben. Dabei handelt es sich jedoch in den allermeisten Fällen nicht um die einzig mögliche Sicht, noch nicht einmal im mathematischen Sinne um die wahrscheinlichste – denn historische Sachverhalte sind selten berechenbar –, sondern um eine plausible, d.h. um eine solche Behandlung des Problems, die diesem angemessen ist und zu ihrem Verständnis erkennbar beiträgt [VON GLASERSFELD]. Es gehört zu den wichtigsten Aufgaben im Studium zu lernen, diese Pluralität der Sichtweisen zuzulassen, ohne sie mit Beliebigkeit zu verwechseln.

Wissen an sich gibt es nicht ..., es gibt nur vernetztes Wissen. Es ist – für sich genommen – völlig unwichtig, in welchem Jahr der Bau des Kolosseums begonnen, wann er eingeweiht wurde oder wie er genutzt wurde. Erst wenn wir diese Fragen in einen Kontext stellen, erhalten ihre Antworten Bedeutung: Diese Kontextualisierung kann freilich mit verschiedenen Methoden gelingen und ist vom jeweiligen Erkenntnisinteresse abhängig: Literaturwissenschaftlerinnen und Literaturwissenschaftler werden die Dichterworte eines Martial über das Kolosseum anders kontextualisieren als Historikerinnen oder Historiker und doch werden sie jeweils die Hinweise der anderen beachten, wenn sie ihre eigene Kontexualisierung vornehmen. Da wir es beim Kolosseum zunächst einmal mit einem historischen Bauwerk zu tun haben, gilt es zunächst, die hierfür ausgewiesenen Spezialisten aus der Klassischen Archäologie und der Bauforschung zu Rate zu ziehen. In beiden Fällen bauen Historikerinnen und Historiker also auf den Erkenntnissen anderer Disziplinen auf und werden diese zur Kenntnis zu nehmen, bevor sie selbst zu ihrer Interpretation übergehen.

Ein kolossaler Bau. Die Monumentalität, von der eingangs als subjektiver Eindruck die Rede war, lässt sich natürlich in Zahlen ausdrücken: Das Kolosseum war außen über 50 m hoch und erhebt sich über eine Ellipse, deren Durchmesser 188 m und 156 m betragen. Seine Arena bedeckt eine Fläche von 3 357 m^2, es bot zwar vielleicht nicht 87 000 Zuschauern Platz, wie uns eine antike Quelle weismachen möchte, fasste aber doch immerhin etwa 50 000 Personen [KOLB, 599]. Damit war es – jedenfalls soweit bekannt – das größte Amphitheater, das je in der Antike gebaut wurde, und welche Arbeitskraft allein für seine Errichtung notwendig war, machen schon die geschätzten Zahlen hinsichtlich zweier Materialien deutlich: Im Kolosseum wurden mehr als 100 000 Tonnen Travertin und 300 Tonnen Eisen für die Klammern verbaut [VON HASE SALTO 2001, 577; COARELLI 2000, 186]. Wieviel Holz für die Baugerüste, zur Verschalung und für die hölzernen Aufbauten benötigt wurde, ist wohl noch nicht berechnet worden, aber man darf davon ausgehen, dass dem Kolosseum auch ein großer Wald zum Opfer fiel. Der größte Teil dieser Bauleistung wurde in einem Jahrzehnt erbracht, zwischen 71 und 80.

Das Kolosseum war aber nicht nur ein riesiges, sondern auch ein ausgeklügeltes Bauwerk. Es ermöglichte über eine Vielzahl von Treppen und Aufgängen die rasche Befüllung und – was im Falle eines Falles noch wichtiger war – Evakuierung des Gebäudes; es bot den Zuschauern nicht nur Plätze, sondern auch in Gestalt beweglicher Sonnensegel einen Komfort, für den die Zuschauer gerade zur Sommerzeit gewiss dankbar waren; und es verfügte über eine Arena, die sich nicht nur passend zu den Vorführungen umbauen ließ, sondern die auch eine ‚Unterwelt' besaß, deren Komplexität gerade durch Ausgrabungen und Bauaufnahmen in den letzten Jahren noch deutlicher geworden ist [MERTENS U.A.; BESTE].

Ein Symbol des Sieges. Ein Bauwerk wie das Kolosseum beeindruckt seine Betrachter und diese Wirkung ist zweifellos beabsichtigt. Denn im Gegensatz zu den älteren Bauten ähnlicher Funktion, von denen wir das Amphitheater im kampanischen Landstädtchen Pompeji am besten kennen, strebten die Architekten des Kolosseums nach oben und schufen damit ganz neue Proportionen [WIEDEMANN, 32f.]. Der Bau, den Kaiser Titus im Jahr 80 einweihte, war ein Symbol, ein Zeichen des Sieges und dies in doppelter Hinsicht: Kaiser Vespasian, der den Bau begonnen hatte, hatte nämlich den Ort sorgfältig gewählt, indem er den See, der im Zentrum des Palastkomplexes seines kaiserlichen Vorgängers lag, wieder trockenlegen ließ, um das Amphitheater dort zu errichten. Dass er auf diese Weise einen Ort, der zuvor dem freien Zugang der städtischen Bevölkerung (*plebs urbana*) entzogen worden war, nun zu ihrem zentralen Treffpunkt machte, ist eine politische Botschaft von eminenter Bedeutung: Kaiser und *plebs urbana* traten in ein neues Verhältnis zueinander ein und den Zeitgenossen war dies bewusst: „Rom ist sich wiedergegeben, und unter deiner Obhut, Caesar, genießt das Volk, was zuvor der Tyrann genoss" [Martial, *De spectaculis* 2, 11f.]. Aber das Kolosseum steht nicht nur für das Ende der Auseinandersetzungen in der Stadt, sondern auch für die Beendigung fernerer Konflikte: Das Amphitheater, das Vespasian errichten ließ, wurde aus der Kriegsbeute des Jüdischen Kriegs, also insbesondere aus dem Verkauf der Schätze des Jerusalemer Tempels, finanziert [ALFÖLDY; PANZRAM]. So ist das Kolosseum das größte Siegesmonument in Rom bis zur Errichtung des Nationaldenkmals für den ersten König Italiens, Viktor Emanuel II., das der Volksmund so respektlos ‚die Schreibmaschine' nennt.

Ein Abbild der Gesellschaft. Wer im Kolosseum Platz nehmen und den Aufführungen (*spectacula*) beiwohnen wollte, konnte sich nicht einfach dort niederlassen, wo es ihm gefiel. Denn es gab nicht nur die eigene Tribüne für den Kaiser und seine engste Umgebung, zu denen neben der Familie auch die Magistrate und die wichtigsten Priester zählten, sondern auch die Ränge im Amphitheater waren für bestimmte soziale Gruppen reserviert: Die untersten beiden Stufen gehörten den Senatoren, später auch hier nach ihrem jeweiligen Rang geordnet. Dann folgten die Angehörigen der übrigen Reichselite, die Ritter, auf dem 1. Rang (*ima cavea*). Darüber, im 2. Rang (*media cavea*) saß die stadtrömische Bevölkerung, während sich Fremde und Sklaven mit dem 3. Rang (*summa cavea*) zufriedengeben mussten [CHASTAGNOL 1964; R. REA / S. ORLANDI, in: COARELLI U.A. 1999, 104–114, 126]. Dieses ‚Sichtbar-Machen', welchen Platz der Einzelne im Gemeinwesen einnahm, war zwar bereits in den griechischen Theatern früherer Zeiten zu beobachten gewesen, wurde aber nun verfeinert und zugleich verfestigt. Denn wenn etwa im Dionysos-Theater in Athen bestimmte Sitzreihen den Angehörigen des Rats reserviert waren, dann bedeutete dies entsprechend dem politischen System, dass sich viele Hoffnung machen konnten, wenigstens einmal in ihrem Leben im Theater vorne zu sitzen und von den anderen dort gesehen zu werden [PICKARD-CAMBRIDGE, 269]. Eine solche Mobilität war im Kolosseum nicht möglich: Hier entschied nicht die politische Funktion, sondern der gesellschaftliche Ort über den zustehenden Platz.

Technik:
Zu den Quellen
der Antike!

Ein Kabinettstück althistorischer Forschung

Wer heute das Kolosseum durch den Haupteingang betritt, geht an einem stark restaurierten Architekturteil vorbei, auf dem eine Inschrift aus der Mitte des 5. Jh. die Renovierung des *amphit(h)eatrum* mitteilt. Dübellöcher auf den beiden noch erhaltenen antiken Bruchstücken zeigen, dass hier schon vorher eine Inschrift zu lesen war, die allerdings nicht eingraviert war, sondern aus einzelnen Buchstaben bestand, die aus einem Bronzeblech ausgesägt und auf dem Stein mit Nägeln befestigt waren. Andere Inschriften dieser Machart führten Geza Alföldy zu einer ersten Datierungsvermutung, die er durch den Vergleich mit kaiserlichen Inschriften erhärten konnte: Es handelt sich um eine der **Bauinschriften des Kolosseum**, die über einem der Eingänge angebracht war. Kaiser Vespasian (69–79) teilt darin mit, dass er diesen Bau aus der Kriegsbeute finanziert hat – jeder wusste damals, dass damit der Krieg gegen die Juden gemeint war, der 70 n.Chr. mit der Einnahme Jerusalems und der Zerstörung des zentralen Tempels geendet hatte. Eine glücklicherweise noch erhaltene Unregelmäßigkeit im ‚Dübellochmuster' zeigt, dass die Inschrift auf Vespasians Sohn und Nachfolger Titus (79–81), der das Amphitheater im Jahre 80 einweihte, ‚umgewidmet' wurde.

Zeichnungen: G. ALFÖLDY, Eine Bauinschrift aus dem Colosseum, in: Zeitschrift für Papyrologie und Epigraphik 109, 1995, 195–226 , 211 und 212.

Literatur: ALFÖLDY 1995; F. COARELLI/G. L. GREGORI/L. LOMBARDI/S. ORLANDI/R. REA/C. VISMARA, Il Colosseo, a cura di A. GABUCCI, Mailand 1999, 165.

Will man also das antike Amphitheater und moderne Sportarenen miteinander vergleichen, weil sie baulich so ähnlich zu sein scheinen, dann gibt es jenseits des verschiedenartigen Aufführungsprogramms noch weitere wesentliche Unterschiede. Denn im Gegensatz zum antiken Rom kann der moderne Besucher selbst entscheiden, wo er Platz nehmen möchte, auf den billigen Plätzen oder in der Loge, je nachdem wieviel er zu zahlen bereit ist. Mit Blick auf diese feste und stets sichtbare Ordnung im Zuschauerraum kam Paul Zanker deshalb zu dem klar formulierten Schluss: „Das Amphitheater war kein Fußballstadion." [ZANKER, 30]

Ein Ort mit Geschichte(n). Das Kolosseum wurde jahrhundertelang genutzt und dementsprechend baulich unterhalten; noch im 5. und 6. Jh., als auch in Rom vielerorts schon der Verfall das Stadtbild prägte, bemühten sich Aristokraten um Reparaturen und leiteten von deren Finanzierung Prestige ab, wie die erhaltenen Inschriften bezeugen [CHASTAGNOL 1966]. Andererseits wurde der Bau bereits zu diesen Zeiten als Steinbruch genutzt, denn auch hierfür haben wir spätantike inschriftliche Belege. Dass er diese Plünderungen – zumindest teilweise – überstand, liegt wie in allen vergleichbaren Fällen nicht an der Antikenbegeisterung der Nachfahren, sondern daran, dass diese den Bau zu anderen Zwecken nutzen konnten. So finden wir im Kolosseum über Jahrhunderte hinweg Ställe und Lagerräume, bis es im 12. Jh. – nunmehr freistehend – zur Festung umgebaut wurde, eine Zweitverwendung, die den Fortbestand antiker Großbauten garantieren konnte, wie z.B. im südfranzösischen Orange zu sehen ist. Dazu passt im Übrigen, dass man sich zu dieser Zeit keine rechte Vorstellung mehr von dem ursprünglichen Sinn und Zweck des Gebäudes machte, sondern in ihm einen riesigen Sonnentempel sehen wollte, in dem Dämonen zu Hause (gewesen) seien. Als Beleg galt manchen sogar der Name, der eigentlich eine Frage an den ankommenden Pilger sei: *colis eum*? – „Verehrst du ihn (gemeint: Juppiter oder den Teufel)?" [VON HASE SALTO 2001].

Seit dem 16. Jh. wurde dann aber eine andere Vorstellung immer wichtiger, die im Kolosseum den Ort blutiger Christentötungen sah. Die Kirche, insbesondere die Päpste, griffen diese Geschichten auf und machten den Bau zum Symbol des Triumphs des Christentums über das Heidentum. Papst Benedikt XIV. (1740–1758) ließ vor dem Jubiläumsjahr 1750 ein großes hölzernes Kreuz in der Arena aufstellen und seit 1756 wurden im Kolosseum Messen abgehalten, um der Erinnerung an die Märtyrer gerecht zu werden [R. REA, in: COARELLI U.A. 1999, 208–214]. Dem Kolosseum verschaffte er damit zwar ein bislang ungekanntes Maß an Sicherheit vor den Plünderern, doch keinen Frieden auf Dauer. Denn im 19. Jh. geriet es in den Blick der italienischen Politiker: Nachdem der Papst im Zuge der italienischen Nationalstaatsbildung auf den Vatikanstaat zurückgedrängt worden war, wurde 1874 auch das Kolosseum wieder profaniert und das Holzkreuz in eine kleine Kirche in der näheren Umgebung, San Gregorio dei Muratori, verbracht [VON HASE SALTO 2002]. Einige Jahrzehnte später erkor Mussolini das Kolosseum zum Fluchtpunkt seiner neuen Prachtstraße, der Via dell'Impero (heute: Via dei Fori Imperiali), aus dem Symbol des Triumphs des Christentums wurde nun die Kulisse faschistischer Siegesfeiern und Umzüge. Es entsprach aber Mussolinis auf Ausgleich mit der katholischen Kirche bedachten Politik, dass er 1926 eine – heute zerstörte – Inschrift anbringen ließ, die an die ‚Christianisierung' dieses Ortes im Jahr 1750 erinnerte [S. ORLANDI, in: COARELLI U.A. 1999, 226].

Meisterwerk oder Schandmal? Das Kolosseum ist heute eines der meistbesuchten Objekte Roms und die Überlegungen, wie man es hierfür noch attraktiver machen könnte, dauern an. Inzwischen ist es – zumindest ein wenig – dem brausenden Verkehr entzogen. Der Spott, Mussolini habe es durch seine Planierung der unmittelbaren Umgebung, der auch antike Reste zum Opfer fielen, zur größten Verkehrsinsel in Rom degradiert, ist also nicht mehr völlig berechtigt. Jüngst, im Jahr 2000, ist es gar wieder als Spielstätte genutzt worden, eigentümlicherweise zur Aufführung einer griechischen Tragödie, nämlich des sophokleischen *Ödipus* [VON HASE SALTO 2002, 48]. Wer sich mit der Geschichte dieses Baus befasst, mag solche Reanimierungsversuche belächeln oder gar als unpassend empfinden; andererseits dokumentieren sie ganz einfach das aktuelle Interesse an der Antike. Dass es sich dabei um eine künstliche, ja konstruierte und fiktive Antike handelt, wird nur der Besserwisser monieren, der für sich in Anspruch nimmt zu wissen, wie es gewesen ist. Dass aber zwischen dem griechischen Drama, seiner einstigen Aufführungssituation und seiner ehemaligen politischen Bedeutung [MEIER], und der hier gewählten stadtrömischen Bühne eine unauflösbare Spannung besteht, ist aus geschichtswissenschaftlicher Perspektive offensichtlich.

Aber was macht man mit einem Bau, dem man in einem Atemzug bescheinigt, „Meisterwerk römischer Architektur, Schandmal römischer Zivilisation" zu sein [WEEBER, 23]? Eine Möglichkeit besteht darin, die zweite Perspektive einfach auszublenden, wie es bei der

Technik:
Zu den Quellen
der Antike!

Gestaltung der italienischen Euro-Münzserie geschehen ist, wo auch zwei antike „Meisterwerke berühmter italienischer Künstler" abgebildet wurden, das Kolosseum auf der 5-Cent-Münze und auf der 50-Cent-Münze das Reiterstandbild Mark Aurels. Sieht man einmal davon ab, dass die Beanspruchung beider antiker Meisterwerke für ‚Italiener' etwas kurios wirkt, wird man den an der Auswahl Beteiligten einräumen müssen, dass sie ein interessantes Paar kreiert haben, um die Antike auf den Euromünzen zu repräsentieren. Denn mit Mark Aurel haben sie dem Kolosseum ausgerechnet den ‚Philosophen auf dem Kaiserthron' und einen der prominentesten Kritiker der blutigen Spiele an die Seite gestellt, so als wollten sie dadurch das „Schandmal römischer Zivilisation" konterkarieren und dem Vorwurf ethisch-moralischer Ignoranz begegnen.

Damit sind wir bei den Möglichkeiten und den Grenzen geschichtswissenschaftlicher Betrachtung angekommen. Hier brauche ich mich nur den Ausführungen anzuschließen, die David Lederer an entsprechender Stelle im OGL Frühe Neuzeit mit Blick auf das „Geschichtsbuch" – er meint damit das Ergebnis geschichtswissenschaftlicher Forschung – formuliert hat [LEDERER]. Doch im Vergleich zum „Lesen der Geschichte" macht das „Lesen der Antike" vielleicht folgenden Aspekt noch deutlicher: Die Autorin oder der Autor (bzw. die Interpretin oder der Interpret) können nicht nur anhand von Fakten offenlegen, welche Deutungen einer vergangenen Handlung – oder hier: eines historischen Monuments – sie für zulässig halten und welche sie ablehnen, sie sind auch für die von ihnen als zulässig eingestuften Interpretationen verantwortlich. Man wird sie also auch danach beurteilen, inwieweit sie die möglichen Deutungen der von ihnen akzeptierten Interpretationen in ihre eigene Kritik miteinbezogen haben. Dieses rekursive Verfahren wird umso wichtiger, je ambivalenter und vieldeutiger der jeweilige Gegenstand ist. Der Gang zu den Quellen der Antike erfordert Geduld.

Eckhard Wirbelauer

Literatur
G. ALFÖLDY, Eine Bauinschrift aus dem Colosseum, in: Zeitschrift für Papyrologie und Epigraphik 109, 1995, 195–226.
H.-J. BESTE, Neue Forschungsergebnisse zu einem Aufzugssystem im Untergeschoß des Kolosseums, in: Mitteilungen des Deutschen Archäologischen Instituts. Römische Abteilung 106, 1999, 249–276.
A. CHASTAGNOL, Les inscriptions des gradins sénatoriaux du Colisée, in: Akte des IV. Internationalen Kongresses für griechische und lateinische Epigraphik. Wien, 17.–22. Sept. 1962, Wien 1964, 63–71.
DERS., Le Sénat romain sous le règne d'Odoacre, Bonn 1966.
F. COARELLI, Rom. Ein archäologischer Führer, dt. Übersetzung der 3. ital. Aufl. [1994], Mainz 2000.
DERS./G. L. GREGORI/L. LOMBARDI/S. ORLANDI/R. REA/C. VISMARA, Il Colosseo, a cura di A. GABUCCI, Mailand 1999.
E. FLAIG, Den Kaiser herausfordern. Die Usurpation im Römischen Reich, Frankfurt/M. 1992.
E. VON GLASERSFELD, Einführung in den radikalen Konstruktivismus, in: P. WATZLAWICK (Hrsg.), Die erfundene Wirklichkeit. Wie wissen wir, was wir zu wissen glauben? Beiträge zum Konstruktivismus, München/Zürich 1981, 16–38.

M. A. von Hase Salto, Herrlichkeit und Verfall, Grausamkeit und Buße. Das Kolosseum im Wandel der Geschichte, in: Antike Welt 32, 2001, 577–591, und 33, 2002, 33–49.

F. Kolb, Rom. Die Geschichte der Stadt in der Antike, München 2. Aufl. 2002.

K. Krebsbach/D. Meyer/E. Wirbelauer, Exkursion in die Geschichte. Skizze und Auswertung einer Kooperation zwischen Schule und Universität, in: Geschichte in Wissenschaft und Unterricht 50, 1999, 14–29.

D. Lederer, Technik: Das Lesen der Geschichte, in: A. Völker-Rasor (Hrsg.), Oldenbourg Geschichte Lehrbuch: Frühe Neuzeit, München 2000, 125–142.

Chr. Meier, Die politische Kunst der griechischen Tragödie, München 1988.

K. Meister, Einführung in die Interpretation historischer Quellen. Schwerpunkt: Antike, Bd. 2: Rom, Paderborn u.a. 1999.

D. Mertens/R. Rea/G. Schingo/H.-J. Beste/C. Piraino, Lo studio degli ‚ipogei', in: Mitteilungen des Deutschen Archäologischen Instituts. Römische Abteilung 105, 1998, 67–125.

S. Panzram, Der Jerusalemer Tempel und das Rom der Flavier, in: J. Hahn (Hrsg.), Zerstörungen des Jerusalemer Tempels. Geschehen – Wahrnehmung – Bewältigung, Tübingen 2002, 166–182.

A. Pickard-Cambridge, The Dramatic Festivals of Athens, Oxford 3. Aufl. 1988.

K. Popper, Objektive Erkenntnis. Ein evolutionärer Entwurf, Hamburg 4. Aufl. 1984.

R. Rea/H.-J. Beste/P. Campagna/F. Del Vecchio, Sotterranei del Colosseo. Ricerca preliminare al progetto di ricostruzione del piano dell'arena, in: Mitteilungen des Deutschen Archäologischen Instituts. Römische Abteilung 107, 2000, 311–339.

L. Richardson (Hrsg.), A New Topographical Dictionary of Ancient Rome, Baltimore 1992.

U. Schmitzer, Antikensammlungen und archäologische Stätten in Rom – ein Zwischenbericht, in: Gymnasium 107, 2000, 173–183.

F. Schwarz, Rom und Umgebung, Bielefeld 4. Aufl. 1999.

E. M. Steinby (Hrsg.), Lexicon Topographicum Urbis Romae, 6 Bde., Rom 1993–2000.

K.-W. Weeber, Panem et circenses. Massenunterhaltung als Politik im antiken Rom, Mainz 1994.

Th. Wiedemann, Kaiser und Gladiatoren. Die Macht der Spiele im antiken Rom, Darmstadt 2001.

P. Zanker, Der Kaiser baut fürs Volk, Opladen 1997; in französischer Übersetzung: L'empereur construit pour le peuple, in: N. Belayche (Hrsg.), Rome, les Césars et la Ville aux deux premiers siècles de notre ère, Rennes 2001, 119–156.

Zugänge zur Antike

Einführung. Wer sich mit ‚Geschichte' befasst, befasst sich mit Handlungen und Handlungsmöglichkeiten von Menschen vergangener Zeiten. Folglich erschließen sich Zugänge zur Alten Geschichte sinnvollerweise dadurch, dass nach den Bedingungen, den Möglichkeiten und den Formen menschlichen Handelns in der Antike gefragt wird. Dies beginnt bei Äußerlichkeiten, bei den naturräumlichen Gegebenheiten, mit denen sich der antike Mensch auseinandersetzen musste. Die Abhängigkeit hiervon kann kaum überschätzt werden: In einer Zeit ohne elektrisches Licht, ohne Kühlschrank und ohne Telefon bestimmen die Sonne, die unverdorbene Nahrung und die direkte Begegnung mit anderen Menschen den Lebensrhythmus des Individuums weit mehr als heute.

▷ S. 121ff.
Die antiken Menschen in ihrer natürlichen Umwelt

Im Unterschied zum ersten Teil dieses Buchs, der von einem makroskopischen Standpunkt aus kulturelle und politische Veränderungen darstellt, setzt der zweite Teil bei den einzelnen Menschen an. Daher werden nach den naturräumlichen Bedingungen zunächst die Menschen in ihren Nahbeziehungen behandelt, bevor dann größere Vergemeinschaftungen in den Blick genommen werden. Die Perspektive ist in beiden Fällen eine vergleichende und dem Prinzip der ‚Zwei Alten Geschichten' verpflichtet [MARTIN], denn die Konfrontation der griechischen und der römischen Verhältnisse ermöglicht in der Tat ein tieferes Verständnis beider Kulturen. Auf der Ebene historischer Gesellschaften genügt der Vergleich zwischen griechischer und römischer Gesellschaft freilich nicht, hinzunehmen ist die spätantike Gesellschaft sowie die Frage, wie sich der Kontakt zwischen den Gesellschaften gestaltete.

▷ S. 143ff./ 162ff.
Die antiken Menschen in ihren Nahbeziehungen
▷ S. 181ff./ 194ff.
Die antiken Menschen in en Gemeinschaften
▷ S. 336f.
Erkenntnismöglichkeiten in der Alten Geschichte

▷ S. 212ff/ 225ff.
Die antiken Menschen in en Gemeinschaften

Antike Menschen haben nicht nur die Verhältnisse in ihrer unmittelbaren und weiteren Umgebung gestaltet, sie haben auch Vorstellungen darüber entwickelt, transzendente und reflexive: Die letzten Teile behandeln daher die antiken Menschen und ihre Götter sowie die Frage, wie antike Menschen sich selbst sahen, also ihre Repräsentation in Literatur und Kunst.

▷ S. 237ff./250ff.
Die antiken Menschen und ihre Götter
▷ S. 263ff./ 273ff./284ff.
Die antiken Menschen über sich

Um selbst den Zugang zu den antiken Menschen zu finden, lädt das 2. Technikkapitel zur Entdeckung antiker Quellen und ihrer Vielfalt ein. Zugleich zeigen die Autorinnen und Autoren dort, wie man in Abhängigkeit von verschiedenen Überlieferungssituationen Erkenntnisse über das Leben und Denken antiker Menschen gewinnen kann. Insofern kommt diesem Technikkapitel nicht nur räumlich, sondern auch inhaltlich die zentrale Bedeutung für das gesamte *OGL Antike* zu: Erst wenn das Studium der Alten Geschichte zu einem Studium der Quellen der antiken Welt wird, wird aus dem Besitz von Informationen über die Antike überprüftes Wissen, das in einem persönlich entwickelten und individuell geformten Verständnis unter Anerkennung des Wissenschaftlichkeitskriteriums ‚Nachprüfbarkeit' besteht. Aus den Zugängen zur Antike kann so Ihr eigener Zugang werden.

▷ S. 291ff.
Die Arbeit mit den Quellen zur Antike

Literatur
J. MARTIN, Zwei Alte Geschichten, in: Saeculum 48, 1997, 1–20.

Die antiken Menschen in ihrer natürlichen Umwelt

Zugänge zur Antike

Naturgeographische und klimatische Rahmenbedingungen. Jeder Überblick zum Thema ‚Der Mensch in seiner natürlichen Umwelt' muss mit der schlichten Feststellung beginnen, dass die antiken Menschen unter sehr unterschiedlichen naturgeographischen und klimatischen Bedingungen lebten. Dies wird deutlich, wenn man sich den von den antiken Kulturen berührten Raum vor Augen führt: Das Alexanderreich und das römische Imperium sind die umfangreichsten Reichsbildungen der Antike. Zusammen erstreckten sie sich von Indien bis nach Britannien und bestanden demnach aus Naturräumen ganz unterschiedlicher Qualität.

Die häufig vorgenommene Gleichsetzung des Siedlungsgebietes antiker Kulturen mit den küstennahen Zonen des Mittelmeeres und die Unterstellung einer Gleichartigkeit der Lebensbedingungen greift also zu kurz. Selbstverständlich hat dieser Raum mit dem Meer eine gemeinsame Klammer [HORDEN/PURCELL]. Auch lag der Lebensraum der Griechen und Römer schwerpunktmäßig in der Nähe des Mittelmeeres, das man schon in der Antike als verbindendes Element der unterschiedlichen Kulturen begriff. Daher konnten etwa die Römer die politisch-administrative Vereinigung der Mittelmeerwelt mit ihren Nachbargebieten in Nordeuropa und im Balkanraum in einem geschlossenen Reich ideologisch als göttlich legitimierten Vorgang deuten (Plinius der Ältere, *Naturalis historia* 3, 5, 39).

Die natürliche Beschaffenheit dieser Mittelmeerwelt war jedoch alles andere als homogen [SEMPLE; SALLARES]. Zum einen gab es verschiedene Extremzonen, wie die Sumpf- und Waldlandschaften des westlichen Europa, die Gebirgsregionen der Alpen, der Pyrenäen oder des anatolischen Tauros oder die von aridem Klima geprägten Wüsten und Steppengebiete in Afrika, Spanien, Syrien oder Zentralanatolien. Zum zweiten finden sich in jeder beliebigen Kleinregion, wie beispielsweise auf der Insel Kreta, in Süditalien, in der Kyrenaika oder an der syrischen Küste, verschiedene Landschaftstypen von felsigen Gebirgszonen bis hin zu fruchtbaren Schwemmebenen. Selbst auf dem überschaubaren Territorium einer griechischen Polis oder einer römischen *civitas* hatte man mit Blick auf Bodenqualität und Landschaftsrelief ganz unterschiedliche Herausforderungen bei der Gestaltung des Lebensraumes zu bewältigen.

Eine Ursache für diese Vielfalt liegt in der Komplexität der geologischen Rahmenbedingungen selbst in den meeresnahen Siedlungsräumen, in denen Kalkgestein aus Meeressediment sowie Sandstein und Flysch vorherrschen. Charakteristisch sind felsige Kuppen und verkarstete Hänge, die kaum einträglichen Anbau erlauben. Selbst in den Becken und kleinen Tälern ist trotz wasserreicher Karstquellen die Bodenqualität in der Regel nicht allzu gut. Allein die fruchtbaren Schwemmebenen an den Küsten und in den Flusstälern ermöglichen ertragreiche Kulturen der mediterranen Trias Wein, Getreide und Oliven. Ihr Umfang dehnte sich im Laufe der Antike erheblich aus, wodurch viele Häfen durch Versandung bedroht wurden.

Mittlere und gute Böden waren also nur in begrenztem Umfang vorhanden, boten aber bei ausreichender Wasserversorgung dreimal soviel Pflanzenarten Lebensraum wie im nördlichen Mitteleuropa. Wälder hingegen waren anders als in Nord- und Mitteleuropa im mediterranen Raum dünner vertreten und im Wesentlichen auf Gebirge beschränkt. Auf der mageren Erdkrume der Hang- und Höhenlagen war der Bewuchs ansonsten durch die aus Hartgewächsen bestehende Macchie geprägt. In noch kargeren Gegenden, der so genannten Garrigue oder in Steppen, fanden sich nur noch Niedergewächse, darunter Kräuter wie Thymian oder Oregano.

Diese von blühenden Gartenlandschaften bis zu kargen Steppen reichende Vielfalt der Vegetation spiegelt die unterschiedlichen klimatischen Bedingungen, die sich seit der Antike nicht grundlegend verändert haben. Für die küstennahen Zonen des Mittelmeeres sind heiße, trockene Sommer und regenreiche Winter mit einer kurzen, intensiven Wachstums- und Fruchtphase im Frühjahr, also ein Dreijahreszeitenrhythmus, typisch. Zugleich erklären die skizzierten geologischen und klimatischen Bedingungen die ökologische Labilität der Region: Die ergiebigen Winterregen führen nämlich in Kombination mit den felsigen und schlechten Böden zu starker Erosion. Dieser Vorgang wird gelegentlich auch schon von antiken Autoren wahrgenommen: So erwähnt Platon die Verkarstung des entwaldeten Attika des 4. Jh.s. v.Chr. (Platon, *Kritias* 111b). Man hatte in einigen Gegenden Griechenlands den Eindruck, nackten Fels zu bearbeiten. Noch schlechter sind die Voraussetzungen nur in den Wüstengebieten des Vorderen Orients und Nordafrikas mit extrem kurzen Frühjahrswachstumsphasen. Erheblich günstiger stellen sich dagegen die Verhältnisse in den gemäßigten, regenreichen Zonen Nord-, Mittel- und Osteuropas mit ihrem Vierjahreszeitenzyklus dar. In den einzelnen Kleinregionen dieser drei Zonen kann das Klima allerdings selbst auf sehr kurzen Distanzen stark variieren. Die Niederschlagsmengen können von Jahr zu Jahr je nach Witterung erheblich differieren. Während in einem Gebiet katastrophale Ernteausfälle zu beklagen waren, konnte man keine 30 km entfernt eine reiche Ernte einfahren und sorglos dem Winter sowie der Aussaat des Folgejahres entgegen sehen.

Angesichts dieser Vielfalt der naturgeographischen Ausstattung wird die erstaunliche Anpassungsfähigkeit deutlich, mit der die antiken Menschen die jeweils beste Form des Lebens zu kultivieren versuchten. Das Verhältnis der Menschen zu ihrer natürlichen Umwelt wurde ja dauerhaft durch die Agrarwirtschaft als Existenzgrundlage bestimmt. In der gesamten Antike waren die Gesellschaften wesentlich durch die bäuerliche Bevölkerung geprägt, die selbst auf dem Höhepunkt antiker Stadtkultur mehr als drei Viertel der Gesamtbevölkerung stellte. Diese musste immer zunächst ihre eigene Lebensmittelversorgung sichern und konnte erst in einem zweiten Schritt die überschüssigen Mittel in eine von Siedlungen unterschiedlicher Art und Qualität geprägte Infrastruktur investieren.

Die historische Forschung ist vor erhebliche Probleme gestellt, wenn sie den antiken Zustand der Landschaft möglichst exakt beschreiben will. Es ist sehr schwierig, den Eingriff des Menschen in seine natürliche Umwelt präzise zu fassen oder gar ein Wechselspiel zwischen den natürlichen Bedingungen und der Reaktion auf diese Herausforderungen zu beschreiben [ASTON; SCHENK]. Eine Unterscheidung der gewachsenen Naturlandschaft von der durch menschliche Eingriffe geprägten Kulturlandschaft setzt sehr genaues Wissen um die demographischen Verhältnisse sowie um den Siedlungs- und Wirtschaftsraum voraus [SALLARES]. Solches Wissen ist jedoch nur für wenige Regionen vorhanden und verändert sich zudem noch erheblich durch die Anwendung neuer Forschungsmethoden: So hat sich etwa herausgestellt, dass die antiken Siedlungsstrukturen bei weitem vielfältiger waren als noch vor etwa zwei Jahr-

Zugänge zur Antike
Die antiken Menschen
in ihrer natürlichen
Umwelt

zehnten angenommen. Früher herrschte die Ansicht vor, dass die Siedlungsstruktur durch die natürliche Beschaffenheit des Raums, insbesondere den Zugang zu Wasser, also die Verteilung von Quellen und Bächen, gelenkt war. Feldforschungen der letzten Jahre haben diese Annahme jedoch als unhaltbar erwiesen, sondern vielmehr ergeben, dass eine agrarische Nutzung – und damit die Entstehung von Kulturlandschaften – auch in Gebieten anzunehmen ist, die auf den ersten Blick nur äußerst schlechte Voraussetzungen für eine Besiedlung boten.

Wahrnehmung der Natur in antiken Texten. Die Notwendigkeit einer Revision allzu einfacher Modelle unterstreicht auch der differenzierte Blick, den die antiken Quellen auf die natürliche Umwelt des Menschen werfen [LAHMER; VÖGLER]. Schon in den antiken Texten wird sehr genau zwischen den unterschiedlichen Bestandteilen einer Landschaft unterschieden. Dies gilt für die generelle Unterscheidung zwischen Natur- und Kulturlandschaft, aber auch für die einzelnen Landkategorien des bewirtschafteten Raums und für die künstlichen Einrichtungen wie Terrassierungen, Flurmauern oder Wege und Straßen [SCHULER]. Man kann zudem zu allen Zeiten, von den altorientalischen Reichen und Stadtstaaten über das Perserreich, die griechische Polis bis hin zum Römischen Reich, beobachten, dass von der politisch-administrativen Führung eine Erhaltung und Regulierung der Kulturlandschaft mit ihren Siedlungen angestrebt wurde: In griechischen Texten begegnet etwa die Zielvorstellung einer „bewohnten und ertragreichen Landschaft", also einer *chóra oikuménē kai energós*.

Als zusätzliches Einteilungsprinzip der natürlichen Umwelt unterscheiden antike Texte zwischen der Oikumene als der bekannten, bewohnten Welt auf der einen Seite und den Regionen außerhalb des bekannten Erdkreises auf der anderen Seite [WRIGHT]. Die in der Antike gar nicht oder kaum bekannten Gebiete sind deshalb von Interesse, weil sie den antiken Zeitgenossen und Autoren als Projektionsfläche für die eigene Phantasie und als Gegenwelt zum Bekannten dienten. Hier siedelte man Fabelwesen an und neben grotesken Formen menschlicher oder tierischer Existenz spielten utopische sowie besonders reine und von allen äußeren Anfechtungen freie Formen des Lebens in der Natur eine besondere Rolle. Bereits Herodot berichtet auf diese Weise über verschiedene Völker und auch Platon lässt die Bewohner von Atlantis in paradiesischen Verhältnissen leben [BICHLER].

So grundlegend wie die Unterscheidung zwischen bekannter und unbekannter Welt war die Vorstellung, dass jede Naturerscheinung Ausdruck göttlichen Waltens war und die Götter immer auch Personifikationen von Naturkräften waren. Alle Naturereignisse wie Erdbeben, Gewitter, Regen, Dürre und selbst der Vogelflug wurden als Willensäußerungen der Götter gelesen und interpretiert. So sah man in Zeus/Juppiter den Himmels- bzw. Wettergott, der Regen, Sonne und Gewitter schuf. Poseidon war der Gott des Meeres, Demeter/Ceres die Göttin des Getreides. Pan galt als universeller Gott der Natur und die Erdgöttin Ge bzw. Gaia/Tellus hielt man für die älteste Göttin, die diejenigen belohnte, die sich ihr gegenüber wohl verhielten, und mit äußerster Härte bis hin zum Tod alle diejenigen strafte, die sich an ihr vergriffen.

Mit dem Versuch, das Wesen der Natur zu ergründen, war früh die Überzeugung verknüpft, dass eine Störung dieser Ordnung etwa durch Verunreinigungen den Zorn der

▷ S. 237ff.
Die antiken Menschen und ihre Götter

Götter provozierte und daher gesühnt werden musste. Diese Vorstellungen berührten ganz elementar das Überleben und die tägliche Versorgung mit Nahrung. Deshalb war zu allen Zeiten die Landwirtschaft eng mit Kulten und Ritualen verbunden: Jede Tätigkeit vom Pflügen und Aussäen bis hin zum Ernten hatte ihre ganz spezielle Gottheit. Angesichts der solcherart angenommenen Allgegenwart der Götter in der Natur boten viele Orte Gelegenheiten für die Einrichtung heiliger Plätze, die der Landschaft somit eine neue, sakrale Struktur gaben: An Quellen und Flüssen, in Grotten und Höhlen sowie an Aussichtsplätzen wohnten Gottheiten und entsprechend fanden sich Heiligtümer meist an topographisch irgendwie herausragenden Stellen.

Die Natur hatte einerseits eine dunkle, bedrohliche Seite, denn die Naturgesetze wurden vor allem in ihren negativen Wirkungen als etwas wahrgenommen, das sich gänzlich dem menschlichen Eingriff entzog. Andererseits erschien Römern wie Griechen die Natur als wohlgefügte Ordnung, in die der Mensch eingebunden war. Erste Versuche zur philosophisch-wissenschaftlichen Bestimmung dieser Ordnung reichen in die griechische Archaik zurück und sind eng verbunden mit dem Namen Thales von Milet, dessen Ruhm u.a.

▷ S. 264
Die antiken Menschen über sich

auf der erfolgreichen Voraussage einer Sonnenfinsternis (am 28. Mai 585? v.Chr.) beruhte. Ganz spezielle Formen nahmen die Gedanken über eine festgefügte Naturordnung in der Philosophie der klassischen und hellenistischen Zeit an. So verstand die orphische Kosmologie die Welt als organische Einheit, als zyklisches Zusammenspiel und als Balance aller Elemente. Pythagoreer sahen in Übernahme und Zuspitzung orphischen Gedankenguts die Welt als etwas, in dem alles aus den gleichen Elementen besteht und nichts vergehen kann. Da alles in dieser wohlgefügten Ordnung eine Seele besitzt, die nach dem Tod fortlebt und in einen neuen Organismus übergeht, ging man sogar so weit, am Verzehr von Pflanzen und Tieren Kritik zu üben. Im Sinne dieser Vorstellungen behauptete Empedokles von sich: „Denn ich wurde bereits einmal Knabe, Mädchen, Pflanze, Vogel und flutenttauchender, stummer Fisch." (DIELS/KRANZ, *Fragment* 117).

Auch bei Platon und besonders in der Philosophie der Stoa findet sich der Gedanke, dass der Kosmos eine gut eingerichtete Ordnung sei, an der jedes Ding und Lebewesen seinen Anteil habe. Aber es begegnet auch die Vorstellung einer Rangordnung der Lebewesen: So führt Aristoteles aus, die Pflanzen seien den Tieren untergeordnet, die Tiere den Menschen und schließlich unter den Menschen die Schwächeren als Sklaven den Stärkeren (*Politik* 1254 b 18f.; 1256 b 15–26). Alles in der Natur erhält in dieser Definition seinen Sinn durch den Wert, den es für den freien Menschen hat. Hierzu gab es freilich auch Gegenstimmen, die ein Eigenrecht der Natur unabhängig vom Menschen betonten. Doch entscheidend an den Überlegungen des Aristoteles war, dass sie einen Zusammenhang zwischen allen Lebewesen und ihrer natürlichen Umgebung herstellten. Jüngst ist hierin – vielleicht in leichter Übertreibung – gar die Geburtsstunde der Ökologie als wissenschaftlicher Disziplin gefeiert worden [HUGHES].

Solche philosophischen Konzepte sind jedenfalls eine Voraussetzung dafür gewesen, dass man den Einfluss der natürlichen Umwelt auf Menschen und Zivilisationen erörtern konnte. Demokrit führte kulturelle Leistungen und Fertigkeiten des Menschen allgemein auf das Kopieren der Natur zurück: Das Singen

Zugänge zur Antike
Die antiken Menschen
in ihrer natürlichen
Umwelt

habe er den Vögeln abgeschaut, das Weben den Spinnen. Auch für den Arzt Hippokrates beeinflusst die Natur ganz entscheidend den Zustand von Körper und Seele. Derartige Überlegungen münden schließlich im lebenspraktischen Alltag in die Gewissheit des Architekten Vitruv, dass die Gesundheit eines Menschen durch die Lage seines Hauses in der Natur beeinflusst wird (*De architectura* 1, 6).

Überhaupt war in der antiken Klimatologie und Geographie die Vorstellung fest verankert, dass die jeweilige Kultur wesentlich durch ihren Lebensraum geprägt ist. Die Überlegenheit der Griechen und später der Römer über ihre jeweiligen Nachbarn sowie ganz allgemein über die Barbaren wurde auf die natürlichen Bedingungen zurückgeführt, in denen sie lebten. Diese ideologisch gefärbten Vorstellungen von einer Determiniertheit der Staaten und ihrer Politik durch die Natur hatte weitere Facetten. So führten zwar die Römer ihre Prädestination zur Herrschaft über andere auch auf die Vorzüge ihres Lebensraums zurück. Aber auch die Kehrseite dieser Begünstigung wurde kulturkritisch angemerkt, indem man die im Überfluss zutage tretende Naturausbeutung als Zeichen sittlicher und politischer Dekadenz interpretierte. Ein Leben mit allen nur erreichbaren Luxusgütern, das durch Ausbeutung der natürlichen Umwelt erkauft wurde, und die verfeinerte Villenkultur wurden von Sallust über Livius oder Seneca bis Tacitus als Ausdruck einer im Niedergang begriffenen politischen Kultur verstanden. Die landwirtschaftliche Tätigkeit der Vorfahren stand dagegen für die ursprüngliche, nun verlorene Einheit mit der Natur, in der Bedürfnislosigkeit zugleich eine positive politische Kultur garantierte.

Zu den Reflexionen über den Zivilisationsprozess gehören ferner Gedanken über den Gegensatz zwischen Stadt und Land. Die geschlossene Siedlung galt als Symbol für Künstlichkeit und Naturferne, das Land als Hort ursprünglicher Naturverbundenheit. Die städtische Lebensweise erschien gerade den Römern als negative, griechische Lebensart, der man die ursprünglich römische, agrarisch geprägte gegenüberstellte (Varro, *De re rustica* 1, 13, 6f.). Die Landromantik und Bukolik hatte aber auch ganz andere Ausprägungen. Neben dem positiv bewerteten Landleben, das der Dekadenz der Stadt gegenübergestellt wurde, bestand in der gesamten Antike die Vorstellung weiter, dass das naturnahe Land der Ort kultureller Rückständigkeit sei. Das Verlassen der abgelegenen Bergwelt, der Welt der unkultivierten Schäfer also, und das Anlegen von Siedlungen am Küstensaum wird seit jeher als Kennzeichen des gemeinsamen Zivilisationsprozesses verstanden.

Hinter derartigen kulturhistorischen Überlegungen stand aber die schon bei einigen griechischen Autoren vorherrschende Gewissheit, dass der Mensch der Beherrscher der Natur sei (Sophokles, *Antigone* 332–375). Nach Ansicht Ciceros (*De natura deorum* 2, 152) hat der Mensch innerhalb der einen Natur durch seine Hände eine zweite selbstständig geschaffen. Seneca sieht ihn als Wächter der Natur und stellt sich damit in klaren Gegensatz zu Autoren wie Platon, Columella oder dem älteren Plinius, die aus ganz unterschiedlichen Blickwinkeln die Naturzerstörung in den Vordergrund rückten.

Es sei ausdrücklich vermerkt, dass sowohl die Griechen als auch die Römer einen Sinn für die ästhetische Schönheit der Landschaft hatten. Angefangen mit landschaftsrühmenden Beiwörtern für einzelne Orte bei Homer über die griechische Landschaftsmalerei bis hin zur ästhetisierenden Landschaftsbetrach-

Besitzer ländlicher Anwesen ließen sich gern Fußbodenmosaiken legen, die das ländliche Leben verklärt wiedergaben. Auch auf dem abgebildeten Mosaik aus Utica in Tunesien (heute im Bardo-Museum) sind **Szenen aus dem Landleben** zu sehen: Zwischen Weinstöcken, Obst- und Olivenbäumen sind Bauern, Landarbeiter oder Sklaven abgebildet, die sich mit Hunden auf der Jagd befinden. Neben verschiedenen Gebäuden ist ein aus Steinblöcken aufgemauertes, turmartiges Gebilde zu erkennen, aus dessen Vorderseite Wasser fließt. Es handelt sich vermutlich um eine Wassermühle, mit der das umliegende Feld bewässert wurde. Die poetisch gestaltete Genreszene des Mosaiks liefert demnach einen Beleg für die bisweilen aufwändig unterstützte Bebauung des Landes. Hierbei wurden alle technischen Möglichkeiten ausgenutzt, um den Ertrag der Felder zu sichern und von Witterungseinflüssen unabhängig zu machen. Bewässerungstechniken waren bereits von den altorientalischen und ägyptischen Hochkulturen entwickelt worden, um schließlich auch bei Griechen und Römern Anwendung zu finden. Römische Ingenieure bereisten beispielsweise das Niltal und das Getreideanbaugebiet des Fayum, um die Bewässerungstechnik zu studieren und in einigen Regionen der italischen Halbinsel anzuwenden. Bisweilen stellte sich freilich auch das entgegengesetzte Problem: In der Poebene musste man in republikanischer Zeit Mittel finden, um eine Entwässerung des Landes zu erreichen. Diese Formen der Bodenverbesserung dienten wie Rodungen des Waldes der Erschließung neuer Anbauflächen, um eine allmählich wachsende Bevölkerung versorgen zu können.

Bild: Mosaik aus Utica, aus: K.-W. WEEBER, Alltag im alten Rom. Das Landleben, Düsseldorf/Zürich 2000 S. 39.

Zugänge zur Antike
Die antiken Menschen
in ihrer natürlichen
Umwelt

tung, wie sie der jüngere Plinius anstellte, finden sich viele Zeugnisse hierfür. Dass nichts so sehr wie die Werke der Natur erfreue (Plinius der Jüngere, *Epistulae* 8, 20), zeigt sich insbesondere in der ‚Villenkultur' der Römer, die bei der Wahl des Baugrunds das Landschaftsrelief bewusst in ihre Überlegungen miteinbezogen, etwa im Aufgreifen oder Betonen von Aussichten. Aber auch der in den Plinius-Briefen dokumentierte kaiserzeitliche Tourismus zu besonderen Sehenswürdigkeiten der Natur, bei denen sich Naturerlebnis mit ästhetischer und religiöser Erbauung verbanden, belegen diesen Blickwinkel. Ein bemerkenswerter Passus bei Tertullian (*De anima* 30), worin dieser die Erschließung der Natur durch Städte, Dörfer und Gehöfte durch die römische Herrschaft feiert, zeigt aber, dass gerade die Kulturlandschaft als besonders wertvoll betrachtet wurde.

Gestaltung der Landschaft durch den Menschen. Vor der sakralen oder philosophisch-wissenschaftlichen Erklärung der natürlichen Umwelt hatten sich die antiken Menschen selbstverständlich ihre Umgebung ganz praktisch als Lebensraum erschlossen. Dabei sind solche Einflussnahmen des Menschen bereits seit der Altsteinzeit (Paläolithikum) mit den Jäger- und Sammlerkulturen feststellbar, als erstmals für uns fassbar Menschen Tiere auf Rückzugsgebiete zurückdrängten oder gar ganz ausrotteten. Eine neue Qualität wurde jedoch durch die ‚Agrarrevolution' in der Jungsteinzeit (Neolithikum) erreicht: Die Domestizierung von Tieren wie Kühen, Schafen und Ziegen sowie die Entwicklung des Ackerbaus, dessen archäologische Spuren in Ägypten und im Vorderen Orient bis in das 9./8. Jahrtausend v.Chr. zurückreichen, hatten bislang ungekannte Auswirkungen auf die Umwelt. Die zunehmende Sesshaftigkeit der Menschen und die Entstehung erster größerer Siedlungsgemeinschaften veränderte das Landschaftsbild grundlegend. Technische Errungenschaften wie die Erfindung des Pflugs und die Entwicklung der Wasserregulierung schufen seit der Bronzezeit wichtige Voraussetzungen für die Entstehung größerer Zentren. Denn nur mit einer hinreichend effizienten Landwirtschaft war die Versorgung geschlossener Siedlungen von mehreren tausend Einwohnern überhaupt möglich. Dies zeigen die ausgeklügelte Palastwirtschaft des minoischen Kreta, deren Überschussproduktion sich an den errichteten Großmagazinen ablesen lässt, (1. Hälfte und Mitte des 2. Jahrtausends) und die zentralistische Wirtschaft der mykenischen Zentren (Mitte und 2. Hälfte des 2. Jahrtausends), über die wir auch aus schriftlichen Quellen, verfasst mit Hilfe der so genannten Linear-B-Schrift, Genaueres erfahren. Bereits im 2. Jahrtausend v.Chr. hatte die landwirtschaftliche Erschließung des Siedlungsraums mit Dörfern, Weilern und Gehöften einen ersten Höhepunkt erreicht, ebenso die Vielfalt der angebauten Produkte: Vielerorts hatte sich schon zu diesem Zeitpunkt – zumindest in Grundzügen – jene Siedlungsstruktur ausgebildet, die für die nächsten anderthalb Jahrtausende das Landschaftsbild bestimmen sollte. Neben intensiver Landwirtschaft ist auch die Existenz unterschiedlicher Landkategorien dokumentiert, so z.B. auf den Linear-B-Schrifttäfelchen aus Pylos. Schon damals gab es klare Vorstellungen darüber, welche Landstücke, gemessen an ihrer jeweiligen Bodengüte, welchen sozialen Gruppen zustanden und welches Land für eine gemeinsame Nutzung, z.B. als Viehweide, in Frage kam.

Vergleichbares überliefern einige Jahrhunderte später die homerischen Epen, die ebenfalls einen entsprechenden Verteilungsmodus kennen, ohne dass dieser freilich Erbe des 2. Jahrtausends sein muss. In den Epen finden sich neben einfachen Agrartechniken – wie dem Schneiden von Getreide, dem Dreschen oder Pflügen – auch Hinweise auf eine differenzierte Siedlungshierarchie von befestigten Orten und ländlichen Siedlungen. Von entscheidender Bedeutung war dabei der persönliche Landbesitz. Denn dieser sicherte nicht nur die Ernährung und damit das unmittelbare Überleben, sondern bestimmte auch den sozialen Status des Einzelnen. Schon im 8. Jh. v.Chr. war man im griechischen Raum technisch in der Lage, das Land zu vermessen und den Siedlungs- und Agrarraum aufzuteilen. Seit der frühen Kolonisation lässt sich nämlich eine geometrisch präzise Ordnung der natürlichen Umwelt beobachten, deren Zweck die Verteilung von Landparzellen an einzelne Personen war. Dies ist ein wichtiges Indiz für die zu diesem Zeitpunkt bereits hoch entwickelte Erschließung des Siedlungs- und Lebensraums.

In die Zeit der Epen fällt auch die Entstehung von Kleinstaaten. Das stark gegliederte Landschaftsrelief hat allem Anschein nach die politische Organisation in relativ überschaubaren Siedlungseinheiten begünstigt, die in archaischer Zeit Grundlage für die Ausbildung der Bürgerstaaten, der Poleis, wurden. Die Polisverfassungen waren aber sicher nicht die einzig mögliche politische Organisationsform in dieser Landschaft, Griechenland kannte vielmehr auch ‚Stämme'. Die andersartigen Vergemeinschaftungen in vielen anderen, naturgeographisch jedoch ähnlich strukturierten Gegenden legen den Schluss nahe, dass nicht Umweltbedingungen allein, sondern ein ganzes Bündel von Faktoren die jeweilige Staatenbildung beeinflusste.

▷ S. 22f.
Von der Levante nach Griechenland
▷ S. 181ff.
Die antiken Menschen in ihren Gemeinschaften

Eine kennzeichnende Gemeinsamkeit in den unterschiedlichen Kleinregionen Kleinasiens, Griechenlands, Illyriens, der italischen Halbinsel, Hispaniens usw. kann man dennoch konstatieren: die oft sehr ähnliche, am Landschaftsrelief ausgebildete Siedlungsstruktur mit ihrem Nebeneinander von befestigten Zentralorten und unbefestigten ländlichen Siedlungen in der Nähe bewirtschafteter Flächen. Zumindest für die griechische Welt der archaischen Zeit kann man allerdings feststellen, dass die Erschließung des Landes und die damit einhergehende Ausbildung von Gemeinschaften sowie die Entstehung der Poleis diese charakteristische Siedlungsstruktur häufig erst nach sich zogen und nicht umgekehrt. Man entschloss sich also, inmitten der dicht besiedelten Landschaft an einem zentralen Ort administrative, religiöse und politische Funktionen für die jeweilige Gemeinde zu konzentrieren, und schuf damit zugleich einen Kristallisationspunkt für die eigene Identität.

Die sich daraus ergebende Siedlungsstruktur war derart etabliert und erfolgreich, dass sie bei Koloniegründungen von Griechen – und später auch von Römern – ganz selbstverständlich in das neue Siedlungsgebiet übertragen wurde. Auch bei der Expansion des römischen Reichs im Westen wurden weite Teile des Landes erstmals kultiviert und dabei mit einer entsprechenden Siedlungsstruktur überzogen. Entscheidend bei all diesen Vorgängen aber ist, dass die Entstehung eines Siedlungszentrums höherer Ordnung Ergebnis einer politischen Entwicklung war, nämlich der Entscheidung, in einem dörflich strukturierten Siedlungsraum Kompetenzen zu zentralisieren. Auch bei den Römern dürfte bei der Neustrukturierung von Siedlungsräumen unter administrativen Gesichtspunkten

Zugänge zur Antike
Die antiken Menschen
in ihrer natürlichen
Umwelt

die Vorstellung des Wechselspiels zwischen Zentrum und ländlichem Raum eine entscheidende Rolle gespielt haben. Nicht der Naturraum bestimmte also die Gemeinschaftsbildung, sondern letztere hatte unübersehbare Folgen für die Neugestaltung der Umwelt.

Schon die *Werke und Tage* Hesiods aus dem frühen 7. Jh. v.Chr., in denen die im Jahreszyklus notwendigen Arbeiten des Landmannes geschildert werden, gewähren Einblick in das engmaschige soziale Leben der dörflichen Gemeinschaften. In dieser Dichtung wurden frühe Formen der Gemeinschaftsbildung bewahrt. Wichtige Bestandteile waren eine enge Nachbarschaft sowie ein daraus resultierender Normen- und Moralkodex, der beispielsweise in Form von Sprichwörtern tradiert wurde [SCHMITZ]. Solche Dorfgemeinschaften waren die Keimzellen der griechischen Polis.

Die Prozesse der Gemeinschaftsbildung lassen sich also mittlerweile in Grundzügen verstehen. Schwieriger ist die Rekonstruktion bäuerlichen Alltags, zu dem wir jetzt zurückkehren wollen. Wirklich detailliert und ergiebig für eine Rekonstruktion archaischer Agrartechnik sind Hesiods Angaben nicht. Sein Werk ist nämlich nicht als Lehr- oder Anweisungsbuch gedacht, wie sich generell für die Griechen bisher kein agrarwirtschaftliches Handbuch nachweisen lässt. Dieser Umstand belegt nicht ein mangelndes Interesse am Gegenstand, sondern das Vorhandensein einer Landwirtschaft, die aus der Praxis heraus funktionierte und keiner Anleitung bedurfte. Im Gegensatz hierzu besaßen die Römer mit den aus der Feder Catos, Varros und Columellas stammenden Schriften über die Landwirtschaft eine Literaturgattung, die sich an eine Zielgruppe wandte, welche (zur Zeit Catos) entweder an die Landwirtschaft gebunden werden sollte oder (zu Zeiten Varros

und Columellas) mit ihr nicht mehr vertraut war. Dem Investor in Landbesitz wurde ein Lehrbuch an die Hand gegeben, mit dem er eine möglichst profitable Bewirtschaftung des Landes durch seinen Gutsverwalter kontrollieren konnte [MEISSNER]. Diese Bücher sind eine wichtige Quelle für die Teilrekonstruktion der alltäglichen bäuerlichen Arbeit.

Wie bereits angedeutet, waren aber spätestens im 2. Jahrtausend v.Chr. differenzierte Siedlungsformen entwickelt worden, die eine effiziente Ausbeutung der natürlichen Ressourcen sicherten. Hierzu gehörten neben verschiedenen Maßnahmen der Bodenverbesserung (z.B. durch Be- und Entwässerung) auch solche zur Qualitätssicherung durch Verhinderung von Erosion. Dabei handelt es sich vor allem um Terrassierungen entlang der Berghänge, die zugleich Platz für ertragreiche Wein- und Olivenkulturen boten.

Man sorgte sich ständig um den Erhalt der Bodenqualität, weil die Ernährungssituation in der Antike grundsätzlich prekär war. Trotz einer differenzierten und ausgeklügelten Agrartechnik [ISAGER/SKYDSGAARD; FLACH; GALLANT] und einer oft umfassenden Erschließung von Agrarflächen in der Nähe der Siedlungen sind für die gesamte Antike Ernährungskrisen und Hungersnöte überliefert. Ursache war die zum überwiegenden Teil eher bescheidene Bodenqualität. Abgesehen von außergewöhnlich ertragreichen Regionen – wie z.B. Ägypten – waren die wenigen Böden guter Qualität nur mit Zweifelderwirtschaft zu bearbeiten, um eine vorzeitige Auslaugung der Böden zu verhindern. Und noch in der Kaiserzeit waren größere Betriebe mit Monokulturen zugleich auf den Anbau verschiedener Ernährungspflanzen wie Hülsenfrüchte, Obst oder Gemüse angewiesen, um die Lebensmittelversorgung der im Gehöft oder Gutshof

Das kaiserzeitliche Grabrelief erinnert an Titus Paconius Caledus, der entweder über Landbesitz verfügte oder als Gutsverwalter tätig war. Er wird bei der **Registrierung der Ernte** verschiedener Gemüsesorten, darunter Gurken und Rüben, gezeigt, die von Landarbeitern, vermutlich Sklaven, herbeigeschafft werden. Auch wenn nicht alle Früchte eindeutig zu bestimmen sind, bestätigt die Darstellung die aus der antiken Literatur bekannte Vielfalt der angebauten Produkte. Die Toga dokumentiert die gehobene soziale Stellung des Gutsbesitzers. Es ist bemerkenswerterweise die einzige erhaltene Reliefdarstellung ländlicher Arbeit, obwohl die Agrarwirtschaft bei den Römern in höherem Ansehen als Handwerk, Gewerbe oder Handel stand.

Aus dem Grabrelief spricht trotz der handwerklichen Mängel der Stolz des Titus Paconius Caledus und seiner Familie auf Reichtum, soziale Stellung und eben auch wirtschaftliche Fertigkeiten, zu denen das Schreiben auf einem aufklappbaren, mit Wachs beschichteten Holztäfelchen gehörte. Wie die Kontrolle der Ernte zu erfolgen hatte, konnte ein Landbesitzer einschlägigen Handbüchern, wie jenem Columellas entnehmen. In der Regel wird er aber selbst dank praktischer Erfahrung mit den Details landwirtschaftlicher Arbeit vertraut gewesen sein. Der im Relief angezeigte Grad an Professionalität leitet zu der Frage, mit welchem Ziel die Buchführung vorgenommen wurde. Wollte ein Verwalter seiner Rechenschaftspflicht gegenüber dem Eigentümer nachkommen oder der Eigentümer selbst den Ertrag in Hinsicht auf weitere Wirtschaftsplanungen kontrollieren?

In der Forschung ist umstritten, in welchem Umfang die reichen Landbesitzer an Ertragssteigerungen interessiert waren. Damit ist ein grundlegendes Problem antiker Wirtschaft berührt, nämlich die Frage, ob antike Landbesitzer überhaupt mit langfristiger Planung eine Gewinnmaximierung anstrebten oder sich mit einem bescheidenen Ertragsniveau zufrieden gaben. Gab es bereits in der Antike das Bestreben, rational, innovativ und wachstumsorientiert zu wirtschaften? Oder war man eher an Eigenversorgung und bescheidener Produktion für einen lokalen Markt interessiert? Diese wirtschaftsgeschichtliche Debatte über Primitivität oder Modernität antiker Wirtschaft lässt sich über Feldforschungen zur Gestaltung der natürlichen Umwelt tendenziell eher zugunsten der zweiten Alternative, also für Modernität, entscheiden. Die verschiedenartigen Eingriffe in die Landschaft wurden vorgenommen, um den Ertrag auf ein möglichst hohes Niveau zu bringen und auf diesem zu halten. Das heißt aber auch, dass die Eingriffe in die natürliche Umwelt stärker ausgefallen sein müssen als oft angenommen.

Bild: Grabrelief des Titus Paconius Caledus, Musei Vaticani.

Literatur: W. Amelung, Die Sculpturen des Vaticanischen Museums, Bd. II, Berlin 1908, 703–705 (und Taf. 78); K.-W. Weeber, Alltag im Alten Rom. Das Landleben, Düsseldorf/Zürich 2000, 39; G. Zimmer, Römische Berufsdarstellungen, Berlin 1982, 70f.; H. W. Pleket, Wirtschaft, in: F. Vittinghoff (Hrsg.), Europäische Wirtschafts- und Sozialgeschichte in der römischen Kaiserzeit, Stuttgart 1990, 25–160.

Zugänge zur Antike
Die antiken Menschen
in ihrer natürlichen
Umwelt

lebenden Menschen witterungsunabhängig zu sichern.

Die schlechte Bodenqualität bedingte sehr bescheidene Erträge, besonders beim Anbau von Getreide. Auf *ein* ausgesätes Korn wurden in einem durchschnittlichen Jahr wegen des fehlenden Düngers *vier* Körner geerntet, von denen eines für die Aussaat im folgenden Jahr aufbewahrt werden musste. Ausnahmen bildeten nur Ägypten und einige Gebiete Siziliens mit Vulkanascheboden, auf denen das sechs- bis zehnfache Korn geerntet werden konnte. Berichte über Rekordernten in Afrika mit hundertfachem Ertrag, wie sie uns Varro (*De re rustica* 1, 44, 2) und der ältere Plinius (*Naturalis historia* 5, 24) überliefern, wirken hingegen wenig vertrauenerweckend. In allen anderen Gebieten bedurfte es nicht einmal einer Katastrophe wie Frost, Hagel, Pilzkrankheiten oder Tier- bzw. Insektenfraß, sondern es genügten schon kleinere klimatische Schwankungen, eine Trockenheit in der Wachstumsphase oder zu viel Nässe, um trotz eher geringfügiger Auswirkungen auf das Pflanzenwachstum sofort Versorgungsengpässe zu provozieren und die Bewohner der auf Subsistenz ausgerichteten Mehrheit der Betriebe zu gefährden. Bei paläontologischen Untersuchungen an Skeletten registriert man daher regelmäßig Zeichen von Mangelernährung und eine sicherlich dadurch bedingte geringe Lebenserwartung von kaum mehr als 40 Jahren.

Einbrüche in der Nahrungsversorgung sind in Griechenland nicht nur durch Selbst- und Nachbarschaftshilfe [GALLANT], sondern auch durch öffentliche Eingriffe aufgefangen worden. Hierzu gehörte – wie in dem berühmten, da ausführlich bei Herodot (4, 150–156) überlieferten Fall einer Dürreperiode auf der Insel Thera – die Aussendung eines Teils der Bevölkerung zur Neugründung einer Kolonie. Im ausgedehnten Hinterland der Polis Athen, der attischen *chṓra*, war eine ‚Binnenkolonisation' möglich, d.h. man konnte auf dem eigenen Polisgebiet durch die Anlage neuer Dörfer bislang ungenutzte Anbauflächen erschließen. Auf Versorgungskrisen wurde ferner durch Import von Nahrungsmitteln reagiert, nicht selten staatlicherseits gelenkt und finanziert. In der römischen Kaiserzeit organisierte man die Verteilung von Getreide aus den ägyptischen und nordafrikanischen Getreideanbaugebieten in Rom und anderen Regionen des Reichs sogar in großem Maßstab. Dennoch blieben Hungerkrisen eine recht häufige Erscheinung.

▷ S. 182
Die antiken
Menschen
in ihren
Gemeinschaften

Da die durchschnittlichen Städte und das sie umgebende Land Selbstversorger waren und kaum für den Export produzierten, blieb insbesondere die Belieferung der großen Metropolen mit Nahrungsmitteln problematisch. Nötig war nicht nur eine ausgezeichnete Organisation sowie Weitsicht in der Planung, sondern auch eine Portion Glück, insbesondere was den Seetransport betraf. Schon im klassischen Athen, das erhebliche Getreideimporte benötigte, wurde die Versorgung der städtischen und halbstädtischen Zentren bisweilen schwierig, da die Seepassagen recht leicht gestört werden konnten. Ähnlich prekär war die Situation im Rom der späteren Republik, als auf der italischen Halbinsel durch Landflucht die Brachflächen erheblich zugenommen hatten. Staatliche Eingriffe brachten nur in bescheidenem Rahmen Erfolg. Die Attraktivität der städtischen Zentren und der geringe Ertrag einzelner Kleinbauernstellen standen ihnen entgegen. Hinzu kam das spezielle Problem der kleinbäuerlichen Heeresdienstpflicht und der damit verbundenen Abwesenheit vom Hof. All das ließ bäuerliches

Leben nicht besonders attraktiv erscheinen. Eine weitere Last für die ländliche Bevölkerung waren die durchziehenden größeren Heereseinheiten. Während des 2. Punischen Krieges (218–201 v.Chr.) etwa, in dem die römischen Feldherrn Hannibal mit seinen Truppen zu ständigen Standortwechseln im Süden der italischen Halbinsel zwangen, hatte die ländliche Bevölkerung erheblich unter den Söldnern Hannibals zu leiden. Antike Autoren berichten meist summarisch über derartige Plünderungen und die Zerstörung der Ernte sowie über das Fällen der Oliven- und Obstbäume im Umland eines Siedlungszentrums. Der tatsächliche Umfang dieser Zerstörungen lässt sich – abgesehen von besonders gut dokumentierten, aber eben auch nur partiellen Verwüstungen während des Peloponnesischen Kriegs (431–404 v.Chr.) – freilich kaum ermitteln [HANSON]. Man muss davon ausgehen, dass die komplette Zerstörung eines Fruchtbaumbestands die Ausnahme gewesen ist, denn der mit der Abholzung verbundene Arbeitsaufwand war immens. Er hätte die Truppen unnötig von Wichtigerem, nämlich von der eigentlichen Kriegführung gegen das befestigte Zentrum, abgehalten. In der überlieferten strategischen Literatur der Antike spielen dementsprechend Bemerkungen zum Schutz der ländlichen Agrarkulturen keine Rolle.

▷ S. 64
Die Hellenisierung der Mittelmeerwelt

▷ S. 36ff.
Die Mittelmeerwelt vom 6. bis 4. Jahrhundert

Mensch und Tier. Die alltäglichen Probleme lagen denn auch in anderen Bereichen. Neben dem oben erwähnten Bemühen, bestehende Anbauflächen zu erhalten und vor Erosion zu schützen, standen die Rodung von Wald- und Macchieflächen sowie die klare Abgrenzung jener Gebiete, die explizit und im gemeindlichen Konsens von intensivem Anbau ausgeschlossen waren. Diese meist im Randbereich der Gemeinwesen gelegenen Gebiete standen den Hirten als Viehweide zur Verfügung und sollten den – ansonsten streng geahndeten – Verbiss in den Kulturflächen verhindern. Zum festen Repertoire der Agrarwirtschaft in allen Teilen des Mittelmeerraumes gehörten in der gesamten Antike verschiedene Formen der Viehwirtschaft, darunter diverse Ausprägungen der Weidewirtschaft sowie auch die Transhumanz, also jene Form der Tierhaltung in größeren Herden, bei der bezahlte Hirten die futtersuchenden Tiere (hier meistens Schafe) ihrer Auftraggeber auf langen Wegen durch klimatisch verschiedene Weidegründe führten und erst nach Ablauf einer Wachstumsperiode wieder in ihre Ausgangsgebiete zurückkehrten. Umfang und Bedeutung der Transhumanz differierten freilich je nach Gebiet und sind bisweilen aufgrund der schwierigen Quellenlage nur noch schwer abzuschätzen [THOMPSON; LOHMANN 1997; WALDHERR 1999]. Die Viehwirtschaft war aber nur eine Form der Ausnutzung tierischer Ressourcen; hinzu kamen die Jagd und eine artenspezifische Tierhaltung, die nicht erst in der römischen Kaiserzeit erstaunlich differenziert war und vielerorts eine ausreichende Versorgung mit tierischen Produkten sicherstellte. Hierzu gehörte etwa die Bienenhaltung, aber auch die Aufzucht aller möglichen Tiere von Geflügel bis hin zu Fischen, ja selbst die Anlage von Austernbänken.

Die Fische hatten aufgrund der meernahen Lage vieler Siedlungen eine besondere wirtschaftliche und kulturhistorische Bedeutung. Schon für die griechische Frühzeit im 2. Jahrtausend v.Chr. ist die Nutzung der maritimen Ressourcen gut bezeugt, sowohl in individueller Vorgehensweise mit Netzen und Angeln als auch in gemeinschaftlicher Kooperation. Letzterer bedurfte es etwa beim Eintreffen der

Zugänge zur Antike
Die antiken Menschen
in ihrer natürlichen
Umwelt

großen Thunfischschwärme, deren Ankunft auf Kreta und anderen Ägäis-Inseln von eigens eingerichteten Beobachtungstürmen aus gemeldet wurde. Auf diese Weise ließ sich ein wichtiges Nahrungsmittel erschließen, da das Fleisch dieses Großfischs ausgezeichnet einzusalzen und somit zu konservieren war: Spätestens für die klassische Zeit ist die Fabrikation von Salzfisch in großem Stil bezeugt und so bildete dieses einfache Produkt ein wichtiges Grundnahrungsmittel für breite Bevölkerungsschichten, nicht nur in Griechenland, sondern vor allem auch im nördliche Schwarzmeergebiet und schließlich in Italien, Spanien und Nordafrika; außer dem Fisch brauchte man nur entsprechende Mengen an Salz, das mit Hilfe von Salinen aus dem Meer gewonnen wurde. Selbst Abfallprodukte dieser Produktion wie das *garum*, eine aus kleinen Fischen sowie anderen anfallenden Resten der Salzfischherstellung bereitete Fischsoße, gehörten – wie heute in verschiedenen asiatischen Ländern – zu den im großen Stil hergestellten und in verschiedenen Qualitäten gehandelten Meeresprodukten [CURTIS].

Wie bei der Fischsauce gab es auch bei den Meerestieren Luxusgüter. Für einzelne Exemplare besonders beliebter Fischarten wurden hohe Summen bezahlt; das Auftischen exquisiter Leckerbissen bei Gastmählern erhöhte das Prestige des Gastgebers. Qualität und Güte des Fischs waren daher ein beachtetes Kennzeichen sozialer Stellung. Untersuchungen von Fischgräten, die man bei Ausgrabungen von Wohnhäusern gefunden hat, dokumentieren, dass spätestens im Römischen Reich selbst in Zentralanatolien Fische verspeist wurden, und zwar solche, die nur im Nil oder anderen entfernten Gegenden vorkommen und demnach in konservierter Form über weite Wege gehandelt worden sein müssen.

Gerade für die ländliche Bevölkerung brachte darüber hinaus die Jagd auf Wildtiere eine wichtige Ergänzung des Speisezettels. Sieht man einmal von der besonders prestigeträchtigen und daher meist Aristokraten und Herrschern vorbehaltenen Jagd auf Eber oder Löwen ab, gab es in den allgemein zugänglichen Wäldern keine Jagdbeschränkungen für die Bevölkerung. Die einzelnen Arten ließen sich nicht nur als Nahrungsmittel, sondern mitunter auch in anderer Hinsicht verwenden: Hasen, Füchse und Biber waren begehrte Felllieferanten, Schildkröten boten mit ihrem Panzer Resonanzkörper für Musikinstrumente und das Ausgangsmaterial für Schildpatt.

Die Römer haben im Kontext ihres Spielewesens eine für verschiedene Tierarten folgenreiche Verachtung der Fauna kultiviert. Für ihre Tierhetzen brachten sie Wildtiere in außerordentlich hoher Zahl aus verschiedenen Teilen der Mittelmeerländer nach Rom und in die Kampfarenen der Provinzstädte, um sie dort zur Freude des Publikums abzuschlachten. Derartige in großem Stil veranstaltete Tierkämpfe gab es zwar bereits im ptolemäischen Alexandria – der Schriftsteller Athenaios (5, 198D–201C) beschreibt uns, dass hier einmal anlässlich eines Festes gleich 300 Elefanten sterben mussten –, aber die für die römische Kaiserzeit überlieferten Zahlen übersteigen jedes moderne Vorstellungsvermögen [HUGHES]. Für einzelne Spiele wurden mehrere tausend Tiere mit einem unerhörten organisatorischen Aufwand nach Italien gebracht. Dahinter standen gut organisierte Gesellschaften, die vom Fang über den Transport bis zur Anlieferung alle Dienste übernahmen. Rechnet man zu den in Rom getöteten Tieren noch die qualvoll auf dem Transport verendeten hinzu, dann überrascht es nicht, dass im Laufe der Kaiserzeit ganze

▷ S. 106f.
Technik:
Zu den Quellen
der Antike!

Landstriche keinerlei Wildtiere mehr aufgewiesen und die Beschaffung geeigneter, das heißt publikumswirksamer Tiere zunehmend Probleme bereitet haben soll. Jedenfalls wurden die Spiele immer kostspieliger und folglich auch prestigeträchtiger, was die Nachfrage bis in die Spätantike weiter steigerte. Verschiedene Arten fanden sich jetzt nurmehr in Refugien, wo sie in kleiner Zahl den römischen Großwildjägern entkamen.

Umweltzerstörung und Naturkatastrophen. Mit den römischen Tierjagden ist bereits die durch Menschen bedingte Umweltzerstörung in der Antike angesprochen [HUGHES; WEEBER]. Diese zeigt sich auch in Bereichen der agrarischen Nutzung der Landschaft. So bedrohte Viehwirtschaft als Weidewirtschaft notorisch nicht nur Anbaukulturen, sondern auch den Waldbestand in der Umgebung dicht besiedelter Gebiete. Dieser war ohnehin durch den immensen Bedarf an Brenn- und Bauholz gefährdet, zumal Aufforstungsaktionen trotz antiker Ansätze zu einer Waldwirtschaft die Ausnahme geblieben sein dürften. Wälder waren zwar teilweise in öffentlicher Hand und unter öffentlicher Kontrolle, aber einen systematischen Schutz gab es nicht [MEIGGS; NENNINGER].

Es ist jedoch schwierig, von den politisch motivierten Klagen Platons über die Entwaldung Attikas auf die tatsächlichen Zustände in der Umgebung Athens oder gar in anderen Gegenden zu schließen. Zwar dürfte der Holzschlag die Bewaldung einzelner Gebiete ganz erheblich reduziert haben – wie zum Beispiel auf der italischen Halbinsel zur Zeit der Punischen Kriege oder im Libanon durch Ausbeutung der berühmten Zedernbestände durch verschiedene hellenistische

Spiele, bei denen Tiere grausam getötet wurden, nahmen bei den Belustigungen in römischen Amphitheatern einen bedeutenden Platz ein. Sie waren neben Gladiatorenkämpfen fester Bestandteil verschiedener Feste in Rom, aber auch in vielen Provinzstädten. Im Laufe der Kaiserzeit hatten die mit dem Fang und Transport des Wildes befassten Gesellschaften zunehmend Probleme, Tiere in größerer Zahl heranzuschaffen. Immer entlegenere Gegenden mussten bejagt werden, in vielen Landstrichen waren beispielsweise Bären und Löwen bereits ausgerottet. Die Veranstaltung von **Tierhetzen** steigerte aber das Prestige von Kaisern oder lokalen Honoratioren, weshalb sie sich derartiger Spektakel gebührend rühmten. Ein prominentes Beispiel ist schon der Tatenbericht des Augustus, in dem das Abschlachten von mehreren tausend Tieren als erwähnenswerte öffentliche Leistung herausgestellt wird.

Die abgebildete Münze zeigt auf der Vorderseite Caracalla und auf der Rückseite das römische Amphitheater, in dem um 202 n.Chr. ein Schiff aufgestellt wurde, aus dem heraus sieben Tage lang täglich hundert wilde Tiere für Tierhetzen strömten (Cassius Dio 77, 1–4). Man feierte mit diesen Spielen die Partherkriege des Kaisers Septimius Severus, sein zehnjähriges Herrschaftsjubiläum (lat. *decennalia*) und die Hochzeit seines Sohnes Caracalla. In der kaiserlichen Repräsentation dokumentierte die Tötung besonders exotischer Tiere die Herrschaft des Kaisers über die Natur des ganzen Erdkreises. Dies wurde auf dem Münzbild gleichgesetzt mit der *laetitia temporum* (‚Freude des Zeitalters').

Bild: Goldmünze (Aureus) für Kaiser Caracalla, aus: J. P. C. KENT/B. OVERBECK/A. U. STYLOW, Die römische Münze, München 1973, 128 mit Taf. 94 Nr. 390.

Literatur: K.-W. WEEBER, Panem et circenses. Massenunterhaltung als Politik im antiken Rom, Mainz 1994.

Zugänge zur Antike
Die antiken Menschen
in ihrer natürlichen
Umwelt

Könige. Doch hat sich in den letzten Jahren die Überzeugung durchgesetzt, dass der heutige trostlose Zustand etwa des Apennin oder großer Teile Griechenlands nicht auf antiken Kahlschlag zurückgehen kann [THIRGOOD; WEEBER; HUGHES]. Denn die großflächige Verödung ganzer Landstriche setzt eine Infrastruktur voraus, die sich erst im Zuge der Industrialisierung ausgebildet hat. Sie den antiken Bewohnern der heute entwaldeten Regionen anzulasten, hieße ihre Möglichkeiten bei weitem zu überschätzen. Dennoch war man selbstverständlich in der Lage, Schwertransporte von Holz auch über längere Landwege abzuwickeln, wie ganz allgemein der Transport von Baumaterialien zeigt.

Neben der Holzwirtschaft stellt der Bergbau eine besondere Kategorie der Ausbeutung natürlicher Ressourcen dar [WEEBER, HEALEY; HUGHES]. Dies war schon den Zeitgenossen bewusst. Der ältere Plinius beispielsweise stellt an den Beginn des 33. Buchs seiner Naturgeschichte (*Naturalis historia*) einen kulturkritischen Exkurs über die durch den Gold- und Silberbergbau verursachte Naturzerstörung. Die Suche nach Reichtum, die Befriedigung des Luxus und seine kriegerische Natur veranlasse die Menschen dazu, die Erde nach verschiedenen Schätzen zu durchwühlen und dabei eine Wüste zu hinterlassen. Und anlässlich der Beschreibung des spanischen Bergbaus betont derselbe Autor, der beim Bergbau betriebene Aufwand übertreffe das Werk der Giganten. Und schließlich „betrachten die Bergleute als Sieger den Zusammenbruch der Natur" (33, 73: *spectant victores ruinam naturae*). Folge des intensiven Bergbaus, wie er in Spanien oder im Laureion bei Athen betrieben wurde, war die Verwüstung der Landschaft und die Vergiftung des Bodens durch Schlacken und Grubenwasser.

Der sonst übliche Bergbau war freilich weniger spektakulär als diese Extrembeispiele. Er beschränkte sich häufig auf heute kaum mehr auffindbare Kleinminen, deren Betrieb sich im Grunde bis ins 19. Jh. kaum verändert hat. Ähnliches gilt für die siedlungsnahen Steinbrüche sowie für die Ton- und Lehmgruben, in denen Baumaterial gewonnen wurde. Dabei ist freilich zu bedenken, dass im Gegensatz zu dem, was uns heutige Ruinen aus antiker Zeit suggerieren, der weit überwiegende Teil der Wohnarchitektur aus Bruchsteinen, aus gebrannten oder luftgetrockneten Ziegeln, oft in Kombination mit Holzfachwerk, errichtet wurde. Eine Ausnahme bildeten nur die bedeutenden Marmorsteinbrüche, etwa des Pentelikon, auf Paros oder beim phrygischen Dokimeion, in denen große Mengen wertvoller Luxus-Baustoffe für den Fernhandel gebrochen wurden. Sie standen unter der Kontrolle einer Behörde, also entweder der Polisinstitutionen oder der kaiserlichen Reichszentrale.

Waldwirtschaft, Bergbau und Verhüttung gehören dennoch zu den menschlichen Tätigkeitsfeldern, die nachhaltige Umweltschäden in der Antike verursachten. Neben diesen menschenbedingten Naturschäden trugen bisweilen verheerende Naturkatastrophen wie Erdbeben, Feuersbrünste, Vulkanausbrüche oder Überschwemmungen zu Umweltzerstörungen in der Antike bei [SONNABEND]. Solche Naturkatastrophen wurden in aller Regel als von den Göttern hervorgerufene Unbill verstanden, mit denen menschliche Verfehlungen bestraft werden sollten oder durch die Vorzeichen für anstehende Katastrophen, etwa Kriege, gesandt wurden. Starke tektonische Schwankungen und seismische Aktivitäten führten vor allem auf der italischen Halbinsel sowie im griechischen und kleinasiatischen

Zugänge zur Antike
Die antiken Menschen
in ihrer natürlichen
Umwelt

Raum, wo die nordafrikanische und die eurasische Platte aneinanderstoßen, häufig zu Erdbeben und Vulkanismus. Diese sind in antiken Quellen und archäologischen Befunden gut greifbar [GUIDOBONO; WALDHERR], ebenso Überschwemmungen in den Gebieten entlang großer Flussläufe wie Rhone, Donau, Po oder Tiber.

Zur Erforschung des Verhältnisses Mensch und Umwelt. Dieser kleine Überblick zum Verhältnis ‚Mensch – Umwelt' in der Antike dürfte deutlich gemacht haben, dass sich viele der hier zu stellenden Fragen nur beantworten lassen, wenn die Auswertung von antiken Texten mit archäologischen und naturwissenschaftlichen Methoden verknüpft wird. Denn Aussagen zum Leben der Menschen in ihrer natürlichen Umwelt bleiben, sofern sie allein auf antike Texte gestützt werden, oftmals oberflächlich, allgemein und undifferenziert. Aufgrund der mangelnden Auskunftsfreudigkeit der literarischen Quellen, auch der römischen Agrarhandbücher, und der Inschriften, sind viele Fragen zu Einzelaspekten nicht zu klären, obgleich sie für das Leben der antiken Menschen von existenzieller Bedeutung waren. Hinzu kommt, dass sich die antiken Nachrichten bisweilen direkt widersprechen: So stehen sich in der antiken Literatur für die ländliche Besiedlung Siziliens völlig gegensätzliche Wahrnehmungen und Einschätzungen der Siedlungsstruktur gegenüber. Während ein Autor nur Großbetriebe erwähnt, schildert der andere eine blühende Landschaft mittlerer Bauernhöfe [TARPIN].

Entscheidend für eine weitergehende Klärung der berührten Problemfelder des Verhältnisses ‚Mensch – Umwelt' sind daher landeskundlich ausgerichtete Projekte der Archäologie [JAMESON U.A.]. Nur mit Verfahren, die verschiedene Disziplinen integrieren, sind gleichermaßen detaillierte wie anschauliche Rekonstruktionen der Umweltgestaltung und -zerstörung durch den Menschen möglich [STEUER]. Das Material zur Rekonstruktion dieser komplexen Zusammenhänge besteht aus Zeugnissen ganz unterschiedlicher Art. Neben antiken Schriftquellen sind neuzeitliche Reiseberichte, vor allem aber alle archäologischen Hinweise auf die Einflussnahme des Menschen auf die Landschaft auszuwerten. An erster Stelle sollte jedoch immer die Autopsie der zu untersuchenden Landschaft mittels archäologischer Feldforschung stehen. Fragt man etwa nach Formen ländlicher Besiedlung eines Gebiets, dann dürfte die Feldforschung meist der Auswertung älteren Materials vorzuziehen sein, da hier nur sehr eingeschränkt auf solche Themen eingegangen wurde. Bei Feldforschungen, d.h. der archäologischen Untersuchung eingegrenzter Gebiete, sollte eine möglichst umfassende Erschließung zunächst der noch an der Oberfläche vorhandenen Reste geplant werden. Bei diesen kann es sich um Reste von Bauten handeln, aber auch schlicht um auf dem Boden verstreute Keramik.

Schon bei Feldforschungen, bei denen in großer Zahl bauliche Überreste gefunden werden, ergeben sich bei der Auswertung freilich gravierende Probleme. Hierzu gehört die Datierung der Gebäude und Siedlungen sowie die Bestimmung ihrer Nutzungsdauer, die ohne Grabungen nur sehr grob angegeben werden kann. Auch die Funktion einzelner Gebäude, die Nutzung als Wohnraum oder Stallung, als Speicher, saisonale oder dauerhafte Unterkunft, Werkstatt, Schuppen usw. ist selbst bei ausgegrabenen Gehöften oft sehr schwierig oder gar nicht möglich.

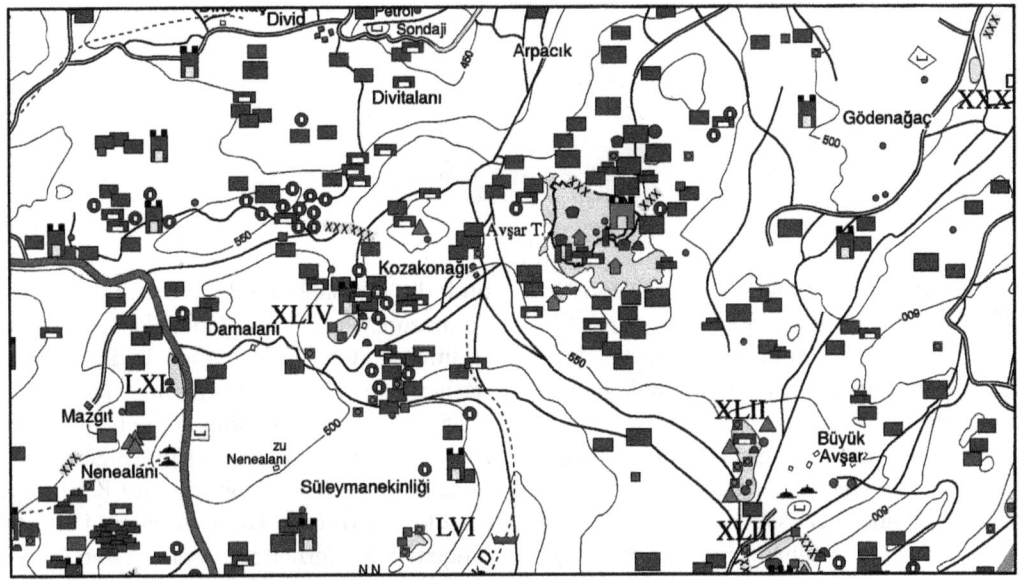

Der Ausschnitt zeigt beispielhaft mögliche Ergebnisse von systematisch durchgeführten **Feldforschungen und siedlungsarchäologischen Erkundungen**. Auf dem Territorium der Polis Kyaneai im südwestlichen Kleinasien, in der antiken Landschaft Lykien, wurden von einer internationalen Forschergruppe unter Leitung von Althistorikern aus Tübingen zwischen 1989 und 2001 sämtliche erhaltenen Siedlungsbefunde archäologisch erfasst und kartiert. Dabei zeigte sich eine ungemein dichte Besiedlung im ländlichen Raum. Zu erkennen sind auf dem kleinen Ausschnitt aus der Siedlungskarte von 9 km^2, der 10 % des erkundeten Areals wiedergibt, zahlreiche Symbole für Siedlungen und Siedlungsreste unterschiedlicher Zeitstellung: dörfliche Siedlungen (Flächen), Gehöfte (Rechtecke), Turmgehöfte (stehende Rechtecke mit Zinnen), Kirchen (Dreiecke), Terrassenmauern (Kreuzreihen), antike Wege und Gräber (flache Rechtecke und runde Symbole).

Die Funde dokumentieren, dass von archaisch-klassischer Zeit an bis in das Mittelalter das gesamte Umland des Zentralortes als Kulturlandschaft erschlossen war. Dabei zeigen sich jedoch in einzelnen Epochen bezeichnende Unterschiede. In der archaischen Zeit (7./6. Jh. v.Chr.) herrschte in der Region noch Viehwirtschaft vor, die Gehöfte waren dünn gestreut und lagen in der Nähe kleiner Burgen. Vom 5./4. Jh. v.Chr. an nimmt der Anbau unterschiedlicher Feldfrüchte und damit auch die Zahl der Gehöfte deutlich zu. Seit der hellenistischen Zeit und bis in die Kaiserzeit erhöht sich die Zahl der Höfe nochmals deutlich. Sie finden sich von nun an bis in die Kaiserzeit gleichmäßig über das Polisterritorium verteilt. Dies ist ein Anzeichen dafür, dass nun auch abgelegene Höhenrücken und Flure erschlossen und bewirtschaftet waren. Mit unterschiedlichen Formen der Bodenverbesserung versuchte man selbst wenig ertragreiche Böden zu nutzen. Eine besondere Rolle spielte, wie viele Pressanlagen zeigen, der Anbau von Oliven und Wein, aber auch Getreide und Hülsenfrüchte dürften kultiviert worden sein. In einzelnen antiken Dörfern und an einzelnen Gehöften sind die Hofgrundstücke mit ihren Terrassen und Flurmauern derart gut erhalten, dass sich genaue Berechnungen des Olivenölertrags anstellen lassen. Dabei zeigt sich, dass selbst in dem sehr karstigen Kalkbergland um Kyaneai Ernten erzielt wurden, die nach Sicherung des Lebensunterhalts auch Weiterverkauf erlaubten. Dies gilt noch für die Spätantike und das frühe Mittelalter, als man verstärkt in dorfähnlichen Siedlungen wohnte und wirtschaftete.

Die Mehrzahl der Polisbewohner lebte also eindeutig auf dem Land. Dies zeigen die Qualität und Quantität der Gehöfte. Der Hauptort und verschiedene kleine Unterzentren dienten dem Großteil der Bewohner der Polis nicht als Wohnort, sondern in erster Linie als Dienstleistungszentrum. Hier besuchte man Feste oder nahm Rechtsgeschäfte vor. Das Selbstverständnis der Polis-Bürger war ganz wesentlich durch das Leben auf dem Land und die Ausbeutung der natürlichen Ressourcen geprägt.

Karte: Tübinger Lykienprojekt. Karte A. Thomsen.

Literatur: F. KOLB (Hrsg.), Lykische Studien I–VI, Bonn 1993–2002; DERS., Von der Burg zur Polis. Akkulturation in einer kleinasiatischen ‚Provinz', in: Jahrbuch des Historischen Kollegs 2000, 39–83.

In Gegenden, in denen aufgrund von Veränderungen des Landschaftsbildes durch Erosion und Aufschwemmung in erster Linie Keramik gefunden wird, ist eine Rekonstruktion antiker Siedlungstrukturen trotz stark verfeinerter Auswertungsmethoden naturgemäß noch schwieriger. Abgesehen von den Problemen einer verlässlichen Datierung lassen sich hier nur sehr vorsichtig Aussagen über die Siedlungstypen und die Siedlungsstruktur eines Gebietes machen. Es hat sich nämlich gezeigt, dass bei Feldforschungen in Gebieten, in denen sich dank der naturgeographischen Bedingungen bauliche Überreste in größerer Zahl erhalten haben, die Siedlungsdichte immer höher ist als in Gebieten, in denen vornehmlich anhand der Keramikstreuung Hypothesen zur Verteilung von Habitaten aufgestellt werden können. Immerhin liefert die Registrierung von Oberflächenkeramik erste Anhaltspunkte für Dauer und Dichte der Besiedlung einer Region.

Damit sind schon einige Grenzen umrissen, die den Feldforschungen zur Beantwortung von Fragen zum Leben der Menschen in ihrer Umwelt gesetzt sind. Die Probleme verstärken sich noch, je weiter man sich vom konkreten Siedlungsbefund entfernt, je mehr man also nach Generalisierung des Einzelfalls strebt. Doch die Kombination verschiedener Vorgehensweisen kann – zumindest teilweise – Abhilfe schaffen: So können die Rekonstruktion des agrarischen Anbaus und die Bestimmung der Produkte ebenso wie begründete Mutmaßungen darüber, welches Vieh gehalten wurde, auf mehreren Wegen erfolgen, etwa durch Auswertung schriftlicher Quellen *und* den Einsatz naturwissenschaftlicher Methoden bei der Auswertung archäologischer Funde. Zu den letzteren gehört etwa die archäozoologische Bearbeitung von Knochenfunden und die Archäobotanik, die mit Hilfe von Pflanzenresten und Pollenanalysen eine Bestimmung der Flora – auch in ihrer historischen Entwicklung – vornehmen kann.

Diese Methoden benötigen freilich entsprechendes Material, das unter günstigen Bedingungen allein über Grabung und Bohrungen erschlossen werden kann. Wichtige Hilfestellungen liefern ferner die Geologie und im speziellen die Geoarchäologie, die über Veränderungen der Landschaft, wie Veränderung von Flussläufen, Verschiebung von Küstenlinien, Aufschwemmung von Ebenen und ganz allgemein Sedimentbildungen, Auskunft geben kann. Für kleinere, eingegrenzte Gebiete ist mit dem Einsatz der naturwissenschaftlichen Methoden ein bemerkenswert detailliertes Bild der regionalen Entwicklung zu zeichnen. Dabei können nicht nur die Lebensbedingungen rekonstruiert, sondern auch die Folgen des anthropogenen Eingriffs in die Landschaft ermittelt werden.

Bei Beantwortung historischer Fragestellungen zum Verhältnis ‚Mensch – natürliche Umwelt' sollten also im Idealfall ein ‚Methodenmix' der Altertumswissenschaften und der genannten Geo- und Naturwissenschaften zum Einsatz kommen. Das größte Problem bei der Integration naturwissenschaftlicher Methoden in Feldforschungen stellen freilich die immensen Kosten dar. Um z.B. über die Sedimentierung einer kleinen Schwemmebene Informationen zu erhalten, sind mehrere tausend Euro in die komplizierten Messverfahren zur Auswertung der Bohrkerne zu investieren. Möchte man zusätzlich Pollenanalysen oder Magnetometrie durchführen, benötigt man dendrochronologische Datierungen, und wenn man beispielsweise Mörtelreste und Keramik auf ihren Ursprung hin untersuchen lässt, dann sprengen die notwendigen

Zugänge zur Antike
Die antiken Menschen
in ihrer natürlichen
Umwelt

Kosten jedes Budget, das einem Feldforschungsprojekt üblicherweise zur Verfügung gestellt wird.

Für nur sehr wenige Regionen sind daher in den letzten Jahren solche breit angelegten Forschungen vorgenommen worden. Hierzu gehört z.B. die Landschaft um das antike Troja, die seit rund zehn Jahren intensiv auch mit naturwissenschaftlichen Methoden erforscht wurde. Dank dieser Arbeiten lassen sich recht präzise Aussagen über die Entwicklung der Landwirtschaft seit dem 7.–5. Jahrtausend v.Chr. machen. Ähnliches gilt für das Gebiet von Pylos, wo mit einem exemplarisch formulierten Fragenkatalog eine Rekonstruktion der Umweltbeziehungen vom 2. Jahrtausend an in allen relevanten Komplexen beabsichtigt ist [BENNET/ALCOCK/DAVIS; YAZVENKO/TIMPSON/ZANGGER u.a.]. In verschiedener Hinsicht vorbildlich und Spiegel der aktuellen wissenschaftlichen Möglichkeiten bei der Rekonstruktion der antiken Siedlungs- und Umweltgeschichte ist die Erforschung des pisidischen Sagalassos, nördlich des heutigen Antalya gelegen [WAELKENS/POBLOME]. Insbesondere das letztgenannte Projekt verdeutlicht, mit welchem Aufwand, aber auch mit welchem Differenzierungsvermögen gearbeitet werden kann. Die exemplarisch genannten Projekte lassen darüber hinaus erkennen, dass von Seiten der Vor- und Frühgeschichte und auch der hier ausgesparten Vorderasiatischen Archäologie maßgeblich die Integration naturwissenschaftlicher Methoden vorangetrieben wird, während sich die Klassische Archäologie bei der Klärung der Umweltbeziehungen eher noch im Hintergrund hält. Wichtige Anstöße für ein Umdenken und eine Neuorientierung sind für die Klassische Archäologie von Projekten mit historischer Fragestellung zu erwarten, in denen eine detaillierte Klärung des Mensch-Umwelt-Verhältnisses im Vordergrund steht.

Insbesondere die alle Quellentypen integrierenden Feldforschungen, die ihr archäologisches Material mit Hilfe einer intensiven Geländebegehung erschließen, bei der das gesamte ins Auge gefasste Gebiet systematisch und engmaschig abgesucht wird, haben in den letzten Jahren zeigen können, welch weitreichende Ergebnisse möglich sind. Dies gilt besonders für Regionen, die eine dünne moderne Folgebesiedlung aufweisen und in denen die naturgeographischen Voraussetzungen die Erhaltung der Siedlungsreste begünstigt haben. Zu nennen ist hier etwa der attische Demos Atene [LOHMANN 1993; AMELING] oder das Gebiet der zentrallykischen, also in der Südtürkei gelegenen Polis Kyaneai [KOLB]. Letztere stellt aufgrund des außerordentlich guten Erhaltungszustands der Ruinen einen besonderen Glücksfall siedlungsarchäologischer und landeskundlicher Forschungen dar. Im ca. 100 km² großen Umland des Zentralortes finden sich hier noch heute mehr als 400 Gehöfte, 70 kleinere Siedlungen und 8 größere dörfliche Unterzentren sowie mehr als 1200 Gräber unterschiedlicher Art. Zahlreiche Zisternen, Pressanlagen und Terrassenmauern ermöglichen eine brauchbare Rekonstruktion der agrarischen Nutzung dieses Umlands. Die Befunde zeigen, dass der Großteil der Bewohner auf dem Land lebte und sich nicht, wie oft angenommen wurde, nur zur Feldarbeit dorthin begab. Anhand der datierbaren Überreste lässt sich erkennen, dass es in den verschiedenen Zeiten erhebliche Unterschiede in der Landnutzung gab und auch die Siedlungsstruktur von archaischer Zeit bis in die byzantinische Zeit erheblichem Wandel unterworfen war. Angesichts dieser Ergebnisse darf man für verschiedene Epochen der Antike die

Bevölkerungszahlen wohl deutlich optimistischer einschätzen, als dies gemeinhin geschieht. Das heißt aber auch, dass der anthropogene Eingriff in die Landschaft stärker war, als meist noch zu erkennen ist und als in der Regel vermutet wird.

Details weiterer Untersuchungen können hier nicht näher ausgeführt werden, aber der Verweis auf diese Forschungen sollte zumindest verdeutlichen, welche Möglichkeiten Feldforschungen mit entsprechenden Fragestellungen bieten. Man muss sich jedoch immer vergegenwärtigen, dass die Survey-Forschung trotz erheblicher methodischer Fortschritte immer noch in den Kinderschuhen steckt. Viele Aspekte des Verhältnisses ‚Mensch – Umwelt' in der Antike, wie etwa das Leben in den Bergen und die Details einer antiken Hirtenkultur, lassen sich erst erhellen, wenn im Rahmen der Klassischen Archäologie diesem Forschungszweig mehr Platz eingeräumt wird. Geschieht dies, dann stehen naheliegend historische Fragestellungen im Vordergrund. Beispiele sind etwa Untersuchungen zur Mensch-Umwelt-Beziehung in den griechischen Kolonien, wie Metapont, oder Fragestellungen zur Agrarentwicklung der italischen Halbinsel in römischer Zeit. Im letztgenannten Fall soll die Erforschung der ländlichen Siedlungsstruktur eine Grundlage schaffen, um zeitgenössische Quellen über Landflucht und Strukturveränderungen in der Landwirtschaft zu klären [TARPIN].

Eine moderne historische Landeskunde und Siedlungsforschung setzt sich also zum Ziel, folgende Gebiete zu erschließen: Landwirtschaft und Ernährung, handwerkliche Produktion, die Landschaft und ihre Veränderung durch den Eingriff des Menschen; Vegetationsgeschichte, Bodenkunde, Siedlungsformen und -struktur, politische und administrative Verfassung u.a.m. Dies kann nur in interdisziplinärer Teamarbeit erfolgen. Auch ein Althistoriker, der sich mit den genannten Aspekten befassen möchte, kann nicht allein auf Textbasis seine Forschungen vornehmen, da er auf diese Weise auf der Ebene der literarischen Repräsentation des Untersuchungsgegenstandes stehen bleibt. Dabei kann er die erheblich komplexere Realität der aus den Bodenfunden zu rekonstruierenden Lebensweise, die z.T. erheblich von ihrer schriftlichen Überlieferung abweicht, nicht einmal annähernd erfassen.

Wie der antike Mensch in seiner natürlichen Umwelt lebte, lässt sich bisher also nur in Grundzügen nachzeichnen. In vielen Bereichen sind unsere Kenntnisse noch sehr lückenhaft. Laufende und künftige Erforschungen dieses Komplexes gehören aber sicherlich zu den interessanteren und im Ergebnis oft überraschenden Schwerpunkten althistorischer Forschung. Sie fordern in besonderem Maße den an Interdisziplinarität interessierten Historiker.

Martin Zimmermann

Literatur

W. AMELING, Ein südattischer Demos, in: Laverna 6, 1995, 93–146.

M. ASTON, Interpreting the Landscape. Landscape Archeology and Local History, London 1997.

J. BENNET/S. E. ALCOCK/J. L. DAVIS, The Pylos Regional Archeological Project, Part I: Overview and the Archeological Survey, in: Hesperia 66, 1997, 391–494.

R. BICHLER, Von der Insel der Seligen zu Pla-

Zugänge zur Antike
Die antiken Menschen
in ihrer natürlichen
Umwelt

tons Staat. Geschichte der antiken Utopie, Bd. 1, Wien/Köln/Weimar 1995.

R. I. CURTIS, *garum* and *salsamenta*. Production and Commerce in materia medica, Leiden u.a. 1991.

H. DIELS/W. KRANZ (Üb./Hrsg.), Die Fragmente der Vorsokratiker, 3 Bde., Zürich/Hildesheim 6. Aufl. 1951–1952.

D. FLACH, Römische Agrargeschichte, München 1990.

TH. W. GALLANT, Risk and Survival in Ancient Greece. Reconstructing the Rural Domestic Economy, Cambridge 1991.

E. GUIDOBONO, Catalogue of Ancient Earthquakes in the Mediterranean Area up to the 10th Century, Rom 1994.

V. D. HANSON, Warfare and Agriculture in Classical Greece, Pisa 1983.

J. F. HEALY, Mining and Metallurgy in the Greek and Roman World, London 1978.

P. HORDEN/N. PURCELL, The Corrupting Sea. A Study of Mediterranean History, Oxford 2000.

J. D. HUGHES, Pan's Travail. Environmental Problems of the Ancient Greeks and Romans, Baltimore/London 1994.

S. ISAGER/J. E. SKYDSGAARD, Ancient Greek Agriculture. An Introduction, London 1992.

M. H. JAMESON u.a., A Greek Countryside. The Southern Argolid from Prehistoric to the Present Day, Stanford 1994.

F. KOLB (Hrsg.), Lykische Studien, Bd. 1–6, Bonn 1993–2002.

K. LAHMER, Das Verhältnis von Natur und Mensch in Antike und Gegenwart, Bamberg 1994.

H. LOHMANN, Atene. Forschungen zur Siedlungs- und Wirtschaftsstruktur des klassischen Attika, Köln 1993.

DERS., Antike Hirten in Westkleinasien und der Megaris. Zur Archäologie der mediterranen Weidewirtschaft, in: W. EDER/K.-J. HÖLKESKAMP (Hrsg.), Volk und Verfassung im vorhellenistischen Griechenland, Stuttgart 1997, 63–89.

R. MEIGGS, Trees and Timber in the Ancient Mediterranean World, Oxford 1982.

B. MEISSNER, Die technologische Fachliteratur der Antike. Struktur, Überlieferung und Wirkung technischen Wissens in der Antike (ca. 400 v.Chr.–ca. 500 n.Chr.), Berlin 1999.

M. NENNINGER, Die Römer und der Wald, Stuttgart 2000.

R. SALLARES, The Ecology of the Ancient Greek World, London 1991.

W. SCHENK, Art. „Landschaft", in: Reallexikon der Germanischen Altertumskunde, Bd. 17, 2001, 617–630.

W. SCHMITZ, Nachbarschaft und Dorfgemeinschaft im archaischen und klassischen Griechenland, in: Historische Zeitschrift 268, 1999, 561–597.

CH. SCHULER, Ländliche Siedlungen und Gemeinden im hellenistischen und kaiserzeitlichen Kleinasien, München 1998.

E. C. SEMPLE, The Geography of the Mediterranean Region. Its Relation to Ancient History, Cambridge 1932.

H. SONNABEND, Naturkatastrophen in der Antike. Wahrnehmung, Deutung, Management, Stuttgart 1999.

H. STEUER, Art. „Landschaftsarchäologie", in: Reallexikon der Germanischen Altertumskunde, Bd. 17, 2001, 630–634.

M. TARPIN, Italien, Sizilien und Sardinien, in: C. LEPELLEY (Hrsg.), Rom und das Reich in der Hohen Kaiserzeit. 44 v.Chr.–260 n.Chr., Bd. 2: Die Regionen des Reichs, München/Leipzig 2001, 1–77 [frz. 1998].

J. V. THIRGOOD, Man and the Mediterranean Forest. A History of Resource Depletion, London/New York 1981.

J. THOMPSON, Transhumant and Sedentary Sheep-Raising in Roman Italy, 200 BC–AD 200, Cambridge 1988.

G. VÖGLER, Öko-Griechen und grüne Römer?, Zürich/Düsseldorf 1997.

M. WAELKENS/J. POBLOME, Sagalassos, Bd. 1ff., Leiden 1993ff.

G. WALDHERR, Erdbeben. Das außergewöhnliche Normale (Geographica Historica 9), Stuttgart 1997.

DERS., Art. „Transhumanz", in: H. SONNABEND (Hrsg.), Mensch und Landschaft in der Antike. Lexikon der Historischen Geographie, Stuttgart/Weimar 1999, 564–568.

K.-W. WEEBER, Smog über Attika. Umweltverhalten im Altertum, Zürich 1990.

M. R. WRIGHT, Cosmology in Antiquity, London/New York 1995.

S. B. YAZVENKO, M. E. TIMPSON, E. ZANGGER u.a, The Pylos Regional Archeological Project Part II: Landscape Evolution and Site Preservation, in: Hesperia 66, 1997, 549–641.

Zugänge zur Antike

Die antiken Menschen in ihren Nahbeziehungen

Griechenland

Das Haus – Mittelpunkt des Lebens und der Arbeit. Die griechische Gesellschaft war vorwiegend eine bäuerliche Gesellschaft. Nicht nur die mittleren und kleineren Bauern lebten vorrangig von Landwirtschaft und Viehzucht, sondern auch die Aristokraten und die unterbäuerliche Schicht. Handwerker und Händler hatten in archaischer Zeit zunächst nur marginale Bedeutung. In klassischer Zeit stieg in manchen Stadtstaaten wie in Athen der Anteil derer, die nicht oder nicht ausschließlich durch Landwirtschaft ihren Lebensunterhalt bestritten, deutlich an. Personen, die wenig oder kein Land besaßen, dienten als Ruderer in den Kriegsflotten, arbeiteten als Bronzeschmiede, Töpfer oder Vasenmaler, waren Müller, Fischer oder Metzger, stellten Lederartikel, Lampen oder Waffen her, verkauften Fisch, Gemüse oder Opferkuchen auf dem Markt oder betrieben Geldwechsel und Bankgeschäfte. Die verschiedenen Bezeichnungen für z.T. sehr spezialisierte Tätigkeiten verweisen auf eine starke berufliche Ausdifferenzierung in dieser Zeit.

Die meisten Quellen, die Aufschluss über das Leben und die Arbeit im Haus geben, beziehen sich auf die bäuerliche und auf die landbesitzende adlige Schicht. Inwieweit sich die Familienstruktur bei den Handwerkern und Händlern von der der Bauern unterschied und in welcher Weise sich deren Tätigkeit auf das Zusammenleben im Haus, den Tages- und Arbeitsrhythmus, die Mentalität und die Wertschätzung in der Gesellschaft auswirkte, lässt sich nur in Ausnahmefällen oder nur schemenhaft bestimmen [GSCHNITZER, 28–41; 56–67; 110–116; POMEROY 1997, 141–160; COX].

Die zentrale Grundeinheit der griechischen Gesellschaft war nicht die Familie im modernen Sinne – für sie gab es im Griechischen keinen entsprechenden Begriff –, sondern das Haus bzw. die Hausgemeinschaft (griech.: *oíkos*, Plural: *oíkoi*). Denn die häusliche Gemeinschaft umfasste nicht nur die Kernfamilie – also Vater, Mutter und Kinder –, sondern auch die alten Eltern, nicht verheiratete Schwestern des Mannes und das Gesinde bzw. Sklavinnen und Sklaven. Zum Oikos gehörten auch die materiellen Grundlagen zur Sicherung der wirtschaftlichen Existenz, also das Wohnhaus mit den Vorratsräumen, Ställe und Pferche für das Vieh, die Äcker und Fruchtbäume und das landwirtschaftliche Gerät. Abgesehen von kurzfristigen Krisenphasen waren die Bauern freie Bauern, die zu keinen Abgaben an Grundherren oder Adlige verpflichtet waren, die selbst über Heiratsallianzen entschieden und die in der Gruppe der dörflichen Gemeinschaft ihr Werte- und Normensystem selbst definierten bzw. in der Polis über die Rechtsnormen mit abstimmten. Innerhalb der bäuerlichen Schicht setzten sich die mittleren Bauern, die eigene Pflugochsen besaßen, von den Kleinbauern ab, die Pflugtiere ausleihen mussten. In archaischer Zeit verwendeten die Bauern ihre Erträge fast ausschließlich zum eigenen Verbrauch (so genannte Subsistenzwirtschaft). Angebaut wurden vor allem Getreide, Wein, Oliven und Feigen, außerdem Bohnen und andere Gemüsearten. Rinder dienten zum Pflügen; Ziegen und Schafe lieferten Milch, Käse, Fleisch und Wolle [LACEY, 13–35; POMEROY 1997, 17–36; PATTERSON, 44–69].

Die landwirtschaftliche Existenzgrundlage prägte die Lebensbedingungen und die Organisationsformen der häuslichen Gemeinschaft in besonderem Maße. Zwar reichten in normalen Jahren die Erträge, die auf dem Hof erwirtschaftet wurden, zur Versorgung der Hausgemeinschaft aus, doch die ständig drohende

Grenz- und Konfliktsituationen: 1. Geburt und Aufnahme des Kindes.

Geburt und Tod ereigneten sich im Haus. Hebammen sowie Frauen aus der Verwandtschaft und Nachbarschaft, die selbst Kinder geboren hatten, standen der Frau bei der Geburt zur Seite. Die hygienischen Verhältnisse waren unzureichend und die meisten Mütter noch sehr jung. Noch dazu mussten sie vielfach während der Schwangerschaft körperlich hart arbeiten. Daher war eine Geburt für Mutter und Kind mit einem hohen Risiko verbunden.

Die abgebildete, aus Oropos in Attika stammende Grabstele aus dem 4. Jh. v.Chr. war für eine Frau aufgestellt worden, die bei der Geburt verstorben war. Das Relief zeigt in der Mitte die auf einem Gebärstuhl sitzende hochschwangere Frau, der man für die bevorstehende Geburt das Haar und den Gürtel ihres Gewandes gelöst und den Oberkörper frei gemacht hatte, um ihr eine gewisse Entspannung zu verschaffen. Zwei Frauen stehen ihr bei der Geburt zur Seite. Am linken Rand steht der Ehemann im Trauergestus.

Aus Dankbarkeit für eine glücklich überstandene Geburt brachte die Mutter den Geburtsgöttinnen ein Opfer dar und stiftete Votivgaben, zum Beispiel einen Spiegel, Schmuck oder kleine Terrakottafiguren, die schwangere Frauen darstellten. Unmittelbar nach der Geburt wurde das Kind gebadet und gewickelt. Die Hebamme untersuchte das Kind auf Missbildungen. War das Neugeborene ein Junge, wurde über der Tür ein Olivenkranz, war es ein Mädchen, wurde ein Büschel Wolle befestigt. Die Trennung nach geschlechtsspezifischen Arbeits- und Umgangsbereichen wurde also schon bei der Geburt symbolisch zum Ausdruck gebracht. Dass die Geburt eine Grenzsituation darstellt, wird auch daran deutlich, dass die Mutter und die bei der Niederkunft im Haus anwesenden Personen als befleckt galten. Um die Befleckung aufzuheben, wurden sie und das Haus Reinigungsriten unterzogen.

Dem Hausvater oblag die Entscheidung, das Kind in die Familie aufzunehmen oder aussetzen zu lassen. Die Aufnahme eines neugeborenen Kindes wurde am fünften Tag nach der Geburt bei den Amphidrómien gefeiert. Das Kind wurde um das im Haus brennende Herdfeuer getragen. Der Herd, auf dem stets ein Feuer brannte und das Essen zubereitet wurde, galt als Sitz der Göttin Hestia und war der symbolische Mittelpunkt des Hauses. Bei einem weiteren Fest am zehnten Tag (griech. *dekátē*) erhielt das Kind seinen Namen. Der erste Sohn wurde in der Regel nach dem Großvater väterlicherseits benannt, um bereits im Namen den Anspruch auf eine legitime Nachfolge zu dokumentieren. Verwandte und Freunde waren anwesend, um später bei Zweifeln an der Legitimität als Zeugen zu dienen. Das Kind war damit in die patrilineare Abstammungsgruppe aufgenommen. Die bei der Aufnahme des Kindes in die Hausgemeinschaft stattfindende Feier wurde deswegen nicht unmittelbar nach der Geburt begangen, weil die meisten Kinder, die nicht überlebten, bereits in der ersten Woche nach der Geburt verstarben (Aristoteles, *Historia animalium* 7, 12, 588 a 8–10).

Bild: Attisches Grabrelief aus Oropos in Attika, 4. Jh. v.Chr., Archäologisches Nationalmuseum Athen.

Literatur: N. Demand, Birth, Death, and Motherhood in Classical Greece, Baltimore/London 1994.

Zugänge zur Antike
Die antiken Menschen
in ihren
Nahbeziehungen
Griechenland

Gefahr durch Unwetter, Pflanzenkrankheiten oder wilde Tiere zwangen zu einer umsichtigen Vorratshaltung, zu einer strikten Einteilung der Essensrationen und machten die Bereitschaft zu nachbarlicher Hilfe und Ausleihe in der Not erforderlich. Konnte ein Bauer ausgeliehenes Saat- und Nahrungsgut nicht aus den Erträgen folgender Ernten zurückerstatten, durfte der Gläubiger Zugriff auf die Felder oder sogar auf die Person des Schuldners nehmen und ihn in die Sklaverei verkaufen. Durch die stärkere Ausdifferenzierung von Handel und Handwerk, die Ausbreitung der Münzwirtschaft und durch das Verbot der Schuldknechtschaft – in Athen durch Solon – verminderte sich das Risiko bäuerlicher Subsistenzwirtschaft [GSCHNITZER, 75–84].

Da der Oikos die soziale und wirtschaftliche Existenzgrundlage schlechthin darstellte, wurde besonderer Wert darauf gelegt, dass er nicht ‚verödete', also wegen fehlender Nachkommenschaft unter der Verwandtschaft aufgeteilt wurde und damit als eigenständige Einheit unterging. Auf der anderen Seite bestand die Gefahr, dass dann, wenn ein Bauer mehrere Söhne hatte, der Hof in zu viele Parzellen geteilt werden musste, so dass der soziale Status der einzelnen Nachkommen gefährdet war. Denn wenn die Hausgewalt an die nächste Generation weitergegeben wurde, teilten die inzwischen erwachsenen Söhne den väterlichen Besitz zu gleichen Teilen und durch Los unter sich auf. Ein Oikos zerfiel dann in mehrere einzelne Hausgemeinschaften. Da eine Geburtenplanung angesichts der hohen Kindersterblichkeit, relativ geringer medizinischer Kenntnisse und der Gefahr, bei einem kriegerischen Unternehmen zu sterben, kaum möglich war, wurden Praktiken akzeptiert und entsprechende normative und rechtliche Regeln geschaffen, die dem Bedürfnis entge-

Detailskizze

Grenz- und Konfliktsituationen:
2. Die Aussetzung von Kindern.

Aufgrund der hohen Kindersterblichkeit – man schätzt, dass innerhalb der ersten drei Jahre etwa die Hälfte aller Kinder verstarb – durfte die Zahl der Geburten in einer Familie nicht zu niedrig sein, um die Nachfolge überhaupt sichern zu können. Doch weil die Aufteilung des Besitzes unter mehreren Söhnen die materielle Grundlage in der folgenden Generation gefährden konnte, tendierten bäuerliche Familien insgesamt zu einer geringen Kinderzahl.

Die Aussetzung von Neugeborenen war gesetzlich nicht verboten. Entscheidend waren vor allem wirtschaftliche und soziale Gründe: Ließen die wirtschaftlichen Voraussetzungen ein Aufziehen und Ernähren eines weiteren Kindes nicht zu, war die Frau als Arbeitskraft unentbehrlich oder war durch zu viele Kinder der soziale Status in der folgenden Generation gefährdet, wurden Kinder ausgesetzt. Betroffen waren außerdem missgestaltete Kinder und solche, die aus vor- oder außerehelichem Geschlechtsverkehr oder einer Vergewaltigung hervorgegangen waren. Mädchen wurden häufiger ausgesetzt als Jungen.

In Mythen und in den attischen Tragödien und Komödien begegnet häufig das Motiv, dass Säuglinge in einem Körbchen ausgesetzt, von einem Hirten gefunden und von dessen Frau großgezogen werden. Mit Hilfe kleiner Amulette, die ihm die Mutter beigelegt hat, findet das herangewachsene Kind später seine leiblichen Eltern wieder: Inzwischen leiden sie keine Not mehr und freuen sich über das wiedergefundene Kind (vgl. das Märchen von *Hänsel und Gretel*). Die Realität freilich sah anders aus: Viele Kinder starben qualvoll. Wie groß die Zahl ausgesetzter Kinder war, lässt sich nicht abschätzen. Die fiktiven Geschichten machen aber deutlich, dass eine Aussetzung nicht leichtfertig geschah, sondern für die Eltern eine psychische Belastung darstellte. So werden in den fiktiven Geschichten die Kinder immer aufgefunden und kehren später zu ihren leiblichen Eltern zurück. Dies zeigt den Zwiespalt in der Gesellschaft, die die Tötung aus dem Bewusstsein verdrängen wollte. Die Mythen dienten also auch zur Verarbeitung der harten Realität. Die Aussetzung geschah im Verborgenen, war gewissermaßen tabu. Ausgesetzt wurden die Neugeborenen im Grenzgebiet der Siedlung, in einer ‚Wildnis'. Deswegen waren es in der Regel Hirten, die beim Weiden ihrer Schafe in den Bergen die ausgesetzten Kinder fanden. In anderen Fällen wurden Kinder an Kreuzwegen, öffentlichen Plätzen oder an Heiligtümern ausgesetzt, in der Hoffnung, jemand werde sich der Säuglinge annehmen.

Literatur: R. GARLAND, The Greek Way of Life, Ithaca/New York 1990, 84–105.

genkamen, den ungeteilten Fortbestand des Oikos zu sichern. In den Einzelheiten sind sie vor allem aus Athen bekannt: Überstieg die Zahl der Kinder die wirtschaftlichen Möglichkeiten eines Hofes, konnten Neugeborene ausgesetzt werden [GARLAND 1990, 17–105]. Außerdem wurden, um den väterlichen Besitz zusammenzuhalten, häufig Verwandtenehen geschlossen, so dass die Mitgift, mit der eine Tochter von ihrem Vater bei der Eheschließung ausgestattet wurde, dem Hausvermögen nicht verlorenging. Nur die Ehe zwischen leiblichen Geschwistern und zwischen Halbgeschwistern, die von derselben Mutter, aber zwei verschiedenen Vätern abstammten, war verboten. Waren aus einer Ehe keine Kinder hervorgegangen, konnte der Hausvater einen Nachfolger durch Adoption ins Haus holen. Der Adoptierte verlor damit seinen Erbanspruch im Haus seines leiblichen Vaters und war wie ein leiblicher Sohn verpflichtet, für den Adoptivvater im Alter zu sorgen, ihn zu bestatten und den Totenkult zu versehen. Im Allgemeinen nahm der Hausvater einen jungen Mann aus der väterlichen Linie als Adoptivsohn an, z. B. einen Neffen, wenn sein Bruder zwei erwachsene Söhne hatte. Bei einem bereits Herangewachsenen konnte er sich nämlich ein Bild davon machen, ob der Adoptierte den Hof gewissenhaft weiterführen und alle häuslichen Pflichten erfüllen würde. Außerdem ermöglichte er dem im Haus des Bruders verbliebenen zweiten Sohn, den väterlichen Besitz ungeteilt zu übernehmen. Auf diese Weise ließ sich gleichzeitig ein Fehlen und ein Zuviel an Nachkommenschaft innerhalb der väterlichen Verwandtschaft, aber auch in der Gesellschaft insgesamt ausgleichen. Die Besitzverhältnisse wurden so stabilisiert.

Hatte ein Hausvater keine Söhne, sondern nur eine Tochter, so wurde sie zur *epíklēros*, im Deutschen meist als ‚Erbtochter' übersetzt. Da eine Frau nicht die Hausgewalt innehaben konnte, war sie jedoch keine Erbtochter im eigentlichen Sinne des Wortes, sondern nur eine Platzhalterin für den zukünftigen Erben. Der nächste männliche Verwandte väterlicherseits musste die Epikleros heiraten. Damit war sichergestellt, dass der hausväterliche Besitz nicht an ein anderes Haus übergehen konnte. Hatte der Hausvater einen jungen Mann adoptiert, war dieser verpflichtet, die Epikleros zu heiraten [LACEY, 121–138; REINSBERG, 28–34; PATTERSON, 70–106].

Die Erbregelungen machen Folgendes deutlich: Die Sicherung einer ausreichenden wirtschaftlichen Grundlage bestimmte in hohem Maße die soziale Organisation des Hauses. Bei der Adoption ging es nicht darum, den Wunsch nach eigenen Kindern und nach einer emotionalen Beziehung durch die Aufzucht eines Säuglings oder Kleinkinds zu erfüllen, sondern den Fortbestand des Hauses zu sichern. Auch ein möglicher Wunsch der Epikleros, wen sie heiraten wollte, wurde dem Interesse an einer Fortexistenz des Hofes in der väterlichen Linie untergeordnet. Das athenische Recht, das in seinem Grundbestand auf die Rechtskodifikation Solons zurückgeht, hat diese Erbschaftsregeln festgeschrieben. Sie sind vor dem Hintergrund einer bäuerlichen Subsistenzwirtschaft formuliert und wurden der differenzierteren Arbeits- und Lebenswelt des 5. und 4. Jh.s nicht angepasst. Dies verleiht der griechischen Gesellschaft auch noch in klassischer Zeit einen stark bäuerlichen Charakter.

Der Hausvater und die Ehefrau. Der Hausvater hatte die Hausgewalt inne und traf formal alle Entscheidungen von Bedeutung:

Zugänge zur Antike
Die antiken Menschen
in ihren
Nahbeziehungen
Griechenland

ob Brachland gepflügt oder eine Sklavin oder ein Sklave ins Haus geholt werden sollte, wen die Tochter heiraten, wer zu Gast geladen und welches Tier einer Göttin oder einem Gott geopfert werden sollte. Er war *kýrios* (Herr) über seine Frau, Vater über die Kinder und Herr über Gesinde und Sklaven. Welchen informellen Einfluss die anderen Mitglieder des Hauses auf die Entscheidungen des Hausvaters ausüben konnten, ist kaum zu sagen, doch viele Indizien sprechen dafür, dass dieser Einfluss nicht unbeträchtlich war. Doch nach außen musste der Hausvater demonstrieren, dass er es war, der die Entscheidungen traf.

In der bäuerlichen Schicht gab es eine relativ strikte geschlechtsspezifische Arbeitsteilung. Der Hausvater arbeitete mit den heranwachsenden Söhnen und Knechten bzw. Sklaven draußen auf den Feldern und hütete das Vieh, während die Frauen die Arbeiten im und um das Haus verrichteten. Sie verarbeiteten die Milch zu Käse und die Wolle der Schafe zu Tüchern und Kleidungsstücken, mahlten das Getreide, backten Gerstenfladen, unterhielten das Feuer auf dem Herd, bereiteten die Mahlzeiten und pflegten kranke Hausangehörige. Die geschlechtsspezifische Arbeitsteilung ergab sich bis zu einem gewissen Grad aus der Arbeitsökonomie. So führten Männer in der Regel die körperlich schwereren Arbeiten aus und die, für die man sich weiter von Haus und Hof entfernen musste. Eine wichtige Rolle spielte die Kompatibilität von Arbeiten. So übernahm die Frau Arbeiten in und um das Haus, weil sie diese kurzzeitig unterbrechen konnte, um einen Säugling zu stillen oder sich um kleine Kinder zu kümmern. Wasser vom Brunnen zu holen fiel trotz der körperlich schweren Arbeit in den Arbeitsbereich der Frau, weil der Mann zu viel Zeit verlieren würde, müsste er dafür vom Feld zum Haus zurückkehren. Die Verarbeitung von Wolle zu Stoffen, die eine besondere Fingerfertigkeit erfordert, kann nicht mit körperlich harter Arbeit auf dem Feld verbunden sein. Doch es wäre sicherlich zu einseitig, die geschlechtsspezifische Arbeitsteilung allein auf die Arbeitsökonomie zurückzuführen. Denn die Männer übernahmen stets die Arbeiten, die mit höherer Ehre verbunden waren. Beides prägte die Einstellung der Zeitgenossen hinsichtlich der Aufgabenverteilung und der Wertigkeit der Geschlechter: Mann und Frau seien von den Göttern mit einer unterschiedlichen Natur ausgestattet, wobei Frauen eine größere Liebe zu Säuglingen hätten und von Natur furchtsam seien, wohingegen Männer größeren Mut zum Schutz des Hauses bewiesen. Ließ es die Situation nicht zu, konnten auch Arbeiten des jeweils anderen Geschlechts ausgeübt werden. So bereiteten die Hirten selbst ihr Essen zu und in der Erntezeit halfen auch die Frauen auf den Feldern mit. Im Allgemeinen aber galt, dass Männer dem Spott ausgesetzt waren, wenn sie Arbeiten von Frauen ausführten, wohingegen Frauen, die Arbeiten von Männern übernahmen, an Ansehen gewannen [LORAUX, 75–117; WICKERT-MICKNAT 1982].

Nicht ganz so strikt war die geschlechtsspezifische Arbeitsteilung in anderen Bereichen. Auch dort galt zwar, dass Arbeiten im handwerklichen Bereich überwiegend von Männern ausgeführt wurden – auch Lehrer und Ärzte waren meist Männer –, doch gab es nicht wenige Frauen, die auf den Märkten Lebensmittel wie Brot und Gemüse verkauften oder als Ammen oder Kinderfrauen in fremden Häusern arbeiteten.

Die geschlechtsspezifische Trennung von Drinnen und Draußen wirkte sich auch im politischen Bereich aus: Nur die Männer konnten an Volksversammlungen und Geschworenenprozessen teilnehmen, als Ratsherren über die Geschicke der Stadt mitbestimmen und Ämter übernehmen. Nur sie beteiligten sich je nach Reichtum des Hauses als Reiter, als gepanzerte und schwerbewaffnete Fußsoldaten (*hoplítēs*, Plural: *hoplítai*), als Leichtbewaffnete oder Ruderer in Kriegsschiffen an den Kriegszügen der Stadt. Nur sie konnten sich, ohne ins Gerede zu kommen, auf der *agorá*, beim Barbier oder in den Gasthäusern aufhalten. Dabei war eine Teilnahme an den öffentlichen Angelegenheiten weitgehend denen vorbehalten, die die Position eines Hausvaters innehatten. Denn Ratsherr werden oder ein Amt übernehmen konnte man in Athen erst mit 30 Jahren, also von dem Zeitpunkt an, an dem ein Athener heiratete und vom Vater den Hof übernahm, falls dieser nicht bereits vorher verstorben war.

Die sozialen Normen geboten es der Frau, im Haus den Mittelpunkt ihres Lebens zu sehen und in der Öffentlichkeit nicht aufzufallen. Sie konnte das Haus verlassen, um Wasser zu holen, an einem Fest teilzunehmen, Fehlendes von der Nachbarin auszuleihen oder um sich mit ihr zu unterhalten. Hielt sie sich aber zu häufig außerhalb des Hauses auf, lief sie Gefahr, ins Gerede zu kommen und damit die Ehre des Hauses zu beeinträchtigen. Wenn sie nachts auf den Straßen gesehen wurde, geriet sie sogar in den Verdacht, Ehebruch begehen zu wollen. An den Gastmählern der Männer, den Symposien (Sing.: *sympósion*), nahmen ehrbare Bürgerfrauen nicht teil, sondern nur Hetären (von griech. *hetaíra*, ‚Gefährtin'), die sich, weil sie keinen Bürgerstatus hatten, freier in der männlich dominierten Öffentlichkeit bewegen konnten [REINSBERG, 80–162; HARTMANN, 133–211]. Seit der zweiten Hälfte des 4. Jh.s v.Chr. gab es in vielen Städten besondere Amtsträger, die *gynaikonómoi*, die über die Sittsamkeit der Frauen außerhalb des Hauses, also bei Hochzeiten, Trauerfeiern und religiösen Festen, wachen sollten.

Frauen waren wie Kinder nicht vermögensfähig, konnten also keine Rechtsgeschäfte abschließen. Sie unterstanden stets einem Kyrios – bis zu ihrer Heirat in der Regel ihr Vater oder ihr Bruder, nach der Eheschließung ihr Mann –, der für sie alle Angelegenheiten, die den öffentlichen und den Rechtsbereich betrafen, übernahm. Seit dem 5. Jh. erhielten Frauen bei der Eheschließung aus dem Vermögen ihres Oikos eine Mitgift, die ihre Position im Haus des Ehemanns absicherte und stärkte und sie vor einer schlechten Behandlung schützen sollte. Die Mitgift – in reichen Familien wurden mitunter beträchtliche Vermögen gewährt – ging in die Hände des Ehemannes über. Er musste sie aber im Falle einer Scheidung, die von beiden Seiten her möglich war, an den früheren Kyrios der Frau zurückerstatten [PATTERSON, 70–137].

Im Kult waren den Frauen auch öffentliche Funktionen zugewiesen. Bei den großen Stadtfesten, wie in Athen bei den Panathenäen, wirkten Jungen und Mädchen, Männer und Frauen mit. Einige Feste wie die Thesmophorien waren allein Frauen vorbehalten und in einigen Kulten übten Frauen die Priesterfunktionen aus. Bemerkenswert ist, dass bei solchen Gelegenheiten, an denen beide Geschlechter teilnahmen, die Mitglieder der häuslichen Gemeinschaft nicht als Einheit in Erscheinung traten, sondern integriert in die jeweilige Alters- und Geschlechtsgruppe [LACEY, 13–35; POMEROY 1985; HUMPHREYS, 33–51; LEFKOWITZ; REINSBERG, 34–49].

Die Kinder. Nach Aristoteles ist die Herrschaft des Vaters über die Kinder eine königliche. Denn er ist sowohl in der Liebe als auch

Zugänge zur Antike
Die antiken Menschen
in ihren
Nahbeziehungen
Griechenland

im Alter Herrschender (Aristoteles, *Politika* 1, 12, 1259 b 10–12). Das Verhältnis zwischen Eltern und Kindern ist also kein partnerschaftliches und es ist bemerkenswert, dass selbst Liebe (griech. *philía*) nicht Ausdruck einer gegenseitigen Zuneigung, sondern hierarchisch begriffen ist.

Der Hausbesitz konnte nur an Kinder aus einer legitimen Ehe weitergegeben werden. Das Gesetz, das in Athen die Rechtmäßigkeit der Ehe regelte, zielte letztendlich auf die Rechtmäßigkeit der Kinder. Übergab der Vater seine Tochter dem Bräutigam, tat er dies mit den Worten: „Ich gebe dir diese Frau zur Zeugung rechtmäßiger Kinder." Das Neugeborene wurde feierlich in die Hausgemeinschaft aufgenommen und erhielt bei einem Fest am zehnten Tag nach der Geburt seinen Namen. Später wurden die kleinen Kinder in die ‚Bruderschaft' (griech. *phratría*) eingeführt, wobei der Vater vor Zeugen schwören musste, dass das Kind einer legitimen Ehe entstammte [LAMBERT]. Erreichte das Kind das Alter von 18 Jahren, wurde durch die jeweilige Stadt- und Dorfgemeinde (*dḗmos*) erneut geprüft, ob es als legitimes Kind eines Atheners – und seit dem Bürgerrechtsgesetz des Perikles (451 v.Chr.) auch einer Athenerin – in die Bürgerschaft aufgenommen werden sollte. Die familiale Herkunft verlieh also dem Individuum seinen bürgerlichen Status [LACEY, 98–102; BRUIT ZAIDMAN/SCHMITT PANTEL, 66–90; SISSA; HARTMANN, 45–75].

Kinder, die sich nicht auf eine legitime Geburt berufen konnten, hatten in Athen kein Recht, das Haus des Vaters fortzusetzen oder einen Erbanteil zu erhalten. Sie konnten lediglich auf eine Schenkung in Höhe von höchstens 1 000 Drachmen hoffen. Auch vom Familienkult und von der Phratrie waren sie ausgeschlossen; waren ihre Mütter Hetären, kehrten sie mitunter in das zwielichtige Milieu zurück, aus dem jene stammten [REINSBERG, 12–23].

Die Kindheit war als Lebensphase in der antiken griechischen Vorstellung vor allem durch mangelnde oder noch unvollkommene Qualitäten vom Erwachsensein abgegrenzt. Kinder galten als töricht, verstanden es noch nicht, umsichtig zu denken und zu planen. In Bauern- und Handwerkerfamilien mussten die Kinder frühzeitig auf dem elterlichen Hof oder im handwerklichen Betrieb mitarbeiten und erlernten so alle wichtigen Aufgaben, die sie als Erwachsene beherrschen mussten. Auch Kinder von Sklaven wurden sobald wie möglich mit zur Arbeit herangezogen. Vor dieser Zeit wurde den Kindern ein Freiraum für Spiele eingeräumt. So zeigen uns Vasenbilder Kinder, die mit Bällen und Nüssen spielen, oder Mädchen mit Puppen. Im Alter von etwa sieben Jahren begann für die Jungen, bisweilen auch für die Mädchen eine außerhäusliche Erziehung. In einer Elementarschule lernten sie Lesen, Schreiben und Rechnen. Bei den Jungen schloss sich eine weitere schulische Ausbildung an, begleitet von sportlichen Übungen in besonderen Übungsstätten (griech. *palaístra* oder *gymnásion*) und von einer musischen Schulung. Mädchen haben dagegen seltener die Schule besucht. Aber auch sie erlernten im Haus oder in Gruppen von Gleichaltrigen, die von erwachsenen Frauen oder Priesterinnen geleitet wurden, die Aufgaben und Tätigkeiten, die sie als verheiratete Frauen ausüben mussten, so vor allem die Wollverarbeitung [RÜHFEL 1984; DIES., 1991; DEISSMANN-MERTEN; GOLDEN; GARLAND 1990, 106–162].

Eltern-Kind-Beziehungen. Auf dem Fries einer attisch-schwarzfigurigen Schale (Bild oben) ist ein Bauer dargestellt, der mit einem Ochsengespann sein Feld pflügt. Ein Knecht oder der Sohn des Bauern wirft in die frisch aufgeworfene Erde Saatgut. Auf dem Vasenbild unten kniet eine Mutter vor ihrem kleinen Sohn, der einen Spielzeugwagen hinter sich herzieht. Sie blickt ihn an, nimmt liebevoll seinen Kopf in die Hände und legt ihm ein Band um das Haar. Die beiden Bilder verdeutlichen die geschlechtsspezifische Trennung der Arbeits- und Umgangsbereiche in der griechischen Gesellschaft und die dadurch geprägten Erwartungen und Emotionen, mit denen die Eltern den Kindern begegneten.

Die Beziehung zwischen dem Vater und dem Sohn war wesentlich dadurch geprägt, dass der Vater im Sohn den zukünftigen Hausvater sah, der den Oikos fortsetzen sollte. Dies erklärt, warum auf die Legitimität so viel Wert gelegt wurde; und dies ist der Hintergrund eines mitunter konfliktgeladenen Verhältnisses, wenn etwa der Vater den Sohn für unfähig hielt, den Hof verantwortungsvoll zu führen. Das vorherrschende

Zugänge zur Antike
Die antiken Menschen
in ihren
Nahbeziehungen
Griechenland

Interesse des Vaters an einer Fortführung des Hauses in legitimer Nachfolge hatte zur Konsequenz, dass sich der Mann, wenn die Ehe kinderlos blieb, von seiner Frau trennte, um einen jungen Mann aus der väterlichen Linie zu adoptieren. Damit sicherte er den Fortbestand des Oikos, aber auch seine eigene Versorgung im Alter.

Der Mann verstieß aber seine Frau in einem solchen Fall nicht, sondern sorgte für ihre soziale und wirtschaftliche Absicherung, indem er seine Frau einem anderen Mann in die Ehe gab. Ihr sollte damit die Möglichkeit gegeben werden, in einer zweiten Ehe Kinder zu gebären. An dieser Praxis wird außerdem die geschlechtsspezifische Einstellung zu Kindern deutlich. Der Frau wurde eine stärkere emotionale Bindung gegenüber Kindern, gerade auch gegenüber Säuglingen und kleinen Kindern zugesprochen. Als Medea in der gleichnamigen Tragödie des Euripides Abschied von ihren Kindern nimmt, trauert sie der Zeit nach, als sie sie unter Qualen geboren und großgezogen hat. Sie freut sich über der Kinder Lächeln, über ihre heiteren Augen. Zum Abschied umarmt und küsst sie sie. Sie hätte Erfüllung darin gefunden, die Kinder glücklich heranwachsen zu sehen, für sie das Hochzeitslager zu bereiten und ihnen beim Hochzeitszug die Brautfackel zu tragen. Treffend charakterisiert sie ihr Verhältnis zu den Söhnen als ein „süßes Sorgen". In ähnlicher Weise hat Euripides die Beziehung zwischen Andromache und ihrem Sohn Astyanax gestaltet: Nach dem Tod des Vaters Hektor flüchtet sich Astyanax weinend zu Andromache, schmiegt sich an sie, hängt sich an ihr Gewand. Andromache nimmt ihren „über alles teuren Sohn" hoch, „des Mutterarmes zarte, liebe Last".

Erinnerungen kommen auf an das Nähren an der Brust, die ständigen Sorgen, aber auch an Zärtlichkeiten und Liebkosungen, an das süße Schlummern des Kindes: „in seinen Kindern lebt der Mensch". Ob eine solche emotionale Beziehung zwischen Müttern und Kindern bei allen sozialen Schichten anzunehmen ist, wissen wir freilich nicht.

Bilder: Schwarzfigurige Schale aus Athen, um 550 v.Chr., British Museum London; Wasserkrug (Hydria) aus Apulien, um 420/410 v.Chr., Staatliche Museen Preußischer Kulturbesitz, Antikenmuseum Berlin.

Literatur: N. Loraux, Die Trauer der Mütter. Weibliche Leidenschaft und die Gesetze der Politik, Frankfurt/M./New York 1992 [frz. 1990].

Die Alten. Wegen der hohen Kindersterblichkeit und der geringen medizinischen Kenntnisse, der häufigen Kriege und der Gefahr für die Frauen, bei der Geburt eines Kindes zu sterben, war die Gruppe der Alten deutlich kleiner als in heutigen europäischen Gesellschaften.

Die Stellung der Alten war im frühen Griechenland zwiespältig. Auf der einen Seite galt der Ältere dem Jüngeren als überlegener Ratgeber, als bedächtiger, umsichtiger und abwägender, wohingegen der Jüngere im Urteil schwankend, ungestüm und im Verhalten übermütig sei. Auf der anderen Seite wurden den Alten aber auch schlechte Eigenschaften zugesprochen. Aufgrund vieler negativer Erfahrungen seien sie allzu unentschlossen, misstrauisch und argwöhnisch, feige und geldgierig, rückwärts auf die Vergangenheit gewandt, schwach und jammerten lieber statt Freude am Leben zu haben. Es ist für Griechenland signifikant, dass in Charakterisierungen der verschiedenen Lebensalter, wie sie etwa Aristoteles in seiner Schrift *Rhetoriká* (2, 12–14, 1388 b 31–1390 b 13) bietet, das Alter nicht als Zeit der Reife und der Würde beschrieben wird, im Gegensatz zum antiken Rom. Hoch geschätzt wurden vielmehr diejenigen mittleren Alters, die in der Blüte des Lebens standen. Sie hätten von allen Eigenschaften und Verhaltensweisen das richtige Maß, urteilten realistisch, hätten Zutrauen, zeigten Mut mit Besonnenheit. Ähnlich wie die Kindheit ist das Alter also vornehmlich durch Defizite gekennzeichnet. Worin ist das begründet?

Es ist vor allem die Struktur der häuslichen Gemeinschaft, die sich entscheidend auf die Position der Alten und das Bild vom Alter auswirkt. In der bäuerlichen Subsistenzwirtschaft hatte der Hausvater die Hausgewalt

Grenz- und Konfliktsituationen
3. Vom Kind zum Erwachsenen: Heirat und Hofübergabe.

Der Eintritt in die Welt der Erwachsenen wurde durch das Hochzeitsfest begleitet, das den Charakter eines Initiationsritus trägt. Durch die Hochzeit wurde der soziale Status grundsätzlich neu definiert. Bei dem jungen Mann fielen Heirat und Übernahme des Hofes zusammen. Bei der in Griechenland üblichen Form der Hausübergabe bei Lebzeiten, also *inter vivos*, heiratete der Sohn erst relativ spät, mit etwa 30 Jahren, falls der Vater nicht vorzeitig gestorben war. Die Braut war wesentlich jünger, zwischen 15 und 18 Jahre alt. Die Braut wechselte am Hochzeitstag in das Haus des Mannes (,virilokale Ehe'), musste sich also in ein ihr fremdes Haus integrieren. Der große Altersunterschied und die Virilokalität der Ehe stärkten die Autorität des Mannes. Auf der anderen Seite schützte das seit dem 5. Jh. v.Chr. bestehende Mitgiftsystem die Frau vor einer

Zugänge zur Antike
Die antiken Menschen
in ihren
Nahbeziehungen
Griechenland

schlechten Behandlung durch den Mann. Denn die vom Brautvater übergebene Mitgift musste bei einer Auflösung der Ehe an den Brautvater zurückgegeben werden.

Die Hochzeit war für die Frau ein einschneidendes Ereignis, weil sie vielfach ihren Ehemann kaum kannte. Sie hatte vorher nur eine indirekte Möglichkeit gehabt, Einfluss auf ihren Vater auszuüben, einen Brautwerber zu akzeptieren oder abzulehnen. Wenn sie eine *epíkleros* war, war sie sogar gesetzlich verpflichtet, den nächsten männlichen Verwandten väterlicherseits zu heiraten und mit ihm Nachwuchs zu zeugen, ob sie ihn mochte oder nicht. Auch andere Verwandtenehen machen deutlich, dass Überlegungen zu Wahrung – und Mehrung – des Besitzes Vorrang vor emotionalen Bindungen hatten. Sicherlich wird die Eheschließung nicht mit solchen emotionalen Erwartungen aufgeladen gewesen sein, wie dies in modernen westlichen Gesellschaften der Fall ist, doch lassen auch antike Zeugnisse erkennen, von welcher psychischen Anspannung der Tag der Hochzeit begleitet sein konnte. Im Hochzeitsritus wurde den Hoffnungen und frohen Erwartungen, aber auch den Ängsten und Befürchtungen Ausdruck verliehen und damit die Belastung teilweise aufgefangen. Am Vorabend der Hochzeit fand ein Opfer zu Ehren der Schutzgottheiten der Ehe statt. Die junge Frau weihte Attribute ihrer Kindheit (Spielzeug, Puppe, Haarlocke) der Göttin Artemis. Feierlich zogen die Frauen zu einer heiligen Quelle, um Wasser für das Hochzeitsbad herbeizuholen. Am Tag der Hochzeit waren die Häuser mit Oliven- und Lorbeerzweigen geschmückt. Im Haus des Brautvaters fand ein Festmahl statt, mit dem die mit Schleier und Kranz geschmückte Braut aus ihrer häuslichen Gemeinschaft verabschiedet wurde. Am Abend wurden Braut und Bräutigam, begleitet von einer Brautführerin und einem Gefährten, im feierlichen Hochzeitszug zum Haus des Ehemannes geleitet, wie auf dem Bild des Amasis-Malers zu sehen ist. Das Hochzeitspaar fuhr auf einem von Maultieren oder Ochsen gezogenen Wagen. Die Mutter der Braut schritt mit einer Fackel dem Wagen voran. Gleichaltrige sangen Hochzeitslieder und zitierten Neckverse. Am Haus des Ehemanns erwarteten die Eltern des Bräutigams den Zug. Die Braut bekam ein Stück eines mit Sesam und Honig gebackenen Kuchens, eine Quitte oder Dattel als Symbol der Fruchtbarkeit und umschritt den Herd. Ihr wurden Nüsse und getrocknete Feigen über das Haupt geschüttet, womit sie in die Gemeinschaft des neuen Hauses aufgenommen war. Anschließend begab sich das Brautpaar in das Hochzeitsgemach (griech. *thálamos*). Mit dem Geschlechtsverkehr in der Hochzeitsnacht war die Heirat vollzogen. Am folgenden Morgen erhielt das Brautpaar Geschenke.

Bilder: Attisch-schwarzfigurige Lékythos des Amasis-Malers, um 540 v.Chr., Metropolitan Museum New York.

Literatur: J. H. Oakley/R. H. Sinos, The Wedding in Ancient Athens, Madison 1993; Reinsberg, 49–79; Hartmann, 76–132.

inne, solange er die bäuerlichen Arbeiten verrichten konnte. War er dazu körperlich nicht mehr in der Lage, ging er auf das Altenteil und der Sohn übernahm den Hof. Damit büßte der Vater seine Autorität ein, nicht nur im Haus, sondern auch unter den Nachbarn und Mitbauern. Die Alten mussten sich den Söhnen als neuen Hausherren unterordnen, Schmähungen und schlechte Behandlung ertragen, ja Schläge fürchten, mit denen die Söhne die Altenteiler zur Arbeit nötigten, soweit sie sie noch zu leisten vermochten. Das Vater-Sohn-Verhältnis konnte gerade in dieser Lebensphase gespannt sein. Die Art der Hausübergabe zu Lebzeiten des Vaters (*inter vivos*) – nicht erst nach dem Tod (*post mortem*) wie in Rom – führte also zu Konfliktsituationen, wie sie für Gesellschaften mit einer solchen Form der Besitzweitergabe typisch sind.

Die Alten waren also an den Rand gedrängt. Ihre Versorgung im Alter basierte auf einem ‚Generationenvertrag', eine staatliche Altersversorgung gab es nicht. Die Stadtstaaten waren aber bemüht, durch entsprechende Gesetze den Konflikt zu entschärfen, indem beispielsweise die Verpflichtung festgeschrieben wurde, dass die Söhne ihre alten Eltern ernähren mussten. Außerdem wurde gesetzlich verboten, die eigenen Eltern zu schlagen. Anerkannt wurde in den Gesetzgebungen auch die Möglichkeit, andere Personen in die Verpflichtungen einzusetzen, wenn eigene Söhne fehlten. So war der Adoptivsohn, wenn er das Erbe übernehmen wollte, verpflichtet, den Adoptivvater im Alter zu ernähren. Die Verpflichtung, die alte Mutter zu ernähren, oblag stets dem leiblichen Sohn – auch nach einer Adoption – bzw. demjenigen, der das Vermögen einer Epikleros verwaltete. In hellenistischer Zeit wurde eine neue Form der Versorgungssicherung zugelassen, denn nun konnte

Grenz- und Konfliktsituationen
4. Der Weg ins Jenseits: Tod und Bestattung.

Wie hoch im antiken Griechenland die Lebenserwartung war, lässt sich nicht bestimmen. Aufgrund der geringen medizinischen Kenntnisse war der Tod ein ständiger Begleiter. Hoch war mit Sicherheit die Kindersterblichkeit, hoch auch das Risiko junger Männer und Frauen, bei einem Kriegszug oder bei einer Geburt zu sterben. Die Gruppe der Alten war sicherlich wesentlich kleiner als in modernen Gesellschaften.

Auch der Tod war von Ritualen begleitet. Der Tote wurde gewaschen, mit duftenden Ölen eingerieben, in weiße Gewänder gehüllt. Für einen Tag blieb der Leichnam auf dem Totenbett in der Eingangshalle des Hauses aufgebahrt (griech. *próthesis*); Freunde, Verwandte und Nachbarn versammelten sich, um Abschied zu nehmen. Frauen vollzogen rituelle Trauerklagen, zerkratzten sich das Gesicht, rauften sich die Haare, weinten. Bereits auf Vasen des 8. Jh.s v.Chr., also aus der so genannten geometrischen Epoche, sind solche Prothesis-Szenen dargestellt. Diese Vasen waren zum Teil über 1,20 m hoch und wurden über dem Grab aufgestellt; inmitten von Streifen und geometrischen Mustern sind in einem Bildfeld in Silhouetten oder Umrisszeichnungen klagende Männer, Frauen und Kinder wiedergegeben, die den auf der Totenbahre liegenden Verstorbenen in Trauergesten beklagen.

An dem auf die Prothesis folgenden Tag fand der Trauerzug zum Grab statt (*ekphorá*). Noch vor Morgengrauen setzte sich der Zug in Bewegung. Die Trauernden folgten, getrennt nach Geschlechtern, der Bahre. Der Leichnam wurde vor den Toren der Stadt beerdigt oder auf einem Scheiterhaufen verbrannt. Die Asche wurde in einer Urne gesammelt und gemeinsam mit Beigaben in einem Grab beigesetzt. Über dem Grab wurde ein Erdhügel errichtet, den eine große Vase, aber auch eine Stele mit dem Namen des Verstorbenen oder einem Reliefbildnis krönen konnte. Am 3., 9. und 30. Tag nach dem Tod wurden Mähler am Grab abgehalten und dem Toten Trank- und andere Opfer gespendet.

Viele Städte haben Bestattungsgesetze erlassen, um eine Demonstration von Reichtum bei der Bestattung oder durch das Grabmal zu unterbinden, um die Hinterbliebenen von einer Zerstörung der eigenen Lebensgrundlagen zu bewahren und um Reinigungsriten festzuschreiben.

Die Seele des Toten wurde von Hermes Psychopompos in die Unterwelt geleitet, wo Hades gebot. Am Anthesterienfest (Ende Februar) kehrten – so glaubte man – die Seelen der Toten in die Welt zurück. Die Lebenden versuchten, sich vor den Unheil bewirkenden Kräften der Toten zu schützen; die Heiligtümer blieben geschlossen. Am Ende wurden die Totengeister vertrieben.

Die Vorstellung des Todes ist bei den Griechen von furchterregenden, dunklen Mächten beherrscht. Begrenzt wird das Reich der Toten durch den Styx, den Fluss der Unterwelt. Zwischen Tartaros, einem finsteren Raum, wo die Nacht zu Hause ist, und Styx durchquert man die heiteren Elysischen Gefilde. Das Bild des Jenseits war also ambivalent. Anders als im Christentum gab es aber nicht den Glauben an ein zukünftiges Leben, auf dessen Schicksal man durch eine fromme Haltung und gottgefällige Taten einwirken konnte.

Bild: Attischer Grabkrater (Detail), um 740 v.Chr., Metropolitan Museum New York.

Literatur: D. C. Kurtz/J. Boardman, Thanatos. Tod und Jenseits bei den Griechen, Mainz 1985 [engl. 1971]; R. Garland, The Greek Way of Death, Ithaca/New York 1985; S. B. Pomeroy, Families in Classical and Hellenistic Greece. Representations and Realities, Oxford 1997, 100–140.

Zugänge zur Antike
Die antiken Menschen
in ihren
Nahbeziehungen
Griechenland

ein Sklave unter *der* Bedingung freigelassen werden, dass er seinen früheren Herrn im Alter ernährte.

Zu der prekären Position der Alten trug sicher auch bei, dass im antiken Griechenland körperliche Kraft und Schönheit sehr hoch geschätzt wurden. Jugendliche und junge Männer trainierten ihren Körper in der Palästra und im Gymnasion, wovon viele Bilder auf attischen Vasen zeugen.

Schließlich genossen die Alten auch im öffentlichen Bereich keine besonderen Privilegien. Ämter übernehmen oder Ratsherr werden konnte man in Athen bereits mit 30 Jahren, eine vergleichsweise niedrige Altersvoraussetzung. Das Vorrecht der über 50-Jährigen, in der Volksversammlung zuerst zu sprechen und damit eine Meinung vorzugeben, wurde im Laufe des 5. Jh.s abgeschafft. Allein in Zeiten politischer Krisen setzte man wieder stärker auf die Erfahrung, das Wissen und die Bedachtsamkeit der Alten. Institutionell verankert wurden solche Vorrechte indes nicht. Eine neue Aufgabe, die ihr Selbstwertgefühl stärkte, fanden die Alten in Athen in den Geschworenengerichten. Da die Zahl der Prozesse im 5. und 4. Jh. zugenommen hatte und die Gerichtshöfe mit mehreren hundert Geschworenen besetzt waren, wurde zur Durchführung eine Gruppe von Personen gebraucht, die häufig abkömmlich war. So stellten die Alten faktisch einen nicht unbeträchtlichen Anteil an den Geschworenen, was sie wieder stärker in das öffentliche Leben einband.

Grundsätzlich anders – wie wir noch sehen werden – gestaltete sich jedoch die Position der Alten in Sparta, weil sie dort eine unangefochtene Stellung in der Gesellschaft innehatten [GARLAND 1990, 242–287; HERZIG; BRANDT, 17–85].

Gesinde und Sklaven. Neben den reichen Grundbesitzern und einer breiten Schicht von mittleren Subsistenzbauern gab es im archaischen Griechenland eine starke unterbäuerliche Schicht. Da ihr geringer Besitz zum Unterhalt nicht ausreichte, mussten diese Klein- und Kleinstbauern ihre Kinder bei reichen Grundbesitzern oder Bauern in Gesindedienst geben. Die Kinder verließen das elterliche Haus und wohnten und arbeiteten als Jungknecht oder Jungmagd auf dem Hof des Herrn. Im Laufe ihres Gesindelebens wechselten sie mehrmals den Hof. Denn weil der Bauer aufgrund zwar ausreichender, aber stets prekärer Erträge seinen Arbeitsbedarf knapp kalkulieren musste, war eine langfristige Anstellung nicht möglich. Am Ende des landwirtschaftlichen Jahres entschied er, ob er einen Knecht und eine Magd auf den Hof holen sollte oder ob inzwischen die eigenen Kinder diese Arbeiten übernehmen konnten. Reiche Grundbesitzer hingegen konnten aufgrund der größeren Erträge langfristig planen und so Gesinde für viele Jahre auf den Hof holen oder Sklaven kaufen. Vor dem 5. Jh. v.Chr. war die Zahl der Sklaven noch recht gering, da Bauern den hohen Kaufpreis in der Regel nicht aufbringen konnten. Der Dienst bei einem Bauern unterschied sich von dem bei einem reichen Grundbesitzer auch dadurch, dass den Sklaven und dem Gesinde dort, eben weil sie langfristig in das Haus eingebunden waren, eheähnliche Gemeinschaften gestattet wurden. Die Sklavenkinder wurden ihrerseits Sklaven des Herrn, wurden gemeinsam mit dessen Kindern erzogen und übernahmen in jungen Jahren Arbeiten auf dem Feld oder als Hirten. Fleißige und treue Sklaven und Sklavinnen konnten im Lauf der Zeit Vertrauenspositionen einnehmen, wie die der ‚Beschließerin', die die Schlüssel zu den Vor-

155

ratskammern erhielt. Als Lohn für langjährige, treue Dienste erhielten sie ein Haus und ein Stück Land und wurden in die Unabhängigkeit entlassen. Anders beim Dienst auf dem Hof eines Bauern: Dieser nahm nur einen ledigen Knecht und eine Magd ohne Kind. Da die Angehörigen der unterbäuerlichen Schicht häufig bis über das vierzigste Lebensjahr hinaus in Gesindedienst bleiben mussten, um ihren Lebensunterhalt zu bestreiten, konnten sie erst sehr spät heiraten. Sie schieden dann aus dem Gesindedienst aus und versuchten, sich durch Saison- und Taglohnarbeit einen kleinen Verdienst zu sichern. Aufgrund dieses Wechsels vom Kind eines Kleinstbauern zum Knecht oder zur Magd in fremdem Haus und wieder hin zum Status eines Theten spricht man von ‚life-cycle servants'.

Im Laufe des 5. Jh.s v.Chr. entstand in Handwerk und Handel, im Flottendienst und im Bergbau eine Fülle von neuen Möglichkeiten, den Lebensunterhalt zu bestreiten. Angehörige der unterbäuerlichen Schicht nutzten diese, da sie sich dabei nicht in die Abhängigkeit eines fremden Herrn begeben mussten und früher einen eigenen Oikos und eine Familie gründen konnten. Durch handwerkliches Geschick und Fleiß gewannen sie mitunter einen gewissen Wohlstand. In der Landwirtschaft wurde das abgewanderte Gesinde durch Sklaven ersetzt. Feldzüge, bei denen die gesamte Bevölkerung eroberter Städte versklavt wurde, die Ausbreitung der Münzwirtschaft und eine größere Prosperität machten es auch mittleren Bauern möglich, Sklaven zu erwerben. Sklaven arbeiteten aber nicht nur im Haus und in der Landwirtschaft. Vielfach nutzte man ihre handwerklichen Fähigkeiten: Lysias, ein Metöke in Athen, betrieb eine Schildmanufaktur mit 120 Sklaven; Demosthenes, der Vater des berühmten gleichnamigen Redners, besaß eine Bettenmanufaktur mit 20 und eine Schwertmanufaktur mit etwa 30 Sklaven. Manche reichen Athener besaßen mehrere hundert, in Einzelfällen über 1 000 Sklaven, die sie tageweise an Handwerksbetriebe und Minenpächter vermieteten. Entsprechend den verschiedenen Arbeitsbereichen war die Lebenssituation der Sklaven sehr unterschiedlich: Haussklaven konnten sich relativ frei bewegen, genossen bisweilen das Vertrauen des Herrn. Andere agierten relativ selbstständig in Handel und Handwerk und hatten ihren Herren einen gewissen Anteil von ihren Einkünften abzutreten. Das Ansparen von Gewinnen ermöglichte es ihnen sogar zuweilen sich freizukaufen. Hart war hingegen das Schicksal der Sklaven im Bergbau, worunter auch viele Kinder waren, da sie weiter in die engen Stollen hineinkriechen konnten. Die Freilassung von Sklaven geschah wesentlich seltener als in Rom. Die Freigelassenen bildeten also keine signifikante eigene Gruppe in der Bevölkerung griechischer Städte.

Weil verlässliche Zahlen fehlen, lässt sich nicht bestimmen, wie hoch der Anteil der Sklaven und Sklavinnen im Vergleich zu den Bürgern und den übrigen in der Stadt lebenden Freien – z.B. den Metöken in Athen – war. Es waren aber nicht allein die Sklaven, die die Lebensgrundlage der Häuser erwirtschafteten und damit erst die Voraussetzung dafür schufen, dass in Athen eine Demokratie mit einer sehr hohen Beteiligung aller Bürger in Ämtern, im Rat und in der Volksversammlung entstehen konnte, oder auch dafür, dass eine ambitionierte Außenpolitik betrieben wurde, durch die Athen im 5. Jh. v.Chr. die Hegemonie in der Ägäis gewann [AMELING; KLEES].

▷ S. 33ff.
Die Mittelmeerwelt vom 6.–4. Jahrhunde

Zugänge zur Antike
Die antiken Menschen
in ihren
Nahbeziehungen
Griechenland

Haus und Gemeinschaft. Die Subsistenzbauern waren aufgrund der prekären Lebenssituation immer bemüht, sich gegen unvorhersehbare Gefahren wie reißende Tiere, Feuer oder Vernichtung der Ernte durch Unwetter zu schützen. Einen solchen Schutz bot die Nachbarschaft [SCHMITZ 1999]: Das waren nicht nur die unmittelbaren Hausnachbarn, sondern alle Bauern, die in der Siedlung einen eigenen Hof hatten. Die bäuerliche Nachbarschaft war also mit der Dorfgemeinschaft identisch. Durch die Einbindung in die gesamte Dorfgemeinschaft konnte Hilfe wirkungsvoller geleistet werden, als dies bei wenigen unmittelbaren Hausnachbarn möglich gewesen wäre. Voraussetzung für die Bereitschaft zur Hilfeleistung war, dass jeder Bauer die dörfliche Ordnung einhielt und die Werte und Normen der bäuerlichen Gemeinschaft akzeptierte. Verstieß er gegen diese Ordnung, wurden Strafrituale – so genannte ‚Rügebräuche' – gegen ihn vollzogen oder er wurde aus der Gemeinschaft ausgegrenzt. Wegen der weitreichenden Konsequenzen spricht man in diesem Zusammenhang sogar vom ‚sozialen Tod'. Festgelegt waren die sozialen Normen nicht in Form schriftlicher Gesetze, sondern in Dorfgeschichten, Fabeln und Sprichwörtern. Durch mündliche Tradition wurden sie von Generation zu Generation weitergegeben und durch ständiges Zitieren lernten die Heranwachsenden die zentralen Bestandteile der bäuerlichen Ordnung kennen: Arbeitsamkeit, Rechtschaffenheit der Arbeit, hausväterliche Autorität und nachbarschaftliche Solidarität. Mit der Herausbildung städtischer Zentren und Märkte, der Zunahme von Handel und Handwerk und durch die Münzwirtschaft, die eine sichere Verwahrung von Überschüssen aus der Landwirtschaft erlaubte, waren die Bauern den Unbilden der Natur nicht mehr ganz so stark ausgesetzt. Eine zunehmende Mobilität lockerte zudem die strikte Einbindung in das bäuerliche Normensystem, so dass die Nachbarbeziehung in klassischer Zeit an Bedeutung verlor, wiewohl sie im ländlichen Raum wichtig blieb.

Da reiche Landbesitzer gegen Notlagen von vornherein besser geschützt waren, waren sie auf eine Nachbarschaftshilfe nicht angewiesen. Sie waren daher bestrebt, sich den einengenden Verpflichtungen und Verhaltenserwartungen der dörflichen Ordnung zu entziehen und sich auch dadurch von den mittleren Bauern sozial abzusetzen. Ihre vorrangige, über das Haus hinausgehende Beziehung war die zum *hetaíros*. Die *hetaíroi* waren Freunde und Gefährten, die aber auch eine Gefolgschaft um einen herausragenden Adligen bilden konnten und diesem zu Beute- und Kriegszügen folgten. Am Abend kamen die Hetairoi zu Symposien zusammen, speisten und tranken Wein und rezitierten dabei aus lyrischen oder epischen Werken [ULF, 127–138].

Eine besondere Form der Freundschaft war die Gastfreundschaft. Der fremde Reisende wurde in das Haus aufgenommen, erhielt ein Bad und eine Mahlzeit, eine Schlafstätte und, wenn er das Haus verließ, ein Gastgeschenk. Damit war eine gegenseitige Gastfreundschaft begründet, die den Adligen Kontakte über die eigene Stadt hinaus verschaffte und auf die sie zurückgreifen konnten, wenn sie Hilfe brauchten. Durch die zunehmende Institutionalisierung politischen und rechtlichen Handelns traten die persönlichen, informellen Kontakte zu auswärtigen Gastfreunden in der klassischen Zeit in den Hintergrund. In der Institution der Proxenie (von griech. *próxenos*) fanden sie eine formalisierte Fortsetzung. Proxenoi übernahmen

▷ S. 225
Die antiken Menschen in ihren Gemeinschaften

157

den Schutz von Bürgern anderer Städte, z.B. als Beistand vor Gericht oder bei Handelsgeschäften. So war etwa der athenische Politiker Kimon Proxenos der Spartaner in Athen.

Den Kern der Hausgemeinschaft bildeten der Hausvater, seine Ehefrau und die Kinder. Großfamilien, Sippen oder größere Verwandtschaftsgruppen hatten demgegenüber nur untergeordnete Bedeutung. So genannte Bruderschaften – Phratrien, von griech. *phratríai* –, die auf alte Verwandtschaftsgruppen zurückgehen dürften, aber in klassischer Zeit nur noch fiktive Verwandtschaftsverbände darstellten, vermittelten in gewisser Weise zwischen Haus und Bürgerschaft. Denn um die Rechtmäßigkeit einer Ehe und eines Kindes abzusichern, musste die Legitimität vor einem größeren Kreis von Zeugen bestätigt werden. So wurde nach der Hochzeit die Ehefrau den Mitgliedern der Phratrie bei einem Fest (*gamelía*) vorgestellt, die Neugeborenen und adoptierten Kinder am Fest der *apatúria* – also einem Fest derer, die vom selben Vater abstammten. Bei einem Opfer schwor der Vater einen Eid, dass das Kind aus einer rechtmäßigen Ehe mit einer Athenerin hervorgegangen war. Akzeptierten die Phratriemitglieder Opfer und Eid in einer Abstimmung, wurde das Kind in die Liste der Phratriemitglieder eingeschrieben. Die Aufnahme des Kindes in die Phratrie konnte bei späteren Rechtsstreitigkeiten um ein Erbe oder das Bürgerrecht als wichtiges Zeugnis herangezogen werden. Die Bedeutung der Phratrie scheint sich auf diese – zweifellos wichtige – Funktion und auf die Durchführung von Festen zu Ehren des Zeus Phratrios, der Athena Phratria und des Apollon Patroos beschränkt zu haben [LAMBERT].

▷ S. 365
Schlüsselbegriffe und Konzepte

Spätestens seit den Reformen des Kleisthenes gehörte jeder Athener einem *dēmos*, also einer ländlichen oder städtischen Siedlungsgemeinschaft an. Die Demen, von denen es in Attika mehr als hundert gab, hatten eine eigene Organisation mit einer Versammlung aller männlichen, erwachsenen Mitglieder (*dēmótai*, Sing.: *dēmótēs*), einen Demosvorsteher (*dēmarchos*) und mitunter weitere Amtsträger. Ähnlich den Phratrien hatten die Demen eine wichtige Funktion bei der Zuerkennung des Bürgerrechts. Denn in der Versammlung der Demoten wurde darüber abgestimmt, ob die jungen Männer das 18. Lebensjahr erreicht zu haben schienen, ob sie frei geboren und Söhne athenischer Eltern waren. Wurden keine Einwände vorgebracht, trug man die Kandidaten in die Bürgerliste ein. Die Zugehörigkeit zu einem Demos wurde beibehalten, wenn man sich in einem anderen Teil Attikas niederließ. In der klassischen Zeit waren die Demen neben der häuslichen Gemeinschaft der wichtigste soziale Bezugspunkt, in dem sich das Alltagsleben vieler Athener abspielte.

▷ S. 185f.
Die antiken Menschen i ihren Geme schaften

Im Gegensatz zu Rom gab es in Griechenland keine Klientelbeziehungen. Da in der archaischen Zeit die griechischen Poleis nicht unter einem solch starken Integrationsdruck standen und eine permanente äußere oder innere Bedrohung fehlte, wie sie im frühen Rom durch die Ständekämpfe und die Angriffe benachbarter Städte gegeben war, sahen sich weder die Aristokraten noch die Bauern dazu veranlasst, eine Anhängerschaft in Form einer Klientel stärker an sich zu binden. Mit den Hetairoi verfügten die Adligen zwar über eine Art Gefolgschaft, doch blieb deren Treue in Zeiten der Not prekär. Da freigelassene Sklaven nicht in die Bürgerschaft aufgenommen wurden, konnten die Aristokraten ihre Gefolgschaften nicht wirkungsvoll mit Freigelassenen erweitern. Durch die Abschaffung der

Zugänge zur Antike
Die antiken Menschen
in ihren
Nahbeziehungen
Griechenland

Schuldknechtschaft und die abgestufte Zuteilung politischer Rechte in den Institutionen durch Solon wurde die bäuerliche Schicht gestärkt und so dauerhaft von einer Abhängigkeit von Adligen frei gehalten.

Sparta – eine andere Welt. Im 7. Jh. v.Chr. eroberte Sparta nach einem langen, erbittert geführten Krieg die Nachbarlandschaft Messenien. Die Spartaner bezogen Messenien in ihr Territorium ein und zwangen die Bevölkerung in eine spezielle Form der Abhängigkeit und Unfreiheit, die Helotie. Der bebaute Boden wurde in gleich große Landgüter aufgeteilt, die von den messenischen Heloten bewirtschaftet wurden. Von den Erträgen mussten sie einen festgelegten Anteil an denjenigen Spartaner abgeben, dem das jeweilige Landgut zugeteilt war. Um die Herrschaft über Messenien zu sichern – immerhin waren beide Landschaften durch das über 2 000 m hohe Taygetosgebirge getrennt – bedurfte es eines ständigen militärischen Trainings. Die Anstrengungen, die Herrschaft über Messenien zu wahren – und dies gelang bis 371 v.Chr. –, führten zu einer völligen Umstrukturierung der sozialen Ordnung in Sparta, die damit wesentlich von der der übrigen griechischen Stadtstaaten abwich [LACEY, 184–197; LINK; POMEROY 1997, 39–66].

In Sparta bildeten nicht die Häuser die zentralen Grundeinheiten der Gesellschaft. Sie waren nicht der Mittelpunkt des Lebens und der Arbeit und spielten keine wesentliche Rolle bei der Weitergabe von Besitz an die nächste Generation. Das Strukturprinzip der spartanischen Gesellschaft war die Einteilung in Altersgruppen. Den Gruppen der Kinder zwischen dem 7. und 12. und zwischen dem 12. und 18. Lebensjahr, der jungen Männer ab dem 20. Lebensjahr und der Alten waren unterschiedliche Aufgaben und Funktionen zugewiesen.

Bis zum 7. Lebensjahr wurden die Kinder von der Mutter aufgezogen. Danach traten sie in eine außerhäusliche Erziehung ein, waren in Altersgruppen und ‚Horden' eingeteilt, die von etwa zwanzigjährigen Erziehern (*eirénes*) geleitet wurden. Mit 12 Jahren begann eine zweite Phase der Erziehung, in der das körperliche Training härter wurde. Die Erziehung war auf körperliche Tüchtigkeit, militärisches Training und Gehorsam ausgerichtet. Die Kinder erlernten die Normen und Werte der Gesellschaft; diese in Frage zu stellen oder nur zu diskutieren, wurde bestraft. Höhere Bildung und kritische Literatur waren verboten. Da die Kinder den Tag in der Gruppe verbrachten und mit den Gleichaltrigen zusammen schliefen, hatten Eltern oder Verwandte keine Möglichkeit, andere als die in der Erziehung vorgegebenen Werte zu vermitteln. Mit 20 Jahren wurden die, die die Erziehung durchlaufen hatten, selbst zu Erziehern von Kindergruppen.

Auch nach dieser Phase gemeinschaftlicher Erziehung kehrten die jungen männlichen Erwachsenen nicht in eine Hausgemeinschaft zurück, sondern lebten in eigenen Männergruppen zusammen. Jeweils fünfzehn Spartaner bildeten eine Zelt- und Tischgemeinschaft, in der weiterhin für den Kampf geübt wurde und man sich der spartanischen Traditionen versicherte. Statt einer Hochzeitsfeier, bei der die festlich geschmückte Braut im Hochzeitszug zum Haus des Bräutigams geleitet wurde – womit die Zeit des ehelichen Zusammenlebens begann –, wurde in Sparta beim Hochzeitsritus eine gleichgeschlechtliche Beziehung imitiert, indem die Frau als Mann ausstaffiert wurde. Das bedeutet, dass in Sparta keine rechtmäßige Ehe geschlossen wurde, es also im rechtlichen Sinne keine Familie und keinen auf patrilinearer Abstammung aufbauenden Hausverband gab. Dies war auch nicht notwendig, denn das einem jeden Spartaner zukommende Landgut in Messenien wurde von den Phylenältesten bei der Geburt zugewiesen. Eine patrilineare – also vom Vater auf den Sohn vermittelte – Weitergabe von Besitz, für die eine legitime Ehe Voraussetzung war, konnte daher entfallen. Über die Verteilung und Zuweisung der messenischen Landgüter sollte nicht der Hausvater, sondern die politische Gemeinschaft entscheiden [SCHMITZ 2002].

Der Strukturierung der Gesellschaft nach Alter entspricht es, dass den Alten eine besondere Stellung eingeräumt war. Mitglieder des Ältestenrats (*gerusía*) mussten über 60 Jahre alt sein. Ebenso mussten Gesandte dieses Alter überschritten haben. Die Verleihung von Autorität durch Alter bewirkte, dass es für den Einzelnen schwieriger war, aufgrund individueller Eigenschaften, also z.B. eines besonderen Charismas, rhetorischer oder militärischer Fähigkeiten, eine herausgehobene Stellung zu erreichen. Eine gewisse Egalität Gleichaltriger wurde somit gestärkt. Das Alter war es, was unmittelbar Autorität verlieh, und dies über das 60. Lebensjahr hinaus. Grundsätzlich schuldeten Jüngere Älteren Gehorsam, hatten vor ihnen aufzustehen. Ältere hatten das Recht, ständig in die Erziehung der Jüngeren einzugreifen und die Heranwachsenden oder deren Ausbilder zu bestrafen. Die Älteren sollten sich nicht als individuelle Väter ihrer Kinder, sondern als gemeinsame Väter aller Kinder fühlen [MARTIN 1984].

Die Strukturierung der Gesellschaft nach Altersgruppen hatte auch erhebliche Konsequenzen für die Stellung der Frau. Da die Position des Hausvaters auf minimale Funktionen beschränkt war, bestand für die spartanische Frau keine Verhaltenserwartung nach einem auf das Haus fokussierten Leben. Sie konnte sich freier in der Öffentlichkeit bewegen, nahm an sportlichen Wettkämpfen teil, wobei es den Männern gestattet war, diesen Spielen zuzuschauen. Die sonst in Griechenland geltenden strengen Regeln für die noch unverheiratete Frau, die *parthénos*, der höchste Zurückhaltung in Kontakten zu jungen Männern auferlegt war, galten also in Sparta nicht [LACEY 192f.].

Winfried Schmitz

Literatur
W. AMELING, Landwirtschaft und Sklaverei im klassischen Attika, in: Historische Zeitschrift 266, 1998, 281–315.
H. BRANDT, Wird auch silbern mein Haar. Eine Geschichte des Alters in der Antike, München 2002.
L. BRUIT ZAIDMAN/P. SCHMITT PANTEL, Die Religion der Griechen. Kult und Mythos, München 1994 [frz. 1991].
CH. A. COX, Household Interests. Property, Marriage Strategies, and Family Dynamics in Ancient Athens, Princeton 1998.
M. DEISSMANN-MERTEN, Zur Sozialgeschichte des Kindes im antiken Griechenland, in: J. MARTIN/A. NITSCHKE (Hrsg.), Zur Sozialgeschichte der Kindheit, Freiburg 1986, 267–316.
R. GARLAND, The Greek Way of Life. From Conception to Old Age, Ithaca/New York 1990.
DERS., The Greek Way of Death, Ithaca/New York 1985.
M. GOLDEN, Children and Childhood in Classical Athens, Baltimore/London 1990.
F. GSCHNITZER, Griechische Sozialgeschichte. Von der mykenischen bis zum Ausgang der klassischen Zeit, Wiesbaden 1981.

Zugänge zur Antike
Die antiken Menschen
in ihren
Nahbeziehungen
Griechenland

R. W. Harrison, The Law of Athens. The Family and Property, Oxford 1968.

E. Hartmann, Heirat, Hetärentum und Konkubinat im klassischen Athen, Frankfurt/M./New York 2002.

H. E. Herzig, Der alte Mensch in der griechisch-römischen Antike, in: K. Buraselis (Hrsg.), Unity and Units of Antiquity, Athen 1994, 169–179.

S. Humphreys, The Family, Women and Death. Comparative Studies, London u.a. 1983.

H. Klees, Sklavenleben im klassischen Griechenland, Stuttgart 1998.

W. K. Lacey, Die Familie im antiken Griechenland, Mainz 1983 [engl. 1968].

S. D. Lambert, The Phratries of Attica, Ann Arbor 2. Aufl. 1999.

M. R. Lefkowitz, Die Töchter des Zeus. Frauen im alten Griechenland, München 1992 [engl. 1986].

S. Link, Der Kosmos Sparta. Recht und Sitte in klassischer Zeit, Darmstadt 1994.

N. Loraux, Les Enfants d'Athéna, Paris 1981.

J. Martin, Zur Stellung des Vaters in antiken Gesellschaften, in: H. Süssmuth (Hrsg.), Historische Anthropologie, Göttingen 1984, 84–109.

Ders., Zwei alte Geschichten. Vergleichende historisch-anthropologische Betrachtungen zu Griechenland und Rom, in: Saeculum 48, 1997, 1–20.

C. B. Patterson, The Family in Greek History, Cambridge Mass./London 1998.

S. Pomeroy, Frauenleben im klassischen Altertum, Stuttgart 1985 [engl. 1975].

Dies., Families in Classical and Hellenistic Greece, Oxford 1997.

C. Reinsberg, Ehe, Hetärentum und Knabenliebe im antiken Griechenland, München 2. Aufl. 1993.

H. Rühfel, Kinderleben im klassischen Athen. Bilder auf klassischen Vasen, Mainz 1984.

Dies., Bilddokumente zur Paideia im antiken Athen, in: C. Rittelmeyer/E. Wiersing (Hrsg.), Bild und Bildung. Ikonologische Interpretationen vormoderner Dokumente von Erziehung und Bildung, Wiesbaden 1991, 53–80.

W. Schmitz, Nachbarschaft und Dorfgemeinschaft im archaischen und klassischen Griechenland, in: Historische Zeitschrift 268, 1999, 561–597.

Ders., Die geschorene Braut. Kommunitäre Lebensformen in Sparta?, in: Historische Zeitschrift 274, 2002, 561–602.

G. Sissa, Die Familie im griechischen Stadtstaat, in: A. Burguière/Ch. Klapisch-Zuber/M. Segalen/F. Zonabend (Hrsg.), Geschichte der Familie, Bd. 1: Altertum, Frankfurt/M./New York 1996, 237–276 [frz. 2. Aufl. 1994].

V. Siurla-Theodoridou, Die Familie in der griechischen Kunst und Literatur des 6.–3. Jahrhunderts v. Chr., München 1989.

G. Wickert-Micknat, Die Frau. Archaeologia Homerica III R, Göttingen 1982.

Dies., Die Tochter in der frühgriechischen Gesellschaft, in: Saeculum 36, 1985, 113–132.

Chr. Ulf, Die homerische Gesellschaft. Materialien zur analytischen Beschreibung und historischen Lokalisierung, München 1990.

Rom

Haus und Familie. Ähnlich wie im antiken Griechenland waren auch im antiken Rom ‚Häuser' bzw. ‚Familien' die kompakten Grundeinheiten der Gesellschaft. Sie erfüllten – anders als moderne Kleinfamilien – zentrale herrschaftliche, ökonomische, soziale sowie im häuslichen Kult auch sakrale Funktionen und prägten so entscheidend die Nahbeziehungen der Menschen. Schon die antiken Zeitgenossen haben jedoch gravierende Unterschiede zwischen römischen und griechischen häuslich-familialen Einheiten bemerkt. Der Grieche Dionys von Halikarnassos, der in augusteischer Zeit eine Geschichte Roms schrieb, weist auf die grundlegenden Unterschiede des Verhältnisses von Vätern und Söhnen hin. Während in Griechenland erwachsene Söhne aus der väterlichen Gewalt entlassen wurden und einen eigenen Haushalt (griech. *oíkos*) gründen oder den väterlichen übernehmen konnten, behielten die Väter in Rom bis an ihr Lebensende die Hausgewalt (lat. *patria potestas*) über ihre erwachsenen Söhne. Diese Hausgewalt, die sich in gleicher Weise auf unverheiratete Töchter, auf Enkel und unverheiratete Enkelinnen, gegebenenfalls auf Urenkel(innen), auf die Sklaven und ursprünglich auch auf die Ehefrau erstreckte, war in einer archaischen Weise unbegrenzt [SACHERS; BETTINI; MARTIN 1984]. Der Hausvater (*pater familias*) konnte seine Söhne – wie alle anderen, die seiner Gewalt unterworfen waren – in die Sklaverei verkaufen, ja er besaß sogar ein Tötungsrecht über sie (*ius vitae necisque*), was aus griechischer Sicht höchst außergewöhnlich war. Dionys führt Beispiele aus der römischen Vergangenheit an, bei denen Väter ihre Söhne trotz ruhmvoller Taten im Krieg wegen Ungehorsams töten ließen (2, 26, 6). Er weist darauf hin, dass die Herrschaft des Vaters über den Sohn sogar die des Herrn über den Sklaven übertraf: Während sich Sklaven freikaufen konnten, musste ein von seinem Vater in die Sklaverei verkaufter Sohn, der sich freikaufte, zweimal in die väterliche Gewalt zurückkehren. Erst nach dem dritten Verkauf und Freikauf galt er als ‚gewaltfrei' (2, 27, 1–5).

Auch den Römern selbst waren die Besonderheiten ihrer häuslich-familialen Verhältnisse bewusst. Der kaiserzeitliche Jurist Gaius betont in seinem Rechtslehrbuch, die römische *patria potestas* sei eine ganz außergewöhnliche Einrichtung: „Es gibt kaum irgendwelche anderen Menschen, die eine solche Gewalt über ihre Söhne haben wie wir." (*Institutiones* 1, 55) Andere Zeitgenossen sahen in der – aus heutiger Sicht höchst autoritären – Struktur der Familie die Grundlage der sozialen und politischen Ordnung Roms. So schreibt Cicero (*De officiis* 1, 54), das ‚Haus' (lat. *domus*) sei „der Anfang der Stadt, gleichsam die Pflanzschule des Gemeinwesens". In der Tat waren ‚Haus' und ‚Familie' in Rom die „kleinste gesellschaftliche Organisationseinheit" [MARTIN 1997, 2], ein „Herrschafts- und Schutzverband" [VITTINGHOFF, 175], durch den eine Vielzahl gesellschaftlicher Funktionen erfüllt wurde, die in anderen Gesellschaften bei vergleichbarem Stand der soziokulturellen Evolution längst von familienübergreifenden Einheiten, dem politischen Gemeinwesen oder dem ‚Staat' geregelt wurden.

Dies zeigt sich in besonderer Weise an der familialen Strafjustiz, die der *pater familias* auszuüben hatte und die in weiten Bereichen die öffentliche Gerichtsbarkeit überflüssig machte oder mit ihr konkurrierte. Ein Missbrauch der unbeschränkten väterlichen Gewalt wurde

Zugänge zur Antike
Die antiken Menschen
in ihren
Nahbeziehungen
Rom

zwar durch traditionelle Verhaltensregeln erschwert – so hatte der *pater familias* bei der Ausübung seiner häuslichen Strafgewalt einen Rat (lat. *consilium*) von Verwandten und Freunden einzubeziehen –, der häusliche Bereich war jedoch insgesamt ein weitgehend ‚staatsfreier' Raum, der erst seit der Kaiserzeit verschiedenen Regelungen und Eingriffen seitens der politischen Gewalt unterworfen wurde.

Die römische ‚Familie' war daher die primäre Instanz, durch die der Einzelne in die Gesellschaft integriert wurde: Die Zugehörigkeit zu einem familialen Verband als Mann bzw. Frau, als Freier, Freigelassener oder Sklave bestimmte seine rechtliche Stellung, und seine konkreten Lebenschancen ergaben sich einerseits aus der Stellung seines Familienoberhaupts innerhalb der sozialen Schichtung, andererseits aus seiner eigenen Position innerhalb seines familialen Verbandes.

Eine erste Schwierigkeit der Beschreibung römischer ‚Haushalte' ergibt sich bei der Wortwahl. Über einen Begriff, der dem heutigen, Verwandtschaftsbeziehungen bezeichnenden Wort ‚Familie' entsprechen würde, verfügte die lateinische Sprache nicht. Der Begriff *familia* bezeichnete zunächst alle Vermögenswerte einer häuslichen Einheit, also Landbesitz, Gebäude, Hausrat und Geld, dann die zugehörigen Sklaven, schließlich alle unter der Gewalt eines Hausvaters stehenden Personen und gelegentlich auch die Gesamtheit eines durch einen gemeinsamen Namen verbundenen Geschlechts. Da – wie zu sehen sein wird – seit dem 1. Jh. v.Chr. die Ehefrauen meist in der Gewalt ihres Vaters und rechtlich damit in dessen *familia* verblieben, waren also einerseits nicht alle Personen, die eine moderne Familie ausmachen, auch als Mitglieder in einer römischen ‚Familie' vertreten. Anderseits bezeichnete *familia* einen erheblich weiteren Bereich von Personen und Sachen als der moderne Begriff.

Ähnlich verhält es sich mit dem lateinischen Wort *domus* (‚Haus'), dessen Bedeutung sich mit *familia* überschnitt: Es bezeichnete einerseits das konkrete Wohnhaus, das das räumliche Zentrum des Haushaltes bildete, dann die darin lebenden Personen unter Einschluss der Familie (im heutigen Sinne) sowie der Sklaven des Hausherrn. *Domus* konnte aber auch weitere Häuser einbeziehen, die sich in dessen Besitz befanden. Schwierigkeiten machen auch Personenbezeichnungen wie *pater familias* und *mater familias*. Die Übersetzungen ‚Vater' und ‚Mutter' sind irreführend, da es sich ebenso um Groß- oder Urgroßväter und -mütter handeln konnte. Dagegen kamen Vätern und Müttern, die noch unter der Hausgewalt eines *pater familias* standen, diese Bezeichnungen nicht zu. Ein unmündiger Knabe wiederum, der keinen leiblichen Vater mehr hatte und selbst noch keine Kinder haben konnte, galt im rechtlichen Sinne als *pater familias*, da ihm Eigentum an Sachen und Sklaven zukommen konnte.

Die zunächst befremdlich wirkende Sprache der Römer ist kein Zufall. Sie dokumentiert, dass es zwar Ehemänner, Ehefrauen und Kinder, d.h. ‚Familien' im modernen Sinne gab, dass diese jedoch in ein Netz von weitergehenden Beziehungen sozialer, ökonomischer und herrschaftlicher Art eingebunden waren, die heutigen Familienverhältnissen völlig fremd sind [TYRELL].

Ein weiteres Problem bei der Beschreibung römischer häuslich-familialer Einheiten ergibt sich hinsichtlich ihrer Bezeichnung als ‚römisch'. Die Einheit des Phänomens bestand zunächst in den für alle Mitglieder des Verbandes römischer Bürger geltenden gleichen

163

rechtlichen Bestimmungen. Dieser durch Tradition, Gesetze und Gerichtsentscheide in den römischen Rechtsquellen dokumentierte Sachverhalt ist keineswegs in seiner Bedeutung zu unterschätzen. Die gemeinsame Rechtslage, d.h. vor allem die *patria potestas* des Familienoberhaupts, war jedoch mit ganz unterschiedlichen Ausgestaltungen in der täglichen Lebenspraxis römischer Haushalte kompatibel. Zu differenzieren ist insbesondere in sozialer, in räumlicher und in zeitlicher Hinsicht.

So machte es natürlich einen großen Unterschied für das Ausmaß der Entscheidungsgewalt eines *pater familias*, ob es sich um einen reichen aristokratischen Großhaushalt mit umfangreichem Hauspersonal in Rom und ländlichem Großgrundbesitz handelte oder aber um eine Familie der unteren sozialen Schicht, die sich kaum einen Sklaven leisten konnte und bei der die Arbeitskraft aller Familienmitglieder gefragt war. In räumlicher Hinsicht sind erhebliche Differenzen zwischen städtischen und ländlichen Verhältnissen zu berücksichtigen: bei der Oberschicht zwischen städtischem Haushalt und der *familia urbana*, dem städtischen Hauspersonal, einerseits und den Lebensverhältnissen in der ländlichen *villa* und den dortigen Arbeitsbedingungen der kasernenartig gehaltenen ländlichen Sklaven (*familia rustica*) andererseits; bei der Unterschicht zwischen Familien, die z.B. als städtischer handwerklicher Kleinbetrieb fungierten, und solchen, die als bäuerlicher Hof organisiert waren.

Auch in zeitlicher Hinsicht zeigen sich große Unterschiede: Mit dem politischen Bedeutungswandel der großen Adelsfamilien seit den Bürgerkriegen des 1. Jh.s v.Chr. und mit der Entstehung des Kaisertums ergaben sich grundlegende Veränderungen z.B. in den Strategien familialen Verhaltens der römi-

Zugänge zur Antike
Die antiken Menschen
in ihren
Nahbeziehungen
Rom

Die Orientierung an den Alten. Der außergewöhnlichen Stellung des römischen *pater familias*, dem Zeit seines Lebens eine bis zum Tötungsrecht reichende Hausgewalt über seine Nachkommenschaft – gegebenenfalls bis hin zur Generation der Urenkel – zukam, entsprach im Gegenzug eine besondere Verehrung und Hervorhebung der männlichen Vorfahren bis zur dritten Generation, in deren Tradition der lebende *pater familias* seine soziale Stellung und seine persönliche Identität definierte. Gleichzeitig war es z.B. innerhalb der Aristokratie ein übliches Verfahren, Gegner herabzuwürdigen, indem man ihnen die niedrige Herkunft ihres Urgroßvaters vorwarf (so z.B. Marcus Antonius dem Augustus; Sueton, *Augustus* 2, 3). Die Zugehörigkeit zum Senatorenstand wiederum schloss seit Augustus die Urenkel des jeweiligen Senators ein (*Digesta* 23, 2, 44 *praef.*).

Die Statue stellt einen römischen Aristokraten dar, der stolz die Bilder (lat. *imagines*) zweier Vorfahren präsentiert. Die unterschiedliche Höhe der Bilder deutet darauf hin, dass es sich dabei um seinen Vater und seinen Großvater handelt, so dass damit zugleich eine männliche Ahnenreihe vorgestellt wird. Da die Statue dem stehend Dargestellten vermutlich erst nach seinem Tod von einem Sohn errichtet wurde, dokumentiert sie die Tradition von vier Generationen in männlicher Folge: Der Urenkel, der nach dem Tod seines Vaters selbst zum *pater familias* geworden ist, verehrt diesen sowie seinen Groß- und seinen Urgroßvater.

Bild: Römische Statue mit zwei Imagines, Rom, Museo dei Conservatori (aus: P. Zanker, Augustus und die Macht der Bilder, München 2. Aufl.1990, 168 Abb. 130).

Literatur: Y. Thomas, Rom. Väter als Bürger in einer Stadt der Väter (2. Jh. v.Chr. bis 2. Jh. n.Chr.), in: A. Burguière u.a. (Hrsg.), Geschichte der Familie, Bd. 1: Altertum, Frankfurt/M. 1996, 277–326.

schen Oberschicht, zu sehen etwa an einer weit verbreiteten Kinderlosigkeit, gegen die die augusteische Ehegesetzgebung vorzugehen versuchte. Mit dem Anwachsen Roms zu einer antiken Großstadt und den dadurch verursachten Veränderungen der Wohnverhältnisse und der Versorgungslage scheinen sich darüber hinaus auch in der dortigen Unterschicht Formen des Familienlebens entwickelt zu haben, die von den traditionellen, eher bäuerlich geprägten Gegebenheiten abweichen. Schließlich ergab sich mit der Ausweitung des römischen Herrschaftsgebietes auf den gesamten Mittelmeerraum und mit der seit der Kaiserzeit immer häufigeren Verleihung des römischen Bürgerrechts an freie Bewohner der Städte des Reiches wiederum eine neue Situation. Nachdem durch die *constitutio Antoniniana* (212/213 n.Chr.) alle freien Reichsbewohner zu römischen Bürgern geworden waren, galten z.B. auch griechische Familien als ‚römische', ohne dass sich deren reale Lebensverhältnisse dadurch gravierend geändert haben dürften.

Bei allen Differenzierungen ist jedoch festzustellen, dass diese jeweils mit Zentrum-Peripherie-Verhältnissen zu tun haben. Im Zentrum der Gesellschaft stand die Oberschicht, nicht die Unterschicht, die Stadt, nicht das Land, Rom, nicht die Provinzen: Soziale Aufsteiger kopierten den Lebensstil der Oberschicht, den sie somit als auch für sich selbst verbindlich anerkannten. Trotz aller Idealisierung des Landlebens wurde ‚gepflegtes' Sozialverhalten (lat. *urbanitas*) mit städtischen Verhältnissen assoziiert und dem ‚Bäurischen' (*rusticitas*) entgegengesetzt. Die als ‚Selbstromanisation' zu bezeichnenden kulturellen Wandlungsprozesse vor allem im lateinisch sprechenden Westen des Reiches dokumentieren die Orientierung der Provinzen an Rom.

Die bleibende Bedeutung der ‚Sitte der Vorfahren' (*mos maiorum*) für die Art, wie die römische Gesellschaft sich selbst beurteilte, zeigt schließlich die Verbindlichkeit ‚klassischer' Verhältnisse noch in der späteren Kaiserzeit. Deshalb und nicht zuletzt auch aufgrund der Quellenlage kann sich eine Schilderung der Nahbeziehungen ‚römischer' Menschen auf ihr Zentrum, die stadtrömische Aristokratie der späteren Republik und frühen Kaiserzeit, konzentrieren.

Männer und Frauen. „Welcher Römer schämt sich ..., seine Frau zu einem Gastmahl mitzunehmen? Oder bei wem hält sich die Hausherrin nicht im zugänglichsten Teil der Wohnung auf, wo die Besucher kommen und gehen? Ganz anders in Griechenland, wo man die Frau außer bei einem Essen mit Angehörigen zur Tafel nicht zulässt und in den inneren Teil des Hauses verbannt, den so genannten Frauentrakt, den nur enge Verwandte betreten dürfen." Der Römer Cornelius Nepos (*praefatio* 1, 6f.), der um die Mitte des 1. Jh.s v.Chr. diese Beobachtung mitteilt, verweist auf einen Sachverhalt, der auf den ersten Blick erstaunlich erscheint. Die außergewöhnliche politische Partizipation auch einfacher Bürger, wie wir sie aus der athenischen Demokratie des 5. Jh.s v.Chr. kennen, ging einher mit einer Verstärkung der Asymmetrie der Geschlechterrollen, während in Rom, wo der Adel in der Politik stets beherrschend blieb, die Rolle der Frau von erheblich größeren Spielräumen geprägt war. Dies galt nicht nur im häuslichen Bereich; auch in der städtischen Öffentlichkeit, bei bestimmten religiösen Kulten, aber ebenso bei Theater- und Zirkusaufführungen, nahmen neben den Männern auch Frauen am gesellschaftlichen und geselligen Leben teil [GARDNER].

▷ S. 339ff.
Erkenntnismöglichkeiten in der Alten Geschichte

Der Grund für diese – aus moderner Sicht vergleichsweise ‚fortschrittlich' erscheinenden – Geschlechterrollen im antiken Rom dürfte in einem ‚rückständigen' Strukturelement der römischen Gesellschaft liegen: Die fortbestehende Bedeutung der häuslich-familialen Verbände für die soziale Integration des Einzelnen, die im klassischen Griechenland tendenziell rückläufig war, machte in Rom eine Zurückdrängung der Frau nicht nur überflüssig, vielmehr verhalf sie ihr zu bedeutsamen gesellschaftlichen und politischen Handlungsmöglichkeiten: als Ehefrau des Hausherrn (lat. *mater familias*), als Mutter legitimer Kinder, als Herrin über Sklaven, als Teilnehmerin an den Freundschaftsbeziehungen ihres Mannes bei Gastmählern und als Ansprechperson für die Klienten des Hauses bei der *salutatio*.

Dies alles kann jedoch nicht darüber hinwegtäuschen, dass auch in Rom die Geschlechterrollen durch eine prinzipielle Ungleichheit gekennzeichnet waren: Römische Frauen waren in offensichtlicher Weise personenrechtlich diskriminiert. Die Partizipation an den politischen Institutionen des Gemeinwesens, an Volksversammlung, Magistratur und Senat, war ihnen grundsätzlich verwehrt und im familialen Kontext standen sie mit wenigen Ausnahmen unter der Hausgewalt eines Mannes: ihres Vaters bzw. dessen Vaters, ihres Ehemannes bzw. dessen Vaters oder eines männlichen Vormundes (*tutor*), der für sie verbindliche Rechtsgeschäfte abschließen musste. Gleichzeitig lebten die Topoi von der Leichtsinnigkeit (*levitas animi*) des weiblichen Geschlechts und das Ideal der *matrona* fort: Die verheiratete Römerin hatte in den Aufgaben des Haushaltes aufzugehen, Kinder und Personal zu beaufsichtigen, Wolle zu spinnen und sich durch die Tugend der *pudicitia* (,Schamhaftigkeit') auszuzeichnen [DEISSMANN].

Allerdings entfernte sich die soziale Realität seit der späteren Republik von der Rechtslage und dem traditionellen Frauenbild. So gab es Frauen, die bei längerer Abwesenheit oder nach dem Tod ihrer Männer faktisch die *domus* leiteten und die Erziehung der Kinder regelten; berühmte Beispiele sind Cornelia, die Mutter der Gracchen, oder Octavia, die Frau des Marcus Antonius. Andere führten eigenständige Finanztransaktionen durch wie etwa Ciceros Gattin Terentia. Der Jurist Gaius (*Institutiones* 1, 190) zog schließlich im 2. Jh. n.Chr. die familienrechtliche Situation der Frau offen in Zweifel: „Dafür", so schreibt er, „dass mündige Frauen unter Vormundschaft stehen sollen, scheint kaum ein sinnvoller Grund zu sprechen. Die verbreitete Überzeugung, sie seien aufgrund ihres Leichtsinns einfach zu betrügen und deshalb solle man ihnen einen Vormund bestellen, ist eher eine Scheinbegründung als ein zutreffendes Urteil. Denn mündige Frauen führen ihre Geschäfte persönlich: In einigen Fällen erteilt der Vormund nur formell seine Zustimmung, häufig wird er vom Prätor sogar gegen seinen eigenen Willen zur Mitwirkung gezwungen." Solche – von Männern überlieferten – Urteile hatten allerdings keine grundsätzlichen Veränderungen zur Folge, ja Gaius selbst argumentiert an anderer Stelle mit dem traditionellen Frauenbild (*ebd.* 144). Die Annahme einer prinzipiellen, naturgegebenen Differenz der Geschlechter wurde im antiken Rom weder von Männern noch von Frauen je in Frage gestellt.

Die Ehe als gesellschaftlich wichtigste Verbindung von Mann und Frau war eingebettet in die familialen Strukturen und hatte daher vornehmlich die Funktion, legitime Nachkommen zu zeugen und die Kontinuität des Hauses zu sichern. Die Initiative zu einer Eheschließung ging daher in der Regel von den jeweiligen Familienvätern aus. Sie war bei Frauen ab 12, bei Männern ab 14 Jahren möglich, üblich war jedoch ein erheblich höheres Heiratsalter des Mannes und eine entsprechend große Altersdifferenz. Persönliche Zuneigung der angehenden Ehegatten scheint meist keine große Rolle gespielt zu haben. Die *concordia*, die von ihnen erwartet wurde, lässt sich am ehesten mit ‚Solidarität' wiedergeben. Vor allem für Männer der Oberschicht gab es hinreichend Gelegenheit, emotionale und sexuelle Bedürfnisse außerhalb der Ehe zu befriedigen, insbesondere mit persönlich Abhängigen, also vor allem Sklavinnen. Ehebruch von Frauen konnte dagegen vom Ehemann – wenn in flagranti entdeckt – durch unmittelbare Tötung der Frau geahndet werden. Dies spricht allerdings weniger für eine doppelte Sexualmoral als für die vornehmliche Funktion der Ehe, die dadurch bedroht wurde: die Erzeugung legitimer Nachkommen. Den beim Ehebruch mit seiner Frau ertappten Mann konnte der Ehemann nämlich gleich mitbestrafen. Die männliche Freiheit zu außerehelichen Sexualkontakten galt somit nur in Bezug auf nicht verheiratete (und nicht unter der Gewalt eines anderen Familienvaters stehende) Frauen. In der frühen Kaiserzeit kritisierten moralisierende Schriftsteller wie Seneca und satirische wie Martial oder Juvenal dann allerdings eine große sexuelle Freizügigkeit auch von Frauen der Oberschicht. Erst im 2. Jh. n.Chr. scheint ehelicher Treue und Liebe eine stärkere Bedeutung zugekommen zu sein, was mit der Ersetzung der alten republikanischen Adelsfamilien durch neue, aus der Provinz stammende Senatorengeschlechter im Zusammenhang stehen dürfte [VEYNE 1978].

Bedeutsam für die Gestaltung der Beziehungen zwischen Mann und Frau war zunächst die Form, in der die Ehe geschlossen wurde. In der älteren so genannten *manus*-Ehe wechselte die Frau bei der Heirat aus ihrer eigenen *familia* und der *potestas* ihres bisherigen Familienoberhaupts in die ihres Ehemannes bzw. dessen Vaters über, wodurch sie in rechtlicher Hinsicht fortan einer Tochter ihres Ehemanns gleichgestellt wurde und somit keinerlei Verfügungsgewalt über das von ihr in die Ehe eingebrachte Vermögen hatte.

▷ S. 341f. Erkenntnismöglichkeiten in der Alten Geschichte

Seit dem 1. Jh. v.Chr. setzte sich demgegenüber die *manus*-freie Ehe durch, bei der die Frau und ihr Vermögen unter der *potestas* ihres Vaters bzw. ihres vorherigen Familienoberhaupts verblieb. Dies wird üblicherweise – wegen der stärkeren räumlichen Distanz zu ihrem Gewalthaber – als eine Vergrößerung des Handlungsspielraums der Frau interpretiert [VITTINGHOFF], es lässt sich aber auch in anderer Weise deuten: Vorteile erwuchsen der Frau bei der *manus*-freien Ehe nämlich nur dann, wenn ihr Vater bereits gestorben und sie damit ‚gewaltfrei', also *sui iuris*, war. Da dies in der Regel nicht der Fall gewesen sein dürfte, verstärkte sich mit der neuen Eheform sogar die Verfügungsmöglichkeit über die Frauen seitens ihrer Herkunftsfamilien. Im Falle der Verwitwung wurde sie nämlich nicht – wie bei der *manus*-Ehe – *sui iuris*, sondern blieb weiterhin unter der Gewalt ihres Vaters.

Dies zeigt sich auch bei den innerhalb der Aristokratie häufig vorkommenden, von beiden Seiten möglichen Scheidungen und Wiederverheiratungen. Ein *pater familias* konnte seine Töchter infolge der *manus*-freien Ehe an andere Familien zum Zweck der Erzeugung von legitimem Nachwuchs und zur Herstellung von Familienallianzen vorübergehend ‚verleihen' [THOMAS]. So wird verschiedentlich berichtet, dass eine fruchtbare Frau nach der Geburt von Kindern geschieden und mit einem anderen Mann zum gleichen Zweck erneut verheiratet wurde. Der Ältere Plinius erwähnt den Fall einer Adligen namens Vistilia, die in augusteischer Zeit lebte. Sie war sechsmal verheiratet und verhalf dadurch fünf aristokratischen Familien zu insgesamt sechs Söhnen und einer weiteren zu einer Tochter. Vier der Söhne der Vistilia brachten ihren Familien später die Ehre des Konsulats ein, ein weiterer wurde Vater eines Konsuls und ihre Tochter Milonia Caesonia sogar Ehefrau des Kaisers Caligula (*Naturalis historia* 7, 39).

Entscheidend für die reale Ausgestaltung der Machtverhältnisse zwischen Mann und Frau war zumal im Falle der *manus*-freien, mit Vermögenstrennung verbundenen Ehe die Bedeutung, der Rang und der Reichtum der Familie, aus der sie jeweils stammten. Überwog die Herkunft der Frau, so konnte dies für sie durchaus Eigenständigkeit gegenüber ihrem Ehemann bedeuten: Schon der Ältere Cato malte in einer Rede des Jahres 169 v.Chr. den Fall einer wohlhabenden Frau aus, die ihrem Ehemann Geld lieh und es, wenn sie ihn satt hätte, durch einen ihrer eigenen Sklaven zurückfordern ließe (Gellius, *Noctes Atticae* 17, 6, 8–10). Dominierte die gesellschaftliche Stellung des Mannes, war für seine Frau die persönliche Nähe zu ihm entscheidend. Diese verschaffte ihr die Möglichkeit, zur Vermittlerin sozialer Kontakte zu werden, was im Extremfall – sichtbar an verschiedenen römischen Kaiserinnen – zu außergewöhnlichem, viele Männer überragenden politischem Einfluss führen konnte.

Die Ambivalenz römischer Geschlechterverhältnisse, die durch die Kompatibilität von rechtlicher Diskriminierung und tatsächlichen

Einflussmöglichkeiten von Frauen gekennzeichnet waren, gibt eine Sentenz des bereits erwähnten Cato wieder. Sie spiegelt die Konstanz der traditionellen Rollen von Mann und Frau gerade in der Behauptung ihrer Umkehrung: „Alle Menschen regieren ihre Frauen. Wir regieren alle Menschen, und uns die Frauen." (Plutarch, *Cato maior* 8, 4f.)

Eltern und Kinder. Der griechische Historiker Polybios, der sich im 2. Jh. v.Chr. längere Zeit in Rom aufhielt, kritisierte an den dortigen politischen Verhältnissen – die er ansonsten sehr bewunderte –, dass das römische Gemeinwesen keinerlei Einfluss auf die Erziehung der Kinder nehme, wie dies in vielen griechischen Städten der Fall war (Cicero, *De re publica* 4, 3). In der Tat gab es in Rom und den Städten des Reiches zwar privat betriebene Schulen, die Elementarkenntnisse (Schreiben, Lesen und Rechnen), ‚Grammatik' (griechische und lateinische Sprache), Rhetorik und Philosophie vermittelten, die Teilnahme von Kindern am Unterricht stand jedoch allein in der Entscheidung ihres Hausvaters und hatte eher ergänzenden Charakter. Denn die primäre Instanz, durch die Kinder und Jugendliche in Rom auf ihre Rolle in der Gesellschaft vorbereitet wurden, war der Hausverband, in dem sie lebten.

Die Bedeutung des *pater familias* für die nachkommenden Generationen zeigte sich bereits bei der Geburt von Kindern. In seiner Entscheidung stand es, ob die Neugeborenen als legitime Hauskinder anerkannt wurden oder nicht. Vor allem in der Unterschicht, wo zu viele Kinder die Subsistenzsicherung des Hauses gefährden konnten, scheint die Möglichkeit der Kindesaussetzung häufiger genutzt worden zu sein. Das Recht des Vaters, über die Zugehörigkeit der Kinder zum Familienverband zu entscheiden, setzte sich auch später fort. Er konnte sie beliebig aus seiner Gewalt entlassen oder im Gegenzug Kinder adoptieren, die dann den natürlichen rechtlich vollkommen gleichgestellt waren.

Die Sorge um die Kleinkinder beiderlei Geschlechts kam primär der Mutter zu. Der Ältere Cato, von dem berichtet wird, er habe sich, sofern ihm seine politischen Tätigkeiten Zeit dazu ließen, intensiv um die Pflege seines erstgeborenen Sohnes gekümmert und sei dabei gewesen, wenn der Säugling gebadet und gewickelt wurde, scheint in dieser Hinsicht eine Ausnahme dargestellt zu haben (Plutarch, *Cato maior* 20, 4). Zudem wurde es in den Familien der Oberschicht üblich, die Kinder einer Amme zu übergeben – zu der diese oft Zeit ihres Lebens eine besondere emotionale Beziehung behielten – und die weitere Erziehung Hauslehrern zu überlassen. Diese waren meist griechische Sklaven, die zu diesem Zweck gekauft oder ausgebildet worden waren. Durch die Bedeutung der häuslichen Sphäre für das gesellschaftliche Leben der Erwachsenen ergab sich jedoch automatisch auch eine stetige Nähe zwischen Eltern und Kindern: Bei häuslichen Gastmählern, so wird berichtet, hatten Kinder neben dem *triclinium* der Erwachsenen einen eigenen Tisch, an dem sie – im Gegensatz zu jenen sitzend – ihr Mahl einnahmen, und bei der *salutatio* und anderen wichtigen häuslichen Ereignissen befanden sich Söhne im Gefolge ihrer Väter, Töchter bei ihren Müttern [MARQUARDT].

Von einigen Vätern wird berichtet, dass sie sich selbst intensiv um die Ausbildung ihrer Söhne kümmerten, indem sie eigens für sie Schriften verfassten, die sie auf ihr Leben vorbereiten sollten. Spätestens nach dem Eintritt in die Erwachsenenwelt, der bei Knaben im

Detailskizze

Die ***salutatio*** in aristokratischen Häusern war ein regelmäßig in den ersten beiden Morgenstunden stattfindender Empfang, bei dem in großer Zahl Klienten und Freunde dem Hausherrn ihre Aufwartung machten. Es handelt sich um eine merkwürdige, sehr zeitaufwändige soziale Praktik, die in der griechischen Antike keine Parallele hat und die in Rom bis in die Spätantike als dauerhafte Erscheinung belegt ist.

Die Ursprünge der *salutatio* liegen im Dunkeln. Man kann vermuten, dass im frühen Rom der patrizische Hausherr seine Untergebenen morgens empfing und ihnen Arbeitsanweisungen gab. Zur Zeit der klassischen Republik konnten die einfachen Klienten aus dem Volk den persönlichen Kontakt mit ihrem Patron bei der *salutatio* dazu nutzen, um ihm ihre Anliegen vorzutragen und um Unterstützung zu bitten. Die sich gegenseitig aufwartenden aristokratischen Freunde nutzten die Gelegenheit zu politischen Beratungen, Planungen und Absprachen.

Neben dieser praktischen war jedoch die symbolische Dimension der *salutatio* von entscheidender Bedeutung. Dies zeigt sich im Zuge ihrer quantitativen Ausweitung in der späteren Republik. Seneca (*De beneficiis* 6, 33f.) berichtet, dass die Zahl der Morgenbesucher so zugenommen hatte, dass es zu räumlichen und mentalen Kapazitätsproblemen kam: Die Häuser konnten die Schar der Besucher kaum mehr fassen und die Hausherren konnten sie nicht mehr persönlich überschauen. Aufschlussreich sind die Lösungsversuche: Einerseits wurden die Häuser entsprechend der Stellung des Hausherrn vergrößert und die Aufwartenden nach ihrem sozialen Rang und nach ihrer Nähe zum *pater familias* auf unterschiedliche Räume verteilt. Nur wenige Privilegierte wurden noch einzeln – vermutlich im ‚Schlafzimmer' (lat. *cubiculum*) des Hausherrn –, weitere in einem größeren Raum gemeinsam und schließlich die große Menge kollektiv im Atrium begrüßt. Andererseits setzte man ‚Namennenner' (*nomenclatores*) ein, Sklaven, die über ein speziell trainiertes Personengedächtnis verfügten und dem Hausherrn bei der Begrüßung die Namen der Aufwartenden zuflüsterten. Die Illusion des persönlichen Kontaktes wurde somit – obwohl für alle Beteiligten als irreal durchschaubar – aufrechterhalten. Warum?

Ein volles Haus am Morgen symbolisierte in einer für alle sichtbaren Weise den sozialen Rang, die Macht und die persönliche Anhängerschaft, über die der jeweilige Hausherr verfügte. Die Platzierung der Besucher machte die sozialen Hierarchien und den Standort des Einzelnen darin für alle Beteiligten unmittelbar erfahrbar. Die Zahl und Bedeutung adliger Besucher dokumentierten die Durchsetzungsfähigkeit des Hausherrn in den politischen Institutionen, vor allem im Senat. Die Größe der Klientenschar manifestierte sein Unterstützungspotenzial im Volk. Ähnliches galt umgekehrt für die Besucher. Durch ihre Anwesenheit dokumentierten sie ihre Nähe zum Hausherrn und damit die Teilhabe an seiner politisch-sozialen Stellung, zu der sie selbst beitrugen. Trotz der Belastung, die die *salutatio* insbesondere für die sich gegenseitig besuchenden Adligen darstellte und die z.B. in klagenden Bemerkungen in Ciceros Briefen ihren beredten Ausdruck fand, sicherte diese symbolische Funktion die Fortführung der Praktik, obwohl sie sich zu einer unpersönlichen Massenveranstaltung ausgeweitet hatte.

Die adlige Mentalität, die der *salutatio* auch dann noch ihre Bedeutung sicherte, als sich durch das römische Kaisertum und die Abschaffung der Volkswahlen die politischen Verhältnisse grundlegend geändert hatten, hat Tacitus zu Beginn des 2. Jh.s n.Chr. den Redner Marcus Aper mit folgenden Worten ausdrücken lassen: „Was ist wohl für einen freien und hohen Geist, für einen zu edlen Genüssen geschaffenen Mann angenehmer, als sein Haus stets zahlreich besucht zu sehen von einer Schar der ruhmvollsten Männer?" (*Dialogus* 6, 2)

Literatur: A. Hug, Art. „Salutatio", in: RE, Bd. I A 2, München 1920, Sp. 2060–2072; J. Vogt, Nomenclator. Vom Lautsprecher zum Namenverarbeiter, in: Gymnasium 85, 1978, 327–338.

Alter von etwa 14 bis 16 Jahren mit der feierlichen Anlegung der Bürgertracht, der *toga virilis*, erfolgte, befanden sich Söhne häufig im Gefolge ihrer Väter – oder auch naher Verwandter oder Freunde – außerhalb des Hauses, wenn diese Geschäfte auf dem Forum zu erledigen hatten, an Senatssitzungen teilnahmen oder auch wenn sie sich als magistratische Befehlshaber auf Feldzügen befanden. Dieses so genannte *tirocinium fori* war für die Söhne des Senatoren- und Ritterstandes zweifellos der wichtigste Teil ihrer schichtspezifischen Sozialisation. Durch Teilnahme an den Tätigkeiten ihrer Väter oder anderer ihnen nahestehender Erwachsener wuchsen ihnen gewissermaßen automatisch Fähigkeiten und Kenntnisse, vor allem im Bereich der Vermögensverwaltung, der Rechtsprechung, des Militärs und der politischen Praxis zu, die für ihr späteres Leben von entscheidender Bedeutung waren.

Die größte Aufmerksamkeit widmeten die Väter zwar der Ausbildung ihrer Söhne, denn diese hatten ihnen in der Rolle als *pater familias* zu folgen und die erfolgreiche Fortführung des aristokratischen Geschlechts zu sichern. Aber auch die weibliche Nachkommenschaft der Oberschichtfamilien konnte aufgrund der Rolle der Frau im Haus an vielen gesellschaftlich relevanten Kommunikationen teilnehmen. Verschiedene Belege zeugen zudem von gelegentlich hoher literarischer und künstlerischer Bildung auch der Töchter vornehmer Häuser [MARROU].

Ein Sonderproblem der Beziehungen zwischen den Generationen stellte im antiken Rom das Verhältnis zwischen Eltern und Großeltern dar. Aufgrund der Lebenslänglichkeit der *patria potestas* konnte es vorkommen, dass erwachsene Söhne in fortgeschrittenem Alter, die selbst schon Kinder aufgezogen und z.B. magistratische Ämter bekleidet hatten, nach wie vor unter der Hausgewalt ihres Vaters standen und dadurch im rechtlichen Sinne über keinerlei eigenes Vermögen verfügten. Fälle, in denen Väter ihre erwachsenen Söhne wegen Verfehlungen in einem Hausgerichtsverfahren zum Tode verurteilten, scheinen zwar seit der Späten Republik nicht mehr vorgekommen zu sein, aber die Beispiele entsprechenden Handelns der Vorfahren waren – wie die oben zitierten Stellen des Dionys von Halikarnassos zeigen – nach wie vor im kollektiven Gedächtnis präsent. Auch beschäftigen sich die Rechtsquellen und die uns überlieferten rhetorischen Übungsmaterialien merkwürdig häufig mit dem Delikt des Vatermordes, obwohl er real kaum vorgekommen zu sein scheint. Schließlich dürfte die Tatsache, dass der *pater familias* über völlige Testierfreiheit hinsichtlich des Familienvermögens verfügte und Söhne und Töchter damit jederzeit enterben konnte, die Asymmetrie des Generationenverhältnisses stets bewusst gehalten haben.

Eine Folge dieses Verhältnisses war auch, dass die Statussicherung alter Menschen in Rom kein Problem zwischen den Generationen darstellte, das einer allgemeinen Regelung bedurft hätte. Während in Griechenland, wo die erwachsenen Söhne bereits das Hausvermögen übernahmen, eine nicht nur moralische, sondern auch rechtliche Verpflichtung existierte, die alten Eltern materiell zu unterstützen, fehlen solche Bestimmungen im römischen Recht völlig. Zwar konnte man auch in Rom im Alter in Armut geraten, doch war dies in der Regel eine Folge von Kinderlosigkeit und nicht auf eine mangelnde Unterstützung seitens der Nachkommen zurückzuführen. Denn gab es erwachsene Kinder, so verblieb ja das gesamte

▷ S. 151ff.
Die antiken Menschen in ihren Nahbeziehungen/ Griechenland

Familienvermögen in der Verfügung der Alten. Gab es dagegen kein Familienvermögen bzw. keine Einkünfte, so war die Armut alter Menschen kein Spezifikum ihres Alters, sondern bezog sich auf ihre Familie insgesamt. Subsistenzsicherung im Alter war somit in Rom kein innerfamiliales Problem, vielmehr ein Problem, das vor allem dann auftauchen konnte, wenn alte Menschen über keinen Familienverband verfügten [vgl. PARKIN].

Das zweifellos vorhandene Konfliktpotenzial zwischen den Generationen innerhalb einer römischen Familie scheint durch mehrere Sachverhalte entschärft worden zu sein. Einerseits durch die demographischen Bedingungen: Aufgrund der durchschnittlichen Lebenserwartung von etwa 25 Jahren dürfte die Hausgewalt über ältere Erwachsene nicht allzu häufig vorgekommen sein. Man hat geschätzt, dass nur ca. 13 % der Bevölkerung das Alter von 60 Jahren erreichte [THOMAS]. Zum anderen gab es seit der Frühzeit das Rechtsinstitut des *peculium*. Dabei stellte der *pater* seinem Sohn – oder anderen Mitgliedern der *familia* – eine getrennte Vermögensmasse zur Verfügung, die zwar formal sein Eigentum blieb, mit der der Sohn jedoch faktisch unabhängig wirtschaften und somit ein eigenes Haus, getrennt vom väterlichen, führen konnte. Schließlich dürfte die Entschärfung des Problems in zeitlicher Hinsicht eine wichtige Rolle gespielt haben: Die Akzeptanz der unbeschränkten Hausgewalt seines Vaters beinhaltete für den Sohn die Perspektive, irgendwann einmal selbst diese Position einnehmen zu können [RILINGER].

Entscheidend aber war für das Verhältnis der Generationen in Rom, dass für Alte und Junge gemeinsam das ‚Haus', dem sie angehörten, den Bezugspunkt ihrer sozialen Identität bildete. Dessen Erhalt und Ausbau konnte vor allem die Nachgeborenen aus vornehmer Familie unter hohen Leistungsdruck setzen, wie die Grabinschrift für Gnaeus Cornelius Scipio Hispanus aus dem späten 2. Jh. v.Chr. zeigt: „Ich habe", heißt es da, „die Tugenden meines Geschlechtes durch meinen Lebenswandel vermehrt, ich habe Nachwuchs gezeugt, den Taten meines Vaters nachgestrebt. Ich habe das Lob der Vorfahren verdient, so dass sie sich freuen, mich gezeugt zu haben, meine Ehre adelte das Geschlecht." [DESSAU, *ILS* 6]

Herren und Sklaven. Die Sklaverei, die Tatsache also, dass bestimmte Menschen als ‚Sache' (lat. *res*) galten und Eigentum anderer Menschen waren, die nahezu schrankenlos über ihr Schicksal bestimmten, kann als besonderes Merkmal auch der antiken römischen Gesellschaft gelten [SCHUMACHER]. Die ältere, prominent von Karl Marx vertretene Auffassung, der Antagonismus von Sklavenhaltern und Sklaven habe die sozialen Strukturen und Konflikte in der Antike entscheidend geprägt, ist jedoch seit langem als unzutreffend erwiesen. Der personenrechtliche Status eines Sklaven war mit den unterschiedlichsten realen Lebensumständen vereinbar, so dass es ein grundlegendes Missverständnis wäre, Sklaven insgesamt als Klasse oder Schicht anzusehen.

▷ S. 155ff.
Die antiken Menschen in ihren Na[...] beziehunge[n] Griechenlan[d]

Sieht man von der insgesamt marginalen Bedeutung der Sklaven des römischen Gemeinwesens (lat. *servi publici*) ab, so war die Sklaverei zunächst eine rein familiale Erscheinung. Außerhalb seiner *familia* war ein Sklave lediglich eine Handelsware, die zum Verkauf stand, oder ein Entflohener. Entscheidend für die Lebenslage von Sklaven war infolgedessen nicht ihr Status als solcher, sondern die Tätigkeit und die Position, die ihnen von ihrem

Zugänge zur Antike
Die antiken Menschen
in ihren
Nahbeziehungen
Rom

Eigentümer, dem *pater familias*, innerhalb des Hausverbandes zugewiesen wurde [VITTINGHOFF]. Zu unterscheiden ist zunächst der Einsatz auf dem Land, in der *familia rustica*, von dem im städtischen Haushalt, der *familia urbana*. Während die Situation auf dem Land, zumal auf den Großgütern der Aristokratie, mit äußerst harten Arbeits- und Lebensbedingungen verknüpft sein konnte – manche Sklaven wurden in Ketten gehalten, um sie an der Flucht zu hindern –, bot die Beschäftigung im Stadthaus die Möglichkeit, qualifizierte Tätigkeiten auszuüben, etwa als Hauslehrer, Verwalter oder gar persönlicher Sekretär des Hausherrn. In diesem Falle genossen Sklaven Lebensumstände, die vielen Freien verwehrt blieben. Dies erklärt auch das auf den ersten Blick merkwürdige Phänomen, dass Freie freiwillig in den Status eines Sklaven wechselten, sich also selbst versklavten: Da ein Sklave in ökonomischer Hinsicht ein Investitionsgut seines Herrn darstellte, sorgte jener aus eigenem Interesse für dessen Nahrung und Unterkunft, eine Fürsorge, die verarmte Freie nicht erfuhren [VEYNE 1981].

Schließlich bestand die Möglichkeit, dass der Herr seinen Sklaven als Rentenobjekt nutzte und ihm ein Sondergut (lat. *peculium*) zur Eigenbewirtschaftung zuwies. Der Sklave konnte dann z.B. einen Handwerksbetrieb führen, hatte regelmäßige Beträge an den Herrn abzuführen, konnte aber darüber hinaus für sich selbst Geld verdienen, damit z.B. seinerseits Sklaven, so genannte *vicarii* („Untersklaven"), erwerben und sich schließlich zu einem späteren Zeitpunkt freikaufen.

Die ganz unterschiedlichen sozialen Lagen, die mit der Sklaverei einhergingen, erklären auch, warum in der römischen Geschichte dieses Rechtsinstitut nie ernsthaft infrage gestellt wurde. Die wenigen großen Sklavenaufstände der Späten Republik, deren berühmtester von Spartacus angeführt wurde, blieben auf die unter oft miserablen Bedingungen in der Landwirtschaft arbeitenden Gruppen beschränkt und hatten nur die Verbesserung der persönlichen Lage der Aufständischen zum Ziel, nicht etwa die Abschaffung der Sklaverei als solcher.

Der Sklavenstatus wurde zudem seit der späteren Republik zunehmend ein temporärer Status, da bei Wohlverhalten ab einem bestimmten Alter die Freilassung zu erwarten war. Auch Freigelassene blieben zwar noch personenrechtlich diskriminiert, sie waren z.B. von Ämtern des Gemeinwesens ausgeschlossen und hatten ihren früheren Herren weiterhin gewisse Dienste zu leisten. Aber anders als z.B. in der athenischen Demokratie, wo ein Freigelassener nur den Status eines Metöken, eines in der Stadt Ansässigen ohne volle Bürgerrechte, erwarb, wurde ein Sklave in Rom bei der Freilassung zum römischen Bürger, was seine Nachkommen zu freigeborenen Römern machte und ihnen in der dritten Generation die Möglichkeit des Aufstiegs bis in die obersten sozialen Schichten eröffnete. Dahinter stand in Athen das Interesse der einfachen Bürger, die Privilegierung ihres politischen Status zu erhalten, in Rom dagegen das Interesse der großen Adelsfamilien, durch Freilassungen ihren persönlichen Anhang in der Bürgerschaft zu vergrößern.

Bedenkt man schließlich die Parallelitäten der rechtlichen Lagen von Sklaven und Haussöhnen innerhalb des familialen Verbandes – beide waren der *patria potestas* unterworfen, beiden konnte ein *peculium* gewährt werden, beider Lebenschancen hingen von ihrem *pater* ab – so verliert die Sklaverei etwas von der Unmenschlichkeit, die man ihr aus moderner

▷ S. 156
Die antiken Menschen in ihren Nahbeziehungen/ Griechenland

173

Sicht zuschreibt. Die mit ihr verbundenen Diskriminierungen sind freilich ebenso wenig zu übersehen. Die brutalen Folgen, die die rechtliche Situation im Extremfall haben konnte, zeigt ein Gesetz aus augusteischer Zeit, wonach im Falle der Ermordung eines Herrn alle Sklaven, die zum Zeitpunkt seines Todes mit ihm ‚unter einem Dach' bzw. in seiner Begleitung gewesen waren, ohne Rücksicht auf ihre eigene Schuld zu foltern und zu töten waren. Die Anwendung dieses Gesetzes führte im Jahre 61 n.Chr. zur Hinrichtung der 400 Haussklaven eines Stadtpräfekten von Rom und zu erheblicher Unruhe innerhalb der städtischen Bevölkerung (Tacitus, *Annales* 14, 42–45).

Außerdem war es Sklaven verwehrt, eine rechtmäßige Ehe zu schließen. Wurde ihnen eine eheähnliche Beziehung (*contubernium*) gestattet, so waren die daraus hervorgehenden Kinder wiederum Sklaven des Herrn, der nach Wunsch mit ihnen verfahren konnte. Dies hatte zur Folge, dass freigelassene ehemalige Sklaven im rechtlichen Sinne nicht die Eltern ihrer in der Sklaverei geborenen Kinder sein konnten. Rechtlich bestand lediglich die bizarre Möglichkeit, das eigene Kind dem bisherigen Herrn abzukaufen, wodurch es zum Sklaven seiner Eltern wurde, es dann freizulassen und schließlich zu adoptieren.

Sklaven waren somit insgesamt viel mehr als die freien Mitglieder des Hausverbandes – die für die Erlangung ihrer Gewaltfreiheit auf den Tod des *pater familias* warten konnten – auf das Wohlwollen des Hausherrn angewiesen. Dies verhinderte nicht, dass enge persönliche Beziehungen und außergewöhnliche Treue von Sklaven gegenüber ihrem Herrn oder auch gegenüber anderen Mitgliedern von dessen Familie entstanden, etwa in der Beziehung zwischen den Hauslehrern und den Kindern des Hauses. Den außergewöhnlichen Status, den Sklaven erringen konnten, wenn denn das Haus, dem sie angehörten, einen hohen gesellschaftlichen Stand hatte und wenn sie selbst in enger Beziehung zu ihrem Herrn standen, verdeutlichen schließlich die Sklaven der römischen Kaiser: Eine stadtrömische Grabinschrift aus der Zeit des Tiberius wurde einem ‚Zahlmeister' (*dispensator*) des kaiserlichen Fiskus von seinen 16 Untersklaven gesetzt, die zum Zeitpunkt seines Todes seine Reisebegleitung bildeten. Musicus Scurranus, so der Name des Sklaven, besaß mehrere Sekretäre, Kassenführer, Lakaien und Kammerdiener, einen Arzt, zwei Köche und schließlich eine Partnerin. Wenn er mit seinem Gefolge durch Rom zog, werden ihm viele freie Bürger respektvoll aus dem Weg gegangen sein (Dessau, *ILS* 1514).

Klientel und Freundschaft. Die zentrale Bedeutung, die häuslich-familialen Verbänden im antiken Rom für die Integration der Gesellschaft und die Stellung des Einzelnen in ihr zukam, setzte sich fort in der Klientel (von lat. *clientela*), einem häuser- und schichtenübergreifenden System von Nahbeziehungen, das mächtige Adlige und einfache Bürger miteinander verband. Wie die *familia* war auch die römische Klientel eine gesellschaftliche Einrichtung, die im antiken Griechenland keine Parallele hatte. Sie stellte eine dauerhafte, persönliche und auf gegenseitiger Unterstützung beruhende soziale Bindung dar, durch die knappe Güter und Dienstleistungen ausgetauscht wurden. Sie ähnelte also Gabentauschbeziehungen, wie sie aus ethnologischen Forschungen bekannt sind [Saller].

Ihr Ursprung dürfte in festen persönlichen Abhängigkeitsverhältnissen liegen, durch die in der Frühzeit Roms ein Großteil der Bevölkerung von den patrizischen Familien beherrscht wurde. Später entwickelten sich diese zu relativ formlosen, gelegentlich auch konkurrierenden Mehrfachbindungen, die im Prinzip wählbar waren [MEIER]. Sie waren zwar asymmetrisch strukturiert, indem auf der einen Seite ein einzelner Ehrenvoller, Mächtiger und Reicher (lat. *patronus*) war und auf der anderen Seite viele standen, die über wenig Ehre, Macht oder Reichtum verfügten (*cliens*, Plural: *clientes*). Die Bindungen waren aber im Vergleich zur Frühzeit nun durch gegenseitige Abhängigkeiten gekennzeichnet, Abhängigkeiten, die sich nicht auf die jeweils konkret beteiligten Personen, aber auf die Beziehung als solche bezogen.

Der Patron half seinen Klienten in ökonomischen Notlagen, vor allem aber in Auseinandersetzungen vor Gericht, wo die Unterstützung durch hochstehende Aristokraten eine entscheidende Erfolgsbedingung darstellte. Die Unterstützung durch eine große Zahl von Klienten war umgekehrt für den Patron aufgrund der politischen Ordnung des republikanischen Gemeinwesens von zentraler Bedeutung: Die Größe seines Anhangs in der Bürgerschaft war die Voraussetzung für seinen Erfolg bei den Wahlen zu magistratischen Ämtern, die wiederum seinen Rang und seine Macht innerhalb der aristokratischen Gesellschaft bestimmten.

Bemerkenswert ist, dass die Klientelbeziehung nicht von kurzfristigen Nützlichkeitserwägungen bestimmt wurde, sondern so etwas wie eine Investition für die Zukunft bedeutete. Denn sie übertrug sich auf beiden Seiten meist vom Vater auf den Sohn, war also faktisch erblich. Für eine gegenwärtige Leistung, meist als *beneficium* (,Wohltat') oder *gratia* (,Gunsterweis') bezeichnet, wurde nicht etwa eine sofortige Gegenleistung erwartet, wichtig war vielmehr, möglichst viele Leistungen im Voraus zu erbringen. Man erzeugte dadurch ,Verpflichtungen' (*officia*), für die spätere ,Dankbarkeit' (*gratia*) erwartet werden konnte. Entsprechend ,pflegte' (*colere*) man die Beziehung als solche und dokumentierte im Ernstfall seine eigene ,Verlässlichkeit' (*fides*). Diese stellte einen zentralen ethischen Wert dar, denn nur Patrone und Klienten, die den Ruf hatten, sich daran zu orientieren, konnten erwarten, als Partner der Beziehung gewählt zu werden.

Das Klientelsystem sorgte durch seine Reziprozität und Asymmetrie für eine erstaunliche Stabilität der politisch-sozialen Ordnung Roms, trotz extremer sozialer Ungleichheiten. Es verhinderte horizontale Solidarisierungen, etwa des Musters ,Arme gegen Reiche', und erzeugte stattdessen vertikale Orientierungen. Allein von der Zugehörigkeit zum Klientelverband eines großen ,Hauses' konnte der Einzelne eine Vertretung seiner Interessen, eine Sicherung oder Verbesserung seines Status erwarten. Die gesamte Gesellschaft behielt dadurch einen altertümlichen segmentären Strukturcharakter: Sie war von oben bis unten „durchzogen von mannigfachen Treu- und Nahverhältnissen" [GELZER, 115]. Und dies galt nicht nur für die Stadt Rom.

Im Zuge der römischen Expansion im Mittelmeerraum wurde das Beziehungsmuster auch auf neu eroberte Städte, schließlich auf ganze Provinzen übertragen. Meist nahmen die senatorischen Feldherren, die die Eroberung durchgeführt hatten, die lokalen Aristokratien in ihren persönlichen Schutz und vertraten später deren Interessen etwa bei Konflikten vor dem römischen Senat. Damit schufen sie sich lokale Machtbasen außerhalb Roms, die wiederum ihren eigenen inneraristokratischen Stellenwert in Rom erhöhten.

Zugänge zur Antike
Die antiken Menschen in ihren Nahbeziehungen
Rom

Den konkreten Nutzen solcher Beziehungen zeigt anschaulich ein Beispiel des Jahres 63 v.Chr.: In den schwierigen, teilweise gewaltsamen Auseinandersetzungen während seines Konsulates holte sich Cicero eine Art Bodyguard-Truppe junger Ritter aus der ihm verpflichteten italischen Stadt Reate nach Rom. Als Gegenleistung vertrat der berühmte Redner die Stadt in einer Auseinandersetzung mit Interamna im Jahre 54 [MEIER]. Diese interlokale Ausweitung des Klientelwesens war die wohl wichtigste Voraussetzung dafür, dass es der städtischen Aristokratie Roms über Jahrhunderte hinweg gelang, ein Weltreich zu beherrschen.

▷ S. 62ff.
Die Hellenisierung der Mittelmeerwelt

Die hierarchische Integration der Gesellschaft durch Patron-Klient-Beziehungen ging einher mit einer Querintegration innerhalb der stadtrömischen Aristokratie, die mit dem Begriff ‚Freundschaft' (lat. *amicitia*) bezeichnet wurde, ein Begriff, der später auch euphemistisch auf Patron-Klient-Beziehungen angewandt wurde [KONSTAN]. Auch hier handelte es sich um eine auf gegenseitiger Unterstützung beruhende, dauerhafte Nahbeziehung, allerdings unter Personen, die sich – trotz differenzierter Rangverhältnisse – als Gleiche wahrnahmen und unter denen im Gegenzug auch ‚Feindschaften' (lat. *inimicitiae*) vorkommen konnten. Aristokratische Freundschaften verliefen nach denselben Austauschregeln wie Klientelbeziehungen. Auch hier ging es darum, sich – auf höherem Niveau – gegenseitig ‚Gunst' zu erweisen und damit zukünftige Gegenleistungen zu sichern. Die Konvertierbarkeit der ausgetauschten Güter und Dienstleistungen wird bei den inneraristokratischen Verhältnissen besonders deutlich. Politische Unterstützung bei Auseinandersetzungen im Senat konnte vergolten werden mit finanzieller Hilfe, Vertretung vor

Abendliche **Gastmähler** (lat. *convivia*) waren zentrale Ereignisse in den Häusern der römischen Aristokratie: Es gab spezielle, prachtvoll ausgestattete Räumlichkeiten (lat. *triclinia*), in denen sie stattfanden; ein umfangreicher Teil des aus Sklaven bestehenden Hauspersonals – von Köchen über Diener und Unterhaltungspersonal wie Musiker oder Schauspieler bis hin zu ausgebildeten ‚Vorschneidern' bei der Tafel und den für die Organisation zuständigen Trikliniarchen – war auf ihre Durchführung spezialisiert. Die herausgehobenen Gegenstände der materiellen Kultur des Hauses – etwa das hier in einer antiken Wandmalerei dokumentierte silberne Tafelgeschirr oder kostbare, oft elfenbeinerne oder aus seltenen Hölzern gefertigte Möbel – fanden ihre Verwendung im Kontext von Gastmählern. Die Gäste, die durch ihre Anwesenheit ihre freundschaftlichen Beziehungen zum Hausherrn dokumentierten, entstammten durchweg der gleichen aristokratischen Elite wie er selbst.

Die Zahl der Teilnehmer war ursprünglich auf neun Personen begrenzt, die sich auf drei ‚Speisesofas' (lat. *lecti*) um einen Tisch lagerten und – auf den linken Ellbogen gestützt – sich mit der rechten Hand an den Speisen und Getränken bedienten. Das Liegen bei Tisch entsprach den Gepflogenheiten griechischer Symposien, die römischen Gastmähler unterschieden sich von jenen jedoch in zwei aufschlussreichen Punkten: Einerseits nahmen auch Frauen an diesem zentralen häuslichen Ereignis teil, andererseits wurden den verschiedenen Plätzen auf den drei Sofas unterschiedliche Prestigewerte zugeschrieben, so dass die Platzierung der Gäste an der Tafel mit einer Hierarchisierung der Essensgesellschaft einherging. Generell war der ehrenvollste Platz auf jedem Sofa der linke, der sich an die Lehne anschloss und von dem aus die auf ihren linken Arm gestützt lagernden Teilnehmer mit den ‚unter ihnen' liegenden ohne Kopfbewegung kommunizieren konnten. Auf dem *lectus imus* war dies der Hausherr selbst, der unter sich seine Ehefrau und ein Kind oder einen Freigelassenen liegen hatte. Auf den beiden anderen, dem *lectus summus* und dem *lectus medius* waren es die entsprechend ihrem Rang platzierten Gäste. Eine Sonderregelung galt für den dritten Platz auf dem *lectus medius*, der durch die besondere Nähe zum Gastgeber und durch leichte Zugänglichkeit ausgezeichnet war. Er wurde *locus consularis* genannt und stand der bedeutendsten Person der Tafelgesellschaft, gegebenenfalls dem amtierenden Konsul, zu.

Die meist aus drei Hauptgängen bestehende Speisenfolge war seit der späteren Republik – wie die Ausstattung des Speisezimmers und der verwandte Hausrat insgesamt – durch z.T. enorme Aufwandssteigerungen gekennzeichnet. Es wurden kostbarste Gerichte aus entfernten Teilen des Reiches präsentiert und die Köche verwandten große Kunstfertigkeit darauf, z.B. Form und Inhalt zu vertauschen, also etwa aus Fischzutaten ein wie Fleisch aussehendes Gericht herzustellen. Aufwändig war außerdem das dabei ablaufende Unterhaltungsprogramm, das mit dem Einsatz von Sängern, Schauspielern und Tänzern zunehmend den Charakter von Theatervorstellungen bekam.

Die Bedeutung der Gastmähler im Kontext der inneraristokratischen Kommunikation lässt sich vor allem in zweierlei Hinsicht bestimmen: Zum einen kam ihnen eine zentrale politische Funktion zu. Es wurde genau beobachtet, wer bei wem zu Gast war, weil dies als Zeichen enger Freundschaft und gegenseitiger politischer Unterstützung galt. Zum anderen waren Gastmähler ein entscheidendes Medium gesellschaftlicher Statusmanifestation, das offensichtlich um so wichtiger wurde, als in der Späten Republik durch die beginnende Zentralisierung politischer Macht und den neuen Reichtum nichtsenatorischer Schichten andere Möglichkeiten der Selbstdarstellung zunehmend schwieriger wur-

den. In der genauen Beachtung der adelsinternen Hierarchie bei der Platzierung an der Tafel bestätigten sich die Gäste gegenseitig in ritualisierter Form immer wieder ihren gesellschaftlichen Status. In dem Stil, der den Ablauf der Gastmähler prägte und dem neben dem ökonomischen Aufwand entscheidende Bedeutung zukam, grenzten sich der Gastgeber und seine Abendgesellschaft insgesamt von anderen gesellschaftlichen Gruppen ab, die die adligen Lebensformen zu kopieren begannen: Petrons berühmte Schilderung des *Gastmahls des Trimalchio*, geschrieben in der Zeit Kaiser Neros, dokumentiert die erleichterte Erheiterung der Vornehmen über einen schwerreichen Freigelassenen, der im Versuch, es ihnen gleich zu tun, nur ins Protzen verfiel und sich lächerlich machte.

Bilder: Silbernes Tafelservice auf pompejanischer Wandmalerei, Pompeji, 1. Jh. n.Chr., Deutsches Archäologisches Institut, Rom; Einrichtung des römischen Trikliniums (nach: J. Marquardt, Das Privatleben der Römer, 2 Bde., Leipzig 2. Aufl. 1886).

Literatur: R. Rilinger, *Domus* und *res publica*. Die politisch-soziale Bedeutung des aristokratischen ‚Hauses' in der späten römischen Republik, in: A. Winterling (Hrsg.), Zwischen ‚Haus' und ‚Staat'. Antike Höfe im Vergleich, München 1997, 73–90.

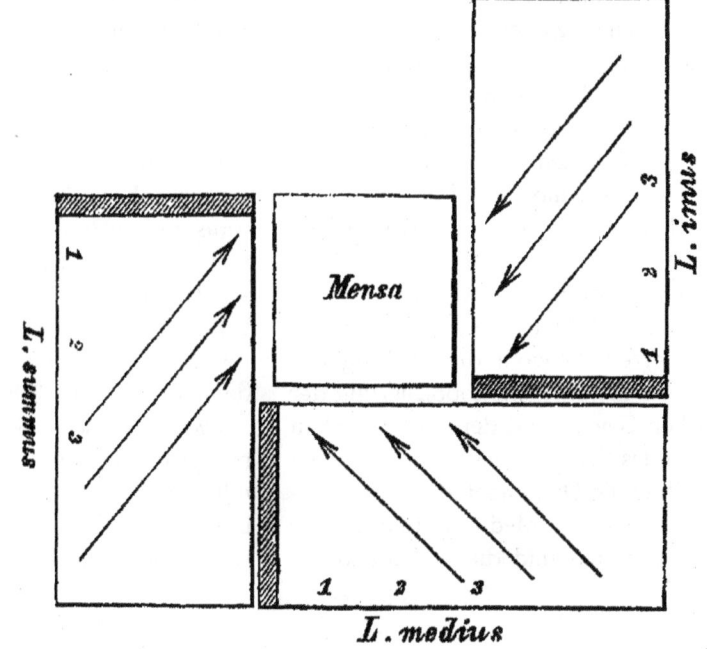

Gericht, durch Mobilisierung der eigenen Klienten bei der Wahl des Freundes in ein Amt. Freundschaft hatte damit die Funktion eines „symbolischen Kapitals" [BOURDIEU], das auf unterschiedlichsten Feldern zum Einsatz kommen konnte. Viele, insbesondere wichtige und hochstehende, Freunde zu haben war für einen römischen Adligen daher gleichbedeutend mit politischer, ökonomischer und sozialer Durchsetzungsfähigkeit.

Die zentrale Bedeutung von Freundschaft für die Strukturierung der Beziehungen innerhalb der römischen Oberschicht verdeutlichen umfangreiche Schriften, in denen römische Aristokraten wie Cicero (*De officiis, De amicitia*) und Seneca (*De beneficiis*) – auf der Basis der griechischen Freundschaftstheorie, wie sie klassisch Aristoteles in der *Nikomachischen Ethik* formuliert hatte – Freundschaft als Wert ethisch überhöhten. Schon zu Ciceros Zeit waren die gegenseitigen ‚Verpflichtungen' (*necessitudines*) innerhalb der Aristokratie allerdings nicht mehr in der Lage, die militärischen Machtpotenziale des Römischen Reichs zu binden [MEIER]. Zunehmend wurde auch ein Widerspruch zwischen rein interpersonalen, zweckfreien Nahbeziehungen – ‚Freundschaft' im modernen Sinne – und den notwendigen und nützlichen inneraristokratischen Beziehungen wahrgenommen [BRUNT].

Die Bedeutung, die Freundschaft für die symbolische Rangmanifestation der römischen Oberschicht jedoch weiterhin besaß, wird deutlich an Entwicklungen in der römischen Kaiserzeit. Obwohl die Stellung der Kaiser primär auf einer Monopolisierung der militärischen Gewalt und der ökonomischen Ressourcen des Reiches basierte, kamen auch sie nicht ohne die Dokumentation ihrer Stellung im traditionellen Medium Freundschaft aus: Alle Senatoren und die bedeutendsten Ritter galten nun als ‚Freunde' der jeweils regierenden Kaiser – wenngleich die freie Wahl der Beziehung längst nicht mehr gegeben war und eine Aufkündigung der ‚Freundschaft' seitens des Kaisers die politisch-soziale und oft auch die physische Existenz des Betroffenen beendete [WINTERLING].

‚Privat' und ‚öffentlich'. Die zentrale Bedeutung häuslich-familialer Einheiten und ihrer Erweiterungen durch das Klientelwesen bewahrte der römischen Gesellschaft trotz aller zivilisatorischen Errungenschaften archaische Struktureigentümlichkeiten. Sie ging einher mit einer gesellschaftlichen Selbstbeschreibung, die auf einer Differenz aufbaute, der Differenz von ‚privater' und ‚öffentlicher' Sphäre. Der häusliche Bereich, in dem die ‚Familienväter' (lat. *patres familias*) Herrschaft über die von ihnen Abhängigen ausübten, ihre Klienten empfingen und ihre Freundschaften pflegten, galt als *res privata*, ein Begriff, der im engeren Sinne auch das Familienvermögen bezeichnete. Der die Häuser übergreifende Bereich des römischen Gemeinwesens, das sich räumlich in der städtischen Öffentlichkeit verdichtete und das über politische Institutionen und Verfahren ebenso wie über ein Gemeindevermögen, das *aerarium*, verfügte, wurde als *res publica* bezeichnet. Die Differenzen von *privatus* und *publicus*, von *domus* und *res publica*, von *familia* und *civitas* (‚Stadt' bzw. ‚Bürgerschaft') beschrieben somit zwei unterschiedliche Handlungssphären, in denen sich die römischen Menschen jeweils bewegten und deren Einheit ihre Sicht der Welt bestimmte.

Diese römische Selbstbeschreibung wird nun gründlich missverstanden, wenn man sie mit den modernen, in Europa seit dem 18. Jh. in ganz anderen Zusammenhängen neu entstandenen Unterscheidungen ‚privat/öffent-

Zugänge zur Antike
Die antiken Menschen
in ihren
Nahbeziehungen
Rom

lich' oder gar ‚privat/staatlich' gleichsetzt. Aufschlussreich sind dazu die Ausführungen des Architekten Vitruv, der in seinem Augustus gewidmeten Werk *De architectura* auch die angemessene Beschaffenheit römischer Häuser erörterte (6, 5, 1f.). Generell, so Vitruv, unterscheide man in „privaten Häusern" (*privata aedificia*) die „eigenen Räume" der Hauseigentümer, die nur geladene Gäste betreten dürften (*propria loca*), von den „Räumen für die Allgemeinheit", zu denen auch uneingeladene Leute aus dem Volk Zutritt hätten (*communia loca*). Ersteres seien etwa die „Wohn- und Schlafgemächer" (*cubicula*) und die „Speisezimmer" (*triclinia*), letzteres z.B. die „Eingangsbereiche" (*vestibula*), die Atrien und die Gärten. Die Häuser der Vornehmsten sollten in Größe und Pracht die soziale Stellung ihrer Eigentümer widerspiegeln, da diese aufgrund ihrer Ehrenstellungen und politischen Ämter Verpflichtungen gegenüber den übrigen Bürgern hätten und da in ihren Häusern „häufig sowohl Beratungen in öffentlichen Angelegenheiten durchgeführt, als auch private Urteile und Entscheidungen gefällt" würden (*saepius et publica consilia et privata iudicia arbitriaque conficiuntur*).

Teile eines (aristokratischen) ‚Privathauses' hatten also – etwa bei der *salutatio* – ‚allgemein' zugänglich zu sein und in ‚privaten' Häusern wurden ‚öffentliche' Beratungen durchgeführt. Dies bedeutet: Die römische Unterscheidung *privatus/publicus* hat nichts mit der modernen zu tun, sie bezeichnet vielmehr unterschiedliche Handlungskontexte, deren räumliche Zuordnungen sich unter Umständen auch überlagern konnten: Man hatte im häuslichen Bereich Angelegenheiten des Gemeinwesens zu behandeln, ebenso wie – was nicht Vitruvs Thema ist – in der *res publica* die dem häuslichen Handlungsfeld zuzuordnenden persönlichen Freundschaften (*privatae amicitiae*) von Bedeutung waren.

Die Forschung des 19. Jh.s hatte die römische Unterscheidung noch unmittelbar mit den modernen Begriffen ‚privat' und ‚öffentlich-staatlich' übersetzt und damit der ‚öffentlichen' Bedeutung des römischen Hausverbandes ebenso wenig wie der Rolle des römischen Gemeinwesens für die ‚private' Lebensstellung des Einzelnen gerecht werden können [MARQUARDT; MOMMSEN]. In jüngster Zeit hat man dagegen gefolgert, das römische Haus sei gar nicht ‚privat' gewesen, vielmehr ließen sich dort ‚öffentliche' und ‚private' Bereiche feststellen [WALLACE-HADRILL]. Auch diese Sichtweise setzt jedoch die moderne Unterscheidung absolut und verkennt damit den Charakter der römischen. Die Deutung, die die Römer selbst ihrer sozialen Welt gaben, nahm demgegenüber sehr wohl Bezug auf ‚reale' Sachverhalte: Die Nahbeziehungen, in denen sie lebten, – ‚Haus', ‚Familie', Klientel und Freundschaft – erfüllten entscheidende soziale, herrschaftliche und ökonomische Funktionen, die in modernen Gesellschaften dem öffentlichen Bereich zugeordnet werden, und waren doch von ihrer politischen Gemeinschaft, der *res publica*, grundsätzlich geschieden.

▷ S. 344f.
Erkenntnismöglichkeiten
in der
Alten Geschichte

Aloys Winterling

Literatur
M. BETTINI, Familie und Verwandtschaft im antiken Rom, Frankfurt/M./New York 1992.
P. BOURDIEU, Sozialer Sinn. Kritik der theoretischen Vernunft, Frankfurt/M. 1987.
P. A. BRUNT, Amicitia in the Late Roman Republic [1965], in: DERS., The Fall of the Roman Republic and Related Essays, Oxford 1988, 351–381.

M.-L. Deissmann, Aufgaben, Rollen und Räume von Mann und Frau im antiken Rom, in: J. Martin/R. Zoepffel (Hrsg.), Aufgaben, Rollen und Räume von Frau und Mann, Freiburg/München 1989, Bd. 1, 501–564.

H. Dessau, Inscriptiones Latinae Selectae, 3 Bde., Berlin 1892–1916.

J. F. Gardner, Frauen im antiken Rom. Familie, Alltag, Recht, München 1995.

M. Gelzer, Die Nobilität der römischen Republik [1912], in: Ders., Kleine Schriften, Bd. 1, Wiesbaden 1962, 17–135.

D. Konstan, Friendship in the Classical World, Cambridge 1997.

J. Marquardt, Das Privatleben der Römer, 2 Bde., Leipzig 2. Aufl. 1886.

H. I. Marrou, Geschichte der Erziehung im klassischen Altertum [1948], München 1977.

J. Martin, Zur Stellung des Vaters in antiken Gesellschaften, in: H. Süssmuth (Hrsg.), Historische Anthropologie. Der Mensch in der Geschichte, Göttingen 1984, 84–109.

Ders., Zwei Alte Geschichten. Vergleichende historisch-anthropologische Betrachtungen zu Griechenland und Rom, in: Saeculum 48, 1997, 1–20.

Chr. Meier, Res publica amissa. Eine Studie zu Verfassung und Geschichte der späten römischen Republik, Frankfurt/M. 3. Aufl. 1997.

Th. Mommsen, Römisches Staatsrecht, 3 Bde., Leipzig 1./3. Aufl. 1887/1888.

T. Parkin, Out of Sight, Out of Mind. Elderly Members of the Roman Family, in: B. Rawson/P. R. C. Weaver (Hrsg.), The Roman Family in Italy. Status, Sentiment, Space, Canberra/Oxford 1997, 123–148.

R. Rilinger, Moderne und zeitgenössische Vorstellungen von der Gesellschaftsordnung der römischen Kaiserzeit, in: Saeculum 36, 1985, 299–325.

E. Sachers, Art. „Potestas patria", in: RE, Bd. XXII 1, München 1953, Sp. 1046–1175.

R. P. Saller, Personal Patronage under the Early Empire, Cambridge 1982.

L. Schumacher, Sklaverei in der Antike. Alltag und Schicksal der Unfreien, München 2001.

Y. Thomas, Rom. Väter als Bürger in einer Stadt der Väter (2. Jh. v.Chr. bis 2. Jh. n.Chr.), in: A. Burguière/Ch. Klapisch-Zuber/M. Segalen/F. Zonabend (Hrsg.), Geschichte der Familie, Bd. 1: Altertum, Frankfurt/M./New York 1996, 277–326 [frz. 2. Aufl. 1994].

H. Tyrell, Probleme einer Theorie der gesellschaftlichen Ausdifferenzierung der privatisierten modernen Kernfamilie, in: Zeitschrift für Soziologie 5, 1976, 393–417.

P. Veyne, Die Familie und die Liebe in der frühen Kaiserzeit [1978], in: Ders., Die römische Gesellschaft, München 1995, 81–123.

Ders., Römisches Recht und Gesellschaft. Freie Männer als Sklaven und die freiwillige Sklaverei [1981], in: Ders., Die römische Gesellschaft, München 1995, 237–269.

F. Vittinghoff, Gesellschaft, in: Ders. (Hrsg.), Europäische Wirtschafts- und Sozialgeschichte in der römischen Kaiserzeit, Stuttgart 1990, 161–369.

A. Wallace-Hadrill, The Social Structure of the Roman House [1988], in: Ders., Houses and Society in Pompeii and Herculaneum, Princeton 1994, 1–61.

A. Winterling, Aula Caesaris. Studien zur Institutionalisierung des römischen Kaiserhofes in der Zeit von Augustus bis Commodus (31 v.Chr.–192 n.Chr.), München 1999.

Zugänge zur Antike

Die antiken Menschen in ihren Gemeinschaften

Griechenland

Polisbildung: Territorialität und Institutionalisierung. In der altertumswissenschaftlichen Forschung war man sich lange Zeit über die Ursprünge der griechischen Staatenwelt einig. Im Laufe des 2. Jahrtausends v.Chr., so die weit verbreitete Annahme, wanderten straff organisierte Völkerscharen in Griechenland ein, zuletzt während der ‚Dorischen Wanderung', die man etwa um 1200 v.Chr. ansetzte. Anschließend zerfielen diese Großstämme in kleinere Verbände, behielten aber ihre ursprüngliche Identität als Dorier, Ionier oder Aioler bei und pflegten sie in gemeinsamen Dialekten, Kalendern und den Binnenorganisationen ihrer Gemeinwesen (‚dorische Phylenordnung'). Dieses Bild ist in den vergangenen Jahrzehnten gründlich revidiert worden. Zum einen zeigte sich, dass Gruppenbezeichnungen wie *phýlē*, *phratría* oder *génos* (Plural: *génē*) trotz ihrer biologischen Semantik, die ja auch in den deutschen Begriffen ‚Stamm', ‚Bruderschaft' oder ‚Sippe' zum Ausdruck kommt, nicht als alte Abstammungsgemeinschaften zu verstehen sind. Sie bezeichnen vielmehr Identitätsstrukturen, die sich die Griechen selbst geschaffen haben, als sie sich ab dem 8. Jh. v.Chr. in größeren politischen Einheiten, insbesondere in der Form der *pólis* (‚Stadt' oder ‚Bürgergemeinde') organisierten [WELWEI 1988]. Zum anderen wird zunehmend bezweifelt, dass die eingewanderten ‚Stämme' überhaupt konkurrierende Großverbände waren oder solche begründeten. Der in klassischer Zeit immer wieder formulierte Gegensatz zwischen Doriern und Ioniern dürfte jedenfalls kaum auf einem uralten Konflikt beruht haben, sondern das Ergebnis der Genese unterschiedlicher Polisidentitäten in Sparta und Athen gewesen sein [ULF]. Heute werden daher in den Großstämmen vor allem Einheiten gesehen, die „erst mit dem Prozess der Polisbildung ihre spezifische Gestalt gefunden haben" [GEHRKE 2000, 160]. Im Lichte dieser Einsichten stellen sich also auch die Fragen nach der Konstituierung und Konsolidierung der griechischen Staatenwelt ganz neu.

Nach dem Untergang der mykenischen Kultur und ihrer auf ‚Paläste' ausgerichteten Strukturen finden sich in Griechenland erst wieder im Laufe des 8. Jh.s größere Siedlungen, denen man den Charakter von Stadtanlagen zusprechen kann [THOMAS/ CONANT]. ▷ S. 17ff. Von der Levante nach Griechenland In ihrem frühesten Stadium gruppierten sich diese Siedlungen lose um einen zentralen Häuserkomplex oder ein exponiertes Haus, ein so genanntes ‚Megaron'. Hier lag der Kristallisationspunkt der neu entstehenden Städte. Denn wie Ausgrabungen in Emporio auf Chios und in Zagora auf Andros zeigen, befanden sich zwischen Megaron und Gemeindeheiligtum bereits reservierte Freiflächen, die als Vorläufer späterer Versammlungsorte (*agoraí*) gelten können [HÖLKESKAMP 2000, 58–62]. Während es im so umrissenen Siedlungskern bald zu einer ‚monumentalen' Ausgestaltung in Form von Heiligtümern, öffentlichen Räumen und Wegenetzen kam [HÖLSCHER], erhielten die Siedlungen an ihrem Rand erstmals erkennbare Grenzen, also Mauern und Befestigungsanlagen. Eindrucksvolle Zeugnisse systematischer Raumerschließung bieten die griechischen Kolonien in Unteritalien und Sizilien, z.B. Metapont, denn es handelt sich hier ja nicht um gewachsene, sondern um geplante Anlagen. Im westsizilischen Selinunt wurden die Erfahrungen der Mutterstadt Megara Hyblaia zu Beginn des 6. Jh.s in einen „überaus ehrgeizigen Gesamtentwurf" [MERTENS, 236] eingebracht, der das

181

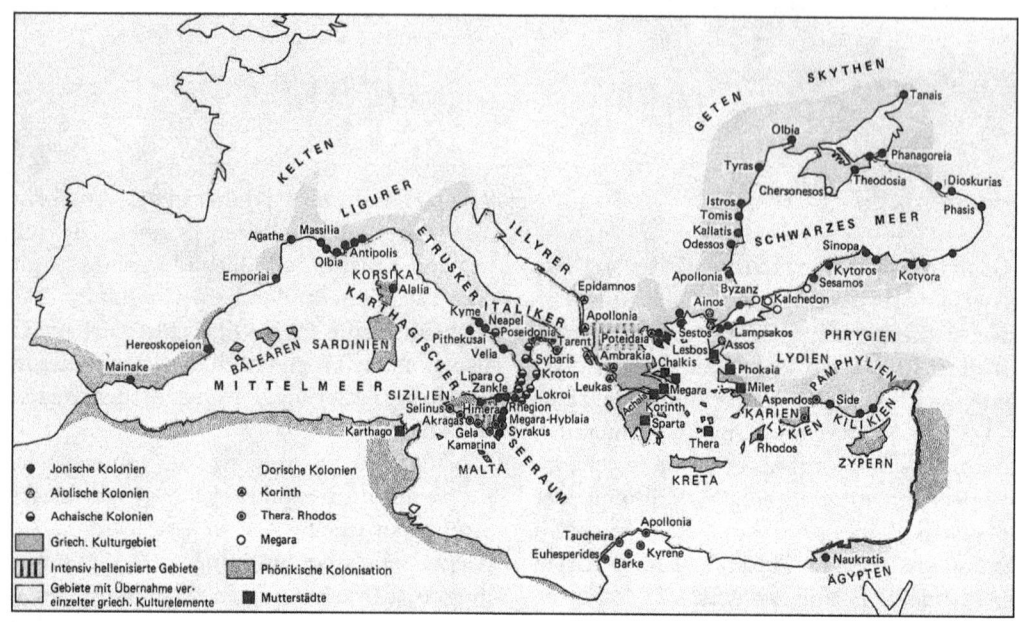

Die große Kolonisation 750–550 v. Chr.

Um 750 v.Chr. gründete eine kleine Gruppe von Siedlern aus Euböa auf der Insel Ischia im Golf von Neapel die erste griechische Kolonie. Bis etwa 500 v.Chr. entstanden durch die ‚Große Kolonisation' mehr als 130 solcher ‚Pflanzstädte' (griech. *apoikíai*, Sing.: *apoikía*) an den Küsten des Mittelmeers und des Schwarzen Meers, darunter Syrakus (um 733), Massalia (Marseille, um 600), Kyrene (um 632) und Byzantion (um 660). Die Auswanderungswelle wurde ausgelöst durch Überbevölkerung und Landknappheit (Modell Thera/Kyrene), aber auch durch blutige Kämpfe um Macht und Zugehörigkeit (Modell Sparta/Tarent). Das Gewinnstreben unternehmungslustiger Aristokraten war eine weitere Antriebskraft. Einmal ausgesandt, waren die Kolonisten ganz auf sich gestellt, wie Herodot (4, 156) für Thera überliefert: „Die Siedler fuhren davon in Richtung Libyen, da sie aber nicht anders konnten, kehrten sie wieder nach Thera zurück. Die Theraier aber schossen auf sie und ließen sie nicht an Land. Sie mussten nach Libyen zurückfahren."

An der Spitze einer Kolonistengruppe aus meist 100 oder 200 Männern stand – auf eigene Initiative oder im Auftrag der Polis – der sogenannte *oikistés*. Auskünfte über das Ziel holte er sich häufig beim Orakelheiligtum in Delphi; dadurch erhielt das Unternehmen auch eine sakrale Legitimation. Nach Ankunft am Zielort wurde ein fruchtbarer und gegenüber dem Hinterland sicherer Siedlungsplatzes gewählt, dann die Stadtanlage geplant und das Land verteilt. In jedem Fall war die Apoikie eine autonome Polis, unterhielt aber, zumal im Bereich des Kultes, engste Verbindungen zur Mutterstadt.

Oft – besonders in der Frühzeit – reichten jedoch die von dort mitgebrachten politischen Verfahren, Organe und Institutionen nicht aus, um in der fremden Umgebung die Fortdauer und Stabilität der neuen Bürgergemeinschaft zu sichern. Für die Stadtplanung oder die Integration der Bürgerschaft aus verschiedenen Herkunftsorten waren kreative Lösungen gefragt und diese wirkten auch auf das Mutterland zurück. Denn durch die künstliche Anlage von Städten, die vielfache Imitation ihrer inneren Ordnung und die gerade genannten Innovationen und Modifikationen ergaben sich ganz neue politische Erfahrungen, die ihrerseits zur Konsolidierung des Prozesses der Polisgenese in Griechenland beitrugen.

Karte: W. Schuller, Griechische Geschichte, München 5. Aufl. 2002, 266.

Literatur: J. Boardman, Kolonien und Handel der Griechen. Vom späten 9. bis zum 6. Jahrhundert v.Chr., München 1981; I. Malkin, Religion and Colonization in ancient Greece, Leiden 1987.

Zugänge zur Antike
Die antiken
Menschen in ihren
Gemeinschaften
Griechenland

100 Hektar umfassende und von mächtigen Mauern umgebene Stadtareal in Wohngebiete, öffentliche und sakrale Räume untergliederte und mit einem Straßennetz überzog.

Solche Raumplanungen bezogen auch das Umland mit ein. Um den Raum der Toten vom Raum der Lebenden zu trennen, wurden Bestattungen innerhalb der Stadt nicht mehr geduldet, so dass es seit dem 8. Jh. zur Anlage von Nekropolen außerhalb der Mauern kam. In einer komplementären Bewegung wurden stadtnahe oder außerstädtische Heiligtümer an die Siedlung angebunden. Solche sub- oder extraurbanen Kultstätten bestanden zwar bisweilen schon seit Jahrhunderten, wurden aber erst jetzt zu Tempeln ausgebaut und durch Prozessionsstraßen an die Polis angeschlossen. Lagen diese extraurbanen Heiligtümer im Grenzgebiet zu benachbarten Städten, dienten sie auch als Plätze der politischen Verständigung untereinander – das Heiligtum der Hera in der peloponnesischen Landschaft Argolis, das so genannte argivische Heraion, ist hierfür ein prominentes Beispiel. Gleichzeitig bedeutete die Anbindung solcher Grenzheiligtümer, dass das eigentliche Polisgebiet nun auch aufs Umland (*chṓra*) ausgriff. Die Bürger verstanden ihre Stadt zusehends als gewachsene Einheit aus urbanem Zentrum und Peripherie [DE POLIGNAC].

Gleichzeitig mit der Formierung des Raumes gewann der Bürgerverband als Schicksalsgemeinschaft Konturen. Vieles konnte und musste dabei von den bäuerlichen Dorfgemeinschaften übernommen werden, wo man schon Übung darin hatte, den beständigen Existenzgefährdungen durch solidarisches Handeln zu begegnen, Konflikte einzuhegen und die Einschnitte im Lebensrhythmus der Familien – Geburt, Hochzeit, Tod – in gemeinschaftlichen Ritualen zu bewältigen. Besondere Bedeutung kam in diesem Zusammenhang der Ausbildung von Wehrgemeinschaften zu. Zunächst mochten sie auf den Erhalt der eigenen Lebensgrundlagen gezielt haben, boten aber gleichzeitig auch eine Möglichkeit, Raubzüge durchzuführen und Reichtümer aus benachbarten Gebieten zu erwerben. Und neben die Wehrgemeinschaft trat alsbald die Rechtsgemeinschaft, also das Bemühen, verbindliche und schriftlich fixierte Normen (*nómoi*) zu setzen, durch die der Fortbestand der inneren Gemeinschaft gesichert werden sollte [KOERNER; HÖLKESKAMP 1999]. Versammlungen zur Beilegung von Streit oder zur Mobilisierung gegen äußere Bedrohung begegnen uns bereits in den homerischen Epen [HÖLKESKAMP 1997], aber seit der Mitte des 7. Jh.s bezeugen Inschriften wie das Gesetz aus Dreros, dass die Bürger sich jetzt zusehends als echte politische Gemeinschaft begriffen. Dort heißt es: „Dies hat die Polis beschlossen" [KOERNER, Nr. 91] – die Polis und ihre Bürgerschaft wurden also ein und dieselbe Sache.

Damit war eine Entwicklung eingeleitet, die von situativ begründeten Zusammenkünften zu regelmäßig stattfindenden Versammlungen führte. Parallel zur Institutionalisierung der ‚Volksversammlung' verfestigten sich auch andere Organe der Polis. In vielen Gemeinden finden wir neben der *ekklēsía* ein kleineres Gremium, einen ‚Rat' (*boulḗ*), zu dem die Angesehensten oder die Reichsten zusammenkamen. Schließlich übernahmen ebenfalls seit dem 7. Jh. einzelne Personen besondere Funktionen innerhalb ihres Gemeinwesens, die ihnen nun nicht mehr aufgrund alter Traditionen und ererbter Vorrechte zufielen, sondern für die sie von der Gemeinschaft auf eine begrenzte Dauer und mit Rechenschaftspflicht bestimmt wurden. Aus der Polis wurde so ein Personalverband ihrer ‚Vollbürger' (*polítai*), deren Status verbindlich festgelegt und deren Verantwortung für ihr Gemeinwesen sichtbar und allen bewusst war. Die Genese des griechischen Bürgerstaats ist vor allem als Herausbildung, Verfestigung und Verrechtlichung solcher Zugehörigkeitsstrukturen zu verstehen [WALTER].

Die Institutionen der Polis. Die Polis war für die antiken Menschen immer urbanes Zentrum und politischer Raum zugleich [MORRIS; HANSEN 1997]. Es war daher beinahe eine selbstläufige Entwicklung, dass sich mit der Festigung dieser Strukturen der Polis auch die – wiederum politischen und räumlichen – Organisationsformen zusehends verfeinerten. Der Prozess verlief überall ähnlich. Einerseits war der Ablauf politischer Entscheidungen ja kein Geheimnis, sondern für alle Bürger gut sichtbar, weil die Versammlungen der Polis im Sinne einer „mediterranen open air-Kultur" [HÖLKESKAMP 1997, 14] stattfanden. Andererseits führte die hohe Anzahl der Poleis zu intensiven Kontakten zwischen diesen Gemeinwesen, deren Bürger sich untereinander verständigten, politische Erfahrungen austauschten und ihr Wissen über Gesetze und Institutionen teilten.

Im 7. Jh. hatten sich allenthalben die sozialen Probleme zugespitzt und in inneren Kriegen entladen. Vielerorts kam es zu Auseinandersetzungen zwischen adeligen Gefolgschaften (so genannte Hetairien), die um die Vorherrschaft im Gemeinwesen rivalisierten und dabei weder Blutvergießen noch Tyrannis scheuten: „Die Anführer des Volkes", wie es in Solons *Eunomie-Elegie* aus dem frühen 6. Jh. heißt, schickten sich selbst an, „die große Polis [Athen] zu vernichten". In Sparta scheint es ähnliche Rivalitäten gegeben zu haben. Dort wurde das Gemeinwesen um 650 v.Chr. mit der ‚Großen Rhetra' grundlegend umorganisiert, eine als Orakelspruch überlieferte Satzung, die dem mythischen Gesetzgeber Lykurg zugeschrieben wurde (Plutarch, *Lykurg* 6, 2 u. 8). Wenngleich in diesem Dokument noch alte Bestandteile der homerischen Gesellschaftsordnung durchscheinen, wurde ihr vormals loses Nebeneinander nun durch die Zuweisung von Kompetenzbereichen geregelt. Daneben trat aber vor allem eine institutionalisierte Versammlung des Volkes, deren Tagungsort, Termine und Abstimmungspraxis festgelegt wurden. In der Verbindung mit dem Rat und den Königen ergab sich hier erstmals ein einheitlicheres Gebilde, das über Jahrhunderte Bestand hatte. Die ‚Große Rhetra' legte das Fundament der ‚Wohlordnung' (*eunomía*) der Polis Sparta [MEIER, 186–207].

Gegen Ende des 6. Jh.s kam es in vielen Städten zu tiefgreifenden Veränderungen der Bürgerschaften. Jetzt bildeten sich die für die Polis typischen Institutionen heraus: Volksversammlung, Rat, Gerichte und Amtsträger. Die am besten bezeugte, aber natürlich nicht einzige Neugestaltung sind die Reformen des Kleisthenes in Athen (um 508/7 v.Chr.), mit denen eine Neustrukturierung des athenischen Bürgerverbandes in über 100 Demen, 30 Trittyen und 10 Phylen einherging [BLEICKEN, 180–189]. Auch diese Umgestaltung hatte mit den Auseinandersetzungen zwischen ihrem Verfechter Kleisthenes und seinem Gegenspieler Isagoras einen konkreten Auslöser. Dennoch: Im Kern zielte die Reform darauf, die Konflikte zwischen rivalisierenden Adelsfamilien und die in ihnen lauernden Gefahren für das Gemeinwesen, Parteienhader und Bürgerkrieg, dauerhaft zu entschärfen. Aus Eretria ist eine vergleichbare Phylenreform bekannt [KNOEPFLER] und für das sizilische

Athenische Institutionen

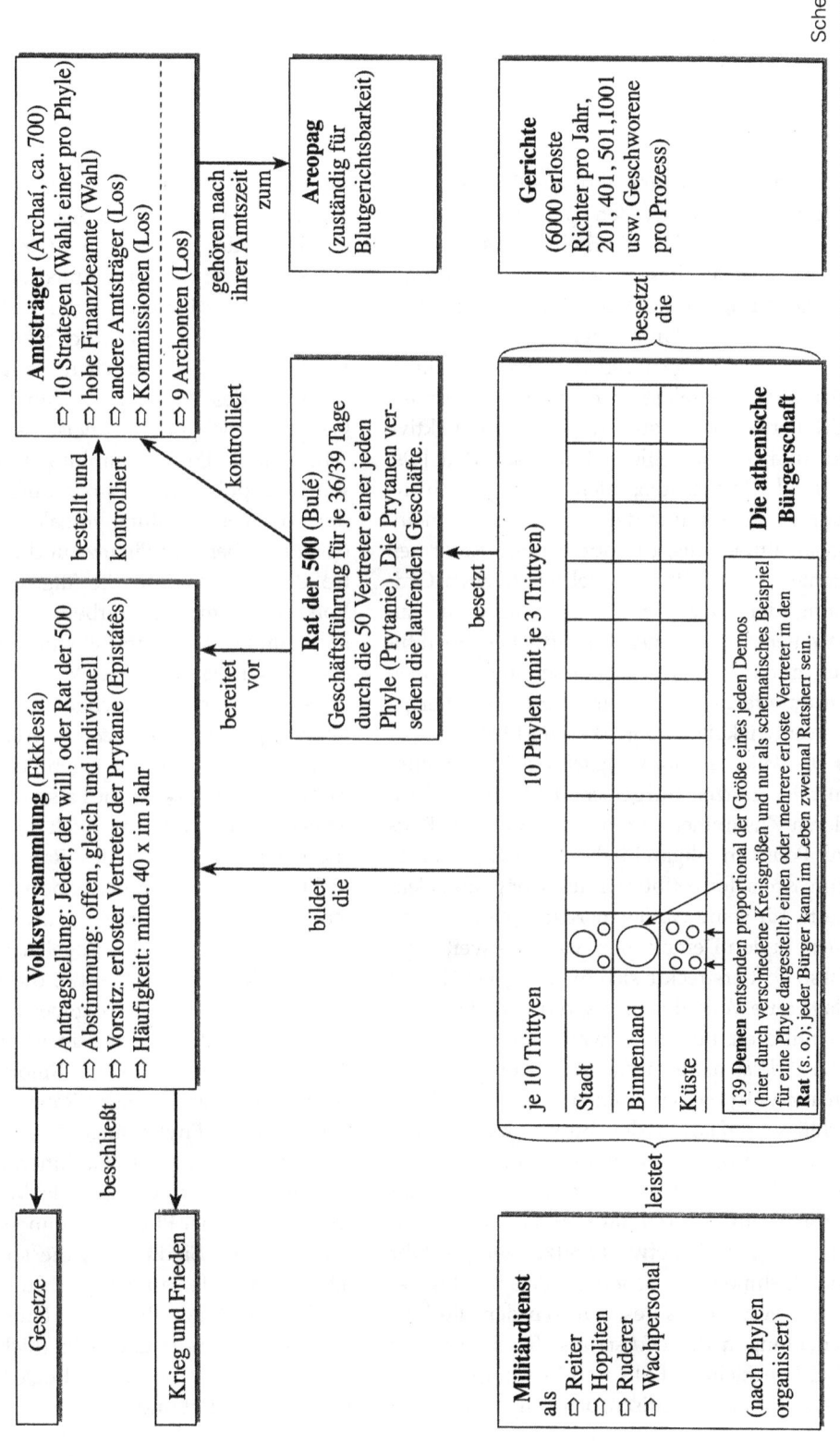

Schema: Uwe Walter.

Kamarina wurde eine ähnliche Binnengliederung der Polis durch den spektakulären Fund eines ‚Bürgerarchives' erhellt [MURRAY]. Gemeinsam war diesen Reformen erstens die Einflechtung der Politen in künstlich geschaffenen Phylen – Unterabteilungen, durch die ältere soziale Abhängigkeits- und Bindungsstrukturen aufgelöst oder eingeebnet wurden. Zweitens stärkten sie erheblich die kollektive Identität der jeweiligen Bürgerschaften [OSBORNE]. Und drittens identifizierten sich die Bürger stärker mit der politischen Gemeinschaft ihrer Polis, die durch diese Reformen immer mehr mit der gesellschaftlichen Ordnung der Menschen verschmolz. Das Zusammenspiel der gesellschaftlichen Strukturen mit den neu geschaffenen Institutionen bestimmte die ‚Verfassung' (*politeía*) einer jeden entwickelten Polis [WELWEI 1998]:

● Die Volksversammlung (*ekklēsía*) war immer mit der ganzen Bürgerschaft identisch; doch deren Zusammensetzung variierte von Polis zu Polis. In oligarchischen *politeíai* gehörte zum Kreis der Vollbürger nur, wer genug Geld hatte, für seine Waffenausrüstung aufzukommen. In den Demokratien war dies weiter gefasst; dort erstreckte sich die Bürgerschaft auf das breite Volk, den *dēmos*, d.h. auf alle freien männlichen Bürger in waffenfähigem Alter. Die *ekklēsía* hatte umfassende Kompetenzen. In ihr wurden Beratungen geführt und Beschlüsse gefasst. Jeder Bürger hatte volles Rede-, Antrags- und Stimmrecht. In Athen wurden ab dem 4. Jh. v.Chr. sogar Tagegelder gezahlt, um ärmeren Bürgern die Möglichkeit zu geben, an den etwa 40 Sitzungen pro Jahr teilzunehmen. Wie schon am Beispiel des Gesetzes von Dreros gesehen, wurden die Entscheidungen der *ekklēsía* als ‚Beschlüsse der Polis' bezeichnet. Polis und institutionalisiertes Volk waren identisch, das Volk trat als Souverän auf, der über alles entschied: über die Wahl und die Kontrolle der Beamten, insbesondere der Feldherrn (*stratēgoí*, Sing. *stratēgós*), über die Verabschiedung von Gesetzen und Verträgen, über die Verleihung des Bürgerrechtes und natürlich über Krieg und Frieden. In demokratischen Städten kam die Funktion des Volksgerichts hinzu, wobei die Geschworenengerichte meistens einen Ausschuss der Volksversammlung darstellten.

● In der politischen Praxis aufs engste mit der Volksversammlung verzahnt war der Rat (*boulḗ*). Neben der Finanz- und Beamtenkontrolle wurde im Rat die Tagesordnung der Volksversammlung erarbeitet. Ein Weiteres kam hinzu: Alle Entschließungsanträge der *ekklēsía* wurden dort einer Vorberatung unterzogen und ein entsprechender Vorbeschluss über sie gefasst (*proboúleuma*). Wenngleich die Volksversammlung der eigentliche Souverän der Polis war, so war dies also doch insofern eingeschränkt, als das Volk ohne entsprechende *probouleúmata* des Rates eine Sache nicht verhandeln konnte. Anders als die direkten Volksversammlungen wurden die Ratsversammlungen in der Regel nach dem Repräsentationsprinzip besetzt; die Räte gaben somit ein relativ ausgewogenes Bild der Bürgerschaft wieder. So etwa in Athen, wo dem durch die kleisthenischen Reformen eingesetzten ‚Rat der 500' je 50 Ratsherrn einer jeden der zehn Phylen angehörten. Außerdem ergab sich hier auch schon innerhalb der einzelnen Phylen eine regionale Vermischung: Denn die in einer Phyle zusammengeschlossenen attischen Siedlungen, die so genannten ‚Demen', wurden auf Phylendrittel (‚Trittyen') der Bereiche Stadt, Binnenland und Küste verteilt. So fanden die unterschiedlichen Interessen der Bürger aus allen Regionen Attikas Widerhall im Rat und dies wurde noch einmal

Zugänge zur Antike
Die antiken
Menschen in ihren
Gemeinschaften
Griechenland

dadurch gestärkt, dass über das Jahr verteilt jede der zehn Phylen in einer ‚Prytanie' ein Zehntel des Jahres lang die Ratsgeschäfte leitete und – im 5. Jh. – auch den Vorsitz in der *ekklēsía* führte.

• Die griechischen Amtsträger (*archaí*) haben mit Beamten in unserem heutigen Sinn kaum etwas gemein, sieht man einmal von der grundsätzlichen Gefahr des Amtsmissbrauchs ab. Nach dem Kernprinzip der antiken Demokratie wurde die Mehrheit von ihnen nicht gewählt, sondern ausgelost. In Athen standen den etwa 100 Wahlbeamten – darunter besonders die militärischen Befehlshaber und die Verwalter von diversen Kassen – ungefähr 600 Losbeamte und 500 Ratsherrn pro Jahr gegenüber. Diese hohe Zahl verdeutlicht, wie ernst es die Athener mit einem zweiten Kernprinzip meinten, das Aristoteles als Lebensprinzip der Demokratien formulierte: dem kontinuierlichen Wechsel des ‚Herrschens und Beherrschtwerdens'. Für die Ausübung der Jahresämter kamen alle Vollbürger in Frage, die für ihre Tätigkeit besoldet wurden, am Ende ihrer Amtszeit aber auch Überprüfungen durch den Rat und die Volksversammlung ausgesetzt waren. Die Aufgaben der Polis, die alle Bürger betrafen, konnten und sollten also von allen Bürgern ausgefüllt werden. Im Laufe seines Lebens durfte jeder Bürger damit rechnen, mindestens einmal in ein öffentliches Amt gelost zu werden und in diesem Sinne aktiv an der Polis teilzuhaben.

Die raffinierte Ausdifferenzierung der Institutionen der Polis, die enge Verzahnung ihrer Aufgabenbereiche und nicht zuletzt die vielschichtige Einbindung des Einzelnen in das politisch-administrative Netz von Entscheidung und Kontrolle dokumentieren einen eindrucksvollen Willen zur Gestaltung und Rationalisierung des Politischen. Wie in kaum

Forschungsstimme

Jochen Bleicken, geboren 1926, war in Hamburg, Frankfurt und Göttingen Professor für Alte Geschichte. Seine breit angelegte Studie zur athenischen Demokratie (erste Auflage 1986) gilt bis heute als unerreichte systematische Analyse dieses vielschichtigen Themas: „Die ohne jeden Zweifel größte Leistung der athenischen Demokratie liegt in der Verwirklichung einer Gesellschaft von politisch gleichberechtigten Bürgern. Mag es schon früher bei den Griechen oder anderen Völkern die Idee der Gleichheit [...] gegeben haben: Die Organisation der gesamten freien Bewohner einer Stadt als eine politisch gleiche Gesellschaft und ihre praktische Verwirklichung ist eine originelle Leistung der Athener. Und es gab nicht nur die Idee, nicht lediglich die schöne Deklaration der Gleichheit, sondern sie wurde institutionell durch Hunderte von Regelungen in der öffentlichen Ordnung abgesichert. Jede Behörde der Athener, alle Normen des öffentlichen Zusammenlebens lassen den geradezu fanatischen Willen erkennen, den Gleichheitsgedanken in dem organisatorischen Aufbau der Bürgerschaft zu verankern. Da der Gedanke der politischen Gleichheit mit der Verwirklichung ebendieser Gleichheit in der politischen Praxis eine Einheit bildet, ist gleichzeitig auch die Verantwortlichkeit des einzelnen für das Gemeinwohl in ihr enthalten. Politisches Engagement und Gemeinsinn gehören zu dieser Demokratie, und dies ist in einem Ausmaß mit ihr verbunden und in ihr verwirklicht worden, daß sie noch heute und angesichts der politischen Apathie in der Massendemokratie gerade heute Vorbild sein kann."

Literatur: J. BLEICKEN, Die athenische Demokratie, Paderborn u.a. 4. Aufl. 1995, 481f.

Zugänge zur Antike
Die antiken
Menschen in ihren
Gemeinschaften
Griechenland

einem anderen Zeitalter brachen sich Idee und Praxis des Bürgerstaates im klassischen Griechenland Bahn und diesem historischen Experiment der Griechen war, gerade nach dem Maßstab der bürgerlichen Beteiligung am Staat, mehr Erfolg beschieden als allen anderen Modellen des Bürgerstaates, auch in seinen modernen Varianten.

Polisübergreifende Systeme. Wir können die Polis durchaus als die griechische Staatsform schlechthin bezeichnen. Alternativenlos war diese Variante des Bürgerstaates jedoch nicht, wie die weite Verbreitung der so genannten *éthnē* (Sing.: *éthnos*) zeigt.

Wenn diese als Stammes- oder Bundesstaat (engl. ‚tribal-state'/‚ethnic-state'/‚federal state') bezeichnet werden, soll dies zum Ausdruck bringen, dass in den *éthnē* mehrere Dorfgemeinden und Städte zu einer übergeordneten Zentralgewalt zusammengeschlossen waren, die ihrerseits eigene Institutionen und Kompetenzen besaß. Gleichzeitig blieben den Gliedgemeinden autonome Aufgabenbereiche, die sie nach ihren Vorstellungen ausfüllen konnten. Wenn wir uns den Aufbau und die Funktion etwa des Ersten Athenischen Seebunds und des Peloponnesischen Bunds vergegenwärtigen, dann wird der Unterschied der Bundesstaaten zu diesen Symmachien verständlich. Denn in einem *koinón* (Plural: *koiná*) besaßen beide Ebenen des Zusammenschlusses staatliche Qualität. Aus dieser Vorgabe erklärt sich auch das ‚doppelte Bürgerrecht' in den Bundesstaaten: Ihre Bürger waren zugleich Politen ihrer Heimatpolis und Vollbürger des Bundes [Busolt/Swoboda].

▷ S. 28/33
Die Mittelmeerwelt vom 6. bis 4. Jahrhundert

In der politischen Praxis entwickelte sich seit dem 5. Jh. ein breites Spektrum bundesstaatlicher Organisationen. So entstand in Böotien eine besonders frühe, durch den Autor der *Hellenika aus Oxyrhynchos* überlieferte Bundesverfassung (*Hellenika Oxyrhynchia* 19, 2–4). Im Kern bestand das Koinon von 447 bis 386 aus 10 Städten. Um ihre ausgewogene Partizipation an den Bundesgeschäften zu gewährleisten, wurde Böotien künstlich in 11 Distrikte (*mérē*) untergliedert. Diese Distrikte waren so etwas wie Umrechnungsschlüssel für die Rechte und Pflichten der Mitglieder an der Bundesgewalt (Bundesbeamte, Bundesrat, Heeresorganisation). Theben fielen als größter Polis nach 427 vier Bezirke zu, Orchomenos und Thespiai zwei, Tanagra einer sowie den verbleibenden Landstädtchen anteilig je ein Drittel eines Bezirkes. Diese Politeia war demnach strikt auf das Proportionalitätsprinzip ausgerichtet [Larsen, 26–40].

Noch feiner gesponnen war die Organisation des nach der Schlacht von Leuktra (371) gegründeten Arkadischen Bundes. Seine Verfassung vereinigte Elemente direkter und repräsentativer Politik zu einem straffen Staatsaufbau. Während die Bundesversammlung (genannt *mýrioi* = ‚Zehntausend', d.h. programmatisch: alle) als direkte Volksversammlung tagte, wurde der 50-köpfige Bundesrat zum Sprachrohr der Städte. Ihre Anteile am Rat wurden erneut nach dem Proportionalitätsprinzip bestimmt. Die größeren Poleis schickten je fünf, die neu gegründete Metropole Megalopolis zehn, die kleineren Mitglieder zwei bzw. drei Ratsherren. Hauptanliegen dieses Arrangements war es, die traditionellen Rivalitäten zwischen den beiden führenden Poleis Mantineia und Tegea einzudämmen und dem *koinon* gegenüber seinen Mitgliedern Autorität und politische Akzeptanz zu verleihen.

Neben der verfassungsrechtlichen Dimension darf die vitale Bedeutung des Stammes-

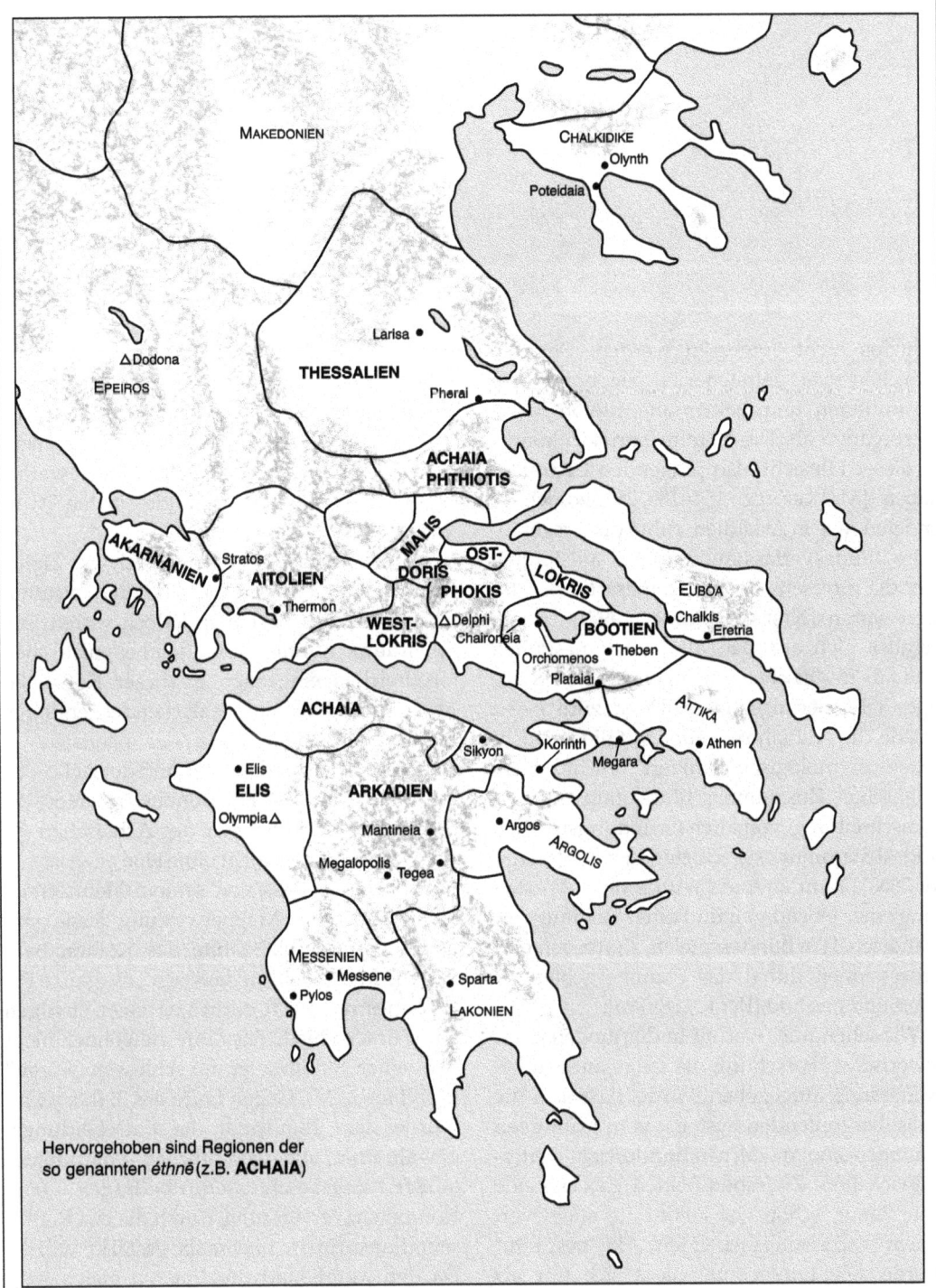

Bis in den Hellenismus war die Landkarte Griechenlands weithin von einem ausgeprägten **Stammeswesen** bestimmt. Vor allem in Mittelgriechenland und auf der Peloponnes standen die Stammstaaten als zweite wichtige Organisationsform neben der Polis. Anders als in Attika hatte in diesen *éthnē* nicht eine einzelne Stadt das Heft der politischen Organisation in die Hand genommen, sondern entstanden mehrere Dorfgemeinden oder Städte, die gleichberechtigt waren. Auch in den *éthnē* entwickelten die Menschen eine starke kollektive Identität, nur nicht auf lokaler, sondern primär auf regionaler Ebene. Die Zugehörigkeit zu einem *éthnos* kam in gemeinsamen Gründungsmythen und Abstammungsgeschichten zum Ausdruck, mit denen auch die Verbindung eines Stammes mit der von ihm bewohnten Landschaft betont wurde.

Karte: Nach J. BUCKLER, The Theban Hegemony, 371–362 BC, Cambridge/Mass. 1980.

Literatur: J. HALL, Ethnic Identity in Greek Antiquity, Cambridge 1997.

prinzips nicht vergessen werden. Denn in manchen *éthnē* leiteten sich die politischen Institutionen unmittelbar aus älteren Stammesorganen ab. Das Stammesprinzip konnte in dieser Hinsicht also prägenden Charakter haben [MCINERNEY, 154–185; MORGAN]. In anderen, wie in Arkadien, ruhte die ausgeklügelte Bundesverfassung zum Teil auf Einheiten, die ihrerseits noch stammesartig organisiert waren [NIELSEN; FUNKE 1997]. Zudem ergaben sich aus den alten Stammeskulten und aus mythischen Sagengenealogien wichtige Stabilisierungseffekte. Denn zum einen wurde die Aufnahme neuer Mitglieder nicht selten ‚mythologisch flankiert' d.h. mit dem politischen Zusammenschluss ging oft eine ‚Umschreibung' von alten Gründungsmythen und Abstammungsgeschichten einher [GEHRKE 2000]. Zum anderen wurde diese Vorstellung einer lebendigen und alten Stammesverwandtschaft in Bundesspielen, Kultfesten und Prozessionen durch das Stammesgebiet gefeiert und gestärkt [BECK, 188–196].

Wir sehen nun, warum in der jüngeren althistorischen Forschung die lange anerkannte Auffassung aufgegeben wurde, dass sich die polisübergreifenden Systeme vom primitiven Stammes- zum modernen Bundesstaat weiterentwickelten. Zwischen beiden gab es keine tiefe Zäsur, schon gar keine, die allein von einem verfassungsgebenden Akt bestimmt wurde. Die Entwicklung lässt sich nur als komplexer und auch nicht überall gleichzeitiger Wandlungsprozess verstehen [FUNKE 1993]. Antriebsfeder wurden zum einen die Verfestigung und Verfeinerung der politischen Institutionen, wie wir sie bei der Entstehung der Polisorgane kennengelernt haben. Gleichzeitig war der Wandel von der Fortdauer einer lebendigen Stammesidentität geprägt [HALL; MCINERNEY]. Für die Griechen gab es ohnedies keine Differenzierung zwischen einfachem Stammes- und modernem Bundesstaat. Der Begriff *éthnos* (im Hellenismus auch *sympoliteía*) bezeichnete alle staatlichen Gemeinden, die keine Poleis waren: Stammesverbände und Bundesstaaten [GIOVANNINI, 14–24].

Natürlich blieb die Polis auch im Hellenismus als politische, soziale und administrative Einheit bestehen. Jedoch waren ihre Spielräume nunmehr von den hellenistischen Großreichen eingeengt. In dieser Konstellation entstanden erstmals flächendeckende Föderalstaaten, allen voran der Ätolische Bund in Mittelgriechenland und der Achäische Bund auf der Peloponnes. Polybios, selbst ein hoher Beamter des Achäischen Bundes, berichtete nicht ohne eine gewisse Portion Stolz, dass von seinem Heimatstaat eine regelrechte Magnetwirkung ausgegangen sei. Immerhin zählte das Koinon bald über 60 Mitglieder, so dass sich „die ganze Peloponnes nur noch darin von einer einzigen Polis unterschied, dass ihre Bewohner nicht von einer Stadtmauer umschlossen waren" (Polybios 2, 37). Gegen Ende des 3. Jh.s v.Chr. wurde dem Bundesrat die Entscheidungsgewalt über alle wesentlichen Politikfelder (außer Kriegsbeschlüssen) übertragen – eine Kompetenzverlagerung, durch die das Repräsentationsprinzip nochmals gestärkt wurde. Da den Mitgliedern im Inneren gleichzeitig ein beachtliches Maß an Bewegungsfreiheit zugestanden wurde, blieb das den Menschen vertraute Prinzip der Selbstregierung der Polis im Kern erhalten. Die beiden Bundesstaaten schöpften alle Möglichkeiten aus, auf der Grundlage der kleinstaatlichen Strukturen Griechenlands eine Machtbildung zu erreichen, die den monarchischen Großreichen Paroli bieten konnte.

▷ S. 57
Die Hellenisierung der Mittelmeerwelt

Zwischenstaatliche Konfliktbewältigung. Wenngleich die Bundesstaaten Möglichkeiten zur Überwindung von Kleinstaatlichkeit und politischer Zersplitterung boten, waren ihre Stabilisierungserfolge bescheiden. Föderalismus und Verfassungswirklichkeit waren nicht selten durch einen tiefen Graben getrennt. Gerade in dem am weitesten entwickelten Koinon, dem Böotischen Bund, klaffte beides zusehends auseinander, denn die Herrschaftsambitionen Thebens bewirkten bald eine latente, später sogar offene Aushöhlung der Bundesverfassung. Im Jahr seiner Auflösung (386) war das Koinon praktisch zur thebanischen Herrschaftsdomäne geworden.

Dieses Scheitern der Bundesstaaten lag zunächst an der starken Bindungskraft der Polis. Erster politischer Bezugspunkt war und blieb für die Menschen in Griechenland der alltägliche, überschaubare Raum der Heimatstadt. Der arkadischen Bundesmetropole Megalopolis, bei deren Gründung mehrere kleinere Poleis der Umgebung zu einer neuen Hauptstadt zusammengelegt wurden, liefen schon beim ersten Anzeichen einer politischen Krise die Bewohner davon – ihre Bindung an ihre traditionellen Heimatstädte war eben stärker als die Integrationskraft der künstlich geschaffenen ‚Super-Polis'.

Ein zweites Kernproblem bei der Überwindung der politischen Atomisierung ergab sich durch die Struktur der zwischenstaatlichen Beziehungen. War es in archaischer Zeit zu einem regelrechten Institutionalierungsschub in den Stadtstaaten gekommen, wuchs in diesem Prozess auch das Bedürfnis, die Beziehungen der Poleis untereinander neu zu organisieren. Vor diesem Hintergrund wurden das Gesandtschaftswesen und die Gastfreundschaft (*proxenía*) zu wichtigen Instrumenten des Kontaktes. Jede Polis unterhielt in anderen Städten so genannte Gastfreunde (*próxenoi*, Sing.: *próxenos*), die zum offiziellen Ansprechpartner im diplomatischen Verkehr wurden. Gesandte und Herolde genossen Immunität; ihre Tötung galt als schweres Verbrechen. Zum Schutz der eigenen Bürger im Ausland wurden ferner Rechtshilfeverträge (*symbolaí*) abgeschlossen. Im Hellenismus konnte dies sogar zu kollektiven, meistens gegenseitigen Bürgerrechtsverleihungen zwischen Poleis führen (*isopoliteía* = gleiches Bürgerrecht) [GAWANTKA]. Von dort war der Schritt zur bereits erwähnten *sympoliteía*, also dem Zusammenschluss in Form eines Bundesstaates, nicht mehr weit.

Eine übergeordnete Instanz, die uneingeschränkte Autorität besaß, fehlte jedoch, wie es ja auch kein griechisches ‚Völkerrecht' gab. Die internationalen Beziehungen waren daher von hoher Rechtsunsicherheit geprägt. Bei schwelenden Konflikten bestand die Möglichkeit, an ein überregionales Heiligtum zu appellieren. Dem delphischen Orakel kam dabei auch insofern besondere Bedeutung zu, als von seinen Schiedssprüchen eine starke sakrale Autorität ausging. Gleichzeitig konnten situative Schiedsgerichte angerufen werden. Die Streitparteien wandten sich an einen dritten, unbeteiligten Staat, dessen Urteil sie bereits im Vorfeld anerkannten. Im Hellenismus wurde dieses Verfahren durch ‚vertragliche Übereinkünfte' (*synthḗkai*) weiter formalisiert, die schon im Vorfeld regelten, was zu tun war, wenn es zu einer Auseinandersetzung kommen sollte – der Streitfall wurde von den Vertragspartnern also immer, wenn nicht als sichere, so doch als ziemlich wahrscheinliche Zukunftsentwicklung mit einkalkuliert [AGER, 3–33].

Die politischen Instrumente zur Regulierung des zwischenstaatlichen Lebens blieben

Detailskizze

Der weitreichendste Versuch einer umfassenden Friedensordnung war der **'Allgemeine Frieden'** (griech. *koinḗ eirḗnē*). Das Konzept wurde auf einem Kongress in Sparta im Jahr 386 v.Chr. entwickelt, die Vertragsbestimmungen in Stein gemeißelt und in den Poleis und den überregionalen Heiligtümern aufgestellt. Wichtigster Bestandteil war, dass alle Städte autonom sein sollten (Xenophon, *Hellenika* 5, 1, 31). Als Garantiemacht wurde der persische Großkönig eingesetzt, weshalb der Friede von Sparta auch als 'Königsfrieden' bezeichnet wird. Unter seiner Regie übten erst Sparta, dann Athen und Theben die Aufsicht (griech. *prostasía*) aus. In den Folgejahren wurde die Autonomieforderung mit konkreten Inhalten gefüllt: im Jahr 375 durch eine Klausel, die fremde Garnisonen verbot, 371 sodann durch eine automatische Beistandspflicht, die alle Teilnehmer zum Vorgehen gegen Vertragsbrecher verpflichtete. Auch König Philipp II. von Makedonien griff nach seinem Sieg über die Griechen in der Schlacht von Chaironeia (338) auf das Prinzip des Allgemeinen Friedens zurück, doch war daraus nun ein Herrschaftsinstrument der makedonischen Hegemonie geworden.

Trotz aller Bemühungen, diese Friedensarchitektur weiterzuentwickeln, blieb eine stabilisierende Wirkung versagt: „Indem die Autonomie für alle gefordert wurde, blieben Frieden und Stabilität auf der Strecke, ohne daß man dem Hauptziel näher kam. Da der hehre Autonomieanspruch und die Realität so weit auseinanderklafften, waren die allgemeinen Friedensschlüsse überambitioniert und sorgten daher nur für eine ideologische Aufladung der Konflikte, die destabilisierend wirkte, indem sie pragmatische Arrangements erschwerte und die Schwelle zur Einmischung in die Angelegenheiten anderer Staaten weiter senkte" [JEHNE, 283f.].

Literatur: M. JEHNE, Koine Eirene, Stuttgart 1994.

jedoch stumpf, die Hemmschwelle zum Bruch bestehender Vereinbarungen niedrig. Racheethos und Agonalität, die enge Verquickung äußerer Konflikte mit dem Krieg im Inneren [GEHRKE 1985] und ein zügelloses Freiheitsverständnis [HEUSS, 445–457; RAAFLAUB] stellten jeden Versuch der Integration vor hohe Hürden. Die Polis ist somit nicht nur ein Musterstück der staatlichen Organisation in der griechischen Welt, sondern zeigt auch die Strukturschwächen dieses Kosmos und markiert seine politischen Grenzen.

Hans Beck

Literatur

S. L. AGER, Interstate Arbitrations in the Greek World, 337–90 BC, Berkeley/Los Angeles/London 1996.

H. BECK, Polis und Koinon, Stuttgart 1997.

J. BLEICKEN, Die athenische Demokratie, Paderborn u.a. 4. Aufl. 1995.

G. BUSOLT/H. SWOBODA, Griechische Staatskunde, Bd. 2, München 1926.

P. FUNKE, Stamm und Polis. Überlegungen zur Entstehung der griechischen Staatenwelt in den 'Dunklen Jahrhunderten', in: J. BLEICKEN (Hrsg.), Colloquium aus Anlaß des 80. Geburtstages von A. Heuss, Kallmünz 1993, 29–48.

DERS., Polisgenese und Urbanisierung in Aitolien im 5. und 4. Jh. v.Chr., in: HANSEN 1997, 145–188.

W. GAWANTKA, Isopolitie. Ein Beitrag zur Geschichte der zwischenstaatlichen Beziehungen in der griechischen Antike, München 1975.

H.-J. GEHRKE, Stasis. Untersuchungen zu den inneren Kriegen in den griechischen Staaten des 5. und 4. Jh.s v.Chr., München 1985.

Zugänge zur Antike
Die antiken
Menschen in ihren
Gemeinschaften
Griechenland

DERS., Ethnos, phyle, polis. Gemäßigt unorthodoxe Vermutungen, in: Polis and Politics. Studies in Ancient Greek History, presented to M. H. Hansen, Kopenhagen 2000, 159–176.

A. GIOVANNINI, Untersuchungen über die Natur und die Anfänge der bundesstaatlichen Sympolitie in Griechenland, Göttingen 1971.

J. HALL, Ethnic Identity in Greek Antiquity, Cambridge 1997.

M. H. HANSEN, Die Athenische Demokratie im Zeitalter des Demosthenes, Berlin 1995.

DERS., The Polis as an Urban Centre. The Literary and the Epigraphical Evidence, in: DERS. (Hrsg.), The polis as an Urban Centre and as Political Community, Kopenhagen 1997, 9–86.

A. HEUSS, Herrschaft und Freiheit im griechisch-römischen Altertum [1965], in: DERS., Gesammelte Schriften, Stuttgart 1995, Bd. 1, 438–499.

K.-J. HÖLKESKAMP, Agorai bei Homer, in: DERS./W. EDER (Hrsg.), Volk und Verfassung im vorhellenistischen Griechenland, Stuttgart 1997, 1–19.

DERS., Schiedsrichter, Gesetzgeber und Gesetzgebung im archaischen Griechenland, Stuttgart 1999.

DERS., Die Entstehung der Polis. Voraussetzungen und Bedingungen, in: H.-J. GEHRKE/H. SCHNEIDER (Hrsg.), Geschichte der Antike, Stuttgart/Weimar 2000, 58–73.

T. HÖLSCHER, Öffentliche Räume in frühen griechischen Städten, Heidelberg 2. Aufl. 1999.

D. KNOEPFLER, Le territoire d'Erétrie et l'organisation politique de la cité (dêmoi, chôroi, phylai), in: HANSEN 1997, 352–449.

R. KOERNER, Inschriftliche Gesetzestexte der frühen griechischen Polis, aus dem Nachlaß hrsg. von K. HALLOF, Köln 1993.

J. A. O. LARSEN, Greek Federal States, Oxford 1968.

J. MCINERNEY, The Folds of Parnassos. Land and Ethnicity in Ancient Phokis, Austin 1999.

M. MEIER, Aristokraten und Damoden, Stuttgart 1998.

D. MERTENS, Archäologische Stadtforschung, in: A. H. BORBEIN/T. HÖLSCHER/P. ZANKER (Hrsg.), Klassische Archäologie. Eine Einführung, Darmstadt 2000, 229–250.

C. MORGAN, Early Greek States beyond the Polis, London 2003.

I. MORRIS, The Early Polis as City and State, in: J. RICH/A. WALLACE-HADRILL (Hrsg.), City and Country in the Ancient World, London/New York 1991, 25–58.

O. MURRAY, Rationality and the Greek City: the Evidence from Kamarina, in: HANSEN 1997, 493–504.

TH. H. NIELSEN, Arkadia and its Poleis in the Archaic and Classical Periods, Göttingen 2002.

R. OSBORNE, Demos. The Discovery of Classical Attika, Cambridge 1985.

F. DE POLIGNAC, La naissance de la cité grecque: culte, espaces et société, Paris 1984 (aktualisierte Übers.: Cults, Territory, and the Origins of the Greek City-State, Chicago 1995).

K. RAAFLAUB, Die Entdeckung der Freiheit, München 1985.

C. G. THOMAS/C. CONANT, Citadel to City-State. The Transformation of Greece, 1200–700 B.C.E., Bloomington/Indianapolis 1999.

CHR. ULF (Hrsg.), Wege zur Genese griechischer Identität, Berlin 1996.

U. WALTER, An der Polis teilhaben, Stuttgart 1993.

K. W. WELWEI, Ursprünge genossenschaftlicher Organisationsformen in der archaischen Polis, in: Saeculum 39, 1988, 12–23.

DERS., Die griechische Polis, Stuttgart 2. Aufl. 1998.

Rom

Stadt und Reich. „Was anderes wurde den Spartanern und Athenern trotz ihrer militärischen Überlegenheit zum Verhängnis, als dass sie die Besiegten als fremdstämmig fernhielten?" Diese rhetorische Frage stammt von keinem modernen Historiker, sondern vom römischen Kaiser Claudius (Tacitus, *Annales* 11, 24, 4). Er begründete damit im Jahre 48 n.Chr. im römischen Senat seinen Antrag, dass die führenden Männer aus Gallien, die bereits das römische Bürgerrecht besaßen, nun auch das Recht erhalten sollten, in Rom Ämter zu bekleiden und damit Mitglieder in eben diesem Senat zu werden. Die Hintergründe dieses Antrags waren durchaus aktuell: Durch die ‚neuen Männer' (lat. *homines novi*), deren Vorfahren die Feinde Roms gewesen waren, stärkte der Kaiser seinen Rückhalt in diesem traditionsreichen römischen Gremium. Aber abgesehen davon, dass sich der Senat jener Zeit einem kaiserlichen Antrag angesichts der realen Machtverhältnisse sowieso nicht widersetzen konnte, war das historische Argument klug gewählt. Es benannte ein grundlegendes Charakteristikum, das – auch aus heutiger Sicht – das römische von fast allen anderen antiken städtischen Gemeinwesen unterschied: die Fähigkeit der Stadt Rom, Städte und Völkerschaften, die ihr in kriegerischen Auseinandersetzungen unterlegen gewesen waren, nicht nur zu beherrschen, sondern längerfristig in den eigenen politischen Verband zu integrieren. Auf diese Weise gelang es der Stadt, die eigenen Ressourcen mit jedem Erfolg erneut zu vergrößern und ein stabiles stadtübergreifendes Reich aufzubauen, das in der antiken Geschichte einzigartig ist und das gegen Ende des 2. Jh.s v.Chr.

▷ S. 80
Die Mittelmeerwelt im Imperium Romanum

praktisch die gesamte Mittelmeerwelt umfasste.

Ursprünglich war Rom ein kleinräumiges Gemeinwesen, das sich – bei allen Eigenheiten – von griechischen Poleis in den Grundstrukturen nicht wesentlich unterschied. Wie bei jenen handelte es sich um eine ‚Stadt' in dem Sinne, dass ein urbaner ‚Zentralort' und sein ländliches Territorium gemeinsam eine politische Einheit bildeten, die sich als Rechtsverband ihrer Bürger gegenüber anderen politischen Einheiten abgrenzte [VITTINGHOFF 1994]. Die Partizipation des Einzelnen an der politischen Gemeinschaft war auch hier an die Fähigkeit geknüpft, im Ernstfall an der Verteidigung der Stadt teilzunehmen. Vollbürger waren somit erwachsene Männer, die ökonomisch in der Lage waren, sich selbst mit Waffen auszurüsten, und die über die Zeit verfügten, für den Kriegsfall zu trainieren [WEBER].

▷ S. 26
Die Mittelmeerwelt vom 6. bis 4. Jahrhundert

Die Sonderentwicklung Roms scheint ihren Ausgang von einer stetigen Bedrohung der Stadt durch die benachbarten Bergvölker genommen zu haben. Dies führte nicht nur zur Ausbildung einer außergewöhnlich straff und diszipliniert organisierten Hoplitenphalanx, sondern auch zur Notwendigkeit, mit anderen Städten Bündnisse einzugehen bzw. besiegte Städte und Gebiete – die zu beherrschen die Mittel fehlten – dauerhaft an Rom zu binden.

Einige der einst feindlichen Gemeinden wurden mitsamt ihren Territorien vollständig in das römische Gemeinwesen inkorporiert, andere bekamen ein eingeschränktes römisches Bürgerrecht, behielten aber ihre lokale Autonomie (*municipia*). Außerdem wurden auf eroberten Gebieten neue ‚Pflanzstädte' (*coloniae*) mit römischen Bürgern gegründet, die über beschränkte lokale Autonomie ver-

Zugänge zur Antike
Die antiken
Menschen in ihren
Gemeinschaften
Rom

fügten. Verschiedene Städte in Latium, in der Nähe Roms, behielten formell ihre Eigenständigkeit. In weiteren so genannten latinischen Kolonien wurden römische Bürger mit einem ähnlichen Stadtrechtsstatus angesiedelt. Schließlich wurden mit besiegten oder freiwillig zum Anschluss bereiten Städten oder Stämmen, den *socii* (Bundesgenossen), zweiseitige, zeitlich unbefristete Militärbündnisse geschlossen [GALSTERER; HANTOS]. Aufgrund der Vorteile und Privilegien der Betroffenen entstanden daraus feste, auch schwere Krisensituationen wie den 2. punischen Krieg überdauernde Loyalitäten zu Rom. Bezeichnend für die Attraktivität, die die Zugehörigkeit zu den Siegern auf die einst Besiegten ausübte, ist der Bundesgenossenkrieg, mit dem die *socii* Roms in den Jahren 91 bis 88 v.Chr. ihre vollständige Aufnahme in den römischen Bürgerverband durchsetzten.

▷ S. 62
Die
Hellenisierung
der Mittelmeerwelt

In außeritalischen Gebieten schlug man andere, aber prinzipiell ähnliche Wege ein. Sie galten als Amtsbereiche (*provinciae*) römischer Magistrate, die dort zeitlich begrenzte Statthalterfunktionen wahrnahmen, woraus sich dann die Bezeichnung *provincia* für das jeweilige Territorium einbürgerte. Auch in den Provinzen wurden – verstärkt seit Caesar und Augustus – Kolonien mit römischen Bürgern gegründet, auch dort wurde bereits bestehenden Städten, die sich als loyal erwiesen hatten, römisches Bürgerrecht verliehen, wodurch sie den Status eines römischen *municipium* erlangten. Schließlich wurden die italischen Verhältnisse auch insofern exportiert, als manchen Gemeinwesen in Form des latinischen Rechts (*ius Latii*) ein privilegierter Zwischenstatus zwischen den römischen und den übrigen („peregrinen") Städten verliehen wurde [VITTINGHOFF 1951].

▷ S. 71ff.
Die Mittelmeerwelt
im Imperium
Romanum

Das komplexe Beziehungssystem zwischen dem römischen Zentrum und den Städten Italiens und der Provinzen hatte nicht nur ein stabiles römisches Herrschaftsgebiet (*Imperium Romanum*) zur Folge. Es ermöglichte der stadtrömischen Aristokratie zugleich, die innere politische Ordnung ihres eigenen Gemeinwesens im Verlauf der Reichsbildung mit nur geringfügigen Änderungen konstant zu halten und dabei zugleich ihre persönlichen Machtressourcen enorm zu steigern. Denn ein entscheidendes Bindeglied zwischen Rom und dem Reich stellten die persönlichen Klientelbeziehungen dar, die zwischen römischen Senatorenfamilien und den jeweiligen lokalen Aristokratien geknüpft wurden und von denen beide Seiten profitierten. Auf die Ausbildung einer bürokratischen Reichsverwaltung, die mit dem Prinzip aristokratischer Herrschaft inkompatibel gewesen wäre, konnte so verzichtet werden.

▷ S. 175
Die antiken
Menschen in
ihren Nahbeziehungen

Das Ergebnis dieser Reichsbildung war bemerkenswert: Rom wurde zu einem überdimensionierten städtischen Gemeinwesen, auf dessen immens ausgeweitetem Territorium sich wiederum Städte befanden, die teilweise über lokale Autonomie verfügten und deren Bürger in unterschiedlichen Formen und Abstufungen gleichzeitig Mitglieder des römischen Bürgerverbandes waren. Pointiert könnte man sagen: Rom war zu einer Stadt geworden, die weitgehend aus Städten bestand. Dies hatte es in der Antike zuvor noch nicht gegeben und es hatte Konsequenzen für die politischen Gemeinschaften, in denen antike Menschen lebten. Für sie galt – außerhalb von Rom selbst – fortan eine Art doppelter Zugehörigkeitsstruktur. Einerseits war die Stadtgemeinde, in der sie wohnten, – schon aufgrund der beschränkten interlokalen Reise- und Kommunikationsmöglichkeiten, aber auch in-

195

folge des jeweiligen lokalen Bürgerrechts – der primäre Bezugspunkt ihres Lebens. Die gesellschaftlichen, ökonomischen, kulturellen, religiösen und politischen Orientierungen blieben für den weit überwiegenden Teil der Bewohner Zeit ihres Lebens auf den Bereich ihrer Heimatgemeinde beschränkt. Andererseits konnten sich die Bürger der römischen Städte des Reiches zugleich als Bürger Roms fühlen, auch wenn sie die Stadt meist nie zu Gesicht bekamen. Die Bedeutung dieses Sachverhaltes für die Identität der jeweiligen Bürgergesellschaften zeigt sich z.B. an informellen Rangordnungen, die sich zwischen den Städten der einzelnen Provinzen ausbildeten. Ein Hierarchisierungskriterium war dabei ihre – meist nach dem Alter bemessene – Nähe zu Rom, und von einem neuen Statthalter wurde erwartet, dass er bei den ersten Besuchen, die er in seiner Provinz absolvierte, auf entsprechende Sachverhalte Rücksicht nahm.

Während die Städte ohne römisches Bürgerrecht im griechischen Osten des Reiches weitgehend an ihren alten Lebensformen festhielten und sich ansonsten von außen beherrscht fühlten [NÖRR], kopierten die im lateinisch sprechenden Westen in ihren politischen Institutionen und gesellschaftlichen Strukturen weitgehend die Verhältnisse der Stadt Rom. Eine solche ‚Selbstromanisierung' war in der Regel die Voraussetzung, um den Status eines römischen Munizipiums zu erlangen [VITTINGHOFF 1994]. Die von Rom aus gegründeten Kolonien waren von Anfang an nach dem Muster der herrschenden Stadt konzipiert worden.

In struktureller Hinsicht hatte sich damit eine Differenzierung zweier Ebenen etabliert, die das antike Organisationsprinzip der autonomen Stadtgemeinde zugleich aufhob und fortführte. Über den lokalen politischen Institutionen der Städte des Reiches, die in ihrem Inneren weitgehend autonom waren, standen die städtischen Institutionen Roms, in denen lokal nicht klärbare und überlokale politische Streitpunkte entschieden wurden. Über den Aristokratien der Städte des Reiches stand die städtische Aristokratie Roms, die ihnen an Rang und Macht überlegen war. Es gab keinerlei Formen überlokaler politischer Repräsentation, wie man sie in modernen Territorialstaaten kennt, und auch nicht der Art, wie sie in den so genannten bundesstaatlichen Sympolitien Griechenlands mit zeitweiligem Erfolg praktiziert wurden. Politische Einflussnahme im Zentrum des Reiches war vielmehr an persönliche Kontakte im Rahmen der stadtübergreifenden patronalen Beziehungen gebunden. Rom selbst war damit zur Stadt der Städte geworden, was für die dortigen Verhältnisse auf Dauer nicht ohne Auswirkungen blieb.

▷ S. 188ff.
Die antiken Menschen i ihren Geme schaften/ Griechenla

Die politische Ordnung Roms. Die Ausdifferenzierung politischer Organisationsstrukturen im frühen Rom entsprach den Vorgängen in den griechischen Poleis und war vermutlich durch das dortige Vorbild beeinflusst. Frühe Formen des Königtums wurden abgelöst durch eine Art Rotation der Königsrolle unter den *patres*, den Ältesten der führenden Sippen und Geschlechter (*gentes*) der Stadt. Jeder kam gewissermaßen mal an die Reihe, zumal vermutlich schon früh die Aufgaben auf mehrere Personen verteilt wurden. Damit waren zwei evolutionäre Errungenschaften etabliert, die in der Vormoderne außerhalb des antiken Mittelmeerraumes nicht zu finden sind und die sich sehr bald schon als irreversibel erweisen sollten.

Einerseits wurde dadurch auf der Ebene der städtischen Gemeinschaft eine Trennung

Zugänge zur Antike
Die antiken
Menschen in ihren
Gemeinschaften
Rom

der Herrschaftsrollen von den sie jeweils zeitlich begrenzt bekleidenden Personen eingerichtet. Stadtherrschaft als angeborenes Recht eines Einzelnen war damit obsolet geworden, stattdessen war Herrschaft fortan als Organisation von ‚Ämtern' (*magistratus*) begreifbar, die gleichsam objektiviert und aus der Gesellschaft ausgegliedert waren – wenngleich die Chance, solche Ämter zu bekleiden, zunächst auf einen kleinen Kreis von Personen beschränkt blieb, die sich nach wie vor durch ihre Geburt dazu qualifizierten. Erstmals wurde es möglich, den Bereich des Gemeinwesens als eigenständige politische Organisationsstruktur und Handlungssphäre zu begreifen, als etwas ‚Öffentliches' (*res publica*), das alle betraf und das sich vom Bereich der gentilizisch-familialen Einheiten, in denen die Herrschaftsrolle weiterhin den Ältesten zukam, grundsätzlich unterschied.

▷ S. 178f.
Die antiken
Menschen in
ihren Nah-
beziehungen

Zum anderen war damit erstmals politisches Handeln reflexiv geworden. Da die neue politische Ordnung selbst das Resultat politischer Entscheidung war, war nun prinzipiell die Möglichkeit eröffnet, auch weiterhin die politischen Handlungsbedingungen zum Gegenstand politischen Handelns zu machen und die politische Ordnung als solche zu verändern. Die konfliktreiche Umsetzung dieser Möglichkeit prägt die frühe republikanische Geschichte, die Zeit der ‚Ständekämpfe', die erst zu Beginn des 3. Jh.s v.Chr. ihren Abschluss fanden. Ähnlich wie in den griechischen Poleis lief die Entwicklung auf eine Verbreiterung der politischen Partizipation innerhalb der männlichen Bürgerschaft hinaus. Aber anders als in manchen griechischen Städten, wo die Demokratie das Ergebnis dieses Prozesses war, endete er in Rom mit einer politischen Ordnung, in der die aristokratische Oberschicht eine dominante Rolle behielt. Dies kann eine kurze Übersicht über die drei entscheidenden politischen Institutionen der klassischen römischen Republik – Magistratur, Volksversammlungen und Senat – zeigen [MOMMSEN; MEYER; BLEICKEN 1995].

Die Magistratur war ein System von Ämtern, die jährlich erneut durch Volkswahl besetzt wurden und deren Aufgabe in der Ausübung der politischen Gewalt bestand. Sie war in mehrere Ebenen hierarchisch gegliedert, wobei auf jeder Ebene mindestens zwei Amtsträger mit identischen Befugnissen agierten. Die Spitze bildeten zwei Konsuln (*consules*), die die oberste Leitung der politischen Geschäfte im Frieden sowie im Krieg die militärische Führungsgewalt (*imperium*) innehatten. Sechs, später acht Prätoren (*praetores*) waren vor allem für den Bereich der Rechtsprechung zuständig, konnten aber bei Bedarf wie die Konsuln ein Heer führen und hatten – ebenso wie jene – das Recht, Volksversammlungen einzuberufen und Verhandlungen mit dem Senat durchzuführen. Vier Ädile (*aediles*) hatten die Aufsicht über die innerstädtische Ordnung, über Markt, Handel, öffentliche Plätze und Straßen. Zudem fiel die Durchführung von Festspielen in ihren Aufgabenbereich. Den zehn Volkstribunen (*tribuni plebis*) kam seit der Zeit der Ständekämpfe eine Sonderstellung zu. Sie galten als unverletzlich und konnten den Bürgern daher gegen Zugriffe der übrigen Magistrate durch ihr ‚Dazwischentreten' (tribunizische Interzession) zu Hilfe kommen, woraus sich dann ein allgemeines Vetorecht gegenüber magistratischen Handlungen ergab. Zudem konnten auch sie das Volk und den Senat zu Versammlungen einberufen. Acht, später zwanzig Quästoren (*quaestores*) führten vor allem im Auftrag des Senats bzw. der höheren Magistrate die Aufsicht über die städtischen Finanzen.

Weitere Ämter hatten einen Sondercharakter. In Zeiten besonderer Bedrohung von außen konnte ein Diktator (*dictator*) ernannt werden, der die Doppelspitze der beiden Konsuln ersetzte und so, allerdings beschränkt auf sechs Monate, die höchste politische Gewalt auf sich vereinte. Alle fünf Jahre schließlich wurden zwei Zensoren (*censores*) gewählt, die in einer Amtszeit von 18 Monaten das Finanzwesen zu kontrollieren, die Bürger- sowie die Senatsliste zu revidieren und dabei zugleich das korrekte Verhalten ihrer senatorischen Standesgenossen zu überwachen hatten.

Die römische Magistratur ähnelt nur äußerlich einer modernen politischen Organisation, in der jedem Amt ein fest umrissener Kompetenzbereich zukommt. Denn einerseits war auf horizontaler Ebene jeder Amtsträger für alles zuständig. Daraus ergab sich das Prinzip der ‚Kollegialität', der Einspruchsmöglichkeit gegen die Handlungen des jeweiligen Kollegen. Zum anderen war die Funktionsteilung in vertikaler Hinsicht stets prekärer Natur: Jeder Magistrat der höheren Ebenen konnte den in der Hierarchie unter ihm Stehenden Weisungen erteilen. Jeder der beiden Konsuln war damit gewissermaßen jeweils für alles zuständig, jeder der Prätoren für seinen Bereich sowie für den der Ädile und Quästoren usw. Die Volkstribunen schließlich konnten ihr Vetorecht gegen alle übrigen Magistrate, mit Einschluss der Konsuln, ausüben.

Die damit gegebenen vielfältigen gegenseitigen Kontrollen der Amtsträger und der daraus resultierende Konsenszwang unter ihnen zeigen, dass das Ziel dieser komplexen Organisation darin bestand, die notwendige Delegation politischer Gewaltausübung an Einzelne minimal zu halten bzw. die Zentrierung außergewöhnlicher Machtbefugnisse bei einem Einzelnen – im Extremfall also: eine Alleinherrschaft – zu verhindern. Diesem Ziel diente auch der Zeitmechanismus, der die Vergabe der Ämter strukturierte: die Annuität, d.h. die Beschränkung der Amtszeit auf ein Jahr, und die sich anschließenden Verbote, Ämter – außer in Sonderfällen – mehrfach zu bekleiden, mehrere Ämter ohne dazwischenliegendes Zeitintervall hintereinander zu bekleiden oder Ämter zu kumulieren. Schließlich sicherte die Vergabe der Ämter durch Volkswahl die Zustimmung der Bürgerschaft zur Delegation von politischer Gewalt an Einzelne.

Die römischen Volksversammlungen (*comitia*) bildeten einen zweiten politischen Institutionenkomplex. Es gab verschiedene Typen davon, die sich unterschiedlich aus der Bürgerschaft zusammensetzten und deren wichtigstes Recht es war, über Gesetzesanträge und grundlegende Entscheidungen, etwa über Krieg und Frieden, abzustimmen und aus den vorgeschlagenen Kandidaten für die Magistraturen die Amtsträger auszuwählen. Anders als in griechischen Demokratien konnten die Volksversammlungen in Rom jedoch nur reaktiv tätig werden: Ihr Zusammentreten war gebunden an die Einberufung durch einen Magistraten, der auch die Gegenstände der Abstimmung oder die Kandidaten für die Magistratswahlen benannte. Zudem zählte nicht jede einzelne Stimme in gleicher Weise, vielmehr waren die verschiedenen Versammlungstypen in unterschiedliche Arten von Stimmkörperschaften gegliedert. Die Abstimmung verlief so, dass die einzelnen Unterabteilungen befragt wurden und das Ergebnis – unabhängig von der Mehrheit der Gesamtstimmen – von der Mehrheit der Zahl jener Unterabteilungen bestimmt wurde. Charakteristisch für das Verhältnis von leitendem Magistrat und zusammengerufenem Volk

Zugänge zur Antike
Die antiken
Menschen in ihren
Gemeinschaften
Rom

war, dass jener während der Versammlung auf einem Amtssessel saß, dieses aber stehen musste.

Der Senat (*senatus*) stellte faktisch das wichtigste Organ der politischen Ordnung Roms dar, wenngleich seine Bedeutung institutionell nur schwer greifbar ist. Er bestand aus 300, seit dem 1. Jh. v.Chr. aus 600 Mitgliedern und rekrutierte sich in der Regel aus den ehemaligen Amtsträgern, d.h. indirekt durch Volkswahl. Auch seine Aktivität war an einberufende Magistrate gebunden. Intern war die Senatorenschaft hierarchisch in Amtsklassen gegliedert. An der Spitze standen die Konsulare (*consulares*), d.h. die ehemaligen Konsuln, dann die Prätorier (*praetorii*), d.h. die ehemaligen Prätoren, usw. Innerhalb der Amtsklassen bestimmte vor allem die Ancienität, also die Zeitspanne, die die Ausübung des betreffenden Amts zurücklag, die Position des Einzelnen. Alle Senatoren nahmen damit einen genau festgelegten Platz innerhalb einer „linearen Hierarchie" [RILINGER] ein. Diese war zugleich das Prinzip, nach dem das Rederecht erteilt wurde. Der die Sitzung leitende Magistrat, der dem Senat einen Beratungsgegenstand vorlegte (*relatio*), fragte die Senatoren entsprechend ihrem internen Rang nacheinander um ihre Meinung (*sententia*). Wenn sich ein Konsens abzeichnete, wurde die Befragung abgebrochen und zur Abstimmung geschritten, die durch Auseinandertreten (*discessio*) erfolgte. Dieses Verfahren hatte – schon aus Zeitgründen – zur Folge, dass in der Regel nur die Mitglieder der obersten Rangklassen ihre Ansichten kundtun konnten, denen sich die Übrigen dann anschlossen.

Die Zuständigkeiten des Senats waren praktisch unbegrenzt. Vor allem klassische Regierungsressorts wie Außenpolitik (Empfang von Gesandtschaften), Finanz- und Sicher-

Forschungsstimme

Max Weber (1864–1920), Gründervater der Soziologie in Deutschland, hat sich in seiner Habilitationsschrift über die *Römische Agrargeschichte* (1891) und in einer Reihe weiterer früher Schriften intensiv mit der römischen Antike beschäftigt. In seinem postum erschienen Werk *Wirtschaft und Gesellschaft* legt er u.a. eine universale Herrschaftssoziologie vor, die den Anspruch hat, sämtliche historischen Formen von Herrschaft in einer Typologie zu erfassen. Die wichtigsten Typen der „Chance, für einen Befehl bestimmten Inhalts bei angebbaren Personen Gehorsam zu finden", so seine Definition von Herrschaft, sind „rationale" („legale") Herrschaft, die auf dem Glauben der Beherrschten an die Rechtmäßigkeit der Herrschaft basiert, „charismatische" Herrschaft, die auf emotionaler Hingabe an die Person des Herrschenden, und „traditionale" („patriarchale", „patrimoniale", „ständische" oder „feudale") Herrschaft, die auf dem Glauben an die Heiligkeit der seit jeher geltenden Befehl-Gehorsamsverhältnisse gründet.

Aufschlussreich ist nun die Frage, wie das republikanische Rom (und antike Stadtgemeinden insgesamt) in den Rahmen dieser universalhistorischen Typologie einzuordnen sind. Denn infolge der zeitlich begrenzten, durch Wahl vergebenen magistratischen Herrschaftsrechte, infolge der vielfältigen gegenseitigen Einspruchsmöglichkeiten der Herrschaftsträger (Kollegialität, tribunizische Interzession) und wegen der – auf keinerlei „Befehlskompetenz" beruhenden – informellen Macht des Senats gegenüber den Magistraten lässt sich die römische Republik unter keinen der „reinen Herrschaftstypen" subsumieren.

Weber führt nun zusätzlich einen Sondertypus „herrschaftsfremde Verbandsverwaltung" ein. Sie zeige sich in kleinen Verbänden, in denen Verwaltung ausübende Personen lediglich als Beauftragte der „Verbandsgenossen" fungierten und in denen daher das Bestreben erkennbar sei, „Herrschaftsgewalten tunlichst zu vermeiden". Eine solche „Minimisierung der Herrschaft" werde typischerweise durch bestimmte Mechanismen erreicht: vor allem durch kurze Amtsfristen, durch Turnus- oder Losprinzip – so dass jeder mal an die Reihe kommen kann – bzw. durch Wahl der Amtsträger seitens der „Genossenversammlung", durch Rechenschaftspflicht der Amtsträger und durch den Nebenberufscharakter der Ämter. Den reinen Typus bezeichnet Weber als „unmittelbare Demokratie"; den Fall, wo – wie in Rom – trotz formaler Gleichheit der politischen Verbandsmitglieder einer bestimmten Gruppe von Personen aufgrund ihrer „sozialen Schätzung" die Ämter „zunächst freiwillig, schließlich traditional" überlassen würden, bezeichnet er als „Honoratiorenverwaltung".

Als historische Beispiele dieses Typs nennt Weber „Stadtverbände der Vergangenheit und Landbezirksverbände, [...] Vereine, Zünfte, wissenschaftliche, akademische und sportliche Verbände aller Art". D.h. er stellt „herrschaftsfremde Verbandsverwaltung" in antiken und mittelalterlichen Städten ebenso fest wie in Schweizer Landsgemeinden, in Sport- und Schützenvereinen oder in akademischen Selbstverwaltungen seiner Gegenwart, wo „wechselnde Rektoren [...] im Nebenamt akademische Angelegenheiten verwalten": Stets wird die Monopolisierung von Herrschaft bei Einzelpersonen durch die angeführten Mechanismen verhindert; häufig zeigt sich die Tendenz, dass bestimmte Gruppen von „Honoratioren" aufgrund ihrer sozialen Stellung die Ämter faktisch monopolisieren.

Der universalhistorische Vergleich ermöglicht es Weber somit, zeitunabhängige Systemrationalitäten („Herrschaftsminimierung") eines allgemeinen Typs politischer Organisation herauszustellen, vor deren Hintergrund dann die individuellen historischen Eigenschaften der politischen Verfassung der römischen Republik in ihrer Besonderheit deutlich werden: An anderen Stellen seines Werks verweist er u.a. auf die außergewöhnliche „charismatische" Stellung des römischen „Amtsadels" und auf die Fähigkeit Roms, mit Organisationsstrukturen, die sonst nur in kleinen lokalen Verbänden anzutreffen sind, ein großes Überseereich zu verwalten. Andererseits dokumentiert seine Negativbestimmung der „Herrschaftsfremdheit", dass die politischen Verhältnisse Roms (vor der Zeit der „patrimonialen Herrschaft" der Kaiser) mittels der Herrschaftskategorie nur defizitär beschreibbar sind. Positive Bestimmungen republikanischer Politik, so kann man über Weber hinausgehend folgern, können daher nicht bei der Frage nach Befehl-Gehorsamsverhältnissen stehenbleiben, sondern müssen die gesellschaftsstrukturellen Bedingungen (bei Weber angedeutet im Konzept der „Honoratioren") sowie die inneraristokratischen und schichtenübergreifenden sozialen Beziehungen (Freundschaft und Klientel) in die Analyse einbeziehen.

Literatur: M. WEBER, Wirtschaft und Gesellschaft. Grundriß der verstehenden Soziologie, besorgt von J. WINCKELMANN, Tübingen 5. Aufl. 1972.

heitspolitik (Beratung über Krieg und Frieden), aber auch alle denkbaren anderen, für das Gemeinwesen wichtigen Angelegenheiten kamen hier zur Sprache. Der Senat war zwar nicht weisungsbefugt gegenüber den aktuellen Amtsträgern und hatte formell keinerlei Gesetzesinitiative. Seine Beschlüsse erfolgten vielmehr in Form eines ‚Ratschlags' (*senatus consultum*) und seine Aufforderungen an die Magistrate waren in die Höflichkeitsform *si iis videatur* (‚wenn es ihnen richtig erscheint') gekleidet. Gleichwohl war der Senat das entscheidende Machtzentrum der politischen Ordnung, dem zuwiderzuhandeln für einzelne Magistrate äußerst nachteilig sein konnte – zumal sich in einem solchen Falle stets Amtskollegen oder Volkstribune fanden, die bereit waren, die politische Aktivität der entsprechenden Person im Sinne der Gesamtheit der im Senat versammelten Aristokratie zu blockieren.

Die politische Ordnung Roms ist von der älteren Forschung – richtungweisend und in auch heute noch beeindruckender Art von Theodor Mommsen – mit Begriffen und Kategorien des modernen Staatsrechts beschrieben worden. Wenn man die römischen politischen Institutionen als Staat auffasst, entsteht jedoch ein Problem, das Mommsen umging, indem er zwischen ‚rechtlichen' und ‚politischen' Verhältnissen unterschied: Man versteht nicht, wie sie funktionieren konnten. Unklar bleibt, um nur einiges zu nennen, warum die Magistratur sich nicht ständig selbst lahmlegte; warum die Magistrate sich den höflichen Aufforderungen des Senats nur ganz selten widersetzten; warum die Volksversammlungen den ihnen vorgelegten Gesetzesvorschlägen bis auf ganz wenige Ausnahmen regelmäßig zustimmten; warum sie fast ausschließlich die Mitglieder aus einem kleinen

Zugänge zur Antike
Die antiken
Menschen in ihren
Gemeinschaften
Rom

Kreis von Familien immer wieder in die Ämter wählten.

Gerade der zuletzt angesprochene Sachverhalt ist aufschlussreich. Statistische Untersuchungen haben ergeben, dass z.B. in der Zeit von 249 bis 195 v.Chr. 83% der Söhne von Konsularen, die unter ihren Vorfahren selbst schon Konsuln gehabt hatten, wiederum das Konsulat erreichten. Dies galt nur für 50% der Söhne der (wenigen) Konsulare, die nicht aus einer konsularen Familie stammten [HOPKINS/BURTON, Succession]. Wer unter seinen Vorfahren überhaupt noch keinen Konsul aufweisen konnte, hatte nur ganz geringe Chancen, zu diesem höchsten Amt, das nur zwei Personen pro Jahr bekleiden konnten, vorzustoßen und damit fortan zur tonangebenden Gruppe im Senat zu gehören. Ähnliches galt für die übrigen Magistraturen und damit für den Senatorenstatus insgesamt, den ebenfalls eine Art faktischer Erblichkeit auszeichnete. Die führenden politischen Funktionen wurden auf diese Weise von einer Gruppe mächtiger und reicher aristokratischer Familien monopolisiert und innerhalb dieser Gruppe gab es nochmals eine kleine Elite, die so genannte ‚Nobilität', die dauerhaft die Spitzenpositionen, das Konsulat und damit die obersten Senatsränge, besetzen konnte [GELZER; HÖLKESKAMP].

Der Grund für die politische Dominanz der Aristokratie war ihre soziale Stellung: Ihre Mitglieder verfügten über das höchste Ansehen in der Gesellschaft, sie besaßen die finanziellen Mittel, die ihnen die Ausübung der unbesoldeten Ehrenämter und der damit verbundenen Aufwendungen ermöglichten, und sie konnten große Scharen von Klienten an sich binden, die sie, ihre Patrone, immer wieder in die Ämter wählten [GELZER; MEIER 1997]. Die Familien der Nobilität

▷ S. 174ff.
Die antiken
Menschen in
ihren Nahbeziehungen

verfügten über diese Ressourcen in noch erheblich gesteigerter Form. Im innenaristokratischen, durch Freund- und Feindschaften strukturierten Beziehungssystem konnten sie damit auch über ihre weniger gut ausgestatteten Standeskollegen Macht ausüben: durch Förderung bei Wahlbewerbungen etwa oder durch Entzug der Unterstützung bei missliebigem Verhalten.

Damit herrschte im Senat tatsächlich eine kleine Gruppe älterer Männer aus den führenden Nobilitätsfamilien, die *principes* (‚die Ersten') genannt wurden. An ihnen hatten sich die Magistrate während ihres kurzen Amtsjahres auszurichten, wollten sie sich nicht auf Dauer alle Karrierechancen verderben, und an ihrer Meinung orientierte sich der aus ehemaligen (und zukünftigen) Magistraten zusammengesetzte Senat insgesamt. Die informellen Machtverhältnisse innerhalb der Senatorenschaft stellten somit eine zentrale Voraussetzung für das Zusammenspiel der politischen Institutionen dar.

Aufschlussreich ist zudem, dass es die seltenen ‚neuen Männer' (*homines novi*), die sich als erste ihrer Familie um das Konsulat bewarben, gerade bei den einfachen Leuten in der Bürgerschaft besonders schwer hatten, gewählt zu werden. Dies aber bedeutet, dass die Strukturen sozialer Ungleichheit, die nicht nur von den Oben-, sondern auch von den Untenstehenden akzeptiert wurden, die Funktionsweise der aus ihren normativen Regelungen heraus allein nicht verständlichen politischen Ordnung sicherten. Die kleinen Leute kamen nicht nur nicht auf die Idee, ein ihnen prinzipiell zustehendes passives Wahlrecht in Anspruch zu nehmen, sie waren sogar äußerst reserviert gegenüber der Wahl von Kandidaten, die im Geruch standen, ihnen sozial nahe zu stehen, und bevorzugten stattdessen Personen, die von ihrer Geburt her über hohe gesellschaftliche Ehre verfügten und damit weit über ihnen standen.

Die politischen Institutionen Roms waren somit zwar durch eine Trennung von Herrschaftsrollen und den sie jeweils ausübenden Personen bestimmt, also als Organisationsstruktur ausdifferenziert, sie blieben jedoch insgesamt ‚eingebettet' in die Schichtung der Gesellschaft. Die soziale Ordnung strukturierte und integrierte die Politik; und dies unterscheidet die römische grundsätzlich von modernen staatlichen Organisationen. Wie aber war die Gesellschaft Roms beschaffen?

Die römische Gesellschaft. In allen vormodernen Hochkulturen findet man stratifizierte Gesellschaften, deren Schichtung durch die Prinzipien Rang und Ehre bestimmt wird. Die gesellschaftlich relevanten Kommunikationen, durch die politische Entscheidungen und ökonomische Verteilungen bestimmt werden, zentrieren sich auf die persönlichen Kontakte innerhalb der adligen Oberschicht, die sich auch durch standesgemäße Lebensweise und äußeres Erscheinungsbild von den nichtadligen ‚Gemeinen' abgrenzt. Soziale Ungleichheit wird nicht als grundsätzlich veränderbar angesehen, vielmehr auch von denen, die unten stehen, als gegebene Ordnung akzeptiert [LUHMANN].

Im antiken Rom war die Oberschicht in ‚Senatorenstand' (*ordo senatorius*) und ‚Ritterstand' (*ordo equester*) differenziert, deren gemeinsame Abgrenzung von den ‚Gemeinen', dem einfachen Volk, etwa in der militärischen Organisation (eigenes Reitpferd, besondere Proviantierung) zutage trat [GELZER; ALFÖLDY 1984]. Wichtigstes gemeinsames Merkmal war die Ehre (*dignitas*), über die sie in unterschiedlichem Maße verfügten, sodann Großgrundbesitz, der ein arbeitsfreies Leben ermöglichte. Die Grenze zwischen beiden ‚Ständen' (*ordines*) wurde erst unter Augustus rechtlich fixiert. Zur Zeit der klassischen Republik war jeder Senatorensohn, der noch kein Amt bekleidet hatte, formal der Gruppe der Ritter zugehörig.

Der Vorrang des Senatorenstandes ergab sich daraus, dass seine Mitglieder die Magistraturen bekleideten und der politischen Institution Senat angehörten. Die politischen Ämter wurden als *honores* bezeichnet, was zugleich ‚Ehren' bedeutete. Entsprechend resultierte aus der politischen Stellung des einzelnen Senators in den Amtsklassen des Senats zugleich seine soziale Stellung innerhalb der aristokratischen Rangordnung. Je höher das Amt war, das er bekleidet hatte, desto höher waren *honos* und *dignitas*, über die er – und damit indirekt auch seine Familie – verfügte.

Seit der *lex Claudia* von 218 v.Chr. galt es für Senatoren als nicht standesgemäß, größere Handels- und Geldgeschäfte zu betreiben, ein Tätigkeitsbereich der fortan vor allem von einer Gruppe von Rittern ausgeübt wurde. Dies änderte jedoch nichts am Großgrundbesitz als der üblichen Form der Subsistenzsicherung auch der Ritterschaft, zu der zudem die führenden Familien der lokalen Aristokratien in den Städten römischen Rechts zählten. Seit der Späten Republik war die Mitgliedschaft in beiden *ordines* an ein Mindestvermögen geknüpft. Beide Gruppen verfügten aber nicht nur über eine ökonomisch herausgehobene Lebensweise, sichtbar z.B. an der Größe und Lage ihrer Häuser in Rom, sondern auch über exklusive Statussymbole, die sie im städtischen Raum für jedermann sofort erkennbar machten: Senatoren trugen einen breiten Purpurstreifen (*latus clavus*) an der Tunika und rote Schuhe, Ritter einen schmalen Purpurstreifen

Zugänge zur Antike
Die antiken
Menschen in ihren
Gemeinschaften
Rom

(*angustus clavus*) und einen goldenen Ring. Im Theater kamen beiden *ordines* Ehrenplätze in den ersten Reihen zu, wodurch ihre führende Stellung in der Hierarchie der Bürgergesellschaft für alle sichtbar dokumentiert wurde.

▷ S. 111
Technik:
Zu den
Quellen
der Antike!

Die Besonderheit dieser römischen Oberschicht wird erst im Vergleich mit anderen vormodernen Adelsgesellschaften deutlich. Als Normalfall kann angesehen werden, dass sich Rang und Ehre vererben, also durch die Familie weitergegeben werden: Der Sohn eines Fürsten hat automatisch fürstlichen Rang. Anders in Rom: Zwar waren die Chancen, zu Ämtern und Ehren zu kommen, auch hier entscheidend von der Familie und der Herkunft des Einzelnen bestimmt. Die Realisierung dieser Chancen aber hing ab von seinen persönlichen Erfolgen im Rahmen seiner konkreten politischen Tätigkeiten, vor allem von seinen Erfolgen bei Wahlen zu (Ehren-)Ämtern und bei ihrer Ausübung. Dabei kam der Erlangung militärischen Ruhms in den während der Expansionszeit fast permanent stattfindenden Kriegen eine besondere Rolle zu. Die jeder Adelsgesellschaft eigene Konkurrenz und Rivalität um Rang und Ehre wurde daher kanalisiert in ein Streben nach politischen Erfolgen im Rahmen der Tätigkeit für das Gemeinwesen, die *res publica*.

Die adlige Mentalität, die aus diesen Verhältnissen resultierte, dokumentiert anschaulich eine Leichenrede, die Quintus Caecilius Metellus im Jahre 221 v.Chr. auf seinen Vater Lucius Caecilius Metellus hielt, einen besonders erfolgreichen Senator, der zweimal das Konsulat erreicht, im 1. Punischen Krieg als Heerführer geglänzt hatte und dafür mit einem Triumphzug in Rom geehrt worden war. Sein Vater, so der Sohn, habe die zehn wichtigsten Ziele erreicht, nach denen ein kluger Mann in seinem Leben strebe: Er habe als Kämpfer der erste sein wollen, der beste Redner und der tapferste Feldherr, unter dessen Kommando die größten Taten vollbracht wurden. Er habe die größte Ehre erreichen, höchste Klugheit erlangen und als bedeutendster Senator gelten wollen. Schließlich habe er sich bemüht, ein großes Vermögen auf anständige Weise zu erwerben, viele Kinder zu hinterlassen und der berühmteste Mann in der ganzen Bürgerschaft zu werden (Plinius, *Naturalis historia* 7, 139f.).

Auf struktureller Ebene bedeutete die Erlangung von Ehren durch Ämter und politische Erfolge nun aber Folgendes: Es war nicht nur – wie oben gezeigt – die soziale Schichtung die Voraussetzung für die Funktionsfähigkeit der politischen Organisationsstrukturen des republikanischen Gemeinwesens. Es war nicht nur die Politik ‚eingebettet' in die Gesellschaft. Es galt dasselbe auch in umgekehrter Hinsicht: Die soziale Schichtung Roms reproduzierte sich ständig über die politische Organisation und ist ohne diese nicht verständlich. Aus politischer Funktionsausübung resultierte gesellschaftliche Ehre und die Mitgliedschaft und Position des Einzelnen in der politischen Institution Senat bestimmte seinen sozialen Rang innerhalb der römischen Aristokratie und damit der Gesellschaft insgesamt. Die soziale Integration der Politik ging somit einher mit einer politischen Integration der Gesellschaft: „Wer Politik trieb, gehörte zum Adel, und wer adlig war, trieb Politik." [MEIER 1997, 47]

Auch das einfache römische Volk – Bauern, städtische Handwerker oder Händler unterschiedlicher sozialer Lage – hatte teil an der politischen Gesellschaft. Die Einbeziehung des Einzelnen in die Bürgerschaft erfolgte durch seine Teilnahme an kollektiven poli-

Zugänge zur Antike
Die antiken Menschen in ihren Gemeinschaften
Rom

tischen Einrichtungen: dem Bürgerheer im Krieg und den Volksversammlungen im Frieden. Entsprechend waren es nur erwachsene römische Männer, die den Vollbürgerstatus genossen und sich dadurch von ortsansässigen Fremden ebenso abgrenzten wie von Frauen, Kindern und Sklaven, die ihren Familienverbänden zugehörig waren, nicht aber zur ‚Gesellschaft' zählten. Die Teilnahme an den politischen Institutionen hatte damit auch für das Volk nicht nur spezifisch politische Bedeutung. Sie manifestierte zugleich auch seinen gesellschaftlichen Sonderstatus, der es von anderen Gruppen der Bevölkerung abgrenzte.

Erst diese soziale Dimension politischen Handelns erklärt auch das merkwürdige Phänomen, dass sich das römische Volk immer wieder den zeitaufwändigen Prozeduren der Volksversammlungen unterzog, obwohl deren Ergebnisse selten von dem abwichen, was die versammlungsleitenden Magistrate vorschlugen, und obwohl die Kandidaten bei Wahlen zu den niederen Ämtern den Wählern oft unbekannt waren und der Ausgang der Wahl entsprechend uninteressant für sie war. Auch Volksversammlungen waren – ähnlich wie der Senat – nicht nur politische Institutionen. Die politischen Verfahren, die dabei abliefen, waren zugleich „Integrationsrituale" [JEHNE], mittels derer der nichtadlige Teil der Bürgerschaft – ähnlich wie die Aristokratie – seine Zugehörigkeit zur politischen Gesellschaft und seinen Status darin immer wieder erneut symbolisch manifestieren konnte.

Diese Besonderheit des Verhältnisses von Politik und Gesellschaft im republikanischen Rom, vor allem die Fixierung des Adels auf politische Leistungen für das Gemeinwesen, war welthistorisch außergewöhnlich und findet auch in der griechischen Antike keine voll-

Detailskizze

Der **‚Untergang' der römischen Republik**, die Entstehung des Kaisertums und die mit beidem verbundenen politischen Konflikte und Bürgerkriege, die die gesamte von Rom beherrschte antike Welt in Mitleidenschaft zogen, haben schon früh die Aufmerksamkeit der Forschung auf sich gelenkt. Seit Montesquieus *Considérations sur les causes de la grandeur des Romains et de leur décadance* von 1734 werden die Ereignisse mit der Diskrepanz zwischen ‚Stadtstaat' und ‚Weltreich' in Zusammenhang gebracht: Die politische Organisation Roms war im Rahmen einer städtischen Bürgergesellschaft entstanden und nicht in der Lage, die militärischen und ökonomischen Machtpotenziale, die das eroberte Reich bereitstellte, in die traditionellen politischen Entscheidungsprozesse zu integrieren. Montesquieu selbst hatte die historischen Veränderungen, die er beobachtete, als paradoxen Prozess charakterisiert. Der außergewöhnliche Erfolg, den das römische Gemeinwesen in der militärischen Konkurrenz mit anderen Städten und Völkern Italiens, mit Karthago im Westen und den hellenistischen Monarchien im Osten auszeichnete, führte zur Bildung des Imperium Romanum und stellte damit zugleich die entscheidende Ursache des Niedergangs dar: Die römische Republik ging somit an ihren eigenen Tugenden zugrunde. Sie war Opfer ihres Erfolgs.

Die staats- und verfassungsrechtliche Forschung seit Theodor Mommsen (1817–1903) und auch spätere, stärker sozialhistorisch arbeitende Historiker wie Ronald Syme (1903–1989) haben demgegenüber die gewaltsamen politischen Veränderungen, die zur Etablierung der kaiserlichen Herrschaft führten, mit der Kategorie ‚Revolution' zu deuten versucht. Eine reflektierte Anwendung des – erst seit der Neuzeit in entsprechender Bedeutung gebräuchlichen – Revolutionsbegriffs auf den Untergang der Republik führt jedoch, wie Alfred Heuß (1909–1995) gezeigt hat, vor allem zu Negativergebnissen: Anders als bei modernen Revolutionen gab es in Rom keine Klasse oder Schicht, die bewusst auf eine Veränderung der politischen Verfassung hingearbeitet hätte, und es gab auch keine revolutionäre Ideologie, die einen zukünftig besseren Zustand als Handlungsziel propagiert hätte. Vielmehr orientierten sich die politisch Handelnden so sehr an der Erhaltung der traditionellen politischen Ordnung, an der Sitte der Vorfahren (*mos maiorum*), dass der erste dauerhafte Alleinherrscher, Augustus, sich in paradoxer Weise durch das Verdienst rechtfertigen konnte, die *res publica* wiederhergestellt zu haben.

Einen grundsätzlichen Perspektivenwechsel hat Christian Meier (geb. 1929) in seiner 1966 erstmals erschienenen Arbeit *Res publica amissa* versucht. Sein Ausgangspunkt ist eine Analyse der ‚Verfassungswirklichkeit' der späten Republik. Ähnlich wie Montesquieu und andere stellt er eine Überforderung der städtischen politischen Ordnung angesichts des von ihr beherrschten Reiches fest. Das Besondere an dieser Situation sieht er jedoch darin, dass daraus keine gravierenden Veränderungen der Verfassung resultierten, dass sich die Zeitgenossen angesichts der von ihnen selbst wahrgenommenen Krise des Gemeinwesens vielmehr um so stärker an die alte politische Ordnung klammerten, je offensichtlicher diese versagte. Den Zustand, der daraus folgte, bezeichnet Meier als „Extensivierung", als Überdehnung und Ausleiern des alten ‚staatlichen' Zusammenhangs, der trotz großer Veränderungen unverändert blieb. Daraus ergibt sich ein grundlegender Wandel der Fragestellung: Nicht die Ursachen einer ‚Revolution' sind das Problem, sondern die Gründe für ihr Ausbleiben. Nicht warum die Republik unterging, ist verwunderlich, sondern warum sie trotz permanenter Krise so lange Bestand hatte. Meier entwickelt verschiedene Antworten. Auf der Ebene der Motive der politisch Handelnden stellt er fest, dass es den Beteiligten in Rom aufgrund der Ressourcen des Reiches lange Zeit trotz politischer Desintegration insgesamt recht gut ging: Die Machtvollen (bis hin zum Volk von Rom, das z.B. von Wahlbestechungen profitierte) waren zufrieden und die Unzufriedenen (in den ausgebeuteten Provinzen) waren machtlos. Auch die Interessen des Ritterstandes, den Meier als „Großbourgeoisie" bezeichnet und den er als diejenige soziale Gruppe ansieht, von der ein Veränderungsdruck am ehesten hätte ausgehen können, konnten in unpolitischer Weise befriedigt werden. Das Reich, so verdoppelt Meier gewissermaßen die Paradoxie Montesquieus, war nicht nur der Grund für die Krise, sondern zugleich auch die Ursache für die Verhinderung ihrer Lösung. Die Schwäche des republikanischen ‚Staates' bedingte somit seinen langen Bestand. Auf struktureller Ebene stellt er fest, dass das politische Handeln Einzelner, die den Krisenphänomenen zu begegnen versuchten, zu Nebenwirkungen führte, die den Intentionen der Akteure widersprachen und die Krise vielmehr regelmäßig weiter verschärften. Bekanntes Beispiel ist die Einrichtung einer Berufsarmee seit Marius. Man wollte dadurch das Problem lösen, dass das große Überseereich mit dem traditionellen Milizsystem nicht mehr beherrschbar war, schuf aber damit zugleich ein neues, viel größeres Problem: Die Soldaten waren fortan nicht mehr primär dem Gemeinwesen verpflichtet, sondern ihren jeweiligen Heerführern, die ihren Unterhalt und ihre Versorgung nach der Entlassung sicherten. Erst dadurch wurden römische Soldaten auch in Bürgerkriegen einsetzbar, was wiederum die Voraussetzungen für die Entstehung der kaiserlichen Herrschaft schuf. Meier kann die Wahrnehmung dieses merkwürdigen Sachverhaltes schon in klassischen Selbstbeschreibungen der Zeitgenossen nachweisen: Er lebe in einer Zeit, schreibt Livius etwa zu Beginn der Alleinherrschaft des Augustus im Vorwort seiner Geschichte Roms, in der „wir weder unsere Gebrechen, noch die Heilmittel dagegen ertragen können" (*praefatio* 9). Die gesamte Entwicklung lässt sich dann charakterisieren als ein „autonomer Prozess", der zwar durch das Handeln der Akteure gespeist wurde, der sich aber unabhängig von deren Intentionen fortsetzte und der somit genau das Gegenteil dessen war, was man als revolutionäre, von den Handelnden bewusst betriebene Veränderung bezeichnen würde. Die historische Besonderheit des Untergangs der Republik bestand vielmehr darin, dass es sich dabei – so Meier – um eine „Krise ohne Alternative" handelte.

Literatur: A. HEUSS, Der Untergang der römischen Republik und das Problem der Revolution, in: Historische Zeitschrift 182, 1956, 1–28; CHR. MEIER, Res publica amissa. Eine Studie zu Verfassung und Geschichte der späten römischen Republik, Frankfurt/M. 3. Aufl. 1997; R. RILINGER, Die Interpretation des Niedergangs der römischen Republik durch ‚Revolution' und ‚Krise ohne Alternative', in: Archiv für Kulturgeschichte 64, 1982, 279–306.

ständige Parallele. Sie dürfte eine zentrale Bedingung des politischen Erfolgs der Stadt Rom in der Konkurrenz der antiken Gemeinwesen gewesen sein – und sie macht zugleich deutlich, dass die moderne Unterscheidung von Staat und Gesellschaft das Phänomen verfehlt.

Kaiser und *res publica*. Üblicherweise fragt man sich, aus welchen Ursachen heraus die römische Republik letztlich ‚untergegangen' ist und sich in Rom in Form des Kaisertums eine Monarchie etabliert hat. Christian Meier hat die These aufgestellt, dass es sich bei diesem Prozess um eine „Krise ohne Alternative" gehandelt habe [MEIER 1997, 201–206]. Die passende Frage wäre demnach nicht, warum die Republik untergegangen ist, sondern warum sie so lange Bestand hatte. Denn die geschilderten Eigentümlichkeiten der politisch-sozialen Ordnung Roms waren auf städtische Verhältnisse zugeschnitten. Rom, seine Bürger und vor allem seine Aristokratie beherrschten aber seit dem Ende des 2. Jh.s v.Chr. praktisch die gesamte Mittelmeerwelt. Aufgrund der Größe des Herrschaftsgebietes hatte man etwa um dieselbe Zeit die Organisation der militärischen Gewaltmittel, ein zentrales Element jeder politischen Ordnung also, grundlegend ändern müssen. Die alte Identität von Bürger und Soldat, die eine Verselbstständigung militärischer Macht verhindert und diese stattdessen an die sozialen Verhältnisse rückgebunden hatte, wurde aufgegeben. An ihre Stelle trat eine professionalisierte Organisation von Berufssoldaten, die fortan nicht mehr zivilen Patronen, sondern allein ihrem Feldherrn verbunden waren, der ihren Unterhalt und ihre Versorgung nach der Entlassung sicherte. Das Militär wurde damit in der innenpolitischen

▷ S. 62ff.
Die Hellenisierung der Mittelmeerwelt

Konkurrenz der Adelsfamilien einsetzbar und zerstörte – erstmals unter Sulla – die komplexe Machtbalance, die diese Konkurrenz zuvor gesteuert hatte.

Trotzdem dauerte es noch Jahrzehnte, die von Bürgerkriegen geprägt waren, bis sich eine neue Herrschaftsform, das Kaisertum durchsetzte. Der Grund für die lange Dauer der alten politischen Ordnung dürfte darin liegen, dass die römische *res publica* keine ausdifferenzierte Verfassung darstellte, die man einfach hätte abschaffen oder grundlegend ändern können. Wegen der Einbettung der Politik in die Gesellschaft und infolge der Strukturierung der gesellschaftlichen Rangordnung durch die politischen Institutionen konnte man letztere nicht einfach außer Kraft setzen, ohne Ränge und Ehren, also gewissermaßen die sozialen Strukturen und damit die aristokratische Oberschicht gleich mitabzuschaffen – ein Ding der Unmöglichkeit in einer stratifizierten Gesellschaft. Es überrascht daher nicht, dass der erste römische Adlige, der es schaffte, die Alleinherrschaft in einen institutionellen Rahmen zu stellen, – Octavian/Augustus – dies mit dem Anspruch verknüpfte, die *res publica* wiederhergestellt zu haben [MEIER 1980].

Die Bürgerkriege der Späten Republik, die auf die Monopolisierung von Macht bei einzelnen Adligen hinausgelaufen waren, hatten gezeigt, dass nicht nur die alte politische Ordnung, sondern auch die Alleinherrschaft ohne Alternative war – eine paradoxe Situation also, zumal zwar jeder römische *nobilis* zweifellos gern selbst Alleinherrscher und damit Rangerster gewesen wäre, niemand jedoch wirklich akzeptierte, dass dieses Ziel ein anderer erreichte.

Octavian, der spätere Kaiser Augustus, fand eine Lösung für dieses Problem: Nach

Zugänge zur Antike
Die antiken
Menschen in ihren
Gemeinschaften
Rom

seinem Sieg im Bürgerkrieg legte er seine auf militärischer Usurpation basierende Sonderstellung offiziell nieder und ließ sich vom Senat verschiedene Einzelgewalten zunächst auf Zeit, später lebenslänglich verleihen, die seine Stellung in den rechtlichen Rahmen der republikanischen politischen Organisation einordneten [BLEICKEN 1998]. Es waren dies vor allem ein *imperium proconsulare*, das ihm den Oberbefehl über die Provinzen sicherte, in denen Militär stand, und die *tribunicia potestas*, die Amtsgewalt eines Volkstribunen, die ihm das Recht zum Umgang mit den städtischen Institutionen gab. Das besondere an dieser Konstruktion war, dass er auf die Bekleidung der Ämter selbst und auf die mit ihnen verbundenen Ehren verzichtete. Die Trennung von Amt und Amtsgewalt hatte jedoch gleichzeitig zur Folge, dass die Trennung von Rolle und Person, die die Ausübung politischer Gewalt seit Beginn der Republik ausgezeichnet hatte, aufgehoben wurde.

Ehrverzicht war auch in anderen Hinsichten ein Grundprinzip der Regierung des Augustus, für dessen Position sich – in Anlehnung an die Bezeichnung der führenden Nobilitätsvertreter zur Zeit der Republik – der Begriff *princeps* einbürgerte. Der erste Kaiser, dessen Machtstellung aufgrund seiner Monopolisierung der Militärgewalten und der ökonomischen Ressourcen des Reiches faktisch unbegrenzt war und die aller anderen Senatoren weit übertraf, vermied es nach Möglichkeit, seine Sonderstellung offen in Erscheinung treten zu lassen, d.h. das zu tun, was im Horizont adliger Mentalität das Normale gewesen wäre. Er wohnte weiterhin in einem vergleichsweise bescheidenen Haus, lehnte viele der ihm angetragenen Ehrungen ab und behandelte seine senatorischen Standesgenossen als Gleiche. Die Folge war, dass die repub-

Seit dem 19. Jh. gilt der Kaiser **Caligula** (37–41 n.Chr.) als Musterfall für Caesarenwahnsinn, eine Art Geisteskrankheit, die als Folge der unbegrenzten Machtmöglichkeiten der römischen Kaiser gedeutet wurde. Basis dieses Urteils sind die Schilderungen der antiken (aristokratischen) Historiographie, wonach der Urenkel des Augustus, der mit 24 Jahren auf den Thron kam, u.a. göttliche Verehrung beanspruchte, inzestuöse Verbindungen mit seinen Schwestern pflegte, sein Pferd zum Konsul machen wollte und senatorische Standesgenossen willkürlich und grausam ermorden ließ, bevor er schließlich einer Verschwörung im Kreis seiner eigenen Prätorianergarde zum Opfer fiel. Die quellenkritische althistorische Forschung hat jedoch schon früh durch den Vergleich der verschiedenen Überlieferungsstränge erkannt, dass die antiken Berichte über Caligula durch nachweisbare Falschinformationen (z.B. über die Inzestbeziehungen), durch die Auslassung wichtiger Informationen (z.B. über aristokratische Verschwörungen) und durch groteske Verzerrungen des kaiserlichen Handelns (z.B. bei der Schilderung seiner militärischen Aktivitäten) gekennzeichnet sind. Das Bild des wahnsinnigen Herrschers resultiert somit aus der tendenziösen Darstellungsabsicht der antiken Autoren und dokumentiert zunächst lediglich einen abgrundtiefen Hass der aristokratischen Zeitgenossen auf diesen Kaiser.

Konzentriert man sich auf unverdächtige Informationen der Quellen – solche vor allem, die der Aussageabsicht ihrer Autoren widersprechen – und berücksichtigt man den strukturellen Kontext des Verhältnisses von Kaiser und

Senatsaristokratie im frühen Prinzipat, so ergeben sich alternative Deutungsmöglichkeiten. Die ersten beiden Kaiser, Augustus (27 v.Chr.–14 n.Chr.) und Tiberius (14–37), hatten versucht, durch eine widersprüchliche Verbindung von Monarchie und Republik innerhalb der Aristokratie Akzeptanz für ihre Alleinherrschaft zu erzeugen. Sie sicherten zwar systematisch ihre vor allem auf militärischen Mitteln basierende Machtstellung, ließen diese aber nicht offen in Erscheinung treten. Die traditionellen republikanischen Institutionen konnten daher äußerlich agieren wie in früheren Zeiten, zugleich orientierten sich die Magistrate und Senatoren jedoch opportunistisch an der überlegenen kaiserlichen Gewalt.

Caligula war der erste Kaiser, der diese doppelbödige Kommunikation durchbrach und die kaiserliche Alleinherrschaft ohne Rücksicht auf die Aristokratie offen zutage treten ließ – in ähnlicher Weise wie später die Kaiser Nero (54–68), Domitian (81–96) oder Commodus (180–192). Im Gegensatz zu jenen verband er dies jedoch mit einer systematischen Demütigung seiner senatorischen Standesgenossen. Nach der Aufdeckung aristokratischer Verschwörungen konfrontierte er sie in einer Senatsrede des Jahres 39 öffentlich mit ihrem Opportunismus und ihrer Verstellung den Kaisern gegenüber, bezichtigte sie, ihm kollektiv nach dem Leben zu trachten, und erklärte ihnen seine Feindschaft (Cassius Dio 59, 16, 1–7). Als erster Kaiser stützte er sich fortan bei der Ausübung seiner Herrschaft auf kaiserliche Freigelassene und die Prätorianergarde und hielt Personen von Rang aus machtvollen Positionen seiner engsten Umgebung fern. Zugleich nutzte er die schmeichlerische Unterwürfigkeit, mit der die Senatoren aus Angst und aus Mangel an Alternativen weiterhin dem Kaiser entgegentraten, zynisch aus und ließ sich von ihnen in neuen zeremoniellen Formen, die bislang nur seitens der Provinzialbevölkerung üblich gewesen waren, kultisch verehren.

Aus der Rückschau betrachtet handelte es sich um ein erstes Austesten der Grenzen der kaiserlichen Gewalt, das von folgenden Kaisern fortgesetzt wurde und das insgesamt Teil eines – auf beiden Seiten blutig verlaufenden – Lernprozesses war, durch den sich Kaiser und Aristokratie auf den Umgang mit den neuen politischen Verhältnissen der Monarchie einstellten. Die Erniedrigung, der die römische Oberschicht dabei unter Caligula ausgesetzt war, erklärt hinreichend die hassverzerrten Berichte, die nach seinem Tod über ihn verfasst wurden.

Bild: Porträt des Kaisers Caligula, Ny Carlsberg Glyptotek, Kopenhagen.

Literatur: A. WINTERLING, Caligula. Eine Biographie, München 2003.

likanischen Institutionen weiterhin so agierten, als gäbe es keinen Kaiser, gleichzeitig aber stets das taten, was dem kaiserlichen Willen entsprach. So etablierte sich eine Doppelbödigkeit in der aristokratischen Kommunikation, indem sich zwar alle an den neuen Machtverhältnissen orientierten, dies aber nicht offen zur Sprache kam.

Der Grund dafür lag in den gesellschaftsstrukturellen Bedingungen der Politik jener Zeit: Trotz seiner Sonderstellung benötigte der neue Kaiser die Akzeptanz der Aristokratie, um politisch handeln zu können [FLAIG], und vor allem benötigte er Senatoren zumindest prätorischer Stellung für das Kommando seiner Legionen und für die Statthalterschaften in den ihm unterstehenden Provinzen. Dies lag nicht unbedingt an deren politischen Fähigkeiten, sondern an ihrem gesellschaftlichen Rang, der die Voraussetzung zur Ausübung der entsprechenden Funktionen war.

Die augusteische Prinzipatskonstruktion zeitigte jedoch Folgeprobleme, die vor allem bei den späteren Kaisern deutlich wurden. Indem sich die neuen Herrscher – seit Caligula (37–41) wohl pauschal in Form einer *lex de imperio* – vom Senat ihre unbeschränkte politische Gewalt bestätigen ließen, dokumentierten sie nämlich zugleich den latent illegitimen, usurpatorischen Charakter ihrer Stellung [HEUSS] und werteten die alten politischen Institutionen, die einen Alleinherrscher nicht vorsahen, immer wieder neu auf. Durch die Heranziehung senatorischer Personen für die Ausübung ihrer Herrschaftsbefugnisse eröffneten die Kaiser ihren aristokratischen Standesgenossen Ämter und Ehren und bauten sie so zu potenziellen Konkurrenten auf. Schließlich sollte sich zeigen, dass einige, gerade jüngere Personen, die auf den Thron gelangten, nicht willens oder in der Lage waren, die

Zugänge zur Antike
Die antiken
Menschen in ihren
Gemeinschaften
Rom

Selbstverleugnung des Augustus hinsichtlich seiner gesellschaftlichen Position nachzuahmen. Die Schärfe des Problems wird daran deutlich, dass diese alle – Caligula (41), Nero (68), Domitian (96) und Commodus (192) – einen unnatürlichen Tod fanden. Aber auch die übrigen Kaiser bekamen die fortbestehende Konkurrenz der Aristokratie in häufigeren – gelegentlich auch gelungenen – Verschwörungen zu spüren. Deren Zahl lässt sich nicht genau ermitteln, da, wie schon der Kaiser Domitian klagend bemerkte, man den Kaisern Verschwörungen gegen sie nur glaube, wenn sie erfolgreich gewesen seien.

Die paradoxe Situation, in der sich die Kaiser als Alleinherrscher in einer Republik befanden [WINTERLING 2001], wurde im Laufe der Zeit vor allem durch zwei Mechanismen entschärft: Auf der Ebene der politischen Organisation betreiben sie den Ausbau neuer Strukturen. Diese waren von den alten republikanischen Institutionen unabhängig und gingen zunächst vom kaiserlichen Haushalt aus, der zunehmend einen politischen und damit auch höfischen Charakter bekam: Es entstanden zentrale Sekretariate für die kaiserlichen Finanzen, Korrespondenzen und für die Bittschriften an ihn, die anfangs mit Freigelassenen, also persönlich Abhängigen besetzt wurden [WINTERLING 1999]. Es bildete sich eine umfangreiche kaiserliche Verwaltung aus, die Aufgaben am Hof, in Rom und im Reich zu erfüllen hatte und für die Personen ritterlichen Standes herangezogen wurden. Schließlich entstanden auch neue, von Senatoren besetzte Ämter wie etwa die Stadtpräfektur von Rom [ECK]. Mit wachsender persönlicher Nähe zum Kaiser und dadurch steigenden informellen Machtchancen nahm die gesellschaftliche Ehre der Amtsträger tendenziell ab, was auf das andauernde Rivalitätsproblem zwischen Kaiser und Aristokratie hinweist.

Auf der Ebene der sozialen Rangordnung zeigen sich folgende Entwicklungen: Für Positionen, die ihnen in besonderer Weise gefährlich werden konnten, für die senatorisches Personal jedoch unumgänglich war – d.h. vor allem für die militärischen Posten im Reich –, griffen die Kaiser zunehmend auf ‚neue Männer' ritterlicher Herkunft zurück, die von ihnen selbst in den Senatorenstand aufgenommen worden waren, die daher über kein eigenständiges adliges Familienprestige verfügten, die ihre Stellung vielmehr dem Kaiser zu verdanken hatten. Wie eingangs bei der Rede des Kaisers Claudius zu sehen war, kamen dabei neben römischen und italischen Rittern zunehmend auch die lokalen Oberschichten der Städte des Reiches in Betracht. Hinsichtlich seiner regionalen Rekrutierung wandelte sich der römische Senatorenstand dadurch von einer städtischen zu einer ‚Reichsaristokratie': Um die Mitte des 2. Jh.s n.Chr. war die Mehrzahl der Mitglieder der senatorischen Führungsschicht bereits provinzialer Herkunft [ALFÖLDY 1977].

Dies ging einher mit einer aufschlussreichen Spaltung innerhalb der senatorischen Oberschicht, die tendenziell eine Trennung von Ehre und Macht zur Folge hatte, der beiden Statuskriterien also, die aufgrund der politischen Struktur der Gesellschaft zur Zeit der Republik untrennbar miteinander verknüpft gewesen waren: Personen, die bereits aus konsularischer Familie stammten, eröffnete der Kaiser häufig eine schnelle und ehrenvolle Ämterlaufbahn in Rom – ohne militärische Stationen und Erfahrungen in den Provinzen. Für machtvolle und daher für den Kaiser prekäre militärische Kommandos im Reich wurden dagegen die *homines novi* herangezogen, die von Haus aus nur über wenig *dignitas* verfügten [HOPKINS/BURTON, Ambition].

Auch die ‚neuen Männer' hatten im Zuge ihrer Laufbahn die traditionellen Magistraturen in Rom zu bekleiden. Diese waren mittlerweile zwar in politischer Hinsicht weitgehend bedeutungslos geworden, doch nach wie vor kam ihnen allein die Qualität zu, ihren Trägern eine gesellschaftliche Ehre zu vermitteln, die für die Ausübung privilegierter politischer Funktionen unumgänglich blieb. Das Erbe der alten *res publica* wirkte also in der Kaiserzeit fort. Eine grundlegend neue Situation ergab sich erst, als sich die Kaiser nach den Wirren des 3. Jh.s von der Stadt Rom und der dortigen politischen Gesellschaft – in räumlicher wie in politisch-sozialer Hinsicht – emanzipiert hatten.

Aloys Winterling

Literatur

G. ALFÖLDY, Konsulat und Senatorenstand unter den Antoninen. Prosopographische Untersuchungen zur senatorischen Führungsschicht, Bonn 1977.

DERS., Römische Sozialgeschichte, Wiesbaden 3. Aufl. 1984.

J. BLEICKEN, Die Verfassung der römischen Republik. Grundlagen und Entwicklung, Paderborn u.a. 7. Aufl. 1995.

DERS., Prinzipat und Republik. Überlegungen zum Charakter des römischen Kaisertums [1991], in: DERS., Gesammelte Schriften, Bd. 2, Stuttgart 1998, 799–816.

W. ECK, Die staatliche Administration des römischen Reiches in der hohen Kaiserzeit. Ihre strukturellen Komponenten [1989], in: DERS., Die Verwaltung des römischen Reiches in der hohen Kaiserzeit. Ausgewählte und erweiterte Beiträge, Bd. 1, Basel 1995, 1–28.

E. FLAIG, Den Kaiser herausfordern. Die Usurpation im römischen Reich, Frankfurt/M./New York 1992.

H. GALSTERER, Herrschaft und Verwaltung im republikanischen Italien. Die Beziehungen Roms zu den italischen Gemeinden vom Latinerfrieden 338 v.Chr. bis zum Bundesgenossenkrieg 91 v.Chr., München 1976.

M. GELZER, Die Nobilität der römischen Republik [1912], in: DERS., Kleine Schriften, Bd. 1, Wiesbaden 1962, 17–135.

TH. HANTOS, Das römische Bundesgenossensystem in Italien, München 1983.

A. HEUSS, Theodor Mommsen und die revolutionäre Struktur des römischen Kaisertums [1974], in: DERS., Gesammelte Schriften, Bd. 3, Stuttgart 1995, 1730–1743.

K.-J. HÖLKESKAMP, Die Entstehung der Nobilität. Studien zur sozialen und politischen Geschichte der Römischen Republik im 4. Jh. v.Chr., Stuttgart 1987.

K. HOPKINS/G. P. BURTON, Political Succession in the Late Republic (249–50 B.C.), in: K. HOPKINS, Death and Renewal. Sociological Studies in Roman History, Bd. 2, Cambridge 1983, 31–119.

DIES., Ambition and Withdrawal. The Senatorial Aristocracy under the Emperors, in: ebd. 120–200.

M. JEHNE (Hrsg.), Demokratie in Rom? Die Rolle des Volkes in der Politik der römischen Republik, Stuttgart 1995.

N. LUHMANN, Die Gesellschaft der Gesellschaft, 2 Bde., Frankfurt/M. 1997.

CHR. MEIER, Res publica amissa. Eine Studie zu Verfassung und Geschichte der späten römischen Republik, Frankfurt/M. 3. Aufl. 1997.

DERS., Augustus. Die Begründung der Monarchie als Wiederherstellung der Republik, in:

DERS., Die Ohnmacht des allmächtigen Dictators Caesar. Drei biographische Skizzen, Frankfurt/M. 1980, 223–287.
E. MEYER, Römischer Staat und Staatsgedanke, Zürich/München 4. Aufl. 1975.
TH. MOMMSEN, Römisches Staatsrecht, 3 Bde., Leipzig 1./3. Aufl. 1887/1888.
D. NÖRR, Imperium und Polis in der hohen Prinzipatszeit, München 1969.
R. RILINGER, Moderne und zeitgenössische Vorstellungen von der Gesellschaftsordnung der römischen Kaiserzeit, in: Saeculum 36, 1985, 299–325.
F. VITTINGHOFF, Römische Stadtrechtsformen in der Kaiserzeit, in: Zeitschrift für Rechtsgeschichte, Romanistische Abt. 68, 1951, 435–485.
DERS., ‚Stadt' und Urbanisierung in der griechisch-römischen Antike [1978], in: DERS., Civitas Romana. Stadt und politisch-soziale Integration im Imperium Romanum der Kaiserzeit, Stuttgart 1994, 11–24.
M. WEBER, Wirtschaft und Gesellschaft. Die Wirtschaft und die gesellschaftlichen Ordnungen und Mächte. Nachlaß. Teilband 5: Die Stadt, hrsg. von W. NIPPEL, Tübingen 1999.
A. WINTERLING, Aula Caesaris. Studien zur Institutionalisierung des römischen Kaiserhofes in der Zeit von Augustus bis Commodus (31 v.Chr.–192 n.Chr.), München 1999.
DERS., ‚Staat', ‚Gesellschaft' und politische Integration in der römischen Kaiserzeit, in: Klio 83, 2001, 93–112.

Spätantike

Einführung. Die spätantike Gesellschaft im *Imperium Romanum* sah sich Herausforderungen gegenüber, die teils den Problemen der Kaiserzeit ähnelten, teils aber auch etwas völlig Neues darstellten, so dass man mit Recht zwischen den beiden Epochen unterscheidet.

Eine grundlegende Schwierigkeit bestand in der ethnischen Vielfalt der Reichsbevölkerung. Neben den altbekannten Volksgruppen der Italiker, Spanier, Gallier, Afrikaner, Griechen, Illyrer, Syrer etc. fassten im Zuge der Wanderungsbewegungen immer neue Gruppen wie Goten, Franken und Vandalen sowie Reiternomaden aus dem asiatischen Raum Fuß auf dem Boden des Imperium. Die Anziehungskraft des Römischen Reiches war nach wie vor groß, die Gesellschaft jedoch mit der Integration immer neuer, in sich heterogener Personenverbände mehr und mehr überfordert [DEMANDT 1989].

Sprachbarrieren konnten auch in Jahrhunderten römischer Oberhoheit nicht abgebaut werden. Keltisch, Baskisch, Punisch, Koptisch und viele lokale Sprachen behaupteten sich, jedoch ohne dass die Hauptverkehrssprachen Latein und Griechisch gefährdet worden wären. Im Osten des Reiches ging allerdings nach der Zulassung des Griechischen als Verwaltungssprache die Kenntnis des Lateinischen merklich zurück [JONES].

Auch die erheblichen Strukturunterschiede der einzelnen Regionen erwiesen sich als hinderlich für das Zusammenwachsen der Gemeinschaften auf römischem Boden. Wirtschaftliche Prosperität mit hochkomplexen Gesellschaftsstrukturen stand ärmlicher Subsistenzwirtschaft mit archaisch anmutenden sozialen Organisationsformen gegenüber. Weltoffenheit geprägt von Reiseverkehr und überregional anerkanntem Kulturleben wechselte mit provinzieller Abgeschiedenheit, von den Lokalpatriotismen oder gar einheimischen Sonderentwicklungen in Kult und Religion ganz zu schweigen.

Die kulturelle Entwicklungsstufe der jeweiligen Gemeinschaften hing entscheidend vom Grad der Urbanisierung einer Region ab. Je stärker ein Landstrich durch Städte geprägt war, um so mehr florierte in der Regel die Wirtschaft und desto vielschichtiger gestalteten sich die sozialen Verhältnisse. Während beispielsweise Griechenland und die Küste des westlichen Kleinasien von dieser städtischen Kultur geprägt waren und eine führende Rolle in der Öffentlichkeit des Imperium einnahmen, blieb etwa der erst durch Augustus eroberte Donauraum trotz seiner Bodenschätze ein an Städten armes, strukturschwaches Gebiet, das in seiner Entwicklung hinter den meisten Provinzen hinterherhinkte [MARTIN].

Was die Bevölkerungszahlen angeht, ist man auf grobe Schätzungen angewiesen. Die Gesamtbevölkerung des Imperium dürfte im 4. Jh. bei 50 Millionen Einwohnern gelegen haben. Italien für sich wurde Ende des 5. Jh. von etwa 4 Millionen Menschen bewohnt. Demgegenüber nehmen sich die Zahlen der Völkerwanderungszüge eher bescheiden aus. So dürfte der Ostgotenkönig Theoderich der Große 489 mit ca. 10 000–12 000 Mann und einem Tross von 25 000–30 000 Personen nach Italien gezogen sein [BURNS 1978].

Römer und ‚Barbaren'. Römer zu sein, war seit den Zeiten der Republik eine Rechtsqualität und nicht etwa eine ethnische Zuordnung. Jeder, der das Bürgerrecht besaß, gehörte zum Kreis der Privilegierten, gleich welcher Herkunft, Abstammung, Sprache oder

Hautfarbe. Als dann im Jahr 212 n.Chr. Kaiser Caracalla durch die *constitutio Antoniniana* fast allen Reichsangehörigen das Bürgerrecht verlieh, hätte der Unterschied zwischen römischen Bürgern und Nichtrömern eigentlich verschwinden müssen. Die Kaiser aber siedelten unter bevölkerungspolitischen Gesichtspunkten große Gruppen fremder Völkerschaften wie Germanen und Sarmaten auf Reichsboden an, die als *laeti* oder *gentiles* einen geringeren Rechtsstatus besaßen und im Unterschied zu den römischen Bürgern Kriegsdienst leisten mussten. So unterscheiden schon die antiken Quellen zwischen *Romani* und *barbari*, wobei zu den *Romani* gewöhnlich alle Personen gerechnet werden, die das Bürgerrecht besaßen, im *Imperium Romanum* lebten und nicht explizit zum Kreis der *barbari* gehörten [GOFFART; SOUTHERN/DIXON].

Das hohe zivilisatorische Niveau in den zentralen Gebieten des Reichs brachte als Kehrseite eine allgemein verbreitete Abneigung der Bevölkerung gegen den Militärdienst mit sich. Daher wurden Soldaten vor allem in wenig entwickelten Räumen und auch jenseits der Reichsgrenzen angeworben. Gerade die Germanen sahen den Dienst im römischen Heer und das damit verbundene Recht auf Niederlassung im Reichsgebiet als interessante Perspektive an. Eine gewisse agonale Grundhaltung begünstigte zusätzlich dieses Streben in den Militärdienst. Ganze Gefolgschaftsverbände wurden auf römischem Boden als *foederati* angesiedelt, wobei ihre Anführer in der Regel Offiziersrang erhielten. So trug der immer größer werdende Anteil von fremdbürtigen Soldaten entscheidend zur ‚Barbarisierung' des Reiches bei [WAAS; SCHEIBELREITER].

Vorurteile und Ressentiments erschwerten das Zusammenleben vor allem von Römern und Germanen. Gerade in der römischen Oberschicht war ‚Antigermanismus' weit verbreitet. Er dürfte – von einer allgemeinen Arroganz abgesehen – nicht zuletzt aus den Ansprüchen der Germanen resultiert haben, die von den Kaisern ins Militär aufgenommen und zu Lasten der römischen Grundbesitzer angesiedelt und versorgt wurden. Außerdem geriet die römische Oberschicht angesichts ihrer Konzentration auf die Zivillaufbahn oft genug in Konkurrenz zu mächtigen ‚Barbaren', deren Macht auf ihrer Stellung als Kommandeure im Heer gründete. Besonders im Ostreich kam es mehrfach zu antigermanischen Ausschreitungen und zur Beseitigung führender ‚barbarischer' Militärs und ihres Gefolges.

Ansätze für eine Lösung der Probleme gab es vor allem durch die Bereitschaft der meisten Germanen, sich an römische Kultur und römischen Lebensstil anzupassen. Die Unterschichten nahmen außerdem gegenüber den ‚Barbaren' eher eine wohlwollende Einstellung ein, da sie unter so hohem sozialen Druck litten, dass ihnen die Nachbarschaft und sogar die Herrschaft von Germanen keineswegs mehr als Schreckgespenst erschienen [DEMANDT 1989].

Die spätantike Gesellschaft. Die Ausweitung des römischen Bürgerrechts nivellierte auch innerhalb des Reichs keineswegs vorhandene Unterschiede, sondern führte in den folgenden Jahrhunderten zu einer immer komplizierter werdenden Differenzierung. Zunächst einmal lassen sich *honestiores* und *humiliores* unterscheiden: Zu letzteren rechnete man alle weniger angesehenen Gruppen der Gesellschaft, die im Gegensatz zu den Bessergestellten Frondienste leisten und bei Vergehen mit körperlichen Strafen rechnen mussten. Die *honestiores* ihrerseits waren zwar hiervon befreit, man erwartete allerdings, dass sie sich in der Administration ihrer Heimatgebiete engagierten und deren Interessen bei der Reichsverwaltung und beim Kaiser vertraten. Der durch dieses Prinzip geförderte Regionalismus der Oberschicht verstärkte die partikularen Kräfte und führte nicht selten zu Konflikten mit der Zentralgewalt [DEMANDT 1989; MARTIN].

Die *honestiores* gliederten sich grob in zwei Kategorien, den Stadt- und den Reichsadel, wobei letzterer sich wiederum aus Senatoren- und Ritterstand zusammensetzte. Über allem standen allerdings die Mitglieder des kaiserlichen Hauses, denen man jeweils die Ehrenbezeichnung *nobilissimus* zuerkannte.

Die Spitze des Reichsadels wurde von den Senatoren gebildet, doch hatten sich hier in der Spätantike drei Rangklassen herausgebildet: Die bedeutendste Klasse des *ordo senatorius* stellten die *viri illustres* dar, es folgten die *viri spectabiles* und die *viri clarissimi*. Die beiden höchsten Ränge des Senatorenstandes wurden vom Kaiser verliehen bzw. waren an die Übernahme hoher Ämter gekoppelt. Von militärischen Führungspositionen ausgeschlossen, bekleideten daher viele Senatoren herausragende zivile Verwaltungsposten. Lediglich die Würde eines *clarissimus* konnte durch Geburt erworben werden. Im Unterschied zu den Zeiten der Römischen Republik, als die Söhne von Senatoren in den Ritterstand hineingeboren wurden, stand ihnen jetzt durch ihre Abstammung die niedrigste Stufe des Senatorenstandes zu. Der hiermit einhergehende zahlenmäßige Anstieg der Mitglieder des Senatorenstandes führte in der Spätzeit dazu, dass nur noch den *viri illustres* Sitz- und Stimmrecht im Senat eingeräumt wurde. Obwohl der römische Senat im Westen sogar länger als das Kaisertum existierte, fielen jedoch die wirklich wichtigen Entscheidungen am Hof des Herrschers und nicht etwa in der Kurie. Allerdings bekleideten Senatoren bei Hofe wichtige Positionen, wobei gerade diese Funktionsträger durchaus nicht immer aus den alteingesessenen Adelsfamilien kamen. Schließlich konnten ambitionierte Emporkömmlinge durch die Übernahme der bedeutendsten Hofämter zu den höchsten senatorischen Würden gelangen. Der nicht gerade seltene Aufstieg von *homines novi* über die zivile Ämterlaufbahn in den Senat ist ein Kennzeichen für soziale Mobilität [SCHÄFER].

Die Aufstiegschancen wurden noch verbessert durch die Zurückhaltung, die man in den etablierten Kreisen des Senats hinsichtlich der Bekleidung von Funktionsstellen an den Tag legte. Dem Lebensideal der spätantiken Senatsaristokratie entsprach es eher, den Alltag umgeben von Bediensteten und frei von Verpflichtungen in Muße zu verbringen, an kulturellen Veranstaltungen teilzunehmen und den Ertrag der eigenen Landgüter zu genießen. Wenn man schon ein Amt benötigte, um in die höchste Rangklasse zu gelangen, dann spekulierte man in diesen Kreisen am ehesten auf Würden, die ehrenhalber verliehen wurden. Allerdings fällt auf, dass sich gerade die aufgrund ihrer Bildung und ihrer sozialen Stellung aus der Masse der Mitglieder des Senatorenstandes herausragenden Persönlichkeiten oft genug an der Verwaltung des Staates beteiligten [NÄF; SCHLINKERT].

Die Senatoren waren aber nicht nur durch die Befreiung von den Pflichten der *humiliores* privilegiert, sondern auch dadurch, dass sie anstelle der normalen Gerichtsbarkeit einem fünf Mitglieder umfassenden Standesgericht (*iudicium quinquevirale*) unterstanden. Weder der *praefectus praetorio* noch lokale Be-

Zugänge zur Antike
Die antiken
Menschen in ihren
Gemeinschaften
Spätantike

hörden konnten sie zur Verantwortung ziehen. Immerhin erbrachten sie jedoch gewisse Leistungen für die Allgemeinheit, unter denen die Zahlung von Sondersteuern hervorzuheben ist.

Die Bedeutung des Ritterstandes lässt in der Spätantike immer mehr nach. Die Mitgliedschaft wurde nicht vererbt, sondern normalerweise durch das Bekleiden eines Amtes erworben. Die *viri perfectissimi* stellten seit Konstantin die wichtigste Gruppe der *equites* dar. Der Niedergang des Standes hängt nicht zuletzt mit der Aufwertung der früher den Rittern vorbehaltenen Ämter zusammen, die nun immer öfter den Zugang zum allgemeinen Senatorenstand eröffneten [LÖHKEN].

Der städtische Adel, meist als *curiales* oder *decuriones* bezeichnet, gliederte sich in etliche Untergruppen. Aus dem Kreis dieser ‚Bessergestellten' kamen die Beamten der städtischen Selbstverwaltung, deren Tätigkeit unbesoldet blieb. Ihre wichtigste Aufgabe bestand darin, für ein geregeltes Steueraufkommen der Gemeinde zu sorgen. Im Gegenzug genossen auch die Dekurionen gewisse Privilegien, etwa die Befreiung von öffentlichen Arbeiten sowie Schutz vor Folter und besonders schweren Körperstrafen. Durch die verstärkte regionale Präsenz von Senatoren, durch kaiserliche Eingriffe in die Verwaltung und durch Missachtung ihrer Privilegien wurden die Dekurionen oftmals schwer geschädigt. Die Vorteile der herausgehobenen Stellung in einer Stadt wogen die Nachteile keineswegs auf, so dass den Dekurionen ein Verlassen ihres Standes gesetzlich verboten werden musste, um eine Flucht in Militärdienst, in die zivile Ämterlaufbahn oder den christlichen Klerus zu verhindern. Angesichts solcher Rahmenbedingungen erscheint es fast schon als Selbstverständlichkeit, dass der

▷ S. 77
Die Mittelmeerwelt im Imperium Romanum

Stand erblich war, eine Chance zum Aufstieg in den Reichsadel gab es dagegen kaum.

Die Gruppe der *humiliores* reichte von den Händlern und Handwerkern über die Landarbeiter bis hin zu den unfreien Kolonen und Sklaven. Eine führende Position nahmen die *negotiatores* ein, die in größerem Stil als die *mercatores* ihre Geschäfte betrieben. Sie traten in der Spätantike verstärkt als Handelsagenten in Abhängigkeit von Großgrundbesitzern auf, deren Produkte sie dann auf den Markt brachten. Dabei konnten die Geschäftsherrn aus dem öffentlichen, dem privaten oder auch aus dem kirchlichen Bereich stammen. Der Typus des unabhängigen Händlers trat zwar in den Hintergrund, ging aber nicht völlig verloren [MARTIN].

Schon seit der frühen Kaiserzeit waren Handwerker wie Händler vielfach in so genannten Kollegien organisiert. Doch wandelten sich diese von eher geselligen Kultvereinen hin zu privilegierten Korporationen, mittels derer auch staatliche Kontrolle ausgeübt und wirtschaftliche Prozesse gesteuert wurden. Zentrale Berufsgruppen für die Versorgung der Gesellschaft wie etwa die Bäcker wurden oft zwangsweise in *collegia* organisiert. Ebenso waren die Handwerker in den staatlichen Betrieben, z.B. für die Waffen- und Purpurproduktion, an ihr Tätigkeitsfeld gebunden. Der staatliche Druck auf die Handwerker schmälerte deren Verdienstmöglichkeiten und führte bei vielen *collegiati* zur Flucht aus ihrer Korporation.

Obgleich die Differenzierung der Berufe allmählich abnahm, zeichnete sich das Handwerk immer noch durch einen hohen Grad an Spezialisierung aus. Das Kleinhandwerk begegnet vor allem in den Städten, wo man die Produkte aus eigener Fabrikation leichter selbst vermarkten konnte; doch sind auch auf dem Land freie Handwerker nachweisbar. Dort ließen zudem vermögende Angehörige der oberen Schichten über Sklaven und Freigelassene, die als Strohmänner fungierten, Gewerbe treiben. So konnten selbst Mitglieder des Senatorenstandes die lukrativen Gewinnspannen von Handwerk und Handel nutzen, obwohl diese Tätigkeiten für ihre Klasse als ehrenrührig galten. Eine Besonderheit bilden die vielen hoch spezialisierten Handwerker im Heer, die infolge ihrer Mobilität entscheidend zum Technologietransfer beitrugen.

Seit dem 3. Jh. veränderten sich gerade auf dem Land die sozialen Verhältnisse erheblich. Da das städtische Leben für einen gebildeten Angehörigen der Oberschicht immer weniger Reize bot, verlagerten nicht wenige Aristokraten ihren Lebensschwerpunkt auf das Land. Dort konnte man auf luxuriös ausgestatteten Gütern einem Lebensstil frönen, der den Standesidealen entsprach. Angesichts dieses Reichtums überrascht es nicht, dass viele *villae* befestigt waren.

Die Landarbeiter gerieten nun verstärkt in Abhängigkeit von den mächtigen Herren in ihrer Nachbarschaft. Zwar gab es innerhalb der *plebs rustica* immer noch freie Bauern, doch bald schon stellten die *coloni* das Gros der Landbevölkerung. Sie bearbeiteten als Pächter ihr Land und wurden schon von Konstantin an die Scholle gebunden. Die Großgrundbesitzer traten als *patroni* auf, die ihre Kolonen bei Fluchtgefahr sogar der Freiheit berauben durften. Letztere wurden überdies in ihrem Klagerecht eingeschränkt, die *patroni* hingegen übernahmen die niedere Gerichtsbarkeit [KRAUSE].

Obgleich die Abhängigkeit von den mächtigen Großgrundbesitzern für Bauern und *coloni* auch Schutz – z.B. gegen ungerechtfertigte Steuererhebungen oder Vertreibung – bedeutete, scheinen die negativen Auswirkungen doch überwogen zu haben, so dass der Leidensdruck der bäuerlichen Bevölkerung wuchs. Daher organisierte sie sich in Nordafrika (*circumcelliones*) sowie in Gallien und Spanien (*bagaudae*) und leistete häufig auch gewaltsamen Widerstand. Es kam zu regelrechten Aufständen, wobei umstritten ist, inwieweit diese sozialrevolutionären Charakter besaßen [BADOT/DE DECKER]. In der Spätantike trat zwar gerade in der Landwirtschaft die Sklavenarbeit zugunsten der Kolonenwirtschaft in den Hintergrund, dennoch spielten die *servi* im Privatleben wie in Produktion und Handel nach wie vor eine wichtige Rolle. Durch den Zugriff auf die Person bot sich dem Unternehmer oder Geschäftsherrn eine gute Möglichkeit, die Geschäftsführung ganz oder teilweise zu delegieren. Ein Geschäftspartner, der mit einem solchen *servus* einen Vertrag schloss, konnte dessen Herrn und Auftraggeber haftbar machen. Insgesamt nahm die Zahl der Sklaven jedoch ab, weil nicht mehr wie früher durch Kriegsgefangenschaft eine Masse von Sklaven auf den Markt kam. Die großen Expansionskriege waren längst vorbei. Römische Bürger aber durften auch im Bürgerkrieg nicht versklavt werden und gefangene Barbaren wurden eher ins Heer eingegliedert als dem Sklavenmarkt zugeführt.

Der Kaiser selbst war der größte Sklavenbesitzer. *Servi* wurden nicht nur im kaiserlichen Stab eingesetzt, sondern arbeiteten auch auf den großen Landgütern, in den staatlichen Fabriken und Bergwerken. Die christliche Kirche trat mit dem Anwachsen ihres Vermögens als zweitgrößter Eigentümer von Sklaven auf, die zusammen mit den Kolonen den umfangreichen Landbesitz zu bewirtschaften hatten. Die Kirchenväter hinterfragten keineswegs das Institut der Sklaverei an sich, sondern riefen lediglich dazu auf, die *servi* gut zu behandeln. Augustinus etwa stellte sich auf den Standpunkt, dass Christus nicht Sklaven zu Freien, sondern vielmehr unwillige zu willigen Sklaven gemacht habe [DEMANDT 1995; MIRKOVIC].

Eine gesellschaftliche Gruppe, die aus dem üblichen Rahmen herausfiel, waren die *dediticii*. So wurden in der Spätantike neu unterworfene Barbaren bezeichnet, deren Nachkommen als *laeti* die Funktion von Wehrbauern ausübten. Infolge der Bevölkerungsprobleme gingen die Kaiser später dazu über, ganze Verbände barbarischer Krieger als *laeti* anzusiedeln. Sie waren nicht nur zum Wehrdienst verpflichtet, sondern mussten darüber hinaus noch Steuern zahlen. Damit entsprach ihr sozialer Rang in etwa dem der Kolonen.

Innere und äußere Konflikte. Die in vielerlei Hinsicht heterogene Gesellschaft der Spätantike war geprägt durch zahlreiche innere und äußere Konflikte. Im Inneren kam es – wie erwähnt – angesichts des sozialen Drucks, den der Staat und die mächtigen Grundbesitzer ausübten, immer wieder zu Unruhen und Aufständen. In Gallien und Spanien verübten Bagauden, entlaufene Kolonen und desertierte Soldaten, wiederholt Überfälle und Raubzüge und gefährdeten schließlich sogar die staatliche Ordnung. In Afrika organisierten sich die Saisonarbeiter in der Landwirtschaft (*circumcelliones*) zu regelrechten Kampfverbänden. Sie ergriffen nicht nur Partei für von Schulden gedrückte Leidensgenossen, sondern kämpften als fanatische Anhänger des ‚Donatismus', einer von der Amtskirche abgespaltenen christlichen Gemeinschaft, sogar gegen den katholischen Klerus.

▷ S. 250
Die antiken Menschen und ihre Götter

Aus den Städten sind gleichfalls gewaltsame Auseinandersetzungen bekannt, die häufig von den so genannten ‚Zirkusparteien' ihren Ausgang nahmen. Ausgelöst wurden die Ausschreitungen vornehmlich durch hohe Steuern, religiöse Konflikte und Teuerung oder Mangel an Grundnahrungsmitteln; nicht selten handelte es sich aber auch um Gegensätze, die mit den Zirkusspielen und ihrer Vorbereitung in direktem Zusammenhang standen. Als etwa in Thessalonike ein berühmter Wagenlenker unter dem Vorwurf der Homosexualität inhaftiert wurde, brach dort 390 n.Chr. ein Aufruhr los, bei dem ein hoher Militär des Kaisers Theodosius ums Leben kam. Der Kaiser ließ daraufhin ein Exempel statuieren und den Aufstand blutig niederwerfen.

Oft genug reagierte die Regierung des Reiches ähnlich hart, um Ruhe und Ordnung zu erhalten bzw. wiederherzustellen. Gerade in religiösen Streitigkeiten sah man sich jedoch auf Druck der kirchlichen Würdenträger nicht selten gezwungen, entgegen der Gesetzeslage eine nachgiebige Haltung einzunehmen. Als 388 n.Chr. in der Stadt Kallinikon am Euphrat der christliche Bischof die Synagoge ausrauben und anschließend niederbrennen ließ, verzichtete derselbe Theodosius, der später in Thessalonike Militär einsetzte, nach einem ernsten Disput mit Ambrosius von Mailand darauf, den Übeltäter zur Wiedergutmachung zu zwingen [GROSS-ALBENHAUSEN].

Die zahlreichen Bürgerkriege, durch die das Imperium auch nach dem Ende der ‚Soldatenkaiserzeit' erschüttert worden ist, haben die Verteidigungskräfte gegen Gefahren von außen weitgehend gelähmt. So verwundert es nicht, dass man den schweren äußeren Bedrohungen, denen man sich durch die Völkerwanderung an Rhein und Donau, durch die Sasaniden im Osten und die Wüstenstämme in Nordafrika gegenübersah,

▷ S. 69/83ff.
Die Mittelmeerwelt im Imperium Romanum

Zugänge zur Antike
Die antiken
Menschen in ihren
Gemeinschaften
Spätantike

kaum noch etwas entgegensetzen konnte. Hatte man anfangs noch versucht, vor allem die ins Reich drängenden Germanen als Soldaten bzw. Militärsiedler in die Gesellschaft zu integrieren, so zeigte sich bald, dass man auf Dauer der Massen an Neuankömmlingen auf diese Weise nicht mehr Herr werden konnte. Jetzt galt es, andere Konfliktlösungsstrategien bzw. Verteidigungskonzepte zu entwickeln.

Bereits im 3. Jh. zeichnete sich eine Aufteilung der Armee in Grenztruppen (*limitanei*) und Bewegungsheer (*comitatenses*) ab. Die *limitanei* wurden zur Grenzsicherung und zur Beobachtung des Feindes eingesetzt. Sie hatten die Städte und befestigten Plätze zu halten und gegebenenfalls hinhaltenden Widerstand zu leisten, um den Vormarsch des Gegners zu verlangsamen, damit die Eliteeinheiten des Bewegungsheeres in den Auffangräumen Stellung beziehen konnten. Infolge der Rekrutierungspraxis wurden die *limitanei* immer mehr zu Wehrbauern und verloren den Charakter der professionellen Einheiten der Anfangszeit.

Die *comitatenses* wurden nur bei größeren Angriffen eingesetzt, die von den Verbänden an der Grenze nicht bewältigt werden konnten. Sie mussten nicht nur gut trainiert, sondern auch überdurchschnittlich mobil sein. Eine Sonderstellung nahmen die *scholae palatinae* ein, die als Gardeeinheiten die Prätorianer ablösten [HOFFMANN].

Anders als im Prinzipat, als die hohen Offiziersränge Teil der Ämterlaufbahn waren und den Berufssoldaten verschlossen blieben, konnte man nun im Militärdienst bis an die Spitze des Heeres aufsteigen. Das Oberkommando führte normalerweise ein Heermeister (*magister militum*). Durch die Trennung von Zivil- und Militärgerichtsbarkeit kam ihm darüber hinaus die Funktion des höchsten Richters im Heer zu. Im Heermeisteramt findet man Soldaten und Offizierssöhne, die sich teilweise aus bescheidenen Ausgangspositionen hochgearbeitet haben, neben hochrangigen ‚Barbaren', unter denen die Germanen die größte Gruppe stellten.

Brachte das Oberkommando bereits eine enorme Machtstellung mit sich, so konnten die Heermeister, als sie ab dem Ende des 4. Jh.s damit begannen, eigene Gefolgschaften in Form einer Leibwache oder Privatarmee aufzubauen, die Politik des Reiches maßgeblich mitgestalten und selbst einem Kaiser entgegentreten. Kam es zum Konflikt, zog oft genug der Imperator den Kürzeren, wurde abgesetzt und nicht selten sogar beseitigt. Im 5. Jh. dominierten Heermeister wie Stilicho, Aëtius und Ricimer besonders im westlichen Reichsteil, während sich das Kaisertum im Osten besser behaupten konnte [WAAS; DEMANDT 1970].

Die Rekrutierung von Reichsangehörigen für den Militärdienst gestaltete sich zusehends schwieriger. Die Bereitschaft der Bürger, soweit sie nicht an die Scholle gebunden waren, die Risiken von Kampfeinsätzen in einer unruhigen Zeit auf sich zu nehmen, ging ständig zurück. Kriegsdienstverweigerung durch Selbstverstümmelung war an der Tagesordnung, die kaiserlichen Maßnahmen gegen diesen Missstand blieben offenbar weitgehend wirkungslos.

Seit Ende des 4. Jh.s wurden daher ganze Stämme fremder Völker nach Abschluss eines Bündnisses (*foedus*) als *foederati* auf Reichsboden angesiedelt. Im Unterschied zu den *laeti* zahlten sie keine Steuern, dienten im Krieg unter ihren eigenen Anführern und lebten ansonsten nach ihren eigenen Gesetzen. Sie wurden zwar durch das *foedus* ins Imperium

Das Elfenbeindiptychon zeigt Flavius **Stilicho**, den Theodosius seinem Sohn Honorius im Westen als Heermeister an die Seite gestellt hatte. Stilicho trägt eine lange Tunika, einen Kriegsmantel und Waffen, die ihn als Angehörigen des Militärs kennzeichnen. Auf dem zweiten Flügel sind seine Frau und sein Sohn abgebildet. Derartige Diptychen wurden anlässlich der Bekleidung eines hohen Amtes gefertigt; vermutlich stammt es aus dem Jahr 400, als Stilicho sein erstes Konsulat bekleidete.

Als Sohn eines Vandalen stellt Stilicho das Paradebeispiel eines erfolgreichen *magister militum* germanischer Herkunft dar. Von 394 bis 408 ununterbrochen im Amt, verteidigte er das Reich gegen germanische Einfälle und konnte bis zu seinem Tod sogar den umtriebigen Westgoten Alarich im Zaum halten. Angestachelt von antigermanischen Ratgebern ließ Honorius ihn 408 umbringen und machte so – ohne es zu wollen – die Bahn frei für einen erneuten Italienzug Alarichs, der 410 sogar zur Einnahme und Plünderung der Stadt Rom führte, ein Ereignis, dem viele Zeitgenossen symbolische Wirkung zuschrieben.

Bild: Konsulardiptychon aus Monza. Museo del Duomo, Monza.

Literatur: Demandt 1970, 613–628. Matthews 1990; J.M. O'Flynn, Generalissimos of the Western Roman Empire, Edmonton 1983.

aufgenommen, erhielten aber weder das Bürgerrecht (*civitas*) noch das Recht, vollgültige Ehen einzugehen (*conubium*). Damit wurde eine Integration zusätzlich erschwert [GROSSE; SOUTHERN/DIXON].

Für die fremdstämmigen Kontingente besaß die Aussicht auf ein Leben im hochzivilisierten Imperium große Attraktivität, während die Ambitionen der ‚barbarischen' Truppenführer meist auf ein hohes militärisches Amt gerichtet waren. Der Westgotenkönig Alarich forderte von Kaiser Honorius wiederholt die Ernennung zum Heermeister und erst als ihm diese verweigert wurde, plünderte er im Jahr 410 Rom.

Trotz der zahlreichen Einfälle fremder Völker und der inneren Probleme gelang es durch eine eher defensive Verteidigungsstrategie, selbst Gebiete an der Peripherie des Reiches erstaunlich lange unter römischer Oberhoheit zu halten. Dabei ging es weniger um schnelle Siege und die Vernichtung des Gegners, als vielmehr darum, durch Halten der befestigten Orte ein dauerhaftes Festsetzen der Eindringlinge zu verhindern [BURNS 1994]. Auch dadurch war es Kaiser Justinian (527–565) möglich gewesen, seine Herrschaft nochmals über weite Teile des ehemaligen Reichsgebiets auszudehnen. Erst danach, gegen Ende des 6. Jh., setzte dann auch in den unter oströmischer Kontrolle stehenden Gebieten ein grundlegender Wandel der Verwaltung ein, in dessen Verlauf der Einfluss des Militärs auf die zivile Verwaltung so gestärkt wurde, dass es schließlich zur Etablierung einer neuen Provinzordnung, der so genannten ‚Themenordnung', kam [GROSSE].

Die Christen in der Gesellschaft. Mit dem Toleranzedikt des Galerius wurde im Jahr 311 die Einstellung der letzten großen Christenverfolgung eingeleitet, am Ende des Jahrhunderts ist die aufstrebende Kultgemeinschaft gar zur Staatskirche geworden. Schon in der zweiten Hälfte des 4. Jh.s zögerten die Kaiser unter dem Eindruck eines immer deutlicher werdenden Ausschließlichkeitsanspruchs des neuen Glaubens nicht, statt der Christen nunmehr die Heiden zu verfolgen.

▷ S. 256f.
Die antiken Menschen ihre Götter

Wie Zivilleben und Heer war auch die christliche Kirche von einer differenzierten Hierarchie geprägt. Die grundlegende Unterscheidung in Laien und Klerus hatte sich längst schon weiterentwickelt. Die Geistlichkeit wurde unter anderem steuerlich privilegiert und von solchen Verpflichtungen befreit, wie sie *curiales* zu leisten hatten [SCHWEIZER].

An der Spitze des Klerus standen die Bischöfe, unter denen die Metropoliten besonders hervorragten. Letztere bekleideten normalerweise das Bischofsamt in der Hauptstadt einer Provinz. Am bedeutendsten und fast immer im Wettstreit miteinander waren die Patriarchate von Alexandria, Antiochia und Rom, zu denen seit der 2. Hälfte des 4. Jh.s Konstantinopel aufzuschließen suchte. Freilich bestimmte nicht nur der Rang eines solchen Bischofsstuhls, sondern auch die Persönlichkeit des Amtsinhabers die Bedeutung einer bestimmten Ortskirche, wie etwa das Beispiel des Mailänder Bischofs Ambrosius zeigt, der Kaiser Theodosius sogar zur Kirchenbuße zwingen konnte [GROSS-ALBENHAUSEN].

Den Bischöfen unterstellt waren zahlreiche Amtsträger wie Presbyter, Diakone und Subdiakone. Der *episcopus* sorgte sich um den Erhalt der rechten Lehre, überwachte die Sozialfürsorge der Gemeinde und übte unter anderem die Disziplinargewalt über den Klerus aus. Bischöfe waren Ansprechpartner des Kaisers und entstammten vielerorts der Aristokratie. So verwundert es nicht, wenn sie sich in Amtstracht und Zeremoniell an kaiserlichen Beamten und Senatoren orientierten.

Das Verfahren bei der Erhebung der Bischöfe blieb uneinheitlich, nicht selten kam es infolge von Bischofswahlen zu gewalttätigen Unruhen, die das Eingreifen des Kaisers provozierten. Andererseits nahmen die Bischöfe wichtige Funktionen bei der Deeskalation sozialer Missstände und Spannungen wahr. Seit Konstantin existierte das Institut des Bischofsgerichts, an das man sich wenden konnte, wenn man vor dem Gericht des Provinzstatthalters ungerecht behandelt worden war. Der Bischof kontrollierte also mit Billigung des Kaisers die Rechtsprechung des Statthalters [GAUDEMET]. Manche Inhaber des Bischofsstuhls nahmen sogar militärische Aufgaben in Stadt oder Region wahr. Dadurch gerieten sie mit den *defensores civitatis*, weltlichen Amtsträgern, denen der Schutz der Stadtbevölkerung und schon bald selbst der Dekurionen anvertraut war, in Konkurrenz [LIEBESCHUETZ].

Gerade in den Städten sind die Auswirkungen des Widerstreits zwischen den verschiedenen Kulten bzw. Religionen zu spüren gewesen. Die in einer synkretistischen Welt notwendigerweise vorherrschende Toleranz gegenüber Andersgläubigen wandelte sich unter dem Einfluss des Christentums. Verstärkt tauchten jetzt Fanatismus und Intoleranz im Zusammenleben der Menschen auf. Wie leicht dies in gewaltsame Ausschreitungen umschlagen konnte, belegen zahlreiche städtische Unruhen und Aufstände. Den Honoratioren aus dem Dekurionenstand, die früher die Politik des Gemeinwesens bestimmt hatten, fehlte es an Macht und Einfluss, um derartige Konflikte noch selbst zu entschärfen. Die Krise der Städte bedeutete zugleich eine ernste Gefahr für die innere Stabilität des gesamten Imperiums.

Steuerlast, Einfälle von Barbaren, gesellschaftliche Konflikte und Probleme innerhalb der christlichen Gemeinden begünstigten den Aufstieg des Mönchtums. Die vor allem von Ägypten ausgehende Fluchtbewegung in asketische Lebensformen führte vom anfänglichen Eremitentum bald zur Bildung mönchischer Gemeinschaften, die nach einer festen Regel lebten und dem Prinzip des Gehorsams gegenüber einem Mentor oder Klostervorsteher unterworfen waren. Im Osten des Reiches gründete um 320 der ehemalige Soldat Pachomius eine solche klösterliche Gemeinschaft in der oberägyptischen Thebaïs. Im Westen erwies sich die in der ersten Hälfte des 6. Jh.s verfasste Regel des Benedikt von Nursia als bahnbrechend für die weitere Entwicklung des Klosterlebens. Die Flucht ins Mönchtum (,Anachoresis') gelangte schon bald zu einer solchen Bedeutung, dass sowohl von kirchlicher wie von staatlicher Seite Anstrengungen zur Eindämmung unternommen wurden [BROWN].

▷ S. 260/262
Die antiken Menschen und ihre Götter

▷ S. 97
Die Verwandlung der Mittelmeerwelt in der Spätantike

Soziale Kluft – soziale Mobilität. Die wachsende soziale Unausgewogenheit, der immer größer werdende Unterschied zwischen Armen und Reichen, wurde durch das Wirken der *patroni* nur noch teilweise ausgeglichen. Verschärft wurde die Situation auch dadurch, dass das Imperium nur noch bedingt Schutz gegen Einfälle auswärtiger Völker bot. Obgleich die Kaiser als offizielle Gegenmaßnahme mit dem *defensor plebis* ein staatliches Patrozinium zur Unterstützung der sozial Schwachen institutionalisierten, blieb die Stellung der ärmeren Schichten weiterhin prekär.

Dennoch lässt sich insbesondere für das 4. Jh. ein hohes Maß an sozialer Mobilität feststellen. Die Aufstiegschancen im Heer und in den höheren Rängen der Gesellschaft waren gut, dies zeigt nicht zuletzt die große Zahl der *homines novi*, denen der Eintritt in den Senatorenstand gelang. Mobilität gab es freilich in beiden Richtungen, der gesellschaftliche Auf- oder Abstieg hing in erster Linie von der Leistung in der zivilen oder militärischen Ämterlaufbahn ab. Die unteren Schichten blieben allerdings durch kaiserliche Gesetze weitgehend an ihren Beruf oder das zu bebauende Land gebunden [MATTHEWS].

Kommunikation und Bildung. Nach wie vor existierten im Imperium Formen von Öffentlichkeit. Neben den staatlichen Kommunikationswegen über die kaiserliche Post, den *cursus publicus*, herrschte auch im privaten Bereich ein reger Reise- und Briefverkehr. Eine Vielzahl von Schriften fand ihre Leser und wirkte auf die öffentliche Meinung. Gesetze und Verordnungen wurden publiziert; Inschriften wurden gesetzt, nicht nur von Eliten, sondern auch von weniger Vermögenden. Ideen und Glaubenslehren wurden reichsweit verbreitet. Der Kulturaustausch war also bis zu einem gewissen Grad noch gewährleistet, wobei die häufige Verlegung von Einheiten des römischen Militärs eine wichtige Rolle spielte. In dem Maß, in dem das Militär durch den verstärkten Einsatz geschlossener barbarischer Kontingente seinen genuin römischen Charakter verlor und der Niedergang des städtischen Lebens seinen Lauf nahm, ging freilich auch das kulturelle Niveau zurück [KOLB].

Im Bereich der Bildung engagierte sich der Staat zusehends. Lehrer, insbesondere Rhetoren und Grammatiker, wurden durch Privilegien gefördert und seit dem 4. Jh. auch regelmäßig besoldet. Mit dem so genannten

Detailskizze

Berufsverbot für christliche Lehrer durch Kaiser Julian.

„Rechte Bildung besteht, so meinen wir, nicht im anspruchsvollen Ebenmaß der Satzgefüge und der Sprache, sondern in der gesunden Verfassung eines vernünftigen Denkens und in richtigen Anschauungen über Gut und Böse, Schön und Häßlich. Wer also seine Schüler anders lehrt, als er denkt, scheint mir von Bildung ebenso weit entfernt zu sein wie von der Wesensart eines redlichen Mannes. Sofern die Diskrepanz zwischen Denken und Äußerung nur Kleinigkeiten betrifft, ist das zwar auch ein Übel, aber doch noch irgendwie erträglich; lehrt aber jemand in den wesentlichsten Fragen das Gegenteil von dem, was er denkt, ist das dann etwa nicht die Handlungsweise von Krämerseelen, die Lebensart nichtswürdiger, grundschlechter Menschen, die am lautesten die Ware empfehlen, die sie für die minderwertigste halten, indem sie mit ihren Anpreisungen jene betören und ködern, an die sie, so meine ich, ihre liederliche Ware loswerden wollen?

Daher sollten alle, die Unterricht irgendwelcher Art anbieten, untadelig in ihrer Haltung sein und keine Ansichten in ihrer Seele tragen, die ihrem öffentlichen Auftreten widerstreiten; doch weit mehr als bei allen anderen sollte das bei denen zutreffen, die zur Behandlung literarischer Werke mit der Jugend zusammenkommen, als Erklärer des Schrifttums der Alten, seien sie Rhetoren, Grammatiker oder gar erst Sophisten; denn vom anderen abgesehen wollen sie nicht nur Lehrer sprachlicher Stilgesetze, sondern auch sittlicher Grundsätze sein, und sie behaupten, die politische Wissenschaft sei ihr Spezialgebiet.

Ob das zutrifft oder nicht, sei hier dahingestellt; wenn ich sie aber schon für ihr Streben nach einem so schönen Beruf lobe, so könnte ich sie noch mehr loben, wenn sie nicht lügen und sich nicht selbst damit bloßstellen wollten, dass sie ihren Schülern anderes vortragen als das, was sie denken. Wie sieht es nun damit aus? Für Homer und Hesiod und Demosthenes und Herodot und Thukydides und Isokrates und Lysias waren die Götter Führer zu jeglicher Bildung. Hielten sich nicht die einen für die Geweihten des Hermes, die anderen für die der Musen? Ein Unding ist es deshalb nach meiner Auffassung, dass die Interpreten ihrer Werke den von ihnen verehrten Göttern die Ehre verweigern. Wenn ich diesen Zustand auch für abwegig halte, so fordere ich damit keineswegs, dass diese Lehrer zunächst ihre Gesinnung ändern und erst dann die Jugend unterrichten sollen; aber ich stelle sie vor die Wahl, entweder nicht zu lehren, was sie nicht ernst nehmen, oder, wenn sie schon unterrichten wollen, zuerst durch die Tat zu lehren und so ihre Schüler zu überzeugen, dass weder Homer noch Hesiod noch sonst einer der Schriftsteller […]

Toren gewesen sind. Denn da sie sich von den Schriften jener Autoren durch honorierte Arbeit ernähren, geben sie zu, dass sie schmählicher Gewinnsucht frönen und für wenige Drachmen zu allem bereit sind.

[...] Halten sie aber die für Weise, deren Interpreten sie sind und als deren Propheten sie sozusagen thronen, dann sollen sie zuerst ihrer Ehrfurcht vor den Göttern nacheifern; nehmen sie hingegen von ihnen an, dass sie in ihrer Auffassung von den verehrungswürdigsten Wesen geirrt haben, dann sollen sie in die Kirchen der Galiläer gehen, um den Matthäus und Lukas auszulegen, deren Weisung folgend euer Gesetz die Teilnahme am Opfermahl untersagt. [...]

Somit ist für die Dozenten und Lehrer ein allgemeines Gesetz erlassen. Wer von den jungen Leuten [= Christen] zur Ausbildung kommen will, ist dadurch nicht ausgeschlossen. Es wäre ja weder angemessen noch sinnvoll, wollte man den Knaben, die noch nicht wissen, welche Richtung sie einschlagen sollen, den besten Weg versperren [...]; belehren nämlich, so meine ich, nicht bestrafen soll man die Unvernünftigen."

Kaiser Julian (360–363) versuchte nach seiner Rückkehr zum alten Glauben den Siegeszug des Christentums aufzuhalten. Dabei griff er aber nicht zum Mittel der Verfolgung, das sich als untauglich herausgestellt hatte, sondern bemühte sich um eine Reform der heidnischen Kulte, um so die christliche Kirchenorganisation zu neutralisieren. Heidnische Priester wollte er zu einem untadeligen Lebenswandel anhalten und mahnte sie zur sozialen Fürsorge für Bedürftige. Entsprechend seinem Selbstbild als heidnischer Philosoph trachtete Julian danach, seine Umwelt durch die eigene Lebensführung von der Richtigkeit seiner Ansichten zu überzeugen. Zentrales Zeugnis dieser Reformbemühungen ist das Rhetorengesetz aus dem Jahr 362, aus dem die hier zitierten Passagen stammen. Julians früher Tod auf einem Feldzug gegen die Perser beendete jedoch nicht nur jäh dieses Experiment, sondern wurde von den christlichen Intellektuellen als Gottesurteil gegen den ‚Abtrünnigen' – daher der spätere Beiname ‚Apostata' – publizistisch ausgeschlachtet.

Übersetzung: JULIAN – BRIEFE, griech.-dt. von B. K. WEIS, München 1973, Nr. 55, S. 177–181.

Literatur: J. BIDEZ, Julian der Abtrünnige, München 2. Aufl. 1947; G. W. BOWERSOCK, Julian the Apostate, Cambridge/Mass. 1978; R. KLEIN, Kaiser Julians Rhetoren- und Unterrichtsgesetz, in: Römische Quartalschrift für christliche Altertumskunde und für Kirchengeschichte 76, 1981, 73–94.

Zugänge zur Antike
Die antiken
Menschen in ihren
Gemeinschaften
Spätantike

Rhetorengesetz von 362 hatte erstmals ein Kaiser versucht, sogar Einfluss auf die Auswahl der Lehrer zu nehmen. Damit wurde ein Präzedenzfall geschaffen, der weit über die Antike hinaus Wirkung entfalten sollte.

Christoph Schäfer

Literatur
PH. BADOT/D. DE DECKER, La naissance du mouvement Bagaude, in: Klio 74, 1992, 324–370.
P. BROWN, Die Keuschheit der Engel. Sexuelle Entsagung, Askese und Körperlichkeit im frühen Christentum, München 1994.
TH. S. BURNS, Barbarians within the Gates of Rome. A Study in Roman Military Policy and the Barbarians, ca. 375–425 A.D., Bloomington/Indianapolis 1994.
DERS., Calculating Ostrogothic Population, in: Acta Antiqua Academiae Scientiarum Hungaricae 26, 1978, 457–463.
A. DEMANDT, Art. „Magister militum", in: RE Supplementband XII, Stuttgart 1970, Sp. 553–790.
DERS., Die Spätantike. Römische Geschichte von Diocletian bis Justinian 284–565 n.Chr., München 1989.
DERS., Antike Staatsformen. Eine vergleichende Verfassungsgeschichte der Alten Welt, Berlin 1995.
J. GAUDEMET, L'église dans l'Empire romain (IVe–Ve siècles), Paris 1958.
W. GOFFART, Barbarians and Romans, A.D. 418–584. The Techniques of Accomodation, Princeton 1980.
K. GROSS-ALBENHAUSEN, Imperator christianissimus. Der christliche Kaiser bei Ambrosius und Johannes Chrysostomus, Frankfurt/M. 1999.

R. Grosse, Römische Militärgeschichte von Gallienus bis zum Beginn der byzantinischen Themenverfassung, Berlin 1920.

D. Hoffmann, Das spätrömische Bewegungsheer und die Notitia dignitatum, 2 Bde., Düsseldorf 1969–1970.

A. H. M. Jones, The Later Roman Empire, 284–602. A Social, Economic, and Administrative Survey, 3 Bde., Oxford 1964.

A. Kolb, Transport und Nachrichtentransfer im Römischen Reich, Berlin 2000.

J.-U. Krause, Spätantike Patronatsformen im Westen des Römischen Reiches, München 1987.

J. H. W. G. Liebeschuetz, Barbarians and Bishops. Army, Church, and State in the Age of Arcadius and Chrysostom, Oxford 1991.

H. Löhken, Ordines dignitatum. Untersuchungen zur formalen Konstituierung der spätantiken Führungsschicht, Köln/Wien 1982.

J. Martin, Spätantike und Völkerwanderung, München 4. Aufl. 2001.

J. Matthews, Western Aristocracies and Imperial Court, A.D. 364–425, Oxford 2. Aufl. 1990.

M. Mirkovic, The Later Roman Colonate, Philadelphia 1997.

B. Näf, Senatorisches Standesbewußtsein in spätrömischer Zeit, Freiburg/Schweiz 1995.

Chr. Schäfer, Der weströmische Senat als Träger antiker Kontinuität unter den Ostgotenkönigen (490–540 n.Chr.), St. Katharinen 1991.

G. Scheibelreiter, Die barbarische Gesellschaft. Mentalitätsgeschichte der europäischen Achsenzeit 5.–8. Jahrhundert, Darmstadt 1999.

D. Schlinkert, Ordo senatorius und nobilitas. Die Konstitution des Senatsadels in der Spätantike, Stuttgart 1996.

Chr. Schweizer, Hierarchie und Organisation der römischen Reichskirche in der Kaisergesetzgebung vom vierten bis zum sechsten Jahrhundert, Bern u.a. 1991.

P. Southern/K. R. Dixon, The Late Roman Army, London 1996.

M. Waas, Germanen im römischen Dienst im 4. Jh. n.Chr., Bonn 2. Aufl. 1971.

Internationale Beziehungen

Zwischen den antiken Gemeinschaften gab es mannigfaltige Arten von Personalverkehr und Kontakten. Menschen verändern seit alters her ihre Wohnsitze – teils freiwillig, teils unter Zwang. Sie treiben Fernhandel, unternehmen Reisen [GIEBEL], absolvieren Auslandsstudien, machen Erkundungs- und Beutefahrten und anderes mehr. Für Gemeinschaften gilt Vergleichbares: Sie vertreiben Menschen, führen Kriege, suchen solche durch internationale Abkommen zu beenden oder zu verhindern, gründen Staaten, Staatenbünde und überregionale Kultgemeinschaften wie Amphiktyonien, bemühen sich um friedliche Koexistenz und schaffen dazu spezifische Instrumentarien und Verfahrensformen.

Gastfreundschaft. Gastfreundschaft für einen befristeten Zeitraum zu gewähren, war in menschlichen Gemeinschaften stets gebräuchlich und galt in der Antike vielerorts als normative Pflicht sozialen Verhaltens. Zwischengesellschaftlich wurde sie dem aus dem ‚Ausland' kommenden Fremden zuteil, der damit Gastfreund war. Griechen verwandten für beide den Ausdruck *xénos* und nannten ihre Gastfreundschaft folgerichtig *xenía*. Bei den Römern verwandelte die Gastfreundschaft, das *hospitium*, den anfänglich als echten oder potenziellen Feind geltenden Fremden – beide hießen zunächst *hostis* – in einen Gastfreund. Diesen *hospes* zu schützen, war zugleich soziale Verpflichtung und „göttliches Gebot, über das bei den Griechen Zeus Xenios, bei den Römern Juppiter Hospitalis wachte" [WAGNER-HASEL, 795]. In der antiken Welt mangelte es bis in das römische Kaiserreich hinein weitgehend an kommerziell betriebenen Herbergen (*xenodocheía/hospitia*) und in früher Zeit waren nicht nur Wegelagerei, sondern auch Androlepsie (d.h. Menschenraub) akzeptierte Erwerbsquellen. Die Gastfreundschaft bedeutete somit zuerst einmal Schutz vor räuberischer Erpressung, Geiselnahme oder sogar Versklavung durch die Mitbürger des Gastgebers und oft auch sicheres Geleit für den Weiterreisenden. Später gehörte zu den Schutzobliegenheiten die Vertretung des vor Ort ja rechtlosen Fremden in Straf- oder Zivilrechtsangelegenheiten. Ausgestaltet war die Gastfreundschaft bereits in homerischer Zeit durch Unterbringung, Verpflegung und Bekleidung des häufig durch den sakral verbindlichen Handschlag und Eid versicherten Gastes. Hinzu kamen der Austausch von Gastgeschenken [WAGNER-HASEL; KEHNE, Geschenke] und gegebenenfalls ritualisierte Versprechen künftiger Freundschaft (*philía/amicitia*) oder sogar Bundesgenossenschaft (*symmachía/societas*), weshalb die Institution selbst als eine Frühform ‚internationaler' Abkommen angesehen werden kann, die z.T. durch ähnliche Formalien gekennzeichnet waren [KARAVITES 1992; BEDERMAN].

Die entwickelte griechische Polis machte sich Formen privater Gastfreundschaft zunutze, indem sie die Wahrung der Interessen der eigenen Bürger in anderen Städten offiziell jemandem aus der dortigen Gemeinschaft übertrug. Diese ehrenamtliche ‚Auslandsvertretung', *proxenía* genannt [BUSOLT/SWOBODA; GSCHNITZER 1973], entsprach der Aufgabenstellung nach unseren heutigen Konsulaten, die, im Unterschied zu den Botschaften, ebenfalls primär für die Vertretung von Individuen oder Handelsgesellschaften in Rechtsangelegenheiten zuständig sind. Der römische Staat, der für diesen Privatrechtsbereich ein besonderes Recht schuf, hat derartige Einrichtungen nicht gekannt. Für ihn wurden die privat ins feindliche Ausland gehenden Bürger rechtlos [MOMMSEN]. Im befreundeten Ausland nutzten diese selbstgeknüpfte oder ererbte Gastfreundschaftsverpflichtungen, die, wie in Hellas, in der Regel rituell formalisiert waren [BOLCHAZY].

Der Dokumentation römischer Gastfreundschaften dienten ausgetauschte Erkennungszeichen (*tesserae hospitales*) oder Aufzeichnungen (*tabulae patronatus*) des im Rahmen privater Klientelvereinbarungen sogar vertraglich fixierten *hospitium*. Denn zum Zwecke der Interessendurchsetzung im bzw. gegenüber dem immer mächtiger werdenden römischen Staat griffen Angehörige von Staaten, Stämmen, Provinzen, Städten und Gemeinden auf Gastfreunde und auf die innergesellschaftliche Institution der Klientel (*clientela*) zurück, das besondere Schutzverhältnis zwischen einem mächtigen Patron (*patronus*) – meist ein Senator – und einem ihm gehorsamen Klienten (*cliens*). Dieses auch ins Ausland wirkende interdependente Personalverhältnis beeinflusste vom 3. bis zum 1. Jh. v.Chr. die republikanische Außenpolitik und war zugleich zentrale Komponente der Machtsicherung im *Imperium Romanum* [BADIAN]. Daneben existierte in Rom, weit ausgeprägter und formalisierter als in Hellas, noch die öffentliche Gastfreundschaft des römischen Staates. Dieses *hospitium publicum* war in jedem internationalen Freundschaftsverhältnis schon impliziert, wurde jedoch zusätzlich durch einen einseitigen römischen Staatsrechtsakt als Privileg verliehen [MOMMSEN; ZIEGLER 1972] und Staatsgästen und Gesandtschaften zuteil.

▷ S. 174ff.
Die antiken Menschen in ihren Nahbeziehungen

Gesandtschaftswesen. Obwohl beim Gesandtschaftswesen eine Weiterentwicklung der Proxenie oder des *hospitium publicum* nahelag, hat die griechisch-römische Antike die Einrichtung von ständigen Gesandtschaften, d.h. mit berufsmäßigen Diplomaten beschickte Dauervertretungen am Regierungssitz des jeweiligen Partners – also Botschaften im heutigen Sinne – nicht gekannt [OLSHAUSEN]. Stattdessen wurde jeweils eine dem aktuellen Anlass angemessene Zahl von Delegierten entsandt [MOSLEY 1979], um Angelegenheiten der Gemeinschaft im Ausland offiziell vorzubringen. Die griechischen *présbeis* und römischen *legati* waren in der Regel aufgrund spezieller Kenntnisse oder Befähigungen ausgewählte Personen, die im Bedarfsfalle von weiterem Personal wie Sekretären und Dolmetschern begleitet wurden [KIENAST; MOSLEY 1973; KEHNE, Gesandtschaft; HELM]. Angekündigt wurde eine solche Gesandtschaft (*presbeía/legatio*) gegebenenfalls von einem nach antikem Völkergewohnheitsrecht als unverletzlich geltenden Herold (*kḗryx/caduceator*) [ZIEGLER 1994], der ihr zugleich sicheres Geleit verschaffte. Der Empfängerstaat sorgte für Schutz, Beförderung, Unterbringung, Verpflegung und Gastgeschenke, die gemäß der Bedeutung des Absenderstaates gestaffelt sein konnten [KEHNE, Geschenke]. Da der Antike die Geheimdiplomatie berufsmäßiger Unterhändler fremd war, brachten die Gesandten ihr Anliegen in der Regel vor der jeweils verfassungsmäßig zuständigen Instanz öffentlich vor. Das konnte die Exekutive des Empfängerstaates, z.B. König, Kaiser oder Beamte, oder die Legislative sein, z.B. Rat/Senat oder Volksversammlung. Zu ihren Geschäften konnten je nach politischen Erfordernissen Notifikation oder Anerkennung von Regierungswechseln nebst Bekräftigung des status quo, Wiedergutmachungsforderungen, Waffenstillstandsersuchen, Friedens- oder Bündnisverhandlungen, Vertragsabschlüsse oder -modifikationen (d.h. Abänderungen bereits bestehender Abkommen), Bitten um diverse Formen von Unterstützung und ebenso Spionage [RUSSEL; AUSTIN/RANKOV] gehören.

In der Frühzeit Roms war diese Art der Internationalvertretung einem besonderen Priesterkollegium, den *fetiales*, vorbehalten. Sie brachten die Forderungen ihres ‚Souveräns', des *senatus populusque Romanus*, vor, erklärten Krieg, schlossen Verträge und lieferten diejenigen Römer aus, die sich eines ‚Völkerrechtsverbrechens' schuldig gemacht hatten [ZIEGLER 1972; RÜPKE; WATSON]. Zu letzterem gehörten vor allem Übergriffe gegen Gesandte. Denn obwohl für Rom – im Gegensatz zu griechischen Gepflogenheiten – nicht nur der Herold, sondern jeder Gesandte als unantastbar galt und obwohl das römische Strafrecht Vergehen gegen das im Prinzip stets hoch geachtete Gesandtschaftsrecht (*ius legationis*) als Delikt kannte, kam es wiederholt zu Misshandlungen, Verhaftungen oder Hinrichtungen ganzer Delegationen [JÄGER; KEHNE, Gesandtschaft] – sogar auf höchsten Befehl hin.

Antikes Vertragswesen: Konfliktaussetzung – Konfliktvermeidung – Bündnisse. Die antiken Gemeinschaften kannten in der Hauptsache drei Formen der Beendigung von Kriegen:

- Die vollständige militärische Besiegung des Feindes (lat. *debellatio*) bzw. die häufig entscheidenden Niederlagen folgende Einnahme des Feindeslandes, das so in den Besitz des Siegers gelangte.
- Die einer Eroberung in der Konsequenz entsprechende bedingungslose Kapitulation, die entweder die Streitkräfte im Felde und/oder die Gemeinschaft als Ganze dem Willen des Siegers überantwortete.
- Die vertragliche Beendigung kriegerischer Konflikte. Diese ging in der Regel unter zeitweiliger Aussetzung der Kriegshandlungen aus Präliminarverhandlungen zwischen Unterhändlern oder bevollmächtigten Repräsentanten hervor und bedeutete regelmäßig den förmlichen Abschluss eines Staatsvertrags [KEHNE U.A.; DERS. 2003].

Das im Völkerrecht gebräuchliche Institut zur Aussetzung der faktischen Kriegführung ohne formale Beendigung des Kriegszustandes war der Waffenstillstand (griech. *anochaí, ekecheiría, spondaí*; lat. *indutiae*). Diese im Gegensatz zur reinen Kampfpause „vertraglich vereinbarte, befristete Unterbrechung der Kampfhandlungen" [ZIEGLER 1985, 45] konnte je nach Bedürfnislage z.B. zur Gefallenenbestattung einen Tag oder für Friedensverhandlungen mehrere Monate gelten. Für die frühe Republik geben römische Historiker zwischen zwei und vierzig, einmal sogar hundert Jahre als Dauer an; jedoch wird die Historizität, d.h. die geschichtliche Echtheit, solcher Abkommen als bloßer Waffenstillstand zu Recht bezweifelt. Dass ein Kriegszustand etwa nach unentschiedenen Kämpfen zwar völkerrechtlich-formal andauerte, militärische Auseinandersetzungen faktisch aber aufgrund beiderseitiger Kriegserschöpfung oder veränderter außenpolitischer Prämissen unterblieben, bildete eher die Ausnahme. Gleichwohl war dies der Fall, wenn Expansionsvorhaben oder Rachefeldzüge aufgrund zu hoher Verluste oder zu starker Widerstände einfach abgebrochen wurden: So beendete im römisch-germanischen Konflikt die Abberufung des Germanicus (17 n.Chr.) zwar Roms Germanenoffensive, doch dauerte der latente Kriegszustand an.

Im Unterschied zu den im Felde geschlossenen Kriegsverträgen wie Waffenstillstand, be-

Detailskizze

Abschluss antiker Staatsverträge. Um vollgültig wirksam zu sein, waren gemäß dem staatlichen Vertragsmonopol die innerstaatliche Bestätigung des von Feldherrn, Beamten oder Gesandten ausgehandelten Vertrages durch die dazu verfassungsmäßig legitimierte Institution sowie die Ratifizierung nötig, also der förmliche Abschluss durch den Schwur der dazu bevollmächtigten Personen, die dabei ihren Staat repräsentierten. In Athen waren dies häufig die *boulé* oder ein Kollegium wie das der Strategen. In Rom schwor grundsätzlich nur ein Einzelner, zunächst ein Fetialpriester, später ein Magistrat oder der Kaiser. Der oft stereotype Eid – den sakrale Vollzugshandlungen, z.B. Opfer, begleiten konnten – „besteht überall in der Anrufung der Götter zu Zeugen und in der daraus resultierenden Beschwörung der Verfluchung, falls einer der Partner vertragsbrüchig wird" [Heuss, 23]. Für die Gegenseite bekräftigte in der Regel die jeweilige Staats- bzw. Stammesspitze Rom gegenüber den Vertrag.

Ausgehandelt wurden solche Internationalverträge in mündlicher oder schriftlicher Form. Der unilateral gestaltete Vertrag konnte eine reine Auflistung von Verpflichtungen oder der aus Frage und Antwort resultierende Verbalkontrakt sein. Bilaterale – oder die nur in Hellas gebräuchlichen multilateralen – Abkommen waren von vornherein wechselseitig formuliert oder nacheinander eingegangene Selbstverpflichtungen, aus denen die analogen, imperativisch abgefassten Klauseln („Der *populus Romanus* soll ...!" oder „Die Karthager sollen ...!") des endgültigen Vertragstextes komponiert werden konnten. Die Vertragsinhalte dokumentierte die als ‚Beweissicherungsmittel' dienende griechisch-römische ‚Einigungsurkunde' entweder unmittelbar oder nach einem Präskript über die Willenseinigung der Parteien. Aus dem griechisch-hellenistischen Bereich sind zudem Urkunden erhalten, die den Vertragstext in psephismatischer Form, d.h. im Kontext des ihn billigenden innerstaatlichen Beschlusses wiedergeben.

Quellen: K. Brodersen/W. Günther/H. H. Schmitt, Historische griechische Inschriften in Übersetzung, 3 Bde., Darmstadt 1992–1999; W. G. Grewe, Fontes Historiae Iuris Gentium, Bd. 1, Berlin 1995; R. Meiggs/D. Lewis, A Selection of Greek Historical Inscriptions, Oxford 2. Aufl. 1988; Die Staatsverträge des Altertums, Bd. 2 u. 3, bearb. von H. Bengtson und H. H. Schmitt, München 2. Aufl. 1975; 1969.

Literatur: A. Heuss, Abschluß und Beurkundung des griechischen und römischen Staatsvertrages [1934], in: Ders., Gesammelte Schriften, Bd. 1, Stuttgart 1995, 340–419.

dingte Kapitulation, freier Abzug [Ziegler 1985] und zu dem völkerrechtlichen ‚Verfügungsgeschäft' der *deditio*, das den solcherart kapitulierenden Personalverband juristisch auslöschte, waren ‚Staatsverträge' offizielle Vereinbarungen zweier oder mehrerer Völkerrechtssubjekte, die den jeweiligen Personalverband als Ganzes banden und stets die völkerrechtliche Anerkennung des Partners einschlossen.

Als steinerne oder bronzene Inschriften wurden Staatsverträge jeweils an einer für die Vertragsstaaten zentralen Lokalität publiziert; viele Verträge erhielten sogar diesbezügliche Veröffentlichungsklauseln. Das Formular griechisch-römischer Internationalverträge wies keine einheitliche Struktur, im Zuge der Zeit jedoch einige „formularmäßige Klauseln" auf [Ziegler 1994, 34]. Unabdingbare Bestandteile waren die Nennung aller Vertragsschließenden, des damit etablierten völkerrechtlichen Zustandes bzw. Verhältnisses (Frieden: *eirḗnē/pax*; Freundschaft: *philía/amicitia*; Bündnerschaft: *symmachía/societas*) und die Aufzählung der dieses Verhältnis ausgestaltenden Einzelbestimmungen (*synthḗkai/condiciones*). Analog dazu lassen sich die Staatsverträge verschiedenen Kategorien zuweisen [Busolt/Swoboda; Täubler; Karavites 1982; Nörr 1989; Baltrusch; Kehne u.a.]: Kapitulationsverträge; befristete oder ewig gültige Friedensverträge (*spondaí*, später *eirḗnē/foedus pacis*); Verträge über eine unbedingte Bundesgenossenschaft (*symmachía/foedus societatis*) oder eine bedingte, d.h. nur defensive (*epimachía*) oder eine subordinierte Bündnerschaft, wobei eine Klausel bestimmte, dieselben Freunde und Feinde zu haben wie der führende Staat (Hegemon). Im Falle Roms waren dies (heute so genannte) *foedera iniqua*, die dem Vertragsschließenden neben der Subordinati-

Zugänge zur Antike
Die antiken
Menschen in ihren
Gemeinschaften
Internationale Beziehungen

on seiner Außenpolitik ausdrücklich den Respekt der römischen Oberhoheit (*maiestas*) vorschrieben [DAHLHEIM; ZIEGLER 1972; GRUEN]. Auf solchen bi- oder multilateralen Bundesgenossenschaftsverträgen basierten bedeutende Staatenbünde der Antike [GSCHNITZER 1999] wie der ‚Peloponnesische Bund' unter der Hegemonie Spartas, der Erste und der Zweite Athenische Seebund unter Führung Athens, der Korinthische Bund unter Leitung des Makedonenkönigs und die italische Wehrgemeinschaft unter dem Befehl Roms. Griechen kannten ferner reine Freundschaftsverträge, Asylieverträge, die staatsoffiziell Zuflucht garantierten, Rechtshilfeabkommen sowie Verträge über kollektive Bürgerrechtsverleihungen (*isopoliteía*) [GAWANTKA] und über staatliche Zusammenschlüsse (*sympoliteía*) [GIOVANNINI], aus denen die im 3. und 2. Jh. v.Chr. bedeutenden griechischen Bundesstaaten wie der Ätoler- und der Achäische Bund hervorgingen.

▷ S. 25
Die Mittelmeerwelt
vom 6. bis
Jahrhundert

▷ S. 188ff.
Die antiken
Menschen in
ihren Gemeinschaften/
Griechenland

Einzelbestimmungen konnten Bedingungen zur Friedenssicherung enthalten wie Waffenabgabe, Geiselstellung, Auslieferung von Kriegstreibern, Herausgabe oder Schleifung von Festungen usw. Gelegentlich wurden ausdrücklich Kriegsschuld und Reparationen bestimmt. Zur Kriegsfolgenbeseitigung zählten auch die Freigabe geraubter Menschen, Güter und Ländereien, während Gebietsabtretungen und Tribute eher Sanktionen darstellten. Zur Vermeidung künftiger Konflikte konnten wie im so genannten Ebrovertrag zwischen Rom und dem spanischen Machtbereich der karthagischen Barkiden politische Interessensphären abgesteckt werden. Oder man bestimmte wie 449 v.Chr. in dem in dieser Form womöglich unhistorischen Kallias-Frieden zwischen Athen und Persien und in den ersten römisch-karthagischen Verträgen Grenzen für den militärischen und ökonomischen Verkehr. Oder es wurden wie jenseits der Donau zur Zeit der Markomannenkriege (165–180 n.Chr.) entmilitarisierte Zonen eingerichtet [KEHNE, Interessensphären]. Auch Beschränkungen der feindlichen Militärmacht, Abrüstungsvorschriften und Bestimmungen, die Angriffe auf Dritte untersagten, dienten diesem Zweck. Neutralitätsklauseln sollten das Verhalten der Vertragsschließenden im Falle eines Krieges gegen Dritte regeln, z.B. durch die Auflagen, diesen den Durchzug durch ihr Gebiet nicht willentlich zu gestatten und sie nicht mit Waffen zu beliefern. Änderungsklauseln sahen künftige Modifikationen oder Aktualisierungen im Vertragsverhältnis vor.

Für den Fall von Vertragsverstößen setzten griechisch-hellenistische Verträge häufig an bedeutende Heiligtümer zu entrichtende Bußen fest und sahen für künftige Konflikte die Einleitung von Schiedsverfahren vor. Im *Imperium Romanum* und seiner auswärtigen Einflusszone wurden zwischenstaatliche Streitigkeiten durch Senatsbeschlüsse entschieden, die ab dem 2. Jh. v.Chr. de facto Anordnungen gleichkamen. Für deren Befolgung sorgte neben den machtpolitischen Verhältnissen vor allem der Umstand, dass viele staatliche Eigenexistenzen praktisch einer von Rom tolerierten, fallweise jedoch beliebig widerrufbaren Autonomie entsprachen, was dann zur Inkorporation der Betroffenen in den Provinzialbereich führte. Historisch hing dies mit der steigenden Abhängigkeit vornehmlich der Staaten im Osten zusammen, zu der die extensive Anwendung eines bestimmten Völkerrechtsinstituts beitrug, das im Gegensatz zu anderen stets streng formularisiert blieb: die Dedition.

Die noch heute in Rom stehende Markussäule zeigt eine in der bildlichen Überlieferung einmalige antike **Schwurszene**, in der der römische Kaiser Mark Aurel (161–180) (Mitte/links) während der Markomannenkriege (165–180) in einem römischen Lager einem Germanenfürsten (rechts) einen Eid abnimmt. Hiermit könnten ein *foedus*, also ein förmlicher ‚Staatsvertrag', beschworen oder jene Auflagen bekräftigt worden sein, die Rom zur Bedingung für die völkerrechtliche Wiederherstellung des Stammes machte, der sich damals ergeben hatte. Dass man den Kaiser, obwohl er mit dem Germanen auf derselben Ebene agiert, größer darstellte, ist als Ausdruck römischer Überlegenheitsideologie zu werten.

Bild: Markussäule Rom, E. Petersen u.a. (Hrsg.), Die Marcus-Säule auf der Piazza Colonna in Rom, München 1896, Taf. 39A: Szene XXX/XXXI.

Literatur: A. Birley, Marcus Aurelius, London 3. Aufl. 1993, bes. Abb. 28; P. Kehne/J. Teijral, Art. „Markomannenkrieg", in: Reallexikon der Germanischen Altertumskunde, Bd. 19, Berlin/New York 2001, Sp. 308–321.

Zugänge zur Antike
Die antiken
Menschen in ihren
Gemeinschaften
Internationale Beziehungen

Wenn Rom nach einer förmlichen Wiederherstellung (*restitutio*) nicht den Abschluss eines Bündnisses gewährte, herrschte lediglich ein Freundschaftsverhältnis, die völkerrechtliche *amicitia*. Diese wurde im Übrigen durch jeden nichtkriegerischen Offizialkontakt hergestellt. Sie bedurfte also keiner vertraglichen Stiftung [Heuss] und war außenpolitisch von Rom frei auszugestalten, weil diese ‚Freunde' kaum Chancen hatten, dem mächtigen Partner die Erfüllung seiner schon befehlsmäßigen ‚Bitten' zu verweigern [Badian; Dahlheim; Gruen; Kehne 1989; Schulz].

Völkerrechts- und Friedensordnungen. Während die Antike nachweislich völkerrechtliche Grundsätze wie z.B. die Unverletzlichkeit von Herolden oder Gesandten, das Kriegs- und Beuterecht, die Kriegslegitimation (s.u.) und völkerrechtliche Verhaltensnormen wie Verlässlichkeitsgarantien und Vertragstreue (*fides*) [Nörr 1991; Kaser; Ziegler 1995; Bederman] sowie die Institution der Kriegs- und Staatsverträge kannte, wird die Existenz einer universalen Völkerrechtsordnung für weite Phasen der griechischen und römischen Geschichte zu Recht bestritten. Denn jene erfordert ein System von Personalverbänden (‚Staaten', Stämme, Königreiche usw.), die sich untereinander als gleichwertige und damit gleichberechtigte ‚Völkerrechtssubjekte' anerkennen, wovon vor allem für die Zeit von der Späten Republik bis zur Spätantike keine Rede sein kann. Eine Ausnahme bildet für den letztgenannten Zeitraum allein die Beziehung zwischen dem Imperium Romanum und dem Parther-, später dem Sasanidenreich. Eine völkerrechtliche Ordnung – die freilich Randvölker als so genannte Barbaren ausklammerte [Kehne, Randvölker; Timpe 2000] – kann daher für die

Detailskizze

Entsprechend der altrömischen Rechtsordnung, die Rechtsgeschäfte an strikte Formularprozesse band, war das Frage-Antwort-Schema der Institution der **deditio** stereotyp gehalten. Diese war kein Vertrag, sondern „der Vorgang, durch den die unbedingte Herrschaftsgewalt über ein fremdes Gemeinwesen mit dessen Einwilligung auf Rom übergeht" [Heuss, 60]. Entscheidende Rechtsfolge dieses völkerrechtlichen „Verfügungsgeschäfts" [Ziegler 1972, 95] ist „die ‚rechtliche Selbstvernichtung' des bis dato ‚souveränen' [...] Staatswesens, das sich mit dem Deditionsakt ‚der absoluten Verfügungsgewalt des Siegers unterstellt' und folglich in seiner Eigenschaft als völkerrechtliches Subjekt zu bestehen aufhört" [Kehne 1989, 141]. Die *formula deditionis* legt dafür vier einzelne Akte fest, in denen eingangs die Legitimation der Deditionswilligen und die ‚Souveränität' ihres Gemeinwesens geprüft werden. Sodann erfolgt die vollständige Übergabe desselben in die römische *dicio*, d.h. Roms rechtlich unbeschränkte Verfügungsgewalt, wobei Land, Städte, Menschen, Vieh, Heiligtümer usw. penibel aufgezählt werden. Den rechtskräftigen Schluss macht die *receptio*, die förmliche Annahme der Übergabe. Faktische Okkupation war nicht vonnöten, so dass dieses Institut auch aus der Distanz und im Frieden wirksam war. Die Dedition ist deshalb so wichtig, weil sie die Grundlage für das römische Provinzialreich war und Rom sie seit dem 2. Jh. v.Chr. in der überwiegenden Mehrzahl der Fälle zur Voraussetzung für seine Freundschaft machte. Denn die Römer konnten die *peregrini dediticii*, deren staatliche Organisation faktisch ja meistens weiter bestand, durch den einseitigen Staatsrechtsakt der **restitutio**, d.h. einer förmlichen Wiederherstellung, bei der Rom ebenso penibel alles Erhaltene zurückgab, aus seiner Verfügungsgewalt wieder in die staatliche Unabhängigkeit entlassen und damit als Völkerrechtssubjekt restituieren.

Literatur: Heuss; Dahlheim; Ziegler 1972; Kehne 1989; Nörr 1989; Schulz.

Antike in der Hauptsache nur für die Zeit von 600–168 v.Chr. angesetzt werden [KLOSE; ZIEGLER 1994]. Zwar hatten die machtpolitischen Verhältnisse und die weiterhin gebräuchlichen Völkerrechtsinstitute [SCHULZ] gegen Ende der Spätantike ihre Wiederkehr begünstigt, hinderlich waren jedoch Roms Weltherrschaftsanspruch und eine ethnische Weltanschauung, die beinahe sämtliche Reichsfremden als *barbari* einstufte. Und mit diesen war aus römischer Sicht weder ein kultureller noch ein verbindlicher Internationalverkehr auf derselben Stufe möglich.

Demgegenüber waren antike Gemeinschaften vom 5. Jh. v.Chr. bis zum 5. Jh. n.Chr. wiederholt bemüht, eine allgemeine Friedensordnung zu schaffen. Für die Notwendigkeit dazu sorgten zunächst die beinahe permanenten militärischen Auseinandersetzungen unter griechischen Poleis, die während des Gottesfriedens der Olympischen Spiele oder der ‚Heiligen Kriege' der delphischen Amphiktyonie allenfalls kurzfristig und selbst angesichts der großen auswärtigen Bedrohung durch das Perserreich 481 v.Chr. nur partiell aussetzten. Perikles' Plan eines allgemeinen Friedenskongresses ließ sich aufgrund des athenisch-spartanischen Antagonismus nicht realisieren. Und so war es dann 387/6 v.Chr. ausgerechnet der Perserkönig, der den selbstmörderischen Dauerstreit im griechischen Mutterland unterband und damit die Idee eines allgemeinen, die Autonomie der kleineren Poleis sichernden Friedens (*koiné eiréne*) [JEHNE] durch seinen dekretierten ‚Königsfrieden' – wenn auch nur kurzfristig – verwirklichte. Weitere, teilweise konkurrierende Friedensordnungen wurden bis 362 v.Chr. von verschiedenen Mächten wie Sparta, Athen und Theben neu aufgelegt, die jeweils die ‚Kontrolle' (*prostasía*) des Friedens beanspruchten [BECK]. Doch erst die von Philipp II. 338 v.Chr. errichtete Vorherrschaft Makedoniens über Zentralhellas brachte diesem für längere Zeiträume Frieden – allerdings den von Unterworfenen. Ähnlich beschaffen war die von Rom etablierte Friedensordnung, die in der Kaiserzeit erstmals so titulierte *pax Romana* [KEHNE 2000]. Die hegemoniale Struktur des römischen Bundesgenossensystems sorgte zunächst zwischen den Gemeinden Italiens für Frieden. Seine von zahlreichen internationalen Freundschaftsbeziehungen flankierte Ausbreitung brachte dann in weiten Teilen der Mittelmeerwelt und ihren Randgebieten eine außenpolitische Eindämmung von Konflikten zwischen den *amici et socii populi Romani*. Am Ende der republikanischen Epoche waren alle dortigen Gemeinden entweder in die römischen Provinzen inkorporiert oder als vertragsgebundene (*civitates foederatae*) oder freie (*civitates liberae*) Bestandteile des *Imperium Romanum* definiert. Das Römische Reich behielt bis zur fast allgemeinen Bürgerrechtsverleihung 212 n.Chr. im Prinzip Grundzüge einer „internationalen Gemeinschaft" [LINTOTT], in der das römische Kaiserreich zum bislang einzigen Mal in der Geschichte des Mittelmeerraumes zumindest zwischenstaatlichen Frieden, eben die *pax Romana*, garantierte. Zum Leidwesen der Reichsbewohner war diese zeitweise nicht mehr als bloße Friedensideologie, mit der zwar ein nahezu beständiger Krieg gegen jenseits der Reichsgrenzen lebende ‚Barbaren' noch vereinbar war [KEHNE 2000], die aber die Wirklichkeit der reichsweit immer wieder tobenden und im hohen Maße Resourcen vernichtenden Bürgerkriege zwischen Kaisern und Usurpatoren ausklammerte. Und so belegen auch die verschiedenen antiken Friedensvorstellungen und die besonders in der christ-

Detailskizze

Die zu Anfang des 20. Jh.s vertretene Theorie einer „natürlichen Feindschaft", „minder genau als dauernder Kriegszustand" zwischen den Völkern verstanden [Mommsen, 591], wurde längst widerlegt [Heuss; Ziegler 1972]. Dennoch war der **auswärtige Krieg** – *pólemos/bellum* im Gegensatz zum Bürgerkrieg (*stásis/bellum civile*) definiert als ein mit organisierten militärischen Mitteln gewaltsam ausgetragener Konflikt zwischen ‚Staaten' – die intensivste und existenzbedrohendste Form der Auseinandersetzung zwischen antiken Gemeinschaften. Denn die Kriegführung war fast immer total, weil man nicht zwischen Kombattanten und Zivilbevölkerung unterschied und im Extremfall vor der völligen Vernichtung der Gemeinschaft und ihrer Infrastruktur nicht Halt machte. Land, Menschen, Tiere, Gebäude usw. gehörten dem Sieger; und alles konnte von ihm nach Belieben als Beute in Besitz genommen, weggeschleppt, verkauft oder getötet, verwüstet und zerstört werden – Einschränkungen galten allenfalls für Heiligtümer. Angesichts dieser drastischen Konsequenzen gab es bereits in archaischer Zeit Bestrebungen, den Kriegseintritt zu reglementieren, die Kriegführung auszusetzen oder zu beschränken – z.B. durch Zweikampfentscheidung und agonale, d.h. wettkampfmäßig verabredete, Schlachten. In Hellas verpflichteten sich Mitglieder derselben Amphiktyonie, einander weder die „Stadt zu zerstören, ‚noch sie auszuhungern, noch sie vom fließenden Wasser abzuschneiden, sei es im Kriege, sei es im Frieden'" [Ziegler 1994, 31]. Auch in Mittelitalien übernahm der ‚Staat' das Kriegsmonopol, um zu verhindern, dass private Fehden oder Raubunternehmen die Gesamtgemeinde in Kriege verwickelten. Anfänglich waren es Fetialpriester, später Gesandte, die Wiedergutmachung forderten und im Ablehnungsfalle nach Ablauf einer längeren Bedenkzeit die Kriegserklärung aussprachen (*indictio belli*) [Rich]. Ein Krieg galt den Römern lange Zeit bereits dann als ‚gerechter und frommer Krieg' (*bellum iustum et pium*), wenn sie lediglich ein formales Kriegseröffnungsprozedere einhielten und objektive Gründe, etwa die Verteidigung von Bundesgenossen oder Verletzungen von Verträgen oder des Völkerrechts, vorlagen. Moralische Aspekte traten erst ab dem 2. Jh. v.Chr. hinzu. Bei den Griechen standen inhaltliche und moralische Gründe wie göttlicher Auftrag, Vergeltung, Strafe usw. im Vordergrund. Auch bei ihnen war eine förmliche Kriegserklärung üblich, für einen als ‚gerecht' erachteten Krieg (*pólemos díkaios*) aber nicht zwingend.

Literatur: S. Albert, Bellum iustum, Kallmünz 1980; S. Clavadetscher-Thürlemann, *Pólemos díkaios* und *bellum iustum*, Diss. Zürich 1985; Heuss; Rich; P. Tasler/P. Kehne, Art. „Bürgerkrieg", in: Sonnabend 1999, 76–82; Timpe 1990; Ziegler 1972; Ders. 1994.

Zugänge zur Antike
Die antiken
Menschen in ihren
Gemeinschaften
Internationale Beziehungen

lichen Lehre propagierte Idee einer internationalen Friedensgemeinschaft letztlich nur, dass Krieg für die antiken Gemeinschaften das zentrale Problem blieb.

Erzwungenes und freiwilliges Verlassen der Gemeinschaft.

Zwischenstaatliche Machtpolitik, vor allem aber Kriege, sorgten in der Antike für die Vernichtung ganzer Gemeinschaften oder dafür, dass Individuen und Gruppen gewaltsam aus diesen herausgerissen wurden. Im Gegensatz zur bloßen Kriegsgefangenschaft, die noch im Zuge des Konflikts durch militärische Befreiung oder Gefangenenaustausch und später durch Auslieferungsforderungen der Sieger oder Freikauf beendet werden konnte, waren Massenversklavungen – 490 v.Chr. in Eretria durch die Perser, 416 v.Chr. auf Melos durch die Athener, 146 v.Chr. in Karthago und Korinth durch die Römer – und Zwangsumsiedlungen unterworfener Bevölkerungen von vornherein auf Dauer angelegte Maßnahmen des Siegers [Volkmann; Kehne 1989]: Entweder löschten sie die betroffene Gemeinschaft aus oder beendeten zumindest ihre bisherige Lebensform. Individual- oder Kollektivschicksale konnten auch ohne Kriegseinwirkung die gleiche Folge haben, etwa durch Überfälle von ‚Barbaren', Seeräubern oder Sklavenfängern. Zum kurz- oder längerfristigen Verlassen der eigenen Gemeinschaft konnten antike Menschen auch durch Geiselschaft im Rahmen internationaler Abkommen gezwungen werden; ferner durch gewaltsame Vertreibung – z.B. des Tyrannen, seiner Anhängerschaft oder einer unterlegenen Bürgerkriegspartei –; außerdem durch rechtskräftige Ausweisung bzw. Verbannung [Grasmück], die aufgrund von Strafgesetzen oder Dekreten oder – wie in Athen und einigen anderen Poleis – durch

▷ S. 37
Die Mittelmeerwelt vom 6. bis 4. Jahrhundert

Ostrakismos erfolgen konnte. Dem entsprach, dass Verbannte in anderen Gemeinschaften aufgenommen wurden – wie überhaupt erst die griechische Antike ein über die allerorten tolerierte Zuflucht in heiligen Bezirken hinausreichendes staatliches Asylwesen schuf, das zwischen den Poleis auch vertraglich regelbar war. Zeiten äußerer Gefahr sahen bisweilen eine vereinbarte Rückkehr von Verbannten wie z.B. 481 v.Chr. innerhalb der griechischen Symmachie. Um die von den zahlreichen Exilantengruppen ausgehende beständige Gefährdung des inner- und zwischenstaatlichen Friedens in Hellas endlich einmal nachhaltig zu beseitigen, griff Alexander der Große 324 v.Chr. sogar zum Mittel einer allgemeinen Amnestie [SEIBERT].

Rom kannte anfänglich nur die magistratische Ausweisung Fremder, z.B. Philosophen, Astrologen, Propheten, Zauberer, Kultgemeinschaften usw., nicht aber die strafrechtliche Verbannung eigener Bürger. Diese gab es erst in der Späten Republik, wobei Publius Clodius 58 v.Chr. eigens gegen Cicero ein Verbannungsgesetz einbrachte. Gebräuchliche Verbannungsorte waren in der Kaiserzeit kleine Inseln oder das ‚Ende der Welt' – jedenfalls der zivilisierten. Zu den prominentesten der 2 v.Chr. von Augustus persönlich verbannten ‚Staatsfeinde' zählten seine Tochter Julia und der Dichter Ovid. Jene lebte bis 3 n.Chr. auf Pandateria und danach bis zu ihrem Tode 14 n.Chr. in Rhegium. Dieser beendete sein Leben 17/18 n.Chr. im Exil der griechischen Schwarzmeerstadt Tomis, wo er die Gattung der Exilliteratur wesentlich prägte [CLAASSEN]. Das strafrechtliche *exilium* knüpfte an die republikanische Praxis an, von einer Kapitalstrafe bedrohten prominenten Bürgern Zeit zur Flucht ins Ausland zu geben, was eigentlich eine ‚Selbstverbannung' und damit eine ‚freiwillige' Absonderung aus der eigenen Gemeinschaft war. Die Bandbreite reichte von politischen Flüchtlingen über entflohene Sklaven, Deserteure und Verräter bis zur Abwanderung ganzer Kollektive, die der ökonomischen Not oder sonstigen Bedrückungen in der Heimat zu entkommen suchten. Zahlreiche Bevölkerungsbewegungen von Beginn der Antike an, Teile der griechischen Kolonisation, Flucht aus römischen Provinzen, aber ebenso versuchte Landnahme und bewusste Ansiedlungen im *Imperium Romanum* [KEHNE 1989] sind so zu erklären. Dieser Migration nach draußen stehen Formen des ‚inneren' Ausstiegs gegenüber, die noch heute geläufig sind: Sekten, Einsiedler/Eremiten, also Leute, die ‚in die Wüste gehen' (z.B. christliche Anachoreten), Esoterikerzirkel, abgetauchte Kriegsdienstverweigerer, kriminelle Vereinigungen und bei vielen Christen auch die Abkehr von der Welt in unmittelbarer Erwartung des Jüngsten Gerichts.

Peter Kehne

Literatur

N. J. E. AUSTIN/N. B. RANKOV, Exploratio. Military and Political Intelligence in the Roman World from the Second Punic War to the Battle of Adrianople, London/New York 1998.

E. BADIAN, Foreign Clientelae (264–70 B.C.), Oxford 1958.

E. BALTRUSCH, Symmachie und Spondai. Untersuchungen zum griechischen Völkerrecht der archaischen und klassischen Zeit, Berlin 1994.

H. BECK, Art. „Koine Eirene", in: Der Neue Pauly, Bd. 6, Stuttgart/Weimar 1999, Sp. 633f.

D. J. BEDERMAN, International Law in Antiquity, Cambridge 2001.

Zugänge zur Antike
Die antiken
Menschen in ihren
Gemeinschaften
Internationale Beziehungen

L. J. BOLCHAZY, Hospitality in Antiquity, Chicago 2. Aufl. 1995.
G. BUSOLT/H. SWOBODA, Griechische Staatskunde, Bd. 2, München 1926.
J.-M. CLAASSEN, Displaced Persons. The Literature of Exile from Cicero to Boetius, London 1999.
W. DAHLHEIM, Struktur und Entwicklung des römischen Völkerrechts im 3. und 2. Jh. v.Chr., München 1968.
W. GAWANTKA, Isopolitie, München 1975.
M. GIEBEL, Reisen in der Antike, Darmstadt 1999.
A. GIOVANNINI, Untersuchungen über die Natur und die Anfänge der bundesstaatlichen Sympolitie in Griechenland, Göttingen 1971.
E. L. GRASMÜCK, Exilium. Untersuchungen zur Verbannung in der Antike, Paderborn 1978.
E. S. GRUEN, The Hellenistic World and the Coming of Rome, Berkeley/Los Angeles 1986.
F. GSCHNITZER, Art. „Proxenos", in: RE Supplementband XIII, München 1973, Sp. 629–730.
DERS., Staatenverbindungen, in: SONNABEND 1999, 498–501.
R. HELM, Untersuchungen über den auswärtigen diplomatischen Verkehr des Römischen Reiches im Zeitalter der Spätantike, in: OLSHAUSEN/BILLER 1979, 321–408.
A. HEUSS, Die völkerrechtlichen Grundlagen der römischen Außenpolitik in republikanischer Zeit, Leipzig 1933.
M. JÄGER, Die Unverletzlichkeit der Gesandten zur Zeit der römischen Republik, Diss. Hamburg 1994.
M. JEHNE, Koine Eirene, Stuttgart 1994.
P. KARAVITES, Capitulations and Greek Interstate Relations, Göttingen 1982.
DERS., Promise-Giving and Treaty-Making, Leiden/New York 1992.

M. KASER, Ius gentium, Köln 1993.
P. KEHNE, Formen römischer Außenpolitik in der Kaiserzeit. Die auswärtige Praxis im Nordgrenzenbereich als Einwirkung auf das Vorfeld, Diss. Hannover 1989.
DERS., Art. „Gesandtschaft: Römische Zeit", in: Reallexikon der Germanischen Altertumskunde, Bd. 11, Berlin/New York 1998, 457–461.
DERS., Art. „Geschenke: Historisches", ebd., 470–474.
DERS., Art. „Interessensphären", in: SONNABEND 1999, 234–236.
DERS., Art. „Randvölker", ebd., 404–407.
DERS., Art. „Pax", in: Der Neue Pauly, Bd. 9, Stuttgart/Weimar 2000, Sp. 454f.
DERS., 1000 ausgewählte Internationalverträge der griechisch-römischen Antike, in: Der Neue Pauly, Bd. 16, Stuttgart/Weimar 2003, Sp. 338–437.
DERS./H. NEUMANN/F. STARKE/H. BECK, Art. „Staatsvertrag", in: Der Neue Pauly, Bd. 11, Stuttgart/Weimar 2001, Sp. 879–884.
D. KIENAST, Art. „Presbeia", in: RE Supplementband XIII, München 1973, Sp. 499–628.
P. KLOSE, Die völkerrechtliche Ordnung der hellenistischen Staatenwelt in der Zeit von 280 bis 168 v.Chr., München 1972.
A. W. LINTOTT, Imperium Romanum, London/New York 1993.
TH. MOMMSEN, Römisches Staatsrecht, 3 Bde., Leipzig 3. Aufl. 1887/88.
D. MOSLEY, Envoys and Diplomacy in Ancient Greece, Wiesbaden 1973.
DERS., Die Größe der Gesandtschaften in der griechischen Diplomatie, in: OLSHAUSEN/BILLER 1979, 110–124.
D. NÖRR, Aspekte des römischen Völkerrechts. Die Bronzetafel von Alcántara, München 1989.
DERS., Die Fides im römischen Völkerrecht, Heidelberg 1991.
E. OLSHAUSEN, Zur Frage ständiger Gesandt-

schaften in hellenistischer Zeit, in: Ders./Biller 1979, 291–317.

Ders./H. Biller (Hrsg.), Antike Diplomatie, Darmstadt 1979.

J. W. Rich, Declaring War in the Roman Republic in the Period of Transmarine Expansion, Brüssel 1976.

J. Rüpke, Domi militiae. Die religiöse Konstruktion des Krieges in Rom, Stuttgart 1990.

F. S. Russel, Information Gathering in Classical Greece, Ann Arbor 1999.

R. Schulz, Die Entwicklung des römischen Völkerrechts im vierten und fünften Jahrhundert n.Chr., Stuttgart 1993.

J. Seibert, Die politischen Flüchtlinge und Verbannten der griechischen Geschichte, 2 Bde., Darmstadt 1979.

H. Sonnabend (Hrsg.), Mensch und Landschaft in der Antike. Lexikon der historischen Geographie, Stuttgart 1999.

E. Täubler, Imperium Romanum. Studien zur Entwicklungsgeschichte des römischen Reiches, Bd. 1, Leipzig 1913.

D. Timpe, Das Kriegsmonopol des römischen Staates, in: W. Eder (Hrsg.), Staat und Staatlichkeit in der frühen römischen Republik, Stuttgart 1990, 368-387.

Ders., Der Barbar als Nachbar, in: Chr. Ulf (Hrsg.), Ideologie – Sport – Außenseiter, Innsbruck 2000, 203–230.

H. Volkmann, Die Massenversklavungen der Einwohner eroberter Städte in der hellenistisch-römischen Zeit, Stuttgart, von G. Horsmann erw. Aufl. 1990.

B. Wagner-Hasel, Art. „Gastfreundschaft (III)", in: Der Neue Pauly, Bd. 4, Stuttgart/Weimar 1998, Sp. 794–797.

A. Watson, International Law in Archaic Rome, Baltimore/London 1993.

K.-H. Ziegler, Das Völkerrecht der römischen Republik, in: Aufstieg und Niedergang der Römischen Welt, Bd. I 2, Berlin/New York 1972, 68–114.

Ders., Kriegsverträge im antiken römischen Recht, in: Zeitschrift der Savigny-Stiftung für Rechtsgeschichte. Romanistische Abteilung, Bd. 102, 1985, 40–90.

Ders., Völkerrechtsgeschichte, München 1994.

Ders., Ius gentium als Völkerrecht in der Spätantike, in: Festschrift H. Ankum, Amsterdam 1995, Bd. 2, 665–675.

Zugänge zur Antike

Die antiken Menschen und ihre Götter

Griechisch-römisch

Wie viele Religionen kannte die Antike? Bereits der Plural im Titel dieses Beitrag macht es deutlich: Wir können uns antiker Religion nicht mit den Vorstellungen von ‚Religion' nähern, welche uns die für die jüngere europäische Geschichte relevanten Religionen vermitteln: das Judentum, das Christentum in seinen zunehmend konfessionalisierten Ausprägungen, der zunächst im Südwesten und Südosten Europas, nun überall verbreitete Islam. Judentum und Christentum sind zwar schon antike Religionen und auch den Islam kann man mit guten Gründen noch als spätantike Religion beschreiben. Doch in ihrer Konzentration auf einen einzigen Gott, dem Theologen Ausschließlichkeitsansprüche zuschreiben, sind sie eher untypisch. Auch wenn antike Individuen oder Vereine sich auf den Kult je eines Gottes konzentriert haben mögen, so kann man doch die Antike nicht als Nebeneinander von Dionysos-, Zeus-, Isis-, Silvanus- oder Mithrasreligion – um nur fünf besonders attraktive Gottheiten zu nennen – beschreiben. Der Regelfall ist die Verehrung oder wenigstens die Anerkennung mehrerer Götter, also ‚Polytheismus', ein Wort im Übrigen, das von Anfang an polemisch gemeint ist und aus der Feder eines Monotheisten, des jüdischen Philosophen Philon von Alexandria (um 15 v.Chr. – um 50 n.Chr.), stammt.

Kann man dann von der *einen* polytheistischen antiken Religion sprechen? Oder von *den* polytheistischen Religionen der Römer, Griechen und Ägypter, wie es die christlichen Apologeten, die ‚Verteidiger' ihres Glaubens in einer nichtchristlichen Intellektuellenwelt, taten? Beides geht an der Sache vorbei. Es geht vorbei, weil die Gegenseite sich selbst nicht durch die Zahl der Götter charakterisierte und insofern auch Monotheisten als Verehrer eines – zufällig – anderen Gottes in ihr eigenes Bild integrieren konnte. Es geht aber auch vorbei, weil die Christen zwar ein Interesse daran hatten, für ihre eigenen Besonderheiten den Schutzraum einer ‚ethnischen' Tradition zu erwerben, ethnische Herkunft politisch wie religiös in den großen Städten des ‚römischen' Mittelmeerraums aber nur eine untergeordnete Rolle spielte. Will man von einzelnen ‚Religionen' sprechen – und ein antikes Äquivalent dafür fehlt, denn im Lateinischen bezeichnen *religiones* die selbstauferlegten religiösen Verpflichtungen eines Einzelnen –, so muss man auf die Städte oder in weniger stark urbanisierten Gebieten auf die Stämme schauen: Antike Religion war in erster Linie ein lokales Phänomen, war ortsgebunden, war Religion von Theben, von Rhodos, von Rom oder von Selinunt.

Spätestens der Blick auf das Römische Reich jedoch lehrt, dass das wiederum nur die halbe Wahrheit ist. Denn der Mittelmeerraum bildete eine Region mit vielfachem Austausch; Händler, Gesandte und Statthalter, Militärangehörige und Migranten aus Unter- und Oberschichten lebten ‚ortsfremd' und gehörten nicht zur autochthonen, alteingesessenen Bevölkerung. Die Praxis der *interpretatio*, der Übersetzung von Götternamen durch Gleichsetzung fremder mit eigenen Göttern, war griechisch-römische Praxis und als Technik spätestens seit den ethnographischen Exkursen im Geschichtswerk Herodots bekannt. Der Umgang mit griechischer Mythologie in lateinischer Literatur und deren Rezeption in der nachantiken europäischen Literaturgeschichte hat Gleichungen wie Zeus/Juppiter, Ares/Mars oder Aphrodite/Venus zur gängigen Vorstellung gemacht. Doch aus Verständnishilfen oder Kom-

▷ S. 265
Die antiken Menschen über sich

Die Präsenz einer **Kultstatue** in einem Bauwerk, das als Haus des Gottes verstanden wird, gehört zu den Charakteristika mediterraner Religion in griechisch-römischer Zeit. Diese Statue steht in einem Verhältnis zur Gottheit, das je nach Situation und Person ganz unterschiedliche Beschreibungen finden kann. Die Statue kann als Menschenwerk denunziert oder als menschliches Kunstwerk oder archaisch-ungeformtes ‚Altertum' gefeiert werden. Zugleich ist sie eine Epiphanieform (Erscheinungsform) der Gottheit, die durch minimale Bewegungen wie leichtes Nicken oder Zwinkern ihr Wohlwollen ausdrücken oder durch Starre ebendies verweigern kann. Das Opfer findet einerseits vor dem Tempel im Freien statt, andererseits können ausgewählte und zubereitete Opferbestandteile der Statue im Tempelinneren präsentiert werden. – Das hier abgebildete Fragment eines unteritalischen Weinmischgefäßes zeigt die Gottheit Apoll zweifach, als Bogen bewehrte Statue im Tempel und als Leier spielenden Gott außerhalb. Gerade die Darstellung des Tempels mit seiner Statue macht deutlich, welche Bedeutung dem lokalen Bezug zukam: Wir haben es hier mit einem ‚Apoll von …' zu tun.

Bild: Fragment eines rotfigurigen Kraters aus Tarent (um 390 v.Chr.), Allard Pierson Museum Amsterdam.

Literatur: J. N. Bremmer, Greek Religion, Oxford 1994, 27–37 mit Abb. 6.

Zugänge zur Antike
Die antiken
Menschen und
ihre Götter
Griechisch-römisch

binationen unterschiedlicher kultureller Traditionen in besonderen Situationen und mit besonderen Aussageabsichten sind theologische Wesensaussagen neuzeitlicher Altertumswissenschaftler geworden: Juppiter ist Zeus. Derartige Gleichungen, ja selbst gleiche Namen verdecken aber die Unterschiede, die in der Antike bestanden und jedem bewusst waren. Die Juno von Falerii war *nicht* die Juno von Veji.

Was aber suggerierte antiken Reisenden, in einer religiös einheitlichen Welt zu leben? Einer Welt, deren Grenzen durchaus benannt werden konnten, da Menschenopfer eindeutig nicht mehr dazugehörten? Es waren die Formen, die Medien religiösen Handelns, die große Ähnlichkeiten aufwiesen. Schon der Alte Orient kannte Tempel mit Kultbildern, kannte anthropomorphe Darstellungen – also Bilder von Göttern in Menschen- oder menschenähnlicher Gestalt – als eine mögliche Darstellungsform übernatürlicher Wesen, kannte Tempelrituale, die ein blutiges Tieropfer an einem Altar vor dem Tempel mit der Präsentation von Gaben auf einem Tisch im Tempel, also direkt vor der oder den Kultstatuen, verbanden. Dass ein Gott durch das Töten und gemeinsame Verspeisen eines Tieres geehrt werden konnte, durch das Ausgießen von Flüssigkeiten aus kostbaren Gefäßen (Libationen) oder durch das Verbrennen von Weihrauch, das leuchtete rund ums Mittelmeer ein – und zugleich wären die germanischen Bräuche, Gegenstände in Flüssen zu versenken, mit Stirnrunzeln kommentiert worden.

Die Übereinstimmungen sind weder allgemein menschlich noch zufällig. Phönizischer Handel, griechische Kolonisation, römische Expansion – vielfach lassen sich Transportwege religiöser Praktiken zumindest vermuten. Bei den Medien ist der Nachweis dagegen oft einfacher: Die Formensprache italischer Tempelbauten und die dem 6. Jh. v.Chr. entstammenden Götterstatuen am stadtrömischen Rindermarkt (*Forum boarium*) zeigen die außeritalische Herkunft deutlich an. Die Buchstabenschrift, die sich von ihrer phönizischen Heimat zum griechischen – und damit zum etruskischen und lateinischen – Alphabet entwickelte, ja die Verschriftlichung von Religion selbst sind von ähnlichen Diffusionsprozessen geprägt: Sie reichen von den so genannten babylonischen Omina-Katalogen, die Vorzeichen (lat. *omen*, Plural: *omina*) auflisteten, bis hin zu römischen Werken, die sich der Sammlung und Deutung von Vorzeichen widmeten, sie reichen von den homerischen Epen zu lateinischen Dichtungen, sie reichen von hellenistischer Lokalforschung zu römischen Antiquaren, die bereits (halb-)vergessene Kulte dokumentierten. Für die spätere Zeit ist die Ausbreitung von Gelübde- und Grabinschriften das deutlichste Indiz, das auf eine Auseinandersetzung mit griechisch-römischen Praktiken oder gar auf deren Übernahme in der provinzialen Peripherie schließen lässt: Das im Moor versenkte Schwert war kein geeigneter Schriftträger.

Die zentrifugalen Prozesse der Diffusion dürfen Prozesse der Konzentration nicht in Vergessenheit geraten lassen, sie setzen sie im Gegenteil gerade erst ins rechte Licht. Der Versuch der Kultzentralisierung, wie ihn das Jerusalemer Judentum betrieb und im monumentalen Tempel Herodes' des Großen (gest. 4 v.Chr.) gipfeln ließ, ist für die griechisch-römische Epoche ebenso untypisch wie die jüdische Priesterkaste selbst. Angehöriger eines Priesterkollegiums oder Priester in einem Tempel zu sein war zumeist ein Neben- und Ehrenamt, das man der eigenen Heimatstadt schuldete. Nur wenige Tempelkomplexe, vor allem Heil- und Orakelstätten wie Delphi, Epidauros oder Praeneste, gewannen überregionale Bedeutung und erfuhren auch in baulicher Hinsicht eine Monumentalisierung, die zur Steigerung ihrer Attraktivität beitrug. Ganz fremd blieb der Antike die Vorstellung, die Attraktivität solcher kultischen Zentren rechtlich abzusichern; das gilt ebenso für das ‚marmorne Rom' des Augustus (gest. 14 n.Chr.) wie für das bewusst zum Erinnerungsort (‚Mnemotop') ausgebaute Athen des Herodes Atticus (gest. 177 n.Chr.) oder für das christliche Jerusalem Konstantins (gest. 337).

Öffentliche oder private Religion?

Die bisherige Skizze verträgt sich gut mit einer Position, die in der Terminologie von ‚Staatsreligion' und ‚Polisreligion' das ganze 20. Jh. durchzieht [BENDLIN 2000]. Die Stadt mit ihrem Umland war politisch wie wirtschaftlich der wichtigste Bezugspunkt in den Situationen, die eine außerfamiliäre Selbstverortung verlangten, Bezugspunkt also bei der immer wieder neu zu bestimmenden ‚Identität' antiker Menschen. Auch religiöse Praktiken orientierten sich an der Stadt: Priester und Magistrate entstammten derselben Schicht oder waren gar identisch; Religion spielte sich primär in öffentlichen Räumen, Tempeln oder auf Plätzen ab; wichtige Tempel, obgleich Wohnsitze der Götter, wurden entsprechend ihrer räumlichen Lage in der Stadt – im Zentrum, vor der Stadtmauer, an Grenzpunkten, in der ‚Wildnis' – wahrgenommen. Rom – und dafür entwickelte Georg Wissowa in seinem Handbuch die Theorie der Stadt- als Staatsreligion – war hier ganz extrem: Den griechischen Begriffen der Verehrungswürdigkeit *hagnós* und *hierós* stand der römische eigen-

Forschungsstimme

Der Klassische Philologe und Religionswissenschaftler **Burkhard Gladigow** vertritt einen kulturwissenschaftlichen Ansatz zum Verständnis von Religionen: „Wenn man Religionen in einem kulturwissenschaftlichen Zugriff als einen besonderen Typ eines kulturspezifischen Deutungs- oder Symbolsystems versteht, d.h. als Kommunikationssysteme mit einem bestimmten Zeichenvorrat und einer Reihe angebbarer Funktionen, verlagern sich die Anforderungen an die Darstellung religionshistorischer Sachverhalte von der ‚Erschließung religiöser Wahrheiten' hin zu einer Aufarbeitung der Elemente des Zeichensystems, ihrer Konstellationen und ihrer ‚Bedeutungen' für ‚Geber' und ‚Empfänger'. Zeichen in diesem Sinne sind nicht nur oder vorrangig Wörter und Sätze, sondern natürlich auch optische Zeichen, Ornamente etwa und ‚Bilder', nicht zuletzt aber auch konventionalisierte Bewegungsabläufe (Gesten, ‚ritualisierte' Bewegungen, Tänze). Von Bedeutung ist, dass diese Zeichen kognitive, emotionale, normative, soziale und kulturelle Prozesse auslösen, steuern und in Relationen zueinander setzen können. Die Leistungen solcher Zeichen- und Deutungssysteme dürfen nicht auf ihre kognitivistischen Leistungen beschränkt werden; Erzeugung und Steuerung von Emotionen, Gefühlen, ‚Haltungen' sind von erheblicher Bedeutung. Für eine kommunikationstheoretische Konstitution von Religion ist es von zentraler Bedeutung, dass – zumindest für den systemfremden Betrachter – erst die Kenntnis des Gesamtvorrats an ‚Zeichen' eine umfassende Analyse ermöglicht: Die Wahl eines bestimmten Rituals ist nur verständlich, und vielleicht sogar ‚eindeutig', wenn der zur Verfügung stehende Vorrat an Ritualen bekannt ist; die Zuwendung zu einem bestimmten Gott bekommt eine beschreibbare Qualität, wenn die anderen, ‚nicht angesprochenen'

Zugänge zur Antike
Die antiken
Menschen und
ihre Götter
Griechisch-römisch

Götter bekannt sind; die Option für eine bestimmte Religion hat eine (rekonstruierbare) ‚Bedeutung', wenn die zur ‚Wahl stehenden' anderen Kulte oder Religionen bekannt sind.

Von anderen Deutungssystemen lassen sich religiöse Deutungssysteme vor allem dadurch unterscheiden, dass ihr Geltungsgrund von den ‚Benutzern' auf unbezweifelbare, kollektiv verbindliche und autoritativ vorgegebene Prinzipien zurückgeführt wird. Diese können in einer Berufung auf Alter und Tradition liegen, auf Setzung und Stiftung durch angebbare Personen, in einer Übereinstimmung mit einer kosmischen Ordnung oder einem Weltgesetz, vielleicht auch einfach im verkündeten Zusammenhang von ‚Tun-und-Wohlergehen', von Konformität und Erfolg.

Unverkennbar ist eine Tendenz, die Verbindlichkeit des Zeichenssystems mit der Verbindlichkeit seiner Inhalte zu verknüpfen. Religiöse Symbolsysteme sind nicht einfach ‚auszuwechseln', davor schützt sie eben jener ‚historische Kontext', ohne den eine wissenschaftliche Erfassung nicht möglich ist: Paulus' Opponenten in Ephesos sind nicht die ‚Theologen', sondern die Silberschmiede, die Artemis-Devotionalien herstellen; die Folgen eines ‚Atheismus' würden, wie Aristophanes dem Euripides vorwirft, die Kranzflechterinnen tragen, deren Umsatz sich halbierte, nicht die Dichter oder Philosophen."

Literatur: B. GLADIGOW, Gegenstände und wissenschaftlicher Kontext von Religionswissenschaft, in: Handwörterbuch religionswissenschaftlicher Grundbegriffe, Bd. 1, Stuttgart 1988, 33f.

tumsrechtliche Begriff *sacer* (‚was einer Gottheit gehört') gegenüber: Beides mit ‚heilig' zu übersetzen ist zwar geläufig, verwischt aber die Unterschiede. Die *consecratio*, die ‚Heiligmachung', setzte in Rom magistratisches Handeln und vorangehendes öffentliches Eigentum, also das Fehlen privater Eigentumsansprüche, voraus.

Die Verbindungen von Religion und politischem Handeln waren vielfältig. Seher begleiteten griechische Heere, Tieropfer gingen Schlachten voraus. Kein höherer römischer Magistrat begann größere Unternehmungen, ohne den Willen der Götter zu befragen: Die Auspizien (*auspicia* = ‚Vogelschau') gingen am frühen Morgen der Abhaltung einer Volksversammlung ebenso voraus wie dem Auszug in den Krieg. Öffentlicher Kult wurde auch öffentlich finanziert, etwa aus eigens dafür bestimmten Pachterträgen oder Tempelvermögen.

Fragt man nach der Steuerung, der Kontrolle dieser Religion, stößt man fortwährend auf dieselbe kleine Führungsschicht. Zeitweise, etwa in bestimmten Speiseritualen oder Priestergruppen, blieb sie sogar ganz unter sich: Es handelte sich um eine Religion nicht nur der, sondern auch für die Oberschicht, wie vielleicht die römischen ‚Arvalbrüder' am eindrucksvollsten illustrieren [SCHEID]. Aber diese Sicht bleibt zu eng. Dieselben Feste, dieselben Tempel, dieselben Priester bildeten zugleich die religiöse Infrastruktur für alle, oft weit über die Vollbürger einer Stadt hinaus. Die großen Rituale inszenierten in ihrer Choreographie und Aufgabenverteilung nicht nur politische Rollen – so wurden im Fest athenische Demenangehörige oder Archonten ebenso ‚sichtbar' wie römische Konsuln –, sondern unterschieden auch soziale, Alters- und Geschlechterrollen, indem sie etwa Kinder oder Frauen, allerdings in abgrenzender

Sitzbilder mehrerer Götter wie diese Kopie der **Kapitolinischen Trias** aus der 2. Hälfte des 2. Jh.s n.Chr. sind selten. Diese Kopie aus einem der kostbarsten Marmore Italiens diente wohl als privates Kultbild, stellt aber die wichtigste Göttergruppe der Stadt Rom dar. In der Mitte Juppiter, der als *Optimus maximus*, als ‚bester und größter' auf dem Kapitol verehrt wurde, rechts neben ihm mit dem Pfau als Symbol Juno, links mit der Eule Minerva. Juppiter allein konnte ganz verschiedene Bedürfnisse erfüllen: So konnte etwa Juppiter Sabazios mit dem jüdischen Jahwe identifiziert werden, während Juppiter Dolichenus militärische Assoziationen hervorrief. Doch in der Dreiheit mit den beiden übrigen Göttinnen war für antike Menschen eine unverwechselbare Identität sichergestellt. In zahlreichen Kopien des stadtrömischen Tempels in römischen Kolonien, aber auch einzelnen Munizipien in den Provinzen diente das Kapitol als Repräsentation des kultischen Bezugs auf die Zentrale, auf Rom. Das Gesetz der Colonia Genetiva Iulia Ursonensis, einer römischen Kolonie in Südspanien, verlangte neben dem Kult der – julischen – Venus als vorgegebenes Pflichtprogramm nur den der Kapitolinischen Trias, alle weitere Kulteinrichtungen waren ganz in das Belieben des lokalen Stadtrats gestellt.

Bild: Statue aus Marmor aus Luna, 2. Jh. n.Chr., Museo Archeologico Nazionale, Palestrina.

Literatur: B. GLADIGOW, Zur Ikonographie und Pragmatik römischer Kultbilder, in: H. KELLER/N. STAUBACH (Hrsg.), Iconologia sacra. Mythos, Bildkunst und Dichtung in der Religions- und Sozialgeschichte Alteuropas, Berlin 1994, 9–24.

Zugänge zur Antike
Die antiken
Menschen und
ihre Götter
Griechisch-römisch

Absicht auch Unfreie heraushoben [BREMMER, 69ff.].

Aber auch solche Rolleninszenierungen fügen sich nicht zum Bild einer einheitlichen Kultur zusammen. Der Zugriff der politischen Führung, etwa in der zentralen Frage der Wehrpflicht, endete an individuellen religiösen Verpflichtungen: Die Pflicht, zur Aushebung und zum Auszug des Heeres zu erscheinen, erfuhr etwa durch fällige Jahrestage des Familienkults Aufschub [RÜPKE 1990, 69]. Schon in der klassischen griechischen Polis, lange vor dem Hellenismus, entwickelten sich Vereine religiös Interessierter, die der Religion einer Stadt eine für viele wichtige – oder gar wichtigere – Facette hinzufügten. Dionysos und Orpheus zumal waren die Figuren, die Vorstellungen religiös bestimmter Lebensführung und Hoffnungen auf ein angenehmes Weiterexistieren nach dem Tode bündelten [BURKERT, 432–451]. Literatur – etwa Theologien in Form von Weltentstehungslehren, wie sie der so genannte Derveni-Papyrus zeigt – wurde zu einem wichtigen Kommunikationsmedium dieser Schicht. Wir fassen hier eine religiöse Praxis, die sich deutlich von der auf Anwesenheit und auf face-to-face-Kontakte im Fest abstellenden Kommunikation der Polisreligion unterscheidet.

Die Rechtsgestalt des Vereins nutzten religiöse Gemeinschaften ebenso wie Philosophenschulen; darin unterscheiden sich der *kḗpos* Epikurs (um 300 v.Chr.) und das Christentum, das Tertullian (um 200 n.Chr.) in seinem Apologeticum zu rechtfertigen sucht, kaum; denn Tertullian stellt die rituelle christliche Praxis – etwa den Sonntagsgottesdienst – so dar, dass sie mit römischer Vereinsgesetzgebung konform zu sein scheint. Vereine waren in der griechisch-römischen Welt omnipräsent, in hellenistischen und kaiserzeitlichen Städten, im Osten wie Westen [MIKALSON, 144ff.; RÜPKE, Religion, 200ff.]. Ihre erhaltenen Satzungen, ihre Ehreninschriften und ihre Bauwerke, insbesondere ihre Versammlungsräume, gewähren uns noch heute Einblicke in eine Form von Religiosität, die in Handwerker-, Freigelassenen- und Sklavenvereinen auch Mittel- und Unterschichten erfasste und die einen kultischen Fokus, also die Verehrung eines Gottes, mit Geselligkeit verband. Denn dem gemeinsamen Mahl, das vielen Verhaltensregeln unterworfen sein konnte, kam keine geringere Bedeutung zu als dem Kult oder etwa der Bestattung der Vereinsmitglieder. Mit welchen Mitteln und Personen dieser Typ von Religion auch eine überregionale Identität bewahrte und wie weit die Wiedererkennbarkeit etwa von Gruppen von Isisverehrern in Rom oder Korinth ging [EGELHAAF-GAISER, 164–223], ist schwer zu beurteilen. Wichtig ist vor allem, die lokalen Alternativen zu sehen und nach den Faktoren zu fragen, die die Wahl einschränken konnten: ethnische Herkunft, soziale Stellung, Beruf, familiäre Tradition oder schlicht die übergroße Entfernung zum nächstgelegenen Heiligtum oder Versammlungsort des betreffenden Kultes. Die Situation in einer Großstadt wie Rom [BEARD/NORTH/PRICE, Bd. 1, 245] hob sich hier deutlich von derjenigen in antiken Durchschnittsstädten mit ihren wenigen tausend Einwohnern ab.

Ritual oder Reflexion? Religion und Mythologie blieben in der europäischen Rezeption der Antike ein festes Paar, ein Paar freilich, das vor allem in seinem zweiten Teil greifbar war: als Göttergestalten in der bildenden Kunst wie in der Literatur. Die im 19. Jh. abgeschlossene Trennung von Griechischem und Römischem in dieser Überliefe-

▷ S. 428ff.
Die Rezeption der Antike

> S. 457ff.
> Die Altertums-
> wissenschaften
> im 19. und 20.
> Jahrhundert

rungsmasse ließ die römische Religion als phantasie- und mythenlosen Ritualismus zurück, ein Urteil, das gerade in der Tradition des deutschen Philhellenismus die Differenzierung der Volkscharaktere verstärkte. Georg Wissowa – der Relativierung der Wertigkeit von Kulturen, wie sie der Historismus betrieb, in diesem Punkt verpflichtet – wendete das für die römische Religion ins Positive, indem er das Rechtlich-Ritualistische nicht als schlechtere, sondern schlicht andere Form von ‚Religiosität' wertete [WISSOWA, VIII].

Die Verlagerung des Interesses weg von den Göttern und Mythen hat für die Forschung stimulierende Wirkung gehabt. So hat die Ritualforschung die große Bedeutung von rituellen Praktiken für soziale und politische Kommunikation erschlossen und – wenn auch oft unter den problematischen Vorzeichen evolutionärer Theorien von Religion [KIPPENBERG, 80ff.] – ihre Möglichkeiten, Orientierung zu vermitteln, herausgearbeitet. In der Entwicklungsgeschichte der menschlichen Gattung selbst nach Gründen für bestimmte ritualisierte Verhaltensweisen zu suchen, hat sich als fruchtbar für ‚Tieropfer' wie ‚Sündenböcke' erwiesen. In anderer Perspektive zeigen sich Rituale, zumal die großen Feste, als Reflexionen politischer Strukturen und als Form des Nachdenkens und Experimentierens mit Strukturproblemen [AUFFARTH 1991].

Zentral ist die Einsicht, dass komplexe Rituale keine Verschlüsselungen theologischer Programme darstellen, die Priester einem leseunkundigen Volk erschließen oder gerade vor ihm verbergen wollen. ‚Bedeutung' ist nicht die ‚Wahrheit hinter den Dingen', sondern die Zuschreibung von Sinn, die je und je vorgenommen wird, von Teilnehmern, Hauptakteuren und späteren Berichterstattern, je anders und jeweils ‚wahr'. Diese Wahrheit ist also keine einheitliche Theorie, keine Dogmatik, sondern eine situationsspezifische Aussage, eine Neudeutung. So konnten auch Mythen neu konstruiert werden, wenn die Bündnisgestaltung zwischen zwei Städten eine gemeinsame Vorgeschichte verlangte.

Hier wird schon deutlich: Die Betrachtung von Religion kommt ohne die Einbeziehung von Texten nicht aus, auch wenn die Gefahr sehr groß ist, damit gerade diejenigen Quellen zu bevorzugen, die den Gegenstand in genau der Form bieten, in der man ihn präsentieren möchte: als Text. Kultische Gebrauchstexte sind nur in verschwindend geringem Maße erhalten; in diesem Bereich gewinnen das rabbinische Judentum und das Christentum schnell ein eigenes Profil, weil eine ganz andere Verbindung von Text, Textinterpretation und Ritual bestand und besteht. Dagegen werden für die Betrachtung von antiker Religion wichtige Texte, die ihren Ort im Ritual haben, vielfach heute nicht als solche gelesen: Hymnen, Gesang also, waren fester Bestandteil vieler Rituale. Für etliche frühgriechische ‚Päane' (Apoll-Anrufungen) wie ‚Dithyramben' (Dionysos-Anrufungen) kann ein solcher ‚Sitz im Leben' angenommen werden; aus der lateinischen Literatur ist vor den – christlichen – Hymnen des Ambrosius vor allem das Jahrhundertlied (*carmen saeculare*) des Dichters Horaz zu nennen, das – als Auftragsdichtung – während der augusteischen Jahrhundertfeier (17 v.Chr.) aufgeführt wurde.

Wie schwierig es für uns heute ist, den religiösen Kontext zu berücksichtigen, wird besonders deutlich am Beispiel des griechischen Dramas. Zwar tauchen etwa in der attischen Tragödie häufig genug Götter als Handlungsträger auf, aber im Vordergrund stehe doch – so einflussreiche jüngere Deutungen – das

Zugänge zur Antike
Die antiken
Menschen und
ihre Götter
Griechisch-römisch

▷ S. 265ff.
Die antiken
Menschen
über sich

spielerische Nachdenken über politische Institutionen. Für die Komödie scheint die Diskrepanz noch größer zu sein. Gerade hier zeigt sich, dass die Schwierigkeiten vor allem in der Begrifflichkeit des Beschreibenden begründet sind, seiner, also unserer Unfähigkeit, sich von einem heute gängigen Religionsbegriff zu lösen. Die sakralen Elemente des Dramas – in Athen wie in Sparta oder Rom – sind nicht nur Überbleibsel älterer und mythisch-dunkler Entwicklungsstufen. Nichtdramatische Rituale zeigen mit ihren Elementen von Spott und Spiel durchaus vergleichbare Formen, in einem festen rituellen Rahmen Rangunterschiede und soziale Rolle zu problematisieren und zu relativieren: das Spottlied der römischen Soldaten im Triumph ihres Feldherrn tat das ebenso wie die komisch maskierte und neckende weibliche Figur in der stadtrömischen Prozession der Götterbilder zum Zirkus. Die Maske hat einen sicheren Ort im Kult, im Schmuck wie in der Repräsentation von anderen Götterbildern, lange bevor Theaterdichtung von professioneller Hand betrieben wurde. Aber auch hier sieht man heute gern – in einer romantischen Vorstellung von direkter Inspiration – einen Gegensatz zwischen Berufsdichtern und kultischer Rolle, den es so nicht gab: Gerade Religion ist derjenige kulturelle Bereich, der das stärkste Eigenleben in antiken Gesellschaften gewonnen zu haben scheint. Zugleich wird aber auch deutlich, dass die scharfe Abgrenzung von Religion und Nichtreligion, die sich heute leicht als Aufgabe aufdrängt, kein zentrales Thema antiker Religion war. Antike Theoretiker wie Marcus Terentius Varro (116–27 v.Chr.) hatten keine Schwierigkeit, von einer eigenen ‚Theologie der Dichter' zu sprechen.

Die starke Betonung des öffentlichen Rituals hat einen anderen Bereich in den Hintergrund treten lassen: ‚Offenbarung', das Explizit-Werden göttlichen Willens, gab es über den Bereich der in großen Orakelstätten – wie z.B. Delphi, Dodona, Klaros – oder oberschichtlichen Priesterkollegien (in Rom: Auguren, *quindecimviri* = ‚Fünfzehnmänner') organisierten Erkundung dieses Willens, der Divination, hinaus [NILSSON]. Persönliches Auftreten von Sehern (griech. *mánteis*) oder Propheten (lat. *vates*) sowie die schriftliche Verbreitung von Weissagungen beschränkte sich keineswegs auf die jüdisch-christliche Tradition. Während die griechische Überlieferung noch unabhängige Seher wie Teiresias an prominenter Stelle auftreten lässt, hat die römische Überlieferung solche Vorgänger völlig marginalisiert (Marcius, 3. Jh. v.Chr.?) oder in die Vorgeschichte der oberschichtlichen Kollegien eingebunden (den ‚Augur' Attus Navius). Dass sich die in Rom verbrannten ‚Sibyllinischen Bücher' aber schnell ersetzen ließen, ja tausende illegaler ‚Sibyllinen' konfisziert und verbrannt wurden, wie uns Sueton (*Augustus* 31, 1) berichtet [LATTE, 161], zeigt aber, wie geläufig diese Form religiöser Kommunikation war. Hexametrische Sibyllensprüche stellten ein Medium dar, dessen sich bis in die Spätantike hinein auch Juden und Christen bedienten.

In der ‚Philosophie' geheißenen griechischen Denktradition wurden Ansprüche an die Stimmigkeit von expliziten Weltbildern entwickelt, die sich mit den in den religiösen Praktiken implizierten Vorstellungen kaum zur Deckung bringen ließen. Gleichwohl blieben regelrecht atheistische Positionen – der Begriff selbst ist frühneuzeitlich – die Ausnahme, sie formulierten eher das Fehlen bestimmter Typen von Göttern an bestimmten Orten [AUFFARTH 1995]. Im Normalfall wurden Götter in den naturbezogenen Lehrsyste-

Zugänge zur Antike
Die antiken
Menschen und
ihre Götter
Griechisch-römisch

▷ S. 264/268ff.
Die antiken
Menschen
über sich

men (‚Physik') der Philosophenschulen ‚untergebracht', wenn auch zumeist nicht in anthropomorpher Form. Die Epikureer waren hier eine Ausnahme, denn sie kannten auch anthropomorphe Götter – deren Existenz sie durch Träume bewiesen sahen. Allerdings gingen sie zugleich davon aus, dass diese Götter keinerlei Möglichkeit besaßen, auf die Welt einzuwirken. Traditioneller Kult war wohl in allen Schulen, d.h. in den kleinen, kompakten Zirkeln von Anhängern, metaphysisch unerheblich, aber ethisch nützlich und erhebend.

Das Fehlen einer von professionellen Denkern betriebenen Theologie hatte Folgen: Religionsunterricht war unbekannt. Erst Juden und Christen entwickelten dafür systematisch Formen, auch wenn man sich über die intellektuelle Tiefe – etwa der Katechese vor und nach der Taufe – keine Illusionen machen sollte: Selbst die massive ‚Beschulung' und ‚Bepredigung' im Zeitalter der europäischen Konfessionalisierung hinterließ im Bereich abfragbaren Wissens nur geringe Spuren. Dass im antiken Schulunterricht Texte wie die Homerischen Epen oder Vergils *Aeneis* – in Ausschnitten! – gelesen wurden, in denen Götter eine große Rolle spielen, darf nicht als Religionsunterricht missverstanden werden. Vermittelt wurde hier primär eine prestigeträchtige Form literarischer Kommunikation, die sich schließlich auch Christen aneigneten. Um 360 schuf die Gattin des römischen Stadtpräfekten Adelphius, Proba, eine christliche Bibeldichtung in Form eines ‚Cento', d.h. einer Dichtung aus der Neukombination von Versen berühmter Poeten, hier: des Vergil.

Markt der Religionen? Die Frage nach der Anzahl antiker Religionen bildete den Ausgangspunkt dieses Kapitels. Sie hat sich angesichts des lokalen Charakters antiker Religion als uninteressant herausgestellt. Doch dem lokalen Charakter der Kulte und Rituale stehen Formen überregionaler Reflexion und Regelungen gegenüber: Literarische Kommunikation, Theologie und Recht vermittelten bei aller Pluralität doch ein gewisses Gefühl der Zusammengehörigkeit. Im lokalen Zusammenhang stellt sich die Pluralität anders dar. ‚Polytheismus' wird konkretisiert in einer Vielzahl von Kultorten; diese erscheinen im griechisch-römischen Bereich meist als Tempelanlagen, doch es begegnen auch architektonisch offener gestaltete Heiligtümer, etwa der athenische Zwölfgötteraltar oder verschiedene stadtrömische Haine.

Diese gesamte ‚Infrastruktur' wird vom ‚Staat' finanziert; die Zuweisung öffentlicher Mittel und oberschichtliches ‚Sponsoring' gehen Hand in Hand. In Anbetracht der krassen Unterschiede in der Vermögensverteilung ändert sich daran selbst dann nur wenig, wenn sich ein Kult großer Popularität erfreut: Zehntausend Tonfiguren aus Massenproduktion, wie man sie leicht in den Tempelarealen der Heilkulte im direkten Umland von Rom finden kann, machen noch keinen reichen Tempel aus, wenngleich sie die Wahrscheinlichkeit erhöhen, dass auch Angehörige der Oberschicht gerade dort ihre Frömmigkeit prestigeträchtig zur Schau stellten.

Kombiniert man derartige religionsökonomische Überlegungen mit den familiären, ethnischen und sozialen Traditionen bestimmter Kulte, wird man an das Modell eines ‚religiösen Marktes' erinnert. Dieses Modell zur Erfassung religiösen Verhaltens angesichts einer Vielzahl religiöser Optionen stammt aus der amerikanischen Religionssoziologie und ihrem Versuch, die ‚Theorie rationalen Verhaltens' auch für den Bereich der Religion frucht-

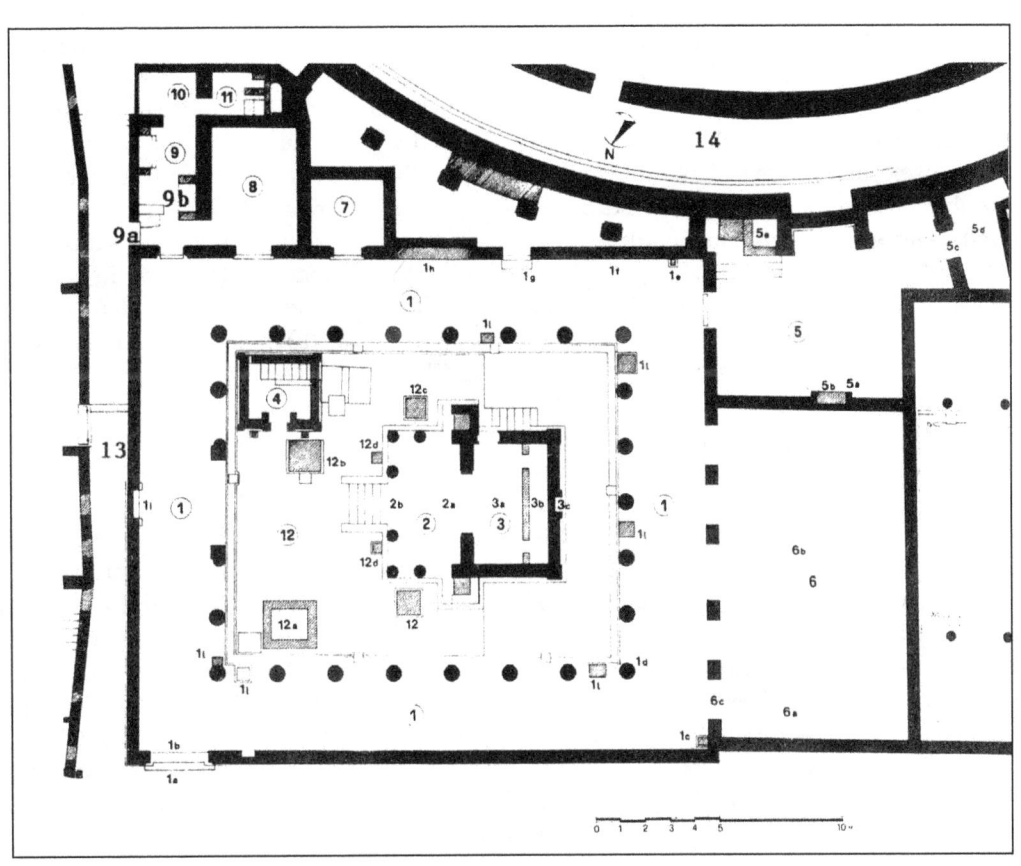

Der Plan des **Isisheiligtums** aus Pompeji, vielleicht das besterhaltene seiner Art im ganzen Mittelmeerraum, zeigt den Zustand nach der Restaurierung, die auf das Erdbeben von 62 n.Chr. folgte, bevor der Bau wie die ganze Stadt im Jahr 79 durch den Vesuvausbruch verschüttet wurde. Vorgängerbauten lassen sich aber bis auf die Mitte des 2. Jh.s v.Chr. zurückverfolgen. Zwar nimmt der eigentliche Tempel die zentrale Position ein, die Vielzahl der Neben- und Funktionsräume macht aber deutlich, wie vielfältig die Infrastruktur eines solchen Heiligtums sein musste: Von den Wohn- und Arbeitsräumen des Kultpersonals bis hin zu den Küchen- und Versammlungsräumen der Isisanhänger.

Plan: U. EGELHAAF-GAISER, Kulträume im römischen Alltag. Das Isisbuch des Apuleius und der Ort von Religion im kaiserzeitlichen Rom, Stuttgart 2000, Abb. 6.

Literatur: Ebd. 185–199.

bar zu machen. Dennoch ist dieses Modell für die Antike nur sehr bedingt anzuwenden. So lassen sich etwa die schnellen Angleichungen zwischen einzelnen Gruppierungen im Dunstkreis der Orphik oder die Aufnahme von weiteren Kulten in Isisheiligtümer als Strategien zur ‚Kundenbindung' verstehen, doch zielten solche Ausgleichsversuche nicht auf Profilierung durch Verschärfung von Konkurrenz. Jenseits aller Ausgleichsversuche gilt jedoch: Der ‚Markt' war nicht stabil. Götter selbst wandern nicht, sie sind vielmehr Symbole, Kommunikationsmedien, die ganz unterschiedlichen Kommunikationszwecken dienen müssen, ein durchaus flexibles Zeichensystem, das gerade in dem schwächer strukturierten römischen Göttersystem (‚Pantheon') ungewöhnlich erweiterungsfähig war [BEARD/NORTH/PRICE, Bd. 1, 79ff.]. Militärische oder politische Expansion in Athen und sozialer Wandel wie die Herausbildung der Nobilität in Rom führten zu einer Fülle neuer Kulte [PARKER, 152ff.; ZIOLKOWSKI].

Änderungen im Bereich verbreiteter religiöser Praktiken setzten sich langsamer durch. Dazu zählt das Aufkommen von Körpervotiven seit dem 5. Jh. v.Chr. [VERSNEL] oder der Rückgang des blutigen Opfers im 3. und 4. Jh. n.Chr., letzteres von Gesetzen zwar begleitet, aber nicht initiiert. Für die Kaiserzeit dürfte die Entwicklung neuer Vorstellungen von religiöser Macht die größte Bedeutung besessen haben. Der nur in sehr traditionellen urbanen Zentren wie Rom oder Antiochia verzögerte Rückgang der Relevanz des öffentlichen Raumes und der öffentlichen Legitimation von Macht brachte göttlich legitimierte Autorität mehr und mehr in den Vordergrund. Das Aufsteigen ‚heiliger Männer', das Entstehen kultischer Zentren um Märtyrergräber am Rande oder außerhalb der Städte, der Zug in die Wüste (frühes Mönchtum) oder in ländliche Neusiedlungen (Pythagoreer) gehören in diesen Prozess hinein [BROWN; RÜPKE, Pluralismus]. In diesem Zuge änderte sich auch die Konzeption des Kaisertums durch die Kaiser, die mehr und mehr Religion in einem umfassenden Sinne zu ihrem Herrschaftsbereich zählten [FÖGEN]. Es waren diese Kaiser, die dem Imperium Romanum im 4. Jh. durch Ausschluss von Alternativen und in konfessionalisierter Form ‚Religionen' verordneten – und das betrifft den Juppiter des Julian (360–363) nicht anders als Konstantins Christus.

▷ S. 90f. Die Verwandlu... der Mittelmeerwelt in der Spätant...

Jörg Rüpke

Literatur

CHR. AUFFARTH, Der drohende Untergang. ‚Schöpfung' in Mythos und Ritual im Alten Orient und in Griechenland am Beispiel der Odyssee und des Ezechielbuches, Berlin 1991.

DERS., Aufnahme und Zurückweisung ‚Neuer Götter' im spätklassischen Athen. Religion gegen die Krise, Religion in der Krise?, in: W. EDER (Hrsg.), Die athenische Demokratie im 4. Jahrhundert v.Chr. Vollendung oder Verfall einer Verfassungsform, Stuttgart 1995, 337–365.

M. BEARD/J. NORTH/S. PRICE, Religions of Rome, Bd. 1: A History; Bd. 2: A Sourcebook, Cambridge 1998.

A. BENDLIN, Looking Beyond the Civic Compromise. Religious Pluralism in Late Republican Rome, in: E. BISPHAM/CHR. SMITH (Hrsg.), Religion in Archaic and Republican Rome and Italy. Evidence and Experience, Edinburgh 2000, 115–135.

DERS., Rituals or Beliefs? ‚Religion' and the Religious Life of Rome, in: Scripta Classica Israelica 20, 2001, 191–208.

Zugänge zur Antike
Die antiken
Menschen und
ihre Götter
Griechisch-römisch

J. N. Bremmer, Greek Religion, Oxford 1994.

K. Brodersen (Hrsg.), Gebet und Fluch, Zeichen und Traum. Aspekte religiöser Kommunikation in der Antike, Münster 2001.

P. Brown, Authority and the Sacred. Aspects of the Christianization of the Roman World, Cambridge 1995.

W. Burkert, Griechische Religion der archaischen und klassischen Epoche, Stuttgart 1977.

U. Egelhaaf-Gaiser, Kulträume im römischen Alltag. Das Isisbuch des Apuleius und der Ort von Religion im kaiserzeitlichen Rom, Stuttgart 2000.

U. Egelhaaf-Gaiser/A. Schäfer (Hrsg.), Raum und Gruppe. Religiöse Vereine in der römischen Antike, Tübingen 2001.

M.-Th. Fögen, Die Enteignung der Wahrsager. Studien zum kaiserlichen Wissensmonopol in der Spätantike, Frankfurt/M. 1993.

B. Gladigow, Religionsökonomie: Zur Einführung in eine Subdisziplin der Religionswissenschaft, in: H. G. Kippenberg/B. Luchesi (Hrsg.), Lokale Religionsgeschichte, Marburg 1995, 253–258.

H. G. Kippenberg, Die Entdeckung der Religionsgeschichte. Religionswissenschaft und Moderne, München 1997.

K. Latte, Römische Religionsgeschichte, München 1960.

T. Linders/B. Alroth (Hrsg.), Economics of Cult in the Ancient Greek World. Proceedings of the Uppsala Symposium 1990, Uppsala 1992.

J. Linderski, The Augural Law, in: Aufstieg und Niedergang der Römischen Welt, Bd. II, 16, Berlin/New York 1986, 2146–2312.

J. D. Mikalson, Religion in Hellenistic Athens, Berkeley 1998.

M. P. Nilsson, Geschichte der griechischen Religion, 2 Bde., München 3. Aufl. 1967–1974.

R. Parker, Athenian Religion. A History, Oxford 1996.

D. S. Potter, Prophecy and History in the Crisis of the Roman Empire. A Historical Commentary on the Thirteenth Sibylline Oracle, Oxford 1990.

J. Rüpke, *Domi militiae*. Die religiöse Konstruktion des Krieges in Rom, Stuttgart 1990.

Ders., Die Religion der Römer. Eine Einführung, München 2001.

Ders., Pluralismus und Polytheismus, in: A. Gotzmann/V. N. Makrides/J. Malik/Ders., Religiöser Pluralismus in Europa. Religionswissenschaftliche Antrittsvorlesungen, Erfurt 2001.

J. Scheid, Romulus et ses frères. Le collège des frères arvales, modèle du culte public dans la Rome des empereurs, Rom 1990.

H. S. Versnel (Hrsg.), Faith, Hope and Worship. Aspects of Religious Mentality in the Ancient World, Leiden 1981.

G. Wissowa, Religion und Kultus der Römer, München 2. Aufl. 1912.

A. Ziolkowski, The Temples of Mid-Republican Rome and their Historical and Topographical Context, Rom 1992.

Christlich

Ursprung und Ausbreitung. „In jenen Tagen erließ Kaiser Augustus den Befehl, alle Bewohner des Reiches in Steuerlisten einzutragen. Dies geschah zum erstenmal; damals war Quirinius Statthalter von Syrien." Mit diesen Worten beginnt Lukas in seinem Evangelium die Geburtsgeschichte von Jesus aus Nazareth, dem Stifter des Christentums. Von dem genannten Zensus ist bekannt, dass er im Jahre 6 n.Chr. stattfand. Zwei andere Passagen im gleichen Werk verweisen für Jesu Geburt hingegen auf die Zeitenwende und das Jahr 4 v.Chr. Daraus wird deutlich, dass bereits in der Antike, wie so oft, kein genaues Geburtsjahr ausfindig gemacht werden konnte; man muss sich für die zeitliche Einordnung mit der Regierungszeit des Augustus (27 v.Chr.–14 n.Chr.) begnügen [ROSEN 1994]. Ein weiteres Problem besteht darin, dass die christliche Zeitrechnung erst im 6. Jh. durch den römischen Mönch Dionysius Exiguus aufgestellt wurde, der als Geburtsjahr Jesu das Jahr 754 nach der legendären Gründung der Stadt Rom festsetzte und dieses dann als das Jahr 1 bezeichnete: Er könnte sich dabei verrechnet haben.

Der nächste chronologische Fixpunkt ist Jesu Kreuzigung; sie fällt in die Amtszeit des Präfekten für Judäa, Pontius Pilatus, und des jüdischen Hohenpriesters Kaiphas und ist um das Jahr 30 anzusetzen [ALFÖLDY]. Zuvor war Jesus eine nicht genau bestimmbare Zeit öffentlich tätig gewesen und hatte als Wanderprediger in Palästina Anhänger um sich geschart. Anstoß erregt hatte er durch sein Auftreten und seine Botschaft, das Gottesreich sei bereits unmittelbar nahe. Die jüdischerseits vorgebrachte Beschuldigung, Jesus bean-

Zeittafel

um 30	Tod Jesu unter Pontius Pilatus.
um 49	Apostelkonzil in Jerusalem.
49–58	Missionsreisen des Paulus (*Paulusbriefe*); Ausbreitung des Christentums in den östlichen Provinzen.
nach 60	Tod von Petrus und Paulus (in Rom?).
64	Auf Rom begrenzte Christenverfolgung unter Nero.
70–120	Entstehung der Evangelien.
Beginn d. 2. Jh.s	Ausbildung der Gemeindeordnungen.
112/13	Briefwechsel zwischen Plinius und Trajan über die Behandlung der Christen.
Mitte d. 2. Jh.s	Auseinandersetzung mit Markioniten, Montanisten und Gnostikern. Martyrien verschiedener Kirchenleiter.
180/200	Römisches Kanonverzeichnis (*Canon Muratori*).
250/51	Verfolgung unter Kaiser Decius.
255-257	Ketzertaufstreit zwischen Karthago und Rom.
257/58	Verfolgung unter Kaiser Valerian.
260	Restitutionsedikt unter Kaiser Gallienus.
303–311/13	Verfolgung unter Kaiser Diokletian und einigen seiner Nachfolger; die einzelnen Reichsteile sind in unterschiedlichem Maß betroffen.
311	Toleranzedikt des Kaisers Galerius.
312, 28. Okt.	Sieg Kaiser Konstantins an der Milvischen Brücke über Maxentius.
313	Mailänder Vereinbarung: Ende der Verfolgungen, die christliche Kirche wird privilegiert.
314	Synode von Arles; Donatistenstreit.
325	Erstes ökumenisches Konzil in Nizäa: verbindliches Glaubensbekenntnis.
360–363	Kaiser Julian versucht eine Restitution der paganen Religion.
381	Zweites ökumenisches Konzil in Konstantinopel.
431	Drittes ökumenisches Konzil in Ephesos.
451	Viertes ökumenisches Konzil in Chalkedon.

spruche, König der Juden zu sein, nahm sich zwar recht Erfolg versprechend aus, doch dürfte sich das Vorgehen des Pilatus im Prozess eher auf die Beanstandung der Hartnäckigkeit und Widersetzlichkeit des Angeklagten bezogen haben. Der Prozess gegen Jesus fiel in eine Zeit, in der das Verhältnis zwischen Juden und römischer Besatzungsmacht angespannt war, wenngleich gerade die jüdische Oberschicht – Priesteradel und Großgrundbesitzer – keinen Konfrontationskurs fuhr. Welche Rolle das jüdische Volk in der Angelegenheit spielte, muss offen bleiben, um so mehr, als hier die Problematik der Quellen ins Spiel kommt: Denn die Evangelien, die auf mündliche und schriftliche Zeugnisse zurückgriffen, sind nicht als Biographien zu verstehen, sondern als Zeugnisse des Glaubens und der Verkündigung für die eigenen Gemeinden. Ihre Entstehung ist nach dem Tod der letzten Zeitzeugen, die Jesus noch persönlich gekannt hatten, anzusetzen, als das Bedürfnis nach Wissen über ihn und sein Wirken gewachsen war. Von vielen Ereignissen im Kontext der Passion Jesu, besonders von Interna des Prozesses, dürften sie jedenfalls keine Kenntnis gehabt haben [ROSEN 1997].

Daraus wird auch deutlich, dass Jesu Herkunft aus dem Judentum für das Verständnis dieser Vorgänge eine zentrale Rolle spielt. Freilich ist es schwierig, von *dem* Judentum zu sprechen, da es eine Fülle verschiedener theologischer und lebenspraktischer Strömungen, etwa Pharisäer, Sadduzäer oder Essener, aufwies. Darunter befanden sich auch politisch radikale Gruppierungen wie Zeloten und Sikarier, die gegen die Römer als Besatzungsmacht auch mit Gewalt agitierten und auf einen Messias hofften, der die Herrschaft des Jerusalemer Tempels wiederherstellte. Aus den Evangelien werden die Differenzen zwischen Jesus und seinen Zeitgenossen gerade über die Auslegung des jüdischen Gesetzes (*Thora*) hinreichend deutlich [STEGEMANN/STEGEMANN, 97–216].

Dies alles wäre nur eine kaum beachtete Episode der Geschichte geblieben, bedingt durch das Scheitern des endzeitlichen Propheten. Es kam jedoch etwas für das Weiterbestehen der Jesus-Bewegung Entscheidendes hinzu: Nach Jesu gewaltsamem Tod glaubten dessen Anhänger an seine Auferstehung von den Toten und an seine Verheißung, der von den Juden ersehnte Messias zu sein. Von dieser als jüdische Sekte in Jerusalem lebenden Gemeinde gingen weitere Impulse aus. Zum einen wurde Jesu Botschaft über die Synagogen unter hellenistisch geprägten Juden in der Diaspora, zunächst in der syrischen Metropole Antiochia, bekannt, wenngleich ihr eigentlicher Horizont nur Israel war. Zum anderen hatte man zu entscheiden, ob sich auch Nichtjuden den Gemeinden anschließen dürften und ob von diesen Beschneidung und Gesetzestreue zu verlangen seien (so genannte ‚Heidenchristen'). Hierüber bestand keinesfalls Einigkeit und es ist nicht sicher, ob bereits beim Apostelkonzil in Jerusalem (um 49 n.Chr.) die Bedingungen festgelegt wurden. Die Motive für die ‚Heidenmission' bleiben jedenfalls umstritten. In diesem Zusammenhang kam Paulus aus Tarsos eine zentrale Rolle zu, der ursprünglich dem pharisäischen Judentum entstammte [LINDEMANN]. Seine Missionsreisen (49–58 n.Chr.) führten ihn vor allem nach Kleinasien und Griechenland, vorwiegend in ein städtisches Umfeld. Seine Briefe an verschiedene Gemeinden und die *Apostelgeschichte* des Lukas stellen wesentliche Quellen für das Leben und die Probleme der frühen Gemeinden dar. Ermöglicht wurde die Ausbreitung, für die auch viele namenlose

Zugänge zur Antike
Die antiken
Menschen und
ihre Götter
Christlich

▷ S. 78
Die
Mittelmeerwelt
im Imperium
Romanum

Missionare verantwortlich waren, nicht zuletzt durch die Konzentration auf die Städte und durch die Infrastruktur des Römischen Reiches, wobei das Mittelmeer eine verbindende Funktion hatte. Zudem entstand nach und nach auch ein reichsweites Netz christlicher Anlaufstellen. Voraussetzung blieb die tolerante Haltung der römischen Behörden gegenüber fremden Kulten und Religionen.

Bereits gegen Ende des 1. Jh.s traten Differenzen zwischen Juden und Christen zutage, die trotz vieler Gemeinsamkeiten zu einer Trennung von Synagoge und Kirche führten. Ein genaues Bild ist schwer zu zeichnen, da die Christen in jüdischen Zeugnissen kaum wahrgenommen wurden und christliche Texte oft von einer scharfen Polemik gekennzeichnet waren, die meist die selben Argumentationsgänge gegen die Juden wiederholten. Jedenfalls konnte die Vorstellung von einem gekreuzigten Messias den Juden nur schwer erträglich scheinen, zumal sich die Endzeiterwartungen nicht erfüllt hatten. Außerdem hatten sich die Heidenchristen von den rituellen Verpflichtungen des Judentums gelöst. Die Trennung wurde schließlich auch durch den Umstand begünstigt, dass die in Palästina verbliebenen Judenchristen bei den jüdischen Aufständen gegen die römische Herrschaft (66–73 und 132–135) nicht den nationalistischen Positionen folgten [WINKELMANN, 34–52].

In den folgenden drei Jahrhunderten nahm die Zahl der Christen wohl stetig zu, selbst wenn die verschiedenen Christenverfolgungen die Zahl der Gläubigen vorübergehend gesenkt haben sollten. Die lange Friedensperiode vor der letzten großen Verfolgung unter Kaiser Diokletian, verbunden mit der Beharrlichkeit der Christen und der zunehmend schlechteren Situation des Reichs, hat eine kontinuierliche, wenngleich regional unterschiedliche Expansion der Gemeinden bewirkt. Mit der Anerkennung und Förderung des Christentums durch Kaiser Konstantin nahm der Prozess der Entstehung einer römischen Reichskirche seinen Anfang: Er war auch durch die vielen innerkirchlichen theologischen Streitigkeiten nicht mehr aufzuhalten [FRANK 1996, 33–99]. Freilich: Auch wenn der Erneuerungsversuch der paganen Religion unter Kaiser Julian (360–363) scheiterte, so blieben weit in die Spätantike hinein beträchtliche Teile der Anhängerschaft ihren alten Überzeugungen treu.

Die Christen in ihrer geistigen und religiösen Umwelt. Das Christentum war seit dem Beginn seiner Ausbreitung über das Judentum hinaus von vielen Religionen umgeben. Diese kamen unterschiedlichen Bedürfnissen, etwa nach Exklusivität oder Massenerfahrung, entgegen, hatten aber einen beachtlichen Teil kultischer Praktiken gemeinsam. In dieses bisherige Gefüge der Religionen wurde nun auch der ‚Neuling' eingeordnet, nicht selten in Form strikter Ablehnung, weil man der persönlichen Gottesbeziehung der Christen und der verheißenen Auferstehung misstraute. Weiter nahmen viele Anstoß daran, dass Jesus als Aufrührer gekreuzigt worden war und ihm damit nach antiker Vorstellung die schändlichste aller Strafen zuteil geworden war; diskreditiert wurden die Christen auch als Bewegung von Ungebildeten, ihr Religionsstifter gar als Zauberer. Dass das Christentum seit dem 3. Jh. zunehmend auch für Gebildete attraktiv wurde, ist weniger einem ‚Gewöhnungseffekt' zu verdanken als vielmehr den allmählich gewandelten politi-

▷ S. 237ff.
Die antiken
Menschen u
ihre Götter/
Griechisch-
römisch

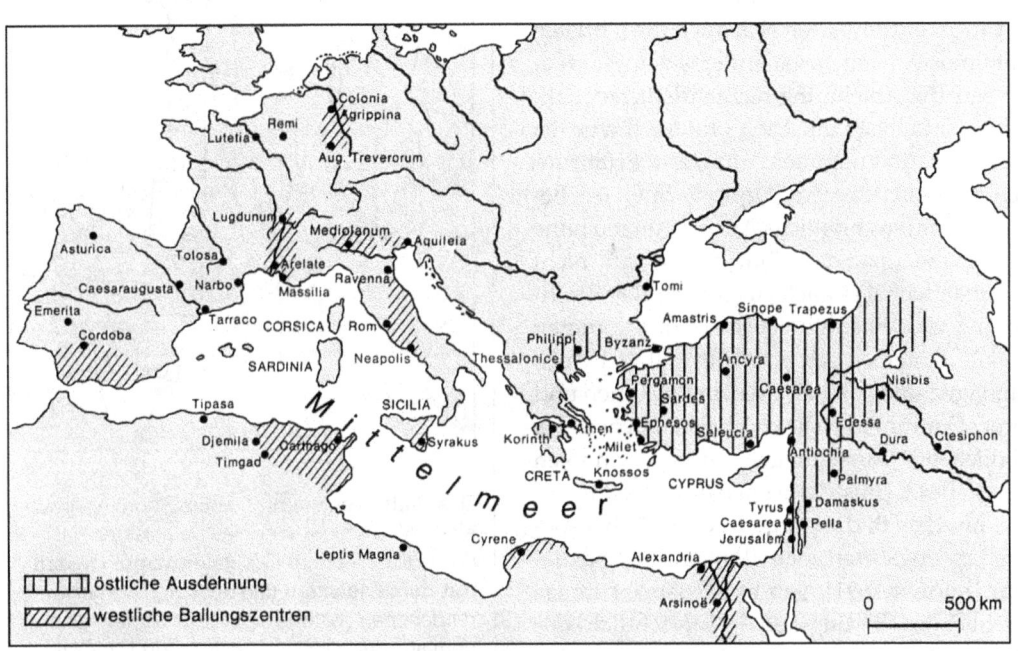

Die Karte gibt den ungefähren Stand der **geographischen Verbreitung des Christentums am Ende des 3. Jh.s** wieder, also kurz vor der großen Verfolgung unter Kaiser Diokletian (ab 303). Deutlich werden die Zentren im Westen wie im Osten: einmal Teile von Ober-, Mittel- und Unteritalien, Karthago und sein Hinterland, das Rhonetal, Südspanien sowie das Gebiet zwischen Trier und Köln; dann Teile von Griechenland, die Kyrenaika, Ägypten, die Levante und vor allem Kleinasien bis zum Kaukasus. Aus der Kartierung lassen sich keine demographischen Rückschlüsse über die Relation von Christen zu Nichtchristen ziehen – Schätzungen für die Stadt Rom um 250 schwanken zwischen 2 und 5 %. Auch der Grad der Attraktivität des Christentums für Sklaven, Handwerker oder gar Gebildete ist nicht quantifizierbar, sondern nur die bloße Existenz christlicher Gemeinden. Deren Zahl hat nach der valerianischen Verfolgung (257/58) noch einmal zugenommen, wenngleich das Christentum vornehmlich ein städtisches Phänomen blieb.

Karte: W. Dahlheim, Die Antike. Rom und Griechenland, Paderborn u.a. 1994, 585.

schen, sozialen und religiösen Rahmenbedingungen sowie der konsequenten christlichen Lebenspraxis und Botschaft.

Umgekehrt mussten sich auch die Christen mit ihrer Umwelt auseinandersetzen. Eindeutig war die Ablehnung nichtchristlicher Religionen. Manche kultischen Praktiken wurden durchaus übernommen, religiöse Erfahrungen stimmten überein [DODDS]. In vielen Bereichen waren christliche Ausprägungen ohne heidnische (‚pagane') Traditionen gar nicht denkbar, wobei es auch zu einer starken Profilierung der eigenen Überlieferung kommen konnte. Anleihen gab es z.B. im Fall von Weissagungen und Apokalypsen, bei Träumen und ihrer Deutung [WEBER, 52–55], ebenso bei bildlichen Darstellungen und Symbolen [BECK/BOL]. Umstritten blieb der Umgang mit heidnischem Bildungsgut. In vielen Lebensbereichen, etwa Wertvorstellungen und Sexualität [BROWN 1991], gab es in der Tat innerkirchlichen Klärungsbedarf hinsichtlich der eigenen Position. Es entstand eine reichhaltige christliche Literatur, in der diese Diskussion geführt wurde [DÖPP/GEERLINGS].

Wie wichtig die Bestimmung und Beschreibung eigener Positionen war, zeigte sich gerade im 2. Jh., als es um die Konsolidierung der christlichen Gemeinden ging, insbesondere in Auseinandersetzung mit der ‚Gnosis' [RUDOLPH]. Ihre Anhänger, die ‚Gnostiker', waren der Überzeugung, dass das Heil durch Erkenntnis zu erlangen sei, und zwar sowohl hinsichtlich der menschlichen Existenz als auch hinsichtlich des Dualismus zwischen realer Welt und göttlichem Urgrund. Ein menschgewordener und gekreuzigter Sohn Gottes hatte hier keinen Platz und insofern stellte diese Lehre ein immenses intellektuelles Problem für die Christen dar. Dualistische Vorstellungen wurden auch in der Sekte des

Das Graffito entstammt einem Raum (vielleicht einer Wachstube) in den Kaiserpalästen auf dem Palatin in Rom. Die **gekreuzigte Gestalt mit dem Eselskopf** und der dargestellte Verehrer daneben sollten verspottet werden; dies geht aus der griechischen Inschrift („Alexamenos verehrt [seinen] Gott") deutlich hervor; damit ist auf Jesus Christus angespielt, der durch eine der grausamsten Hinrichtungsarten zu Tode kam. Mit dem Esel waren negative Implikationen verbunden, z.B. wurden Lehrer mit einem Eselskopf karikiert. Außerdem unterstellten die Ägypter den Juden in Alexandria, in ihrem Tempel einen Eselskopf platziert zu haben, und behaupteten die Ähnlichkeit zwischen Jahwe und dem eselsgestaltigen Gott Seth. Diese Vorwürfe wurden später auf die Christen übertragen.

Bild: Spottkruzifix, 1. Hälfte des 3. Jh.s, C. M. KAUFMANN, Handbuch der altchristlichen Epigraphik, Freiburg/Brsg. 1917, 302.

Literatur: Supplementum Epigraphicum Graecum 14, Nr. 618; P. GUYOT/R. KLEIN, Das frühe Christentum bis zum Ende der Verfolgungen. Eine Dokumentation, 2 Bde., Darmstadt 1993–1994 (Nachdruck in einem Bd. 1997), Bd. 2, 230–232, 374f.

Zugänge zur Antike
Die antiken
Menschen und
ihre Götter
Christlich

Seit der Mitte des 3. Jh.s n.Chr. finden sich in der paganen und christlichen Bildkunst zahlreiche Hirtendarstellungen. Deren Bedeutung im Sinne eines erhofften glücklichen und friedvollen Lebens wird durch die Umgebung – Jahreszeiten, Girlanden, Ranken und Eroten – nahegelegt. Solche Vorstellungen waren, gerade in sepulkralem Kontext, auch für Christen attraktiv, ließ sich doch, ausgehend von den neutestamentlichen Gleichnissen, Christus als guter Hirte allegorisieren. In diesem Bild trafen sich sowohl Elemente der Bukolik als auch Konzeptionen vom Bild des Königs als Hirt seines Volkes, wie es z.B. im Alten Testament formuliert ist. Das **Motiv des ‚Guten Hirten'** erfreute sich vor allem im 3. Jh. großer Beliebtheit in der Katakombenmalerei, bevor es im 4. Jh. von ‚echten' Christusdarstellungen abgelöst wurde.

Bild: Der gute Hirte, Malerei aus den Katakomben in Rom, Pontificia Commissione di Archeologia Sacra.

Literatur: J. FINK/B. ASAMER, Die römischen Katakomben, Mainz 1997; V. FIOCCHI NICOLAI/F. BISCONTI/D. MAZZOLENI, Roms christliche Katakomben. Geschichte, Bilderwelt, Inschriften, Regensburg 1998.

Markion vertreten, der ein ‚reines' Christentum entsprechend seinen eigenen Offenbarungen anstrebte und diese an die Stelle der schriftlichen Tradition, insbesondere des Alten Testaments, stellen wollte. Eine weitere Herausforderung für die christlichen Gemeinden bildeten die ‚Montanisten', die nach dem Vorbild ihres Gründers Montanus das Weltende für nahe hielten, der Askese einen besonderen Stellenwert einräumten und zahlreiche ‚Propheten' hervorbrachten [FRANK 1996].

Die Christen in Staat und Gesellschaft. Bis zur reichsweiten Anerkennung der christlichen Religion (311/313) war das Leben der Christusgläubigen in ihrem städtischen oder ländlichen Umfeld ambivalent, als Einzelperson und als Gemeinde. Auf der einen Seite stand das Bemühen, sich mit einem ehrbaren Lebenswandel in die Gesellschaft zu integrieren. In vielerlei Hinsicht unterschied sich das Leben der Christen auch tatsächlich kaum von dem ihrer Umwelt [LANE FOX], zumal sie versuchten, sich in die weltliche Ordnung – mit dem Kaiser an der Spitze – einzufügen. Auf der anderen Seite gab es Grenzen, die einem gesellschaftlichen Selbstausschluss gleichkamen. Die Teilnahme der Christen an bestimmten städtischen Festen, etwa mit kultischen Mahlzeiten, oder an Spielen wie Gladiatorenkämpfen wurde als problematisch angesehen. Außerdem durften sie keineswegs alle Berufe ausüben und das betraf nicht nur solche, die mit Festen und Spielen zusammenhingen. Dass die Christen als Fremdkörper innerhalb der antiken Gesellschaft angesehen wurden, wurde noch dadurch verstärkt, dass sie bei ihren eigenen Zusammenkünften keine Öffentlichkeit herstellten und damit gegen ein Grundprinzip der griechisch-römischen Religion verstießen [WINKELMANN, 78–86; GUYOT/

KLEIN, Bd. 2, 154–167, 330–337]. So ist es kaum verwunderlich, dass sich hinsichtlich der Christen viele Vorwürfe und Verdächtigungen im Umlauf befanden.

Schwer zu beantworten ist die Frage, in welchen sozialen Schichten und Gruppen das Christentum in den ersten drei Jahrhunderten auf besondere Resonanz stieß, zumal nicht alle diese Bevölkerungsteile gleichermaßen im Blick unserer Quellen sind. Sicher scheint zu sein, dass vor dem 4. Jh. die Führungsschicht der Christen nicht mit den jeweils lokalen Eliten identisch war, denn für diese war der Anreiz, sich zum Christentum zu bekennen, eher gering. Was die Sklaven angeht, hatte sich das Christentum nicht für eine Veränderung ihrer Position ausgesprochen, doch erlebten sie immerhin das Gefühl menschlicher Wertschätzung und sozialer Nähe. Gleiches galt für Witwen und Waisen, denen die besondere Sorge der Gemeinden galt. Überhaupt engagierte sich die Kirche auch sonst, dem Gebot der Nächstenliebe folgend, in besonderem Maße in karitativer Hinsicht, etwa in der Armenfürsorge. Der Anteil allein stehender Frauen war unter den Christen wohl nicht gering, wenngleich die Rolle der Frau im Christentum differenziert zu betrachten ist: So wandelte sich etwa in den ersten drei Jahrhunderten die Einstellung zu Frauen in leitenden Funktionen erheblich [STEGEMANN/STEGEMANN, 305–346; MALINA]. Doch das Christentum war nicht auf Arme und untere Schichten beschränkt, vielmehr scheint gerade unter Handwerkern und Händlern der Anteil an Christen nicht unbeträchtlich gewesen zu sein. Es gab auch reiche Gemeindemitglieder. Allerdings war Reichtum im Lichte biblischer Forderungen immer schwer zu rechtfertigen, so dass die rege Stiftungstätigkeit unter den Christen kaum überraschen kann.

Von den antiken Menschen wurden die Christen zunächst nicht als eigenständige Gruppe, sondern als Teil der jüdischen Gemeinden und ihrer inneren Auseinandersetzungen auf lokaler Ebene wahrgenommen. Dies gilt insbesondere für Rom, wo erstmals von einer staatlich initiierten Verfolgung im Zusammenhang mit dem Brand der Stadt (64 n.Chr.) unter Kaiser Nero zu hören ist. Es lässt sich nicht sagen, warum das Christsein an sich für strafwürdig gehalten wurde. Die Gründe für eine Verurteilung wurden auch später von Kaiser Trajan nicht explizit dargelegt: Er gab immerhin die Devise aus, nach den Christen solle nicht eigens gefahndet werden, erklärte aber nicht, warum bereits das Bekenntnis zum Christentum, also das *nomen christianum*, als todeswürdiges Delikt galt. Sicher ist allein, dass die christliche Religion von den römischen Behörden als ‚Aberglaube' qualifiziert und damit als für den Staat gefährlich eingestuft wurde [VITTINGHOFF]. Einer Bestrafung konnte man freilich durch den ‚Opfertest' entgehen, also dadurch, dass man am Staatskult teilnahm. Für die Christen bedeutete dies, dass sie immer in der Gefahr einer Anzeige standen: Gründe dafür gab es genügend. Diese Realität wird belegt durch Martyrien, die Christen zeitweilig gesucht und provoziert zu haben scheinen, obwohl keineswegs dann auch alle bei ihrem Glauben blieben. Von den reichsweiten Verfolgungen im 3. Jh. war die erste unter Kaiser Decius nicht ausschließlich gegen die Christen gerichtet (250/51). Vielmehr sollte der Opferbefehl an alle Reichsbewohner helfen, das verloren geglaubte Wohlwollen der Götter wiederherzustellen. Die Christen waren jedoch hiervon besonders betroffen. Erst die Maßnahmen von Valerian und später Diokletian – in mehreren Wellen und mit steigender

Zugänge zur Antike
Die antiken
Menschen und
ihre Götter
Christlich

Detailskizze

Die Wahrnehmung der frühen Christen

Fast das gesamte Wissen über Jesus Christus und die frühen Christen wird den Evangelien verdankt, aber es liegen auch Äußerungen nichtchristlicher Autoren vor: Der römische Historiker Tacitus (um 55–116/120) gibt im Zusammenhang mit dem Brand Roms unter Nero folgende Erklärung für die Herkunft des Namens ‚Christen': „Dieser Name stammt von Christus, den der Prokurator Pontius Pilatus unter der Herrschaft des Tiberius zum Tod verurteilt hat. Dieser abscheuliche Aberglaube, der eine Weile verdrängt worden war, verbreitete sich von neuem nicht nur in Judäa, wo das Übel begonnen hatte, sondern auch in Rom." Der Kaiserbiograph Sueton (um 70–nach 130?) hat in einer Bemerkung zum Judenedikt des Kaisers Claudius die Auseinandersetzungen unter den Juden um Jesu Messianität missverstanden: „Claudius verjagte die Juden aus Rom, die auf Anstiften des Chrestos (= Christus) nicht aufhörten, Unruhen zu stiften." Der Statthalter Plinius (61/2–113?) fragte Kaiser Trajan um Rat, wie er gegen Christen vorgehen solle: Sie „versicherten, ihre ganze Schuld oder ihr ganzer Irrtum habe darin bestanden, dass sie sich an einem bestimmten Tage vor Sonnenaufgang zu versammeln pflegten, Christus als ihrem Gott einen Wechselgesang zu singen und sich durch Eid nicht etwa zu irgendwelchen Verbrechen zu verpflichten, sondern keinen Diebstahl, Raubüberfall oder Ehebruch zu begehen, ein gegebenes Wort nicht zu brechen, eine angemahnte Schuld nicht abzuleugnen. Hernach seien sie auseinandergegangen und dann wieder zusammengekommen, um Speise zu sich zu nehmen, jedoch gewöhnliche, harmlose Speise."

Quellen: Tacitus, *Annales* 15, 44, 3; Sueton, *Vita des Claudius* 25; Plinius, *Briefe*, Buch 10 (= Briefwechsel mit Trajan), Brief 96, 7.

Literatur: P. GUYOT/R. KLEIN, Das frühe Christentum bis zum Ende der Verfolgungen. Eine Dokumentation, 2 Bde., Darmstadt 1993–1994 (Nachdruck in einem Bd. 1997), Bd. 1, 16f., 38–43 sowie 305–307, 320–325.

Intensität – zielten auf die systematische Zerschlagung der Organisations- und Leitungsstruktur der christlichen Gemeinden. Allerdings wurde dieses Ziel nicht erreicht, so dass Galerius in seinem so genannten ‚Toleranzedikt' einräumen musste: „So sollen sie denn Christen sein." [Laktanz, *De mortibus persecutorum* 34, 4; GUYOT/KLEIN Bd. 1, 190f., 414] Damit bedeutete das Christsein keine Gefahr mehr; das Christentum war ‚erlaubte Religion" (*religio licita*) geworden. Nun stand der Christ auf der Seite des Kaisers und betete für dessen und des Staates Wohl [FLACH]. Jetzt änderten sich die Vorzeichen: Das Christentum hatte seinerseits zu definieren, wie es sich den anderen Religionen gegenüber verhalten wollte, und hier war der Spielraum für Toleranz angesichts des Glaubens an einen einzigen Gott äußerst gering.

Strukturen und Organisation. Die frühen Gemeinden waren auf die Wiederkunft Jesu Christi (griech. *parousía*) ausgerichtet und lebten ganz in dieser Naherwartung. Demnach strebten sie nicht nach Veränderung oder Stabilisierung der bestehenden Verhältnisse, sei es in politischer, sei es in wirtschaftlicher oder gesellschaftlicher Hinsicht. Eigene Strukturen waren weder geplant noch absehbar, doch häuften sich zunehmend die innergemeindlichen Schwierigkeiten, die einer Lösung bedurften.

Zum einen stellte man fest, dass die einzelnen Gemeinden darin differierten, was sie für Jesu Botschaft hielten und wie sie ausgelegt und gelebt wurde: Wer sollte hier entscheiden bzw. wie ließen sich Konflikte beilegen? Die einzelnen Gemeinden beharrten hier auf ihren vertrauten Formen; dennoch spielte der Austausch, vor allem die Briefe zwischen den Gemeindeleitern, eine zentrale Rolle. In dieser

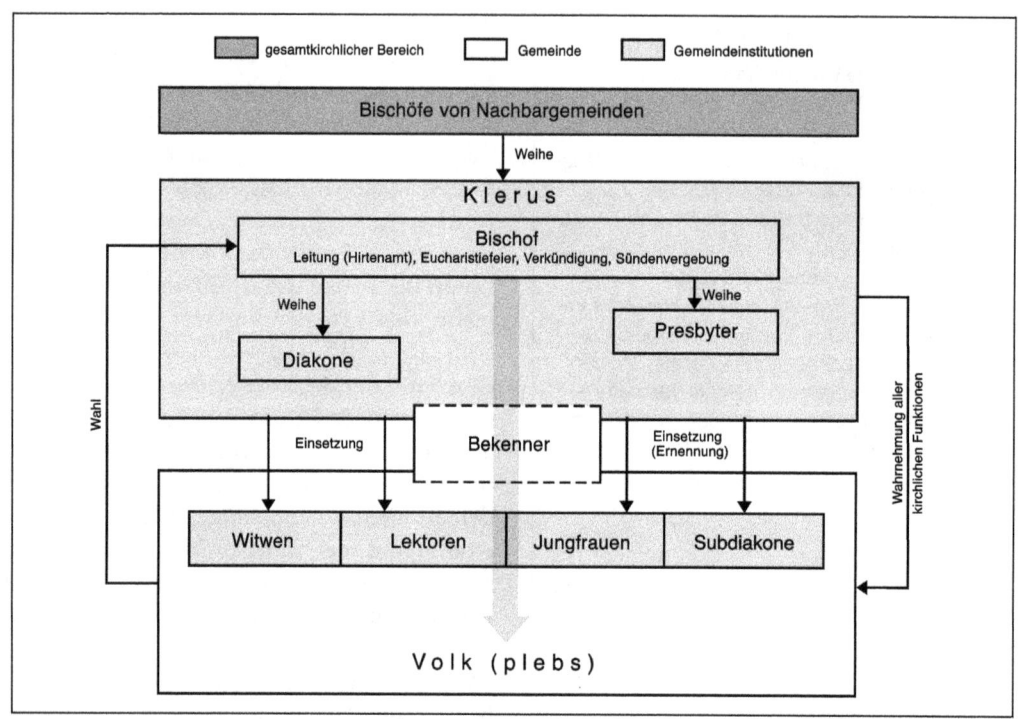

Die Gemeindeordnung nach Hippolyt (?) v. Rom

Die christlichen Gemeinden haben sich in ihren Strukturen historisch herausgebildet, weshalb es unterschiedliche Formen von Gemeindeverfassungen gab. Eine von diesen beschreibt die so genannte *Traditio Apostolica*, die in der handschriftlichen Überlieferung mit dem Namen des römischen Presbyters Hippolyt (Anf. 3. Jh.) verbunden ist: In ihr ist bereits die Struktur der christlichen Gemeinde angelegt, die sich in der römischen Kirche endgültig durchgesetzt hat. Erstmals sind Klerus und Volk deutlich voneinander geschieden; beschrieben sind außerdem die übernommenen Ämter, wobei vor allem der Klerus mit dem Bischof an der Spitze hierarchisiert ist. Eine Sonderstellung nehmen die Bekenner ein: Sie mussten bei der Berufung zu Diakonen und Presbytern nicht geweiht werden, weil sie bereits durch ihr Bekenntnis die Gnade besaßen, die den Übrigen im Akt der ‚Weihe' vermittelt wurde.

Schaubild: J. Martin (Bearb.), Atlas zur Kirchengeschichte. Die christlichen Kirchen in Geschichte und Gegenwart, Herder, Freiburg 3. Aufl. 1987, 14* und Karte Nr. 3.

Literatur: Chr. Markschies, Wer schrieb die sogenannte *Traditio Apostolica*, in: W. Kinzig/Chr. Markschies/M. Vinzent, Tauffragen und Bekenntnis, Berlin/New York 1999, 1–74.

Zugänge zur Antike
Die antiken
Menschen und
ihre Götter
Christlich

‚frühchristlichen Großkirche' wurde die gemeinsame Tradition herausgefiltert und das Verschiedene respektiert.

Zum anderen traten in den Gemeinden Personen wie Propheten und Heiler mit dem Anspruch auf, besonders mit dem göttlichen Geist begabt zu sein: Wie verhielten sich die bereits vorhandenen Leitungsfunktionen zu diesen Charismatikern? Welche Bedeutung kam den Zeugnissen (griech. *martyría, martýrion*) derer zu, die sich als Anhänger der Lehre Christi offenbarten und bereit waren, für ihre Überzeugung zu sterben? Immerhin bildete sich schon im 2. Jh. die Vorstellung heraus, dass die ‚Märtyrer' – der Begriff wurde bald auf die ‚Blutzeugen' verengt – auf eigene Weise der göttlichen Gnade teilhaftig geworden waren. Welche Rolle in der Gemeinde sollten die ‚Bekenner' – wie man seit dem 3. Jh. diejenigen nannte, die ihre Standhaftigkeit überlebt hatten – übernehmen [FRANK 1996, 85–87]? In den ersten Jahrhunderten bildete sich eine Vielfalt an Gemeindeordnungen aus, von denen wir die des 1. Klemensbriefs in Rom, der syrischen Apostellehre (*Didache*) und des Ignatios von Antiochia näher kennen. In allen wurden die Leitungsfunktionen – Älteste (griech. *presbýteroi*), Helfer (*diákonoi*) und Bischöfe (*epískopoi*) – jeweils unterschiedlich verstanden [MARKSCHIES, 208–225].

In den paganen Religionen gab es diese Suche nach einheitlichen Lösungen bzw. eine Konzentration auf wesentliche Eckpunkte nicht, sondern trotz vieler Gemeinsamkeiten, etwa in der kultischen Praxis, blieben lokale Unterschiede bestehen. Es existierte kein einheitliches, auf theologische oder rituelle ‚essentials' konzentriertes Lehrgebäude.

▷ S. 239
Die antiken
Menschen und
ihre Götter/
Griechisch-
römisch

Das Vorgehen der Christen hatte noch weitere Konsequenzen: Für die christliche Religion ist spezifisch, dass sie eine Vielzahl religiöser Schriften hervorbrachte – Evangelien, Briefe, Katechesen, Apologien, Apokalypsen etc. Neben die in ‚Büchern' (griech. *biblía*; Sing.: *biblíon*) aufgezeichnete jüdische Glaubenstradition, die die Christen in einer griechischen Übersetzung, der so genannten *Septuaginta*, gebrauchten und die auch für sie anfangs die einzige heilige Schrift darstellte, trat nun eine eigene Überlieferung. Freilich gab es weit mehr als die vier kanonischen Evangelien und die einzelnen Gemeinden, vor allem die ‚häretischen', verfolgten hier unterschiedliche Präferenzen. Am Ende des 2. Jh.s hatte sich dann das römische Kanonverzeichnis mit einem Großteil der später akzeptierten 27 Schriften durchgesetzt, die bis heute das ‚Neue Testament' – im Gegensatz zur *Septuaginta* als ‚Altem Testament' – bilden und die Bezeichnung ‚Buchreligion' für das Christentum gerechtfertigt erscheinen lassen. Obwohl sich als Kriterium die Abfassung durch Apostel oder Apostelschüler immer mehr durchsetzte, blieben einige Schriften noch lange umstritten; der intensiv geführte Selektions- und Abgrenzungsprozess war erst Ende des 4. Jh.s abgeschlossen.

Parallel dazu verlief die theologische Auseinandersetzung um die Kernpunkte der christlichen Botschaft, vor allem um das Verhältnis der drei göttlichen Personen – Vater, Sohn und Heiliger Geist –, was von den anderen monotheistischen Religionen, Judentum und Islam, bis heute abgelehnt wird. Lange Zeit kam man mit Glaubenssätzen aus, die keine verbindlichen Normen darstellten und vor allem im Gottesdienst und im Glaubensunterricht, also in Liturgie und Katechese, gebraucht wurden. Wenn der alexandrinische Presbyter Arius um 318 zu lehren begann, Gott (Vater) allein sei ‚ungeworden' und der Sohn ein ‚Geschöpf', erschien das vielen nicht

259

abwegig. Es bedurfte großer Anstrengungen, auch sprachlicher Art, um auf dem Ersten ökumenischen Konzil von Nizäa (325) unter Beteiligung von über 300 Bischöfen eine dogmatische, allgemein verbindliche Entscheidung zu finden: Gott und Christus seien ‚wesenseins' (griech. *homooúsios*). Doch brach der Streit jetzt erst richtig auf und wurde jahrzehntelang erbittert geführt, nicht nur zwischen Bischöfen verschiedener Richtungen, sondern auch unter Einbeziehung der christlichen Kaiser, die nicht alle an der Festlegung von Nizäa festhielten. Es ist schwer vorstellbar, dass es wegen derartiger Interpretationsnuancen, die als theologische Spitzfindigkeiten erscheinen mögen, zu solchen Polarisierungen und blutigen Unruhen kam. Das mit machtpolitischen Implikationen behaftete Hin und Her der Positionen lässt sich gut an der Vita des alexandrinischen Bischofs Athanasios (ca. 295–372) erkennen, der nicht weniger als fünf Mal verbannt wurde und mit allen Mitteln für die seiner Meinung nach ‚rechtgläubige' Position kämpfte [Leppin, 13–26]. Im Konzil von Konstantinopel (381) wurde die Formel von Nizäa bestätigt und um das Bekenntnis zum Heiligen Geist erweitert.

Im Zusammenhang mit den Bischöfen, die sich zu Konzilien versammelten, ist eine weitere Entwicklung von Bedeutung: Einige Bischofssitze bedeutender Städte – insbesondere Alexandria, Antiochia und Rom, später auch Konstantinopel und Jerusalem – erhoben bereits seit dem 3. Jh. besondere Machtansprüche, von denen die des Bischofs von Rom für die weitere Geschichte von größter Bedeutung sein sollten. Die Sonderstellung der römischen Gemeinde ergab sich einerseits aus ihrer Situierung in der Hauptstadt des Reichs, andererseits durch die ‚Anwesenheit' von Petrus und Paulus: Führungsanspruch und Autorität

Detailskizze

Als Begründer des eremitischen Mönchtums darf der um 251 n.Chr. in Mittelägypten geborene **Antonios** – gelegentlich mit Beinamen: der Große – gelten. Der Sohn einer wohlhabenden christlichen Familie verließ sein angestammtes Umfeld und zog als Asket in die Wüste. Zuerst ließ er sich bei anderen Eremiten in der Nähe seines Heimatdorfs nieder. Er war also nicht der erste Mönch schlechthin, sondern griff eine bereits praktizierte Lebensform auf. Danach hielt er sich in einer Grabstätte und später in einer verlassenen Festung am Roten Meer auf. Die Intention dieser Einsiedler bestand nicht im Protest gegen verweltlichte Gemeinden; vielmehr wollten sie für sich einen sicheren Weg zum Heil finden: Handarbeit, Gebet, Meditation und Kampf gegen die Dämonen spielten fortan eine zentrale Rolle. Mit seinem Leben als Eremit waren Reisen nach Alexandria durchaus vereinbar, zum einen während der Verfolgung 311/12, zum anderen 337 im Zuge der theologischen Auseinandersetzungen mit den Arianern; außerdem besuchte er andere Mönchsgemeinschaften und hatte selbst viele Gäste. Unser Wissen über Antonios entstammt drei Quellen, die unterschiedliche Akzente setzten: zum einen seinen wohl teilweise echten, ursprünglich koptisch geschriebenen Briefen, dann den *Apophthegmata Patrum*, einem anonymen Sammelwerk von
‚Vätersprüchen' mit Anekdoten aus dem frühen Mönchtum, schließlich einer Vita, verfasst vom Bischof Athanasios kurz nach dem Tod des Antonios (356), die sich rasch großer Verbreitung erfreute und nachhaltige Wirkung zeigte.

Vita: G. J. M. Bartelink, Athanase d'Alexandrie, Vie d'Antoine, Paris 1994 (Sources Chrétiennes 400).

Literatur: M. Tetz, Athanasius und die Vita Antonii, in: Zeitschrift für Neutestamentliche Wissenschaft 73, 1983, 1–30; D. Brakke, Athanasius and the Politics of Asceticism, Oxford 1995; M. Puzicha, Art. „Antonius der Einsiedler", in: Döpp/Geerlings, 43f.

Zugänge zur Antike
Die antiken
Menschen und
ihre Götter
Christlich

Forschungsstimme

Christliche Heilige gab es in vielfältigen Typen und Funktionen. Vor allem die Märtyrer sollten als konkrete historische Gestalten zur Nachfolge anspornen, als Mittler bei Gott für das ewige Heil und die Sündenvergebung eintreten, als Patrone für Einzelpersonen und ganze Städte fungieren sowie die Position des Bischofs legitimieren helfen. Dabei bestanden klare Unterschiede zwischen dem Osten und dem Westen des Reiches; **Jochen Martin** sieht sie darin, „daß sich im Osten zwei unterschiedliche Formen geistlicher Autorität sauber voneinander abgrenzen lassen und im Konflikt zwischen beiden die institutionalisierte Führung in der Regel unterliegt, während im Westen das Bischofsamt nicht nur die Verehrung der toten Märtyrer und lebender Asketen beaufsichtigen kann, sondern dazu tendiert, die Form der auf Askese begründeten Führerschaft in sich aufzusaugen." Gerade für die antiken Gesellschaften waren Heilige wichtig: „Der *eine*, ferne Gott konnte nicht die Identität der christlichen Städter vermitteln. Für sie hat sich Gott in seinen Heiligen inkarniert. [...] Sogar Städte wurden nach Heiligen umbenannt, um die Gräber der Heiligen bildeten sich neue Agglomerationen, die im Westen auch zu Zentren mittelalterlicher Städte werden konnten. [...] (Es) wurden also für die antiken Christen die Heiligen zu denjenigen, die sichtbar halfen, zu denen man eine menschliche Beziehung gewinnen konnte, die neue Identitäten und ein neues Selbstverständnis ermöglichten, den Städten wieder ein ‚Gesicht' gaben. [...] Die Heiligenfeste wurden für die Sozialisation ebenso wichtig, wie es vorher die Götterfeste gewesen waren."

Literatur: J. MARTIN, Die Macht der Heiligen, in: DERS./B. QUINT (Hrsg.), Christentum und antike Gesellschaft, Darmstadt 1990, 440–474, Zitate: 455, 466f.

der Gemeinde wurden auf den Bischof übertragen und hatten sich immer wieder bei strittigen Fragen zu bewähren, sehr oft mit Erfolg. Hierzu zählten etwa der Streit um die Festsetzung des Ostertermins, der Umgang mit den während der Verfolgungen von der Kirche Abgefallenen (lat. *lapsi*) sowie – im so genannten Ketzertaufstreit (1. Hälfte bis Mitte 3. Jh.) – das Problem, ob die Gültigkeit der Sakramente von der Heiligkeit der kirchlichen Amtsträger abhänge oder nicht. In den folgenden Jahrhunderten gelang es den römischen Bischöfen, die der Einrichtung der Reichskonzilien eher reserviert gegenüberstanden und die apostolische Sukzession von Petrus her beanspruchten, durch geschicktes Taktieren, Einfluss und Autorität auszubauen sowie ihr Verhältnis zum Kaiser zu definieren.

Gleichzeitig hatte auch das Leben in den christlichen Gemeinden feste Formen ausgebildet, sowohl im gottesdienstlichen Kultvollzug als auch in der Katechese. Dabei wandelte sich das Abendmahl von einer Gemeinschaft stiftenden Mahlfeier zu einem Sakrament – der Priester ahmte das Tun Jesu nach und brachte Gott ein Opfer dar – und war eingebettet in eine feste Liturgie, die eine große regionale Vielfalt aufwies. Spezifisch christlich war auch die bereits im 3. Jh. in einem Ritus ausgestaltete Taufe, die sich von rituellen Waschungen der Juden unterschied, vor allem durch ihre Einmaligkeit, die Vermittlung der Gabe des Heiligen Geistes und die damit verbundene Reinheit von den Sünden. Die Taufe war in der Regel Voraussetzung für die Aufnahme in die Gemeinde und für die Teilnahme am Abendmahl; dafür wurden die erwachsenen Bewerber in das ‚Katechumenat' aufgenommen und in dieser Position sukzessiv in den Glauben eingeführt. Der individuellen Unterweisung und Lektüre sowie der Gemeindepredigt, die in alle Lebensbereiche hineinreichte, kam hierbei eine große Bedeutung zu [FRANK 1996, 117–138].

Als vollkommene Christusnachfolge wurde die Askese lange Zeit in den Familien und Gemeinden gepflegt, doch vollzog sich im Laufe der Zeit auch eine räumliche Absonderung. Es bildeten sich verschiedene Formen aus, die zudem regionale Unterschiede aufwiesen: Eremiten, Eremitensiedlungen und Mönchsgemeinschaften. Wenngleich die Asketen sich bisweilen auf befremdliche Praktiken verlegten – etwa die ‚Säulenheiligen' (Stylobaten), die auch antike Zeitgenossen beeindruckten – oder als fanatisierte Gruppen auftraten, so gingen von ihnen dennoch bemerkenswerte spirituelle Impulse aus [FRANK 1993]. Ein Spezifikum des spätantiken Christentums stellt die Verehrung von Heiligen und Märtyrern dar. Deren Nähe suchte man an ihren Gräbern und vor allem in den Reliquien, durch deren Teilung der Patron vielerorts verehrt werden konnte [BROWN 1993].

▷ S. 96ff. Die Verwandlung der Mittelmeerwelt in der Spätantike

Gregor Weber

Literatur

G. ALFÖLDY, Pontius Pilatus und das Tiberieum von Caesarea Maritima, in: Scripta Classica Israelica 18, 1999, 85–108.

H. BECK/P. C. BOL (Hrsg.), Spätantike und frühes Christentum, Frankfurt/M. 1983.

P. BROWN, Die Keuschheit der Engel, München/Wien 1991 [engl. 1988].

DERS., Die Gesellschaft und das Übernatürliche, Berlin 1993 [engl. 1982].

E. R. DODDS, Heiden und Christen in einem Zeitalter der Angst, Frankfurt/M. 1985 [engl. 1965].

S. DÖPP/W. GEERLINGS, Lexikon der antiken christlichen Literatur, Freiburg/Basel/Wien 3. Aufl. 2002.

D. FLACH, Die römischen Christenverfolgungen. Gründe und Hintergründe, in: Historia 48, 1999, 442–464.

K. S. FRANK, Grundzüge der Geschichte des christlichen Mönchtums, Darmstadt 1993.

DERS., Lehrbuch der Geschichte der Alten Kirche, Paderborn 1996.

P. GUYOT/R. KLEIN, Das frühe Christentum bis zum Ende der Verfolgungen, 2 Bde., Darmstadt 1993–1994.

R. LANE FOX, Pagans and Christians in the Mediterranean World from the Second Century AD to the Conversion of Constantine, London 1988.

H. LEPPIN, Die Kirchenväter und ihre Zeit, München 2000.

A. LINDEMANN, Paulus. Apostel und Lehrer der Kirche, Tübingen 1999.

B. MALINA, Die Welt des Neuen Testaments, Stuttgart u.a. 1993 [engl. 1981].

CHR. MARKSCHIES, Zwischen den Welten wandern. Strukturen des antiken Christentums, Frankfurt/M. 1997.

K. ROSEN, Zur Diskussion um Jesu Geburtsdatum, in: W. BRANDMÜLLER (Hrsg.), Qumran und die Evangelien, Aachen 1994, 41–58.

DERS., Rom und die Juden im Prozeß Jesu (um 30 n.Chr.), in: A. DEMANDT (Hrsg.), Macht und Recht, München 1997, 39–58.

K. RUDOLPH, Die Gnosis. Wesen und Geschichte einer spätantiken Religion, Göttingen 1990.

E. W. STEGEMANN/W. STEGEMANN, Urchristliche Sozialgeschichte, Stuttgart u.a. 1997.

F. VITTINGHOFF, ‚Christianus sum'. Das ‚Verbrechen' von Außenseitern der römischen Gesellschaft, in: Historia 33, 1984, 331–357.

G. WEBER, Kaiser, Träume und Visionen in Prinzipat und Spätantike, Stuttgart 2000.

F. WINKELMANN, Geschichte des frühen Christentums, München 1996.

Zugänge zur Antike

Die antiken Menschen über sich

Griechische Literatur bis zum Hellenismus

Frühgriechische Literatur (ca. 700–500 v.Chr.). Die frühgriechische Epik war das reife Endprodukt einer langen Tradition ursprünglich mündlich improvisierender Dichtung, doch wurden die frühesten uns überlieferten Werke – Homers *Ilias* (um 700 v.Chr.) und die etwas später entstandene *Odyssee* [MORRIS/POWELL] sowie Hesiods *Theogonie* und *Werke und Tage* – bereits mit Hilfe der Schrift komponiert. Die *Ilias* handelt von einer Episode aus dem Kampf um Troja: dem Zorn des griechischen Haupthelden Achill und den Konsequenzen, die sich daraus ergeben. Der Dichter gibt vor, ein Detail aus einem historischen Zusammenhang zu berichten, den die archäologische Forschung heute um das Jahr 1260 v.Chr. datiert [LATACZ 2001]. Es handelt sich aber um eine literarische, also fiktive Darstellung, nicht um einen historischen Bericht [KULLMANN 2001] – zwischen historischer Wirklichkeit und fiktivem Mythos unterscheidet erst eine sehr viel spätere Zeit. Die *Ilias* führt uns in eine Welt, die Elemente aus mehreren historischen Epochen, hauptsächlich aber aus dem 8. Jh. v.Chr., vereinigt. Dargestellt wird ein idealisiertes Adelsleben tapferer Helden, die um eine schöne Frau kämpfen und dabei vielfach in tragische Ereignisse verwickelt werden. Vermutlich stilisierten die vorwiegend adligen Zuhörer dieser Epen am Ende des 8. Jh.s in dieser Form ihre eigene Vorgeschichte, in einer Zeit, in der sie real schon nicht mehr – wenn überhaupt jemals – in solchen Verhältnissen lebten. Die *Odyssee* beschreibt das Schicksal des griechischen Kämpfers Odysseus auf seiner an Umwegen reichen Heimfahrt nach der Zerstörung Trojas bis zur Ankunft bei seiner Frau Penelope auf Ithaka. Sie spiegelt eine andere Gesellschaft und ein anderes Menschenbild als die *Ilias*: Odysseus ist der kluge, abenteuerlustige und nie um einen Einfall verlegene Seefahrer, der gut in eine von Handel und Unternehmergeist geprägte Zeit passt. Fremde Länder und märchenhafte Begegnungen bilden zentrale Inhalte des Werks. Frauen, junge und alte Menschen, Bettler, einfache Arbeiter und Diener spielen eine wichtigere Rolle als in der *Ilias*. Diese Einzelheiten könnten auf ein etwas jüngeres Datum der *Odyssee* hindeuten, obwohl die Odysseus-Figur selbst wohl bereits aus mykenischer Zeit stammt.

In das menschliche Handeln greifen auf vielfältige Weise die Götter ein, die ganz menschenähnlich und nicht als moralisch höherwertige Instanzen gezeichnet sind. Dies wirft die für die gesamte frühgriechische Literatur wichtige Frage nach dem Verhältnis von menschlicher Handlungsautonomie und göttlichem Einfluss auf. Der Dichter Homer selbst, über den wir nichts Gesichertes wissen, gibt sich in seinen Epen als von den Göttern (Musen) inspirierter Sänger, der nur als Vermittler der Ruhmestaten der Helden fungiert, aber hinter dem Stoff seiner Dichtung ganz zurücktritt und als eigenständiger Autor nicht greifbar wird.

Der Autor als Person begegnet uns das erste Mal in den Werken Hesiods aus Askra in Böotien. Er komponierte keine erzählenden Epen wie Homer, sondern kleinere Sachepen. Während es in dem einen um die Welt- und Götterentstehung (*Theogonie*) geht, machte sich Hesiod in dem anderen die Perspektive des kleineren Landbesitzers zu Eigen (*Werke und Tage*). Doch auch die letztere Dichtung – vordergründig eine an den Bruder Perses gerichtete Ermahnung, ein fleißiges und gerechtes Leben zu führen, das die Voraussetzung für

Glück und Wohlstand sei – wandte sich an höher stehende Herren, die wie für Homer auch für Hesiod das primäre Publikum bildeten. Und wie die übrige frühgriechische Literatur übernahm auch Hesiod Motive und Gattungen aus der vorderasiatischen Weisheitsliteratur; doch erlaubt er uns durch biographische Hinweise (*Werke und Tage*, 633ff.) Aufschlüsse über den Überlieferungsweg solcher Traditionen [WEST 1997]. Hesiods Göttervorstellung ist etwa dieselbe wie Homers, aber er betont in den *Werken und Tagen* die menschliche Eigeninitiative. Die *Theogonie* mit ihrer kosmogonischen Thematik bereitete in vielem die vorsokratische Philosophie vor.

Doch als individuelle Persönlichkeiten traten Autoren erst in der Lyrik hervor, so Archilochos von Paros (um 650) im Jambos, Alkaios und Sappho aus Mytilene auf Lesbos (um 600) in der Einzellieddichtung (Monodie) oder der athenische Staatsmann Solon (um 600) in der Distichon-Dichtung. Einen Höhepunkt der Chorlyrik stellen die hochkomplexen Siegeslieder (*Epinikien*) dar, die Pindar von Theben (1. Hälfte des 5. Jh.s) auf adlige Sportler dichtete [DEGANI].

Neben der Lyrik gehört die Prosa der Naturphilosophen zu den frühen Formen der griechischen Literatur. Es ist freilich umstritten, ob der früheste uns bekannte ‚Vorsokratiker', Thales von Milet (um 585), selbst bereits ein Buch geschrieben hat. Sicher ist dies für seine Nachfolger Anaximander und Anaximenes, wenngleich von deren Schriften nur Fragmente erhalten sind [KIRK/RAVEN/SCHOFIELD]. Ihr gemeinsames Ziel bestand darin, die Vielfalt der existierenden Naturdinge auf eine möglichst geringe Anzahl von materiellen Urstoffen zurückzuführen. Unter den Vorsokratikern finden sich auch Denker, die nicht in Prosa, sondern in metrisch gebundener Form schrieben, in elegischen Distichen oder in Hexametern. Doch die Welt des Epos wurde ihnen zunehmend fremd: Bereits Xenophanes (um 550) kritisierte die anthropomorphe, d.h. menschenähnliche, Göttervorstellung des Epos und setzte ihr die philosophische Konzeption eines einzigen Gottes entgegen. Ihren Höhepunkt erreichten die Überlegungen über das Sein der Dinge in dem schwer verständlichen Lehrgedicht des Parmenides (um 500). In Auseinandersetzung damit entwickelte Empedokles (um 440), von dessen Werk seit kurzem neue Fragmente bekannt sind [MARTIN/PRIMAVESI], die Vier-Elemente-Lehre: Erde, Wasser, Luft, Feuer werden durch ‚Liebe' und ‚Streit' verbunden und wieder getrennt. Empedokles interessierte sich darüber hinaus auch für biologische Fragen. Insgesamt sind wir über die Biographien dieser Philosophen vor Sokrates – daher ihre gemeinsame Bezeichnung als ‚Vorsokratiker' – und ihr Publikum kaum informiert. Dennoch ist deutlich, dass die wirtschaftlich prosperierenden Handelsstädte Kleinasiens, insbesondere Ioniens, mit ihren vielfältigen interkulturellen Kontakten nach Ägypten, Vorderasien und Phönizien einen Nährboden für sie darstellten. Allen gemeinsam ist das Bestreben, nach bestimmten methodischen Prinzipien Erkenntnisse auch über nicht unmittelbar beobachtbare Vorgänge des Weltgeschehens zu gewinnen; und da sie die Natur ohne die Annahme göttlicher Einwirkung erklären möchten, zeichnet sich ihr Vorgehen sogar durch einen aufklärerischen Zug aus.

Klassik (ca. 500–320 v.Chr.). Bereits die ionischen Naturphilosophen hatten sich ausgiebig für die Geographie interessiert und legten damit die Grundlagen für die griechische Geschichtsschreibung (‚Histo-

▷ S. 291ff.
Technik:
Die Arbeit m
Quellen zur
Antike

Zugänge zur Antike
Die antiken
Menschen über sich
Griechische Literatur bis zum
Hellenismus

riographie'). So hatte Hekataios von Milet (um 530) eine Erdbeschreibung (griech. *peri(h)ēgēsis*) mit ethnographischen Erläuterungen verfasst, die gegenüber mythischen Überlieferungen eine aufklärerische Skepsis zeigte. Hekataios wurde der wichtigste Vorläufer für Herodot von Halikarnassos [BICHLER/ROLLINGER], dessen noch sehr erzählerisches Geschichtswerk um 430 erschien – das älteste uns erhaltene umfangreiche Prosawerk griechischer Literatur. Herodot stellt darin die Ursachen und die Entwicklung des Konflikts zwischen Griechen und Persern bis zur Einnahme von Sestos (479/78) dar. Im Proömium unterscheidet Herodot nicht klar zwischen mythischen Erzählungen und historischer Realität, die Götter und das Schicksal haben bei ihm eine große Bedeutung für den Verlauf der Geschichte. Seine Methode, „das (ihm) Berichtete zu referieren", ist jedoch nicht völlig unkritisch, wenngleich eine strikte Quellenkritik im modernen Sinne fehlt. Oft wägt Herodot mit gesundem Menschenverstand zwischen unterschiedlichen Überlieferungsvarianten ab. Wesentliche Impulse für die Veröffentlichung seines Werkes übernimmt er aus dem erzählenden Epos: Die Taten vergangener Menschen sollen nicht in Vergessenheit geraten und unterhaltsam soll das Buch auch sein. So dramatisieren etwa eingestreute fiktive Reden historischer Personen die Darstellung.

Eine deutliche Entwicklung gegenüber Herodot stellte das Geschichtswerk des Atheners Thukydides dar, das den Peloponnesischen Krieg (bis 411) aus dem Blickwinkel eines Zeitzeugen behandelt. In seiner Einleitung (1, 21f.) setzt sich Thukydides polemisch von den Dichtern generell und von seinem Vorgänger Herodot ab, denen es nach seiner Meinung nicht so sehr um die Wahrheit als um eine unterhaltsame, übertreibende Ausschmü-

▷ S. 36ff.
Die Mittelmeerwelt vom 6. bis . Jahrhundert

ckung gehe. Thukydides will historische Situationen nach sorgfältiger Quellenkritik wissenschaftlich analysieren, um die allgemeinen Gesetze menschlichen Handelns herauszuarbeiten. Seine Methode orientiert sich an derjenigen der Medizin seiner Zeit, die uns in den Schriften des *Corpus Hippocraticum* noch zugänglich ist; auch sie ist letztlich auf die ionische Naturphilosophie zurückzuführen. Da Thukydides von der Wiederholung und Vorhersagbarkeit geschichtlicher Prozesse ausgeht, kann er sein Werk stolz als einen „Besitz für alle Zeiten" (1, 22, 4) bezeichnen. Aber bei aller Unterschiedlichkeit bestehen auch Gemeinsamkeiten mit Herodot. Wie dieser benutzt er aus stilistisch-dramaturgischen Gründen fiktive Reden, spitzt sie aber analytisch zu. Und selbst Thukydides besitzt noch keine eindeutigen Unterscheidungskriterien für mythologische und historische Vorgänge.

Welchen Einfluss das klassische Athen ausübte, macht insbesondere der Blick auf die Entwicklung der Tragödie und der Komödie deutlich. Allerdings wurden die klassischen Dramen – im Gegensatz zu modernen Theaterstücken – in Athen nur einmal am wichtigsten Fest für Dionysos, den Großen Dionysien, im Dionysostheater aufgeführt. Das Publikum bildete vor allem die männliche Bevölkerung Athens – für die Anwesenheit von Frauen im Theater besitzen wir nur wenige, nicht völlig eindeutige Hinweise. Jeweils drei Dichter traten mit ihren Stücken in Wettbewerb und aus dem Volk gewählte Richter mussten über die Rangfolge entscheiden. Das Einstudieren der Stücke, die Ausstattung und Bewirtung des Chores sowie der Schauspieler wurden reichen Athener Bürgern als *leitourgía*, eine Art indirekte Steuer, auferlegt und sie gewannen neben den Dichtern den Hauptruhm, wenn ihr Stück siegte. Auch der Chor bestand aus

Athener Bürgern. All diese Umstände bedingen eine eigentümliche Rezeptionssituation, die bei modernen Deutungen der Stücke oft übersehen wird. Zugleich wird deutlich, dass Tragödie und Komödie fest im Athener Stadtstaat verankert und in diesem Sinne politisch waren. Im Falle der Tragödie ist freilich in der Forschung umstritten, wie weit auch die Inhalte der Stücke politisch sind [Meier; Latacz 1993; Seeck].

Formal bestehen Tragödie und Komödie aus Sprechversen im iambischen Trimeter sowie aus gesungenen und getanzten Choreinlagen, deren musikalische Ausgestaltung uns jedoch nicht mehr kenntlich ist. Diese Chorlieder stehen in der Tradition der frühen Chorlyrik und traten in der weiteren Entwicklung von Tragödie und Komödie immer mehr in den Hintergrund.

Aischylos behandelte in der ältesten erhaltenen Tragödie (*Perser*) noch einen zeitgeschichtlichen Stoff, nämlich die Niederlage des Xerxes gegen die Griechen in der Schlacht bei Salamis (480). Alle anderen uns überlieferten Tragödien – vollständige Stücke gibt es nur von Aischylos, Sophokles und Euripides – beinhalten mythische Stoffe, handeln also von den von Göttern abstammenden Heroen einer fernen Urzeit. In Tragödien werden immer ernste menschliche Grundsituationen thematisiert, die durch individuelle Entscheidungen herbeigeführt werden; die meisten enden in Leid oder Tod; und selbst wenn sie gut ausgehen, spielt doch die drohende Gefahr für Leib und Leben eine zentrale Rolle. Handeln hat stets schwerwiegende Konsequenzen und es ist eine der Grundfragen der Tragödiendeutung, ob die Handelnden schuldig sind oder nicht, weil sie in einer unausweichlichen, von außen verhängten Entscheidungssituation nicht anders handeln konnten. Damit ver-

„Vieles ist ungeheuer, nichts
ungeheuerer als der Mensch.
Das durchfährt auch die fahle Flut
in des reißenden Südsturms Not;
das gleitet zwischen den Wogen,
die rings sich türmen! Erde selbst,
die allerhehrste Gottheit,
ewig und nimmer ermüdend, er schwächt sie noch,
wenn seine Pflüge von Jahre zu Jahre, wenn
seine Rosse sie zerwühlen.
[…]
Und Rede und, rasch wie der Wind,
das Denken erlernt' er, den Trieb,
die Staaten zu ordnen, und auch der Fröste
Unwohnlichkeit im Gefild
und Regensturms Pfeile fliehn:
allbewandert, in nichts unbewandert schreitet er
ins Künft'ge; vorm Tod allein
sinnt er niemals Zuflucht aus;
doch für heilloser Krankheit Pein
fand er Hilfe.

Mit kluger Geschicklichkeit für
die Kunst ohne Maßen begabt,
kommt heut er auf Schlimmes, auf Edles morgen.
Wer seines Lands Satzung ehrt
und Götterrecht schwurgeweiht,
gilt im Staate; doch nichtig ist, wem das Unrecht sich
gesellt hat zu frevlem Tun.
Sitze nie an meinem Herd,
und sei im Bunde nie mit mir,
wer so handelt!"

Dieses berühmte erste Standlied (*Stasimon*) des Chores aus der Tragödie *Antigone* des **Sophokles** (Vers 332–341 und 353–375, Beginn im Griechischen: *Pollá ta deiná* …) betont die beinahe grenzenlosen technischen und kulturellen Fähigkeiten des Menschen, die allerdings mit dem Adjektiv *deiná* (‚ungeheuer, gewaltig' im positiven wie im negativen Sinn) von Anfang an als zwiespältige Errungenschaften bezeichnet werden. In der Schlussstrophe betont Sophokles, dass die Anwendung technisch-kultureller Leistungen moralisch ambivalent ist und zum Guten wie zum Schlechten geschehen kann. Wichtig ist, dass diese moralische Bewertung einer gesellschaftlichen Norm gehorcht: Wer seine Kenntnisse zum Guten anwendet, gilt etwas im Staate, wer sie zum Schlechten gebraucht, soll aus der Hausgemeinschaft und somit der Gesellschaft ausgeschlossen sein.

Text: Sophokles, Dramen griech.-dt., hrsg. und übers. von W. Willige, überarbeitet von K. Bayer, mit Anmerkungen und einem Nachwort von B. Zimmermann, München/Zürich 1985, 215.

Zugänge zur Antike
Die antiken
Menschen über sich
Griechische Literatur bis zum
Hellenismus

bunden ist die Frage nach dem Wirken der Götter, die in allen Tragödien in irgendeiner Form präsent sind und oft diese äußere Macht repräsentieren. Trügerische Mittler zwischen Göttern und Menschen sind vielfach Orakel, die missverstanden oder willentlich missachtet werden. Bei Euripides wird die Tragödie ‚bürgerlicher', insofern auch Personen niedrigeren Standes wie Sklaven oder Ammen wichtige Rollen spielen. Auch nahm er intensiver als seine Vorgänger Impulse der zeitgenössischen Rhetorik und Philosophie auf.

Die altattische Komödie des Aristophanes [ZIMMERMANN; VON MOELLENDORF] ist durch einen drastischen, karnevalesken und respektlosen Humor gekennzeichnet. Die tagespolitische Situation des Peloponnesischen Kriegs spielt immer direkt in die Komödie hinein, die dramatische Illusion wird ständig durch die Verspottung realer Personen oder durch Anreden an das Publikum durchbrochen. Im Stück triumphiert jeweils ein gewitzter attischer ‚Normalbürger', indem er gegen Widerstände einen absurden, oft utopischen Plan – Privatfrieden, Frauenherrschaft, Himmelfahrt u.a. – durchsetzt. Die Komödie endet meist mit einem Fest, mit dem der neue glückliche Zustand gefeiert wird. In der Chorparabase wendet sich der Chor als Sprachrohr des Autors mit moralischem und politischem Rat direkt an das Publikum, wobei umstritten ist, wie ernst diese Ermahnungen zu nehmen sind.

Im letzten Drittel des 5. Jh.s gewann die ‚Sophistik' großen Einfluss in Athen [KERFERD/ FLASHAR]. Protagoras aus Abdera (um 440), Gorgias aus Leontinoi (ca. 490–395) und Hippias aus Elis (etwas jünger als Protagoras) befassten sich insbesondere mit der Redekunst, aber auch mit vielen anderen Gebieten, und unterrichteten junge Männer höherer Schichten für Geld in diesen Künsten, um sie auf die Anforderungen im öffentlichen Leben vorzubereiten. Die Sophisten standen in der Tradition der vorsokratischen Philosophie. Da wir sie heute aber fast nur noch aus den Dialogen Platons, der sich durchweg sehr polemisch mit ihnen auseinandersetzte, kennen, hat für uns das Adjektiv ‚sophistisch' einen negativen Beigeschmack. Ursprünglich jedoch bildeten die Sophisten eine wichtige aufklärerische Bewegung und vermittelten als erste ‚höhere Bildung'. Dies machte ihren gesellschaftlichen Erfolg aus, den wir z.B. bei Euripides und in einigen etwa gleichzeitigen Schriften des *Corpus Hippocraticum* bemerken.

Gorgias etablierte die professionelle Rhetorik in Athen, als er 427 zusammen mit Teisias von Sizilien dorthin kam (ANDERSEN). Die Rhetorik, die als praktische Übung seit Jahrhunderten existierte, entstand als theoretisch untermauerte Technik in Syrakus, als nach dem Fall der Tyrannis 466/65 Korax und Teisias bei einer Fülle von Eigentumsstreitsachen vor Gericht gewissermaßen als Anwälte Reden hielten und ein erstes, nicht erhaltenes Lehrbuch der Rhetorik (*Téchnē*) schrieben (BLASS). Die Gerichtsrede (*génos dikanikón*) tritt also als erste Gattung hervor (neben dem *génos symbouleutikón* = beratende, politische Rede vor der Volksversammlung und dem *génos epideiktikón* = Prunk- oder Lobrede). Gorgias übertrieb insbesondere die klangliche Ausgestaltung der Rede (so genannte ‚gorgianische Figuren': Parallelismus, Antithese, Isokola, Parisa, Homoioteleuta etc.) und verband so dichterische Elemente mit der Sprache der Prosa. Erhalten sind die Redeübungen *Helena* und *Palamedes* als fiktive Verteidigungsreden mythischer Figuren (BUCHHEIM 1989). Gorgias hatte viele Schüler (Polos, Antisthenes, Alkidamas etc.), deren berühmtester der Redner Isokrates ist.

Die hellenistischen Philologen stellten einen Kanon von 10 attischen Rednern auf, der von Antiphon (411 hingerichtet) über Andokides (ca. 440–nach 392), Isaios (ca. 420–340), Lykurg (390–324, der Erbauer des Dionysostheaters in Athen), Hypereides (390–322), Aischines (390–315) bis zu Deinarchos (360–nach 292) reichte. Die wichtigsten Redner dieses Kanons sind Lysias, Isokrates und Demosthenes.

Lysias (445–380) schrieb hauptsächlich Gerichtsreden, von denen über 30 erhalten sind (teilweise unecht), aber auch eine epideiktische Rede auf die Gefallenen im Korinthischen Krieg (395–387) und eine fragmentarisch überlieferte symbuleutische (*Olympikós*). Da die professionellen Rhetoren ihre Reden zum Vortrag durch andere schrieben – denn vor Gericht musste man sich persönlich verteidigen –, kam es darauf an, den Stil an die vortragende Person anzupassen (Ethopoiie); Lysias war dafür berühmt.

Isokrates (436–338), Schüler des Gorgias, brillierte vor allem im *génos epideiktikón*, schrieb aber auch Gerichtsreden und politische Reden. In *Gegen die Sophisten* und *Über den Vermögenstausch* (*Antidosis-Rede*) formuliert er aber auch ein eigenes Erziehungsprogramm, in dessen Zentrum ein allgemeines Verständnis von Philosophie als rhetorisch geprägter höherer Bildung steht und das sich auch gegen Platon richtet. Um 390 eröffnete Isokrates in Athen eine eigene, sehr erfolgreiche Schule, die dieses Lehrprogramm umsetzte.

Demosthenes (384–322) ist über Isaios ein Enkelschüler des Isokrates und wohl der größte Redner Griechenlands. Er begann seine Laufbahn mit Gerichtsreden in eigener Sache (3 Reden gegen Aphobos, 2 gegen Onetor), wandte sich dann aber der politischen (symbuleutischen) Rede zu, für die er berühmt wurde. Er war auch mit wechselndem Erfolg als Politiker in Athen aktiv. Als Philipp II. von Makedonien, der Vater Alexanders des Großen, seine Herrschaft immer weiter ausdehnte, hielt Demosthenes an der romantisch verklärten Eigenständigkeit Athens fest und polemisierte in 4 Reden scharf gegen Philipp (*Philippikā́*). Diese Reden wurden zu Grundmustern politischer Polemik (Cicero betitelte seine 14 Reden gegen Marcus Antonius *Philippicae* [*orationes*]). Gegen Ende seines Lebens wandten sich promakedonische Kreise vehement gegen Demosthenes, und, nachdem er nach dem Tode Alexanders in der Hoffnung auf den Sieg seiner Sache kurzfristig nach Athen zurückgekehrt war, tötete er sich 322 selbst, um nicht Antipatros in die Hände zu fallen.

▷ S. 46
Die Hellenisierung der Mittelmeerwelt

Für Platon aus Athen (428–348) war Sokrates der entscheidende Lehrer [Görgemanns]. Dessen Hinrichtung im Jahre 399 wurde zwar mit atheistischen Bestrebungen begründet, hatte aber sicher politische Gründe und entfremdete den jungen Platon ein für alle Mal der Demokratie. Mehrfach befasste er sich im Folgenden theoretisch mit Staatsformen und ihrem Verhältnis zur Gerechtigkeit, z.B. in seinen Werken *Politeia* und *Nomoi*, und vielleicht versuchte er sogar, auf Sizilien einen idealen Staat zu verwirklichen [*7. Brief*, ablehnend: Trampedach]. Insofern ist sein philosophisches Denken eng mit den politischen Verhältnissen seiner Zeit verbunden. Andererseits ist es durch eine weitgehende Abkehr von der uns umgebenden Wirklichkeit gekennzeichnet: So besteht die Kernthese seiner Ideenlehre darin, dass die realen Dinge nur durch die Teilhabe an den allgemeinen Ideen existieren. Diese Ideen bilden einen Kosmos, der sich außerhalb der wahrnehmbaren Welt befindet, in sich abgestuft ist und aus nur geistig erfass-

Zugänge zur Antike
Die antiken
Menschen über sich
Griechische Literatur bis zum
Hellenismus

baren Vorbildern besteht. In ihm ist eine letzte, alles überragende Idee des Guten und Schönen der einzige Seinsgrund aller Dinge, also aller untergeordneten Ideen und insbesondere aller Dinge der realen Welt. Diese spezifische ‚Ontologie' (= Lehre vom Seienden), genauer: dieser ‚Seinsmonismus', ist ein Erbe des Parmenides. Wie aus der vielbeachteten Schriftkritik im *Phaidros* hervorgeht, kann die Wahrheit nicht schriftlich mitgeteilt werden, sondern leuchtet in mystischer Weise nach jahrelangem Gespräch zwischen Lehrer und Schüler plötzlich ein. Platon nannte diese Methode des Unterrichts ‚Dialektik' (griech. *dialégesthai* = ‚sich unterhalten') und sie ist einer der Gründe dafür, dass seine Schriften die Form kunstvoll komponierter Dialoge haben. Die Seele ist der unkörperliche Bestandteil des Menschen und erst, wenn sie sich im Tode vom Körper löst und zu den himmlischen Regionen zurückkehrt, ist eine ungehinderte Ideenerkenntnis möglich. Die Abwertung der Wirklichkeit lässt bei Platon keinen Raum für eine Naturwissenschaft.

Die Hinwendung zu einer systematischen Naturforschung hat Platons Schüler Aristoteles (384–322) vollzogen [BARNES]. Für ihn sind nicht irgendwelche ‚Ideen' ontologisch primär, sondern die Dinge, die unsere reale Welt konstituieren: Tiere, Pflanzen oder Himmelskörper, aber auch handwerklich hergestellte Gegenstände. Bei den Tieren jedoch z.B. gibt es einerseits eine Fülle von Individuen, über die man nur schwer allgemeine Aussagen treffen kann, andererseits lassen sie sich aufgrund bestimmbarer Kriterien nach Arten klassifizieren. Solche Tierspezies – hierfür verwendet Aristoteles den platonischen Begriff *eídos* – zählen zu den allgemeineren Dingen, die man wissenschaftlich behandeln kann. So ist der aristotelische Ansatz also dem platonischen teils entgegengesetzt, teils ist er ihm ähnlich. Damit begründete Aristoteles die systematische Naturwissenschaft und wurde so zum bedeutendsten Denker des Abendlandes [KULLMANN 1998]. In einer kaum übersehbaren Fülle von Disziplinen – Astronomie, Biologie (insbesondere Zoologie), Physik, Metaphysik, Ethik, Logik, Rhetorik, Literaturwissenschaft – sammelte er die Arbeiten seiner Vorgänger, wertete sie aus und ergänzte sie durch neue Beobachtungen und Überlegungen; nicht selten entstanden diese Gebiete überhaupt erst durch seine Forschungen. Besondere Bedeutung für die moderne Geschichtswissenschaft haben die politischen Schriften: Für seine Synthese, die *Politik* (im Griechischen eigentlich ein Plural: *politiká*), worin er die Entstehung menschlicher Gesellschaften und die bestmögliche Organisation (*politeía*) eines Stadtstaats (*pólis*) behandelte, hatte er zuvor mehr als 150 einzelne Verfassungen (*politeíai*) zusammenstellen lassen. Dank eines Papyrusfundes von 1890 liegt heute wenigstens eine dieser Materialsammlungen, die Darstellung der athenischen Verfassung (*Athenaíōn politeía*), als zusammenhängender, wenngleich nicht ganz vollständiger Text vor, während wir von den übrigen bisweilen nur kärgliche Fragmente kennen. Auch sonst ist die Überlieferung nicht gerade zimperlich mit den Schriften des Aristoteles umgegangen.

▷ S. 394/396
Die Rezeption der Antike

Erhalten haben sich nur die für den Schulgebrauch im ‚Peripatos' bestimmten, die oft einen skizzenhaften Charakter haben; die veröffentlichten Schriften dagegen sind verloren gegangen und für uns nur in einzelnen Fragmenten sowie indirekt in ihrer Verarbeitung im hellenistischen Schrifttum fassbar; denn gerade in Alexandria schätzte man die peripatetische Naturwissenschaft und Philologie außerordentlich.

▷ S. 54
Die Hellenisierung der Mittelmeerwelt

Hellenismus (ca. 320–30 v.Chr.). Der Hellenismus war im Wesentlichen eine Buch- und Lesekultur. Dies brachte einen bedeutenden Aufschwung der Literaturwissenschaft mit sich, aber auch eine Art von Dichtung, die sich – geschrieben von hochgelehrten ‚Dichterphilologen' – an ein gebildetes Publikum wandte, das die zahlreichen Anspielungen zu schätzen wusste. Aristoteles war eine Zeit lang der Lehrer Alexanders des Großen am Königshof in Makedonien gewesen und auch in dieser Hinsicht bereitete er die enge Verbindung zwischen politischer Macht und Kultur vor, wie wir sie später am Hofe der Ptolemäer in Alexandria beobachten können. Die zentrale Institution dort ist das Museion (‚Musenheiligtum') mit seiner Bibliothek, das eine Art Akademie mit öffentlich besoldeten Professoren darstellte. Kallimachos (1. Hälfte des 3. Jh.s), einer der bedeutendsten Dichter dieser Zeit, verfasste u.a. auch einen Katalog der dort vorhandenen Bücher [HUNTER].

Im Hellenismus finden wir erstmals einen differenzierten Literaturbetrieb mit unterschiedlichen Strömungen und konkurrierenden Auffassungen, was eigentlich gute Literatur ausmache. Die einen Dichter wandten sich kleineren, aber intensiv durchkomponierten Formen von Dichtung zu – gerade Kallimachos mit seinen *Epigrammen* ist hierfür ein prominentes Beispiel. Solche kurzen Gedichte, die sich bereits seit archaischer Zeit auf Weihungen in Heiligtümern oder auf Grabstelen fanden, wurden spätestens im 4. Jh. in Büchern gesammelt und verbreitet; freilich erhielt die umfangreichste uns erhaltene Sammlung dieser Art, die *Anthologia Palatina*, erst in der Spätantike ihre heutige Gestalt. Wer solche Dichtung bevorzugte – und das waren so viele, dass man die kleine Form geradezu als Kennzeichen hellenistischer Dichtung be-

„‚Sonne, leb' wohl!' sagte Kleombrotos aus Ambrakia und sprang von einer hohen Mauer in den Tod. Nichts hatte er erlebt, was es wert war zu sterben; aber das eine Buch Platons über die Seele hatte er gelesen."

Auf den ersten Blick scheint der alexandrinische Dichterphilologe **Kallimachos** mit diesem Epigramm (Nr. 23) einem besonders eifrigen Platonleser ein Denkmal gesetzt zu haben. Doch ist das Urteil über den Selbstmörder zweideutig. Kann allein die Lektüre eines Buchs so eine Handlung rechtfertigen? Haben philosophische Leseerfahrungen denselben Stellenwert wie das ‚richtige' Leben? Oder ist es ein Fehler Platons, wenn die Verkündigung der Unsterblichkeit der Seele solch tödliche Folgen hatte? Der gebildete antike Leser wusste, dass im platonischen Dialog *Phaidon* der Selbstmord keineswegs befürwortet wird. Wollte Kallimachos also den Tod des Kleombrotos und seine philosophische Haltung bedauern oder sich in Form eines fiktiven Grabgedichts über die Halbbildung gewisser Zeitgenossen lustig machen?

In einem anderen Epigramm (Nr. 13) desselben Dichters befragt ein neugieriger Passant zuerst den Grabstein und dann den Grabinhaber:

„‚Ruht wirklich Charidas unter dir?' – ‚Wenn du den Sohn des Arimmas aus Kyrene meinst, unter mir.' – ‚O Charidas, wie ist's da unten?' – ‚Große Finsternis.' – ‚Und die Rückwege?' – ‚Lüge.' – ‚Aber Pluton?' – ‚Legende'. – ‚Wir sind verloren!' – ‚Dies ist meine wahre Rede für euch; wenn du aber die angenehme willst: Für einen Pellaier [vielleicht gemeint: eine kleine Münze aus Pella] gibt's im Hades einen großen Ochsen.'"

Fiktive Dialoge zwischen einem Wanderer und dem Denkmal gab es schon früher in realen Grabinschriften. Doch nie wird ein Leser so enttäuscht und desillusioniert! Auch Charidas vertritt eine philosophische Position, jedoch eine entschieden skeptische, was Unsterblichkeit und Wiedergeburt betrifft. Beide Gedichte, die so tun, als seien sie Grabinschriften, standen in einem Buch des Kallimachos. Sie sind im Unterschied zur früheren Epigraphik nicht mehr an einen bestimmten Ort oder an eine bestimmte Situation gebunden. Aus diesen Entstehungsbedingungen erklärt sich die Vielschichtigkeit, Individualität und der subtile Humor dieser intellektuellen Schöpfungen.

Literatur: D. MEYER, Inszeniertes Lesevergnügen. Das inschriftliche Epigramm und seine Rezeption bei Kallimachos, Stuttgart 2004, 164f., 211.

Zugänge zur Antike
Die antiken
Menschen über sich
Griechische Literatur bis zum
Hellenismus

zeichnen kann –, schrieb keine Epen mehr, sondern schuf Epyllien (griech. *epýllion* = kleines Epos); Beispiele hierfür sind die *Hekale* des Kallimachos, die *Europa* des Moschos oder Theokrits *Eidyllion* 24. Innovativ waren auch die Hirtengedichte des Theokrit von Syrakus (um 275 v. Chr.), obgleich sie sich in Form und Inhalt an epische Motive anlehnten. Sie stellen eine friedliche ländliche Idylle einfacher Hirten dar, stehen in ihrem Lob des einfachen Lebens philosophisch dem Epikureismus nahe und scheinen mit ihrer Haltung auf die zunehmende Verstädterung, z.B. in Alexandria, zu reagieren. Theokrits bukolische Dichtung fand viele Nachahmer, darunter Vergil (*Eklogen*).

Doch nicht alle huldigten der kleinen Form, auch das Epos fand neue Anhänger, so in Apollonios von Rhodos, der die Beschaffung des Goldenen Vlieses durch Jason aus dem fernen Kolchis und seine Begegnung mit der kolchischen Königstochter Medea in den *Argonautika* gestaltete. Apollonios stellte sich in die Tradition Homers, ragt aber in der psychologischen Zeichnung seiner Figuren über ihn hinaus und ist sprachlich weit von dessen improvisierenden Ursprüngen entfernt. Sein Werk – das größte erhaltene hellenistische Epos – hat die lateinische Literatur maßgeblich beeinflusst, so etwa Catull (*carmen* 64), Vergils Aeneis und Valerius Flaccus. Zudem wurde das Epos auch die Form für etwas absonderlichere Dichtungen über abgelegene Sachthemen: Nikander von Kolophon dichtete *Heteroioúmena* (‚Verwandlungen'), die Ovid zum Vorbild für seine *Metamorphosen* dienten, und fast 1000 Hexameter über *Theriaka* (‚Tiergifte'), noch umfangreicher sind die *Phainomena* (‚Sternzeichen') des Arat von Soloi. Solche ‚Lehrgedichte' wollen aber – im Unterschied zu Parmenides und Empedokles – weniger sachliche Inhalte vermitteln als in erster Linie die künstlerische Kompetenz des Dichters zeigen. Dass besonders Arat dies gelang, macht seine vielfältige Rezeption bei späteren, gerade auch lateinischen Autoren deutlich.

Zur Vielfältigkeit der hellenistischen Literatur gehörten auch Tragödien. Freilich wurden sie wohl nicht mehr zur Aufführung verfasst, sondern zur Rezitation. Wie attraktiv solche Literaturformen auch für nichtgriechische Kulturen sein konnten, zeigt das erhaltene ‚Lesedrama' des Ezechiel (2. Jh. v.Chr.), der eine *Exagoge* – gemeint ist der Auszug des Moses aus Ägypten – dichtete. Dagegen war die ‚Neue Komödie' Menanders (342–290) noch unmittelbar für die Aufführung in Athen gedacht; ihre Bedeutung allerdings reicht weit darüber hinaus, da sie nicht nur viele Stücke der lateinischen Komiker Plautus und Terenz beeinflusste, sondern auch – in enger Anlehnung an die euripideische Tragödie – am Beginn der europäischen Charakter- und Sittenkomödie steht. Menanders Stücken fehlen die Drastik und die politischen Bezüge der altattischen Komödie; sie bewegen sich im urbanen Privatmilieu attischer Kleinbürger und stellen die Tugenden der Menschlichkeit und des Maßhaltens in den Mittelpunkt. Wie schon bei Euripides werden in ihnen sozial niedrige Figuren wie Sklaven oder Hetären aufgewertet. Doch auch wenn ihre Handlungen bisweilen ans Tragische grenzen, gehen sie durch das Wirken des Zufalls (*Týche*) stets gut aus.

Zum hellenistischen Literaturbetrieb gehört jedoch nicht nur die Dichtung, sondern auch die Prosa: Sie wird insbesondere in der wissenschaftlichen und in der philosophischen Literatur verwendet, die im Hellenismus einen großen Aufschwung nahm. Die beiden wichtigsten philosophischen Systeme sind der Hedonismus Epikurs, von dem einige Lehrbriefe erhalten sind, und die von Chrysipp (gestorben zwischen 208 und 204) vollendete Stoa, die eine die gesamte Welt und alle Menschen beseelende Allvernunft lehrt. Ein Zentralgedanke dieser Philosophenschulen ist der besonnene Umgang mit Emotionen. Einen bedeutenden Teil der Prosaliteratur bildeten die vielen Abhandlungen historischen Inhalts, von denen allein die Geschichtsschreibung des Polybios in größerem Umfang erhalten geblieben ist. Polybios, von Hause aus griechischer Politiker und Militär, wurde erst durch sein persönliches Schicksal zum analysierenden Intellektuellen: In seinem Werk, das er als Kriegsgefangener in Rom im Hause der Scipionen verfasste, verarbeitete er die Begegnung mit der neuen Weltmacht.

▷ S. 57/62
Die Hellenisierung der Mittelmeerwelt

Jochen Althoff

Literatur

Ø. ANDERSEN, Im Garten der Rhetorik. Die Kunst der Rede in der Antike [norwegisch 1995], Darmstadt 2001.

J. BARNES, Aristoteles. Eine Einführung, Stuttgart 1992 [engl. 1982].

R. BICHLER/R. ROLLINGER, Herodot, Hildesheim/Zürich/New York 2000.

F. BLASS, Die Attische Beredsamkeit, 3 Tle., Leipzig 2. Aufl. 1887–1898.

T. BUCHHEIM, Gorgias von Leontinoi, Reden, Fragmente und Testimonien, Hamburg 1989.

E. DEGANI, Griechische Literatur bis 300 v.Chr., in: NESSELRATH, 171–245.

H. GÖRGEMANNS, Platon, Heidelberg 1994.

R. HUNTER, Hellenismus, in: NESSELRATH, 246–268.

G. B. KERFERD/H. FLASHAR, Die Sophistik, in: H. FLASHAR (Hrsg.), Grundriß der Geschichte der Philosophie, Philosophie der Antike, Bd. 2/1, Basel 1998, 1–137.

G. S. KIRK / J. E. RAVEN / M. SCHOFIELD, Die vorsokratischen Philosophen, Stuttgart/Weimar 1994 [engl. 2. Aufl. 1983].

W. KULLMANN, Aristoteles und die moderne Wissenschaft, Stuttgart 1998.

DERS., Besprechung von LATACZ 2001, in: Gnomon 73, 2001, 648–663.

J. LATACZ, Einführung in die griechische Tragödie, Göttingen 1993.

DERS., Troia und Homer, München 2001.

A. MARTIN/O. PRIMAVESI, L'Empédocle de Strasbourg (P. Strasb. gr. Inv. 1665–1666), Berlin/New York 1999.

CHR. MEIER, Die politische Kunst der griechischen Tragödie, München 1988.

P. VON MOELLENDORF, Aristophanes, Darmstadt 2002.

I. MORRIS/B. POWELL (Hrsg.), A New Companion to Homer, Leiden/New York/Köln 1997.

H.-G. NESSELRATH (Hrsg.), Einleitung in die griechische Philologie, Stuttgart/Leipzig 1997.

G. A. SEECK, Die griechische Tragödie, Stuttgart 2000.

K. TRAMPEDACH, Platon, die Akademie und die zeitgenössische Politik, Stuttgart 1994.

M. L. WEST, The East Face of Helicon, Oxford 1997.

B. ZIMMERMANN, Die griechische Komödie, Düsseldorf/Zürich 1998.

Zugänge zur Antike
Die antiken
Menschen über sich
Literatur im
Imperium Romanum

Literatur im Imperium Romanum

Die römische Literatur als Rezeptionsliteratur.

Anders als die griechische Literatur, deren erste Produkte, die homerischen Epen, Endpunkte einer langen mündlichen Entwicklung darstellen, beginnt die römische Literatur mit einem Schlag, als Livius Andronicus, wohl ein freigelassener Kriegsgefangener griechischer Abkunft aus Tarent, nach Roms Sieg über Karthago im Jahr 240 v.Chr. für die *ludi Romani* (die römischen Festspiele zu Ehren des Juppiter) dramatische Dichtung aus dem Griechischen ins Lateinische übertrug [VON ALBRECHT, 92]. Vor dieser bewussten ‚Schaffung' der römischen Literatur wurden in der Hauptsache Gebrauchstexte schriftlich festgehalten, wie etwa juristische oder kultische; der wichtigste Text dieser Art ist das fragmentarisch überlieferte ‚Zwölftafelgesetz' aus dem 5. Jh. v.Chr. Die Römer eigneten sich demnach nicht nur die Schrift über die Etrusker von den Griechen an, sondern auch deren Literatur bildete die Grundlage für die römische. Bisweilen kritisierten die Römer die *Graeculi*, die ‚Griechlein', die ‚ein lockeres Leben führen' (*pergraecari*); doch ebenso wie sie von ihrer eigenen Aufgabe, die Welt zu beherrschen, überzeugt waren, erkannten sie Griechenland als Ursprung der Bildung und Kultur an. So schreibt Horaz (*Epistulae* 2, 1, 156f.): *Graecia capta ferum victorem cepit et artis / intulit agresti Latio* („Das eroberte Griechenland eroberte den rohen Sieger und führte die Künste in das bäurische Latium ein.").

▷ S. 263
Die antiken Menschen über sich/
Bis zum Hellenismus

▷ S. 58
Die Hellenisierung der Mittelmeerwelt

Die römische Literatur ist folglich als Rezeptionsliteratur zu verstehen; nicht die Erfindung neuer Themen, Motive und Gattungen galt als Herausforderung, sondern die Nachbildung griechischer Vorbilder (*imitatio*) und deren kunstvolle Umgestaltung, wodurch man mit den Vorgängern in Wettstreit trat (*aemulatio*) [REIFF; VON ALBRECHT, 11ff.]. Das Verhältnis der Römer zu ihrer Literatur wird auch dadurch erhellt, dass abgesehen von der Geschichtsschreibung die Autoren zunächst Nichtrömer waren und insbesondere die Dichter auch in späterer Zeit oft auf Förderer angewiesen blieben.

Die Anfänge (3.–2. Jh. v.Chr.).

Vor Livius Andronicus gab es – auch im Mündlichen – keine Großform; erkennbar sind lediglich Kultlieder, Totenklagen, Stegreifspiele (Atellane) oder Possen (Mimus). Das Bedürfnis nach repräsentativen Formen kam erst durch die Begegnung mit der griechischen Kultur in Süditalien im 3. Jh. auf, als die Herrschaft nach dem Sieg über Pyrrhus im Jahr 272 gesichert war und Sizilien nach dem 1. Punischen Krieg (264–241) römische Provinz wurde. Dem Vorbild des Livius, Dramen in Anlehnung an griechische Vorlagen zu verfassen, folgten Gnaeus Naevius (3. Jh.) und Quintus Ennius (239–169). Sie scheinen hierbei Tragödien bevorzugt zu haben, die einen Bezug zur ‚griechischen' oder ‚trojanischen' Herkunft der Römer nahelegten [LEFÈVRE 1990]; daneben dichteten sie jedoch auch Tragödien mit römischem Inhalt ohne griechische Vorlagen, was für die Beurteilung der Originalität der frührömischen Literatur wichtig ist [LEFÈVRE 1997, 168f.]. Durch Komödien nach griechischem Vorbild traten neben den beiden letztgenannten Dichtern vor allem Titus Maccius Plautus (um 250–184) und Publius Terentius Afer (um 185–um 159) hervor, die mit ihrem Stoff durchaus frei umgingen. Livius Andronicus wurde ferner zum Schöpfer des römischen Epos, in-

▷ S. 47/63
Die Hellenisierung der Mittelmeerwelt

▷ S. 271/263
Die antiken Menschen über sich/
Bis zum Hellenismus

dem er die *Odyssee* Homers in das altlateinische Versmaß des Saturniers übertrug. Er orientierte sich dabei wohl an den neuen Bedürfnissen des Schulunterrichts. Naevius folgte ihm mit dem ersten römischen geschichtlichen Epos (*Bellum Poenicum*; über den 1. Punischen Krieg). Ennius schuf schließlich mit einer Gesamtdarstellung der römischen Geschichte in Hexametern (*Annales*) das erste römische ‚Nationalepos', das in dieser Funktion erst durch Vergils *Aeneis* abgelöst wurde. Dass das historische Epos in der römischen Frühzeit anders als in der griechischen eine solch herausragende Rolle spielte, lässt sich dadurch erklären, dass es „als identitätsbildendes, politisches Medium der unter ständigem militärischen Druck stehenden Gesellschaft angesehen werden kann" [ZIMMERMANN, 115]. Zur gleichen Zeit entstanden die ersten Prosaschriften: Angehörige der Senatsaristokratie wie Quintus Fabius Pictor, Lucius Cincius Alimentus, Gaius Acilius und Aulus Postumius Albinus stellten die Geschichte Roms vom Gründungsmythos bis zu ihrer Zeit dar [BECK/WALTER, 55ff.]. Bezeichnenderweise taten sie dies jedoch in der Sprache, die ihre Vorbilder nutzten und die ihnen daher schon ein entsprechendes Instrumentarium bot: auf Griechisch. D.h. sie schrieben nicht nur für die eigenen Landsleute, sondern auch um einer griechisch geprägten Umwelt römische Geschichte und damit die geschichtliche Bedeutung Roms näher zu bringen, also auch: um politisch zu wirken. Allein Marcus Porcius Cato (234–149), der – zumindest nach außen – alles Griechische ablehnte, schrieb sein Werk über die Ursprünge der Städte Italiens (*Origines*) und über den Landbau (*De agri cultura*) auf Lateinisch, also für Römer [BECK/WALTER, 148ff.]. Seinem Beispiel folgten – hinsichtlich des Gebrauchs des Lateinischen – bald die Geschichtsschreiber nach ihm. Einen Nutzen der Geschichtsschreibung (*historiae bonum*, Fragment 1, 1a) sah Cato wohl in ihrer erzieherischen Wirkung. Diese patriotische Tendenz und der ‚moralische' Charakter sollten der römischen Geschichtsschreibung erhalten bleiben. „Den römischen Historikern ging es nicht um die objektive, sondern um die ‚tiefere' Wahrheit. Das aber hatte zur Folge, dass weder das einzelne Faktum noch die Summe der Fakten einen Eigenwert hatten, sondern erst durch die ihnen zugrundeliegende *Bedeutung* einen Aussagewert bekamen." [LEFÈVRE 1979, 256] Eine besondere Rolle spielen Lucius Coelius Antipater (2. Jh.), der als erster eine historische Monographie (über den 2. Punischen Krieg) verfasste, und Sempronius Asellio (um 160–um 90), der eine Zeitgeschichte (*historia*) vorlegte, in der er sich auch an der rationalistischen, ‚pragmatischen' griechischen Geschichtsschreibung, vor allem an Polybios orientierte. Die Literatur des 3. und 2. Jh.s lässt sich als Epoche der Vorklassik bezeichnen, in der man auf griechische Vorlagen zurückgriff und sich in Form und Inhalt noch relativ eng an diese anlehnte, damit aber zugleich für die jeweilige Gattung eine lateinische Literatursprache ausformte.

▷ S. 293f. Technik: Die Arbeit m Quellen zur Antike

Ende des 2. Jh.s entstand mit den *Satiren* des Gaius Lucilius (gest. um 103) die einzige Literaturgattung, die von den Römern ohne direktes griechisches Vorbild geprägt wurde. Hier bot sich ein Sprachrohr für denjenigen, der nicht aktiv politisch tätig war, aber dennoch seine Meinung äußern wollte. Ferner begründete Sextus Aelius Paetus Catus im 2. Jh. die juristische Fachschriftstellerei [WIEACKER, 536f., 696].

Zugänge zur Antike
Die antiken
Menschen über sich
Literatur im
Imperium Romanum

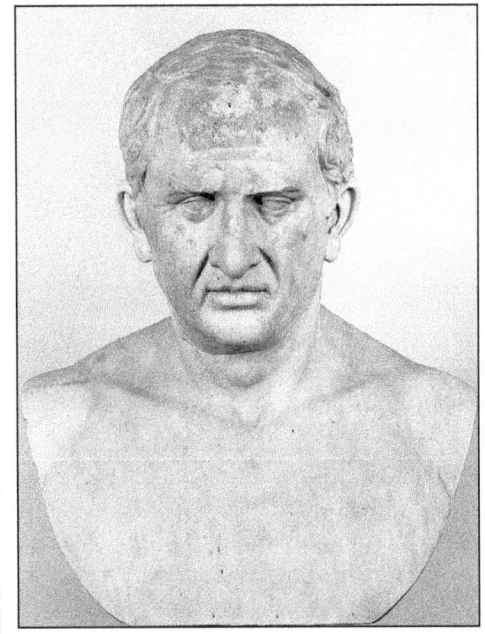

Die Literatur zur Zeit Ciceros (1. Jh. v. Chr.). In Rom wie in Griechenland musste, wer politisch Karriere machen wollte, durch seine Reden überzeugen können. Wie wir Ciceros Schrift über die Geschichte der römischen Beredsamkeit (*Brutus*) entnehmen können, hatte es schon früh überzeugende Redner in Rom gegeben, wie etwa Cato, wobei eher die moralische Vertrauenswürdigkeit Wirkung erzielte als die rednerische Kunst. Große Bedeutung erhielt die Rhetorik in der untergehenden Republik im 1. Jh. v.Chr. Zentrale Figur ist Marcus Tullius Cicero (106–43), der nicht nur der glänzendste Redner Roms war, sondern auch in Schriften über die Redekunst die umfassende, insbesondere philosophische Bildung des Redners forderte. So war es Cicero, der versuchte, in zahlreichen Schriften seine Landsleute, die der Philosophie eher skeptisch gegenüberstanden, mit den griechischen Philosophenschulen vertraut zu machen. Dazu musste er erst eine lateinische philosophische bzw. rhetorische Begrifflichkeit entwickeln. Dass er hierbei nicht der Einzige war, zeigt uns das Werk (*De rerum natura*) des Titus Lucretius Carus (um 97–55/53), der über die Lehre Epikurs schrieb, allerdings in der Form eines Lehrgedichts, wie es in der griechischen Literatur gerade im Hellenismus wieder in Mode gekommen war. Am Beginn des 1. Jh.s stehen Geschichtsschreiber wie etwa Valerius Antias oder Quintus Claudius Quadrigarius; sie verfertigten umfangreiche Gesamtdarstellungen und schreckten – zur politischen Unterstützung einzelner Familien – auch vor krassen Übertreibungen nicht zurück. Von ganz eigener Art sind die Schriften des Gaius Iulius Caesar (100–44) über seinen Krieg in Gallien (*Bellum Gallicum*) und den Bürgerkrieg (*Bellum civile*); nach Art

▷ S. 271
Die antiken
Menschen
über sich/
Bis zum
Hellenismus

Marcus Tullius **Cicero** (106–43) stammte aus der italischen Provinzstadt Arpinum. Durch seine hohe Begabung und einen nicht minder großen Ehrgeiz erlangte er Zugang zu den höchsten Staatsämtern. Höhepunkt seiner Karriere war sein Konsulat im Jahr 63 v.Chr., in dem er Catilinas Verschwörung unterdrückte. 58 v.Chr. wurde er wegen der ungesetzlichen Hinrichtung der Catilinarier verbannt, aber bald wieder zurückgerufen. Im Glauben an den Fortbestand der Republik blieb er auch in den Wirren des Bürgerkriegs den altrömischen Wertvorstellungen treu und Führer der Senatspartei. 43 v.Chr. wurde er auf Betreiben des Antonius ermordet. – Für einen Redner postulierte er in seiner Schrift *De oratore* (1, 17): „Gilt es doch, sich ein Wissen von sehr vielen Dingen anzueignen, ohne das die bloße Wortgewandtheit leer und lächerlich erscheint, der Rede selbst nicht nur durch die Auswahl der Worte, sondern auch durch ihre Fügung die rechte Form zu geben und alle Regungen des Herzens, die die Natur den Menschen gab, genau zu untersuchen; denn alle Wirkung und Methode der Redekunst hat sich in der Besänftigung oder Erregung der Zuhörer zu erweisen. Dazu gehört noch ein gewisser Charme und Witz, Bildung, die eines freien Mannes würdig ist, sowie Schlagfertigkeit und Kürze bei Erwiderungen und Attacken, mit der sich feine Anmut und Eleganz verbindet." [Übers. MERKLIN]

Bild: Marmorbüste, Musei Vaticani, Inv. 1359.

Literatur: H. R. GOETTE, Zum Bildnis des ‚Cicero', in: Römische Mitteilungen 92, 1985, 291–318, hier: 293 Nr. 8; H. MERKLIN (Hrsg.), M. Tullius Cicero. De oratore. Über den Redner. Lat./deut., Stuttgart 3. Aufl. 1997.

eines Beamtenberichts (*commentarius*) abgefasst, fallen sie durch ihre – durchaus raffinierte – Schlichtheit auf. Schließlich kündete Gaius Sallustius Crispus (86–34) in seinen Werken (*Catilinae coniuratio, Bellum Iugurthinum, Historiae*) vom moralischen Verfall der Politik in Rom. Die wichtigste Dichtung dieser Epoche war von einem neuen Selbstbewusstsein bestimmt: Gaius Valerius Catullus (um 87–54) und seine Freunde, die so genannten ‚Neoteriker' (abgeleitet von griech. *neótera* = ‚Neuerungen'), wandten sich vom politischen Leben ab und machten in Anlehnung an Kallimachos insbesondere ihre Erfahrungen im Freundeskreis oder in der Liebe zu Themen ihrer ausgefeilten, kleinen Gedichte – nach alt-römischen Vorstellungen ein unerhörter Schritt.

▷ S. 270
Die antiken Menschen über sich/ Bis zum Hellenismus

Die Literatur der augusteischen Zeit.

Die politische Situation seit dem Sieg Octavians bot gänzlich neue Voraussetzungen für das Entstehen von Literatur. Mit dem Untergang der Republik schwand die Bedeutung der Redekunst. Dafür förderte der Prinzipat unter Augustus eine Blüte in der Dichtkunst, in der das Glück über den neuen Frieden, die *pax Augusta*, nach jahrzehntelangem Bürgerkrieg zum Ausdruck kam. Mit Vergil, Horaz und Properz meldeten sich Stimmen zu Wort, die nicht als unkritische Lobredner missverstanden werden dürfen, sondern durch ihre Hoffnung auf eine neue bessere Zeit den Herrscher ebenso verpflichteten wie verehrten. Publius Vergilius Maro (70–19) stammte aus einem Dorf bei Mantua, vermutlich war seine Familie von der Landenteignung im Jahr 41 betroffen. Seine Hirtengedichte (*Bucolica* oder *Eclogae*) in der Nachfolge Theokrits lassen nicht nur die Verbundenheit mit der heimatlichen Landschaft spüren, sondern spiegeln auch die Stimmung und Erwartungen der Zeit wider. Von Maecenas, einem reichen Gefolgsmann des Augustus, in seinen Kreis aufgenommen, legte Vergil nach dem Vorbild Hesiods ein Lehrgedicht über den Landbau (*Georgica*) vor, das nicht eigentlich den Landwirt belehren will, sondern in höchst kunstvoller Ausformung unter besonderer Hervorhebung der Vorzüge Italiens und des römischen Wesens eine Deutung der Welt bietet. In seinen letzten elf Jahren arbeitete Vergil an dem Epos *Aeneis*; obgleich unvollendet hinterlassen, wurde es binnen kurzer Zeit zum neuen ‚Nationalepos' der Römer und löste darin Ennius' *Annales* ab. Vergil erzählt zunächst – Buch 1–6, in Anlehnung an Homers *Odyssee* –, wie Aeneas nach Trojas Untergang trotz zahlreicher Irrfahrten an den Tiber gelangt sei. Im zweiten Teil – Buch 7–12, nunmehr der *Ilias* verpflichtet – schließt sich die Darstellung der teils kriegerischen Landnahme in Latium an. Vergil verweist in zahlreichen Vorausblicken auf die römische Bestimmung, insbesondere auf Augustus, unter dessen Führung ein Reich ohne Grenzen, aber vor allem Frieden und sogar die Rückkehr der Goldenen Zeit versprochen sei (*Aeneis* 1, 283ff.; 6, 791ff.). Eine Besonderheit der *Aeneis* ist nicht nur die vollendete Verknüpfung von griechischer Form und römischer Geschichte, sondern auch das tiefe Mitgefühl des Dichters mit seinen Figuren, sogar mit den Gegnern des Aeneas. So geraten die Mühen und Opfer, die die Gründung des römischen Staats gekostet hatte, nie aus dem Blick, wie insbesondere die umstrittene Schlussszene zeigt, in der Aeneas seinen Gegner Turnus tötet [PÖSCHL; SUERBAUM, 347ff.].

▷ S. 79
Die Mittelmeerwelt im Imperium Romanum

▷ S. 271
Die antiken Menschen über sich/ Bis zum Hellenismus

▷ S. 264
Die antiken Menschen über sich/ Bis zum Hellenismus

Ein vergleichbares Epochenbewusstsein lässt Quintus Horatius Flaccus (65–8) erken-

Im 6. Buch von Vergils *Aeneis* steigt Aeneas in Begleitung der Sibylle in die Unterwelt, um von seinem Vater Anchises Auskunft über die Zukunft zu erhalten. Dieser zeigt ihm die künftigen Helden Roms. Die Verse gipfeln in einer Verpflichtung an den Nachkommen, in denen das römische Selbstverständnis besonders klar hervortritt (6, 847–853):

„Andere mögen Gebilde aus Erz in weicherem Gusse
formen, ich glaub's, und lebendige Züge dem Marmor verleihen,
besser mit Reden verfechten das Recht und die Bahnen des Himmels
zeichnen mit messendem Stab und der Sterne Erscheinen verkünden:
Du aber, Römer, gedenke mit Macht der Völker zu walten,
dies sei deine Berufung – des Friedens Gesetze zu ordnen,
schon' den, der sich gefügt, doch brich den Trotz der Rebellen!"

Entsprechend hatte Juppiter schon im 1. Buch verkündet (1, 278f.):
„Diesem [dem römischen Volk] setze ich weder ein Ziel noch Frist für die Herrschaft.
Reich ohne Grenzen sei ihm beschieden." [Übers. Plankl]

Bild: *Codex Vergilius Vaticanus* (um 400 n.Chr.), Faksimile-Ausgabe, Codices selecti, Bd. 71, Graz 1980, folio 57ʳ.

Literatur: D. H. Wright, Der Vergilius Vaticanus. Ein Meisterwerk spätantiker Kunst, Graz 1993; W. Plankl (Hrsg.), Vergil. Aeneis. Unter Verwendung der Übertragung L. Neuffers übers. unter Mitwirkung von K. Vretska, Ditzingen 1984.

nen. Als Sohn eines Freigelassenen in Venusia geboren und in Rom und Athen ausgebildet, kämpfte er im Jahr 42 auf der Seite der Caesar-Mörder. Mit seinen frühen Gedichten machte er Maecenas (s.o.) auf sich aufmerksam; dieser sicherte ihm durch die Schenkung eines Landguts ein sorgenfreies Leben. Horaz wurde zum größten Lyriker Roms. In seinen Gedichten (*Carmina* bzw. *Oden*) äußerte er sich zu vielen Themen, darunter auch zu den Segnungen der neuen Zeit, die ihn – wie Vergil von den Bedrängnissen des Bügerkriegs geprägt – mit Hoffnung erfüllten (vgl. z.B. *Carm.* 1, 2; 3, 1–6, die so genannten Römeroden; 4, 15). Dass er ein kritischer Geist blieb, zeigen seine Satiren (auch *sermones* genannt), in denen er lachend über die Schwächen der Menschen die Wahrheit sagte, sowie die *Epistulae* in Hexametern, die sich u.a. literarischen und philosophischen Fragen widmen. In seiner Abgrenzung von der archaischen Literatur Roms und im Gefühl, der griechischen Literatur etwas Ebenbürtiges gegenüberstellen zu können, zeigte sich ein neues Selbstbewusstsein, das in der *Ars poetica* ebenso komprimiert wie reflektiert zum Ausdruck kommt.

Als Vertreter der römischen Liebeselegie, der nur eine kurze Blüte beschieden war, traten Sextus Propertius (um 47–15?) und Albius Tibullus (um 50–19) hervor, die ohne politische Tätigkeit ausschließlich für ihre Dichtung lebten. In der Nachfolge von Gaius Cornelius Gallus (69–26), von dessen Werken kaum etwas erhalten blieb, dichteten sie Elegien, in denen sie die Liebe und das Leiden an ihr in allen Variationen vorführen. Neben diesen privat-erotischen Themen machte Properz später auch Römisch-Patriotisches zum Gegenstand seiner Gedichte; allerdings scheint doch der künstlerische Wettstreit mit der griechischen Tradition, insbesondere Kallimachos, im Vordergrund zu stehen. Publius Ovidius Naso (43 v.Chr.–um 17 n.Chr.) schließlich war beinahe eine Generation jünger als Vergil und Horaz. Für ihn waren die Vorzüge der *pax Augusta* selbstverständlich, da er die Schrecken des Bürgerkriegs nicht mehr miterlebt hatte [LEFÈVRE 1988, 189ff.]. Höchst virtuos handhabte er die verschiedenen Dichtungsgattungen: Es scheint, als sitze ihm der Schalk im Nacken, wenn er etwa ein Lehrgedicht über die Liebe (*Ars amatoria*) verfasst, und dies nicht etwa im sonst üblichen Hexameter, sondern in Distichen, dem Versmaß der Liebeselegie. Auch in seinem bekanntesten Werk, den *Metamorphosen*, spielt er mit der Form: Denn äußerlich ein Epos, bestehen sie tatsächlich aus unabhängigen, jedoch überaus kunstvoll verknüpften kleinen Verwandlungssagen. Ovid bildet, da Vergil, Horaz und Properz für ihn schon Klassiker waren, in gewisser Weise einen Übergang zur Nachklassik.

Unter den Prosawerken der Zeit ragt das umfangreiche Geschichtswerk des Titus Livius (59 v.Chr.–17 n.Chr.) heraus, das die Geschichte Roms von den Anfängen bis in das Jahr 9 v.Chr. behandelt. Sein Ziel ist es, die *exempla* der römischen Geschichte vorzuführen und seine Leser zur Nachahmung aufzufordern, um so dem behaupteten Sittenverfall Roms entgegenzuwirken. Auch Livius empfand die *pax Augusta* als segensreich, doch hat er sein Werk wohl nicht in den Dienst des Princeps gestellt, wie die Verklärung der Republik und die pessimistischen Äußerungen über die Gegenwart zu erkennen geben [LEFÈVRE 1988, 180ff.].

Die Literatur der frühen Kaiserzeit (1.–2. Jh. n.Chr.). Die Epoche nach der augusteischen pflegt man gemeinhin als ‚Nach-

Zugänge zur Antike
Die antiken
Menschen über sich
Literatur im
Imperium Romanum

klassik' oder ‚Silberne Latinität' zu bezeichnen. Sie zeigt ein neues Epochenbewusstsein: Während sich die Autoren bis zum Ende der Julisch-Claudischen Dynastie (68) eher von ihren Vorgängern absetzen wollten, empfanden die späteren dagegen jene schon als Klassiker, auf die man neben den griechischen Autoren durch *imitatio* und *aemulatio* zurückgreifen konnte. Deutlich wird dies z.B. an den Epen. Das Epos des Marcus Annaeus Lucanus (39–65) handelt über den Bürgerkrieg zwischen Caesar und Pompeius (*Bellum civile*); hierin ergreift Lukan für Pompeius Partei, schafft die Götter ab, lässt lediglich das Schicksal (*Fortuna*) Regie führen und mit Caesar das Böse siegen. Die Epiker der Flavischen Zeit (69–96) griffen dagegen in deutlicher Anlehnung an Vergil traditionellere Themen auf und führten den ‚Götterapparat' wieder ein, wenn auch die Weltsicht nicht mehr die vergilische war bzw. sein konnte. Gaius Valerius Flaccus dichtete über die Argonautenfahrt, Publius Papinius Statius eine *Thebais* über den Bruderkrieg zwischen Eteokles und Polyneikes und Silius Italicus ein historisches Epos über den 2. Punischen Krieg [BURCK, 154ff.]. Auch in der Prosa orientierte man sich nun nicht mehr nur an griechischen, sondern auch an römischen Vorbildern: Herausragendste literarische Gestalt der Neronischen Zeit war Lucius Annaeus Seneca der Jüngere (um 4 v.Chr.–65 n.Chr.). Erst Erzieher des jungen Nero und in dieser Zeit an der Leitung des Reichs beteiligt, fiel er später in Ungnade und wurde im Zusammenhang mit der ‚Pisonischen Verschwörung' zum Selbstmord gezwungen. Im Mittelpunkt seiner Prosaschriften steht eine praktische Moralphilosophie, die sich auf eine gemilderte stoische Lehre stützt. Mit seinen kurzen, pointenreichen Sätzen hebt er sich hierbei bewusst von Ciceros langen Perioden ab. Daneben schrieb er Tragödien, die in ihrer Grausamkeit und ihrem Pathos dem Zeitgeschmack entsprechen. Marcus Fabius Quintilianus (um 35–95) stellte dagegen in seinem Lehrbuch der Beredsamkeit (*Institutio oratoria*) wieder Ciceros Sprache und Stil sowie sein Bildungsideal als Vorbild dar. Nach dem Tode Domitians (81–96) begann der größte Geschichtsschreiber Roms, Publius Cornelius Tacitus (um 55–um 116/120), seine historischen Werke. Nach dem Dialog über den Niedergang der römischen Beredsamkeit (*Dialogus de oratoribus*), einem Nachruf auf seinen Schwiegervater (*Agricola*) und einer geographisch-ethnographischen Schrift über Germanien (*Germania*) entstanden die beiden umfangreichen, jedoch nur unvollständig erhaltenen Werke über die Jahre 69–96 (*Historiae*) und 14–68 (*Annales*). Als typisch römisch gibt sich seine Geschichtsschreibung durch die Hervorhebung von Einzelpersönlichkeiten zu erkennen, wobei ihm fesselnde, oft entlarvende Charakterbilder gelingen; doch suchte er auch nach Mechanismen hinter dem Geschehen: Immer wieder ist zu erkennen, welch große Bedeutung Tacitus dem Unberechenbaren zuschrieb, sei es dem irrationalen Verhalten Einzelner oder der Masse, sei es dem Walten des Zufalls. Ob Tacitus' Weltbild, das wegen der Unvereinbarkeit der Werte der römischen Republik und der Realität des Prinzipats an sich schon pessimistisch scheint, sich aus Enttäuschung über die Herrscher seiner Zeit weiter verdunkelte, ist umstritten [VON ALBRECHT, 900ff.]. Gaius Suetonius Tranquillus (um 70–nach 130?), von dem uns Biographien überliefert sind, ist in seiner Bedeutung als Historiker nicht mit Tacitus zu vergleichen, bietet jedoch eine Fülle an Material und beeinflusste für Jahrhunderte maßgeblich die biographische Literatur.

Die Literatur der späten Kaiserzeit (3.–6. Jh. n.Chr.).

Die Literatur dieser weiten Zeitspanne lässt sich kaum unter verbindenden Gesichtspunkten charakterisieren. Selbstverständlich veränderten die historischen Umbruchsphasen wie die Reichskrise im 3. Jh., der Siegeszug des Christentums im 4./5. Jh. und der Untergang des Westreichs im 5./6. Jh. auch die Bedingungen für die Entstehung von Literatur. Richtungweisend sollten zwei Ereignisse des Jahrs 529 werden: In Athen ließ Kaiser Justinian die Akademie schließen und in Montecassino gründete Benedikt von Nursia sein erstes Kloster. Doch bieten diese Veränderungen kaum wirkliche Hilfe bei der Einordnung der literarischen Produktion dieser Jahrhunderte [GÄRTNER, 7ff.]. Deutlich ist aber, dass Rom nicht nur in politischer, sondern auch in literaturgeschichtlicher Hinsicht an Bedeutung verlor, so dass man nicht mehr von ‚römischer‘, sondern von ‚lateinischer‘ Literatur sprechen sollte [FUHRMANN 1994, 41].

▷ S. 87ff.
Die Verwandlung der Mittelmeerwelt in der Spätantike

Als eine neue Richtung entwickelte sich die christliche Literatur. Bereits die ersten datierbaren lateinischen Schriften christlicher Prägung (2. Jh.) konnten auf lateinische Übersetzungen der Bibel zurückgreifen. Freilich waren verschiedene Versionen im Umlauf, die man heute zusammenfassend *Vetus Latina* nennt. Erst im endenden 4. Jh. erarbeitete Hieronymus (um 345–419/20) eine Übersetzung des Alten und Neuen Testaments, die später kanonisch wurde (*Vulgata*). Bedingt durch die schwierige Situation der Christen im Römischen Reich sahen sich die christlichen Schriftsteller des 2./3. Jh.s immer wieder zur Verteidigung ihrer Überzeugungen gezwungen: So verfasste etwa Quintus Septimius Florens Tertullianus (um 160–nach 220) aus Karthago ein *Apologeticum*, das

▷ S. 259
Die antiken Menschen und ihre Götter

an den Statthalter der Provinz *Africa* gerichtet war; ähnlichen Charakter zeigen die Schriften seines Landsmanns Thascius Caecilius Cyprianus (gest. 258), der gefälliger schrieb und dem eine breite Nachwirkung beschieden war. Etwas früher und damit wohl in die Zeit Tertullians ist der Dialog *Octavius* des Marcus Minucius Felix anzusetzen; in einer an klassischer ciceronianischer Prosa orientierten Diktion richtete er sich an den philosophisch und rhetorisch gebildeten Römer. Die erste Gesamtdarstellung der christlichen Lehre in lateinischer Sprache entwarf um 300 Lucius Caelius Firmianus Lactantius (*Divinae institutiones*). Als im 4. Jh. das Christentum zunächst zugelassen und später sogar bevorzugte Religion im Römischen Reich wurde, wirkte dies auch auf die literarische Produktion, die nun schwunghaft stieg und von der hier nur die folgenden stellvertretend genannt seien: Ambrosius (um 339–397), dessen christliche Ethik (*De officiis ministrorum*) sich an Cicero orientierte und große Wirkung entfaltete, und die beiden Dichter Aurelius Prudentius Clemens (348–nach 405) und Meropius Pontius Paulinus von Nola (um 353–431). Allen voran steht freilich Aurelius Augustinus (354–430), seit 395 Bischof in der nordafrikanischen Stadt Hippo und Autor zahlreicher theologisch/philosophischer Schriften, u.a. über christliche Bildung (*De doctrina christiana*), die Dreieinigkeit (*De trinitate*) oder den Gottesstaat (*De civitate dei*); ein in der antiken Literatur einzigartiges Werk ist seine Autobiographie (*Confessiones*).

▷ S. 96
Die Verwandlung der Mittelmeerwelt in der Spätantike

▷ S. 257
Die antiken Menschen und ihre Götter

Die Zeit der 2. Hälfte des 4. Jh.s und der ersten Jahrzehnte des 5. Jh.s war durch die Konkurrenz christlicher und heidnischer Schriftsteller geprägt. Den Dichtern Prudentius und Paulinus waren etwa Decimus Magnus Ausonius (um 310–um 394) und Claudius Claudia-

Zugänge zur Antike
Die antiken
Menschen über sich
Literatur im
Imperium Romanum

nus (um 400) vorausgegangen. Ausonius ist nicht zuletzt für seine dichterische Huldigung an die Mosel (*Mosella*) berühmt, während Claudian mit Panegyriken in Versform, darunter auf den Konsulat des Stilicho, und mit mythologischen Themen wie dem „Raub der Proserpina" Aufmerksamkeit erregte. Zur gleichen Zeit erlebte auch die lateinische Geschichtsschreibung einen – aus heidnisch-antiker Sicht – letzten Höhepunkt: Ammianus Marcellinus (um 330–um 395) – wie Claudian mit Griechisch als Muttersprache aufgewachsen – eignete sich erst im fortgeschrittenen Alter die lateinische Sprache und Bildung an. In seinem nur unvollständig erhaltenen Werk (Buch 14–31 über die Jahre 353–378) stellte er die römische Geschichte bis zu seiner eigenen Gegenwart dar. Mit dem Beginn seiner Darstellung – dem Herrschaftsantritt Kaiser Nervas (96) – machte er zugleich seine Verehrung für Tacitus deutlich, dessen *Historien* er mit seinem Werk fortsetzen wollte. Etwas jünger als Ammian war der gefeiertste Redner dieser Zeit, Quintus Aurelius Symmachus (um 345–402). Aus altem Senatsadel stammend wurde er zum Protagonisten der heidnischen Kultur und zum Apologeten ihrer Symbole, etwa des Altars für die Göttin Victoria im Sitzungslokal des römischen Senats. Dass ihm deren Wiederaufstellung letztlich nicht glückte, begriffen schon die Zeitgenossen als Zeichen für die geänderten Verhältnisse. Allein das antike Bildungsgut, etwa in der Darstellung des Martianus Capella, der im 5. Jh. ein umfangreiches Werk über die sieben Freien Künste (*artes liberales*) verfasste oder im Abriss (*Origines/Etymologiae*) des Bischofs Isidor von Sevilla (gest. 636), behielt seine identitätsstiftende Bedeutung für lateinische Intellektuelle.

Profitierten die Schriftsteller des 4./5. Jh.s noch von den veränderten Rahmenbedingungen, so wurden diese im 6. Jh. zunehmend literaturfeindlich. Anicius Manlius Severinus Boethius (um 480–524), der philosophische und mathematische Werke aus dem Griechischen übersetzte und so dem lateinischen Mittelalter erschließen sollte, schrieb seine *Tröstung der Philosophie* (*De consolatione philosophiae*) im Gefängnis, kurz bevor Theoderich ihn hinrichten ließ. Einen geradezu paradigmatischen Richtungswechsel vollzog Flavius Magnus Aurelius Cassiodorus (um 485–um 580): Zunächst Staatsmann am gotischen Königshof in Ravenna, zog er sich infolge der politischen Verwerfungen 538 aus dem politischen Leben zurück und begründete 555 auf seinen Gütern eine klösterliche Bildungsstätte (das so genannte *Vivarium*), für die er antike Literatur sammeln und abschreiben ließ und die darin zum Vorbild der mittelalterlichen Klosterkultur wurde. Wie die literarische Produktion nun ebenfalls auf die kirchlichen Kreise übergangen ist, macht exemplarisch Gregor der Große (um 540–604) deutlich: Erzogen in klassischer Bildung und aufgestiegen zum Stadtpräfekten (572/3) wandte er sich bald darauf der kirchlichen Laufbahn zu, die ihn bis auf den römischen Bischofsstuhl (seit 590) führte. Seine Werke – neben hochsprachlicher Bibelexegese (u.a. *Moralia in Iob*), einem Handbuch über die Prinzipien der Kirchenführung (*Regula pastoralis*) auch die volkstümlicher gehaltenen Lebensbeschreibungen heiligmäßiger Männer Italiens (*Dialogi*, deren 2. Buch allein Benedikt von Nursia behandelt) – trugen ihm im Urteil der Nachwelt den Rang eines ‚Kirchenlehrers' ein und stellten ihn so auf eine Stufe mit Ambrosius, Augustin und Hieronymus [LEPPIN].

Die griechische Literatur im Imperium Romanum. Die zu Beginn skizzierten Unterschiede zwischen den beiden Literaturen nivellierten sich, als in der Kaiserzeit der griechisch-lateinische Sprachraum nicht nur politisch, sondern auch kulturell zu einer Einheit zusammenwuchs [DIHLE, 9ff.]. Zeugen hierfür sind etwa Dionys von Halikarnassos (seit 30 v.Chr. in Rom), von dem eine *Römische Altertumskunde* auf Griechisch zum Teil überliefert ist, Plutarch (um 46–nach 120), der in seinen *Parallelbiographien* je einen Römer und Griechen nebeneinanderstellte, und Strabon (um 63 v.Chr.–nach 23 n.Chr), dessen geographisches Werk das gesamte Reich in den Blick nimmt. Die literarische Produktion in griechischer Sprache ist immens, ihre Vielfalt beeindruckend wie etwa das umfangreiche satirische Schriftkorpus Lukians (um 120–nach 180) deutlich macht. Zu den herausragenden Gattungen zählen die gelehrte Buntschriftstellerei – neben Plutarch sind Claudius Aelianus (2. Jh.) und Athenaios (um 200) die wichtigsten Autoren – sowie der so genannte ‚Roman' – erhalten sind u.a. Werke von Chariton (1./2. Jh.), Xenophon von Ephesos (2. Jh.), Longos (2. Jh.) und Heliodor (3./4. Jh.). Dass sich in beiden Gattungen auch lateinische Autoren hervortaten – Aulus Gellius (2. Jh.) und Macrobius (1. Hälfte des 5. Jh.s) bzw. Gaius Petronius (2. Hälfte des 1. Jh.s) und Apuleius (2. Jh.) –, unterstreicht nur, wie sehr sich die beiden Literaturen miteinander vermischt hatten. Die vielleicht wichtigste intellektuelle Strömung stellte die so genannte ‚Zweite Sophistik' dar, die ihren Höhepunkt in Kleinasien im 2. Jh. erreichte. Durch Bildung und virtuose Redekunst ragten hier Dion von Prusa (um 40–nach 111), Lucius Herodes Atticus (gest. 177) und Publius Aelius Aristides (117–um 187) heraus [SCHMITZ]. In der Philosophie lässt sich in allen Schulen ein Rückgriff auf die Werke der Schulgründer erkennen: So erneuerte Plotin (um 205–270) in der Krisenzeit des 3. Jh.s die Lehrtradition Platons. Waren die christlichen Schriften in den ersten beiden Jahrhunderten literarisch-stilistisch zumeist bescheiden, so orientierte sich nun auch die christliche Dogmatik an der traditionellen Philosophie: Titus Flavius Clemens (um 150–vor 215) oder Origenes (um 185–um 253) waren in ihrer Heimat Alexandria bei Philosophen in die Schule gegangen und hatten insbesondere von den dort verfügbaren Schriften des jüdisch-hellenistischen Gelehrten Philon (1. Hälfte des 1. Jh.s) profitiert. Die Dichtung schließlich, die die ganze Zeit über in Gelegenheitsgedichten präsent blieb, erlebte eine Renaissance des Epos durch Quintus Smyrnaeus (3. Jh.), Triphiodor (3. Jh.) und Nonnos (5. Jh.).

Insgesamt sind beide Literaturen dieser Zeit durch das Nebeneinander von christlicher und restaurativ-heidnischer Thematik sowie eine Tendenz zum formalen Klassizismus gekennzeichnet. Dieser Klassizismus begünstigte sicherlich in keiner Weise Originalität. Aber eine solche Literatur setzte bei Autoren wie Lesern ein feines Gefühl für das weit verzweigte Netz der Bezüge voraus und lässt beide, ‚Produzent' und ‚Rezipient', das Eingebundensein in die Bildungstradition spüren. Dieses Bewusstsein um die Bildung in der Spätantike ermöglichte es überhaupt erst, dass die griechisch-römische Kultur der Mittelmeerwelt dem Mittelalter und der Neuzeit überliefert wurde [DIHLE, 73f.].

Ursula Gärtner

Zugänge zur Antike
Die antiken
Menschen über sich
Literatur im
Imperium Romanum

Literatur

M. von Albrecht, Geschichte der römischen Literatur von Andronicus bis Boëthius, 2 Bde., München 2. Aufl. 1994.

H. Beck/U. Walter (Hrsg.), Die frühen römischen Historiker 1: Von Fabius Pictor bis Cn. Gellius, Darmstadt 2001.

E. Burck (Hrsg.), Das römische Epos, Darmstadt 1979.

A. Dihle, Die griechische und lateinische Literatur der Kaiserzeit. Von Augustus bis Justinian, München 1989.

M. Fuhrmann, Rom in der Spätantike. Porträt einer Epoche, München/Zürich 1994.

Ders., Geschichte der römischen Literatur, Stuttgart 1999.

H. A. Gärtner, Kaiserzeit II. Von Tertullian bis Boethius, Stuttgart 1988 (Die römische Literatur in Text und Darstellung, Bd. 5).

H. Görgemanns, Kaiserzeit, Stuttgart 1988 (Die griechische Literatur in Text und Darstellung, Bd. 5).

H. Leppin, Die Kirchenväter und ihre Zeit. Von Athanasius bis Gregor dem Großen, München 2000.

E. Lefèvre, Argumentation und Struktur der moralischen Geschichtsschreibung der Römer am Beispiel von Sallusts Bellum Iugurthinum, Gymnasium 86, 1979, 249–277.

Ders., Die unaugusteischen Züge der augusteischen Literatur, in: G. Binder (Hrsg.), Saeculum Augustum 2, Darmstadt 1988, 173–196.

Ders., Die politisch-aitiologische Ideologie der Tragödien des Livius Andronicus, Quaderni di Cultura e di Tradizione classica 8, 1990, 9–20.

Ders., Die Literatur der republikanischen Zeit, in: F. Graf (Hrsg.), Einleitung in die lateinische Philologie, Stuttgart/Leipzig 1997, 165–191.

V. Pöschl, Die Dichtkunst Virgils. Bild und Symbol in der Äneis, Berlin/New York 3. Aufl. 1977.

A. Reiff, *interpretatio, imitatio, aemulatio*. Begriff und Vorstellung literarischer Abhängigkeit bei den Römern, Diss. Köln 1959.

Th. Schmitz, Bildung und Macht. Zur sozialen und politischen Funktion der Zweiten Sophistik in der griechischen Welt der Kaiserzeit, München 1997.

W. Suerbaum, Vergils Aeneis. Epos zwischen Geschichte und Gegenwart, Stuttgart 1999.

F. Wieacker, Römische Rechtsgeschichte. Quellenkunde, Rechtsbildung, Jurisprudenz und Rechtsliteratur Bd. 1,1: Einleitung, Quellenkunde, Frühzeit und Republik, München 1988.

B. Zimmermann, Die Epochen der lateinischen Literatur, in: P. Riemer/M. Weissenberger/B. Zimmermann, Einführung in das Studium der Latinistik, München 1998, 111–122.

Antike Kunst

Antike Kunst als historische Quelle. Kunstwerke können für jede historische Epoche eine grundlegende Quelle sein, deren Aussagemöglichkeiten und deren Interpretation allerdings jeweils spezifischen Voraussetzungen und Gegebenheiten unterliegen [Haskell 1995]. Damit sind so grundsätzliche Fragen wie Datierung, Stilmerkmale und Ausdrucksmöglichkeiten, Einflüsse und Wirkung, Traditionen und Entwicklungen oder auch das Verhältnis zu Auftraggeber und Zielpublikum angesprochen, für die in unterschiedlichen Zeiten ein ebenso unterschiedlicher Quellen- und Kenntnisstand verfügbar ist [vgl. Borbein/Hölscher/Zanker]. Dies betrifft auch den jeweils verwendeten Begriffsinhalt von ‚Kunst', der für die Antike Skulptur und Architektur, aber auch Gattungen wie Terrakotten, Gerätschaften oder Möbel umfasst, die in der Nachantike wohl eher dem Wissenschaftsbereich der Volkskunde [Göttsch-Elten] als demjenigen der Kunstgeschichte zugerechnet werden würden – es sei denn, der Entwurf des Stuhls stammt von Marcel Breuer. Dies bringt es mit sich, dass die Objekte der Kunst der Antike außerordentlich vielfältig sind und monumentale Tempel ebenso beinhalten wie Gemmenbilder, Skulpturen ebenso wie bemalte griechische oder etruskische Tongefäße, Bronzegefäße und Bronzegeräte wie Häuser, Mosaiken und Wandmalereien [Heilmeyer]; diese unterschiedlichen Gattungen erfordern immer wieder andere Fragestellungen und Herangehensweisen. Bei aller Verschiedenheit sind aber dennoch einige grundlegende und notwendige Überlegungen festzuhalten, wenn Kunst als Quelle für den antiken Menschen und eine Mentalitätengeschichte [Schmale]

genutzt werden soll. Dabei ist stets zu bedenken, ob die für die moderne Fragestellung interessierende Aussage eines Kunstwerks vom Künstler gewollt oder ungewollt vermittelt wird, ob sie also in der Antike eher Beiwerk oder im Gegenteil intendiertes Thema des einzelnen Werkes ist. Zur Beurteilung der jeweiligen Interpretationsmöglichkeiten ist daher zunächst stets zu klären, welche Art von Aussage man einem antiken Werk abgewinnen möchte. Ausgespart bleibt hier der Bereich der Inschriften, wie sie sich häufig auf Kunstwerken finden, seien es Signaturen, Weihinschriften oder andere Mitteilungen.

▷ S. 307ff./ 313ff.
Technik: Die Arbeit m Quellen zur tike

Sachinformation und Bildersprache der antiken Kunst. Einigermaßen unkompliziert ist in der Regel der Gewinn von Informationen über Realien, die nicht als Selbstzweck, sondern im Rahmen einer Darstellung als nicht unwichtige, aber meist von jeder Absicht unbelastete Bildinhalte erscheinen: Dazu zählen etwa Möbel, Kränze, Trink- und Weingefäße, Bekleidung, Frisuren, Wagen oder Waffen, aber auch Haustiere oder Architekturwiedergaben, die jeweils Aufschlüsse über Lebenssituationen und antike Vorstellungen geben können: So lassen sich etwa Details eines griechischen Symposions unter Männern aus zahlreichen Vasenbildern ablesen. Bereits bei der Architekturwiedergabe stellt sich der Sachverhalt freilich schwieriger dar, da es etwa in der Intention eines Auftraggebers gelegen haben kann, seinen wiedergegebenen Gutshof möglichst groß erscheinen zu lassen. Auch für das Verständnis von Bildern auf dieser Ebene ist es eine unabdingbare Voraussetzung, sich mit dem Stil und damit der zeitgebundenen Ausdrucksweise von Kunstwerken zu beschäftigen, um nicht grotesken Fehlurtei-

Auf der Außenwandung der Trinkschale aus Ton, deren Form derjenigen der von dem rechten Zecher gehaltenen Schale gleicht, ist in der rotfigurigen Technik der Vasenmalerei Athens eine Trinkgesellschaft von Männern (griech. *sympósion*) dargestellt. Die Figuren sind vor dem mit verdünntem Tonschlicker bemalten Hintergrund ausgespart, der sich beim Brennen schwarz färbte, ebenso die Binnengliederung der Figuren und Gegenstände.

Die Teilnehmer des **Symposions** liegen zu zweit auf einer mit Kissen versehenen Kline, dem ‚Speisesofa'. Sie tragen um den Unterleib geschlungene Mäntel und sind bekränzt. Vor der Kline steht ein dreibeiniges Tischchen, von dem Blätter herabhängen. Wie die Zecher trägt auch der als Mundschenk dienende Knabe, der in der Linken eine Weinkanne hält, einen Kranz. Die an der Wand hängende Leier verweist auf die Beliebtheit musikalischer Unterhaltung beim Symposion. Zu diesem gehörten auch Geschicklichkeitsspiele, so das hier abgebildete ‚Kottabos-Spiel': Der neben dem Mundschenk liegende Zecher schleudert aus seiner Trinkschale einen Weinrest auf ein – nicht dargestelltes – Ziel.

Das Symposion bildete eine zentrale Einrichtung der griechischen Männerwelt, bei der Wein und Liebe genossen, aber auch Musik und geistreiche Unterhaltung gepflegt wurden. In den kulturellen Zusammenhang des Symposions gehören daher literarische Werke der Dichtung, aber auch der Philosophie wie das *Symposion* Platons, in dem sich Sokrates und weitere Teilnehmer mit Reden über Eros und Liebe vergnügen.

Bild: Attische Trinkschale, um 480 v.Chr., Badisches Landesmuseum Karlsruhe 70/395.

Literatur: C. WEISS, Corpus Vasorum Antiquorum Karlsruhe, Bd. 3 (Deutschland Bd. 60), München 1990, Taf. 30.

len zu unterliegen: So werden in der attischen Vasenmalerei des 6. Jh.s. v.Chr. konventionell Männer stets dunkel, Frauen hingegen stets weiß wiedergegeben – gemeint ist aber nicht, dass in dieser Kunstgattung ohne Unterlass schwarze Männer und weiße Frauen aufeinandertreffen und attische Vasen damit Hinweise auf eine Vorliebe für afrikanische Männer geben, die an die Begeisterung für Afrika und Indien zur Goethezeit erinnern könnte.

Antike Intention oder moderne Interpretation? Weiter gehende Deutungen antiker Kunst, die den Bezug auf sich darin angeblich oder tatsächlich ausdrückende Mentalitäten suchen, sind in ihrer Fragestellung häufig zeitgebunden und unterliegen aktuellen Fragestellungen der Forschung wie ihres historischen Umfeldes. Etwa ist es kein Zufall, dass das Buch *Kunst um Augustus*, in dem der Archäologe Gerhart Rodenwaldt (1886–1945) die augusteische Kunst in engen Bezug zum Kaisertum setzte, gerade 1937 erschien, also in einer Zeit, in der der Nationalsozialismus Kunst als Propagandaform gezielt einsetzte [BÄRNREUTHER]. Doch wechseln Interpretationsansätze und damit das jeweilige Verständnis antiker Kunst auch unter weniger einschneidenden äußeren Bedingungen ständig: Beispielsweise gab in den letzten Jahrzehnten die der Sozialforschung verpflichtete französische Ausrichtung archäologischer Forschung neue theoretische Anstöße [LISSARAGUE/SCHNAPP].

Unabhängig von der Frage wechselnder Herangehensweisen steht man bei der Suche nach antiken Mentalitäten in der Bildkunst auch vor gleichsam zeitunabhängigen Problemen. Dazu zählt die literarische Quellenlage, die uns für die Frage antiker Mentalitäten in der Kunst weitgehend im Stich lässt. Dies gilt natürlich vor allem für Kulturen, deren schriftliche Zeugnisse sich auf enge Bereiche beschränken: So ist man bei der Deutung der Kunst der Iberer – etwa bei der Frage nach religiösen Vorstellungen oder der Wiedergabe von Würdezeichen – ebenso weitgehend auf Mutmaßungen angewiesen wie bei den Etruskern: Sind die Trinkgelage auf den Grabwänden etruskischer Nekropolen – in Cerveteri oder Vulci – Ausdruck des fröhlichen Feierns im Diesseits oder spiegeln sie die Hoffnung auf ein glückliches Jenseits [Die Iberer; CRISTOFANI]? Es ist jedoch immer wieder möglich, auch in solchen Kulturen z.B. aus Vorlieben für bestimmte Bilder oder Grabbeigaben mentale Grundhaltungen zu erschließen: Die Gelagebilder der Etrusker etwa begegnen auch in ihrem übrigen Kunstschaffen und auf den von ihnen importierten Trinkgefäßen, was auf die grundsätzliche soziale und kulturelle Bedeutung des gemeinsamen Gelages schließen lässt [DE LA GENIÈRE 1988].

Zweckbestimmung? Auftraggeber? Zielpublikum? Auch in der griechischen und römischen Kultur, in der häufig schriftliche Quellen mit den Aussagen von Bildern oder mit den architektonischen Gestaltungsformen von Plätzen und Städten verglichen werden können, erfordert die Interpretation einige grundsätzliche Überlegungen. Zunächst ist die Zweckbestimmung einzelner Kunstgattungen zu beachten, deren Vielfalt es mitunter verbietet, sie auf nur eine Interpretation zurückzuführen. Als ein charakteristisches Beispiel seien die Tierterrakotten aus dem hellenistisch-römischen Ägypten genannt, die als Grabbeigabe wie als Weihgeschenk dienten, aber auch in Häusern aufgestellt wurden. Je nach der Verwendung konnte damit die gezeigte Tierart ganz unterschiedliche Bedeu-

Zugänge zur Antike
Die antiken
Menschen über sich
Antike Kunst

tung gewinnen: Auch heute wird man einem Esel in Verbindung mit einem Ochsen und einer Krippe eine andere Deutung zuordnen als demselben Tier auf einer Salamiwerbung. Hinzu kommt, dass sich in der Gattung ägyptische, griechische und römische Vorstellungen vermischen und der kulturelle oder mentale Hintergrund nicht immer zu ermitteln ist; die Auseinandersetzung mit der Gattung führt daher zu einem multikulturellen Erklärungsansatz, der unterschiedliche Möglichkeiten nennt, die sich gegenseitig aber nicht ausschließen müssen [HOFFMANN/STEINHART].

Eine häufig diskutierte Frage gilt dem Einfluss des Auftraggebers, mit dem man ein Werk verbinden kann oder zu können glaubt. In manchen Fällen wird man hier von einer sehr direkten Einflussnahme ausgehen wollen: So lassen sich etwa die von der hellenistischen Herrscherdynastie der Attaliden in Pergamon in Auftrag gegebenen Bildwerke im Sinne einer Herrscherpropaganda verstehen. Der Pergamonaltar in Berlin etwa weist mit dem Kampf der Götter gegen die Giganten offenbar auf den Sieg der Attaliden über die Kelten in Kleinasien hin [RADT]. Auch römische historische Reliefs oder Münzen zeigen Tugenden des Herrschers und seiner Familie – wie *Pietas* oder *Virtus* –, die thematisch vorgegeben sein werden, es fragt sich allerdings, ob vom Kaiser, von seinen Beratern oder von einer zuständigen Behörde. In jedem Fall lassen sich hier aber Vorstellungen über ein Idealbild des Kaisers greifen, die in der Bildkunst ebenso formelhaft wiedergegeben werden wie in der literarischen Überlieferung [KLOFT]. Mit dieser Frage hängt eng die Bewertung des Zielpublikums zusammen. Wenn etwa auf den genannten römischen Münzen Verkörperungen von Herrschertugenden dargestellt werden, so bleibt trotz der so einfach wirkenden Botschaft die Frage, an wen sich das Münzbild richtete [WOLTERS]. Dasselbe gilt in noch verstärktem Maße für Kunst, die für den Export hergestellt wurde: So sind die attischen bemalten Tongefäße des mittleren 6. bis späten 4. Jh.s v.Chr. zum Großteil in nahezu alle Bereiche der antiken Welt, insbesondere nach Etrurien, verkauft worden. Damit muss es als schwierig gelten, politische Bildinhalte aus einer Gattung abzuleiten, die das angebliche Zielpublikum – die Athener – allzu rasch verlassen hätte [ROBERTSON].

▷ S. 71
Die Mittelmeerwelt im Imperium Romanum

Lebenswelten. Ungeachtet der geschilderten Schwierigkeiten, derer man sich bei der Auslegung von bildlichen Zeugnissen freilich stets bewusst sein sollte, bietet die antike Kunst eine Fülle von Aussagemöglichkeiten über das Selbstverständnis des antiken Menschen: In einer Gattung wie der griechischen Vasenmalerei werden so gut wie alle Bereiche des menschlichen Lebens erfasst. Die Aussagen der antiken Kunst betreffen abgesehen von der Kulturgeschichte auch in reichem Maße die Mentalitätengeschichte. Damit ist hier die Wiedergabe von sozialen Beziehungen und Gliederungen, von religiösem Glauben und Mythen, aber auch von Wunschvorstellungen und Sehnsüchten des Menschen gemeint.

▷ S. 150ff.
Die antiken Menschen in ihren Nahbeziehungen

▷ S. 380f.
Schlüsselbegriffe und Konzepte

So lässt sich die soziale Gliederung der antiken Welt an der architektonischen Umsetzung von Häusern oder gar Palästen ablesen, was bereits für die minoische Kultur Kretas im 2. Jahrtausend v.Chr. versucht wird [MATTHÄUS]. In verwandter Weise können auch bestimmte Kunstgattungen Ausdruck einer sozialen Zugehörigkeit sein, so etwa die rechteckigen römischen Grabreliefs mit Porträts in Büstenform, die für Freigelassene angefertigt wurden [KOCKEL]. Ähnliches lässt sich an

Das aus Karthago stammende **Mosaik** (5,65 m x 4,50 m) zeigt in farbenprächtiger Darstellung den Gutsbesitzer und seine Frau vor ihrem ländlichen Anwesen. Das stattliche Gebäude weist Mauern und Türme sowie eine Arkade an der Fassade auf, im Inneren sind mit den Kuppelgebäuden Badeanlagen angezeigt. Um diese spätkaiserzeitliche Villa wird in einem oberen und einem unteren Streifen sowie zwei Einzelbildern das Leben ihrer Besitzer und Bewohner vorgeführt, wobei der Wechsel der Jahreszeiten mit unterschiedlichen Tätigkeiten vorgeführt wird: Entenjagd, Rosenpflücken, Getreideanbau, Weinernte. Den Mittelpunkt der Szenen bilden stets der Gutsbesitzer oder seine Frau: Im oberen Streifen werden der Frau Enten und Lämmer gebracht, dazu werden die Olivenernte und ein Hirte gezeigt. Das linke Bild neben dem Gebäude zeigt den Gutsbesitzer in seiner Amtstracht auf einem Pferd, das rechte Männer auf der Jagd. Im unteren Bildstreifen begegnen er und seine Frau gemeinsam, denen nun einmal Rosen und Fische, einmal Hasen und Obst gebracht werden. Das Mosaik vermittelt einen eindrucksvollen Einblick in den Reichtum des Besitzers, der zudem ja auch ein politisches Amt ausübt. Entgegen der verbreiteten Bezeichnung des Werks als *Mosaik des Dominus Julius* kennen wir den Namen des Mannes jedoch nicht.

Bild: Römisches Mosaik des 4./5. Jh.s n.Chr, aus einem Stadthaus in Karthago, Musée du Bardo Tunis A 1.

Literatur: K. M. D. Dunbabin, Mosaics of the Greek and Roman World, Cambridge 1999, 118f., 120 Abb. 122.

Zugänge zur Antike
Die antiken
Menschen über sich
Antike Kunst

typischen Situationen von Bildern ablesen: Ein griechisches Trinkgelage ist als Veranstaltung unter gleichen, freien Bürgern auch entsprechend dargestellt worden. Hierher gehört aber auch, dass Gutsbesitzer sich als reiche Eigentümer vor einer großartigen Architektur und mit den Erträgen des Guts darstellen ließen. Deutlich abgesetzt wurden davon etwa Sklaven, die – selbst wenn es sich wirklich um Heranwachsende handeln sollte – immer wieder unverhältnismäßig klein wiedergegeben und als unschön gekennzeichnet sein können [HIMMELMANN]. Noch stärker als diese Unterscheidung macht sich vor allem in der römischen Kunst die verschiedenartige Gestaltung von Römern und feindlichen Barbaren bemerkbar, die entsprechend unzivilisiert und wild vorgeführt werden [ZANKER]. Der Sieg über einen nichtrömischen Gegner kann sich aber auch wie nach dem Sieg des Augustus über Kleopatra und Antonius darin ausdrücken, dass ägyptische Motive übernommen und geradezu Mode werden [SÖLDNER].

Kaum zu überschätzen ist auch der Aussagewert der bildenden Kunst für die Religion und insbesondere im griechischen Bereich für die Welt der Mythen. Kunst schildert nicht nur die Vorstellung von den Göttern und Heroen, sie dient auch der Ausübung der Religion, wird geweiht, oder im Falle der Architektur zur Gestaltung religiöser Bereiche – Tempel, Heiligtümer – verwendet; hinzu kommen die zahlreichen Weihegaben, die Aufschlüsse über den Weihenden und den Kult zulassen [DE LA GENIÈRE 2000]. Damit lassen sich aus der Bildkunst auch die Veränderung religiöser Vorstellungen ablesen: So begegnet etwa die thrakische Göttin Bendis in der griechischen Kunst des 5. Jh.s v.Chr. erst dann, als auch ihre Verehrung in Athen einsetzt, woraus Rückschlüsse auf eine ‚neue' Religion gezogen werden können [BURKERT, 278]. In den religiösen Bereich gehört auch die eigenartige Angleichung von Porträts hellenistischer Herrscher und römischer Kaiser, dann auch Privatpersonen an Götter und Heroen [SMITH; WREDE].

Antike Kunst ist jedoch auch Ausdruck von anderen Wunschvorstellungen. Ein besonders prägnantes Beispiel ist hier die Entwicklung der attischen Vasenmalerei in der zweiten Hälfte des 5. Jh.s v.Chr. Während zuvor Themen wie Kämpfe und Heroen überwogen, lässt sich in dieser Zeit eine Bevorzugung von Bildern mit Aphrodite, Frauenszenen und friedlichen Themen ausmachen. Dieser Bildwandel geschah in einer Zeit, in der Athen den verheerenden Peloponnesischen Krieg mit der Pest erlebte. Damit drückt sich in solchen Bildern dieselbe Friedenssehnsucht aus wie etwa in der Komödie *Der Frieden* des Aristophanes, die 421 v.Chr. aufgeführt wurde. Die Kunst der Antike bietet damit zahlreiche Aussagen über den antiken Menschen, deren Interpretation sich aber ihrem jeweiligen Untersuchungsfeld, seinen Voraussetzungen und seinen Bedingungen stets sehr bewusst bleiben muss.

▷ S. 37
Die Mittelmeerwelt vom 6. bis 4. Jahrhundert

Matthias Steinhart

Literatur

A. BÄRNREUTHER, Die Ästhetik der Macht, in: P.-K. SCHUSTER (Hrsg.), Das XX. Jahrhundert. Ein Jahrhundert Kunst in Deutschland, Ausstellungskatalog Berlin 1999, 118–134.
A. H. BORBEIN/T. HÖLSCHER/P. ZANKER (Hrsg.), Klassische Archäologie. Eine Einführung, Berlin 2000.
W. BURKERT, Griechische Religion der archaischen und klassischen Epoche, Stuttgart/Berlin/Köln/Mainz 1977.

M. Cristofani (Hrsg.), Die Etrusker, Stuttgart/Zürich 1985.

J. De la Genière, Les acheteurs des cratères corinthiens, in: Bulletin de Correspondence Hellénique 112, 1988, 83–95.

Dies., Archäologie und Religion am Beispiel der griechischen Welt in archaischer und klassischer Zeit, in: Borbein/Hölscher/Zanker, 291–312.

S. Göttsch-Elten, Volkskunde: Übergänge zwischen den Fächern, in: A. Völker-Rasor (Hrsg.), Oldenbourg Geschichte Lehrbuch: Frühe Neuzeit, München 2000, 203–216.

F. Haskell, Die Geschichte und ihre Bilder, München 1995.

W.-D. Heilmeyer, Kunst und Material, in: Borbein/Hölscher/Zanker, 129–146.

N. Himmelmann, Archäologisches zum Problem der griechischen Sklaverei (Akademie der Wissenschaften und der Literatur Mainz. Abhandlungen der Geistes- und Sozialwissenschaftlichen Klasse 1971, Nr. 13), Mainz/Wiesbaden 1971.

F. Hoffmann/M. Steinhart, Tiere vom Nil. Terrakotten aus dem griechisch-römischen Ägypten, Wiesbaden 2001.

Die Iberer. Ausstellungskatalog Paris/Barcelona/Bonn 1998.

H. Kloft (Hrsg.), Ideologie und Herrschaft in der Antike, Wege der Forschung 528, Darmstadt 1979.

V. Kockel, Porträtreliefs stadtrömischer Grabbauten. Ein Beitrag zur Geschichte und zum Verständnis des spätrepublikanisch-frühkaiserzeitlichen Privatporträts, Mainz 1993.

F. Lissarague/A. Schnapp, Tradition und Erneuerung in der Klassischen Archäologie in Frankreich, in: Borbein/Hölscher/Zanker, 365–382.

H. Matthäus, Die minoischen Paläste. Architektur und Funktion, in: H. Siebenmorgen (Hrsg.), Im Labyrinth des Minos. Kreta – die erste europäische Hochkultur, Ausstellungskatalog Karlsruhe 2001, 57–72.

W. Radt, Pergamon. Geschichte und Bauten einer antiken Metropole, Darmstadt 1999, 277–289.

M. Robertson, The Art of Vase Painting in Classical Athens, Cambridge 1992.

W. Schmale, Mentalitätengeschichte. Historiographische Wenden, in: A. Völker-Rasor (Hrsg.), Oldenbourg Geschichte Lehrbuch: Frühe Neuzeit, München 2000, 167–182.

R. R. R. Smith, Hellenistic Royal Portraits, Oxford 1988.

M. Söldner, Ägyptische Bildmotive im augusteischen Rom, in: H. Felber/M. Seif el-Din/H. J. Thissen (Hrsg.), Kanobos. Forschungen zum griechisch-römischen Ägypten, Bd. 1, Leipzig 1999, 95–113.

R. Wolters, Nummi signati. Untersuchungen zur Münzprägung und Geldwirtschaft, München 1999.

H. Wrede, Consecratio in formam deorum, Mainz 1981.

P. Zanker, Die Barbaren, der Kaiser und die Arena, in: R. P. Sieferle/H. Breuninger (Hrsg.), Kulturen der Gewalt. Ritualisierung und Symbolisierung von Gewalt in der Geschichte, Frankfurt/M./New York 1999, 53–86.

Technik:
Die Arbeit mit
Quellen zur Antike

Einführung. Zu den wichtigsten Lernzielen im Studium der Alten Geschichte gehört es, sich mit den antiken Quellen und ihrer angemessenen Interpretation vertraut zu machen. Dabei sind antike Quellen in der Regel nicht einfach zu verstehen und dies gilt nicht nur bei Texten, die in heute nicht mehr geläufigen Sprachen abgefasst sind. Denn es ist – ganz generell – nicht selbstverständlich, worin die Aussage eines schriftlichen oder materiellen Zeugnisses besteht. Erst die leitende Fragestellung macht aus einem Text oder einem Objekt eine ‚Quelle' im Sinne der historischen Forschung und die Veränderung von Fragestellungen entsprechend neuer Interessen – ein wesentliches Merkmal wissenschaftlicher Forschung – lässt somit manches längst bekannte Zeugnis aus der bzw. über die Antike zu ‚neuen Quellen' werden.

▷ S. 377f.
Schlüsselbegriffe und Konzepte

Im Folgenden erklären Martin Zimmermann, Mischa Meier, Klaus Hallof, Anne Kolb, Carsten Drecoll und Peter F. Mittag, wie man mit bestimmten Quellengruppen umgehen kann und mit welchen Schwierigkeiten man dabei konfrontiert wird. Alle sechs haben sich dabei nicht mit Empfehlungen und Ratschlägen begnügt, sondern bieten zugleich eine inhaltliche Einführung in ihr Themengebiet. Während so Geschichtsschreibung und übrige literarische Quellen, griechische und lateinische Inschriften, Papyri und antike Münzen behandelt werden, bleiben andere Quellengruppen hier unberücksichtigt. Dies gilt besonders für dasjenige Material, das traditionell von den verschiedenen Disziplinen der archäologischen Forschung bearbeitet wird. Der Verzicht hierauf lässt sich nicht sachlich, sondern nur pragmatisch begründen: Die Behandlung der archäologischen Methoden hätte schlicht den Rahmen dieses Lehrbuchs gesprengt. Glücklicherweise sind gerade in den letzten Jahren einige nützliche Hilfsmittel erschienen, die es den Studierenden der Alten Geschichte recht leicht ermöglichen, diese Lücke zu füllen, und dies gilt nicht nur für die Klassische Archäologie [Borbein/Hölscher/Zanker; Hölscher; Lang; zu Theorien: Bernbeck], sondern z.B. auch für die Klassische Philologie [Nesselrath; Graf; Riemer/Weissenberger/Zimmermann 1998; Dies. 2000], die Religionswissenschaft [Cancik/Gladigow/Kohl] oder die römische Rechtsgeschichte [Liebs]. So bleibt an dieser Stelle nur der Rat, die entsprechenden Lehrangebote gerade der Nachbardisziplinen zu nutzen, sofern dies an der jeweiligen Universität möglich ist. Erst die Ausweitung des Studiums auf die antiken Sprachen – und damit sind nicht nur Latein und Griechisch gemeint –, die materiellen Hinterlassenschaften, die Geographie, aber auch auf die orientalistischen, theologischen und juristischen Disziplinen macht aus dem Studium der Alten Geschichte ein interdisziplinäres Studium der Altertumswissenschaften.

Eckhard Wirbelauer

Geschichtsschreibung. Die antike Geschichtsschreibung zeichnet sich durch eine große Vielfalt an Themen und Darstellungsvarianten aus. Zu ihr gehören Werke über vom Verfasser miterlebte Zeitgeschichte oder über weiter zurückliegende Ereignisse und Personen. Wir finden universalgeschichtliche Darstellungen, aber auch Lokalgeschichten einzelner Orte und selbst Texte zur Geschichte fremder Völker. Die meisten Werke enthalten auch Informationen zur Geographie oder zu Mythen und sie befassen sich ganz allgemein mit kulturgeschichtlichen oder religionsgeschichtlichen Fragen.

Das erhaltene Textkorpus ist also recht verschiedenartig und umfangreich, stellt aber nur einen Bruchteil der ursprünglich in der Antike abgefassten Werke dar. Viele Texte sind mangels Interesse der antiken oder mittelalterlichen Kopisten ganz oder in Teilen verloren. Von anderen haben sich nur kleine Fragmente in Form von Zitaten bei anderen Autoren erhalten [JACOBY; PETER; BECK/WALTER]. Diese können uns allenfalls einen ungefähren Eindruck vom ursprünglichen Umfang und Charakter der Texte vermitteln.

Wenn wir die teilweise oder ganz erhaltenen Geschichtswerke zur Beantwortung historischer Fragen heranziehen wollen, müssen wir verschiedene grundlegende Regeln beachten. Hierzu gehört zunächst, dass wir Textausgaben benutzen, die wissenschaftlichen Standards genügen [BUCHWALD U.A.]. Dabei handelt es sich um textkritische Editionen, in denen Überlieferungsvarianten der mittelalterlichen und frühneuzeitlichen Handschriften vermerkt sind. Außerdem haben hier diejenigen, die den Text herausgegeben haben, ihre eigenen Textänderungen kenntlich gemacht. Die Benutzung dieser Ausgaben setzt freilich gute Latein- oder Griechischkenntnisse voraus. Fehlen diese, dann können wir Übersetzungen heranziehen, die aber nur unter Vorbehalt zu verwenden sind. Zum einen gehen spezielle Wortbedeutungen durch die Übersetzung verloren. Zudem sind Übertragungen immer Interpretationen des Textes: sie leiten uns also in eine durch den Übersetzer oder die Übersetzerin vorgegebene Richtung. Umfassendes Textverständnis gestatten sie in keinem Fall.

Die überlegte Auswahl einer Textgrundlage gehört zur ‚Textkritik', die wiederum ein Bestandteil der ‚Quellenkritik' ist, der Geschichtswerke unterzogen werden müssen

▷ S. 298ff. Kritische Edition

[MEISTER 1997/1999]. Aufgabe der Quellenkritik ist es, alle Bezüge und Zusammenhänge offenzulegen, in denen ein Text steht und die seine Gestaltung beeinflussen. Um ein Geschichtswerk in seiner Aussagekraft bewerten zu können, benötigen wir somit möglichst exakte Informationen zur Entstehungszeit, also der zeitlichen Nähe zu den geschilderten Ereignissen, zum Entstehungsort, zum Autor, seiner Darstellungsabsicht, zur Tendenz des Werks und zu seinen Quellen. Auch Informationen über das Publikum, für das das Werk verfasst worden ist, können von Interesse sein. Alle diese Aspekte wirken nämlich mehr oder minder stark auf die Darstellung ein und bestimmen ihren Wert. Die Kenntnis dieser Einzelpunkte, die wir über Einleitungen der Textausgaben und einschlägige Handbücher [LENDLE; MEISTER 1990; FLACH; MEHL] erlangen können, ist die Grundlage für eine sich daran anschließende Überprüfung der historischen Glaubwürdigkeit eines Berichts sowie seiner Verlässlichkeit. Dies ist die Voraussetzung für die Rekonstruktion historischer Zusammenhänge und Hintergründe.

Antike Geschichtsschreibung muss also sorgfältiger Quellenkritik unterzogen werden. Dabei sollte man sich vor dem Missverständnis hüten, antike Geschichtsschreibung sei zumindest in Ansätzen mit wissenschaftlicher Geschichtsschreibung im modernen Sinne vergleichbar und daher leicht zugänglich. In der Monographie des Thukydides (ca. 460–400) über den Peloponnesischen Krieg wurden zwar erstmals auf hohem Niveau Überlegungen zur Methode der Geschichtsschreibung angestellt (1, 20ff.). Und im Anschluss daran behauptet beinahe jeder antike Autor von sich, dass er sich um Wahrheitstreue bemühe, hohen Aufwand bei Ermittlung der Ereignisse sowie der Hintergründe betrieben

Technik:
Die Arbeit mit
Quellen zur Antike

habe und unparteiisch berichte [AVENARIUS]. Für viele Autoren gehören tatsächlich persönliche Erkundung durch Befragung von Augenzeugen, Besichtigung der Schauplätze oder gar Nachforschungen in den antiken Stadt- oder Senatsarchiven zum Handwerkszeug [z.B. ECK U.A.]. Aber die Absicht, eine wissenschaftliche Darstellung im Sinne einer objektiven Sicht auf die Dinge zu verfassen, lässt sich in keinem Fall nachweisen.

Überhaupt ist eine Erklärung der Arbeitsmethoden für die Autoren nachrangig. Bemerkungen zu Darstellungsziel und zur Vorgehensweise finden sich bisweilen in den Vorreden, manchmal auch als kurze Bemerkung im Text. Diese sind aufgrund ihres Anspielungsreichtums freilich meist schwierig zu verstehen. Das Geschichtsverständnis und das methodische Vorgehen eines Autors verrät sich am ehesten in der Darstellung selbst. Daher ist kaum zufällig nur eine antike Schrift über die Frage erhalten, welche Anforderungen ein Geschichtswerk zu erfüllen hat. Es handelt sich um die Schrift *Wie man Geschichte schreiben soll* des griechisch-sprachigen Autors Lukian von Samosata (ca. 120–180) [HOMEYER]. Lukian möchte seinen Zeitgenossen das notwendige handwerkliche Rüstzeug zur Abfassung eines Geschichtswerks vor Augen führen. Der Text bietet daher allgemein einen ausgezeichneten Zugang zur antiken Geschichtsschreibung [AVENARIUS]. Er ist aber auch deshalb von hohem Interesse, da er ausführlich Negativbeispiele zeitgenössischer Geschichtsschreibung vorstellt. So vermittelt er uns heute ein lebhaftes Bild von den formalen und inhaltlichen Mängeln, mit denen in antiken Geschichtswerken zu rechnen ist.

Stoffwahl und Präsentation sind in erster Linie vom persönlichen Standpunkt des Verfassers gefärbt. Dieser ist durch die jeweilige Biographie, den Grad der Bildung und die Art der Karriere geprägt. Wir müssen uns daher, so gründlich es geht, über den entsprechenden Autor, sein Gesamtwerk, seine Karriere und seine Lebensumstände anhand von Lexika und Handbüchern informieren [LENDLE; FLACH; SCHÜTZE; oder ein betreffender Artikel in: *Der Neue Pauly*]. Ganz allgemein lässt sich sagen, dass die Autoren in der Regel den führenden Kreisen angehörten und ihre Texte deren Sicht widerspiegeln. Wir erfahren daher kaum etwas von den Nöten und Sorgen der unteren Schichten. Verschiedene Autoren betonen ausdrücklich, dass die Kleinigkeiten des Alltags in der Geschichtsschreibung keinen Platz haben. Der spätantike Autor Ammianus Marcellinus (um 330–um 395) vergleicht die Einbeziehung alltäglicher Dinge mit dem unsinnigen Versuch, die Zahl der Atome bestimmen zu wollen (26, 1, 1). ▷ S. 281 Die antiken Menschen über sich

Die soziale Stellung der Autoren bedingt selbstverständlich auch die politische oder moralisch-ethische Tendenz der Geschichtswerke. Das betrifft schon die Werke der Lokal- und Universalgeschichte, ist aber besonders gut greifbar in Texten zur Zeitgeschichte. Diese sind immer ein Instrument innenpolitischer Auseinandersetzungen. Ihre Verfasser ergreifen in aller Regel eindeutig Partei und kommentieren entsprechend die Geschehnisse. Dies gilt schon für Griechenland und die politischen Auseinandersetzungen des 5./4. Jh. v.Chr. Aber auch in Rom geht die z.T. heftige innenpolitische Debatte zwischen den Aristokraten in die Historiographie ein. Bis zum Ende der Republik bleibt sie ein sehr wichtiges Medium politischer Diskussion der ausschließlich senatorischen Autoren. Und noch die wichtigsten Vertreter der Geschichtsschreibung in der Kaiserzeit und in der Spätantike wollten mit Geschichts- ▷ S. 274 Die antiken Menschen über sich werken politische Kommentare zur eigenen Zeit verfassen.

Wir müssen uns daher über die Zeit, in der ein Geschichtswerk entstanden ist, möglichst gut informieren: über die politischen Konstellationen, aber auch über geistes- und kulturgeschichtliche Konflikte und Hauptströmungen. Eine allgemeine Kritik an der politischen Kultur, wie sie beispielsweise für viele römische Geschichtsschreiber typisch ist, kann ein Werk bis in Einzelheiten prägen. Beispiele hierfür sind Sallust (86–34 v.Chr.) und Tacitus (um 55–um 116–120 n.Chr.). Die Geschichtsauffassung und die Auswahl des Stoffs werden bei ihnen durch den Gegensatz zwischen einer als positiv bewerteten, von traditionellen Tugenden geprägten Vergangenheit und einer als problematisch empfundenen Gegenwart beeinflusst. Zu dieser Traditionsbildung gehört ferner die seit dem 5. Jh. v.Chr. greifbare Vorstellung von der *historia perpetua*. Dahinter verbirgt sich die Entscheidung, das eigene Werk als Fortsetzung einer älteren Abhandlung zu verstehen, der man sich oft auch in Stil und Tendenz verpflichtet fühlt.

Ebenso wichtig für die Einschätzung der gebotenen Informationen ist die Beantwortung der Frage, ob die Schilderung auf Augenzeugenschaft oder wegen räumlicher und zeitlicher Distanz auf mündlichen bzw. schriftlichen Quellen beruht. Polybios (um 200–kurz nach 120 v.Chr.) beispielsweise betont in einer Polemik gegen andere Autoren die Bedeutung militärischer und politischer Erfahrung eines Geschichtsschreibers. Seine abfälligen Bemerkungen über Stubengelehrte zeigen, dass Erfahrung oft durch Rückgriff auf Quellen unterschiedlicher Art ersetzt wurde. Antike Autoren verwenden in der Regel für einzelne Abschnitte kaum mehr als zwei bis drei Vorlagen. Diese beein-

▷ S. 58
Die Hellenisierung der Mittelmeerwelt

flussen aber nachhaltig die Zuverlässigkeit des Textes. In Einzelfällen wie etwa bei dem hellenistischen Autor Diodor (1. Jh. v.Chr.) besteht der eigene Anteil des Verfassers in kaum mehr als dem Ausschreiben aus älteren Texten.

Quellen sollten wir insgesamt mit Hilfe von Textkommentaren nach den Regeln der Textkritik bewerten. Meist sind die verwerteten Vorlagen jedoch nicht greifbar. Dies kann daran liegen, dass sie nicht ausdrücklich genannt werden. In diesem Fall lässt sich oft nur darüber spekulieren, welches Werk von allenfalls namentlich bekannten älteren Geschichtsschreibern in einen Text eingeflossen ist. Aber auch wenn mögliche Vorlagen erhalten sind, ist ihre Benutzung im Einzelfall schwierig nachzuweisen. Bei der Ermittlung in Frage kommender Quellen stellt sich uns nämlich das grundsätzliche Problem, dass antike Autoren mit ihnen mitunter sehr frei umgegangen sind. Vorlagen werden oft dem eigenen Darstellungsziel derart eingepasst, dass sie bis zur Unkenntlichkeit verändert werden.

Dies hängt mit dem hohen literarischen Rang antiker Historiographie zusammen, in der Stil, Darstellung und Komposition oft sehr kunstvoll gestaltet werden. In der modernen Forschung insbesondere der letzten beiden Jahrzehnte ist daher wiederholt die These aufgestellt worden, dass die Geschichtsschreibung überhaupt als Literatur gelesen werden müsse, die allenfalls am Rand brauchbare Informationen für die Geschichtswissenschaft bieten könne. Mit dieser Sicht, die Vorläufer im 19. Jh. hat, schießt man freilich deutlich über das Ziel hinaus. Mit dem nötigen methodischen Problembewusstsein werden wir immer auf antike Geschichtswerke zurückgreifen können.

Technik:
Die Arbeit mit
Quellen zur Antike

Dennoch stellt der literarisch-kunstvolle Charakter der Texte die Quellenkritik vor eine Reihe von Problemen. Schon das Werk Herodots (um 485–425 v.Chr.), des „Vaters der Geschichtsschreibung" (Cicero, *De legibus*, 1, 1, 5), zeigt mit der Einarbeitung von Novellen und einer Anlehnung an Erzählstrukturen der Tragödie stark literarische Züge. Selbst Thukydides, der den Vorrang des Inhalts vor der Form ausdrücklich fordert, bietet Passagen, die in erheblichem Umfang von der Rhetorik und der Erzählkunst der Zeit geprägt sind.

Diese Tendenz nimmt in den folgenden Jahrhunderten noch zu. Viele Werke der hellenistischen Historiographie sind nachhaltig durch Rhetorik und farbige Schilderung geprägt. Seit dem 4. Jh. v.Chr. sind die Historiographen bemüht, durch unterschiedliche Darstellungsweisen Eindruck auf die Leserschaft zu machen. Kunstvolle sprachliche und kompositorische Konstruktionen stehen nun neben besonders lebendigen und eindringlichen Schilderungen. Besondere stilistische Gestaltung und wirklichkeitsnahe Darstellung mit lebendigen Details führen aber immer auch zu groben Verfälschungen. Übertreibungen bis ins Sensationelle nahmen Teile des antiken Publikums als Preis für eine angenehme Darstellung offenbar in Kauf. Die Autoren werden aber schon von Zeitgenossen wie etwa den oben genannten Polybios oder Lukian scharf für dieses Vorgehen getadelt.

Dennoch blieb eine kunstvolle Gestaltung zu allen Zeiten ein Hauptcharakteristikum antiker Geschichtsschreibung. Zu diesen stilistischen Besonderheiten gehört auch der hohe Anteil an topischen Elementen, den immer wiederkehrenden Gemeinplätzen. Ferner ist die Einarbeitung von sehr einfachen, dem Publikum bekannten Erzählmustern typisch. Sie sollen einen Text eingängig machen und sind dem Ziel politischer und ethisch-moralischer Belehrung verpflichtet. Ähnliches gilt für die Episoden anekdotischen Charakters oder die Schilderung positiver Beispiele einer aufrechten politischen Gesinnung, die so genannten *exempla*. Diese sind naturgemäß nur sehr schwierig auf ihren Wahrheitsgehalt hin zu prüfen. Wir werden hier heute am ehesten nach den soziopolitischen und kulturgeschichtlichen Hintergründen derartiger Episoden und Gemeinplätze fragen bzw. diese für mentalitätsgeschichtliche Studien heranziehen.

Der Hinweis auf Gemeinplätze, wiederkehrende Erzählmuster oder gar Dubletten, d.h. beinahe wörtlichen Wiederholungen z.B. von Schlachtbeschreibungen in ein und demselben Werk, führt auf ein weiteres methodisches Grundprinzip bei der Arbeit mit Geschichtswerken: Jeder Auszug muss immer im Zusammenhang des gesamten Werks interpretiert werden. Wenn wir ein Geschichtswerk in mehr oder weniger kleine Abschnitte zerschneiden und diese isoliert voneinander betrachten, wird uns eine solide Quelleninterpretation kaum gelingen.

Demnach sollte im Idealfall die Arbeit mit Werken der Geschichtsschreibung folgendermaßen aussehen: Nach Beschaffung eines Textes, der wissenschaftlichen Standards genügt, werden wir Informationen zu Text und Autor sammeln. Auch der historische Hintergrund, zu dem der Text einen Beitrag liefert, sollte uns in Grundzügen bekannt sein. Wenn die genannten Hintergrundinformationen mit Hilfe einschlägiger Handbücher, Lexika und Textkommentare beisammen sind, können wir an die Interpretation einer einzelnen Partie gehen. Der erste Schritt besteht darin, ihren formalen und gedanklichen Aufbau sowie den Inhalt möglichst genau zu erfassen. Textkommentare, die es für viele historiographische Werke gibt, können uns dabei nützlich sein. Sie helfen, einzelne Formulierungen zu klären und Bezüge zu anderen Abschnitten des Werks zu erschließen. In einem zweiten Schritt werden wir dann die Informationen auf ihre Zuverlässigkeit prüfen. Hierbei ziehen wir Zusatzinformationen beispielsweise aus der Parallelüberlieferung hinzu. Dabei sollten wir die Tendenz des Abschnitts, eventuelle Fehler oder Lücken in der Schilderung möglichst genau ermitteln. Bei der Interpretation müssen wir dann darauf achten, Quellenaussage und eigenen Kommentar streng voneinander getrennt zu halten. Die Wiedergabe der Quelle und ihre Auslegung sollten nicht miteinander vermengt werden. In einem nächsten Schritt ziehen wir dann die modernen Forschungsmeinungen heran. Auf diese Weise erhalten wir abschließend ein Gesamtbild und können dies für unser eigenes Urteil und eventuell weitere Forschungen nutzen. Wenn wir bei all diesen Schritten Sorgfalt walten lassen, stellen Geschichtswerke eine der ergiebigsten Quellen für die Geschichte des Altertums dar.

Martin Zimmermann

Übrige literarische Quellen. Mit dem Begriff ‚literarische Quellen' werden im Folgenden diejenigen Texte in gebundener Sprache und in Prosa bezeichnet, die gezielt für ein bestimmtes, meist größeres Publikum verfasst worden sind und deren Autoren über konkrete Schreibanlässe hinaus grundsätzlichere, längerfristige Anliegen verfolgen. All diesen Texten ist eine gewisse literarische Stilisierung gemeinsam, die darauf zielt, die Inhalte dem Publikum schmackhaft zu machen und zugleich die Versiertheit und Bildung des Autors zu demonstrieren. Man spricht daher vom rhetorischen Charakter der antiken Literatur, dem es zu verdanken ist, dass die meisten Texte nach festen Regeln und Bauprinzipien gestaltet sind, die wiederum der jeweiligen Gattung entsprechen müssen, dem die Werke angehören.

Die antiken Autoren haben in der Regel versucht, höchsten literarischen Ansprüchen zu genügen, und jede Formulierung ganz bewusst gewählt. Die geschichtswissenschaftliche Arbeit muss daher bereits bei den Formulierungen ansetzen. Oft kommt es sogar auf die Frage an, welches Wort ein Autor zur Bezeichnung eines spezifischen Sachverhaltes verwendet, und wie diese Wahl im Vergleich zu anderen Wörtern, die er ebenso hätte verwenden können, zu interpretieren ist. Um in dieser Weise arbeiten zu können, sind philologische Grundkenntnisse erforderlich, und man wird rasch erkennen, dass die Arbeit mit Übersetzungen, die sich natürlich nicht immer vermeiden lässt, hier an ihre Grenzen stößt.

Diese rhetorische Ausgestaltung betrifft jedoch nicht nur formale Strukturen, sondern auch inhaltliche Elemente. Bestimmten Gattungen literarischer Quellen sind bestimmte, genau zuzuordnende inhaltliche Motive eigen, die immer wieder in verschiedensten Variationen hervorschimmern – die Autoren beweisen damit ihr literarisches Können – und als Topoi (‚Gemeinplätze') bezeichnet werden. Wer sich mit einem antiken literarischen Text beschäftigt, muss sich also zunächst darüber im Klaren sein, welcher Gattung der Text angehört und welche rhetorischen Prinzipien und Elemente dementsprechend von vornherein zu erwarten sind. Wenn z.B. in einer Lobrede auf einen Kaiser, einem so genannten ‚Panegyricus', aus dem frühen 4. Jh. n.Chr. die desolaten Zustände im späten 3. Jh. in den finstersten Farben geschildert werden, so be-

Technik:
Die Arbeit mit
Quellen zur Antike

sagt dies zunächst rein gar nichts über die tatsächlichen Realitäten, denn die Gattung des ‚Panegyricus' erforderte es, dass zur Erhöhung des Gelobten die Zeit vor ihm möglichst düster ausgemalt wurde.

Daneben gilt es stets, über die grundsätzlichen Anliegen, die ein Autor verfolgt, orientiert zu sein. Auch wenn man letztlich nur einen kurzen Passus aus einer Schrift konkret benötigt, sollte man dennoch das Gesamtwerk des betreffenden Autors – soweit erhalten – zumindest in Grundzügen kennen und darüber hinaus auch über den Verfasser des Textes selbst informiert sein. Dies ist natürlich vor allem bei Autoren, die nur fragmentarisch erhalten sind, oder bei anonym überlieferten Texten schwierig und nicht immer möglich. Ohne Kenntnis der zeitlichen und örtlichen Einordnung eines Autors, seiner sozialen Stellung, seiner Grundanliegen und gegebenenfalls seiner Quellen kann die isolierte Interpretation einer aus ihrem Kontext gerissenen Textstelle regelrecht gefährlich werden. So berichtet etwa der Bischof von Karthago, Cyprian, um 252 in seiner Schrift *An Demetrianus*, dass die Jahreszeiten nicht mehr ihren gewohnten Gang nähmen. Besitzen wir damit also einen Beleg für eine Klimaverschlechterung im 3. Jh.? Mitnichten. Denn bereits ein Blick auf den unmittelbaren Kontext zeigt, dass Cyprian lediglich zu beweisen sucht, dass die Welt gealtert sei. Die ‚alternde Welt' wiederum ist ein geläufiges Motiv in der antiken Literatur, ein Topos, und besitzt insofern zunächst einmal nur geringe Aussagekraft. Wir benötigen also einen noch weiteren Kontext und müssen zur Klärung der Frage nach der Funktion dieses Topos in unserem Text nun nach dem eigentlichen Anliegen des Autors und der Gattung des Textzeugnisses fragen. Es zeigt sich schließlich, dass Cyprian Vorwürfe der Heiden an die Christen erwidert, wonach diese an den aktuellen Bedrängnissen schuld seien. Dies ergibt sich aber erst aus der Lektüre des gesamten Textes, der Kenntnis der Gattung des apologetischen Traktates (dazu: s.u.) und der Biographie des Autors. Letztlich besteht der vornehmliche Quellenwert unserer Passage also darin, dass sie Auskunft gibt über Vorwürfe von Heiden an Christen um 250, über deren konkrete Ausgangsbasis, d.h. gewisse Bedrängnisse, und die Reaktion eines Christen darauf.

Die Gefahr besteht natürlich darin, überall Topik und gattungsbedingte Verzerrungen zu sehen. So berichtet z.B. im 6. Jh. auch Cassiodor von Klimaveränderungen. Ihm jedoch müssen wir glauben. Diese Erkenntnis kann aber nicht aus dem isolierten Cassiodor-Text gewonnen werden, sondern sie beruht auf der Kenntnis einer Reihe von Parallelquellen und auf naturwissenschaftlichen Forschungen.

Wir befinden uns mittlerweile schon tief in den Methoden des Umgangs mit literarischen Quellen, der so genannten ‚Quellenkritik' [MEISTER 1997/1999]. Ohne sie kann kein antiker Text sachgerecht angegangen werden. Die Quellenkritik beginnt prinzipiell schon mit der Sicherung und Präsentation des Textes als Arbeitsgrundlage in einer Form, die dem Original aus der Antike, das im Verlauf der Überlieferung zahlreichen Fehlerquellen ausgesetzt war, möglichst nahe kommt (,Textkritik'). Dies ist traditionell Aufgabe der Klassischen Philologie, die die literarischen Zeugnisse in eine für die Geschichtswissenschaft benutzbare Form, die Edition (Textausgabe), bringt und mit einem kritischen Apparat ausstattet, der über die Überlieferungslage und mögliche Textvarianten an problematischen Stellen Auskunft gibt. Ein weiterer Arbeitsschwerpunkt der Philologie betrifft die bereits

Kein antiker Text ist in einer Originalversion des Autors (Autograph) erhalten, sondern alle Werke sind in z.T. äußerst komplizierten, oft von Zufällen abhängigen Überlieferungsprozessen in Form von Abschriften auf uns gekommen. Die zahlreichen Vervielfältigungen der Texte stellen eine sehr große Fehlerquelle dar; bereits im Altertum wurde darüber geklagt. Heute dienen **kritische Editionen** dazu, die antiken Texte in Versionen zu präsentieren, die dem Original möglichst nahe kommen, die Überlieferungsgeschichte zu rekonstruieren sowie etwaige Eingriffe in den überlieferten Text offenzulegen. Um ihre Gestaltungsprinzipien nachvollziehbar zu machen, weisen wissenschaftliche Texteditionen folgende Elemente auf:

In der **Praefatio** (‚Vorwort') gibt der Herausgeber oder die Herausgeberin des antiken Textes einen Überblick über die Überlieferungsgeschichte sowie über ältere Editionen des betreffenden Textes. Die Beurteilung einzelner Handschriften und -gruppen führt zu ihrer Einordnung in die Überlieferungsgeschichte, die oft auch graphisch in einem ‚Stemma' dargestellt wird. Um die Prinzipien der eigenen Textrekonstruktion deutlich zu machen, erläutert der Herausgeber nicht nur das Verhältnis der vorhandenen Überlieferungen zueinander, sondern auch zu verlorenen, aber erschließbaren Versionen, deren älteste als ‚Archetypus' bezeichnet wird. In den meisten Fällen ist die Darstellung des Archetypus das Ziel der betreffenden Textedition, doch kann es mitunter wichtiger sein, nicht den Archetypus, sondern die später verwendeten, d.h. nachweislich rezipierten Textversionen einzeln, z.B. in Paralleldruck, zu dokumentieren.

Der **Conspectus Siglorum** (‚Siglenverzeichnis') erläutert die Abkürzungen, die im kritischen Apparat dieser Ausgabe verwendet werden, insbesondere die Siglen, d.h. Kürzel, für die Handschriften und -gruppen:

„φ = Parisinus 7974 saec. IX ex.": Die Sigle φ kennzeichnet Textvarianten, die aus der Handschrift „Paris, Bibliothèque Nationale, Lat. 7974" stammen, die im späten (ex. = exeunte) 9. Jh. geschrieben wurde.

„ψ = Parisinus 7971 saec. X": Die Sigle ψ kennzeichnet Textvarianten, die aus der Handschrift „Paris, Bibliothèque Nationale, Lat. 7971" stammen, die im 10. Jh. geschrieben wurde.

„F = φ + ψ": Die Sigle F kennzeichnet Textvarianten, die die beiden Handschriften φ + ψ bieten. Wenn solche Gemeinsamkeiten dem Wortlaut der übrigen Überlieferung entgegenstehen, stellen sie Indizien für eine Handschriftengruppe dar.

CONSPECTVS SIGLORVM

A	= Parisinus 7900^A cum parte Hamburgensi saec. IX–X
a	= Ambrosianus O 136 sup. saec. IX–X
B	= Bernensis 363 saec. IX ex.
C/E	= Monacensis Lat. 14685 saec. XI ex., cf. Lenchantin – Bo I p. IXsq. et Brink II 4sqq.
D	= Argentoratensis olim C VII 7 saec. X (combustus a. 1870)
d	= Harleianus 2688 saec. IX–X
Dess.	= Dessauensis A saec. X
E	v. C/E
Э	= Edinburgensis Adv. 18. 4. 12 (olim Parisinus) saec. XII
F	= φ + ψ
ℲЗ	= fragmenta Francofurtensia (ad Moenum) saec. X ex.
g	= Gothanus B 61 saec. XV
K	= codex S. Eugendi saec. XI
L	= λ + l
l	= Leidensis Lat. 28 saec. IX
Laur.	= Laurentianus 34, 1 (liber Petrarcae) saec. XI in., cf. Lenchantin – Bo I p. XI
Lips.	= Lipsiensis rep. I 4, 38 saec. X
M	= Mellicensis (Melk) 1545 (Cim. 9) saec. XI
Ott.	= Vaticanus Ottobonianus Lat. 1660 saec. IX ex.
Ox.	= Oxoniensis collegii Reginensis P^2 saec. XI
P	= Bodmerianus (olim Phillippsianus) s. X
p	= Parisinus 10310 saec. IX
R	= Vaticanus Reginae 1703 saec. IX med.
Samb.	= codex J. Sambuci Budensis 419 saec. XV
Sang.	= Sangallensis opp. 312 saec. X
U	= Vaticanus Lat. 3866 saec. XI
u	= Parisinus 7973 saec. IX–X
V	= Blandinianus vetustissimus saec. X
v	= Parisinus 8213 saec. XII
γ	= Parisinus 7975 saec. X–XI
δ	= Harleianus 2725 saec. IX
λ	= Parisinus 7972 saec. IX
ξ	= fragmenta Scheftlarnensia saec. X
φ	= Parisinus 7974 saec. IX ex.
ψ	= Parisinus 7971 saec. X
ex. Vat.	= exempla diversorum auctorum, ed. H. Keil, Halis Sax. 1872
Micon	= Miconis opus alphabeticum, ed. L. Traube, PMA 3, 280sqq.
Porph.	= Porphyrionis comm. in Hor., ed. A. Holder, Innsbruck 1894
Ps.-Acro	q. d. sec. ed. O. Kelleri I–II, Lipsiae 1902–1904
PL	= Patrologiae Latinae cursus completus, ed. Migne
CSEL	= Corpus Scriptorum Ecclesiasticorum Latinorum
XII	

Der **textkritische Apparat** erläutert, auf welcher Basis der Herausgeber (‚Editor') den von ihm gebotenen Text erstellt hat. Manchmal rechtfertigt oder kommentiert ein Editor darin auch seine Entscheidungen, insbesondere wenn er den überlieferten Wortlaut – z.B. aus sprachlichen oder sachlichen Gründen – verändert hat (‚Konjekturen').

Der hier gebotene textkritische Apparat zur ersten Ode des Horaz (ganz unten) stellt einen erweiterten negativen Apparat dar. Negative Apparate dokumentieren nur die handschriftlich bezeugten Abweichungen von der hier ver-

> **CARMINVM**
>
> **LIBER PRIMVS**
>
> **I**
>
> Maecenas atavis edite regibus,
> o et praesidium et dulce decus meum:
> sunt, quos curriculo pulverem Olympicum
> collegisse iuvat metaque fervidis
> 5 evitata rotis palmaque nobilis
> terrarum dominos evehit ad deos;
> hunc, si mobilium turba Quiritium
> certat tergeminis tollere honoribus,
> illum, si proprio condidit horreo,
> 10 quicquid de Libycis verritur areis.
> gaudentem patrios findere sarculo
> agros Attalicis condicionibus
> numquam demoveas, ut trabe Cypria
> Myrtoum pavidus nauta secet mare;
> 15 luctantem Icariis fluctibus Africum
> mercator metuens otium et oppidi
> laudat rura sui, mox reficit rates
> quassas indocilis pauperiem pati.
>
> 1 1 *Porph. 133, 11* ‖ 2 *Serv. G. 2, 40; Tac. G. 13, 3; Prud. apoth. 393* ‖ 3–4 *sch. Stat. Th. 4, 262* ‖ 4–5 *Serv. Ae. 11, 195* ‖ 6 *Ovid. ex P. 1, 9, 36* ‖ 7–10 *Sen. Th. 348 sqq.* ‖ 13–14 *Don. Ter. Ad. 230* ‖ 14 *sch. Stat. Th. 6, 261*
>
> 1 *Binos versus distribuendo Bohnenkampium (Die hor. Strophe, 1972, 276 sqq.) secutus sum* ‖ 6 *in codd. post* deos *distinguitur; Pontanus post v. 5* nobilis *interpunxit* ‖ 7 mobilium **AaBERFL**δ *Porph. 3, 15* nobilium **A²B** *var.* **R²pu** *Ott.* **P** *post ras.* | quiritum **BR** *post ras.* **P** ‖ 13 nunquam **B**ψ**P** *post ras.* | demoveas **BR** *dim. cett.* ‖ 14 nauita **P** ‖ 15 icareis **F**δ   careis **p**
>
> 1

tretenen Textfassung. In überlieferungsgeschichtlich uneindeutigen oder schwierigen Fällen erweitert der Editor seinen Apparat, indem er alle oder zumindest alle wichtigeren Textvarianten wiedergibt (V. 7): *mobilium turba Quiritium* („die Schar der umtriebigen Bürger") begegnet in zahlreichen Handschriften und wird auch durch einen antiken Horaz-Kommentator, Pomponius Porphyrio, bezeugt, doch einige in der Überlieferungsgeschichte wichtige Handschriften überliefern *nobilium turba Quiritium* („die Schar der adligen Bürger"). Sofern nicht überlieferungsgeschichtliche Gründe den Ausschlag für die letztlich bevorzugte Variante geben oder die Fehlerhaftigkeit der verworfenen Varianten – z.B. weil sie sich nicht in das Versmaß einfügen – offensichtlich ist, verfahren Editoren nach dem Prinzip der *lectio difficilior*, demzufolge die schwerer zu verstehende Variante gegen die Vereinfachungstendenz in der Überlieferung geschützt werden muss.

Die meisten Hinweise in kritischen Apparaten sind sehr knapp und folgen einem standardisierten Abkürzungsschema, freilich mit individuellen Ergänzungen und Modifikationen der einzelnen Editoren. Die Auflösung der wichtigsten lateinischen Abkürzungen finden sich bei JÄGER, 219f.

Kritische Editionen können noch weitere Apparate aufweisen, z.B. hier den so genannten **Testimonienapparat**, der eine Liste von Textstellen gibt, in denen die betreffende Passage des edierten Textes zitiert oder imitiert worden ist. In den meisten Fällen beschränken sich Testimonienapparate auf den Nachweis antiker Texte, nur gelegentlich werden auch mittelalterliche Benutzungen, z.B. bei byzantinischen Gelehrten, aufgenommen. Die Abkürzungen lateinischer Autoren finden sich in der Einleitung zum *Thesaurus Linguae Latinae*, diejenigen griechischer Autoren im wichtigsten Lexikon für Altgriechisch [LIDDELL/SCOTT/JONES]. Testimonienapparate geben nicht nur wichtige Aufschlüsse über die Benutzung eines Textes, sie stellen gelegentlich sogar eine Hilfe bei der Textrekonstruktion dar.

Die erste Ode des Horaz wird durch den Testimonienapparat als ein recht häufig zitiertes Gedicht ausgewiesen: Sie begegnet nicht nur an verschiedenen Stellen im *Horaz-Kommentar* des Pomponius Porphyrio (2./3. Jh.) und in der antiken Kommentarliteratur zu Vergil und zu Statius, sondern wird auch in einem Vers der Exildichtung des Ovid und einem spätantiken Gedicht des Prudentius imitiert. Bemerkenswert ist die nur für gelehrtes Publikum erkennbare Rezeption der horazischen Antithese *praesidium/decus* (V. 2) in der *Germania* des Tacitus (13, 3).

Abbildungen: Q. Horati Flacci opera, ed(idit) St. BORZSÁK, Leipzig 1984, S. XII u. und S. 1.

Literatur: H. HUNGER/O. STEGMÜLLER U.A., Die Textüberlieferung der antiken Literatur und der Bibel, München 2. Aufl. 1988; G. JÄGER, Einführung in die Klassische Philologie, München 1975; H. G. LIDDELL/R. SCOTT/H. ST. JONES, A Greek-English Lexicon, Oxford 9. Aufl. 1940; P. MAAS, Textkritik, Leipzig 4. Aufl. 1960; L. D. REYNOLDS (Hrsg.), Texts and Transmission. A Survey of the Latin Classics, Oxford 1983; vgl. auch die Beiträge in NESSELRATH, 3–83; GRAF, 51–73.

angesprochenen literarischen Gattungen sowie die Intentionen einzelner Autoren – all dies können wir leicht über Lexika, Handbücher und Literaturgeschichten [DIHLE 1991; VON ALBRECHT; SUERBAUM; DIHLE 1989; SALLMANN; HERZOG; HUNGER] erschließen.

Ein weiterer wichtiger Aspekt der Quellenkritik betrifft die Frage nach dem spezifischen Publikum, für das ein Autor geschrieben hat. Denn je nach der Zusammensetzung der Leser- bzw. Hörerschaft musste ein Autor auf bestimmte Erwartungen reagieren und dementsprechend seine Texte gestalten. Gewisse Passagen, die herauszufiltern nicht immer leicht ist, bedienen also vornehmlich einen spezifischen Publikumsgeschmack. Gerade diese Stellen sind jedoch für die Geschichtswissenschaft keineswegs wertlos. Sie können zwar nur bedingt für die Rekonstruktion von Tatsachen herangezogen werden, geben aber wichtige Aufschlüsse darüber, wie zu bestimmten Zeiten, an bestimmten Orten oder in bestimmten Situationen gedacht und auf ein besonderes Denken reagiert wurde. Wir erhalten über diese Passagen also Informationen über zeitgenössische Diskurse.

Antike literarische Texte sind somit stets in eine Art Koordinatensystem einzuordnen, das sich aus den Fragen nach der jeweiligen literarischen Gattung und ihren Eigenheiten, dem Grundanliegen des Autors und seinem Publikum bzw. dem Vortragsrahmen zusammensetzt. Die Schwierigkeit besteht darin, die entsprechenden quellenkritischen Forderungen möglichst sensibel umzusetzen und die einzelnen beschriebenen Aspekte sorgfältig gegeneinander abzuwägen. Je nachdem, in welcher Weise dies geschieht, können sich dann vollkommen unterschiedliche Textinterpretationen ergeben. Dabei ist auch zu beachten, dass jeder moderne Historiker eine individuelle, von seiner konkreten Fragestellung abhängige Herangehensweise an die Quellen besitzt. So kann man etwa den erwähnten Cyprian-Traktat sicherlich für die Frage nach den konkreten Inhalten der Bedrängnisse im 3. Jh. heranziehen; er stellt aber auch eine wichtige Quelle für die Art der Kommunikation zwischen Christen und Heiden im 3. Jh. dar und kann schließlich sogar für die Biographie Cyprians verwendet werden.

Vor diesem Hintergrund zeigt sich, dass eine direkte Benutzung literarischer Quellen für realhistorische Ereignisse nicht unproblematisch ist. So liegt etwa einer der wichtigsten Berichte über die Schlacht bei Salamis (480 v.Chr.) in der Tragödie *Die Perser* (472) des Aischylos (525–456) vor. Doch handelt es sich dabei nicht um einen einfachen Spiegel der tatsächlichen Ereignisse, sondern um den Ausschnitt aus einer attischen Tragödie. Diese weist bestimmte Gattungsprinzipien auf, die es zu beachten gilt, und definiert sich zudem in hohem Maße durch ihren Bezug auf ihr Publikum, d.h. vor allem die Bürger Athens. Tragödien reflektieren aktuelle Probleme und Diskurse der Athener, indem sie sie im Spiegel des Mythos veranschaulichen und durchdenken. Nun bringen aber gerade die *Perser* keinen Mythos auf die Bühne, sondern ein historisches Geschehen. Wenn aber eine eigentlich dem Mythos vorbehaltene Gattung ein historisches Geschehen thematisiert, so sagt dies schon einiges aus über die Art und Weise der Verarbeitung dieses Geschehens bei den Athenern. Insofern erweist sich schon der Blick auf die Gattung als wichtiger Schritt bei der Interpretation. Gattungsbedingten Konventionen ist daher natürlich auch die Ereignisschilderung unterworfen. Sie spiegeln sich bei den *Persern* vor allem in der Erhöhung der Athener als Be-

▷ S. 265ff.
Die antiken Menschen über sich

Technik:
Die Arbeit mit
Quellen zur Antike

freier der Griechen von der Bedrohung durch die persische Despotie. Dieser Gegensatz ist ein zentraler Leitgedanke des Aischylos, eines seiner Grundanliegen, das es bei der Betrachtung des Textes immer mitzubedenken gilt und das wiederum aus der direkten Bezogenheit der Gattung Tragödie auf das Publikum, d.h. die Athener resultiert. Die *Perser* stellen daher in erster Linie eine Quelle für die Art und Weise der Verarbeitung und Deutung des Geschehens der Perserkriege in Athen dar, dürfen zu dieser Frage aber nicht isoliert herangezogen werden, sondern sind durch weitere Quellen, wie z.B. Herodot oder Plutarch, zu ergänzen, die jedoch wiederum ganz andere Zeit- und Publikumsbezüge aufweisen und anderen Gattungen zugehören.

Ein weiteres Beispiel bieten die beiden berühmten Briefe des jüngeren Plinius (61/2–113?) über den Vesuvausbruch und die Zerstörung Pompejis im Jahr 79 n.Chr. Plinius vermerkt gleich zu Beginn des ersten Briefes, dass er auf eine Anfrage des Historikers Tacitus reagiere, der Material für sein Geschichtswerk suchte und sich dazu an einen Augenzeugen mit der Bitte um Informationen gewandt habe. Damit ist von vornherein klar: Plinius gibt im Folgenden einen exakten, möglichst objektiven Bericht über den Ablauf der Geschehnisse. Der Schein trügt allerdings. Wer Plinius ein wenig kennt, weiß, dass ihm in erster Linie daran gelegen ist, sich selbst möglichst vorteilhaft zu inszenieren. Das erste Schreiben zeigt Plinius' Onkel als unerschrockenen Helden im Angesicht der Katastrophe, im Zentrum des zweiten Briefes steht dann Plinius selbst. Der Vulkanausbruch bildet in beiden Fällen nur den koloritartigen Hintergrund des Geschehens. Trotzdem ist es möglich, einen annähernden Ablauf der Katastrophe aus den Briefen zu rekonstruieren. Dazu ist es jedoch erforderlich, weniger auf diejenigen Aspekte zu achten, die Plinius gezielt beschreiben will, sondern vielmehr all das herauszuarbeiten, was er mehr oder weniger unbewusst en passant anmerkt.

Die Verwendung dieser Nebenbemerkungen antiker Autoren stellt eine wichtige Methode ihrer historischen Auswertung dar, da sie Einblick geben in Dinge, die als selbstverständlich oder nicht unbedingt erwähnenswert erachtet wurden und die nicht a priori bereits durch die gezielte Deutung des jeweiligen Autors gebrochen erscheinen. Durch die sorgfältige Gegenüberstellung der En-passant-Bemerkungen und dessen, was ein Autor bewusst aussagen möchte, ist es möglich, eine ansatzweise objektivierbare Ebene von subjektiven Deutungen und dem Spiegel von Diskursen zu unterscheiden und beides dann miteinander in Beziehung zu setzen.

Eine ähnliche Methode empfiehlt sich auch, wenn man die Schale gattungsbedingter Konventionen aufbrechen will, die sogar die fachwissenschaftliche – z.B. die medizinische – Speziallliteratur des Altertums umgibt: Fruchtbar ist weniger das reine Auffinden von Topoi als vielmehr die Frage ihrer Funktion an eben den Stellen, wo sie zu finden sind, der Art ihrer Verwendung und schließlich vor allem auch der Art ihrer Nicht-Verwendung. Oft ist bereits der Umstand, dass ein bestimmter Topos dort, wo man ihn erwartet hätte, nicht erscheint, von besonderer Bedeutung. Dies gilt z.B. für das bereits erwähnte panegyrische Schrifttum, das besonders strikten Konventionen unterliegt. Bestimmte Topoi des Herrscherlobes wurden an bestimmten Stellen eines Panegyricus einfach erwartet und die Kunst bestand vor allem in der Art ihrer Einführung. Wenn sie aber überhaupt nicht erschienen, so konnte dies eine besondere

Bedeutung haben, die bis hin zur direkten Herrscherkritik reichen konnte.

▷ S. 485ff.
Vernetztes Wissen

Wegen des prinzipiell beschränkten Umfangs des Quellenmaterials zur Antike hat die Alte Geschichte sich seit jeher darum bemüht, jedes erhaltene Einzelzeugnis zu analysieren. Für den Bereich der literarischen Quellen bedeutet dies, dass nicht nur die im engeren Sinne historiographische Literatur herangezogen wird, sondern jeder vorhandene Text – also z.B. auch Dichtung oder fachwissenschaftliche Werke – unter den skizzierten quellenkritischen Prämissen ausgewertet wird. Die antike Literatur bietet dafür einen reichhaltigen Fundus, der längst noch nicht vollständig erschlossen ist. Um das Material einer ersten Systematisierung zu unterziehen, seien hier vier Großgruppen von Texten un-terschieden: (1.) die im engeren Wortsinn politische und (2.) die unterhaltende Literatur sowie (3.) die religiösen und (4.) die fachwissenschaftlichen Texte. Scharfe Grenzen lassen sich dabei allerdings nicht ziehen. Denn zum einen ist keine dieser Gruppen auf bestimmte literarische Gattungen beschränkt; zum anderen gibt es natürlich zahlreiche thematische Überschneidungen. Dennoch verfolgen die meisten antiken Autoren jeweils ein vorrangiges Ziel, so dass ihre Einordnung in eine der Gruppen möglich ist [zum Folgenden vgl. auch ergänzend: PAULSEN/SCHMIDT].

1.) Schon die ältesten erhaltenen griechischen Texte haben z.T. genuin politischen Charakter. Der böotische Bauer Hesiod etwa, nach Homer der früheste uns erhaltene Dichter, schrieb ein Epos, das seinen Nachbarn das dörfliche Normgefüge vergegenwärtigen sollte (*Werke und Tage*). Auch die Lyrik, die sich als zweiter Literaturkomplex nach dem Epos entwickelte und zahlreiche Untergattungen hervorbrachte, diente zunächst vielfach politischen Zwecken. Im Zuge der Entwicklung von Polisstaaten versuchten z.B. der Spartaner Tyrtaios (2. Hälfte des 7.Jh.s) und der Athener Solon (um 600), ihren Mitbürgern eine frühe Form von Bürgersinn zu vermitteln. Ganz anderen Charakter haben die etwa gleichzeitig entstandenen Gedichte des Alkaios von Lesbos, der aktiv an den inneren Machtkämpfen seiner Heimatpolis mitwirkte. In seinen Werken, die wie alle literarischen Erzeugnisse dieser Zeit nur fragmentarisch überliefert und daher ohnehin schwer zu deuten sind, erhalten wir einen Einblick in typische Konflikte in einer archaischen Polis. Gerade bei diesen Texten besteht eine zusätzliche Schwierigkeit der Interpretation in ihrer politischen Tendenz, die manches verzerrt, sowie in der direkten Bezogenheit auf einen bestimmten Adressatenkreis. Beim Publikum archaischer Lyrik musste es sich nämlich nicht immer um die versammelte Bürgerschaft einer Polis handeln – wie z.B. bei Solon –, sondern auch verschworene Gemeinschaften politischer Gesinnungsgenossen, die sich regelmäßig zum Gelage (griech. *sympósion*) trafen, konnten angesprochen sein. In dieser ‚sympotischen Literatur' (z.B. Theognis-Corpus, Skolien-Dichtung) vermengen sich naturgemäß politische Ziele mit unterhaltenden Inhalten. Andere Dichter der archaischen und frühklassischen Zeit können als Quellen für aristokratische Normen und Werte herangezogen werden. So dichtete Pindar noch im 5. Jh. v.Chr. Preislieder (*Epinikien*) auf adlige Sieger in Wettkämpfen, während bereits Archilochos (Mitte des 7. Jh.s v.Chr.) die Konventionen seiner Zeit rüde verspottet hatte. Die früh-griechische Dichtung erzählt insgesamt weniger von konkreten Ereignissen, sondern eröffnet bereits einen Horizont von Deutungen und Reflexionen.

Technik:
Die Arbeit mit
Quellen zur Antike

Die Verdichtung der Polisstrukturen vor allem im 5. Jh. erzeugte weitere Formen politischer Literatur. Während Simonides (ca. 556–468) sein dichterisches Können einerseits noch in die Dienste adliger Herren stellte, daneben aber auch schon die Leistungen der Griechen in den Perserkriegen verherrlichte, trat mit dem attischen Drama (Tragödie und Satyrspiel: Aischylos, Sophokles, Euripides; Komödie: Aristophanes) allmählich eine ganz andere Form der Auseinandersetzung mit aktuellem Geschehen in den Vordergrund. Wegen ihres hohen Reflexionsniveaus, der mythischen Brechungen und der schon erwähnten direkten Bezogenheit auf das athenische Theaterpublikum stellen gerade die Tragödien eine Herausforderung für jede historiographische Deutung dar. Während man sich früher zumeist damit begnügte, lediglich auf der Oberfläche der Texte nach Anspielungen auf aktuelle Ereignisse zu suchen (wodurch immerhin einige Datierungen gesichert werden konnten), versucht man heute vornehmlich, von der Behandlung der Themen auf Denkstrukturen und aktuelle Diskurse in Athen zu schließen. Wie schwierig so etwas sein kann, zeigt das Beispiel der *Eumeniden* des Aischylos (458). Dass diese Tragödie in irgendeiner Weise mit der so genannten Entmachtung des Areopags 462/1 zu tun hat, wird niemand bestreiten. Unklar ist aber noch immer, in welcher Weise der Dichter dazu Stellung nehmen wollte. Lehnte er die Reformen gänzlich ab? Befürwortete er sie? Suchte er nach einem Mittelweg? Für sämtliche Thesen lassen sich Textbelege erbringen. Helfen kann in solchen Fällen nur die Rekonstruktion historischer Kontexte und, wenn möglich, die Heranziehung von Parallelquellen. Bei den Komödien wiederum besteht die Gefahr, die dort dargestellten Zustände allzu wörtlich zu nehmen und direkte Rückschlüsse auf historische Realitäten zu ziehen. Die Gattung der Komödie erforderte jedoch beträchtliche Verzerrungen aktuellen Geschehens. Für das athenische Publikum lag gerade darin die Komik.

Die allmähliche Ausbildung der Demokratie in Athen zog eine lang anhaltende literarische Auseinandersetzung mit der Frage nach der idealen Verfassung nach sich. Bereits in der 2. Hälfte des 5. Jh. v.Chr. beklagt sich der anonyme Autor einer oligarchischen Flugschrift (‚Alter Oligarch' = Pseudo-Xenophon) über die Zustände im demokratischen Athen. Für das Denken oligarchisch gesinnter Kreise jener Zeit stellt der Text eine vorzügliche Quelle dar; die Rekonstruktion aktueller politischer Zustände ist wegen der Polemik hingegen schwierig. Aus der antiken politischen Literatur ist die Staatstheorie nunmehr nicht mehr wegzudenken. Sie prägt große Teile des Werkes vieler Historiker und Philosophen, u.a. von Platon, Aristoteles, Cicero oder Augustin. Staatstheoretische Reflexionen weisen immer einen starken Zeitbezug auf und stellen daher wichtige Quellen für Diskussionen über aktuelle politische Verhältnisse dar. Im späten 5. und im 4. Jh. v.Chr. sind es vor allem zahlreiche Reden, die uns Auskunft über politische Strukturen und Entwicklungen sowie über rechtshistorische Fragen geben (Prozessreden). Gerade diese Reden sind aber wegen ihrer konkreten Zweckgebundenheit und der üppigen Verwendung rhetorischer Stilmittel mit großer Vorsicht zu behandeln.

Mit der Etablierung der hellenistischen Großreiche trat die Bedeutung der politischen Literatur allmählich zurück, aber sie erlosch nicht. Politisches Schrifttum entstand jetzt in Auseinandersetzung mit dem Herrscher, und

▷ S. 36
Die Mittelmeerwelt vom 6. bis 4. Jahrhundert

zwar keineswegs nur im Herrscherlob. Vielmehr fanden gerade die hellenistischen Dichter zunehmend Wege, in mehr oder weniger verschlüsselter Form auch Kritik am König zu üben.

Auch in Rom erweist sich seit der Herrschaft des Augustus die politische Literatur, die während der Republik u.a. im Epos (Naevius, Ennius) sowie in Reden, politischen Flugschriften, Briefen und philosophischen Reflexionen (Cicero) gepflegt wurde, vorwiegend als Auseinandersetzung mit dem Herrscher. Vergil (70–19) verwendete die Gattung des Epos zur Verherrlichung des Augustus (*Aeneis*), Horaz (65–8) griff dafür u.a. auf alte Formen griechischer Lyrik zurück. Seneca (gest. 65 n.Chr.) verfasste nach dem Tod des Kaisers Claudius eine bissige Abrechnung mit ihm und widmete Nero einen Fürstenspiegel, d.h. eine Anleitung zum idealen Herrschen – eine bis in die Spätantike beliebte Gattung, die trotz reichhaltiger Topik grundlegende Informationen über die Selbstdarstellung von Herrschern sowie die an sie gerichteten Erwartungen enthalten kann. Senecas Neffe Lukan (39–65) pries in einem Epos (*Pharsalia*) die alten Ideale der Republik und wurde von Nero zum Selbstmord gezwungen. Wie im Hellenismus ist auch im Verlauf der Kaiserzeit eine zunehmende Entpolitisierung der Literatur – vor allem der Dichtung – als Folge der politischen Gegebenheiten zu beobachten. Das bedeutet aber nicht, dass die antike Literatur seitdem völlig unpolitisch wurde. Neben den weiterhin gepflegten panegyrischen Texten, zu denen u.a. auch die ‚Rom-Rede' des Aelius Aristides (117–um 187) zu zählen ist, und den Abrechnungen mit – in der Regel verstorbenen – Herrschern war die Kunst, Kritik an den aktuellen Zuständen subtil verschlüsselt einem ganz gezielten Publikum zu vermitteln, weiterhin bekannt. Ein Meister auf all diesen Gebieten war im 6. Jh. n.Chr der griechisch schreibende Historiker Prokop. Daneben existierte mit der Satire (Horaz, Juvenal) eine Gattung, die sich die Kritik an den gegebenen Verhältnissen zum Thema gemacht hatte. Ihre Heranziehung als historische Quelle unterliegt ähnlichen Schwierigkeiten wie die Auswertung attischer Komödien. Sogar die direkte Konfrontation mit den Herrschern wurde nicht gescheut, so z.B. von Symmachus in seinen Briefen (um 345–402).

2.) Die unterhaltende Literatur setzt bereits mit den homerischen Epen *Ilias* und *Odyssee* ein, die der Kurzweil aristokratischer Herren dienten. Man darf unterhaltende Literatur des Altertums allerdings nicht mit moderner Unterhaltungsliteratur verwechseln, denn die antiken Autoren verfolgten stets ein grundsätzlicheres Ziel, meist moralischer Natur. Zudem sind die Übergänge zur politischen Literatur, z.B. bei den sympotischen Texten, im Drama oder im moralisierenden Traktat, und zur Fachwissenschaft, z.B. in Lehrgedichten oder in philosophischen Texten, oft fließend. Seit dem späten 5. Jh. v.Chr. wird der unterhaltende Aspekt in der Literatur für uns mehr und mehr erkennbar. Die Geschichtsschreibung entwickelte nun Ableger, die vornehmlich diesem Ziel dienten und als historische Quellen somit eine eigene Problematik haben (z.B. Ktesias, frühes 4. Jh. v.Chr.); die Komödie blendete allmählich die allgemein-politische Dimension zugunsten unterhaltsamer Alltagsepisoden aus. In dieser neuen Form, die für uns v.a. mit Menander (um 342–290) verbunden ist, fand sie ihren Weg nach Rom (Plautus, Terenz).

▷ S. 263
Die antiken Menschen über sich

▷ S. 271
Die antiken Menschen über sich

Mit der Einrichtung der Monarchie im späten 4. Jh. v.Chr. trat der unterhaltende Zweck

Technik:
Die Arbeit mit
Quellen zur Antike

von Literatur schließlich deutlich hervor. Hellenistische Dichter wollten in erster Linie ihr perfektes literarisches Können demonstrieren. Die Literatur wurde jetzt in hohem Maße artifiziell und schon in der Antike bedurfte es einer besonderen Bildung, um sich den Reichtum dieser Texte zu erschließen. Offensichtlich richteten sich diese Dichter (Kallimachos, Theokrit, Arat, Apollonios v. Rhodos) nur noch an ein ausgewähltes, elitäres Publikum. Dagegen sprach der ebenfalls im Hellenismus entstandene so genannte ‚Roman' breitere Kreise an; er thematisierte fast immer eine abenteuerliche Liebesgeschichte und variierte dabei feste Strukturelemente, z.B. tragische Trennung und spätere Zusammenführung der Liebenden sowie exotische Reisen. Der ‚Roman' war bis in die Spätantike eine äußerst beliebte Gattung; noch heute kann er uns wichtige Aufschlüsse über Alltagsprobleme und Mentalitäten geben, stellt aber wegen seiner selbst für antike Maßstäbe ausgesprochen reichhaltigen Verwendung von Topoi ebenfalls eine schwer zugängliche Quellengattung dar, vor allem, wenn es um die Frage nach zeitgenössischen realhistorischen Hintergründen geht.

Auch in Rom gewann die unterhaltende Literatur mit der Etablierung der Monarchie deutlich an Boden. So wird etwa in der Epik nach dem Scheitern des Experiments ihrer erneuten Politisierung (Lukan) der Rückzug in die ferne Vergangenheit (z.B. Silius Italicus, gest. um 101) oder in den Mythos (z.B. Valerius Flaccus, gest. vor 96) angetreten. Antiquarisches Schrifttum, d.h. gelehrte Sammlungen als interessant geltender Zeugnisse über die Vergangenheit, wurde seit der späten Römischen Republik bis in die Spätantike vielfach gepflegt. Es dient uns heute nicht nur als ‚Steinbruch' zahlreicher, aber meist aus dem Kontext gerissener Sachinformationen, sondern gibt auch wichtige Einblicke in die Art des Umgangs mit der Vergangenheit in verschiedenen Zeiten. Ebenso gelangte in Kaiserzeit und Spätantike die Rhetorik in Gestalt von Reden, Briefen und gelehrten Traktaten noch einmal zu großer Blüte. Anders als im klassischen Griechenland verfolgten diese Autoren zumeist keine politischen Intentionen, sieht man einmal von Ausnahmen wie Libanios oder Themistios (beide im 4. Jh. n.Chr.) ab; vielmehr ging es den meisten vornehmlich darum, ihre perfekte Beherrschung von Gattungskonventionen zu demonstrieren, wobei sie hierbei oft zum Moralisieren neigten (z.B. Lukian, um 120–nach 180). Vornehmlich dem Auftrumpfen mit reichhaltigem Wissen diente auch die kaiserzeitliche ‚Buntschriftstellerei' (Poikilographie), deren Vertreter wichtige, ansonsten verlorene Informationen über die Vergangenheit überliefern, die häufig jedoch hinter einer schwer zu durchdringenden Hülle moralisierender Deutungen verborgen liegen, welche ihrerseits wieder wichtige Aufschlüsse über zeitgenössische Normvorstellungen geben.

▷ S. 293
Geschichtsschreibung

▷ S. 282
Die antiken Menschen über sich

3.) Auch die Texte mit einem im engeren Sinne religiösen Hintergrund lassen sich nicht scharf von den anderen Gruppen abgrenzen. Eine Reihe von Gattungen war ursprünglich in kultische Zusammenhänge eingebunden und hat sich später davon emanzipiert; die Vertrautheit mit dem ursprünglich religiösen Hintergrund lässt uns aber bestimmte Gattungsprinzipien besser verstehen. So verdankt z.B. das attische Drama seine Entstehung den Gesängen im Dionysoskult. Auch die Werke verschiedener archaischer Dichter sind ohne religiöse Kontexte kaum interpretierbar. Hesiod etwa entwickelte einen Stammbaum der Götter in dichterischer Form

(*Theogonie*), während der Chorlyriker Alkman (2. H. 7. Jh.) für kultische Gelegenheiten in Sparta dichtete. Wichtige Quellen stellen daneben auch die erhaltenen Orakelsprüche dar. Mit der Entstehung des Christentums nimmt die Anzahl der erhaltenen Texte mit religiösem Hintergrund sprunghaft zu. Ausgehend von Schriften, die Leben und Wirken Jesu beschreiben und nur z.T. im Neuen Testament kanonisiert wurden, entsteht eine gewaltige Masse von Dokumenten, in denen diese älteren Texte bereits kommentiert und diskutiert werden (exegetische Literatur) und in denen gegen Vorwürfe der Heiden Stellung bezogen wird (apologetische Literatur). Diese so genannte Kirchenväter-Literatur entfaltet sich insbesondere im Verlauf der Spätantike. Neben der Chronistik und Kirchengeschichte, in denen ein eigenes, spezifisch christliches Geschichtsbild vermittelt wird, besitzen wir große Mengen an Traktaten, Briefen, Predigten (Homilien), Heiligenviten und sogar an christlicher Dichtung (z.B. Hymnen, Kontakien). Diese Texte stellen ein großes, bisher noch nicht annähernd ausgeschöpftes Quellenreservoir zur antiken Sozial- und Mentalitätengeschichte dar, sind jedoch wegen ihrer meist erbaulichen Grundtendenzen wiederum nicht einfach zu handhaben. Die Erschließung der antiken christlichen Literatur als historischer Quelle steht weithin noch in ihren Anfängen; sie wird u.a. dadurch erschwert, dass sie theologische Vorkenntnisse erfordert und dass viele Texte noch nicht in akzeptablen Editionen vorliegen [vgl. zu den einzelnen Autoren DÖPP/GEERLINGS].

4.) Auch der letzte große Bereich der antiken Literatur, die Fachschriftstellerei, ist noch weithin unerschlossen [vgl. aber jetzt MEISSNER], mit Ausnahme des Komplexes des philosophischen Schrifttums. Bereits in archaischer Zeit haben die so genannten Vorsokratiker (Thales, Anaximander, Heraklit, Empedokles u.a.), die unter Philosophie oft vor allem Naturforschung verstanden, ihre Ergebnisse schriftlich niedergelegt. Kaum etwas von diesen Werken ist erhalten geblieben; erst mit Platon und Aristoteles setzt eine reichhaltigere Überlieferung ein. Philosophische Schriften wurden aber auch nach ihnen bis zum Ausgang der Antike auf höchstem Niveau verfasst. Neben dem medizinischen Schrifttum (*Corpus Hippocraticum*), das seit dem 5. Jh. v.Chr. großen Einfluss, nicht zuletzt auf die Geschichtsschreibung, ausgeübt hat, begannen sich bald darauf weitere Bereiche fachwissenschaftlicher Literatur auszudifferenzieren. Medizin, Astronomie, Geographie, Agrarschriftstellerei, Militärwesen, Architektur, Musik und anderes mehr wurden bis in die Spätantike hinein gepflegt. Besonders erwähnenswert ist dabei die in hellenistischer Zeit einsetzende Beschäftigung mit älteren Texten, die uns eine Menge von Informationen entweder in ausführlichen Kommentaren oder kurzen Erläuterungen zu einzelnen Stellen liefert (so genannte Scholien); gerade hier sind immer noch Entdeckungen neuer Informationen möglich.

▷ S. 264
Die antiken Menschen über sich

▷ S. 265
Die antiken Menschen über sich

Es ist vor allem der Voraussetzungsreichtum, der uns heute den Zugang zu den antiken literarischen Quellen erschwert, denn diese Texte setzen Bildungs- und Erfahrungshorizonte voraus, die für die Zeitgenossen selbstverständlich waren, die wir uns aber erst mühsam erarbeiten müssen. Gerade die Analyse dieser Quellengruppe erfordert daher eine intensive interdisziplinäre Zusammenarbeit von Historikern und Philologen.

Mischa Meier

Technik:
Die Arbeit mit
Quellen zur Antike

Griechische Inschriften. Inschriften sind gleichsam die Fußnoten zu den Schriften der antiken Historiker – nur dass der Haupttext über weite Strecken hin lückenhaft ist oder ganz fehlt. Die Zahl der bekannten griechischen Inschriften wird auf etwa 250 000 geschätzt und jährlich kommen etwa 1 000 neue hinzu. Dieser ständige Zuwachs an Information zeichnet die Epigraphik aus und ist zugleich ihr Problem. Denn stets läuft man Gefahr, sich in der Masse des Materials zu verlieren und Wichtiges zu übersehen [Einführungen: KLAFFENBACH; ROBERT; Handbücher: LARFELD 1902–1907; DERS. 1914; GUARDUCCI].

Grundsätzlich erfordert die Arbeit mit Inschriften zwei Einsichten:

1. Was zeichnet das Quellenmaterial ‚Inschriften' aus? Inschriften sind Primärquellen und jede ist ein Original. Zufällig und meist verstümmelt auf uns gekommen, sind sie in hohem Maße der Ergänzung und Interpretation bedürftig. Ihren vollen Informationswert erhalten sie erst aus der Zusammenschau der Inschriften gleicher Gattung oder gleichen Ortes oder gleicher Zeit.

2. Welchen Zugang zu den Inschriften stellt die ‚Epigraphik' bereit? Das Portal zur Welt der Inschriften bilden die ‚Corpora' (Sing.: das ‚Corpus'), die die Texte einer bestimmten Region/Polis bzw. einer bestimmten Gattung vollständig versammeln. Entscheidend ist dabei, ob es sich um eine bloße Kompilation handelt oder ob der Editor von den Steinen selbst gearbeitet hat, also Autopsie besitzt.

Solche Corpora haben eine lange und reiche Tradition, die in der Antike selbst wurzelt. In der Renaissance gehörte der Gelehrte Cyriacus von Ancona (1391 bis nach 1455) zu den ersten, die griechische Inschriften gesammelt haben. Doch die meisten Corpora des 16.–18. Jh. waren Sammlungen verstreuter Abschriften von Griechenland- und Orientreisenden; hinzu kamen wenige Stücke in Museen. 1815 gründete August Boeckh (1785–1867) das *Corpus Inscriptionum Graecarum* (CIG) an der Preußischen Akademie der Wissenschaften. In vier Bänden wurden 1828–1859 alle bekannten Inschriften in geographischer Ordnung gesammelt und kommentiert. Mit der Unabhängigkeit Griechenlands (1832) und dem Beginn systematischer Ausgrabungen wuchs das Material drastisch an. Ulrich von Wilamowitz-Moellendorff (1848–1931) vereinte 1902 das Prinzip der Autopsie mit dem der Vollständigkeit, beschränkte aber zugleich die *Inscriptiones Graecae* (IG) auf Griechenland, Italien und die Inseln der Ägäis. Daneben entstand eine Vielzahl von Corpora unterschiedlichsten Anspruchs. Die Unübersichtlichkeit nimmt auch heute immer noch zu und setzt sich in den epigraphischen Datenbanken – auf CD-ROM und im Internet – fort (am vollständigsten zurzeit: die CD-ROM PHI 7 des Packard Humanities Institute). Um so wichtiger ist der Wiederabdruck der jährlichen Neupublikationen im *Supplementum epigraphicum Graecum* (SEG, seit 1923, zunächst lückenhaft, seit 1976 kontinuierlich, mit Indices) und ihre kritische Behandlung im *Bulletin épigraphique* der Zeitschrift *Revue des études grecques*. Ein zuverlässiger bibliographischer Führer durch das Gebiet der Inschriftenkunde ist der von französischen Epigraphikern zusammengestellte *Guide de l'épigraphiste* [Guide], der bereits in 3. Auflage (2000) vorliegt und zu dem im Internet Supplemente zur Verfügung stehen: *www.antiquite.ens.fr/guide-epigraphiste.html*.

▷ S. 487
Vernetztes Wissen

Der Gegenstand der griechischen Epigraphik sind die mit griechischen Buchstaben geschriebenen Inschriften. Sondergebiete sind griechische Texte in nichtgriechischer Schrift

Beispiel für die **Arbeit mit einer griechischen Inschrift**

Ehreninschrift, 1912 gefunden im Heraion von Samos. Vollständig erhaltener Frontblock (die gesamte Basis bestand aus vier solcher Blöcke), unten Profil; rechts und oben Anschluss. Marmor. Erstedition durch den Ausgräber (Autopsie) im Jahre 1919 (mit Zeichnung).

Übersetzung: „Des Königs Ptolemaios, / des Sohnes von Ptolemaios Soter (‚Retter'), / Tochter, die Königin / Berenike, (ehrt) das Volk der Samier / an Hera."
▽

Typus: Ehreninschrift. Die Samier verehren an Hera (das Monument stand ja im Heraion) die Statue der Berenike. Typisches Formular: Objekt (Akkusativ) – Subjekt (Nominativ), Verbum fehlt.
▽

Lesung: sicher, keine Verwitterungen; rechts fehlen ein bzw. zwei Buchstaben (Z. 2, 4).
▽

Datierung: Schrift „äußerst sorgfältig und stilvoll", frühhellenistisch (3. Jh. v.Chr.).
▽

Prosopographie: Ptolemaios der ‚Retter' = König Ptolemaios I. von Ägypten (323–283). – Sohn: König Ptolemaios II. (283–246). – Tochter: Berenike, geb. um 278, verheiratet 252 mit König Antiochos II. (261–246), nach dessen Tod ermordet 246 v.Chr.
▽

Problem: ‚Königin' ist sie erst als Frau des Antiochos (nach 252); unmöglich dürfte dessen Name auf der Inschrift fehlen. Also muss *basilissa* = „Prinzessin' bedeuten (Belege?). Datierung demnach zwischen 278 und 252.
▽

Neuere Forschung: Die Inschrift, publiziert 1919, steht unter SEG I 369. Die Indices der folgenden Jahrgänge des SEG belegen unter SEG XL 726 eine neuere Studie. Danach war derselbe Steinmetz bereits um 300 tätig. Die Inschrift ist also möglichst früh anzusetzen, kaum nach 270. Sie galt somit einem höchstens achtjährigen Kind.
▽

Historische Einordnung: Samos kam 281 in den Machtbereich Ptolemaios' II. Strittig ist, ob er die Insel um 260 an Antiochos II. verlor. Allerdings kann die auf um 270 datierte Inschrift zur Klärung dieser Frage nichts beitragen.
▽

Corpus: Der Text steht jetzt im Corpus der Inschriften von Samos, erschienen 2000: IG XII 6, 1, 347 (dort weitere Literatur). Sie ist noch vorhanden und wird im Museum der Inselhauptstadt aufbewahrt. Der rechts anschließende, später entdeckte Block befindet sich heute in der Fundlage („in situ") im Heraion; die ergänzten Zeilenenden werden bestätigt. Abklatsch und Foto werden im Archiv der IG in Berlin verwahrt.

Bild: Ehreninschrift, Heraion von Samos, Foto und Zeichnung: Klaus Hallof.

Technik:
Die Arbeit mit
Quellen zur Antike

wie z.B. das im mykenischen Griechenland verwendete ‚Linear B' oder die auf Zypern gebrauchte – und daher ‚kyprische' genannte – Silbenschrift. Die geographische Verbreitung der Inschriften entspricht der der griechischen Sprache; Schwerpunkte sind also das griechische Mutterland und das östliche Mittelmeergebiet. Die größte Anzahl an Inschriften liefert bis heute Athen (ca. 15 000). Die ältesten Inschriften stammen bereits aus der ersten Hälfte des 8. Jh.s v.Chr., sind also älter als die homerischen Epen.

Eine Inschrift ist immer in ihrer textuellen und ihrer materiellen Beschaffenheit zu betrachten; beide bedingen einander. Jede Inschrift ist ein Unikat. Wenn Sie sich zum ersten Mal eine Inschrift vor Augen führen, sehen Sie eine Reihe von Großbuchstaben (Majuskeln) ohne Worttrennung, meist unvollständig, oft verrieben, aus sich heraus nur bedingt verständlich. Die Entzifferung ist mühsam und langwierig. Man wird daher auf die Arbeit des Spezialisten, des Epigraphikers, zurückgreifen, denn nur lange Erfahrung, Geduld und ein geübtes Auge vermögen dem verwitterten Stein beizukommen. Der Epigraphiker hat die Aufgabe, für die Darbietung bzw. Herstellung eines möglichst gesicherten Textes zu sorgen, d.h. für Lesung und Ergänzung; in bestimmter Weise ist er mit dem Editor eines handschriftlich überlieferten Textes zu vergleichen. In diesem so genannten ‚Lesetext' gibt es ‚diakritische Zeichen', die auf den tatsächlichen Steinbefund hinweisen. So besagt ein Punkt unter dem Buchstaben, dass die Spuren desselben auf dem Stein mehrdeutig sind. Klammern weisen auf Eingriffe des Epigraphikers hin: In eckigen Klammern [ ] stehen Ergänzungen von zerstörten Partien der Inschrift, in spitzen Klammern < > Zusätze bzw. Veränderungen, in geschweiften Klammern { } Tilgungen von überflüssigen, z.B. versehentlich doppelt eingemeißelten Buchstaben.

▷ S. 298
Kritische
Edition

Wollen Sie den im Corpus gebotenen Text einer Inschrift am Original überprüfen, dann werden Sie sich oft erst einmal um Fotografien oder Abklatsche bemühen, bevor Sie Schritte unternehmen, um das Original am Ort seiner Aufbewahrung zu studieren. Die Bestände einiger großer Sammlungen von Abklatschen – in Berlin (Archiv der IG), Wien, Oxford, Ohio oder Princeton – sind bereits im Internet nachgewiesen. Dort finden Sie auch immer mehr Fotos von Inschriften, leicht zu erschließen über folgende Adresse: *http://omega.cohums.ohio-state.edu/epigraphy*.

Doch Inschriften sind keine statischen Texte. Neufunde stellen immer wieder frühere Interpretationen – die sich nicht zuletzt in Ergänzungen niederschlagen – in Frage, modifizieren und erweitern sie. Die historische Forschung rückt Inschriften in neue Zusammenhänge, schlägt neue Datierungen vor. So müssen Sie sich ein eigenes Urteil über den vom Epigraphiker vorgelegten Text bilden, wofür freilich die Kenntnis des Griechischen unabdingbar ist. Denn Übersetzungen, wiewohl sie den Zugang erleichtern [z.B. HGIÜ; PEEK; Übersetzungen zu den seit 2000 erschienenen IG-Bänden: *www.bbaw.de/forschung/ig/uebersetzung*], geben für sich allein gefährliche Hilfe: Sie objektivieren das subjektive Verständnis des Epigraphikers. Sie spiegeln Sicherheit vor, wo keine ist, und warnen nicht. Sie verhindern eine unbefangene Interpretation.

Die Arbeit mit einer Inschrift nimmt nach Möglichkeit ihren Ausgang von der Edition in einem Corpus. Dort finden Sie in knapper Form alle wichtigen Informationen über Fundort und Beschaffenheit des Inschriftträ-

309

gers. Es folgen die Lektüre des Textes, eine erste, möglichst wortgetreue Übersetzung und gegebenenfalls eine Nachprüfung bereits vorhandener Übertragungen, um auf mögliche Unterschiede zu stoßen. Der ‚kritische Apparat' erschließt den Steinbefund, oft genug die Ursache für divergierende Interpretationen. Daher geht es als nächstes um die Zuverlässigkeit der Lesung. Hat der Bearbeiter des Corpus-Bandes die Inschrift selbst gesehen, lag also ‚Autopsie' vor? Stützte er sich auf Fotos, auf fremde Abschriften oder gar nur auf gewisse Mitteilungen? Stand ihm ein Abklatsch zur Verfügung, der eventuell noch vorhanden ist? Oder ist der Stein verlorengegangen und nur aus älteren, mehr oder minder zuverlässigen Abschriften bekannt?

Inschriften – zumal umfangreichere und historisch relevante – sind in der Regel unvollständig auf uns gekommen. Um sie zu ergänzen und möglichst weitgehend zu verstehen, ist der Inschriftträger – z.B. Stelen, Altäre, Basen oder Bauglieder – sowie der archäologische Kontext wichtig. Außerdem muss der Epigraphiker die Urkundensprache beherrschen und aus genauer Sachkenntnis heraus alle Möglichkeiten der Textherstellung prüfen und abwägen. Im ‚kritischen Apparat' gibt er zugleich Rechenschaft darüber, welche Ergänzung er seinen Vorgängern verdankt und wo er von ihnen abweicht. Diese älteren Editionen sind vor allem dann zu konsultieren, wenn die Begründung einer bestimmten Ergänzung nicht unmittelbar einleuchtet. Ebenso wichtig ist es für Sie aber, jüngere Editionen festzustellen und in gleicher Weise auszuwerten. Dafür sind alle auf das Erscheinungsjahr des Corpus-Bandes oder der Erstedition folgenden Jahrgänge des SEG und des *Bulletin épigraphique* durchzuarbeiten. Im Ergebnis werden Sie betreffs der älteren Ergänzungen sehen:

Detailskizze

Ausgangspunkt für die Arbeit mit antiken, hier: griechischen Inschriften sind die **Corpora**. Sie geben der Einzelinschrift den sachlichen und topographischen Zusammenhang, der für ihre Interpretation notwendig ist, da sie das gesamte bekannte epigraphische Material einer Region oder einer Stadt vereinigen. Sie enthalten: Angaben zum Inschriftträger; frühere Editionen; Literatur zu Einzelfragen; Datierung; Text der Inschrift; kritischen Apparat; Kommentar (dieser in den besten Corpora kurz und auf das Wesentliche beschränkt). Ausführlichere Kommentare findet man in Auswahlsammlungen. Sie bieten – entweder zeitlich oder thematisch begrenzt – eine Auswahl besonders wichtiger Texte oder behandeln eine spezielle Gruppe von Inschriften.

Die wichtigsten Corpora sind:

- Inscriptiones Graecae (IG, Berlin), 15 Bde. (bisher 49 Faszikel, teils in 2. und 3. Aufl.), nach folgendem Gesamtplan: IG I–III Attika; IG IV–VI Peloponnes; IG VII–IX Mittelgriechenland; IG X Nordgriechenland; IG XI–XIII Inseln der Ägäis; IG XIV Italien, Sizilien; IG XV Zypern. Es fehlen u.a. noch Elis, Epirus, die Inseln Kos, Chios und Zypern. Für Makedonien, Thrakien (heutiges Bulgarien und Rumänien), Südrussland und Kreta gibt es eigene nationale Corpora außerhalb der IG, für Olympia, Delphi, Delos jeweils Sammlungen im Rahmen der Grabungspublikation der verantwortlichen archäologischen Institute.

- Tituli Asiae Minoris (TAM, Wien), 6 Bde. Erschienen sind nur die Bände für Lykien, Lydien, Bithynien und Pisidien.

- Inschriften griechischer Städte aus Kleinasien (IK), 60 Bde. Einzelne Städte (z.B. Ephesos, Iasos, Perge) in willkürlicher Abfolge, ohne Gesamtplan.

- Inscriptions grecques et latines de la Syrie (IGLS), das Gebiet des heutigen Syrien und Libanon; 9 Bde., noch unvollständig.

Recherchen zu griechischen Inschriften werden durch die CD-ROM „PHI7" erheblich erleichtert; sie enthält für Griechenland die Texte der IG-Bände und der erwähnten Corpora von Olympia, Delphi usw., zum Teil mit Nachträgen aus SEG und anderen Publikationen. In manchen Fällen, z.B. für Kos, Zypern oder Ägypten, bietet PHI7 Kompilationen der wichtigsten Veröffentlichungen. Für einige Landschaften Kleinasiens (Mysien/Troas, Ionien, Karien) wurden die edierten Inschriften in neuer Anordnung und Nummerierung gesammelt. Separate Files wurden für die christlichen Inschriften angelegt.

Innerhalb der Corpora werden Inschriften traditionell nach Gattungen angeordnet:

- Beschlüsse der Gesamtgemeinde oder ihrer Abteilungen und von Vereinen. Es überwiegen Ehrendekrete – z.B. die Erteilung des Ehrenbürgerrechts (griech. *proxenía*) – für Bürger anderer Poleis, Könige oder römische Magistrate;
- Briefe von hellenistischen Königen und römischen Kaisern;
- Zwischenstaatliche Urkunden wie Asylieurkunden, Staatsverträge, Regelungen von Grenzstreitigkeiten, Akten der Rechtssprechung (Urteile, Konfiskationslisten);
- Gesetze und Regelungen privatrechtlicher sowie öffentlicher und sakraler Angelegenheiten bis hin zur umfassenden Kodifizierung geltenden Rechts, z.B. in Gortyn auf Kreta;
- Religiöse Texte, Hymnen (mit Noten);
- Inschriften einzelner Magistrate und Beamter, z.B. Bauinschriften, Abrechnungs-Urkunden; Inventarlisten von sakralem Gerät oder von militärischer bzw. nautischer Ausrüstung;
- Freilassungsurkunden von Sklaven, oft als – fiktiver – Verkauf an eine Gottheit vollzogen und in deren Tempel dokumentiert (besonders in Delphi und Nordgriechenland);
- Listen und Kataloge von Gegenständen und Personen;
- Ehreninschriften, vor allem Inschriften auf Statuenbasen, erst seit dem 4. Jh. v.Chr. häufiger, in römischer Zeit massenhaft;
- Weihinschriften an Götter, oft auf dem geweihten Gegenstand selbst angebracht, häufig nach einem Sieg bei sportlichen oder musischen Wettkämpfen gestiftet;
- Bleitäfelchen mit Verwünschungen persönlicher Gegner;
- Grenz- und Hypothekensteine (griech. *hóros*, Plural: *hóroi*);
- Grabinschriften auf Grabstelen, z.T. mit Relief, auf Grabsäulen oder -altären: Namen der Toten und Gruß; eine besondere Form bilden Grabgedichte.

Literatur: R. M. ERRINGTON/K. HALLOF, Inscriptiones Graecae, Berlin-Brandenburgische Akademie der Wissenschaften, Berlin 2002.

Technik: Die Arbeit mit Quellen zur Antike

a) Einige sind durch einen Neufund entweder bestätigt oder modifiziert oder erledigt;

b) einige sind aufgrund von Sachindizien obsolet geworden;

c) einige sind heftig umstritten und es gibt alternative Vorschläge;

d) einige sind unbestritten und allgemein akzeptiert.

Bei der Abwägung der verschiedenen Ergänzungen und der auf sie gegründeten Interpretation einer Inschrift werden Sie nicht über eine gewisse Wahrscheinlichkeit hinauskommen. Oft werden verschiedene Lösungen gleichermaßen plausibel sein. Daher ist Zurückhaltung bei der Formulierung eigener Hypothesen dringend geboten. Nicht selten lässt der Fund einer neuen Inschrift bestechend schöne Gedankengebäude zusammenfallen. So werden nur solche Ergänzungen als tragfähig beurteilt werden, die durch Parallelen, insbesondere in den formelhaften Wendungen, abgesichert sind.

Die Mehrzahl der antiken Inschriften steht auf Stein, einige auch auf Metall; nur gelegentlich begegnen Mosaiken, ganz selten haben sich Holztafeln erhalten. Für Inschriften auf Keramik, also z.B. Vasenbeischriften, Amphorenstempel oder Ostraka, gibt es spezielle Corpora. Auf Metall werden Inschriften eingeritzt oder gepunzt. Metalltäfelchen, teils noch mit den Nagellöchern zu ihrer Befestigung erhalten, waren besonders auf der Peloponnes verbreitet. Bleiplättchen wurden – zusammengerollt und durchbohrt – für Verwünschungen bevorzugt. Inschriften auf Silber und Gold sind äußerst selten. Allerdings kennen wir aus römischer Zeit vergoldete Bronzebuchstaben (*litterae auratae*). Auf Stein wurden Inschriften eingemeißelt und mit Farbe, insbesondere rot, aber auch blau, ausgelegt. Qualität und Menge der Texte sind abhängig von den zur Verfügung stehenden Gesteinen. Die überragende Quantität attischer Inschriften resultiert auch aus den hervorragenden und ergiebigen lokalen Marmorvorkommen (weißer pentelischer und blauer hymettischer Marmor).

Doch nicht nur die Schriftträger, auch das Erscheinungsbild der Inschriften variiert: Bei den ältesten Texten (8.–6. Jh. v.Chr) war die Schriftrichtung noch nicht einheitlich; es begegnen linksläufige und rechtsläufige sowie abwechselnd links- und rechtsläufige Inschriften in ‚Schlangen-Schrift' (*bustrophedon*). In Attika wurde vom 5. bis 3. Jh. oft *stoichedon* geschrieben: Die Buchstaben haben vertikal und horizontal immer den gleichen Abstand, als stünden sie in den Schnittpunkten eines karierten Blattes. Da bei dieser Anordnung jede Zeile die gleiche Anzahl von Buchstaben hat, sind dort Ergänzungen mit etwas größerer Sicherheit vorzunehmen. Im Unterschied zu den lateinischen Inschriften gibt es bei den meisten griechischen keinen Zwischenraum zwischen den Worten (*scriptio continua*). Interpunktionen finden sich in frühester Zeit willkürlich, in der Kaiserzeit nach römischem Vorbild gelegentlich; ebenfalls erst in jüngerer Zeit begegnen auch Abkürzungen.

Ein besonderes Problem stellt die Datierung von Inschriften dar. Wohl lassen sich neben regional spezifischen auch allgemeine Entwicklungen der griechischen Schrift aufzeigen. In diesem Kontinuum sind jene Inschriften zu verorten, die sich anderweitig exakt datieren lassen: durch ein im Text erwähntes historisches Ereignis, durch die genannten Personen, durch archäologische Kriterien bzw. den Fundzusammenhang. In den meisten Fällen ist für die Datierung die Buchstabenform das einzige Kriterium. Immerhin ermöglicht es Zeitstellungen auf etwa ein Jahrhundert genau. Sind präzisere Daten angegeben, ist stets zu hinterfragen, worauf sie sich stützen. So lässt sich z.B. die Entstehungszeit genauer bestimmen, wenn – wie in offiziellen Dokumenten (vor allem aus Athen) seit dem 4. Jh. – Berufsschreiber an ihren Eigenheiten erkennbar sind [Guide Nr. 1223–1227]. Die genauesten Datierungen können freilich nur die Inschriften selbst liefern, indem sie z.B. einen eponymen Beamten nennen, also jenen Funktionsträger der Polis, der dem Jahr seinen Namen gibt („im Jahr des Archon Kallias"). Allerdings sind diese je nach Polis andere, so dass ohne Kenntnis einer Liste ein solches ‚Datum' für uns nicht mehr zu entschlüsseln ist. Listen eponymer Beamter sind bruchstückhaft erhalten oder rekonstruierbar, so etwa für die athenischen Archonten (480–301 bei Diodor, danach durch Inschriften), für die delischen (326–168) und delphischen Archonten oder für die milesischen Stephanephoren (525–259), im Detail freilich heftig umstritten [Guide Nr. 1623]. Seit der Zeit der Diadochen wird auch nach Regierungsjahren der Könige, später schließlich nach so genannten ‚Ären' datiert, die fortlaufend ab einem bestimmten Ereignis zählten: z.B. die seleukidische Ära (Beginn 312), die makedonische Ära (148), die sullanische Ära (85) oder die aktische bzw. Kaiser-Ära (32 oder 31 v.Chr.) [Guide Nr. 1531–1550]. Neben Buchstabenform, Schreibstil und direkten Hinweisen in der Inschrift treten auch innere Indizien hinzu wie Sprache, Formeln, Grammatik, Dialekt. Da fast jede Inschrift Personennamen enthält, kann auch die Prosopographie, also die wissenschaftliche Sammlung und historische Auswertung von Personennamen, Argumente für eine Datierung beibringen. Der Guide de l'épigraphiste listet die wichtigsten regionalen Prosopographien auf, z.B. für Argolis, Sparta, Theben,

Makedonien, oder für hellenistische Königreiche, z.B. das der Seleukiden oder Ptolemäer [Guide Nr. 1379–1406]. Auf Vollständigkeit der Nachweise zielt das *Lexicon of Greek Personal Names* (LGPN), das auch als Datenbank im Internet zugänglich ist: *www.lgpn.ox.ac.uk*. Für Attika ist die grundlegende *Prosopographia Attica* (PA) erst zum Teil ersetzt: *www.chass.utoronto.ca/attica*.

Klaus Hallof

Lateinische Inschriften. Die lateinische Epigraphik ist die Wissenschaft von den antiken Schriftzeugnissen in lateinischer Sprache, die weder auf Münzen oder Papyri noch in handschriftlicher Form überliefert sind [Einführungen: CAGNAT; CALABI LIMENTANI; GORDON; MEYER]; die Grenzen zur mittelalterlichen Epigraphik sind mitunter fließend. Als Schriftträger einer Inschrift (lat. *titulus*, seltener: *inscriptio*) kommt jedes im Alltag verwendete Material vor. Wie bei den griechischen Inschriften variiert daher auch die Beschriftungsweise der lateinischen Inschriften: Sie wurden auf Stein eingemeißelt und mit Farbe ausgemalt, in Metall – Bronze, Silber oder Gold – eingraviert oder gepunzt, auf Keramik, Wandputz oder dünne Holztafeln mit Tinte oder Farbe geschrieben. Außerdem kennen wir so verschiedene Fundgruppen wie vergoldete Bronzebuchstaben, Ziegelstempel oder Holztäfelchen mit Ritzspuren der ehemaligen Beschriftungen. In jedem Fall bedürfen auch die lateinischen Inschriften – nicht zuletzt aufgrund ihres zumeist fragmentarischen Erhaltungszustands – wie die griechischen einer Erschließung durch Spezialisten, bevor sie der historischen Interpretation zur Verfügung stehen.

Lateinische Inschriften finden sich im gesamten Raum des ehemaligen Römischen Reiches und auch darüber hinaus in seinem Einflussgebiet. Kernräume sind die Westprovinzen, der Balkan sowie Nordafrika. Die östlichen Provinzen waren griechischsprachig, deshalb kommen dort wesentlich weniger lateinische Texte vor, am ehesten noch in römischen Kolonien, z.B. in Philippi [PILHOFER]. Meistens waren Kaiser, Heer oder Verwaltung Urheber lateinischer Inschriften im Osten, so bieten etwa zahlreiche Meilensteine lateinische Inschriften, bisweilen auch ‚Bilinguen', also lateinische und griechische Inschriften zugleich auf einem Monument. Die ältesten lateinischen Inschriften, deren Datierung – und z.T. auch Echtheit – freilich umstritten ist, stammen noch aus archaischer Zeit (7. und 6. Jh. v.Chr., z.B. CIL I^2 3).

Insgesamt sind heute über 300 000 lateinische Inschriften bekannt, zu denen durch Neufunde jährlich rund 1 000 hinzukommen. Knapp 4 000 stammen aus der Epoche der Republik, der Rest zum überwiegenden Teil aus den ersten drei Jahrhunderten n.Chr. Bereits seit der Mitte des 3. Jh.s nahm die epigraphische Produktion deutlich ab und blieb trotz einer Belebung im Laufe des 4. Jh.s rückläufig. Die regionale Verteilung lateinischer Inschriften ist nicht einheitlich, denn Italien stellt den Hauptteil aller Inschriften mit 160 000–170 000 Texten, davon allein aus Rom 90 000–100 000; aus Nordafrika stammen etwa 50 000, aus Spanien etwas mehr als 21 000, aus dem gallisch-germanischer Raum etwa 25 000.

Schon die antike Literatur erwähnt lateinische Inschriften und verwendet sie als Quellen für ihre Darstellung. Seit der Spätantike sind Sammlungen von Inschriften in Form von zusammengestellten Abschriften nachweisbar: So enthält eine karolingische Handschrift des 9. Jh.s die möglicherweise in der Klosterschule von Fulda entstand und heute im Kloster Einsiedeln aufbewahrt wird, eine Sammlung von 75 Inschriften aus Rom und fünf weiteren aus Pavia [WALSER 1987]. Ein größeres Interesse an epigraphischen Texten setzte mit der Zeit der Renaissance ein, als erste systematisch geordnete epigraphische Kompendien vor allem stadtrömischer Inschriften zusammengestellt wurden, z.B. von Gianfranco Poggio Bracciolini um 1429. Mit Entwicklung des Buchdrucks wurden auch Inschriftensammlungen gedruckt und dadurch weiter verbreitet. Die ersten sorgfältigen Sammlungen mit exakteren Abschriften und zusätzlichen Angaben zur Buchstabenform, Zeilentrennung u.ä. stammen vom Ende des 16. und Beginn des 17. Jh.s. Unter diesen ragt für lange Zeit die Heidelberger Sammlung des Jan Gruter heraus, der 1603 sein *corpus absolutissimum* von über 12 000 Inschriften vorlegte; eine 2. Auflage in vier Bänden erschien 1707. Einige Jahrzehnte später (1739–1742) veröffentlichte Antonio Muratori eine eigene Sammlung. Freilich enthielten alle diese Werke auch viele Fälschungen und stellen dadurch für die heutige epigraphische Forschung ein eigenes Problem dar. Die wissenschaftliche Bearbeitung und Erforschung von Inschriften nach modernen Kriterien begründeten erst Gaetano Marini (1742–1815) und Bartolomeo Borghesi (1781–1860), die seit Ende des 18. Jh.s eingehende epigraphische Studien betrieben und neue, d.h. zuverlässigere und umfassendere Inschriftensammlungen forderten. Ein wichtiger Schritt in diese Richtung gelang Theodor Mommsen (1817–1903). Er erhielt 1853 von der Preußischen Akademie der Wissenschaften den Auftrag, ein *Corpus Inscriptionum Latinarum* (CIL) entsprechend der von ihm ausgearbeiteten Kriterien zu erstellen: vollständige Erfassung des inschriftlichen Materials nach Überprüfung des Originals („Autopsie') und der gesamten handschriftlichen und gedruckten Überlieferung, Publikation des Materials in lateinischer Sprache nach geographischer Gliederung. Im Gegensatz zu den später begonnenen *Inscriptiones Graecae* liegen beim CIL zwar für alle römischen Provinzen Bände vor, doch ist auch dieses Projekt weit davon entfernt, abgeschlossen zu sein. Neufunde haben bereits zu umfangreichen Nachträgen und erweiterten Neuauflagen einzelner Bände geführt, weitere werden derzeit bearbeitet, darunter auch die Inschriften der Stadt Rom selbst (CIL VI). Inzwischen wurde freilich auch der ursprüngliche Gesamtplan – CIL I: Inschriften der Römischen Republik; CIL II–XV: Inschriften des Imperium Romanum nach Regionen, Provinzen und einzelnen Dokumenttypen (Bd. IV Inscriptiones parietariae Pompeianae Herculanenses Stabianae; Bd. XV Instrumentum domesticum) gegliedert – um thematische Sammlungen erweitert: Bd. XVI bietet Militärdiplome, Bd. XVII römische Meilensteine und in Bearbeitung befindet sich auch schon Bd. XVIII, der die metrischen Inschriften („carmina epigraphica') enthalten wird. Daneben entstehen abgesehen von Einzelpublikationen seit langem regionale Corpora, die auch als Ergänzung und Vorarbeiten für das CIL dienen. Ein besonderes Forschungsgebiet stellen inzwischen die christlichen Inschriften dar, die nicht in vollem Umfang in das CIL aufgenommen worden sind [Hinweise bei: Guide, Nr. 51–54]. Um sich einen Überblick über die Neufunde lateinischer Inschriften und Neuerscheinungen zur lateinischen Epigraphik zu verschaffen, ist die bereits 1888 begründete Zeitschrift *L'année épigraphique* (AE) das wichtigste Hilfsmittel. Hierin hat übrigens das Beispiel der lateinischen Epigraphik der griechischen (vgl.

▷ S. 307
Griechische Inschriften

Technik:
Die Arbeit mit
Quellen zur Antike

SEG, *Bulletin épigraphique*) als Vorbild gedient.

Inzwischen sind auch zahlreiche lateinische Inschriften in elektronischen Medien – CD-ROM- oder Internet-Datenbanken – zugänglich, wenngleich – anders als im Falle der griechischen Inschriften – die eine große Datenbank bisher fehlt. Die wichtigsten Sammlungen, die ausschließlich auf CD-ROM verfügbar sind, betreffen die Inschriften der Stadt Rom: E. J. JORY, Epigraph. A Database of Roman Inscriptions, University of Western Australia 1994, und Großbritannien: M. HAINZMANN/P. SCHUBERT, Auxilia Epigraphica: Roman Inscriptions of Britain, worin aus verschiedenen Editionen und Zeitschriften Material zusammengeführt wurde. Auf CD-ROM und im Internet ist das Eichstätter Konkordanzprogramm zur griechischen und lateinischen Epigraphik (*conceyst*) von J. MALITZ verfügbar: *www.gnomon.ku-eichstaett. de/LAG/conceyst/indexbak.html*. Die bislang umfangreichsten Sammlungen sind über das Internet erreichbar:

Frankfurter Datenbank zur lateinischen Epigraphik (Leitung: M. CLAUSS; enthält: AE, CIL, Neuerscheinungen aus diversen Zeitschriften der Jahre 1997ff.): *www.rz.uni-frankfurt. de/~clauss*.

Epigraphische Datenbank Heidelberg (Leitung: G. ALFÖLDY; enthält AE weitgehend für 1894–1990, CIL II² 5, II² 7, II² 14, 1; Bd. VI 8, 2–3 sowie Neulesungen aus CIL): *www.uni-heidelberg.de/institute/sonst/adw/edh/*.

Wie die griechischen sind auch die lateinischen Inschriften unmittelbare Zeugnisse ihrer Zeit und damit ‚Primärquellen'; so können sie die literarische Überlieferung bestätigen oder ergänzen. Entsprechend ihrer Bestimmung lassen sie sich in wenige Typen einteilen, Klassifikationen, die auch in den hilfrei-

▷ S. 487f.
Vernetztes
Wissen

Lateinische Grabinschrift aus Praeneste

D(is) M(anibus) / P(ublio) Aelio Pio / Curtiano / medico amico / bene merito / A(ulus) Curtius Crispinus / Arruntianus.

Den Unterweltsgöttern. Für Publius Aelius Pius Curtianus, den wohlverdienten Arzt und Freund Aulus Curtius Crispinus Arruntianus.

Wie die auf Grabsteinen übliche Formel D(is) M(anibus) zeigt, ließ Aulus Curtius Crispinus Arruntianus den Grabstein für seinen verstorbenen Freund und Arzt Publius Aelius Pius Curtianus anfertigen. Dieser hatte wohl entsprechend seinem Namen das römische Bürgerrecht von Kaiser Hadrian (117–138; ursprünglicher Name: Publius Aelius Hadrianus) erhalten (durch Vermittlung seines Freundes oder bereits dessen Vaters – daher Curtianus), da Freigelassene (*liberti*) als neuen römischen Namen in der Regel den Vor- und Geschlechtsnamen ihrer Freilasser übernahmen. Demnach kann die Inschrift um die Mitte des 2. Jh.s datiert werden. Aulus Curtius Crispinus Arruntianus ist noch aus weiteren Inschriften bekannt, die auf eine ranghohe soziale Stellung hinweisen: Er war vermutlich ein Angehöriger der Reichselite, d.h. des Senatorenstandes oder des Ritterstandes; die zu ihm bekannten Informationen sind deshalb in der *Prosopographia Imperii Romani* zu finden. Gemeinsam mit seinem Bruder Aulus Curtius Auspicatus Titinnianus hat er gemäß testamentarischer Verfügung seines Vaters das Theater in der lykischen Stadt Aspendos erbaut (CIL III 231 = IGRR III 803).

Bild: Lateinische Grabinschrift, Praeneste/Palestrina, Foto: Anne Kolb.

Literatur: CIL XIV 3030; Prosopographia Imperii Romani, 2. Aufl. (= PIR²), C 1611.

Lateinische Weihinschrift aus Ostia

Deo / Invicto Herculi / Hostilius Antipater / v(ir) p(erfectissimus) praef(ectus) ann(onae) / curat(or) rei public(ae) Ost(iensium).

Dem unbesiegten Gott Herkules (geweiht). Hostilius Antipater, *vir perfectissimus*, Leiter der Getreideversorgung der Stadt Rom, Beauftragter (zur Beaufsichtigung von Finanzen und Verwaltung) der Gemeinde Ostia.

Der dem Ritterstand angehörende Hostilius Antipater (PIR² H 224) – dies zeigt klar der Ehrentitel als *vir perfectissimus* – weiht dem Gott Herkules einen Altar, der bereits um das Jahr 249 als Statuenbasis für Publius Flavius Priscus (PIR² F 343) diente. Entsprechend dieser Wiederverwendung muss die Inschrift des Hostilius Antipater aus späterer Zeit stammen, aus der Epoche Diokletians bzw. der ersten Tetrarchie (284/293–305). Darauf deuten neben der Schriftform die Bevorzugung des Herkuleskultes durch Kaiser Maximian (286–305, 307–308) hin. Die Aufwertung eines *praefectus annonae* zum Senatorenrang erfolgte nach dem Jahr 312 (CIL XIV 131) durch Kaiser Konstantin (306–337; vgl. CIL VI 1151).

Bild: Lateinische Weihinschrift, Ostia, Foto: Anne Kolb.

Literatur: Année Epigraphique (=AE) 1941, 98 = AE 1948, 126; AE 1971, 66; H. Pavis d'Escurac, La Préfecture de l'annone service administratif impérial d'Auguste à Constantin, Rom 1976, 367f.

chen Sammlungen für das Studium begegnen [ohne Übersetzungen: ILS; mit Übersetzungen: Schumacher; Eck/Heinrichs; Walser 1993; Weeber; nur Übersetzungen: Freis]. Die weitaus größte Gruppe sind die Grabinschriften, die einerseits aus individuellen Texten für Einzelpersonen am Bestattungsort – auf Grabsteinen, Sarkophagen oder Urnen – und andererseits aus umfänglicheren, von größeren Grabanlagen stammenden Texten bestehen, die das Recht aller dort zu Bestattenden festhalten. Typische Grabformeln sind: *Hic situs est …* = „Hier liegt …" oder *D(is) M(anibus)* = „Den Unterweltsgöttern", worauf Name, Beruf, Alter des Verstorbenen und Name des Stifters folgen. Eine weitere zahlenmäßig große Gruppe bilden Weihungen an Götter. Entsprechend der Sitte, einer Gottheit aufgrund eines Gelöbnisses ein Geschenk darzubringen, wurden Statuen, Gefäße, Altäre oder auch Bauwerke einzelnen oder mehreren Göttern geweiht. Zur Dokumentation dieses Vorgangs befinden sich solche Inschriften entweder auf den Votivgaben selbst oder auf steinernen Basen zu denselben. Der Text nennt im Allgemeinen die Gottheit im Dativ sowie den Namen des Stifters, manchmal auch den geweihten Gegenstand; nähere Umstände der Weihung werden häufig in Formeln ausgedrückt und daher oft abgekürzt: *v(otum) s(olvit) l(ibens) m(erito)* = „Das Gelöbnis freiwillig und verdientermassen eingelöst hat …" Sofern es sich bei dem geweihten Objekt um eine bauliche Einrichtung wie z.B. einen Tempel handelt, kann die Weihinschrift mit dem nächsten Typus, der Bauinschrift, zusammenfallen. Bauinschriften dokumentieren die Errichtung von Bauten aller Art, also von Tempeln, öffentlichen Gebäuden, Straßen, Brücken, Wasserleitungen und vielem mehr, durch den Namen und Amtstitel des Erbauers und eine verbale

Technik:
Die Arbeit mit
Quellen zur Antike

Wendung, die die Errichtung, das Errichten-Lassen oder die Wiederherstellung zum Ausdruck brachte (z.B. *fecit, faciendum curavit, restauravit*); manchmal erfahren wir auch den Grund der Erbauung sowie Details der Bauausführung und Ausstattung. Die Kaiser nennen zumeist ihre vollständige Titulatur. Zu den Bauinschriften im weiteren Sinn gehören die ‚Meilensteine‘, da diese Texte in vielen Fällen die Anlage oder Wiederherstellung einer Straße dokumentieren. Meist entfällt jedoch die explizite Baunotiz (*fecit* o.ä.): Als Text bleibt die Meilenzahl (am Anfang oder Ende der Inschrift), der Name des ausführenden Magistraten für die Zeit der Republik, dann seit der Kaiserzeit meist der Herrscher mit vollständiger Titulatur im Nominativ, evtl. der Provinzstatthalter als Umsetzer der Maßnahme und zum Schluss der Inschrift der Ort, von dem aus oder bis zu dem die genannte Distanzangabe rechnet. Seit dem 2. Jh. n.Chr. erscheint der Kaiser immer häufiger im Dativ, wodurch die Meilensteininschrift den Charakter einer Weihung annimmt. Die straßenanliegenden Gemeinden bekundeten dadurch ihre Loyalität zum Kaiserhaus; ob allerdings noch konkrete Straßenbaumaßnahmen mit der Steinsetzung verbunden waren, ist nicht sicher. Ein für die Sozial- und Verwaltungsgeschichte besonders wichtiger Typus sind die so genannten Ehreninschriften; sie geben in absteigender oder aufsteigender Abfolge die bekleideten öffentlichen Ämter, also den *cursus honorum*, des Geehrten wieder, meist auf einer Statuenbasis oder einem anderen Ehrenmonument. Denn der Senat, Gemeinden, Klienten oder Personenverbände aller Art erwiesen Angehörigen des Senatoren- oder des Ritterstandes, aber auch den städtischen Eliten gegenüber ihre Ehrerbietung, indem sie ihnen Statuen zumeist auf einem öffentlichen Platz errichteten. Die zugehörige Inschrift dokumentierte die Leistungen und gelegentlich auch den konkreten Anlass der Würdigung. Von anderer Art ist der Typus der Kleininschriften, der im CIL als ‚instrumentum domesticum‘ (wörtlich: Hausrat) bezeichnet wird. Dazu gehören vor allem die Produktionsvermerke auf Ziegeln, Amphoren, Blei-, Eisen- und Silberbarren oder Bronze- und Silbergeschirr; meist werden Hersteller oder Eigentümer in stark abgekürzter Form angeführt. Eine spezielle Form bilden die Wandinschriften, die wir insbesondere aus Pompeji kennen, mit Wahlwerbung, Spiel- und Marktterminen, Familiennachrichten und Kritzeleien aller Art [WEEBER]. Einen wichtigen, jedoch ebenfalls nicht einheitlichen Typus von Inschriften machen die Urkunden des öffentlichen und privaten Lebens aus, die ursprünglich auf vergänglichen Stoffen wie Holztafeln festgehalten wurden, uns heute aber in überwiegender Zahl nur auf dauerhaft haltbarem Material erhalten sind. Dazu zählen vor allem Staatsurkunden wie Staatsverträge, Gesetze oder Senatsbeschlüsse, die in der Mehrzahl auf Bronzetafeln erhalten sind; ferner die so genannten Militärdiplome, die – ebenfalls in Bronze – Abschriften der Bürgerrechts- und *conubium*-Verleihungen entlassener Soldaten sind. An privatrechtlichen Urkunden sind ferner Testamente überliefert. Häufig auf Stein erhalten sind die Beschlüsse von Stadträten, Kalender, Listen der Konsuln (*Fasti*) oder Mitgliederlisten von Kollegien. Auf Holztafeln ist nur wenig an amtlicher und privater Korrespondenz, Quittungen und Verträgen überliefert.

Die zeitliche Festlegung von Inschriften kann nach inhaltlichen oder auch formalen Kriterien erfolgen. Im Text sind die wichtigsten datierenden Elemente die Namen der

Konsuln oder des Kaisers, wobei sich innerhalb der Titulatur das exakte Jahr durch die Zahl der *tribunicia potestas* ermitteln lässt. Selten sind in lateinischen Inschriften Lokal- oder Provinzären. Weitere Hinweise auf die Datierung können die Namensformen der Personennamen oder bestimmte Formeln, aber auch Sprache und Grammatik bieten. Das häufig angewandte formale Kriterium des Schriftbildes (Paläographie) ermöglicht allein keine sichere zeitliche Fixierung, da sich in den Buchstabenformen oft regionale Unterschiede oder schon einzelne Werkstätten ausdrücken können. Zumindest die großen Epochen (Republik, Kaiserzeit, Spätantike) lassen sich anhand der Paläographie zumeist erkennen. Innerhalb abgegrenzter Regionen sind an den Buchstabenformen zeitliche Tendenzen zu ermitteln. Außerdem kann das Material Hinweise zur Datierung liefern.

Anne Kolb

Papyri. In der griechischen und römischen Antike gab es kein Papier. Stattdessen wurde ein anderes Beschreibmaterial benutzt, das aus dem Stengel einer Schilfpflanze, dem Papyrus (Plural: Papyri), hergestellt wurde und das bereits von den Ägyptern verwendet worden ist. Die meisten Reste dieser Art sind in Ägypten selbst gefunden worden, einige weitere auch an anderen Orten des Mittelmeerraums, nämlich in Gebieten, in denen es praktisch nicht regnet und der Boden sandig ist, so dass das pflanzliche Material erhalten blieb. Ein Großteil der Stücke ist heute mehr oder weniger schwer beschädigt. Aufgrund der Fundorte vor allem im östlichen Mittelmeerraum sind zumeist griechische Texte erhalten. Die Dokumente reichen von der beginnenden Ptolemäerzeit (4./3. Jh. v.Chr.) bis weit in die byzantinische Zeit, also über die eigentliche Antike hinaus: Der älteste datierte Papyrus griechischer Sprache ist ein Ehevertrag aus der ägyptischen Stadt Elephantine aus dem Jahr 311 v.Chr.; die letzte bekannte Papyrusurkunde stammt aus dem 11. Jh. n.Chr. [PESTMAN, 4]. Das Fach, das sich mit Entzifferung und Interpretation dieser Schriftstücke befasst, heißt ‚Papyrologie'.

Wie die griechischen und lateinischen Inschriften – und im Gegensatz zur Literatur, die durch mittelalterliche Abschriften überliefert ist – bieten also auch die Papyri Texte, die genau so erhalten sind, wie jemand sie im Altertum geschrieben hat, und zwar sogar in der eigenen Handschrift des antiken Schreibers. Hinzu kommt, dass anders als bei Inschriften diese Texte nicht mit Blick auf ihre Erhaltung für die Nachwelt, sondern für die jeweilige antike Gegenwart oder unmittelbare Zukunft festgehalten wurden. Die Papyrologie führt uns in Form zufälliger, d.h. durch die Überlieferungsbedingungen bestimmter, Ausschnitte in das alltägliche Leben antiker Gemeinschaften.

Die Herstellung des Papyrusblattes, auf dem dann geschrieben werden konnte, war einfach und bereits den Ägyptern bekannt – es gibt daher auch zahlreiche Papyri in hieroglyphischer Schrift. Der Stengel dieser Pflanze wurde geschält und in dünne Streifen geschnitten. Diese wurden in zwei Lagen über Kreuz gelegt, festgeklopft und getrocknet; der Pflanzensaft erfüllte die Funktion des Klebstoffs. Beschrieben wurden Papyri mit Tinte. Das Schreibgerät war zuerst ein Pinsel, später ein Schilfrohr, das vorn angeschnitten war und in Tinte getaucht wurde, der so genannte *kálamos*. Man schrieb damit also wie mit einem Gänsekiel im 19. Jh. Tinte wurde aus Asche (Ruß), Wasser und Gummi hergestellt [PESTMAN, 5]; so hatte sie meist eine schwarz-

Im *tablinum* eines recht bescheidenen pompejanischen Hauses fand man 1868 das **Porträt eines Ehepaares**, das seither die Forschung beschäftigt hat und heute zu den bekanntesten Porträtdarstellungen der Antike gehört. Aufgrund einiger Inschriften geht man heute davon aus, dass es sich um Terentius Neo und seine Frau handelt. Terentius war möglicherweise ein Brotbäcker.

Dass er sich hier als vornehmer Mann und (zusammen mit seiner Frau) als Mitglied einer gebildeten Oberschicht darstellt, lässt sich aus verschiedenen Details des Bildes erkennen: Terentius trägt eine Toga und hält eine Papyrusrolle in Händen, die mit einem roten Wachssiegel versehen ist. Damit ist kein literarisches, sondern ein dokumentarisches Schriftstück dargestellt, das zusammen mit der Toga Terentius zu einem städtischen Würdenträger macht. Seine Frau hält ein Wachstäfelchen in Händen, mit dem man wie mit einem Notizbuch gearbeitet hat. Ihre Haltung des Griffels zeigt sie in einer nachdenklichen Position, was sie als eine gebildete Frau ausweist. Die vornehme Haartracht verstärkt noch den sicher beabsichtigten Eindruck eines vornehmen, gebildeten Paares, das sich damit an die Vorbilder der gebildeten römischen Aristokratie anlehnt [COSTABILE].

Auch wenn die Darstellung wahrscheinlich ein Bild vermittelt, das die dahinterstehende soziale Realität beschönigt, zeigt das Porträt doch den Anspruch und das Ideal von lese- und schreibkundigen, gebildeten Leuten.

Die Frage nach der Schriftlichkeit und der Verbreitung von Schreib- und Lesekenntnisse in der Antike [HARRIS] ist bis heute umstritten. Auch auf den Papyri finden sich nämlich nicht nur Mitglieder der oberen sozialen Schichten als Autoren, sondern auch Bauern, Handwerker, Soldaten, kleine Funktionäre sowie Frauen und Kinder. Einige von ihnen haben schreiben lassen und konnten nachweislich nicht selbst schreiben, so Isidoros aus Karanis im 4. Jh. n.Chr., der ein umfangreiches Dossier von Geschäftsunterlagen hinterlassen hat. Schreibschwierigkeiten, wie ungelenke Handschrift und orthographische Fehler zeigen aber, dass viele Menschen, die keine eigentliche Bildung besaßen, dennoch geschrieben haben. Gerade die privaten Briefe auf Papyrus zeigen, dass man außerdem nicht nur zu besonders wichtigen Anlässen geschrieben hat, sondern auch für kleine und alltägliche Mitteilungen.

Bild: Porträt eines Ehepaares, Fresko, Pompeji, casa VII, 2, 6, Neapel, Museo Archeologico Nazionale 9058.

Literatur: F. COSTABILE, Il ritratto di Terentius Neo con gli instrumenta scriptoria ed alcuni tituli picti Pompeiani, in: Minima epigraphica et papyrologica III, 2000, 3, S. 8–17; W. V. HARRIS, Ancient Literacy, Cambridge/Mass. 1989.

braune Farbe. Durch die Herstellungsweise des Papyrusblattes hat dieses zwei Seiten, eine, auf der die Fasern der Pflanze in Schreibrichtung verlaufen ('Recto'), und die andere, auf der die Fasern von oben nach unten gehen ('Verso'). In der Regel betrachtete man die Recto-Seite als die schönere und beschrieb sie mit dem wesentlichen Text. Allerdings war es nicht unmöglich, auch auf dem Verso zu schreiben. Ähnlich wie das seit der Spätantike benutzte Pergament konnte auch Papyrus abgewaschen und wiederverwendet werden; solche 'Palimpseste' sind aber unter den Papyri selten hergestellt worden [MONTEVECCHI, 21].

Papyrusblätter lassen sich rollen oder falten. Daher eigneten sie sich gut für die antike Buchproduktion. Bücher wurden auf Rollen geschrieben. Dazu klebte man eine Reihe von Papyrusblättern aneinander und beschrieb sie dann spaltenweise mit dem gewünschten Text. In der römischen Kaiserzeit setzte sich aber immer mehr das gebundene Buch durch, dessen Blätter zu Lagen gefaltet wurden und am Buchrücken mit einer Bindung befestigt waren. In der Fachsprache spricht man hier von *codices* (Sing.: *codex*). Vor allem die Christen haben fast nur diese Buchform verwendet. Neben Büchern wurden auch Briefe, Geschäftsdokumente, private und öffentliche Rechnungen, Verträge, Quittungen und vieles mehr auf Papyrus geschrieben. Briefe wurden auf dem Recto beschrieben, gerollt, plattgedrückt, einmal gefaltet, dann auf dem außenliegenden Verso adressiert und mit einem Bindfaden umwickelt. Manchmal sind sie auch versiegelt worden.

Wie eingangs schon erwähnt, bieten Papyri gewöhnlich Texte in griechischer Sprache. Das liegt zunächst daran, dass sich der allergrößte Teil in Ägypten gefunden hat, einer Gegend, in der viele Menschen seit der Zeit Alexanders des Großen Griechisch sprachen, darunter auch viele Juden, die aus Syrien oder Palästina nach Ägypten kamen. Papyrus ist aber in viele andere Provinzen exportiert worden. In Ercolano bei Neapel (antik: Herculaneum) wurden die Reste einer Bibliothek aus verkohlten Papyrusbüchern entdeckt, die beim Ausbruch des Vesuv (79 n.Chr.) verschüttet worden war. Aus einem Garnisonsort in Syrien (Dura Europos) stammen Papyri, die von den dort stationierten Soldaten geschrieben wurden [MONTEVECCHI, 26f.]. Neben den griechischen gibt es auch lateinische Dokumente auf Papyrus, oft Texte, die die römische Verwaltung oder das Militär betreffen, ebenso hebräische, gefunden etwa in Amphoren am Toten Meer. Schließlich kommen noch 'demotische' und 'hieratische' Papyri hinzu; denn die Ägypter verwendeten auch in nachpharaonischer Zeit besondere Schriftarten, um Dokumente in ihrer eigenen Sprache festzuhalten.

Wie die antiken Inschriften stellen auch die Papyri eine Quellengruppe dar, die den Altertumswissenschaften immer wieder neue Texte liefern. Zurzeit sind über 50 000 Papyrustexte publiziert, doch nur von wenigen Sammlungen ist bereits das gesamte Material herausgegeben worden. Das liegt nicht nur an den Schwierigkeiten, die mit der unmittelbaren Erschließung, Entzifferung und Erhaltung zu tun haben, sondern auch daran, dass die Papyrologie eine vergleichsweise junge Wissenschaftsdisziplin ist, in der relativ wenige Forscher arbeiten. So ist auch bei seit längerem bekannten Fundorten die Arbeit noch längst nicht beendet. Obgleich z.B. die ersten Funde in Ercolano auf das Jahr 1752 zurückgehen, ist es erst durch moderne Techniken möglich geworden, etliche stark beschädigte Dokumente lesbar zu machen. Dies geschieht insbeson-

Technik:
Die Arbeit mit
Quellen zur Antike

dere durch neue Foto- und Computertechniken. Auch weniger komplizierte Fälle wie etwa die Papyri aus dem ägyptischen Oxyrhynchos sind noch weit davon entfernt, vollständig publiziert zu sein, zu umfangreich ist das gefundene Material.

Heute besitzen viele große Staats- und Universitätsbibliotheken antike Papyrustexte, darunter Oxford und London, Straßburg, Berlin, Heidelberg, Florenz, Leipzig, Wien und Prag. Diese Situation geht auf die Art zurück, wie diese Bibliotheken Papyri gekauft oder durch die Ausgrabungen direkt erhalten haben. Die Bestände mancher Sammlungen fußen zudem auf dem Wirken eines ‚Papyruskartells' in Straßburg und Berlin zu Anfang des 20. Jh.s, das sich zur Aufgabe gestellt hatte, für eine ‚gerechte' Verteilung zu sorgen. Allerdings wurden bei dieser willkürlichen Verteilung Fundgruppen bisweilen getrennt und auf ganz verschiedene Orte verteilt. So ist es für uns heute wichtig zu wissen, dass der Aufbewahrungsort der Papyri nichts mit deren Inhalt oder ihrer Aussagefähigkeit im historischen Sinne zu tun hat.

Die Veröffentlichung von Texten, die auf Papyri erhalten sind, erfolgt entweder in mehrbändigen Sammelwerken, die jeweils die Papyri aus einem Aufbewahrungsort beinhalten, oder in Zeitschriften. Wegen der großen Leseschwierigkeiten gibt es zudem viele zweite und dritte Publikationen eines Papyrus sowie unzählige Verbesserungen. Um diesem organisatorischen Problem zu begegnen, hat man das „Sammelbuch der griechischen Urkunden" und die „Berichtigungsliste" geschaffen. Im „Sammelbuch" werden alle Texte, die in einzelnen Artikeln oder kleineren Editionen publiziert worden sind, noch einmal abgedruckt. Die „Berichtigungsliste" weist jeden Beitrag zu einem bereits früher publizierten Papyrus nach. Für das Auffinden der einzelnen Editionen und ihre korrekte Zitierung gibt es heute eine „Checklist" [OATES/BAGNALL/WILLIS/WORP], die auch im Internet zugänglich ist (am besten über die link-Listen der Homepage eines papyrologischen Institutes abrufbar). Zunehmend werden Papyri außerdem in Form digitalisierter Fotos im Internet den Forschern verfügbar gemacht. So finden sich die neueren Papyri aus Oxyrhynchos oder die in Heidelberg aufbewahrten Dokumente im Internet (Zugang auch hier über die Homepages der Universitätsinstitute).

▷ S. 488
Vernetztes
Wissen

Papyrustexte werden heute nach verschiedenen Kategorien unterschieden und meist dementsprechend publiziert. Zunächst trennt man hierbei die ‚literarischen' und die ‚dokumentarischen Papyri'. ‚Literarische Papyri' sind Textstücke, die aus einem – bekannten oder unbekannten – antiken Buch stammen, etwa eines Geschichtsschreibers, eines Philosophen oder eines Dichters. So weisen sehr viele Papyri Texte aus den homerischen Epen auf. Obwohl deren Text natürlich längst bekannt ist, sind diese Papyri dennoch von großer Bedeutung, zeigen sie doch, wie häufig diese Werke in der Antike als Buch gelesen wurden. Außerdem bieten sie nicht selten Textabweichungen zu den sonst überlieferten Versionen, mithin wertvolle Hinweise für die Wirkungs- und Textgeschichte. Manche antiken Schriftsteller und Werke sind uns überhaupt erst durch Papyrusfunde bekannt geworden, so die Dichter Bakchylides, Menander oder Kallimachos. Dies gilt auch für die aristotelische Schrift *Über die Verfassung der Athener* und wichtige historiographische Texte, darunter eine Fortsetzung des Thukydides (*Hellenika Oxyrhynchia*).

▷ S. 394/396
Die Rezeption
der Antike

Die ‚dokumentarischen Papyri' umfassen alle Geschäfts-, Privat- und Alltagsdokumente. Man unterscheidet hier meist zwischen Rechnungen, offizieller Korrespondenz, privaten Briefen, Petitionen und anderem mehr [zur Einführung: MITTEIS/WILCKEN; RUPPRECHT]. Diese Dokumente sind meist von nur wenig bekannten oder unbekannten Funktionären und Privatleuten abgefasst worden. In der Mehrheit der Fälle gibt es nur ein Dokument, das mit der Person des Autors und seinem Umfeld zu tun hat. Nur manchmal haben sich mehrere Dokumente gefunden, die alle zu den Unterlagen einer Person oder Familie gehören. In solchen Fällen spricht man von ‚Archiven'. Beispiele dafür sind das Zenon-Archiv aus dem 3. Jh. v.Chr., das Heroninos-Archiv aus dem 3. Jh. n.Chr. und das Isidoros-Archiv aus dem 4. Jh. n.Chr.

Die historische Forschung kümmerte sich bislang traditionellerweise vor allem um die zweite Gruppe, also um die ‚dokumentarischen Papyri'; so befragte sie die Quellen nach Verwaltungsstrukturen, Art und Weise der Steuereintreibung, Wirtschaftsformen und Handelsbeziehungen. Da aber unter den ‚dokumentarischen Papyri' auch Dokumente von Frauen oder sogar Kindern erhalten sind, erweitern sich gerade in jüngerer Zeit die Fragestellungen: Jetzt werden auch Themen wie ‚Rolle der Frau', ‚gesellschaftliche Strukturen' oder ‚antike Familie' zunehmend auf papyrologischer Basis behandelt. Doch obgleich aus den Papyri also sehr viele Informationen über die antike Gesellschaft und ihre Geschichte gewonnen werden können [vgl. z.B. BOWMAN; MODRZEJEWSKI], ist die Relevanz und Einschätzung vieler Ergebnisse bis heute umstritten. Lange ging man davon aus, dass die Papyrologie eigentlich nur Ergebnisse für den Sonderfall ‚Ägypten'

▷ S. 377
Schlüsselbegriffe und Konzepte

Unter den **dokumentarischen Papyri** sind zahlreiche Privatbriefe zu finden. In den meisten Fällen kennen wir heute nicht mehr den Zusammenhang, von dem die Rede ist, und können daher oft die Texte nicht vollständig verstehen. Da wir aber annehmen dürfen, dass der Kommunikationszusammenhang Absender und Adressat bekannt war, wird deutlich, dass solche Texte nur für eine momentane Kommunikation gedacht waren und nicht der Nachwelt überliefert werden sollten.

Der Brief aus dem ägyptischen Oxyrhynchos (3.–4. Jh. n.Chr.) spricht u.a. von einem einäugigen Astrologen sowie von einem Unrecht, das einer gewissen Serenilla angetan wurde.

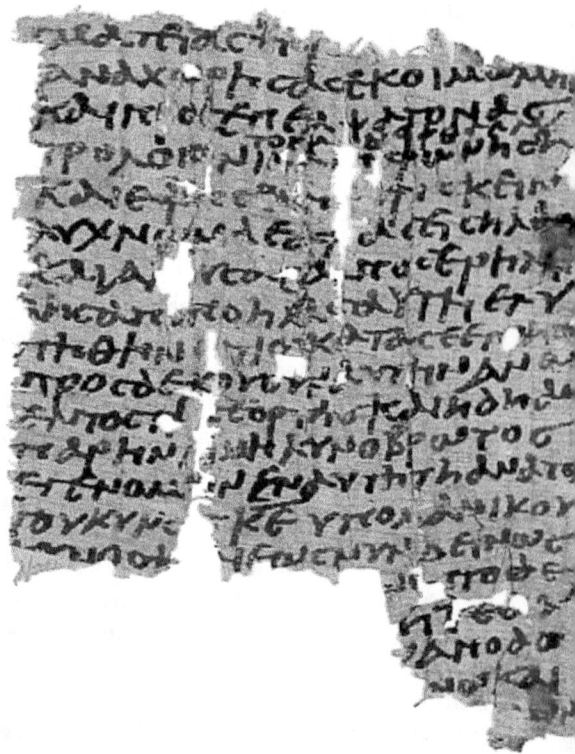

Technik:
Die Arbeit mit
Quellen zur Antike

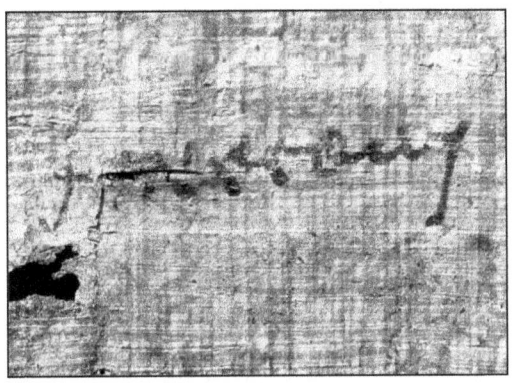

Großes Aufsehen hat im Jahr 2000 ein Papyrus erregt, der eine Verleihung von Privilegien an Publius Canidius beinhaltet. Unter dem eigentlichen Text findet sich der Vermerk: „So sei es." Man hat darin die Abzeichnung durch die berühmte Königin Kleopatra erkennen wollen, die dann allerdings einen Rechtschreibfehler begangen hätte.

Bilder/Literatur: P. Oxy, LXI 4126, Abb., zitiert nach der web-edition der Oxyrhynchos-Papyri; P. VAN MINNEN, An official Act of Cleopatra (with a subscription in her own hand), in: Ancient Society 30, 2000, 29–34, dort auch Bildhinweis im Web.

bieten könne. In jüngerer Zeit änderte sich dieses Bild; jetzt sind immer mehr Spezialisten davon überzeugt, dass viele Ergebnisse – gerade aus der römischen Kaiserzeit – auch über Ägypten hinaus aussagekräftig sind, insbesondere für die Alltags- und Sozialgeschichte im römischen Reich. Auch wenn selbstverständlich die Beurteilung für jede einzelne Frage neu vorzunehmen ist, so zeigen uns die Papyri sicher nicht nur die Sonderstellung Ägyptens, sondern auch, wieviel wir aus anderen Teilen der antiken Welt nicht wissen.

Carsten Drecoll

Münzen. Die wissenschaftliche Aufarbeitung und Interpretation von Münzen ist die Aufgabe der so genannten Numismatik (von griech. *nómisma* bzw. lat. *nummus* = Münze). Die antike Numismatik gliedert sich grob in vier Bereiche: griechische Münzen, reichsrömische Münzen, römische Provinzialprägungen, d.h. Münzen, die von zumeist griechischen Städten unter römischer Herrschaft geprägt wurden, und byzantinische Münzen. Die übrigen Prägungen, z.B. von Persern, Karthagern, Juden, Parthern, werden zuweilen im Rahmen der griechischen Münzen behandelt.

Mit Hilfe der Münzlegenden und -darstellungen lassen sich Erkenntnisse zur Selbstdarstellung der jeweiligen Prägeherren und zur politischen Geschichte überhaupt gewinnen; aus technischen Merkmalen und Fundorten können Informationen zur politischen, sowie zur Wirtschafts- und Sozialgeschichte abgeleitet werden. Insbesondere in Regionen und zu Zeiten, für die andere Zeugnisse fehlen oder nur spärlich sind, bilden Münzen die maßgebliche Grundlage der Forschung. So basiert etwa die Geschichte Baktriens zum guten Teil auf den Münzen der baktrischen Könige, deren Datierung aber immer noch umstritten ist.

Im Unterschied zu den kleinen Nominalen, die verschiedene Zwecke des täglichen Geldbedarfs erfüllten, sind größere Silber- und die meisten Goldprägungen vor allem im Zusammenhang mit Kriegen entstanden und dienten in der Regel zur Bezahlung der Soldaten. Dies gilt auch für Tetradrachmen, Silbermünzen, die in hellenistischer Zeit ein Gewicht von etwa 17 Gramm besaßen.

Wie zumeist auf hellenistischen Münzen dieser Art zeigt die Vorderseite den Herrscher, der die Prägung veranlasst hatte. Hier ist es – im Porträt – Mithradates VI., König von Pontos (120–63 v.Chr.). Zum Zeichen seiner Herrschaftswürde trägt er das Diadem. Rückseiten von Tetradrachmen bieten oft Darstellungen, die sich auf die Legitimation und den Charakter der Herrschaft des Prägeherrn beziehen. Nicht selten bedienen sich die Herrscher dabei griechischer Mythen, so auch Mithradates auf dieser Münze: Dargestellt ist Pegasus, das geflügelte Pferd, das der Gorgo entsprang, als Perseus sie enthauptete. Über Perses, Sohn des Perseus und mythischen Stammvater der Perser, konnte der ‚Perser' Mithradates seine Verwandtschaft mit dem griechischen Heros propagieren. Die Kombination von Mondsichel und Stern wird als Herrschaftszeichen des Königreichs Pontos gedeutet. Die Legende nennt den „König Mithradates Eupator" im Genitiv und bringt damit zum Ausdruck, um wessen Münze es sich handelt.

Im Unterschied zu den meisten antiken Münzen lässt sich diese Tetradrachme des Mithradates ungewöhnlich genau datieren, weil sie nicht nur ein Jahr, sondern auch einen Monat angibt: Im Feld, also im oberen-mittleren (Haupt-)Teil der Rückseite, bestimmen die beiden griechischen Zahlzeichen das Jahr 206 der so genannten ‚pontischen Ära', d.h. der im Königreich Pontos angewandten Jahreszählung; und im Abschnitt, also im untersten Teil der Rückseite, bezeichnet das Theta den 9. Monat des pontischen Jahres; daraus ergibt sich, dass die Münze im Mai 91 v.Chr. geprägt wurde. Mit Hilfe der genauen Datierung der Münzen Mithradates' VI. gelang es, den Zusammenhang zwischen **Münzprägung und Kriegführung** des Königs zu beweisen. Es stellte sich heraus, dass Mithradates die insbesondere zur Bezahlung von Söldnern benötigten Tetradrachmen entweder kurz vor einem Feldzug oder nach erfolgreicher Beendigung prägen ließ. Nach verlorenen Feldzügen und in Friedenszeiten wurden dagegen nur wenige Tetradrachmen hergestellt.

Bild: Tetradrachme des Mithradates VI. (Mai 91 v.Chr.; Ø 32 mm; 16,92 g) Maßstab 2:1; Gorny & Mosch, Gießener Münzhandlung, Auktion 121, 10.3.2003, Nr. 157.

Literatur: F. DE CALLATAŸ, L'histoire des guerres Mithradatiques vue par les monnaies, Louvain-la-Neuve 1997, bes. 11, 389–419; zur Datierung: W. LESCHHORN, Antike Ären, Stuttgart 1993, 86–95.

Technik:
Die Arbeit mit
Quellen zur Antike

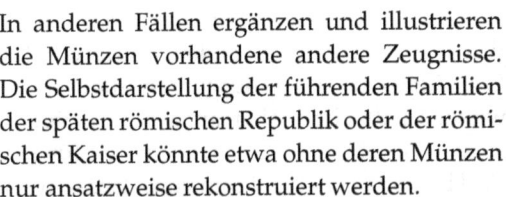

In anderen Fällen ergänzen und illustrieren die Münzen vorhandene andere Zeugnisse. Die Selbstdarstellung der führenden Familien der späten römischen Republik oder der römischen Kaiser könnte etwa ohne deren Münzen nur ansatzweise rekonstruiert werden.

In nachantiker Zeit wurden nachweislich seit dem 14. Jh. antike Münzen gesammelt, bestimmt, datiert, katalogisiert und interpretiert [R.-ALFÖLDI, 6–10]. Die Numismatik zählt damit zu den ältesten altertumswissenschaftlichen Disziplinen. Die heute maßgeblichen Methoden wurden jedoch erst seit dem ausgehenden 19. Jh. entwickelt.

Voraussetzung für jede Arbeit mit antiken Münzen ist deren möglichst genaue Beschreibung, Bestimmung und Datierung. Aufgrund von Legenden und Darstellungen lassen sich Münzen zumeist leicht einzelnen Orten und/oder Personen zuordnen. Hilfreich für die nahezu unüberschaubare Zahl unterschiedlicher Münzen griechischer Poleis ist das Bestimmungsbuch von PLANT. Einige Münzen erhielten bereits in der Antike Bezeichnungen, die sich aus den spezifischen Darstellungen ableiteten. So hießen die Statere (Silbermünzen) Korinths, die auf der Vorderseite Pegasus (ein geflügeltes Pferd) zeigen, ‚Pferdchen', die attischen Tetradrachmen (Silbermünzen von etwa 17,2 g) nach der Darstellung der Rückseite ‚Eulen'. Deutlich schwieriger als die Bestimmung der Prägeorte ist die Datierung der Münzen, da in der Regel Datumsangaben fehlten. Mit verschiedenen Methoden lassen sich aber mehr oder weniger genaue Daten ermitteln. Zunächst muss die relative Chronologie der Prägungen rekonstruiert werden, also die Abfolge der einzelnen Münzen untereinander. Das kann mit Hilfe stilistischer oder ikonographischer Überlegungen zumindest grob gelingen. Besser

Münzen und Medaillons bieten häufig die einzigen oder besten bildlichen **Darstellungen antiker Bauten**, geprägt meist anlässlich einer Einweihung oder Wiedereinweihung nach Restaurierung. Hier zeigt die Rückseite die Kolonnadenfront einer der beiden Langseiten des Circus maximus in Rom. Die andere Langseite wird von einem sechssäuligen Tempel unterbrochen, die beiden Schmalseiten beherrscht je ein mit einer Quadriga bekrönter Bogen. Die aus je drei konischen Gebilden bestehenden Wendemarken (*metae*) begrenzen die ‚Spina' in der Circusmitte, auf ihr stehen der Apparat zum Zählen der Runden, die auf einem Löwen reitende Göttin Kybele, der von Augustus errichtete Obelisk und ein Tempel. Die Legende der Vorderseite nennt den Namen (Imperator Caesar Nerva Traianus Augustus Germanicus Dacicus Vater des Vaterlands) und wichtige Ämter (Inhaber der tribunizischen Amtsgewalt, Konsul) des Kaisers Trajan (98–117), die Rückseite den von Senat und Volk von Rom verliehenen Ehrentitel *optimus princeps* („bester Herrscher"). Aus der Angabe des 5. Konsulats ergibt sich die Datierung in die Jahre 103–111.

Obwohl mit Vorder- und Rückseitenstempel für Sesterzen, also Münzen aus Kupferlegierung im Gewicht von ca. 24–28 Gramm, geprägt, handelt es sich hier nicht um eine Münze, sondern um ein Medaillon. Denn das hohe Gewicht von 104,1 Gramm und der aufwändig profilierte Rand schließen eine Verwendung im Zahlungsverkehr aus.

Bild: Medaillon des Trajan (103–111; Ø 51 mm; 104,1 g), Wien, Kunsthistorisches Museum, MK 32456.

Literatur: H. MATTINGLY/E. A. SYDENHAM, The Roman Imperial Coinage, Bd. II, London 1926, Nr. 571; H. KÜTHMANN/B. OVERBECK/D. STEINHILBER/I. WEBER, Bauten Roms auf Münzen und Medaillen, München 1973, Nr. 70; zur Datierung: D. KIENAST, Römische Kaisertabelle, Darmstadt 2. Aufl. 1996, 122f.

geeignet sind Untersuchungen von Münzhorten. Münzhorte enthalten normalerweise nicht nur eine Sorte von Münzen. Zusammen gefundene Münzen sind in der Regel etwa gleichzeitig benutzt worden und zumeist in zeitlicher Nähe entstanden. Aufgrund der Häufigkeit einzelner Münzen in verschiedenen Horten, die zu unterschiedlichen Zeitpunkten verborgen wurden, konnte beispielsweise Crawford die Münzen der römischen Republik neu datieren [CRAWFORD, 47–70; zur Methode: R.-ALFÖLDI, 57–60]. Neben einer relativen Chronologie gelang ihm auch eine absolute Datierung, d.h. er konnte die relative Abfolge der Prägungen zeitlich verankern [CRAWFORD, 71–75]. Auch hier bieten Hortfunde wichtige Hinweise, da sie häufig Münzen verschiedener Prägeorte bzw. Prägeherren enthalten, von denen sich einige genauer datieren lassen. Allerdings ist die Gefahr von Zirkelschlüssen sehr groß.

Eine aufwändige, aber recht zuverlässige Methode, eine relative Chronologie zu erhalten, ist eine Untersuchung von Stempelkopplungen [R.-ALFÖLDI, 47–49]. Da sich die beiden für die Prägung notwendigen Stempel unterschiedlich schnell abnutzen, es aber unpraktisch wäre, jeweils beide Stempel gleichzeitig auszutauschen, entstehen Überlappungen, so dass etwa ein Vorderseitenstempel nacheinander mit drei Rückseitenstempeln kombiniert wurde, von denen der letzte länger hielt als der Vorderseitenstempel und daher mit einem zweiten Vorderseitenstempel kombiniert wurde usw. Im Idealfall lässt sich so die gesamte Prägung rekonstruieren, zumal sich auch die Abnutzungsspuren der Stempel auf den Münzen bemerkbar machen. Die Untersuchung von Stempelkopplungen ist zeitaufwändig und erfordert eine möglichst exakte Erfassung aller Münzen. Die Basis können neben den Originalmünzen auch Fotos oder Gipsabgüsse bilden. Bereits vor der Erfindung der Fotografie wurden Abgüsse für wissenschaftliche – aber auch für betrügerische – Absichten angefertigt. Einige Münzen sind heute nur noch in Form von Abgüssen erhalten.

Diese Bestimmungsarbeiten sind die Grundlage für die Katalogisierung der antiken Münzen. Dabei sind verschiedene Arten von Katalogen zu unterscheiden: Kataloge von Fundkomplexen, Kataloge einzelner Sammlungen und Kataloge, die möglichst alle Münzen einer Stadt, Region oder eines Zeitraums enthalten. Viele große Sammlungen sind bisher nur ansatzweise oder überhaupt nicht publiziert (etwa Berlin, Paris, Rom, Wien). Am hilfreichsten, aber auch am aufwändigsten sind Kataloge, die möglichst alle Münzen einer Region oder eines Zeitraums enthalten. Nicht alle Zeiten und Regionen sind in dieser Form bisher bearbeitet worden. Folgende Kataloge gelten als Standardkataloge: Für griechische Münzen bietet noch immer der allerdings bereits über 100 Jahre alte Katalog des British Museum [BMC] eine Basis; daneben ist die Reihe der SNG (*Sylloge Numorum Graecorum*) hervorzuheben, in der viele wichtige Sammlungen publiziert wurden (etwa Kopenhagen und die inzwischen aufgelöste Sammlung von Aulock). Die römische Republik ist durch Crawford in vorbildlicher Weise aufgearbeitet worden, der nicht nur einen Katalog, sondern auch umfangreiche Zusatzinformationen bietet [CRAW-FORD]. Die Münzen der römischen Kaiserzeit wurden immer wieder katalogisiert; das *Roman Imperial Coinage* [RIC] ist zwar nicht die neueste Aufarbeitung, aber die vollständigste. Daneben sind der Katalog des British Museum [BMCRE], in den neben den Beständen des Museums auch

Technik:
Die Arbeit mit
Quellen zur Antike

weitere Münzen eingearbeitet wurden und der zum Teil neuer ist als das RIC, und die Kataloge der Reihe MIR (*Moneta Imperii Romani*) hervorzuheben. Die römischen Provinzialprägungen werden seit einigen Jahren in vorbildlicher Weise katalogisiert, allerdings sind von dem auf zehn Bände angelegten RPC (*Roman Provincial Coinage*) erst zwei Bände erschienen. Für die byzantinischen Münzen ist der Katalog der Dumbarton Oaks Collection [DOC] inzwischen maßgeblich.

▷ S. 479f.
Vernetztes Wissen

Da die Fundorte der Münzen für politische, wirtschaftliche und soziale Fragestellungen wichtig sind, ist es sehr bedauerlich, dass entsprechende Informationen für den größten Teil der Museumsbestände, die wiederum die Grundlage für die meisten Kataloge bilden, nicht vorliegen. Abhilfe schaffen hier vor allem zwei Reihen, die sich den Funden griechischer [Coin Hoards] bzw. römischer Münzen [FMRD] widmen. Ein großer Teil der Neufunde gelangt heute in den Münzhandel. Verkaufs- und Auktionskataloge von Münzen sind daher immer mit zu berücksichtigen. Daneben sind auch einige wichtige Sammlungen nur publiziert, weil sie über den Münzhandel verkauft wurden.

Einen guten Überblick über die verschiedenen numismatischen Methoden bieten Göbl und R.-Alföldi [GÖBL; R.-ALFÖLDI]; aktuelle Probleme und Forschungstendenzen sowie eine Kurzdarstellung der gesamten Numismatik von den Anfängen bis zum Beginn der Spätantike finden sich bei Howgego [HOWGEGO].

Im Gegensatz zu den inzwischen sehr guten Datenbanken zu Inschriften und Papyri fehlt eine digitale Datenbank der antiken Münzen. Einige Museen haben zwar ihre Bestände in Datenbanken erfasst, von den großen Sammlungen ist aber nur die der American Numismatic Society (ANS) über das Internet benutzbar (*www.amnumsoc.org/search/*). Am Fitzwilliam Museum in Cambridge versucht man zurzeit ein Internetportal aufzubauen, in dem alle verfügbaren Datenbanken zusammengefasst werden (*www-cm.fitzmuseum.cam.ac.uk/coins/*; siehe „links"). Neuere Auktionen wichtiger Münzhändler finden sich unter *www.coinarchives.com*.

▷ S. 488f.
Vernetztes Wissen

Viele Universitäten besitzen eigene Münzsammlungen und bieten Veranstaltungen zur Numismatik an. Im Gegensatz zu den oft unhandlichen Inschriften und den fragilen Papyri erlauben Münzen daher häufig einen ganz besonders direkten Kontakt zu Primärquellen.

Peter F. Mittag

Literatur

Eingangs und mehrfach zitierte Literatur

R. BERNBECK, Theorien in der Archäologie, Tübingen/Basel 1997.

A. H. BORBEIN / T. HÖLSCHER / P. ZANKER (Hrsg.), Klassische Archäologie. Eine Einführung, Berlin 2000.

H. CANCIK/B. GLADIGOW/K.-H. KOHL (Hrsg.), Handbuch religionswissenschaftlicher Grundbegriffe, 5 Bde., Stuttgart 1988–2001.

Der Neue Pauly. Enzyklopädie der Antike, 12 Bde. + 3 Bde. (Rezeptions- und Wissenschaftsgeschichte) + Registerband, Stuttgart/Weimar 1996–2003.

F. GRAF (Hrsg.), Einleitung in die lateinische Philologie, Stuttgart/Leipzig 1997.

Guide: F. BÉRARD/D. FEISSEL/P. PETITMENGIN/D. ROUSSET/M. SÈVE (Hrsg.), Guide de l'épigraphiste. Bibliographie choisie des épigraphies antiques et médiévales, Paris 3. Aufl. 2000.

T. HÖLSCHER, Klassische Archäologie. Grundwissen, Darmstadt 2002.

F. LANG, Klassische Archäologie. Eine Einführung in Methode, Theorie und Praxis, Tübingen 2002.

D. LIEBS, Römisches Recht. Ein Studienbuch, Göttingen 5. Aufl. 1999.

K. MEISTER, Einführung in die Interpretation historischer Quellen. Schwerpunkt Antike, Bd. 1: Griechenland, Bd. 2: Rom, Paderborn u.a. 1997/1999.

H.-G. NESSELRATH (Hrsg.), Einleitung in die griechische Philologie, Stuttgart/Leipzig 1997.

P. RIEMER/M. WEISSENBERGER/B. ZIMMERMANN, Einführung in das Studium der Latinistik, München 1998.

DIES., Einführung in das Studium der Gräzistik, München 2000.

Literatur zu: Geschichtsschreibung

G. AVENARIUS, Lukians Schrift zur Geschichtsschreibung, Meisenheim/Glan 1956.

H. BECK/U. WALTER (Hrsg.), Die Frühen Römischen Historiker, Bd. 1: Von Fabius Pictor bis Cn. Gellius, Darmstadt 2001.

W. BUCHWALD u.a. (Hrsg.), Tusculum-Lexikon griechischer und lateinischer Autoren des Altertums und des Mittelalters, München/Zürich 3. Aufl. 1982.

W. ECK u.a., Das *Senatus consultum de Cn. Pisone patre*, München 1996.

D. FLACH, Römische Geschichtsschreibung, Darmstadt 2. Aufl. 1998.

H. HOMEYER, Lukian. Wie man Geschichte schreiben soll, München 1965.

F. JACOBY, Die Fragmente der Griechischen Historiker (FGrHist), Leiden 1923ff.

O. LENDLE, Einführung in die griechische Geschichtsschreibung von Hekataios bis Zosimos, Darmstadt 1992.

A. MEHL, Römische Geschichtsschreibung. Grundlagen und Entwicklungen, Stuttgart 2001.

K. MEISTER, Die griechische Geschichtsschreibung. Von den Anfängen bis zum Ende des Hellenismus, Stuttgart/Berlin/Köln 1990.

H. PETER (Hrsg.), Historicorum Romanorum Reliquiae, 2 Bde., Leipzig 2. Aufl. 1914.

O. SCHÜTZE (Hrsg.), Metzler Lexikon antiker Autoren, Stuttgart 1997.

Literatur zu: Übrige literarische Quellen

M. VON ALBRECHT, Geschichte der römischen Literatur, 2 Bde., München 2. Aufl. 1994.

A. DIHLE, Griechische Literaturgeschichte, Darmstadt 2. Aufl. 1991.

DERS., Die griechische und lateinische Literatur der Kaiserzeit, München 1989.

S. DÖPP/W. GEERLINGS (Hrsg.), Lexikon der

antiken christlichen Literatur, Freiburg 3. Aufl. 2002.
R. Herzog (Hrsg.), Restauration und Erneuerung, München 1989.
H. Hunger, Die hochsprachliche profane Literatur der Byzantiner, 2 Bde., München 1978.
B. Meissner, Die technologische Fachliteratur der Antike, Berlin 1999.
Th. Paulsen/P. L. Schmidt, Art. „Literaturbetrieb", in: Der Neue Pauly, Bd. 7, Stuttgart/Weimar 1999, Sp. 317–329.
K. Sallmann (Hrsg.), Die Literatur des Umbruchs, München 1997.
W. Suerbaum (Hrsg.), Die archaische Literatur, München 2002.

Literatur zu: Griechische Inschriften
M. Guarducci, Epigrafia greca, 4 Bde., Rom 1967–1978.
HGIÜ: K. Brodersen/W. Günther/H. H. Schmitt, Historische griechische Inschriften in Übersetzungen, 3 Bde., Darmstadt 1992–1999.
G. Klaffenbach, Griechische Epigraphik, Göttingen 2. Aufl. 1966.
W. Larfeld, Handbuch der griechischen Epigraphik, 3 Bde., Leipzig 1902–1907.
Ders., Griechische Epigraphik, München 3. Aufl. 1914.
W. Peek, Griechische Grabgedichte. Griechisch und deutsch, Berlin 1960.
L. Robert, Die Epigraphik der Klassischen Welt, Bonn 1970.

Literatur zu: Lateinische Inschriften
R. Cagnat, Cours d'épigraphie latine, Paris 4. Aufl. 1914.
I. Calabi Limentani, Epigrafia Latina, Mailand 4. Aufl. 1991.
W. Eck/J. Heinrichs, Sklaven und Freigelassene in der römischen Kaiserzeit, Darmstadt 1993.
H. Freis, Historische Inschriften der Kaiserzeit, Darmstadt 2. Aufl. 1994.
A. E. Gordon, Illustrated Introduction into latin Epigraphy, Berkeley 1983.
ILS: H. Dessau, Inscriptiones Latinae selectae, 3 Bde., Berlin 1892–1916.
E. Meyer, Einführung in die lateinische Epigraphik, Darmstadt 3. Aufl. 1991.
P. Pilhofer, Philippi, 2 Bde., Tübingen 1995–2000.
L. Schumacher, Römische Inschriften, Stuttgart 1988.
G. Walser, Die Einsiedler Inschriftensammlung und der Pilgerführer durch Rom (Codex Einsidlensis 326). Faksimile, Umschrift, Übersetzung und Kommentar, Stuttgart 1987.
Ders., Römische Inschrift-Kunst, Stuttgart 2. Aufl. 1993.
K.-W. Weeber, Decius war hier ... Das Beste aus der Graffiti-Szene, Zürich/Düsseldorf 1996.

Literatur zu: Papyri
A. K. Bowman, Egypt after the Pharaohs 332 BC–AD 642, London 1986.
W. V. Harris, Ancient Literacy, Cambridge/Mass. 1989.
L. Mitteis/U. Wilcken, Grundzüge und Chrestomathie der Papyruskunde, 2 Bde., Leipzig/Berlin 1912.
J. M. Modrzejewski, The Jews of Egypt. From Ramses II to Emperor Hadrian, Princeton 1995.
O. Montevecchi, La Papirologia, Mailand 2. Aufl. 1988.
J. F. Oates/R. S. Bagnall/W. H. Willis/K. A. Worp (Hrsg.), Checklist of Editions of Greek

and Latin Papyri, Ostraca and Tablets, Atlanta 4. Aufl. 1992, 5. Aufl. 2001, web edition Januar 2003.
P. W. Pestman, The New Papyrological Primer, Leiden u.a. 1990.
H.-A. Rupprecht, Kleine Einführung in die Papyruskunde, Darmstadt 1994.

Literatur zu: Münzen
BMC: A Catalogue of the Greek Coins in the British Museum, London 1873ff.
BMCRE: A Catalogue of the Roman Coins in the British Museum, London 1965ff.
Coin Hoards, hrsg. von The Royal Numismatic Society, London 1975ff.
RRC = M. Crawford, Roman Republican Coinage, Cambridge 1974.
DOC: A. R. Bellinger/Ph. Grierson, Catalogue of the Byzantine Coins in the Dumbarton Oaks Collection and in the Whittemore Collection, Washington 1966ff.
FMRD: Die Fundmünzen der römischen Zeit in Deutschland, Berlin 1960ff.
R. Göbl, Antike Numismatik, München 1978.
Ch. Howgego, Geld in der antiken Welt. Was Münzen über Geschichte verraten, Darmstadt 2000.
R. Plant, Greek Coin Types and their Identification, London 1979.
M. R.-Alföldi, Antike Numismatik, Mainz 1978.
RIC: H. Mattingly/E. A. Sydenham, The Roman Imperial Coinage, London 1923ff.
RPC: A. Burnett/M. Amandry/P. P. Ripollès, Roman Provincial Coinage, London/Paris 1992ff.

Vorgehen der Forschung

Einführung. Im ersten und im zweiten Teil des *OGL Antike* stehen die antiken Menschen und ihre Hinterlassenschaften im Vordergrund. Doch was wir über diese wissen oder zu wissen glauben, ist nicht nur dadurch bedingt, was uns an Zeugnissen über ihr Leben übermittelt wurde, sondern auch dadurch, wie wir uns für diese Zeugnisse interessieren. Unser Wissen ist also abhängig von den Fragen, die wir stellen. Doch nicht nur dies: Es ist auch abhängig von den Fragen, die andere bereits gestellt haben, von den Antworten, die jene gefunden haben. Kurzum: Unsere Erkenntnisse sind somit – und dies in mehrfacher Hinsicht – nicht nur objektiv, sondern auch subjektiv bedingt [MITTELSTRASS].

▷ S. 335ff. Erkenntnismöglichkeiten der Alten Geschichte

Um das Vorgehen der Forschung zu verstehen, bedarf es also zunächst des Nachdenkens über die Erkenntnismöglichkeiten und die Erkenntnisgrenzen in der Alten Geschichte. Im Anschluss daran werden drei Konzepte vorgeführt, mit denen althistorische Forschungen Erkenntnisse zu erzielen versuchen. Solche Konzepte haben ihrerseits Traditionen, sind ihrerseits bedingt. Die Dichotomie ‚Macht versus Herrschaft' knüpft an staatsphilosophische Konzepte an, die sich bis in die Antike zurückverfolgen ließen. Klassisch formuliert wurde sie von Max Weber, und die Tatsache, dass sie in mehreren Rückgriffen bis heute immer wieder aktualisiert wurde, zeigt, dass es für bestimmte Wissensbestände lange ‚Halbwertszeiten' gibt. Ungleich jünger sind die beiden anderen Konzepte: Während die Frage nach Gruppenidentitäten seit der Hochzeit des Nationalismus des 19. Jh.s auf der Tagesordnung steht und im Lichte der Globalisierung neue Aktualität gewinnt, stieß das Konzept ‚Geschlecht' überhaupt erst im letzten Drittel des 20.

▷ S. 353ff. Schlüsselbegriffe und Konzepte

▷ S. 362ff. Schlüsselbegriffe und Konzepte

▷ S. 376ff. Schlüsselbegriffe und Konzepte

Jh.s auf nennenswerte Resonanz. Beide Konzepte zeigen, dass die erkenntnisleitenden Fragestellungen der Wissenschaftlerinnen und Wissenschaftler nicht ‚vom Himmel fallen', sondern von der jeweiligen Sozialisation abhängen. Daher ist – im Gegensatz zu den Quellenbeständen, wo kumulativ gearbeitet wird – bei den Wissensbeständen eine selektive Komponente enthalten. Anders formuliert: Es ist eine große Forschungsaufgabe, alle uns bekannten Inschriften des antiken Rom zusammenzustellen, eine solche Sammlung enthält immens viele Informationen. Doch erst wenn erkenntnisleitende Fragestellungen auf diese Sammlung bezogen werden, entsteht aus den Informationen Wissen. Wie unterschiedlich die Forschung hierbei vorgehen muss, zeigen exemplarisch zwei Arbeiten, die auf die Auswertung stadtrömischer Inschriften zielten: Während das Leben von Sklavinnen und Freigelassenen in Rom nicht zuletzt auf der Basis statistischer Aussagen untersucht werden kann [GÜNTHER], macht dies für die Frage nach der senatorischen Selbstdarstellung wenig Sinn [NIQUET]. Das Vorgehen der Forschung beschränkt sich also nicht nur auf die Fragestellung und das Erkenntnisinteresse, sondern determiniert auch die konkreten Arbeitsmethoden, mit denen diese Fragestellungen verfolgt werden. Hinweise hierauf haben Bernhard Linke, Hans-Joachim Gehrke und Thomas Späth in ihren Beiträgen eingearbeitet.

▷ S. 314 Technik: Die Arbeit mit den Quellen zur Antike

Wie schon angedeutet, haben die Fragestellungen, die wir heute an die Antike richten, zum Teil ihrerseits eine lange Tradition. In dieser Hinsicht gehören sie zur ‚Rezeption der Antike', der das abschließende Kapitel dieses dritten Teils des *OGL Antike* gewidmet ist. Dessen Umfang mag zunächst im Vergleich zu anderen Teilen überraschend

▷ S. 391ff. Die Rezeption der Antike

groß erscheinen, doch er ist sachlich begründet: Denn Rezeptionsgeschichte ist inzwischen fast eine eigene Disziplin geworden; wie sehr sie in den letzten Jahrzehnten an Aufmerksamkeit hinzugewonnen hat, macht ja schon der Blick auf das neue große Gemeinschaftsunternehmen der Altertumswissenschaft, den *Neuen Pauly*, deutlich, worin der ‚Rezeptions- und Wissenschaftsgeschichte' als einzigem Bereich eine eigene Abteilung zugewiesen wurde [LANDFESTER; vgl. auch COBET/GETHMANN/LAU].

▷ S. 103ff.
Technik:
Zu den Quellen der Antike!

▷ S. 291ff.
Technik:
Die Arbeit mit Quellen zur Antike

▷ S. 437ff.
Technik:
Die Darstellung der Arbeit mit den Quellen

Im Technikkapitel bringt Rosmarie Günther zum Abschluss, was die beiden ersten Abschnitte dieser Art vorbereitet haben: Nach der Erkundung der Antike vor Ort und der Erschließung der Zeugnisse der antiken Welt geht es im Studium an die Darstellung des erarbeiteten Wissens. Die angemessene Präsentation von Wissen – und nicht nur von Informationen – will gleichfalls erlernt und eingeübt sein; erst ein Studium, das diesen Bereich ebenfalls umfasst, ist ein vollständiges und im Ergebnis ergiebiges und fruchtbares Studium.

J. MITTELSTRASS, Art. „Erkenntnistheorie", in: DERS. (Hrsg.), Enzyklopädie Philosophie und Wissenschaftstheorie, Bd. 1, Stuttgart/Weimar 1995, 576–578.

H. NIQUET, Monumenta virtutum titulique. Senatorische Selbstdarstellung im spätantiken Rom im Spiegel der epigraphischen Denkmäler, Stuttgart 2000.

Literatur

J. COBET/C. F. GETHMANN/D. LAU (Hrsg.), Europa. Die Gegenwärtigkeit der antiken Überlieferung, Aachen 2000.

R. GÜNTHER, Frauenarbeit, Frauenbindung. Untersuchungen zu unfreien und freigelassenen Frauen in den stadtrömischen Inschriften, München 1987.

M. LANDFESTER (Hrsg.), Der Neue Pauly. Enzyklopädie der Antike, Bd. 13–15/3: Rezeptions- und Wissenschaftsgeschichte, Stuttgart/Weimar 1999–2003.

Vorgehen der Forschung

Erkenntnismöglichkeiten in der Alten Geschichte

Formen der Erkenntnis
Vergangenheit und Gegenwart. „Der Eintritt in die Ehe mußte bei der großen Jugend der Frauen in der Regel ein jäher Übergang aus unbedingter Abhängigkeit in unbeschränkte Freiheit sein, eine plötzliche unermeßliche Erweiterung des Lebenshorizonts: Denn daß die Mädchen überall, wo man auf gute Sitte hielt, in ziemlich strenger Abgeschlossenheit gehalten wurden, darf man schon nach der Analogie der gegenwärtigen Mädchenerziehung in den südlichen Ländern voraussetzen [...] In der Tat traten wohl die Töchter edler Häuser aus der Kinderstube unmittelbar in die Ehe [...] Beinahe eben noch in den engsten Raum gebannt, sehen sie sich nun mit einem Schlage in eine weite, glanzerfüllte, farbenprangende Welt versetzt. Von den Genüssen und Zerstreuungen, die diese neue Welt in Überfülle und unaufhörlichem Wechsel bot, waren sie durch Sitte und Herkommen ebensowenig ausgeschlossen, wie vor ihren unzähligen Versuchungen und Gefahren geschützt" [FRIEDLAENDER 1, 275f.].

Ludwig Friedlaender spricht hier davon, dass die römische Frau mit dem Erreichen der Pubertät verheiratet wurde. Dem steht das so genannte europäische Heiratsmuster gegenüber, das u.a. durch ein spätes Heiratsalter gekennzeichnet ist. Friedlaender erwähnt das nicht und fragt auch nicht danach, warum der römischen Frau eine ‚Jugend' – d.h. eine Zeit zwischen der Geschlechtsreife und der Heirat – verweigert wurde. Wegen der mangelnden historischen Situierung von Phänomenen kann man viele Sittengeschichten dem Genos der ‚antiquarischen' Forschung zuordnen. Aber auch sie wollten der Gegenwart etwas vermitteln: in unserem Falle nicht nur über Analogien, sondern auch über das unüberhörbare moralische Pathos.

Es ist ein Kennzeichen historischer Forschung, dass sich die Interessen derer, die sich mit der Vergangenheit beschäftigen, mit Fragen durchdringen, die sich anscheinend aus den geschichtlichen Verhältnissen selber ‚ergeben'. Sobald es darum geht, solche Verhältnisse nicht nur zu beschreiben, sondern sie in ihren historischen Zusammenhängen zu verstehen, kommt die ganze vorangegangene Forschung, kommen Setzungen der Forschenden, deren Erfahrungen, schließlich auch praktische Probleme, in die sie eingebunden sind, ins Spiel. Auch wenn wir Geschichte nicht als *epídosis eis hautó*, als „Zuwachs zu sich selbst", verstehen [DROYSEN, 9f.], auch wenn wir mit der Ethnohistorie die Differenz zwischen Vergangenheit und Gegenwart betonen, stehen wir auf dem Boden der Vergangenheit. In diesem Sinn ist jede historische Frage auch eine Gegenwartsfrage. Das ist nicht nur unvermeidlich, sondern auch für jede neue Zeit ein neues Movens für historische Forschung.

Man kann sich das an einem heute aktuellen Forschungsthema besonders klarmachen. Seit der Mitte des 20. Jh.s breiteten sich in den USA und Europa feministische Bewegungen aus. Es handelte sich um politische Bewegungen, die auch die Vergangenheit für ihre Ziele einsetzen wollten. Dass es sich dabei um unterschiedliche Vergangenheiten mit unterschiedlichen Geschlechterkonstellationen handelte, trat zurück gegenüber der für die politischen Zielsetzungen wichtigen und paradigmatisch von Simone de Beauvoir vertretenen These, die Frauen seien immer der unterdrückte Teil der Menschheit gewesen [DE BEAUVOIR]. Aus diesen Ansätzen entstand in einer zweiten Stufe die ‚historische Frauenforschung', deren Ziel es war, die Situation der Frauen in den Gesellschaften der Vergangenheit genauer zu untersuchen. Schließlich wurde realisiert, dass auch die Männer ein Geschlecht haben, und so entwickelte sich das Konzept der ‚Geschlechtergeschichte'. In diesem Rahmen haben sich heute ganz neue Forschungsfelder herausgebildet, die z.B. das Verhältnis zwischen biologischer und sozialer Deutung der Geschlechter betreffen und ihrerseits auch wieder in historische Fragen münden [HABERMAS].

▷ S. 376ff.
Schlüsselbegriffe und Konzepte

Die Beziehung zwischen Gegenwart und Vergangenheit ist also äußerst vielschichtig. Ohne die feministische Bewegung hätte es wahrscheinlich keine historische Frauen- und Geschlechterforschung gegeben. Zwar haben wir gelernt, historische Konstellationen immer differenzierter zu betrachten. Dennoch bleibt der Stachel der Gegenwart, der sich nicht zuletzt in ganz unterschiedlichen Analyseformen manifestiert: Neben psychologischen Studien stehen soziologische, neben literaturwissenschaftlichen und linguistischen wissenschaftsgeschichtliche (z.B. medizinhistorische), neben religionsgeschichtlichen kulturhistorische. Es mangelt aber immer noch an umfassenden, theoretisch orientierten und vergleichenden Studien.

Griechische und römische Geschichte.

Ein Feld des Vergleichs bieten die griechische und die römische Kultur. Der Begriff ‚Kultur' wird hier verstanden als ein Ensemble von Verhaltens- und Vorstellungsweisen, die miteinander in einem Zusammenhang stehen können. Dass man auf diese Weise Kulturen voneinander abgrenzt, ist angesichts der Globalisierung der modernen Welt nicht mehr selbstverständlich. Und es hat auch in der Antike Einflüsse des Orients auf die griechische Kultur, eine Hellenisierung des Orients im Zuge des Alexanderreichs und seiner Nach-

folgereiche, schließlich eine Durchdringung griechischer und römischer Kultur im Rahmen des Römischen Reichs gegeben, so dass einige Forscher von einer mediterranen *koiné* im Sinne einer gemeinsamen Kultur des Mittelmeerraumes sprechen. Dennoch wird hier an der Rede von unterschiedlichen Kulturen im Rahmen der griechisch-römischen Antike festgehalten. Die Berechtigung dazu müssen u.a. die Ausführungen in diesem Band erweisen; sie kann aber auch daraus gewonnen werden, dass wir Griechenland und Rom mit jeweils charakteristischen Leistungen verbinden: Griechenland z.B. mit den Epen Homers, der Tragödie und der bildenden Kunst, mit den Anfängen europäischer Philosophie und Wissenschaft, mit der Demokratie; Rom mit der *familia*, sozialen Normen, der Rechtswissenschaft, den Objektivationen im Bereich der politischen Organisation, dem römischen Reich. Entsprechend ist auch die Geschichte der Rezeption griechischer und lateinischer Literatur in verschiedenen Phasen der europäischen Geschichte völlig unterschiedlich verlaufen. So ist im (west-)europäischen Mittelalter Homer – der als unmoralisch betrachtet wurde – gegenüber Vergil fast ganz zurückgetreten; erst seit der Renaissance wurde das klassische Griechenland bedeutsam; die Französische Revolution wiederum bezog sich auf Sparta und Rom; und die Liste ließe sich noch verlängern.

▷ S. 53ff.
Die Hellenisierung der Mittelmeerwelt
▷ S. 71ff.
Die Mittelmeerwelt im Imperium Romanum

▷ S. 263ff./ 284ff.
Die antiken Menschen über sich
▷ S. 162ff.
Die antiken Menschen in ihren Nahbeziehungen
▷ S. 391ff.
Die Rezeption der Antike

Wie immer man die Unterschiede zwischen Griechenland und Rom definiert: Der Vergleich zwischen beiden Kulturen kann deshalb besonders fruchtbar sein, weil ein breites Feld von Gemeinsamkeiten – z.B. in den Formen der Wirtschaft, im Umgang mit der Natur, in Status-Vorstellungen – besteht, das Ver-

Vorgehen der Forschung
Erkenntnis-
möglichkeiten
in der
Alten Geschichte

Forschungsstimme

„**Historische Vergleiche** tendieren dazu, sich auf wenige – oft nur zwei – Vergleichsfälle zu beschränken. Meist sind sie auf mittlerer Abstraktionsebene angesiedelt und folgen der Regel: so viel Abstraktion wie nötig, so viel Konkretion und Kontextbezug wie möglich. Sie legen meist auf das Kontrastieren mehr Wert als auf das Generalisieren und sind stärker an den Unterschieden als an den Gemeinsamkeiten der Vergleichsobjekte interessiert. [...]

Womit – mit wem – soll verglichen werden? Es heißt, man dürfe nicht Äpfel mit Birnen vergleichen. Gemeint ist damit, daß man nicht Unvergleichbares vergleichen soll. Die Vergleichbarkeit zweier oder mehrerer Gegenstände wird aber primär durch die Fragestellung begründet. In bezug auf diese müssen die Vergleichsobjekte ein Minimum an Gemeinsamkeit aufweisen, um vergleichbar zu sein, und das heißt immer auch: im Hinblick auf ihre Unterschiede untersuchbar zu sein. Äpfel und Birnen darf man nicht vergleichen, wenn man die Vorzüge und Nachteile verschiedener Apfelsorten gewichten will. Man darf und sollte dagegen Äpfel und Birnen vergleichen, wenn man Obst untersucht. Klar werden muß man sich vor oder zu Beginn des Vergleichs, *in welcher Hinsicht* man vergleichen will, ob diese Hinsicht unter der Fragestellung, die man verfolgt, relevant ist und ob die Auswahl der Vergleichspartner in der gewählten Hinsicht zu rechtfertigen ist. [...]

Häufig ist es nötig, ‚zeitversetzt' zu vergleichen. Auch in dieser Hinsicht hängt die Wahl der Vergleichsgegenstände von der Fragestellung und gewissen systematischen Vorüberlegungen ab. Wer zum Beispiel im deutsch-englischen Vergleich der Geschichte der Gewerkschaften nachgehen und dabei dem Zusammenhang zwischen Industrialisierung und Arbeiterbewegung besondere Aufmerksamkeit schenken will, der wird, besonders wenn er die Entstehungsphase der Gewerkschaften bearbeitet, bei der Wahl der Untersuchungszeiträume die unterschiedliche Chronologie der englischen und der deutschen Industrialisierung in Rechnung stellen und ‚zeitversetzt' vergleichen. [...]"

Literatur: H.-G. HAUPT/J. KOCKA, Historischer Vergleich: Methoden, Aufgaben, Probleme. Eine Einleitung, in: DIES. (Hrsg.), Geschichte und Vergleich, Frankfurt/M./New York 1996, Zitate: 23–25.

gleiche nicht nur in kontrastivem Sinn, sondern auch in analytischer Absicht möglich macht [HAUPT/KOCKA; KAELBLE].

Kultur- und Sozialgeschichte. In der Geschichtswissenschaft besteht seit etwa zwanzig Jahren ein Streit darüber, ob der Sozial- oder der Kulturgeschichte ein Vorrang in der historischen Forschung gebühre [MERGEL/WELSKOPP; WEHLER]. Der Streit scheint weitgehend unnötig zu sein. So schreibt einer der Protagonisten, auf den sich kulturgeschichtliche Ansätze berufen, Clifford Geertz: „Die Formen der Gesellschaft sind das Wesen der Kultur". Er erläutert diesen Satz mit der Aussage, „dass sich mit der Umformung der sozialen Beziehungsmuster auch die Koordinaten der erfahrenen Welt verschieben" [GEERTZ, 41].

In diesen Feststellungen meint ‚Kultur' im Unterschied zum eben erläuterten Begriff den deutenden Umgang mit den Formen der Gesellschaft und der Natur, also Wahrnehmung, Interpretation, Reflexion. An die so verstandene Kultur kommt man nicht nur über hochkulturelle Texte – z.B. philosophische Abhandlungen – heran, sondern auch und gerade über die Untersuchung gesellschaftlicher Alltagspraktiken [vgl. z.B. BETTINI].

Es besteht also kein Gegensatz zwischen Gesellschafts- und Kulturgeschichte. Man kann seine Fragen eher auf die Gesellschaft oder eher auf die Kultur ausrichten und entsprechend dann stärker quantifizierende oder interpretierende Methoden anwenden. Aber beide Zugangsweisen bleiben aufeinander bezogen, sind für die Interpretation menschlichen Handelns unabdingbar. Zwischen beiden bestehen Beziehungs- und Bedingungsverhältnisse, die nicht nur in eine Richtung verlaufen.

Für die Antike ergeben sich hier freilich deutliche Grenzen der Erkenntnis. Vieles von dem, was in der Geschichte der Neuzeit als Quellen für die Erforschung von Alltagspraktiken dient, steht für die Antike nicht zur Verfügung. Wir haben zwar Gerichtsreden, aber keine Prozessakten; es fehlt etwas den Kirchenbüchern Vergleichbares, ebenso fehlen Rechnungs- und Haushaltsbücher oder Urbare – nur einige wenige Kataster sind erhalten –, weitgehend auch Autobiographien oder Erinnerungen; viele Aussagemöglichkeiten sind auf die Führungsschichten beschränkt. Auch aussagekräftige Statistiken lassen sich kaum erstellen. Aufgrund von Grabinschriften kann man einige Erkenntnisse zur Lebenserwartung gewinnen, aber schon demographische Aussagen – etwa zu einem Bevölkerungsrückgang – sind äußerst umstritten. Andererseits haben die ‚Sittengeschichten' und Forschungen gerade der letzten Jahrzehnte gezeigt, wie viele Erkenntnisse zu kulturellen Praktiken dennoch möglich sind, wenn man erstens danach sucht und die Quellen neu liest und zweitens Methoden des Vergleichs einsetzt. Beides geschieht z.B. im Rahmen der historischen Anthropologie.

Historische Anthropologie. In Deutschland etablierte sich eine Richtung der ‚historischen Anthropologie', der es in Anlehnung an das von Clifford Geertz erstmals 1973 formulierte Programm der ‚dichten Beschreibung' darum ging, Alltagsgeschichte zu betreiben, und dies vor allem so, dass z.B. soziale Beziehungen und Handlungen im Rahmen kleiner Orte möglichst umfassend beschrieben und gedeutet wurden. Es ging um die Geschichte ‚kleiner Leute', um abweichendes Verhalten und insgesamt darum, überkommene Muster der Beschäftigung mit der Vergangenheit zu durchbrechen, anerkannte Vorstellungen von ‚Tradition' in Frage zu stellen, die eigene Vergangenheit im Sinne ethnologischer Forschung als etwas Fremdes zu sehen. Verbunden war diese Forschungsrichtung mit einem Misstrauen gegen umfassende Theorien, gegen die Vorstellung, historisches Geschehen ließe sich durch die Konstruktion von ‚Strukturen und Prozessen' erfassen [GEERTZ; LÜDTKE].

So berechtigt diese Einsprüche gegen eine sich als ‚historische Sozialwissenschaft' verstehende Historie sind, sie mündeten forschungspraktisch häufig in einer Sackgasse, da Ergebnisse einzelner Studien einfach nebeneinander standen, nicht mehr aufeinander bezogen werden konnten. Ferner wird nicht mehr erkennbar, warum sich solche Forschungen als ‚historische Anthropologie' ausgeben. In der deutschen Wissenschaftsgeschichte bezieht sich ‚Anthropologie' – etwa in der Philosophie und der Biologie – auf Forschungen, die den Menschen betreffen. In der angloamerikanischen Sozial- und Kulturanthropologie stand hinter ethnologischen und urgeschichtlichen Forschungen ebenfalls das Bestreben, grundlegende Phänomene und Bedingungen menschlichen Lebens zu erkennen; besonders ausgeprägt war dies in der ‚strukturalen Anthropologie' eines Claude Levi-Strauss [LEVI-STRAUSS].

Wenn der Begriff ‚historische Anthropologie' nicht beliebig sein soll, muss auch er an die genannten Voraussetzungen anknüpfen. Im Unterschied zu systematischen Anthropologien – z.B. der philosophischen – kann eine historische Anthropologie freilich nicht von menschlichen Konstanten ausgehen. Wir nehmen allenthalben Veränderungen wahr, weil Menschen mit scheinbaren Konstanten, also etwa mit Geburt und Tod, Lebensalterstufen,

Vorgehen der Forschung
Erkenntnis-
möglichkeiten
in der
Alten Geschichte

Krankheit, dem Geschlechterdimorphismus kulturell jeweils anders umgehen. Eine Vergleichsebene kann nur dann hergestellt werden, wenn man immer wiederkehrende Herausforderungen – dazu gehören neben den o.g. biologischen Phänomenen z.B. auch das Zusammenleben von Gruppen, die Abgrenzung von Fremden, Grenzen menschlicher Möglichkeiten (etwa im Umgang mit der Natur), Macht und Prestige – und die Antworten darauf miteinander vergleicht. In einen solchen Vergleich müssen die spezifischen Bedingungen der ‚Formulierung' eines Problems wie auch die Antworten darauf mit eingehen. Erst dann wird es möglich, Phänomene und deren Kontext auch in zeitlich und strukturell verschiedenen Kulturen miteinander zu vergleichen. Das setzt freilich begriffliche und in diesem Sinne auch theoretische Arbeit voraus.

Historische Anthropologie unterscheidet sich von anderen Formen historischer Forschung dadurch, dass ihre Gegenstände kulturell (nicht national oder ethnisch) bestimmt werden; sie ist mit einer vergleichenden Kulturgeschichte dann identisch, wenn diese tendenziell auf allgemeine Aussagen zielt und nicht auf hochkulturelle Äußerungen beschränkt wird [WUNDER; MARTIN 1994; VAN DÜLMEN].

Anwendungsbereiche
Gesellschaftliche Integration. Es gibt in der Antike – im Rahmen der Stadt – mindestens drei Grundmodelle gesellschaftlicher Integration: Sparta hat seit dem 7. Jh. v.Chr. eine Form entwickelt, für die bestimmend war, dass männliche Kinder und Jugendliche bis zum Alter von 18 Jahren in Erziehungsgruppen zusammengefasst waren, deren Ziel körperliche Ertüchtigung und Abhärtung, das Erlernen von List und Durchsetzungsfähigkeit und Gehorsam war – Ziele, die in dauernder Konkurrenz der verschiedenen Gruppen untereinander angegangen wurden. Erwachsene Männer lebten in männerbündischen Gemeinschaften zusammen. Das Alter hatte absoluten Vorrang vor der Jugend, die Familie als Lebensgemeinschaft existierte nicht. Frauen kam insofern eine wichtige Funktion zu, als sie nicht nur den Haushalt verwalteten, sondern auch dafür verantwortlich waren, dass die nötigen Subsistenzmittel sowohl für das Leben im Haus als auch für die Mahlgemeinschaften der Männer beschafft wurden. Das System gründete darauf, dass die zum Lebensunterhalt nötige landwirtschaftliche Arbeit von den einzelnen Haushalten zugeordneten Heloten verrichtet wurde; Handwerk und Handel lagen bei freien Nicht-Spartiaten, die in Periökengemeinden lebten [FINLEY; SCHMITZ].

In Athen wurde seit dem 6. Jh. v.Chr. eine *politische Form* gesellschaftlicher Integration geschaffen. Sie beruhte auf der politischen Beteiligung aller erwachsenen männlichen Bürger, einer Beteiligung, die im 5. Jh. zur Demokratie ausgebaut wurde: Alle Athener hatten in den Volksversammlungen gleiches Stimmrecht und konnten für den Rat der 500, für die Volksgerichte und die meisten Magistraturen ausgelost werden. Angesichts der weiter bestehenden ökonomischen, sozialen und bildungsmäßigen Unterschiede konnte das nur funktionieren, wenn die Häuser – und mit ihnen die Frauen, welche die Häuser repräsentierten – aus der Politik ausgeschaltet wurden. So waren z.B. öffentliche Begräbnisreden beim Tod eines Familienmitglieds verboten. Diese politische Integration der attischen Gesellschaft blieb immer prekär und bedurfte deshalb nicht nur einer besonders scharfen Abgren-

▷ S. 159f.
Die antiken Menschen in ihren Nahbeziehungen

▷ S. 29f.
Die Mittelmeerwelt vom 6. bis 4. Jahrhundert

▷ S. 185f.
Die antiken Menschen in ihren Gemeinschaften

339

Vorgehen der Forschung
Erkenntnis-
möglichkeiten
in der
Alten Geschichte

zung nach außen – das Bürgerrecht wurde nur selten an Fremde verliehen – und der integrativen Wirkung von Kriegen, sondern auch vieler symbolischer Formen der Darstellung: Beispiele dafür sind die öffentlichen Leichenbegängnisse für diejenigen, die in einem Kriegsjahr gefallen waren; die Konstruktion einer autochthonen Geschichte; die vielen Feste, in denen die Athener miteinander und sich selber feierten. Auch hier war Voraussetzung für das Funktionieren des Systems die Arbeit von Sklaven, denn die Demokratie absorbierte die Arbeitskraft vieler freier Athener [BLEICKEN 1994; COHEN].

In Rom sicherten im Unterschied zu griechischen Städten soziale Bindungs- und Beziehungsverhältnisse den gesellschaftlichen Zusammenhalt. Durch die *familia* und die *patria potestas* wurden Jugendliche diszipliniert. Kognatische Verwandtschaftsgruppen, die über Heiraten zustandekamen – Rom hatte bis um 220 v.Chr. die ausgedehntesten Heiratsverbote der antiken Welt, so dass bei einer Heirat gar nicht oder entfernt Verwandte zusammengeschlossen wurden –, bildeten ein Ferment der Gesellschaft [BETTINI]. Wie die *familia* war auch die ganze Gesellschaft hierarchisch strukturiert: Die Hausväter der führenden Familien waren zugleich Patrone größerer Kreise von Klienten; sie vertraten diese vor Gericht, während die Klienten ihrerseits in den Volksversammlungen im Sinne ihrer Patrone abstimmten. Die Gehorsamsbereitschaft des Volkes wurde dadurch erreicht, dass die Senatoren ganz auf politisch-militärische Tätigkeit ausgerichtet waren, auf jeden Wettkampf außerhalb der Politik verzichteten und sich strikten Rollenzwängen unterwarfen. Der Zusammenhalt der Führungsschicht wurde abgestützt u.a. durch viele Veto-Möglichkei-

▷ S. 162ff.
Die antiken Menschen in ihren Nahbeziehungen

▷ S. 174ff.
Die antiken Menschen in ihren Nahbeziehungen

ten im politischen System, durch die Sittenaufsicht der Zensoren, durch politische Freundschaften und einen ausgedehnten Gabentausch innerhalb der Aristokratie. Insgesamt bildeten die adligen Häuser und die sozialen Beziehungsverhältnisse die Grundlage des politischen Systems, das in seinen Handlungskapazitäten nach innen sehr begrenzt war [BLEICKEN 1972; MEIER 1997; FLAIG; MARTIN 2002].

Die Ausgangsbedingungen für Sparta und Athen sind vergleichbar; die wichtigsten sind das Fehlen starker und konstanter gesellschaftlicher Bindungs- und Beziehungsverhältnisse. Unterschiedlich ist, dass sich in Athen im 7. Jh. v.Chr. die Schuldknechtschaft entwickelte und seit dem Ende dieses Jahrhunderts Auseinandersetzungen unter Adligen um die Tyrannis den Zusammenhalt der Stadt zu sprengen drohten. In Sparta wurden die Bewohner Lakoniens schon früh zu Heloten, d.h. in einen der Sklaverei ähnlichen Status herabgedrückt; ob freilich die wirtschaftlichen Erträge der Helotenarbeit schon damals allen Spartiaten zugute kamen, wissen wir nicht. Jedenfalls standen die Spartiaten einer unterjochten Bevölkerung gegenüber, die im 7. Jh. v.Chr. noch durch die Unterwerfung der Bevölkerung Messeniens erweitert wurde. Ein für Sparta lebensbedrohender Aufstand der Messenier scheint dann auch der Ausgangspunkt für die Institutionalisierung des spartanischen Kosmos gewesen zu sein. Zwar hat Athen mit Sparta die Zurückdrängung der Häuser gemein; die Gesellschaft wurde in Athen neu formiert, indem Solon die Schuldknechtschaft aufhob und einen Bürgerverband erst eigentlich konzipierte; aber neue gesellschaftliche Untergliederungen wie die Kinder- und Jugendgruppen und die Männerbünde wurden nicht geschaffen. Man setzte

Vorgehen der Forschung
Erkenntnis-
möglichkeiten
in der
Alten Geschichte

ganz auf politische Lösungen. Ob das an anderen gesellschaftlichen Voraussetzungen als in Sparta lag oder daran, dass in Athen die tödliche äußere Bedrohung fehlte, lässt sich nicht ausmachen.

Ebenso wissen wir nicht, wie das spezifische römische Familien-, Verwandtschafts- und Klientelsystem entstanden ist. Wir können zwar die Herausbildung des Gentilnamens – ein Spezifikum Roms – zeitlich zwischen dem 8. und 6. Jh. v.Chr. ansetzen. Was diese Entwicklung angestoßen hat, ist unklar. Denkbar wäre etwa, dass schon früh strikte Formen von Privateigentum entstanden sind und/oder dass ein agnatisches patrilineares Verwandtschaftssystem größere Handlungskapazitäten ermöglichte – weil die Autoritätsverhältnisse klarer sind als in einem kognatischen System. So bleiben die historischen Bedingungen für die unterschiedlichen Formen gesellschaftlicher Integration weitgehend im Dunkel. Deutlich ist nur der Zusammenhang dieser Formen mit den jeweiligen politischen Systemen – und mit Formen der Wahrnehmung von Wirklichkeit, von denen nun gesprochen werden soll.

Wahrnehmung der Wirklichkeit. Ethnologen studieren solche Formen an alltäglichen Situationen. Viele solcher Situationen – z.B. ein Einkauf, eine Begegnung zwischen zwei Menschen, ein Gespräch – sind Althistorikerinnen und Althistorikern mangels Quellen verschlossen. Aber es gibt Ereignisse, die auch wir im Hinblick auf Vorstellungen von der Wirklichkeit untersuchen können: z.B. den Ablauf einer Hochzeit und ihrer Riten, die Entscheidungsfindung in einer Volksversammlung, die Begegnung zwischen Volk und Honoratioren bei Spielen und Festen [vgl. z.B. MARQUARDT].

Neben solchen Analysen kommt man an den Umgang mit der Wirklichkeit auch auf einer abstrakteren Ebene heran. Eine liegt z.B. in der Erforschung von religiösen Vorstellungen. Die olympischen Götter Griechenlands sind ausgeprägte Individualitäten, ihre Namen lassen sich nicht übersetzen [BURKERT]. Sie sind zuständig für bestimmte Bereiche der Welt, handeln aber nicht einheitlich, sondern häufig gegeneinander. Das hatte auf der einen Seite für die Griechen den Vorteil, dass ihnen nicht eine kompakte göttliche Welt gegenüberstand, was sich positiv auf die Vorstellungen von Handlungsmöglichkeiten auswirkte [BLUMENBERG]; auf der anderen Seite war es schwierig, die natürliche und soziale Welt als Einheit zu begreifen; die Wirklichkeit wurde als eine von Gegensätzen geprägte wahrgenommen [FRÄNKEL]. Die Protagonisten des Handelns konnten sich in dieser Welt nicht selbst verorten: Man war dem (willkürlichen) Handeln einzelner Götter schutzlos ausgeliefert, konnte vom höchsten Glück ins tiefste Unglück stürzen, begriff sich als ‚Tagwesen', dessen Gegenwart weder aus der Vergangenheit zu verstehen noch sinnvoll auf Zukunft hin zu beziehen war. Erst die entstehende Philosophie und der neue Handlungsrahmen der Polis boten hier Alternativen.

Rom übernahm zwar die griechischen Götter und deren Zuständigkeitsbereiche, nicht aber die Geschichten von Göttern; diese waren keine Individualitäten, konnten nicht gegeneinander handeln, waren bezogen auf die Einheit der Gesellschaft und der *res publica*. Sie übten Rollen aus, wie auch jeder Einzelne in Rom in Rollenerwartungen eingebunden war: der Hausvater ebenso wie Ehemann und Ehefrau, die kognatischen Verwandten, der Patron und der Klient, der Vormund, der Magistrat, der z.B. die ‚Rolle der Republik' (*persona*

▷ S. 237ff.
Die antiken Menschen und ihre Götter

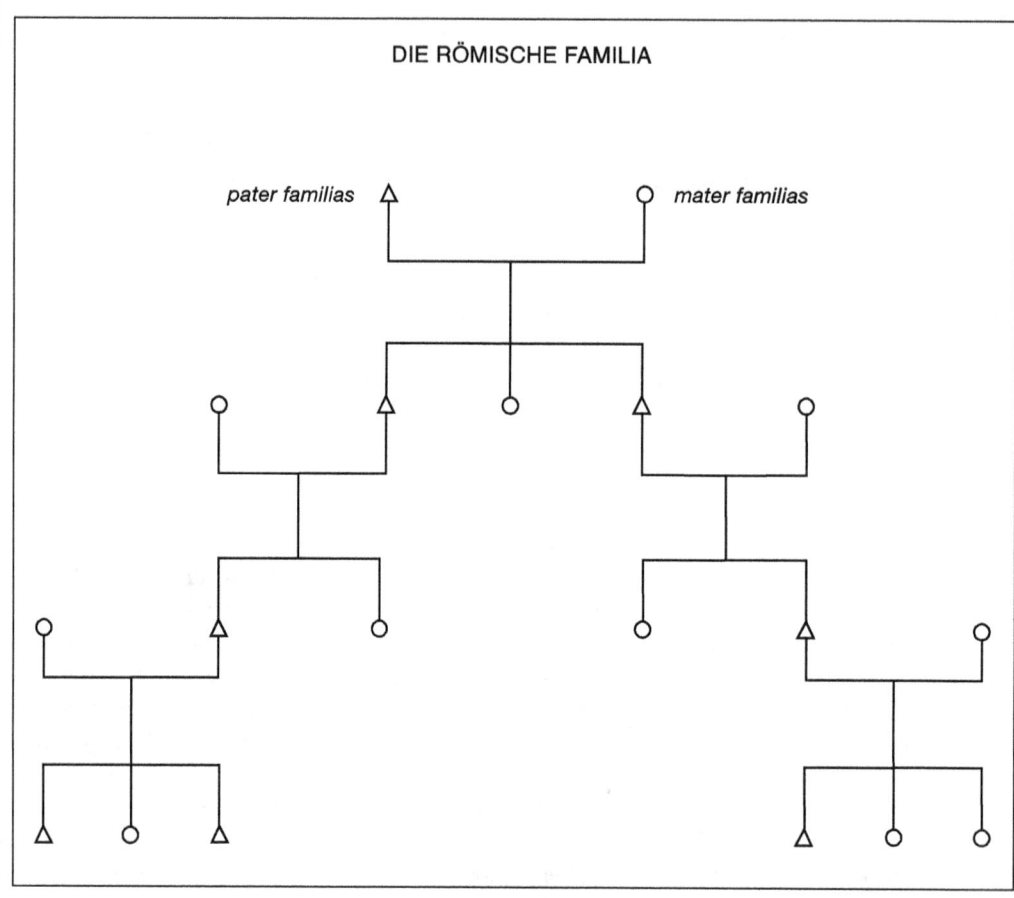

Die römische **familia** umfasst alle, die unter der Gewalt (*patria potestas*) eines Hausvaters (*pater familias*) stehen. Dazu gehören in jedem Fall alle Söhne, Enkel und Urenkel eines Hausvaters, solange dieser lebt. Die Ehefrauen des Hausvaters, der Söhne und Enkel sind nur dann Mitglieder dieser *familia*, wenn sie bei der Heirat aus ihrer Herkunftsfamilie ausgetreten und in die *familia* ihres Mannes eingetreten sind (so genannte *manus*-Ehe; sie ist im Schema vorausgesetzt). Töchter, Enkelinnen und Urenkelinnen gehören nur dann zur *familia*, wenn sie entweder unverheiratet oder bei einer Heirat nicht in die *familia* ihrer Männer eingetreten sind. Wir haben es hier mit einem strikt patrilinearen System zu tun, d.h. die Weiterführung einer *familia* ist nur über Männer möglich. Kinder gehören grundsätzlich zur *familia* des Mannes. – Würde man das Schema in männlicher Linie nach oben und nach den Seiten ausdehnen, also die toten Vorfahren und die von ihnen abstammenden Seitenverwandten mit berücksichtigen, entstünde eine *gens* (‚Geschlecht'), die alle diejenigen umfasst, die sich auf einen gemeinsamen Ahnen zurückführen.

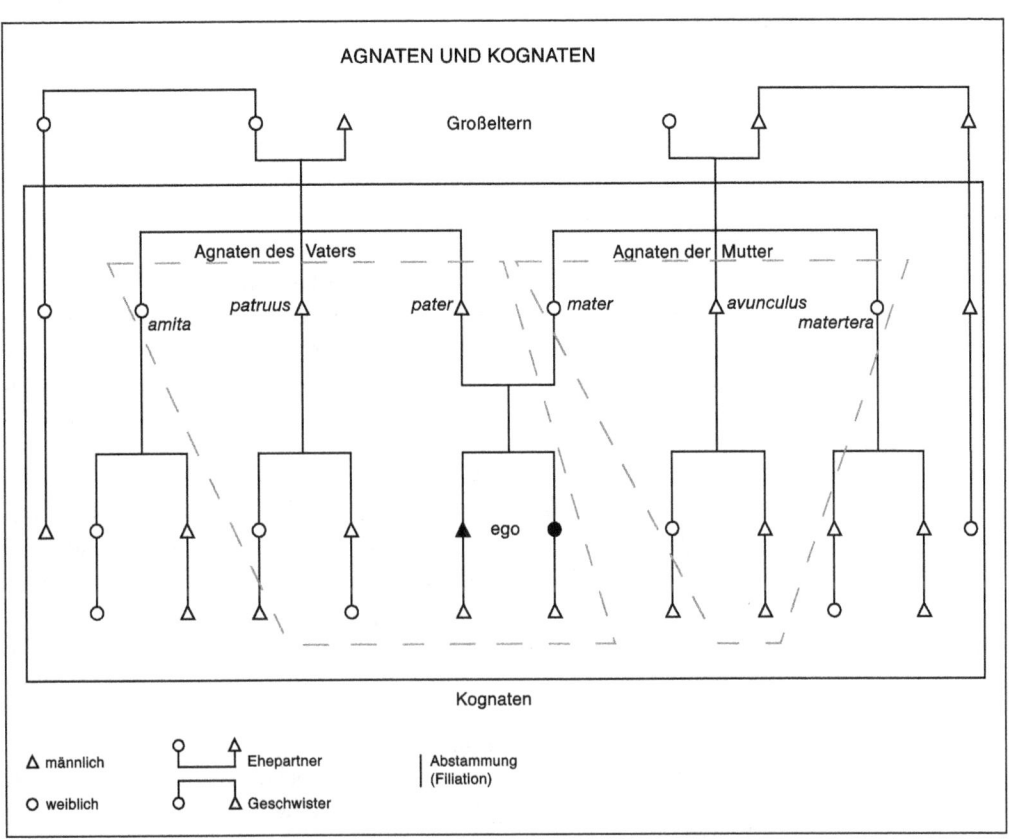

Das Schema ist so zu lesen, dass die oberste dargestellte Generation schon verstorben ist. Die Agnaten sind diejenigen, die unter der Gewalt eines *pater familias* stünden, wenn dieser noch lebte. Agnaten sind also die unmittelbaren Nachkommen dieses *pater familias* und deren *familiae*. Bei den Frauen in diesem Schema wird gesetzt, dass sie keine *manus*-Ehen eingegangen sind; sie gehören also zu den Agnatenverbänden ihrer Herkunftsfamilie. Ihre Nachkommen sind aber unabhängig von der Eheform Mitglieder der *familiae* und damit auch der Agnatenverbände ihrer Männer. – Den Kreis der Kognaten bilden alle Blutsverwandten väterlicher- und mütterlicherseits, und zwar auch in weiblicher Linie. Die über die Großeltern von *ego* vermittelte Blutsverwandtschaft (Nachkommen der Geschwister der Großeltern väterlicher- und mütterlicherseits) ist im Schema nur durch ein Großelternteil auf der mütterlichen und väterlichen Seite angedeutet; die Zahl der Kognaten vermehrt sich also erheblich, wenn man jeweils beide Großelternteile berücksichtigt und die Zahl der Nachkommen auf allen Ebenen erhöht. – Innerhalb des kognatischen Verwandtschaftskreises bis zum 6. Grad der Verwandtschaft – er ist im Schema dargestellt – durfte bis um 220 v.Chr. nicht geheiratet werden. Die Bedeutung dieses Kreises wird u.a. auch daran erkennbar, dass eine Frau, die einen männlichen kognatischen Verwandten an einem Tag zum ersten Mal sieht, ihn küssen muss; dieser Verwandtenkuss wird noch von Ambrosius als *sollemne* und *religiosissimum sacramentum* bezeichnet (*epistula* 1, 60 [90], 7). Vaterbruder und -schwester (*patruus, amita*) nehmen an den Disziplinierungsfunktionen des Vaters gegenüber ihren Nichten und Neffen teil, während Mutterbruder und -schwester (*avunculus, matertera*) sie immer unterstützen müssen. Am 22. Februar wird das Fest der *cara cognatio* gefeiert, an dem die kognatischen Verwandten gemeinsam speisen und dabei Streitigkeiten untereinander beilegen sollen.

Literatur: M. Bettini, Familie und Verwandtschaft im antiken Rom, Frankfurt/M./New York 1992.

rei publicae) übernahm. Generell lässt sich der Begriff *persona* in republikanischen Texten oft mit ‚Rolle' übersetzen [FUHRMANN]. Das ist wiederum die Basis dafür, dass es in Rom zu Objektivierungen von Rollen – z.B. der Magistratur – und von Verhaltenserwartungen, in deren Zentrum die *disciplina* (‚Zucht') und die *continentia* (‚Selbstbeherrschung') standen, schließlich auch zu Objektivierungen des Rechts kommen konnte.

Ähnliche Unterschiede zwischen römischer und griechischer Wahrnehmung der Welt lassen sich auch im Hinblick auf die Bedeutung geschichtlicher Traditionen konstatieren. Man kann sagen, dass für die Römer die Wahrnehmung der Wirklichkeit geschichtlich vermittelt war. Die Vergangenheit als Ensemble der Institutionen, welche die Vorfahren geschaffen hatten, als die *mores maiorum*, deren Vorbildcharakter in *exempla* gegossen wurde, als *consuetudo*, durch welche die Spielregeln im gesellschaftlich-politischen Handeln festgelegt waren, diese Vergangenheit bildete den Maßstab für das Leben in der jeweiligen Gegenwart [BLEICKEN 1975]. Neuerungen waren zwar möglich, mussten aber gleichsam geschichtlich anschlussfähig sein. Und dies nicht im Sinne eines Rückgriffs auf eine ferne Vergangenheit, wie es etwa Tiberius Gracchus mit seiner Interpretation des Volkstribunats versuchte, sondern im Sinne eines Kontinuums, in dem geschichtliche Prozesse nicht einfach nach rückwärts übersprungen werden durften; das geschah erst in der Kaiserzeit und in der Spätantike, weil für das adlige Selbstverständnis die Republik immer ein zentraler Bezugspunkt blieb. Die diesen Vorstellungen entsprechende Form der Geschichtsschreibung war die Annalistik, welche die Vergangenheit Jahr für Jahr darstellte.

▷ S. 164ff.
Die antiken Menschen in ihren Nahbeziehungen

▷ S. 279ff.
Die antiken Menschen über sich

▷ S. 291ff.
Technik: Die Arbeit mit Quellen zur Antike

Immer wieder wird versucht, die griechischen Mythen, also die Erzählungen von Taten der Götter und Heroen, als Analogon zu den römischen Vorstellungen von Geschichte zu begreifen. Aber die Unterschiede sind offensichtlich: die Götter haben keine Geschichte; in die mythischen Erzählungen können implizite Zeitstrukturen eingehen, aber insgesamt spielt die historische Situierung keine Rolle; der Rückbezug auf Mythen kann deshalb auch nicht im Sinne eines zeitlichen Kontinuums geschehen, sondern ist situativ unterdeterminiert, anders ausgedrückt: die Bezugnahme auf den Mythos lässt der jeweiligen Gegenwart alle Freiheit und führt auch häufig dazu, dass Mythen umgeschrieben werden. Die Zeit zwischen der Gegenwart und den unbestimmt in einer fernen Vorzeit lokalisierten Mythen ist unwichtig. Positiv gewendet: Die Griechen haben die von Nietzsche herausgestellten ‚Nachteile' der Historie für das Leben selbstbewusst vermieden; sie haben sich den Anforderungen der jeweiligen Gegenwart in einer extremen Form ausgesetzt, ohne den Schutzschild von festen Traditionen [GRAF]. Nicht zuletzt darin liegt eine der Bedingungen für das, was die Griechen auf intellektuellem und künstlerischem Gebiet hervorgebracht haben.

Öffentlich/privat. Das Begriffspaar ist in unserem Sprachgebrauch geprägt durch Konzepte des 19. Jh.s [HAUSEN]. Dennoch wird es oft kritiklos auf frühere Gesellschaften übertragen, wovon nicht zuletzt die *Geschichte des privaten Lebens* zeugt [ARIÈS/DUBY]. Die Römer kannten die Unterscheidung zwischen *publicus* und *privatus*. Der *privatus* war ein Mann ohne Amt, die *res privatae* sind das Privateigentum, die *fortuna privata* ist das Schicksal, das einen Einzelnen trifft. Insgesamt zielt

Vorgehen der Forschung
Erkenntnis-
möglichkeiten
in der
Alten Geschichte

die Begrifflichkeit auf eine Unterscheidung zwischen Menschen und Dingen, die der *res publica*, und solchen, die ihr nicht zuzuordnen sind. Im Griechischen können *idiotikós* und *dēmósios* (= auf einen Einzelnen, auch: auf seine Besonderheiten, bzw. auf das Volk, auf das Gemeinsame bezogen) eine ähnliche Entgegensetzung bedeuten. Unter inhaltlichen Gesichtspunkten führt aber die terminologische Gleichsetzung von ‚öffentlich/privat' und dem lateinischen *publicus/privatus* in die Irre. Denn ein römischer Senator z.B. war auch als *privatus*, d.h. ohne Amt, nie ‚privat'. Sein Haus war ein politisches Kommunikationszentrum, in dem Klienten und Freunde zum Morgenempfang erschienen und politische Entscheidungen vorbereitet wurden. Sein Leben vollzog sich unter den Augen aller, und zwar nicht nur sein Leben als Politiker, sondern auch das familiäre Leben, das Verhältnis zu seiner Frau, zu seinen Kindern, der Gebrauch des Eigentums, insbesondere der für Spiele, Speisungen, Schenkungen; ob er nun als Ehemann, als Hausvater, als Onkel mütterlicher- oder väterlicherseits, als Vormund oder als Patron agierte, immer übte er Rollen aus, die mit festgelegten Verhaltenserwartungen verbunden waren. Und die Einhaltung dieser Erwartungen wurde sogar von Amtsträgern, nämlich den Zensoren, kontrolliert. Die Einfügung in diese Rollen war der Preis der Herrschaft.

Im demokratischen Athen gab es zwar auch einen traditionalen Adel, der als solcher freilich nicht, wie die römische Senatorenschicht, Herrschaft ausübte, aber durch Reichtum, Bildung und soziales Ansehen hervorgehoben war. Um angesichts solcher Unterschiede die Demokratie durchsetzen zu können, musste der Raum dessen, was von allgemeinem Interesse war, sehr weit ausgedehnt werden.

Mittel dazu waren in der attischen Demokratie u.a. eine Gesetzgebung, die sehr viel stärker in Belange des Hauses eingriff als in Rom, ferner die ‚Popularklage': Sie umfasste Materien, bei denen jeder klagen konnte, nicht nur die unmittelbar Betroffenen. Viele dieser Materien würden nach heutigen Unterscheidungen dem Privatrecht zugeordnet werden, z.B. Erbschaftsangelegenheiten einschließlich der Heirat von Erbtöchtern. Alle diese Mittel dienten neben anderen – wie z.B. der Einschränkung des demonstrativen Konsums bei Begräbnissen und Hochzeiten – dazu, die Häuser zu kontrollieren und ihnen (und den Frauen) jeden Einfluss auf die Politik zu nehmen.

▷ S. 146
Die antiken Menschen in ihren Nahbeziehungen

Das tertium comparationis für Athen und Rom liegt in dem Problem, wie angesichts scharfer sozialer Unterschiede, die traditionell auch mit Machtausübung durch reiche Adlige verbunden waren, eine politische Organisation durchgesetzt werden konnte, an der auch die Nichtadligen Anteil hatten bzw. die auch von Nichtadligen akzeptiert wurde. Das Problem ist durchaus analog dem, das im 19. Jh. mit dem Aufstieg des Bürgertums entstand. Auch hier kam es zur Konstitution einer neuen Öffentlichkeit, die zwar auch Gesetzgebung und staatliche Kontrolle einschloss, stärker aber noch in öffentlichen Medien zum Ausdruck kam. Der Raum der Häuser und der Frauen wurde als privater definiert und aus dem öffentlichen Bereich ausgegrenzt.

Der Gewinn von Handlungsmöglichkeiten: die Stadt. Obwohl es in anderen Regionen der Welt Städte schon vor den griechisch-römischen gegeben hat, zeichneten sich diese dadurch aus, dass in ihnen neue Formen politischer Betätigung und Organisation gefunden wurden. Die Stadt als Siedlung bildete

▷ S. 181f.
Die antiken Menschen in ihren Gemeinschaften

den Kern einer Region, deren Umfang in den Anfängen gar nicht genau bestimmbar war. Erst mit dem Fortschreiten der Besiedlung bildeten sich Grenzen von Regionen heraus, die auf einen Zentralort bezogen waren. Diese Gebiete konnten sehr klein sein: Die bei weitem größten in Griechenland waren Lakedämon (Sparta) mit ca. 8050 km² und Attika mit ca. 2500 km²; Rom hatte um 500 v.Chr. ca. 800 km².

Wir lernen die Städte zunächst kennen als Wohnorte von Königen und des Adels, d.h. reicher und mächtiger Herren. Wirtschaftliche Zentralortfunktionen werden darin fassbar, dass man in der Stadt Waren tauschen konnte und sich ein Handwerk auszubilden begann. Daneben wurde die Stadt zum Ort der Selbstdarstellung des Adels, seines geselligen Lebens und seiner Wettkämpfe.

Der entscheidende Entwicklungsschub sowohl für die griechischen Städte als auch für Rom war nun, dass die Bauern des die Stadt umgebenden Gebiets vollberechtigte Bürger wurden, d.h. Stadt und Umland eine politische Gemeinschaft bildeten. Dieser Prozess vollzog sich in Griechenland im 7. und 6. Jh., in Rom wird er mit der Einrichtung der nach Zenturien gegliederten Volksversammlung verbunden (6. Jh.?). Der Grund lag in beiden Fällen wahrscheinlich in militärischen Anforderungen und darin – das gilt insbesondere für Griechenland –, dass anders die Integration der Stadt angesichts der Machtkämpfe des Adels nicht gesichert werden konnte. Im Unterschied zum Mittelalter zerfiel also das Land nicht in unterschiedliche Herrschafts- und Gerichtsbereiche, sondern war einheitlich auf den Zentralort hin orientiert. Diese Orientierung wurde in Athen am weitesten vorangetrieben: Zwar waren alle politischen Vollzüge in der Stadt konzentriert, aber das Umland erhielt am politischen Leben Anteil dadurch, dass alle erwachsenen männlichen Bürger an der Volksversammlung teilnehmen konnten, und dadurch, dass für den Rat der 500, die Ämter und die Richtertätigkeit die Kandidaten entsprechend den Regionen und Wohneinheiten Attikas ausgelost wurden. Letzteres war in Rom nicht der Fall; dafür waren die Bauern in ein umfassendes System von Patronatsverhältnissen (Klientel) eingegliedert.

▷ S. 185f.
Die antiken Menschen in ihren Gemeinschaften

▷ S. 174ff.
Die antiken Menschen in ihren Nahbeziehungen

Es entstand also in der Antike die sich selbst verwaltende, nach außen autonome Stadt, die mit ihren Bürgersoldaten auch zu erheblichen militärischen Leistungen und sogar zur Reichsbildung fähig war. In den großen Reichen der Antike seit dem 4. Jh. v.Chr. verloren die Städte zwar ihre Autonomie nach außen, blieben aber nach innen weitgehend autonom und eine Voraussetzung dafür, dass die Reiche überhaupt regiert und verwaltet werden konnten. Sie übten in wirtschaftlicher, politischer und kultureller Hinsicht Zentralortfunktionen für das Umland aus, konnten eigene Gesetze in der Rechtsprechung anwenden, pflegten ihre eigenen Traditionen und Kulte, konnten eigene (Bronze-)Münzen prägen. Die sozialen Binnenbeziehungen waren von einer Art Gabentausch geprägt: An der Spitze der Städte stand ein Honoratiorenregime, gebildet aus einem städtischen Rat und wenigen Beamten. Diese Honoratioren kamen nicht nur für die Kosten des Amtes auf, sondern erbrachten mannigfache Liturgien, d.h. zunächst großenteils freiwillige Leistungen, die von Gesandtschaften über Bauten bis hin zur Veranstaltung von Spielen, Festen, Speisungen und zum Unterhalt öffentlicher Einrichtungen wie Gymnasien oder Bädern reichten. Sie wurden dafür von den Stadtbewohnern geehrt: durch

▷ S. 77
Die Mittelmeerwelt im Imperium Romanum

▷ S. 200
Die antiken Menschen in ihren Gemeinschaften

Vorgehen der Forschung
Erkenntnis-
möglichkeiten
in der
Alten Geschichte

Statuen und Inschriften, durch die Wahl zu öffentlichen Ämtern. Darüber hinaus entwickelte sich in der Kaiserzeit ein Austausch zwischen diesen städtischen Führungsschichten und dem Reich insofern, als sie die Rekrutierungsbasis für die Reichsaristokratie bildeten. Städte waren also nicht nur die Träger der antiken Kultur, sie waren auch die Nervenzentren des Römischen Reichs [MEIER 1994; VITTINGHOFF].

Die Antike und Europa
Modelle für Europa? Im Rahmen der oben dargestellten städtischen Selbstverwaltung innerhalb des Römischen Reiches fand während der Kaiserzeit ein Assimilationsprozess derart statt, dass Provinziale sogar römische Kaiser werden konnten; am Beginn des 3. Jh.s erhielten alle freien Reichsbewohner das Bürgerrecht (*constitutio Antoniniana*). Das Reich blieb zwar ein Herrschaftsverband unter dem Kaiser; im Hinblick auf das Verhältnis zwischen Römern und Nicht-Römern wandelte es sich aber zu einem Ordnungsverband, in den in der Spätantike auch germanische Stämme einbezogen wurden. Die politischen Handlungskompetenzen des Reiches blieben eng begrenzt; sie betrafen im Wesentlichen den Schutz nach außen, partiell die innere Ordnung und die Steuererhebung. Obwohl in der Spätantike durch eine massive Intensivierung der Bürokratie und durch das Mehrkaisertum die Handlungskompetenzen erhöht werden sollten, wurde dieses Ziel nicht erreicht. Es bildeten sich immer stärkere partikulare Gewalten aus, die germanischen Stämme entwickelten sich zu selbstständigen politischen Einheiten auf Reichsgebiet. Der politische Reichsverband wandelte sich dadurch zu einer durch das Kaisertum repräsentierten Ordnungsidee, die später durch den Gedanken der *translatio imperii* in das ‚Heilige Römische Reich Deutscher Nation' übertragen werden konnte und in dieser Form, wenn auch vielfach durch die sich seit dem Spätmittelalter ausbildenden Flächenstaaten ausgehöhlt, bis 1803/1806 bestand. Dann erst wurde es endgültig von den Nationalstaaten abgelöst.

▷ S. 72
Die Mittelmeerwelt im Imperium Romanum

▷ S. 92ff.
Die Verwandlung der Mittelmeerwelt in der Spätantike

Im Hinblick auf Europa können diese Verhältnisse in zweierlei Hinsicht Anregungen für das Nachdenken bieten [MARTIN 1995; GIRARDET]. Im Römischen Reich wurde zweifellos ein hohes Maß an Integration für ein riesiges Gebiet erreicht. Dafür waren zwei Voraussetzungen maßgebend: Erstens war den Römern – und auch den anderen Völkern der Antike – die Vorstellung einer ‚Nation' unbekannt. Cicero definierte die *res publica* als *res populi* und den *populus* als eine durch den *consensus iuris* und die *communio utilitatis* zusammengehaltene Gemeinschaft (Cicero, *De re publica* 1, 39). Diese Formel, die ein Analogon zum modernen Verfassungspatriotismus darstellt, erlaubte die Integration von Fremden, wenn sie sich den römischen Gemeinschaftsvorstellungen unterwarfen. Das römische Wir-Gefühl war also offen nach außen, es ließ neben der Identität des Römerseins auch andere Identitäten – z.B. die von griechischen Städten – zu. Zweitens ist für das Römische Reich, wie oben ausgeführt, der Verzicht auf intensive Herrschaftsformen kennzeichnend, damit aber auch die Begrenztheit von Handlungskompetenzen.

Heute stehen wir nicht nur vor der Schwierigkeit, dass sich Nationen ausgebildet haben, deren Zusammengehörigkeit auf vielen Ebenen betont wird. Schwerer wiegt, dass der Nationalstaat die Bedingung für eine ganze Reihe von Leistungen war, etwa im sozialen

Bereich, im Bildungswesen, in der Entwicklung von demokratischen Ordnungen oder in der Wirtschaftspolitik. Je mehr diese Aufgabenbereiche auf ein Großgebilde übertragen werden, desto intensiver müssen die Handlungskompetenzen, muss auch eine entsprechende Bürokratie ausgebaut werden. Die Entwicklung ist bereits im Gange und auch die Kritik daran ist unüberhörbar: Können die genannten Leistungen von einer Großorganisation weitergeführt werden? Bleibt dabei die Demokratie auf der Strecke? Und besteht nicht die Gefahr, dass – wie im Römischen Reich – gegenüber zu starker Konzentration neue Partikularismen entstehen, etwa in der Wirtschaft?

Die Rolle des Christentums. Hier soll nicht primär davon die Rede sein, wie sehr wir es dem Christentum verdanken, dass viele kulturelle Hervorbringungen der Antike nicht verloren gegangen sind. Insofern ist z.B. die Arbeit vieler Mönche eine Bedingung dafür, dass wir uns heute überhaupt mit der Antike beschäftigen, nach der Bedeutung antiker Traditionen für Europa fragen können.

Es gibt aber eine Grundtatsache des westlichen Christentums, die bis heute wichtig geblieben ist: Auf der Basis westlicher politisch-rechtlicher Traditionen, an die sich das westliche Christentum anschloss, wurde es möglich, dass die Kirche einen eigenen Status gegenüber der politischen Gewalt gewann, der in der Entstehung des Papsttums gipfelte. Wie immer man zu dieser Institution steht, in der Geschichte wurde sie zu einer Gegeninstanz zu Partikularismen aller Art: Vor allem aber wurde sie – in Byzanz verlief die Entwicklung ganz anders – zum Pol eines Spannungsverhältnisses, dessen anderer Pol die weltlichen Gewalten bildeten.

▷ S. 419ff.
Die Rezeption der Antike

Dieses Spannungsverhältnis drückt der europäischen Geschichte seinen spezifischen Stempel auf [DVORNIK; MORRISON; FOWDEN]. Es beginnt schon im 4. Jh., als z.B. der Mailänder Bischof Ambrosius den Kaiser Theodosius, der im Jahr 390 in Thessalonike viele Bürger hatte hinrichten lassen, zur öffentlichen Kirchenbuße zwang.

Grundsätzlich wurde freilich eine Kooperation beider Gewalten gefordert: Die politische Gewalt sollte die Kirche in ihren Aufgaben unterstützen, was diese auch oft genug in Anspruch genommen hat, nicht zuletzt, um Andersgläubige oder als Ketzer Angesehene zu bekämpfen und zu töten. Umgekehrt hat die Kirche zur Legitimation sei es politischer Ordnungssysteme, sei es politischer oder kriegerischer Handlungen beigetragen. Von den Gläubigen wurde in der Tradition jüdischer Vorstellungen verlangt – am schärfsten in Paulus' *Brief an die Römer* (Kap. 13) –, den „übergeordneten Gewalten" gehorsam zu sein, weil sie von Gott eingesetzt seien. Das schloss zwar Kritik nicht aus, wohl aber den aktiven Widerstand, was noch für das Verhältnis der protestantischen Kirchen gegenüber dem Nationalsozialismus eine Rolle spielte. 1963 wurde durch ein Buch von Otto Dibelius eine breite Diskussion ausgelöst [DIBELIUS]. In ihr wurde zum einen die Bindung des Paulus an das römische Reich herausgestellt, zum anderen wurde kritisiert, dass die Forderung des Paulus gleichsam als dogmatische Aussage verstanden worden sei. Sie gehöre aber eher in den Rahmen paulinischer Ermahnungen, mit denen sich der Apostel immer wieder gegen das Missverständnis wehrte, die von ihm verkündete Freiheit habe etwas mit politisch-sozialem Umsturz zu tun [KÄSEMANN].

Das Verhältnis zwischen Staat und Kirche ist nur eine der Grundlagen insbesondere des

Vorgehen der Forschung
Erkenntnis-
möglichkeiten
in der
Alten Geschichte

westlichen Europa. Dehnt man die Perspektive weiter aus und bezieht auch die Länder mit ein, die durch das orthodoxe Christentum geprägt sind, dann wird noch ein weiterer, in der theologischen Forschung bisher wenig berücksichtigter Frageansatz wichtig, nämlich der nach der historischen Bedingtheit auch theologischer Positionen. Dafür ein Beispiel:

▷ S. 261
Die antiken
Menschen und
ihre Götter

In der Mitte des 3. Jh.s entstand in den christlichen Gemeinden ein Streit darüber, ob Christen, die in einer ‚häretischen' Gruppe getauft worden waren und dann in eine orthodoxe Bischofsgemeinde überwechselten, noch einmal getauft werden müssten. Die Kirchen von Rom und Alexandria vertraten die Auffassung, auch Ketzertaufen seien gültig, wenn nur die richtige Taufformel angewandt worden sei. Afrika und die meisten Kirchen des Ostens hielten dagegen, was einer nicht habe, könne er auch nicht weitergeben; eine Taufe durch Ketzer sei damit ungültig. Eine Stellungnahme dazu aus katholischer Sicht lautet: „Letzten Endes standen im Hintergrund um die Gültigkeit der Ketzertaufe zwei verschiedene Auffassungen vom Sakrament überhaupt: die eine stellte zu sehr das persönliche und ethische Moment in der Vordergrund, während das andere mehr das amtliche und sakramentale betonte. Es ist das Verdienst der Kirchen von Rom und Alexandrien, dass sie den objektiv-sakramentalen Charakter der Taufe gegenüber einem falschen Verständnis von der Notwendigkeit der Heiligkeit des Spenders sichergestellt haben." [FINKENZELLER, 132f.]

Die theologische Forschung bemüht sich mit Recht um die Wahrheit von Aussagen. Andererseits standen hinter den kontroversen Positionen der Ketzertaufe unterschiedliche kulturelle Überzeugungen und Praktiken. Die Berücksichtigung solcher Unterschiede auch in der Theologie könnte dazu beitragen, ökumenische Gespräche zu erleichtern und die Toleranz gegenüber Menschen zu stärken, die eine andere kulturelle Vergangenheit haben als wir.

Europa – eine Spannungsgeschichte.
Über die eben skizzierten Spannungsverhältnisse zwischen kirchlicher und weltlicher Gewalt sowie zwischen unterschiedlichen christlichen Kulturen hinaus scheint Europa seit der Antike generell durch Polaritäten gekennzeichnet zu sein, die nicht zuletzt ihre Voraussetzung darin haben, dass die Antike keine Einheit ist, sondern aus mehreren Antiken besteht [MARTIN 1997]. Hier stößt man freilich auf Phänomene, die in der Gegenwart eher unbewusst präsent sind. Einige Beispiele:

Die europäische Kultur ist heute bestimmt durch unterschiedliche Vorstellungen von der Person: Die eine stellt die Individualität jedes Einzelnen heraus, zielt auf Autonomie, Kreativität und Selbstverwirklichung, die andere betont den Sozialcharakter der Person, das Eingebundensein in gesellschaftliche Zusammenhänge. Das eine Personenverständnis haben die Griechen exemplarisch durchgespielt, das andere die Römer – zwar jeweils nicht ausschließlich, aber doch mit deutlich erkennbarem Schwerpunkt.

Eine weitere Spannung besteht zwischen einer Rationalität, welche die Tradition zur Grundlage hat, und einer, die durch Sachlogik bestimmt ist, ohne Zwänge der Tradition zu berücksichtigen. Man kann, wie die Römer, auf die Vorfahren (*maiores*) und die Gewohnheit (*consuetudo*) setzen, oder man kann, wie es der afrikanische Bischof Cyprian tat, behaupten, eine Gewohnheit ohne Wahrheit sei ein veralteter Irrtum (*epistula* 74, 9, 2). Auch wenn Argumente immer nur in einem bestimmten Traditionszusammenhang verstehbar und damit logisch sind, ist es ein Unterschied, ob der Tradition als solcher Autorität zugeschrieben wird oder ob allein die Überzeugungskraft von Argumenten gilt.

Ein letztes Beispiel betrifft die Frage, wo Autorität und Prestige lokalisiert werden. Die Römer haben hier strikt auf das Amt und amtliche Befugnisse gesetzt, während bei den Griechen die Leistung zählte – die Leistung im physischen Wettkampf, im militärischen Bereich, im Redenkönnen, in der Wissenschaft oder in der Kunst. Solchen, die außerordentliche Leistungen vollbrachten, wurde Charisma zugeschrieben, und sie wurden nicht selten in die Nähe von Göttern gerückt. Diese unterschiedlichen Vorstellungen werden noch fassbar in der jeweils anderen Stellung, welche christlichen Asketen und Heiligen im Westen und Osten zugeschrieben wurde.

Vielleicht sind solche Spannungen am ehesten charakteristisch für die antiken Wurzeln Europas und dessen ‚Erfolgsgeschichte'. Am Beginn stehen äußerst verschiedene Kulturen, die teilweise schon in der Antike aufeinandergeprallt sind, in der langen Rezeptionsgeschichte unterschiedlich aufgenommen wurden und heute in den europäischen Ländern noch kennzeichnend sind für eine Variationsbreite menschlicher Möglichkeiten, wie sie vielleicht kein anderer Kulturbereich hervorgebracht hat.

Jochen Martin

Literatur

Ph. Ariès / G. Duby, Geschichte des privaten Lebens, 5 Bde., Frankfurt/M./New York 1989–1993.

S. de Beauvoir, Das andere Geschlecht, Reinbeck 1951 [frz. 1949].

M. Bettini, Familie und Verwandtschaft im antiken Rom, Frankfurt/M./New York 1992.

J. Bleicken, Staatliche Ordnung und Freiheit in der römischen Republik, Kallmünz 1972.

Ders., Lex publica, Berlin/New York 1975.

Ders., Die athenische Demokratie, Paderborn u.a. 2. Aufl. 1994.

H. Blumenberg, Arbeit am Mythos, Frankfurt/M. 1979.

W. Burkert, Griechische Religion der archaischen und klassischen Epoche, Stuttgart 1977.

D. Cohen, Law, Violence and Community in Classical Athens, Cambridge 1995.

O. Dibelius, Obrigkeit, Stuttgart 1963.

J. G. Droysen, Historik. Vorlesungen über Enzyklopädie und Methodologie der Geschichte, Darmstadt 4. Aufl. 1960.

R. van Dülmen, Historische Anthropologie. Entwicklung, Probleme, Aufgaben, Köln u.a. 2000.

F. Dvornik, Early Christian and Byzantine Political Philosophy, 2 Bde., Washington 1966.

J. Finkenzeller, Ketzertaufe, in: Lexikon für Theologie und Kirche, Bd. 6, Freiburg 2. Aufl. 1961, Sp. 131–133.

M. I. Finley, Sparta, in: J.-P. Vernant (Hrsg.), Problèmes de la guerre en Grèce ancienne, Paris 1968, 143–160.

E. Flaig, Politisierte Lebensführung und ästhetische Kultur, in: Historische Anthropologie 1, 1993, 193–217.

G. Fowden, Empire to Commonwealth. Consequences of Monotheism in Late Antiquity, Princeton 1993.

Vorgehen der Forschung
Erkenntnis-
möglichkeiten
in der
Alten Geschichte

H. Fränkel, Dichtung und Philosophie des frühen Griechentums, München 4. Aufl. 1993.

L. Friedlaender, Darstellungen aus der Sittengeschichte Roms in der Zeit von Augustus bis zum Ausgang der Antonine, 4 Bde., Leipzig 9. Aufl. 1919–1921.

M. Fuhrmann, Persona, ein römischer Rollenbegriff, in: O. Marquard/K. Stierle (Hrsg.), Identität, München 1979, 83–106.

C. Geertz, Dichte Beschreibung, Frankfurt/M. 2. Aufl. 1991 [engl. 1973].

K. M. Girardet, Die Alte Geschichte der Europäer und das Europa der Zukunft. Traditionen, Werte, Perspektiven am Beginn des 3. Jahrtausends, Saarbrücken 2001.

F. Graf (Hrsg.), Mythos in mythenloser Gesellschaft. Das Paradigma Roms, Leipzig 1993.

R. Habermas, Geschlechtergeschichte und ‚anthropology of gender', in: Historische Anthropologie 1, 1993, 485–509.

H.-G. Haupt/J. Kocka (Hrsg.), Geschichte und Vergleich, Frankfurt/M./New York 1996.

K. Hausen, Öffentlichkeit und Privatheit. Gesellschaftspolitische Konstruktionen und die Geschichte der Geschlechterbeziehungen, in: Dies./H. Wunder (Hrsg.), Frauengeschichte, Geschlechtergeschichte, Frankfurt/M./New York 1992, 81–88.

H. Kaelble, Der historische Vergleich. Eine Einführung zum 19. und 20. Jahrhundert, Frankfurt/M./New York 1999.

E. Käsemann, Grundsätzliches zur Interpretation von Römer 13 [1961], in: Ders., Exegetische Versuche und Besinnungen, Bd. 2, Göttingen 3. Aufl. 1970, 204–222.

C. Levi-Strauss, Strukturale Anthropologie, Frankfurt/M. 1971.

A. Lüdtke (Hrsg.), Alltagsgeschichte. Zur Rekonstruktion historischer Erfahrungen- und Lebensweisen, Frankfurt/M./New York 1989.

J. Marquardt, Das Privatleben der Römer, 2 Teile, Leipzig 2. Aufl. 1886 [Nachdruck Darmstadt 1975].

J. Martin, Der Wandel des Beständigen. Überlegungen zu einer historischen Anthropologie, in: Freiburger Universitätsblätter 126, 1994, 35–46.

Ders., The Roman Empire. Domination and Integration, in: Journal of Institutional and Theoretical Economics 151, 1995, 716–724.

Ders., Zwei Alte Geschichten, in: Saeculum 48, 1997, 1–20.

Ders., Familie, Verwandtschaft und Staat in der römischen Republik, in: J. Spielvogel (Hrsg.), Res publica reperta. Festschrift Jochen Bleicken zum 75. Geburtstag, Stuttgart 2002, 13–24.

Chr. Meier (Hrsg.), Die okzidentale Stadt nach Max Weber. Zum Problem der Zugehörigkeit in Antike und Mittelalter, München 1994.

Ders., Res publica amissa. Eine Studie zu Verfassung und Geschichte der späten römischen Republik, Frankfurt/M. 3. Aufl. 1997.

Th. Mergel/Th. Welskopp (Hrsg.), Geschichte zwischen Kultur und Gesellschaft. Beiträge zur Theoriedebatte, München 1997.

K. F. Morrison, Tradition and Authority in the Western Church 300–1140, Princeton 1969.

W. Schmitz, Die geschorene Braut. Kommunitäre Lebensformen in Sparta?, in: Historische Zeitschrift 274, 2002, 561–602.

F. Vittinghoff (Hrsg.), Stadt und Herrschaft. Römische Kaiserzeit und hohes Mittelalter, München 1992.

H.-U. Wehler, Die Herausforderung der Kulturgeschichte, München 1998.

H. Wunder, Kulturgeschichte, Mentalitätengeschichte, Historische Anthropologie, in: R. van Dülmen (Hrsg.), Fischer-Lexikon Geschichte, Frankfurt/M. 1990, 65–86.

Schlüsselbegriffe und Konzepte

Vorgehen der Forschung

Macht und Herrschaft

Definition. In seiner berühmten Definition beschreibt Max Weber ‚Macht' als „jede Chance, innerhalb einer sozialen Beziehung den eigenen Willen auch gegen Widerstreben durchzusetzen, gleichviel, worauf diese Chance beruht" [WEBER, 28]. Macht ist also ein sehr weit gefasstes Phänomen, dessen Erscheinungsformen nur dadurch geeint werden, dass der jeweils Mächtige seine persönlichen Interessen in einer sozialen Situation verwirklichen kann. Macht definiert sich durch den Bezug auf den Mächtigen und seine Handlungen. Die Ausübung von Macht kann dabei ganz unterschiedliche Grundlagen haben: körperliche oder geistige Überlegenheit, höherer sozialer Rang oder die schlichte Androhung von physischer Gewalt mit Hilfe von Dritten.

▷ S. 199f.
Die antiken Menschen in ihren Gemeinschaften

Als eine besondere Erscheinungsform der Macht sieht Weber die ‚Herrschaft' an. Im Gegensatz zur willkürlichen Machtausübung beruht Herrschaft darauf, dass die sozial Unterlegenen die überlegene Stellung des Mächtigen als legitim akzeptieren. Die Unterlegenen nehmen die Macht des Überlegenen als gegeben hin. Damit sinkt der Widerstand gegen die Anweisungen des sozial Überlegenen erheblich. Nicht mehr die Berechtigung des Mächtigen zu einer Anweisung steht im Vordergrund, sondern deren Umsetzung in die Realität: „Unter ‚Herrschaft' soll hier also der Tatbestand verstanden werden: daß ein bekundeter Wille (‚Befehl') des oder der ‚Herrschenden' das Handeln anderer (des oder der ‚Beherrschten') beeinflussen will und tatsächlich in der Art beeinflußt, daß dies Handeln, in einem sozial relevanten Grade, so abläuft, als ob die Beherrschten den Inhalt des Befehls, um seiner selbst willen, zur Maxime ihres Handelns gemacht hätten (‚Gehorsam')" [WEBER, 544]. So verwandelt Herrschaft die bloße momentane Unterordnung von Personen auf Dauer in Gehorsam, der nicht in jeder Situation neu erzwungen werden muss: „Herrschaft soll heißen die Chance, für einen Befehl bestimmten Inhalts bei angebbaren Personen Gehorsam zu finden" [WEBER, 28]. Die Gründe für die Akzeptanz der sozialen Überlegenheit eines Anderen können in den traditionellen Strukturen der Gesellschaft liegen, die der Einzelne nicht mehr hinterfragen kann (‚traditionale Herrschaft'). Aber auch die Fähigkeit eines Menschen, seine Mitmenschen durch charismatisches Auftreten von der Berechtigung seiner führenden Position zu überzeugen, kann zur Quelle einer herrschaftlichen Stellung werden (‚charismatische Herrschaft'). Schließlich wird die Herrschaft in modernen Gesellschaften vor allem durch die Etablierung von Regelsystemen und bürokratischen Strukturen begründet und gesichert (‚bürokratische Herrschaft') [WEBER, 122–176].

Der große Vorteil von Herrschaftsausübung gegenüber der bloßen Machtentfaltung liegt für die sozial Überlegenen also darin, dass die sozial Unterlegenen die gesellschaftliche Hierarchie auch losgelöst von der konkreten Androhung von Machtmitteln akzeptieren. Die Etablierung von Herrschaftsformen entlastet die sozial Überlegenen von der Notwendigkeit, Machtmittel permanent bereitzustellen. Auf diese Weise wird es den Angehörigen von Oberschichten wesentlich erleichtert, auch in krisenhaften Situationen, wie z.B. ungünstig verlaufenden äußeren Konflikten, strittigen Nachfolgeregelungen oder der Bedrohung der Existenzgrundlage der Gesellschaft durch Naturkatastrophen, ihre führende Position in der Gesellschaft zu behaupten.

Die erfolgreiche Umwandlung von reiner Machtausübung in dauerhafte Herrschaftsformen beruht im Wesentlichen darauf, dass gesellschaftliche Strukturen entwickelt werden, die den Mitgliedern der Gemeinschaft in wichtigen Bereichen des Lebens verbindliche Handlungsformen vorgeben. Auf diese Weise werden aber auch die Angehörigen der Oberschicht in das Geflecht von verbindlichen Handlungsnormen miteingebunden. Ihre dominante Stellung in der Gemeinschaft wird von den anderen Mitgliedern nur so lange ohne größere Konflikte akzeptiert, wie auch ihr Verhalten den Anforderungen der Ordnung entspricht. Zwar können die verbleibenden Freiräume für die Oberschicht ganz erheblich sein, wenn ihre überlegene Position z.B. auf der Vorstellung basiert, dass die gesellschaftliche Hierarchie direkt eine Folge göttlichen Willens ist, doch bleibt davon die Tatsache unberührt, dass ihre Herrschaftsausübung immer in Bezug auf die gesellschaftlichen Rahmenbedingungen gesehen werden muss.

Wie sieht es nun aber mit der konkreten Anwendung der Kategorien Macht und Herrschaft in der althistorischen Forschung aus?

Ältere Forschung. Legt man die hier entwickelte Unterscheidung zwischen Macht und Herrschaft bei der Lektüre der Forschungsliteratur zugrunde, so fällt schnell auf, dass in den älteren Darstellungen beide Begriffe bei der Beschreibung der antiken Gesellschaften zwar oft synonym gebraucht wurden, jedoch der Aspekt der legitimen Herrschaftsausübung bei der Beschreibung sozialer Überlegenheit dominierte und als der Regelfall angesehen wurde. Diese fundamentale Bedeutung der legitimen Herrschaft ergab sich aus der Überzeugung, dass schon seit der Frühzeit die dominante Position der führenden Kräfte auf deren Einbettung in den institutionellen Aufbau der jeweiligen Gemeinschaften basiert habe.

Ein entscheidender Grund für diese Auffassung resultierte aus der weit verbreiteten Ansicht, dass es schon zu Beginn der für uns fassbaren Entwicklung gesellschaftlicher Organisation monarchische Herrschaftsformen gegeben habe. Diese frühen Könige seien die Repräsentanten und Führer von Stammesverbänden gewesen, deren Wanderungsbewegungen im ausgehenden 2. Jahrtausend v.Chr. die kulturelle Landkarte des Mittelmeerraums neu geprägt hätten und die zum Ausgangspunkt für die Entstehung der antiken Zivilisationen geworden sein sollen. Dieses frühe Heerkönigtum habe seine Legitimation aus den organisatorischen Notwendigkeiten bezogen, die sich aus den Wanderungen und den damit verbundenen Konflikten mit anderen Bevölkerungsgruppen ergaben. Die Herrschaftsausübung habe dabei wesentlich auf der persönlichen Durchsetzungsfähigkeit des jeweiligen Königs beruht. Die Grundlage seiner herausgehobenen Stellung habe die Anerkennung seiner Qualitäten als Führer eines Stammes - oder Sippenverbandes durch die Heeresversammlung gebildet [BERVE, 1, 48]. Für den griechischen Kulturbereich hätten diese Strukturen der gesellschaftlichen Organisation dazu geführt, dass die Herrschaftsausübung der Könige durch die Sesshaftwerdung der Stämme und Sippen eher geschwächt worden sei, da die besonderen organisatorischen Anforderungen der Wanderungszeit wegfielen [BUSOLT, 318].

Entsprechend dieser Vorstellung stimmten die meisten Forscher darin überein, dass die Folgen der unzureichenden institutionellen

▷ S. 17ff.
Von der
Levante nach
Griechenland

Vorgehen der Forschung
Schlüsselbegriffe
und Konzepte
Macht und Herrschaft

Abstützung der Herrschaft in der archaischen Epoche (8.–6. Jh. v.Chr.) offenbar wurden: Nach Ansicht dieser *opinio communis* gab es keinen ausgedehnten Kreis von Funktionsträgern, keinen Besitzanspruch des Königtums auf große Teile des Landes oder sonstige Erbrechte des Monarchen, die seine Position dauerhaft abgesichert hätten und wie sie wohl in der mykenischen Zeit im 2. Jahrtausend im Rahmen der alten Palastkulturen existiert hatten [HEUSS 1969, 60]. Diese geringe institutionelle Verankerung des Königtums habe langfristig dazu geführt, dass das alte Königtum in der Konkurrenz mit einer immer stärker werdenden Adelsschicht unterlag und im 7. Jh. v.Chr. seine politischen Funktionen gänzlich verlor. Diese Adelsschicht habe sich aus einflussreichen Geschlechtern zusammengesetzt, deren soziale Überlegenheit auf einer Mischung aus ererbten politischen und religiösen Privilegien und der zunehmenden Aneignung von Grundbesitz basierte. Wirtschaftliche Kraft und gesellschaftliche Privilegierung des Adels hätten sich zu einem Konglomerat an Einfluss verdichtet, dem die Könige der Frühzeit nichts entgegenzusetzen hatten: „Die Herrschaft des griechischen Adels, die auf der überlegenen wirtschaftlichen und sozialen Stellung der Aristokratie beruhte, war eine ausgesprochene Kastenherrschaft. Vor allem vereinigten die Adelsgeschlechter in ihrer Hand den größten Teil des Grundbesitzes" [BENGTSON 1977, 108]. Im Zuge der Entwicklung der Polis im 8. Jh. v.Chr. als neuer Organisationsform der griechischen Gemeinwesen hätten die neu eingerichteten Ämter, deren Ausübung der Adel monopolisierte, die monarchische Herrschaft abgelöst. Auf diese Weise sei die soziale Macht des Adels in legitime Herrschaftsstrukturen gegossen worden, die sich auf die adlige Abstammung, das exklusive Recht auf die Bekleidung politischer Ämter und die religiösen Privilegien stützten.

Die entscheidende Herausforderung für die Herrschaft des Adels ergab sich in dieser Interpretation aus der Unzufriedenheit breiter Teile der Mittelschicht, die sich in ihrer sozialen Existenz durch die von den Aristokraten geschaffenen Herrschaftsstrukturen gefährdet sahen. Der Missbrauch der Rechtsprechung durch die Adligen und deren konsequente Bemühungen, die dramatisch zunehmende Verschuldung der unabhängigen Bauern dazu zu nutzen, diese in einen unfreien Status herabzudrücken, hätten zu gesellschaftlichen Unruhen geführt. Die dramatischen Veränderungen in der Militärtaktik, die die Bedeutung der von der Mittelschicht gestellten schweren Infanterie deutlich steigerten, haben jedoch verhindert, dass der Adel seine Herrschaftsansprüche mit Gewalt durchzusetzen vermochte, zu wichtig seien die von der Mittelschicht gestellten Soldaten gewesen [SCHACHERMEYR, 133f.; BENGTSON 1969, 107f.]. So habe sich die Mittelschicht seit dem 6. Jh. v.Chr. immer stärkere Garantien für ihren gesellschaftlichen Status ertrotzt und in vielen Poleis sogar den Zugang zu den Ämtern erreicht. Zusätzlich seien diese Konflikte in vielen Poleis durch ethnische Gegensätze angefacht worden, die die Bewohner in zwei Lager teilten, oder durch die kontroversen Interessen von Stadt- und Landbewohnern bzw. das Aufbegehren der Unterschicht gegen die Mittel- und Oberschicht. Im Rahmen dieser Konfliktkonstellationen hätten sich oft einzelne Politiker, die häufig Außenseiter in der Oberschicht gewesen seien, als Führer einer Konfliktpartei profilieren und nach dem Sieg ihrer Anhänger eine Tyrannis errichten können [EHRENBERG; CORNELIUS]. Diese For-

355

men der Alleinherrschaft werden jedoch als vorübergehende Erscheinungen eingeschätzt.

In dieser Sichtweise war die Ausbildung der Strukturen der klassischen Polis also das Produkt eines zähen Ringens zwischen Adel und Mittelschicht um die Ausgestaltung des gemeinschaftlichen Zusammenlebens. Obwohl aus den vielfältigen Auseinandersetzungen ganz unterschiedliche Konstruktionen des Gemeinwesens hervorgingen, sei den griechischen Poleis doch gemein gewesen, dass sie auf der Basis des *nómos*, also gemeinschaftlich fixierter Grundregeln des Zusammenlebens, eingerichtet gewesen wären, die sich in Institutionen wie Oberamt, Rat und Volksversammlungen niederschlug.

Diese grundlegende Bedeutung formalisierter Strukturen wurde in der älteren Forschung selbst für historische Konstellationen angenommen, die von fundamentalen Neustrukturierungen geprägt waren, wie die Entstehung der hellenistischen Monarchien nach dem Tode Alexanders des Großen. Als entscheidende Kraft zur Legitimierung von Herrschaft erschien dabei die makedonische Heeresversammlung und deren tief in der Tradition verwurzeltes Recht zur Bestätigung der Herrscher. Bei aller Anwendung von Machtmitteln im Konkurrenzkampf der ehemaligen Generäle Alexanders und deren späterer Nachkommen sei doch deren rechtliche Bestätigung durch die Heeresversammlung die grundlegende Form der Herrschaftsetablierung geblieben [GRANIER].

Auch im Fall der römischen Gesellschaft wurde der Konflikt zwischen Königtum und Adel als zentraler Aspekt für die Entwicklung von Herrschaftsstrukturen bewertet. Doch wurde der römischen Monarchie, insbesondere unter den etruskischen Fremdherrschern, eine wesentlich kraftvollere Position zugestanden, als dies bei den griechischen Königen der Fall war. So hätten die römischen Könige in ihrer Hand umfassende Kompetenzen nicht nur im militärischen Bereich, sondern auch in den Belangen der Rechtsprechung und auf dem Gebiet der allgemeinen Leitung der staatlichen Angelegenheiten vereint [MEYER]. Als der frührömische Adel am Ende des 6. Jh.s v.Chr. den letzten Monarchen Tarquinius Superbus vertrieb, da dieser zum Tyrann geworden war, habe man diese Konzentration staatlicher Machtausübung auch als Grundlage des neugegründeten republikanischen Gemeinwesens beibehalten. So hätten die republikanischen Obermagistrate – die Konsuln und die Prätoren – eine Position im Staate erhalten, die der der Könige nicht unähnlich war. Eingeschränkt sei diese Machtfülle lediglich durch die zeitliche Begrenzung der Amtsausübung gewesen und durch den Grundsatz, dass es immer mindestens zwei Amtsinhaber geben musste. Diese Interpretation der römischen Obermagistrate als direkte Nachfolger der alten Könige dominierte seit den grundlegenden staatsrechtlichen Arbeiten von Theodor Mommsen im 19. Jh. die Forschung [MOMMSEN 1887–1888]. Als Folge dieser Sichtweise wurden die Rahmenbedingungen staatlicher Machtausübung in Rom fast durchgehend als äußerst stabil angesehen. Politische Konflikte hätten daher auch nicht auf Veränderungen des politischen Systems gezielt, sondern sich auf Auseinandersetzungen um die personelle Besetzung der Oberämter beschränkt, deren Bekleidung den jeweiligen Amtsinhabern ein so hohes Prestige eingetragen habe, dass ihre Familien eine adlige Stellung im Gemeinwesen für sich reklamieren konnten [MÜNZER]. In dieser Sichtweise hatte Machtausübung im republikanischen Gemeinwesen fast zwangsläufig einen herr-

Vorgehen der Forschung
Schlüsselbegriffe
und Konzepte
Macht und Herrschaft

schaftlichen Charakter, da die Realisierung von Macht weitgehend an die Ausübung von Ämtern gebunden gewesen sei. Der Gehorsam der Bürger habe nicht aus Angst vor der persönlichen Macht des einzelnen Magistrats resultiert, sondern aus der Anerkennung der Ordnung, die er repräsentierte.

Nachdem sich die alte Oberschicht der Patrizier in der Mitte des 4. Jh.s v.Chr. dazu bereit erklärt hatte, die führenden Kräfte der bis dahin von den Ämtern ausgeschlossenen Plebejer zum Konsulat zuzulassen, sei daher der Weg frei für die Etablierung einer Adelsrepublik gewesen, deren jahrhundertewährende Stabilität auf einer einzigartigen Synthese aus der Akzeptanz staatsrechtlicher Normen durch die relevanten gesellschaftlichen Gruppen und der Entwicklung kollektiver Werte beruht habe, die die einzelnen Individuen in die gemeinsame Ordnung einbanden [OPPERMANN]. Eine entscheidende Störung habe diese Ordnung erst im ausgehenden 2. Jh. v.Chr. erfahren, als einzelne Adlige die Beschränkung ihrer Handlungsmöglichkeiten, die bis dahin die Grundlage des gesellschaftlichen Zusammenlebens gebildet hatte, nicht mehr akzeptierten. Die enormen Ressourcen, die der Aufstieg Roms zur Weltmacht einzelnen Feldherrn zur Verfügung stellte, aber auch tiefe innenpolitische Strukturkonflikte, die nicht mehr im Konsens zu lösen gewesen seien, hätten dazu geführt, dass ehrgeizige Politiker das alte System durch ihren unbedingten Willen zur persönlichen Machtausübung zerstört hätten. Um den Kontrast zur alten wertegebundenen Ordnung deutlich hervorzuheben, wurde diese Periode oft als „Zeitalter der römischen Revolution" bezeichnet [MOMMSEN 1976; HEUSS 1963]. Die Einhegung persönlichen Einflusses in eine gemeinschaftlich akzep-

▷ S. 204f.
Die antiken Menschen in ihren Gemeinschaften

tierte Ordnung sei also durch eine Phase reiner Machtausübung ersetzt worden. Erst mit der Etablierung einer monarchischen Staatsform durch Augustus hätte die römische Gesellschaft wieder zu legitimierten Herrschaftsstrukturen zurückgefunden [KORNEMANN, Bd. 2, 116–130].

Neuere Forschungsansätze. Seit den fünfziger Jahren geriet die Grundannahme relativ stabiler Rahmenbedingungen für die Ausübung legitimierter Herrschaft, bei der es lediglich einen Übergang von einem einzelnen Herrscher zu einer Schicht von Aristokraten gab, insbesondere für die griechische Gesellschaft in die Kritik. So entwarf Moses Finley für das frühe Griechenland das Bild einer Gesellschaft, die durch kleine soziale Einheiten in Form von Bauernhöfen unterschiedlicher Größe geprägt war [FINLEY]. Das soziale Leben dieser Epoche habe sich aus dem spannungsreichen Zusammenleben von Groß- und Kleinbauern ergeben, wobei in diesem komplizierten Geflecht sozialer Beziehungen auch den wohlhabenden Großbauern die wirtschaftliche Kraft gefehlt habe, ihre Vorherrschaft im sozialen Leben auf Dauer abzusichern. So sei ihre Dominanz im öffentlichen Bereich stets prekär und von Abstieg – etwa bei Verlust der ökonomischen Basis – bedroht geblieben. Hatte schon Finley dem sozialen Leben eine ausgesprochen dynamische Komponente gegeben, so wurde dieser Aspekt durch die parallel erfolgten Forschungen von Denis Roussel und Felix Bourriot weiter in den Vordergrund gestellt; beide kamen zu dem Ergebnis, dass die früher unterstellte Bedeutung von hierarchisch organisierten Verwandtschaftsverbänden als Basis für die gesellschaftliche Dominanz des Adels in den Quellen nicht nachweisbar sei [ROUSSEL;

BOURRIOT]. Damit verlor die Rekonstruktion stabiler Konditionen des sozialen Lebens im frühen Griechenland ihr Rückgrat. Soziale Macht war nunmehr nicht einfach als institutionell verfestigte und legitimierte Herrschaft zu interpretieren.

Als Konsequenz daraus wandte sich die Forschung seitdem verstärkt der Frage zu, welche Mechanismen es den griechischen Aristokraten erlaubten, sich sozial von der Masse der Mitbürger zu unterscheiden, und welche Verdichtungsprozesse zu der Entstehung der Polis als stadtstaatlicher Lebensform führten. Die aus dieser Problemstellung entstandenen Untersuchungen konnten aufzeigen, dass die politischen Strukturen in den griechischen Poleis das Ergebnis eines komplizierten Zusammenlebens der Menschen waren. So erwies sich, dass die Aristokratie aufgrund ihrer Wettbewerbslogik in einem spannungsreichen Verhältnis zur Entwicklung stadtstaatlicher Strukturen stand [STEIN-HÖLKESKAMP]. Einerseits hätten die Adligen die Entwicklung von Institutionen in den Poleis gefördert, um ihre persönliche Einflussbasis zu sichern, andererseits wären sie nicht bereit gewesen, ihr Handeln auf eine Stadt zu beschränken. Dieser Drang der Aristokratie, über die Stadtgrenzen hinweg ein Netz sozialer Beziehungen zu knüpfen, habe immer wieder die sich etablierenden politischen Strukturen in den einzelnen Poleis gefährdet. So werden die Tyrannen und ihre demonstrative Machtentfaltung, die sich oft über die alte Ordnung hinwegsetzte, auch nicht mehr primär als Außenseiter in einer fest verankerten Adelswelt gedeutet. Vielmehr neigen neuere Untersuchungen dazu, in ihnen ‚normale Adlige' zu sehen, die lediglich den Drang zur persönlichen Machtentfaltung, den sie mit den anderen Angehörigen ihrer Schicht teilten, besonders konsequent auslebten [STAHL]. Im Gegensatz dazu treten die Angehörigen der Mittelschicht immer stärker als konstruktive Träger des gesellschaftlichen Lebens auf der regionalen Ebene hervor [SPAHN]. Ihre Integration über vielfältige Organisationsformen der Polis [WALTER], aber auch ihr eigenständiges Brauchtum und soziales Regelwerk im unmittelbaren lokalen Umfeld [SCHMITZ] erwiesen sich als entscheidende Mechanismen zur Stabilisierung der frühen Gemeinschaften.

So traten an die Stelle fester, institutioneller Vorstellungen in der Forschung neue, flexiblere Kategorien wie Statuswettbewerb, Konsensfindung, Integrationsmechanismen und Identitätsbildung, die das soziale Leben in seiner Vielfältigkeit und Dynamik zu erfassen suchen. Angesichts des komplexen Zusammenwirkens dieser Faktoren konnte sich soziale Überlegenheit nach den aktuellen Erkenntnissen der Forschung nicht ohne weiteres als Herrschaftsform verfestigen, die im Rahmen einer stabilen Ordnung von den Angehörigen der Gesellschaft weitgehend akzeptiert wurde. So war die Etablierung einer unstrittigen Herrschaftsform auf der staatlichen Ebene oft erst das Ergebnis einer langen und konfliktreichen Phase in der gesellschaftlichen Entwicklung, in deren Verlauf die Ausübung reiner Macht bis hin zur Anwendung physischer Gewalt eine wichtige Rolle spielte. Dies zeigt sich eindrücklich in der langen Entwicklung, die nötig war, um in Athen im Laufe des 6. und 5. Jh.s v.Chr. eine Staatsform entstehen zu lassen, in deren Rahmen das Recht der versammelten Bürger, die entscheidenden Angelegenheiten zu regeln, – kurz die Demokratie – als legitime Herrschaftsform angesehen wurde. Doch blieben die Formen legitimer Herrschaft auch in späterer Zeit

▷ S. 181ff.
Die antiken Menschen in ihren Gemeinschaften

▷ S. 29ff.
Die Mittelmeerwelt vom 6. bis 4. Jahrhundert

Vorgehen der Forschung
Schlüsselbegriffe
und Konzepte
Macht und Herrschaft

▷ S. 184ff.
Die antiken Menschen in en Gemeinschaften

stets von der Unruhe bedroht, die von einer Zusammenballung von Macht in der Hand einzelner Angehöriger der Gemeinschaft ausgehen konnte.

Diese grundlegende Dynamik, von der die moderne Forschung zunehmend ausgeht, zeigt sich besonders deutlich bei der Neubewertung der Herrschaftsstrukturen im Hellenismus [ERRINGTON]. Hier wird deutlich, dass die formal-juristischen Elemente bei der Machtübertragung und Legitimierung durch die Heeresversammlung bei weitem nicht die zentrale Rolle gespielt haben, die ihr in der älteren Forschung zugeschrieben wurde. Stattdessen gewinnt das Bild von Herrschern an Konturen, deren Herrschaftsgrundlage primär auf einer Mischung aus Erbcharisma und dem Nachweis eigener Leistungsfähigkeit basierte [GEHRKE]. Weniger die formalen Abläufe sicherten also die Herrschaftsausübung als vielmehr die erfolgreiche Einlösung eines Vertrauensvorschusses, der sich aus der Abstammungsnähe zu früheren Herrschern ergab.

Bei der Interpretation der römischen Gesellschaftsentwicklung scheint es auf den ersten Blick, als ob es auf diesem Gebiet eine höhere Kontinuität in den Forschungsanalysen gäbe. So wird die erstaunliche Stabilisierungsleistung der römischen Republik auch von den neueren Untersuchungen nicht in Frage gestellt. Doch wird hierbei die Bedeutung der staatsrechtlichen Komponente stark relativiert [HÖLKESKAMP]. Weniger die Kontinuität rechtlicher Strukturen als vielmehr das feingliedrige Netz sozialer Kommunikationsformen, in das die römischen Bürger einbezogen waren, hat nach den Überzeugungen der aktuellen Forschung die Stabilität der Gesellschaft garantiert [JEHNE]. Hierbei gewinnt das Bild einer Gesellschaft

▷ S. 340
Erkenntnismöglichkeiten in der Alten Geschichte

zunehmend an Konturen, deren Mitglieder durch vielfältige Kommunikationsrituale schichtenübergreifend miteinander verbunden waren: von den morgendlichen Aufwartungen der Klienten im Haus ihres Patrons bis hin zu den großen Reden der Aristokraten vor der Volksversammlung, vom Einsatz der Adligen als Anwalt ihrer Mitbürger vor Gericht bis hin zu ihrer Wahl als Magistrate durch die Bürgerschaft [DENIAUX]. So waren die Angehörigen der Oberschicht gezwungen, durch Leistungen für die Gemeinschaft und durch ihre Integration in ein feines Gewebe sozialer Verhaltensformen ihren Status in der Gesellschaft immer wieder neu zu festigen. Die Vorherrschaft der römischen Nobilität basierte also nicht so sehr auf einer Instrumentalisierung rechtlicher Normen, sondern viel stärker auf der Beherrschung der öffentlichen Kommunikationsformen und der damit verbundenen Etablierung eines Weltbildes, das den römischen Bürgern kaum eine Alternative zu den bestehenden gesellschaftlichen Strukturen bot [LINKE/STEMMLER].

▷ S. 174ff.
Die antiken Menschen in ihren Nahbeziehungen
▷ S. 204
Die antiken Menschen in ihren Gemeinschaften

Auf diese Weise wurden aber auch die römischen *nobiles* zu Gefangenen ihres eigenen Herrschaftssystems, wie sich angesichts der Krisensymptome in der späten Republik deutlich zeigen sollte. Die Unfähigkeit der römischen Oberschicht, alternative Strategien für die Lösung gesellschaftlicher Probleme zu entwickeln, wurde daher in der modernen Forschung prägnant als „Krise ohne Alternative" bezeichnet [MEIER]. Aus dem Untergang des republikanischen Gemeinwesens entstand jedoch nicht eine monarchische Staatsform, in der die Alleinherrscher durch die freie Verfügung über die Gewaltmittel eine losgelöste Machtstellung erlangen konnten. Vielmehr wird durch aktuelle Analy-

▷ S. 205
Die antiken Menschen in ihren Gemeinschaften

sen immer klarer, dass die traditionellen gesellschaftlichen Handlungsformen eine wesentliche Bedeutung behielten und auch die Herrschaft der römischen Kaiser von der erfolgreichen Durchführung komplexer Akzeptanzrituale abhing [Flaig]. Erst in einem langen Entwicklungsprozess, der sich besonders deutlich an den Veränderungen in der Organisation des kaiserlichen Hofes als Herrschaftszentrum widerspiegelt, entwickelten sich neue Formen der monarchischen Herrschaftsausübung [Winterling].

Ergebnis und Ausblick. Schon der hier ausgeführte, skizzenhafte Überblick zu den verschiedenen Forschungsansätzen zeigt, wie wichtig die Entwicklung von genau definierten Kategorien ist. So ermöglichen die grundlegenden Vorarbeiten, die Max Weber für die Konzeptionalisierung von Macht- und Herrschaftsphänomenen geleistet hat, eine klarere Durchdringung der Forschungsansätze zu den antiken Gesellschaften: Während in der älteren Forschung die Konzepte von legitimer Herrschaft dominieren, da die gesellschaftlichen Ordnungen in einer langfristigen Kontinuität gesehen werden, in deren Rahmen es primär zu internen Verschiebungen bei der Herrschaftsausübung kommt, entwirft die moderne Forschung ein wesentlich komplexeres Bild der Entwicklung antiker Gesellschaften. So wird insbesondere für die griechischen Gesellschaften die Entstehung stabiler Ordnungsstrukturen als Ergebnis langwieriger Prozesse angesehen, in deren Verlauf die Bedeutung der reinen Machtausübung in vielen Situationen sehr hoch und oft genug entscheidend war. Die soziale Gerinnung von Macht zu Herrschaft war also nicht durch die Rahmenbedingungen vorbestimmt, sondern die gesellschaftliche Ordnung musste sich erst in komplizierten Bewährungsphasen durchsetzen.

Bei der Analyse der römischen Gesellschaft erweist sich zwar, dass die legitime Herrschaft im politischen Raum gegenüber der reinen Machtausübung zweifellos dominierte, doch manifestierte sie sich nicht primär in allgemein akzeptierten Rechtsnormen, sondern basierte auf spannungsreichen Kommunikationsformen, in denen sich der gesellschaftliche Konsens in Rom stets erneuern musste. Diese Konstellation führte dazu, dass die traditionalen Elemente in der Herrschaftsausübung in Rom gegenüber den bürokratischen bei weitem überwogen.

Bernhard Linke

Literatur
H. Bengtson, Griechische Geschichte, München 5. Aufl. 1977.
Ders., Grundriß der Römischen Geschichte, München 3. Aufl. 1982.
H. Berve, Griechische Geschichte, 2 Bde., Freiburg 1951–1952.
F. Bourriot, Recherches sur la nature du genos, Paris 1976.
G. Busolt, Griechische Staatskunde, Bd. 1, München 1920.
F. Cornelius, Die Tyrannis in Athen, München 1929.
E. Deniaux, Clientèles et pouvoir à l'époque de Cicéron, Rom 1993.
V. Ehrenberg, From Solon to Socrates. Greek History and Civilization during the Sixth and Fifth Centuries B.C., London 3. Aufl. 1973.
R. M. Errington, The Historiographical Origins of Macedonian ‚Staatsrecht', in: Ancient Macedonia 3. Papers read at the Third Interna-

Vorgehen der Forschung
Schlüsselbegriffe
und Konzepte
Macht und Herrschaft

tional Symposium held in Thessaloniki, September 21–25, 1977, Thessaloniki 1983, 89–101.
M. FINLEY, Die Welt des Odysseus, Frankfurt/M. 1992 [engl. 1954].
E. FLAIG, Den Kaiser herausfordern. Die Usurpation im römischen Reich, Frankfurt/M./New York 1992.
H.-J. GEHRKE, Der siegreiche König. Überlegungen zur Hellenistischen Monarchie, in: Archiv für Kulturgeschichte 64, 1982, 247–277.
F. GRANIER, Die makedonische Heeresversammlung. Ein Beitrag zum antiken Staatsrecht, München 1931.
A. HEUSS, Die archaische Zeit Griechenlands [1946], 26–62, in: F. GSCHNITZER (Hrsg.), Zur griechischen Staatskunde, Darmstadt 1969, 36–96.
DERS., Das Zeitalter der römischen Revolution, in: G. MANN/A. HEUSS (Hrsg.), Propyläen Weltgeschichte, Bd. 4, Frankfurt/M./Berlin 1963, 175–316.
K.-J. HÖLKESKAMP, Die Entstehung der römischen Nobilität. Studien zur sozialen und politischen Geschichte der Römischen Republik im 4. Jh. v.Chr., Stuttgart 1987.
M. JEHNE (Hrsg.), Demokratie in Rom? Die Rolle des Volkes in der römischen Republik, Stuttgart 1995.
E. KORNEMANN, Römische Geschichte, 2 Bde., Stuttgart 5. Aufl. 1963.
B. LINKE/M. STEMMLER (Hrsg.), Mos maiorum. Untersuchungen zu den Formen der Identitätsstiftung und Stabilisierung in der römischen Republik, Stuttgart 2000.
CHR. MEIER, Res publica amissa, Frankfurt/M. 3. Aufl. 1997.
E. MEYER, Römischer Staat und Staatsgedanke, München/Zürich 4. Aufl. 1975.
TH. MOMMSEN, Römische Geschichte, 8 Bde., hrsg. v. K. CHRIST, München 1976 (auf der Basis der 9. bzw. 5. Aufl. von 1902–1904).

DERS., Römisches Staatsrecht, 3 Bde., Leipzig 3. Aufl. 1887–1888.
F. MÜNZER, Römische Adelsfamilien und Adelsparteien, Stuttgart 1920.
H. OPPERMANN (Hrsg.), Römische Wertbegriffe, Darmstadt 1966.
D. ROUSSEL, Tribu et Cité. Etudes sur les groupes sociaux dans les cités grecques aux époques archaïques et classiques, Paris 1976.
F. SCHACHERMEYR, Griechische Geschichte, München 1960.
W. SCHMITZ, Nachbarschaft und Dorfgemeinschaft im archaischen und klassischen Griechenland, in: Historische Zeitschrift 268, 1999, 561–597.
P. SPAHN, Mittelschicht und Polisbildung, Frankfurt/M. u.a. 1977.
M. STAHL, Aristokraten und Tyrannen im archaischen Athen. Untersuchungen zur Überlieferung, zur Sozialstruktur und zur Entstehung des Staates, Wiesbaden 1987.
E. STEIN-HÖLKESKAMP, Adelskultur und Polisgesellschaft. Studien zum griechischen Adel in archaischer und klassischer Zeit, Stuttgart 1989.
U. WALTER, An der Polis teilhaben. Bürgerstaat und Zugehörigkeit im archaischen Griechenland, Stuttgart 1993.
M. WEBER, Wirtschaft und Gesellschaft, hrsg. v. J. WINCKELMANN, Tübingen 5. Aufl. 1980.
A. WINTERLING, Aula Caesaris. Studien zur Institutionalisierung des römischen Kaiserhofes in der Zeit von Augustus bis Commodus (31 v.Chr.–192 n.Chr.), München 1999.

Identität und Alterität

Ein Grundverhältnis jeder sozialen Ordnung und kulturellen Disposition, das Spannungsfeld von Eigenem und Anderem, Selbst und Fremdem, also von Identität und Alterität stellt sich in diachronem Sinne auch bei der Thematik Antike und Gegenwart, die Griechen bzw. Römer und Wir. Man hat das Klassische Altertum prägnant das uns „nächste Fremde" [U. HÖLSCHER] genannt und eines der geistreichsten Bücher zur Thematik von Eigenem und Fremdem in der Antike, Paul Cartledges Werk *The Greeks. A Portrait of Self and Others* ist unter dem irreführenden Titel *Die Griechen und Wir* auf Deutsch erschienen [CARTLEDGE]. Ganz unverständlich ist das aber nicht; denn die spätmittelalterlich-frühneuzeitliche Rückwendung zur Antike, die mit dem Begriff der ‚Wiedergeburt' versehen wurde, ist nur eine der Rückorientierungen, Renaissancen, Klassizismen, die es vorher und nachher gegeben hat, und aus einer humanistisch-rezeptiven Haltung hat sich auch der wissenschaftliche Umgang mit dem Altertum entwickelt. Es gäbe auch gute Gründe, dem spannungsreichen Wechselverhältnis von fremder und angeeigneter Antike nachzugehen. Dies soll hier aber nicht geschehen.

Es geht vielmehr um die Thematisierung von Fremdheit, Andersheit, Alterität in der Antike, durch Griechen und Römer selbst. Erst in jüngerer Zeit ist diese zu einem wichtigen Untersuchungsfeld der Klassischen Altertumswissenschaft geworden, wie neben dem genannten Buch von Cartledge auch durch Arbeiten von François Hartog und Tonio Hölscher signalisiert wird [HARTOG; T. HÖLSCHER]. Dies hängt mit der betont anthropologischen und kulturwissenschaftlichen Neuorientierung in den geisteswissenschaftlichen Disziplinen zusammen, die in den letzten Jahren eine wirkliche Aufbruchstimmung ausgelöst hat. Wie in anderen Bereichen dieser innovativen Forschungsrichtung gehen viele Schlüsselbegriffe auf konzeptionelle Vorstellungen des französischen Strukturalismus zurück. Zu dessen binären Begriffsrelationen gehört auch die Polarität Wir und Anderes, Eigenes und Fremdes, ja gerade dieses Bezugspaar hat nicht zuletzt dank der Alteritätsphilosophie von Emanuel Lévinas besondere Beachtung gefunden [LÉVINAS]. In der Übernahme des Terminus ‚alterité' kommt dies klar zum Ausdruck.

Gefördert wurde diese Entwicklung in der Kulturwissenschaft durch politische Vorgänge in den 90er Jahren des letzten Jahrhunderts, die ihrerseits mit massiven sozialen, ökonomischen und kulturellen Veränderungen zusammenhängen und noch immer höchst virulent sind. In der postkommunistischen Ära haben sich längst vergangen geglaubte Prozesse der Nationenbildung wiederbelebt und zu Kriegen und ethnischen ‚Säuberungen' geführt. Migrationsprozesse provozieren fremdenfeindliche und rassistische Reaktionen. Der scheinbar unaufhaltsame Trend zur Globalisierung führt zu Gegenreaktionen. Gegen jedwede Nivellierung der Moderne wird die kulturelle Autonomie der kleinen Gruppe und der eigenen Tradition gesetzt. So lässt sich beobachten, dass Forschungen zum Thema Ethnizität und kollektive Identität Konjunktur haben, so sehr, dass es manche schon nachdenklich bis bedenklich stimmt [NIETHAMMER; BRUBAKER/COOPER]. Es geht aber – wie der Blick in die Forschungsgeschichte zeigt – keineswegs nur um ein Modethema; die Thematik des Selbstverständnisses, der Zu- und Abgrenzungen, ist ein wesentliches soziokul-

Vorgehen der Forschung
Schlüsselbegriffe
und Konzepte
Identität und Alterität

turelles Phänomen. Seine wissenschaftliche Behandlung setzt allerdings gewisse Standards voraus.

Konzeptionelle Kategorien. Unser Zugang zur Identitäts-Alteritäts-Thematik setzt voraus, dass eine breite empirische Grundlage besteht, epochenübergreifend-diachron, interkulturell und systematisch. Er ist insofern anthropologisch, als über Zeiten und Kulturkreise hinweg Gemeinsamkeit und Differenz analysiert werden müssen. Das geht nur im transdisziplinären Gedankenaustausch. Die Klassischen Altertumswissenschaften und damit die Alte Geschichte, können von diesem nur profitieren, ihn selbst aber auch mit profilieren.

Dank der intensiven empirischen Forschung und konzeptionell-theoretischen Durcharbeitung lassen sich bestimmte Mechanismen kollektiver Identifizierung relativ gut bestimmen. Dabei spielen Wahrnehmungen und deren soziokulturelle Umsetzung eine wesentliche Rolle. Es handelt sich dabei um Wahrnehmungen von Übereinstimmung und Ähnlichkeit, aber auch von Differenz und Andersartigkeit, welche auf ständigen Vergleichen beruhen. Ganz elementare Beobachtungen können dabei am Anfang stehen: Jemand sieht beispielsweise anders aus, hat eine andere Haut- und/oder Haarfarbe, kleidet sich anders usw. Oder er spricht so, dass man ihn gar nicht oder nur teilweise versteht. Bei genauerem Zusehen lassen sich noch weitere, über Äußerlichkeiten hinausgehende Gemeinsamkeiten oder Unterschiede feststellen, in Sitten und Gebräuchen, Einbildungen und Vorstellungen, Praktiken und Normen, nicht zuletzt auf religiösem Gebiet und gerade dort, wo die Kohärenz von Gruppen und Gemeinschaften betroffen ist.

Für die Frage von Identifikation und Abgrenzung, also für die Markierung von Identität und Alterität ist wesentlich, dass die verschiedenen Wahrnehmungen klassifiziert und kategorisiert und vor allem auch bewertet werden. Die dabei vorgenommenen Einschätzungen bewegen sich zwischen den Polen völliger Bewunderung und totaler Ablehnung. Im Prozess von Gruppenbildung, von Zuordnung und Ausgrenzung resultiert aus solchen Einschätzungen entsprechend ein breites Spektrum von Verhaltensweisen, zwischen der Anpassung an die bewunderten Lebensstile, also der Assimilation und Identifizierung, und der radikalen Eigenbehauptung unter gleichzeitiger Perhorreszierung des Anderen. Im ersten Falle können – das ist ethnologisch-historisch nachgewiesen – größere Gruppen und Verbände entstehen, die sich in ihrer Genese gar nicht mehr rekonstruieren lassen [WENSKUS]. Im anderen Extremfall herrschen Diskurse binärer Differenz, das Entweder-Oder radikaler Alterität. Dabei sind Selbst und Fremdes oft relational aufeinander bezogen: Das Andere ist das Gegenteil des Eigenen und vice versa [GEHRKE, Zwischen Identität; DERS., Gegenbild].

Diese Beziehung ist in der Regel asymmetrisch, d.h. die eigene Gruppe ist in verschiedener (im Extremfall: jeder) Hinsicht überlegen. Denn entscheidend ist, dass die Identifikations- und Abgrenzungsprozesse mit der Zuschreibung, ja der stereotypen Zuschreibung von Eigenschaften an den/die Anderen und damit an das Selbst einhergehen, besser gesagt: aus ihnen bestehen. Diese sind ganz wesentlich Vorgänge des Konstruierens und Konstituierens. Die daraus resultierenden Identitäten und Alteritäten sind Konstrukte. Am Ende steht jedenfalls ein in sich kohärentes, aufeinander bezügliches, also referentielles Selbst- und Fremdverständnis, das das Kollektiv prägt. Im Zentrum steht die eigene Gruppe, weshalb man diese Vorstellung Ethnozentrismus nennt. Selbst- und Fremdbilder, oft in Gestalt von Stereotypen, sind für die Frage, wohin man gehört, für die Zuordnung durch einen selbst oder durch die Anderen, innerhalb wie außerhalb der eigenen Gruppe, ganz wesentlich.

Wichtig ist darüber hinaus, dass wir in der Regel alle diese Mechanismen gar nicht wahrnehmen, sondern durch Geburt und Sozialisation in den Zusammenhang einer Gruppe bzw. in ein Beziehungsgeflecht hineinwachsen. Im Grunde liegt schon alles fest, und die Sozialisation besteht nicht zuletzt gerade darin, dass wir lernen, wer ‚Wir' sind und wie wir uns von ‚den Anderen' unterscheiden. Die für den Menschen als Gattungswesen so spezifisch kulturelle Prägung durch Familie und Umfeld besteht also gerade in der Vermittlung der Selbst- und Fremdbilder, deren Reich ist die Sozialisation [TOMASELLO]. Unsere Informationen über unsere Gemeinschaft und die Welt der Anderen sind also vermittelt. Sie liegen schon fest, bevor wir Gelegenheit hatten, uns ein eigenes Bild – z.B. durch Reisen und Kontakte – zu machen, und legen uns also fest. Anders gesagt: die Wahrnehmung des bzw. der Anderen ist sozial und kulturell codiert und in jedem Falle selektiv.

Das hat aber eine entscheidende Konsequenz: Wenngleich die Selbstzuordnung und die damit innerlich untrennbar verbundene Fremdvorstellung das Ergebnis von Setzungen und Konstruktionen ist, erscheint doch eben dies Ergebnis, das Konstrukt, nicht als solches, sondern als eine feste Größe. Es ist objektiviert oder ‚verdinglicht' [BERGER/LUCKMANN]. Diese Objektivation kommt in der Regel dadurch zum Ausdruck, dass die Gruppen und Gemeinschaften im Spannungsfeld von Identität und Alterität als naturgegeben erscheinen, als Ergebnis natürlich-physischer Prozesse. Die Gruppenangehörigen empfinden sich als miteinander verwandt, als Abkömmlinge gemeinsamer Vorfahren, als Angehörige ‚eines Stammes'. Dabei spielt es gar keine Rolle, ob sie es wirklich sind, sie sind es, wenn sie daran glauben, es so gelernt haben, nichts anderes wissen. Das ist ‚Verdinglichung', und somit wird kollektive Identität, die letztendlich ein soziokulturelles Konstrukt ist, zu einer Realkategorie, einer essentiellen Größe, die einen Menschen existentiell prägt – z.B. dazu veranlasst, für sie zu sterben oder zu töten [GEHRKE, Zwischen Identität].

Im Prozess der ‚Verdinglichung' – die Rede von den Ahnen und den Vorfahren signalisiert das – spielt die Vergangenheit und das, was man von ihr weiß, besser: das, was man für sie hält, die wesentliche Rolle. Sie ist für die kollektive Identität das, was die Biographie für die individuelle ist, eine ‚mémoire collective', denn von ‚richtiger' Gruppenidentität kann man ja nur sprechen, wenn sie über die individuelle Lebensspanne der einer Gemeinschaft Angehörenden hinaus Bestand hat. Sie muss also eine Geschichte haben. Diese bezieht sich aber – aufgrund des erwähnten Zusammenhanges – auf die Selbst- und Fremdbilder. Diese sind ihr Bestandteil. Man kann diese ‚Geschichte im Selbstverständnis' intentionale Geschichte nennen [GEHRKE, Mythos]; sie ist jedenfalls ebenso ein Konstrukt wie die kollektive Identität, für deren Konstitution sie unerlässlich ist. Sie wird auch entsprechend gepflegt, zu einem „kulturellen Gedächtnis" ausgebaut, dessen Struktur naturgemäß über das Selbst- und Fremdverständnis der jeweiligen Gemeinschaften Wesentliches aussagen kann [ASSMANN; HALBWACHS].

Vorgehen der Forschung
Schlüsselbegriffe
und Konzepte
Identität und Alterität

Es kommen dabei – wie bei allen Formen der Selbstvergewisserung und Fremdbeschreibung – die unterschiedlichsten Formen und Medien der Kommunikation und Vermittlung in Frage. Mündliche Traditionen, schriftliche Überlieferungen, bildliche Darstellungen, aber auch performative Akte und Rituale, bes. religiöse Feste, sagen etwas über die Vergangenheitsbilder, aber auch über die gesamte Vorstellungswelt, das imaginaire einer Gesellschaft aus. Deren wissenschaftliche Untersuchung eröffnet also auch einen Weg zum besseren Verständnis solcher Gruppen und Gemeinschaften. Das gilt nicht zuletzt auch für Griechen und Römer – nicht allein wegen dieses Zusammenhanges schlechthin, sondern auch weil die Griechen diesen Mechanismen nicht nur unterlagen, sondern über sie bereits eingehend reflektierten, gerade in der ionischen *historíē*, die unserem Fach den Namen gegeben hat.

▷ S. 265
Die antiken Menschen über sich

Die Griechen zwischen Identität und Alterität. Schon die homerischen Epen und die frühe griechische Literatur vermitteln deutliche Konzepte griechischer Selbst- und Fremdvorstellungen; die großen überregionalen Kultveranstaltungen und überhaupt die religiösen Organisationsformen, bes. die Amphiktyonien, sind Ort und Ausdruck dieses ‚archaischen Ordnens'. Es ist in evidenter Weise durch die Expansion von Griechen während der so genannten Großen Kolonisation (ca. 750–550) gefördert worden, die nicht nur zahlreiche Begegnungen mit Nichtgriechen brachte sondern auch innere Unterschiede sichtbar machte. Man müsste genauer sogar sagen, dass die Grade von Nähe und Differenz erst jetzt durch die oben bezeichnete Dialektik von Wahrnehmung und Zuschreibung herausgearbeitet wurden.

▷ S. 182
Die antiken Menschen in ihren Gemeinschaften

Wie viele Großgruppen führten sich die Griechen über eine Dreiergruppe auf einen gemeinsamen Ahnherrn zurück. Der Name ihres Stammvaters, Hellen, ist zugleich die Selbstbezeichnung der Gruppenangehörigen, also ein evidentes Konstrukt. Das gilt auch für dessen drei Nachkommen (zwei waren Söhne, einer ein Enkel), die als Eponyme von – ebenfalls im Wesentlichen erst in der Vorstellungswelt entwickelten, aber ‚verdinglichten' – Stämmen (Aioler, Dorier, Ionier von Aiolos, Doros und Ion, Sohn des Xuthos) erscheinen. Zwei von diesen waren ihrerseits noch in – ebenfalls ursprünglich nur gedachte – Abstammungsgruppen, die Phylen, dorische und ionische, unterteilt. Das elementare Verwandtschaftsschema setzte sich – über Phratrien (ursprünglich ‚Bruderschaften') – fort. Dabei ist zu bedenken, dass diese Einheiten, gerade die Phratrien und Phylen, im gesellschaftlichen und religiösen Leben der Griechen ganz wesentliche Funktionen hatten. Sie waren klare und feste Größen – und genau das machte ihre im Bewusstsein vorgenommene, aber tradierte und ‚geglaubte' Einbindung in größere Verbände und letztlich ins Hellenen-Stemma so unwiderstehlich.

Wer einer dieser elementaren Gruppen angehörte, war darüber hinaus z.B. Ionier, folglich auch Grieche. Es handelt sich also bei diesem Schema um ein klassisches Modell inklusiver Identitäten. Aber auch der Außenraum war entsprechend geordnet. Da stoßen wir gleich auf die Vorstellung exklusiver Alterität, die hinfort sogar den Begriff von den Griechen entlehnte: Barbar. Auf den ersten Blick handelt es sich um die typische Figur der Abgrenzung im Sinne des Entweder-Oder in komplementärer Anordnung: Den Hellenen standen Barbaren gegenüber und im Griechischen wird Menschheit häufig mit der polaren

Ausdrucksweise Griechen und Barbaren wiedergegeben. Aber bei genauerem Hinsehen ergibt sich ein wesentlich differenzierteres Bild [LOSEMANN; TIMPE].

Zwar haben die Griechen diesen Gegenbegriff – wohl aufgrund sprachlicher Beobachtungen, weil die Anderen ein unverständliches Idiom sprachen – geprägt, sie haben aber auch Abstufungen wahr- und vorgenommen. So wurden Gruppen, bei denen sie sowohl Ähnlichkeiten wie Differenzen feststellen konnten, gleichsam in einem Zwischenraum situiert, als die ‚nächsten Fremden'. In der genealogischen Ordnung erscheinen sie dann nicht als direkte Nachkommen des Hellen, aber doch als Verwandte: Im pseudo-hesiodeischen *Frauenkatalog* (wohl 6. Jh. v.Chr.) sind die konstruierten Stammväter der Makedonen und der thessalischen Magneten, Makedon und Magnes, Hellens Neffen, also Vettern der griechischen Stammväter – immerhin. Sie konnten sogar durch kleinere genealogische Operationen anders positioniert werden: So ist Makedon bereits bei dem Historiker Hellanikos im 5. Jh. ein Sohn des Aiolos und sind damit die Makedonen Griechen – während sie noch im folgenden Jahrhundert bei dem athenischen Redner Demosthenes als Barbaren erscheinen. Man kann hier mit Händen greifen, dass bei solchen Zuordnungsfragen auch politische Umstände wichtig sind. Gerade hier hat die intentionale Geschichte ihren Sitz im Leben.

Unabhängig von solchen Zwischenräumen und Zwischentönen war aber auch der Barbarenbegriff selbst ursprünglich gar nicht eindeutig konnotiert. Er klassifizierte zwar Andersartigkeit, doch deren Bewertung und Qualifizierung konnte zum Teil erheblich differieren: Zum einen gab es bei den Griechen keine – etwa herrschaftliche oder religiöse – Instanz, die solche Einschätzungen reglementierte, zum anderen boten auch die Fremden selbst ein keineswegs einheitliches Bild: Die einen schätzte man als Gastfreunde oder beneidete man um ihr zivilisatorisches Niveau, ihre Macht und ihren Reichtum, die anderen verabscheute man wegen ihrer Lebensweise. Vieles hing von der konkreten Begegnungssituation und Interaktion ab. So kennen wir auch unterschiedliche Formen des Umgangs, etwa in sakralen Angelegenheiten: Es gab Kulthandlungen, besonders Agone, zu denen nur Griechen zugelassen waren, wie die Olympischen Spiele, aber auch Heiligtümer, die die friedliche Kommunikation, ja die Verständigung zwischen Griechen und Nichtgriechen förderten. Dies änderte sich erst mit einem Großereignis, mit den Perserkriegen, genauer gesagt, mit der Art, wie die Griechen diese geführt, verstanden und gedeutet – und zu einem Bestandteil ihrer intentionalen Geschichte gemacht haben.

Gegen die Bedrohung durch die persische Supermacht appellierten die zur Abwehr entschlossenen griechischen Staaten an das griechische Zusammengehörigkeitsgefühl, das in diesem Kontext im Jahre 481 v.Chr. erstmals politisiert wurde. Da sie von den gewaltigen, in Asien mobilisierten Ressourcen des persischen Großkönigs Xerxes bedroht waren, sahen sie in ihrem Gegner das Barbaricum schlechthin. Es gab aber nicht nur den Gegensatz zwischen Hellenen und Barbaren, sondern dieser wurde in der Deutung des Geschehens, so schon bei Aischylos und dann massiv bei Herodot, im Sinne einer grundsätzlichen Auseinandersetzung gedeutet: Die Griechen standen für Freiheit, Ordnung und Zurückhaltung, die Perser für Herrschaft, Unordnung und Hybris. Diese Züge wurden dann Merkmale des Barbarischen schlechthin.

▷ S. 30ff. Mittelmeerwelt vom 6. b 4. Jahrhunder

Vorgehen der Forschung
Schlüsselbegriffe und Konzepte
Identität und Alterität

Zugleich wurde diese Gegensatzfigur gleichsam in die Vergangenheit verlängert. Ältere Auseinandersetzungen, die man für historisch hielt, wurden ebenfalls als Ausdruck des konfliktuösen Verhaltens gesehen, so etwa der Trojanische Krieg. Schon das Proömium Herodots zeigt, dass sich daraus ganze Geschehensketten knüpfen ließen – übrigens, wie das Beispiel lehrt, auch auf der anderen Seite [GEHRKE, Gegenbild].

Diese Gegensatzfigur wurde noch durch weitere Elemente angereichert, die insbesondere die Wildheit und Brutalität der Barbaren, andererseits ihre Weichlichkeit und Üppigkeit, jedenfalls ihre Maßlosigkeit demonstrierten. In literarischen Werken und Darstellungen der Bildkunst wurden daraus topische Züge, in der Philosophie wurde das diskutiert und zusätzlich stilisiert, so etwa in Aristoteles' Position, dass die Barbaren, als Unfreie unter der Herrschaft des Großkönigs zufrieden, von Natur aus Sklaven seien. Die Polarität Griechen-Barbaren ließ sich durch andere Begriffspaare wie Freie-Sklaven, Maß-Maßlosigkeit, Kontrolle-Zügellosigkeit usw. umschreiben und damit definieren. Alle diese Begriffe waren komplementär, zugleich aber auch referentiell: Die positiven Elemente der einen Seite waren gerade das, was dem Anderen abging. Die Differenz steigerte sich zum Gegenteil, ein Pluszeichen war durch ein Minus ersetzbar.

Solche Relationalität von Fremdbildern ist durchweg verbreitet, ja eine klassische Ausprägung des Ethnozentrismus. Bei den Griechen hatte sie allerdings einen spezifischen Charakter, der nun für den Barbarenbegriff insgesamt typisch ist: Der Bezug auf das Selbst war so stark, dass die negativen Seiten, die den Barbaren zugeschrieben wurden, durchaus die Seiten waren, die man bei sich selbst als negativ empfand. Psychologisch gesprochen, hatte man diese abgespalten und auf andere, die Barbaren, projiziert. Das verlor sich jedoch nicht in der Tiefe der Verdrängung, sondern blieb den Griechen immer bewusst. Die Maßlosigkeit und Hybris, die sie bei den Barbaren verachteten, war die Zügellosigkeit und Machtgeilheit, die ihr politisches Leben weithin charakterisierte, den griechischen Tyrannen nicht anders als den persischen Großkönig. Die deutlich normative Seite des Gegensatzdiskurses verhinderte, dass er völlig ethnisiert wurde. Man konnte auch den Griechen barbarisches Verhalten vorwerfen, und tat dies auch hinreichend oft – aus gutem Grund, können wir sagen, zumal wir das Wort ‚barbarisch' durchaus auch noch in diesem moralischen Sinne verstehen.

Daneben konnte es den anständigen, gebildeten, weisen Barbaren geben, durchaus nicht nur als Figur der verkehrten Welt. Die Gegensatzfigur war also – auch in ihrer vollendeten Ausprägung – kein eindeutig völkisch-rassistischer Begriff und in sich durchaus komplex. Da sie überdies auch Ergebnis intellektuell-künstlerischer Prägungen war und auch in diesem Milieu Wettstreit und Konkurrenz das griechische Lebenselixier bildeten, geriet auch das Konstrukt selbst in die Diskussion: Bereits im 5. Jh. betonten sophistische Gelehrte gerade die Künstlichkeit und Unnatürlichkeit dieser Gegensatzfigur (Antiphon B 44 B).

Hinzu kommt noch, dass im realen Verhalten, im Wirtschaftsleben, in der sozialen Kommunikation, im politischen Agieren sich gar kein halbwegs einheitliches Umgehen mit den Barbaren ergab. Mochte der Diskurs noch so fein ausgestaltet sein, mochten die Griechen über ein ganzes Reservoir elaborierter Barbarenbilder verfügen, sie haben sich den Nichtgriechen gegenüber von den Bildern wenig beeinflussen lassen, haben mit ihnen Geschäfte gemacht, Gastfreundschaften gepflegt und sich nicht zuletzt mit ihnen politisch verbündet – auch gegen Griechen.

Für die kollektive Zuordnung der Griechen war ohnehin eine ganz andere Kategorie maßgeblich: die Polis. Die wesentlichen Bezugspunkte waren das Haus (griech. *oíkos*) und die zentrale politische Gemeinschaft. Die elementare Namengebung zeigt das: Wo bei uns der Familienname steht, hatten die Griechen das Ethnikon, die Herkunftsbezeichnung, etwa: Heraklit von Ephesos, Thukydides von Athen, Gorgias von Leontinoi usw. Und da, wo es jenseits der Polis, oft aufgrund der Persistenz älterer, tribaler Zuordnungen, Bundesstaaten gab, wurde neben dem Namen der Föderation auch die Polis angegeben; man war Tegeat oder Arkader aus Tegea, Alyzeier oder Akarnane aus Alyzeia usf. Die Polis als soziale, politische und religiöse Gemeinschaft blieb der zentrale Bezugspunkt der kollektiven Identität – über Jahrhunderte hinweg. Ihre Grenze nach außen war relativ strikt. Dies kommt nicht zuletzt darin zum Ausdruck, dass Integration in die Bürgerschaft, hier durch Verleihung des Bürgerrechts, sehr selten war.

Die erwähnten alten Grundeinheiten, wie Phratrien, Phylen o.ä., waren auch Untergliederungen der Polis. Zugleich schufen sie über die Polisgrenzen hinweg ein Band. Wie man schon längst gesehen hat, haben sich die frühen Polisstrukturen genau in der Zeit herausgebildet, in der sich auch ein gesamtgriechisches Zusammengehörigkeitsbewusstsein entwickelte [HEUSS]. Im Unterschied zur Polis blieb dieses aber auf das kulturell-religiöse Milieu begrenzt und bildete nicht den Drehpunkt des politischen Verhaltens und alltäglicher Integration. Dieser war vielmehr die Polis, in der mitzuwirken und mitzugestalten auch Bestandteil griechischen Freiheitsempfindens und damit griechischer Identität wurde.

Immerhin haben die Vorstellungen griechischer Gemeinsamkeit und die damit verbundenen primär religiösen Praktiken, Kommunikationen und Organisationsformen wohl verhindert, dass sich die häufigen Konflikte zwischen den griechischen Poleis zu unüberwindlichen Erbfeindschaften mit schroffen, zwischen den Poleis artikulierten Alteritätsvorstellungen ausformten. Solche gab es in Ansätzen, etwa zwischen Thebanern und Athenern. Aber obwohl jene noch im Jahre 404, am Ende des Peloponnesischen Krieges, die Zerstörung Athens gefordert hatten, schlossen sie noch nicht einmal zehn Jahre später mit ihm ein Bündnis gegen ihren seinerzeitigen Alliierten Sparta.

Politisch war ‚das Griechische', wie schon erwähnt, in der Konstellation der Perserkriege geworden, wenn auch nur begrenzt. An diese Zeit hat man jedoch, im so genannten Panhellenismus, später immer wieder beschwörend appelliert. Das geschah regelmäßig in ‚Sonntagsreden', z.B. bei den panhellenischen Olympischen Spielen; und es war Ausdruck der Verzweiflung von – eher polisübergreifend lebenden und denkenden – Intellektuellen über die ständigen Kriege und Auseinandersetzungen innerhalb der griechischen Welt. Jedenfalls wurde aus dem Panhellenismus nie ein richtiges politisches und als solches wirksames Programm – höchstens als Demosthenes ihn von den Persern auf die Makedonen und deren König Philipp II. übertrug, die damit wiederum ‚barbarisiert' wurden.

Auch Philipp selbst operierte, nach seinem Erfolg von Chaironeia (338 v.Chr.), mit der

▷ S. 143ff.
Die antiken Menschen in ihren Nahbeziehungen

Vorgehen der Forschung
Schlüsselbegriffe
und Konzepte
Identität und Alterität

Reminiszenz an die Perserkriege, aber erst, als er sich im Besitz der Macht über Griechenland wusste. Der Panhellenismus war keine Idee im Sinne einer modernen Ideologie, mit der man größere Massen für eine Sache begeistern und konkret mobilisieren konnte. Er konnte politisches Verhalten demonstrativ verbrämen oder propagandistisch begleiten, aber er gewann keine Dynamik und kein Eigengewicht, er bildete keinen echten Machtfaktor; und schon gar nicht war er eliminatorisch. Auch dies ist für den Barbarendiskurs der Griechen wichtig: In sich keineswegs kohärent, alles andere als rein ethnisch determiniert, mit ganz unterschiedlichen Verhaltensweisen kompatibel, taugte er auch nicht als Element radikaler, auf grundsätzliche Unterdrückung oder gar Ausrottung zielender Ideologie oder als für sich und aus sich heraus mobilisierender Machtfaktor.

Hellenistische Identifizierungen. Die Grenze zwischen Griechen und Nichtgriechen, zwischen Hellenen und Barbaren war also keineswegs im Sinne einer streng biologischen Scheidung gezogen, sondern ging immer auch mit moralischen Standards einher. Dennoch war sie auch in der Form ‚verdinglicht', dass die Zugehörigkeit zu den beiden Großgruppen durch Abstammung bedingt war, insofern eben die Barbaren nicht in dem Hellenen-Stemma auftauchten. Aber auch das führte nicht zu einer strikten und exkludierenden Grenzziehung; denn, wie wir schon gesehen haben, die Zuschreibungen konnten sich auch ändern, Beziehungen konnten – zumal bei entsprechenden realen Voraussetzungen und politischen Interessen – neu definiert werden. Und da es in Griechenland keine Zentralinstanz zur Pflege des kulturellen Gedächtnisses gab, konnten sogar unterschiedliche Versionen nebeneinander existieren und je nach Lage Bedeutung und Geltung erlangen. Verwandtschaftsbeziehungen, die sich im Vergangenheitszeitraum des griechischen Mythos erzählt und tradiert fanden oder sich durch neue Werke etwa in diesen integrieren ließen, konnten als solche akzeptiert und zur Begründung oder Legitimierung eigenen Handelns benutzt werden – mochten sie auch sogar ad hoc erfunden sein; auf die Akzeptanz kam es an. Mit auf solchem Weg zustandegekommenen Verwandtschaftsbeziehungen ließ sich auch die Grenze zu den Barbaren überschreiten, zumal gerade bedeutende Helden des griechischen Mythos zwar wegen des höheren Alters der sie behandelnden Sagen nicht zum Hellenen-Stemma gehörten, aber doch unzweifelhaft griechisch und mit bestimmten griechischen Poleis verbunden waren. So kursierte im 5. Jh. eine verbreitete Geschichte, nach der die Bürger von Argos deshalb nicht auf griechischer Seite an den Perserkriegen teilgenommen hätten, weil Perses, der Eponym der Perser, ein Sohn ihres ‚Nationalheros' Perseus war (Herodot 7, 150). Sogar im Konfliktkontext konnten also auch Geschichten von durchlässigen Grenzen existieren, konnte Alterität durch eine Version von Identität durchkreuzt werden.

In der Zeit der großen Expansion der Griechen und ihrer Lebensweise, die durch Alexanders Unterwerfung des Orients ermöglicht und begünstigt wurde, also in der hellenistischen Epoche und in dem dabei entstandenen Milieu forcierter kultureller Kontakte und Austauschprozesse, haben sich diese Tendenzen noch verstärkt. Solche Beziehungen, in welchem Sinne auch immer, positiv oder negativ, freundschaftlich wie feindschaftlich, wurden jeweils in den Vergangenheitsraum zurückverlagert und in der inten-

▷ S. 53ff.
Die Hellenisierung der Mittelmeerwelt

369

tionalen Geschichte verankert. Sie konnten dann als Geschichte – mit allen daraus resultierenden Verbindlichkeiten und Verpflichtungen – ernst genommen werden. So konnten auch Verbindungen zu Völkern geschlagen werden, die den Griechen durchaus fremd waren und zwischen denen und den Griechen es auch gewaltsam ausgetragene Konflikte und beidseitige Tendenzen der Abgrenzung gab. Das lässt sich gerade am Beispiel der Juden und Römer zeigen, die uns ohnehin aus dieser Epoche neben den Griechen am besten bekannt sind.

Bei allen Diskrepanzen konnte Nähe dabei auf zwei Weisen bzw. in zwei verschiedenen Graden erzeugt werden. Die erste Stufe bestand darin, dass die Griechen das fremde Volk mit einem älteren identifizierten, das ihnen aus ihrem eigenen Mythos sehr vertraut war. Dabei handelte es sich aber nicht nur um eine bloße interpretatio Graeca. Vielmehr wurde das auch bei den anderen Völkern oder in dortigen, an Kontakten mit den Griechen interessierten oder sonst am Griechischen orientierten Kreisen übernommen und sogar Bestandteil von deren intentionaler Geschichte. So brachte man, wegen der Namensähnlichkeit, das jüdische Zentrum Jerusalem als Hierosolyma mit dem zwar nicht griechischen, aber schon bei Homer bezeugten und positiv konnotierten, also entsprechend im griechischen Vergangenheitsraum situierten Volk der Solymer in Verbindung. Jerusalem war dann die heilige Solymerstadt, was nun sowohl die von den Griechen vermerkte besondere Frömmigkeit der Juden als auch den Status ihrer Hauptstadt ziemlich realistisch, also im Sinne der Konstruktion plausibel widerspiegelte. So konnten dann bei jüdischen Autoren (wenn auch nicht im mainstream) die Solymer auch zu Bewohnern Judäas werden.

Viel bekannter ist das Beispiel der Römer, die über den Flüchtling Aeneas ja Abkömmlinge der Trojaner waren. Sie gehörten damit schon in den griechischen Vergangenheitsraum. Es gab aber auch Vorstellungen, nach denen sie direkt mit griechischen Gruppen verwandt waren. Selbst fremde Völker mit deutlichen Eigentraditionen und sogar machtpolitischer Überlegenheit konnten also in den griechischen Horizont integriert werden. Viele andere, die sich selbst der griechischen Lebensweise mit Haut und Haaren verschrieben hatten, haben sich nicht nur selbst hellenisiert, sondern gingen auch im griechischen Vergangenheitsraum auf. Ihre Zuordnung wurde in die Vergangenheit projiziert, sie wurde ‚verdinglicht', indem dies allgemein akzeptiert wurde. Dann waren sie Griechen. Das Konzept des Hellenentums war also prinzipiell offen, das Alteritätspaar Hellenen und Barbaren markierte nun gar keine unüberbrückbare Kluft mehr. Jeder konnte Hellene werden und dafür bildete sich auch ein Bewusstsein heraus.

Das war auch möglich, weil man jetzt gerade die nicht-ethnischen, also ethisch-moralischen Aspekte der Antithese akzentuierte. Nach wie vor wurden die Griechen verstanden als Gruppe mit gemeinsamen Lebensstilen und Traditionen, mit gemeinsamer Kultur, und das war im Hellenismus quicklebendig. Aber hinzukommen konnte prinzipiell jeder, der auf diesen Gebieten Anschluss suchte und fand. Aber mehr noch: Als besonders charakteristisch für das Griechische galt neben der Orientierung an den Gesetzen und an der Polis die Vorliebe für die Bildung und die Sprache (Strabon, *Geographie* 1, 4, 9). Das Barbarische wurde immer mehr zum Synonym für das Rohe und Ungebildete. Im Umkehrschluss hieß das aber: Griechisch war mit ‚ge-

Vorgehen der Forschung
Schlüsselbegriffe
und Konzepte
Identität und Alterität

Wenn es darum ging, die aufstrebende Macht Rom in ihren eigenen Geschichtshorizont zu integrieren, waren die Griechen findig – und erfinderisch. Da war zunächst **Aeneas**: Die Zentralfigur der römischen Gründungsgeschichte knüpfte eine direkte Verbindung zu ihrem eigenen Vergangenheitsraum, war er doch Trojaner. Das waren zwar im Mythos die Gegner der Griechen, konnten aber auch Sympathieträger sein. Auf jeden Fall waren sie den Griechen gerade in ihrem wichtigsten historischen Mythos nahe und vertraut.

Und auch den zweiten Schritt der Integration ihrer römischen Nachbarn vollzogen die Griechen, sie stellten sie in eine direkte Abstammungslinie mit sich selbst. Wohl um 200 v.Chr. bildete sich eine mythistorische Variante heraus, nach der Rom ursprünglich von Arkadern besiedelt, also eine griechische Stadt war. Es gab in Rom offenbar dafür sogar entsprechende Erinnerungsorte (lieux de mémoire). So findet Aeneas in Vergils *Aeneis* auf dem Boden Roms, das später von seinen Nachkommen Romulus und Remus neu gegründet wird, bereits eine griechische, nämlich arkadische Siedlung vor. Daneben gab es aber auch die Variante, dass die Sabiner von einem Mann spartanischer Herkunft namens Sabo abstammten. Und weil die Römer ja erst durch den Raub der Sabinerinnen mit ihrer Reproduktion beginnen konnten, waren sie wenigstens mütterlicherseits mit den Spartanern verwandt, also Halbgriechen. Auch dies reflektiert die Wahrnehmung einer Ähnlichkeit, nämlich mit den kriegstüchtigen und disziplinierten, bescheiden lebenden Spartanern.

Bild: Rückseite eines Denar des Gaius Julius Caesar, 47–46 v.Chr., Münzsammlung des Seminars für Alte Geschichte der Universität Freiburg, Inv. 292.

Literatur: H. STRASBURGER, Zur Sage von der Gründung Roms [1968], in: DERS., Studien zur Alten Geschichte, Hildesheim/New York 1982, 1017–1055; TH. MAVROGIANNIS, Aeneas und Euander. Mythische Vergangenheit und Politik in Rom vom 6. Jh. v.Chr. bis zur Zeit des Augus-

bildet', im sprachlich-rhetorischen Sinne vor allem, aber natürlich auch gedanklich und mit Blick auf die Inhalte literarischer Tradition, konnotiert. Wer gebildet war, war eigentlich Grieche. Man billigte also ‚Barbaren' nicht allein solche Werte zu, sondern zeigte gerade dann immer hohe Integrationsbereitschaft. Dieser Aspekt der Identifizierung kraft Bildung wurde naturgemäß in der griechischen Philosophie, vor allem in der ohnehin kosmopolitischen Stoa, ausgeprägt. Wir können uns hier im Wesentlichen auf Eratosthenes (3. Jh. v.Chr.) stützen. Aber wir bewegen uns damit nicht nur im luftigen Bereich der Theorien. Denn wie wir gesehen haben, wirkte die Akkulturation im praktischen Bereich auch in der Breite, z.B. bei Kulten und Festveranstaltungen, besonders den in Griechenland so beliebten und für die Griechen so charakteristischen Wettbewerben (griech. *agṓnes*, Sing.: *agṓn*). Hellenozentrisch blieb dies alles aber gerade in diesen Elementen, denn das Barbarische als asymmetrische Gegengestalt existierte nach wie vor.

Römer und Nicht-Römer. Von der Integration der Römer in den griechischen Vorstellungshorizont war schon die Rede. Diese war allerdings das Ergebnis eines längeren Prozesses, dessen gedankliche Prägung ganz von griechischer Seite erfolgt ist. Wir haben klare Anhaltspunkte dafür, dass die Konzeption von Identität und Alterität bei den Römern ursprünglich anders konstruiert war. Und diese alten Traditionen haben auch über die Phasen der griechischen Beeinflussung hinweg, die wir immer wieder beobachten können und die im 2. Jh. v.Chr. kulminierte, Bedeutung behalten. Greifen lassen sich diese frühen Zusammenhänge, wie manches andere, vor allem deshalb, weil die Römer gerade religiöse Praktiken über extrem lange Zeiträume hinweg beachtet und bewahrt haben. Besonders signifikant ist in unserem Zusammenhang die Qualifizierung des Raumes.

Es ist beobachtet worden, dass primordiale Gesellschaften, besonders Pflanzergemeinschaften, kategorisch unterscheiden zwischen einem ‚Eigen-Raum', ‚ihrem' Gebiet, ‚ihrer' Heimat, einer Zone der Nähe, die in ihrem Dorf zentriert ist und zu dem das von ihnen jeweils bearbeitete Land, also entsprechend gerodete und kultivierte Areal gehört. Um dieses Gebiet herum ist das Reich des Unheimlichen, Beängstigenden, Feindseligen und Furchterregenden, das entsprechend konnotiert und semantisiert wird. Beide sind magisch abgegrenzt und diese Grenzziehung ist wesentlich für die Gruppenidentität und die Vorstellung vom Anderen, der als Bewohner des Außen-Raums rasch in die Nähe des Monsters gerät und mindestens prinzipiell bedrohlich ist [MÜLLER].

Eine ziemlich genau vergleichbare Raumvorstellung findet sich nun bei den Römern. Sie war durch und durch sakral ausgestaltet und geht allem Anschein nach auf die Etrusker zurück. Die kardinale Unterscheidung war exakt die zwischen ‚Heim' und ‚heimelig' sowie ‚Nicht-Heim' und ‚feindselig, unwirtlich', nämlich *domi* und *militiae*: Innen war man ‚behaust' und draußen herrschten Gewalt und Krieg. Die Grenze zwischen beiden Zonen, das *pomerium*, war sakral definiert. Zugleich wurde ein mit ihrer Konstituierung verbundener Ritus, das Ziehen einer begrenzenden Ackerfurche, des *sulcus primigenius*, nicht nur bei jeder Koloniegründung wiederholt, sondern auch im kulturellen Gedächtnis der Römer überdeutlich markiert: Bei der Gründung Roms hatte Romulus eine solche Furche gezogen, sein Bruder Remus hatte sie verächtlich übersprungen und wurde daraufhin von Romulus getötet: eine Kains-Tat, aber positiv konnotiert, gerade im Blick auf die Schutzlinie zwischen außen und innen. Auch wenn die Wirklichkeit damit nicht übereinstimmte, fiel diese Linie in der Vorstellung mit der Begrenzung bzw. Ummauerung der Stadt zusammen, wie schon die antike Etymologisierung (*pomerium* von *post-moerium* = Raum *post murum*, d.h. ‚hinter der Mauer') zeigt.

Um das pomerium herum gab es noch eine weitere Begrenzung, die ursprünglich das Ackerland als eigenes Territorium umschloss. Sie war – innerhalb der römischen Auguraldisziplin – ebenfalls sakral definiert; und in dieser Optik wurde der Außenraum als *tesca* = Wildnis bezeichnet. Die kategorische Unterscheidung zwischen Innen und Außen wurde von den Römern rituell strikt beachtet, nicht zuletzt bei allen kultischen Handlungen, die mit dem Beginn oder der Beendigung eines Krieges zusammenhingen, der als solcher ebenfalls sakral definiert war [RÜPKE]. Es war nicht so, dass gleichsam der Kriegszustand als Normalzustand galt, der durch Frieden nur befristet unterbrochen war. Aber die Vorstellung, dass ‚Draußen' eine bedrohliche Sphäre war, in der sich kriegerische Handlungen abspielten, die ihrerseits im Inneren nichts zu suchen hatten, war verbreitet.

Nun kann man gerade in Rom eine ganz deutliche Einbettung der religiösen Konzepte und Rituale im gesellschaftlichen Leben feststellen. Beides war unlöslich miteinander verwoben, jede Aussage über die Religion ist auch eine Aussage über die Gesellschaft – und vice versa. Das bedeutet aber nicht, dass die Römer gleichsam eine geistliche Gemeinschaft nach Art einer Mönchsgemeinschaft oder eines Ritterordens bildeten, sondern eher, dass die sozialen Rang- und Machtvorstellungen

Vorgehen der Forschung
Schlüsselbegriffe
und Konzepte
Identität und Alterität

auch im religiösen Bereich herrschen und zugleich auch angesichts religiöser Vorstellungen als normal galten. Beide Kategorien konnten – jedenfalls ursprünglich – gar nicht geschieden werden. Die sakrale Grenzziehung war mithin auch ein soziales Phänomen und somit zugleich tief verankert in den römischen Weltvorstellungen und Sozialnormen.

Die Anderen, die Bewohner der ‚militiae-Zonen' konnten deshalb ganz schnell als bedrohlich, eben als Feinde (*hostes*) wahrgenommen werden. Dies musste geradezu die ‚natürliche' Vorstellung sein und ein wie auch immer gearteter nicht-feindseliger Umgang mit ihnen musste eigens ermöglicht werden. In der Tat kann man beobachten, dass die römische Mentalität markant vom Freund-Feind-Denken geprägt war und dass Rituale von Ab- und Ausgrenzung immer hohen Stellenwert hatten, man denke an den Triumph und die Gladiatur. Aber man darf es sich nicht zu einfach machen. Die Inkonsistenz, die wir schon im griechischen Umgang mit Alterität wahrnehmen konnten, äußert sich bei den Römern in Form einer klaren Ambivalenz. Krieg war, wie gesagt, kein Normalzustand, sondern wurde rituell begonnen und beendet. So war auch das Verhalten gegenüber den Menschen im Außenbereich nicht generell feindlich, sondern reguliert, in der erwähnten Verquickung von sozialen und religiösen Vorstellungen, Normen und Ritualen. Wenn man den Anderen bekriegte, so nur nach dem Vollzug von Kulthandlungen, die ihn eindeutig als Feind markierten. Er wurde dann auch entsprechend behandelt.

Daneben gab es aber auch Möglichkeiten, sich friedlich ins Benehmen zu setzen, sei es zur Vermeidung eines Krieges oder nach einem Krieg bzw. zur Beendigung eines Kriegszustandes, durch Vertrag, sei es unabhängig davon. Dabei kamen nun sehr strenge Regeln ins Spiel, die im sozialen Leben wechselseitige Nähe zum Ausdruck brachten, die *amicitia* (Freundschaft) unter Gleichrangigen und die *clientela* bzw. *fides* (Schutzverhältnis) zwischen Hochrangigen und sozial Schwächeren. Wenn man auf sie zurückgriff – und das taten die Römer auch in ihren ‚internationalen' Beziehungen –, dann kamen Normen der wechselseitigen Loyalität und Solidarität ins Spiel. Diese waren nicht minder wichtig als die Regeln von Abgrenzung und Feindschaft. Dies hatte historisch außerordentlich weitreichende Konsequenzen: Während die Griechen die Zugehörigkeit zur In-Group der Polis sehr restriktiv handhabten, waren die Römer mit der Gewährung von Klientelverhältnissen, ja sogar mit der Integration in ihren Bürgerverband wesentlich offener, ja, wie es scheinen könnte, großzügiger. Die Konstruktion radikaler Alterität wurde flankiert von Diskursen, Normen und Praktiken der Identifizierung. Das Verhältnis von Identität und Alterität war bei den Römern durchaus ambivalent.

▷ S. 174ff.
Die antiken Menschen in ihren Nahbeziehungen

▷ S. 226ff.
Die antiken Menschen in ihren Gemeinschaften

Aber beide Umgangsweisen mit dem Anderen waren doch nur zwei Seiten einer Medaille, eines doch sehr rigiden Alteritätsdiskurses. Denn Nicht-Feind zu sein bedeutete nicht ohne weiteres, dass man eine neutrale Position bewahren konnte. Wer mit den Römern langfristig in Verbindung kam, hatte nur zwei Optionen: Er konnte ihr Feind sein, und wenn er dies blieb, blieb er es im Zweifelsfall bis zu seiner physischen Vernichtung. Oder er konnte ihr Freund oder Klient sein bzw. werden. Dann war er ihnen so nahe, dass er auch Römer werden konnte – hatte aber seine ursprüngliche Identität auch verloren. Jedenfalls gehörte er zum römischen Milieu, das das Außen doch ängstlich-misstrauisch beäugte.

Es ist hier nicht der Platz, die cause célèbre von den Ursachen der Größe Roms wieder aufzunehmen. Aber die Wechselwirkung zwischen diesen religiös-sozialen Alteritätskonstruktionen und den wachsenden Erfolgen Roms, das über Jahrhunderte hinweg konsequent verfolgte Wechselspiel von kriegerischer Expansion und politisch-sozialer Integration, in dem der Sukzess immer wieder das Verhalten bekräftigte, waren eine wesentliche Grundlage dafür. Das *parcere subiectis et debellare superbos* („zu schonen, die sich unterwerfen, und zu vernichten die Anmaßenden") in den wichtigen Versen über die historische Bestimmung der Römer in Vergils *Aeneis* (6, 853) demonstriert prägnant und in lateinischer Kürze, dass die hier skizzierten Zusammenhänge im römischen Bewusstsein fest verankert waren.

So sieht auch das Bild aus, das sich die Römer von ihrem Reich gemacht haben und das dieses nach heutiger historisch-archäologischer Rekonstruktion darbietet. In der Kaiserzeit – Augustus hat dieses Konzept bewusst gefördert – bildete das ganze Imperium, zentriert um das Mittelmeer, beschützt von römischen Legionären und treuen Hilfstruppen, einen Raum des Friedens, der Ruhe und der Ordnung, ein riesiges ‚Zuhause'. An der Grenze, die massiv gezogen wurde, stand ein waffenstarrendes und Schrecken einflößendes Heer, herrschten die Regeln des Raumes *militiae*. Dieser hatte jetzt auch alle äußeren Accessoires des unheimlichen Raumes, in dem sich irgendwo ein ‚heart of darkness' verbarg. Finstere Urwälder gaben das Bild ab – das die nördlich-germanische Welt dankenswerterweise konkret physiogeographisch bestätigte. Hier konnten die Römer ‚zivilisieren', indem sie die Grenzen des Imperiums vorschoben und ausdehnten (*propagatio imperii*).

▷ S. 79ff.
Die Mittelmeerwelt im Imperium Romanum

Damit wurde der große Friedensraum im Inneren geschützt. Auch hier galt das Angebot: Zu- und Unterordnung oder Krieg und Vernichtung. Und auch hier gab es im Grenzraum selbst und im Vorfeld des Imperiums viel Austausch und Kontakt. Aber generell war die Außenwelt das Glacis des Weltreiches.

In der Perspektive des Imperiums mit ihrer scharfen Trennung von Innen und Außen wurde nun auch der Barbarenbegriff massiv aufgeladen. Die Römer waren aus griechischer Sicht zunächst selbst als Barbaren aufgefasst, dann aber in der oben skizzierten Weise in den griechischen Vorstellungs- und Vergangenheitsraum ‚integriert' worden. Als ‚Schüler' der Griechen hatten sie diese Sicht selbst übernommen und gerade vor diesem Hintergrund das Reich auch als zivilisatorische Einheit verstanden. Das Unzivilisierte, das dem Barbarenbegriff inhärent war, erhielt damit eine deutliche und ebenfalls komplementäre Zuspitzung: Die Wildheit der Barbaren war ihrem Lebensraum adäquat, sie lebten in den *margines*, als buchstäblich Marginalisierte, so feindlich wie die wüste Natur, die sie umgab. Von hier aus konnte der Barbar seine europäisch-okzidentale Karriere als Figur der Alterität und als Gegenfigur des jeweiligen Selbst beginnen.

Hans-Joachim Gehrke

Literatur
J. ASSMANN, Das kulturelle Gedächtnis. Schrift, Erinnerung und politische Identität in frühen Hochkulturen, München 1992.
P. L. BERGER/TH. LUCKMANN, Die soziale Konstruktion der Wirklichkeit. Eine Theorie der Wissenssoziologie, Frankfurt/M. 5. Aufl. 1977 [engl. 1966].

Vorgehen der Forschung
Schlüsselbegriffe und Konzepte
Identität und Alterität

R. Brubaker/F. Cooper, Beyond ‚Identity', in: Theory and Society 29, 2000, 1–47.

P. Cartledge, The Greeks. A Portrait of Self and Others, Oxford/New York 2. Aufl. 1997 [dt.: Die Griechen und Wir, Stuttgart 1998].

W. Essbach (Hrsg.), Wir/ihr/sie. Identität und Alterität in Theorie und Methode, Würzburg 2000.

H.-J. Gehrke, Zwischen Identität und Abgrenzung, in: Brockhaus. Die Bibliothek. Mensch – Natur – Technik, Bd. 6: Die Zukunft unseres Planeten, Leipzig/Mannheim 2000, 608–639.

Ders., Ethnos, Phyle, Polis. Gemäßigt unorthodoxe Vermutungen, in: P. Flenstedt-Jensen/Th. H. Nielsen/L. Rubinstein (Hrsg.), Polis and Politics, Kopenhagen 2000, 159–176.

Ders., Gegenbild und Selbstbild: Das europäische Iran-Bild zwischen Griechen und Mullahs, in: Hölscher 2000, 85–109.

Ders., Mythos, Geschichte und kollektive Identität. Antike exempla und ihr Nachleben, in: D. Dahlmann/W. Potthoff (Hrsg.), Mythen, Symbole und Rituale. Die Geschichtsmächtigkeit der Zeichen in Südosteuropa im 19. und 20. Jh., Bonn u.a. 2000, 1–24.

M. Halbwachs, La mémoire collective. Édition critique par G. Namer, Paris 1997 [dt.: Das kollektive Gedächtnis, Frankfurt/M. 1991].

J. Hall, Ethnic Identity in Greek Antiquity, Cambridge 1997.

F. Hartog, Le miroir d'Hérodote. Essay sur la représentation de l'autre, Paris 1980.

A. Heuss, Die archaische Zeit Griechenlands als geschichtliche Epoche [1949/1969], in: Ders., Gesammelte Schriften, Bd. 1, Stuttgart 1995, 2–38.

T. Hölscher (Hrsg.), Gegenwelten zu den Kulturen Griechenlands und Roms in der Antike, München/Leipzig 2000.

U. Hölscher, Das nächste Fremde. Von Texten der griechischen Frühzeit und ihrem Reflex in der Moderne, hrsg. von J. Latacz und M. Kraus, München 1994.

E. Lévinas, Autrement qu'être ou au-delà de l'essence, Den Haag 1974 [dt.: Jenseits des Seins oder anders als Sein geschieht, Freiburg/München 1992].

V. Losemann, Art. „Barbaren", in: Der Neue Pauly, Bd. 2, Stuttgart/Weimar 1997, Sp. 439–443.

K. E. Müller, Das magische Universum der Identität. Elementarformen sozialen Verhaltens. Ein ethnologischer Grundriß, Frankfurt/M./New York 1987.

L. Niethammer, Kollektive Identität. Heimliche Quellen einer unheimlichen Konjunktur, Reinbek 2000.

J. Rüpke, Domi militiae. Die religiöse Konstruktion des Krieges in Rom, Stuttgart 1990.

D. Timpe, Der Barbar als Nachbar, in: Chr. Ulf (Hrsg.), Ideologie – Sport – Außenseiter, Innsbruck 2000, 203–230.

M. Tomasello, The Cultural Origins of Human Cognition, Cambridge/Mass./London 1999.

R. Wenskus, Stammesbildung und Verfassung. Das Werden der frühmittelalterlichen gentes, Köln/Graz 1961.

Geschlecht und Geschlechterdiskurs

Ein ‚junger' Ansatz in Alter Geschichte. Die Kategorie des Geschlechts ist aus der aktuellen Geschichtsforschung so wenig wegzudenken wie jene der wirtschaftlichen Produktionsbedingungen, der politischen Institutionen und Praktiken oder der gesellschaftlichen Strukturen. Noch vor kaum einem Vierteljahrhundert gab es kaum einen Lehrstuhlinhaber einer deutschsprachigen Universität, der diese Aussage akzeptiert hätte: Geschlechtergeschichte ist, gemessen an anderen Teildisziplinen der historischen Forschung, ein sehr junger Ansatz. Daraus folgt erstens, dass die Debatten um Konzepte und Methoden aktuell und mit Diskussionslust geführt werden, zweitens, dass die geschlechtergeschichtlichen Publikationen zu einem breiten Strom angeschwollen sind und gleichwohl kaum eine seriöse Synthese vorliegt. Und drittens hat die ‚Jugendlichkeit' der Geschlechterforschung die wissenschaftspolitische Konsequenz, dass sie nach wie vor um tatsächliche Anerkennung durch die akademische Disziplin – die, als Kooptationssystem strukturell konservativ, Innovationen mit Misstrauen begegnet – zu kämpfen hat. Das ist allerdings kein Grund zu einer pessimistischen Einschätzung der Zukunft geschlechtergeschichtlicher Ansätze: Erinnern wir uns daran, dass die Sozialgeschichte mehr als ein halbes Jahrhundert brauchte bis zur Etablierung in der Historikerzunft.

▷ S. 335ff. Erkenntnismöglichkeiten in der Alten Geschichte

Geschlecht in der Geschichtsforschung. Der Begriff ‚Geschlecht' ist zum ‚Modewort' geworden und damit haben sich seine Konturen verwischt; unabdingbar ist deshalb zunächst eine klärende Eingrenzung. ‚Geschlecht' bezeichnet die Bedeutungen, die eine bestimmte Kultur einer bestimmten Epoche physiologischen Merkmalen zuordnet. Geschlecht ist deshalb eine historische – und nicht eine ahistorisch unveränderliche – Kategorie [Scott 1988]: Für jede Epoche und für jede gesellschaftlich-kulturelle Konstellation müssen wir immer wieder neu danach fragen, welche physiologischen Merkmale wahrgenommen, als Unterschiede zwischen Geschlechtern festgelegt und welche Bedeutungen mit diesen Unterschieden verknüpft werden. In diesem Prozess der gesellschaftlichen Definition der Geschlechter bilden sich die epochen- und kulturspezifischen Geschlechteridentitäten heraus. Diese beschränken sich keineswegs immer und überall auf eine simple Dichotomie von ‚Mann' und ‚Frau': je nach gesellschaftlicher Position und Lebenssituation lassen sich – etwa für Mädchen oder Sklaven, für Söhne oder Witwen – unterschiedliche Männlichkeiten und Weiblichkeiten oder Identitäten jenseits dieser Dichotomie feststellen. Diese Identitäten beruhen auf gesellschaftlichen Geschlechterdefinitionen, die – wie dies für kulturelle Strukturen oder ‚Schemata' allgemein gilt [Sahlins, Kapitel 5: „Struktur und Geschichte"] – einerseits gesellschaftliche Normen sind und sich andererseits durch die sozialen Praktiken in ständiger Veränderung befinden; mit anderen Worten: Das Handeln in gesellschaftlichen Zusammenhängen wird durch Geschlechternormen bestimmt und zugleich transformiert es diese durch ihre Umsetzung in die Praxis.

Geschlecht zeigt sich damit als ein entscheidender Aspekt des Bedingungsrahmens, in dem individuelles und gesellschaftliches Leben stattfindet: Die Marktfrau in Athen und der römische Feldherr, der vorsokratische Philosoph und die Gattin eines *princeps*, der

Vorgehen der Forschung
Schlüsselbegriffe
und Konzepte
Geschlecht und Geschlechterdiskurs

spartanische Krieger und der Freigelassene, Verwalter eines *latifundium* in Italien, sie alle handeln und denken im Rahmen der gesellschaftlichen, politischen, wirtschaftlichen und geschlechterspezifischen Position, die sie in ihrer Zeit einnehmen. Und gleichzeitig formt und verändert ihr Handeln, Denken, Wahrnehmen, Sprechen und Verhalten diesen Rahmen. Deshalb ist Geschlecht nicht nur eine nützliche [SCOTT 1988], sondern eine notwendige Kategorie der historischen Forschung, wenn wir Antworten finden wollen auf die Fragen nach Politik und Kriegen, Kunst und Wirtschaft, Gesellschaft und Religion in der Vergangenheit.

Eine solche Definition von Geschlecht als historischer Kategorie ist das Ergebnis von kontroversen Debatten in der Entwicklung der feministischen Theorie, die die Frauenforschung seit ihren Anfängen in den 1970er Jahren kritisch begleiteten [BOCK; DE LAURETIS; DUBY/PERROT; EGGER] und auch aktuell weitergeführt werden [SCOTT 1999, HONEGGER/ARNI]. Der hier skizzierte geschlechtergeschichtliche Ansatz ist denn auch heute keineswegs unumstritten: Entgegengehalten werden ihm die Forderungen, die historische Forschung müsse einerseits nach wie vor die Frage nach Frauen als Frauen und insbesondere nach der materiellen Realität ihrer Lebensbedingungen stellen [BENNETT; CULHAM; POMATA und MOSSÉ in DUBY/PERROT] und andererseits ihr Interesse auf eine Männergeschichte richten, welche Männer als geschlechtsspezifisch bestimmte Akteure der Geschichte erkennen lasse – denn erst mit dem Nachweis der Partikularität sowohl des männlichen wie des weiblichen Handelns werde es möglich sein, ‚den Mann' als universales historisches Subjekt zu entthronen [SEWELL JR., 78; BROD; ERHART/HERRMANN].

Trotz dieser Einwände scheint mir der eingangs umrissene *geschlechter*geschichtliche Ansatz für die Geschichtsforschung allgemein und speziell für die Alte Geschichte fruchtbar zu sein. Er schließt die Fragen nach Alltagswirklichkeiten von Frauen nicht aus und verhindert ebenso wenig die Thematisierung von Männlichkeiten; vielmehr erweitert er diese Problemstellungen, indem er die Begriffe von Frau und Mann in ihrer Relationalität untersucht und die Kategorie des Geschlechts in die ‚allgemeine Geschichte' integriert.

Geschlechterforschung in der Alten Geschichte. Die feministische Geschichtsschreibung begann sich später mit der Antike zu beschäftigen als mit den neueren Epochen der Geschichte. Dies mag am besonderen Gewicht der Tradition in den Altertumswissenschaften [SKINNER] und der entsprechenden Zurückhaltung gegenüber Neuansätzen liegen, jedoch auch an der besonderen Ausgangslage: Die Alte Geschichte konnte nicht einen Fundus neu zu entdeckender Quellen erschließen, worin Frauen als schreibende und handelnde Subjekte greifbar wären – wie dies in der neueren Geschichte mit Tagebüchern und Briefwechseln, Gerichtsprotokollen und oral-history-Interviews möglich war. Die Altertumswissenschaften arbeiten mit einem Korpus von Quellenmaterial, das sich zwar mit der Entzifferung von weiteren Papyri, mit der Entdeckung neuer Inschriften oder dank aktueller Grabungsergebnisse in Einzelheiten, aber nicht grundlegend verändert. Allerdings zeigt sich gerade vor diesem Hintergrund, dass historische Erkenntnis nicht gleichsam selbstständig aus den ‚Quellen' fließt, sondern erst mit den Fragen und Lektüremethoden einer systematischen Analyse erschlossen wird: Auch aus dem al-

▷ S. 291ff.
Technik:
Die Arbeit
mit Quellen
zur Antike

ten, bekannten und viel kommentierten Quellenkorpus der klassischen Texte lassen sich neue Ergebnisse erarbeiten, wenn es mit neuen Fragestellungen und den entsprechenden Lektüreansätzen konfrontiert wird. Aus diesem Grunde sind gerade für die Alte Geschichte die oben skizzierte Geschlechterkonzeption und ihre textanalytischen Methoden von entscheidender Bedeutung. Gestützt auf die „subversiven Formen moderner Literaturtheorie" [Cameron, 10], die den Strukturalismus des ‚linguistic turn' in Form von Dekonstruktion und Diskursanalyse zugleich weiterführten und überwanden, entwickelte die feministische Reflexion über die Kategorie ‚Geschlecht' Lektüremethoden, mit denen das klassische Korpus ‚gegen den Strich' gelesen werden kann: gegen den Strich der jahrhundertealten editorischen und interpretatorischen Arbeit, welche uns die Texte zugänglich macht und zugleich bestimmte Formen der Lektüre auferlegt, gegen den Strich jedoch auch der antiken Texte, die weder Männlichkeit noch Weiblichkeit thematisieren, in die sich die gesellschaftliche Definition der Geschlechter aber gleichwohl einschreibt [Späth, Texte et Tacite, 11–33].

Mit der Frage nach Weiblichkeit und Männlichkeit und damit nach den Geschlechterdiskursen ist aber nur einer unter verschiedenen Ansätzen der Frauen- und Geschlechtergeschichte angesprochen [Egger; Scheer; Schmitt Pantel]. In der Entwicklung der frauengeschichtlichen Arbeiten seit den 1970er Jahren, auf deren Grundlage die Geschlechtertheorie erst entstehen konnte, lassen sich – grob skizziert – zwei Etappen unterscheiden: Die ‚Entdeckung' der Frauen als Forschungsgegenstand der Alten Geschichte in den Anfängen und die historisch-anthropologische Erschließung neuer Forschungsbereiche für die Geschichte. Allerdings wäre es verfehlt, diese ‚Etappen' gleichsam als überwunden zu betrachten; vielmehr bilden heute all diese Ansätze eine Vielfalt unterschiedlicher Perspektiven, mit denen die Geschichtsforschung Frauen und Männer und die Formen ihrer Konstituierung durch die Geschlechterdiskurse ihrer Kulturen und Epochen problematisiert.

Die Anfänge: Akkumulation von Wissen über Frauen. „Göttinnen, Huren, Ehefrauen und Sklavinnen" gaben einem der einflussreichsten Pionierwerke den (englischen) Titel [Pomeroy] und dieser Titel war Programm: Frauen sollten in der Alten Geschichte in all den unterschiedlichen Weisen ihrer historischen Existenz einen Platz erhalten genauso wie die Feldherren, Politiker, Dichter und Philosophen, die seit Beginn als selbstverständlicher Untersuchungsgegenstand der Geschichtsforschung galten. Die Frauen der Antike mussten keineswegs neu ‚entdeckt' werden: Seit dem 17. Jh. waren sie Gegenstand historischer Romane und antiquarischer Schriften [Blok 1987]. Aber sie mussten für die Geschichte entdeckt, aus den von der Historikerzunft an den Rand der wissenschaftlichen Geschichte gedrängten ‚Sittengeschichten' ins Zentrum der historischen Forschung gerückt werden. Frauengeschichte verstand sich zunächst als das Bemühen um eine identitätsstiftende Geschichtsschreibung [Kuhn; von Borries, 71–79], als eine Suche nach der Tradition einer – meist nicht explizit diskutierten, sondern gleichsam vorausgesetzten und universalen – weiblichen Identität in der Vergangenheit. Es ging in einem ersten Schritt um das Sammeln aller möglichen Zeugnisse über Frauen der Antike. Das Inhaltsverzeichnis von Pomeroys Buch ist be-

Vorgehen der Forschung
Schlüsselbegriffe
und Konzepte
Geschlecht und Geschlechterdiskurs

zeichnend für diese erste Phase der Frauengeschichte: Einige Kapitel sind schlicht den Frauen in den verschiedenen Epochen von der Bronzezeit über die ‚Dunklen Jahrhunderte' bis zum Hellenismus und der Späten römischen Republik gewidmet; andere beschäftigen sich mit spezifischen Gruppen von Frauen – mit den römischen *matronae* etwa, d.h. den verheirateten Frauen, oder den Frauen der Unterschichten – oder mit Frauen in spezifischen Funktionen, beispielsweise in religiösen Ritualen. Ein letzter Betrachtungsrahmen schließlich gilt der Darstellung von Frauen bei bestimmten Autoren oder in der Literatur einer Epoche überhaupt. Das große Gewicht dieser Studien über ‚Frauen bei …' zeigt sich deutlich in den Beiträgen zu einem *Women in the Ancient World* betitelten Band [PERADOTTO/SULLIVAN]. Darin finden sich Aufsätze zu Frauenfiguren in der *Odyssee*, bei Hesiod, in den griechischen Tragödien, bei Platon, Ovid, in der römischen Elegie und bei Prokop zusammengestellt, die in zwei Nummern der Zeitschrift *Arethusa* – die mit *Helios* wohl zu den ältesten altertumswissenschaftlichen Zeitschriften mit regelmäßigen frauen- und geschlechtergeschichtlichen Beiträgen gehört – 1973 und 1978 erschienen sind.

Gemeinsam ist diesen und anderen frühen Studien der Frauengeschichte die Überzeugung, dass die Antike durch „Vorurteile gegen Frauen" [so die ersten Worte bei PERADOTTO/SULLIVAN, 1] und Frauenfeindlichkeit geprägt war; sie entwickelten eine eigentliche ‚Geschichte der Defizite', die ihren Blick auf die gesellschaftliche Diskriminierung von Frauen der Antike richtete, wobei meist unausgesprochen die Aktualität der 2. Hälfte des 20. Jh. und die Forderungen der Frauenbewegung als Vergleichskriterium dienten. Der für jede Geschichtsforschung geltende Grundsatz, dass historisches Fragen immer von der aktuellen Gegenwart ausgeht, zeigt sich in diesem ‚Benachteiligungs-Topos' genauso deutlich wie in der genannten Suche nach einer identitätsstiftenden Geschichte.

Von Beginn an beschränkte sich die Frauenforschung nicht auf die traditionellen Quellen der althistorischen Forschung, d.h. auf die epigraphischen, historiographischen, rhetorischen und juristischen Texte. Sie zog vielmehr auch poetische und epische Texte, Tragödien und Komödien sowie archäologische Materialien heran, um Antworten auf die Frage nach den weiblichen Lebensbedingungen zu erarbeiten. Damit zeigte sich die Frauengeschichte seit ihren Anfängen als umfassender Ansatz, der sich in frischer Frechheit über die disziplinären Grenzen der Altertumswissenschaften hinwegsetzte. Was dabei aus heutiger Sicht vielfach erstaunt, ist die geringe Beachtung, die der Frage des komplexen Verhältnisses von Wirklichkeit und Text geschenkt wurde. Besonders deutlich wird dies im besonderen Interesse für mythische Frauengestalten wie den Amazonen, in deren Darstellung in literarischen Texten, plastischen und gemalten Bildern manche direkt und ohne methodologische Skrupel die Spuren eines matriarchalen Gegenentwurfs zu den männlich geprägten Gesellschaftsordnungen lesen zu können glaubten [kritisch dazu: WAGNER-HASEL 1992; BLOK 1995].

Neue Forschungsgebiete für die Geschichte. Das Interesse der feministischen Forschung, Frauen in der Geschichte sichtbar zu machen – *Becoming Visible* war der programmatische Titel eines der ersten kollektiven Bände der Frauenforschung [BRIDENTHAL/KOONZ] –, traf sich seit den 1980er Jahren mit geschichtstheoretischen Ansätzen wie

Vorgehen der Forschung
Schlüsselbegriffe und Konzepte
Geschlecht und Geschlechterdiskurs

der ‚microstoria' und der Alltagsgeschichte. Zusammen mit der gleichzeitigen kritischen Diskussion und schließlich der Aufgabe des diffusen Begriffs der ‚Mentalitäten' öffneten diese neuen Sichtweisen die Geschichtsforschung sozialanthropologischen Ansätzen. Damit erschlossen sich neue Lebensbereiche als Forschungsgegenstand für die Geschichte: Krankheit und Körpervorstellungen etwa oder Schwangerschaft, Geburt, Kindheit, Tod, Heirat, Verwandtschaftsbeziehungen, religiöse Rituale, politische Kommunikationsformen. In diesen Lebensbereichen aber nehmen Frauen eine sehr viel zentralere Stellung ein als in den politisch-militärischen, wirtschaftlichen oder verfassungshistorischen Zusammenhängen, welche die Historikerzunft lange exklusiv als ihr eigentliches Territorium betrachtete, weil darin Veränderungen über eine kurze Dauer beobachtbar und als „Ereignisse" zu fassen waren [POMATA].

Zahlreiche Studien haben sich in den letzten zwei Jahrzehnten mit diesen Lebensbereichen auseinandergesetzt und dazu beigetragen, dass wir uns heute eine klarere Vorstellung über die Existenzbedingungen der Frauen in den griechischen und römischen Gesellschaften machen können als die Althistorikerinnen und Althistoriker auch nur eine Generation zuvor [SPÄTH/WAGNER-HASEL]. Einher mit dem großen quantitativen Erkenntnisgewinn ging eine Infragestellung mancher vermeintlicher Gewissheiten der Geschichte der Antike: Die Auffassung einer Eingeschlossenheit griechischer Frauen in einem spezifischen Frauengemach (griech. *gynaikōn* oder *gynaikōnítis*) des Hauses etwa gehörte zu diesen bis heute verbreiteten Topoi der Geschichtsschreibung. Die Untersuchung der Zeugnisse für die Präsenz von Frauen außerhalb des Hauses im griechischen Kultur-

Pornographie im aristokratischen Alltag

Die knapp unterlebensgroße, marmorne Skulpturengruppe zeigt einen Satyr und einen Hermaphroditen kämpferisch umschlungen: Der Satyr versucht den Hermaphroditen zu vergewaltigen, dieser wehrt sich mit beiden Händen; der Satyr, um nicht nach hinten zu fallen, hat seinen linken Fuß gegen den rechten Unterschenkel des Hermaphroditen verhakt, dieser ruht gerade noch mit einem Knie auf dem Boden, beide Figuren halten sich – in labilem Gleichgewicht – nur dank der Verschlingung aufrecht. Die Gruppe ist Teil der Skulpturenausstattung einer römischen Villa, die unweit des antiken Pompeji in der heutigen Ortschaft Torre Annunziata (dem antiken Oplontis) ausgegraben wurde. Die Skulptur stand an prominenter Stelle am Rande des großen Wasserbeckens, im Blickfeld eines *triclinium* (Speise-, Gelageraums); die hier abgebildete Vorderseite war dem Betrachter zugewandt, die Rückseite dem Wasserbecken.

Die in der Villa von Oplontis aufgestellte Skulptur war kein singulärer Bildtypus. Vielmehr sind bislang etwa 30 Kopien bekannt, die sich alle auf ein hellenistisches Kunstwerk des 3./2. Jh. v.Chr. zurückführen lassen. In den Augen des modernen Betrachters ist die Aufstellung einer derart explizit erotischen Plastik, deren Mittelpunkt der erigierte Penis des Satyrs und das Gesäß des Hermaphroditen ist, erstaunlich. Welche Auffassungen von Sexualität, welche Wertvorstellungen kann eine solche offensichtlich selbstverständliche und verbreitete Präsenz von Pornographie an Orten aristokratischen Alltagslebens erkennen lassen?

Dem antiken Betrachter waren literarische und bildliche Darstellungen solcher Vergewaltigungsszenen durchaus vertraut. Denn die Satyr-Hermaphrodit-Gruppe ist eine Variation des Bildmotivs, das einen Satyr in Szene setzt, der eine Mänade vergewaltigen will und von dieser zurückgewiesen wird. Beide Gestalten erscheinen – etwa in der attischen Vasenmalerei des 6. und 5. Jhs v.Chr. – oft als Begleiter im Zug des Dionysos, des Gottes der Leidenschaft und des Weins. So gehören sie zur Bildsprache, die den Dionysoskult als einen Kult des Irrationalen und Ekstatischen der Ordnung des Alltags gegenüberstellte. Zugleich besitzen diese Bilder eine alltägliche Präsenz und integrieren die utopische Gegenwelt göttlicher Besessenheit in die Alltagswirklichkeit, ohne deren Andersartigkeit aufzuheben: Die Bilder dionysischer Ekstase sind – als Bilder – Teil des Alltags. Die plakative Sexualität der vom Tanz der Mänaden provozierten Satyrn stellt dabei eine klare Verletzung der gesellschaftlichen Norm einer Beherrschung der Lüste dar; diese Normen finden jedoch zugleich Bestätigung im Scheitern der in lächerlicher Pose gezeigten Satyrn.

Die dionysische Bildsprache lebte auch im Hellenismus weiter, doch stand die ekstatische Gegenwelt nun nicht mehr der bürgerlich geordneten Welt der Polis gegenüber, sondern wurde an den Höfen der neuen Monarchien mit neuen Botschaften gefüllt. Jetzt unterstrich der dionysische Lebensstil die privilegierte Stellung des Königs, die Gegenwelt wurde

zur monarchischen Alltagswelt und der Exzess, worin sich der Monarch dem Gott annäherte, zur Machtdemonstration. Der Bildtypus, ursprünglich auf bekleidete Frauen beschränkt, die sich trotz ihrer Extase der entfesselten Lüste der Satyrn erfolgreich zu wehren wussten, veränderte sich: Die Mänaden waren nackt und ihr Körper „als Objekt des Begehrens für den Betrachter" [STÄHLI, 306] inszeniert. Deshalb konnten sie nun auch durch Hermaphroditen – wie im hellenistischen Vorbild unserer Skulpturengruppe – ersetzt werden, deren Darstellungen oft die weiblichen Formen des nackten Gesäßes besonders betonen und deren aufreizende körperliche Attraktivität in der sexuellen Verfügbarkeit einer doppelten Geschlechtlichkeit Ausdruck findet.

An den hellenistischen Höfen bildeten sich die Ausstattungsensembles heraus, welche die römische Aristokratie in ihrer Villenkultur übernahm. Und dabei erfuhr die Bildtradition eine erneute Re-Interpretation: Die römischen Kopien hellenistischer dionysischer Bildmotive waren nicht mehr Machtdemonstration, sondern Elemente einer luxusbetonten Lebensweise; sie gehörten zu den Statussymbolen von Aristokraten, die unter Standesgenossen in den Villen einen prunkvollen Lebensstil pflegten. So kann eine Skulptur wie die Satyr-Hermaphrodit-Gruppe als ‚doppeltes Gegenbild' gelesen werden. Sie ist Zeichen einer Stilisierung des *otium*, eines Lebens fern von den *negotia*, den politischen Geschäften der Stadt. Zugleich richtet sich die gezeigte Maßlosigkeit der Lüste – der aufreizende Körper des Hermaphroditen, die Lüsternheit des Satyrs – gegen die Normen männlicher Selbstbeherrschung der Leidenschaften und weiblichen Schamgefühls (*pudicitia*). In der Villa von Oplontis stellte die Statuengruppe damit vor die Augen der im *triclinium* zum Gelage Liegenden eine Negativfolie von Sexualverhalten, das beide Beteiligten aus dem Gleichgewicht wirft: Die zwei Figuren sind auf eine Weise ineinander verschlungen, die beide nur noch stürzen lassen kann …

Bild: Satyr-Hermaphrodit-Gruppe aus der so genannten Villa der Poppaea. Torre Annunziata, Scavi di Oplontis, Inv. 72 800.

Literatur: Der Text fasst Ergebnisse und Thesen zusammen von A. STÄHLI, Die Verweigerung der Lüste. Erotische Gruppen in der antiken Plastik, Berlin 1999, vgl. insbesondere 24ff., 192, 233ff., 269ff., 301ff.

raum zeigte im Gegensatz dazu geschlechterspezifische Formen der Geselligkeit, die sehr wohl mit nach Geschlechtern getrennten gesellschaftlichen Praktiken, aber nichts mit Eingeschlossenheit zu tun hatten [COHEN, NEVETT, SCHNURR-REDFORD]. Die Entstehung dieses Topos der Eingeschlossenheit kann als Projektion des ‚westlichen' Blicks auf die osmanische Gesellschaft des 19. Jh.s nachgewiesen werden, mit der sich die nordeuropäischen Altertumswissenschaftler auf ihren griechischen Reisen konfrontiert sahen [WAGNER-HASEL 1989]. Zugleich rücken diese frauengeschichtlichen Studien eine geschlechterspezifische Arbeitsteilung ins Blickfeld, die auf die sehr unterschiedlichen Lebensbedingungen von Frauen aufgrund ihrer schichtenspezifischen Zugehörigkeit hinweist; sie stellen damit auch klar, dass es nicht *die* ‚Frau der Antike' gibt, sondern dass die Lebensbedingungen von Frauen von wirtschaftlichen und gesellschaftlichen Strukturen und Praktiken und deren Veränderung in der Zeit bestimmt werden.

Die Forschungsergebnisse frauengeschichtlicher Arbeiten führten damit zur Frage nach der Situierung von Frauen in ihren gesamtgesellschaftlichen Zusammenhängen. Antworten darauf finden sich in den Bedeutungen, die eine Gesellschaft mit Weiblichkeit verbindet, sie finden sich in der sozialen Definition des Geschlechts.

Geschlechter: Die Frage nach Weiblichkeit und Männlichkeit. Geschlechtergeschichte ist, auf diese Weise verstanden, nicht eine Alternative zur Frauengeschichte, sondern einerseits eine Antwort auf die offenen Fragen und eine Weiterentwicklung der Ergebnisse der Frauenforschung und andererseits Umsetzung der feministischen Theorie, die diese Ergebnisse kritisch reflektierte, in die Forschungspraxis. Das einleitend skizzierte Konzept von Geschlecht als gesellschaftlicher Konstruktion von Weiblichkeit und Männlichkeit versteht sich ebenso als eine Alternative zur positivistischen Sammlung von Textstellen über Frauen, die oft der Versuchung erliegt, narrativ und rhetorisch geformte Texte als Abbildung einer vermeintlich ‚dahinter stehenden' Wirklichkeit zu (miss-)verstehen. Geschlechtergeschichtliche Ansätze gehen im Unterschied dazu davon aus, dass kaum aufgrund expliziter Aussagen Erkenntnisse über die gesellschaftliche Definition von Männlichkeit und Weiblichkeit gewonnen werden können: diese Forschungsobjekte existierten nicht für antike Autoren. Und deshalb unternimmt Geschlechterforschung eine Analyse im Sinne einer Auflösung der Texte in ihre Bedeutungselemente, um durch ein neues Zusammenfügen dieser Elemente aufgrund der Forschungsfragen die Bedeutungen zu konstruieren, die den Geschlechtern zugeordnet werden. In dieser ganz einfachen, auf eine methodologische Ebene beschränkten Form einer Lektüre – ohne den Anspruch, den philosophischen Konzepten eines Derrida oder de Man umfassend gerecht zu werden –, gehört ‚Dekonstruktion' notwendig zur Geschlechtergeschichte: als eine Destruktion der ersten Sinnebene der Texte und Quellenmaterialen und eine Konstruktion von Bedeutungen, die darin eingeschrieben, nicht jedoch auf der Bedeutungsoberfläche erkennbar sind.

Für die Geschichtsforschung führt der Geschlechterbegriff zu drei konkreten Folgen: Frauen werden – über eine ‚Kompensation' für ihre Ausblendung in der traditionellen Geschichte hinaus – als eine historische Kategorie gefasst: nicht als Objekt irgendeiner ‚Sondergeschichte', sondern als konstitutiver

Vorgehen der Forschung
Schlüsselbegriffe
und Konzepte
Geschlecht und Geschlechterdiskurs

Teil jeglicher seriösen Forschung. Daraus ergibt sich zweitens, dass auch die vermeintlich geschlechtsneutralen Akteure der traditionellen Ereignisgeschichte ein Geschlecht erhalten: Auch die Männlichkeit der Männer wird nun zum Forschungsgegenstand [FOXHALL/SALMON, Thinking Men; DIESS., When Men; THOMAS]. Schließlich bildet die historische Kategorie des Geschlechts die Grundlage für eine umfassende Integration historisch-anthropologischer Themenbereiche und etwa auch der Geschichte der Sexualität, der vielfältigen Formen homo- und heteroerotischen Praktiken [BROWN; DUBOIS; FOUCAULT; HALLETT/SKINNER; LARMOUR/MILLER/PLATTER; MEYER-ZWIFFELHOFFER; RICHLIN; WILLIAMS; WINKLER], in die historische Forschung.

Die Anwendung dieser Ansätze auf die Alte Geschichte öffnet den Blick für die geschlechterspezifischen Bedingungen der politischen, militärischen, gesellschaftlichen, religiösen Praktiken der antiken Kulturen. Ein Beispiel aus dem römischen Bereich mag dies illustrieren.

Männlichkeit in der römischen Gesellschaft der frühen Kaiserzeit. Kaiserzeitliche Autoren wie Tacitus, Plinius der Jüngere oder Sueton ordnen in ihren Texten eine idealtypische Männlichkeit Figuren zu, die sich in gesellschaftlich dominierenden Positionen befinden [SPÄTH, Männlichkeit, 121–204, 306–329]: Es sind Väter oder Gatten, Onkel oder Großväter, denen männliche Normen zugeschrieben werden. Vereinfacht lässt sich feststellen, dass Männlichkeit sich in der Position des aristokratischen *pater familias* verdichtet. Diese Position kann durch drei Merkmale charakterisiert werden:

Der *pater familias* war erstens als ältester lebender Agnat einer römischen Familie deren

Detailskizze

Ausgangspunkt der Forschungen über **Sexualität in den antiken Gesellschaften** waren die Schwulen- und Lesbenbewegungen der 1970er Jahre gegen die Diskriminierung weiblicher und männlicher Homosexueller. Zahlreiche Studien über Sappho thematisierten sie zugleich als eine der wenigen überlieferten Dichterinnen, und als – allerdings komplexe – Zeugin erotischer Beziehungen unter Frauen [DUBOIS; RABINOWITZ/AUANGER]. Und insbesondere die amerikanische Forschung legte wichtige Beiträge zu den Formen männlicher Homosexualität in der griechischen Gesellschaft vor [WINKLER; WILLIAMS].

Eine grundlegend neue Perspektive entwickelte Michel Foucault in seiner Geschichte der Sexualität, deren erster Band 1976 erschien, dem 1984 je ein Band zu den *aphrodisia* in Griechenland und den *veneres* in Rom folgten. Foucault legte auf der Grundlage seiner Diskurstheorie dar, dass es für Menschen in der Antike nicht ‚Sexualität' gab, sondern ‚Lüste' und den Umgang mit diesen. Die Sexualpraktiken wurden nicht nach männlichen oder weiblichen Partner(innen), vielmehr nach einer Opposition von aktivem (im Sinne von ‚Sich-Lust-Verschaffen') und passivem (,Anderen-Lust-Verschaffen') Verhalten unterschieden. Der ‚Gebrauch der Lüste' wurde als körperliche Verausgabung problematisiert und unterlag deshalb einer allgemeinen Diätetik, deren Ziel ein ausgeglichenes, ein gutes Leben war. Als ‚Selbstbeherrschung' verband sich diese „Sorge um sich selbst" mit der politischen Identität der aristokratischen Führungsschicht [MEYER-ZWIFFELHOFFER, 109–133] und entwickelte sich seit dem 1./2. Jh. n.Chr. zunächst in Richtung einer Aufwertung der Ehe als Lebensgemeinschaft und schließlich eines sexuell asketischen Verhaltens. Das Christentum nahm diese Entwicklungen auf und gestaltete sie normativ aus [BROWN].

Foucaults Werk war ein entscheidender Katalysator für die Geschichte der Sexualität in der Antike. Aus (geschlechter-)historischer Sicht wurde daran die auf männliche Sexualität ausgerichtete Perspektive, die Ignoranz gegenüber feministischen Arbeiten und eine hellenozentristische Sichtweise kritisiert [LARMOUR U.A.; RICHLIN]. Diese kritische Auseinandersetzung war sehr produktiv: Einige neuere Publikationen tragen zu einer Differenzierung und Vertiefung der Erkenntnisse der Dichotomie zwischen ‚Aktivität' und ‚Passivität', einer Pluralität der Geschlechterdiskurse und der Sexualpraktiken aus weiblicher Sicht bei [HALLETT/SKINNER; RABINOWITZ/AUANGER].

Literatur: BROWN; DUBOIS; FOUCAULT; HALLETT/SKINNER; LARMOUR U.A.; MEYER-ZWIFFELHOFFER; RABINOWITZ/AUANGER; RICHLIN; WILLIAMS; WINKLER.

▷ S. 162ff.
Die antiken Menschen in ihren Nahbeziehungen
▷ S. 340ff.
Erkenntnismöglichkeiten in der Alten Geschichte

Oberhaupt. Familie kann dabei nicht als Kernfamilie verstanden werden: Die römische Familie umfasste die *domus*, d.h. zum einen die Personen und den materiellen Besitz, worüber der *pater* seine Hausgewalt ausübte. Zur *domus* gehörten aber auch die Sklavinnen und Sklaven, die Klienten und die Freigelassenen, welche dem *pater familias* in seiner Funktion als *dominus* oder *patronus* unterstellt waren. Schließlich verstand sich ein *pater* als Nachkomme in der ununterbrochenen Traditionslinie der Vorfahren einer *domus*.

Zweitens zeichnete sich die ‚Macht des *pater*', die *patria potestas*, in der römischen Gesellschaft durch ihre Dauer aus, da der Begriff der Volljährigkeit im modernen Sinne unbekannt war. Erst beim Tod des *pater* erreichten seine Söhne den Status *sui iuris*, ‚eigenen Rechts', und wurden ihrerseits zu *patres*.

Daraus geht schließlich drittens hervor, dass die Position des *pater familias* eine juristisch bestimmte gesellschaftliche Stellung ist. In Rom gilt auch ein unverheirateter Mann als *pater familias*, selbst wenn er keine Kinder hat [DEISSMANN, 503ff.; SALLER; THOMAS].

Mit dieser Ausgestaltung von Männlichkeit in der Position des *pater familias* ist der Rahmen angedeutet, auf den sich die Geschlechterdefinition bezieht. Es ist die Familie oder besser: die (aristokratische) *domus*. Männliches Handeln aus dieser Position zeichnet sich aus als Wahrnehmung der hierarchisch übergeordneten Stellung – Männlichkeit ist Dominanz. Diese Dominanz kann vereinfacht unter drei Stichworten zusammengefasst werden: Kontrolle, Fürsorge und Instrumentalisierung.

Der Bereich der ‚Kontrolle' umfasst die Sicherung und Erhaltung der eigenen politisch-gesellschaftlichen Stellung. Ein *pater* hatte sich der Taten der Vorfahren würdig zu erweisen und so das Prestige der *domus* zu mehren. Dazu gehörte auch die Sorge um die Nachkommen, d.h. die Heirat mit dem Ziel, zu legitimen Kindern zu gelangen. Diesen übertrug er seinen Namen und damit das entsprechende gesellschaftliche Ansehen. Ebenso trugen die *patres* die Verantwortung für das Handeln der Personen, die in ihrer Rechtsgewalt standen. Die Abhängigen wurden gleichsam als Bestandteil der männlichen übergeordneten Position betrachtet, als in Einheit zugehörig zu jener Person, von der die Abhängigkeit ausging.

Der zweite Handlungsbereich, die ‚Fürsorge', umfasste einerseits die männliche Verpflichtung, den ihrer Gewalt Unterstellten beiderlei Geschlechts Schutz zu gewähren, andererseits die geschlechterspezifische Förderung der Nachkommen. Das von den *patres* mit dem Familiennamen vermittelte Prestige, ihr Vermögen und ihre Beziehungen dienten den Kindern gleichsam als ‚Startkapital', um eine eigene soziale Position zu erreichen: bei den Söhnen zur Förderung der Karriere, bei den Töchtern zur Verbesserung der Heiratsmöglichkeiten.

Der dritte Bereich männlichen Handelns ist die ‚Instrumentalisierung' der juristisch Abhängigen. Mit der Verheiratung einer Tochter oder eines Sohnes sicherte ein *pater* Beziehungen zu andern Männern ab. ‚Instrumentalisierend' war auch die Einstellung des Römers zu seiner Gattin, von der er *concordia*, konfliktfreie Übereinstimmung und vor allem das Gebären legitimer Kinder erwartete. Söhnen schließlich übertrugen *patres* militärische oder politische Aufgaben und bezogen sie damit in ihr eigenes Handeln ein.

Erfüllte ein *pater* diese Aufgaben und Erwartungen nicht, wurde dies als Verletzung der Männlichkeitsnorm dargestellt. Als nicht normentsprechend werden *patres* beschrieben, die sich gegenüber einem Sohn feindlich verhielten, die sich einem anderen unterwarfen oder die sich durch eine Frau verführen ließen. Darin zeigt sich umgekehrt die Position idealer Männlichkeit: Ein Mann war keiner personifizierten Macht unterstellt und hatte eine aktive, dominierende Stellung einzunehmen. Die Definition von Männlichkeit bezeichnete eine Position rechtlicher und gesellschaftlicher Macht.

Keine einheitliche Männlichkeit. Was an dieser Männlichkeitsnorm auffällt, ist die gleichsam unmännliche Position, welche allen Männern in untergeordneter Stellung zugeschrieben wurde. War ein Mann der *patria potestas* unterstellt – und das betraf jeden Römer, solange sein Vater lebte –, konnte er gewissermaßen kein ‚ganzer Mann' sein. Männlichkeit wurde den Söhnen zwar nicht abgesprochen: In Beziehungen zu weiblichen Figuren messen sie die Texte an der selben Norm wie das Handeln von *patres*. Generell wird aktives Handeln aus einer untergordneten männlichen Position jedoch selten erwähnt; wenn einem Sohn – oder Enkel oder Klienten – eigenständige Aktivität in Bezug auf eine dominierende Figur zugeschrieben wird, so ist die Bedeutung der Handlung das Einlösen einer Verpflichtung oder Gehorsam im Sinne einer Unterordnung.

Erstaunlich ist der Widerspruch zwischen dieser Festlegung einer männlichen Norm für Männer in dominierter Position und der Definition von Männlichkeit als dominierender, keiner personifizierten Macht untergeordneter Position: Die Subordination und Verpflichtung auf andere war eine Transgression, eine ‚Übertretung' männlicher Norm für *patres*; für Männer in gewaltunterworfener Position hingegen wurde dieses Verhalten als ordnungsentsprechend dargestellt. Damit konstruierte die römische Geschlechterdefinition nicht eine einheitliche Männlichkeit, die unterschiedslos auf alle männlichen Figuren übertragen worden wäre. Männlichkeit in ihrer idealtypischen Form galt nur für eine bestimmte, gesellschaftlich-juristisch definierte Gruppe von Männern, für die *patres*. Ihr aktives Handeln war ein ‚Handeln-aus-sich-heraus'. Im Gegensatz dazu handelten männliche Figuren in untergeordneten Positionen in Form eines ‚Handelns-in-Reaktion-auf'. Diese Unterordnung als Norm war allerdings für Männer eine Zeit des Übergangs: Söhne wurden ihrerseits *patres* beim Tod ihres Vaters. Männer in dominierten Positionen können deshalb im Geschlechterdiskurs als ‚virtuelle' oder ‚werdende Männer' gefasst werden.

Weiblichkeit: *sexus natura invalidus*. Auch aktives weibliches Handeln ist in den uns überlieferten Texten kaum als ordnungsentsprechend gewertet. Nicht nur aus diesem Grund ist das normentsprechende Handeln weiblicher Figuren mit jenem der ‚werdenden Männer' vergleichbar: Auch deren Handeln zeichnete sich durch Re-Aktivität aus. Bildhaft gesprochen lässt sich das männliche Handeln von *patres* als Anstoß, als Anfang einer Handlungskette fassen, das re-aktive Handeln von weiblichen oder untergeordnet-männlichen Handlungssubjekten war Antwort auf diesen Anstoß, ein Glied der Handlungskette.

Die Inhalte des weiblichen Handelns können zwei Kategorien zugeordnet werden: Einerseits erfüllen weibliche Figuren eine instrumentelle Funktion; sie stehen als Ehefrauen treu zu ihrem Gatten, erfüllen ihre Aufgabe als Gebärerinnen und als Überträgerinnen und

Vermittlerinnen des Ansehens ihres Vaters an den Gatten oder umgekehrt. Andererseits nehmen sie eine unterstützende Funktion wahr: Sie lassen als Mütter ihren Söhnen und Töchtern Zuneigung und Hilfe zukommen, als Gattinnen dem Ehemann, als Großmütter den Enkelinnen und Enkeln, als Schwiegermütter den Schwiegersöhnen und Schwiegertöchtern.

Das eigentliche Element der Abgrenzung von Weiblichkeit gegenüber den Normen der Männlichkeit ist aber die essentialistische Definition von Frauen als Geschlecht: Die Texte bezeichnen Frauen kollektiv als *sexus* und definieren dieses ‚Geschlecht' mit *muliebris impotentia*, mit ‚weiblicher Maßlosigkeit' (z.B. Livius, *Ab urbe condita* 34, 2, 2, Seneca, *Dialogi* 12, 14, 2, oder Tacitus, *Annales* 1, 4, 5). Gemeint war damit Unersättlichkeit in sexueller Hinsicht und bezüglich Luxus und Verschwendung. Entscheidend jedoch war weniger, worauf sich weibliche Maßlosigkeit richtete, als vielmehr die Auffassung, Frauen als *sexus natura invalidus*, als „von Natur aus schwaches Geschlecht" (Tacitus, *Annales* 3, 34, 5), seien unfähig, eigenständig zur Beherrschung dieser Unersättlichkeit zu gelangen. Dafür waren die Männer zuständig: Zur Männlichkeit des Vaters oder des Ehemanns gehörte die Verantwortung, die von ihnen abhängigen Frauen in die Bahnen normentsprechenden Verhaltens zu lenken.

Geschlechterdiskurs und gesellschaftliche Praktiken. Die hier in verallgemeinernden Zügen skizzierte römische Geschlechterordnung fasst nicht die alltägliche, konkrete Wirklichkeit des Lebens als Frau oder als Mann; sie umreißt vielmehr den dominierenden Geschlechterdiskurs der Epoche des Prinzipats und damit die Bedingungen, in

Detailskizze

Geschlechterdiskurs und Diskursbegriff

Der Begriff des Diskurses, wie er von Michel Foucault – vor allem in seinem 1969 publizierten Buch *L'archéologie du savoir* – entwickelt wurde, bezeichnet soziale Praktiken in umfassendem Sinn: „Das irreführende Wort Diskurs hat bei Foucault gerade nichts zu tun damit, was ‚gesagt' wird und mit den Gemeinplätzen der Semiologie und der Linguistik", präzisiert Paul Veyne, offenbar verärgert über die Beliebtheit des Begriffs und die Beliebigkeit seiner Verwendung [VEYNE, 52]. Auch wenn im Grunde wohl nicht genug betont werden kann, dass Diskurs nicht ‚das Gesagte' bezeichnet, so schießt Veyne hier doch über sein Ziel hinaus. Etwas zu tun hat Foucaults Diskurs durchaus mit Sprache, Semiologie und Linguistik: Ausgangspunkt und Grundlage der Erarbeitung des Begriffs ist die Beschreibung konkreter sprachlicher Äußerungen. Sprachliche Äußerungen sind für Foucault „diskursive Ereignisse"; die „Beschreibung der diskursiven Ereignisse" bezeichnet er als „Horizont" seiner Untersuchung [FOUCAULT, 38f.]. Die Frage, die an diese diskursiven Ereignisse gestellt wird, ist schlicht jene nach der Relation, die sie untereinander eingehen – untersucht wird, wie sie sich manifestieren und aufeinander beziehen, kurz: wie sich diskursive Ereignisse zu Serien und Einheiten ausformen. Forschungsobjekt sind damit die Regelmäßigkeiten der Modalitäten, der Existenzformen der sprachlichen Äußerungen [140f.]. Diskurs aber ist nichts anderes als ein Ensemble spezifischer Modalitäten, oder, wie Foucault formuliert, „ein Ensemble von Zeichenfolgen, welche sich dadurch auszeichnen, dass ihnen eine spezifische Existenzmodalität zugeordnet werden kann" [141].

Die Modalitäten, welche eine Diskursformation auszeichnen, lassen sich in vier Bereiche der Formation von Diskursen, in „vier Bündel von Relationen" [96] aufteilen: die Konstituierung der Objekte [55-67], die Festlegung von Positionen, welche Subjekte einnehmen können [68-74], die Herausbildung von Konzepten (und

Vorgehen der Forschung
Schlüsselbegriffe
und Konzepte
Geschlecht und Geschlechterdiskurs

damit eine In-Bezug-Setzung und Interrelation eines Feldes von Diskurspraktiken zu andern Feldern) [75-84], schließlich die Festlegung bestimmter Ausrichtungen der Diskurspraktiken, oder, wie Foucault es nennt, „diskursiver Strategien" [85-93]. Diskurse sind folglich ein Ensemble von Regeln, welche darüber bestimmen, was in einer gegebenen historischen Situation erkennbar, denkbar, sagbar und handlungsorientierend ist. Die Erweiterung des Diskursbegriffs über die (sprachliche) Aussage hinaus zu einer Bedeutung, die Handeln, Verhaltensweisen, Erkennen, Denken etc., soziale Praktiken in breiter Bedeutung also, umfasst, folgt notwendig aus der Umschreibung der Modalitäten, welche Diskurse ausmachen. Gesellschaftliches Handeln folgt bestimmten Modalitäten, welche sich als Diskurse fassen lassen. Ein Unterschied zwischen sprachlichem und materiellem Handeln lässt sich dafür nicht aufrechterhalten. Diskursive Ereignisse sind folglich nicht nur sprachliche Äußerungen: Diskurspraktiken können nicht darauf reduziert werden, ‚Maschinen' zu sprachlicher Produktion zu sein. Diskurse bestimmen soziale Praktiken wie Institutionen, Verhaltensmuster, die Vermittlung und Verbreitung von Denkformen und Handlungskategorien, und Diskurse formen sich in diesen gesellschaftlichen Praktiken. Wichtig ist diese Parallelsetzung: Diskurse können nicht isoliert werden, es gibt nicht einerseits den Diskurs und andererseits seinen ‚Gebrauch'. Ein Ensemble von Regeln – ein bestimmter Diskurs – hat keine Existenz außerhalb diskursiver Praktiken: Nur in sprachlichen Äußerungen, in Institutionen, in Handlungsabläufen und Verhaltensweisen zeigt und realisiert sich Diskurs. Damit ist auch gesagt, dass Diskurse nichts Festgelegtes und Eindeutiges sind, sondern andauernd-prozesshaft sich rekonstituierend: Diskurse sind nicht Strukturen, sondern Praktiken.

Literatur: M. FOUCAULT, L'archéologie du savoir, Paris 1969; P. VEYNE, La famille et l'amour sous le Haut-Empire romain, in: Annales ESC 33, 1978, 35–63.

deren Rahmen sich dieses konkrete Leben abspielte. Für unser Bild der römischen Gesellschaft ergeben sich daraus einige Folgerungen, welche ein neues Licht auf verschiedenste Fragestellungen zu werfen vermögen.

Wenn Weiblichkeit als ‚natürliche' Unfähigkeit der Triebbeherrschung definiert und damit die Notwendigkeit einer männlichen Kontrolle begründet wird, so ist das ein geschlechterspezifischer Hintergrund für die vieldiskutierte, grundsätzlich lebenslange rechtliche Abhängigkeit von Frauen. Im Umkehrschluss folgt zugleich daraus, dass Männlichkeit sich zwingend durch Maß und Selbstbeherrschung auszeichnen muss. Maßlosigkeit gilt als unmännlich – und wenn in den politischen Invektiven Gegner beschuldigt werden, weder in kulinarischen noch in Liebesdingen Maß zu halten, so wird ihnen Männlichkeit abgesprochen.

Diese Männlichkeit besitzt aber eine eminent politisch-bürgerliche Dimension: Auf dem Forum und im Senat treffen Männer aufeinander, die in ihrer *domus* die Stellung des *pater* einnehmen. Ihre Aufgabe der Erzeugung legitimer Nachkommen und der Förderung der – politischen – Karriere ihrer Söhne ist Verpflichtung gegenüber den Vorfahren, aber zugleich Bürgerpflicht zur Erhaltung der *res publica*; die Verheiratung von Töchtern dient der Absicherung von Freundschaften und Allianzen unter Männern und diese sind das grundlegende Instrument römischer Politik, die keine Parteien, sondern nur persönliche Verbindungen kennt. In diesen Aspekten der Männlichkeitsdefinition wird deutlich, dass es in der römischen Gesellschaft keine Trennung zwischen einem vermeintlich ‚privaten' Bereich der *domus* und einer ‚öffentlichen Sphäre' des Forums gibt.

▷ S. 178f.
Die antiken Menschen in ihren Nahbeziehungen

In Frage gestellt wird durch den römischen Geschlechterdiskurs nicht nur die Dichotomie ‚privat – öffentlich', sondern auch jene von Mann und Frau. Entscheidendes Merkmal von Männlichkeit ist die dominierende Position. Kein gewaltunterworfener Mann – d.h. kein Mann, dessen Vater noch lebt – kann deshalb volle Männlichkeit beanspruchen. Damit werden verschiedene ‚Stadien' von Männlichkeit definiert – oder verschiedene Männlichkeiten. Eine Verfeinerung der Analyse in Bezug auf Klienten, Soldaten, Sklaven könnte wohl diese Pluralität von Männlichkeiten im römischen Geschlechterdiskurs bestätigen. Dieser Pluralität steht eine Weiblichkeit gegenüber, die essentialistisch als *sexus* verstanden wird und deshalb einheitlich definiert scheint, über die evidenten Unterschiede der gesellschaftlichen Positionen von Frauen und der entsprechenden unterschiedlichen Erwartungen und Normen hinweg. Auffällig dabei ist, wie weitgehend sich diese Weiblichkeit aus den konträren Elementen von Männlichkeit zusammensetzt und so gleichsam die Negativfolie zur Männlichkeit ist.

Die hier skizzierte Auswahl aus einer Menge möglicher Folgerungen wirft eine ganze Reihe von Fragen auf, die nach einer Vertiefung und Ausweitung der Geschlechterforschung rufen. Einige dieser Fragen verlangen nach einer Konkretisierung und nach einer Ausrichtung der Fragestellungen auf die Materialität des Lebens der Männer und Frauen in antiken Gesellschaften. Die geschlechtergeschichtlichen Ansätze können deshalb die Bemühungen um die Sammlung von ‚Tatsachen', die oben als charakteristisch für die Anfänge der Frauengeschichte festgehalten wurden, so wenig verdrängen wie die historisch-anthropologischen Fragestellungen zu einzelnen konkreten Bereichen des Lebens von Frauen und Männern. Was die Geschlechtergeschichte leistet, ist die Konzeptualisierung von Geschlecht als einem Fächer von Bedeutungen, welche die Vorstellungen von Männlichkeiten und Weiblichkeiten sowie die Definitionen von Geschlechtsidentitäten prägen. Damit will sie sich aber nicht als eine weitere ‚Teilgeschichte' neben Sozial-, Wirtschafts-, Verfassungs-, Rechts- oder politische Geschichte stellen, sondern sie will die Kategorie Geschlecht als unverzichtbares Element all diesen Einzelaspekten und einer wirklich ‚allgemeinen' Geschichte einfügen.

Thomas Späth

Literatur

J. M. BENNETT, Feminism and History, in: Gender & History 1, 1989, 251–272.

J. H. BLOK, Sexual Asymmetry. A Historiographical Essay, in: DIES./P. MASON (Hrsg.), Sexual Asymmetry. Studies in Ancient Society, Amsterdam 1987, 1–57.

DIES., The Early Amazons. Modern and Ancient Perspectives on a Persistent Myth, Leiden 1995.

G. BOCK, Geschichte, Frauengeschichte, Geschlechtergeschichte, in: Geschichte und Gesellschaft 14, 1988, 364–391.

B. VON BORRIES, Forschen und Lernen an Frauengeschichte. Versuch einer Zwischenbilanz, in: R.-E. B. JOERES/A. KUHN (Hrsg.), Frauen in der Geschichte, Bd. 6: Frauenbilder und Frauenwirklichkeiten, Düsseldorf 1985, 49–89.

R. BRIDENTHAL/C. KOONZ (Hrsg.), Becoming Visible. Women in European History, Boston 1977.

H. BROD (Hrsg.), The Making of Masculinities. The New Men's Studies, Boston 1987.

P. BROWN, Die Keuschheit der Engel. Sexuelle Entsagung, Askese und Körperlichkeit im frühen Christentum, München/Wien 1994 [engl. 1988].

Vorgehen der Forschung
Schlüsselbegriffe
und Konzepte
Geschlecht und Geschlechterdiskurs

A. CAMERON, Women in Ancient Culture and Society, in: Der Altsprachliche Unterricht 32/2, 1989, 6–17.

D. COHEN, Law, Sexuality, and Society: The Enforcement of Morals in Classical Athens, Cambridge etc. 1991.

P. CULHAM, Decentering the Text: The Case of Ovid, in: Helios 17, 1990, 161–170.

M.-L. DEISSMANN, Aufgaben, Rollen und Räume von Mann und Frau im antiken Rom, in: J. MARTIN/R. ZOEPFFEL (Hrsg.), Aufgaben, Rollen und Räume von Frau und Mann, Freiburg/München 1989, 501–564.

T. DE LAURETIS (Hrsg.), Feminist Studies/Critical Studies, Hampshire/London 1986.

P. DUBOIS, Sappho is Burning, Chicago 1996.

G. DUBY/M. PERROT (Hrsg.), Femmes et Histoire, Paris 1993.

B. EGGER, Art. „Gender Studies", in: Der Neue Pauly, Bd. 14, Stuttgart 2000, Sp. 111–121.

W. ERHART/B. HERRMANN (Hrsg.), Wann ist der Mann ein Mann? Zur Geschichte der Männlichkeit, Stuttgart 1997.

M. FOUCAULT, Geschichte der Sexualität, 3 Bde., Frankfurt/M. 1977–1986 [frz. 1976–1984].

L. FOXHALL/J. SALMON (Hrsg.), Thinking Men. Masculinity and its Self-Representation in the Classical Tradition, London/New York 1998.

DIES. (Hrsg.), When Men were Men. Masculinity, Power and Identity in Classical Antiquity, London/New York 1998.

J. P. HALLETT/M. B. SKINNER (Hrsg.), Roman Sexualities, Princeton 1997.

C. HONEGGER/C. ARNI (Hrsg.), Gender: Die Tücken einer Kategorie. Joan W. Scott, Geschichte und Politik, Zürich 2001.

A. KUHN, Identitätsgewinnung durch Frauengeschichte – Gefahren, Grenzen, Möglichkeiten, in: Geschichtsdidaktik 10/2, 1985, 117–128.

D. H. J. LARMOUR/P. A. MILLER/C. PLATTER, Rethinking Sexuality. Foucault and Classical Antiquity, Princeton 1998.

E. MEYER-ZWIFFELHOFFER, Im Zeichen des Phallus. Die Ordnung des Geschlechtslebens im antiken Rom, Frankfurt/M./New York 1995.

L. C. NEVETT, House and Society in the Ancient Greek World, Cambridge 1999.

J. PERADOTTO/J. P. SULLIVAN (Hrsg.), Women in the Ancient World. The Arethusa Papers, Albany 1984.

G. POMATA, La storia delle donne: una questione di confine, in: N. TRAFAGLIA (Hrsg.), Il mondo contemporaneo 10/2: Gli strumenti della ricerca. Questioni di metodo, Firenze 1983, 1435–1469 [auszugsweise deutsche Übersetzung: Die Geschichte der Frau zwischen Anthropologie und Biologie, in: Feministische Studien 2/2, 1983, 113–127].

S. B. POMEROY, Frauenleben im klassischen Altertum, Stuttgart 1985 [engl.: Goddesses, Whores, Wives, and Slaves. Women in Classical Antiquity, New York 1975].

N. S. RABINOWITZ/L. AUANGER (Hrsg.), Among Women. From the Homosocial to the Homoerotic in the Ancient World, Austin/Texas 2002.

A. RICHLIN, Zeus and Metis. Foucault, Feminism, Classics, in: Helios 18, 1991, 160–180.

M. SAHLINS, Inseln der Geschichte, Frankfurt/M./New York 1992 [engl. 1985].

R. P. SALLER, *Familia* and *domus*. Defining and Representing the Roman Family and Household, in: DERS., Patriarchy, Property and Death in the Roman Family, Cambridge u.a. 1994, 74–101.

T. SCHEER, Forschungen über die Frau in der Antike. Ziele, Methoden, Perspektiven, in: Gymnasium 107, 2000, 143–172.

P. SCHMITT PANTEL, Frauengeschichte in der Alten Geschichte, in: DIES. (Hrsg.), Geschichte der Frauen, Bd. 1: Antike, Frankfurt/M./New York 1993, 513–533 [ital. 1990, frz.1991].

C. Schnurr-Redford, Frauen im klassischen Athen. Sozialer Raum und reale Bewegungsfreiheit, Berlin 1996.

J. W. Scott, Gender: A Useful Category of Historical Analysis, in: Dies., Gender and the Politics of History, New York 1988, 28-50 [dt. Gender: eine nützliche Kategorie der historischen Analyse, in: N. Kaiser (Hrsg.), Selbst bewusst. Frauen in den USA, Leipzig 1994, 27-75].

Dies., Some More Reflections on Gender and Politics, in: Dies., Gender and the Politics of History. Revised Edition, New York 1999, 199–222.

W. H. Sewell Jr., Besprechung von Scott, Gender and the Politics of History, 1988, in: History & Theory 29, 1990, 71–82.

M. B. Skinner, Classical Studies, Patriarchy and Feminism. The View from 1986, in: Women's Studies International Forum 10, 1987, 181–186.

Th. Späth, Männlichkeit und Weiblichkeit bei Tacitus. Zur Konstruktion der Geschlechter in der römischen Kaiserzeit, Frankfurt/M./New York 1994.

Ders., Texte et Tacite. Proposition d'un modèle du texte historiographique, in: Storia della storiografia 26, 1994, 3–38.

Ders./B. Wagner-Hasel (Hrsg.), Frauenwelten in der Antike. Geschlechterverhältnisse und weibliche Lebenspraxis, Stuttgart 2000.

Y. Thomas, Rom. Väter als Bürger in einer Stadt der Väter (2. Jh. v.Chr.–2. Jh. n.Chr.), in: A. Burguière/Ch. Klapisch-Zuber/M. Segalen/F. Zonabend (Hrsg.), Geschichte der Familie, Bd. 1: Altertum, Frankfurt/M./New York 1996, 277–326 [frz. 2. Aufl. 1994].

B. Wagner-Hasel, Frauenleben in orientalischer Abgeschlossenheit, in: Der Altsprachliche Unterricht 32/2, 1989, 18–29.

Dies., Rationalitätskritik und Weiblichkeitskonzeption. Anmerkungen zur Matriarchatsdiskussion in der Altertumswissenschaft, in: Dies. (Hrsg.), Matriarchatstheorien der Altertumswissenschaft, Darmstadt 1992, 295–373.

C. A. Williams, Roman Homosexuality, New York 1999.

J. J. Winkler, Der gefesselte Eros. Sexualität und Geschlechterverhältnis im antiken Griechenland, Marburg 1994 [engl. 1990].

Vorgehen der Forschung

Die Rezeption der Antike

Einführung. Der kreativen Aneignung der Antike, ihrer ‚Rezeption', kommt bis in unsere heutige Gegenwart eine wichtige identitätsstiftende Rolle zu. Dies gilt nicht nur für diejenigen Kulturen, die sich – zumindest in einigen ihrer kulturellen Wurzeln – auf eine der antiken Mittelmeerkulturen zurückführen. Vielmehr sind einige Paradigmen der so genannten westlichen Zivilisation erstmals von Griechen formuliert worden, darunter auch diejenigen der ‚Rationalität' und der ‚Wissenschaftlichkeit', also diejenigen Prinzipien, denen unser modernes Universitätsstudium, auch dasjenige der Geschichte, verpflichtet ist. Und auch wenn es schon vor den Römern differenzierte rechtliche Vorstellungen gab, so ist doch unbestreitbar, dass ohne die römisch-byzantinische Systematisierung weder viele nationale Rechtswelten noch das internationale Völkerrecht verständlich wären.

Wer also das Studium der Antike betreibt, wird – je nach Gegenstand und Fragestellung früher oder später – auf die Frage der (vermeintlichen) Aktualität der Antike stoßen. Diese Frage verbirgt sich nicht nur hinter ‚Entdeckungen' wie „Das gab es also schon in der Antike ..." oder „Das ist ja noch heute so ...". Sie steht auch hinter den – bisweilen emphatisch geführten – Diskussionen um die soziale Position antiker Frauen oder um die Legitimation des obersten Leitungsamtes in der katholischen Kirche. Dabei ist in beiden genannten Fällen durchaus offen, ob die Antike wirklich etwas zur Klärung aktueller Fragen beitragen kann. Kann man das heutige Papsttum besser verstehen, wenn man es als ‚Fortwirken' einer antiken Institution betrachtet? Und sind Fragen hinsichtlich der gesellschaftlichen Rolle von Frauen in der Moderne durch den ‚Rückblick' auf die Antike leichter zu formulieren oder gar zu lösen?

▷ S. 335ff. Schlüsselbegriffe und Konzepte

‚Fortwirken' und ‚Rückblick' bezeichnen zwei Extreme, die in der europäischen Geschichte beide allenfalls in Ausnahmefällen vorkommen. Denn da die griechisch-römische Antike in vielen Hinterlassenschaften stets präsent blieb, war sowohl das unbewusste Fortführen wie auch die ‚unbelastete' Wahrnehmung der Antike als etwas völlig Fremdes gleichermaßen unmöglich. Vielmehr führen die europäischen Kulturen seit dem Mittelalter fort, was bereits in der Antike selbst vorgezeichnet war, eben die kreative Aneignung der Vergangenheit. Dass dabei diese Zeit als ‚Vorvergangenheit' von der eigenen Vergangenheit abgehoben wurde, gehört zum Wesen einer jeden ‚Renaissance', ebenso, dass man der in den Blick genommenen ‚Vorvergangenheit' normative Qualität für die eigene Gegenwart zuschrieb.

▷ S. 347ff. Schlüsselbegriffe und Konzepte

Die folgenden Beiträge sprechen sieben Themenfelder an, in denen ein Rückbezug auf die Antike oder eine Auseinandersetzung mit der Antike stattfand und stattfindet. Drei von ihnen verfolgen griechische, drei weitere römische Gegenstände; allein beim abschließenden Kapitel über die Antike in Literatur und Film war eine solche Trennung nicht sinnvoll. Die betroffenen Themen, also die Organisation menschlicher Vergemeinschaftungen, das Recht, die Kunst und die Wissenschaft, sind zweifelsohne wichtige Bereiche unserer heutigen Gegenwart, deren Ausformungen sich in Kenntnis von und im Vergleich mit antiken Verhältnissen besser verstehen lassen; aber es sind keineswegs die einzigen, die hier hätten behandelt werden können. Doch die Auswahl sollte es ermöglichen, bei der Erschließung weiterer Themenfelder inhaltliche und methodische Anregungen aufzugreifen, die die Autoren bei der Behandlung ihres Themenfeldes haben einfließen lassen; kurz: die Beiträge sollten anschlussfähig sein [vgl. LANDFESTER]. Wenn sie also zu eigenen Fragestellungen dieser Art ermutigen und methodische Hinweise zu ihrer Behandlung geben sollten, dann können sie das Interesse an der Antike wieder mit unserer eigenen Gegenwart verbinden und von einer bloßen antiquarischen Aneignung von Altertümern hin zu einer produktiven Auseinandersetzung mit fremden Kulturen führen.

Eckhard Wirbelauer

Die athenische Demokratie

Athen gilt heute gerne als ‚Wiege der Demokratie'. Nachdem schon im Zusammenhang mit den großen politischen Umbruchsprozessen der Neuzeit, der englischen ‚Glorious Revolution', der ‚Amerikanischen' und der ‚Französischen Revolution' [VIDAL-NAQUET] an Athen als freiheitlichen Staat erinnert worden war, rücken heute die demokratischen Einrichtungen dieser Polis noch mehr in den Vordergrund. So sind 1993/94 in Athen, London, Paris und Washington 2500-Jahrfeiern zur Einführung der Demokratie in Athen durchgeführt worden, indem man Herodot (6, 131) folgend die Grundlagen der Demokratie mit den Reformen des Kleisthenes (508/507) verband. Die modernen, demokratischen Verfassungen seien in der Antike verwurzelt. Zumindest müsse der Vergleich angestellt werden. „Democracies ancient and modern" bildeten denn einen zentralen Gegenstand von Debatten und die Veranstalter des „Democracy 2500"-Projektes in den USA waren der festen Überzeugung, mehr denn je seien in der politischen Theorie historisch fundierte Reflexionen notwendig: „We are in particular need of historically grounded political reflection today." [OBER/HEDRICK, 5]

Athen und die Dimensionen seiner Rezeptionsgeschichte.

Freilich bilden Volksversammlung, Gerichte und andere demokratische Institutionen Athens nur einige unter vielen Themen der Geschichte dieses für Griechenland und die Welt so wichtigen Gemeinwesens. Nach dem Sieg von Philipps Makedonien bei Chaironeia (338 v.Chr.) setzten sich mehr und mehr oligarchische Tendenzen durch. Nur dem Namen nach blieb Athen eine Demokratie. In der Rezeptionsgeschichte gründet die Wirkung Athens sehr viel stärker auf der Kultur als auf den politischen Leistungen. Im Athenbild der Römer erhielt die Demokratie keinen zentralen Platz [NÄF 1998]; dagegen reiste man noch bis zur Schließung der Akademie (529 n.Chr.) nach Athen als der Metropole des Geistes, obschon die Stadt längst zum Provinznest verkommen war.

Die geistige Hinterlassenschaft des klassischen Athens ist seit jeher bewundert worden. Die dort entstandenen Texte gelten bis heute als Basis von Kultur und Wissenschaft. Ob Literatur, Philosophie, politische Theorie oder Naturwissenschaften – den Weg eröffneten allemal Athen und die Athener. Sie formten ästhetisches Urteil, Denken und wissenschaftliche Methode. Athen galt und gilt als Sinnbild von Bildung und Kultur, Recht und Menschenfreundlichkeit. Sein Name steht für eine beachtliche, wenn auch kurze Reichsbildung und für ein Zentrum antik-heidnischer Religiosität. Die suggestive Kraft solcher Vorstellungen hat über Jahrtausende hinweg dazu beigetragen, historische, politische, gesellschaftliche und kulturelle Orientierung zu geben, ohne dass das Interesse an der Demokratie im Vordergrund gestanden hätte. Diese

Vorgehen der Forschung
Die Rezeption
der Antike
Die athenische Demokratie

Zeittafel

508/07 v.Chr.	Reformprogramm des Kleisthenes.
5./4. Jh.	Ausbau der kleisthenischen Isonomie zur Demokratie.
338	Griechische Niederlage bei Chaironeia.
3. Jh. v.Chr. –4. Jh.n.Chr.	Hellenismus / römische Kaiserzeit Überdauern demokratischer Einrichtungen bei gleichzeitiger Aushöhlung durch zunehmende Oligarchisierung.
529 n.Chr.	Schließung der neuplatonischen Akademie unter Justinian.
6. Jh.n.Chr. –15. Jh.n.Chr.	Mittelalter Weitergabe des Wissens über die attische Demokratie durch Gelehrte, u.a. in den byzantinischen Lexika.
15. Jh.	Leonardo Bruni sieht in Athen ein Vorbild für Florenz.
1564	Carolus Sigonius, *De republica Atheniensium*.
18./19. Jh.	Die Architekturaufnahmen von J.-D. Le Roy und J. Stuart/N. Revett ermöglichen das Kopieren athenischer Bauten.
1817	August Boeckh, *Die Staatshaushaltung der Athener*.
1821–1830	Griechischer Unabhängigkeitskrieg.
1846–1856	George Grote, *A History of Greece*.
1891	F. G. Kenyon publiziert die *Athenaíōn politeía*.
1931	Beginn der amerikanischen Agora- Ausgrabungen.
1993/94	2500-Jahr-Feiern zur Begründung der Demokratie.

galt vielmehr als eine unstabile Staatsform mit vielfältigen Defiziten [ROBERTS]. Sogar in Ländern, welche eine lange demokratische Tradition besitzen, erklärte man die Schwächen der Griechen oder die schändliche Hinrichtung des Sokrates mit der Macht des wechselhaften und niveaulosen Volkes, das in Athen – von Demagogen verführt – allzu frei habe schalten und walten können. So lässt sich dieser Tenor etwa auch in der Schweiz vernehmen, obschon es hier in einzelnen Kantonen noch immer die alte Einrichtung der Landsgemeinde gibt, an welcher die Bürger, und jüngst auch die Bürgerinnen, in Versammlungen direkt über die politischen Geschäfte bestimmen, was man gerne mit dem Vorgehen der Athener in der *ekklēsía* verglichen hat, so zuletzt auch der heute bedeutendste Erforscher der attischen Demokratie, Mogens Herman Hansen [HANSEN, 2, 141–144, 152, 177f.].

Die Funktion der antiken Quellen. Die Rezeption eines historischen Gegenstands wie Athen ist zunächst einmal abhängig von der Verfügbarkeit der antiken Quellen, die über diesen Gegenstand berichten. Darüber hinaus bestimmt die in den wichtigsten Texten vorgetragene Einschätzung auch das Bild, das sich die jeweiligen Leser und Leserinnen von Athen und seinem Gemeinwesen gemacht haben. Dies betrifft ganz besonders die Texte zur politischen Philosophie. Die stets als grundlegend betrachteten Werke von Platon und Aristoteles zeigen eine tiefe Skepsis gegenüber der Demokratie. Durch die Jahrhunderte hindurch ist das Urteil dieser beiden großen Denker meinungsbildend gewesen. Erst im 20. Jh. setzte sich die Vorstellung durch, Demokratie an und für sich sei etwas Gutes. Damit wurde es möglich, Platon als Demokratiegegner zu kritisieren. Besonders harsch fällt diese Kritik beim Philosophen Karl Popper (1902–1994) aus, der – freilich auch in einer Gegenreaktion auf eine nationalsozialistische Platonverherrlichung – in Platon einen Wegbereiter des Totalitarismus sehen wollte [POPPER].

Für die Institutionen der attischen Demokratie hatte lange Zeit kein breites Interesse bestanden. Zwar stoßen wir schon im 16. und im 18. Jh. auf eine Reihe heute weitgehend vergessener Werke, welche die Kenntnisse von der athenischen Demokratie auf ein beachtliches Niveau hoben, darunter an erster Stelle das Werk *De republica Atheniensium* (1564) des Gelehrten Carolus Sigonius aus Modena, in welcher die antike Literatur im Hinblick auf eine Darstellung des Staates als System ausgewertet wird. Sigonius hatte über den Friesen Ubbo Emmius, den ersten Rektor der 1613 eröffneten Universität Groningen, und dessen zusammenfassende Behandlung griechischer Staatsverfassungen eine bisher kaum erforschte Breitenwirkung, die bis zu den ‚Founding Fathers' der amerikanischen Verfassung reichte [ROBERTS; NÄF 1999]. Doch dessen ungeachtet galt die griechische Demokratie mit ihren raffinierten Einrichtungen in der Neuzeit zumeist als gefährlich und nicht wirklich vorbildlich, mit Ausnahme der in ihr verwirklichten Freiheit und der in ihr vorhandenen Mechanismen zur Zügelung des revolutionären Potenzials, wie der Gesetze, des Areopags, der Vorberatung der Geschäfte der Volksversammlung durch den Rat oder des Strategenamtes des Perikles. Insgesamt war der Rezeption der attischen Demokratie auch die große Bewunderung abträglich, die Rom und insbesondere dem Römischen Recht entgegengebracht wurde. Die Wirkung der römischen Republik und Monarchie auf die moderne Geschichte ist denn auch ungleich kräftiger als diejenige der attischen Demokratie.

Zwei literarische Gattungen, die für uns heute untrennbar mit der attischen Demokratie verbunden sind, sind immer wieder hoch eingeschätzt worden: das attische Drama des 5. Jh.s und – manchmal allerdings mit heftigen Vorbehalten – die attischen Reden des 4. Jh.s v.Chr. Diesen Texten wurde in der Antike höchste Verehrung zuteil, sei es als Vorbilder für eigene Werke, sei es in der Fortführung der Athenverherrlichung. Dieses Motiv lebte in der ganzen römischen Kaiserzeit fort, wie Aelius Aristides und Libanios bezeugen. In der Renaissance tauchte es dann wieder bei Leonardo Bruni (1370–1444) auf, als dieser Florenz als neues Athen rühmte [DAUB].

▷ S. 265ff. Die antiken Menschen über sich

▷ S. 300/303 Technik: Die Arbeit m Quellen zur Antike

Dass die Athenbilder vor dem 19. Jh. auf uns mitunter holzschnittartig wirken, hat auch damit zu tun, dass zentrale Quellenbestände überhaupt nicht verfügbar waren. Wer sich heute mit der Geschichte Athens und seines politischen Systems beschäftigt, wird immer wieder auf die Aristoteles zugeschriebene *Athenaíōn politeía* (den „Staat der Athener") stoßen. Dieser Text, der die wichtigsten ‚Fakten' des athenischen Gemeinwesens als Materialsammlung für die große Synthese der politischen Philosophie des Aristoteles zusammenstellte, war zwar in römischer Zeit noch bekannt, ging aber bald danach bis auf einige wenige Fragmente verloren. Dies änderte sich schlagartig, als 1891 F. G. Kenyon den Text publizierte, den er auf Papyri gefunden hatte, die kurz zuvor aus Ägypten in das British Museum gelangt waren. Es handelte sich um vier Rollen, die ursprünglich mit Rechnungen aus der Zeit des Kaisers Vespasian (69–79) beschriftet worden waren; nachdem sie offenbar nicht mehr gebraucht wur-

Das Spiel mit den Reminiszenzen aus der Antike ist charakteristisch für die Selbstdarstellung des modernen Nationalstaates, natürlich auch der Monarchien. Der Stolz auf Staat und Verfassung hat immer gerne an die antiken Republiken angeknüpft, auch – aber keineswegs vorrangig – an die athenische Demokratie. Als der dänische Architekt Theophil Edvard Hansen (1813–1891), der einige Jahre in Athen verbracht hatte, das **Parlamentsgebäude in Wien** konzipierte, sorgte er dafür, dass die Erinnerung an das große, alte Athen einen festen Platz erhielt. Bewusst wählte er den „classischen Styl hellenischer Blütezeit": „Die Hellenen waren das erste Volk, welches die Freiheit und Gesetzmäßigkeit über alles liebte, und ihr Styl ist auch derjenige, welcher neben der größten Strenge und Gesetzmäßigkeit zugleich die größte Freiheit in der Entwicklung zuläßt." Den Außenbau ließ Hansen mit zahlreichen Figuren schmücken, unter ihnen Solon, Themistokles, Perikles und Demosthenes. Für die Rampenauffahrt sah er Statuen der Geschichtsschreiber des Altertums vor, darunter Herodot, Thukydides und Xenophon. Ein erst nach dem Tode Hansens errichteter Monumentalbrunnen trägt ein Standbild der Pallas Athene. Der Sitzungssaal ist einem griechischen Theater nachgebildet. Sinnbilder der politischen Geschichte Athens, Roms und Spartas schlagen den Bogen zwischen Antike und Gegenwart. An der Front des nicht mehr erhaltenen Sitzungssaales des Herrenhauses standen Statuen griechischer Politiker. Im erhalten gebliebenen großen Sitzungssaal des Abgeordnetenhauses sind zwischen den Säulen der steinernen Wände Skulpturen von Staatsmännern aufgestellt. Darüber zieht sich ein von August Eisenmenger stammender Fries hin. Die auf Goldgrund gemalten Abbildungen zeigen u.a. Sophokles im Wettkampf mit Aischylos, Sokrates auf dem Marktplatz, die Anordnung der Prachtbauten Athens durch Perikles, Herodot in Olympia, Platon als Lehrer der Gesetze sowie Demosthenes, der zum Volke spricht. Ob und wie die Politik durch ein solches Ambiente beeinflusst worden ist, hat bisher niemand erforscht.

Bild: Sitzungssaal des Abgeordnetenhauses, Wien, Foto: Johanna Fiegl, Copyright: Parlamentsdirektion, Wien.

Literatur: R. WAGNER-RIEGER/M. REISSBERGER, Theophil von Hansen, Wiesbaden 1980; Das österreichische Parlament, Wien 1984.

den, hatte man auf ihrer Rückseite den Text der *Athenaíōn politeía* festgehalten, eine Kopie, die folglich spätestens Anfang des 2. Jh.s n.Chr. angefertigt worden ist [Chambers, 91–93].

Ähnlich, wenngleich nicht so sehr auf einen einzigen Text bezogen, ist die Situation bei den athenischen Inschriften; der letzte uns bekannte Autor, der sie für seine Darstellung Athens herangezogen hat, war der Griechenlandreisende Pausanias im 2. Jh. n.Chr.; danach schwanden zunächst das Interesse und dann die Steine selbst. Erst seit der Renaissance suchte man zwar wieder nach Inschriften und sammelte sie, doch welche Möglichkeiten ihre Auswertung bot, wurde eigentlich erst durch das epochemachende Werk über *Die Staatshaushaltung der Athener* (1817) von August Boeckh (1785–1867) richtig deutlich. Boeckh besaß ein ausgesprochenes Interesse für Realia wie Einnahmen und Ausgaben, Löhne, Preise oder Zinsen; und er hatte bemerkt, dass er hierüber aus Inschriften sehr viel mehr erfuhr als aus der antiken Literatur.

Was die Breitenwirkung betrifft, so stellt die Wiederentdeckung der klassischen Bauwerke Athens manch andere Elemente der Athenrezeption in den Schatten. Nachdem 1758 der Franzose Julien-David Le Roy und 1761–1816 die Engländer James Stuart und Nicolas Revett ihre wunderbaren Architekturaufnahmen publiziert hatten, wurden bald weiterum ‚athenische Bauten' errichtet. Die klassizistischen Bauten erinnerten an historische Glanzzeiten, bewiesen Kultur und Geschmack, spornten an, sich ein dazu passendes bürgerliches Bildungswissen anzueignen und forderten geradezu dazu auf, ganz oder in Elementen kopiert zu werden. Zusammen mit weiteren historisierenden Stilen hat der Klassizismus immer wieder Chiffren zur Verfügung gestellt, welche für Bürgerlichkeit, Sicherheit und Macht standen, den Glanz und die Urbanität einer Metropole verkündeten und die politische Legitimität eines Verfassungsstaates – gerade auch der bis ins 20. Jh. hinein dominierenden Monarchie – suggestiv vergegenwärtigten. Assoziationen an demokratisches Ideengut spielten immerhin dort eine Rolle, wo die Athenreminiszenzen dem Parlamentarismus gedient haben.

Treibende Interessen. Die Rezeptionsgeschichte der athenischen Demokratie hängt nicht nur von den Quellen, sondern auch von den Interessen und Impulsen derjenigen ab, die sich für Athen als historischen Gegenstand interessiert haben. Im ausgehenden 18. und beginnenden 19. Jh. gingen von der Neugier der Reisenden und Antikensammler wichtige Anregungen aus, welche dazu beitrugen, die ästhetischen Präferenzen in Europa und Amerika in Richtung Klassizismus auszurichten. Die Anhänger der Aufklärung sahen in Athen und Sparta Modelle der Staatskunst und haben damit mitgeholfen, den epochalen Umschwung der politischen Verhältnisse einzuleiten. Die französischen Revolutionäre führten antike Zitate auf den Lippen. Freilich mussten sie dabei fürchten, wie Sokrates, ein großes Vorbild gerade des 18. Jh.s, durch den Willen des Volkes zu sterben: Unter anderem hat der Maler Jacques-Louis David (1748–1825) solche Parallelisierungen benützt. Bildungsreformer, Dichter und Philhellenen fügten sich mit Absichten an, die alle auf mehr Freiheit und bessere Chancen des Individuums gerichtet waren. Nicht zuletzt ist auf jene bedeutenden Gelehrten zu verweisen, die im 19. Jh. die Grundlagen für die modernen Altertumswissenschaften legten. Sie haben mit großem Engagement

▷ S. 458ff.
Die Altertumswissenschaften im 19. und 20. Jahrhundert

Detailskizze

Seit dem 18. Jh. erscheinen Bücher, die im Titel als ‚**Griechische Geschichte**' – mit Großbuchstaben! – bezeichnet sind. Sie geben ein Gesamtbild des griechischen Altertums und belegen zumeist eindrücklich die Fortschritte der Wissenschaften vom Altertum. Mindestens so interessant ist die Art und Weise, wie sie auf Fragen und Anregungen aus der Gegenwart eingehen, nicht zuletzt bei der Erörterung von Vor- und Nachteilen der Demokratie. ‚Griechische Geschichten' haben deshalb auch immer ein breites Publikum gefunden.

Viele Leser hat bis heute **George Grote** (1794–1871), der Verfasser eines zehnbändigen Werks mit dem Titel: *A History of Greece* (1846–1856). Grote war ein herausragender Wissenschaftler, der aber auch über Erfahrungen als Parlamentarier und Bankier verfügte und zum Kreise der so genannten Philosophical Radicals um Jeremy Bentham und John Stuart Mill gehörte. Dort wurde eine ethische Theorie des Utilitarismus vertreten, deren Kern in der Auffassung liegt, Menschen sollten so handeln, dass die Folgen ihrer Handlungen bzw. ihrer Handlungsregeln für alle Betroffenen optimal seien. Wenn Grote griechische Geschichte schrieb, so gab er zugleich grundsätzliche Antworten auf brennende Fragen der Gegenwart. In Abhebung von einem politisch konservativ orientierten Werk des englischen Tory William Mitford mit dem Titel *The History of Greece* (1784–1808), das die angeblichen Schwächen der attischen Demokratie brandmarkte, legte Grote dar, welches die Vorzüge des attischen Staatswesens waren und wie die Prinzipien von Demokratie und Freiheit überhaupt segensreich werden können: Die Athener des 5. Jh.s hätten es fertig gebracht, die Einzelnen zu höchsten Leistungen anzuspornen und alle von diesen Leistungen profitieren zu lassen. Auch hinsichtlich der politischen Grundhaltung der Athener seien die Wirkungen der Demokratie positiv: „... it produced a strength and unanimity of positive political sentiment, such has rarely been seen in the history of mankind" [GROTE 3, 395].

Literatur: G. GROTE, A History of Greece, 10 Bde., London 1846–1856; A. MOMIGLIANO, George Grote and the Study of Greek History [1952], in: DERS., Studies in Historiography, New York 1966, 56–74; K. N. DEMETRIOU, George Grote on Plato and Athenian Democracy, Frankfurt/M. u.a. 1999.

Vorgehen der Forschung
Die Rezeption der Antike
Die athenische Demokratie

die Erfahrungen der revolutionären Entwicklungen in der Gegenwart anhand der antiken Evidenz reflektiert. In den damals neu entstandenen ‚Griechischen Geschichten', einer spezifischen Gattung wissenschaftlicher Prosa für ein breites Publikum, wurden die Vor- und Nachteile der Demokratie abgeschätzt [AMPOLO; CHRIST]. Man verglich Sparta mit Athen oder die antike mit der modernen Freiheit.

In den Mittelpunkt eines breiten öffentlichen Interesses rückte zu Beginn des 19. Jh.s das antike Athen, weil es der Legitimation des griechischen Unabhängigkeitskriegs (1821–1830) diente. Folgerichtig wurde 1833 Athen zur Hauptstadt des neu gegründeten griechischen Königreichs erkoren, um an die Blüte des perikleischen Zeitalters anzuknüpfen. Die griechische Nation wurde aus der Antike erträumt. Am griechischen Freiheitskampf beteiligten sich viele Menschen in Europa. In der Folge kam es in zahlreichen Ländern zu Rückwirkungen auf die politischen Prozesse: Die Demokratisierungstendenzen wurden verstärkt. Allerdings leisteten konservative und restaurative Kräfte hartnäckigen Widerstand und vermochten auch längere Zeit zu obsiegen.

Die Darstellungen der Geschichte Athens in den immer zahlreicher werdenden ‚Griechischen Geschichten' spiegeln nicht nur die wissenschaftlichen Fortschritte, sondern eben diese politischen Auseinandersetzungen. Manche der lebhaft am Zeitgeschehen Anteil nehmenden Autoren waren Persönlichkeiten, deren Ideen erheblichen Einfluss besaßen.

Die Diskussionen über Vor- und Nachteile der athenischen Demokratie sowie über Stärken und Schwächen des Staates als historische Macht bezogen sich auf die attische Demokratie als Ganzes wie auf Besonderheiten, so den Ostrakismos und die Gerichtshöfe. Gerne wurde über große Athener debattiert, allen voran über Perikles. Wissenschaft und Wirken in der Öffentlichkeit gingen immer wieder Hand in Hand, obschon die Klagen über eine Krise der Wissenschaften vom Altertum und fehlenden politischen Einfluss schon damals nicht selten anzutreffen waren. Als am 22. März 1877 Ulrich von Wilamowitz-Moellendorff (1848–1931) an Kaisers Geburtstag „Von des attischen Reiches Herrlichkeit" sprach, sah er im ‚Ersten Athenischen Seebund' einen erfolgreichen Bundesstaat und einen Rechtsstaat, dessen Gemeinsamkeit mit Deutschland er in der Sinnesart des Volkes erkennen wollte.

Das Argumentieren mit dem Beispiel Athens hat im 20. Jh. vielfältige Fortsetzungen gefunden. Die große Zahl der Wissenschaftler nahm dabei Partei für konservative Positionen. Eine Ausnahme bildet Arthur Rosenberg (1889–1943), der 1921 Athen unter marxistischem Blickpunkt darstellte und meinte zeigen zu können, dass im „Revolutionsjahr" 461 v.Chr. eine „Proletarierrepublik" begründet worden sei [ROSENBERG, 51–64]. In der Zeit des Nationalsozialismus bevorzugten viele den Militärstaat Sparta, aber es gab auch für ein starkes Athen Bewunderung: In der Person von Helmut Berve (1896–1979) ist beides zugleich vertreten. Die Profilierung Athens zu einem durch adlige Führergestalten und rassische Eigenheiten geprägten Staatswesen, in welchem das Individuum in der Gemeinschaft aufging, passte zu den Vorlieben für eine inhumane Klassik, wie sie im NS-System stärker denn je werden konnten.

▷ S. 463
Die Altertumswissenschaften im 19. und 20. Jahrhundert

Nach dem Ende des Zweiten Weltkriegs sind zwar manche der in der NS-Zeit stark gewordenen Interpretationen fortgeführt worden, weil der Wille zu einer kritischen Auseinandersetzung fehlte. Gerade die unter den Schülern Berves gepflegten Ansätze behielten erheblichen Einfluss. Doch hatte die deutsche Altertumswissenschaft schon in der NS-Zeit ihre Vorrangstellung verloren. Nach 1945 gingen die maßgeblichen Impulse mehr und mehr vom angelsächsischen bzw. amerikanischen Raum aus. Von hier aus wurde auch besonders machtvoll die Demokratie als System mit Weltgeltung empfohlen. Viel zitiert sind heute etwa Moses I. Finleys (1912–1986) Gedanken über das politische System Athens, nicht zuletzt sein Plädoyer für eine Demokratie mit breiter Partizipation [FINLEY]. Finleys historischer Vergleich bezieht sich dabei ganz entschieden auch auf die Gegenwart und argumentiert gegen Exponenten politischer Theorien, welche Eliten in Entscheidungsprozessen privilegieren wollen.

Die Bedeutung der nach wie vor lebendigen Beschäftigung mit der attischen Demokratie ist an solchen Beispielen greifbar [STÜWE/WEBER]. Unmittelbar einzuleuchten vermag wohl auch die Notwendigkeit, immer wieder darüber nachzudenken, was Demokratie ist, sein kann und wie sie ausgestaltet werden soll: Demokratische Prozesse betreffen uns ja täglich unmittelbar. Nicht leicht zu beantworten ist die Frage nach angemessenen Vorgehensweisen bei solchen Untersuchungen. Lernen aus der Geschichte ist ein diffiziles Geschäft. Es gründet auf Fragestellungen und Konzepten, die in der Gegenwart wurzeln, noch mehr aber auf der sorgfältigen Beschäftigung mit den Quellen und dem Sicheinlassen auf die ganz anderen Verhältnisse in vergangenen Zeiten. Besonders anspruchsvoll ist die Analyse rezeptionsgeschichtlicher Vorgänge. Es kommt hinzu, dass anders als im Falle des politischen Systems Roms, das uns viel näher steht, uns stärker geprägt hat und in seinen Folgen viel unmittelbarer greifbar ist, die Wirkungen der athenischen Demokratie ein Phänomen ausmachen, das über vielfach gebrochene Prozesse einer Rezeption gefasst werden muss, die ganz wesentlich durch Bildung, Gelehrsamkeit und Wissenschaft bestimmt ist.

Beat Näf

Die klassische griechische Plastik

Im 2. Jh. n.Chr. wird in der römischen Literatur erstmals das Wort *classicus* verwendet, um damit Autoren zu bezeichnen, deren Werke als vorbildhaft und von bleibendem Wert angesehen werden. In dieser Bedeutung ist ‚klassisch' heute mit verschiedenen geistes- und kunstgeschichtlichen Epochen, aber auch mit den Höhepunkten unterschiedlicher Genres und Kunstgattungen verbunden – bis hin zum ‚Filmklassiker'. Als Epochenbezeichnung für die griechische Kunst des 5. und 4. Jh.s v.Chr. ist Klassik in der Nachfolge des Kunsthistorikers Heinrich Wölfflin (1864–1945) erst in den zwanziger Jahren des 20. Jh.s eingeführt worden [MAASS]. Klassische Skulpturen unterscheiden sich von der älteren Plastik der griechischen Archaik des 7. und 6. Jh.s v.Chr. durch den Aufbau der Figur, die in neuartiger Weise als Einheit verstanden wird: Die in der Archaik eigenständigen und oft ornamental aufgefassten Bestandteile des Körpers werden nun in die Erscheinung einer naturnah wirkenden Figur eingeordnet und von einer einheitlichen Bewegung durchzogen; das bekannteste Mittel dieser Gestaltung ist der von den Griechen entwickelte ‚Kontrapost', als dessen vollendete Durchführung der *doryphóros* (‚Speerträger') des Polyklet gilt. Der aus Argos stammende Polyklet (tätig 460/50–420/10 v.Chr.) verfasste mit seiner Schrift *Kánon* das erste kunsttheoretische Werk der Antike, in dem er die Grundlagen seiner Proportionslehre und des Bronzegusses behandelte [BORBEIN; PHILIPP]. Anhand der Rezeption seines Œuvres lassen sich typische Formen der Wirkungsgeschichte klassischer griechischer Plastik von der Antike bis in das 20. Jh. besonders gut nachvollziehen.

▷ S. 427
Rezeption/
Film

Antike. Die berühmten Künstler der Klassik besaßen nicht nur zahlreiche Schüler und Nachfolger, sondern beeinflussten auch weitere Bildhauer und den Stil anderer Kunstgattungen. Bei Polyklet ähneln die Werke seiner Schule ihm mitunter so sehr, dass die Zuweisung einzelner Skulpturen umstritten ist. Der überaus große Einfluss seiner Figurengestaltung reicht von seinen Zeitgenossen über den Hellenismus bis in die römische Kaiserzeit, in der etwa ein berühmtes Porträt des Augustus – der so genannte ‚Augustus von Primaporta' – dem polykletischen Vorbild des Doryphoros folgt. Die visuelle Verbreitung der klassischen Vorbilder erfolgte im Hellenismus und in der römischen Kaiserzeit durch unterschiedlich getreue Kopien sowie frei an einem bestimmten Vorbild orientierte Nachschöpfungen; hinzu kommen Wiedergaben von Skulpturen in der so genannten Kleinkunst – so etwa auf Gemmen oder Münzen wie als Kleinbronze [BECK/BOL/BÜCKLING, 328–449]; als literarische Rezeption finden sich im Hellenismus und der römischen Kaiserzeit außerdem sehr häufig Kunstbeschreibungen oder die Bezugnahme auf berühmte Statuen [NEUMEISTER]. Die Anfertigung von Marmorkopien erreichte ihre größte Verbreitung in der römischen Kaiserzeit, in den Werkstätten auf die Anfertigung von Skulpturen nach griechischen Vorbildern spezialisiert waren [VON HEES-LANDWEHR]. Zahlreiche griechische Bildhauer der Klassik –

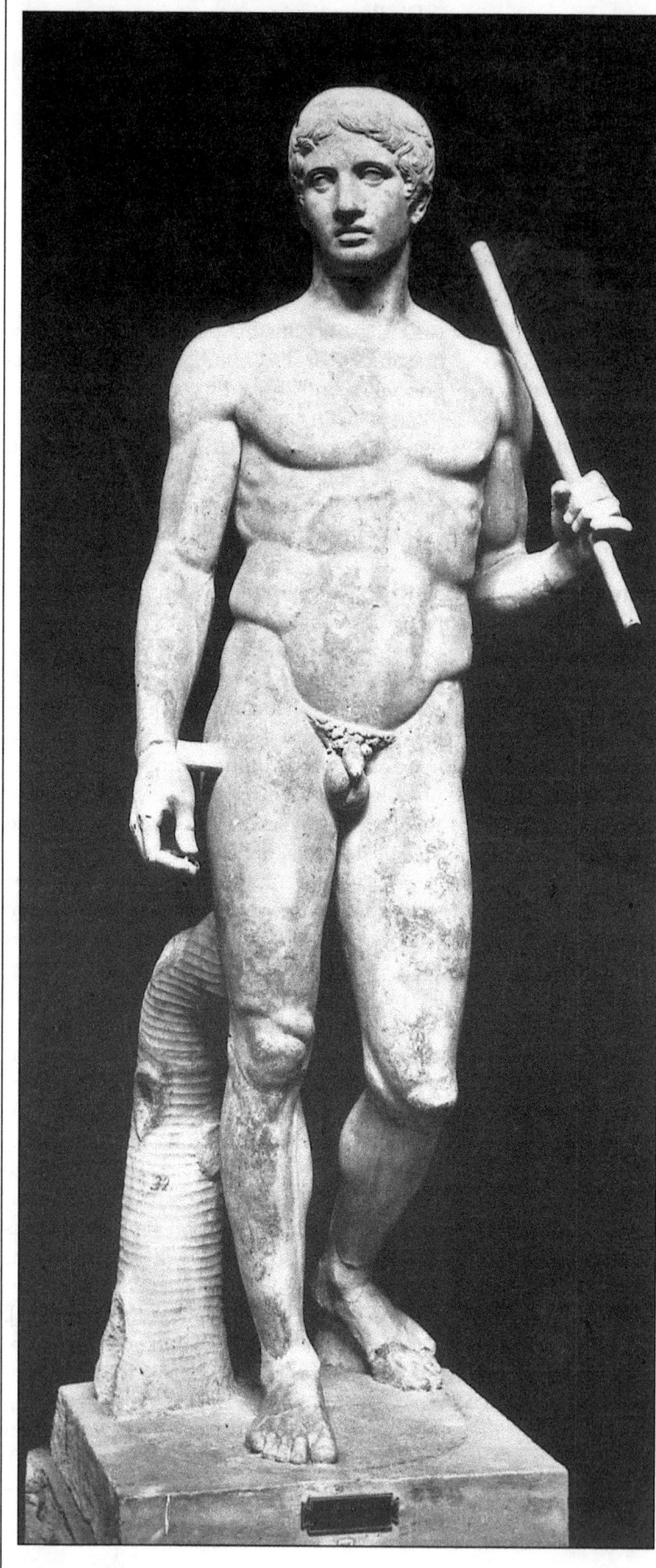

Der *doryphóros* (‚Speerträger') **Polyklet**s gilt als die maßgebliche Darstellung der Proportionsvorstellungen Polyklets, die dieser in seiner Schrift *Kánon* niedergelegt hat. Der nackte athletische Jüngling, in dessen erhobener linker Hand eine Lanze zu ergänzen ist, ist im so genannten Kontrapost gestaltet: Auf dem Standbein lastet das Gewicht des Körpers, während das Spielbein entlastet zurückgenommen ist; die Schulter über dem Standbein ist leicht gehoben, die über dem Spielbein gesenkt. Das Original Polyklets wird von Plinius dem Älteren (23/24–79 n.Chr.) als Bronzestatue erwähnt (*Naturalis historia* 34, 55). Weiter nennt Plinius „nackte Standbilder, die nach dem Vorbild der Epheben aus den Sportplätzen einen Speer halten und Achilleusstatuen genannt werden." (*Ebd.* 34, 18). Daraus hat man geschlossen, dass die Statue Polyklets den jugendlichen Heros Achill darstellt, wie jüngst gezeigt wurde bei den Leichenspielen für Patroklos. Die Marmorkopien des Doryphoros wurden 1862 von dem Archäologen K. Friederichs (1831–1871) mit der Statue Polyklets verbunden.

Bild: Polyklet, Doryphoros. Marmorkopie des frühen 1. Jhs. n.Chr. nach einem Bronzeoriginal um 440 v.Chr., aus einer Palästra in Pompeji, Neapel, Nationalmuseum 6011.

Literatur: B. Wesenberg, Für eine situative Deutung des polykletischen Doryphoros, in: Jahrbuch des Deutschen Archäologischen Instituts 112, 1997, 59–75.

so auch Polyklet – sind nur in römischen Kopien fassbar, die allerdings immer wieder untereinander variieren und vom Zeitstil ihrer Entstehung geprägt sind; aus ihnen versucht man mit der Methode der ‚Kopienkritik' das häufig aus Bronze bestehende Original möglichst genau zu rekonstruieren [BOARDMAN, 23–27]. Die Aufstellung von römischen Kopien in Bädern, Sportanlagen oder Villen folgte häufig inhaltlichen Gesichtspunkten: So konnten Athletenbildnisse in Sportanlagen den Trainierenden Ansporn und Vorbild sein. Kopien klassischer Plastik in den Bibliotheken – vor allem Porträts berühmter Literaten und Philosophen – und in den Gärten von Villen waren dagegen mit dem Verständnis der Villa als musischem Ort der Erholung verknüpft [ZANKER].

Vom Mittelalter zum Klassizismus. Für die nachantike Rezeption der klassischen griechischen Plastik stellt sich vor allem das Problem, dass einerseits klassische griechische Originale kaum bekannt und ihre römischen Kopien noch nicht zugeordnet waren, andererseits die Namen der Künstler als Vorbild sehr lebendig blieben und zu phantasievollen Zuschreibungen führen konnten. Und so preist auch Dante Alighieri (1265–1321), der von Polyklet kein einziges Werk kannte, ihn als vorbildhaften Meister, wenn er ein marmornes Relief schildert, „vor dem nicht Polyklet nur, / Selbst die Natur beschämt gestanden hätte." (*Göttliche Komödie*, 10, 28–33) [ZÖLLNER, 452]. In der bildenden Kunst werden die auf die griechische Klassik zurückgehenden Gestaltungsprinzipien mit dem Beginn der Renaissance besonders einflussreich: Maler wie Bildhauer gestalten nun wieder die Nacktheit der Figur und entwickeln eine neue Proportionierung der Körperdarstellung; in diesem Zusammenhang wird auch Polyklet mit seinem Kanon gerühmt [HIMMELMANN; PANOFSKY]. Allerdings sind für die Antikenrezeption seit der Renaissance die in Italien gefundenen hellenistischen und römischen Bildwerke grundsätzlich von wesentlich größerer Bedeutung gewesen als die klassische Plastik. Im Klassizismus des späten 18. und 19. Jh.s orientieren sich Künstler wie der lange Zeit in Rom lebende Däne Berthel Thorvaldsen (1768–1844) dann sehr direkt an den römischen Kopien klassischer Plastik, die häufig polykletischen Gestaltungsweisen folgen [HASKELL/PENNY; MÜLLER-KASPER]. Dies entspricht der Wertschätzung der Klassik bei Johann Joachim Winckelmann (1717–1768), der die klassischen griechischen Skulpturen in seiner *Geschichte der Kunst des Altertums* von 1764 mit den Attributen „schön, erhaben und groß" charakterisiert [SCHNEIDER]. Eine entscheidende Rolle für die Kenntnis antiker Plastik spielen dabei gerade im Klassizismus die seit dem 16. Jh. eingerichteten Abgusssammlungen antiker Plastik: Im 1769 begründeten Mannheimer Antikensaal erhielten Johann Wolfgang (von) Goethe (1749–1832) und Friedrich (von) Schiller (1759–1805) entscheidende Eindrücke für die Begegnung mit antiker Plastik, darunter einem Abguss des ‚Apollon vom Belvedere' [SCHIERING U.A.]; der Eindruck des weißen Gipses prägte lange eine falsche Vorstellung über die doch stets bemalte klassische Skulptur. 1816 wurden Skulpturen und Friespartien des Parthenon vom British Museum in London erworben, deren Wirkung als erster originaler Skulpturenkomplex des 5. Jh.s v.Chr. in Mitteleuropa kaum zu überschätzen ist: „Haben wir doch jetzt sogar auch die Phidiasse vor Augen, woran in unserer Jugend nicht zu denken war." (Goethe, Gespräch mit Eckermann, 20.12.1826).

Die Kunst der Moderne. Anders als man vielleicht erwarten könnte, hat die Plastik der griechischen Klassik für die Kunst der Moderne ihre große Bedeutung bewahrt, auch wenn sich einige Künstler des späten 19. Jh.s als Ausdruck des Protests gegen den akademischen Unterricht entschieden von der Beschäftigung mit älteren Kunstepochen distanzierten [BELTING, 63–82, bes. 66f.]. Aber nicht nur Paul Cézanne (1839–1906), der ‚Vater' des Impressionismus, zeichnete nach klassischen griechischen Skulpturen, sondern auch für Pablo Picasso (1881–1973) waren klassische Skulpturen von wesentlicher Bedeutung, wie etwa seine Skizzen nach den Giebelfiguren des Parthenon in Athen zeigen [VIERNEISEL; WEISNER]. Einen besonderen Stellenwert für die Auseinandersetzung moderner Künstler mit der klassischen Plastik hat Auguste Rodin inne (1840–1917), der sich in seinen Gesprächen mit Paul Gsell wiederholt über sein Verhältnis zu Michelangelo, Phidias und Polyklet geäußert hat [RODIN]. Doch ist der Einfluss der griechischen Klassik auch am Ende des 20. Jh.s wirksam: So schuf Markus Lüpertz eine Serie von Zeichnungen und Plastiken, in denen er sich mit dem Kontrapost auseinandersetzte, darunter eine Plastik mit dem bezeichnenden Namen *Standbein – Spielbein* [BERGER/MÜLLER-HUBER/THOMMEN, 83–86]. Vermutlich wirkt diese Gestaltungsweise heutzutage sehr viel unscheinbarer, als es diesem Teil der „Greek Revolution" des 5. Jh.s v.Chr. für die Kunst- und Geistesgeschichte zukommt [GOMBRICH, 99–125].

Matthias Steinhart

Bei seiner Gestaltung der 1875/76 entstandenen Figur eines nackten Jünglings – als Titel sind unter anderem *Das eherne Zeitalter*, aber auch *Der Besiegte*, *Frühlingserwachen* oder *Der Mensch der Frühzeit* bekannt – greift **Auguste Rodin** (1840–1917) mit der Nacktheit der Figur, dem Kontrapost und der naturnahen Wiedergabe des belgischen Soldaten Auguste Neyt auf eine mit der griechischen Klassik einsetzende Kunsttradition zurück. Zugleich distanziert er sich von dieser Tradition durch eine neue Art der plastischen Durchgliederung und des Ausdrucks der Figur. Seine Auseinandersetzung mit den Regeln der griechischen Klassik verdeutlichte Rodin dem Schriftsteller Paul Gsell an einer Statue Polyklets: „Sie können hier die vier rhythmischen Hauptlinien nachprüfen […] Betrachten Sie bitte die linke Seite dieser Statue: die Schulter schiebt sich ein wenig nach vorn, die Hüfte nach hinten, das Knie ist wieder nach vorn gerichtet, der Fuß nach hinten: daraus resultiert die zarte Wellenlinie des Ganzen. Jetzt beachten Sie das Schwanken der waagerechten Linien: die Schulterlinie neigt sich nach rechts, die Hüftlinie nach links".

Bild: A. Rodin, „Das eherne Zeitalter", Vorderansicht, Kunsthalle Bremen, Inv-Nr. 138-1905/24.

Zitat: A. RODIN, Die Kunst. Gespräche des Meisters, Zürich 1979,198.

Literatur: BERGER/MÜLLER-HUBER/ THOMMEN, 73f.; R. CRONE/S. SALZMANN (Hrsg.), Rodin. Eros und Kreativität, München 1991, 15f. Taf.15.

Die antike Philosophie

Das wohl mit Abstand bekannteste Diktum zum Einfluss, den die Philosophie der Antike auf die weitere Geschichte des europäischen Denkens ausgeübt hat, stammt nicht von einem Philosophiehistoriker, sondern von dem Mathematiker, Physiker und Naturphilosophen Alfred North Whitehead (1861–1947): „Die sicherste allgemeine Charakterisierung der philosophischen Tradition Europas lautet, dass sie aus einer Reihe von Fußnoten zu Platon besteht." [WHITEHEAD, 63]. Auch wenn man diese Einschätzung Whiteheads für übertrieben halten mag, wird man doch zugeben müssen, dass die Rezeptionsgeschichte schon allein der klassischen griechischen Philosophie offenbar kein kleines Feld ist. Bedenkt man ferner, dass die antiken Philosophen ja nicht nur im Rahmen der europäischen und der außereuropäischen Philosophie rezipiert wurden, sondern auch auf die Geschichte der Literatur und der Literaturtheorie, der Musik und der Musiktheorie, der Kunst und der Kunsttheorie, der Theologie, aber auch der Mathematik und Naturwissenschaften in signifikanter Weise gewirkt haben – und zum Teil auch weiterhin wirken –, dann vergrößert sich dieses Feld noch beträchtlich.

Zu fast jedem Philosophen, der zu den Klassikern europäischen Denkens gezählt wird, gibt es Monographien, die sein besonderes Verhältnis zur antiken Philosophie beleuchten und dabei deutlich werden lassen, wie wenig sich das ‚eigene Denken' eines rezipierenden Philosophen von der rezipierten Philosophie trennen lässt. Die Aristoteles-Rezeption eines Thomas von Aquin (um 1225–1274) oder eines Martin Heidegger (1889–1976) und die Platon-Rezeption eines Augustinus (354–430) oder eines Friedrich Nietzsche (1844–1900) kommen nicht als abtrennbare Zutat zum Denken der rezipierenden Philosophen noch hinzu, sondern bilden einen integralen Bestandteil. Wollte man die Bedeutsamkeit der antiken Philosophie emphatisch formulieren, könnte man sagen, dass es für einen europäischen Philosophen von Rang unmöglich ist, sich ihr gegenüber *nicht* zu verhalten. So gesehen stellt auch die Nicht-Rezeption einen besonderen Fall der Rezeption dar. Wer die Rezeptionsgeschichte der antiken Philosophie schreiben wollte, müsste also zugleich die Geschichte der Philosophie – und nicht nur der Philosophie – schreiben.

Zu der Schwierigkeit in der Sache – dass die Rezeptionsgeschichte der antiken Philosophie nämlich schon in ihren Grundzügen schlicht unübersehbar ist – tritt ein terminologisches Problem, das nicht erst die Gesamtheit der Rezeption, sondern bereits ihre Einzelfälle schwierig werden lässt: Der Ausdruck ‚Rezeption' – und davon abhängig auch der Ausdruck ‚Rezeptionsgeschichte' – gehört in die Gruppe notorisch vager Begriffe, die außerordentlich häufig verwendet und außerordentlich selten erklärt werden. So wird man Aussagen wie „Das mittelalterliche Denken wurde durch die Rezeption des Aristoteles stärker geprägt als durch die des Platon" oder „Heidegger hat Aristoteles intensiv rezipiert" zwar kaum widersprechen wollen. Doch sonderlich informativ sind solche Sätze nicht, schließlich signalisieren sie zunächst ja nur, dass hier bestimmte Philosophen die Gedanken bestimmter anderer Philosophen – in welcher Form und mit welcher Absicht auch immer – aufgegriffen haben. Sicherlich besitzt der Ausdruck ‚Rezeption' einen gewissen Orientierungswert, doch damit eine Behauptung der Form „x hat y rezipiert" wirkliche Aussagekraft gewinnt, ist es nötig, eine ganze Reihe ins Detail führender Anschlussfragen zu beantworten. Besondere Beachtung verdient hierbei, welche (1) Rezeptionsbasis jeweils gegeben ist und welcher (2) Rezeptionsgegenstand thematisiert wird. Weitere wichtige Fragen betreffen die zur Anwendung gekommene (3) Rezeptionsmethode und das leitende (4) Rezeptionsinteresse. Im Zuge einer kurzen Erläuterung dieser Fragen sollen zugleich einige Schlaglichter auf bemerkenswerte Episoden aus der Rezeptionsgeschichte antiker Philosophie geworfen werden.

Rezeptionsbasis. Stellen wir uns einen Platon- und Aristoteles-Leser des lateinischen Mittelalters vor, etwa einen Magister des *trivium* – der Trilogie aus Grammatik, Rhetorik und Logik – an einer französischen Kathedralschule des späten 12. Jh.s. Sowohl Platon als auch Aristoteles werden hier allseits geachtet. Während Platon jedoch weniger wegen seiner philosophisch-theoretischen, sondern eher aufgrund seiner ethisch-lebenspraktischen Qualitäten gerühmt wird, steht Aristoteles im Ruf, zwar arrogant in seinem Auftreten, doch zugleich brillant in der Logik gewesen zu sein. Auch über die Inhalte der platonischen und der aristotelischen Philosophie meint man an der Kathedralschule bestens informiert zu sein. Auf welcher Lektüre aber beruht diese Einschätzung? Auf der einen Seite schreibt unser mittelalterlicher Magister Platon und Aristoteles Schriften zu, die wir heute als pseudo-platonisch bzw. -aristotelisch kennen. Auf der anderen Seite hat unser Magister nur zu einem Bruchteil der Schriften Zugang, die uns heute im Rahmen des *Corpus platonicum* und des *Corpus aristotelicum* kritisch ediert und kommentiert vorliegen [ERLER/GRAESER; FLASHAR 1983; DERS. 1994; DERS. 1998, RÖD/GRAESER/HOSSENFEL-

Detailskizze

‚Moderne' Zwerge auf den Schultern ‚antiker' Riesen.

Ein wertvolles Zeugnis sowohl für die Rezeption antiker Philosophie im Mittelalter als auch für die Reflexion mittelalterlicher Denker auf diese Rezeption stellt die 1159 entstandene Schrift *Metalogicon* des Johannes von Salisbury (um 1115–1180) dar.

Der Frühscholastiker Johannes, der u.a. bei Peter Abaelard, Wilhelm von Conches und Gilbert von Poitiers studierte, im Dienst der Erzbischöfe Theobald und Thomas Becket von Canterbury stand und 1176 Bischof von Chartres wurde, hat mit dieser Schrift die erste mittelalterliche Einführung in die Logik des Aristoteles verfasst, in der alle Werke des *Organon*, d.h. des aristotelischen Schriftkorpus zur Logik, berücksichtigt werden. Johannes' besondere Aufmerksamkeit gilt dabei den wissenschaftstheoretischen Ausführungen der neu übersetzten *Analytica Posteriora*. Doch ist das *Metalogicon* – da Johannes hier dezidiert als Apologet des *trivium* auftritt – nicht nur als eine Einführungsschrift in die Logik, sondern zugleich als eine Verteidigungsschrift für die Logik zu lesen, die auch das Verhältnis zwischen den Johannes' zeitgenössischen Denkern, den Moderni, und den antiken Philosophen, den Antiqui, explizit thematisiert. Im folgenden Zitat, das Johannes dem von ihm hoch verehrten Bernhard (einem der ersten Lehrer an der Schule von Chartres) zuschreibt, wird deutlich, dass die antike Philosophie für die Selbstverständigung mittelalterlicher Denker einen signifikanten Bezugspunkt bot: „Bernhard von Chartres pflegte zu sagen, wir (d.h. die *moderni*) seien wie Zwerge, die auf den Schultern von Riesen (d.h. der *antiqui*) sitzen, so dass wir mehr und weiter sehen können als diese – doch nicht aufgrund der Schärfe unseres Auges oder unseres höheren Wuchses, sondern weil wir durch die Größe der Riesen emporgehoben werden." (*Metalogicon* 3, 4) In dieser – die zwischen Antiqui und Moderni bestehenden Kontinuitäten betonenden und die Diskontinuitäten marginalisierenden – Selbstpositionierung manifestiert sich das Fortschritts- und Traditionsbewusstsein eines mittelalterlichen Denkers, der sich den antiken Philosophen an Weitsicht zwar überlegen fühlt, zugleich aber weiß, dass sich die eigene Leistungsfähigkeit weniger der eigenen Leistung als vielmehr der Anstrengung der Antiqui verdankt, auf deren Arbeit die Moderni aufbauen können. Diese der Fremdwertschätzung verpflichtete Selbstwertschätzung fördert die wissenschaftliche Praxis einer in systematischer Absicht Philosophiegeschichte treibenden Philosophie: Das beachtliche Reflexionsniveau der Antiqui kann nur dann erreicht und übertroffen werden, wenn man sie gründlich studiert. Johannes' Reflexion über den fruchtbaren Traditionsbezug zwischen der zeitgenössischen und der antiken Philosophie distanziert sich nicht nur von jeder Selbstherrlichkeit, sondern auch von jeder blinden Autoritätshörigkeit. Aristoteles etwa wird zwar der Ehrentitel „der Philosoph" (*Metalogicon* 4, 7) und damit eine unter Philosophen einzigartige Autorität zugestanden, doch heißt dies keineswegs, dass eine Behauptung, nur weil sie von Aristoteles vertreten wird, deshalb auch schon wahr sein müsse. Vielmehr stellt Johannes klar heraus, dass die Autorität eines antiken Philosophen wie Aristoteles a) auf geeignete Weise zu regionalisieren und b) auch in der jeweils zugeeigneten Region mit Vernunftgründen (*rationes*) zu kritisieren ist.

a): Auf dem Gebiet der Logik gelte Aristoteles zu Recht als Experte, doch habe er sich in vielen anderen Fragen geirrt, so dass er zwar für das Studium der Logik, nicht so sehr dagegen für das der Ethik zu empfehlen sei (*Metalogicon* 4, 27).

b): Johannes weist detailliert auf unzureichende logische Erörterungen des Aristoteles hin. Ferner erinnert er zustimmend an eine Bemerkung seines Lehrers Abaelard, nach der ein Modernus den Antiqui gerade auf dem genuin aristotelischen Feld der Logik inhaltlich wie stilistisch leicht gleichkommen könne. Abaelards prekärer Nachsatz, dass es für die Moderni ungeachtet ihrer Überlegenheit gegenüber den Antiqui schwierig, wenn nicht unmöglich sei, selbst zu Autoritäten zu avancieren (*Metalogicon* 3, 4), wird bei Johannes jedoch deutlich entschärft, da – dem Bernhard-Zitat entsprechend – eine Autorität ja nicht durch größte Weitsicht ausgezeichnet ist, sondern durch die Verdienste, die sie sich um den sukzessiven Anstieg des philosophischen Reflexionsniveaus erworben hat. Vor dem Hintergrund dieser Idee eines philosophischen Fortschritts und in Abgrenzung zu einer – zeitgenössisch etwa von Bernhard von Clairvaux präferierten – monastisch geprägten Theologie, die unter einer Autorität den altehrwürdigen verlässlichen Garanten ein für allemal wahrer Aussagen versteht, propagiert Johannes eine gleichsam genetische Vorstellung philosophischer Autoritäten, die sich nicht im Sinne simpler Autoritätsargumente einsetzen lassen: Denn wer die Texte antiker Denker rezipiert, gelangt nicht unmittelbar zu den besten Aussagen über die thematisierten Sachverhalte, doch wird er vermittels dieser Rezeption in die Lage versetzt, selbst bessere Aussagen treffen zu können, als es den Verfassern der rezipierten Texte möglich war.

Text des *Metalogicon*: J. B. Hall/K. S. B. Keats-Rohan, Corpus Christianorum, Continuatio Mediaevalis 98, Turnhout 1991.

Literatur: A. Zimmermann (Hrsg.), Antiqui und Moderni. Traditionsbewußtsein und Fortschrittsbewußtsein im späten Mittelalter, Berlin/New York 1974; E. Jeauneau, Jean de Salisbury et la lecture des Philosophes, in: M. Wilks (Hrsg.), The World of John of Salisbury, Oxford 1984, 77–108.

DER; VOLPI]. Von der Vielzahl platonischer Dialoge, die bis heute wiedergewonnen werden konnten, sind ihm nur drei überhaupt verfügbar: Der *Ménōn* und der *Phaídōn* – in der lateinischen Übersetzung des Henricus Aristippus (1156/62) – werden kaum beachtet; viel gelesen wird dagegen der *Timaíos* – in der Teil-Übersetzung des Chalcidius (Ende 4./Anf. 5. Jh.) –, ein in stilistischer wie thematischer Hinsicht allerdings eher atypischer Platon-Dialog. Von den logischen Schriften des Aristoteles kennt man neben den zur *logica vetus* zählenden Texten – die so genannte *Kategorienschrift* und *Perí hērmēneías* – auch die zur *logica nova* gehörenden, also die *Analytica priora*, *Analytica posteriora*, *Topik* und die *Sophistici elenchi*, alle – mit Ausnahme der *Analytica posteriora* – von Boethius (um 480–524) Anfang des 6. Jh.s ins Lateinische übersetzt. Dagegen werden die Schriften zur praktischen Philosophie – wie die *Politik*, die *Rhetorik*, die *Poetik* und der vollständige Text der *Nikomachischen Ethik* – erst Mitte des 13. Jh.s von Wilhelm von Moerbeke (1215–1286) übersetzt. Von den Schriften zur theoretischen Philosophie existieren zwar von *De anima*, der *Physik* und Teilen der *Metaphysik* schon im 12. Jh. die Übertragungen Jakobs von Venedig (bezeugt 1125–1150), doch beginnt eine intensive Rezeption dieser Werke ebenfalls erst mit den Übersetzungen Moerbekes. Dass man in Aristoteles nur einen Experten in Logik, nicht aber in Ethik oder Metaphysik sieht, ist vor diesem Hintergrund nicht verwunderlich. Weitere Hinweise auf die platonische und aristotelische Philosophie kann unser Leser zwar auch über spätantike und frühmittelalterliche Schriften gewinnen, doch stützt er sich damit auf Quellen, die selbst bereits der Rezeptionsgeschichte Platons bzw. Aristoteles' angehören. Damit verdeutlicht der skizzierte Fall die Dringlichkeit, nach der in unterschiedlichen Stadien der Rezeptionsgeschichte jeweils zu Grunde gelegten Rezeptionsbasis – d.h. insbesondere nach Quellenlage, Überlieferungs- und Vermittlungsformen – zu fragen, um so den möglichen und den tatsächlichen Kenntnisstand der Rezipienten herauszufinden.

Rezeptionsgegenstand. Was heißt es aber nun, einen Philosophen wie Platon zu rezipieren? Anders gefragt: Worauf kann sich – eine bestimmte Rezeptionsbasis bereits vorausgesetzt – eine Platon-Rezeption überhaupt richten? Befasst sich die ‚Rezeptionstheorie', wie sie von Hans Robert Jauß und Wolfgang Iser entwickelt wurde, mit der Rezeption von – insbesondere literarischen – Texten [MÜLLER; SCHÖTTKER], so wäre es sicherlich eine Verkürzung, die komplexe Rezeptionsgeschichte antiker Philosophie auf diejenige philosophischer Schriften einzuschränken. Schließlich kann neben dem Inhalt, der literarischen Form und dem argumentativen Stil philosophischer Texte auch die gesamte Person und Lebenspraxis eines Philosophen zum Gegenstand der Rezeption gemacht werden.

Natürlich ist die Rezeptionsgeschichte der antiken Philosophie vorrangig ausgerichtet auf spezifische Fragen und Probleme, Behauptungen und Argumente, Theoreme und Theorien, kurz: auf philosophische Inhalte. Begreifen manche mittel- und neuplatonische Denker die Philosophie Platons als eine irrtumsresistente Lehre, die zumindest in latenter Form bereits alle inhaltliche Wahrheit enthält, so handelt es sich hier rezeptionsgeschichtlich jedoch um eine Ausnahmeerscheinung. Die Regel bildet dagegen die folgende Rezeptionseinstellung: Platon und Aristoteles werden nicht deswegen gelesen, weil sie ein für allemal gültige Theorien etabliert hätten,

Vorgehen der Forschung
Die Rezeption
der Antike
Die antike Philosophie

sondern weil sie – metaphorisch gesprochen – erstmalig einen bestimmten philosophischen Fragehorizont eröffnet oder ein bestimmtes systematisches Problemfeld umrissen haben. Dabei wird – oft unreflektiert – vorausgesetzt, dass es so etwas wie eine historische Kontinuität, wenn nicht gar eine ahistorische Identität philosophischer Inhalte gibt. Beziehen sich etwa Vertreter der heutigen analytischen Sprachphilosophie auf das von Aristoteles in *Perí hermēneías* traktierte logische Problem, ob auch Aussagen, die kontingente Zukunftsereignisse beschreiben, Wahrheit oder Falschheit zuzusprechen ist, dann schlagen sie sich nach eigenem Verständnis mit derselben Sachfrage herum, die schon Aristoteles und in seiner Nachfolge vielen Denkern der mittelalterlichen Scholastik zu schaffen machte. Dieses methodische Selbstverständnis gilt nicht nur für Probleme der Logik, sondern gleichermaßen für die theoretische wie die praktische Philosophie: Gleichgültig, ob nun ein Kombattant, der im mittelalterlichen Universalienstreit den ontologischen Status und die erkenntnistheoretische Funktion von Allgemeinbegriffen debattiert, auf Platons Theorie vom Denken unabhängiger, aber für das Denken selbst notwendiger Ideen zurückgreift oder ob sich zeitgenössische Ethikkonzeptionen und Rechtsphilosophien mit der von Aristoteles in der *Nikomachischen Ethik* aufgeworfenen Frage nach der Zurechenbarkeit von Handlungen konfrontiert sehen: Es geschieht jeweils vor dem Hintergrund eines methodischen Selbstverständnisses, das den Rückgriff auf eine historisch situierte Position – aufgrund ihres systematischen und zeitlich übertragbaren Gehalts – als Beitrag zur Lösung eines aktuell debattierten Sachproblems begreifen kann. Kontrovers diskutiert wurde diese sonst meist unthematisiert bleibende Voraussetzung zwischen zwei Platon-Experten: dem Neukantianer Nicolai Hartmann (1882–1950), der von einer „Kontinuität sachlicher, methodischer Art" [Hartmann, 3] ausgeht, und dem Hermeneutiker Hans-Georg Gadamer (1900–2002), der einer „Auffassung der Geschichte der Philosophie, die sich in der Idee der Problemgeschichte ausprägt", entgegenhält, „daß alle Vergangenheit ein aus sich selbst bestimmtes Eigenleben" besitzt: „Das Bewußtsein, an denselben Problemen zu arbeiten, wie alle vergangenen Zeiten auch, ist eine Selbsttäuschung aus Mangel an ursprünglicher Auseinandersetzung mit den Sachen und aus dem Fehlen wirklicher Fühlung mit der Geschichte." [Gadamer, 63]

Dass sich die Rezeption antiker Philosophie nicht in derjenigen spezifischer Inhalte erschöpft, wird deutlich, wenn man etwa bedenkt, wie Platon seine Interpreten durch den literarischen Stil seiner in Dialogform verfassten Schriften und Aristoteles seine Leser durch den argumentativen Stil seiner Abhandlungen zu faszinieren vermochten. Während das durch Prägnanz in der Begrifflichkeit und Stringenz in der Beweisführung geprägte argumentative Stilideal des Aristoteles vor allem eine Epoche – nämlich die disputationsfreudige mittelalterliche Scholastik – klar dominierte, haben sich wohl alle Philosophen, die sich nach Platon für die Verwendung der Dialogform entschieden haben, an seinen Schriften orientiert. Dabei dienen die platonischen Dialoge nicht nur als nachahmenswürdige stilistische Vorbilder, sondern fungieren zugleich auch als Maßstab für die literarische Rezeption der sich an ihnen orientierenden Texte. Man könnte hier fast von einem Rezeptionszwang sprechen, der Autoren wie Rezipienten gleichermaßen betrifft. Von Augustinus und Boethius über Nikolaus von

▷ S. 268f.
Die antiken Menschen über sich

Kues = Cusanus (1401–1464) und George Berkeley (1685–1753) bis hin zu Paul K. Feyerabend (1924–1994) oder Ernst Tugendhat (geb. 1930) gilt: Wer einen philosophischen Dialog schreibt, kommt an Platon nicht vorbei; und auch wer einen philosophischen Dialog liest, zieht unwillkürlich den Vergleich mit Platon. Dabei erstaunt, wie fruchtbar die platonische Dialogkunst als Vergleichspunkt selbst für die Lektüre eines Dialogs sein kann, dessen Autor – wie z.B. Peter Abaelard (1079–1142) – kaum eine Schrift Platons kennen konnte.

Wie wir bei der mittelalterlichen Rezeption antiker Philosophie, die Platons im Unterschied zu Aristoteles' vorbildliche Lebensführung betont, bereits gesehen haben, kann sich die Rezeption eines Philosophen nicht nur auf seine Werke richten, sie kann auch seine Lebensführung, seine ganze Person zum Gegenstand machen. An dem Philosophen interessiert in diesem Fall weniger, welche Thesen er mit Hilfe welcher Argumente vertreten hat, sondern vielmehr, dass es ihm gelungen ist, ethische Prinzipien in der konkreten Lebenspraxis adäquat umzusetzen und so das Theorie-Praxis-Problem auf exemplarische Weise zu überwinden. Geradezu prädestiniert für eine solche personen- und praxisbezogene Ausrichtung der Rezeptionsgeschichte war Sokrates, der selbst ja bekanntlich keine Schriften verfasst hat und der Nachwelt nur – in der Überformung durch verschiedene literarische Verarbeitungen – als Dialogfigur in den Schriften seiner Anhänger wie Platon, Xenophon und Aischines von Sphettos sowie als Komödienfigur seines Kritikers Aristophanes greifbar wurde. Dass Sokrates zum Inbegriff des Philosophen geworden ist, lässt sich gewiss nicht durch die wenigen Theoreme erklären, die einigermaßen plausibel auf den historischen Sokrates zurückgeführt werden können. Ausschlaggebend für Sokrates' geistesgeschichtliche Bedeutung ist vielmehr das anhaltende Interesse an einem Rezeptionsgegenstand, der Philosophie nicht als argumentativ dargelegte Theorie, sondern als spezifische Form der Lebenspraxis erfahrbar werden lässt. Es ist daher kein Zufall, dass auch Sokrates' sophistische Antipoden lange Zeit weniger als Vertreter konkurrierender Theorien, sondern eher als die Exponenten einer Sokrates' diametral entgegenstehenden Lebensform rezipiert wurden. So avancierte etwa der Sokrates zeitgenössische Sophist Hippias – von dessen inhaltlichen Überzeugungen kaum etwas überliefert ist – in der deutschen Aufklärung, insbesondere in Wielands *Geschichte des Agathon* (1766/67), zum Prototypen des weltmännisch gewandten Hedonisten.

▷ S. 267
Die antiken Menschen über sich

Zu den Merkmalen der praxisbezogenen Rezeptionsgeschichte antiker Philosophie gehört, dass sich die als Form des Lebens begriffene Philosophie vorrangig als Form des Sterbens zu bewähren hat. In seinem *Phaidon*, dem in dieser Rezeptionslinie sicherlich einflussreichsten Quellentext, schildert Platon nicht nur die aufrechte Haltung des Sokrates in der Stunde seiner Hinrichtung, er lässt Sokrates das Philosophieren auch explizit als Sterbenlernen bestimmen. Im Mittelalter weit verbreitet war ein damals dem Aristoteles zugeschriebenes Pendant zum Phaidon: der Dialog *Liber de Pomo*, in dem der auf dem Sterbebett liegende und einen Apfel in der Hand haltende Aristoteles mit seinen Schülern über die spezifisch philosophische Lebensform diskutiert.

Rezeptionsmethode. Interesse verdienen – nach Rezeptionsbasis und -gegenstand – auch die jeweils verwendeten Rezeptionsme-

Vorgehen der Forschung
Die Rezeption
der Antike
Das römische Recht

thoden. Welches philologische und logische Instrumentarium steht den Rezipienten für Sprach-, Argumentations- und Inhaltsanalyse zur Verfügung? Von welcher Begrifflichkeit machen sie in ihrer Deutung Gebrauch? In welchem Verhältnis steht die Begrifflichkeit der rezipierenden Texte zur Terminologie der rezipierten Texte? Vor allem aber: Welche Textart bevorzugen die Rezipienten zur Darstellung und Vermittlung ihrer Rezeption? Von den doxographischen Schriften und Florilegien spätantiker Philosophiehistoriker über die verschiedenen Typen des Kommentars und der Quästio im Mittelalter bis hin zu den Dialogen der Humanisten, dem Lehrgedicht der Aufklärung und schließlich den historisch-kritischen Editionen und den Kommentaren unserer Zeit: Es lassen sich zahlreiche Textsorten wissenschaftlicher und literarischer Art voneinander unterscheiden, die die Rezeption antiker Philosophie auf ihre Weise geprägt haben.

Rezeptionsinteresse. Steht zwei Rezipienten dieselbe Rezeptionsbasis zur Verfügung, beziehen sie sich auf denselben Rezeptionsgegenstand und teilen sie dieselbe Rezeptionsmethode, so können sie doch – aufgrund divergierender Rezeptionsinteressen – zu ganz unterschiedlichen Resultaten gelangen. Das Spektrum der leitenden Motive, die sich in der Rezeptionsgeschichte antiker Philosophie finden lassen, ist breit. Man kann Aristoteles rezipieren, um – wie in der Scholastik – die Tradition als Innovationspotenzial zu nutzen oder aber um – wie in der Neuscholastik – den eigenen Konservatismus weiter zu verfestigen. Man kann Platon rezipieren, um – wie Karl Popper (1902–1994) – mittels dezidierter Abgrenzung und forcierter Polemik die eigene Position politi-

▷ S. 394
Rezeption/
Athenische
Demokratie

scher Philosophie zu profilieren oder aber um – wie heutige sich über Atlantis begeisternde Esoteriker – eine fremde Autorität auf assimilierende Weise für eigene Zwecke zu vereinnahmen. Man kann antike Philosophie natürlich auch aus einem rein wissenschaftlichen, einem philologischen oder historischen Interesse heraus rezipieren und dann vielleicht dazu neigen, den Interessencharakter seines eigenen Interesses zu verleugnen. Auch wissenschaftliche Rezeptionsinteressen haben unterschiedliche Ausrichtungen und Reichweiten: So lassen sich einzelne Schriften im Sinne spezieller Untersuchungen oder Abhandlungen rezipieren, ein Textkorpus im Sinne eines Weltentwurfs oder eines Wissenschaftssystems, ein Sprachkorpus im Sinne einer Eröffnung von Welt. All dies macht deutlich, dass die Rezeption antiker Philosophie kein rezeptiver, sondern ein spontaner Akt ist, der von der produktiven Eigenleistung der Rezipienten geprägt ist.

Hartmut Westermann

Das römische Recht

Das römische Recht gilt allgemein als eines der größten kulturellen Vermächtnisse der römischen Zivilisation an das Abendland. Es wurde seit dem hohen Mittelalter im westlichen Europa in einem solch starken Ausmaße rezipiert, dass es heute als die Grundlage nahezu aller modernen Rechtsordnungen der westlichen Welt gelten kann. Grund für diese erfolgreiche Ausbreitung dürfte der hohe Abstraktionsgrad des römischen Rechts sein, der seine Anwendung auf unterschiedliche Gesellschaften und Staaten ermöglichte.

Die Kodifikation unter Justinian. Im Verlauf der römischen Kaiserzeit waren unter jedem Kaiser neue Gesetze erlassen worden und die kaiserlichen Kanzleien hatten zahlreiche Reskripte (*rescriptum* = Antwortschreiben) und juristische Gutachten auf Anfragen aus der Bevölkerung hin erstellt. Ferner entstanden etliche umfassende Werke von Rechtsgelehrten, auf deren Meinung sich wiederum die kaiserlichen Kanzleien bei ihrer Arbeit stützten. Diese Vielzahl und Vielfalt von juristischen Texten und Bestimmungen führte mehrfach zu dem Versuch, Ordnung in die Rechtslage zu bringen. Im Jahre 528 setzte Kaiser Justinian (527–565) eine Kommission ein, um die noch geltenden Kaisergesetze zu sammeln und zu überarbeiten. Am 16. April 529 trat die heute unter dem Namen *Codex Iustinianus* bekannte Sammlung in Kraft. Nun sollten auch die Schriften der römischen Rechtsgelehrten überarbeitet werden. Zu diesem Zweck wurde im folgenden Jahr erneut eine Kommission gebildet, die unter der Leitung des *quaestor sacri palatii* (,Justizminister') Tribonianus stand. Nach dreijähriger Arbeit konnte am 30. Dez. 533 die Sammlung der *Digesta* oder *Pandectae* in Kraft treten. Der Name *Digesta* leitet sich vom lateinischen *digerere* her: ,ordnen, sammeln, zusammenstellen'; das griechische *pandéktai* bezeichnet ebenfalls eine systematische Sammlung [zur Arbeitsweise der Kommission: DULCKEIT/SCHWARZ/WALDSTEIN, 314; STEIN, 64–66]. Im ganzen Römischen Reich wurden sogleich Kopien der *Digesten* verteilt und auch die wichtigste heute noch erhaltene Handschrift der *Digesten*, der *Codex Florentinus*, entstand bereits im 6. Jh. [KAISER, 845f.]. Als Ergänzung zu den *Digesten* erschienen zusätzlich die *Iustiniani Institutiones*, eine Art Lehrbuch für römisches Privatrecht, das auf den *Institutionen* des Gaius (2. Jh. n.Chr.) und anderen klassischen und nachklassischen juristischen Grundlagenwerken aufbaute [DULCKEIT/SCHWARZ/WALDSTEIN, 311]. Die Veröffentlichung der *Digesten* und *Institutionen* machte eine erneute Überarbeitung des *Codex Iustinianus*, also der Publikation der Kaisererlasse notwendig, um die juristischen Sammlungen in Einklang miteinander zu bringen. Am 30. Dez. 534 wurde die Neuedition des *Codex* in Kraft gesetzt. Sie umfasste kaiserliche Gesetze und Gutachten von Hadrian (117–138) bis Justinian.

Der *Codex Iustinianus*, die *Digesten* und die *Institutionen* stellen die justinianische Kodifikation dar. Alle später erlassenen Gesetze wurden *leges novellae* (,neue Gesetze') genannt; sie sind bereits mehrheitlich in griechischer Sprache abgefasst, die das Lateinische im Osten des Reiches als Amtssprache abzulösen begann. Die Novellen wurden allerdings nicht mehr in einer amtlichen Ausgabe zusammengefasst, sondern sind in verschiedenen privaten Sammlungen erhalten [DULCKEIT/SCHWARZ/WALDSTEIN, 312f.].

Der Begriff *Corpus iuris civilis* – erstmals in der Gesamtausgabe von Dionysius Gothofredus (Denis Godefroy, 1549–1622) von 1583 verwendet [DULCKEIT/SCHWARZ/WALDSTEIN, 312] – bezeichnet den gesamten Komplex der Rechtsprechung, also sowohl die justinianische Kodifikation (*Codex Iustinianus, Digesten, Institutionen*) wie auch die Novellen.

Das Werk der Juristen Justinians steht in einer „ungebrochenen Tradition des römischen Kaisertums", die Kodifikation trägt „ihrem Inhalt nach [...] mehr rückschauenden als zukunftsweisenden Charakter" [SÖLLNER, 147; ähnlich: KUNKEL, 158]. Während die justinianische Kodifikation noch einmal die römische Rechtsentwicklung der Kaiserzeit zusammen-

Vorgehen der Forschung
Die Rezeption
der Antike
Das römische Recht

Zeittafel

527–565	Kaiser Justinian: *Corpus iuris civilis* (528-534):
528/529	*Codex Iustinianus*: Erstfassung;
530-533	*Digesta*;
533	*Institutiones*;
534	*Codex Iustinianus*: überarbeitete Fassung;
ab 535	Novellen.
um 900	*Basiliká* im Byzantinischen Reich.
um 1050	Wiederentdeckung der *Digesten* in Italien.
11.–13. Jh.	Arbeit der Glossatoren.
14.–15. Jh.	Arbeit der Kommentatoren (*mos Italicus*).
1345	*Hexábiblos* im Byzantinischen Reich.
1495	‚Reichskammergerichtsordnung' im Heiligen Römischen Reich.
16. Jh.	‚Humanistische Jurisprudenz' vor allem in Frankreich (*mos Gallicus*).
16.–18.Jh.	*usus modernus pandectarum* in Deutschland.
18. Jh.	Aufklärung: Naturrechtslehre.
1804	*Code Civil des Français*.
19 Jh.	‚Historische Rechtsschule' und ‚Pandektenwissenschaft' in Deutschland.
1900	Bürgerliches Gesetzbuch im Deutschen Kaiserreich.

fasst und abschließt, gehen die Novellen bereits über die römische Tradition hinaus [KUNKEL, 158; KASER, 268].

Römisches Recht im Byzantinischen Reich. Die unter Justinian vorgenommene Kodifikation des römischen Rechts stellte die Grundlage der Rechtskultur des Byzantinischen Reichs bis zu dessen Untergang (1453) dar. So lernten die angehenden Juristen an den Hochschulen in Konstantinopel, Antiochia oder Alexandria anhand des *Corpus iuris*. Allerdings fanden daneben auch andere Rechtssysteme Verwendung wie zum Beispiel das syrisch-römische Rechtsbuch [SÖLLNER, 133, 148]; Papyri belegen das Fortleben einheimischer lokaler Rechtstraditionen in Ägypten [KUNKEL, 158f.; KASER, 270]. Offensichtlich entfaltete die justinianische Kodifikation ihre Wirkung in erster Linie in den großen Städten und an den Hochschulen, während in den kleineren Städten und auf dem Land die einheimischen Rechtssysteme maßgeblich blieben.

Da die Kenntnisse des Lateinischen im Byzantinischen Reich rückläufig waren, wurden die Rechtstexte nach und nach ins Griechische übersetzt. Justinian hatte eigentlich eine Kommentierung der *Digesten* verboten, damit der einmal festgelegte Gehalt der Rechtstexte nicht verfälscht würde. Da aber bereits zu Justinians Regierungszeit erklärende Zusammenfassungen (‚Paraphrasen') bestimmter Passagen und kommentierende Anmerkungen (‚Paragraphen') zum *Corpus iuris* entstanden, wird das Verbot sich wahrscheinlich auf das Hineinschreiben von längeren Kommentaren und Anmerkungen in den Gesetzestext selbst beschränkt haben, während die Abfassung gesonderter Kommentare erlaubt war [DULCKEIT/SCHWARZ/WALDSTEIN, 320f.].

Zu Beginn des 7. Jh.s wurden die älteren Kommentare von einem unbekannten Verfasser in Form eines ‚Kettenkommentars' zusammengefasst, d.h. an die entsprechenden *Digesten*stellen wurden die verschiedenen Erläuterungen der byzantinischen Rechtsgelehrten wie auf einer Kette angereiht. Auf diese Weise entstand eine *Digesten*paraphrase in griechischer Sprache mit den wichtigsten Interpretationen der frühbyzantinischen Kommentare.

Weitere Überarbeitungen folgten: Anfang des 8. Jh.s ließ Kaiser Leon III. einen griechischen Auszug aus dem *Corpus iuris* (die so genannte *eklogē* = ‚Auswahl') zusammenstellen. Besondere Bedeutung kommt schließlich den *Basiliká* zu, einer verkürzten Übersetzung des *Corpus iuris*, die um 900 entstand und auf frühbyzantinischen griechischen Übersetzungen basierte. Den Anstoß dazu hatte Kaiser Basilios (867–886) gegeben, dessen Namen das Werk trägt. Abgeschlossen wurde die Arbeit unter Leon VI. (886–911). Byzantinische Rechtsgelehrte arbeiteten von nun an mit den *Basiliken* und fügten ihre eigenen Deutungen und Interpretationen als Scholien (Erläuterungen) an den Text an, die dem heutigen Wissenschaftler Einblick in die byzantinische Rechtswissenschaft bis ins 13. Jh. bieten. Zudem enthielten die *Basiliken* von Anfang an Erläuterungen frühbyzantinischer Juristen – so beispielsweise die oben erwähnte anonyme *Digesten*paraphrase –, die der Übersetzung hinzugefügt worden waren, die ‚alten Basilikenscholien'. Diese erlauben Rückschlüsse auf die frühbyzantinische Rechtsentwicklung in der Zeit zwischen *Corpus iuris* und den *Basiliken* [KASER, 271f.; PIELER, 683–685].

Mit dem weiteren Rückgang der Lateinkenntnisse im Byzantinischen Reich nahm auch das Interesse an den Wurzeln des klassischen römischen Rechts ab. Man beschränkte sich darauf, zeitgenössisches Recht auszulegen. Entsprechend folgten weitere Kürzungen des *Corpus iuris*. So kompilierte im 14. Jh. Konstantin Harmenopoulos, ein Richter aus Thessalonike, aus den verschiedenen Rechtsbüchern die *Hexábiblos* (‚Sechs Bücher'), die nicht nur in türkischer Zeit weiterhin als Rechtsquelle diente, sondern auch das erste Gesetzbuch des neu gegründeten griechischen Nationalstaats wurde. Erst 1946 löste das griechische Zivilgesetzbuch die *Hexábiblos* ab.

Römisches Recht im lateinischen Mittelalter. Nachdem Justinian Italien zurückerobert hatte (554), ließ er mit der *Sanctio pragmatica ‚Pro petitione Vigilii'* das *Corpus iuris* auch hier in Kraft treten. Diese Maßnahme blieb jedoch nur von kurzer Dauer: Mit der Eroberung Italiens durch die Germanen setzten sich am Ende des 6. Jh.s deren Volksgesetze wieder durch – die im Übrigen durchaus auch Einflüsse römischen Rechts aufwiesen.

Im Frühmittelalter fanden im Westen nur der *Codex Iustinianus* und die *Institutionen* gelegentliche Verwendung. Von den Novellen existierte zumindest eine verkürzte lateinische Übersetzung, die noch zu Lebzeiten des Kaisers Justinian von Julian, einem Rechtslehrer aus Konstantinopel, angefertigt worden war (*Epitome Iuliani*), während die *Digesten* gänzlich verschollen waren. Vor allem in der Kirche konnten sich zum Teil Grundsätze des römischen Rechts halten [SÖLLNER, 148; KASER, 273f.; STEIN, 71–73].

Im 11. Jh. wurden in Bologna eine oder mehrere Handschriften der *Digesten* entdeckt, was für die weitere Rechtsentwicklung von entscheidender Bedeutung war: Irnerius gründete um 1100 eine Rechtsschule in Bologna, die erste juristische Universität des Abendlandes. Die Rechtsgelehrten beschäftigten sich intensiv mit den *Digesten* und schrieben umfangreiche Anmerkungen (*glossa*, Plural: *glossae*) an die Ränder des Textes ('Marginalglossen') oder zwischen die Zeilen ('Interlinearglossen'). Daher werden die Juristen dieser Rechtsschule auch als 'Glossatoren' bezeichnet. Die Methodik übernahmen sie von der zeitgenössischen Theologie, nämlich der Frühscholastik; dabei spielte die Anwendbarkeit der wissenschaftlichen Erkenntnisse auf alltägliche Probleme keine Rolle. Es ging in erster Linie also nicht um eine praktische Anwendung der Rechtsgrundsätze, sondern vielmehr um Erkenntnis um ihrer selbst willen. Zudem wurden die im *Corpus iuris* überlieferten Rechtstexte nicht als historische Quellen untersucht, sondern sie galten als allgemeingültig, gleichsam als letzte Weisheit in Rechtsfragen – ähnlich wie die Bibel in Glaubensfragen. Entsprechend wurden allfällige Widersprüche, die sich in dem gewaltigen Werk zwangsläufig ergaben, von den Glossatoren wegdiskutiert. Als 1240 eine Textausgabe des *Corpus iuris* erschien, wurden die Glossen von Accursius (ca. 1182–1260), einem Rechtslehrer aus Bologna, zusammengefasst und als *Glossa ordinaria* dem Text beigefügt. Das *Corpus iuris* entwickelte sich nach und nach zum 'gemeinen Recht' (*ius commune*), das allgemeingültige Verbindlichkeit besaß.

▷ S. 405
Rezeption /
Antike
Philosophie

Ab dem 14. Jh. entstanden die ersten systematischen Kommentare, die die Glossen ablösten. Diese Phase der Rechtswissenschaft wird auch als *mos Italicus* ('italienische Art') bezeichnet. Zu nennen sind hier die Rechtsgelehrten Bartolus de Saxoferrato (1314–1357) und Baldus de Ubaldis (1327–1400). Allerdings stellten sie die *Glossa ordinaria* und das zeitgenössische Recht über das römische Recht des *Corpus iuris*; die Charakterisierung der Kommentatorenschule als 'Postglossatoren', als bloße Nachahmer der Glossatoren, ist aber insofern falsch, als es sich nicht einfach um Epigonen der Glossatoren handelte, sondern die Kommentatoren in ihrer Arbeit über jene hinausgingen [KUNKEL, 163; KASER, 277 gegen die ältere Ansicht von F. C. von Savigny]. In den Kommentaren wurde nämlich auch den wirtschaftlichen Entwicklungen in den italienischen Städten des Spätmittelalters Rechnung getragen, so dass hier Vorläufer eines modernen Handelsrechts zu sehen sind. Die Kommentatoren verfassten außerdem Rechtsgutachten (*consilia*) für konkrete juristische Fälle und werden daher zum Teil in der Forschung auch als 'Konsiliatoren' bezeichnet.

Bis in das späte Mittelalter war Italien das eindeutige Zentrum der Rechtsentwicklung. Von hier aus verbreitete sich die Beschäftigung mit dem römischen Recht in andere europäische Länder – besonders Spanien, Frankreich und Deutschland –, deren Juristen häufig in Italien studierten. In England hingegen wurde trotz einer Auseinandersetzung mit dem römischen Recht das eigene Rechtssystem weiter kultiviert und fortentwickelt, was für die bis heute bestehenden Unterschiede zwischen angelsächsischem und kontinentaleuropäischem Recht mitverantwortlich ist.

Römisches Recht im frühneuzeitlichen Westeuropa. Das römische Recht setzte sich im Heiligen Römischen Reich rasch durch. Dies hatte verschiedene Ursachen: Zum einen gab es in Deutschland keine Tradition der wissenschaftlichen Auseinandersetzung mit dem eigenen, d.h. dem germanisch-deutschen Recht, das zudem weitgehend unkodifiziert war. Zum anderen war das

Heilige Römische Reich und damit auch das Rechtssystem territorial stark zersplittert. Zudem studierten die deutschen Rechtsgelehrten zumeist in Italien und kamen so in Kontakt mit römischem Recht. Kaiser Maximilian (1493–1519) verordnete daher, dass römisches Recht in all den Bereichen gültig sein solle, in denen die einzelnen Territorien keine eigenen Rechtsgrundsätze hätten: 1495 wurde mit der ‚Reichskammergerichtsordnung' festgelegt, dass die Richter des neu gegründeten Reichskammergerichts nach „des Reiches gemainen Rechten" urteilen sollten. Mit dem *ius commune* wurden die justinianische Kodifikation, die *Glossa ordinaria* und die Kommentare des Bartolus bezeichnet. Da das *Corpus iuris* von einem römischen Kaiser, Justinian, erlassen worden war und daher als ‚kaiserliches Recht' galt, hatte es für die Kaiser des Heiligen Römischen Reiches, die sich bewusst in die Tradition der römischen Kaiser stellten, eine besondere Autorität [KASER, 13; SÖLLNER, 148]. Nach dem Vorbild des Reichskammergerichts wurden auch in den einzelnen Teilstaaten des Reiches Obergerichte gebildet, die für die Rezeption des römischen Rechts ebenfalls von Bedeutung waren. Das römische Recht setzte sich mehr und mehr gegen die verschiedenen lokalen Rechtstraditionen durch.

Die deutsche Rechtsentwicklung des 17. und 18. Jh.s ist geprägt vom *usus modernus pandectarum* (‚heutiger Gebrauch der *Digesten*'). Der Begriff leitet sich vom Titel des wichtigsten Werkes her, dem *Specimen usus moderni pandectarum* (‚Muster/Beispiel des heutigen Gebrauchs der *Digesten*'; 1690–1712) von Samuel Stryk (1640–1710). Im *usus modernus* wurde jeweils die Anwendbarkeit der *Digesten* auf die zeitgenössische Situation überprüft; Grundsätze des römischen Rechts wurden mit einheimischen Traditionen in Einklang gebracht.

Ziel war es, römisches Recht, vor allem das Privatrecht, den zeitgenössischen politischen, wirtschaftlichen und gesellschaftlichen Bedingungen anzupassen. Entscheidende Bedeutung kam dabei den Glossen und dem *mos Italicus*, d.h. den Kommentaren, zu, denen der Vorrang vor dem *Corpus iuris* gegeben wurde. Grundsätzlich lässt sich eine Abschwächung der Autorität des römischen Rechts feststellen [SCHRÖDER, 746–748].

Während die deutsche Rechtsgelehrsamkeit der Frühen Neuzeit sich weniger mit den Fragen nach der Entstehung und der historischen Entwicklung des klassischen römischen Rechts befasste – abgesehen von wenigen Ausnahmen wie Ulrich Zasius (Ulrich Zäsy, 1461–1535) –, versuchten französische Humanisten des 16. Jh.s wie Jacobus Cuiacius (Jacques Cujas, 1522–1590) und Hugo Donellus (Hugh Doneau, 1527–1591) zu den eigentlichen Wurzeln der justinianischen Kodifikation vorzustoßen. Mittelpunkt dieser ‚humanistischen Jurisprudenz', die auch als *mos Gallicus* (‚französische Art') bezeichnet wird, war die Universität Bourges. Diese Entwicklung erlebte jedoch einen entscheidenden Einschnitt durch die Hugenottenverfolgung von 1573, die viele protestantische Rechtsgelehrte aus dem Land vertrieb. Da diese sich zum Teil in den Niederlanden niederließen, wirkte hier der *mos Gallicus* weiter und breitete sich durch den Kolonialismus auch nach Südafrika aus.

Rechtskodifikationen und Rechtswissenschaft im 19. Jh.
Seit der zweiten Hälfte des 18. Jh.s wurde in der Rechtswissenschaft der Einfluss der Aufklärung bemerkbar: Mit der Annahme eines ‚Vernunftrechts' wurde den philosophischen und systematischen Aspekten der Rechtswissenschaft eine stärkere Beachtung geschenkt. Während die

Vorgehen der Forschung
Die Rezeption
der Antike
Das antike Völkerrecht

Aufklärung somit stark auf die Methodik der Rechtswissenschaft wirkte, blieb der Inhalt weitgehend unberührt. Nach wie vor bezog man sich auf römisches Recht [SÖLLNER, 150]. Allerdings geriet die Untersuchung der historischen Wurzeln des römischen Rechts zeitweise in den Hintergrund [KASER, 14].

In dieselbe Zeit fallen wichtige Kodifikationen, in die nun auch vernunftrechtliche Vorstellungen einflossen; zu nennen sind hier der *Codex Maximilianeus Bavaricus Civilis* in Bayern (1756), der allerdings noch stark in der Tradition des *usus modernus* stand, und das *Allgemeine Landrecht* in Preußen (1794), das bereits sehr viel stärker vom Vernunftrecht geprägt war [MANTHE, 121]. Am Beginn des 19. Jh.s steht der *Code Civil des Français* (1804), der von entscheidender Bedeutung für spätere Kodifikationen werden sollte. In den *Code Civil* floss neben römischem Recht auch nordfranzösisches Gewohnheitsrecht ein. Auch das *Allgemeine Bürgerliche Gesetzbuch* Österreichs (1811) ist stark von römischem Recht geprägt.

Die deutsche Rechtswissenschaft des 19. Jh.s war dominiert von der Arbeit der ‚Historischen Rechtsschule' und von der ‚Pandektenwissenschaft'. Gustav Hugo (1764–1844) und Friedrich Carl von Savigny (1779–1861), die Begründer der ‚Historischen Rechtsschule', setzten sich zum Ziel, das römische Recht nun historisch zu erforschen [BRETONE, 23–25], und grenzten sich damit vom bis dahin in Deutschland üblichen *usus modernus* ab. Von besonderer Bedeutung für die historische Untersuchung des römischen Rechts wurde Theodor Mommsen (1817–1903). Dabei wurde von den Rechtshistorikern versucht, zum eigentlichen historischen Kern der Gesetze vorzustoßen und spätere ‚Interpolationen', also Einschübe oder Überarbeitungen, vor allem der justinianischen Kommissionen zu beseitigen [DULCKEIT/SCHWARZ/WALDSTEIN, 315-317].

Die ‚Pandektenwissenschaft' der Schüler Savignys baute auf dessen Werk auf und versuchte, aufgrund des römischen Rechtes, das gleichsam als ‚Idealtypus' angesehen wurde, eine klare Systematik für die Rechtswissenschaft zu erarbeiten. Die Pandektenwissenschaft hatte auch Bedeutung für das *Bürgerliche Gesetzbuch* des Deutschen Kaiserreiches (1896, in Kraft gesetzt 1900): Das *BGB* ist vor allem in methodischer Hinsicht stark von römischem Recht geprägt; in seinen Inhalten hingegen enthält es das Recht, wie es sich in Deutschland ausgeprägt hatte, das heißt sowohl mit einheimischen wie mit römisch-rechtlichen Elementen [KASER, 15f.].

Das römische Recht wurde also aufgrund seiner hohen Entwicklung und seines Abstraktionsgrades zur Grundlage der abendländischen Rechtsentwicklung. Dabei wechselten je nach Zeit und Ort Phasen intensiver Auseinandersetzung mit Zeiten, in denen das römische Recht geringeren Einfluss auf die Rechtsentwicklung ausübte. Doch auch in den Phasen intensiver Rezeption wurde das römische Recht nie unverändert übernommen, sondern reflektiert, mit einheimischen Rechtstraditionen verglichen und zumeist zeitgenössischen Verhältnissen angepasst.

Christian Körner

▷ S. 460
e Altertumswissenschaften
n 19. und 20. Jahrhundert

Das antike Völkerrecht

Die Auf- bzw. Übernahme des griechisch-römischen Völkerrechts begann noch in der Antike selbst. Den ersten der vier wichtigsten, bis in unsere Gegenwart reichenden Rezeptionsstränge bildeten die Kirchenschriftsteller der Spätantike, d.h. die Patristik. Vor allem Augustinus (354–430) verarbeitete in seinen Theorien einer christlichen Weltordnung völkerrechtliche Vorstellungen aus der Staats- und Moralphilosophie von Marcus Tullius Cicero (106–43 v.Chr.) [ZIEGLER 1995]. Im Vordergrund standen die Lehre vom gerechtfertigten/gerechten Krieg (*bellum iustum*) und die als Grundlage internationaler Abkommen besonders in Rom zur völkerrechtlichen Verhaltensnorm erhobene Vertragstreue (*fides*).

Kanonisches Recht und theologische Ethik im Mittelalter. Für eine knappe Systematisierung römischer Völkerrechtsinstitute und das Tradieren antiker Auffassungen sorgte der Bischof von Sevilla, Isidor (um 560–636). Denn sein aus antiken Werken zusammengeschriebenes Handbuch des zeitgenössischen Wissens, die *Etymologiae*, auch *Origines* genannt, bildete eine wesentliche Grundlage mittelalterlicher Bildung. So war z.B. die darin übernommene Völkerrechtsnorm des Gesandtenschutzes [ZIEGLER 1995; MAYER-MALY; KEHNE/BERG] spätestens mit dem um 1142 unter dem Einfluss der in der scholastischen Rechtsrezeption durch Kom-pilation älterer Vorschriften entstandenen *Decretum Gratiani* – dem Grundpfeiler des *Corpus iuris canonici* – Bestandteil des kanonischen Rechts geworden. Und dieses fand u.a. bei Vertrags- und Eidbrüchen Anwendung [ZIEGLER 1972; DERS. 1994; MAYER-MALY]. Durch Thomas von Aquin (*Summa theologica*, um 1270) gelangte die theologisch-scholastische Ausformung der antiken Theorie vom gerechten Krieg zur Vollendung. Ein *bellum iustum* war wie zur Zeit der römischen Republik nicht mehr allein durch Beachtung formaler Kriterien wie Wiedergutmachungs-

▷ S. 226ff.
Die antiken Menschen in ihren Gemeinschaften

forderung, Kriegsankündigung und -erklärung nebst akzeptierten Rechtfertigungsgründen (*iustae causae*) wie Selbstverteidigung oder Sanktion von Rechtsbrüchen gegeben. Nun erforderte es vornehmlich bei Kriegen zwischen christlichen Staaten – wie noch heute bei UN-Einsätzen – eine vorrangig auf die Wiederherstellung des Friedens zielende „rechte Absicht der Kriegführenden (*intentio recta*)" [ZIEGLER 1994, 104].

Rechtsschulen der Scholastik. Den zweiten Strang der Rezeption römischen Völkerrechts begründete die vom byzantinischen Kaiser Justinian (527–565) verfügte Rechtssammlung – das *Corpus iuris civilis*. Dessen in der Rechtsschule von Bologna um 1100 begonnene Glossierung führte zur Ausbildung einer säkularen Rechtswissenschaft. Diese ‚Legistik' machte Prinzipien und Formen römischen Kriegs- und Vertragsrechts sowie den schon im römischen Strafrecht geregelten Schutz von Gesandtschaften verbindlich (Bernardus de Rosergio, *Ambaxiator brevilogus*, 1436; Pierino Belli, *De legationibus*, 1585), modifizierte u.a. Richtlinien für die Auslösung von Gefangenen oder deren Rückkehrrecht und brachte eine eigene Völkerrechtsliteratur hervor. Von den Kommentatoren des 14. und 15. Jh.s sind zumindest Bartolus de Saxoferrato (*Tractatus repressalium*, 1354) und Johannes de Lignano (*Tractatus de bello, de repressaliis et de duello*, 1360) zu nennen [PREISER; GREWE 1988; ZIEGLER 1972; 1994].

▷ S. 412
Rezeption/ Römisches Recht

Frühneuzeitliche Völkerrechtstheorien. Die Wiederentdeckung klassischer Autoren im Zeitalter des Humanismus bewirkte einen dritten Rezeptionsschub. Er stellte den weit verbreiteten patristischen Werken Quellentexte gegenüber, aus denen sich Völker-

Vorgehen der Forschung
Die Rezeption
der Antike
Das antike Völkerrecht

Detailskizze

Der Holländer **Hugo Grotius** = Huig de Groot (1583–1645) gilt als der eigentliche Schöpfer des neuzeitlichen Völkerrechts. Sein epochales Hauptwerk *De iure belli ac pacis libri tres, in quibus ius naturae et gentium, item iuris publici praecipua explicantur* („Über das Recht des Krieges und des Friedens drei Bücher, in denen das Recht der Natur und der Völker, ebenfalls das Wichtigste des öffentlichen Rechts erklärt werden") erschien erstmals in Paris 1625 und erfuhr noch zu seinen Lebzeiten weitere Auflagen (1631, 1632, 1642). 1707 zum ersten Mal in deutscher Übersetzung in Halle erschienen, wird es heute in der Ausgabe von W. Schätzel (Tübingen 1950) benutzt. In diesem Werk, das die katholische Kirche bis Ende des 19. Jh.s auf den *Index* verbotener Bücher gesetzt hatte, „findet einerseits die mit der Scholastik und der mittelalterlichen Jurisprudenz einsetzende Entwicklung völkerrechtlicher Lehrmeinungen ihren krönenden Abschluss, (und) mit ihm beginnt andererseits die systematische Völkerrechtswissenschaft auf der Grundlage des von der Theologie emanzipierten neueren Natur- oder Vernunftsrechts, das zwei Jahrhunderte der europäischen Rechtsentwicklung bestimmt hat und bis heute nachwirkt" [ZIEGLER 1994, 168]. Die mit dem Ziel einer friedlichen Koexistenz der christlichen Völker gestalteten Grundsätze des Völkerrechts offenbaren schon durch zahlreiche antike Beispiele die humanistische Rezeption und verankern z.B. die Differenzierung in privaten und öffentlichen Krieg, das staatliche Kriegsmonopol, antike Gedanken über Asylrecht, Neutralität, Schiedsgericht und beschränkte Kriegführung endgültig dauerhaft im europäischen Völkerrecht. Auch der antike Sühneaspekt eines zur Vergeltung von Rechtsbrüchen geführten Krieges ist einbezogen: Grotius möchte die Bestrafung eines Volkes für Verbrechen seiner ‚Souveräne' davon abhängig machen, ob es jenen aktiv zugestimmt oder sie nur geduldet hat. Sein Appell wirkt im Prinzip bis zu Kriegsverbrecherprozessen des 20. und 21. Jh.s fort.

Literatur: P. HAGGENMACHER, Grotius et la doctrine de la guerre juste, Paris 1983; CHR. GIZEWSKI, Hugo Grotius und das antike Völkerrecht, in: Der Staat 32, 1993, 325–355; F. LINARES, Einblicke in Hugo Grotius' Werk „Vom Recht des Krieges und des Friedens", Hildesheim 1993.

rechtspraktiken der Antike rekonstruieren und Richtlinien für den gegenwärtigen Internationalverkehr ableiten ließen. Bedeutend für diesen Prozess war die spanische Spätscholastik, deren herausragende Vertreter Franzisco de Vitoria (*De iure belli Hispanorum in barbaros*, 1557) und Juan de la Peña (1513–1565: *Tractatus de bello contra insulanos* und *De libertate Indorum*) mit christlichen Argumenten, aber auch mit solchen des antiken Naturrechts alte Barbarenklischees überwanden und für die Rechtsfähigkeit indigener Bevölkerungen stritten. Zu Beginn des 17. Jh.s vereinigte dann das Werk von Hugo Grotius wesentliche Züge antiker und zeitgenössischer Völkerrechtstheorie – z.B. das Traktat *De re militari et bello* (1563) von Pierino Belli, die drei Bücher *De iure et officiis bellicis et disciplina militari* (1582) des Balthazar Ayala und die *De iure belli* (1598) von Alberico Gentili [ZIEGLER 1972; 1994] – und leitete mit der ersten Völkerrechtssystematik eine neue Epoche der Völkerrechtsgeschichte ein [PREISER; GREWE 1988; ZIEGLER 1994; IPSEN].

Byzantinische und islamische Entwicklungen. Parallel verlief die pragmatische Weiterverwendung und Modifizierung antiker Völkerrechtsformen. Indem er sie seinen internationalen Kontakten anpasste, transportierte der byzantinische Staat etliche römische Elemente wie z.B. die Idee einer ‚Familie der Könige' bzw. der ‚Bruderschaft der Herrscher', das noch weiter ausgestaltete diplomatische Instrumentarium [SHEPARD/FRANKLIN] und das differenzierte Vertragswesen, dessen Ausrichtung auf Schriftlichkeit mit der karolingischen Renaissance römischer Rechtsformen auch in Westeuropa erneut zum Standard wurde. Demgegenüber verhinderte die überkommene und vom Christentum weiter verfestigte Ideologie einer Ungleichrangigkeit der Völker – insbesondere der christlichen und heidnischen – und die darin implizierte Inferiorität (d.h. Unterordnung bzw. ‚Minderwertigkeit') weniger zivilisierter und damit ‚barbarischer' Völker, im Mittelalter die Ausbildung einer echten Völkerrechtsordnung. Entsprechendes galt für den Bereich des Islam; doch kannte auch er Grundsätze antiken Völkerrechts. So gehörten die Heiligkeit des Eides und die im Koran verankerte Vertragstreue zu den Normen des islamischen Völkerrechts; und selbst der religiös geforderte ‚Heilige Krieg' gegen Andersgläubige (*Dschihad*) war rechtlichen Regularien unterworfen [ZIEGLER 1994].

Kontinuitäten beim Instrumentarium. Wie die Antike kannte die diplomatische Praxis im Mittelalter Gesandtschafts- oder Herrschertreffen auf neutralem Gebiet [KOLB], wobei Brücken, Schiffe oder Inseln als Verhandlungsorte dienten. Diese pragmatische Tradition hat sich bis ins vorige Jahrhundert fortgesetzt. Vergleichbares gilt für die in Hellas und Rom zur Konfliktvermeidung vielfach angewandte internationale Schiedsgerichtsbarkeit. Dieses Prinzip friedlicher Konfliktlösung fand schon im Mittelalter sowohl zwischenstaatlich als auch zur Aussetzung reichsinterner Fehden [OHLER; CONTAMINE] weit verbreitete Anwendung. Es war ein wesentlicher Baustein für die europäische Friedensordnung im ‚Großen Entwurf' (1638) des Herzogs von Sully [ZIEGLER 1994] sowie bei Grotius und gelangte 1919 in die Völkerbundsatzung (Art. 12), wo sogar der griechische Grundsatz wieder auftauchte, dass gegen den sich einem Schiedsspruch unterwerfenden Staat kein Krieg geführt werden dürfe [IPSEN].

Kontinuität von Formalien und fortgeltende Normen. Auch die Praxis des Vertragswesens orientierte sich in allen der Antike nachfolgenden Epochen bei stereotypen Formalien wie Nennung der Vertragspartner, Ratifizierung der Staatsverträge, Datierung, Publikation und Archivierung der Urkunde, Darlegung von Anlass und Ziel der Vereinbarung in einer Präambel, Rubrizierung der Einzelvereinbarungen und vielem anderen mehr, was bis auf den heutigen Tag als selbstverständliches Verfahren gilt, nicht nur an griechisch-römischen Vorbildern, sondern machte sie zum internationalen Standard. Zahlreiche völkerrechtliche Abkommen vom Westfälischen Friedensschluss (1648) bis zum Versailler Vertrag (1919/20) enthalten einzelne Klauseln – z.B. über Geiselstellung, Gefangenenaustausch, Reparationen, entmilitarisierte Zonen, Kriegsschuld und Amnestie, Wiederherstellung und Dauer des Friedens [FISCH; GREWE 1988; DERS. 1988–1995] –, die gemäß analogen Regelungsbereichen im Kern griechischen und römischen Vereinbarungen entsprechen. Im Bereich rechtlicher Normen läuft ein weiterer ungebrochener Traditionsstrang von den Griechen über die hauptsächlich von Cicero und der Stoa ausformulierte römische Vereinbarungs- und Vertragstreue (*fides*) [NÖRR; VON ALBRECHT] zu Augustinus und Isidor [ZIEGLER 1995]. Im Mittelalter schärften u.a. Konzile und Papstdekrete die Regel, dass Verträge einzuhalten seien (*pacta sunt servanda*), wieder ein, bevor Rechtskommentatoren und Grotius sie zur integralen Völkerrechtsnorm schlechthin machten [ZIEGLER 1994].

Auf dem Weg zu einer universellen Friedensordnung. Ebenso erfuhr die antike Idee einer allgemeinen Friedensordnung

Vorgehen der Forschung
Die Rezeption
der Antike
Das Papsttum

vom nachklassischen Zeitalter der griechischen Geschichte bis ins 20. Jh. hinein vielfältige Formen der Rezeption, Aktualisierung und Verarbeitung [KOSTIAL]. Ein weitgehendes Kriegsverbot, das höchstens partiell und nur in wenigen, zeitlich eng begrenzten Phasen der Antike von einer starken Hegemonial- oder Zentralmacht verhängt und z.B. in Form der *pax Romana* durchgesetzt werden konnte, war immer wieder das Ziel theoretischer Erörterungen. Diese strebten zum Teil auf der Basis antiker Ethiklehren „von der natürlichen Gemeinschaft aller Menschen" [ZIEGLER 1995, 673] eine allgemeine oder doch zumindest eine christliche Friedensordnung an. Einen Ansatzpunkt bot Augustinus' Theorie eines gerechten Friedens, zu dessen Erzwingung sogar Christen die Kriegführung erlaubt sei. Mittelalterliche Höhepunkte derartiger theologischer Abhandlungen, die immer auch das *bellum iustum* implizierten, waren Thomas von Aquin und der Kreuzzugsplan von Pierre Dubois (*Über die Wiedergewinnung des Heiligen Landes*, um 1305), der neben einem universellen Frieden sogar die „militärische Sanktion gegen Friedensbrecher" propagierte [ZIEGLER 1994, 131]. Sodann erörterten kanonistische Glossatoren, später Legisten wie Bartolus und spanische Moraltheologen wie Franzisco de Vitoria – dieser mit „der Idee des beiderseits gerechten Krieges" [ZIEGLER 1994, 163] – das von den Erfordernissen der unerlässlichen Kriegseindämmung und der notwendig gerechtfertigten Kriegführung bestimmte Problem, das auch Grotius beschäftigte. Sein Verlangen nach einem Verbot des Präventivkrieges wurde von Immanuel Kant (*Zum ewigen Frieden*, 1795) erneuert und ging schließlich in die am 28. April 1919 verabschiedete Satzung des Völkerbundes ein, die, wie später auch andere multinationale Vereinbarungen, zumindest Angriffskriege zu Internationalverbrechen erklärte. Ein universelles Kriegsverbot jedoch war schon in der Antike eine (u.a. frühchristliche) Utopie und blieb dies trotz der am 25. Juni 1945 angenommenen *Charta* der Vereinten Nationen bis heute. Denn deren absolutes Gewaltverbot (Art. 2 Nr. 4) lässt als Ausnahmen weiterhin die bereits in Rom legitime staatlich-kollektive Selbstverteidigung im Angriffsfalle (Art. 51) und (Art. 42) die bereits in der Amphiktyonie von Delphi gebräuchlichen kollektiven Sanktionsmaßnahmen gegen Friedensbrecher zu [IPSEN].

Peter Kehne

▷ S. 79
Die Mittelmeerwelt
Imperium Romanum

Das Papsttum

Die Päpste. Von Petrus zu Johannes Paul II. lautet der Titel einer der jüngsten Darstellungen der Papstgeschichte [FUHRMANN 1998]. In der Tat handelt es sich bei dieser Institution, die wir heute ‚Papsttum' nennen, um die einzige, die für sich ernsthaft beanspruchen kann, in direkter Kontinuität zur Antike zu stehen. Worin diese Kontinuität besteht, wo sie ihre Grenzen findet und welche Wirkungen das Überschreiten dieser Grenzen hatte, soll Gegenstand dieses Kapitels sein.

Was ist der Papst? In seinem offiziellen Mitteilungsblatt, dem *Annuario Pontificio*, stellt sich der gegenwärtige Amtsinhaber vor als „Bischof von Rom, Stellvertreter Jesu Christi, Nachfolger des Apostelfürsten, oberster Pontifex der universalen Kirche, Patriarch des Abendlandes, Primas von Italien, Erzbischof und Metropolit der römischen Provinz, Souverän des Staates der Vatikanstadt, Knecht

Päpste

189–199	Victor I.
217–222	Calixtus I.
217–235	*Hippolytus*
236–250	Fabianus
251–253	Cornelius
251	*Novatianus*
254–257	Stephanus I.
257–258	Sixtus II.
314–335	Silvester I.
336	Marcus
337–352	Julius I.
352–366	Liberius
355–365	*Felix (II.)*
366–384	Damasus
366	Ursinus
384–399	Siricius
401–417	Innozenz I.
417–418	Zosimus
418–422	Bonifatius I.
418–419	*Eulalius*
422–432	Coelestin I.
432–440	Sixtus III.
440–461	Leo I. (der Große)
483–492	Felix III. (II.)
492–496	Gelasius I.
498–514	Symmachus
498, 501–505	*Laurentius*
514–523	Hormisdas
523–526	Johannes I.
526–530	Felix IV. (III.)
535–536	Agapet I.
536–537	Silverius
537–555	Vigilius
590–604	Gregor I. (der Große)
752–757	Stephanus II. (III.)
772–795	Hadrian I.
795–816	Leo III.
817–824	Paschalis I.
827–844	Gregor IV.
847–855	Leo IV.
858–867	Nikolaus I.
872–882	Johannes VIII.
885–891	Stephanus V. (VI.)
891–896	Formosus
996–999	Gregor V.
999–1002	Silvester II.
1049–1054	Leo IX.
1059–1061	Nikolaus II.

der Knechte Gottes". Unter den vielen Titeln fehlt eine Bezeichnung, die wohl die meisten hier erwartet hätten: ‚Papst'. Und dabei hat einer seiner Amtsvorgänger, Gregor VII. (1073–1085), gerade diesen Namen (*papa*) ganz für sich allein beansprucht, und nicht einmal ohne Grund. Denn das lateinische Wort *papa*, dessen griechische Wurzel *páp(p)as* seit jeher den Kindern als Anrede für ihren ‚Vater' diente und sich von daher auch zur Begrüßung von Kirchenoberen eingebürgert hatte, hatte im Westen bereits seit dem 5./6. Jh. eine Einengung auf den Bischof von Rom erfahren. Aber auch ohne die Bezeichnung ‚Papst' im Titel macht der Papstname deutlich, wo der Amtsinhaber seinen Platz sieht: „Weniger als Gott, aber mehr als der Mensch" (Innozenz III., s.u.).

Damit sind wir aber schon bei der Frage, woher die einzelnen Bestandteile des Papstnamens kommen und in welcher Hinsicht sie die Position des Amtsinhabers legitimieren können. Wichtig ist freilich zunächst die grundlegende Einsicht, in welcher Hinsicht die Historikerin oder der Historiker überhaupt das Phänomen ‚Papsttum' verstehen kann. Es bedarf keiner langen Ausführungen, dass die theologische Begründung und die historische Erklärung der Institution ‚Papsttum' zwar auf denselben Gegenstand zielen, nicht aber dieselbe Herangehensweise kennzeichnet. In der Geschichtswissenschaft zählen die Möglichkeiten, gerade auch: die nicht verwirklichten Möglichkeiten, zu den interessantesten Ergebnissen einer Untersuchung, denn ein historischer Verlauf wird gerade dann verständlicher, wenn die nicht gesehenen, nicht beschrittenen oder bewusst verworfenen Wege mit in den Blick genommen werden. Dagegen wird der Theologe oder der Kirchenrechtler – der ‚Kanonist' (von *ius cano-*

Vorgehen der Forschung
Die Rezeption
der Antike
Das Papsttum

nicum = Kirchenrecht) – darauf achten, möglichst konzise Begründungen zu formulieren, die in hinreichender Kürze und notwendiger Klarheit die Kernpunkte zum Ausdruck bringen, die die Position des Papstes ausmachen.

Das Papsttum in der Geschichtswissenschaft. Doch auch unter denjenigen, die sich dem Papsttum aus historischem Blickwinkel genähert haben, bestehen große Differenzen und die Herkunft des Untersuchenden ist mitunter in den Untersuchungen selbst recht deutlich gespiegelt worden. Um diese Prägung offenzulegen, ist in einer jüngeren englischsprachigen Papstgeschichte im Literaturbericht hinter den Autoren vermerkt worden, ob es sich um einen Katholiken (C), um einen Protestanten (P) oder um einen Juden (J) handelt [BARRACLOUGH]. Und in der jüngsten hier benutzten Darstellung, die zugleich für sich beanspruchen darf, eine der kurzweiligsten unter ihresgleichen zu sein, ‚outet' sich Horst Fuhrmann mit klaren Worten, die ich selbst mir zu eigen machen möchte: „Ich bin Protestant, wenn auch ohne besonderen Bekenntnisdrang." Auch wenn sich vielleicht die Bedeutung dieser Frage heute gegenüber dem 19. Jh. abgeschwächt haben mag, unbedeutend ist sie nicht. Vielleicht würde heute die Veröffentlichung eines beeindruckenden Werks wie desjenigen des preußischen Protestanten Leopold (von) Ranke (1795–1886) nicht mehr so deutliche Reaktionen provozieren wie einst, als es auf dem *Index* der verbotenen Bücher gelangte – wovon es bis zur Abschaffung des *Index* durch das 2. Vatikanische Konzil nie gestrichen wurde – und noch Jahrzehnte nach seinem Erscheinen einen angehenden Gelehrten katholischer Prägung dazu veranlasste, mit einem vielbändigen Lebenswerk dagegen anzuschreiben

1073–1085	Gregor VII.
1088–1099	Urban II.
1099–1118	Paschalis II.
1159–1181	Alexander III.
1198–1216	Innozenz III.
1216–1227	Honorius III.
1227–1241	Gregor IX.
1241	Coelestin IV.
1243–1254	Innozenz IV.
1254–1261	Alexander IV.
1294	Coelestin V.
1294–1303	Bonifatius VIII.
1378–1389	Urban VI.
1417–1431	Martin V.
1458–1464	Pius II.
1464–1471	Paul II.
1471–1484	Sixtus IV.
1484–1492	Innozenz VIII.
1492–1503	Alexander VI.
1503–1513	Julius II.
1513–1521	Leo X.
1522–1523	Hadrian VI.
1523–1534	Clemens VII.
1534–1549	Paul III.
1555–1559	Paul IV.
1560–1565	Pius IV.
1566–1572	Pius V.
1572–1585	Gregor XIII.
1585–1590	Sixtus V.
1605–1621	Paul V.
1623–1644	Urban VIII.
1740–1758	Benedikt XIV.
1769–1774	Clemens XIV.
1775–1799	Pius VI.
1800–1823	Pius VII.
1831–1846	Gregor XVI.
1846–1878	Pius IX.
1878–1903	Leo XIII.
1903–1914	Pius X.
1914–1922	Benedikt XV.
1922–1939	Pius XI.
1939–1958	Pius XII.
1958–1963	Johannes XXIII.
1963–1978	Paul VI.
1978	Johannes Paul I.
seit 1978	Johannes Paul II.

Literatur: H. FUHRMANN, Die Päpste. Von Petrus zu Johannes Paul II., München 1998, 277–286.

[RANKE; PASTOR]. Auch die Papstgeschichtsschreibung des 20. Jh.s kennt noch ähnliche Konstellationen [CASPAR; HALLER; SEPPELT]. In den letzten Jahrzehnten sind dagegen solche Titanenkämpfe nicht mehr auszumachen, auch wenn weiterhin ganz unterschiedliche, ja entgegengesetzte Positionen bezogen werden. Mir persönlich scheint freilich, dass ungeachtet der „Faszination der Papstgeschichte, besonders für Protestanten" [ZIMMERMANN bei FUHRMANN 1998] die konfessionelle Verankerung der Autoren zum Verständnis ihrer Forschungen nicht mehr ganz so wichtig ist wie früher, solange das Einverständnis darüber besteht, eine historische, keine theologische Untersuchung anstellen zu wollen [WOJTEWYTSCH; ULLMANN 1960, 1981; SCHIMMELPFENNIG; MARTIN 2001, 2004; FUHRMANN 1958, 1989, 1998; WIRBELAUER 1993, 1994/95].

Bischof von Rom – Papst in Rom. Die Tatsache, dass jenseits aller Konfessionalität ein großes Interesse an der Institution ‚Papsttum' besteht, hat zweifelsohne mit dem Objekt selbst zu tun. Unter den großen Religionsgemeinschaften der Welt ist die katholische Kirche diejenige, die die Frage nach ihrer Leitung am entschiedensten mit einem monarchischen Herrschaftsmodell beantwortet hat. Sie verweist hierfür zwar auf die biblische Überlieferung, doch zeigen die diversen Organisationsentwürfe protestantisch-reformierter Kirchen, dass der Rekurs auf dieselben Schriften auch andere Strukturen legitimiert. In der Tat ist in der Bibel weder vom Bischof als Gemeindeleiter noch vom Papst als Haupt der Kirche die Rede und doch handelt es sich in beiden Fällen um Fragen, deren Beantwortung die Geschichte von den Christusanhängern verlangte. Historisch gesehen steht dabei die Frage der monar-

▷ S. 257ff. Die antiken Menschen und ihre Götter
▷ S. 348 Erkenntnismöglichkeiten in der Alten Geschichte

chischen Leitung der Gemeinde am Anfang und selbst heute nennt sich der Papst zuallererst ‚Bischof von Rom'. Dass diese Funktion zumindest im ersten Jahrtausend der Papstgeschichte stets als zentral gesehen wurde, macht schon der Blick auf die Nachfolgerbestimmung deutlich. Bis in das Hohe Mittelalter handelt es sich nämlich nicht um eine ‚Papstwahl' im eigentlichen Wortsinn, sondern um die Erhebung eines römischen Bischofs, an der Volk und Klerus von Rom mitwirkten [FUHRMANN 1958]. Erst wiederholt gemachte Erfahrungen, dass die Kür eines Nachfolgers mitunter schwerfallen und sogar gewaltsame Auseinandersetzungen provozieren konnte, führten zu Regeln, die solches zu verhindern suchten, indem man sich zunächst der weltlichen Macht der Spätantike zu bedienen versuchte. Noch effizienter allerdings war es, wenn der amtierende Bischof bereits einen Nachfolger aufbauen konnte. Dass hierfür die Position des Archidiakons genutzt wurde, zeigt einmal mehr, dass das Problem damals als ein innergemeindliches, römisches und nicht als ein gesamtkirchliches aufgefasst wurde [WIRBELAUER 1994/5]. Erst Jahrhunderte nach der Ausformulierung einer ‚Papstdoktrin', also einer Lehre, wie das gesamtkirchliche Leitungsamt begründet werden konnte [ULLMANN 1981], und im Willen, den Einfluss von Laien – sei es der stadtrömischen Aristokraten, sei es des deutschen Kaisers – zurückzudrängen, zog man auf der Ebene der Nachfolgerkür die Konsequenzen: Zunächst bestimmte man den Kreis der Wahlberechtigten: die ‚Kardinäle' – der Etymologie zufolge ‚Geistliche an Angelpunkten (*cardo*) der Gemeinde' – der römischen Kirche (1059), dann die Zweidrittelmehrheit als wahlentscheidendes Kriterium (1179) und schließlich die Wahldurchführung in einem verschlossenen Raum,

Vorgehen der Forschung
Die Rezeption
der Antike
Das Papsttum

dem ‚Konklave' (1241), um einerseits gegen Einflussnahmen von außen geschützt und andererseits dem Zwang zur Durchführung der Wahl unterworfen zu sein [FUHRMANN 1998, 62–73]. Weniger geregelt ist bis heute die Frage der wählbaren Kandidaten. Bereits seit der Antike, genauer, seit Kallistos/Calixtus I. (217–222), spielt der innerkirchliche ‚Bewährungsaufstieg' eine Rolle, doch sind immer wieder auch Außenseiter erhoben worden. Bis in das 9. Jh. durfte der Kandidat noch nicht Bischof sein, da die ‚Translation' eines Bischofs von einer Gemeinde zur anderen generell verboten war; im Laufe des Mittelalters änderte sich dies in das Gegenteil und wurde schließlich zur Regel. Nachdem die Kardinalswürde nicht mehr auf den römischen Klerus beschränkt war, zogen die meisten der künftigen Päpste als Kardinäle ins Konklave mit ein: Seit über 600 Jahren war jeder Papst zuvor Kardinal, ohne dass das Kirchenrecht dies ausdrücklich fordert. Noch offener ist die Frage der Herkunft: Bereits in der Spätantike waren gelegentlich Nichtrömer auf den Bischofsthron in Rom gelangt, wie uns die seit dem 6. Jh. zusammengestellten Papstbiographien mitteilen [DUCHESNE]. Im Hohen und Späten Mittelalter wurden neben gebürtigen Römern und Italienern auch etliche aus ferneren Landen, darunter Deutsche und Franzosen, zu Päpsten gewählt, zum letzten Mal 1522. Dass 1978 mit der Wahl des Krakauer Erzbischofs Karol Wojtyla nach Jahrhunderten wieder ein Nichtitaliener – und noch dazu zum ersten Mal ein Pole – die Nachfolge Petri übernahm, wird vielfach – ungeachtet der theologischen und kirchenpolitischen Einschätzung dieses Papstes – als weiterer Schritt hin zu einer ‚Universalisierung' des Amtes gewertet: Wird bereits der nächste Papst aus einem anderen als dem europäischen Kontinent stammen?

Sicher scheint freilich, dass er wieder in Rom residieren wird, obgleich es auch für die örtliche Verlagerung des Papsttums historische Anknüpfungspunkte gäbe. Doch die ‚römischen' Elemente in der ‚Papstdoktrin' – insbesondere die Anknüpfung an Petrus, auf dessen Fels Christus nach den im *Matthäusevangelium* (16, 18) überlieferten Worten seine Kirche bauen wollte – dürften so stark sein, dass sie den Papst auch künftig in Rom verankern werden. Im Übrigen hat auch hier der Pontifikat Johannes Pauls II. den Weg gewiesen, wie der ‚Universalisierung' Vorschub geleistet werden kann, ohne auf das Zentrum zu verzichten: Noch nie ist ein Papst so viel gereist und hat es so gut verstanden, diese Reisen zu inszenieren. Hierin unterscheidet sich das moderne Papsttum vom antiken ebenso wie vom mittelalterlichen: Trotz kaiserlicher Einladung haben die römischen Bischöfe von Silvester (314–335) bis Leo (440–461) nicht einmal an den reichsweit einberufenen, später ökumenisch genannten Konzilien teilgenommen [WOJTEWYTSCH], und wenn sie sich seit dem 6. Jh. doch einmal auf Reisen – an den Herrscherhof nach Ravenna (z.B. 501; 526), Konstantinopel (525/26; 536; 546; 653) oder nach Paderborn (799) – begaben, dann taten sie dies meist aus der Not heraus und unter Zwang. Dies galt im Übrigen noch im ausgehenden 18. Jh., als zum letzten Mal bis heute ein Papst außerhalb Italiens verstarb: Pius VI. ereilte der Tod am 29. August 1799 im Rhonetal in Valence, wohin die französischen Revolutionstruppen den ‚Bürger Papst' verschleppt hatten.

Antikes im Papsttum. Mustert man die ältesten Bestandteile des Papstnamens, so wird deutlich, dass sie – bis auf den ‚Bischof von Rom' – ihre Wurzeln in der Spätantike haben: Dies gilt nicht nur für den territorial bezogenen Titel des ‚Erzbischofs und Metropoliten der römischen Provinz', sondern auch für den ‚Nachfolger des Apostelfürsten'. Die kirchliche Provinzenordnung folgte zunächst einmal im 4. Jh. der weltlichen, wie sie von Diokletian und seinen Nachfolgern etabliert worden war und innerhalb derer es einen als *mētrópolis* (‚Mutterstadt') herausgehobenen Hauptort gab. Tatsächlich kennen wir einige Texte des 5. und 6. Jh.s, die römische ‚Erzbischöfe' auf Synoden ihrer Kirchenprovinz haben beschließen lassen. Schwieriger ist die Frage, ob und ggf. wann der römische Bischof sich selbst als ‚Patriarch des Westens' gesehen hat. Denn diese Bezeichnung könnte immer auch zur Vermutung Anlass geben, dass er mit den östlichen Patriarchen, also denjenigen von Alexandria, Antiochia, später auch von Konstantinopel und Jerusalem, auf einer Stufe stünde. Andererseits beanspruchte seit dem ausgehenden 6. Jh. auch der Erzbischof und Metropolit von Aquileja den Patriarchentitel – von wo er später auf Venedig übergehen sollte –, so dass die Bezeichnung ‚Patriarch des Westens' auch die Suprematie, also die Überordnung, gegenüber solchen Ansprüchen zum Ausdruck bringen könnte [SCHIEFFER]. Ins Zentrum der ‚Papstdoktrin' geraten wir bei dem ‚Nachfolger des Apostelfürsten'. Die Vorstellung der Nachfolge (*successio*) war bereits seit dem ausgehenden 2. Jh. gängig, um die Legitimität eines Bischofs als Gemeindeleiter zu erweisen; im 4. Jh. berief man sich jedoch in Rom gewöhnlich auf Petrus *und* Paulus, um durch den ‚Doppelapostolat' eine besondere Autorität der römischen Kirche zu begründen. Daneben entstand seit der Mitte des 3. Jh.s unter Berufung auf das oben erwähnte Matthäus-Wort die Vorstellung, dass Petrus ein Vorrang unter den Aposteln einzuräumen sei – offen war freilich, ob damit ein zeitlicher Vorsprung (Petrus als Erstberufener) oder eine Überordnung (Petrus als ‚Apostelfürst') gemeint sei. Im 5. Jh. veränderte dann der römische Bischof die Legitimationsgrundlage seines Bischofsamts. Leo der Große (440–461) leitete seine Befähigung im Amt allein von Petrus her, sah sich als ‚Erben' (*heres*) und als ‚Stellvertreter' (*vicarius*) des Ersten (*princeps*) unter den Aposteln und führte damit Vokabeln in die Begründung ein, die jedem Zeitgenossen im Kontext des Rechts geläufig waren [ULLMANN 1977; 1981]. Für Paulus war in diesem Zusammenhang kein Platz mehr, genauso wenig wie im heutigen Papstnamen.

Jenseits der Antike. Mag auch die Vorstellung vom ‚Stellvertreter' antik sein, so war es doch erst im Mittelalter, als der Papst sich in der Selbstwahrnehmung vom ‚Stellvertreter des Seligen Petrus' zum ‚Stellvertreter Christi' wandelte. Der Schritt ist gewaltig, hebt er nun doch den Amtsinhaber in eine gottunmittelbare Sphäre, wie sie Innozenz III. (1198–1216) im eingangs zitierten Diktum formulierte. Diesem Papst erschien Petrus nunmehr als sein ‚Amtskollege', beide gemeinsam in der Stellvertreterschaft des Gottessohnes [FUHRMANN, 1998, 127–129]. Was Gregor VII. im Konflikt versuchte und Innozenz III. theologisch begründete, gingen im Folgenden mehrere Päpste an: Die Durchsetzung einer Oberhoheit gegenüber allen weltlichen Autoritäten, den Kaiser inbegriffen. Der Wendepunkt kam mit Bonifaz VIII. (1294–1303), der die Auseinandersetzung mit dem französischen König, Philipp IV. dem Schönen (1285–1314), wagte und ihm in der Bulle *Unam Sanctam* – Päpstliche Schreiben werden bis heute mit ihren ersten, oft programmatischen

In Sichtweite der Lateransbasilika in Rom befindet sich die Kirche der Santi Quattro Coronati, und bei ihr ein Kloster mit einer kleinen, 1246 Silvester geweihten Kapelle, die mit einem außerordentlich gut erhaltenen Freskenzyklus ausgeschmückt ist. Die acht Bilder stellen Szenen aus der **Silvesterlegende** dar, die seit dem 5. Jh. rasche Verbreitung erfuhr und im Mittelalter zu den bekanntesten Geschichten ihrer Art gehörte. Die Erzählung von der Lepra-Erkrankung des Kaisers Konstantin, seiner wunderbaren Heilung durch Bischof Silvester und Konstantins Erkenntlichkeit gegenüber seinem Retter wurde zur ‚Gründungslegende des christlichen Rom', die in Kurzfassung in eine der berühmtesten Fälschungen des Mittelalters, die ‚Konstantinische Schenkung', eingegangen ist.

Diese Texte machten das Bild vom demütig sich nähernden Kaiser, der dem thronenden Papst die Insignien der weltlichen Macht überreicht, dem Betrachter sofort verständlich: Konstantin erkannte damit nicht nur die kirchliche, sondern auch die weltliche Oberhoheit des Papstes an. Zum Zeichen hierfür gibt er ihm das *phrygium*, eine ihm allein vorbehaltene Kopfbedeckung, die das ikonographische Vorbild für die Tiara abgab, und hält mit der Linken bereits den Zügel des Schimmels, auf dem er – im anschließenden Bild dargestellt – den reitenden, nunmehr ‚gekrönten' Papst führen wird, gerade wie ein Pferdeknecht seinen Herrn (*officium stratoris*). Doch weshalb gerade jetzt und gerade hier diese Demonstration päpstlicher Überlegenheit? Der inschriftlich genannte Auftraggeber Rinaldo gehörte zur Familie der Conti, die mit Innozenz III. und Gregor IX. zwei äußerst machtbewusste Päpste gestellt hatte. 1239 hatte Gregor IX. seinen Widersacher, Kaiser Friedrich II., erneut gebannt, und irgendwann in den folgenden Jahren muss Rinaldo, der Neffe Gregors und dank diesem seit 1227 Kardinalbischof von Ostia, beschlossen haben, dem Lateran auf ganz besondere Weise die eigene Überzeugung zu demonstrieren. Bis zur Fertigstellung der Kirche eskalierte der Kampf zwischen Papst und Kaiser sogar noch: Der neue Papst, Innozenz IV., aus Furcht vor Friedrich seit 1244 in Lyon, hatte auf einem großen Konzil den Kaiser in aller Form abgesetzt. So fiel die Weihe der Silvesterkapelle in ein Jahr, in dem ein aus der Gemeinschaft ausgeschlossener und sogar abgesetzter Kaiser den Papst noch immer hinderte, wieder an jenen Ort zurückzukehren, den sein zum Christentum bekehrter Vorgänger im Kaisertum dem römischen Bischof überlassen hatte. Welche Wirkung der Bilderzyklus selbst entfaltete, zumal an eher versteckten Ort angebracht, ist schwer auszumachen, aber sein Auftraggeber Rinaldo trat 1254 als Alexander IV. die Nachfolge Innozenz' IV. an.

Abbildungen: Konstantin übergibt Silvester Machtinsignien sowie *officium stratoris*; Fresken in der Silvester-Kapelle bei SS. Quattro Coronati, Rom, kurz vor 1246; Fotos: E. Wirbelauer.

Literatur: W. POHLKAMP, *Privilegium ecclesia Romanae pontifici contulit*. Zur Vorgeschichte der Konstantinischen Schenkung, in: Fälschungen im Mittelalter, Bd. 2, München 1988, 414–490; W. GOEZ, Ein Konstantin- und Silvesterzyklus in Rom, in: H. ALTRICHTER (Hrsg.), Bilder erzählen Geschichte, Freiburg 1995, 133–148; R. KRAUTHEIMER, Rom. Schicksal einer Stadt. 312–1308, München 2. Aufl. 1996, bes. 186f., 213, 243.

Wörtern bezeichnet – entgegenhielt (1302): „Nun aber erklären wir, sagen wir, setzen wir fest und verkünden wir: Es ist zum Heile für jegliches menschliche Wesen durchaus unerlässlich, dem römischen Papst unterworfen zu sein." [FUHRMANN, 1998, 148]. Philipp sah dies nicht ein, sondern war seinerseits der Überzeugung, er habe keinen Höheren über sich und sei Kaiser in seinem Königreich. Der König setzte sich durch und für das Papsttum bedeutete dies den „Rückgang der weltlichen Herrschaft …, dessen Schlussakt der 20. September 1870 war: der Verlust des letzten Zipfels vom Kirchenstaat." [FUHRMANN, 1998, 148]. Auch dies spiegelt sich im Übrigen im heutigen Papstnamen, aber nicht etwa im ‚Knecht der Knechte Gottes' – eine Demutsformel, die die römischen Bischöfe seit Gregor dem Großen (590–604) regelmäßig benutzten –, sondern im ‚Souverän des Staates der Vatikanstadt', dem jüngsten Namensbestandteil, der den Papst dank der Lateranverträge von 1929 zum Herrn über eines der kleinsten Territorien der Welt machte. Inzwischen ist deutlich, dass dies dem Papsttum nicht zum Nachteil, sondern zum Vorteil gereichte; denn in dieser Institution scheint sich zu wiederholen, was der Stadt Rom in der Spätantike gelang: Den Verlust an tatsächlicher politischer Potenz durch die Ausformung einer ‚Romidee' nicht nur zu kompensieren, sondern die Stadt zur ‚ewigen' werden zu lassen. Die Zukunft wird zeigen, ob auch diese ‚zweite Romidee' tragen wird.

Eckhard Wirbelauer

Antike in Literatur und Film

Jeder Beitrag zur literarischen Antikenrezeption unterliegt umfangmäßigen Beschränkungen, die zwangsläufig zu inhaltlichen werden, wenn es an die Auswahl des Stoffs geht. Die schiere Menge und Vielfalt an Verarbeitungen erfordert es, Beispiele selbst noch bei einer rigorosen Reduktion auf fünf Hauptgattungen streng zu limitieren. Gegenstand ist hier nicht die Übernahme oder Ausgestaltung antiker Literaturformen als solcher, sondern eine grobe Skizze antiker Gestalten und Ereignisse in Dramen, historischen Romanen bzw. fiktivantiken Erzählungen, in der Antike handelnden Kriminalromanen, in der Phantasy-Literatur und im Film. Auf das Mischgenre der Comics, insbesondere die weltweit populären, in Dutzende von Sprachen übersetzten ‚Funnies' wie *Micky Maus* und *Donald Duck* oder die ‚historischen' wie *Asterix* und *Jugurtha*, die auf humorige Art auch in Amerika und Asien zur Antikenrezeption beitragen, sei nur kurz verwiesen [KNIGGE; BRODERSEN; VAN ROYEN/ VAN DER VEGT; GEUS U.A.]. Dasselbe gilt für musikalische Bühnenstücke, nach antikem Vorbild stilisierte oder antike Stoffe rezipierende Fabeln [DITHMAR], Autobiographien [MOSER], Briefe [HEILMANN], Lyrik [POISS] und andere Formen von Dichtung wie das Epos [HEMPFER/WILD/KNAPE]. Letzteres erfordert freilich eine Ausnahme. Denn die 14 233 Verse in Dante Alighieris (1265–1321) christlichem Heilsepos *Die Göttliche Komödie* (ca. 1306) beinhalten eine derartige Ballung antiker Textkenntnisse von Homer bis Justinian, dass der unter Führung Vergils beginnenden Wanderung durch drei mittelalterliche Jenseitssphären der erste Platz der literarischen Antikenrezeption gebührt. Den zweiten darf wohl Goethe (1749–1832) mit dem nach beinahe lebenslanger Arbeit 1831 beendeten zweiten Teil seines *Faust* beanspruchen, wo ein ganzer Reigen mythischer Gestalten auftritt und der Arkadismus wiederauflebt.

Detailskizze

Nachdem bildliche Antikenrezeption vom Mittelalter an zunächst Angelegenheit der Malerei war, die mythische, religiöse, historische Motive und Begebenheiten verarbeitete, griffen ‚**bewegte Bilder**', also der **Film des 20. Jh.s**, diese Stoffe begierig auf. Neben verfilmten Bühnenstücken wie Euripides' Trilogie *Elektra/Troerinnen/Iphigenia* (1961–1974) schufen sie viele neue Zugänge, z.B. um antike Realität bemühte Dokumentarfilme, auf antike Orte Bezug nehmende (Pseudo)-Autobiographien wie Fellinis *Roma* (1972) und Cartoons (Disneys *Hercules* 1997; *Asterix und Obelix gegen Caesar* 1999). Dass mittels technischer Tricks und inzwischen computergeneriert Götterinterventionen, Wunder oder Fabelwesen filmisch immer besser darstellbar wurden, begünstigte sowohl biblische Themen als auch mythische und epische Stoffe (*Odysseus*, 1954; *Die Odyssee*, 1997; *Medea*, 1970; *Jason and the Argonauts*, 2000). Teils bemächtigte sich der Film einiger Weltbestseller wie *The Last Days of Pompeii* (1908, 1913, 1926, 1935, 1948, 1959), *Quo vadis?* (1913, 1924, 1951), *Ben Hur* (1959), *Spartacus* (1913, 1952, 1960), *Ein Kampf um Rom* (1968). Teils schuf er solche erst durch die Nachfrage nach dem ‚Buch zum Film' wie im Falle von Harry Whittingtons Schmalspurroman *The Fall of the Roman Empire* (1964) – entfernt weiterverarbeitet im *Gladiator* (2000). Die großen Erfolge der so genannten Sandalenfilme beruhten sicherlich auf den oft aus bereits erfolgreichen Literaturvorlagen übernommenen Handlungen, die durch (häufig brutale) Actionszenen, Massenaufgebote, Monumentalkulissen, Phantasiekostüme, Sex-Appeal und bemühte Erotik bei letztlich puritanischer Prüderie immer eindrucksvoller gestaltet wurden, wobei gleich eine Fülle an populären Schauspielern die Charaktere verkörperten. Überwiegend handeln sie von bekannten Personen (*Julius Caesar*, 1908, 2002; *Kleopatra* 1913, 1917, 1934, 1963, 1999; *Nero*, 1909, 1930; *Alexander*, 1956; Hannibal in *Jupiter's Darling* 1955); mitunter instrumentalisierte man diese sogar propagandistisch für eine Staatsideologie (*Scipio l'Africano*, 1937). Für das Fernsehen wurden Mehrteiler produziert. Zu den besseren gehört die BBC-Verfilmung von *Ich, Claudius*; zu den schlechtesten zählen die aus den fünf Herkules-Filmen des Jahres 1994 entwickelten trivial-fiktionalen Billig-Serien *Hercules* und *Xena* (1995–2002), die bar jeglicher literarischer Verhaftung um des reinen Unterhaltungswerts der Antik-Exotik willen gleich mehrere Gestalten unterschiedlicher Sagenkreise und historischer Epochen miteinander agieren lassen.

Literatur: B. Babington/P. W. Evans, Biblical Epics. Sacred Narrative in the Hollywood Cinema, London 1993; R. H. Ball, Shakespeare on Silent Film, London 1968; K. Bringmann, Alte Geschichte im Film, in: G. Knopp/S. Quandt (Hrsg.), Geschichte im Film, Stuttgart 1988, 252–258; B. Eickhoff, Art. „Medien III: Fernsehen", in: Der Neue Pauly, Bd. 15/1, Stuttgart/Weimar 2001, Sp. 353–360; U. Eigler (Hrsg.), Bewegte Antike. Antike Themen im modernen Film, Stuttgart 2001; J. Solomon, The Ancient World in the Cinema, New Haven 2. Aufl. 2001; M. M. Winkler (Hrsg.), Classics and Cinema, Lewisburg 1991; M. Wyke, Projecting the Past. Ancient Rome, Cinema, History, New York 1997.

Antike Stoffe in Dramen, Romanen und Musikstücken: Götter und Halbgötter. Anhand des um seiner Machterhaltung willen von Zeus wider die Emanzipation der Menschen mit Prometheus ausgetragenen Konflikts haben auf den Spuren von Hesiod, Aischylos und Lukian viele Werke das stets aktuelle Thema der Verbreitung von Vernunft und Wissenschaft, Fortschrittsglaube und -kritik vor dem eigenen Zeithintergrund behandelt [FRENZEL 1998; VAN RINSUM/VAN RINSUM 1993]. Für antike Halbgötter ist Herakles das ‚klassische' Beispiel. Interessiert haben der Amazonenkampf, die Rettung der Alkeste aus der Unterwelt (Hugo v. Hofmannsthal, *Alkestis*, 1911), die Selbstüberwindung am Scheideweg und Herakles' Tod als Rasender (Jean de Rotrou, 1636), wobei ihn Sebastian Brant (1512) moralisch, Thornton Wilder (*The Alcestiad*, 1955) fatalistisch, Heiner Müller (1966) dann existentialistisch, Felix Braun (*Die Taten des Herakles*, 1921) entwicklungspsychologisch und Friedrich Dürrenmatt (*Herakles und der Stall des Augias*, 1954 und 1963) und Peter Hacks (*Omphale*, 1970) komödiantisch interpretierten. Johann Krieger (1694), Christoph Martin Wieland (1773), Peter Hacks (1976) und viele andere mehr verarbeiteten den Herakles-Stoff zu Opern und Singspielen [MOORMANN/UITTERHOEVE].

▷ S. 263ff. Die antiken Menschen über sich
▷ S. 293 Technik: Die Arbeit mit Quellen zur Antike

Epische Helden. Stellvertretend für viele Gestalten in den Epen des Homer sei eine immer aufs Neue faszinierende literarische Gestalt angeführt, die es nach zahlreichen Motivgebungen für die Malerei noch in neuester Zeit zu literarischem und cineastischem Ruhm (s.o.) brachte: Odysseus. Der oft ‚listenreiche', bisweilen sogar hinterhältige Trojabesieger, der durch Problemlösungen mittels Intelligenz und damit als vollendetes ‚Individuum' besticht, begegnet in zahlreichen literarischen Motiven wie ‚Irrfahrt', ‚Unterweltbesuch', ‚siegreicher Heimkehrer', ‚Freierprobe', ‚Herrscher als Bettler', ‚treue Gemahlin' etc. [FRENZEL 1999]. Seine Rezeptionsformen umfassen alle Genres, da viele bedeutende Autoren der Weltliteratur sich dieses Stoffes annahmen [FLASHAR; FRENZEL 1998; RIEDEL; SEIDENSTICKER]. In der Antike selbst waren es u.a. Pindar, die Tragiker und Vergil, später Dante und William Shakespeare (1564–1616), der in *Troilus und Cressida* (1602) den schon um 1385 von Geoffrey Chaucer behandelten Stoff wieder aufgreifend unter dem Einfluss der *Ilias*-Übersetzung George Chapmans (1598) zur homerischen Vorlage zurückfand. Ihm folgten u.a. Lope Félix de Vega Carpio (*Circe*, 1624), Goethe (*Achilleis*, 1799; *Nausikaa* 1827), Gerhart Hauptmann (*Der Bogen des Odysseus*, 1914) und James Joyce, in dessen Roman *Ulysses* (1922) Leopold Bloom, seine Frau Marion und Stephen Dedalus in 18 homerischen Episoden durch das Dublin des 16. Juni 1904 ‚irren'. *Die Geburt der Odyssee* (1930) diente Jean Giono zur Bewältigung des Traumas des 1. Weltkrieges. In *Der Trojanische Krieg findet nicht statt* (1935) ließ Jean Giraudoux Odysseus als human gesinnten Vermittler zur Vermeidung eines schicksalhaft unabwendbaren Krieges agieren. Und Hans Erich Nossack wählte mit *Nekya. Bericht eines Überlebenden* den Untertitel des 11. Gesanges der *Odyssee* als Leitmotiv für sein persönliches ‚Totenopfer', da sämtliche Typoskripte seiner vom NS-Staat verbotenen Werke 1943 zusammen mit einem Großteil Hamburgs in dem durch englische Bombenangriffe entfachten Feuersturm verbrannten. Der Odysseus in Sophokles' *Philoktet* inspirierte ebenso Heiner Müller zum 1966 veröffentlichten gleichna-

▷ S. 264ff./276ff. Die antiken Menschen über sich

migen Drama wie Walter Jens zum erstmals 1975 ausgestrahlten Fernsehspiel *Der tödliche Schlag*, wo ebenfalls ein intriganter ‚Unheld' als Verführer des naiven Neoptolemos auftritt und letztlich über den zuvor schon desavouierten und nun missbrauchten General Philoktet obsiegt. Zu den modernen Verarbeitungen des Odysseus-Stoffes zählen auch die Kinder- bzw. Jugendbücher von Gustav Schwab (*Die schönsten Sagen des klassischen Altertums*, 1838–1840), Padraic Colum (*Die Abenteuer des Odysseus*, 1918) und Kenneth Grahame (*Der Wind in den Weiden*, 1908). Auch die musikalische Rezeption umfasst Hunderte von Kompositionen und Stücken [MOORMANN/UITTERHOEVE, 500–502].

Figuren der antiken Tragödie. Zu den meistrezipierten antiken Texten gehören die attischen Tragödien des 5. Jh.s [ZIMMERMANN 2000]. Allein Euripides' *Medea* (431 v.Chr.) und Sophokles' *Antigone* (um 442 v.Chr.) zeigen, wie vielfältig die thematische Auseinandersetzung mit dem Stoff antiker Tragiker sein kann, die – wie die *Medea*-Verarbeitung durch Ennius, Ovid und Seneca belegt [BLÄNSDORF; ZIMMERMANN 2001, 1–119] – bereits in der Antike begann. Das Spektrum reicht von einer weitgehend vorlagengetreuen Übertragung in eine andere Sprache bis hin zu einer völligen Umdeutung des Mythos [FLASHAR; LOCHHEAD; VAN ZYL SMIT]. So wird Medea in Hans Henny Jahnns rhythmischer Tragödie (1925) eine negroide Sexbesessene, weil der Autor Rassendiskriminierung anprangern will. Ähnlich freie Bearbeitungen des Stoffes stellen etwa das Prosadrama von Robinson Jeffers (*Medea*, 1947), die *Medea-Stimmen* von Christa Wolf (1997) [RIEDEL, 392] sowie das Schauspiel *Manhattan Medea* von Dea Loher (1999) dar. Die *Antigone* eignete sich offenbar besonders für die Verarbeitung politischer Erfahrungen im 20. Jh.: Als Jean Anouilh seinen Prosaeinakter am 4. Febr. 1944 in Paris zur Uraufführung brachte, verstand ihn das Publikum überwiegend als Aufforderung zum Widerstand gegen die deutsche Besatzung; und Rolf Hochhut siedelte seine Erzählung *Die Berliner Antigone* (1964) ganz bewusst im Milieu des Widerstandes gegen das ‚Dritte Reich' an.

Figuren der antiken Komödie. Zur Illustration der umfänglichen Verarbeitung von Gestalten der antiken Komödie [ZIMMERMANN 2000; BLÄNSDORF] sollen der vom intriganten Göttervater überlistete Amphitryon in den gleichnamigen Bearbeitungen von Pérez de Oliva (1531), Molière (1668), Heinrich von Kleist (1807), Jean Giraudoux (*Amphitryon 38*, 1929), Georg Kaiser (*Zweimal Amphitryon*, 1948) und Peter Hacks (1968) [SEIDENSTICKER/ VÖHLER] sowie Plautus' ganz und gar unheldischer, dafür prahlerischer *Miles gloriosus* [FRENZEL 1998] genannt werden.

Historische Personen. Antike Persönlichkeiten haben stets das besondere Interesse der Späteren auf sich gezogen. Im Falle Alexanders des Großen steht am Anfang der Wirkungsgeschichte eine weitgehend fiktive, in der römischen Kaiserzeit entstandene Prosaerzählung, der so genannte *Alexanderroman*. Sein Stoff wurde in zahlreichen mittelalterlichen Epen und in einem als Fürstenspiegel gedachten Prosaroman (Johannes Hartlieb) aufgegriffen, später auch in Form der Tragödie (Jean Baptiste Racine, 1665) und des Romans (Klaus Mann, 1930; Gisbert Haefs, 1992–1993). Auch die Werke der sich meist auf historiographische Quellen stützenden Hannibal-Rezeption sind in unterschiedlichen

Gattungen angesiedelt (Tragödie: Christian Dietrich Grabbe, 1835; Roman: Gisbert Haefs, 1995; Jugendbuch: Hans Baumann, *Ich zog mit Hannibal*, 18. Aufl. 1994). Bei Kleopatra stehen die Liebesbeziehungen einer letztlich gescheiterten Politikerin im Zentrum, wobei William Shakespeare in *Antonius und Kleopatra* (1607) Zeitströmungen artikulierend Hybris, Dekadenz und politische Intrige schilderte. George Bernard Shaw schuf aus dem Stoff das antiheroische Drama *Caesar und Kleopatra* (1898). Gestützt auf eine 1579 erschienene englische Übersetzung von Plutarchs Biographien, deren Charakteristik und Authentizität quellenkritisch zu hinterfragen er weder Neigung noch Mittel hatte, arbeitete Shakespeare in *Julius Caesar* (1599) sowohl vom tragischen Stoff als solchem als auch von zeitgenössischen Stimmungen gegen die Autokratie von Elisabeth I. inspiriert [KYTZLER] das Thema des Tyrannenmordes und seiner Folgen heraus. Walter Jens dagegen ließ Caesar im dramatischen Stück *Die Verschwörung* (1974) auf klug verkappte Art Selbstmord begehen. Brillanten Witz verbreiten ferner Thornton Wilder im aus fiktiven Briefen, Tagebüchern, Geheimdienstberichten u.a.m. komponierten Roman *Die Iden des März* (1948) und Bertolt Brecht im politikkritischen ‚Romanfragment' *Die Geschäfte des Herrn Julius Caesar* (1957). Und natürlich durfte der Begründer der julisch-claudischen Kaiserdynastie auch in dem von Robert von Ranke Graves mit *Ich, Claudius* (1934) meisterlich gehandhabten und populär gemachten Genre der fiktiven Autobiographie nicht fehlen, wie *Ich, Caesar* (1958) von Jacques de Bourbon-Busset und *Caesar*, *Brutus erzählt* von Allan Massie (1993; ferner *Augustus*, 1986; *Tiberius*, 1990) belegen. Ein weiteres Glanzlicht setzte Marguerite Yourcenar mit *Ich zähmte die Wölfin. Die Erinnerungen des Kaisers Hadrian* (dt. 1951). Und überhaupt erfreu(t)en sich römische Kaiser/innen einiger Beachtung: Domitian und Trajan in den ‚kulturgeschichtlichen Romanen' *Triumph der Besiegten* (1983) und *Wahn der Macht* (1987) von Gerd Trommer, *Die Kaiserin Galla Placidia* (1937) bei Henry Benrath und der im Jahre 476 abgesetzte Kaiser Romulus Augustulus in Friedrich Dürrenmatts Komödie *Romulus der Große* (1948).

Religionsgeschichtliche Personen. Vielfältig wurden Jesuslegenden aufgegriffen und der Messias in Erzählungen, historischen Romanen und Biographien u.a. als Erlöser (Lewis Wallace, *Ben Hur*, 1880), Sozialreformer oder sogar Sozialist dargestellt (Emil Ludwig, *Der Menschensohn*, 1928; Arno Holz, *Das Buch der Zeit*, 1886; Dorothy L. Sayers, *The Man Born to Be King*, 1943). Gerd Theißen verarbeitete in *Der Schatten des Galiläers* (1986) – wie der Untertitel besagt – *Historische Jesusforschung in erzählender Form*. Den Durchsetzungskampf des Christentums greift Henryk Sienkiewiczs Erfolgsroman *Quo vadis?* (1896) auf, während Nossacks Erzählung *Das Testament des Lucius Eurinus* (1965) vor dem fiktiven Hintergrund einer durch das aufkommende Christentum auseinanderfallenden römischen Gesellschaft existentialistischen Fragen nachgeht. Vergleichbar in der Art, antike Vorgänge lediglich als Kulisse für gegenwartsbezogene Reflexionen zu nutzen, ist Hermann Brochs *Tod des Vergil* (1945) [RIEDEL, 306], der die angesichts verfallender Normen und totalitärer Strukturen zunehmende Fragwürdigkeit des Kunstschaffens thematisiert.

Historische Ereignisse. Der vom Historiker Felix Dahn verfasste Roman *Ein Kampf um Rom* (1876) wurde im deutschsprachigen Kulturraum für alle weiteren Historienromane

Detailskizze

„Das Mädchen, das da die Treppe heraufgestürmt kam, hatte für mein Gefühl viel zu viel an [...] Ich stand auf dem Forum. Sie rannte. Sie sah zu schick aus, und die Hitze bekam ihr ganz und gar nicht. Aber bis jetzt war ihr die Puste nicht ausgegangen. Sie glänzte wie ein glasierter Hefezopf, und als sie die Stufen des Saturntempels heraufgestürmt kam, direkt auf mich zu, machte ich keinen Versuch, ihr aus dem Weg zu gehen. Trotzdem verfehlte sie mich – knapp. Manche kommen als Glückspilze auf die Welt, andere heißen Didius Falco." Und damit ist er eingeführt, der Held vieler **Kriminalromane** der Autorin Lindsey Davis, der im vespasianischen Rom sein Dasein als ‚Ermittler' fristet, indem er in Manier der leicht zwielichtigen Detektive von Raymond Chandler und Dashiell Hammett Fälle löst und sich bisweilen als Spion für den Kaiser verdingt, was ihn und seine alles andere als standesgemäße große Liebe, Helena Justina – Tochter eines Senators und ältere Schwester der eben noch Verfolgten und bald darauf in einer Politikverschwörung Ermordeten – u.a. nach Britannien, Germanien, Palmyra und andere Orte des Römischen Reiches führt. In den ausgezeichnet recherchierten und witzig geschriebenen Geschichten erfahren die Leserinnen und Leser vieles über die Lebensverhältnisse im kaiserlichen Rom und seinen Provinzen. Das bunte Bild umfasst die politische Situation unter der neuen Dynastie der Flavier, soldatisches Lagerleben, Gewerbe- und Amüsierbetriebe, Essgewohnheiten und Wohnsituationen: „‚Wohin?' ‚In mein Büro.' Sie wirkte erleichtert. Aber nicht lange: mein Büro bestand nämlich aus zwei Zimmern im sechsten Stock einer dumpfen Mietskaserne, deren Wände im wesentlichen durch Dreck und tote Bettwanzen zusammengehalten wurden."
„Das auf den Balkon führende Zimmer war so groß, daß sich ein Hund noch eben darin umdrehen konnte – wenn er ein kleiner Hund war und den Schwanz einzog. Ein wackliger Tisch, eine schiefe Bank, ein Wandbrett mit Töpfen, eine provisorische Feuerstelle aus Ziegelsteinen, ein Bratrost, ein paar Weinkrüge (leer), ein Müllkorb (voll)." Dass in der Antike spielende Kriminalromane Konjunktur haben, beweisen einerseits die Fülle der angebotenen Einzel- und Serienwerke von Schriftstellern wie John Maddox Roberts, Steven Saylor, Barbara Hamley und Jean-Pierre Néraudau, andererseits deren Auflagenzahlen.

Zitate: L. DAVIS, Silberschweine, München 1993, 17, 21, 30

Literatur: H. ROLFING, Tatort Kapitol. Historische Kriminalromane im Überblick, in: Geschichte lernen 71, 1999, 4–6; U. SUERBAUM, Krimi. Eine Analyse der Gattung, Stuttgart 1984.

Vorgehen der Forschung
Die Rezeption
der Antike
Antike in Literatur und Film

zum ‚Vorbild' schlechthin. Im englischsprachigen Raum hatte Edward George Bulwer, Earl of Lytton mit *Die letzten Tage von Pompeji* (1834) Ähnliches geleistet. Zu den Wenigen, die sich des klassischen Griechenlands annahmen zählt Mary Renault mit *Die Maske des Apoll* (1966). Die romanhafte Verarbeitung punischer Geschichte leistete am nachhaltigsten Gustave Flaubert mit *Salammbô* (1863); im Zeitalter des 1. und 2. Punischen Krieges (s.o.) spielen ferner Haefs' *Hamilkars Garten* (1999) und Gillian Bradshaws Archimedes-Roman *The Sand-reckoner* (1996; dt. *Säulen im Sand*). Beginnend mit *The First Man in Rome* (1991) siedelt Colleen McCullough Romane in der römischen Revolutionszeit an, wo – sicherlich nicht zuletzt aufgrund der für dieses Zeitalter relativ dichten Überlieferungslage aus Bio- und Historiographie, Reden und Briefwechseln – auch John Maddox Roberts (zuerst *SPQR*, 1990) und Steven Saylor (zuerst dt. *Das Lächeln des Cicero*, 1993) den Helden ihrer Detektivromane jeweils in *Die Catilinarische Verschwörung* (beide 1991) eingreifen lassen. Andere wählten Einzelereignisse. Für Caesars Eroberung Galliens entschieden sich Hermann Stresau in *Adler über Gallien* (1954), Maddox Roberts in *Tod eines Centurio* (1995) und der weniger gute Jugendbuchautor Hans Dieter Stöver in *Caesar und die Gallier* (2000). Die römisch-germanischen Kriege von Varus bis Germanicus zogen v. Kleist (*Die Hermannsschlacht*, 1821), Stöver (*Die Akte Varus*, 1998) und Jörg Kastner (in der mit *Thorag oder Die Rückkehr des Germanen*, 1996, beginnenden Romanfolge) an. Den archäologischen Fund eines Legionsadlers in Britannien nahm Rosemary Sutcliff zum Ausgangspunkt ihres immens erfolgreichen Jugendbuches *Der Adler der Neunten Legion* (1971; auf Deutsch 1996 bereits in 23. Aufl.!). Lion Feuchtwanger verwertete in seiner Trilogie über die Niederwerfung des jüdischen Aufstandes und die Usurpation der Flavier (*Der jüdische Krieg*, 1932; *Die Söhne*, 1935; *Der Tag wird kommen*, dt. 1945) das *Bellum Iudaicum* von Flavius Josephus und behandelte in *Der falsche Nero* (1936) für denselben Zeitraum das ebenfalls quellenmäßig notierte Wirken eines politischen Hochstaplers in und vor den östlichen Randprovinzen Roms [RIEDEL, 305]. Mit *Die Reiter der Sarmaten* (dt. 1992) gelingt Gillian Bradshaw das literarische Glanzstück, den gut recherchierten Roman über eine im Markomannenkrieg (165/6–180) vertragsmäßig ausgelieferte und von Mark Aurel nach Britannien versetzte Reitertruppe an nur einem Satz eines byzantinischen Fragments aus der Römischen Geschichte des Cassius Dio (um 150–235) aufzuhängen.

▷ S. 69/83
Die Mittelmeerwelt im Imperium Romanum

▷ S. 229f.
Die antiken Menschen in ihren Gemeinschaften

Als Prototyp der neuzeitlichen Fantasy-Gattung mag Shakespeares *Sommernachtstraum* (1595) gelten, wo zahlreiche antike Figuren auftreten und burleske Motive vorkommen, die direkt oder vermittelt aus Ovid (*Metamorphosen*) und Apuleius (*Der goldene Esel*) stammen. Phantasie besonderer Art bietet Kirk Mitchells Trilogie (*Procurator/New Barbarians/Cry Republic* 1984–89; dt. *Germanicus* 1986), in der ein technisch modernes Römerreich noch im Jahre 1989 die Welt beherrscht und in Mexiko Krieg führt.

Peter Kehne

Literatur zu: Einführung
M. LANDFESTER (Hrsg.), Der Neue Pauly. Enzyklopädie der Antike, Bd. 13–15/3: Rezeptions- und Wissenschaftsgeschichte, Stuttgart/Weimar 1999–2003.

Literatur zu: Die athenische Demokratie:
C. AMPOLO, Storie greche. La formazione della moderna storiografia sugli antichi Greci, Torino 1997.
M. CHAMBERS (Üb./Komm.), Aristoteles. Staat der Athener, Berlin 1990.
K. CHRIST, Hellas. Griechische Geschichte und deutsche Geschichtswissenschaft, München 1999.
S. DAUB, Leonardo Brunis Rede auf Nanni Strozzi, Einleitung, Edition und Kommentar, Stuttgart/Leipzig 1996.
M. I. FINLEY, Antike und moderne Demokratie, hrsg. v. E. PACK, Stuttgart 1980 [engl. 1973].
M. H. HANSEN, Die Athenische Demokratie im Zeitalter des Demosthenes, Berlin 1995 [engl. 1991].
B. NÄF, Die attische Demokratie in der römischen Kaiserzeit. Zu einem Aspekt des Athenbildes und seiner Rezeption, in: P. KNEISSL/V. LOSEMANN (Hrsg.), Imperium Romanum. Festschrift für K. Christ, Stuttgart 1998, 552–570.
DERS., Art. „Athen I.", in: Der Neue Pauly, Bd. 13, Stuttgart/Weimar 1999, Sp. 278–291.
J. OBER/CH. HEDRICK (Hrsg.), Demokratia. A Conversation on Democracies, Ancient and Modern, Princeton 1996.
K. POPPER, Die offene Gesellschaft und ihre Feinde, Bd. 1, Der Zauber Platons, Bern 1957 [engl. 1944].
J. T. ROBERTS, Athens on Trial. The Antidemocratic Tradition in Western Thought, Princeton 1994.

A. Rosenberg, Demokratie und Klassenkampf. Ausgewählte Studien, hrsg. und eingeleitet von H.-U. Wehler, Frankfurt/M. 1974.
K. Stüwe/G. Weber, Antike und moderne Demokratie. Ausgewählte Texte, Stuttgart 2004.
P. Vidal-Naquet, Die griechische Demokratie von außen gesehen, 2 Bde., München 1993–1996 [franz. 1990].

Literatur zu: Die klassische griechische Plastik
H. Beck/P. C. Bol/M. Bückling (Hrsg.), Polyklet. Der Bildhauer der griechischen Klassik, Ausstellungskatalog Frankfurt/M./Mainz 1990.
H. Belting, Das unbekannte Meisterwerk, München 1998.
E. Berger/B. Müller-Huber/L. Thommen, Der Entwurf des Künstlers. Bildhauerkanon in der Antike und Neuzeit, Ausstellungskatalog Basel 1992.
J. Boardman, Griechische Plastik. Die klassische Zeit, Mainz 3. Aufl. 1993 [engl. 1985].
A. H. Borbein, Polykleitos, in: O. Palagia/J. J. Pollitt (Hrsg.), Personal Styles in Greek Sculpture, Cambridge 1996, 66–90.
E. H. Gombrich, Kunst und Illusion. Zur Psychologie der bildlichen Darstellung, Berlin 6. Aufl. 2002.
F. Haskell/N. Penny, Taste and the Antique, London 3. Aufl. 1988.
Chr. von Hees-Landwehr, Die antiken Gipsabgüsse von Baiae, Berlin 1982.
N. Himmelmann, Ideale Nacktheit, Opladen 1985.
M. Maass, Klassik, in: Badisches Landesmuseum Karlsruhe. Wege zur Klassik, Karlsruhe 1985, 11–36.
U. Müller-Kasper, Die Scheu vor dem großen Ideal. Zur Polykletrezeption bei Künstlern und Antiquaren von 1490 bis 1863, in: Jahreshefte des Österreichischen Archäologischen Institutes in Wien, Hauptblatt 62, 1993, 29–43.
Chr. Neumeister, Polyklet in der römischen Literatur, in: Beck/Bol/Bückling, 428–449.
E. Panofsky, Renaissance and Renascences in Western Art, Stockholm 2. Aufl. 1964.
H. Philipp, Zu Polyklets Schrift „Kanon", in: Beck/Bol/Bückling, 135–156.
A. Rodin, Die Kunst. Gespräche des Meisters. Gesammelt von P. Gsell, Zürich 1979.
W. Schiering u.a., Zum Mannheimer Antikensaal und ein Katalog der Antikensaal-Galerie im Schloß, in: Mannheimer Geschichtsblätter 2, 1995, 115–185.
R. M. Schneider, Polyklet. Forschungsbericht und Antikenrezeption, in: Beck/Bol/Bückling, 473–504.
K. Vierneisel (Hrsg.), Paul Cézanne. Skulpturenzeichnungen, Ausstellungskatalog München 1994.
U. Weisner (Hrsg.), Picassos Klassizismus. Ausstellungskatalog Bielefeld 1988.
P. Zanker, Zur Funktion und Bedeutung griechischer Skulptur in der Kaiserzeit, in: Le Classicisme à Rome, Genf 1979, 284–306.
F. Zöllner, Policretior manu – zum Polykletbild der frühen Neuzeit, in: Beck/Bol/Bückling, 450–472.

Literatur zu: Die antike Philosophie
M. Erler/A. Graeser (Hrsg.), Philosophen des Altertums. Eine Einführung, 2 Bde., Darmstadt 2000.
H. Flashar (Hrsg.), Ältere Akademie. Aristoteles. Peripatos, Basel/Stuttgart 1983.
Ders. (Hrsg.), Die Hellenistische Philosophie: Epikur. Die Schule Epikurs. Lukrez. Die Stoa. Älterer Pyrrhonismus. Jüngere Akademie. Antiochos aus Askalon. Cicero, 2 Hbde., Basel 1994.

Ders. (Hrsg.), Sophistik. Sokrates. Sokratik. Mathematik. Medizin, Basel 1998.
H.-G. Gadamer, Zur Systemidee der Philosophie, in: Festschrift für P. Natorp, Berlin 1924, 55–75.
N. Hartmann, Zur Methode der Philosophiegeschichte [1909], in: Ders., Kleinere Schriften, Bd. 3: Vom Neukantianismus zur Ontologie, Berlin 1958, S. 1–22.
J. E. Müller, Literaturwissenschaftliche Rezeptions- und Handlungstheorien, in: K.-M. Bogdal (Hrsg.), Neue Literaturtheorien. Eine Einführung, Opladen 2. Aufl. 1997, 181–207.
J. Ritter/K. Gründer/G. Gabriel (Hrsg.), Historisches Wörterbuch der Philosophie, 12 Bde., Basel 1971ff.
W. Röd/A. Graeser/M. Hossenfelder, Die Philosophie der Antike, 3 Bde., München 2. Aufl. 1988–1995.
D. Schöttker, Theorien der literarischen Rezeption. Rezeptionsästhetik, Rezeptionsforschung, Empirische Literaturwissenschaft, in: H. L. Arnold/H. Detering (Hrsg.), Grundzüge der Literaturwissenschaft, München 1996, 537–554.
F. Volpi (Hrsg.), Großes Werklexikon der Philosophie, 2 Bde., Stuttgart 1999.
A. N. Whitehead, Process and Reality. An Essay in Cosmology, New York 1960 [erstmals 1929].

Literatur zu: Das römische Recht
M. Bretone, Geschichte des römischen Rechts. Von den Anfängen bis zu Justinian, München 2. Aufl. 1998 [ital. 3. Aufl. 1989].
G. Dulckeit / F. Schwarz / W. Waldstein, Römische Rechtsgeschichte. Ein Studienbuch, München 9. Aufl. 1995.
W. Kaiser, Art. „Digesten/Überlieferungsgeschichte", in: Der Neue Pauly, Bd. 13, Stuttgart/Weimar 1999, Sp. 845–852.
M. Kaser, Römische Rechtsgeschichte, Göttingen 2. Aufl. 1967.
W. Kunkel, Römische Rechtsgeschichte. Eine Einführung, Köln/Wien 12. Aufl. 1990.
U. Manthe, Geschichte des römischen Rechts, München 2000.
P. E. Pieler, Entstehung und Wandel rechtlicher Traditionen in Byzanz, in: W. Fikentscher/H. Franke/O. Köhler (Hrsg.), Entstehung und Wandel rechtlicher Traditionen, Freiburg/München 1980, 669–728.
J. Schröder, Art „Deutscher Usus modernus", in: Der Neue Pauly, Bd. 13, Stuttgart/Weimar 1999, Sp. 746–749.
A. Söllner, Einführung in die römische Rechtsgeschichte, München 5. Aufl. 1996.
P. G. Stein, Römisches Recht und Europa. Die Geschichte einer Rechtskultur, Frankfurt/M. 1996.

Literatur zu: Das antike Völkerrecht
M. von Albrecht, *Fides* und Völkerrecht: Von Livius zu Hugo Grotius, in: Livius. Werk und Rezeption. Festschrift E. Burck, München 1983, 295–299.
P. Contamine, War in the Middle Ages, Cambridge/Mass. 1996.
J. Fisch, Krieg und Frieden im Friedensvertrag, Stuttgart 1979.
W. G. Grewe, Epochen der Völkerrechtsgeschichte, Baden-Baden 2. Aufl. 1988.
Ders. (Hrsg.), Fontes Historiae Iuris Gentium, 3 Bde., Berlin 1988–1995.
K. Ipsen, Völkerrecht, München 4. Aufl. 1999.
P. Kehne/D. Berg, Art. „Gesandtschaft", in: Reallexikon der Germanischen Altertumskunde, Bd. 11, Berlin/New York 1998, 457–465.
W. Kolb, Herrscherbegegnungen im Mittelalter, Bern 1988.
M. Kostial, Art. „Frieden", in: Der Neue Pauly, Bd. 14, Stuttgart/Weimar 2000, Sp. 68–71.

Tʜ. Mᴀʏᴇʀ-Mᴀʟʏ, Isidor – Gratian – Thomas. Stationen einer allgemeinen Rechtslehre, in: Zeitschrift der Savigny-Stiftung für Rechtsgeschichte. Kanonistische Abteilung 111, 1994, 490–500.

D. Nöʀʀ, Die Fides im römischen Völkerrecht, Heidelberg 1991.

N. Oʜʟᴇʀ, Krieg und Frieden im Mittelalter, München 1997.

W. Pʀᴇɪsᴇʀ, Die Völkerrechtsgeschichte, ihre Aufgaben und ihre Methoden, Frankfurt/M. 1964.

J. Sʜᴇᴘᴀʀᴅ/S. Fʀᴀɴᴋʟɪɴ (Hrsg.), Byzantine Diplomacy, Aldershot u.a. 2. Aufl. 1995.

K.-H. Zɪᴇɢʟᴇʀ, Die römischen Grundlagen des europäischen Völkerrechts, in: Ius commune 4, 1972, 1–27.

Dᴇʀs., Völkerrechtsgeschichte, München 1994.

Dᴇʀs., *Ius gentium* als Völkerrecht in der Spätantike, in: Collatio Iuris Romani. Festschrift H. Ankum, Amsterdam 1995, Bd. 2, 665–675.

Literatur zu: Das Papsttum

G. Bᴀʀʀᴀᴄʟᴏᴜɢʜ, The Medieval Papacy, London 1968.

M. Bᴏʀɢᴏʟᴛᴇ, Petrusnachfolge und Kaiserimitation. Die Grablegen der Päpste, ihre Genese und Traditionsbildung, Göttingen 1989.

E. Cᴀsᴘᴀʀ, Geschichte des Papsttums von den Anfängen bis zur Höhe der Weltherrschaft, 2 Bde., Tübingen 1930–1933.

L. Dᴜᴄʜᴇsɴᴇ, Le Liber Pontificalis, Texte, introduction et commentaire, 3 Bde., Paris 2. Aufl. 1955–1957 [zuerst: 2 Bde., 1886–1892].

H. Fᴜʜʀᴍᴀɴɴ, Die Wahl des Papstes. Ein historischer Überblick, in: Geschichte in Wissenschaft und Unterricht 9, 1958, 762–780.

Dᴇʀs., Papstgeschichtsschreibung, in: A. Esᴄʜ/J. Pᴇᴛᴇʀsᴇɴ (Hrsg.), Geschichte und Geschichtswissenschaft in der Kultur Italiens und Deutschlands, Tübingen 1989, 141–191.

Dᴇʀs., Die Päpste. Von Petrus zu Johannes Paul II., München 1998.

J. Hᴀʟʟᴇʀ, Das Papsttum. Idee und Wirklichkeit, 5 Bde., Urach/Stuttgart 2.–3. Aufl. 1950–1953.

J. Mᴀʀᴛɪɴ, Spätantike und Völkerwanderung, München 4. Aufl. 2001.

Dᴇʀs., Conditions Underlying the Emergence of Papacy, in: The World of Late Antiquity. The Challenge of New Historiographies, Berkeley 2004.

L. (Fʀᴇɪʜᴇʀʀ ᴠᴏɴ) Pᴀsᴛᴏʀ, Geschichte der Päpste seit dem Ausgang des Mittelalters, 16 Bde., Freiburg/Rom 1886–1933, in verschiedenen Auflagen zuletzt: 1926–1956.

Cʜ. Pɪᴇᴛʀɪ, Roma Christiana. Recherches sur l'Église de Rome, son organisation, sa politique, son idéologie de Miltiade à Sixte III (311–440), 2 Bde., Rom 1976.

L. (ᴠᴏɴ) Rᴀɴᴋᴇ, Die römischen Päpste in den letzten vier Jahrhunderten, 3 Bde., Leipzig 8. Aufl. 1885 [zuerst: 1834–1836].

R. Sᴄʜɪᴇғғᴇʀ, Der Papst als Patriarch von Rom, in: M. Mᴀᴄᴄᴀʀʀᴏɴᴇ (Hrsg.), Il primato del vescovo di Roma nel primo millenio, Vatikanstadt 1991, 433–451.

B. Sᴄʜɪᴍᴍᴇʟᴘғᴇɴɴɪɢ, Das Papsttum. Von der Antike bis zur Renaissance, Darmstadt 4. Aufl. 1996.

F. X. Sᴇᴘᴘᴇʟᴛ, Geschichte der Päpste von den Anfängen bis zur Mitte des zwanzigsten Jhs., 5 Bde. [bis 1799], München z.T. 2. Aufl. 1954–1959.

W. Uʟʟᴍᴀɴɴ, Die Machtstellung des Papsttums im Mittelalter. Idee und Geschichte, Graz/Wien/Köln 1960.

Dᴇʀs., Über die rechtliche Bedeutung der spätrömischen Kaisertitulatur für das Papsttum, in: P. Lᴇɪsᴄʜɪɴɢ/F. Pᴏᴛᴏᴛsᴄʜɴɪɢ/R. Pᴏᴛᴢ (Hrsg.), Ex aequo et bono. W. M. Plöchl zum 70. Geburtstag, Innsbruck 1977, 23–43.

Ders., Kurze Geschichte des Papsttums im Mittelalter, Berlin/New York 1978 [engl. 1972].
Ders., Gelasius (492–496), Stuttgart 1981.
E. Wirbelauer, Zwei Päpste in Rom. Der Konflikt zwischen Laurentius und Symmachus (498–514). Studien und Texte, München 1993.
Ders., Die Nachfolgerbestimmung im römischen Bistum (3.–6. Jh.). Doppelwahlen und Absetzungen in ihrer herrschaftssoziologischen Bedeutung, in: Klio 76, 1994, 388–437 und 77, 1995, 555f.
M. Wojtewytsch, Papsttum und Konzile von den Anfängen bis zu Leo I. (440–461), Stuttgart 1981.
H. Zimmermann, Das Papsttum im Mittelalter. Eine Papstgeschichte im Spiegel der Historiographie, Stuttgart 1981.

Literatur zu: Antike in Literatur und Film
J. Blänsdorf, Art. „Lateinische Komödie/Tragödie", in: Der Neue Pauly, Bd. 15/1, Stuttgart/Weimar 2001, Sp. 64–89.
K. Brodersen (Hrsg.), Asterix und seine Zeit, München 2001.
R. Dithmar, Die Fabel, Paderborn 8. Aufl. 1997.
H. Flashar, Inszenierung der Antike, München 1991.
E. Frenzel, Stoffe der Weltliteratur. Ein Lexikon dichtungsgeschichtlicher Längsschnitte, Stuttgart 9. Aufl. 1998.
Dies., Motive der Weltliteratur, Stuttgart 5. Aufl. 1999.
K. Geus/M. Haase/B. Eickhoff, Art. „Comics", in: Der Neue Pauly, Bd. 13, Stuttgart/Weimar 1999, Sp. 656–674.
M. Heilmann, Art. „Brief, Briefliteratur", in: Der Neue Pauly, Bd. 13, Stuttgart/Weimar 1999, Sp. 541–545.
K. Hempfer/G. Wild/J. Knape, Art. „Epos", in: Der Neue Pauly, Bd. 13, Stuttgart/Weimar 1999, Sp. 1015–1036.

A. C. Knigge, Comics. Vom Massenblatt ins multimediale Abenteuer, Hamburg 1996.
B. Kytzler, William Shakespeare: Julius Caesar, Frankfurt/M. 1963.
L. Lochhead, Medea – after Euripides, London 2000.
E. M. Moormann/W. Uitterhoeve (Hrsg.), Lexikon der antiken Gestalten, Stuttgart 1995.
Chr. Moser, Art. „Autobiographie", in: Der Neue Pauly, Bd. 13, Stuttgart/Weimar 1999, Sp. 360–364.
Th. Poiss, Art. „Lyrik", in: Der Neue Pauly, Bd. 15/1, Stuttgart/Weimar 2001, Sp. 246–252.
V. Riedel, Antikerezeption in der deutschen Literatur vom Renaissance-Humanismus bis zur Gegenwart. Eine Einführung, Stuttgart/Weimar 2000.
A. van Rinsum/W. van Rinsum, Lexikon literarischer Gestalten, 2 Bde., Stuttgart 2. Aufl. 1993 und 1990.
R. van Royen/S. van der Vegt, Asterix. Die ganze Wahrheit, München 2. Aufl. 1999.
B. Seidensticker, Aufbruch zu neuen Ufern. Transformationen der Odysseusgestalt in der literarischen Moderne, in: Ders./M. Vöhler (Hrsg.), Urgeschichte der Moderne. Die Antike im 20. Jh., Stuttgart 2001, 249–270.
Ders./M. Vöhler (Hrsg.), Mythen in nachmythischer Zeit. Die Antike in der deutschsprachigen Literatur der Gegenwart, Berlin 2001.
B. van Zyl Smit, Medea becomes politically correct, in: Zimmermann 2001, 261–283.
B. Zimmermann, Art. „Griechische Komödie/Tragödie", in: Der Neue Pauly, Bd. 14, Stuttgart/Weimar 2000, Sp. 311–323.
Ders. (Hrsg.), Rezeption des antiken Dramas auf der Bühne und in der Literatur, Stuttgart 2001.

Technik: Die Darstellung der Arbeit mit den Quellen

Voraussetzungen für die Präsentationen von Geschichte. Die Arbeit jeder Historikerin und jedes Historikers beruht primär auf der Auseinandersetzung mit den Quellen und dem, was als Forschungsmeinung gilt. Das Ergebnis dieses Prozesses muss in eine mündliche oder schriftliche Darstellungsform fließen. „Der Historiker macht nicht Geschichte, er kann sich nur mit dem Machen von Geschichte beschäftigen." [DE CERTEAU, 19] Da Vorgänge der Vergangenheit irreversibel sind, kann jede Darstellung der so genannten wirklichen historischen Welt nur eine mehr oder weniger genaue Rekonstruktion sein, bei der Überreste einer vergangenen Wirklichkeit mit der Erfahrung und dem Vorstellungsvermögen der geschichtswissenschaftlich Arbeitenden eine Einheit bilden [FRIED]. Die Faktizität bestimmter in Quellen geschilderter Vorgänge ist unbestreitbar, sie muss aber nicht zwingend zur historischen Faktizität werden, wenn das Berichtete nicht den Fragehorizont der Forschenden oder ihrer Zeitgenossen erreicht. Das Erkenntnisinteresse ist engstens mit der fragenden Person, ihrem zeitlichen, geschlechtsspezifischen und soziokulturellen Hintergrund verbunden. Die Entscheidung des/r Historikers/in, sich mit einem bestimmten Quellenbestand in ein bestimmtes Thema einzuarbeiten, lässt Geschehen in der Vergangenheit erst zu Geschichte werden. Es besteht also ein permanentes Spannungsverhältnis zwischen der Quelle, dem/r Bearbeiter/in und dem Adressatenkreis [EVANS].

Jede Quelle setzt eigene, besondere quellenkritische Überlegungen voraus. Eine Reihe von Einführungen hilft, die spezifisch althistorischen Quellenprobleme zu lösen [VOLLMER; BURSCHEL U.A.; MEISTER; GÜNTHER]. Für den ersten Zugang zu einer Quelle ist es von nicht geringer Bedeutung zu wissen, mit welcher Quellengattung man es zu tun hat und wie ertragfähig die Quelle sein mag. Zur Erschließung bestimmter Quellenarten wurden spezielle Methoden entwickelt, die sich z.T. als Spezialwissenschaften verselbstständigt haben, die so genannten Hilfswissenschaften. Das Bewusstsein für die Zugehörigkeit z.B. der Epigraphik, Papyrologie oder der Numismatik zur Alten Geschichte sollte fest im Bewusstsein verankert bleiben.

▷ S. 307/313 318/323 Technik: Die Arbeit mit Quellen zur Antike

Die Interpretation einer Quelle wird bewusst oder unbewusst von einer persönlichen Grundposition geprägt, die reflektiert und offen gelegt werden sollte. So werden z.B. Menschen mit einer eher skeptischen Einstellung zur Funktionsfähigkeit einer Demokratie die attische Demokratie in ihrem Spannungsverhältnis von Verfassungstheorie und Verfassungswirklichkeit anders bewerten, als Menschen, die die Demokratie für die einzig mögliche Verfassungsform halten, weil sie rechtliche und politische Gleichberechtigung gewährt.

Eine leitende Fragestellung setzt den Erkenntnisprozess überhaupt erst in Gang und ist zugleich das eigentliche Ziel, das mit der Arbeit erreicht werden soll. Parallele Quellenzeugnisse und Forschungsergebnisse anderer Interpreten ergänzen die eigene Interpretation. Allerdings sind Modifikationen der Fragestellung während des Arbeitsprozesses fast zwingend, weil vermehrte Quellenkenntnis bzw. Argumente der Wissenschaft den Vorstellungshorizont erweitern und eigene Ideen fördern. Diese sollten während der Arbeit ständig festgehalten werden [VÖLKER-RASOR]. Oft sind sehr unterschiedliche, zuweilen sogar gegensätzliche Deutungen ein und derselben Quelle möglich.

Bei der Frage ‚Was geschah laut Cicero Ende 63 v.Chr. in Rom?' wird die Catilinarische Verschwörung vermutlich als empörende Aufstandsbewegung eines politischen Hasardeurs gesehen werden. Mit dem gleichen Quellenbestand kann aber bei der Frage ‚Was waren die Hintergründe Ciceros bei seinem Vorgehen gegen die Catilinarier?' das Geschehen als eine von Cicero unterstellte Aufstandsbewegung gesehen werden, die nie stattfand, ihm aber eine Handhabe gab, gegen radikale Popularen mit Gewalt vorzugehen, um vor der Rückkehr des Pompeius nach Rom eine entscheidende Schwächung der politischen Gegner herbeizuführen. Beides lässt sich endgültig und schlüssig nicht beweisen.

Hier erweist es sich als hilfreich, sich die eigenen Ideen zu vergegenwärtigen und sie mit den Meinungen der Forschung zu konfrontieren. Gleichgültig, ob die eigenen Positionen sich als haltlos erweisen oder verteidigt werden können, die so gewonnene eigene Stellungnahme wird immer eine durch Reflexion erlangte, nicht nur eine übernommene sein [GÜNTHER].

Für die Präsentation ihrer Arbeit bedienen sich Historiker/innen fast ausschließlich der Sprache. Mit ihrer Hilfe werden historische Phänomene vergegenwärtigt und einsichtig gemacht. Nur selten gelingt es, ausschließlich mit Bildern historische Imagination und Information in Einklang zu bringen. Ein gelungenes Beispiel war die Fotoausstellung über die politische Situation in Tibet mit Bildern von John Grier auf der Weltausstellung in Hannover, wo der Verzicht auf Sprache politische Notwendigkeit war.

Diese Dominanz der Sprache macht eine sorgfältige Schulung der sprachlichen Fähigkeiten zwingend notwendig. Die Sprache muss Bilder im Kopf der Adressaten entstehen

Forschungsstimme

Die bedeutende Rolle der Phantasie in der Geschichtswissenschaft wird bisweilen bis zum heutigen Tag geleugnet. Entweder will man sich mit dem Gebot der größtmöglichen Objektivität eher in die Nähe der Naturwissenschaft begeben oder ‚knochentrockene' Quellenarbeit und Sprache als Tugend ansehen, die indessen objektive Realität nur suggeriert. **Johannes Fried** entlarvt diese Scheinobjektivität deutlich als Selbstbetrug. Dabei geht er zunächst von der Bedeutung der Sprache für den/die Historiker/in aus:

„Sprache aber unterwirft die vergegenwärtigte Vergangenheit ihren eigenen Bedingungen und Strukturen, den ihr stets immanenten, doch stets auch fließenden Urteilen. Sie gliedert sie, paßt sie in ihren Aussagemustern ein, stiftet Ordnung durch Organisation des Textes, zeichnet Perspektiven vor, ist Topik, Rhetorik und Literatur, gleichgültig, ob sie Rituale, persönliche oder zur Institution geronnene Erinnerung, Geschichtsschreibung oder Forschung expliziert, ob sie sich deskriptiv, analytisch, narrativ oder didaktisch gibt. [...] Der notwendige Gebrauch der Sprache aber führt den Historiker – in die Gefilde der Phantasie, verlangt nämlich Befähigung, Abwesendes sich Gedanklich vor Augen zu führen, somit zu vergegenwärtigen, erinnernd mit drittem zu verknüpfen, in ein Raum-Zeit-System, in ein soziales Beziehungsgeflecht und in ein Begriffsschema einzupassen, es zu versprachlichen und anderen mitzuteilen."

Im Folgenden betont Fried, dass eine reine Sachdarstellung, ein purer Tatsachenbericht schlechthin unmöglich sind. Dem durch die Sprache

Technik: Die Darstellung der Arbeit mit den Quellen

entstehenden Dilemma (Mehrdeutigkeit, historischer Bedeutungswandel, Adressatengerechtigkeit) entgeht der Historiker nur, indem er sich seiner eigenen Sprache bedient. Seine eigene historische Welt vermittelt er dann mehr oder weniger genau seinen Mitmenschen. Fried spricht vom Geschichtsarchitekten, der frei mit seinen Artefakten seine historische Wahrheit schafft, indem er selektiert, Zusammenhänge herstellt, strukturiert und formt, alles gemäß seiner Einbildungskraft.

Schattenseite dieses Eingeständnisses ist, dass sich Fälschungen und Fiktionen von der quellenmäßig und methodenstreng abgesicherten, kritikoffenen Erfindung von Wirklichkeit nur schwer trennen lassen. Wo endet konstruktive Vorstellungskraft und beginnt destruktive Illusion? Hier greift die immer noch gültige Formel, dass ein historisches Ereignis am besten gesichert ist, wenn es von einander unabhängig, mehrfach und in ähnlicher Art überliefert wird. Nicht Einzelnachrichten, sondern nur eine gewisse Informationsdichte vermögen Geschichtslügen zu demontieren.

„Die Folgen für eine Wissenschaft, die sich zu ihrem Verfahren bekennt, sind nicht abzuschätzen. Sie wird Geschichte anders lehren als bisher, den Menschen ein wenig näher, bewußter in Verantwortung für schöpferische Phantasie. Zuvor tabuisierte Möglichkeiten werden zulässig."

Literatur: J. FRIED, Wissenschaft und Phantasie. Das Beispiel der Geschichte, in: Historische Zeitschrift 263, 1996, 291–316, Zitate: 297 und 306.

lassen und dennoch die notwendige Abstraktion im Text erreichen, um Strukturen erkennbar zu machen. Wissenschaftlichkeit, d.h. ständige Nachprüfbarkeit aller Aussagen bzw. Arbeitsprozesse, und Anschaulichkeit unter einen Hut zu bringen, ist unter diesen Umständen schwer. Allerdings „…eine verbindliche Darstellungsweise kann es nicht geben, solange Geschichte an Sprache gebunden und immer neu zu erzählen, in Worte zu bringen ist, um Lehrmeisterin gegenwärtigen Lebens zu sein […] Der Historiker, der forscht, wird zum sprachlichen Schöpfer der Welten, die er erforscht." [FRIED, 300]

Historiker/innen haben sich auf die unterschiedlichsten Adressaten einzustellen und sollten deshalb während ihres Studiums die ganze Bandbreite von Präsentationsformen kennenlernen. Darauf muss, wie zu Recht gefordert wird [SCHULZE], auch die bisherige Seminarpraxis in den Universitäten reagieren. So sollte ein engerer Zusammenhang zwischen dem Vorgang des individuellen Arbeitens, der Diskussion in der Lerngruppe und der öffentlichen Präsentation der Ergebnisse hergestellt werden. Die Länge eines Referats oder einer Hausarbeit macht nicht ihre Qualität aus. Sprachliche Abundanz ist oft ein Zeichen für mangelnde gedankliche Durchdringung. Das Wechselspiel von Rede und Gegenrede, z.B. Kritik und Kommentierung, könnte in Seminaren so institutionalisiert werden, dass es zu einem selbstverständlichen Bestandteil des gemeinsamen Arbeitens würde. Die Studierenden müssten bei ihren schriftlichen Leistungsnachweisen unterschiedlichste Textsorten produzieren, bei denen nicht nur die ‚Wissenschaftlichkeit' Bewertungskriterium ist, sondern auch die Beachtung von Adressaten, Aussagezielen und sprachlicher Angemessenheit. Schließlich wäre es wünschenswert, wenn mehr Seminare von Studierenden aufgesucht oder angeregt würden, die projektartig konzipiert sind.

Es sollte indessen auch festgehalten werden, dass der gegenwärtige universitäre Lehrbetrieb der letzten Jahre bei aller Reformbedürftigkeit doch einiges zu vermitteln wusste. Schon seit Mitte/Ende der siebziger Jahre, als sich das Lehramt an Gymnasien den Absolventen und Absolventinnen eines Geschichtsstudiums weitgehend verschloss, fanden diese in anderen Berufsfeldern wie z.B. in der Versicherungsbranche, der Erwachsenenbildung, in den verschiedensten Medien, im EDV-Bereich oder als Werbe- und Marketingfachleute berufliche Heimat. Dies war deshalb vergleichsweise leicht möglich, weil Studierende des Faches Geschichte über zahlreiche gefragte Kompetenzen verfügen. Dazu gehören u.a. die Fähigkeit zum Informationsmanagement, zu konzeptionellem Denken, zur Planung von Arbeitsabläufen und schließlich die Beherrschung bestimmter Präsentationsformen. In den letzten Jahren setzte sich vermehrt die Erkenntnis durch, dass das Studium zum geringsten Teil den Weg in eine wissenschaftliche Laufbahn öffnet. Deshalb muss auf die bewusste Aneignung solcher Schlüsselqualifikationen umso mehr geachtet werden, allen voran auf die Einübung verschiedener Präsentationstechniken.

Im Folgenden soll deshalb zunächst auf die klassischen Formen universitärer Präsentation im Lehrbetrieb eingegangen werden, anschließend werden zwei Projekte vorgestellt, das eine als Beispiel für universitäre Lehre, das andere für den außeruniversitären Bereich.

Das Referat. Referate – und oft im Anschluss an sie Hausarbeiten – spielen im universitären Unterricht nach wie vor die zen-

Detailskizze

Schon in den frühen siebziger Jahren begann die Diskussion um **Schlüsselqualifikationen** mit mehr oder weniger positiver Resonanz, je nachdem wie stark deren Relevanz erkannt und ob ein Zusammenhang zwischen Ausbildung und Arbeitsmarkt hergestellt wurde. Zuweilen nahm der Begriff geradezu Reizwortcharakter an. Gegenwärtig bedarf es mehr denn je auch im Hinblick auf die stärker praxisorientierten neuen Studiengänge einer bewussten Wahrnehmung solcher Schlüsselqualifikationen bei Lehrenden und Lernenden. Sowohl die Vermittlung durch die Lehrenden als auch der Erwerb durch die Lernenden ist stark personengebunden und graduell abhängig von bestimmten Persönlichkeitsmerkmalen.

Historiker/innen können durch die Art ihrer Arbeit mit einer gewissen Zwangsläufigkeit zu einem Teil von Schlüsselqualifikationen gelangen. Durch die Arbeit mit den Quellen, durch die Analyse wissenschaftlicher Literatur, durch die für die Quellen und Literatur notwendigen Sprachkenntnisse erwerben sie Kompetenzen im Informationsmanagement, in der Kommunikation, in Präsentationstechniken und in selbstständiger Arbeitsorganisation.

Zum Informationsmanagement gehört als erstes die Fähigkeit, Informationen zu sammeln. Dabei müssen Suchstrategien beim Bibliographieren entwickelt und verinnerlicht werden. Eine gewisse Flexibilität ist notwendig, um sich für neu auftauchende Fragestellungen offen zu halten. Gefundene Information muss in größere Zusammenhänge gestellt werden. Als zweites muss die Information sinnvoll, d.h. leicht abrufbar gespeichert werden. Gleichgültig, ob eine Datenbank oder altmodische Karteikarten angelegt werden, das Wissen wird bei dieser Arbeit systematisiert und strukturiert. Als drittes wird die Informationsauswertung zu leisten sein. Dazu gehören die Fähigkeit zu kritischer Distanz, zum Perspektivenwechsel, zur Stoffreduktion und zur Abstraktion.

Neben den unmittelbaren Sprachfähigkeiten haben Historiker/innen im Idealfall gelernt, ihren

Gegenstand in mündlicher und schriftlicher Form angemessen zu präsentieren. Im Fall einer mündlichen Kommunikationssituation kommt es dabei in besonderem Maße darauf an, das Thema adressatengerecht vorzustellen, zu argumentieren, zu diskutieren, zu moderieren und zu visualisieren. Wer eine schriftliche Darstellung vorlegt, hat ein nachvollziehbares Manuskript zu erstellen und zu redigieren. Zu beachten ist, ob es sich um einen Essay, einen Zeitungsartikel, eine wissenschaftliche Abhandlung o.ä. handelt, d.h. es gilt gattungsspezifisch zu arbeiten.

Die genannten Qualifikationen berühren mehr den arbeitstechnischen Sektor. Mit der Arbeitsorganisation werden generelle Fähigkeiten berührt, die stärker von der Persönlichkeitsstruktur abhängen und schwerer zu vermitteln sind. Dazu gehören konzeptionelles Denken, die Fähigkeit zur Planung von Arbeitsabläufen, Lernbereitschaft und Kooperations- bzw. Teamfähigkeit. Gemeinsame Projekte, wie z.B. eine Ausstellung zu erstellen, können die Teamfähigkeit in hohem Maße fördern. So genannte Buchbindersynthesen wie z.B. das Großprojekt *Aufstieg und Niedergang der Römischen Welt* verdeutlichen nach außen diesen Kompetenzmangel in der Wissenschaft.

In der Examensphase können Effizienz im Arbeitsprozess, die Fähigkeit, unter Zeitdruck zuverlässig zu arbeiten, und Stressresistenz trainiert werden. Die Bedingungen dafür sind vorgegeben, ob sie geübt werden, hängt von jedem/r Einzelnen ab. All diese Schlüsselqualifikationen sind zwar aus der Sicht der Universitätslehrer/innen nur ein Sekundärertrag ihrer Lehrveranstaltungen, auf dem Arbeitsmarkt dagegen werden sie hochgeschätzt und prädestinieren durchaus für Spitzenpositionen.

Literatur: A.-C. WINDECKER, Außerfachliche Kompetenzen und Schlüsselqualifikationen in der beruflichen Bildung, Phil. Diss. Ludwigsburg 1991; R. GÜNTHER, Einführung in das Studium der Alten Geschichte, Paderborn u.a. 2001, 319–321.

Technik: Die Darstellung der Arbeit mit den Quellen

trale Rolle. Sie strukturieren meist die eineinhalbstündige Unterrichtssequenz. Mit der Formulierung der Referatsthemen werden mehr oder weniger bewusst die Lehrziele im Bezug auf das Gesamtthema artikuliert. Der praktische Ablauf unterliegt nicht selten so stark ritualisierten Formen, dass lediglich für die Vortragenden Spannung, wenn nicht sogar Angst entsteht. Die übrigen anwesenden Studierenden, zum bloßen Zuhören verurteilt, verspüren meist nur Langeweile. Die Einbeziehung der Sinne bzw. überhaupt der Aspekt der Körperlichkeit wird selten im universitären Raum beachtet [VÖLKER-RASOR]. Deshalb aber in Referaten eine Form der Verbildung statt Ausbildung zu sehen und zu meinen, diese Textform sei fast überall außerhalb der Universität nicht mehr gebräuchlich, geht meines Erachtens doch zu weit [ERHART/KIMMICH]. Referate sind in der universitären Ausbildung das Fundament für die Entwicklung der Redefähigkeit in der Öffentlichkeit, sei es von Führungen, politischen Reden, Vorträgen oder Präsentationen, allerdings nur dann, wenn rhetorische Fähigkeiten, Zielorientierung und die Anwendung verschiedener Medien in häufigerem Medienwechsel eingeübt werden. Beim ausformulierten Vortrag ist unbedingt darauf zu achten, dass dieser der Kommunikationssituation angepasst ist, d.h. dass er einen ‚schriftlichen' Stil vermeidet. Es besteht sonst die Gefahr, die Zuhörenden zu überfordern oder zu langweilen.

Auch wenn ein Referat die Quintessenz intensiver Beschäftigung mit einem Forschungsthema darstellt, sollte nicht jede Erkenntnis präsentiert werden. Ähnlich wie beim Abstraktionsvermögen in der bildenden Kunst, kann nur bei intensiver Durchdringung des historischen Stoffs eine präzise und

Bei **Präsentationen** sind Bilder einerseits ein hervorragendes Mittel zu motivieren und die Gedächtnisleistung zu steigern, andererseits gaukeln sie vielfach eine Objektivität vor, die sie nicht besitzen. Sie liefern nur einen bestimmten Ausschnitt einer Wirklichkeit, eine Momentaufnahme und diese aus der Sicht des Produzenten (Maler, Fotograf). Sie üben eine starke Suggestionskraft auf intellektueller und emotionaler Ebene auf die Betrachtenden aus, über die häufig nicht Rechenschaft abgelegt wird. Bilder müssen der gleichen quellenkritischen Analyse unterworfen werden, wie z.B. schriftliche Zeugnisse, vor allem dann, wenn sie nicht nur zur Illustration beiläufig wahrgenommen, sondern als Arbeitsmittel eingesetzt werden.

Das vorgelegte Bild schildert eine Szene auf dem Forum von Pompeji, erkennbar an den mit Girlanden geschmückten Säulen. Insgesamt werden 13 Personen abgebildet, auf der linken Bildhälfte drei sitzende und vier um sie herumstehende. In der Mitte lehnt ein bärtiger, langgewandeter Mann, der auf die beschriebene Personengruppe schaut. Rechts liegt eine fast nackte Person halb über dem Rücken eines stehenden Menschen. Die Beine des Entkleideten werden von einer knieenden Person gehalten. Ein dritter Mann hebt eine Rute. Am Rand verschwindet eine Person im Schatten.

Um Bildinhalte wirklich wahrzunehmen, sollten sie zunächst genau und ohne Deutung beschrieben werden. Die Deutung ist nicht selten umstritten und bedarf häufig zusätzlicher Kenntnisse. So wissen wir aus anderen Quellen, dass Schulunterricht in der Öffentlichkeit, hier auf dem Forum, stattfand. Damit erschließt sich verhältnismäßig leicht die Deutung.

Technik:
Die Darstellung
der Arbeit
mit den Quellen

Die sitzenden Personen sind Schüler, die eine Papyrusrolle auf den Knieen festhalten (vgl. das Neumagener Schulrelief). Der bärtige Mann dürfte der Lehrer sein, ihn kennzeichnet der so genannte griechische Philosophenbart. Römische Männer trugen in der frühen Kaiserzeit in der Regel keine Bärte. Die restlichen Personen der linken Seite sind *paedagogi* (Sklaven, die Schüler zum Unterricht begleiten) oder Gucker vom Forum. Die rechte Seite zeigt eine Prügelszene. Aus literarischen Quellen wissen wir, dass römische Kinder im Unterricht viel geprügelt wurden. Wann das Bild genau entstand und wer der Maler war, entzieht sich unserer Kenntnis. Es muss zwischen 62 n.Chr., dem großen Erdbeben, das Pompeji und das Haus der Iulia Felix heimsuchte, und 79 n.Chr., dem Verschüttungstermin der Stadt, entstanden sein und gehört in einen Zyklus weiterer Forumsszenen.

Erwähnt sei, dass diese Malerei als Umrissnachzeichnung in die Lernwerkstatt mit folgenden Aufgaben gegeben wurde: „Beschreibe das Bild." – „Welche Funktionen kannst Du den einzelnen Personen zuweisen?" – „Überlege Dir, wo sich das Geschehen abspielt." – „Beurteile das Geschehen aus deiner Sicht." Damit werden die wichtigsten Elemente des methodischen Umgehens mit Bildern als Impuls vermittelt: Als erstes das Sammeln von Einzelbeobachtungen, was einen spontanen Umgang mit dem Bild erlaubt. Man muss sich vor Augen halten, dass nicht immer alle das Gleiche sehen. Als zweites ist das Verknüpfen von Einzelbeobachtungen zu nennen, um den Bildzusammenhang zu erschließen und das Thema zu entdecken. Schließlich kommt als drittes die bildimmanente Deutung, die dann einer gegenwartsgebundenen Bewertung unterzogen wird.

Bild: Szene auf dem Forum. Wandgemälde aus der Villa der Iulia Felix in Pompeji, II 4,3, Nat. Museum Neapel Inv.nr. 9066.

Literatur: M. SAUER, Bilder im Geschichtsunterricht. Typisierung, Interpretationsmethoden, Unterrichtsverfahren, Seelze 2000.

didaktisch gute Reduktion erfolgen. Mit ihrer Hilfe wird eine einfache, aber überzeugende Sprechform gewonnen, die auch die (Zu-)Hörenden erreicht. Dabei stellt die Visualisierung ein hilfreiches Mittel dar, die Aufmerksamkeit zu erhalten. Zugleich schafft sich der/die Referent/in eine Leithilfe, um den freien Vortrag zu strukturieren und das eigene Gedächtnis zu stützen. Je nach technischen Möglichkeiten kommen Folien, Dias oder andere Projektionsmethoden in Frage. Chronologische Übersichten, Karten, Tabellen und Graphiken erlauben, in komprimierter Form komplexe Zusammenhänge und Strukturen sichtbar zu machen. Quellen- und Thesenpapier mit einer Literaturliste in Form eines Handouts dienen der Vorbereitung bzw. Information der Kommilitonen/innen und tragen zugleich dazu bei, das Gebot der Wissenschaftlichkeit, nämlich der Nachvollziehbarkeit der Argumentation, zu erfüllen. Provozierende Thesen, die nicht mit Feststellungen verwechselt werden dürfen, beleben die Diskussion, die sich unbedingt an ein Referat anschließen sollte. So können Dialoge zwischen den Kennern der Materie, nämlich zwischen Referent/in und Seminarleiter/in vermieden werden.

Wenn in Seminaren die Tugend jeglichen Unterrichtens, nämlich der ständige Wechsel der Methoden, beachtet wird, bleibt das Referat ein sinnvolles Ausbildungsinstrument für andere mündliche Präsentationsformen.

In den siebziger Jahren wurden heftige Diskussionen um die Zulassung von Gruppenreferaten geführt. Sie setzen die Fähigkeit zur Teamarbeit voraus und bedeuten einen erheblichen Mehraufwand für die Aufarbeitung des Themas, weil alle Gruppenmitglieder ‚mitgenommen' werden müssen. Andererseits führen die in der Gruppe stattfindenden Diskussionen zu einer gedanklichen Durchdringung, die nur selten im Einzelreferat erreicht wird. Die Forderung vieler Lehrenden, dass die Einzelleistung erkennbar bleiben müsse, hat verhindert, dass diese sinnvolle Arbeitsform Fuß fassen konnte.

Die Hausarbeit. Da die Prüfungsanforderungen aller Studiengänge eine schriftliche Arbeit verlangen, muss den Studierenden die Gelegenheit gegeben werden, diese Textform in ausreichendem Maß zu üben. Gleichzeitig kann die Hausarbeit Basiskenntnisse für viele andere schriftliche Produktionen – Aufsätze, Bücher, Ausstellungstexte u.a.m. – vermitteln. Adressat ist im Gegensatz zum Referat ausschließlich der/die Seminarleiter/in, was sich auf das Anspruchsniveau auswirkt. Ein gewisses Erkenntnisinteresse sollte bei jeder Hausarbeit vorhanden sein. „Wenn Sie insgesamt 30 oder 40 Stunden mit der Recherche und dem Verfassen eines Textes beschäftigt sein werden, sollte das Thema eine gewisse intellektuelle Begeisterung auslösen." [SCHMALE, 27]

Um eine Klimax im Aufbau und hinreichende Stringenz in der Argumentation zu erreichen, ist es sinnvoll nach der Sammelphase eine Gliederung anzufertigen. „Eine gute Gliederung muss das Thema passend erschließen, sie sollte darüber hinaus aber auch einen subjektiven Gestaltungswillen erkennen lassen." [VÖLKER-RASOR, 386] Umstellungen und Änderungen während der Ausarbeitungsphase sind ganz selbstverständlich.

Das Einleitungskapitel dient der Klärung der These bzw. bietet die individuelle Definition der Themenstellung. Hier wird die geplante Vorgehensweise erläutert, das Thema räumlich und zeitlich eingegrenzt und die Basis der Arbeit vorgestellt, d.h. die wichtigsten Quellen und zentrale Arbeiten der Sekundärliteratur werden genannt. Bei größeren Arbeiten wird an dieser Stelle ein Abriss des Forschungsstandes erfolgen.

Im Hauptteil wird das Thema in der in der Gliederung vorgegebenen Abfolge entwickelt. Um Kontexte herzustellen und historisch einzuordnen, sollte zwischen dem Mittel des Erzählens und dem des Erklärens abgewechselt werden. Geschichtserzählungen heben das Individuelle einer historischen Situation und ihrer Akteure heraus, sind aber auch in gewisser Weise geprägt durch das eigene Verständnis der historischen Situation und haben damit eine gewisse Suggestivkraft [GAUTSCHI]. Durch das Erklären erfolgt die Einordnung in historische Prozesse und Strukturen, d.h. die Objektivierung. Die Auseinandersetzung mit Forschungsmeinungen dient vielfach dazu, von der eigenen Position zu überzeugen [SCHMALE].

Im Schlussteil wird die durch das Thema gestellte Frage beantwortet, wobei noch einmal die eigene Position klar zum Ausdruck gebracht werden sollte. Ein kurzer Ausblick auf die weitere historische Entwicklung oder offene Fragen in der Forschung kann dies ergänzen.

Anmerkungen belegen das im Text Dargelegte, bieten andere Forschungspositionen oder kommentieren sie. Sie sind Ausdruck der Wissenschaftlichkeit, weil mit ihrer Hilfe die Argumentation transparent und überprüfbar gemacht wird. Sie sollten nicht überfrachtet werden. So gehört die Forschungsdiskussion mit direktem Bezug zum Thema in den Haupttext [BURSCHEL U.A.; GÜNTHER]. Nur Fragen, die sich im Laufe der Hausarbeit ergeben haben, aber nicht im Kontext dieser Arbeit geklärt werden konnten oder nicht unmittelbar zum Thema gehören, sollten in den Anmerkungen Erwähnung finden.

Technik:
Die Darstellung
der Arbeit
mit den Quellen

Beachtet man diese Grundprinzipien, dürfte die Abfassung von Sachtexten jeder Art keine Schwierigkeiten bereiten.

Der Essay. Der Essay grenzt sich von der Hausarbeit durch drei Merkmale ab. Er ist sehr viel kürzer gefasst, darf der Subjektivität bzw. einer gewissen Offenheit der Denkprozesse mehr Raum geben und wird mit einem lockeren Stilbewusstsein verfasst. Der Begriff ‚Versuch' betont bewusst den Fragmentcharakter dieser Schreibform. Da der Essay auch Assoziationen und gedankliche Querverbindungen zulässt, bietet er der Kreativität bessere Chancen. Dennoch ist auch er der Wissenschaftlichkeit verpflichtet und muss ein gewisses Anspruchsniveau erreichen.

Als Unterrichtsinstrument hat der Essay den Vorteil, dass er Verfahrensabläufe beschleunigt, zu einer gewissen sprachlichen Eleganz erzieht und übt, wissenschaftliche Inhalte auf eine anregende und unterhaltsame Art zu präsentieren. „Die Studierenden sollen (auch!) lernen, sich schnell in Wissensgebieten zu orientieren, schnell zu produzieren – und dabei den Vermittlungseffekt in den Vordergrund zu stellen" [ERHART/KIMMICH].

Darstellungsformen im Projekt. Projekte und die Projektmethode als Unterrichtsform zeichnen sich dadurch aus, dass alle Beteiligten weitgehend gleichrangig miteinander arbeiten. Projektleiter/innen müssen sich, um zukünftige Probleme zu vermeiden, Klarheit über ihre eigene Rolle in der Arbeitsgruppe schaffen. Sie können sich als reine Supervisoren definieren, die Texte korrigieren, auf Fehler hinweisen, zur Kürze und Prägnanz anhalten und den Zeitplan im Auge haben. Sie können sich aber auch in gleicher Weise wie alle anderen mitarbeitend, ideenentwickelnd in die Gruppe einbringen. Ihr Status wird zwar immer leicht herausgehoben sein, dennoch ist es möglich, ein von Gleichrangigkeit geprägtes Arbeitsklima entstehen zu lassen.

Die Bildüberflutung unseres heutigen Alltags führt vielfach zur Reduzierung der kognitiv-kritischen Fähigkeiten, weil die linke Gehirnhälfte nicht mehr zur Verarbeitung der Informationen gelangen kann. Gerade die kritische Analysefähigkeit und die Fähigkeit zur Integration einer Vielfalt von Informationen werden aber von Historikern/innen gefordert. Nötig ist also ein handlungsorientierter Unterricht, der bewusst die Sinnes- und Bewegungsorgane stimuliert. In ihren Darbietungsformen sollten sich Lehrende immer klar machen, dass das Gedächtnis 20% des Gehörten, 30% des Gesehenen, 80% des Selbstformulierten und 90% der eigenen Tätigkeit im Gedächtnis verankert [GUDJONS]. Projekte und projektartige Vermittlungsformen fördern deshalb die Aufnahmefähigkeit der Lerninhalte enorm. Daneben haben sie zahlreiche andere Vorteile, denn sie unterstützen den Aufbau von Handlungskompetenz, lassen Kreativität zu und erfordern Teamfähigkeit.

Die Gleichrangigkeit aller Teilnehmenden hat insofern Konsequenzen für den Seminarbetrieb, als auch die Studierenden ihrem Bedürfnis nach Konstruktion eigener historischer Vorstellungen folgen dürfen. Anders gesagt, auch Studierenden und Schülern/innen muss das Recht auf ihre eigene historische Wahrheit eingeräumt werden. Ihre Imaginationsfähigkeit kann bei einer offenen Unterrichtsform gefördert werden, ohne das die Phantasie steuernde Regulativ der Quellen aus den Augen zu verlieren.

Da Offenheit für Fragestellungen, Methoden und Ergebnisse bei dieser Vermittlungsform geradezu konstitutiv ist, kann sie gerade nicht durch eine präzise Definition beschrieben werden [Frey]. Deshalb soll im Folgenden ein konkretes ‚Großprojekt' vorgestellt werden, das im universitären Unterricht neben die behandelten klassischen Vermittlungsformen treten kann.

Der Museumskoffer (Museumskit, Römerkorb). Die Funktion eines Museumskoffers besteht primär darin, solche historischen Texte und Materialien in ansprechender Weise für Schulen aufzuarbeiten und zur Verfügung zu stellen, die geeignet sind, einen Museumsbesuch vorzubereiten, in einen thematischen Schwerpunkt (z.B. die römische Vergangenheit der Region) einzuführen und schließlich methodisches Wissen zu vermitteln, für das im laufenden Schulunterricht oft keine Zeit bleibt. Adressaten sind die Schüler/innen (auch als zukünftige Museumsbesucher) und ihre Lehrer/innen.

Da es meist auch in Museen an Zeit und Möglichkeit mangelt, einen solchen Museumskoffer zusammenzustellen, bietet sich die Chance, in einem gemeinsamen Projekt zwischen Universität und Museum mit Studierenden diese Arbeit zu leisten. Eine solche Arbeit muss auch nicht einmalig sein. Jeder Jahrgang von Studierenden kann bei wechselnden Fragestellungen, die Chance bekommen, sich an einem solchen Projekt zu beteiligen. Jede Lerngruppe hat andere Ideen, so dass später dem Museum eine große Vielfalt an Materialien zur Verfügung steht.

Den institutionellen Rahmen des konkreten Beispiels in Mannheim bildete eine gemeinsame Übung zur Fachdidaktik und Museumspädagogik mit acht Studierenden, zwei Mitarbeitern des Museums, der Museumsdirektorin und einer Althistorikerin. Drei der studentischen Teilnehmer/innen hatten ein vergleichbares Projekt, ein Museumskit zum Thema Indianer, in einem vorangegangenen Seminar theoretisch kennengelernt. Sonst bestand in der Phase der Projektinitiative völlige Offenheit in den Vorstellungen. Um Möglichkeiten erfassen zu können, erhielten die Teilnehmer/innen zunächst Einblick in die römischen Teile der ständigen Sammlung des Museums. Erste spontane Ideen wurden gesammelt und festgehalten. Die Studierenden reagierten noch zögerlich und griffen auf ihnen schon Bekanntes, z.B. aus dem Proseminar, zurück. In den beiden folgenden Sitzungen entstand im Gespräch miteinander eine Liste von Ideen. Gedacht wurde an den Einsatz von Musik, an ein Götterpuzzle aus Fotografien der im Museum vorhandenen Viergöttersteine, an ein römisches Hausmodell, an römische Kleider u.a.m.

Von den Leiterinnen wurde auf die Notwendigkeit hingewiesen, Lehrpläne und Schulbücher zu sichten, um die Bedarfslage für Schulen zu analysieren. Außerdem wurde die einschlägige Literatur auf Hinweise für die eigene Arbeit durchgesehen. Als leitende Prinzipien wurden Anschaulichkeit, Flexibilität im Unterrichtseinsatz und Methodenvermittlung in gemeinsamer Diskussion ermittelt und festgehalten.

In der zweiten Phase bestand sehr bald Klarheit, wer mit wem was machen würde. Die Kleingruppen orientierten sich z.T. an ihren Fähigkeiten: So studierten drei der Studentinnen auch Klassische Archäologie, eine konnte hervorragend schneidern. Es entstand eine Projektskizze, der zeitliche Rahmen wurde festgelegt. Auch über die äußere Form des Museumskoffers gab es erste Gedanken.

Geplant wurden: Ein archäologisches Fundkästchen, Papyrusrollen mit Quellentexten als

Technik:
Die Darstellung
der Arbeit
mit den Quellen

Wandtafeln für das Klassenzimmer, römische Kleidung, eine Anziehpuppe ‚Legionär', eine Musikkassette, ein Modellbogen ‚Das römische Haus' zum Basteln, ein Götter-Puzzle, ein Inschriftenspiel, ein römisches ‚Trivial Persuit' namens ‚Repete' als Zusammenfassung bzw. Wiederholung. All dies sollte mit Materialien für Schüler/innen und Lehrer/innen ergänzt werden: Folien, Lehrerinformationsblätter, Dias, Karte des Großraumes Mannheim, Karte des römischen Reiches, Hinweise auf Kinder- und Jugendliteratur zur römischen Geschichte. Die Handreichungen für die Lehrenden wurden immer parallel zum jeweiligen Objekt von der zuständigen Gruppe miterarbeitet. Damit wollte man den Lehrern/innen zeitraubende Vorbereitungen ersparen, Lehrziele anbieten und eine ergänzende Wissensvermittlung erleichtern.

In der Folgezeit arbeitete jede Gruppe an anderen Orten und zu unterschiedlichen Zeiten. Das Einlesen ins Thema erfolgte individuell, die Abfassung der begleitenden Texte in der Kleingruppe, die dann dem Plenum zur Diskussion vorgelegt wurden. Die regelmäßigen wöchentlichen Treffen dienten nur noch als so genannte „Fixpunkte" [FREY, 146], als organisatorische Schaltstellen des Projektes mit dem Zweck, sich gegenseitig über den Stand der Arbeiten zu informieren, Fragen zu klären, Anregungen zu geben, Lob und Kritik zu äußern oder entgegenzunehmen, die nächsten Schritte festzulegen und vereinbarte Gruppentermine zu bestätigen.

In der Phase der Projektdurchführung wurde noch eine Fülle von weiterführenden Ideen entwickelt. So war z.B. die Auswahl der Gegenstände des archäologischen Fundkästchens durch die üblichen Inhalte von Grabfunden bestimmt: Münze, Glasscherbe, Tonscherbe, Eisenschlacke, Fibel, Astragale, Knochen, Holzstück, Wollrest, Öllampe. Alles in allem kam auf diese Art einschließlich der Lehrerinformationsblätter eine sehr anschauliche und ‚begreifbare' Einführung in die Archäologie zustande.

Bei der Kleidung entschied die Gruppe, nicht nur ein Kleidungsstück, sondern Tunika (mit *latus clavus*) und Toga für einen Mann und für einen Knaben, Tunika und Palla für eine Frau und für ein Mädchen anzubieten. Auf diese Weise sollte Lehrenden und Schülern/innen ermöglicht werden, die Erfahrung der *gravitas* am eigenen Leib zu spüren: Die große Stoffmenge, die nur sorgfältig in Falten gelegt, aber nicht genäht wird, erlaubt dem Träger nur eine sehr würdevolle Bewegungsweise: Rennen, Hüpfen oder ähnliches schließt die Kleidung aus. Bei den Frauenkleidern wurden die Stoffe nach dem Vorbild pompejanischer Wandmalereien selbst eingefärbt. Das Bemühen, möglichst werkgetreu dem antiken Vorbild nahezukommen, zog sich durch alle Arbeiten. Auch der ästhetische Eindruck wurde stark beachtet. So wurde der Weidenkorb, der schließlich alle Teile des Museumskoffers aufnahm, mit Nessel gefüttert, mit Taschen versehen und der Deckel mit einer pompejanischen Wandmalerei, die bunt auf den Stoff kopiert worden war, verziert.

▷ S. 202
Die antiken
Menschen
in ihren
Gemeinschaften

Professionelle Hilfe bekam die Gruppe lediglich bei der Herstellung der Ausschneidebögen zum Modellbau ‚Römisches Haus' durch den Graphiker des Museums. Das Konzept hatten die Studierenden selbst entwickelt. Es sah vor, dass mehrere Ausschneidebögen als Klassensatz für mehrere Arbeitsgruppen innerhalb einer Klasse zur Verfügung stehen. Die Anweisungen dazu lauteten: „Jede Gruppe fertigt einen Hausteil an, informiert sich über dessen Funktion und den Lebenszusammenhang und vermittelt diese

Kenntnisse an die anderen Mitschüler. Zum Schluss werden die einzelnen Hausteile zu einem Ganzen auf einem vorgegebenen Grundriss zusammengefügt. Diese Vorgehensweise übt einerseits das schnelle Aufnehmen und Weitergeben von Wissen, andererseits die Kooperationsfähigkeit in Gruppen. Kurzinformationen stehen auf dem Grundrissbogen. Ausführlichere Darlegungen finden sich auf dem Lehrerinformationsblatt." Als Lernziele wurden angestrebt: „Die Schüler erwerben Kenntnisse zum römischen Alltagsleben. Sie erfahren spielerisch die wichtigsten Prinzipien antiken Hausbaus. Die Schüler trainieren das manuelle und kognitive Arbeiten in der Gruppe. Sie üben ihre Abstraktionsfähigkeit im Beobachten des Zusammenhangs von Grundriss und Lebenswirklichkeit." Als Zielgruppe wurde die 7. Klasse definiert, allerdings mit dem Hinweis „Ob ein Arbeiten in einer 11. Klasse noch möglich ist, hängt vom Entwicklungsstand der Schüler ab und muss vom Lehrer entschieden werden. Denkbar ist aber auf jeden Fall eine Demonstration des daheim fertiggestellten Hauses durch eine ausgewählte Kleingruppe vor der Klasse."

Den unmittelbarsten Bezug zum Museum hatte das Inschriftenspiel, ein Würfelspiel: Auf einem Spielbrett wird für so viele Figuren wie Spieler ein Weg vorgegeben. Jeder Haltepunkt entspricht dabei einer im Museum aufgestellten Inschrift, der Weg ist identisch mit dem Aufstellungsplan des Museums, so dass beim Besuch ein Wiedererkennungseffekt auftreten kann. Je nach Punktzahl des Würfels rücken die Spieler/innen vor. Jeder Haltepunkt ist mit einer Zahl versehen, zu der es eine Karte gibt. Auf der Vorderseite dieser Karte ist rechts ein Foto des Steins angebracht, links eine Aufgabenstellung. So heißt es z.B. zu einem Reitergrabstein: „Ich, Gaius Tutius, Sohn des Manius, habe als Reiter im römischen Heer gedient. Kannst Du entdecken, wie alt ich wurde? Zieh Dir einen Joker." Die Rückseite gibt den lateinischen Wortlaut der Inschrift wieder, eine Übersetzung, Datierung und einen erläuternden Kommentar. Alle Inschriften stehen den Lehrenden auch als Dias zur Verfügung, um sie in einer Lateinklasse auch einzeln behandeln zu können.

Es würde zu weit führen, jeden Teilbereich in seiner Entstehung und seiner Zielsetzung näher zu beleuchten. Festgehalten werden sollte allerdings, dass die Studierenden eine Fülle von vorhandenen Fertigkeiten einbringen, aber auch entwickeln konnten. Neben handwerklichem Geschick sind hier vor allem die Verfertigung der verschiedenartigsten Textsorten zu nennen, angefangen von den Informationstexten für die Lehrenden über die Erläuterungen für die Schüler/innen, die Projektberichte, die Diskussionbeiträge, die Lehrzielformulierungen, die Frageformen im ‚Repete'-Spiel, die Übersetzungshilfen im Inschriftenspiel bis hin zu den Kurzinformationen im Archäologischen Kästchen.

Projekte dieser Größenordnung sollten einen bewussten Abschluss finden [FREY]. In diesem Fall wurde eine Schulklasse, die örtliche Presse und das Fernsehen eingeladen. Mit viel Stolz übergaben die Teilnehmer/innen den Römerkorb an das Museum. Es war zu diesem Zeitpunkt ein ausgeprägtes Wir-Gefühl entstanden, das die Teamfähigkeit jedes Einzelnen bestätigte. Der ausgestellte Schein spielte die geringste Rolle.

Alle Projekte laufen fast zwangsläufig in den geschilderten Schritten ab, gleichgültig, ob es sich um das Herstellen eines Videoclips, einer Fotoausstellung, eines Hörspiels, einer Reportage, einer Buchpublikation, eines Planspiels u.a. handelt. Ich fasse die verschie-

Technik:
Die Darstellung
der Arbeit
mit den Quellen

denen Stationen dieser Arbeitsform noch einmal zusammen.

Man beginnt mit der Vergabe eines Arbeitsthemas (Projektinitiative), das sehr offen gehalten wird, um viel Raum für die Kreativität und das vorhandene Wissen der Lerngruppe zu schaffen und den Abbau von Hemmungen zu ermöglichen. In dieser ersten Phase ist die Geduld des/r Projektleiters/in gefordert, da eine großzügig bemessene Zeitvorgabe für das Einlesen und Eindenken notwendig ist.

Nach der dritten bis vierten Sitzung beginnt meist die Sondierungsphase (Projektskizze). Das Thema wird eingeengt, erhält inhaltlich ein chronologisches Gerüst und einen Zeitrahmen für das Projekt. Die einzelnen Teilnehmer/innen bilden kleinere Arbeitsgruppen, die sich vereinbarter Themen annehmen. Ab dieser Phase verlagert sich die eigentliche Arbeit nach außen, die Seminarsitzungen werden zum Berichtsforum (Fixpunkte), zum Ort der Diskussion über die Teilprojekte. Aus der Anschauung fertiger Teile entwickeln sich häufig Ideen für weitere Verfeinerungen oder Korrekturen am Fortgang der Arbeit. Es entsteht ein stringentes Konzept für Form und Inhalt (Projektplan).

Die nächste Phase ist gekennzeichnet einerseits durch intensive Kleingruppenarbeit mit und ohne Projektleitung, andererseits durch das Redigieren aller Textsorten. Um notwendige Korrekturen einsichtig zu machen oder Kürzungen durchzusetzen, bedarf es großen Fingerspitzengefühls von Seiten der Projektleitung, um nicht zu demotivieren. Allerdings wird gerade in dieser Phase in hohem Maß zur Sensibilisierung und Präzisierung des sprachlichen Ausdrucks erzogen.

Schließlich tritt die Gruppe in die Schlussphase (bewusster Abschluss), den Endspurt für die Präsentation ein, die immer gekennzeichnet ist durch fieberhafte Tätigkeiten meist praktischer Art. Eine öffentliche Präsentation sollte unbedingt angestrebt werden, denn durch sie erhält auch universitäre Arbeit greifbaren Sinn, sie erfüllt die Teilnehmenden mit Stolz und einem oft länger währenden Gruppengefühl. Weitere Übungselemente können z.B. durch die Vergabe einer Eröffnungsrede an ein Gruppenmitglied oder einer Vorstellung des Projekts vor der Presse eingebaut werden.

Während des Projektverlaufs können auch Schwierigkeiten auftreten, die nicht verschwiegen werden sollen. So entwickelt sich in der Regel die Teamfähigkeit der Teilnehmer/innen recht langsam, da die Studierenden darin ungeübt sind [EDEL]. Studierende, die befreundet sind oder sich schon kennen, schließen sich zu Kleingruppen zusammen. Zuweilen muss die Projektleitung steuernd eingreifen, um Außenseiterpositionen zu vermeiden.

Das Zeitmanagement ist für viele Lehrenden kaum zu bewältigen. Der Arbeitsaufwand ist weit höher als beim herkömmlichen Unterricht. „In der Projektmethode entwickeln Teilnehmer ihr Betätigungsgebiet. Bei eng gefassten Lernaufgaben mit unverrückbaren Lerngegenständen in reduzierter Zeit ist die Projektmethode fehl am Platz." [FREY, 209]

Zur Finanzierung eines solchen Projektes sei mit Bedauern festgestellt, dass in Universitäten für solche Vorhaben, die z.T. nicht geringe Kosten verursachen, kein Etat zur Verfügung steht. In unserem speziellen Beispiel übernahm das Museum die Kosten, da der Koffer auch dort verblieb.

Die Lernwerkstatt. Die Lernwerkstatt stellt eine eigene Form des Unterrichtens dar.

Detailskizze

Im Folgenden soll nur der schulische Zusammenhang erläutert werden, da die Erarbeitung einer Lernwerkstatt in der Universität prinzipiell in ihrem Projektcharakter schon erörtert wurde.

Konkreter Ausgangspunkt ist die **Lernwerkstatt** „Leben im antiken Rom", die im Rahmen einer fachdidaktischen Übung der Universität Mannheim entwickelt wurde. Mitgewirkt haben eine Universitätsdozentin, ein Gymnasiallehrer und 10 Studentinnen des Faches Geschichte, die sich mit hohem Engagement, viel Kreativität und enormem Zeitaufwand einbrachten.

Die unten stehende Übersicht zeigt vier Werkstattstationen, die aus Gründen des im baden-württembergischen Lehrplan für die 7. Klasse zur Verfügung stehenden Zeitrahmens in drei und vier Posten unterteilt wurden.

Der Hauptposten (A1,B1,C1,D1) jeder Station ist verbindlich von allen Schülern/innen zu bearbeiten und ist der Leistungskontrolle unterworfen. Damit wird sichergestellt, dass das in den meisten Lehrplänen geforderte Basiswissen erworben wird. Alle Unterposten (A2–4, B2–3, C2–4, D2–3) stehen für die Schüler/innen zur Wahl, wobei mindestens 6 von 10 Nebenposten zu bearbeiten sind. Den Lernenden wird ein Arbeitspass ausgehändigt, auf dem mit Unterschrift und Datum die Erfüllung der selbstgewählten Aufgaben bestätigt wird.

Deckblätter nennen den Leitgedanken, die Lernziele, die Aufgaben und das zur Verfügung stehende Material. Diese Angaben sind schülerorientiert formuliert, was zu einem neuen Rollenverständnis der Lehrpersonen führt: „Sie begleiten primär den Lernprozess und vermitteln nicht in erster Linie Wissen durch direkte Instruktion." [GAUTSCHI, 91] Für die Studentinnen war die Entwicklung dieses Deckblattes die stärkste Herausforderung, weil einerseits ihre eigene Zielsetzung hinterfragt wurde, andererseits verständlich formuliert werden musste.

Die Angabe „Material: für Dich, fest am Posten, von Dir" erlaubt den Lehrenden die Kontrolle darüber, ob alles Material wieder zurückgekommen ist und erneut zur Verfügung steht.

Am Beispiel des Nebenposten „A4: Schule" sei gezeigt, was für unterschiedliche Aufgaben mit differenzierten Schwierigkeitsgraden, fächerübergreifende Arbeitsformen und auch Berücksichtigung emotionaler Wahrnehmung die Lernwerkstatt erlaubt. Der Leitgedanke lautet: „Schülererfahrungen können zu allen Zeiten sehr ähnlich sein, obwohl die Erziehungssysteme unterschiedlich waren."

Die Lernziele heben auf cognitive und emotionale Erfahrungen ab. Das erste Lernziel lautet: „Du lernst den Schulalltag eines römischen Jungen kennen." Dazu stehen ein Text, der von den Studentinnen frei nach einer antiken Textvorlage nacherzählt wurde und das Neumagener Schulrelief zur Verfügung. Die Aufgabe lautet: „Lies Text 1 über den Tagesablauf von Felix (neben Cornelia, seiner Schwester die Leitfigur in allen Posten) und vergleiche ihn mit der Abbildung! Welche der in Felix' Tagesablauf erwähnten Personen kannst Du erkennen?" Zu allen konkreten

Thema	A Ein Tag mit Cornelia und Felix	B Feste feiern	C Berufe	D Unterwegs im Römischen Reich
Hauptposten	A1 Familie	B1 Feste und Kalender	C1 Als Senator in Rom	D1 Imperium Romanum
Nebenposten	A2 Essen und Trinken	B2 Saturnalien	C2 Handel	D2 Romanisierung der Provinzen
Nebenposten	A3 Badespaß im alten Rom	B3 So ein Circus	C3 Handwerk	D3 Militär und Limes
Nebenposten	A4 Schule		C4 Leben auf dem Land	

Aufgaben wurde ein Lösungsblatt angelegt, das zunächst beim Lehrer bleibt, später aber den Lernenden zur Selbstkontrolle ausgehändigt wird.

Als zweites Lernziel wurde formuliert: „Du weißt um den Kummer antiker Schüler und Lehrer. Du formulierst deine eigenen Gefühle in Bezug auf die Schule. Du erfährst, dass auch dein Lehrer in seinem Schulalltag Unmutsgefühle hat." Zur Erreichung dieser Lernziele steht ein Arbeitsblatt, genannt „Kummerecke", zur Verfügung, auf dessen linker Seite antike Texte (Klage über die Verständnislosigkeit fürs Spielen, Klage über den Zwang der Schule, Klage eines Lehrers über unregelmäßige Bezahlung, Unlust am Unterrichten) präsentiert werden, die rechte Seite ist den Lernenden zum Eintrag vorbehalten. Als Aufgabe wurde gestellt: „Ergänze die zweite Spalte mit deinem eigenen Kummer und frage auch deinen Lehrer nach seinem Kummer. Diskutiere mit deiner/m Lehrer/in und deinen Mitschüler/innen eines der genannten Probleme."

Das dritte Lernziel heißt; „Du machst eine antike Lebenserfahrung." Dafür steht eine Stoffrolle (für Papyrus) mit Holzstäben, die den scapus ersetzen, zur Verfügung. Die Lernenden machen die Erfahrung, dass beim Lesen die Rolle waagerecht gehalten werden muss, man von links nach rechts liest und man besser steht. Der Holzgriff erleichtert das Weiterlesen. Nach der lauten Lektüre muss wieder an den Anfang zurückgerollt werden. Neben Fragen zu der auf der Rolle enthaltenen Geschichte – es handelt sich um die nach Livius (3, 44–48) erzählte Geschichte der Verginia –, mit der zugleich der Status der antiken Mädchen problematisiert wird, sollen die Schüler/innen schriftlich zu Folgendem Stellung nehmen: „Beschreibe den Unterschied zwischen stiller Lektüre und lautem Vortrag! Welche Körperhaltung nimmt der stille Leser, welche der laute Leser ein? Siehst du einen Zusammenhang zwischen den verschiedenen Arten von ‚Buchformen' und der Art zu lesen?" Letzteres verlangt den Lernenden ein vergleichsweise hohes Abstraktionsvermögen ab.

Weitere Aufgaben in A4 sind, römische Maße und Gewichte auf heutige umzurechnen und eine Bildbeschreibung (Schulszene auf dem Forum von Pompeji, eine Malerei aus dem Haus der Iulia Felix) mit Hilfe von Leitfragen vorzunehmen.

Der Vorzug der Lernwerkstatt ist die enorme Variationsbreite der eingesetzten Medien und der immer wieder wechselnde Schwierigkeitsgrad, der die Schüler/innen zwischen animierend leichter Überforderung und reinem Spaß in Spannung hält. Zur Information werden die verschiedenartigsten Textsorten von nacherzählten antiken Texten bis hin zu komplexeren Sachtexten angeboten. Antike Bild- und Textquellen sollen mit Leitfragen versehen zur Interpretation einladen. Viel Information wird aber auch über reine Spielformen vermittelt, wie z.B. ein Rollenspiel zu den Saturnalien, ein Quartett zu acht Berufen – Metzger, Bäcker, Walker, Schumacher, Töpfer, Schmied, Friseuse und Schreiner –, ein kombiniertes Würfel-Puzzlespiel zum römischen Zirkus bzw. den Wagenrennen und schließlich ein Puzzle zu den römischen Provinzen. Aufgaben, wie z.B. mit Hilfe einer Karte Im- und Exporte des Römischen Reiches zusammenstellen oder Grundrisse vergleichen, sollen das räumliche Vorstellungsvermögen fördern.

Zahlreiche Angebote sind handlungsorientiert: Lückentexte ausfüllen, in einem Suchbild sehen lernen, Kochrezepte erproben, Gitter- und Kreuzworträtsel lösen, eine Bastelanleitung für ein Saalburgmodell ausführen, ein Tafelbild erstellen, eine Werbekampagne für die öffentlichen Bäder Roms starten, Grafiken vollenden u.a.m.

In verschiedenen Posten wurde bewusst ein Bezug zu anderen Fächern hergestellt, wie z.B. in „B1 Feste feiern" zum Religionsunterricht, in A4 und C2 zum Mathematikunterricht. Fast jeder Posten bietet Möglichkeiten zur fächerübergreifenden Diskussion, ohne dass dies ausdrücklich vorgegeben ist. Sowohl die Lehrenden als auch die Lernenden sollen ihren Fragenreichtum und ihre Phantasie selbst entwickeln.

Alle Posten sind so angelegt, dass sie voraussetzungslos und ohne Bezug zu anderen Posten verstanden werden können. Nur so ist eine echte Wahlmöglichkeit gewährleistet. Zudem wird das Exemplarische zum didaktischen Prinzip erhoben und provoziert Neugier auf die anderen Bereiche.

Ein speziell für die Werkstatt angelegtes Lexikon (Sternchen weisen auf die Artikel hin) führt an die Praxis des Nachschlagens heran.

Literatur: P. GAUTSCHI, Geschichte lehren. Lernwege und Lernsituationen für Jugendliche, Bern 1999.

Unter einer Lernwerkstatt versteht man ein Lernarrangement, das Lernenden ermöglicht, an verschiedenen ‚Werkstattplätzen' gleichzeitig, aber binnendifferenziert zu arbeiten. Die Lernenden befassen sich „im gleichen Raum mit (1.) unterschiedlichen Lerninhalten (2.) auf einem ihnen angepassten Niveau (3.) mit den von ihnen bevorzugten Medien (4.) in der gewählten Sozialform (5.) in individuellem Lerntempo" [GAUTSCHI, 90]. Wichtigste Voraussetzung bei dieser Lernform ist die Sicherung des Basiswissens (Hauptposten), das auch einer Leistungskontrolle unterzogen wird, und die Möglichkeit einer echten Wahl. Individualisierung des Lernens, Transparenz der Ziele auch für die Lernenden, ein hohes Maß an Selbstkontrolle, die Möglichkeit und Notwendigkeit, im Team zu arbeiten, all dies sind Aspekte, die ein hohes Motivationspotenzial zum selbsttätigen Weiterlernen in sich bergen.

Die Vielfalt der Themen bietet Abwechslung im Kampf gegen die Langeweile in der Schule. Vielfach weisen die Themen über das Fach Geschichte hinaus und erlauben fächerübergreifenden Unterricht (Deutsch, Mathematik, Geographie, Latein u.a.) ohne größeren Organisationsaufwand. Der sehr unterschiedliche Zugang zu den Themen mit z.T. variierenden Spielformen ermöglicht auch schwächeren Schülern/innen mit Freude in der Werkstatt zu arbeiten. Generell gilt: Geschichte mit und zur Freude vermitteln ist das erstrebenswerteste Ziel!

Rosmarie Günther

Literatur
P. BURSCHEL/H. SCHWENDEMANN/K. STEINER/ E. WIRBELAUER, Geschichte. Ein Tutorium, Freiburg 1997.
M. DE CERTEAU, Das Schreiben der Geschichte, Frankfurt/M./New York 1991.
W. ERHART/D. KIMMICH, Schlüsselqualifikationen, in: Mitteilungen des Deutschen Germanistenverbandes 4, 1998, 417–427.
A. EDEL, Learning by doing – spielend lernen. Ein Metaplanspiel im Hochschulunterricht, in: Geschichte in Wissenschaft und Unterricht 52, 2001, 13–20.
R. J. EVANS, Fakten und Fiktionen. Über die Grundlagen historischer Erkenntnis, Frankfurt/M./New York 1998.
K. FREY, Die Projektmethode, Weinheim/Basel 5. Aufl. 1993.
J. FRIED, Wissenschaft und Phantasie. Das Beispiel der Geschichte, in: Historische Zeitschrift 263, 1996, 291–316.
P. GAUTSCHI, Geschichte lehren. Lernwege und Lernsituationen für Jugendliche, Bern 1999.
R. GÜNTHER, Einführung in das Studium der Alten Geschichte, Paderborn u.a. 2001.
H. GUDJONS, Handlungsorientiert lehren und lernen, Bad Heilbrunn 5. Aufl. 1997.
K. MEISTER, Einführung in die Interpretation historischer Quellen. Schwerpunkt: Antike, Bd. 1: Griechenland, Bd. 2: Rom, Paderborn 1997 und 1999.
W. SCHMALE (Hrsg.), Schreib-Guide Geschichte. Schritt für Schritt wissenschaftliches Schreiben lernen, Wien/Köln/Weimar 1999.
W. SCHULZE, Neue Berufsbilder, neue Formen des Studiums im Fach Geschichte, in: Geschichte in Wissenschaft und Unterricht 52, 2001, 4–12.
A. VÖLKER-RASOR, Technik: Die Präsentation eines Themas, in: DIES. (Hrsg.), Oldenbourg Geschichte Lehrbuch: Frühe Neuzeit, München 2000, 381–396.
D. VOLLMER, Alte Geschichte in Studium und Unterricht, Stuttgart 1994

Einrichtungen der Forschung

Einführung. Die Einrichtungen der Forschung zur Geschichte der Antike entstanden in Europa seit dem beginnenden 19. Jh., wenngleich nicht ohne Vorgeschichte. Denn bevor das Interesse an der Antike in Form von Universitäten und anderen Instituten bauliche und institutionelle Gestalt annahm, bestand es lange schon als Anliegen gebildeter Kreise. Die Rezeption der Antike ist eine der wesentlichen Voraussetzungen für die Ausbildung einer Altertumswissenschaft, und diese Rezeption wurde ohne Zweifel durch Innovationen auf dem medialen Sektor begünstigt. In dem Maße, wie das Verfahren des Buchdrucks und seine Optimierungen zwischen dem 15. Jh. und dem beginnenden 19. Jh. das gedruckte Wort verfügbarer machten, in diesem Maße nahm auch die Bedeutung der Antike für die jeweilige Gegenwart zu. Die Renaissance der Antike im 15./16. Jh. wäre ohne die Erschließung der antiken literarischen Quellen in gedruckten Editionen nicht vorstellbar, der Klassizismus des 19. Jh.s nicht ohne die Reproduktionen antiker Architektur und Kunst.

Besondere Aufmerksamkeit verdient die Wechselwirkung zwischen der Ausformung des Nationalismus und der Entstehung der Altertumswissenschaft. Zunächst nämlich führte diese Wechselwirkung zu einer Internationalisierung, als sich die Italien- und Griechenlandbegeisterung in den europäischen Nationen Bahn brach [GEHRKE 2003]; wie weitgehend die altertumswissenschaftliche Erforschung dabei von der jeweils aktuellen politischen Situation vor Ort abhing, zeigt beispielhaft der Blick auf die Ionischen Inseln: 1797 nach jahrhundertelanger Herrschaft von den Venezianern an Frankreich abgetreten, kamen sie bald darauf als ‚United States of the Ionian Islands' unter britisches Protektorat, bis sie 1864 dem neuen griechischen Staat überlassen wurden – eine wechselvolle Geschichte, die sich nicht nur in den Reiseberichten der damaligen Zeit spiegelt, sondern auch in der altertumswissenschaftlichen Forschung zur ‚Heimat des Odysseus' bis heute sichtbar ihre Spuren hinterlassen hat [STEINHART/WIRBELAUER].

Die Katastrophe des 1. Weltkriegs machte deutlich, welch verheerende Folgen diese zunehmende Nationalisierung auch auf dem Feld der Altertumswissenschaft hatte, und es war gerade die deutsche Altertumswissenschaft, die hierfür den Preis zahlen musste. Was zu nationalem Stolz beitragen sollte [VON UNGERN-STERNBERG/VON UNGERN-STERNBERG], förderte die Provinzialisierung, und als man im Nationalsozialismus aus rassistischen Gründen Wissenschaftlerinnen und Wissenschaftler ins Exil und in den Tod trieb, riskierte man zugleich die Ausrottung der eigenen Disziplin [zur Auseinandersetzung mit dieser Zeit: NÄF]. Mag auch die Zahl der altertumswissenschaftlichen Einrichtungen und der Personen, die durch die Altertumswissenschaft ein berufliches Auskommen gefunden haben, seit dieser Zeit enorm gestiegen sein, so verloren die Altertumswissenschaften selbst doch erheblich an Bedeutung außerhalb und innerhalb der Universitäten.

Im letzten Jahrzehnt wächst das Bewusstsein für die Notwendigkeit der Selbstverortung [GEHRKE 1995]. Ein positives politisches Ergebnis des 2. Weltkriegs war die Überwindung des nationalistisch geprägten Europa durch eine europäische Konföderation, deren staatliche Binnengrenzen sich zunehmend auflösen. Dass hierdurch auch für die Altertumswissenschaft neue Möglichkeiten entstehen, ist gewiss, unklar freilich ist noch, ob auch die Altertumswissenschaft ihrerseits ihre Fokussierung auf das nationalstaatliche Paradigma überwinden kann. Wenn das Wissen um antike Verhältnisse Europa helfen soll, eine eigene Identität auszubilden, dann kann es sicher nicht darum gehen, die athenische Demokratie oder das Römische Reich wiederzubringen, eher schon darum, antike Einsichten und Errungenschaften erneut bewusst zu machen, um sie für moderne Verhältnisse zu nutzen [COBET/GETHMANN/LAU; GIRARDET; WIRBELAUER].

Doch nicht nur die politischen Veränderungen, auch die medialen Umwälzungen der letzten beiden Jahrzehnte fordern die Altertumswissenschaften heraus: Wird aus den elektronisch gespeicherten, weltweit zugänglichen altertumsrelevanten Informationen auch vernetztes Wissen über die Antike entstehen? Am Beginn des 21. Jh.s wird neu bestimmt, wodurch die Altertumswissenschaften modern sein könnten [WINTERLING].

▷ S. 481ff. Vernetztes Wissen

Literatur
J. COBET/C. F. GETHAMNN/D. LAU (Hrsg.), Europa. Die Gegenwärtigkeit der antiken Überlieferung, Aachen 2000.
H.-J. GEHRKE, Zwischen Altertumswissenschaft und Geschichte. Zur Standortbestimmung der Alten Geschichte am Ende des 20. Jh.s, in: E.-R. SCHWINGE (Hrsg.), Die Wissenschaften vom Altertum am Ende des 2. Jahrtausends, Stuttgart/Leipzig 1995, 160–195.
DERS., Auf der Suche nach dem Land der Griechen, Heidelberg 2003.
K. M. GIRARDET, Die Alte Geschichte der Europäer und das Europa der Zukunft. Traditionen, Werte, Perspektiven am Beginn des 3. Jahrtausends, Saarbrücken 2001.
B. NÄF (Hrsg.), Antike und Altertumswissenschaft in der Zeit von Faschismus und Nationalsozialismus, Mandelbachtal/Cambridge 2001.
M. STEINHART/E. WIRBELAUER, Aus der Heimat des Odysseus. Reisende, Grabungen und Funde auf Ithaka und Kephallenia bis zum ausgehenden 19. Jh., Mainz 2002.
J. VON UNGERN-STERNBERG/W. VON UNGERN-STERNBERG, Der Aufruf ‚An die Kulturwelt!'. Das Manifest der 93 und die Anfänge der Kriegspropaganda im Ersten Weltkrieg, Stuttgart 1996.
A. WINTERLING, Über den Sinn der Beschäftigung mit der antiken Geschichte, in: K.-J. HÖLKESKAMP U.A. (Hrsg.), Sinn (in) der Antike. Orientierungssysteme, Leitbilder und Wertkonzepte im Altertum, Mainz 2003, 403–419.
E. WIRBELAUER, Europa und das Römische Reich. Überlegungen zur Verwendbarkeit von Geschichte, in: L.-M. GÜNTHER (Hrsg.), Die Wurzeln Europas in der Antike. Bildungsballast oder Orientierungswissen?, Bochum 2004, 73–97.

Einrichtungen der Forschung

Die Altertumswissenschaften im 19. und 20. Jahrhundert

Die Situation um 1800. Am Anfang war Winckelmann. „Der einzige Weg für uns, groß, ja, wenn es möglich ist, unnachahmlich zu werden, ist die Nachahmung der Alten", stellte 1755 Johann Joachim Winckelmann (1717–1768) kategorisch fest. In seinem Hauptwerk *Die Geschichte der Kunst im Altertum* (1764) entwickelte er eine auf den Kriterien des Stils und der organischen Entwicklung beruhende Kunstbetrachtung, die für die Entstehung der Klassischen Archäologie konstitutiv war [SCHIERING]. Seine ästhetisierende Betrachtungsweise war auf der Suche nach der „edlen Einfalt" und „stillen Größe" [WINCKELMANN] eines zeitlos schönen und autonomen Menschentums, das er in der griechischen Kunst repräsentiert sah. Winckelmanns Schriften prägen das Bild der Antike in Klassik und Romantik. Sie hatten auch eine politische Dimension, denn in Übereinstimmung mit der emanzipatorischen Tradition der Aufklärung machte Winckelmann Athen nicht nur zum Zentrum künstlerischer und humaner Idealität, sondern zugleich zum Ort politischer Freiheit. Dem deutschen Bürgertum bot die Aktualisierung der klassisch-griechischen Vergangenheit zugleich eine Alternative zur französischen Kulturhegemonie in Europa. Im Glauben an die innere Verwandtschaft von Griechen und Deutschen demonstrierten nicht wenige deutsche Intellektuelle ihr kulturelles Sendungsbewusstsein in Wort und Schrift.

Die in der enthusiastischen Idealisierung Griechenlands gipfelnde Bewegung wird als ‚Neuhumanismus' oder ‚Neuhellenismus' bezeichnet. „Winckelmann war sein Schöpfer, Goethe sein Vollender, Wilhelm von Humboldt in seinen sprachwissenschaftlichen, historischen und pädagogischen Schriften sein Theoretiker" [PFEIFFER, 210]. Humboldt wollte

▷ S. 401 die Rezeption der Antike

durch das altsprachliche Gymnasium und die reformierte Universität die „allgemeine Menschenbildung" verwirklichen und einen bürgerlichen ‚Generalisten' erziehen, der in völlig unterschiedlichen beruflichen Positionen eingesetzt werden konnte. Ein für Deutschland einheitliches Bildungskonzept sollte zudem in dem politisch noch immer fragmentierten Land eine nationale kulturelle Identität fördern. In den ‚Befreiungskriegen' gegen Napoleon erhielt der Neuhumanismus daher eine beachtliche politische Dynamik [JEISMANN, Bd. 1; LANDFESTER, 30–72].

Die im Anschluss an Winckelmann betriebene Historisierung der Altertümer knüpfte in vielfältiger Weise an die antiquarische Forschung seit dem Humanismus [MOMIGLIANO, 79–107; MUHLACK] und an die Geschichtsschreibung der Aufklärung, z.B. Montesquieu und Edward Gibbon, an. Es entstand eine neue Disziplin: Die ‚Alterthumswissenschaft', die Christian Gottlieb Heyne (1729–1812) an der damaligen Reformuniversität Göttingen propagierte und die aus einer aristokratischen Liebhaberei und elitären Nebentätigkeit von Professoren ein akademisches Fach machte [WALTHER 1998]. Ihre Aufgabe war, wie Georg Wilhelm Friedrich Hegel (1770–1831) formulierte, die „Sprache und Welt der Alten" als Manifestationen des objektiven Geistes zu verstehen. Die alten Sprachen wurden mithin nicht mehr als Teil der propädeutischen Ausbildung in der Artistenfakultät unterrichtet, sondern waren die Grundlage einer umfassenden Wissenschaft vom griechischen und römischen Altertum, die im Zentrum der erneuerten deutschen Universitäten stand [RÜEGG 1985]. Auf der Basis der gründlichen Erfassung der Quellen wurde die Interpretation der Überlieferung als die entscheidende Erkenntnisoperation der historischen Forschung dargestellt, die Objektivität als obersten Grundsatz einforderte, an die immanente Sinnhaftigkeit des geschichtlichen Geschehens glaubte und die Rolle der Einzelpersönlichkeit betonte.

Der Aufstieg der Altertumswissenschaften. Angesichts der herausragenden Bedeutung der Antike für das Selbstverständnis der akademisch gebildeten Eliten zu Beginn des 19. Jh.s überrascht es nicht, dass zahlreiche Historiker und Philologen an altertumswissenschaftlichen Gegenständen zu klären versuchten, unter welchen Bedingungen objektive Erkenntnis in der Geschichte möglich sei, und Prinzipien der von ihnen neu konstituierten Hermeneutik auf die philologisch-historische Analyse antiker Texte anwandten [FLASHAR / GRÜNDER / HORSTMANN]. Die historisch-kritische Methode der Geschichtswissenschaft wurde primär von der kritischen Bibelwissenschaft und der Klassischen Philologie geprägt.

In zahlreichen Vorlesungen gaben Altertumswissenschaftler Rechenschaft über ihre Methodik und die Grundlagen des Studiums. Friedrich August Wolf (1759–1824) stellte die Aufgaben der Quellenkritik in seinen *Prolegomena ad Homerum* (1795) dar, in denen die Einheit des Homertextes radikal angezweifelt wurde, und entwickelte bald darauf in seinem Aufsatz über die *Darstellung der Alterthums-Wissenschaft nach Begriff, Umfang, Zweck und Werth* (1807) in ersten Ansätzen das Konzept einer umfassenden, verschiedene Einzeldisziplinen integrierenden Altertumswissenschaft [WOLF]. Zugleich verstand Wolf die (Klassische) Philologie als eine historische Wissenschaft, als deren Ziel das geschichtliche Verständnis der von ihr untersuchten Gegenstände definiert wurde. Neben Heyne gilt Wolf daher vielen als der eigentliche Begründer der ‚modernen' Altertumswissenschaft.

Der preußische Reformpolitiker und wissenschaftliche Autodidakt Barthold Georg Niebuhr (1776–1831) prägte das Bild der römischen Geschichte in der ersten Hälfte des 19. Jh.s maßgeblich und begründete eine erkenntnistheoretisch reflektierte, ‚quellenkritische' Geschichtsforschung [HEUSS 1981, 65–96]. In Übereinstimmung mit dem Wolfschen Modell rekonstruierte er in seiner *Römischen Geschichte* (Bd. 1–2: 1811/12; Bd. 3: 1832) aus den literarischen Trümmern die römische Frühgeschichte [WALTHER 1993]. Sein Werk, obwohl keineswegs leicht zu lesen, inspirierte zahlreiche Zeitgenossen in Deutschland (Karl Otfried Müller; Karl Marx), Frankreich (Jules Michelet) und England (Thomas Babington Macauley; George Grote).

▷ S. 417
Die Rezeption der Antike

August Boeckh (1785–1867), ein Schüler von Wolf, definierte in seiner erst postum edierten Vorlesung über *Encyklopädie und Methodologie der philologischen Wissenschaften* (1877) den Umfang der zu erforschenden Gegenstände: Die Philologie hatte sich nicht mehr allein um die Textzeugen zu bemühen, sondern die gesamte Hinterlassenschaft der griechischen und römischen Antike zu erfassen [HORSTMANN]. Aufgabe einer solchermaßen verstandenen Philologie ist das „Erkennen des vom menschlichen Geist Producierten, d.h. des Erkannten" [BOECKH 1877/ 1886, 10]. Das neue Totalitätsideal der Altertumswissenschaft erschloss neue Quellen und verlangte nach neuen Methoden. Es entstand ein Kanon historischer Hilfswissenschaften – wie die Epigraphik –, die nicht mehr antiquarischen Vorlieben, sondern dem historischen Verstehen dienten. Mit Hilfe der Preußischen Akademie der Wissenschaften organisierte Boeckh die Sammlung der griechischen

▷ S. 307
Technik: Die Arbeit mit Quellen zur Antike

Einrichtungen der Forschung
Die Altertumswissenschaften im 19. und 20. Jahrhundert

Inschriften (*Corpus Inscriptionum Graecarum*, 1825ff.) und untersuchte auf deren Basis die *Staatshaushaltung der Athener* (erstmals 1817) [Boeck 1817/1886]. Sein Schüler Karl Otfried Müller (1797–1840) wiederum verfasste *Prolegomena zu einer wissenschaftlichen Mythologie* (1825), um die Verbindung von Religion, Kunst und Geschichte darzulegen.

Boeckhs Wissenschaftslehre, die auf eine Neukonstituierung der Klassischen Philologie zielte, beeinflusste nachhaltig die allgemeine Geschichtswissenschaft und ihre Theoriediskussion, wie beispielhaft die *Historik* von Johann Gustav Droysen (1808–1884) zeigt [DROYSEN]. Der Boeckh-Schüler verstand unter Geschichte das, was sein Lehrer als Philologie definiert hatte: historische Erkenntnis schlechthin. Doch Boecks Konzeption blieb nicht ohne Widerspruch. Gottfried Hermann und andere äußerten an dem sehr weit gefassten Zuständigkeitsbereich der Philologie grundlegende Kritik [NIPPEL 1997]. Die berühmte Auseinandersetzung zwischen ‚Wort-' und ‚Sachphilologie' entzündete sich an einem prinzipiell unterschiedlichen Verständnis von Sprache. Während die ‚Textphilologen' das Konzept einer auf formale, sprachliche Aspekte konzentrierten Wissenschaft propagierten, fühlten sich die ‚Sachphilologen' für die ‚Totalität der Tatsachen', d.h. für alle Quellenzeugnisse der antiken Welt, zuständig. Damit war die Debatte um die *cognitio totius antiquitatis* angestoßen, die die Geschichte der Altertumswissenschaft in der Folgezeit begleitete.

Das Zeitalter des Historismus. Der Aufstieg der Altertumswissenschaft hatte die ‚Historisierung der Antike' zur Folge. Also trat die Epoche des Altertums gleichberechtigt neben andere geschichtliche Epochen und die Sonderstellung der Alten Welt, besonders der Griechen, ging verloren. Gleichzeitig schritt die innerfachliche Differenzierung und Spezialisierung voran. Die Wissenschaft vom Altertum zerfiel in verschiedene Sparten. Damit wurde die Antike als fächerübergreifendes Ideal zerstört und die Desintegration der einzelnen Fachbereiche beschleunigt. Aus der einen Altertumswissenschaft gingen die verschiedenen Altertumswissenschaften hervor. Die Klassische Archäologie wurde als ein eigenständiges Fach eingerichtet [MARCHAND, 36–115]. Die Alte Geschichte emanzipierte sich gleichermaßen von der Universalhistorie und der Klassischen Philologie. In der zweiten Jahrhunderthälfte entstanden eigene Lehrstühle und Seminare [HEUSS 1989/1995].

Die Anziehungskraft der an den reformierten deutschen Universitäten institutionalisierten Altertumswissenschaften wirkte weltweit [RÜEGG 2004]. Doch die Bemühungen um eine wissenschaftliche Theorie und universale Methodologie wurden seit den vierziger Jahren des 19. Jh.s nicht fortgesetzt. Die Altertumswissenschaften beschränkten sich immer häufiger auf die hoch spezialisierten Operationen der Quellenkritik und des hermeneutischen Verstehens. Hier wurden in der Tat großartige Erfolge erzielt. Gigantische Forschungsprojekte erschlossen das Erbe der Alten Welt und waren für andere Fächer richtungsweisend. Ein analytisch-historischer Empirismus erhob selbstbewusst sein Haupt. Fortschrittsgläubigkeit und Wissenschaftsoptimismus kennzeichneten die professionalisierte Altertumskunde an den Universitäten und in den Akademien.

Beispielhaft ist das Wirken Theodor Mommsens (1817–1903), der Totalitätsideal und philologische Methode für die Erforschung der römischen Geschichte fruchtbar machte und programmatisch forderte, „die Archive der Vergangenheit" zu ordnen [MOMMSEN 1905, 37; HEUSS 1956; REBENICH 2002]. Mommsen organisierte an der Berliner Akademie den Großbetrieb der Altertumswissenschaften [REBENICH 1997]. Große Sammelwerke, die auf internationaler Kooperation basierten, entstanden – *Corpus Inscriptionum Latinarum, Prosopographia Imperii Romani, Inscriptiones Graecae, Griechisches Münzwerk, Griechische Christliche Schriftsteller* u.a. –, die die Leistungsfähigkeit der historisch-kritischen Methode eindrucksvoll bestätigten, die aber den Gelehrten zum Arbeiter und Kärrner werden ließen. Mommsen, der Verfasser der *Römischen Geschichte*, in deren ersten 3 Bände (1854–1856) sich die politischen Erfahrungen der 1848er Revolution spiegeln [MOMMSEN 1854–1856], erklärte später, dass der Geschichtsschreiber eher Künstler als Wissenschaftler sei. Mommsens Aufsätze und Monographien beeinflussten methodisch und inhaltlich nicht nur seine Schüler – Otto Hirschfeld, Hermann Dessau, Eugen Bormann, Otto Seeck, Ulrich Wilcken, Alfred von Domaszewski –, sondern auch spätere Generationen von Althistorikern, die – zum Teil durchaus in kritischer Auseinandersetzung mit dem Altmeister – über die Verwaltungs-, Verfassungs- und politische Geschichte der römischen Republik und des *Imperium Romanum* forschten. Auch im Ausland war Mommsens Wirkung beachtlich; nicht wenige europäische Gelehrte wurden durch ihn geprägt (Camille Jullian; Ettore Pais).

Der lateinischen Epigraphik und Prosopographie wies Mommsen eine Schlüsselstellung für die Historiographie der Römischen Kaiserzeit zu. Doch während er selbst noch in der Lage war, die Ergebnisse einer weit verzweigten und komplexen Quellenforschung zu überblicken und immer wieder in großen

Der Althistoriker **Theodor Mommsen** (1817–1903) erhielt 1902 als erster Deutscher für seine *Römische Geschichte* den Literaturnobelpreis. Das Werk aus der Mitte des 19. Jh.s, von der Kritik zunächst alles andere als freundlich aufgenommen, wurde rasch zu einem Klassiker der deutschsprachigen Geschichtsschreibung. Die ersten drei Bände, die die politische Geschichte Roms von den Anfängen bis zum Sieg Caesars über die Pompejaner in der Schlacht von Thapsus 46 v. Chr. darstellen, waren mit dem Herzblut des aufrechten Liberalen geschrieben, der das Scheitern der Revolution von 1848 historiographisch kompensierte und einer die Nation einigenden Machtpolitik das Wort redete. Die politischen Auseinandersetzungen seiner Zeit verlegte er in den römischen Senat, damit das gebildete Publikum sich im alten Rom wiederfinden konnte. So vermischt die Darstellung die geschicht-

Einrichtungen der Forschung
Die Altertumswissenschaften im 19. und 20. Jahrhundert

liche und die zeitgenössische Perspektive ständig. Die Lebendigkeit und Bildhaftigkeit der aktualisierenden Sprache ist kein Selbstzweck, sondern Mittel der politischen Pädagogik. Mommsen schrieb sein Werk *cum ira et studio* und er vergegenwärtigte den historischen Stoff. Die eigene Betroffenheit und Verletztheit machten aus der Geschichte des republikanischen Roms ein Paradigma der *historiographie engagée*.

Seine wissenschaftliche Karriere hatte der Pfarrerssohn Mommsen als Jurist begonnen und Professuren für Römische Rechtsgeschichte in Leipzig, Zürich und Breslau inne. 1858 wechselte er nach Berlin, wo er an der Friedrich-Wilhelms-Universität Römische Geschichte lehrte und in der Preußischen Akademie der Wissenschaften wirkte. Die Wissenschaft vom Altertum stellte er durch seine weit verzweigten Forschungen auf eine neue Grundlage. Zugleich war er ein glänzender Organisator, der die Berliner Akademie über viele Jahre hinweg prägte und neue Formen der nationalen und internationalen Kooperation begründete.

Und Mommsen war ein leidenschaftlicher Politiker. Der junge Juraprofessor musste wegen seines Engagements für die Ziele der 1848er Revolution in das Schweizer Exil gehen. Bis ins hohe Alter stritt er für die Ideale des Liberalismus, stand in Opposition zu Bismarck und war ein unermüdlicher Streiter wider den Antisemitismus. Als schlimmsten aller Fehler bezeichnete er, den Rock des Bürgers auszuziehen, um den gelehrten Schlafrock nicht zu kompromittieren.

Abbildung: Theodor Mommsen im Jahre 1881, Bildarchiv Preußischer Kulturbesitz, Berlin.

Literatur: St. Rebenich, Theodor Mommsen, München 2002.

Werken zusammenzufassen, vermochten sich seine Erben immer weniger aus der Isolation einer hoch spezialisierten Großforschung zu befreien, um originäre wissenschaftliche Synthesen vorzulegen.

Seit der zweiten Hälfte des 19. Jh.s rezipierte die Alte Geschichte verstärkt Methoden und Modelle anderer Fächer zum Zwecke der Theoriebildung. Mommsen griff im *Römischen Staatsrecht* (1871–1888) die Vorstellungen der historischen Rechtsschule auf, dass die Institutionen des römischen Staates ein geschlossenes System rationalen Rechtes repräsentierten. Robert von Pöhlmann (1852–1914), Karl Julius Beloch (1854–1929) und Eduard Meyer (1855–1930) übernahmen für ihre Forschungen Anregungen von Nationalökonomie, Statistik und Demographie [Christ 1989, 201–285]. In der Wirtschaftsgeschichte setzte die ‚Modernismusdebatte' über die Bewertung der antiken, speziell der griechischen Ökonomie ein, die das wissenschaftliche Bild der antiken Wirtschaft prägte und auf die spätere Autoren wie Michael Rostovtzeff, William L. Westermann und Moses Finley immer wieder zurückkamen. Die Vertreter der ‚modernistischen' Auffassung (Meyer; Beloch) wollten in der Alten Welt ähnliche Entwicklungen erkennen wie in der Neuzeit; die Gegenposition, die die Nationalökonomen Johann Karl Rodbertus (1805–1875) und Karl Bücher (1847–1930) formulierten, betonte die Eigengesetzlichkeit der antiken Wirtschaft [Finley; Schneider]. Zu dieser und anderen Kontroversen lieferte Max Weber (1864–1920) die anspruchsvollsten und anregendsten Beiträge aus einer fächerübergreifenden Perspektive. Seine Wirkung auf die Althistorie ist allerdings ein komplexes Phänomen [Heuss 1965/1995; Nippel 2000]. Für die Sozialgeschichte war Matthias Gelzers (1886–1974) Habilitationsschrift ein Mei-

▷ S. 201
Die antiken Menschen in ihren Gemeinschaften

lenstein, da er nicht nur die politischen und rechtlichen, sondern auch die gesellschaftlichen Voraussetzungen der *Nobilität der römischen Republik* (1912) untersuchte [GELZER].

Wie in anderen Disziplinen breitete sich auch in den altertumskundlichen Fächern Ende des 19. und zu Beginn des 20. Jh.s ein Krisenbewusstsein aus. Kritik wurde an einer Wissenschaft geäußert, die zu zersplittern drohe und nur noch Epigonen hervorbringe. Der Wertrelativismus der historisch orientierten Fächer und der sterile Objektivismus einer antiquarischen Forschung wurden angeprangert. Das Wort von der „Krise des Historismus" machte bald die Runde [WITTKAU]. Unter dem Einfluss von Jacob Burckhardt (1818–1897) und Friedrich Nietzsche (1844–1900), aber auch in Anlehnung an ältere Konzeptionen diskutierte man das Problem der Korrelation von Wissenschaft und Leben. In Frage gestellt wurde die Legitimität einer Altertumswissenschaft, die ihre Aufgabe in positivistischer Produktivität sah und deren Wissenschaftlichkeitspostulat die normative Funktion der Antike unterminierte. Eine ganze Reihe von übergreifenden Darstellungen zur griechischen und römischen Geschichte versuchte die Einzelergebnisse einer immer stärker spezialisierten Wissenschaft zusammenzufassen. Von den großen Synthesen ist sicherlich die *Griechische Geschichte* des ebenso hypothesenfreudigen wie polemischen Nonkonformisten Karl Julius Beloch (1854–1929) die reizvollste [CHRIST 1989, 248–285]. Eduard Meyer wiederum stellte die Alte Geschichte als integralen Bestandteil der Universalgeschichte dar [CALDER/DEMANDT; CHRIST 1989, 286–333].

Innerhalb der Klassischen Philologie skizzierte Hermann Usener (1834–1905) das neue Modell einer vergleichenden Religionswissenschaft, die aus den geschichtlichen Tatsachen zu allgemeingültigen Erkenntnissen vordringen sollte [MOMIGLIANO, 141–176], und Ulrich von Wilamowitz-Moellendorff (1848–1931) definierte die Philologie als historische Wissenschaft, die das griechisch-römische Leben in seinem „Wesen" und „allen Äußerungen" zu verstehen und „lebendig" zu machen habe und Sammlung und Auswertung verbinden müsse [CALDER/FLASHAR/LINDKEN]. In diesem Zusammenhang kam es auch zur historischen Annäherung von ‚klassischer' Altertumswissenschaft und Kirchengeschichte [REBENICH, Meergreis].

Auf die Wissenschaftspraxis hatte die von Nietzsche geäußerte Kritik an einer analytisch-empirischen Wissenschaft, die nicht dem Leben diene, zunächst jedoch keinen Einfluss. Minutiöse Quellenkritik und exakte Textinterpretation fanden weiterhin den lautesten Beifall der scientific community. Die Altertumswissenschaften verweigerten sich mehrheitlich einer Theoriediskussion, beharrten auf dem Postulat der Objektivität und erneuerten ihren kulturpolitischen Führungsanspruch, um in Schulen und Universitäten die Antike als relevantes Bildungsmedium zu verankern und einer von politischen, sozialen und kulturellen Veränderungen erschütterten Gesellschaft sichere Orientierung zu geben [LANDFESTER, 119–212].

Zwischen den Kriegen. Nationaler Chauvinismus und militärische Aggression, die im Ersten Weltkrieg kulminierten, entzogen den Altertumswissenschaften lebensnotwendige materielle, personelle und ideelle Ressourcen und unterbrachen die internationale wissenschaftliche Kommunikation. Der militärische Zusammenbruch des Kaiserreichs

Einrichtungen der Forschung
Die Altertums-
wissenschaften
im 19. und 20. Jahrhundert

und der demokratische Umsturz im November 1918 verschärften die Identitätskrise der Altertumswissenschaften in Deutschland. Die überwiegende Zahl der Universitätsprofessoren, die unter Wilhelm II. Karriere gemacht hatten, lehnten die demokratische Verfassung der Weimarer Republik ab. Einzelne wie der Göttinger Althistoriker Ulrich Kahrstedt (1888–1962) agitierten öffentlich gegen den neuen Staat [WEGELER].

Innerhalb der altertumswissenschaftlichen Fächer signalisierte die Fortführung der großen wissenschaftlichen Gemeinschaftsunternehmungen des Kaiserreichs (Realenzyklopädie; Handbuch der Altertumswissenschaften; die Corpora der Berliner Akademie) die Kontinuität traditioneller Modelle und Methoden. Angeregt durch die Forschungen anderer Disziplinen und durch die Interessen einer breiten Öffentlichkeit wandte sich die Alte Geschichte in Deutschland allerdings verstärkt der Analyse antiker politischer Systeme, der Wirtschafts- und Sozialgeschichte sowie der Spätantike zu. Darüber hinaus sollte die Kluft zwischen Wissenschaft und Leben überbrückt und die Antike als sinnstiftende historische Größe rehabilitiert werden. Neue Bildungskonzepte, die an Friedrich Nietzsche anknüpften und von der ‚monumentalischen Historie' Stefan Georges (1868–1933) beeinflusst wurden, traten im öffentlichen Diskurs neben diejenigen Wissenschaften, die an Universitäten und in den Akademien betrieben wurden. Werner Jaeger (1888–1961) etwa leitete mit seinem ‚Dritten Humanismus' eine neuerliche Idealisierung der griechischen Antike ein. Zahlreiche Untersuchungen fahndeten nach ‚innerer Form' und ‚geistiger' Substanz der griechischen Stämme; die romantische Dichotomie von Doriern und Ioniern wurde mit obskuren Rassenkategorien fortgeschrieben und geschichtliches Verstehen von ‚völkischer' Individualität und ‚genialer Größe' eingefordert [FLASHAR].

▷ S. 475f.
Altertumswissenschaften heute
▷ S. 474
Altertumswissenschaften heute

Ein tiefsitzendes Krisenbewusstsein, die offene Konkurrenz wissenschaftlicher und politischer Leitsysteme, antidemokratische und antiparlamentarische Überzeugungen, die schwindende Bedeutung der Antike und ein antihistoristischer Reflex ließen einzelne Altertumswissenschaftler auf ihrer Suche nach einem neuen Bild der Antike Elemente der faschistischen und nationalsozialistischen Ideologie rezipieren. Althistoriker wie Franz Altheim (1898–1976), Helmut Berve (1896–1979), Franz Miltner (1901–1959), Fritz Schachermeyr (1895–1987), Joseph Vogt (1895–1986) und Wilhelm Weber (1882–1948) verschrieben sich aus Überzeugung oder Opportunismus der nationalsozialistischen Umdeutung der Antike [CHRIST 1982, 195–260; DERS. 1999, 243–298; LOSEMANN; NÄF 1986 und 2001; WEGELER]. Rassistische Kategorien wurden auf die Geschichte der Alten Welt angewandt und Sparta als antikes Vorbild des nationalsozialistischen Führerstaates gepriesen [REBENICH, Berve]. Die traditionell ausgerichteten Altertumswissenschaften, die strenge Objektivität und Rationalität zumindest verbal einforderten, gingen mit der irrationalistisch-kulturkritischen Geschichtstheorie des Nationalsozialismus indes nicht konform. Die in den dreißiger Jahren unternommenen Versuche, die Altertumskunde zu ideologisieren, stießen bei der Mehrzahl der Gelehrten, die auch um die Wahrung der wissenschaftlichen Standards bemüht waren, auf Ablehnung. Doch der wissenschaftliche Austausch war nur noch innerhalb der ideologischen Freiräume möglich, die das nationalsozialistische System zugestand. Viele suchten deshalb Zuflucht in gediegener und unauffäl-

▷ S. 398
Die Rezeption der Antike

liger Grundlagenarbeit. Innovative Ansätze, wie etwa die Studien von Johannes Hasebroek (1893–1957) zur antiken Wirtschaftsgeschichte, fanden keine Resonanz [PACK]. Vom wissenschaftlichen Nachwuchs wurden Bekenntnisgesten wie der Parteieintritt erwartet, wenn die akademische Karriere reibungslos verlaufen sollte [REBENICH 2000; WIRBELAUER 2001, 151–154].

Das humanistische Erbe Europas beschwor die akademische Gemeinschaft auch dann noch, als die braunen Horden schon längst jüdische Kollegen und Mitarbeiter vertrieben hatten. Öffentliche Proteste zugunsten der Verfolgten waren nicht zu vernehmen, persönliche Hilfe gab es durchaus. Die Liste der Opfer des Nationalsozialismus ist lang; unter ihnen fanden sich die Althistoriker Arthur Stein (1871–1950), Edmund Groag (1873–1945), Eugen Täubler (1879–1955), Richard Laqueur (1881–1959), Arthur Rosenberg (1889–1943), Ernst Stein (1891–1945), Victor Ehrenberg (1891–1976), Elias Bickermann (1897–1981), Fritz Heichelheim (1901–1968) und Hans-Georg Pflaum (1902–1979) [CHRIST 1982, 164–195; DERS. 1999, 271–273; WEGELER, 373–394]. Dieser Verlust hochqualifizierter Wissenschaftler zerstörte endgültig die einstige Weltgeltung der deutschen Altertumswissenschaften.

Nicht wenige Gelehrtenbiographien spiegeln die Brüche und Widersprüche des 20. Jh.s. Viele haben Emigration und Verfolgung erfahren, mussten unter schwierigsten Bedingungen arbeiten oder in der Fremde einen wissenschaftlichen Neubeginn wagen. Friedrich Münzer (1868–1942), der der prosopographischen Forschung zur römischen Republik wichtige Impulse gab, wurde 1942 von den Nationalsozialisten nach Theresienstadt deportiert, wo er elend zugrunde ging [KNEPPE/ WIESEHÖFER]. Michael Rostovtzeff (1870–1952), der die Sozial-, Wirtschafts- und Regionengeschichte der Alten Welt auf eine neue Grundlage stellte, verließ nach der Oktoberrevolution von 1917 seine russische Heimat und lehrte seit 1925 in Yale Alte Geschichte; er zählt zu denjenigen europäischen Emigranten, die die Vereinigten Staaten zu einem neuen Zentrum der Altertumswissenschaften machten [CHRIST 1989, 334–349]. Arnaldo Momigliano (1908–1987), der grundlegende Studien zu zahlreichen altertumswissenschaftlichen Fragen, vor allem aber zur Geschichte des Faches veröffentlichte, musste 1938 wegen der faschistischen Rassenpolitik seine Karriere in Italien beenden und nach England flüchten [CHRIST 1990, 248–294]. Das Ende des Zweiten Weltkrieges bedeutete keineswegs das Ende von Vertreibung. Andreas Alföldi (1895–1981), der als vorzüglicher Kenner der numismatischen Quellen wichtige Beiträge zur Spätantike, zur römischen Herrscherrepräsentation und zur Geschichte des Donauraumes vorlegte, verließ 1947 das sowjetisch beherrschte Ungarn und fand zunächst in der Schweiz, dann in den Vereinigten Staaten eine neue Heimat [CHRIST 1990, 8–62]. Moses I. Finley (1912–1986) hingegen, der für die Erforschung der antiken Wirtschaft und Gesellschaft neue Maßstäbe setzte, floh vor der antikommunistischen Hetze der McCarthy-Ära aus den USA; 1954 übersiedelte er in die englische Universitätsstadt Cambridge [CHRIST 1990, 295–337].

Die Entwicklung nach 1945. Nach dem Zweiten Weltkrieg war es dringend notwendig, die altertumswissenschaftlichen Fächer inhaltlich und methodisch neu zu begründen und die bildungs- und kulturpolitische Relevanz der Antike zu verdeutlichen. In

Einrichtungen der Forschung
Die Altertums-
wissenschaften
im 19. und 20. Jahr-
hundert

Deutschland waren nach 1945 zunächst die Wiederaufnahme von Lehre und Forschung und der Wiederaufbau der Universitäten die größten Herausforderungen. Personelle Kontinuität ging in den Seminaren und Instituten einher mit der Vermittlung traditioneller Inhalte. Die restaurativen Tendenzen der Alten Geschichte in der Bundesrepublik wurden durch zwei Faktoren verstärkt: Einerseits kehrte kein emigrierter Althistoriker nach Deutschland zurück, andererseits sah man sich nach der Teilung Deutschlands und im Kalten Krieg in einer Frontstellung gegen den Historischen Materialismus. Der Rekurs auf den vermeintlichen Objektivismus wertfreier Quelleninterpretation, der in der Tradition des 19. Jh.s stand, charakterisierte die Kontroversen zwischen ‚bürgerlicher' und marxistischer Althistorie. Ein beliebtes Kampffeld war die Sklavenforschung, der sich eine eigene Kommission an der neu gegründeten Mainzer Akademie widmete [CHRIST 1982, 265–268]. Während in der Deutschen Demokratischen Republik die Altertumswissenschaften an den Universitäten zunehmend institutionell und ideologisch unter Druck gerieten und letztlich nur noch an der Berliner Akademie eine, wenn auch marginale, Rolle spielten [CHRIST 1982, 311–330; DERS. 1999, 362–374; DUMMER/SEIDENSTICKER; WILLING], profitierten sie in der Bundesrepublik von der Expansion der Universitäten seit Mitte der sechziger Jahre.

Die Altertumswissenschaften in Westdeutschland waren schon bald nach dem Ende des Zweiten Weltkrieges wieder in die internationale Forschung integriert. Ein Großteil der Gelehrten konzentrierte sich weiter auf hilfswissenschaftliche und quellenkritische sowie politik-, geistes- und verfassungsgeschichtliche Untersuchungen. International einflussreiche politologische und soziologische Konzepte und Methoden wurden erst mit großer Verzögerung und verstärkt durch die so genannte Studentenrevolte in den späten sechziger und vor allem in den siebziger Jahren rezipiert und diskutiert (Alfred Heuß [1909–1995]; Christian Meier [geb. 1929]). Seither kennzeichnen Paradigmenwechsel und Methodenpluralismus nicht nur die Alte Geschichte, sondern die Altertumswissenschaften insgesamt [CHRIST 1982, 262–310; DERS. 1999, 299–362 und 381–417; GEHRKE]. Angesichts der Vielzahl unterschiedlicher methodischer Ansätze und inhaltlicher Ausrichtungen ist es unmöglich, auch nur für den althistorischen Bereich einen repräsentativen Überblick über Tendenzen der Forschung nach 1945 zu geben. Nachfolgend sollen nur einige wenige Entwicklungslinien aufgezeigt werden, die dem Verfasser wichtig erscheinen und die enge internationale Verflechtung des Faches illustrieren.

Ronald Syme (1903–1989) hatte schon 1939 mit der provozierenden Formel „persons, not programs" das Zeitalter der ‚Roman Revolution' neu interpretiert, der klassizistischen Überhöhung des Augusteischen Zeitalters eine Absage erteilt und die prosopographische Forschung stimuliert [CHRIST 1990, 188–247]. Im angelsächsischen Bereich gaben darüber hinaus soziologisch-anthropologische Forschungen, die zum Teil an Max Weber anknüpften, den Altertumswissenschaften neue Impulse (Karl Polányi; Moses Finley). In der deutschen Althistorie hingegen mussten die theoretischen Arbeiten Webers zur Antike erst wieder entdeckt werden (Alfred Heuß; Christian Meier; Jürgen Deininger; Winfried Nippel). In Frankreich wurden in enger Verbindung mit der Zeitschrift *Annales* und der Schule Emile Durkheims (Marcel

▷ S. 199f./ 204f. Schlüsselbegriffe und Konzepte

Mauss; Georges Bataille) anthropologische Modelle – etwa zum städtischen Euergetismus der römischen Kaiserzeit – entwickelt (André Piganiol; Paul Veyne). Angelsächsische und französische Gelehrte waren ebenfalls Pioniere auf dem Gebiet der Gender Studies (Sarah Pomeroy; Pauline Schmitt Pantel). In der antiken Religionsgeschichte setzten sich ebenfalls anthropologische Perspektiven durch (Walter Burkert). Historisch-landeskundliche und archäologische Forschungen gewannen in der Alten Geschichte an Bedeutung und führten zu neuen Kontroversen um die frühe griechische und römische Geschichte. Die Regional- und Provinzialgeschichte wurde durch Archäologie und Epigraphik vorangebracht; für Kleinasien zeigt dies in eindrucksvoller Weise das Lebenswerk von Louis Robert (1904–1985). Die inschriftlichen Zeugnisse waren zudem grundlegend für die althistorische Sozialgeschichte, die seit den siebziger Jahren auch in Deutschland verstärkt auf quantifizierende Methoden der Sozialwissenschaften zurückgreift (Friedrich Vittinghoff; Géza Alföldy; Werner Eck). Die Begriffsgeschichte konnte auch für die Althistorie fruchtbar gemacht werden (Reinhart Koselleck; Jochen Bleicken; Christian Meier). Die Erforschung der Spätantike, die lange im Bann der großen Darstellungen von Edward Gibbon (1737–1794), Jacob Burckhardt (1818–1897) und Otto Seeck (1850–1921) stand, erhielt durch systematisierende Studien (A. H. M. Jones), aber auch durch sozial-, mentalitäts- und religionsgeschichtliche Untersuchungen (Peter Brown; Pierre Courcelle; Henri-Irénée Marrou; Johannes Straub) neue Anregungen. Schließlich etablierte sich die Geschichte der Altertumswissenschaften (William M. Calder III.; Karl Christ; Alfred Heuß; Arnaldo Momigliano).

▷ S. 376ff.
Schlüsselbegriffe
und Konzepte

Die deutsche Wiedervereinigung 1990 hat zunächst einen Aufschwung für die altertumswissenschaftlichen Fächer in Deutschland bedeutet, da sie an den alten Universitäten der neuen Bundesländer entweder wieder eingerichtet oder gestärkt wurden. Doch zu Beginn des neuen Jahrtausends stehen die Altertumswissenschaften innerhalb wie außerhalb Deutschlands vor zahlreichen drängenden Problemen. Der Rückgang der altsprachlichen Kenntnisse trifft sie schwer und erfordert neue Konzepte für den akademischen Unterricht. Angesichts knapper finanzieller Ressourcen stehen sie gegenüber einer skeptischen Öffentlichkeit unter erheblichem Legitimationszwang. In den kontroversen Debatten um eine historische Methodologie versuchen die einzelnen Altertumswissenschaften ihren jeweiligen Standort zwischen ‚positivistischer' Quellenforschung und (post)strukturalistischen Interpretationsmodellen, zwischen Gegenwartsbezug und Wissenschaftspostulat zu bestimmen. Die Alte Geschichte muss darüber hinaus ihre Vermittlerrolle zwischen Altertumswissenschaften und Geschichte immer wieder verdeutlichen, um der Selbstisolation entgegenzuwirken. Um diesen Herausforderungen erfolgreich zu begegnen, ist eine kritische Wissenschafts- und Disziplinengeschichte unverzichtbar.

Stefan Rebenich

Literatur
A. BOECKH, Staatshaushaltung der Athener, 2 Bde., Berlin 1817, 2. Aufl. in 3 Bänden ebd. 1851, 3. Aufl. 1886.
DERS., Encyklopädie und Methodologie der philologischen Wissenschaften [1877], Leipzig 2. Aufl. 1886.

Einrichtungen der Forschung
Die Altertums-
wissenschaften
im 19. und 20. Jahr-
hundert

W. M. CALDER III./A. DEMANDT (Hrsg.), Eduard Meyer. Leben und Leistung eines Universalhistorikers, Leiden u.a. 1990.

W. M. CALDER III./H. FLASHAR/TH. LINDKEN (Hrsg.), Wilamowitz nach 50 Jahren, Darmstadt 1985.

K. CHRIST, Römische Geschichte und deutsche Geschichtswissenschaft, München 1982.

DERS., Von Gibbon zu Rostovtzeff. Leben und Werk führender Althistoriker der Neuzeit, Darmstadt 3. Aufl. 1989.

DERS., Neue Profile der Alten Geschichte, Darmstadt 1990.

DERS., Hellas. Griechische Geschichte und deutsche Geschichtswissenschaft, München 1999.

J. G. DROYSEN, Historik. Vorlesungen über Enzyklopädie und Methodologie der Geschichte (1858), hrsg. v. R. HÜBNER, München 8. Aufl. 1977.

J. DUMMER/B. SEIDENSTICKER, Art. „DDR", in: Der Neue Pauly, Bd. 13, Stuttgart/Weimar 1999, Sp. 681–699.

M. FINLEY (Hrsg.), The Bücher-Meyer-Controversy, New York 1979.

H. FLASHAR (Hrsg.), Altertumswissenschaft in den 20er Jahren. Neue Fragen und Impulse, Stuttgart 1995.

H. FLASHAR/K. GRÜNDER/A. HORSTMANN (Hrsg.), Philologie und Hermeneutik im 19. Jh. Zur Geschichte und Methodologie der Geisteswissenschaften, Bd. 1, Göttingen 1979.

H.-J. GEHRKE, Zwischen Altertumswissenschaft und Geschichte. Zur Standortbestimmung der Alten Geschichte am Ende des 20. Jh.s, in: E.-R. SCHWINGE (Hrsg.), Die Wissenschaften vom Altertum am Ende des 2. Jahrtausends n.Chr., Stuttgart/Leipzig 1995, 160–196.

M. GELZER, Die Nobilität der römischen Republik [1912], in: DERS., Kleine Schriften, Bd. 1, Wiesbaden 1962, 17–135.

A. HEUSS, Theodor Mommsen und das 19. Jh., Kiel 1956 [Nachdruck 1996].

DERS., Max Webers Bedeutung für die Geschichte des griechisch-römischen Altertums [1965], in: DERS., Gesammelte Schriften, Bd. 3, Stuttgart 1995, 1835–1862.

DERS., Barthold Georg Niebuhrs wissenschaftliche Anfänge, Göttingen 1981.

DERS., Institutionalisierung der Alten Geschichte [1989], in: DERS., Gesammelte Schriften, Bd. 3, Stuttgart 1995, 1938–1970.

A. HORSTMANN, Antike Theoria und moderne Wissenschaft. August Boeckhs Konzeption der Philologie, Frankfurt/M. 1992.

K.-E. JEISMANN, Das preußische Gymnasium in Staat und Gesellschaft, 2 Bde., Stuttgart 2. Aufl. 1996.

A. KNEPPE/J. WIESEHÖFER, Friedrich Münzer. Ein Althistoriker zwischen Kaiserreich und Nationalsozialismus, Bonn 1983.

M. LANDFESTER, Humanismus und Gesellschaft im 19. Jahrhundert, Darmstadt 1988.

V. LOSEMANN, Nationalsozialismus und Antike. Studien zur Entwicklung des Faches Alte Geschichte 1933–1945, Hamburg 1977.

S. L. MARCHAND, Down from Olympus. Archaeology and Philhellenism in Germany, 1750–1970, Princeton 1996.

A. MOMIGLIANO, Wege in die Alte Welt, Berlin 1991 [engl. 1982].

TH. MOMMSEN, Römische Geschichte, Bde. 1-3 u. 5, Berlin 1854-1856 und 1885 [9. Aufl. 1902–1904; 5. Aufl. 1904]; dtv-Ausgabe in 8 Bänden, hrsg. v. K. CHRIST, München 1976 [6. Aufl. 2001].

DERS., Römisches Staatsrecht, 3 Bde., Leipzig 1. bzw. 3. Aufl. 1887/88.

DERS., Reden und Aufsätze, Berlin 1905.

U. MUHLACK, Von der philologischen zur historischen Methode, in: CHR. MEIER/J. RÜSEN (Hrsg.), Historische Methode, München 1988, 154–180.

B. Näf, Von Perikles zu Hitler? Die athenische Demokratie und die deutsche Althistorie bis 1945, Bern u.a. 1986.

Ders. (Hrsg.), Antike und Altertumswissenschaft in der Zeit von Nationalsozialismus und Faschismus, Cambridge/Mandelbachtal 2001.

W. Nippel, Philologenstreit und Schulpolitik. Zur Kontroverse zwischen Gottfried Hermann und August Böckh, in: Geschichtsdiskurs, Bd. 3, Frankfurt/M. 1997, 244–253.

Ders., From Agrarian History to Cross-Cultural Comparisons: Weber on Greco-Roman antiquity, in: St. Turner (Hrsg.), The Cambridge Companion to Weber, Cambridge 2000, 240–255.

E. Pack, Johannes Hasebroek, in: W. W. Briggs/W. M. Calder III. (Hrsg.), Classical Scholarship, New York 1990, 142–151.

R. Pfeiffer, Die Klassische Philologie von Petrarca bis Mommsen, München 1982 [engl. 1976].

St. Rebenich, Theodor Mommsen und Adolf Harnack. Wissenschaft und Politik im Berlin des ausgehenden 19. Jh.s, Berlin/New York 1997.

Ders., Alfred Heuß: Ansichten seines Lebenswerkes. Mit einem Anhang: Alfred Heuß im Dritten Reich, in: Historische Zeitschrift 271, 2000, 661–673.

Ders., Alte Geschichte in Demokratie und Diktatur. Der Fall Helmut Berve, in: Chiron 31, 2001, 457–496.

Ders., Der alte Meergreis, die Rose von Jericho und ein höchst vortrefflicher Schwiegersohn: Mommsen, Harnack und Wilamowitz, in: K. Nowak/O. G. Oexle (Hrsg.), Adolf von Harnack (1851–1930), Göttingen 2001, 39–70.

Ders., Theodor Mommsen, München 2002.

W. Rüegg, Die Antike als Begründung des deutschen Nationalbewußtseins, in: W. Schuller (Hrsg.), Antike in der Moderne, Konstanz 1985, 267–287.

Ders. (Hrsg.), Geschichte der Universität in Europa, Bd. 3, München 2004.

W. Schiering, Zur Geschichte der Archäologie, in: U. Hausmann (Hrsg.), Allgemeine Grundlagen der Archäologie, München 1969, 11–161.

H. Schneider, Die Bücher-Meyer-Kontroverse, in: Calder/Demandt, 417–445.

G. Walther, Niebuhrs Forschung, Stuttgart 1993.

Ders., Adel und Antike. Zur politischen Bedeutung gelehrter Kultur für die Führungselite der frühen Neuzeit, in: Historische Zeitschrift 266, 1998, 359–385.

C. Wegeler, „… wir sagen ab der internationalen Gelehrtenrepublik". Altertumswissenschaft und Nationalsozialismus, Wien u.a. 1996.

J. J. Winckelmann, Gedanken über die Nachahmung der griechischen Werke in der Malerei und Bildhauerkunst, Leipzig 2. Aufl. 1756.

E. Wirbelauer, Zur Situation der Alten Geschichte zwischen 1945 und 1948. Materialien aus dem Freiburger Universitätsarchiv II, in: Freiburger Universitätsblätter Heft 154, 2001, 119–162.

M. Willing, Althistorische Forschung in der DDR, Berlin 1991.

A. Wittkau, Historismus. Zur Geschichte des Begriffs und des Problems, Göttingen 2. Aufl. 1994.

F. A. Wolf, Darstellung der Alterthums-Wissenschaft nach Begriff, Umfang, Zweck und Werth [1807], in: Ders., Kleine Schriften, Bd. 2, Halle 1869, 808–895.

Einrichtungen der Forschung

Altertumswissenschaften heute

Die Institutionalisierung der Altertumswissenschaften führte dazu, dass die ‚Alte Geschichte' heute nur eine unter mehreren Disziplinen darstellt, die sich die Antike als Gegenstand gewählt haben. Diese Ausdifferenzierung entspricht zweifelsohne sachlichen Erfordernissen, denn es bedarf heute – mehr denn je – gründlicher und zeitaufwändiger Ausbildung, um zu fundierten Erkenntnissen in antiken Themen zu gelangen. Mögen auch die Quellen weniger zahlreich sein als in jüngeren Phasen der Geschichte, sind sie andererseits umso schwerer zu finden und zu verstehen. Doch auch wenn solche Forschungen bisweilen personal- und kostenintensiv sind, werden die verschiedenen Altertumswissenschaften – aus durchaus unterschiedlichen Motiven – Mittel zur Förderung und zur Verbreitung ihrer Arbeiten erhalten, solange die Antike als relevant für unsere moderne Gegenwart begriffen wird. Aus dieser Einsicht heraus bemühen sich Altertumswissenschaftlerinnen und Altertumswissenschaftler heute verstärkt darum, ihre Tätigkeit zu rechtfertigen. Ein solcher Legitimationsdruck ist sicher ambivalent: Einerseits wird Elfenbeinturm-Wissenschaft zunehmend schwieriger und vermieden, dass Einzelne auf Kosten der Gemeinschaft leben, die sie finanziert. Andererseits werden echte Projekte immer seltener, denn das Risiko, nach jahrelanger Arbeit ohne vorzeigbare Ergebnisse vor die Öffentlichkeit treten zu müssen, scheuen gerade diejenigen, die von externen Finanzquellen abhängig sind. Das Ergebnis ist paradox: Noch nie in der Geschichte der Altertumswissenschaften haben sich mehr qualifizierte Personen um den Fortgang der Forschung bemüht und noch nie haben mehr Menschen von den Altertumswissenschaften profitiert. Aber die Arbeitsvorhaben der Einzelnen sind überschaubarer und bescheidener – man könnte auch sagen: kleinteiliger – geworden; die Zeit der Großprojekte, an denen Generationen arbeiten, um Jahrhundertwerke zu schaffen, dürfte bis auf wenige Ausnahmen vorbei sein.

Das Studium einer oder mehrerer Altertumswissenschaften beginnt heute mit der Wahl einer Universität. Diese stellt bereits eine wichtige Vorentscheidung dar, denn jeder Standort verfügt über ein eigenes Profil in Lehre und Forschung. Besondere Bedeutung kommt freilich der jeweiligen Bibliothekssituation vor Ort zu: Die Bibliotheken eröffnen den Zugang zur antiken Welt und zwar nicht nur in klassischer Weise mittels Büchern, sondern zunehmend auch mit elektronischen Angeboten. Die Phase, in der diese als Konkurrenz oder gar als Ablösung der Printmedien betrachtet wurden, ist freilich nahezu vorbei: Der Computer, sei es als Einzelarbeitsplatz oder als Zugang zu Netzen bis hin zum World Wide Web, wird heute meist als Erleichterung und Ergänzung begriffen, wenn es um die wissenschaftliche Beschäftigung mit vergangenen Welten geht. Dennoch hat sich der Charakter wissenschaftlicher Bibliotheken in den letzten Jahrzehnten deutlich verändert: Der Zuwachs an gedruckten Veröffentlichungen, steigende Anschaffungspreise und Einsparungsauflagen haben dazu geführt, dass heute die meisten altertumswissenschaftlichen Bibliotheksstandorte eine besondere Ausrichtung haben und nicht mehr unbesehen jede Neuerscheinung erwerben können. Ausgeglichen wird dies durch andere Trends der letzten Jahrzehnte: Noch nie war es so einfach herauszufinden, wo in der Welt eine bestimmte Publikation zugänglich ist, und noch nie war es so leicht, diese entweder – im Original oder in Kopie – zu sich kommen zu lassen oder an den betreffenden Ort selbst

▷ S. 484ff. Vernetztes Wissen

zu reisen. Die Mobilität der Information, der Informationsmittel und der Informationssuchenden war noch nie so groß wie heute und dürfte weiterhin zunehmen. Diese nur scheinbar gegenläufigen Prozesse der Spezialisierung und der Globalisierung zu durchschauen und für sich nutzen zu lernen, gehört zu den Hauptaufgaben eines jeden Studiums, gerade auch im Bereich der Altertumswissenschaften. Daher ist es schon für fortgeschrittene Studentinnen und Studenten sowie für diejenigen, die etwa im Rahmen einer Dissertation eigene Forschungsprojekte vorantreiben, immer wichtiger, sich einen Überblick zu verschaffen, wo an welchen Themen mit welchem Quellenmaterial gearbeitet wird. Dazu soll die folgende Übersicht beitragen, ohne dass Vollständigkeit beabsichtigt ist.

Deutschland, Österreich und Schweiz. Zurzeit wird an annähernd 70 deutschsprachigen Universitäten Alte Geschichte in nennenswertem Umfang unterrichtet und an den allermeisten erlaubt es die Ausstattung der Professuren auch, dass zumindest in einem gewissen Maß spezifische Forschung betrieben wird. Da sich aber die Interessen je nach den beteiligten Personen verändern, empfiehlt es sich, die jeweiligen Schwerpunkte den entsprechenden Internetseiten zu entnehmen, die leicht über folgende Verzeichnis-Zusammenstellung zu finden sind: *www.kirke.hu-berlin.de/ressourc/europa.html*

Doch die fachliche Ausrichtung einzelner deutschsprachiger Standorte ist nicht nur vom jeweiligen Personal abhängig, sondern mitunter auch vom weiteren Fächerangebot, von etablierten Kooperationen und insbesondere von der Frage, ob und inwieweit antikerelevante Sammlungen vor Ort bestehen. Die Existenz philologischer oder archäologischer Disziplinen bestimmen Ausbildungs- und Forschungsmöglichkeiten. Die Nähe von archäologischen Museen dient nicht nur der Ausweitung der universitären Lehre, sondern eröffnet Chancen für Studierende, besondere Kompetenzen zu erwerben, die mitunter den Einstieg in fachnahe Berufe ermöglichen können. Besondere Bedingungen bestehen in denjenigen Städten, die direkt an antike Hinterlassenschaften vor Ort oder in der direkten Umgebung anknüpfen können: die west- und süddeutschen Universitäten – Trier, Mainz, Bonn, Köln und Osnabrück, aber auch Frankfurt a. M., Augsburg oder Regensburg – verfügen in dieser Hinsicht ebenso über Standortvorteile wie manche österreichischen – z.B. Klagenfurt – und die meisten schweizerischen. Auf der anderen Seite besitzen Berlin, München oder Wien dank ihrer außergewöhnlichen Antiken- und Handschriftensammlungen ein besonderes Potenzial. Klassische Universitäten wie Göttingen, Heidelberg, Tübingen oder Freiburg verfügen über ein breites Fächerspektrum und enorme Bibliotheksbestände, andere vergleichsweise junge Standorte wie z.B. Bielefeld, Bremen oder Kassel haben inhaltliche Schwerpunkte, etwa in der Sozial- und Wirtschafts- oder in der Technikgeschichte, gesetzt. Viele weitere müssten hier genannt werden, denn insgesamt ist die deutschsprachige Universitätslandschaft im Bereich der Altertumswissenschaften so differenziert wie kaum eine zweite. Die Dichte an qualifizierten Instituten, Seminaren und Bibliotheken ist so hoch, dass Studierende und Forschende in Deutschland, Österreich und der Schweiz nicht selten von einem Wohnort aus bereits mehrere, sich ergänzende Angebote wahrnehmen können. Es bleibt zu hoffen, dass diese Vielfalt auch weiterhin als Wert und nicht als Überfluss betrachtet werden wird.

▷ S. 440f. Technik: Die Darstellung der Arbeit m den Quellen

Altertumswissenschaftliche Universitätsstandorte in Deutschland, Österreich und der Schweiz

Literatur: St. Rebenich, Art. „Universität III.", in: Der Neue Pauly, Bd. 15/3, Stuttgart/Weimar 2003, Sp. 902–922, bes. Sp. 915 ff.

Wer andernorts die Ergebnisse von bisweilen traditionsbedingten Konzentrationsprozessen kennenlernt, wird bald verstehen, welche Vorteile diese dezentrale – oder besser: multizentrale – Universitätslandschaft allen Nutzern bietet.

Jenseits der Universitäten sind es vor allem die Museen, Antikensammlungen und Ausgrabungsgelände, die der Antike einen festen Platz im Bewusstsein einer breiteren Öffentlichkeit sichern [RUDOLPH 2003]. Ein Überblick über archäologische Angebote ist auf folgenden Internetseiten zu finden: *www.darv.de*; *www.museen.de*. Dabei kommt nicht nur dem Ausstellen von Originalen als solchen eine hohe Bedeutung zu, sondern immer mehr auch der fach- und publikumsgerechten Präsentation, die auch Modelle, Rekonstruktionen und Simulationen miteinbezieht [SCHMIDT]. Kopien können im Übrigen gerade für die Forschung besonders hilfreich sein, seien es die Gipsabgüsse antiker Plastik oder Münzen, die Abklatsche antiker Inschriften oder die Faksimile-Editionen alter Handschriften. Zur Erschließung der umfangreichen antiken Überreste verfügt die altertumswissenschaftliche Forschung auch über eigenständige Einrichtungen außerhalb des universitären Rahmens. Die größten und wichtigsten unter diesen sind zweifelsohne diejenigen auf dem Gebiet der Archäologie, oder besser: auf dem Gebiet der Archäologien, denn auch hier fand in den letzten zwei Jahrhunderten eine Ausdifferenzierung nach Alter und Herkommen des jeweiligen Forschungsgegenstands statt: Orientiert man sich an den Epochengrenzen der ‚Alten Geschichte', so sind neben der Klassischen Archäologie auch Vor- und Frühgeschichte (ab der Bronzezeit bis zur Archäologie der Völkerwanderungszeit), Provinzialrömische und Christliche Archäologie al-

▷ S. 309
Technik:
Die Arbeit mit
Quellen zur
Antike

tertumswissenschaftliche Disziplinen [NUBER; ARBEITER]. Hinzu kommen auch noch die verschiedenen archäologisch orientierten Fächer innerhalb der Orientalistik [RENGER; NISSEN/FRITZ]. Diese Vielfalt zeigt sich heute nicht nur in den vielen Vereinigungen, die sich der Kenntnis antiker Hinterlassenschaften in einer bestimmten Region verschrieben haben [NUBER, 578; NÄF, 1142–1149]. Sie ist auch im Deutschen Archäologischen Institut (DAI) erkennbar, der – seiner eigenen Einschätzung nach – größten, verzweigtesten und vielseitigsten Einrichtung seiner Art [DAI 1983, 9]. Die Anfänge des DAI reichen bis in das Jahr 1829 zurück, als eine Gruppe von befreundeten antikebegeisterten Gelehrten am mythischen Gründungstag der Stadt Rom, am 21. April, ebendort auf dem Kapitol das ‚Instituto di corrispondenza archeologica' gründeten, um Nachrichten über archäologische Entdeckungen zu sammeln und zu verbreiten. Von Anfang an bestand eine besondere Beziehung zu Preußen und Berlin: So war etwa der preußische Kronprinz und spätere König Friedrich Wilhelm IV. der Schirmherr des Instituts. 1871 preußische Staatsanstalt geworden, wurde es 1874 auf bayrische Initiative in die Zuständigkeit des neugegründeten Deutschen Kaiserreichs überführt und als Reichsinstitut dem Auswärtigen Amt angegliedert; zu diesem gehört das DAI auch heute wieder und unterscheidet sich darin von allen anderen vergleichbaren deutschen Forschungseinrichtungen. Obgleich sich das DAI heute in allen archäologischen Disziplinen und auch jenseits der Alten Welt engagiert, bilden doch die Altertumswissenschaften im engeren Sinn nach wie vor sein Zentrum: Am Ort der Ursprünge, in Rom, unterhält es „die größte altertumswissenschaftliche Bibliothek in deutschem Besitz" [DAI 1983, 15] und in zahlrei-

Einrichtungen der Forschung
Altertums-
wissenschaften
heute

Das Deutsche Archäologische Institut (DAI) und seine Abteilungen

Zentrale Berlin des Deutschen
Archäologischen Instituts
Podbielskiallee 69–71
D-14195 Berlin

In *Berlin* befinden sich ebenfalls:
- das Naturwissenschaftliche Referat an der Zentrale;
- die Eurasien-Abteilung, der eine Außenstelle in Teheran angegliedert ist;
- die Orient-Abteilung, der die Außenstellen in Bagdad, Damaskus und Sanaa angegliedert sind.

In *Deutschland* bestehen zudem folgende Einrichtungen:
- Kommission für Allgemeine und Vergleichende Archäologie (KAVA), Bonn;
- Römisch-Germanische Kommission (RGK), Frankfurt a.M., zu der auch eine Forschungsstelle in Ingolstadt gehört;
- Kommission für Alte Geschichte und Epigraphik (AEK), München.

Im *Ausland* unterhält das DAI folgende fünf Abteilungen:
- Athen;
- Istanbul;
- Kairo;
- Madrid;
- Rom.

Alle Adressen sowie Informationen zu den zahlreichen Forschungsprojekten und Serviceleistungen sind über die Homepage des DAI erreichbar: *www.dainst.org*.

Ähnliche Zielsetzungen wie das DAI verfolgt auch das 1898 gegründete Österreichische Archäologische Institut: *www.oeai.at*.
Das ÖAI unterhält heute neben der Zentrale in Wien zwei Zweigstellen in Athen und Kairo. Bekanntester Forschungsplatz des ÖAI ist die antike Großstadt Ephesos an der türkischen Westküste.

Literatur: H. KYRIELEIS, Art. „Deutsches Archäologisches Institut", in: Der Neue Pauly, Bd. 13, Stuttgart/Weimar 1999, Sp. 749–760;
100 Jahre Österreichisches Archäologisches Institut. 1898–1998, Wien 1998.

chen weiteren Ländern auf dem Boden der Alten Welt gibt es Abteilungen (s.u.). Unter dem Dach des DAI befinden sich heute auch zwei Einrichtungen in Frankfurt und München: die Römisch-Germanische Kommission, die u.a. die bedeutendste Spezialbibliothek für Vor- und Frühgeschichtliche Archäologie in Europa unterhält, und die Kommission für Alte Geschichte und Epigraphik, die sich seit mehreren Jahrzehnten um Quellenpublikationen im Bereich der griechischen und lateinischen Epigraphik sowie der Numismatik und der Papyrologie bemüht.

Grundlagenforschung ist nicht nur beim DAI und seinen Abteilungen, sondern im deutschsprachigen Raum traditionell bei den so genannten ‚Akademien der Wissenschaften' angesiedelt. Darüber hinaus gibt es einige weitere Einrichtungen, die zumindest teilweise altertumswissenschaftliche Zielsetzungen besitzen. Am wenigsten dürfte das noch bei den Monumenta Germaniae Historica (MGH) der Fall sein. Mit den *Auctores antiquissimi* bestand zwar eine Publikationsreihe für spätantike Quellen, nicht zuletzt dank des überragenden Einflusses von Theodor Mommsen, doch gilt diese inzwischen als abgeschlossen. So sind im 20. Jh. nur noch wenige spätantike Texte im Rahmen der MGH herausgegeben worden, zuletzt die ausgezeichnete zweisprachige Edition des ennodianischen Theoderich-Panegyricus [ROHR]. Eine Besonderheit stellt das Franz-Josef-Dölger-Institut in Bonn dar; es widmet sich der „Erforschung der Spätantike", genauer: der „Auseinandersetzung des Christentums mit der antiken Welt" [DASSMANN, 5, 41], wie es programmatisch im Untertitel des Hauptwerks, des *Reallexikon für Antike und Christentum* (RAC), heißt. Das RAC ist sicher neben dem *Reallexikon der germanischen Altertumskunde*

Einige laufende altertumswissenschaftliche Langzeitprojekte bei deutschsprachigen Akademien

Akademie der Wissenschaften und der Literatur, Mainz
www.adwmainz.de
- Augustinus-Lexikon
- Datenbank demotischer Texte
- Forschungen zur antiken Sklaverei
- Fundmünzen der römischen Zeit in Deutschland
- Griechische Papyrusurkunden aus Ägypten
- Platon-Werke. Übersetzung und Kommentar

Bayerische Akademie der Wissenschaften, München
www.badw.de
- Acta Conciliorum Oecumenicorum, 2. Serie
- Corpus Vasorum Antiquorum (CVA): Bestände in deutschen Museen
- Erforschung des antiken Städtewesens
- Reallexikon für Assyriologie und Vorderasiatische Archäologie
- Thesaurus Linguae Latinae (TLL)
- Vergleichende Archäologie römischer Alpen- und Donauländer

Berlin-Brandenburgische Akademie der Wissenschaften, Berlin
http://antike.bbaw.de
- Altägyptisches Wörterbuch
- Corpus Inscriptionum Latinarum (CIL)
- Corpus Medicorum Graecorum/Latinorum (CMG/CML)
- Die Griechischen Christlichen Schriftsteller der ersten Jahrhunderte (GCS)
- Griechisches Münzwerk
- Inscriptiones Graecae (IG)
- Polybios-Lexikon
- Prosopographia Imperii Romani (PIR)

Göttinger Akademie der Wissenschaften
www.adw-goettingen.gwdg.de
- Lexikon des frühgriechischen Epos (LfgrE)
- Reallexikon der Germanischen Altertumskunde (RGA)
- Römische Expansion und Präsenz im rechtsrheinischen Germanien und die Ausgrabungen von Kalkriese
- Septuaginta-Edition

Heidelberger Akademie der Wissenschaften
www.haw.baden-wuerttemberg.de/
- Année Philologique (APh)
- Epigraphische Datenbank
- Erforschung der Vorgeschichte des Balkans
- Heidelberger Antikensammlung
- Papyrus-Editionen
- Thesaurus cultus et rituum antiquorum (ThesCRA)

Nordrhein-Westfälische Akademie der Wissenschaften, Düsseldorf
www.akdw.nrw.de
- Gregor von Nyssa-Edition und -Lexikon
- Inschriften griechischer Städte aus Kleinasien (IK)
- Kölner Papyri
- Reallexikon für Antike und Christentum (RAC)
- Repertorium der griechischen christlichen Papyri

Österreichische Akademie der Wissenschaften, Wien
www.oeaw.ac.at
Altertumswissenschaftliche Projekte werden in den folgenden Instituten und Kommissionen bearbeitet:
- Institut für Kulturgeschichte der Antike
- Kirchenväterkommission, u.a.: Corpus Scriptorum Ecclesiasticorum Latinorum (CSEL)
- Kleinasienkommission, u.a.: Ephesos (FiE), Corpus der antiken Mosaiken Kleinasiens
- Kommission für antike Literatur & lateinische Tradition
- Kommission für antike Rechtsgeschichte
- Tabula Imperii Byzantini (TIB)

Sächsische Akademie der Wissenschaften, Leipzig
www.saw-leipzig.de
- Altägyptisches Wörterbuch (Mitarbeit)

Die sieben deutschen Akademien sind in der Union der Akademien zusammengefasst: *www.akademienunion.de*

Literatur: ST. REBENICH, Art. „Akademie", in: Der Neue Pauly, Bd. 13, Stuttgart/Weimar 1999, Sp. 40–56.

heute das einzige umfassende Lexikonprojekt in der Altertumswissenschaft, das in Anspruch und Qualität der *Realenzyklopädie* gleichkommt. Und vielleicht noch mehr, denn hinsichtlich seiner Gesamtkonzeption, die sich insbesondere in der Auswahl der Stichwörter niederschlägt, und hinsichtlich der ‚durchschnittlichen' Artikelqualität, die gerade in der Binnenstrukturierung des betreffenden Lemmas zum Ausdruck kommt, stellt das RAC gegenüber der RE gewiss einen Fortschritt dar. Am ehesten noch vergleichbar sind lexikographische Unternehmungen, die nicht nur eine umfassende Dokumentation, sondern auch eine differenzierte Erschließung des Bedeutungsfelds eines Wortes bieten wollen. Auch solche umfangreichen Wörterbücher – z.B. TLL, LfgrE, *Polybios-* oder *Augustinus-Lexikon* – sind heute zumeist an Akademien angesiedelt.

Die forschungspolitische Bedeutung solcher Projekte ist kaum zu überschätzen, denn die Struktur der Wissenschaftslandschaft – insbesondere der deutschen – lässt kaum noch Raum für langjährige Arbeitsunternehmen. Das liegt weder an der Überflüssigkeit solcher Projekte noch am Desinteresse möglicher Projektleiterinnen oder Projektleiter, sondern vor allem daran, dass kaum Personalstellen für solche Forschung bereitgestellt werden. Einen anderen Weg beschreitet hier z.B. Frankreich, das sich eine personalintensive Forschungsbehörde, das Centre National de la Recherche Scientifique (CNRS) leistet, dessen Mitarbeiterinnen und Mitarbeiter ausschließlich für bestimmte Forschungsvorhaben eingestellt werden und zu keinen weiteren Leistungen, etwa im universitären Lehrbetrieb, verpflichtet sind. Doch in Deutschland gilt bis auf weiteres: Wer altertumswissenschaftliche Forschung betreiben möchte und dies nicht gänzlich aus eigener Tasche bezahlen will bzw. kann, wird um Stellen an den Universitäten, in den Museen oder um Positionen im näheren Umfeld konkurrieren müssen.

Auf dem Boden der Antike. Kommen wir nochmals zum DAI zurück: Die Geschichte des DAI spiegelt geradezu exemplarisch die großen Etappen der „Eroberungswissenschaft" Archäologie wider [zum Begriff: MAIER, 9]. Ausgehend vom gelehrten Interesse an der Antike und ihren Hinterlassenschaften entstand eine Konkurrenz unter den Beteiligten und ihren Mäzenen, die im Laufe des 19. Jh.s zunehmend ‚nationalisiert' wurde. Je zugänglicher die Gebiete der alten Welt wurden, desto mehr wurden sie bereist, erforscht und geplündert. Und umso wichtiger wurde es, dass die einzelnen Nationen vor Ort präsent wurden, um sich ihren eigenen Anteil an der erhofften Beute zu sichern. Im Laufe des 19. Jh. entwickelten die betroffenen Länder selbst ein Interesse an den Funden auf ihrem Territorium und wurden darin mitunter von den auswärtigen Mächten unterstützt: ‚Beute' bedeutete nun: das – mitunter exklusive – Recht auf wissenschaftliche Auswertung.

▷ S. 395f.
Die Rezeption der Antike

Doch der Wettlauf um die beeindruckendsten Fundstücke und die besten Ausgrabungsgelände hatte zweifelsohne auch sein Gutes, denn er bewahrte vieles, was sonst wohl zerstört worden wäre, wenn auch meist nicht an den ursprünglichen Orten. Vieles gelangte in die europäischen, später auch: in die überseeischen Museen [vgl. z.B. STEINHART/WIRBELAUER 2002; DIES. 2003], noch mehr vielleicht wurde innerhalb der betroffenen Länder gesammelt und an wenigen zentralen Orten zusammengeführt. Denn auch die großen Nationalmuseen in den Mittelmeeranrainerstaa-

Einrichtungen der Forschung Altertumswissenschaften heute

ten und im Vorderen Orient verdanken ihre Entstehung und ihren Ausbau der Vorstellung, dass das Erbe des Altertums für die Gegenwart Bedeutung habe. Insgesamt wirkte der angesprochene ‚Wettlauf' zweifellos stimulierend: Im Unterschied zu vielen anderen archäologischen Landschaften dürften der Mittelmeerraum und der Nahe Osten relativ gut bekannt sein und dies auch über den nationalen Rahmen des jeweiligen Landes hinaus, da immer auch Forscher aus anderen Nationen an den Aktivitäten beteiligt waren [DYSON; GRAN-AYMERICH 1998; DIES. 2001]. Athen und Rom profitieren sicher in besonderer Weise bis heute von dieser Situation, denn sie sind dadurch zu Drehscheiben der internationalen Altertumswissenschaft geworden. Dies machen gerade die Neugründungen von entsprechenden Einrichtungen in den letzten Jahrzehnten deutlich.

Für die archäologische Erforschung ist aber auch wichtig, dass die betroffenen Länder selbst diesen Unternehmungen Bedeutung zumessen. Sonst ist kaum mit Rücksichtnahme, Verständnis oder gar Entgegenkommen vor Ort zu rechnen. Heute erwächst diese Bedeutung nicht mehr nur aus ‚nationaler Betroffenheit' und aus der Suche nach der eigenen, nationalen Identität, sondern auch aus der Einsicht, dass antike Hinterlassenschaften einen wirtschaftlichen Standortfaktor darstellen: Denn der Tourismus führt diesen Stätten, seien es Ausgrabungsgelände oder Museen, Besucher zu, die ihrerseits einer Infrastruktur bedürfen. Gerade in wirtschaftlich nicht prosperierenden Gebieten stellt der Tourismus eine, vielleicht sogar: die herausragende Einnahmequelle für die örtliche Bevölkerung dar. Wie wichtig diese Seite der In-Wert-Setzung der Antike ist, haben gerade diejenigen erfahren, die – etwa durch politische Um-

Paulys Realencyclopädie der classischen Altertumswissenschaft – meist einfach ‚die **Realenzyklopädie**' oder kurz: **RE** genannt – ist schon äußerlich ein Jahrhundertwerk: 1893 von Georg Wissowa mit der Vorlage des ersten Halbbandes begonnen und auf zehn Bände angelegt, die in 10 Jahren erscheinen sollten, erreichte das Werk 1972 mit dem 68. Halbband das Ende des Alphabets und wurde mit dem 15. Supplementband 1978 und dem *Register der Nachträge und Supplemente* 1980 abgeschlossen. Bereits 1903 war der erste Ergänzungsband notwendig geworden. Aus Sorge um das Gesamtunternehmen hatte man 1914 mit der Publikation einer ‚2. Reihe' von Halbbänden begonnen, die mit dem Buchstaben R einsetzte; da nicht abzusehen war, wie viele Bände bis Q benötigt werden würden, begann man mit einer neuen Zählung, so dass heute auf den 1963 vorgelegten Bd. 24 der Bd. ‚I A' folgt. 1096 Autoren haben etwa 100 000 Stichwörter bearbeitet; diese füllen mehr als 50 000 Seiten und die 83 Bände nehmen im Regal etwa 4 m Raum ein. Obgleich die meisten Artikel wegen ihrer Dichte fast unlesbar sind, haben nicht wenige der Beiträge den Umfang von Monographien angenommen.

Bis heute ist nicht nur der Ruhm, sondern auch der praktische Nutzen der RE ungebrochen, auch wenn inzwischen mit dem *Kleinen Pauly* (KlP; 5 Bde., 1962–1975) und dem *Neuen Pauly* (DNP; 16 Bde., 1996–2003) zwei jüngere Werke auf dem Markt sind, die sich mit dem namentlichen Bezug auf den Herausgeber der ersten *Realencyclopädie* (1839–1852), August F. Pauly, in diese Tradition stellen. Kaum ein RE-Artikel spiegelt mehr das aktuelle Wissen um einen Gegenstand wider, aber dokumentarischer Wert und Gelehrsamkeit vieler Beiträge stehen auch heute außer Frage. Erst unlängst – 1997 und 2000 – erschienen ein alphabetisches und ein systematisches Gesamtregister. Dabei ist die RE weder ‚aus einem Guss' noch vollständig, sondern mitunter sehr lückenhaft, so z.B. auf dem Gebiet der Archäologie oder der Mythologie. Hier gab es freilich mit Wilhelm Heinrich Roschers *Ausführlichem Lexikon der griechischen und der römischen Mythologie* (3. Aufl., 6 Bde. + 4 Suppl.bde., 1884–1937) ein Parallelunternehmen, heute weitgehend ersetzt durch das *Lexicon Iconographicum Mythologiae Classicae* (LIMC; 7 Bde., 1981–1996).

Band	Jahr	Inhalt
I 1	1893	Aal – Alexandros
I 2	1894	Alexandros – Apollokrates
II 1	1895	Apollon – Artemis
II 2	1896	Artemisia – Barbaroi
III 1	1897	Barbarus – Campanus
III 2	1899	Campanus Ager – Claudius
IV 1	1900	Claudius – Cornificius
IV 2	1901	Corniscae – Demodoros
V 1	1903	Demogenes – Donatianus
V 2	1905	Donatio – Ephoroi
VI 1	1907	Ephoros – Eutychos
VI 2	1909	Euxantios – Fornaces
VII 1	1910	Fornax – Glykon
VII 2	1912	Glykyrrhiza – Helikeia
VIII 1	1912	Helikon – Hestia
VIII 2	1913	Hestiaia – Hyagnis
IX 1	1914	Hyaia – Imperator
IX 2	1916	Imperium – Iugum
X 1	1918	Iugurtha – Ius Latii
X 2	1919	Ius liberorum – Katochos
XI 1	1921	Katoikoi – Komödie
XI 2	1922	Komogramm. – Kynegoi
XII 1	1924	Kynesioi – Legio
XII 2	1925	Legio – Libanon
XIII 1	1926	Libanos – Lokris
XIII 2	1927	Lokroi – Lysimachides
XIV 1	1928	Lysimachos – Mantike
XIV 2	1930	Mantikles – Mazaion
XV 1	1931	Mazaios – Mesyros
XV 2	1932	Met – Molaris lapis
XVI 1	1933	Molatzes – Myssi
XVI 2	1935	Mystagogos – Nereae
XVII 1	1936	Nereiden – Numantia
XVII 2	1937	Numen – Olympia
XVIII 1	1939	Olympia – Orpheus
XVIII 2	1942	Orph. Dichtung – Palatini
XVIII 3	1949	Palatinus – Paranetellonta
XVIII 4	1949	Paranomon – Pax
XIX 1	1937	Pech – Petronius
XIX 2	1938	Petros – Philon
XX 1	1941	Philon – Pignus
XX 2	1950	Pigranes – Plautinus
XXI 1	1951	Plautius – Polemokrates
XXI 2	1952	Polemon – Pontanene
XXII 1	1953	Pontarches – Praefectianus
XXII 2	1954	Praefectura – Priscianus
XXIII 1	1957	Priscilla – Psalychiadai
XXIII 2	1959	Psamathe – Pyramiden
XXIV	1963	Pyramos – Quosenus
I A 1	1914	Ra – Ryton
I A 2	1920	Saale – Sarmathon
II A 1	1921	Sarmatia – Selinos
II A 2	1923	Selinuntia – Sila
III A 1	1927	Silacenis – Sparsus
III A 2	1929	Sparta – Stluppi
IV A 1	1931	Stoa – Symposion
IV A 2	1932	Symposion – Tauris
V A 1	1934	Taurisci – Thapsis
V A 2	1934	Thapsos – Thesara
VI A 1	1936	Thesauros – Timomachos
VI A 2	1937	Timon – Tribus
VII A 1	1939	Tributum – Tullius
VII A 2	1948	Tullius – Valerius
VIII A 1	1955	Valerius Fabr. – Vergilius
VIII A 2	1958	Vergilius – Vindeleia
IX A 1	1961	Vindelici – Vulca
IX A 2	1967	Vulcanius – Zenius
X A	1972	Zenobia – Zythos
Suppl. I	1903	
Suppl. II	1913	
Suppl. III	1918	
Suppl. IV	1924	
Suppl. V	1931	
Suppl. VI	1935	
Suppl. VII	1940	
Suppl. VIII	1956	
Suppl. IX	1962	
Suppl. X	1965	
Suppl. XI	1968	
Suppl. XII	1970	
Suppl. XIII	1973	
Suppl. XIV	1974	
Suppl. XV	1978	
Register der Supplemente	1980	
Gesamtregister	1997–2000	

Ausländische Forschungsinstitute in Athen und Rom

Athen

École Française d'Athènes (1846):
www.efa.gr

Deutsches Archäologisches Institut (1874):
www.dainst.org

The American School of Classical Studies at Athens (1881): www.ascsa.edu.gr

The British School at Athens (1886):
www.bsa.gla.ac.uk

Österreichisches Archäologisches Institut (1908): http://josef.oeai.univie.ac.at/organis/athen.html

Scuola Archeologica Italiana di Atene (1909):
www.scuoladiatene.it

Svenska Institutet i Athen (1948):
www.sia.gr

Belgische archeologische school in Griekenland (1962/1985).

École Suisse d'Archéologie en Grèce (1964):
www.unil.ch/esag

Canadian Academic Institute at Athens (1975): www.caia-icaa.gr

Nederlands Instituut in Athene (1976/1991):
www.nia.gr

The Australian Archaeological Institute at Athens (1981): www.aaia.chass.usyd.edu.au

Suomen Ateenan-instituutti (1984):
www.finninstitute.gr

Det Norske Institutt i Athen (1989):
www.norwinst.gr

Det Danske Institut i Athen (1992):
www.diathens.com

The Irish Institute of Hellenic Studies at Athens (1996): www.ucc.ie/iihsa

Rom

Deutsches Archäologisches Institut (1829):
www.dainst.org

École française de Rome (1875):
www.ecole-francaise.it

Deutsches Historisches Institut (1888):
www.dhi-roma.it

Römisches Institut der Görres-Gesellschaft (1888)

Accademia d'Ungheria in Roma (1893):
www.hochfeiler.it/icaro/ist_straniere/unghe.html

American Academy in Rome (1894/95):
www.aarome.org

British School at Rome (1901): www.bsr.ac.uk

Istituto Olandese (1904): www.nir-roma.it

Escuela Española de Historia y Arqueología en Roma (1910): www.csic.it

Bibliotheca Hertziana (1913): www.biblhertz.it

Accademia Polacca delle Scienze di Roma (1921): www.accademiapolacca.it

Istituto Storico Ceco di Roma (1921/1990):
www.hiu.cas.cz

Pontificio Istituto di Archeologia Cristiana (1925): www.piac.it

Svenska Institutet i Rom (1926):
www.svenska-institutet-rom.org

Academia Belgica (1939):
www.academiabelgica.it

Institutum Romanum Finlandiae (1954):
www.irfrome.org

Det Danske Institut for Videnskab og Kunst i Rom (1956): www.dkinst-rom.dk/index-da.htm

Det norske institutt i Roma (1959):
www.hf.uio.no/roma/institutt

Zu den Institutionen in Athen gelangt man z.B. mit Hilfe der Links auf *www.ascsa.edu.gr*. Eine Übersicht über die römischen Institute bieten das altertumswissenschaftliche Internetportal *www.kirke.hu-berlin.de* und die *Unione Internazionale degli Istituti di Archeologia, Storia e Storia dell'Arte in Roma*, in der zurzeit 34 Institute und Akademien, davon 10 italienische und 24 nicht-italienische aus 19 Ländern Mitglied sind: *www.unioneinternazionale.it*.

Literatur: VERSCHIEDENE AUTOREN, Art. „Nationale Forschungsinstitute", in: Der Neue Pauly, Bd. 15/1, Stuttgart/Weimar 2001, Sp. 656–722, und ebd. Bd. 15/3, 2003, Sp. 1280–1291; *www.ascsa.edu.gr; www.unioneinternazionale.it*.

Einrichtungen der Forschung Altertumswissenschaften heute

stände behindert – nicht in gleichem Maße an dieser Entwicklung teilnehmen konnten oder von einer schon eingeleiteten Entwicklung abgeschnitten wurden. Andererseits darf man erwarten, dass die Konsolidierung politischer Systeme und ihre Öffnung gegenüber den reichen Ländern Europas, Nordamerikas und Asiens auch mancher Altertumswissenschaftlerin und manchem Altertumswissenschaftler aus diesen Ländern Arbeitsmöglichkeiten eröffnen wird. Dies gilt insbesondere für die derzeit schwer zugänglichen Gebiete in Nordafrika und im Nahen Osten.

Eine genauere Darstellung der altertumswissenschaftlichen Betätigungsfelder in Ländern wie Frankreich, England, Spanien, Italien, Griechenland oder der Türkei ist in diesem Rahmen nicht möglich. Wer allerdings im Bereich der Altertumswissenschaften nach neuen Herausforderungen suchen möchte, sollte sich frühzeitig darum bemühen, über den deutschsprachigen Raum hinauszuschauen. *Eine* Möglichkeit besteht etwa darin, Mobilitätsangebote innerhalb der EU – z. B. im Rahmen des Sokrates-Programms – zu nutzen, doch auch der DAAD bietet immer wieder Programme an, die sich zu diesem Zweck eignen. Zögern Sie nicht, Ihre Dozentinnen und Dozenten auf solche Angebote anzusprechen!

▷ S. 484ff. Vernetztes Wissen

Jenseits der antiken Welt. Die Faszination der Antike macht nicht an den Grenzen der Alten Welt Halt, im Gegenteil: gerade die Neue Welt, insbesondere natürlich Nordamerika, aber auch etwa Südafrika, Australien oder Neuseeland [JOCELYN/JUDGE] zeigen sich an antiken Hinterlassenschaften und ihrer Erforschung interessiert. Und in manchen Fällen ist man den antiken Objekten sogar näher, als man auf den ersten Blick vielleicht vermuten würde. Denn einige der wichtigsten archäologischen Sammlungen befinden sich heute in New York, Washington, Boston oder in Malibu [RUDOLPH/ARNOLD/FELLER; FAZZINI; RUDOLPH 1999; DERS. 2001; vgl. generell: DYSON]. Ähnliches gilt für die Forschung: Dank privater Initiativen und großzügigen Mäzenatentums bestehen in den USA Forschungszentren, die einen ausgezeichneten Ruf in der gesamten Welt genießen und sich zu Knotenpunkten der Forschung entwickelt haben. Namentlich genannt seien das Oriental Institute Museum in Chicago [SUTER] und das Mekka der Byzantinistik, Dumbarton Oaks in Georgetown (Washington/D.C.) [HICKEY], aber auch das multidisziplinäre Institute for Advanced Study in Princeton (*www.ias.edu*). Auf dem Gebiet der Alten Geschichte – im engeren Sinne – gehört zweifellos das Washingtoner Center for Hellenic Studies, das regelmäßig Stipendien an Nachwuchswissenschaftlerinnen und Nachwuchswissenschaftler vergibt, zum Kreis dieser herausragenden Einrichtungen. Wenn also auch die Neue Welt im Bereich der Altertumswissenschaften nicht die Führungsposition besetzt, die sie in anderen Disziplinen innehat, so ist sie doch neben den europäischen Standorten zu einer eigenständigen Studien- und Forschungslandschaft geworden.

Eckhard Wirbelauer

Literatur

A. ARBEITER, Art. „Christliche Archäologie", in: Der Neue Pauly, Bd. 13, Stuttgart/Weimar 1999, Sp. 640–646.

DAI 1983: Deutsches Archäologisches Institut, Ausgrabungen, Funde, Forschungen, Mainz 1983.

DAI 2000: Deutsches Archäologisches Institut, Archäologische Entdeckungen. Die Forschungen des Deutschen Archäologischen Instituts im 20. Jh., 2 Bde., Mainz 2000.

E. Dassmann, Das Reallexikon für Antike und Christentum und das F. J. Dölger-Institut in Bonn, Stuttgart 1994.

St. L. Dyson, Ancient Marbles to American Shores. Classical Archaeology in the United States, Philadelphia 1998.

R. Fazzini, Art. „New York, Brooklyn Museum of Art", in: Der Neue Pauly, Bd. 15/1, Stuttgart/Weimar 2001, Sp. 946–951.

E. Gran-Aymerich, Naissance de l'archéologie moderne. 1798–1945, Paris 1998.

Dies., Dictionnaire biographique d'archéologie. 1798–1945, Paris 2001.

T. M. Hickey, Art. „Dumbarton Oaks", in: Der Neue Pauly, Bd. 13, Stuttgart/Weimar 1999, Sp. 904–910.

H. D. Jocelyn / E. A. Judge, Art. „Australien und Neuseeland", in: Der Neue Pauly, Bd. 13, Stuttgart/Weimar 1999, Sp. 358–360 und ebd. Bd. 15/3, 2003, Sp. 1247–1250.

F. G. Maier, Von Winckelmann zu Schliemann. Archäologie als Eroberungswissenschaft des 19. Jh.s, Opladen 1992.

B. Näf, Art. „Schweiz", in: Der Neue Pauly, Bd. 15/2, Stuttgart/Weimar 2002, Sp. 1120–1156.

H. J. Nissen / V. Fritz, Art. „Vorderasiatische Archäologie", in: Der Neue Pauly, Bd. 15/3, Stuttgart/Weimar 1999, Sp. 358–360 und ebd. Bd. 15/3, 2003, Sp. 1049–1061.

H. U. Nuber, Art. „Provinzialrömische Archäologie", in: Der Neue Pauly, Bd. 15/2, Stuttgart/Weimar 2002, Sp. 573–582.

J. Renger, Art. „Altorientalische Philologie und Geschichte", in: Der Neue Pauly, Bd. 13, Stuttgart/Weimar 1999, Sp. 101–111.

Chr. Rohr, Der Theoderich-Panegyricus des Ennodius, Hannover 1995.

W. Rudolph, Art. „Boston, Museum of Fine Arts", in: Der Neue Pauly, Bd. 13, Stuttgart/Weimar 1999, Sp. 532–536.

Ders., Art. „Malibu, J. Paul Getty Museum", in: Der Neue Pauly, Bd. 15/1, Stuttgart/Weimar 2001, Sp. 285–291.

Ders., Art. „Museum", in: Der Neue Pauly, Bd. 15/3, Stuttgart/Weimar 2003, Sp. 1273–1280.

Ders. / D. Arnold / B. Feller, Art. „New York, Metropolitan Museum", in: Der Neue Pauly, Bd. 15/1, Stuttgart/Weimar 2001, Sp. 952–980.

H. Schmidt, Archäologische Denkmäler in Deutschland. Rekonstruiert und wieder aufgebaut, Stuttgart 2000.

M. Steinhart / E. Wirbelauer, Aus der Heimat des Odysseus. Reisende, Grabungen und Funde auf Ithaka und Kephallenia bis zum ausgehenden 19. Jh., Mainz 2002.

Dies., Von Athen nach München. Antiken aus dem Nachlaß Carl Hallers von Hallerstein, in: Antike Welt 34, 2003, 381–393.

C. E. Suter, Art. „Chicago, Oriental Institute Museum", in: Der Neue Pauly, Bd. 13, Stuttgart/Weimar 1999, Sp. 632–635.

Einrichtungen der Forschung **Vernetztes Wissen**

Der Computer. Altertumswissenschaft und Neue Medien – diese Verbindung stellt längst keinen Widerspruch mehr dar, nutzen doch heute Historikerinnen und Historiker meist ganz selbstverständlich die Möglichkeiten der elektronischen Datenrecherche, um Quellenbestände zu erschließen oder Literatur zu einem Arbeitsgebiet zusammenzustellen. Unterstützt vom Packard Humanities Institute ist gerade in den Altertumswissenschaften die Entwicklung wissenschaftlicher Datenbanken schon in den siebziger Jahren weiter vorangetrieben worden als in vielen anderen geisteswissenschaftlichen Fächern [SCHÄFER 1993; SEHLMEYER 1995].

Verstärkt wird in den Altertumswissenschaften inzwischen die Chance gesehen, mit den sich rasant entwickelnden Techniken auf dem Multimedia-Sektor das eigene Fach einer breiteren Öffentlichkeit nahe zu bringen. Daher umfasst die zeitgemäße Ausstattung eines althistorischen Arbeitsplatzes nicht nur Rechner, Drucker und Monitor, sondern auch Internet-Anschluss, Scanner und nach Möglichkeit einen CD-Writer sowie Software für Graphik- und Bildbearbeitung.

Textverarbeitung. Was die Grundlagen der wissenschaftlichen Textverarbeitung betrifft, sei auf die Ausführungen im Band *Frühe Neuzeit* des *Oldenbourg Geschichte Lehrbuchs* verwiesen. Einzige Besonderheit bei der Bearbeitung antiker Themen ist die Verwendung fremdsprachlicher Zeichensätze für Griechisch, Hebräisch etc. Aus dem Internet lassen sich Schriftfonts und Tastaturtreiber in kürzester Zeit auf den eigenen Rechner laden. Einen Überblick über das Angebot geben diesbezügliche Seiten im World Wide Web (WWW), etwa die einschlägige Seite von Martin Wallraff (*www.uni-bonn.de/~ute404/fonts.html*). Für MS-Word-Benutzer stellt beispielsweise das Zusatzprogramm *Antioch* (*www.users.dircon.co.uk/~hancock/antioch.htm*) ein interessantes Angebot dar. Es bietet neben griechischen und hebräischen Unicode-Zeichensätzen sowie einem Tastaturtreiber auch Konvertiermöglichkeiten z.B. für griechische Texte aus anderen Textverarbeitungen (WordPerfect) oder aus anderen Fonts (SGreek, WinGreek etc.).

Datenbankprogramme. Im Gegensatz zu fertigen Datenbanken mit bereits erfassten Datenbeständen bieten Datenbankprogramme die Möglichkeit, speziell für die eigenen Bedürfnisse eine Datenverwaltung zu strukturieren sowie Daten einzugeben, zu modifizieren, abzufragen und zu löschen. Eine selbst erstellte Literaturdatenbank erweist sich beim historischen Arbeiten als außerordentlich hilfreich und hat heute weitgehend den Zettelkasten abgelöst. Auch diesbezüglich sei auf den bereits erwähnten Band *OGL Frühe Neuzeit* verwiesen.

Angesichts des meist recht heterogenen Materials muss beim Aufbau eigener Datenbanken zur Auswertung des Befunds und der Ermittlung von Ergebnissen immer genau reflektiert werden, ob man bestimmte Fragestellungen nicht ohne eine aufwändige Datenbank schneller und besser lösen kann. Zeigt sich, dass man mittels einer Datenbanklösung schneller ans Ziel kommt oder dass diese am Ende sogar die einzige Möglichkeit darstellt, in absehbarer Zeit greifbare Ergebnisse zu erhalten, dann steht man vor dem Problem, eine Struktur entwickeln zu müssen. Diese soll eine Antwort auf möglichst viele themenrelevante Fragen erlauben. Gleichzeitig darf sie nicht überdimensioniert sein, da sonst der Aufwand bei der Eingabe in keinem Verhältnis zu den Resultaten steht.

Forum, ein MS-Access basiertes, von Ingo Stoffel entwickeltes Datenbanksystem, wird derzeit von der Arbeitsgemeinschaft Geschichte und EDV e.V. (*www.age-net.de*) ihren Mitgliedern zum Download angeboten. Es handelt sich um eine komplexe Datenbankstruktur zur Erstellung wissenschaftlicher Arbeiten, die an die eigenen Bedürfnisse angepasst werden kann.

Multimediale Systeme. Multimediale Darstellung von historischen Inhalten wird heute schwerpunktmäßig außerhalb der Wissenschaft in Schule und Erwachsenenbildung angewandt. Neben Textdarstellung und der Verknüpfung von Dokumenten durch ‚Hyperlinks' mit über- oder untergeordneten Seiten kann auch Bild-, Film- und Tonmaterial in die Präsentation des Stoffes eingebunden werden. Diese Materialien muss man zuvor bearbeiten und mediengerecht aufbereiten. Dann werden die Elemente mit einer Programmiersprache oder einem Autorensystem zu einer interaktiven Anwendung zusammengebaut. Als professionelles Werkzeug für die Erstellung einer Multimedia-Anwendung wird häufig *Authorware* von Macromedia eingesetzt. Es handelt sich dabei um ein Autorensystem für die Erstellung von Multimedia-Anwendungen (*www.macromedia.com/software/authorware*). Bilder, Texte, Ton und Videosequenzen können zu einem multimedialen Gesamtwerk verbunden werden. Über verschiedene Designfenster wird der Programmablauf mit interaktiven Elementen und Schleifen festgelegt. Die Programmierelemente halten sich in Grenzen. Die Homepage von Macromedia bietet ein webbasiertes Training und die Möglichkeit, das Programm als voll funktionsfähige Demoversion für 45 Tage auf den heimischen Rechner herunterzuladen [BIERWEILER/SCHOLZ].

Multimediale Präsentation. Die Vermittlung von historischen Inhalten mittels interaktiver Computeranwendungen gewinnt sowohl im schulischen als auch im Bereich der Erwachsenenbildung zunehmend an Bedeutung. Dabei konkurrieren komplexe Spiele mit mehr oder weniger professionell gestalteten Lern- oder Informationsangeboten [SCHÄFER 2000].

Für den Schuleinsatz ist das Lernprogramm *Eine Reise entlang des Limes* konzipiert, das vom Institut für Film und Bild in Wissenschaft und Unterricht (FWU) herausgebracht wurde: *www.fwu.de*. Ausgehend vom Mord an Kaiser Severus Alexander werden die Verhältnisse und das Alltagsleben im römischen Germanien dargestellt sowie die Struktur und Organisation des römischen Imperiums erklärt. Um den Kriminalfall zu lösen, müssen die Schüler Aufgaben bewältigen, die eine intensive Rezeption der angebotenen Informationen voraussetzen [BAUMANN/SCHÄFER].

Ebenfalls multimedial, wenn auch weitaus unverbindlicher, gestaltet sich der virtuelle Rundgang durch ein Stadtviertel des antiken Carnuntum. Ausgehend von der Ansicht einer römischen Stadt kann man sich über verschiedene Szenen des Alltagslebens informieren. Neben Standbildern mit Begleittexten stehen hierfür auch eine Reihe von Videosequenzen zur Verfügung. Einen Eindruck von Aufbau und Inhalt der Carnuntum-CD-ROM vermittelt: *www.multimediaplan.at/carnuntum*.

Ein Beispiel für die Kreativität von Historikern mit einer Zusatzausbildung in EDV ist die aus einer Lehrveranstaltung hervorgegangene Multimedia-Produktion zum Frauenberg bei Weltenburg (*http://alte.geschichte.uni-regensburg.de/frauenberg*). Ein Bodendenkmal erster Güte wurde hier mit den gestalterischen Mitteln eines Autorensystems für ein interessiertes Publikum aufbereitet. Der aktuelle Forschungsstand ist zugrunde gelegt, das Fundmaterial digitalisiert und in die Anwendung eingebracht worden. Eine besondere Intensität beim Wissenstransfer erreicht die Anwendung durch Animationen wie die als interaktives Puzzle konzipierte Restauration eines Keramikfundes oder das Erklären der Funktion eines Gegenstands mittels animierter Videosequenz.

Bilder: Screenshots von der CD-Rom Die Archäologie des Frauenbergs, Regensburg 2004.

Literatur: H. BAUMANN/CHR. SCHÄFER, Theoretische Überlegungen und praktische Erfahrungen beim Lernen mit Bildern im Unterricht anhand der Computeranwendung ‚Am Limes', in: F. LEHNER/G. BRAUNGART/L. HITZENBERGER (Hrsg.), Multimedia – Informationssysteme zwischen Bild und Sprache, Wiesbaden 1999, 55–66.

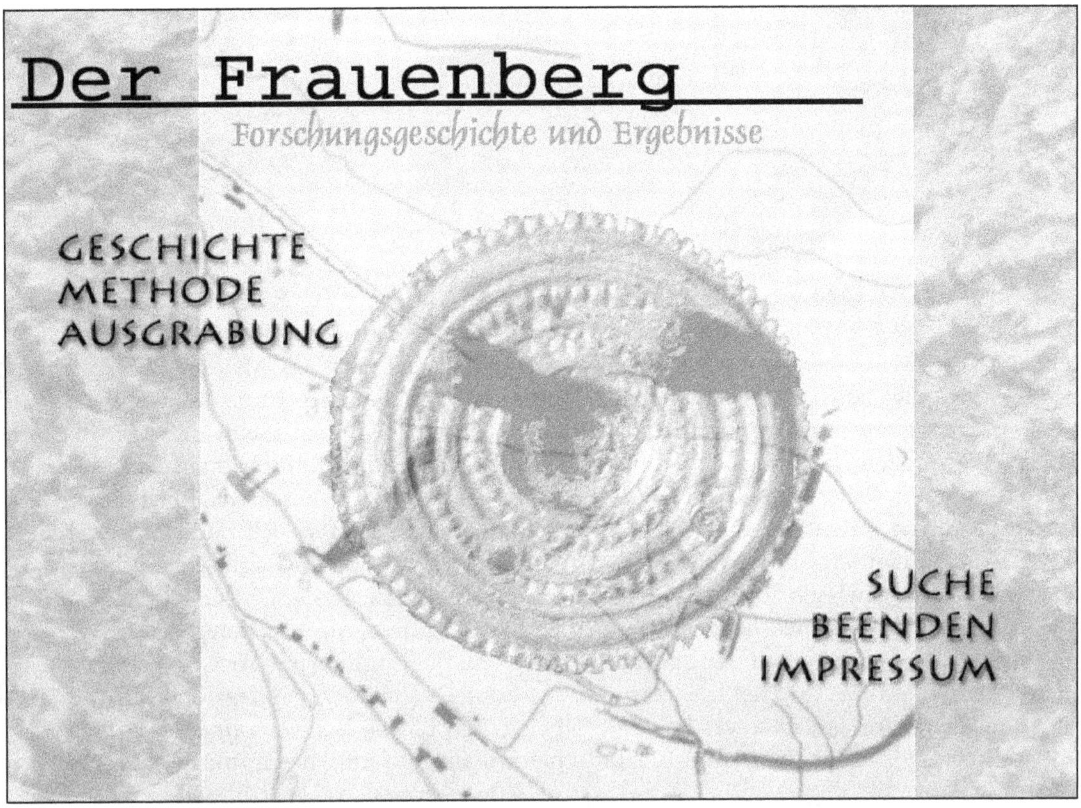

Der Frauenberg

Forschungsgeschichte und Ergebnisse

GESCHICHTE
METHODE
AUSGRABUNG

SUCHE
BEENDEN
IMPRESSUM

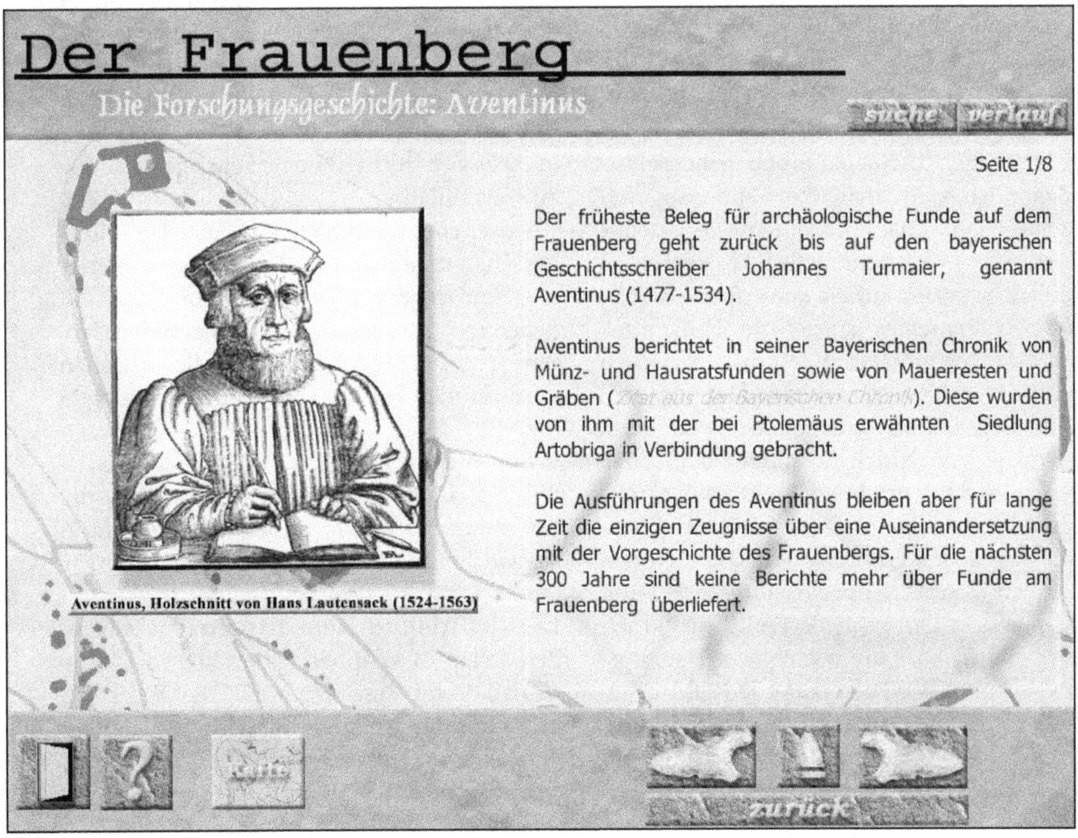

Der Frauenberg

Die Forschungsgeschichte: Aventinus

Seite 1/8

Der früheste Beleg für archäologische Funde auf dem Frauenberg geht zurück bis auf den bayerischen Geschichtsschreiber Johannes Turmaier, genannt Aventinus (1477-1534).

Aventinus berichtet in seiner Bayerischen Chronik von Münz- und Hausratsfunden sowie von Mauerresten und Gräben (*Zitat aus der Bayerischen Chronik*). Diese wurden von ihm mit der bei Ptolemäus erwähnten Siedlung Artobriga in Verbindung gebracht.

Die Ausführungen des Aventinus bleiben aber für lange Zeit die einzigen Zeugnisse über eine Auseinandersetzung mit der Vorgeschichte des Frauenbergs. Für die nächsten 300 Jahre sind keine Berichte mehr über Funde am Frauenberg überliefert.

Aventinus, Holzschnitt von Hans Lautensack (1524-1563)

Daten auf CD-ROM oder Internet.
Althistorische Datenressourcen werden sowohl auf CD-ROM als auch im Internet angeboten. Der grundlegende Unterschied liegt in der Datenübertragungsrate. Das Internet hat in aller Regel bei großen Datenmengen deutlich längere Ladezeiten. Daher werden umfangreiche fachspezifische Datenbanken oft nur auf CD angeboten. Außerdem erhoffen sich einige Anbieter so einen gewissen finanziellen Gewinn. Der Vorteil des Internets liegt eindeutig in der weltweiten Verfügbarkeit der Information und darin, dass die Angaben leichter auf einem aktuellen Stand gehalten werden können [Sehlmeyer 1995; Ders. 2000; Ders. 2002].

Recherche im Internet. Wie finde ich Materialien für mein Thema? Vor diesem Problem stehen nicht nur Anfänger, wenn es um die Zusammenstellung der im WWW verstreut publizierten Informationen zu einem althistorischen Themenkomplex geht. Selbstverständlich kann man die nationalen und internationalen Suchmaschinen wie Google, Yahoo oder Lycos benutzen. Es existieren jedoch auch speziell auf die Bedürfnisse der Altertumswissenschaft ausgelegte Hilfsmittel. Grundsätzlich unterscheidet man zwischen Katalogen und Suchmaschinen. Hervorragende Einstiegsmöglichkeiten ins weltweite Netz bieten die von Ulrich Schmitzer betriebene KIRKE – *Katalog der Internetressourcen für die Klassische Philologie aus Berlin* (früher: *Erlangen*): *www.kirke.hu-berlin.de* – und die Homepage von Markus Sehlmeyer (*http://sehlmeyer.bei.t-online.de*). Gut gegliedert wird ein aktueller Überblick über die wichtigsten Datenressourcen im WWW und auf CD-ROM gegeben. Außerdem lassen sich über KIRKE problemlos weitere Kataloge oder Suchmaschinen ansteuern. Die Homepage von Markus Sehlmeyer zeichnet sich besonders durch die umfassende Zusammenstellung altertumswissenschaftlicher CD-ROMs aus: Die kompetenten Kommentare erlauben es dem Besucher, sich ein Bild vom Inhalt und von der Qualität der Benutzerführung zu machen.

Die Liste altertumswissenschaftlich ausgerichteter Kataloge lässt sich mühelos erweitern, wenn man über den deutschsprachigen Raum hinausgeht. An der Universität Bologna wird eine Sammlung elektronischer Instrumente für das Studium der ‚Antichità classica' (*www.rassegna.unibo.it*) gepflegt und auch im belgischen Löwen (*http://bcs.fltr.ucl.ac.be/*) stehen wie im kalifornischen Irvine (*www.tlg.uci.edu/~tlg/index/resources.html*) Professoren und Dozenten der jeweiligen Universität hinter den Angeboten. Dies ist nicht zuletzt eine gewisse Garantie für die Wissenschaftlichkeit und die dauernde Pflege des Inhalts. Jede dieser Seiten hat ihre besonderen Vorzüge und so lohnt es sich, nicht nur einen einzigen Katalog zu konsultieren.

Inzwischen unterhalten die meisten althistorischen Seminare in Deutschland, Österreich und der Schweiz eigene Homepages, auf denen weiterführende Links genannt werden. Eine regelmäßige Durchsicht dieser Seiten wird immer wieder zu Neuentdeckungen führen.

Eine Suchmaschine, die speziell auf die Altertumswissenschaft ausgelegt ist und die Nachfolge des Recherchesystems *Argos* antreten soll, befindet sich derzeit im Aufbau.

Elektronische Ressourcen. Im Folgenden sollen in knapper Form einige wichtige elektronische Ressourcen für die Beschäftigung mit der Antike vorgestellt und weitere Perspektiven für die Nutzung des Internets aufgezeigt werden.

Bibliographische Datenbanken. Bibliographien sind aufgrund ihrer genormten Datenorganisation geradezu prädestiniert für den Aufbau von Datenbanken. So werden inzwischen die bedeutendsten Bibliographien der Altertumswissenschaften ganz oder teilweise in elektronischer Form angeboten.

Die traditionelle Bibliographie der Altertumswissenschaften, die *L'Année Philologique*, ist inzwischen – allerdings kostenpflichtig – via Internet benutzbar: *www.annee-philologique.com/aph*. Für die Bände 45–60 der Jahre 1974–1989 existiert noch eine CD-ROM-Version. In beiden Fällen sind auch alle vorliegenden Resümees enthalten, so dass die elektronische Suche vielfach mehr Resultate ergibt als die Durchsicht der gedruckten Bände.

Auch die bibliographische Beigabe des Rezensions- und Nachrichtenorgans *Gnomon* wird in einer Online-Version und in einer CD-Version mit jährlichem Update angeboten. Der Datenbestand ist enorm, dies macht die Bibliographie zu einem wichtigen Hilfsmittel für die Altertumswissenschaft. Die Internet-Version (*www.gnomon.ku-eichstaett.de/Gnomon/Gnomon.html*) bietet allerdings nur eine vergleichsweise kleine Auswahl aus der Gnomon CD-ROM mit besonderer Berücksichtigung der Veröffentlichungen der letzten Jahre sowie der altertumswissenschaftlichen Bestände der Universitätsbibliothek Eichstätt-Ingolstadt und von Neuerwerbungen der Bayerischen Staatsbibliothek. Wer auf den gesamten Datenbestand, der u.a. auch Stichwörter einschlägiger altertumswissenschaftlicher Lexika wie der RE, des *Kleinen Pauly* oder des *Neuen Pauly* enthält, zugreifen möchte, benötigt allerdings die CD-ROM.

Eine mächtige, vor allem archäologisch ausgerichtete Bibliographie ist DYABOLA, die heute ebenfalls als Internet- und als CD-ROM-Version erhältlich ist: *www.dyabola.de*. Die passwortgeschützte Internetversion ist immer noch an die Anschaffung der CD gekoppelt, doch kann man sich ein Passwort kostenlos ausstellen lassen, um die Datenbank dreimal zu testen.

Darüber hinaus gibt es viele weitere bibliographische Datenbanken im WWW. So wertet die in Toronto verankerte Datenbank TOCS–IN – *Tables of Contents of Journals of Interest to Classicists* (*www.chass.utoronto.ca/amphoras/tocs.html*) – etwa 160 altertumswissenschaftliche Zeitschriften aus. Auf eine vollständige Auswertung von Zeitschriftenbeiträgen zur römischen Geschichte zielt das Straßburger *Bulletin Analytique d'Histoire Romaine* (BAHR). Den seit den sechziger Jahren erschienenen Bänden tritt nun eine elektronische Version zur Seite: *http://misha1.u-strasbg.fr/ANTIQUITE*. Keine echten Datenbanken, aber gleichwohl sehr nützlich sind Bibliographien, die als Listen elektronisch zur Verfügung gestellt werden, so die *Bibliographia Latina selecta*: *www.let.kun.nl/%7Em.v.d.poel/bibliografie/indexgeneralis.htm*.

Literarische Quellen. Im Gegensatz zu jüngeren Epochen der Geschichte ist der Bestand an literarischen Quellen zur Antike vergleichsweise überschaubar. Daher hat man schon in den siebziger Jahren mit dem Aufbau von Volltextdatenbanken begonnen. Ein besonderes Problem stellte damals die Verwendung mehrsprachiger Zeichencodes dar, weshalb eine Speziallösung in Form des so genannten BETA-Code entwickelt wurde. Die griechischen literarischen Texte von Homer bis in die byzantinische Zeit sind auf dieser Basis heute schon weitgehend im *Thesaurus Linguae Graecae* (TLG) erfasst. Die neueste CD-ROM (Version E) wurde im Jahr 2000 publiziert; seitdem sind weitere Autoren hinzugekommen, die bislang nur über das Internet zugänglich sind: *http://ptolemy.tlg.uci.edu*. Die Online-Version des TLG ist jedoch kostenpflichtig und für Studierende kaum erschwinglich.

Die bis 200 n.Chr. verfasste lateinische Literatur liegt in einer vom Packard Humanities Institute (PHI) herausgegebenen Sammlung vor, die spätantiken Autoren fehlen darin allerdings. Dasselbe Institut hat daneben auch eine CD-ROM zu griechischen Inschriften und Papyri erstellt (dazu s.u.). Diese beiden CDs können direkt beim Packard Humanities Institute (300 Second Street, Suite 200, Los Altos, CA 94022, USA, email: *phi@packhum.org*) angefordert werden.

Eine Besonderheit der TLG-/PHI-CDs ist der Verzicht auf ein vorgefertigtes Suchprogramm. Für den plattformunabhängigen Datenbestand werden von verschiedenen Anbietern Rechercheprogramme offeriert, einen Überblick bietet die Homepage des TLG (s.o.). Im PC-Bereich kann das Programm *Musaios* als Shareware aus dem Internet geladen werden, die preisgünstigen Lösungen *TLG-* und *PHI-Workplace* können über das WWW bestellt werden: *www.musaios.com* und *www.silvermnt.com* [MEIER/SCHÄFER 2003].

Von kommerziellen Interessen bestimmt ist die Konzeption der jeweils auf CD-ROM veröffentlichten *Bibliotheca Teubneriana Latina* (BTL – derzeit: Vers. 2), der auf christliche lateinische Texte konzentrierten *Cetedoc Library of Christian Latin Texts* (CLCLT – derzeit: Vers. 3) sowie der *Monumenta Germaniae Historica* (eMGH – derzeit: Vers. 3): *www.saur.de*, *www.mgh.de/emgh* und für alle drei: *www.brepols.net*. Infolgedessen ist die Recherchesoftware fest mit dem Datenbestand verbunden und bei allen drei Datenbanken sehr ähnlich. Angesichts der hohen Anschaffungspreise dürften diese Datenbanken wohl ausschließlich in größeren Bibliotheken benutzbar sein. Die Bestände können sich allerdings sehen lassen. So sind in der BTL2 mehrere hundert lateinische Autoren erfasst und im Volltext recherchierbar und auch die übrigen beiden Datenbanken sind unverzichtbare Hilfsmittel für alle diejenigen, die sich mit lateinischen Texten der Spätantike und des frühen Mittelalters beschäftigen. Der Export von Textstellen ist allerdings recht umständlich und aus Furcht vor Missbrauch stark eingeschränkt.

Während die Texte in CLCLT und in eMGH auf Editionen beruhen, die seit der 2. Hälfte des 19. Jh.s entstanden und auch meist heutigen wissenschaftlichen Maßstäben noch genügen, stellt eine weitere patristische Datenbank eine historische Edition zur Verfügung: Die *Patrologia Latina Database* (PLD: *http://pld.chadwyck.co.uk*) erschließt auf nicht weniger als 5 CD-ROMs die über 200 Bände, die Jacques-Paul Migne Mitte des 19. Jh. zumeist auf der Basis vorliegender Editionen drucken ließ. Angesichts des riesigen Datenbestands ist die Benutzung des Indexes der PLD, der einen schnellen Zugriff auf gesuchte Stellen erlaubt, unverzichtbar. Die Qualität als Arbeitsinstrument wird noch gesteigert durch den kritischen Apparat, der gleichfalls aufgenommen wurde und durch die Recherchefunktionen erreicht wird. In ähnlicher Weise sind nun auch die Acta Sanctorum, die größte Editionsreihe zu hagiographischen Texten, erschlossen: *http://acta.chadwyck.co.uk*. Beide Datenbanken sind für registrierte Nutzer auch im Internet erreichbar.

Weit fortgeschritten sind die elektronischen Ressourcen zum Römischen Recht. Die auf der Basis des Datenbankprogramms *dBase* erstellte Linzer Datenbank ROMTEXT, die unter anderem das komplette *Corpus Iuris Civilis* beinhaltet, ist in die *Bibliotheca Iuris Antiqui* (BIA) integriert worden. Diese bietet darüber hinaus etwa eine elektronische Version des *Codex Theodosianus*, einen Thesaurus und ein bibliographisches Archiv (*www.lex.unict.it/cir/ cdrom/bia2/bia2.htm*).

Unter den Übersetzungssammlungen ist besonders die *Dichtung der Antike von Homer bis Nonnos* hervorzuheben. Auf dieser CD-ROM (Digitale Bibliothek, Bd. 30: *www. digitale-bibliothek.de*) sind etwa 300 Werke von mehr als 80 Autoren in einem Umfang von ca. 20 000 Bildschirmseiten enthalten, wodurch ein Großteil der griechischen und lateinischen Dichtung der Antike zugänglich gemacht wird.

Speziell zu Ovid ist von Ulrich Schmitzer in KIRKE (s.o.) in vorbildlicher Weise eine Fülle an Material einschließlich Texten und Übersetzungen zusammengestellt worden. Im Übrigen findet sich in KIRKE eine Abteilung eigens mit Hinweisen auf weitere Texte und Übersetzungen antiker Autoren.

Die via Internet abrufbaren antiken Texte sind im Einzelnen kaum zu überblicken. Als hervorragende Sammlungen haben sich die *Latin Library* (*www.thelatinlibrary.com*) der *Ad Fontes Academy* in Virginia sowie die – insbesondere graphisch höchsten Ansprüchen genügende – *Bibliotheca Augustana* (*www. fh-augsburg.de/~harsch/augusta.html*) bewährt.

Epigraphik. Eine ganze Reihe von elektronischen Inschriftensammlungen können inzwischen für das wissenschaftliche Arbeiten genutzt werden. Den mit Abstand größten Bestand an griechischen Inschriften enthält die ebenfalls vom Packard Humanities Institute (s.o.) herausgegebene CD-ROM PHI 7. Auf ihr sind nahezu alle wichtigen Einzel- und Corpus-Editionen gespeichert. So kann man auf eine ganze Bibliothek an Quellentexten zugreifen. Daneben finden sich auf der gleichen CD systematisch geordnete Sammlungen für diverse Regionen Kleinasiens, die jeweils den aktuellen Bestand – etwa der Inschriften von Lydien – bieten. Modular wurden bei dieser Bearbeitungsmethode die Inschriften Stadtregion für Stadtregion komplett erfasst und mit kurzem Kommentar sowie bibliographischen Verweisen gespeichert. Damit erhält man für die bearbeiteten Städte und Regionen jeweils eine kleine, aber in sich geschlossene Datenbank auf aktuellem Forschungsstand. Für die Benutzung der PHI CD-ROM 7 gelten die selben, bei den literarischen Quellen bereits angesprochenen Voraussetzungen wie für die TLG-CD-ROM und die PHI-CD-ROM 5.3.

▷ S. 307
Technik:
Die Arbeit mit Quellen zur Antike

Etwas komfortabler gestaltet sich die Recherche in der lateinischen Epigraphik, wo WWW-Datenbanken eine größere Rolle spielen. Die *Epigraphische Datenbank von Manfred Clauss* (*www.rz.uni-frankfurt. de/~clauss*) ist inzwischen auf über 220 000 Inschriften-Datensätze angewachsen und bietet damit den größten Bestand lateinischer Inschriften. Diese wurden nach bestimmten Normen erfasst und im Volltext recherchierbar gemacht. Die Abkürzungen sind bereits aufgelöst, die Texte wurden geprüft und gegebenenfalls verbessert. Die gedruckten Editionen werden nicht ersetzt und müssen z.B. zur Ermittlung von Datierungen herangezogen werden, aber die Recherchefunktion gestattet einen höchst effektiven Zugang zu themenrelevantem Material. Sämtliche Texte können auf den eigenen Rechner kopiert werden.

▷ S. 315
Technik:
Die Arbeit mit Quellen zur Antike

Eine aufwändigere Aufbereitung wird bei der *Epigraphischen Datenbank Heidelberg* (EDH) gewählt: *www.uni-heidelberg.de/institute/sonst/ adw/edh*. Berücksichtigt werden nicht nur Angaben zu Fundumständen und zum äußeren Erscheinungsbild, sondern auch zur sprachlichen Gestaltung und zum Inhalt. Das Inschriftenmaterial wird in überprüfter und nicht selten auch verbesserter Lesung zur Recherche angeboten. Der Bestand umfasst derzeit ca. 33 000 lateinische Inschriften. Mit der EDH vernetzt ist die Internet-Datenbank zum CIL II²: *www2.uah.es/imagines_cilii*. Diese Bilddokumentation von Inschriften ergänzt die Editionen in den gedruckten Bänden der Neuauflage des Corpus der spanischen Inschriften. Zudem kann man darin zu bestimmten Regionen Spaniens selbst unveröffentlichtes Abbildungsmaterial einsehen.

Konkordanzen und Volltextdateien kombiniert eine CD-ROM mit Inschriften aus dem römischen Britannien [HAINZMANN].

Um die Methoden und den Zugang zum Arbeiten mit epigraphischem Material geht es in einer multimedialen Darstellung zur Erfassung der römischen Inschriften Germaniens (CIL XIII), die von den Althistorikern der Universität Osnabrück ins WWW gestellt wurde: *www.geschichte.uni-osnabrueck.de/ausstell/ausstell.html* [SPICKERMANN].

Papyrologie. Links für die Beschäftigung mit Papyri als historischen Quellen finden sich auf den Internetseiten des Heidelberger Instituts für Papyrologie: *www.uni-heidelberg.de/institute/fak8/papy/Homepage_Papyrologie/pap_links.htm*. Wertvolle Hinweise für Papyrologen liefert das von Dieter Hagedorn im WWW angebotene Gesamtverzeichnis der griechischen Papyrusurkunden Ägyptens: *www.rzuser.uni-heidelberg.de/~gvo/gvz.html*.

▷ S. 321 Technik: Die Arbeit mit Quellen zur Antike

Für die wissenschaftliche Recherche unentbehrlich ist wie bei den Inschriften die CD-ROM PHI 7. Auf ihr sind in der *Duke Data Bank of Documentary Papyri* (DDBDP) auch nahezu alle edierten griechischen und lateinischen Papyri und Ostraka mit historisch relevantem Inhalt gespeichert und im Volltext mit den erwähnten Suchprogrammen recherchierbar. Selbst Holz- bzw. Wachstafeln sowie Dokumente auf Pergament wurden berücksichtigt. Den zeitlichen Rahmen bildet die griechisch-römische Epoche in Ägypten (4. Jh. v.Chr.–7.Jh. n.Chr.). Die Internetversion (*www.perseus.tufts.edu/Texts/papyri.html*) bietet nicht nur verschiedene Varianten der Textrecherche, sondern eröffnet auch einen topographischen Zugang zu den Texten. Die zugrunde liegenden Editionen werden insofern nicht ersetzt, als etwa der wissenschaftliche Kommentar zu den Texten fehlt.

Einen schönen Bestand an Bildmaterial mit kurzen Kommentaren kann man über das *Duke Papyrus Archive* (*http://scriptorium.lib.duke.edu/papyrus*) einsehen. Diese Zusammenstellung bietet Anfängern die Möglichkeit, das Fehlen einer Sammlung vor Ort zu kompensieren und sich mit den Handschriften, Datierungsmöglichkeiten etc. auseinanderzusetzen. Griechische Papyri der Heidelberger Papyrus-Sammlung können ebenfalls über das Internet eingesehen werden: *www.uni-heidelberg.de/institute/fak8/papy/Homepage_Papyrologie/pap_projekt.htm* [RUFFING].

Numismatik. Eine leicht verständliche, reich bebilderte Einführung in die griechische und römische Numismatik aus der Sicht eines Sammlers findet man unter dem Titel *Ancient Greek and Roman Coins*: *http://dougsmith.ancients.info/*. Ganz auf die wissenschaftliche Beschäftigung mit grie-

▷ S. 327 Technik: Die Arbeit mit Quellen zur Antike

chischen Münzen ausgerichtet ist hingegen die Datenbank *ISEGriM* – *InformationsSystem zur Erfassung Griechischer Münzen* –, in der ca. 60 000 Münzen vom 7. Jh. v.Chr. bis zum 3. Jh. n.Chr. erfasst sind: *http://hist3-10.philfak.uni-duesseldorf.de/isegrim/index.html*.

Hunderte von Münzen verschiedener Sammlungen mit kurzem Kommentar und Literaturhinweis sind abrufbar im *Perseus Project*: *www.perseus.tufts.edu/cgi-bin/browser?object=coin*. Der Bestand kann nach Zeitstellung, Münztyp, Region etc. sortiert werden und eignet sich insbesondere für die Lehre oder das Selbststudium.

Archäologie. Die Fülle an Seiten zu archäologischen Grabungen von sehr unterschiedlicher regionaler und überregionaler Bedeutung ist inzwischen unüberschaubar geworden. Geschickte Suche – etwa nach dem Stichwort ‚Lefkandi' – fördert allerdings erstaunliche Informationen zum archäologischen Befund zutage.

Sowohl wegen der Aktualität der Forschungsdiskussion um die Ausgrabungen in Kalkriese als auch angesichts der mehrfach preisgekrönten Qualität der Präsentation im WWW sei als Beispiel auf das studentische Projekt zur Örtlichkeit der Varusschlacht hingewiesen, das unter Leitung von Karsten Bunz und Wolfgang Spickermann an der Universität Osnabrück entstanden ist: *www.geschichte.uni-osnabrueck.de/projekt/start.html* [SPICKERMANN]. Dieses Angebot lässt sich in einer CD-ROM-Version auch lokal nutzen.

Antike Stätten. Virtuelle Besuche stellen heute bei zahlreichen antiken Stätten kein Problem mehr dar. Rom als die Metropole des Imperiums steht natürlich im Mittelpunkt zahlreicher Produktionen. So wurde an der Universität Caen das bekannte Modell des Architekten Paul Bigot beispielhaft aufbereitet und ist heute weltweit zugänglich: *www.unicaen.fr/rome*. Über geographische, thematische und chronologische Links bekommt man eine Fülle von Hintergrundinformationen zu den Detailabbildungen der einzelnen Gebäude und Monumente. Dazu gehören jeweils ausführliche Hinweise auf die aktuelle Forschungsliteratur.

Kaum weniger berühmt als Rom, erreicht auch Pompeji in der virtuellen Darstellung ein hohes Niveau. Unter vielen Produkten fällt eine von einem Team Züricher Altphilologinnen und Altphilologen gestaltete Seite auf: *www.kzu.ch/fach/as/material/campania/pompei/plan.htm*. Über die Links auf dem Stadtplan gelangt man zu den einzelnen Gebäuden bzw. Monumenten. Diese werden mittels Plänen, Rekonstruktionszeichnungen sowie aktuellem Bildmaterial bestens erschlossen.

Wie interessant und mitreißend man das Leben in einer antiken Stadt erklären kann, zeigt eine ausgezeichnete CD-ROM, die unter dem Titel *Homo Faber* in Verbindung mit der Ausstellung zu Natur, Wissenschaft und Technik im römischen Pompeji produziert wurde: *www.imss.fi.it/pompei/indice.html*. Mit einer hervorragend animierten Benutzerführung versehen, führt die Anwendung in zahlreiche Aspekte des Alltagslebens ein und behandelt nicht zuletzt auch die naturwissenschaftlichen Hintergründe des Vesuvausbruchs im Jahr 79 n.Chr. In dieser äußerst ansprechenden Anwendung erreichen Standbilder, Videos und gesprochene Erklärungen im Zusammenspiel eine beispielhafte Informationsdichte.

Den archäologischen Park in Xanten kann der Besucher angesichts virtueller Aufbereitung in einer Weise erleben, wie dies in der Realität gar nicht möglich ist. Die Modelle auf der Basis von 3D-Rekonstruktionen vermitteln durch entsprechende Videos einen lebendigen Eindruck der antiken Stadt. Im Netz (*www.apx.lvr.de*) ist allerdings nur eine Demoversion zu sehen, die Vollversion des Informationssystems zur Archäologie der römischen Stadt Colonia Ulpia Traiana wird auf CD vertrieben.

Weniger multimedial, dafür umso wissenschaftlicher erschließen zwei Datenbanken aus Freiburg und Münster (Information und Bezug über *http://orakelix.uni-muenster.de/hellas/hilang.html*) die historische Landeskunde Griechenlands bzw. historische Reiseberichte zu Hellas [FELL; WIRBELAUER].

Museen. Einen Überblick über das weite Feld der Museumsangebote liefert die Webseite von Alessandro Cristofori: *www.rassegna.unibo.it/index.html*.

Die typischen Probleme der multimedialen Darstellung wissenschaftlicher Erkenntnisse werden an der CD-ROM des Museums für Antike Schifffahrt (*www2.rgzm.de/Navis/Musea/Mainz/Navismus.htm*) deutlich. Inhaltsschwer, mit vielen Bildern, Rekonstruktionen und Plänen zum Museum und zur antiken Schifffahrt allgemein ausgestattet, erweist sie sich als zu textlastig. Dennoch ist sie ein durchaus interessantes, weil niveauvolles Produkt.

Freilichtmuseen wie Hechingen-Stein (*www.villa-rustica.de/intro/index.html*) eröffnen neben einem konventionellen Rundgang auch einen tiefer gehenden Eindruck mittels dreidimensionaler Bilder und Videos und geben sogar einen Abriss des Forschungsstands.

Aber auch bedeutende Sammlungen wie die des Louvre werden auf ansprechende Weise vorgestellt: *www.louvre.fr*. Hier werden nicht nur ausgewählte Exponate präsentiert, sondern auch Virtuelle Touren durch das Museum veranstaltet. Unter den virtuellen Ausstellungen ragt insbesondere das Erlanger Aeria-Projekt hervor: *www.phil.uni-erlangen.de/~p1altar/aeriahome.html*. Auf dessen Internetseiten können die präsentierten Stücke durch die Einbindung von Videoaufnahmen rundum betrachtet werden.

Zeitschriften. Eine Liste elektronischer Zeitschriften für den Bereich der Antike bieten die fachspezifischen Kataloge, insbesondere die bereits zitierte Seite von A. Cristofori: *www.rassegna.unibo.it/index.html*.

Aus einer Vielzahl von Periodica seien zum einen die *Bryn Mawr Classical Review* (BMCR) und zum anderen das *Göttinger Forum für Altertumswissenschaft* (GFA) hervorgehoben. Die BMCR (*http://ccat.sas.upenn.edu/bmcr*) ist wohl die wichtigste WWW-Rezensionszeitschrift und, soweit bekannt, die einzige, die auch einen eigenen Ableger für elektronische Publikationen gebildet hat. Das Veröffentlichen einer gedruckten Version hat BMCR inzwischen eingestellt. Das GFA (*www.gfa.d-r.de*) hingegen erscheint zunächst elektronisch im Netz, wird aber später noch in gedruckter Form oder auf CD-ROM publiziert. Durch die rasche Aufbereitung für das WWW werden die Artikel und Rezensionen extrem schnell der Öffentlichkeit zugänglich gemacht.

Informationsaustausch. Foren bzw. Mailinglists dienen dem Austausch von Informationen und der Diskussion in einer festen Benutzergruppe. Ein Listserver nimmt e-mails an und verteilt sie an die Mitglieder. Ein solches Forum stellt die *Telemaco Maillist* dar: *http://telemachos.phil.uni-erlangen.de/list.html*. Von Maria C. Pantelia stammt eine hilfreiche Übersicht über weitere Foren zur Antike mit Ratschlägen für weniger erfahrene Benutzer und Benutzerinnen: *www.tlg.uci.edu/~tlg/index/listservs.html*. Für spezielle Probleme mit der elektronischen Datenverarbeitung hat die *Arbeitsgemeinschaft Geschichte und EDV e.V.* (AGE) im Mitgliederbereich der Homepage Foren für den Austausch eingerichtet: *www.age-net.de*.

In Newsgroups hingegen kann jedermann Informationen ablegen und lesen. Für die Alte Geschichte interessant sind u.a. *News: humanities.classics* sowie *News:soc.history.ancient* [KAUFMANN/TIEDEMANN].

Materialien für den Unterricht. Die mit Abstand mächtigste Sammlung von Ressourcen für den Unterricht stellt das von der Tufts University betriebene *Perseus Project* dar: *www.perseus.tufts.edu*. Über eine Suchmaschine kann man sich Quellen, Karten, Vasenbilder, Münzen, Bildmaterial zu den archäologischen Stätten u.v.m. zusammenstellen.

Als herausragender deutscher Anbieter hat sich die Zentrale für Unterrichtsmedien im Internet etabliert: *www.zum.de*. Ihre Internetseiten erschließen auch für Unterrichtseinheiten zur Antike eine Fülle von Material und Hintergrundinformationen.

Eine Sammlung von über 1500 Abbildungen zum römischen Alltagsleben bieten Stefan Link und Joachim Molthagen an: *www-fakkw.upb.de/~link/raib/*. Zwei hervorragende Lernprogramme für Studierende wurden unter Leitung von Beat Näf in Zürich und Peter Funke in Münster entwickelt: *www.hist.unizh.ch/eag/* und *http:/orakelix.uni-muenster.de/tag_pro.htm*. *Geschichte der Antike. Ein multimedialer Grundkurs* ist auch über den Buchhandel zu beziehen.

Perspektiven. Eine ganze Reihe von spannenden und in hohem Maße nützlichen Projekten auf dem Sektor der wissenschaftlichen Datenverarbeitung wird bereits betrieben. Einige sind inzwischen zum Abschluss gekommen, etliche neue Vorhaben werden angegangen [FELL/SCHÄFER/WIERSCHOWSKI; FELL/SPICKERMANN/WIERSCHOWSKI]. Im Rahmen dieses Lehrbuchs kann nur ein kleiner Teil der fachspezifischen Angebote angesprochen werden. Für weitere hochinteressante und hilfreiche Datenressourcen sei auf die eingangs erwähnten Kataloge und Suchmaschinen sowie auf die Literatur verwiesen [CRISTOFORI/SALVATERRA/SCHMITZER; HAINZMANN/SCHÄFER; MÜLLER].

Im Zeitalter einer sich immer schneller entwickelnden Mediengesellschaft erweist sich der Einsatz moderner Computertechnologie bei der Beschäftigung mit dem Altertum nicht nur als hilfreich für die eigenen Studien, sondern eröffnet auch Perspektiven hinsichtlich der Vermittlung fachlicher Inhalte und der Außenvertretung von Institutionen [SCHMITZER].

Darüber hinaus tun sich für Historiker bzw. Absolventen mit einer soliden Zusatzausbildung auf dem Gebiet der EDV ganz neue, anspruchsvolle Arbeitsfelder im Bereich der Neuen Medien auf. Gerade die Kreativität von Geisteswissenschaftlern entpuppt sich hier als Vorteil. Aussagekräftige Beispiele liefern aus Lehrveranstaltungen hervorgegangene Multimedia-Anwendungen [BAUMANN/PIESCH/SCHÄFER].

Christoph Schäfer

Literatur

H. BAUMANN/CHR. SCHÄFER, Theoretische Überlegungen und praktische Erfahrungen beim Lernen mit Bildern im Unterricht anhand der Computeranwendung „Am Limes", in: F. LEHNER/G. BRAUNGART/L. HITZENBERGER (Hrsg.), Multimedia – Informationssysteme zwischen Bild und Sprache, Wiesbaden 1999, 55–66.

H. BAUMANN/D. PIESCH/CHR. SCHÄFER, Wissenstransfer mit Authorware für Geschichtsstudentinnen und -studenten. Ergebnisse und Konsequenzen einer interdisziplinären Veranstaltung, in: F. LEHNER/R. MAIER (Hrsg.), Electronic Business und Multimedia, Wiesbaden 2000, 179–194.

J. BIERWEILER/M. SCHOLZ, Altertumswissenschaftliche Multimedia-Produktion mit den Autorensystemen Authorware und Director von Macromedia, hrsg. v. P. KEHNE u. CHR. SCHÄFER, St. Katharinen 2004.

A. CRISTOFORI/C. SALVATERRA/U. SCHMITZER (Hrsg.), La rete di Arachne – Arachnes Netz, Stuttgart 2000.

M. FELL, Hellas für Windows. Bibliographische Datenbank der nachantiken Reiseberichte über Griechenland bis zur Mitte des 20. Jahrhunderts, in: FELL/SPICKERMANN/WIERSCHOWSKI, 138–140.

M. FELL/CHR. SCHÄFER/L. WIERSCHOWSKI (Hrsg.), Datenbanken in der Alten Geschichte, St. Katharinen 1994.

M. FELL/W. SPICKERMANN/L. WIERSCHOWSKI (Hrsg.), Machina computatoria. Zur Anwendung von EDV in den Altertumswissenschaften, St. Katharinen 1997.

M. HAINZMANN, Auxilia Epigraphica. Konkordanzen und Volltextdateien auf CD-ROM, in: HAINZMANN/SCHÄFER, 89–107.

M. HAINZMANN/CHR. SCHÄFER (Hrsg.), Alte Geschichte und Neue Medien. Zum EDV-Einsatz in der Altertumsforschung, St. Katharinen 2000.

D. KAUFMANN/P. TIEDEMANN, Internet für Althistoriker und Altphilologen. Eine praxisorientierte Einführung, Darmstadt 1999.

A. MEIER/CHR. SCHÄFER, Computer und antike Texte. Wortrecherche, Konkordanz- und Indexerstellung mit Volltextdatenbanken, St. Katharinen 2. überarb. u. erw. Aufl. 2003.

M. MÜLLER, Alte Geschichte Online. Probleme und Perspektiven althistorischen Wissenstransfers im Internet, St. Katharinen 2003.

K. RUFFING, Elektronische Ressourcen in der Papyrologie, in: CRISTOFORI/SALVATERRA/SCHMITZER, 167–183.

CHR. SCHÄFER, Computer und antike Texte. Wortrecherche, Konkordanz- und Indexerstellung mit Volltextdatenbanken, St. Katharinen 1993.

DERS., Eine Reise entlang des Limes. Zur Konzeption und Entwicklung einer Multimedia-Produktion aus der Perspektive des Althistorikers, in: HAINZMANN/SCHÄFER, 157–166.

U. SCHMITZER, Und man braucht sie doch: Internet und EDV in Lehre und Forschung auf dem Gebiet der Antike. Ein Bericht über die Lage im deutschsprachigen Raum, in: CRISTOFORI/SALVATERRA/SCHMITZER, 233–263.

M. SEHLMEYER, EDV-Einsatz in der Alten Geschichte, in: Historische Zeitschrift 261, 1995, 793–811.

DERS., Möglichkeiten und Grenzen des WWW für die althistorische Forschung, in: HAINZMANN/SCHÄFER, 15–32.

DERS., CD-ROMs und Internet in der spätantiken und frühmittelalterlichen Geschichtsforschung, Historische Zeitschrift 274, 2002, 367–386.

W. SPICKERMANN, Rom und Germanien im Internet. Neue Webseiten der Universität Osnabrück, in: HAINZMANN/SCHÄFER, 167–183.

E. WIRBELAUER, Datenbank zur ‚Historischen Landeskunde des antiken Griechenland', in: FELL/SPICKERMANN/WIERSCHOWSKI 1997, 141–144.

Anhang

Die Autorinnen und Autoren

Prof. Dr. Jochen Althoff
Die antiken Menschen über sich: Griechische Literatur bis zum Hellenismus
Jahrgang 1962
Professor für Klassische Philologie (Gräzistik) an der Universität Mainz

Dr. Hans Beck
Die antiken Menschen in ihren Gemeinschaften: Griechenland
Jahrgang 1969
Wissenschaftlicher Mitarbeiter am Institut für Altertumskunde der Universität zu Köln

Prof. Dr. Bruno Bleckmann
Die Mittelmeerwelt vom 6. bis 4. Jahrhundert
Jahrgang 1962
Professor für Alte Geschichte an der Universität Düsseldorf

Dr. Marieluise Deißmann
Die Mittelmeerwelt im Imperium Romanum
Jahrgang 1935
Akademische Oberrätin i. R., vormals am Seminar für Alte Geschichte der Universität Freiburg i. Br.

Dr. Carsten Drecoll
Technik: Die Arbeit mit den Quellen zur Antike: Papyri
Jahrgang 1967
Wissenschaftlicher Mitarbeiter am Seminar für Alte Geschichte der Universität Freiburg i. Br.

Prof. Dr. Ursula Gärtner
Die antiken Menschen über sich: Literatur im Imperium Romanum
Jahrgang 1965
Professorin für Klassische Philologie an der Universität Potsdam

Prof. Dr. Hans-Joachim Gehrke
Einladung in die Antike
Schlüsselbegriffe und Konzepte: Identität und Alterität
Jahrgang 1945
Professor für Alte Geschichte an der Universität Freiburg i. Br.

Dr. Rosmarie Günther
Technik: Die Darstellung der Arbeit mit den Quellen
Jahrgang 1942
Akademische Oberrätin am Seminar für Alte Geschichte der Universität Mannheim

Prof. Dr. Klaus Hallof
Technik: Die Arbeit mit den Quellen zur Antike: Griechische Inschriften
Jahrgang 1957
Mitarbeiter der Berlin-Brandenburgischen Akademie der Wissenschaften

Dr. Michel Humm
Die Hellenisierung der Mittelmeerwelt
Jahrgang: 1960
Maître de conférences für Römische Geschichte an der Universität Straßburg

Dr. Peter Kehne
Die antiken Menschen in ihren Gemeinschaften: Internationale Beziehungen
Die Rezeption der Antike: Das antike Völkerrecht
Die Rezeption der Antike: Antike in Literatur und Film
Jahrgang 1955
Akademischer Direktor am Historischen Seminar der Universität Hannover

Prof. Dr. Anne Kolb
Technik: Die Arbeit mit den Quellen zur Antike: Lateinische Inschriften
Jahrgang 1964
Assistenzprofessorin für Alte Geschichte an der Universität Zürich

Dr. Christian Körner
Die Rezeption der Antike: Das römische Recht
Jahrgang 1971
Gymnasiallehrer

PD Dr. Bernhard Linke
Schlüsselbegriffe und Konzepte: Macht und Herrschaft
Jahrgang 1961
Privatdozent für Alte Geschichte an der Technischen Universität Dresden

Prof. Dr. Jochen Martin
Die Verwandlung der Mittelmeerwelt in der Spätantike
Erkenntnismöglichkeiten in der Alten Geschichte
Jahrgang 1936
Emeritierter Professor für Alte Geschichte und Historische Anthropologie an der Universität Freiburg i. Br

PD Dr. Mischa Meier
Technik: Die Arbeit mit den Quellen zur Antike: Übrige literarische Quellen
Jahrgang 1971
Hochschulassistent am Lehrstuhl für Alte Geschichte der Universität Bielefeld

Dr. Peter F. Mittag
Technik: Die Arbeit mit den Quellen zur Antike: Münzen
Jahrgang 1966
Hochschulassistent am Seminar für Alte Geschichte der Universität Freiburg i. Br.

Die Autorinnen
und Autoren

Prof. Dr. Beat Näf
Die Rezeption der Antike:
Die athenische Demokratie
Jahrgang 1957
Professor für Alte Geschichte
an der Universität Zürich

Prof. Dr. Stefan Rebenich
Die Altertumswissenschaften
im 19. und 20. Jahrhundert
Jahrgang 1961
Professor für Alte Geschichte
an der Universität Bielefeld

Prof. Dr. Robert Rollinger
Von der Levante nach
Griechenland
Jahrgang 1964
Professor für Alte Geschichte
an der Universität Innsbruck

Prof. Dr. Jörg Rüpke
Die antiken Menschen und
ihre Götter: Griechisch-
römisch
Jahrgang 1962
Professor für Vergleichende
Religionswissenschaft an der
Universität Erfurt

Prof. Dr. Christoph Schäfer
Die antiken Menschen in
ihren Gemeinschaften:
Spätantike
Vernetztes Wissen
Jahrgang 1961
Professor für Alte Geschichte
an der Universität Hamburg

Prof. Dr. Winfried Schmitz
Die antiken Menschen in
ihren Nahbeziehungen:
Griechenland
Jahrgang 1958
Professor für Alte Geschichte
an der Universität Bonn

Dr. Thomas Späth
Schlüsselbegriffe und
Konzepte: Geschlecht und
Geschlechterdiskurs
Jahrgang 1956
Assistent am Seminar für
Alte Geschichte der
Universität Basel

PD Dr. Matthias Steinhart
Die antiken Menschen über
sich: Antike Kunst
Die Rezeption der Antike:
Die klassische griechische
Plastik
Jahrgang 1966
Hochschulassistent am
Archäologischen Institut der
Universität Freiburg

Prof. Dr. Gregor Weber
Die antiken Menschen und
ihre Götter: Christlich
Jahrgang 1961
Professor für Alte Geschichte
an der Universität Augsburg

Dr. Hartmut Westermann
Die Rezeption der Antike:
Die antike Philosophie
Jahrgang 1970
Dekanatsassistent der Geis-
teswissenschaftlichen
Fakultät und Lehrbeauf-
tragter für Philosophie am
Philosophischen Seminar der
Universität Luzern

Prof. Dr. Aloys Winterling
Die antiken Menschen in
ihren Nahbeziehungen: Rom
Die antiken Menschen in
ihren Gemeinschaften: Rom
Jahrgang 1956
Professor für Alte Geschichte
und Historische Anthro-
pologie an der Universität
Freiburg i. Br.

PD Dr. Eckhard Wirbelauer
Die Mittelmeerwelt im
Imperium Romanum
Technik: Zu den Quellen der
Antike!
Die Rezeption der Antike:
Das Papsttum
Altertumswissenschaften
heute
Jahrgang 1962
Hochschuldozent für Alte
Geschichte an der
Universität Freiburg i. Br.

Prof. Dr. Martin
Zimmermann
Die antiken Menschen in
ihrer natürlichen Umwelt
Technik: Die Arbeit mit den
Quellen zur Antike:
Geschichtsschreibung
Jahrgang 1959
Professor für Alte Geschichte
an der Universität München

Personenregister

Namen nachantiker Personen und Autoren sind kursiv gesetzt.

Abaelard, Peter 405, 408
Accursius 413
Achämeniden 30, 35, 39f.
Achill(eus) 52, 428
Aelian 282
Aelius Aristides 282, 304, 394
Aeneas 276f., 370f.
Aëtius 89, 95, 218
Agathokles 46, 50
Ager, S. L. 191f.
Agesilaos 40f.
Agis IV. 56
Agricola 80, 279
Aigner, H. 67, 85
Aioler (Äoler) 181, 365
Aiolos 365f.
Aischines von Athen 268
Aischines von Sphettos 408
Aischylos 266, 300f., 303, 366, 395, 428
Alarich 88, 99f., 219f.
Albert, S. 233
Albrecht, M. von 273, 279, 283, 300, 328, 418, 434
Alcock, S. E. 139f.
Alexander der Große 15, 25, 40, 43, 45ff., 56ff., 85, 234, 268, 270, 320, 356, 369, 427, 429
Alexander Philhellen 42
Alexander IV. 47
Alexander IV. 421, 425
Alföldi, A. 464
Alföldy, G. 68, 85, 111, 113, 115, 202, 209f., 250, 262, 315, 466
Alkaios 264, 302
Alkibiades 37–39, 59
Alkidamas 267
Alkman 306
Alroth, B. 249
Altheim, F. 463
Altrichter, H. 425
Amandry, M. 330
Ambrosius 88, 97, 217, 220, 244, 280f., 343, 348
Ameling, W. 139f., 156, 160
Amelung, W. 130
Ammianus Marcellinus 281, 293

Ampolo, C. 397, 432
Anastasius, Kaiser 89, 91
Anaximander 264, 306
Anaximenes 264
Andersen, Ø. 267, 272
Andokides 268
Anouilh, J. 429
Antigone 266, 429
Antigonos Doson 47, 50
Antigonos Gonatas 47, 49
Antigonos Monophtalmos 46f., 49
Antiochos I. 47, 50
Antiochos II. 47, 308
Antiochos III. der Große 47, 64
Antiochos IV. 47
Antipatros 46f., 268
Antiphon 268, 367
Antisthenes 54, 267
Antoninus Pius 69, 74, 84
Antonios, Eremit 88, 260
Antonius (Marcus Antonius, Mark Anton) 49, 68, 70, 165, 167, 268, 275, 289, 430
Apelles 57
Aphrodite 237, 289
Apollon 33, 37, 158, 238, 244, 401, 431
Apollonios von Rhodos 271, 305
Appius Claudius Caecus 46, 59f., 66
Apuleius 247, 282, 432
Arat, Dichter 271, 305
Arat, Politiker 56
Arbeiter, A. 472, 479
Arbogast 88, 95
Arcadius 88, 224
Archelaos 42
Archilochos 264, 302
Archimedes 54f., 431
Ariès, Ph. 344, 350
Argonauten s. Jason
Aristagoras von Milet 30
Aristophanes 241, 267, 272, 289, 303, 408
Aristoteles 53–56, 124, 144, 149, 151, 178, 187, 269f., 272, 303, 306, 321, 367, 393f., 403–409, 432f.
Arius, Arianer 259f.
Arni, C. 377, 389
Arnold, D. 479f.

Arnold, H. L. 434
Arsinoë 49, 52
Artemis 153, 241
Asamer, B. 255
Asche, U. 90, 96, 99f.
Assmann, J. 364, 374
Asterix 427, 436
Aston, M. 122, 140
Athanasios 260
Athaulf 88, 100
Athena 158, 395
Athenaios 133, 282
Attaliden 50, 287
Attalos I. 47, 50
Attalos II. 47, 50f., 58
Attalos III. 47, 50, 56, 65
Attila 89
Auanger, L. 383, 389
Auffarth, Chr. 244f., 248
Augustin(us) 88, 97, 217, 280f., 303, 403, 407, 416, 418f., 474f.
Augustus (Octavian) 49, 58, 67ff., 83ff., 90, 100, 134, 165, 179f., 195, 202, 205ff., 212, 234, 240, 250, 276, 289, 304, 325, 357, 361, 374, 399, 430
Aurelian 69, 83, 85
Ausbüttel, F. M. 77, 85
Ausonius 281
Austin, N. J. E. 227, 234
Avenarius, G. 293, 328
Ayala, B. 417
Babington, B. 427
Badian, E. 226, 231, 234
Badot, Ph. 216, 223
Bagnall, R. S. 321, 329
Bakchylides 321
Baker, D. 97, 100
Baldus de Ubaldis 413
Ball, R. H. 427
Baltrusch, E. 26, 28, 44, 228, 234
Bar Kochba 69, 74
Barnes, J. 269, 272
Bärnreuther, A. 286, 289
Barraclough, G. 421, 435
Bartelink, G. J. M. 260
Bartolus de Saxoferrato 413, 416, 419
Basch, L. 31
Basilios (Basilius) 88, 97
Basilios I. 412
Bataille, G. 466

Personenregister

Baumann, Hans 430
Baumann, Heidrun 482, 491f.
Bayer, K. 266
Beard, M. 243, 248
Beauvoir, S. de 335, 350
Bechert, T. 72, 78, 85
Beck, Hans 190, 192, 232, 234, 274, 283, 292, 328
Beck, Hans-Georg 91, 99, 100
Beck, Herbert 254, 262, 399, 433
Becket, Thomas 405
Bederman, D. J. 225, 231, 234
Belayche, N. 116
Bellinger, A. R. 330
Beloch, K. J. 461, 467
Belting, H. 402, 433
Ben Hur 103, 427, 430
Bendis 289
Bendlin, A. 240, 248
Benedikt von Nursia 89, 97, 221, 280f.
Benedikt XIV. 114, 421
Bengtson, H. 28, 44, 58, 65, 228, 355, 360
Bennet, J. 139f.
Bennett, J. M. 377, 388
Benrath, H. 430
Bentham, J. 397
Bérard, F. 328
Berg, D. 416, 434
Berger, E. 402, 433
Berger, P. L. 364, 374
Berkeley, G. 408
Bernardus de Rosergio 416
Bernbeck, R. 291, 328
Bernhard von Chartres 405
Bernhard von Clairvaux 405
Berve, H. 354, 360, 398, 463
Beste, H.-J. 107, 111, 115f.
Bettini, M. 162, 179, 337, 340, 342, 350
Bichler, R. 45, 65, 123, 140, 265, 272
Bickermann, E. 464
Bidez, J. 223
Bierweiler, J. 482, 492
Biller, H. 236
Binder, G. 283
Birley, A. 230
Bisconti, F. 255
Bispham, E. 248
Blänsdorf, J. 429, 436
Blass, F. 267, 272

Bleckmann, B. 39, 44
Bleicken, J. 29, 44, 65, 93, 184, 187, 192, 197, 207, 210, 340, 344, 350, 466
Blok, J. H. 378f., 388
Blumenberg, H. 341, 350
Boardman, J. 154, 182, 401, 433
Bock, G. 377, 388
Boeckh, A. 307, 393, 396, 458f., 466f.
Boethius 281, 406f.
Bogdal, K.-M. 434
Böhme, H. W. 74
Bol, P. C. 254, 262, 399, 433
Bolchazy, L. J. 226, 235
Bonifatius VIII. 421, 424, 426
Borbein, A. H. 193, 284, 289, 291, 328, 399, 433
Borghesi, B. 314
Borgolte, M. 435
Bormann, E. 460
Borries, B. von 378, 388
Borzsák, St. 299
Bourbon-Busset, J. de 430
Bourdieu, P. 178f.
Bourriot, F. 357, 360
Bowersock, G. W. 223
Bowman, A. K. 322, 329
Bradshaw, G. 432
Brakke, D. 260
Brandenburg, H. 98
Brandmüller, W. 262
Brandt, H. 100, 155, 160
Brant, S. 428
Brasidas 37
Braun, F. 428
Braungart, G. 482, 492
Brecht, B. 430
Bremmer, J. N. 238, 243, 249
Bretone, M. 415, 434
Breuninger, H. 290
Bridenthal, R. 379, 388
Briggs, W. W. 468
Bringmann, K. 70, 85, 427
Broch, H. 430
Brod, H. 377, 388
Brodersen, K. 44, 228, 249, 329, 426, 436
Brown, P. 89, 97, 100, 221, 223, 248f., 254, 262, 383, 388, 466
Brubaker, R. 362, 375
Bruit Zaidman, L. 149, 160
Bruni, L. 393f., 432

Brunt, P. A. 178, 180
Brutus 68, 70, 275, 430
Bücher, K. 461
Buchheim, T. 267, 272
Buchwald, W. 292, 328
Buckler, J. 189
Bückling, M. 399, 433
Bulwer, E. G. Earl of Lytton 431
Bunz, K. 489
Buonocore, M. 107
Buraselis, K. 161
Burck, E. 279, 283
Burckhardt, J. 462, 466
Burguière, A. 161, 165, 180, 390
Burkert, W. 18, 23, 243, 249, 289f., 341, 350, 466
Burnett, A. 330
Burns, Th. S. 212, 220, 223
Burschel, P. 437, 444, 452
Burton, G. P. 201, 210
Busolt, G. 188, 192, 225, 228, 235, 354, 360
Caesar 68ff., 75, 275f., 278f., 371, 427, 430f., 460
Cagnat, R. 313, 329
Calabi Limentani, I. 313, 329
Calder III., W. M. 462, 466–468
Caligula 68, 168, 207–209
Calixtus I. (Kallistos) 420, 423
Callataÿ, F. de 324
Cameron, A. 378, 389
Campagna, P. 116
Cancik, H. 291, 328
Caracalla 69, 134, 213
Carlier, P. 43f.
Carter, J. B. 24
Cartledge, P. 362, 375
Caspar, E. 99f., 422, 435
Cassiodor 281, 297
Cassius Dio 134, 208, 432
Catilina 275f., 431, 438
Cato (Marcus Porcius Cato) 47, 58, 60f., 66, 129, 168f., 274f.
Catull 271, 276
Cézanne, P. 402
Chalcidius 406
Chambers, M. 396, 432
Chamoux, F. 51, 53, 55, 65
Chandler, R. 431
Chapman, G. 428
Charbonneaux, J. 57, 65

Chariton 282
Chassignet, M. 60, 65
Chastagnol, A. 111, 113, 115
Chaucer, G. 428
Chlodwig 89
Christ, K. 361, 397, 432, 461–467
Chrysipp 272
Cicero 54, 100, 125, 162, 167, 169f., 176, 178, 234f., 268, 275, 279f., 295, 303f., 347, 416, 418, 431, 433, 438
Claassen, J.-M. 234f.
Claude, D. 89, 100
Claudian 281
Claudius 68, 80, 194, 209, 257, 304, 427, 430
Clauss, M. 79, 85f., 315, 487
Clavadetscher-Thürlemann, S. 233
Clemens v. Alexandrien 282
Clodius 234
Coarelli, F. 105, 107, 110f., 113–115
Coates, J. F. 31
Cobet, J. 334, 456
Cohen, D. 340, 350, 382, 389
Colum, P. 429
Columella 125, 129f.
Commodus 69, 208f.
Conant, C. 24, 181, 193
Concordia 59, 61
Constantin(us) s. Konstantin
Contamine, P. 418, 434
Conti 425
Cooper, F. 362, 375
Cornelius, F. 355, 360
Costabile, F. 319
Courcelle, P. 466
Cox, Ch. A. 143, 160
Crassus 68–70
Crawford, M. 48, 326, 330
Cressida 428
Cristofani, M. 286, 290
Cristofori, A. 490–492
Crone, R. 403
Cuiacius (Cujas), J. 414
Culham, P. 377, 389
Curtis, R. I. 133, 141
Cyprian 280, 297, 300, 349
Cyriacus von Ancona 307
Dahlheim, W. 48, 86, 229, 231, 235, 253

Dahlmann, D. 375
Dahn, F. 430
Dante Alighieri 401, 426, 428
Dareios I. 30, 32
Dareios III. 57
Dassmann, E. 473, 480
Daub, S. 394, 432
David, J.-L., 396
David, J.-M. 71, 86
Davis, J. L. 139f.
Davis, L. 431
De Angelis, F. 24
De Certeau, M. 437, 452
Decius 69, 250, 256
Dedalus, Stephen 428
de Decker, D. 216, 223
Degani, E. 264, 272
Deger-Jalkotzy, S. 19
Deinarchos 268
Deininger, J. 465
Deißmann(-Merten), M.(-L.) 149, 160, 167, 180, 384, 389
De la Genière, J. 286, 289f.
de Lauretis, T. 377, 389
Del Vecchio, F. 116
Demand, N. 144
Demandt, A. 100, 212–214, 217–219, 223, 262, 462, 467f.
Demetrios (I.) Poliorketes 46f., 49, 52, 56
Demetrios II. 47, 50, 52f.
Demetriou, K. N. 397
Demosthenes 43f., 156, 193, 222, 268, 366, 368, 395, 432
Deniaux, E. 359f.
de Polignac, F. 183, 193
Derrida, J. 382
Dessau, H. 172, 174, 180, 329, 460
Detering, H. 434
Dibelius, O. 348, 350
Diels, H. 124, 141
Diesner, H.-J. 95, 100
Dietz, K. 84
Dihle, A. 282f., 300, 328
Diodor 47, 294, 312
Diogenes 54
Diokletian 83f., 87f., 90, 92, 96, 100f., 223, 250, 252f., 256, 424
Dion von Prusa 282
Dionys von Halikarnassos 162, 171, 282
Dionysius Exiguus 250

Dionysos 47, 61, 111, 237, 243f., 265, 268, 305, 380f.
Disney, W. 427
Dithmar, R. 426, 436
Dixon, K. R. 213, 220, 224
Dodds, E. R. 254, 262
Dölger, F. J. 473, 480
Domaszewski, A. von 460
Domitian 68, 80, 103, 208f., 279, 430
Donellus (Doneau), H. 414
Döpp, S. 254, 262, 306, 328
Dreher, M. 41, 44
Dressel, G. 15f.
Drinkwater, J. 95, 101
Droysen, J. G. 7, 45, 66, 335, 350, 459, 467
duBois, Page 377, 383, 389
Dubois, Pierre 419
Duby, G. 344, 350, 377, 389
Duchesne, L. 423, 435
Dugas, Ch. 40
Dulckeit, G. 410f., 415, 434
Dummer, J. 465, 467
Dunbabin, K. M. D. 288
Duris 63
Durkheim, E. 465
Dürrenmatt, F. 428, 430
Dvornik, F. 348, 350
Dyson, St. L. 476, 479f.
Eck, W. 72, 74, 77, 79, 86, 89, 101, 209f., 293, 316, 328f., 466
Edel, A. 449, 452
Eder, W. 41, 44, 66, 141, 193, 236, 248
Egelhaaf-Gaiser, U. 243, 247, 249
Egger, B. 377f., 389
Ehrenberg, V. 355, 360, 464
Eickhoff, B. 426f., 436
Eigler, U. 427
Elisabeth I. 430
Elton, H. 95, 101
Emmius, U. 394
Ennius 60, 273f., 276, 304, 429
Epaminondas 41
Ephialtes 25
Epigonos von Pergamon 57
Epikur 54, 243, 271, 275, 433
Eratosthenes 55, 371
Erhart, W. 377, 389, 441, 452
Erler, M. 404, 433

Errington, (R.) M. 42, 44, 311, 359f.
Esch, A. 435
Eßbach, W. 375
Eubulos 41
Eumenes I. 47, 50
Eumenes II. 47, 50f.
Eumenes, General Alexanders 46, 56
Euripides 53, 151, 241, 266f., 271, 303, 427, 429, 436
Eusebius von Caesarea 97
Evans, P. W. 427
Evans, R. J. 437, 452
Ezechiel 271
Fabius Pictor 60, 66, 274, 283
Fabre, G. 81
Fazzini, R. 479f.
Feissel, D. 328
Felber, H. 290
Fell, M. 490–492
Feller, B. 479f.
Fellini, F. 427
Fentress, E. 75, 86
Ferrary, J.-L. 64, 66
Feuchtwanger, L. 431
Feyerabend, P. K. 408
Fiches, J.-L. 81
Fiegl, J. 395
Fikentscher, W. 434
Fink, J. 255
Finkenzeller, J. 349f.
Finley, M. (I.) 27, 44, 339, 350, 357, 361, 398, 432, 461, 464f., 467
Fiocchi Nicolai, V. 98, 255
Fisch, J. 418, 434
Fisher, N. 23f.
Flach, D. 129, 141, 257, 262, 292f., 328
Flaig, E. 90, 101, 108, 115, 208, 210, 340, 350, 360f.
Flamininus 64
Flashar, H. 267, 272, 404, 428f., 433f., 436, 458, 462f., 467
Flaubert, G. 431
Flavius Josephus 432
Flenstedt-Jensen, P. 375
Flynn, J. M. 95, 101
Fögen, M.-Th. 249
Foucault, M. 383, 386f., 389
Fowden, G. 348, 350
Foxhall, L. 383, 389

Frank, K. S. 97, 101, 252, 255, 259, 262
Franke, H. 434
Fränkel, H. 341, 351
Franklin, S. 417, 435
Franzisco de Vitoria 417, 419
Freis, H. 316, 329
Frend, W. H. C. 96, 101
Frenzel, E. 428f., 436
Frey, K. 446–449, 452
Frézouls, E. 82
Fried, J. 437–439, 452
Friedlaender, L. 335, 351
Friedrich II. 425
Friedrich Wilhelm IV. 472
Fritz, V. 472, 480
Fugmann, J. 82
Fuhrmann, H. 419, 421–424, 426, 435
Fuhrmann, M. 99, 101, 280, 283, 344, 351
Funke, P. 190, 192, 491
Gabriel, G. 434
Gabucci, A. 113, 115
Gadamer, H.-G. 407, 434
Gaius 162, 166f., 410
Galerius 88, 96, 220, 250, 257
Gallant, Th. W. 129, 131, 141
Gallienus 69, 223, 250
Gallus 278
Galsterer, H. 62, 66, 77, 86, 89, 101, 195, 210
Gardner, J. F. 166, 180
Garland, R. 145f., 149, 154f., 160
Garnsey, P. 95, 101
Gärtner, H. A. 280, 283
Gascou, J. 95, 101
Gaudemet, J. 221, 223
Gautschi, P. 444, 450–452
Gawantka, W. 191f., 229, 235
Geerlings, W. 254, 262, 306, 328
Geertz, C. 337f., 351
Gehrke, H.-J. 15, 47f., 50, 52f., 66, 181, 190, 192f., 333, 359, 361, 363f., 367, 374f., 455f., 465, 467
Gelasius I. 89, 420, 436
Gellius 168, 282
Gelzer, M. 175, 180, 201f., 210, 461f., 467
Gentili, A. 417
George, St. 463

Germanicus 227, 431
Gethmann, C. F. 334, 456
Geus, K. 426, 436
Gibbon, E. 457, 466
Giebel, M. 225, 235
Gilbert von Poitiers 405
Giono, J. 428
Giovannini, A. 86, 190, 193, 229, 235
Girardet, K. M. 70, 86, 347, 351, 456
Giraudoux, J. 428f.
Gizewski, Chr. 417
Gladigow, B. 240–242, 249, 291, 328
Glasersfeld, E. von 110, 115
Göbl, R. 327, 330
Goethe, J. W. (von) 286, 401, 426, 428, 457
Goette, H. R. 275
Goez, W. 425
Goffart, W. 213, 223
Golden, M. 149, 160
Gombrich, E. H. 402, 433
Gordon, A. E. 313, 329
Görgemanns, H. 268, 272
Gorgias 267, 272, 368
Gothofredus (Godefroy), D. 410
Göttsch-Elten, S. 284, 290
Gotzmann, A. 249
Grabbe, Chr. D. 430
Gracchen (Tiberius und Gaius Gracchus) 68, 75, 167, 344
Graeser, A. 404, 433f.
Graf, F. 283, 291, 299, 328, 344, 351
Grahame, K. 429
Gran-Aymerich, E. 476, 480
Granier, F. 356, 361
Grasmück, E. L. 233, 235
Gratian, Jurist 416
Gregor von Nyssa 474
Gregor I. der Große 16, 89, 114, 281, 420, 426
Gregor VII. 420f., 424
Gregor IX. 421, 425
Gregori, G. L. 107, 113, 115
Grewe, W. G. 228, 416–418, 434
Grier, J. 438
Grierson, Ph. 330
Grimal, P. 60, 66
Groag, E. 464

Groß-Albenhausen, K. 217, 220, 223
Grosse, R. 220, 224
Grote, G. 393, 397
Grotius (de Groot), H. 417–419, 434
Gruen, E. S. 58, 66, 229, 231, 235
Gründer, K. 434, 458, 467
Gruter, J. 314
Gschnitzer, F. 143, 145, 160, 225, 229, 235, 361
Gsell, P. 402f., 433
Guarducci, M. 307, 329
Gudjons, H. 445, 452
Guidobono, E. 136, 141
Günther, L.-M. 456
Günther, R. 333f., 437f., 441, 444, 452
Günther, W. 44, 228, 329
Guyot, P. 254f., 257, 262
Gylippos 38
Haase, M. 426, 436
Habermas, R. 336, 351
Hackel, S. 97, 101
Hacks, P. 428f.
Hadrian 69, 71, 74, 82, 84, 315, 410, 430
Haefs, G. 430f.
Haensch, R. 73, 82
Hagedorn, D. 488
Haggenmacher, P. 417
Hahn, J. 116
Haider, P. W. 17f., 21, 23
Hainzmann, M. 315, 488, 491f.
Halbwachs, M. 364, 375
Hall, J. (M.) 18, 23, 189f., 193, 375
Hall, J. B. 405
Haller, J. 422, 435
Haller von Hallerstein, C. 480
Hallett, J. P. 383, 389
Hallof, K. 193, 311
Hamley, B. 431
Hammett, D. 431
Hampl, F. 85
Hannibal 64–66, 132, 427, 429f.
Hansen, M. H. 41, 44, 184, 192f., 393, 432
Hansen, Th. E. (von) 395
Hanson, V. D. 132, 141
Hantos, Th. 62, 66, 68, 86, 195, 210

Harmenopoulos, K. 412
Harnack, A. von 96, 101
Harris, W. V. 319, 329
Harrison, R. W. 161
Hartlieb, Johannes 429
Hartmann, E. 148f., 153, 161
Hartmann, N. 407, 434
Hartog, F. 362, 375
Hase Salto, M. A. von 110, 113, 116
Hasebroek, J. 464, 468
Haskell, F. 284, 290, 401, 433
Haupt, H.-G. 337, 351
Hauptmann, G. 428
Hausen, K. 344, 351
Hausmann, U. 468
Healy, J. F. 135, 141
Hedrick, Ch. 392, 432
Hees-Landwehr, Chr. von 399, 433
Hegel, G. W. F. 45, 457
Heichelheim, F. 464
Heidegger, M. 403
Heilmann, M. 426, 436
Heilmeyer, W.-D. 284, 290
Heinrichs, J. 316, 329
Hekataios 265, 328
Heliodor 282
Hellanikos 366
Hellen 365f.
Helm, R. 226, 235
Hempfer, K. 426, 436
Henke-Bockschatz, G. 452
Henricus Aristippus 406
Henze, A. 105
Herakles/Herkules 48, 60f., 70, 90, 316, 427f.
Heraklit 306, 368
Hermann, G. 459
Herodes Atticus 240, 282
Herodes der Große 239
Herodot 123, 131, 182, 222, 237, 265, 272, 295, 301, 366f., 369, 392, 395
Herrmann, B. 377, 389
Herz, P. 79, 86
Herzig, H. E. 155, 161
Herzog, R. 300, 329
Hesberg, H. von 75, 86
Hesiod 129, 222, 263f., 276, 302, 305, 379, 428
Heuß, A. 192f., 204f., 208, 210, 228, 231, 235, 355, 357, 361, 368, 375, 458–461, 465–468

Heyne, Chr. G. 457f.
Hickey, T. M. 479f.
Hieron II. 47f., 50
Hieronymus 88, 280f.
Himmelmann, N. 289f., 401, 433
Hippias 408
Hippokrates 55, 125, 265, 267, 306
Hippolyt(us) 258, 420
Hirschfeld, O. 460
Hitzenberger, L. 482, 492
Hochhut, R. 429
Hoffmann, D. 218, 224
Hoffmann, F. 287, 290
Hofmannsthal, H. von 428
Hölkeskamp, K.-J. 141, 181, 183f., 193, 201, 210, 359, 361, 456
Hölscher, T. 58f., 66, 181, 193, 284, 289, 291, 328, 362, 375
Hölscher, U. 11, 362, 375
Holz, A. 430
Homer 17f., 20, 23f., 45, 125, 127f., 183f., 222, 225, 239, 246, 263f., 271ff., 276, 302, 304, 309, 321, 336, 365, 370, 426, 428, 458, 485, 487
Homeyer, H. 293, 328
Honegger, C. 377, 389
Honorius 88, 219f.
Hopkins, K. 201, 210
Horaz 9, 54, 58, 244, 273, 276, 278, 298f., 304
Horden, P. 121, 141
Horsmann, G. 236
Horstmann, A. 458, 467
Hossenfelder, M. 404, 434
Howgego, Ch. 327, 330
Hübner, R. 467
Hug, A. 170
Hughes, J. D. 124, 133–135, 141
Humbert, M. 62, 66
Humboldt, W. von 457
Humm, M. 59, 63, 66
Humphreys, S. 148, 161
Hunger, H. 100, 300, 329
Hunter, R. 270, 272
Hyperbolos 38
Hypereides 268
Innozenz III. 420f., 424f.
Innozenz IV. 421, 425
Ipsen, K. 417–419, 434
Irenäus 97

501

Irnerius 412
Isager, S. 129, 141
Isagoras 184
Isaios 268
Iser, W. 406
Isidor von Sevilla 281, 416, 418, 435
Isidoros von Karanis 319, 322
Isokrates 40, 222, 267f.
Jacoby, F. 292, 328
Jacques, F. 86
Jaeger, W. 463
Jäger, G. 299
Jäger, M. 227, 235
Jahnn, H. H. 429
Jahwe 242, 254
Jakob von Venedig 406
Jameson, M. H. 136, 141
Jason, Argonauten 271, 279, 427
Jauß, H. R. 406
Jeaunneau, E. 405
Jeffers, R. 429
Jehne, M. 41, 44, 70, 86, 192, 204, 210, 232, 235, 359, 361
Jeismann, K.-E. 457, 467
Jens, W. 429f.
Jesus Christus 250ff., 306, 419, 422f., 430
Jocelyn, H. D. 479f.
Joeres, R.-E. B. 388
Johannes Chrysostomos 223f.
Johannes de Lignano 416
Johannes von Salisbury 405
Johannes Paul II. 419, 421, 423
Johne, K.-P. 93
Jones, A. H. M. 212, 224, 466
Jones, H. St. 299
Jory, E. J. 315
Joyce, J. 428
Judge E. A. 479f.
Jugurtha 47, 65, 67, 426
Julia 234
Julian, Jurist 412
Julian, Kaiser 54, 88, 222f., 248, 250, 252
Jullian, C. 460
Juppiter 61, 90, 114, 123, 225, 237, 239, 242, 248, 273, 277
Justinian 16, 87, 89, 91, 220, 280, 393, 410–412, 414–416, 426
Juvenal 167, 304
Kaelble, H. 337, 351

Kahrstedt, U. 463
Kaiser, G. 429
Kaiser, N. 390
Kaiser, W. 410, 434
Kalinka, E. 36, 44
Kallimachos 56, 270f., 276, 278, 305, 321
Kant, I. 407, 419
Karavites, P. 225, 228, 235
Käsemann, E. 348, 351
Kaser, M. 231, 235, 411–415, 434
Kassandros 46f., 49, 53, 57
Kastner, J. 431
Kaufmann, C. M. 254
Kaufmann, D. 491f.
Keats-Rohan, K. S. B. 405
Kehne, P. 225–235, 416, 434, 492
Keller, H. 242
Kent, J. P. C. 134
Kenyon, F. G. 393f.
Kerferd, G. B. 267, 272
Kienast, D. 61, 66, 86, 226, 235, 325
Kimmich, D. 441, 452
Kimon 30, 44, 158
Kinzig, W. 258
Kippenberg, H. G. 244, 249
Kirk, G. S. 264, 272
Klaffenbach, G. 307, 329
Klapisch-Zuber, Ch. 161, 180, 390
Klees, H. 156, 161
Klein, R. 223, 254, 256f., 262
Kleist, H. von 429, 431
Kleisthenes 25, 29f., 37, 158, 184f., 392f.
Kleomenes I. 29
Kleomenes III. 56
Kleopatra VII. 49, 68, 289, 323, 427, 430
Kloft, H. 287, 290
Klose, P. 232, 235
Knape, J. 426, 436
Kneissl, P. 432
Kneppe, A. 464, 467
Knigge, A. C. 426, 436
Knoepfler, D. 184, 193
Knopp, G. 427
Kocka, J. 337, 351, 468
Kockel, V. 287, 290
Koerner, R. 183, 193
Kohl, K.-H. 291, 328

Köhler, O. 434
Kolb, A. 78, 222, 224, 315f.
Kolb, F. 90, 101, 110, 116, 137, 139, 141
Kolb, W. 418, 434
Konon 39
Konstan, D. 176, 180
Konstantin I. der Große 33. 87f., 90, 96, 98–103, 215f., 221, 240, 248, 250, 252, 262, 316, 425
Koonz, C. 379, 388
Kopcke, G. 18, 23
Korax 267
Korenjak, M. 23f.
Kornemann, E. 357, 361
Koselleck, R. 87, 101, 466
Kostial, M. 419, 434
Kotys 42
Kranz, W. 124, 141
Krateros 46
Krates 54
Kraus, M. 375
Krause, J.-U. 216, 224
Krautheimer, R. 425
Krebsbach, K. 109, 116
Krenkel, W. 108
Krieger, J. 428
Ktesias 304
Kuhn, A. 378, 388f.
Kuhnen, H.-P. 84
Kullmann, W. 263, 269, 272
Kunkel, W. 411, 413, 434
Künzl, E. 61, 66
Kurtz, D. C. 154
Küthmann, H. 325
Kybele 61, 325
Kyrieleis, H. 473
Kyros 39
Kytzler, B. 430, 436
Lacey, W. K. 143, 146, 148f., 159–161
Lahmer, K. 123, 141
Laktanz 257, 280
Lambert, S. D. 149, 158, 161
Landfester, M. 334, 392, 432, 457, 462, 467
Lane Fox, R. 255, 262
Lanfranchi, G. B. 23
Lang, F. 291, 328
Laqueur, R. 464
Larfeld, W. 307, 329
Larmour, D. H. J. 383, 389
Larsen, J. A. O. 188, 193

Latacz, J. 263, 266, 272, 375
Latte, K. 60, 66, 245, 249
Lau, D. 334, 456
Le Bohec, Y. 67f., 86
Lederer, D. 115f.
Lefèvre, E. 273f., 278, 283
Lefkowitz, M. R. 148, 161
Lehmann, G. A. 17, 23, 38, 44, 57, 66
Lehner, F. 482, 492
Leisching, P. 435
Lendle, O. 292f., 328
Leo I. der Große 89, 99, 420, 423f., 436
Lepelley, C. 86, 141
Leppin, H. 260, 262, 281, 283
Le Roy, J.-D. 393, 396
Leschhorn, W. 324
Leveu, Ph. 81
Lévinas, E. 362, 375
Levi-Strauss, C. 338, 351
Lewis, D. 228
Libanios 305, 394
Liddell, H. G. 299
Liebeschuetz, J. H. W. G. 221, 224
Liebs, D. 291, 328
Lim, R. 101
Linares, F. 417
Lindemann, A. 251, 262
Linders, T. 249
Linderski, J. 249
Lindken, Th. 462, 467
Link, S. 159, 161, 491
Linke, B. 333, 359, 361
Lintott, A. W. 232, 235
Lippold, A. 100f.
Lissarrague, F. 286, 290
Livius 58, 61, 125, 205, 278, 386, 434, 451
Livius Andronicus 60, 273, 283
Lochhead, L. 429, 436
Loher, D. 429
Löhken, H. 215, 224
Lohmann, H. 132, 139, 141
Lollius Urbicus 74, 84
Lombardi, L. 107, 113, 115
Longos 282
Loraux, N. 147, 151, 161
Losemann, V. 366, 375, 432, 463, 467
Luchesi, B. 249
Lucilius 274

Luckmann, Th. 364, 374
Lüdtke, A. 338, 351
Ludwig, E. 430
Luhmann, N. 202, 210
Lukan 279, 304f.
Lukas 223, 250f.
Lukian 282, 293, 295, 305. 328, 428
Lukrez 54, 275, 433
Lüpertz, M. 402
Lykurg von Athen 268
Lykurg von Sparta 184
Lysandros 39
Lysias 156, 222, 268
Lysimachos 46, 49f.
Lysipp 57, 59
Maas, P. 299
Maaß, M. 399, 433
Macauley, Th. B. 458
Maccarrone, M. 435
Macrobius 282
Maecenas 276, 278
Magas 47, 50
Magnentius 88
Magnes 366
Maier, F. G. 87, 101, 475, 480
Maier, R. 492
Makedon 366
Makrides, V. N. 249
Malik, J. 249
Malina, B. 256, 262
Malitz, J. 315
Malkin, I. 182
Man, H. de 382
Manlius Vulso 65
Mann, G. 361
Mann, K. 429
Manthe, U. 415, 434
Marchand, S. L. 459, 467
Marcus 98, 420
Mardonios 30
Marek, Chr. 18, 23
Marini, G. 314
Marius 67–69, 85, 205
Mark Anton s. Antonius
Mark Aurel 54, 69, 84, 115, 230, 432
Markion, Markioniten 250, 255
Markschies, Chr. 258f., 262
Marquard, O. 351
Marquardt, J. 169, 177, 179f., 341, 351
Marrou, H. I. 171, 180, 466

Martial 110f., 167
Martianus Capella 281
Martin, A. 264, 272
Martin, J. 16, 87, 90f., 94, 99, 101, 119, 160, 162, 180, 212, 214f., 224, 258, 261, 339f., 347, 349, 351, 389, 422, 435
Martin, R. 57, 65
Marx, K. 172, 398, 458, 465
Mason, P. 388
Massie, A. 430
Matthäus, Evangelist 423f.
Matthäus, H. 18, 23, 287, 290
Matthews, J. 219, 222, 224
Mattingly, H. 71, 325, 330
Mauss, M. 465f.
Mavrogiannis, Th. 371
Maxentius 88, 250
Maximian 88, 316
Maximilian I. 414
Mayer-Maly, Th. 416, 435
Mazzoleni, D. 255
McCarthy, J. R. 464
McCullouch, C. 431
McInerney, J. 190, 193
Medea 151, 271, 427, 429, 436
Mehl, A. 292, 328
Meier, A. 486, 492
Meier, Chr. 16, 68, 86, 114, 116, 175f., 178, 180, 201, 203, 205f., 210, 266, 272, 340, 347, 351, 359, 361, 465–467
Meier, M. 16, 184, 193
Meiggs, R. 134, 141, 228
Meißner, B. 129, 141, 306, 329
Meister, K. 109, 116, 292, 297, 328, 437, 452
Menander 271, 304, 321
Mergel, Th. 337, 351
Merklin, H. 275
Merkur 70
Mertens, D. 107, 111, 116, 181, 193
Metellus (Quintus Caecilius Metellus) 203
Meyer, Doris 109, 116, 270
Meyer, Eduard 461f., 467
Meyer, Ernst 197, 211, 313, 329, 356, 361
Meyer-Zwiffelhoffer, E. 383, 389
Michelangelo Buonarotti 402
Michelet, J. 458
Migl, J. 92, 101

Personenregister

Mikalson, J. D. 243, 249
Mill, J. St. 397
Millar, F. 77, 86
Miller, P. A. 383, 389
Miltiades 30
Miltner, F. 463
Minucius Felix 280
Mirkovic, M. 217, 224
Mitchell, K. 432
Mitford, W. 397
Mithradates VI. 47, 56, 68f., 324
Mithras 237
Mitteis, L. 322, 329
Mittelstraß, J. 333f.
Modrzejewski, J. M. 322, 329
Moellendorf, P. von 267, 272
Molière 429
Molthagen, J. 491
Momigliano, A. 397, 457, 462, 464, 466f.
Mommsen, Th. 179f., 197, 200, 204, 210f., 226, 233, 235, 314, 356f., 361, 415, 459–461, 467f., 473
Montanus, Montanisten 250, 255
Montesquieu, Ch. de 204f., 457
Montevecchi, O. 320, 329
Moormann, E. M. 428f., 436
Morgan, C. 190, 193
Morris, I. 18, 20, 22f., 184, 193, 263, 272
Morris, S. P. 23f.
Morrison, J. S. 31
Morrison, K. F. 348, 351
Moschos 271
Moser, Chr. 426, 436
Moses 271
Mosley, D. 226, 235
Mossé, C. 377
Muhlack, U. 457, 467
Müller, Heiner 428
Müller, J. E. 406, 434
Müller, K. E. 16, 372, 375
Müller, K. O. 458f.
Müller-Huber, B. 402, 433
Müller-Kasper, U. 401, 433
Mummius, Lucius 65
Münzer, F. 356, 361, 464
Muratori, A. 314
Murray, O. 186, 193
Musen 222, 263, 270
Mussolini, B. 105, 114, 463

Naevius 273f., 304
Näf, B. 214, 224, 394, 432, 456, 463, 468, 472, 480, 491
Namer, G. 375
Napoleon 415, 457
Nash, E. 105
Nenninger, M. 134, 141
Nepos (Cornelius Nepos) 166
Néraudau, J.-P. 431
Nero 68, 208f., 250, 256, 279, 304, 427, 430
Nerva 69, 281
Nesselrath, H.-G. 272, 291, 299, 328
Neuffer, L. 277
Neumann, H. 235
Neumeister, Chr. 399, 433
Nevett, L. C. 382, 389
Neyt, A. 403
Niebuhr, B. G. 458, 468
Nielsen, Th. H. 190, 193, 375
Niemeyer, H. G. 17, 23
Niethammer, L. 362, 375
Nietzsche, F. 344, 403, 462f.
Nikander von Kolophon 271
Nikias 25, 37f.
Nikolaus von Kues (Cusanus) 407f.
Nikomedes I. 47, 53
Nilsson, M. P. 245, 249
Nippel, W. 211, 459, 461, 465, 468
Niquet, H. 333f.
Nissen, H. J. 472, 480
Nitschke, A. 160
Noethlichs, K. L. 93, 101
Nonnos 282, 487
Nörr, D. 196, 211, 228, 231, 235, 418, 435
North, J. 243, 248
Nossack, H. E. 428, 430
Nowak, K. 468
Nuber, H. U. 472, 480
Oakley, J. H. 153
Oates, J. F. 321, 329
Ober, J. 392, 432
Octavian s. Augustus
Odainathos 83
Odoaker 89, 115
Odysseus 263, 427ff., 455
Oexle, O. G. 468
O'Flynn, J. M. 219
Ohler, N. 418, 435
Olshausen, E. 84, 226, 236

Oppermann, H. 357, 361
Origenes 282
Orlandi, S. 107, 111, 113–115
Orosius 88, 100
Osborne, R. 22f., 186, 193
Overbeck, B. 134, 325
Ovid 234, 271, 278, 299, 379, 389, 429, 432, 487
Pabst, A. 93
Pack, E. 432, 464, 468
Pailler, J.-M. 61, 66
Paillet, J.-L. 81
Pais, E. 460
Palagia, O. 433
Panofsky, E. 401, 433
Pantelia, M. C. 490
Panzram, S. 111, 116
Papadopoulos, J. K. 23
Papenfuß, D. 24
Parker, R. 248f.
Parkin, T. 172, 180
Parmenides 264, 269, 271
Paschoud, F. 101
Pastor, L. (Freiherr von) 421f., 435
Patterson, C. B. 143, 146, 148, 161
Paulinus 280f.
Paulsen, Th. 302, 329
Paulus 241, 250f., 260, 348, 424
Pauly, A. F. 476
Pausanias, Enkel des gleichnamigen Feldherrn 39
Pausanias, Feldherr 32f.
Pausanias, Schriftsteller 396
Pédech, P. 57, 66
Peek, W. 309, 329
Peisistratiden 29
Peisistratos 25
Pelagius 96
Peña, J. de la 417
Penny, N. 401, 433
Peradotto, J. 379, 389
Perdikkas II. 42
Perdikkas III. 42
Perdikkas, General Alexanders 46f., 52
Pérez de Oliva, F. 429
Perikles 25, 36f., 51, 53, 149, 232, 394f., 397f., 468
Perrot, M. 377, 389
Perses 324, 369
Perseus, myth. Figur 324, 369

Perseus, König der Makedonen 47, 50, 65
Pestman, P. W. 318, 320, 330
Peter, H. 292, 328
Petersen, E. 230
Petersen, J. 435
Petitmengin, P. 328
Petrarca, F. 468
Petron 177, 282
Petrus 99, 250, 260f., 419, 421, 423f.
Pfeiffer, R. 457, 468
Pflaum, H.-G. 464
Phidias 401f.
Philhetairos 50
Philipp II. 25, 40, 42f., 46, 50, 192, 232, 268, 313, 329, 368, 392
Philipp IV. 46
Philipp V. 47, 50, 64
Philipp IV. von Frankreich 424, 426
Philipp, H. 399, 433
Philokrates 43
Philon von Alexandrien 237, 282
Philopoimen 56
Philoxenos von Eretria 57
Phokylides 24
Picasso, P. 402
Pickard-Cambridge, A. 111, 116
Pieler, P. E. 412, 434
Pierino Belli 416f.
Piesch, D. 492
Pietri, Ch. 435
Piganiol, A. 466
Pilhofer, P. 76, 86, 313, 329
Pindar 264, 302, 428
Piraino, C. 116
Pius VI. 421, 423
Plankl, W. 277
Plant, R. 325, 330
Platon 53–55, 122–124, 134, 267–270, 282, 285, 303, 306, 379, 393–395, 397, 403–409, 432, 474
Platter, C. 383, 389
Plautus 60, 271, 273, 304, 429
Pleket, H. W. 130
Plinius der Ältere 121, 125, 131, 135, 168, 203, 301, 400
Plinius der Jüngere 127, 250, 257, 301, 383
Plotin 282

Plutarch 56, 169, 184, 282, 301, 430
Poblome, J. 139, 142
Poggio Bracciolini, G. 314
Pohlkamp, W. 425
Pöhlmann, R. von 461
Poiss, Th. 426, 436
Polányi, K. 465
Pollitt, J. J. 433
Polos 267
Polybios 57, 62, 66, 169, 190, 272, 274, 294f., 474f.
Polyklet 399–403, 433
Polyperchon 46
Pomata, G. 377, 380, 389
Pomeroy, S. (B.) 143, 148, 154, 159, 161, 378, 389, 466
Pompeius 68–70, 279, 438, 460
Pontius Pilatus 250, 257, 262
Popham, M. 24
Popper, K. 109, 116, 394, 409, 432
Pöschl, V. 276, 283
Pototschnig, F. 435
Potter, D. S. 249
Potthoff, W. 375
Potz, R. 435
Powell, B. 23, 263, 272
Préaux, C. 45, 66
Preiser, W. 416f., 435
Price, S. 243, 248
Primavesi, O. 264, 272
Proba 246
Prokop 304, 379
Properz 276, 278
Prudentius 97, 280, 299
Pseudo-Hesiod 366
Pseudo-Xenophon („Alter Oligarch') 36, 44, 303
Ptolemaios Keraunos 46, 49
Ptolemaios I. 46, 49f., 52, 308
Ptolemaios II. 47, 49, 51f., 56, 308
Ptolemaios III. 52, 55
Purcell, N. 121, 141
Puzicha, M. 260
Pyrrhos 46f., 49, 56f., 63, 273
Pythagoras 59
Pytheas 55
Quandt, S. 427
Quint, B. 261
Quintilian 279
R.-Alföldi, M. 325–327, 330

Raaflaub, K. (A.) 20, 23f., 70, 86, 192f.
Rabinowitz, N. S. 383, 389
Racine, J. B. 429
Radt, S. 83, 86
Radt, W. 287, 290
Ranke, L. (von) 421f., 435
Ranke Graves, R. von 430
Rankov, N. B. 227, 234
Rathmann, M. 78
Raven, J. E. 264, 272
Rawson, B. 180
Rea, R. 107f., 111, 113–116
Rebenich, St. 460–464, 468, 471, 474
Reiff, A. 273, 283
Reinau, H. 66
Reinsberg, C. 146, 148f., 153, 161
Reissberger, M. 395
Renault, M. 431
Renger, J. 472, 480
Revett, N. 393, 396
Reynolds, L. D. 299
Rich, J. (W.) 89, 101, 193, 233, 236
Richardson, L. 107, 116
Richlin, A. 383, 389
Ricimer 89, 218
Riedel, V. 428–430, 432, 436
Riemer, P. 283, 291, 328
Rilinger, R. 172, 177, 180, 199, 205, 211
Rinaldo dei Conti 425
Ripollès, P. P. 330
Rittelmeyer, C. 161
Ritter, J. 434
Robert, L. 307, 329, 466
Roberts, J. M. 431
Roberts, J. T. 393f., 432
Robertson, M. 287, 290
Röd, W. 404, 434
Rodbertus, J. K. 461
Rodenwaldt, G. 286
Rodin, A. 402f., 433
Rohr, Chr. 473, 480
Rolfing, H. 431
Rollinger, R. 16, 18, 21, 23f., 265, 272
Romulus 48, 371f.
Romulus Augustulus 89, 99, 429
Roscher, W. H. 476
Rosen, K. 250f., 262

Personenregister

Rosenberg, A. 398, 433, 464
Rostovtzeff, M. 461, 464, 467
Rotrou, J. de 428
Roussel, D. 357, 361
Rousset, D. 328
Roxane 47
Rubinstein, L. 375
Rudolph, K. 254, 262
Rudolph, W. 472, 480
Rüegg, W. 457, 459, 468
Ruffing, K. 488, 492
Rühfel, H. 149, 161
Rüpke, J. 227, 236, 243, 248f., 372, 375
Rupprecht, H.-A. 322, 330
Ruprechtsberger, E. M. 84
Rüsen, J. 467
Russel, F. S. 227, 236
Sachers, E. 162, 180
Sahlins, M. 376, 389
Sallares, R. 121f., 141
Saller, R. P. 174, 180, 384, 389
Sallmann, K. 300, 329
Sallust 62, 125, 276, 283, 294
Salmon, J. 383, 389
Salvaterra, C. 491f.
Salzman, M. R. 89, 101
Salzmann, S. 403
Sappho 264, 383
Sartre, M. 75, 82, 86
Saturn 58, 70, 77
Sauer, M. 443
Savigny, F. C. von 413, 415
Sayers, D. L. 430
Saylor, St. 431
Schachermeyr, F. 355, 361, 463
Schäfer, A. 249
Schäfer, Chr. 214, 224, 481f., 486, 491f.
Schäfer, Th. 70, 85
Schalles, H.-J. 75, 86
Schapur I. 69, 83, 85
Schätzel, W. 417
Scheer, T. 378, 389
Scheibelreiter, G. 213, 224
Scheid, J. 79, 86, 241, 249
Schenk, W. 122, 141
Schieffer, R. 424, 435
Schiering, W. 401, 433, 457, 468
Schiller, F. (von) 401
Schimmelpfennig, B. 422, 435
Schingo, G. 116
Schliemann, H. 480

Schlinkert, D. 214, 224
Schmale, W. 284, 290, 444, 452
Schmidt, H. 472, 480
Schmidt, P. L. 302, 329
Schmitt Pantel, P. 149, 160, 378, 389, 466
Schmitt, H. H. 44, 228, 329
Schmitt, O. 95, 101
Schmitz, Th. 282f.
Schmitz, W. 129, 141, 157, 160f., 339, 351, 358, 361
Schmitzer, U. 105, 116, 484, 492
Schnapp, A. 286, 290
Schneider, H. 193, 461, 468
Schneider, R. M. 401, 433
Schnurr-Redford, C. 382, 390
Schofield, M. 264, 272
Scholz, M. 482, 492
Schön, F. 84
Schöttker, D. 406, 434
Schröder, J. 414, 434
Schubert, P. 315
Schuler, Ch. 123, 141
Schuller, W. 33f., 44, 93, 101, 182
Schulz, R. 96, 101, 231f., 236
Schulze, W. 439, 452
Schumacher, L. 172, 180, 316, 329
Schuster, P.-K. 289
Schütze, O. 293, 328
Schwab, G. 429
Schwarz, Frank 105, 116
Schwarz, Fritz 410f., 415, 434
Schweizer, Chr. 220, 224
Schwendemann, H. 452
Schwinge, E.-R. 456, 467
Scipio Aemilianus 57, 65
Scipio Africanus 64f., 427
Scipionen, römische Adelsfamilie 60, 172, 272
Scott, J. W. 376f., 390
Scott, R. 299
Seeck, G. A. 266, 272
Seeck, O. 460, 466
Segalen, M. 161, 180, 390
Sehlmeyer, M. 481, 484, 492
Seibert, J. 234, 236
Seidensticker, B. 428f., 436, 465, 467
Seif el-Din, M. 290
Seleukos (I.) 46, 49, 52f., 64
Seleukos II. 47, 52

Semple, E. C. 121, 141
Seneca 54, 125, 167, 170, 178, 279, 304, 386, 429
Seppelt, F. X. 422, 435
Septimius Severus 69, 82, 84f., 134
Sève, M. 328
Severus Alexander 69, 73, 85, 482
Sewell Jr., W. H. 377, 390
Shakespeare, W. 53, 427f., 430. 432, 436
Shaw, G. B. 430
Shepard, J. 417, 435
Sherratt, A. 17, 24
Sherratt, S. 17, 24
Sibylle 245, 277
Sichtermann, H. 105
Siebenmorgen, H. 290
Sieferle, R. P. 290
Sienkiewicz, H. 430
Sigonius, C. 393f.
Silius Italicus 279, 305
Silvester I. 420, 423, 425
Simonides 303
Sinos, R. H. 153
Sissa, G. 149, 161
Siurla-Theodoridou, V. 161
Skinner, M. B. 377, 383, 389
Skydsgaard, J. E. 129, 141
Smarczyk, B. 35, 44
Smith, Chr. 248
Smith, R. R. R. 289f.
Snodgrass, A. M. 24
Sokrates 264, 268, 285, 360, 393, 395f., 408, 434, 479
Söldner, M. 289f.
Söllner, A. 411f., 414f., 434
Solomon, J. 427
Solon 35, 145f., 159, 184, 264, 302, 340, 360, 395
Sommer, M. 17, 24
Sonnabend, H. 135, 141f., 233, 236
Sophokles 53, 114, 125, 266, 303, 428f.
Southern, P. 213, 220, 224
Spahn, P. 358, 361
Spartacus 173, 427
Späth, Th. 333, 378, 380, 383, 390
Spickermann, W. 488f., 491f.
Spielvogel, J. 351
Stahl, M. 358, 361

Stähli, A. 381
Starke, F. 235
Statius 279, 299
Staubach, N. 242
Stegemann, E. W. 251, 256, 262
Stegemann, W. 251, 256, 262
Stegmüller, O. 299
Stein, A. 464
Stein, E. 464
Stein, P. G. 410, 412, 434
Steinbrecher, M. 33, 44
Steinby, E. M. 107, 116
Steiner, K. 452
Steinhart, M. 33, 287, 290, 456, 475, 480
Steinhilber, D. 325
Stein-Hölkeskamp, E. 358, 361
Stemmler, M. 359, 361
Steuer, H. 136, 141
Stierle, K. 351
Stilicho 88, 95, 100, 218f., 281
Stöver, H. D. 431
Strabon 83, 282, 370
Strasburger, H. 371
Straub, J. 466
Straw, C. 101
Stresau, H. 431
Strobel, K. 72, 86
Strocka, V. M. 24
Stryk, S. 414
Stuart, J 393, 396
Stüwe, K. 398, 433
Stylow, A. U. 134
Suerbaum, U. 431
Suerbaum, W. 276, 283, 300, 329
Sueton 165, 245, 257, 279, 383
Sulla 68f., 70, 86, 206
Sullivan, J. P. 379, 389
Sully, M. de 418
Süßmuth, H. 161, 180
Sutcliff, R. 431
Suter, C. E. 479f.
Swoboda, H. 188, 192, 225, 228, 235
Sydenham, E. A. 71, 325, 330
Syme, R. 86, 204, 465
Symmachus (Quintus Aurelius Symmachus) 281, 304
Symmachus, Papst 420, 436
Szidat, J. 101
Tacitus 76, 80, 125, 170, 174, 194, 257, 279, 281, 294, 299, 301, 383, 386, 390

Tarpin, M. 136, 139, 141
Tarquinius Superbus 356
Tasler, P. 233
Täubler, E. 228, 236, 464
Tausend, K. 26, 44
Teijral, J. 230
Teiresias 245
Teisias 267
Terentius Varro s. Varro
Terenz 60, 271, 273, 304
Tertullian 127, 243, 280
Tetz, M. 260
Thales 124, 264, 306
Theißen, G. 430
Themistios 305
Themistokles 30–32, 395
Theobald von Canterbury 405
Theoderich 89, 212, 281, 473, 480
Theodosius I. 88, 217, 219f., 348
Theodosius II. 88f., 487
Theognis 302
Theokrit 271, 276, 305
Theophrastes 56
Thirgood, J. V. 135, 141
Thissen, H. J. 290
Thomas von Aquin 403, 416, 419
Thomas, C. G. 24, 181, 193
Thomas, Y. 165, 168, 172, 180, 383f., 390
Thommen, L. 402, 433
Thompson, J. 132, 142
Thomsen, A. 137
Thorvaldsen, B. 401
Thrasybulos 39
Thukydides 32, 36, 53, 222, 265, 292, 295, 321, 368, 395
Tiberius 68, 71, 174, 208, 257, 430
Tibull 278
Tiedemann, P. 491f.
Timaios 56
Timpe, D. 60, 66, 231, 233, 236, 366, 375
Timpson, M. E. 139, 142
Titus 68, 71, 111, 113
Todd, M. 84
Toher, M. 70, 86
Tokumaru, I. 18, 23
Tomasello, M. 364, 375
Toynbee, A. J. 65f.
Trajan 69, 71, 82–85, 250, 256f., 325, 430

Trampedach, K. 268, 272
Tribonianus 410
Trommer, G. 430
Tsetskhladze, G. R. 24
Tugendhat, E. 408
Turner, St. 468
Tyrell, H. 163, 180
Tyrtaios 302
Uitterhoeve, W. 428f., 436
Ulf, Chr. 16, 18, 20, 23f., 157, 161, 181, 193, 236, 375
Ullmann, W. 422, 424, 435f.
Ungern-Sternberg, J. von 60, 66, 455f.
Ungern-Sternberg, W. von 455f.
Usener, H. 462
Valens 88, 99
Valentinian III. 88, 95, 99
Valerian 69, 86, 250, 253, 256
Valerius Flaccus 271, 279, 305
van der Vegt, S. 426, 436
van Dülmen, R. 339, 350
van Minnen, P. 323
van Rinsum, A. u. W. 428, 436
van Royen, R. 426, 436
van Wees, H. 20, 23f.
van Zyl Smit, B. 429, 436
Varro 60, 125, 129, 131, 245
Varus 83f., 431, 489
Vega Carpio, L. F. de 428
Venus 237, 242
Vergil 246, 271, 274, 276ff., 299, 304, 336, 371, 374, 426, 428, 430
Vernant, J.-P. 350
Versnel, H. S. 248f.
Vespasian 68, 71, 111, 113, 394, 431
Veyne, P. 58, 66, 167, 173, 180, 386f., 466
Victoria 61, 281
Vidal-Naquet, P. 392, 433
Vierneisel, K. 402, 433
Vigilius 412, 420
Viktor Emanuel II. 111
Villard, F. 57, 65
Vinzent, M. 258
Vismara, C. 107, 113, 115
Vistilia 168
Vitruv 125, 179
Vittinghoff, F. 86, 130, 162, 168, 173, 180, 194–196, 211, 256, 262, 347, 351, 466

Vögler, G. 123, 142
Vogt, J. 170, 463
Vöhler, M. 429, 436
Völker-Rasor, A. 7f., 116, 290, 437, 441, 444, 452
Volkmann, H. 233, 236
Vollmer, D. 437, 452
Volpi, F. 406, 434
Vretska, K. 277
Waas, M. 213, 218, 224
Waelkens, M. 139, 142
Wagner, J. 84
Wagner-Hasel, B. 225, 236, 379f., 382, 390
Wagner-Rieger, R. 395
Waldherr, G. 132, 136, 142
Waldstein, W. 410f., 415, 434
Wallace, L. 430
Wallace, R. W. 58, 66
Wallace-Hadrill, A. 101, 179f., 193
Walser, G. 80, 86, 314, 316, 329
Walter, U. 184f., 193, 274, 283, 292, 328, 358, 361
Walther, G. 458, 468
Watson, A. 227, 236
Watzlawick, P. 115
Weaver, P. R. C. 180
Weber, E. 75, 86
Weber, G. 254, 262, 398, 433
Weber, I. 325
Weber, M. 16, 194, 199f., 211, 333, 351, 353, 360f., 461, 465, 467f.
Weber, W. 463
Weeber, K.-W. 108, 114, 116, 126, 130, 134f., 142, 316f., 329
Wegeler, C. 463f., 468
Wehler, H.-U. 337, 351, 433
Weiler, I. 85
Weinstock, S. 61, 66
Weis, B. K. 223
Weisner, U. 402, 433
Weiss, C. 285
Weissenberger, M. 283, 291, 328
Welskopp, Th. 337, 351
Welwei, K. W. 36, 44, 181, 186, 193
Wenskus, R. 363, 375
Werner, R. 44
Wesenberg, B. 400
West, M. L. 18, 23f., 264, 272

Westermann, W. L. 461
Whitehead, A. N. 403, 434
Whittington, H. 427
Wickert-Micknat, G. 147, 161
Widmer, P. 87, 101
Wieacker, F. 274, 283
Wiedemann, Th. 111, 116
Wiegels, R. 84
Wieland, Chr. M. 428
Wierschowski, L. 491f.
Wiersing, E. 161
Wiesehöfer, J. 15f., 44, 464, 467
Wilamowitz-Moellendorff, U. von 307, 398, 462, 467f.
Wilcken, U. 322, 329, 460
Wild, G. 426, 436
Wilder, Th. 428, 430
Wilhelm von Conches 405
Wilhelm von Moerbeke 406
Wilhelm II. 463
Wilks, M. 405
Will, E. 30, 44, 47f., 66
Williams, C. A. 383, 390
Willige, W. 266
Willing, M. 465, 468
Willis, W. H. 321, 329
Winckelmann, Johann Joachim 401, 457, 468, 480
Winckelmann, Johannes 16, 200, 361
Windecker, A.-C. 441
Winkelmann, F. 252, 262
Winkler, J. J. 383, 390
Winkler, M. M. 427
Winter, I. J. 20, 24
Winterling, A. 177f., 180, 208f., 211, 360f., 456
Wirbelauer, E. 15f., 109, 116, 422, 425, 436, 452, 456, 464, 468, 475, 480, 490, 492
Wissowa, G. 240, 244, 249, 463, 475
Wittkau, A. 462, 468
Wojtewytsch, M. 422f., 436
Wojtyla, K. 423
Wolf, Chr. 429
Wolf, F. A. 458, 468
Wölfflin, H. 399
Wolfram, H. 100f.
Wolters, R. 71, 287, 290
Woolf, G. 95, 101
Worp, K. A. 321, 329
Wrede, H. 289f.
Wright, D. H. 277

Wright, M. R. 123, 142
Wunder, H. 339, 351
Wyke, M. 427
Xanthippos 32
Xenophanes 264
Xenophon von Athen 40f., 192, 395, 408
Xenophon von Ephesos 282
Xerxes 32, 266, 366
Yazvenko, S. B. 139, 142
Yourcenar, M. 430
Zangger, E. 139, 142
Zanker, P. 75, 79, 86, 113, 116, 165, 193, 284, 289–291, 328, 401, 433
Zasius (Zäsy), U. 414
Zeller, D. 86
Zenobia 83
Zeno(n), Kaiser 89
Zeno(n), Philosoph 54
Zenon, Verwalter 322
Zeus 33, 52, 123, 158, 225, 237, 239, 389, 428
Ziegler, K.-H. 226–229, 231–233, 236, 416–419, 435
Zimmer, G. 130
Zimmermann, A. 405
Zimmermann, B. 266f., 272, 274, 283, 291, 328, 429, 436
Zimmermann, H. 422, 436
Ziolkowski, A. 248f.
Zoepffel, R. 180, 389
Zöllner, F. 401, 433
Zonabend, F. 161, 180, 390

Geographisches Register

Dieses Register enthält auch antike Völkerschaften u.ä.; Hinweise auf Karten sind unterstrichen.

Abdera 34, 267
Achäa (*Achaea*), Achäer, Achäischer Bund 34, 41, 48, 56f., 72, 73, 182, 189, 190, 229
Achaia Phthiotis 189
Adrianopel 88, 99, 234
Afrika s. Nordafrika
Ägäis 15, 17ff., 19, 30, 32f., 37–42, 45f., 64, 133, 156, 307, 310
Agathe/Agde 182
Ägina 33, 34
Ägypten (*Aegyptus*) 10, 19f., 23, 25, 45f., 48–52, 70, 72, 73, 76, 83, 93, 126f., 129, 182, 221, 237, 253f., 260, 264, 271, 286f., 289f., 308, 310, 318, 320–323, 394, 411, 474, 488
Ainos, Stadt in Thrakien 34, 182
Aioler (Äoler) 181f., 365
Aix en Provence 67
Akarnanien 189, 368
Akko 21
Akragas 182
Aktion 49, 68, 70, 76, 312
Alalia (Aleria) 25, 182
Alexandr(e)ia 48, 53–56, 58, 133, 220, 237, 253, 254, 259f., 269–271, 282, 349, 411, 424
Al-Mina 21
Alyzeia 368
Amastris 253
Amathus 21
Ambrakia, Ambrakioten 33, 34, 182, 270
Amphipolis 34, 37, 42, 47
Amyklai 19
Anaktorion 33
Anatolien 24, 40, 121, 133
Anchiale 21
Andros 22, 34, 181
Ankyra/Ankara 75, 253
Antandros 34
Antioch(e)ia/Antakija 48, 53, 78, 220, 248, 251, 253, 259f., 411, 424

Antiocheia s. auch Tarsos, Nisibis
Antipolis/Antibes 182
Apameia 47, 48, 49, 64
Apollonia am Schwarzen Meer 48, 182
Apollonia an der Adria 182
Apollonia in der Kyrenaika 182
Aquae Sextiae s. Aix
Aquileia 253, 424
Aquitanien (*Aquitania*) 73, 88
Arabien (*Arabia*) 73, 82, 84
Aramäer 17, 82
Arelate/Arles 250, 253
Arginusen 39
Argos, Argolis, Argiver 18, 19, 28f., 34, 48, 141, 183, 189, 312, 369, 399
Arkadien, Arkader 41, 188, 189, 190f., 193, 368, 371
Armenien 46, 48, 85
Arsinoë 253
Asia s. Kleinasien
Asine 19
Askalon 21, 433
Aspendos 82, 182, 315
Assos 182
Assuan 55
Assyrer 21, 23f., 474
Atene 139, 141
Athen 19, 29ff., 34, 48, 51, 53f., 58, 89, 111, 131, 135, 143, 145ff., 173, 181, 184ff., 189, 192, 228f., 232f., 240, 245, 248, 253, 265ff., 271, 278, 280, 289, 301, 303, 309, 312, 339ff., 358, 368, 376, 392ff., 402, 457, 473, 477f.
Atlantis 123, 409
Ätolien, Ätoler (Aitoler), Ätolischer Bund 28, 48, 50, 64, 189, 190, 192, 229
Atropatenisches Medien 48
Attika 18, 20, 29f., 37, 39, 54, 122, 131, 134, 139ff., 144, 158, 160f., 186, 189, 267, 310, 313, 339, 346, s. auch Athen
Augsburg 470, 471, 487
Augusta Treverorum s. Trier
Babylon 46, 48, 239
Baetica 72, 73, 89
Baktrien 46, 49, 323

Balkan (Südosteuropa) 26, 43, 46, 62, 83, 88, 121, 237, 375, 313, 474
Beirut/Berytos 21
Belgica 73
Belgien 403, 478, 484
Berg, Gebirge
  Alpen (*Alpes*) 64, 73, 121, 474
  Apennin 135
  Hymettos 312
  Kynoskephalai 47, 64
  Olymp (in Mysien) 40
  Olymp (in Nordgriechenland, Göttersitz) 42, 341
  Pentelikon 135, 312
  Pyrenäen 121
  Tauros 49f., 64, 121
  Vesuv 68, 247, 301, 320, 489
Berlin 151, 287, 308ff., 321, 326, 429, 460f., 463, 465, 470ff., 471, 484
Berytos (Beirut) 21
Bithynien (*Bithynia*) 40, 47, 48, 50, 53, 56, 72, 73, 310
Bologna 412f., 416, 484
Bonn 89, 470, 471, 473
Böotien, Böoter, Böotischer Bund 28, 34, 37, 43, 188, 189, 191, 263, 302
Bostra 82, 84
Breslau 461
Britannien (*Britannia/-ae*) 69, 73, 74, 80, 83f., 88, 92, 121, 431f., 488
Burgunder 83, 88
Byblos 21, 48
Byzantion, Byzanz, Konstantinopel 33, 34, 48, 88, 91, 100, 182, 220, 250, 253, 260, 348, 411f., 423f.
Caesaraugusta/Zaragossa 253
Caesarea 97, 253, 262
Cambridge 327, 464
Cannae 61, 64, 67
Capua 46, 59, 63
Chaironeia 25, 43, 56, 189, 192, 368, 392f.
Chalkedon s. Kalchedon
Chalkidike 41f., 189
Chalkis 19, 33, 34, 41f., 182, 189
Chersonesos 182

509

Geographisches Register

Chios 33, 34, 181, 310
Colonia Agrippina s. Köln
Colonia Genetiva Iulia Ursonensis s. Urso
Colonia Iunonia s. Karthago
Cordoba 253
Dakien 73, 83f., 93
Dalmatien (*Dalmatia*) 73
Damaskus 21, 48, 253, 473
Dekeleia 25, 38
Delos 34, 51, 310, 312
Delphi 19, 32f., 42, 48, 51f., 182, 189, 191, 240, 245, 310ff., 419
Demetrias 53
Dion 76
Dioskurias 182
Dodona 19, 189, 245
Dokimeion 135
Dorier 181f., 365
Doris 189
Dreros 19, 183, 186
Dura Europos 84, 253, 320
Düsseldorf 471, 474
Dyme 19
Eichstätt 315, 471, 485
Ekbatana 48
Elaius 34
Eleusis 19, 25, 39
Elis, Eleier 19, 33, 41, 189, 267
Emerita/Merida 253
Emporiai 182
Emporio(n) 19, 181
Ep(e)iros (*Epirus*) 42, 49, 63, 73, 189, 310
Ephesos 48, 241, 250, 253, 282, 310, 368, 473f.
Epidamnos 182
Epidauros 33, 61, 240
Eretria 30, 33, 34, 57, 184, 189, 233
Erxadieis 28
Erythrai 34
Etrurien, Etrusker 15, 26f., 50, 58, 61, 63, 182, 273, 284, 286f., 290, 356, 372
Euböa 18ff., 34, 182, 189
Euhesperides 182
Europa 9, 30, 55, 64, 75, 83ff., 121f., 178, 237, 243, 246, 271, 335f., 347ff., 374f., 375, 391–436, 455ff., 460, 464, 470ff., 475ff.
Florenz 321, 393f., 410

Fluss, Flüsse 78, 81, 84, 121, 124, 136, 138, 239
  Aigospotamoi 39
  Donau 72, 73, 78, 83–85, 88, 95, 136, 212, 217, 229, 464, 474
  Euphrat 84, 217
  Frigidus 88
  Granikos 59
  Indus 46
  Kaystros 40
  Maiandros (Mäander) 40
  Main 84
  Mosel 281
  Nil 53, 126, 133
  Paktolos 40
  Po 26, 75, 126, 136
  Rhein 72, 73, 84f., 88, 95, 217, 474
  Rhone 136, 253, 423
  Tiber 61, 63, 136
  Tigris 84
Franken 85, 89, 212
Frankfurt/M. 315, 470, 471, 473, 487
Frauenberg 482
Freiburg i. Br. 71, 371, 470, 471, 490
Galater 49f., 57, 64
Galatien (*Galatia*) 48, 72, 73, 86
Gallien (*Gallia/-ae*), Gallier 64f., 67–70, 72, 75f., 80, 83, 85, 88f., 92, 95, 194, 212, 216f., 275, 313, 431
Gela 182
Germanen, *Germania(e)* 67, 69, 73, 74, 84, 87f., 95f., 99–101, 213, 218f., 224, 227, 230, 239, 279, 299, 313, 347, 374, 412f., 431, 474, 482, 488, 492
Geten 182
Gortyn 19, 311
Goten 69, 83, 85, 88, vgl. auch Ostgoten, Westgoten
Göttingen 457, 463, 470, 471, 474, 490
Griechenland, Griechisches Festland 17ff., 19, 25, 28ff., 46, 49ff., 61, 64, 70, 76, 85, 122, 128, 131, 133, 135, 143ff., 181ff., 189, 251, 253, 263ff., 293, 307, 310f., 346, 357f., 369, 479, 490

Groningen 394
Großgriechenland (Unter- bzw. Süditalien) 27, 45ff., 53, 58ff., 140, 121, 181, 182, 238, 253, 273, vgl. Sizilien
Gytheion 34
Halikarnassos 19, 162, 171, 265, 282
Halonnesos 43
Heidelberg 314f., 321, 470, 471, 474, 488
Heliopolis 48
Hephaistia 34
Heraion (argivisches) 183
Heraion (auf Samos) 19, 308
Herakleia 48
Herculaneum 68, 180, 314, 320
Hereoskopeion 182
Hermione 33
Heruler 83
Himera 25, 182
Hippo 88, 280
Hispania citerior 73
Hispania ulterior 69, s. auch *Baetica, Lusitania*
Hispanien s. Spanien
Histiaia 34
Hunnen 89
Ialysos 19, 34
Iasos 310
Iberer 65, 286, 290
Ida-Höhle (Kreta) 19
Illyrien, Illyrer 42, 82, 93, 128, 182, 212
Imbros 34
Indien 46, 121, 286
Interamna 176
Iolkos 19
Ionien, Ionier 35, 181f., 365
Ionische Inseln 455
Ipsos 46f., 49
Iran 46f., 49, 375
Ischia 182
Island 55
Issos 57
Isthmia 19, 47, 64
Istros 182
Italia annonaria/suburbicaria 92

Italien 15, 26–28, 47, 50, 59ff., 71f., 75, 87ff., 105, 114f., 128, 133, 195, 204, 212, 232, 253, 273f., 276, 281, 307, 313, 377, 401, 411ff., 464, 478, vgl. auch Großgriechenland, Norditalien
Ithaka, Polis-Höhle 19
Jerusalem 21, 68, 111, 113, 116, 239f., 250f., 253, 260, 370, 424
Judäa, Juden, Judentum 45, 68f., 74, 83, 96, 111f., 237, 239, 242, 244–246, 250–254, 256, 259, 261f., 282, 320, 323, 348, 370, 421, 432, 464
Kalchedon (Chalkedon) 48, 182, 250
Kalkriese 489
Kallati 182
Kamarina 182, 186
Kam(e)iros 19, 34
Kampanien 26, 48, 59, 62f., 111
Kappadokien (*Cappadocia*) 48, 73
Karien 34, 182, 310
Karrhä 68, 70
Karthago (*Carthago, Colonia Iunonia*), Karthager 25f., 47, 56f., 63–65, 75, 182, 204, 228f., 233, 250, 253, 273, 280, 288, 297, 323
Kelten 25f., 46, 49f., 65, 67, 83, 182, 212, 287
Keos 33
Kephallenia 19, 34
Kilikien (*Cilicia*) 20f., 73, 75, 182
Klaros 245
Klazomenai 19, 34
Kleinasien (auch: *Asia*) 17ff., 26, 30, 39, 40, 41, 45f., 49f., 64f., 69, 72, 73, 74, 76, 83, 85, 93, 96, 128, 135, 137, 139, 141, 212, 251, 253, 264, 282, 287, 310, 466, 474, 487
Knidos 39, 55
Knossos 19, 253
Koblenz 84, 471
Koilesyrien (*Syria Coele*) 73
Köln 89, 253, 470, 471, 474
Kolophon 34, 271
Kommagene 83

Konstantinopel s. Byzanz
Korinth, Korinthia 18, 19, 25, 29, 33, 34, 36f., 41, 43, 47, 58, 65, 76, 182, 189, 229, 233, 243, 253, 268, 325
Korkyra 34, 36
Korsika (*Corsica*) 63, 182, 253
Kos 55, 310
Kreta (*Creta*) 18, 19, 48, 73, 121, 127, 133, 182, 253, 287, 310f.
Kroton 28, 48, 182
Ktesiphon 253
Kurupedion 46
Kyaneai 137, 139
Kyme 34, 40, 182
Kyrene (*Cyrene*), Kyrenaika 47, 50, 55f., 72, 73, 121, 182, 253, 270
Kythnos 33
Kyzikos 34, 38f., 40
Lakedämon, Lakedämonier s. Sparta
Lakonien 189, vgl. Sparta
Lamia 46
Lampsakos 34, 182
Langobarden 89
Larisa 189
Latium, Latiner 25, 27, 46, 50, 58, 62, 75, 195, 210, 273, 276
Lefkandi 17, 19, 489
Leipzig 321, 461, 471, 474
Leontinoi 267, 272, 368
Leonton Kephalai 40
Lepreon 33
Leptis Magna 82, 253
Lerinum/Lérins 88
Lesbos 33, 34, 39, 182, 264, 302
Leukas 33, 34, 182
Leuktra 41, 188
Levante 17f., 20ff., 21, 76, 128, 181, 253, 354
Libanon 46, 134, 310
Libyen 45f., 82, 182
Ligurer 182
Lindos 19, 34
Lipara 182
Lokris 189
Lokroi Epizephyrioi 182
London 151, 321, 392, 394, 401
Lugdunensis 73
Lugdunum/Lyon 97, 253, 425
Lusitania 73

Lutetia s. Paris
Lydien 30, 34, 40, 310, 487
Lykien (*Lycia*) 73, 137, 139, 141, 182, 310, 315
Mailand 88, 217, 220, 250
Mainake 182
Mainz 88, 465, 470, 471, 474, 490
Makedonen, Makedonien (*Maccdonia*), 25, 30, 32, 34, 40ff., 46ff., 57, 59, 64f., 70, 73, 93, 189, 192, 229, 232, 268, 270, 310, 312f., 356, 361, 366, 368, 392
Malis 189
Malta 182
Mannheim 401, 446f., 450, 471
Mantineia 41, 188, 189
Mantua 276
Marathon 25, 30
Markomannen 69, 83, 229f., 432
Maroneia 34
Massalía, *Massilia*/Marseille 55, 182, 253
Mauretanien (*Mauretania/-ae*) 67, 73, 84f.
Mediolanum/Mailand 253
Meer 121, 123, 133
  Atlantik 55, 84
  Golf von Neapel 68, 182
  Korinthischer Golf 18
  Marmarameer 42, 53
  Mittelmeer(raum) 15, 17ff., 25ff., 45ff., 67ff., 87ff., 93, 121ff., 165, 175f., 182, 194, 196, 206, 232, 237, 239, 247, 252, 282, 309, 318, 336, 354, 374, 391, 475f.
  Rotes Meer 84, 260
  Schwarzes Meer (*Pontus Euxinus*) 15, 45f., 84, 93, 133, 182, 234
  Totes Meer 320
Meerenge 30, 32, 38, 41f., 45, 49
  Bosporos 49
  Gibraltar 45
  Hellespont 32, 39f., 49
  vgl. auch Chalkis

Geographisches Register

Megalopolis 57, 188, <u>189</u>, 191
Megara 33, <u>34</u>, <u>182</u>, <u>189</u>
Megara Hyblaia 181, <u>182</u>
Megiddo <u>21</u>
Melos 33, 233
Memphis <u>48</u>
Mesopotamien 46, 64, 69, 84
Messenien 28, 159f., <u>189</u>, 340
Metapont 140, 181
Milet <u>19</u>, 30, <u>34</u>, <u>48</u>, 124, <u>182</u>, <u>253</u>, 264f., 312
Mittelitalien 26, 63, 233, vgl. Etrusker, Latium, Rom
Monemvasia <u>19</u>
Montecassino 280
Mösien (*Moesia/-ae*) <u>73</u>, 84
München 93, 277, 470, <u>471</u>, 473f., 485
Münster <u>471</u>, 490
Mykene 17, <u>19</u>, 33, 127, vgl. auch Epoche: Mykenische
Mysien <u>40</u>, 310, vgl. *Moesia*
Mytilene <u>34</u>, 264
Nabataea 82f.
Narbo Martius/Narbonne 75, <u>253</u>
Narbonensis 72
Naukratis <u>182</u>
Naxos 30, 33, <u>34</u>, 35
Neapel (*Neapolis*) 46, 63, <u>182</u>, <u>253</u>, 319f., 400, 443
Neapolis, Stadt in Thrakien <u>34</u>
Nemausus/Nîmes 81
New York 153f., 479
Nichoria 17, <u>19</u>
Nikomedeia/Izmit 53
Nikopolis 76
Nîmes 81
Ninive <u>21</u>, 23
Nisibe (Antiocheia) <u>48</u>, <u>253</u>
Nizäa (Nikaia) 88, 250, 260
Nordafrika 23, 26, 64f., 71f., 76, 82, 84f., 88f., <u>92f.</u>, 121f. 131, 133, 136, 212, 216f., 280, 286, 313, 349, 479
Norditalien, Oberitalien 65, 67, 101, <u>253</u>
Noricum <u>73</u>, 84
Notion 39
Numidien (*Numidia*) 47, 64f., 67, <u>73</u>, 74
Odessos <u>182</u>
Odrysen 42
Olbia am Schwarzen Meer <u>182</u>

Olbia in Südfrankreich <u>182</u>
Olympia <u>19</u>, <u>189</u>, 310, 395
Olynth <u>19</u>, 41, 43, <u>189</u>
Oplontis 380f.
Orange (*Arausio*) 67, 82, 113
Orchomenos 33, 188, <u>189</u>
Oriens s. Levante, Vorderer Orient
Oropos 144
Osnabrück <u>471</u>, 489
Osrhoene <u>73</u>, 83
Ostgoten 89, 212, 224, 281
Oxford 53, 309, 321
Oxyrhynchos 40, 188, 321–323
Paionien, Paionier 42
Palästina 21, 84, 96, 250, 252, 320, vgl. Judaea
Palmyra <u>48</u>, 69, 83–85, <u>253</u>, 431
Pamphylien (*Pamphylia*) <u>73</u>, <u>182</u>
Pandateria 234
Pannonien <u>73</u>, 74, 84, 89, <u>92f.</u>
Paphlagonien <u>40</u>, <u>48</u>
Paphos (Palaipaphos) <u>21</u>
Paris (*Lutetia*) 88, <u>253</u>, 326, 392, 417, 429
Paros <u>34</u>, 135, 264
Parther 68ff., 85, 134, 231, 323
Patras/Patrai <u>19</u>, 76
Pella <u>48</u>, <u>253</u>, 270
Peloponnes 18, <u>19</u>, 22, 28f., <u>34</u>, 35ff., 41, 183, <u>189</u>, 190, 229, 310f.
Pergamon 47, <u>48</u>, 49–51, 56–58, 64f., 81, <u>253</u>, 287, 290
Perge 310
Perinthos <u>34</u>
Perser, Persien 25, 30ff., 40f., 43, 45ff., 52, 57, 123, 192, 223, 229, 232f., 265f., 300f., 303, 323f., 366ff., vgl. Parther, Sassaniden
Phanagoreia <u>182</u>
Pharsalos 68, 70, 304
Phasis <u>182</u>
Pherai <u>19</u>
Philippi 68, 70, 76, <u>253</u>, 313
Phleius 33
Phokaia <u>182</u>
Phokis, Phoker 28, 42f., <u>189</u>, 192

Phönizien, Phönizier 17, 20ff. (<u>21</u>), 26, 46, 239f., 264
Phrygien <u>34</u>, <u>40</u>, 61, 135, <u>182</u>
Phthiotis s. Achaia Phthiotis
Phylakopi <u>19</u>
Piazza Armerina 106f.
Pisidien 139, 310
Pitane <u>19</u>
Pithekusai <u>182</u>
Platää (Plataiai) 25, 32f., <u>189</u>
Polis-Höhle (Ithaka) <u>19</u>
Pompeji 57, 68, 108, 111, 177, 247, 301, 314, 317, 319, 380, 400, 427, 431, 442f., 447, 451, 489
Pont du Gard 81
Pontos (*Pontus*) 50, 68, 72, <u>73</u>, <u>93</u>, 324
Poseideion <u>21</u>
Poseidonia <u>182</u>
Potidäa (Poteidaia) 33, <u>34</u>, 36, <u>182</u>, <u>189</u>
Praeneste/Palestrina 241f., 315
Prag 321
Princeton 309, 479
Provence 65, 67
Ptolemaïs <u>48</u>
Pydna 47, 57, 65
Pylos <u>19</u>, 127, 139, <u>189</u>
Rätien (*Raetia*) <u>73</u>, 84f.
Ravenna <u>253</u>, 281, 423
Reate 176
Regensburg 84, <u>471</u>
Remi/Reims <u>253</u>
Rhegion (*Rhegium*) <u>48</u>, <u>182</u>, 234
Rhodos <u>48</u>, 52, 64, <u>182</u>, 237, 271, 305
Rom (Stadt) 15, 26ff., 46f., 59, 70f., <u>73</u>, 77, 98f., 103ff., 194ff., 243, 250, <u>253</u>, 256, 314ff., 333, 425f., 472
ara maxima 60
Circus Domitiani 103
Circus maximus 103, 325
Comitium, comitia 59, 198
Concordia 59
Curia 59
Forum boarium 60, 239
Forum Romanum 59, 105, 171, 387, 431
Kapitol (*Capitolium*) 83, 105, 242, 431, 472

Kolosseum 103–116
Konstantinsbogen 103f.
Modelle der Stadt 104f., 489
Museen 105
Palatin 61, 254
Piazza Navona 103
Sabiner 371
Sagalassos 139
Salamis auf Zypern 21
Salamis, Insel 19, 25, 32f., 266, 300
Samaria 21
Samnium, Samniten 26f., 46, 50, 59, 63
Samos 33, 34, 35, 38, 63, 308
Samosata 293
Sanaa 473
Sarde(i)s 34, 40, 48, 253
Sardinien (*Sardinia*) 26, 63, 73, 141, 182, 253
Sarmaten 69, 83, 213, 432
Sasaniden 69, 85, 88f., 217, 223, 231
Seleukeia am Tigris 48
Seleukeia in Kilikien 253
Seleukidenreich 48
Selinus 182
Sentinum 46
Sesamos 182
Sestos 182, 265
Side 182
Sidon 21, 48
Sigeion 34
Sikyon 33, 189
Sinope 48, 54, 182, 253
Siphnos 33
Siwa, Oase 52, 60
Sizilien (*Sicilia*) 16, 25ff., 38, 45, 47, 48, 56, 60, 62ff., 70, 72, 73, 106f., 131, 136, 141, 181, 182, 184, 267f., 273, 310
Skyros 34
Skythen 182
Smyrna 19, 48, 282
Soloi (auf Zypern) 21
Soloi (in Kilikien) 271
Solymer 370
Spanien 75, 85, 88f., 92, 95, 121, 128, 133, 135, 212, 216f., 229, 242, 253, 313, 413, 417, 419, 479, 488

Sparta, Spartaner 18, 19, 28ff., 34, 48, 56, 155, 158ff., 181ff., 182, 189, 192, 194, 229, 232, 245, 302, 306, 312, 336, 339ff., 346, 369, 371, 377, 395ff., 463
Speyer 88
Sphakteria 37
Straßburg/Strasbourg 272, 321, 485
Stratos 189
Styros 33
Styx 154
Südafrika 414, 479
Süditalien s. Großgriechenland
Südosteuropa s. Balkan
Susa 48
Sybaris 182
Syene 55
Syrakus 27, 38, 46f., 48, 50, 54f., 58, 182, 253, 267, 271
Syrien (*Syria*) 17, 20, 21, 46, 49, 64, 73, 78, 82, 84, 96, 121, 250f., 259, 310, 320, 411
Tanagra 188
Tanais 182
Taormina 56
Tarent 27, 47, 48, 59f., 63, 182, 238, 273
Tarraco/Tarragona 253
Tarsos (Antiocheia) 21, 48, 251
Tauromenion 56
Tegea 33, 188, 189, 368
Tenos 33
Thapsus 460
Thasos 34, 35
Thebaïs, Theben in Ägypten 221
Thebe 40
Theben 19, 39, 41, 43, 188, 189, 191f., 221, 232, 237, 264, 312, 368
Theodosia 182
Thera 182
Thermon 19, 189
Thermopylen 42
Thespiai 33, 188
Thessalien, Thessaler 28, 34, 42, 189, 366
Thessalonike 48, 53, 217, 253, 348, 412

Thrakien (*Thracia/-ae*) 30, 32, 34, 42, 46, 49, 73, 83, 93, 289, 310
Thule 55
Timgad 253
Tipasa 253
Tiryns 19, 33
Tolosa/Toulouse 88, 253
Tomis/Tomi 182, 234, 253
Torone 19, 34
Tragana 19
Trapezunt/Trapezus 48, 253
Trier 88, 253, 470, 471
Triparadeisos 46
Troas 48, 310
Troizen 33
Troja, Trojaner (auch: Trojanischer Krieg) 15, 19, 60, 139, 263, 273, 276, 367, 370f., 428
Türkei 46, 82, 139, 473, 479, vgl. Kleinasien
Tyros 21, 48, 253
Unteritalien s. Großgriechenland
Urso 242
Utica 126
Valence 423
Vandalen 83, 89, 95, 212, 219
Vatikan 114, 130, 275, 277, 419, 421, 426
Veji 27, 239
Velia 182
Venedig 91, 406, 424, 455
Vergina 19
Vivarium 281
Vorderer Orient 15, 17, 19, 21, 23, 69, 81, 84, 93, 122, 127, 264, 476, 477
Weltenburg 482
Westgoten 88, 99f., 219f., 224
Wien 309f., 321, 325f., 395, 470, 471, 473f.
Worms 88
Xanten 489
Yale 464
Zagora 19, 22, 181
Zakynthos 34
Zama 64
Zankle 182
Zürich 461, 471, 489
Zypern (Kypros/*Cyprus*) 17, 21, 48, 73, 182, 253, 309f.

Sachregister

a rationibus 77
Abstimmung 143, 158, 184, 198f., 340
Adel, Adlige, Aristokratie 29, 36, 42, 46, 57ff., 67, 70, 106, 113, 133, 143, 157ff., 164ff., 168, 170ff., 182, 184, 195ff., 202ff., 214ff., 221, 263f., 274, 293, 302ff., 319, 340, 344ff., 355ff., 380ff., 422, 457
Ädil 107, 197f.
Adoption 146, 151, 153, 158, 169, 174
Adoptivkaiser s. Humanitäres Kaisertum
aemulatio 273ff.
Aeneis 246, 271, 274, 276f., 304, 371, 374
aerarium 77, 178
aes 70
agens/agentes in rebus 93f.
ager publicus occupatus 63
ager quaestorius 62
Agnaten 341, 343, 383
agṓn, agṓnes 371, vgl. Wettkampf
Agonalität 192, 213, 233
agorá, agoraí 59, 148, 181, 193
aitía 56
Akademie, Akademiker (antike) 54, 89, 272, 280, 392f., 433
Akademien der Wissenschaften 307, 314, 458ff., 465, 473ff.
Akkulturation 59, 66, 137, 371
Alexanderroman 56, 429
Alltag(sgeschichte) 57, 80, 106, 108f., 125f., 129ff., 132, 158, 180, 214, 249, 293, 304f., 313, 318f., 322f., 337f., 341, 350f., 368, 377, 380f., 386, 413, 448, 482, 489
Alphabet 15, 17f., 23, 239
Alter 146, 151ff., 160, 167, 171ff., 241, 316, 339
Alterität 362–374
Altersgruppe 148, 159f.
Altersversorgung 68, 153
Altertumswissenschaft(en) 108, 138, 179, 239, 291, 320, 361ff., 377ff., 396ff., 457ff., 469ff., 481ff.

amici populi Romani 232
amicitia, amicitiae 176, 179f., 225, 228, 231, 373
Amnestie 234, 418
Amphiktyonie 44, 225, 232f., 365, 419
Amphitheater 89, 103ff., 134
Amt 29, 71ff., 92ff., 148, 158, 184, 197ff., 207, 209, 214f., 219ff., 317, 325, 344ff., 350, 356
Amt (kirchlich) 95, 97, 99, 220, 261, 419ff.
Amtsgewalt 29, 70, 197ff., 207, 325
Anachoret, Anachorese 221, 234, 260, 262
Anciennität 93, 196, 199
anochaí 227
Année épigraphique (AE) 314ff.
Année philologique (APh) 314, 474, 485
Annuität 198
Anthologia Palatina 270
Anthropologie 338ff., 362f., 378, 380, 383, 388, 465f.
apoikía, apoikíai 182
Ära, Ären s. Chronologie
archḗ, archaí 185, 187
Archäobotanik 138
Archäologie 31, 107, 110, 136ff., 263, 284–291, 446ff., 457, 459, 466, 470, 472ff., 485, 489ff.
Archäologische Befunde bzw. Quellen 11, 17ff., 26, 58, 81f., 84, 98, 107ff., 127, 133, 136ff., 154, 181, 238, 242, 247, 263, 284ff., 307f., 310, 312, 321, 377, 379f., 393, 399ff., 431, 472, 474f., 489ff.
Archäozoologie 138
Architektur 19, 22, 57f., 80ff., 105, 111ff., 125, 135, 179, 192, 246f., 284, 286f., 289, 306, 393, 395f., 489
Areopag 25, 185, 303, 394
Aristokratie s. Adel
Armut 171ff., 175, 186, 212, 221, 256
artes liberales 281
Arvalbrüder 241

Askese, Asketen 89f., 97, 99, 221, 223, 255, 260–262, 350, 383, 388
Astronomie 54f., 269, 306
Asyl 33, 229, 234, 311, 417
Athen: politische Struktur 29f., 184ff., 392ff., s. auch Demokratie
Athenaíōn politeía 44, 269, 393, 396, vgl. auch Pseudo-Xenophon
Athenischer Seebund
Erster 25, 33ff., 44, 188, 229, 398
Zweiter 25, 41, 44, 229
Aufstand, Revolte 25, 30, 65, 69, 217, 216f., 221, 340, 432, 438
Ausgrabung s. Archäologische Befunde
auspicium, auspicia 241
Autobiographie 280
Autonomie 36, 41, 43, 45, 65, 182, 188, 192, 194ff., 229, 232, 346
Bäder (auch: Thermen) 80, 87, 288, 346, 401, 450f.
bagaudae 216
Barbar(en) 42, 45, 58, 95, 125, 212f., 216ff., 231ff., 289f., 365ff., 417f., 432
Barttracht 60, 91, 442f.
basileús 49, 52
Basilika 89, 98, 425
basilikoí paídes 42
Bauern 15, 22, 63, 92, 95, 97, 121ff., 143ff., 203, 216ff., 276, 302, 319, 346, 355, 357, vgl. auch Landwirtschaft
Beamte
griechische 185ff., 226, 228, 311f., 346
Kontrolle 185, 187, 198
römische (auch: Magistrat) 27, 63, 72, 74, 92ff., 111, 166, 171, 175, 197ff., 204, 208, 210, 215, 221, 226, 228, 234, 240f., 311, 317, 339, 343f., 346, 356ff.
Befestigung, Mauer 37, 74, 84, 87, 95, 128, 132, 181, 183, 190, 216, 218, 220, 241, 270, 288, 372
Beinamen 52, 61, 223

Sachregister

bellum civile 233
bellum iustum (et pium) 233
beneficium 175
Bergbau 30, 135, 156, vgl. auch Metall
Bestattung 20, 22, 39, 98, 146, 154, 183, 227, 243, 268, 316, 340, vgl. Grab, Tod
Beute 39, 42, 49, 59f., 65, 67, 69, 76, 85, 111, 113, 157, 225, 231, 233
Bevölkerungszahlen s. Demographie
Bibel (Altes/Neues Testament) 10, 246, 250ff., 280f., 306, 413, 422ff., 427, 458
biblíon, biblía 259
Bibliothek (antik) 55f., 270, 320, 401
Bibliothek (mittelalterlich/modern) 93, 277, 321, 469f., 472f., 485ff.
Bildhauerei 57, 399ff., s. auch Statue
Binnenkolonisation 131
Bischof 16, 87–89, 95, 97–99, 217, 220f., 258–261, 280f., 297, 348f., 405, 416, 419ff.
Boden(qualität) 121, 126f., 129, 131, 137, 140
Bodenschätze 17, 30, 83, 135, 156, 212, vgl. auch Metall
boulé 29f., 77, 183ff.
Brandbestattung 154
Briefe 97, 127, 170, 222f., 250f., 257, 259f., 268, 271, 301, 304ff., 311, 319, 319f., 322, 348, 377, 430f., 436
Bronze, Bronzehandwerk 20, 31, 113, 143, 228, 284, 311, 313, 317, 399–401
Bronzemünze 70f., 346
buccellarius, buccellarii 95, 100f.
Buchmalerei 277
Bundesgenossensystem (römisches) 63, 66, 195, 210, 232
Bundesstaaten 28, 41f., 188ff., 196, 229, 235, 368, 398

Bündnis 25ff., 46ff., 88, 194f., 218, 225ff., 244, 368, vgl. auch *foedus, symmachia*
Buntschriftstellerei 282, 305, vgl. auch Athenaios, Gellius
Bürgerkrieg 68, 70, 75f., 164, 184, 192, 204–207, 216f., 232f., 275f., 278f.
Bürgerrecht
  griechisch 149, 158, 173, 186, 188, 191, 229, 311, 340, 368
  römisch (*civitas*) 27, 62, 68, 71f., 75, 165, 173, 194ff., 203f., 212f., 220, 232, 317, 347
bustrophedon 312
Byzantinische Kultur, Byzantinisches Reich 53, 87, 89, 99f., 139, 224, 299, 318, 323, 327, 348, 391, 393, 411f., 416f., 474, 485, vgl. auch Epoche: Spätantike
Byzantinistik 87, 474, 479
caduceator 226
Caesarenwahnsinn 207f.
capite censi 67
caput viae 78
Carmen saeculare 244
castra 87
censor, censores s. Zensor
Cento 246
Charisma 43, 52, 90, 160, 199f., 259, 350, 353, 359
chóra 131, 183
Christentum 87ff., 96ff., 109, 114, 154, 215ff., 220ff., 232ff., 237, 243, 245f., 248, 250–262, 280, 282, 297, 300, 306, 310, 314, 320, 329, 348–350, 383, 416–426, 430, 460, 472–474, 486
Christenverfolgung 88, 96, 114, 220, 223, 250, 252ff., 256f., 260f.
Chronologie (auch: Jahreszählung) 8, 55, 86, 138, 312, 318, 324–326, vgl. Zeittafel
CIL s. *Corpus Inscriptionum Latinarum*
circumcelliones 216f.
circus 103

civitas s. Bürgerrecht
civitas (,Gemeinde') 62, 75, 121
civitas foederata, civitates foederatae 232
civitas libera, civitates liberae 232
civitas sine suffragio 66
clarissimus 214
clavus angustus/latus 202f., 447
clementia 108
cliens, clientes, clientela 175, 226, 373, vgl. Klientelwesen
codicillus 93
colere 175
collegium 215, 317
colonia, coloniae 62, 75, 194
colonus, coloni 62, 90, 95, 216
comitatenses 218
commentarius 276
concordia 167, 384
condiciones 228
consecratio 241
consilium 163
constitutio Antoniniana 68, 72, 165, 212, 347
consul, consules vgl. Konsul
continentia 344
contubernium 174
conubium 220
convivium, convivia 176f.
Corpus Hippocraticum 125, 265, 267, 306
Corpus Inscriptionum Latinarum (CIL) 108, 313–317, 474, 488
cubiculum, cubicula 170, 179
curiales 215
cursus publicus 222
Dark Ages, Dunkle Jahrhunderte s. Epochen
Datenbanken 307, 313, 315, 321, 327, 474, 481–492
debellatio 227
decennalia 134
decurio, decuriones 92, 215
dediticii 217
deditio 228f., 231
defensor plebis 221
defensores civitatis 221
dekátē 144

515

Sachregister

Delisch-attischer Seebund s. Athenischer Seebund, Erster
dḗmarchos 158
Demographie (auch: Bevölkerungsschwankungen) 17, 22, 26f., 37, 62, 64, 96, 122, 126, 131, 140, 156, 172, 182, 212f., 234, 253, 338, 461
Demokratie (antike) 35ff., 156, 166, 173, 185–187, 197ff., 268, 303, 336, 339f., 345, 348, 358, 392–399, 437, 456
dḗmos 149, 158, 186
dēmósios 345
dēmótēs, dēmótai 158
Denar 70f., 371
denarius, denarii 70
deo auctore 90
Diadem s. Insignien
Diadochen 46ff., 51f., 56f., 62, 308, 312
diákonos, diákonoi 259
dialégesthai 269
Dichtung s. Literatur
dicio 231
Didrachme 48
Digesten 89, 165, 410–414
dignitas 202, 210
Diktatur 68, 86, 198
Diözese 92–94
Diplomatie (auch: Internationalverkehr) 41ff., 53, 64f., 67, 85, 191, 226, 232, 235f., 417f.
discessio 199
disciplina 344
Diskurs 36, 300f., 303, 367, 369, 373, 376ff., 386
Diskursanalyse 378, 386
dispensator 174
Dithyramben 244
Domänen, kaiserliche 77
domi/militiae 249, 372
domus 162ff.
Drachme 149, 223, s. auch Didrachme, Tetradrachme
Dürre 123, 131
Ehe s. Heirat
eídos 269
Eigentum 83, 95, 130, 163, 172f., 179, 216, 241, 267, 289, 317, 341, 344

eirḗnē 228
eirḗnes 159
ekecheiría 227
ekklēsía 29, 183ff.
ekphorá 154
Elefant 71, 133
Epigraphik s. Inschriften
epíklēros 146, 153
Epikureer, Epikureismus 54, 58, 243, 246, 271f., 275, 433
epimachía 228
episcopus, episcopi 220
epískopos, epískopoi 259
epistátēs 185
Epochen (chronologisch)
  Bronzezeit (auch: 2. Jahrtausend) 17ff., 127ff., 139, 181, 287, 354f., 379, 472
  Mykenische 17, 127, 160, 181, 263, 309, 355
  Dunkle Jahrhunderte 19f., 379
  Eisenzeit 17ff., 160
  Geometrische 17ff., 154, 160
  Archaische 23f., 81, 124, 128f., 138f., 139, 141, 143, 155, 159, 191, 233, 263f., 270, 302, 305f., 313, 365, 399
  Klassische (griechische) 25ff., 53, 124, 131, 133, 137, 143, 145f., 157f., 166, 181, 184ff., 243, 264ff., 284ff., 302, 336, 356, 392ff., 399ff., 403ff.
  Hellenistische 45ff., 71f., 75, 81f., 124, 134f., 137, 153, 189ff., 228f., 243, 268ff., 286f., 289, 294f., 303ff., 308, 313, 324, 356, 359, 369ff., 379ff., 393, 395, 399, 401
  Römische Republik 26–28, 70, 131, 166, 170, 175, 197ff., 206ff., 214, 212, 226f., 232, 234, 293, 304ff., 313f., 317f., 325f., 344, 356f., 359, 394, 416, 460ff.
  Späte römische Republik 67ff., 171, 204f., 234, 275f., 325, 359, 379

  Römische Kaiserzeit 68ff., 105ff., 127, 129ff., 162ff., 206ff., 215, 217, 232, 234f., 243, 248, 278f., 282, 293, 304f., 312, 317f., 320, 326, 344, 347, 374, 383ff., 393f., 399, 410, 443, 460, 466
  Spätantike 87ff., 137, 170, 212ff., 231f., 237, 250ff., 270, 280ff., 288, 293, 299, 304ff., 313, 318, 320, 344, 347, 406, 411f., 416, 420f., 463ff., 473, 486, 492
epýllion 271
eques, equites 215
equus Tremuli 59
Erbe, Erbschaft 43, 46f., 77, 146, 153, 158, 171, 203, 345, 424
Erbfolge 90
Erdbeben 35, 123, 135f., 142, 247, 443
Erkenntnis 9, 11, 109f., 333ff., 377, 380, 382f., 413, 437, 444, 457ff.
Erlösungsreligion 90, 96f., 234, 257, vgl. Jenseitsvorstellung
Ernte 37, 122–124, 130–132, 137, 145, 147, 157, 288
Erosion 122, 129, 132, 138
Erziehung 53ff., 149, 159ff., 167, 169, 222f., 246, 267f., 274f., 279, 282, 335, 339, vgl. Unterricht
Esel 254, 287, 432
Essay 441, 445
Ethnizität 51, 188, 212, 232, 237, 243, 246, 339, 355, 362, 367, 369f.
éthnos, éthnē 188ff.
Ethopoiie 268
euergétēs, euergétai 52, 77
eunomía 184
Euro 8, 81, 115
exemplum, exempla 278, 295, 344, 375
exilium 234
Exkursion 103ff.
Experimentelle Archäologie 31
familia 163ff., 342f.
familia rustica/urbana 164, 173

Familie 22, 76, 130, 143ff., 162ff., 183, 201ff., 243, 260, 262, 276, 317, 322, 339ff., 342f., 356, 364, 368, 383f., 450
Faschismus 105, 114, 463f.
Fasti 317
Feldforschung 123, 130, 136–140
Feminismus 335f., 377ff., 382f.
Fest(kultur) 56, 80, 89f., 116, 133f., 137, 144, 148f., 152, 154, 158f., 190, 197, 241, 243ff., 255, 261, 265, 267, 273, 340ff., 346, 365, 371, 450
fetiales 227f., 233
fides 175, 231, 373, 416
Fides 61
Film 103, 391, 399, 426–432, 482
Finanzen
  kaiserliche 71, 77, 79, 209
  städtische 26, 185f., 197, 316
Fisch, Fischen 124, 132f., 143, 176, 288
fiscus 77
Flavische Kaiser 68, 84, 109, 279, 431f.
Flotte s. Seekrieg
foederati 213, 218
foedus 88, 218, 228, 230
foedus iniquus, foedera iniqua 228
Folter 174, 215
formula deditionis 231
Forschungseinrichtungen 472ff.
Fortuna 279
Frauen 20, 91, 143ff., 162ff., 204, 243, 256, 263, 265, 288f., 319, 322, 333ff., 376ff., 391, 447
Frauenforschung 335, 377ff., 382
Freigelassene, Freilassung 61, 77, 108, 155f., 158, 163, 173ff., 208f., 216, 243, 273, 278, 287, 311, 315, 329, 333, 377, 384

Frieden 25, 37, 41, 43, 47, 63ff., 69, 71, 76, 79, 185f., 192, 197f., 200, 204, 226ff., 252, 267, 276f. 289, 324, 372, 374, 416ff.
Friedhof, Grabbezirk, Nekropole 19f., 89, 98, 137, 139, 183, 248, 260ff., 286
Fürstenspiegel 304, 429
gamelía 158
garum 133, 141
Gast(freundschaft) 133, 147, 157f., 176f., 191, 225f., 366, 368
Gastmahl 106, 133, 148, 166, 169, 176f., 284f., 302, vgl. auch *symposion, convivium*
Geburt 144f., 149, 151, 154, 160, 168f., 183, 197, 202, 214, 250, 338, 364, 380
Gefallene (im Krieg) 33, 39, 46, 227, 268, 340
Gehöft, (Bauern-)Hof 127, 129, 131, 136f., 139, 143, 145ff., 164, 357
Geisel 42, 57, 225, 229, 233, 418
Geldwirtschaft 26, 33, 51, 71, 83, 95, 143, 145, 156f., 163, 168, 173, 202, 324, 330
Gemeinde (christlich) 96ff., 220, 250ff., 349, 422ff.
Gemeinplatz s. Topos
Gemüse 129f., 143, 147, vgl. Obst
Genealogie 190, 305, 365f.
génos, géne 181
génos dikanikón 267
génos epideiktikón 267f.
génos symbouleutikón 267f.
gens, gentes 60, 69, 164ff., 173, 196
gentiles 213
Geoarchäologie 138
Geographie (antike) 54f., 83, 125, 264, 279, 282, 306
Gericht, Gerichtsverfahren
  griechisch 155, 158, 184ff., 339, 392, 397
  ‚international' 191, 417f.
  römisch 74, 93, 162, 164, 171, 175, 178, 214, 216, 218, 221, 340, 359

Gerichtsreden 267f., 338
gerusía 160
Gesandte, Gesandtschaften 83, 160, 191, 199, 226ff., 346, 416, 418
Geschichtsschreibung, Historiographie
  antik 11, 18, 26, 36, 40, 47, 56f., 60, 100, 207, 264f., 272ff., 279, 281, 283, 291–296, 302ff., 321, 344, 365, 379, 395, 429
  modern 377ff., 421f., 457ff.
Geschichtswissenschaft 377ff., 421f., 457ff., 469ff., 481ff.
Geschlechtergeschichte 7, 333, 336, 376ff., 466
Gesellschaften (antike) 119, 143ff., 162ff., 202ff., 337ff., 357ff., vgl. Sozialgeschichte
Gesetz(gebung) 28, 93, 96, 100, 149, 153, 157, 164f., 174, 183ff., 198, 200, 217f., 222f., 242f., 248, 251, 277, 311, 317, 345f., 370, 394f., 410ff.
Getreide(-anbau, -versorgung) 39, 77, 121, 123, 126ff., 131, 137, 143, 147, 288, 316
Gewalt(anwendung) 103, 145, 176, 204, 216f., 221, 233, 251, 290, 370, 372, 419, 422, 438
Gewaltenteilung 348f.
Gewaltverbot 419
Gewinnmaximierung 130
Gift 56, 271
Gladiatoren 103ff., 134, 255, 373, 427
gloria 96
Glossatoren 413
Glosse(n) 413f.
Gnomon 485
Gnosis 250, 254
Gold 20, 59, 93, 134f., 203, 271, 311, 313, 324, 393, 432
Goldenes Zeitalter s. Weltzeitalterlehre

Sachregister

Gott, Götter, Gottheiten 52, 58, 61, 70, 79, 86, 90, 121, 123f., 144, 147, 207, 225, 232f., 237ff., 254, 264, 266, 311, 315f., 341, 354, 380f., 428, 446
Gott (christlich) 90f., 99, 223, 237, 250ff., 280, 348, 420, 424, 426
Götterbild 61, 87, 238–240, 242, 245
Gottesgnadentum 90f.
Grab, Grabbau 20, 98, 154, 260, 286, 290, 435, 447, vgl. Friedhof
Grabbeigaben 20, 286, 447
Grabgedicht 56, 270, 311, 329
Grabinschrift s. unter Inschrift
Grabrelief 130, 144, 287, 290, 311, 448
Grabstein, Grabstele 107, 144, 270, 311, 315f., 448
Graeculi 273
gratia 175
gravitas 87
Grenze, Grenzsicherung 42, 48, 72, 74, 79, 83ff., 88, 95, 183, 213, 218, 232, 235, 311, 346, 368ff.
Grenzheiligtum 183, 240
Grenzstein 311
Große Rhetra 184
Großgrundbesitz (*latifundium*) 164, 173, 202, 215f., 251, 377
Gründungsmythen 58, 60, 70, 189, 273, 274, 276, 324, 370f.
Guide de l'épigraphiste 307
Guter Hirt 255
Gutsbesitzer 90, 95, 126, 129f., 155ff., 164, 202, 213ff., 251, 288f., s. auch Landgut
Gymnasion, Gymnasium 54, 87, 149, 155, 346
gynaikonómoi 148
Hafen 37, 59, 78, 121
hagnós 240
Handel, Händler 17, 20f., 23, 53, 57, 78, 82, 92, 130, 143, 145, 156f., 172, 182, 197, 202f., 215f., 225, 237, 239, 256, 263f., 322, 339, 413, 450

Handschriften 93, 258, 277, 292, 298f., 309, 313f., 318, 410, 412, 470, 472
Handwerk(er) (auch: Gewerbe) 78, 95, 130, 140, 143, 145, 147, 149, 156f., 164, 173, 203, 215f., 243, 253, 256, 269, 319, 339, 346, 450
Haus, Hausgemeinschaft 143ff., 162ff., 266, 317, 319, 338ff., 359, 368, 380ff., 443, 446f., 451
Hausarbeit (studentische) 439f., 444f.
Hausgewalt, Hausvater 144ff., 162ff., 340ff., 384, vgl. *pater familias*
Heer 27ff., 46ff., 61ff., 67ff., 79, 83, 88, 90, 95f., 131f., 188, 197, 203, 205, 213ff., 241, 243, 313, 354ff., 374, 448
Heeresklientel 69
Heeresorganisation 27, 42, 63, 67, 188
Heeresversammlung 354, 356, 359, 361
Heerführer 27, 29ff., 46ff., 197, 203, 205, vgl. auch Heermeister
Heermeister (*magister militum*) 88f., 95f., 218–220
Hegemonie 26ff., 156, 192, 228f., 232
Heidenchristen 251f.
Heilige 89, 96f., 99, 248, 260ff., 281, 306, 350
Heiliger Krieg 418
Heiliges Römisches Reich Deutscher Nation 100, 347, 411, 413f.
Heiligtum 19, 22, 33, 51f., 54, 58, 124, 145, 154, 181–183, 191f., 229, 231, 233, 243, 246–248, 270, 289, 366, s. auch Tempel
Heilkult 61, 246
Heirat 49, 52, 143, 146ff., 152f., 156, 160, 162, 166ff., 308, 335, 340ff., 345, 379f., 384, 387
Hellenika Oxyrhynchia 40, 188, 321

Hellenisierung 45f., 50, 53, 58ff., 72, 80, 82, 272ff., 336, 369f., vgl. auch Akkulturation
hellenismós 45
Heloten 29, 159, 339f.
Hermaphrodit 380f.
Hermokopiden-Frevel 38
Heroen 266, 289, 324, 344, 369, 400
Herold 191, 226f., 231
Herrschaft s. Legitimierung
Herrschaft vs. Macht 10, 333, 353ff.
Herrschaftsbegriff 353f.
Herrschaftszeichen s. Insignien
hetaíros, hetaíroi 42, 157, 184
Hetäre 148f., 271
Hexabiblos 412
Hexameter 60, 245, 264, 271, 274, 278
hierós 240
Hinrichtung 174, 229, 254, 268, 275, 281, 348, 393, 408
Hirt, Hirtenkultur 26, 132, 140f., 145, 147, 155, 255, 271, 276, 288
historia 274
historia perpetua 294
historíē 365
Historiographie s. Geschichtsschreibung
Hof (eines Herrschers) 42, 55f., 177, 209, 214, 270, 281, 360, 380f.
Holz 84, 110, 114, 130, 132, 134f., 311, 313, 317, 447, 451, 488
homo novus, homines novi 67, 194, 201, 209, 214, 222
Homoerotik, Homosexualität s. Sexualität
homooúsios 260
honestiores 213f.
Honoratioren (städtische) 16, 77, 134, 200, 221, 341, 346
honos, honores 202
Honos 61
hoplítēs, hoplítai 30, 42, 148, 185, 194
hóros, hóroi 311
hospes 225
hospitium, hospitia 225

hospitium publicum 226
hostis, hostes 225, 373
‚Humanitäres Kaisertum' 69
humanitas 80
humiliores 213
Hybris 366f.
Hygiene 37, 144
Identität 22, 128, 165, 172, 181, 186, 189f., 206, 240ff., 261, 274, 281, 347, 358, 362–375, 376ff., 391, 407, 457, 463, 476
idiotikos 345
IG s. *Inscriptiones Graecae*
Ilias 17, 263, 276, 304, 428
ILS s. *Inscriptiones Latinae Selectae*
imagines 165
imitatio 273ff.
imperium 197
imperium proconsulare 68, 70, 207
Imperium Romanum 16, 67ff., 195ff., 231
  als ‚Weltmacht' 62ff., 67ff., 204, 272, 357, 374
  innere Struktur 70ff., 92ff., 206ff.
‚in situ' 308
indictio belli 233
indutiae 227
Infrastruktur 78, 122, 135, 233, 241, 246f., 252, 477
inimicitia, inimicitiae 176
Inschriften 61, 74f., 79, 113, 136, 183, 222, 228, 284, 291, 307–318, 319f., 327, 333, 376, 396, 447f., 459, 466, 472, 474, 486ff.
  Bauinschrift 78, 109, 112f., 311, 316f., 425
  Ehreninschriften 243, 308, 311, 317, 346f.
  Epigramm 56, 270, 311, 329
  Grabinschrift 109, 130, 172, 174, 239, 270, 311, 315f., 338, 448
  Graffito (auch: Wandinschriften) 108, 254, 313, 317, 329
  Grenzstein 311
  instrumentum domesticum 314, 317
  Meilensteine 72, 78f., 317

Weihinschrift 33f., 284, 311, 316
Inscriptiones Graecae (IG) 307–310, 474
Inscriptiones Latinae Selectae (ILS) 107, 172, 174, 315f., 329
insignia 93
Insignien 48, 52, 93, 324, 425
Institutionen, Institutionalisierung 10, 25, 29f., 80, 135, 155, 157, 159, 166, 170, 178, 180ff., 191, 196ff., 221, 225f., 228, 231, 245, 261, 270, 340, 344, 348, 354ff., 376, 387, 391ff., 419f., 459
Institutiones s. Gaius, Justinian
Integration 36, 62f., 71, 79f., 148, 152, 158, 163, 166, 174, 176, 182, 191f., 194, 202ff., 212, 218, 220, 237, 255, 339f., 341, 346f., 358f., 368ff.
Integrationsrituale 204, 359
Intentionale Geschichte 364, 366, 370
intercessio 197
Interdisziplinarität (auch: Nachbardisziplinen der Alten Geschichte) 7, 110, 136, 140, 291, 306, 362f., 472
Internet, World Wide Web 105, 307, 309, 313, 315, 321, 327, 470, 472–474, 478f., 481f., 484ff.
interpretatio 237
invictus 60
isonomía 393
isopoliteía 191, 229
Isthmische Spiele 47, 64
iudicium quinquevirale 214
ius Latii 195
ius legationis 227
ius vitae necisque 162
iustitia 108
Jagd 22, 106f., 109, 126, 132ff., 288
Jahreszeiten 110, 122, 255, 288, 297
Jenseitsvorstellung 90, 96f., 154, 234, 243, 251, 257, 261, 269f., 286
Judenchristen 251f.

Jüdische Religion, Judentum s. Judaea
Juristische Literatur 162, 167, 273f., 379, 410ff.
Kaiser, Kaisertum 79f., 87, 90ff., 206ff., 325
Kaiser als Gott 86, 207
Kaiserkult 79
‚Kaiserliche' Provinzen 72
Kaisertitulatur 71
vgl. auch: Epoche: Römische Kaiserzeit, *princeps*
Kánon 399f.
Karst 121f., 137
Karten (Abbildungen) 19, 21, 34, 40, 48, 73f., 182, 189, 253, 471
Käse 143, 147
Katakombe 98, 255
Katechumenat 261
Kaufleute s. Händler
képos 243
Keramik s. Tongefäße
kéryx 226
Ketzer 348
Ketzertaufstreit 250, 261, 349
Kind(heit) 47, 57, 143ff., 163, 165ff., 203f., 308, 319, 322, 335, 339ff., 345, 380, 420, 443
Kinder-/Jugendbuch 429, 431, 447
Kinderlosigkeit 146, 151, 165, 171, 384
Kindersterblichkeit 144f., 151, 154
Kindesaussetzung 144f., 169
Kirche (Gebäude) 87, 89, 98, 137
Kirche (Institution) 16, 87ff., 97ff., 215ff., 250ff., 281, 348f., 391, 412, 417, 419ff.
Kirchenprovinz 419, 424
Klassik, Klassische Zeit s. Epoche
Klassische Archäologie 7, 108, 110, 139f., 286, 291, 379ff., 400, 446ff., 457ff., 470ff., vgl. auch Archäologische Befunde
Klassische Philologie 7, 291, 296f., 306, 458ff., 470

519

Klassizismus 282, 362, 396, 401f., 433, 455, 465
Kleidung 20, 87, 91, 147, 363, 381, 442, 446f.
Klient, Klientelwesen 27, 69, 82f., 158, 166, 170, 174ff., 195, 200f., 226, 317, 340, 341, 345f., 359, 373, 384f., 388
Klientelstaaten 82f.
Klima 81, 121ff., 125, 131f., 266, 297
Klimatologie 125
Kloster 88, 97, 221, 280f., 313f., 425
Kognaten 340f., 343
koiné 16, 53
koiné eiréne 41, 192, 232
koinón, koiná 188ff.
Kollegialität 198f.
Kolonat 92, 95, 215–217
Kolonie, Kolonisation 15, 26–28, 75f., 81f., 128, 131, 140, 181, 182, 195f., 234, 239, 242, 313, 365, 372
Kommando/Obergewalt (militärisch) 52, 70, 92, 96, 178, 203, 206f.
Komödie 60, 145, 245, 265ff., 271, 273, 289, 303f., 379, 408, 429
König(tum) 32, 42ff., 46ff., 52ff., 71f., 82f., 96, 100, 134f., 149, 184, 196, 212, 220, 224, 226, 229, 231, 251, 255, 308, 311ff., 323f., 346, 354ff., 367f., 380, 417
Königshof s. Hof
Konstanten in der Geschichte 338f.
Konstantinische Schenkung 425
Konstruktivismus 109f.
Konsul (*consul*), Konsulat 27, 65, 67, 69, 71f., 168, 176, 197ff., 203, 207, 209, 219, 225, 241, 275, 281, 317f., 325, 356f.
Konsulare 199, 201
Konventbezirke 73
Konzil, Synode 88, 250f., 260f., 418, 421, 423ff.
Kosmos 124, 268, 340
Krankheit 131, 147, 207, 425

Krieg 25ff., 45ff., 52ff., 64, 67ff., 82, 87ff., 111, 113, 135, 145, 148, 151, 154, 157, 159, 162, 184ff., 190, 192, 194ff., 203, 213, 216ff., 225ff., 241, 272ff., 301, 303, 324, 340, 348, 362, 368, 371ff., 416ff., 431f.
Kriegführung 25, 27, 30ff., 53, 132, 227, 233, 324, 416f., 419
Kriegsbeute s. Beute
Kriegsdienstverweigerer 218, 234
Kriegserklärung 233, 416
Kriegsfolgen 55, 132, 145, 229, 233
Kriegsgefallene s. Gefallene
Kriegsgefangene 37, 49, 60, 69, 85, 216, 233, 272f., 416, 418
Kriegsgründe 36
Kritische Edition s. Textkritik
ktísis, ktíseis 60
Kult 22, 59, 61, 79, 89, 96f., 123f., 148, 162, 166, 182f., 190, 208, 212, 215, 221, 223, 237ff., 250ff., 273, 289, 305f., 316, 346, 365f., 371ff., 380
Kultbild, Kultstatue s. Götterbild
Kultgemeinschaft, Kultverein 215, 220, 225, 234
Kultur (antike) 9ff., 15f., 25f., 45, 53ff., 72, 80, 82, 103, 119, 212f., 243f., 273, 284ff., 336ff., 363, 370
Kulturelles Gedächtnis 364, 369, 372
Kulturgeschichte 9ff., 53ff., 244, 287, 291, 294f., 336ff., 430, 474
Kulturlandschaften 121ff.
Kulturräume, Kulturzonen 18, 25f., 121, 125, 212f., 286, 380/82
Kulturwissenschaft 362
Kunst, Bildkunst 10, 57, 59, 66, 119, 171, 242, 255, 284–289, 344, 367, 399–403, 455, 457

Küste, Küstensiedlungen 17ff., 28ff., 40, 45, 55, 68, 75, 121f., 125, 138, 182, 186, 212, 473
Kyniker 54
kýrios 147
laeti 213, 217
laetitia temporum 134
Lampe 143, 447
Landbesitz 51, 64, 67, 76, 90, 95, 126, 128ff., 143, 145f., 155ff., 163f., 202, 213ff., 263, 288, 355
Landgut (auch: Villa, Villenkultur) 90, 99, 125, 127, 130, 159f., 214, 216, 278, 288, 380f., 401, s. auch Gutsbesitzer
Landschaft 84, 121ff., 189
Landschaftsdarstellung 125f.
Landvermessung 128
Landverteilung 43, 62, 127f., 159f., 182, 213, 218
Landwirtschaft 22, 87, 121ff., 143, 155ff., 173, 216f., 276, 288, 339
lapsus, lapsi 261, 349
Lebenserwartung 131, 154, 172, 338
Lebensmittelversorgung s. Nahrungsmittel
lectisternium 61
lectus, lecti 176
legatio 226
legatus, legati 226
legatus Augusti pro praetore 72, 74
Legion(äre) 63, 67, 74, 76, 83f., 208, 374, 431, 447
Legitimierung von Macht/Herrschaft 16, 79f., 97, 353ff., 420
Lehrgedicht 263f., 271, 275f., 278, 304, 409
leiturgía, leiturgíai 77, 92, 265
Lernwerkstatt 443, 449–452
lex Claudia 202
lex de imperio 208
Lexicon Iconographicum Mythologiae Classicae (LIMC) 476
Libation 239
Libertas 61

LIMC s. *Lexicon Iconographicum Mythologiae Classicae*
limes 84
limitanei 218
Linear-B-Schrift 127, 309
Lineare Hierarchie 199
Literarische Quellen 296ff.
Literatur
 griechisch 53ff., 123ff., 263ff., 291ff.
 römisch 58ff., 123ff., 273ff., 291ff.
 Dichtung 9, 18, 54, 56, 58, 60, 110, 129, 234, 242, 244ff., 263ff., 273ff., 285, 296, 298f., 302ff., 311, 321, 378, 383, 396, 426, 487
 Prosa 263ff., 273ff., 296
 s. auch unter den einzelnen Autoren
Literaturwissenschaft
 antike 268ff.
 moderne 110, 336, 434
 vgl. auch Klassische Philologie
Lobrede 267, 276, 296, s. auch Panegyrik
locus consularis 176
Los, Losprinzip 145, 185, 187, 199, 339, 346
Loyalität 42, 51, 76, 89f., 95, 106, 195, 317, 373
ludi 108
ludi Romani 61, 273
Luxusgüter 19, 125, 133, 135, 381, 386
Macchie 121, 132
Macht s. Herrschaft
magister militum 94, 218f., vgl. Heermeister
magister officiorum 94
magistratus 197, s. Beamte
Magna Mater 61
maiestas 229
Malerei (antike) 57, 60, 125, 176, 177, 255, 284, 319, 442f., 447f., 451, vgl. auch Vasenbilder
Malerei (nachantike) 396, 401, 425, 427f., 442f.
Mann, Männlichkeit 20, 146ff., 151ff., 159, 167ff., 203, 376ff.

mánteis 245
manus 168
'Markt der Religionen' 246ff.
Markt(platz) 143, 157, 197, 215f., 395, s. auch Agora, Forum
Märtyrer 89, 96–98, 114, 248, 250, 256, 259, 261f., s. auch Heilige
martyría, martyríae / martýrion, martýria 259
mater familias 163, 166
Mathematik 54f., 281, 403, 434
matrona 166
Medaillon 325
Medizin (antike) 54f., 145, 151, 154, 265, 301, 306
Mens 61
Mentalität(sgeschichte) 24, 143, 170, 203, 207, 224, 249, 284, 286f., 290, 295, 305f., 351, 373, 380, 466
mercatores 215
méros, mérē 188
Metall, Metallverarbeitung, Metallprodukte 17, 135, 311, 313, 447, s. auch Bergbau, Bronze, Gold, Silber
métoikos, métoikoi 149, 156, 173
MGH s. Monumenta Germaniae Historica
Milch 143, 147
miliarium, miliaria 78
Militär s. Heer, Krieg, Soldaten
militiae 372ff.
Mitgift 146, 148f., 152f.
Mittelalter 16, 82, 87, 92, 109, 113, 137, 200, 261, 281f., 292, 299, 313, 318, 328, 336, 346f., 351, 362, 375, 391, 393, 401, 404ff., 412f., 416ff., 422ff., 429, 434ff., 473, 484, 492
Mnemotop 240
Monarch(ie) 25, 30, 35, 42, 44, 50ff., 70, 190, 204, 206, 208, 304f., 354ff., 380f., 394, 396, 422, vgl. König
Mönch(tum) 89, 97, 221, 248, 250, 260, 262, 348, 372, vgl. Kloster

Monepiskopat 97, 422
Monotheismus 237, 259
Monumenta Germaniae Historica (MGH) 473, 486
mos maiorum 61, 166, 205, 361
Mosaik, Mosaikkunst 57, 89f., 106f., 126, 284, 288, 311, 474
Mündlichkeit (antike) 54, 66, 157, 228, 251, 263, 273, 294, 365
municipium, municipia 66, 75f., 82, 194ff., 242
munus, munera 77, 92
Münzen (auch: Numismatik) 35, 48, 51f., 70, 71, 79f., 109, 134, 145, 156f., 270, 287, 290f., 313, 323–327, 324, 346, 371, 399, 437, 447, 460, 464, 472ff., 488f., vgl. Geldwirtschaft
Museumskoffer 446ff.
Musik(er) 133, 176, 266, 285, 306, 403, 426, 428f., 446f.
Mutter 46f., 52, 143ff., 163, 166f., 169
Mutterstadt s. Kolonie, Kolonisation
mýrioi 188
Mysterienkult 61
Mythos, Mythologie 99, 124, 145, 184, 189f., 237, 242ff., 265ff., 274, 281, 287, 289, 291, 300, 303, 305, 324, 344, 364, 369ff., 379, 426f., 429, 459, 472, 476, vgl. Gründungsmythen
Nachfolgeregelungen 46ff., 90, 144ff., 151, 353, 422f., 436
Nahrungsmittel (auch: Essen, Lebensmittelversorgung) 39, 77, 92, 119, 121ff. 143ff., 166, 173, 176, 217, 450
Nationalsozialismus (NS-Zeit, NS-Ideologie) 286, 348, 394, 398, 428, 455, 463f., 467f.
Naturereignis, -katastrophe 37, 122f., 131, 134f., 141, 301, 353
Naturphilosophie 124, 264f., 403
Naturraum 121ff.

521

Naturwissenschaften (antike) 10, 54f., 124, 127, 264f., 269, 293, 306, 336, 392
Nauarch 32, 39
necessitudines 178
negotiatores 215
Neoteriker 276
Neuzeit (auch: Frühe Neuzeit, Moderne) 7, 9, 54, 77f., 109, 136, 204, 245, 292, 338, 362, 391ff., 401f., 413ff., 421ff., 426ff., 457ff.
Niedergang (Dekadenz) 87
níkē 52
nobilis 206
nobilissimus 214
Nobilität 59, 62, 67f., 180, 201, 206f., 210, 248, 359, 361, 462, 467
nomen christianum 256
nomenclator 170
nómos, nómoi 183
nomós, nomoí 51
Normen 61, 129, 143, 145, 148, 157, 159, 183, 187, 201, 225, 231, 259, 266, 302, 305, 336, 354, 357, 359f., 363, 367, 373, 376, 380ff., 418
notarius, notarii 93
Notitia dignitatum 92f.
numen, numina 90
Numismatik s. Münzen
Obelisk 55, 325
Objektiv/subjektiv 333
Obst, Früchte 126, 129, 132, 143, 149, 153, 288
Odyssee 17, 263, 276, 304, 379, 428
Öffentlich/privat 178f., 197, 240ff., 344f., 387f.
officia 175
Offizialkontrakt 231
oikístes 182
oíkos, oíkoi 143
oikouménē 53
Ökologie 124
Oliganthropie 29
Olive(-nöl, -nkranz) 61, 121, 126, 129, 132, 137, 143f., 153, 288
Olympische Spiele 231, 366, 368
omen, omina 239

Opfer 22, 33, 143f., 147, 153f., 158, 223, 228, 238ff., 256, 261
optimus princeps 325
oral tradition s. Mündlichkeit
Orakel 182, 184, 191, 240, 245, 267, 306
orchéstra 78
ordo, ordines 202
  ordo decurionum 77
  ordo equester 202
  ordo senatorius 202, 214
Orphik 124, 243, 248
Ostrakon, Ostraka s. Tonscherbe
ostrakismós 37, 234, 397
Päan 244
paganus, pagani 96, 254
Palastkultur(en) 17, 127, 287, 355
Palästra (*palaístra*) 149, 155, 400
Pandekten(wissenschaft) 410f., 415
Panegyrik 40, 100, 276, 281, 296f., 301, 473
Panhellenismus 368f.
Papst, Papsttum 87, 89, 99f., 114, 348, 391, 418, 419–426, 435f.
Papyri, Papyrologie 40, 243, 269, 291, 313, 318–323, 327, 377, 394, 411, 437, 443, 446, 451, 473f., 486, 488
parousía 257
parthénos 160
pater familias 162ff., 170ff.
pater patriae 71
patres 196
patria potestas 162, 164, 168, 171, 173
Patrizier 59, 170, 175, 357
Patronage 93
Patronat 70, 96f., 170, 175f., 196, 201, 206, 216, 221, 224, 226, 261f., 340, 341, 346, 359, 384
pax Augusta/Augusti, pax Romana 71, 79, 232, 276, 278, 419
peculium 172f.
Pegasus 324f.
Peloponnesischer Bund 25, 28ff., 188, 229

Peloponnesischer Krieg 25, 35ff., 132, 265, 267, 289, 292, 368
peregrinus, peregrini 195
pergraecari 273
peri(h)ēgēsis 265
Periodisierung 87, vgl. Epoche
Periöken 28, 339
Peripatos, Peripatetiker 54, 269
Perserkriege 25, 30ff., 41, 45, 232f., 265f., 300f., 303, 366ff.
persona 207, 341, 343
pezhetaíroi 42
Pflanzenbewuchs 121f., vgl. Wald
Pharisäer 251
phármakon 56
Philadelphós 49, 52
Philhellenismus 244, 396f., 401, 455, 457ff., 467
philía 149, 225, 228
Philippika/philippicae 268
Philologie s. Literaturwissenschaft
Philosophie 10, 45, 53f., 124, 127, 169, 245, 264ff., 275, 278ff., 285, 304, 306, 336ff., 362, 367, 371, 382, 392ff., 403–409, 414, 416, 433f.
phratría, phratríai 149, 158, 181
Phratrie(n) 149, 158, 161, 181, 365, 368
phrygium 425
Phyle(n) 25, 29f., 160, 181, 184ff., 365, 368
Pietas 287
Pilger 97, 114
Piraterie s. Seeräuber
Plastik, Skulptur 57, 284, 379ff., 395, 398–403, 472
Platz (einer Versammlung) 22, 54, 59, 197, 317 s. auch Agora, Forum, Sitzplatz
Plebejer 59, 357
plebs rustica 216
plebs urbana 108, 111
pólemos (díkaios) 233
pólis, póleis 25, 76, 181
  Entstehung 22f., 128, 181ff., 190, 269, 346, 355ff.
  Institutionen 184ff.

Sachregister

polítes, politai 184
politeía, politeíai 186, 269
Polytheismus 237, 246
pomerium 372
populus Romanus 75, 228
Porträt 57, 70f., 79, 93, 109, 207f., 275, 287, 289, 319
praefectus 72
praefectus annonae 316
praefectus praetorio 92–94, 101, 214
praefectus urbi 74, vgl. Stadtpräfekt
praetorius, praetorii 199
pragmatiké historía 57, 274
Praktiken (soziale, religöse) 61, 145, 170, 239ff., 245ff., 252, 254, 262, 337ff., 349, 363, 368, 372f., 376, 382f., 386f.
Prätor, Prätur 74, 167, 197ff., 208, 356
Prätorianer(garde) 207f., 218
Prätorianerpräfekt(ur) s. *praefectus praetorio*
Präventivkrieg 419
presbeía, présbeis 226
presbýteroi 259
Priesterkollegium 227f., 233, 239, 245, 317
princeps, principes 68, 70, 79f., 201, 207, vgl. Kaiser
Privatrecht 95, 130, 163, 172f., 225, 267, 311, 317, 320, 322, 343, 345, 410, 414
privatus 178, 344
probouleuma, probouleúmata 186
procurator 72
Prokonsul 72
propagatio imperii 374
Prosa s. Literatur
Prosopographie 308, 312f., 315f., 460, 464f., 474
prostasía 192, 232
próthesis 154
provincia, provinciae 63, 72, 195

Provinz(en) 63–65, 70ff., 73, 89, 92ff., 133f., 165, 167, 175, 195f., 205, 207ff., 212, 220f., 229, 231f., 239, 242, 273, 313f., 317f., 320, 323, 327, 347, 431f., 450f., 466, 472, vgl. auch Kirchenprovinz
proxenía, próxenos 157, 191, 225
Prozession 89, 91, 98, 183, 245
Prügelstrafe 213, 215, 443
prytaneía 185, 187
publicani 77
publicus 178, 344
pudicitia 167
Punische Kriege 47, 58, 60ff., 134, 195, 203, 273f., 279, 431
Pythagoreismus 59, 66, 124, 248
quaestor sacri palatii 410
Quästor, Quästur 74, 197f.
quattuorvir viarum curandarum 74
Quellenkritik 207, 265, 291f., 295, 297, 300, 302, 430, 437, 442, 458f., 462, 465
quindecimviri 245
RAC s. *Reallexikon für Antike und Christentum*
Rache 10, 192, 227
RE s. *Realenzyklopädie*
Realenzyklopädie (RE) 463, 475, 485
Reallexikon für Antike und Christentum (RAC) 473–475
receptio 231
Recht
 griechisch 137, 143, 146, 148f., 158, 183, 188, 191, 225ff., 311, 346, 355, 392
 römisch 75f., 87, 92ff., 99f., 162ff., 194ff., 212ff., 225ff., 243f., 277, 291, 316, 336, 344, 356, 360, 384, 388, 391, 394, 409–419, 424, 461, 474, 486f.
Rechtskodifikation 146
Rechtssammlungen (auch: *Codex Theodosianus, Corpus iuris civilis*) 87, 89, 91, 410ff., 487

 vgl. auch Gericht, Norm, Privatrecht, Strafrecht
Rechtfertigung von Kriegen 231, 416
Referat (studentisches) 103, 437, 439ff.
Reichsidee 99f.
Reichsteile, -teilung 82, 88, 90ff., 99f., 212ff., 218, 250
Reichsverwaltung 76ff., 92ff. (94), 195, 214ff., 313, 317, 320
Reichtum, Vermögen 20, 38, 51, 54, 57, 60f., 69, 71, 76, 90, 95, 106, 108, 130, 135, 146, 148, 153f., 163, 168, 171f., 175, 177f., 183, 186, 202f., 216, 222, 246, 256, 268, 288, 305, 345, 366
Reiseberichte 136, 396, 455, 490
Reisen, Reisende (antike) 55, 71, 80, 90, 97, 157, 174, 195, 212, 222, 225, 235, 239, 260, 305, 364, 382, 423
Reiterdenkmal 59, 115
relatio 199
religio, religiones 237
religio licita 88, 96, 257, 280
Religion 60, 91, 96f., 99, 212, 217, 220f., 237ff., 250ff., 286f., 289, 291, 302, 305f., 311, 342f., 355, 365f., 368, 372ff., 379f., 418ff., 427, 451, 459, 462, 466
 als Zeichensystem 240f.
Renaissance(n) 9, 99, 282, 307, 314, 336, 362, 391, 394, 396, 401, 417, 433, 435f., 455
Repräsentation 52, 59, 78, 90, 99, 134, 140, 273, 457, 464
Repräsentationsprinzip 186, 188, 190, 196, 227f., 339
res 172
Res gestae divi Augusti s. Tatenbericht des Augustus
res privata 178
res publica 178, 197, 203, 206, 210
res publica restituta 90
Reskript 93, 410
restitutio 231

Revolutionsbegriff 204f.
Rezeption(sgeschichte) 8–10, 54, 99, 103, 237, 243, 266, 270f., 273ff., 299, 321, 333f., 336, 348, 350, 362, 391–436, 455, 457ff., 475f.
Rind 127, 143, 240
Ritual 61, 124, 154, 157, 177, 183, 204, 225, 239ff., 290, 359f., 365, 372f., 375, 379f., 438, 441
Rodung 126, 132
Rolle(nerwartung) 79, 106, 108, 166, 169, 171f., 196f., 202, 207, 241, 243, 245, 256, 259, 322, 340f., 344ff., 391
‚Roman' (antiker) 282, 305
Romanisierung 80ff., 196, 373f., 450
Romidee 426
Römisches Reich s. Imperium Romanum
rostra 59
Ruderer 31, 35, 143, 148, 185
Rügebräuche 157
Ruhm 33, 45, 53, 58, 89, 96, 100, 124, 162, 170, 203, 263, 265, vgl. *gloria*
rusticitas 165
sacer 241
Säen (auch: Aussaat, Saatgut) 122, 124, 131, 145, 150
Salus 61
salutatio 166, 169f., 179
Salz 133
Sarkophag 316
Satire 167, 274, 278, 282, 304
Satrapie 46, 51
Saturnalien 450f.
Saturnier (Versmaß) 58, 274
Satyr 380f.
Satyrspiel 303
Schaf 127, 132, 143, 145, 147, 288
Schiff(fahrt) 31, 55, 131, 263, vgl. auch Seekrieg, Seeräuber
Schisma 89
scholae palatinae 218
Scholastik 405, 407, 409, 413, 416f.
Scholien 306, 412

Schrift(lichkeit) 15, 17f., 23, 80, 183, 228, 239, 245, 251, 255, 263, 269, 273, 294, 306, 312f., 317ff., 365, 441
Schuldknechtschaft 145, 159, 340
Schule s. Erziehung, Unterricht
Seebund s. Athenischer Seebund
Seefahrt s. Schiff(fahrt)
Seekrieg 25, 31ff., 63, 70, 143
Seele 98, 124f., 154, 222, 269f.
Seeräuber 69, 233
Seevölkersturm 17
Seminarsituation 437–452
Senat, Senatoren 27, 47, 59–61, 65, 67ff., 90, 93, 95f., 99f., 111, 165ff., 194ff., 214–216, 221f., 224ff., 274f., 281, 293, 315–317, 325, 328, 333, 340, 345, 387, 431, 450, 460
‚Senatorische' Provinzen 72
senatus 199
senatus consultum 200
senatus consultum de Bacchanalibus 61
senatus populusque Romanus 227
sententia 199
Septuaginta 259
servi publici 172, vgl. Sklave
servus, servi 217, vgl. Sklave
Sesterz 71, 325
Severische Kaiser 69, 103
Sexualität 145, 153, 167, 217, 254, 380ff.
Signatur (inschriftlich) 284
Sikarier 251
Silber 30, 48, 51, 70f., 135, 176f., 311, 313, 317, 324f.
Silberne Latinität 279
Silvesterlegende 425
Sitzplatz 110f., 113, 170, 176f., 183
Sklav(inn)en 77, 111, 124, 126, 130, 143, 145, 147, 149, 155ff., 162ff., 172ff., 180, 204, 215ff., 225, 233f., 236, 243, 253, 256, 267, 271, 289f., 311, 315, 329, 333, 340, 367, 376, 378, 384, 388, 443, 465, 474

Skulptur s. Statue
societas 225, 228
socius, socii 195, 232
Sold 76
Soldaten 51f., 68, 70, 75f., 79f., 87, 92, 106, 205f., 213, 217f., 221, 245, 317, 319f., 324, 355, 388, 403
Soldatenkaiser 69, 217
Solidarität, Solidarisierung 27, 35, 93, 157, 167, 175, 183, 373
‚Sonderreiche' 69, 83, 85
Sonnenfinsternis 124
Sophisten, Sophistik 222, 267f., 367, 408
Zweite Sophistik 282
Sozialer Tod 157
Sozialgeschichte 323, 337f., 357, 360, 376, 388, 461, 463, 466, vgl. Gesellschaft
Sozialstrukturen 143ff., 162ff.
Soziologie 199, 246, 336, 465
spectacula 108
Spes 61
Spiele s. Theater, Zirkus oder unter dem betreffenden Namen, z.B. Olympische Spiele
spolia 59
spondaí 227f.
Sprache(n) 45, 53, 60, 72, 75f., 80, 82, 163, 169, 212, 222, 271, 274, 279ff., 295ff., 309f., 312ff., 320, 366, 370f., 386f., 407, 409f., 438ff., 445, 449, 457, 459, 461
Stadion 87, 103
Stadt 16, 29f., 35ff., 58ff., 71, 77, 82, 87ff., 103ff., 125, 148f., 154, 158, 178f., 181ff., 194ff., 212ff., 233, 240ff., 310, 339f., 345ff., 355ff., 371f., 482, 489f., vgl. *pólis*
Stadt/Land 125, 165, 183, 194, 346
Stadtpräfekt 74, 93, 174, 209, 246, 281
Stamm 35, 72, 75, 96, 181ff., 228, 230, 354, 364f.
Ständekämpfe 27, 158, 197
stasimon 266
stásis 233
Stater 325

Statthalter 67, 70, 72, 74, 78, 80, 195f., 208, 221, 237, 250, 257, 280, 317
Statue 52, 60f., 87, 164, 165, 238ff., 308, 316f., 381, 395, 399ff.
Stempelkopplung 326
Steuern 65, 71, 76f., 92, 94, 221
Stoa, Stoiker 54, 124, 272, 279, 371, 418, 433
stoichedon 312
stoicheía 54
Strafe (göttliche) 123, 135
Strafe, Strafrecht 74, 157, 159f., 162f., 167, 223, 225, 227, 233f., 252, 256, 416f.
Straßen s. Verkehrswege
strategós, strategoí 29, 186
Studium der Alten Geschichte 15, 103ff., 119, 291ff., 333f., 437ff., 457ff., 469ff., 481ff.
Subsistenzwirtschaft 131, 143, 145f., 151, 155, 157, 169, 172, 202, 212, 339
sui iuris 168
sulcus primigenius 372
Supplementum Epigraphicum Graecum (SEG) 307f., 310, 315
Symbol (auch: Statussymbol) 52, 72, 79, 90, 93, 111, 114, 144, 153, 170, 178, 202, 204, 219, 240–242, 248, 254, 281, 290, 340, 375, 381
symbolaí 191
Symbolisches Kapital 178
symmachía 26, 225, 228
sympoliteía, sympoliteíai 190f., 196, 229, vgl. Bundesstaaten
sympósion 148, 157, 176, 284f., 302, vgl. Gastmahl
Synkretismus 221
synthékai 191, 228
Tagegeld 186
Tatenbericht des Augustus (*Res gestae divi Augusti*) 75, 86, 134
téchne 267
Technik (antike) 25, 31, 55, 81, 126ff., 141, 216, 266, 470

Tempel 22, 60f. 75, 77, 113f., 183, 238ff., 251, 254, 284, 289, 316, 325, 431, s. auch Heiligtum
Tempelausstattung 58, 238
Terra sigillata 80
Testament 47, 50, 90, 315, 317, 430
Testament s. Bibel
Tetradrachme 324f.
Tetrarchie 90f.
Texteditionen (Handhabung) 297ff., 309
thálamos 153
theós aníketos 52
Theater 60, 82, 87, 89, 103, 111, 166, 176, 203, 245, 265, 268, 303, 315, 395
Thermen s. Bäder
Thesaurus Linguae Latinae (TLL) 299, 474
Thesaurus Linguae Graecae (TLG) 485
Thesmophorien 148
Thora 251
Tiere 22, 71, 89, 103, 106f., 124, 127, 131ff., 145, 147, 157, 233, 239, 241, 244, 269, 271, 286f., 290
tirocinium fori 171
Tod 39, 107ff., 123f., 144, 151, 153f., 165, 167, 171, 174, 183, 209, 243, 254, 256f., 266, 268ff., 338f., 380, 384f., 423, 428, 430f.
toga virilis 171
Toleranz 221, 257, 349
Toleranzedikt 88, 220, 250, 257
Tonfiguren 58, 246
Tongefäße (auch: Keramik, Vase, Amphore) 20f., 80, 135, 154, 284ff., 311, 313, 317, 320, 447
Tonscherben 18, 37, 136–138, 311, 447, 482
Topos 295ff., 301, 367
Totenkult 98, 146, 154
Tourismus (antik) 127, vgl. Reisen(de)
Tourismus (modern) 105, 476

Tragödie 60, 114, 145, 151, 244, 265–267, 271–273, 279, 283, 295, 300f., 303, 305, 336, 379, 429f., 436
Trauer 144, 148, 151, 154
Träume, Traumdeutung 246, 254, 262
Trennung von Amt und Amtsgewalt 70, 207
Trennung von Kirche und Staat 348f.
tribunicia potestas 68, 70f., 207, 318, 325
tribunus/-ni militum 74
tribunus/-ni plebis 74, 197
tribus 62
Tribut 51, 65, 76f., 83, 229
triclinium, triclinia 169, 176, 179, 380
Triere 30–33
Trinität 259f.
trittýs, trittýes 29, 184–186
Triumph 59, 61, 66f., 203, 245, 373
Triumvirat 68f.
Trojanischer Krieg s. Troja
Tugend(en) 54, 166, 172, 271, 287, 294, s. auch *virtus, Virtus*
tutor 166
Týche 271
Tyrann, Tyrannis 29f., 33, 46f., 50, 70, 111, 184, 233, 267, 340, 355f., 358, 367, 430
Umgangsbasilika 98
Umweltgeschichte 139
Umweltzerstörung 134ff.
Universität(en) 412, 458ff., 469ff. (471)
Unterricht
antik 54, 60, 149, 169, 222f., 246, 259, 267ff., 274, vgl. Erziehung
modern 402, 437ff., 457, 466, 470, 482, 491
Unterwelt 154, 277, 315f., 428, vgl. Tod
urbanitas 165
Urne 20, 154, 316
Usurpation 88, 90, 95, 99, 207f., 232, 432
Utopie 123, 267, 380
Vasen s. Tongefäße

Vasenbilder, -malerei 143, 149f., 154f. 161, 284ff., 380, 491
vates 245
vectigal 77
Verbannung (auch: *exilium, ostrakismos*) 234
Vergewaltigung 145, 380
Vergleich (historischer) 11, 26, 200, 203, 336ff., 363, 379, 391f., 398
Vergöttlichung 61, 86
Verkehrssprachen 53, 80, 82, 212, 370f., 410
Verkehrswege, Straßen 20, 50, 59, 63, 74, 76–79, 84, 123, 183, 197, 316f., vgl. auch: Infrastruktur
Verstechnik 58, 274, vgl. Hexameter
Vertrag, Vertragswesen 26, 28, 63, 69, 82, 88, 186, 191f., 216, 226ff., 311, 317f., 320, 378, 416ff., 426
Vertreibung 25, 29, 216, 225, 233, 464
Verwaltung s. Reichsverwaltung
Verwandtschaft 43, 63, 144ff., 153f., 158f., 163, 166, 171, 176, 324, 340ff., 357, 364ff., 380
vestibulum, vestibula 179
Veteranen(versorgung) 75f., 79
Vetus Latina 280
via Appia 59
via(e) publica(e) 78
vicarius, vicarii 173
Vieh(zucht) 22, 127, 132, 134, 137f., 143, 145, 147, 231
Vigintivirat 74
villa, villae 164, 216
viri clarissimi/illustres/ spectabiles 214
viri perfectissimi 215
Virilokalität 152
virtus 108
Virtus 61, 287
Vogelschau 123, 241
Völkerrecht 231ff.
Völkerwanderung 88, 101, 212, 217, 472

Volkstribun(at) s. *tribunus plebis*
Volksversammlung 197 vgl. auch *agorá, ekklēsía, Comitium*
Vormund(schaft) 166f., 341, 345
'Vorsokratiker' 141, 264, 267, 272, 306, 376
Vulgata 280
Vulkan(ismus) 131, 135f., 301
Wagen (-fahren, -lenken) 52, 89, 93, 153, 217, 284
Wagenrennen 89, 103, 217, 451
Wahrheitsähnlichkeit 109
Wahrscheinlichkeit 110
Wald 110, 121f., 126, 132–135, 374
Wandmalerei s. Malerei
Wasser(versorgung) 59, 81, 87, 121, 123f., 126f., 135, 147f., 153, 233, 264, 316f., 320, 380
Weiblichkeit 376–390, vgl. Frau, Geschlechtergeschichte
Wein(bau) 121, 126, 129, 137, 143, 157, 238, 284f., 288, 380, 431
Weissagung 241, 245, 254, vgl. Orakel
Weltzeitalterlehre 55, 276
Wettbewerb, Wettkampf, Agon 52, 103, 160, 233, 265, 302, 311, 340, 346, 350, 358, 366, 371, 395
Wirtschaft 17, 22, 51, 57, 63f., 76ff., 82f., 92ff., 122ff., 143ff., 172f., 212, 215ff., 240, 257, 264, 317, 320, 322f., 327, 336, 339f., 346, 348, 355, 357, 367, 376f., 380, 382, 388, 413f.
Wirtschaftsgeschichte 461, 463f., 470
Wissenschaftlichkeit 119, 333, 391, 439, 443ff., 462, 484
Wolle 143f., 147, 166, 447
World Wide Web s. Internet
Wunder 96, 427
Wüste 84, 97, 121f., 217, 234, 248, 260

xenía, xénos, xenodocheía 225
Zauberer 234, 252
Zeitrechnung s. Chronologie
Zeittafeln 17, 46f., 68f., 86, 88f., 250, 393, 411, 420f.
Zeloten 251
Zensor, Zensur 61, 198
Zentralort 43, 62, 75, 128f., 132, 137, 139, 183, 194, 346
Zentrum-Peripherie-Verhältnisse 165, vgl. Stadt/Land
Ziege 127, 143
Ziegel 135, 317, 431
Ziegelstempel 313, 317
Zirkus 91, 103, 108, 166, 217, 245, 451
Zirkusparteien 91, 217
Zölle 83
Zweifelderwirtschaft 129
Zweisprachigkeit 72, 75f., 410
Zwölftafelgesetz 273

www.ingramcontent.com/pod-product-compliance
Lightning Source LLC
Chambersburg PA
CBHW080921100426
42812CB00007B/2339